Bender/Sparwasser/Engel · Umweltrecht

Umweltrecht

Grundzüge
des öffentlichen Umweltschutzrechts

Von
Dr. Bernd Bender
Honorarprofessor an der Universität Freiburg,
Dr. Reinhard Sparwasser,
Rechtsanwalt, Fachanwalt für Verwaltungsrecht in Freiburg i.Br.
und
Dr. Rüdiger Engel
Stadtoberrechtsrat in Freiburg i.Br.

3., neubearbeitete und erweiterte Auflage

CFM

C. F. Müller Verlag
Heidelberg

Bernd Bender, geb. 6.4.1919, Studium der Rechtswissenschaft und der Wirtschaftswissenschaft an der Albert-Ludwigs-Universität in Freiburg i.Br.; Juristische Staatsexamina 1949 und 1952; Dr. jur. 1953 (Freiburg); seit 1952 Rechtsanwalt in Freiburg; seit 1957 Lehrbeauftragter an der Universität Freiburg; seit 1970 Honorarprofessor ebenda; von 1957 bis 1988 Mitglied des Verwaltungsrechtsausschusses des Deutschen Anwaltvereins; von 1970 bis 1973 Vizepräsident der Deutsch-Britischen Juristenvereinigung e.V.; von 1970 bis 1973 Mitglied der Staatshaftungsrechtskommission; von 1974 bis 1986 Mitglied der Ständigen Deputation des Deutschen Juristentags; von 1981 bis 1986 Vorsitzender des Beirats der Deutschen Anwaltsakademie; Mitherausgeber bzw. ständiger Mitarbeiter mehrerer Fachzeitschriften. Veröffentlichungen auf verschiedenen Gebieten des öffentlichen Rechts in Gestalt mehrerer Bücher und Monographien; zahlreiche sonstige Publikationen (Beiträge in Fachzeitschriften, Abhandlungen in Festschriften, Urteilsanmerkungen usw.).

Reinhard Sparwasser, geb. 16.12.1955, Studium der Rechtswissenschaft an der Universität Augsburg; Juristische Staatsexamina 1979 und 1981; Dr. jur. 1986 (Bayreuth); 1981 bis 1982 Wiss. Assistent am Institut für Rechtsvergleichung (IDC) der Universität II von Paris; 1982 bis 1984 Assistent am Rechts- und Wirtschaftswissenschaftlichen Fachbereich der Universität Bayreuth; von 1981 bis 1985 freier Mitarbeiter am Institut für Verwaltungsstudien (CERSA) in Paris; seit 1985 Rechtsanwalt in Freiburg, Fachanwalt für Verwaltungsrecht; seit 1994 Mitglied des Verwaltungsrechtsausschusses des Deutschen Anwaltvereins; seit 1994 Mitglied des Prüfungsausschusses „Fachanwalt für Verwaltungsrecht" für BW. Veröffentlichungen (auch in Frankreich) zu verschiedenen, u.a. rechtsvergleichenden und umweltrechtlichen Themen.

Rüdiger Engel, geb. 30.3.1958, Studium der Rechtswissenschaft an den Universitäten München, Regensburg und Freiburg i. Br.; Juristische Staatsexamina 1985 und 1988; Dr. jur. 1992 (Freiburg); von 1989 bis 1991 Rechtsanwalt in Freiburg; seit 1991 Verwaltungsbeamter, zunächst beim LRA Karlsruhe, dann seit 1992 beim Rechtsamt der Stadt Freiburg i.Br., dort stellvertretender Amtsleiter. Veröffentlichungen zu verschiedenen europa- und umweltrechtlichen Themen.

Die Deutsche Bibliothek – CIP-Einheitsaufnahme

Bender, Bernd:
Umweltrecht: Grundzüge des öffentlichen Umweltschutzrechts / von Bernd Bender, Reinhard Sparwasser und Rüdiger Engel. – 3., neubearb. und erw. Aufl. – Heidelberg: Müller, 1995
  ISBN 3-8114-4495-6
NE: Sparwasser, Reinhard / Engel, Rüdiger

Gedruckt auf säurefreiem, alterungsbeständigem Papier aus 100% chlorfrei gebleichtem Zellstoff (DIN-ISO 9706). Aus Gründen des Umweltschutzes Umschlag ohne Kunststoffbeschichtung.

© 1995 C. F. Müller Verlag, Hüthig GmbH, Heidelberg
Satz: Textservice Zink, Epfenbach
Druck und Bindung: Druckhaus Diesbach, Weinheim
ISBN 3-8114-4495-6

Vorwort

Nach dem Zweiten Weltkrieg spielte der Umweltschutz in Politik, Recht und gesellschaftlichem Bewußtsein zunächst noch keine besondere Rolle. Im Vordergrund standen verständlicherweise der Wiederaufbau und die wirtschaftliche Erholung. Inzwischen befinden sich Produktionsniveau und Lebensstandard in Gesamtdeutschland auf einer in der deutschen Wirtschaftsgeschichte nie zuvor erreichten Höhe. Eine eigenständige Umweltpolitik wurde aber erst mit dem Umweltprogramm der Bundesregierung aus dem Jahre 1971 (BT-Drs. VI/2710) sichtbar. Seit dieser Zeit befindet sich auch das Umweltrecht in einer anhaltend dynamischen Entwicklung. Zugleich sind die mannigfachen problematischen Aspekte der Umweltnutzung mehr und mehr auch in das allgemeine gesellschaftliche Bewußtsein eingegangen, und der rechtzeitige und umfassende Schutz der natürlichen Lebensgrundlagen des Menschen ist als eine Schicksalsaufgabe des Staates und unserer „Risikogesellschaft" erkannt worden. Dennoch wären ohne die normativen Vorgaben des – in ständiger Wandlung begriffenen – Umweltrechts die nach Art, Umfang und Effizienz dringend notwendigen Verbesserungen des Umweltschutzes nicht erzielt worden und nicht erzielbar.

Noch nie bedurfte es einer besonderen rechtswissenschaftlichen Rechtfertigung dafür, sich mit den Inhalten umweltrechtlicher Normen zu befassen. Anderes gilt freilich für die Bildung eines „neuen" Gebietes *Umweltrecht*. Hierfür war erst noch nachzuweisen, daß es sich dabei nicht bloß um eine modische Zusammenfassung längst vertrauter Materien handelt, sondern um das Ergebnis gesetzgeberischer und rechtswissenschaftlicher Bemühungen auf der Grundlage einer neuen, bewußteren Problemsicht. In dem Maße, in dem uns neue Wortzusammensetzungen unter Einbeziehung des Wortes „Umwelt" (wie Umweltschutz, Umweltbelange, Umweltbundesamt, Bundesumweltministerium usw.) aufgrund des inzwischen ständigen, in Politik und Kommerz fast exzessiven Gebrauchs immer vertrauter werden, erleben wir den „Umweltbezug" in zahlreichen Lebenszusammenhängen so selbstverständlich, daß sich auch die Legitimität einer in sich geschlossenen Materie „Umweltrecht" gleichsam von selbst versteht. Unter dem gemeinsamen Nenner des – noch immer im Werden begriffenen – Umweltrechts sind Regelungen und Regelungsziele, die sich auf einzelne Aspekte der „Umwelt" (also etwa auf Boden, Wasser, Luft, Naturhaushalt) bzw. auf das Verhältnis „Mensch/Umwelt" beziehen, vereint.

Die Zusammenfassung verschiedener Regelungsbereiche unter einer neuen umweltbezogenen Sichtweise hat zunächst nur eine pragmatisch-integrative Funktion. Sie wird aber auch durch die systembildende rechtsdogmatische Entwicklung gefordert, die im Rahmen umweltrechtsspezifischer Wertungen und Rechtsprinzipien ein trotz seines Querschnittcharakters eigenständiges Umweltrecht entstehen läßt; diese Wer-

Vorwort

tungen und Prinzipien bilden die Basis und die wichtigste innere Rechtfertigung eines besonderen Rechtsgebietes „Umweltrecht".

Schließlich wird durch den Umgang mit Problemen aus Einzelbereichen des Umweltrechts (Wasser-, Immissionsschutz-, Abfallrecht usw.) im Bewußtsein dessen, daß es sich um Fragen handelt, die häufig in weitere umweltrechtliche Zusammenhänge eingebettet sind, das so wichtige Denken in Interdependenzen, d.h. in kybernetischen Verknüpfungen gefördert. Dieses sozus. „vernetzungsbewußte" Denken erweist sich nicht nur in den Naturwissenschaften, in manchen Geisteswissenschaften und in der Politik – vor allem in der Umweltpolitik („ganzheitlicher Umweltschutz") – als fruchtbar, sondern eben auch bei der Anwendung des Umweltrechts. Dies wird allerdings nur dem hinreichend anschaulich und bewußt, der nicht nur die Normen, sondern auch die für ihre Anwendung erheblichen Rechtstatsachen zur Kenntnis nimmt. Die Verfasser haben sich daher bemüht, bei der Erörterung der einzelnen Regelungsbereiche jeweils sowohl die für diese Bereiche bedeutsamen faktischen Phänomene und Probleme darzustellen als auch die elementaren naturwissenschaftlichen Grundbegriffe und Zusammenhänge, deren Verständnis für die Auslegung und Anwendung der Regelungen unverzichtbar erscheint.

Mehr als sonst nötigt die theoretische und praktische Befassung mit Umweltrecht in fast jedem Einzelbereich zur interdisziplinären Einbeziehung auch anderer Wissenschaften, die sich aus der Sicht der Umweltrechtswissenschaft als Nachbar- oder Hilfswissenschaften präsentieren (Expertenproblematik!). Der im Umweltrecht tätige Jurist, der in der Regel in diesen für ihn fremden wissenschaftlichen Bezirken Dilettant ist, wird die Scheu vor diesen Bereichen desto mehr verlieren, je intensiver er sich einem sachbezogenen Lern- und Erfahrungsprozeß unterzieht, der ihn befähigt, Methoden, Argumentationen und Erkenntnisse aus diesen wissenschaftlichen (z.B. natur-, ingenieur- oder wirtschaftswissenschaftlichen) Fremdbereichen zu verstehen bzw. nachzuvollziehen. Umgekehrt schlägt die umweltrechtliche Gesamtperspektive auch für Nichtjuristen Verständnisbrücken, über die sie, von ganz verschiedenen Studiengängen oder Berufen herkommend, Zugang zu Regelungszusammenhängen erlangen, die sonst für sie allzu abstrakt bleiben müßten.

So wenden sich die ursprünglich aus einer Vorlesung hervorgegangenen Grundzüge der wichtigsten Einzelbereiche des öffentlichen Umweltschutzrechts an Studierende und an Praktiker (Beamte, Richter, Anwälte, Mitarbeiter von Unternehmen und Umweltverbänden usw.), die mit dem Umweltrecht oder einzelnen seiner Bereiche noch wenig vertraut sind, kurzum an alle, die Umweltrecht als eigene, gleichwohl umfassende Materie begreifen wollen oder zu einzelnen Problemen eine erste systematische Orientierung und weiterführende Hinweise suchen.

Bernd Bender hat sich für *die 3. Auflage* auf eine beratende Rolle beschränkt, *Rüdiger Engel* verstärkt jetzt das Autorenteam. Für die 3. Auflage des Buches wurde die Darstellung insgesamt erneut überarbeitet und um die Teile Gentechnik- und Bodenschutzrecht erweitert. Dabei wurden die einzelnen Teile umgestellt, jetzt gegliedert in medialen und kausalen Umweltschutz. Das Planfeststellungsrecht bleibt ein eigener Teil, um seinen Zusammenhang besser zu erfassen und die folgende Darstellung von Gemeinsamkeiten zu entlasten. Im Atomrecht haben sich die Schwerpunkte verlagert.

Das Abfallrecht wurde bereits auf der Grundlage des Kreislaufwirtschaftsgesetzes dargestellt. Die Beschränkung auf das Wesentliche wurde beibehalten. Die Verfasser sind sich bewußt, daß diese selektive, an der Zielsetzung des Buches orientierte Vorgehensweise mehr oder weniger subjektiven Charakter haben muß. Selbstverständlich haben die Verfasser die seit der 2. Auflage eingetretenen Änderungen der einschlägigen Regelungen in die Darstellung einbezogen sowie die inzwischen angefallene Literatur und Rechtsprechung ausgewertet und, soweit für die Zwecke des Buchs hinreichend bedeutsam, dokumentiert. Das Manuskript wurde Ende Juni 1995 abgeschlossen. Während der Drucklegung eingetretene Gesetzesänderungen sowie während dieser Zeit veröffentlichte Fachbeiträge und Entscheidungen sind soweit wie möglich und notwendig noch berücksichtigt worden.

Für den Studiengebrauch empfehlen wir dringend, gleichzeitig eine Sammlung der einschlägigen Gesetzestexte (bspw. die Gesetzessammlung „Umweltschutz" von *Kloepfer* oder die Beck'sche Textsammlung „Umweltrecht" von *Storm*) zu verwenden und die jeweils besprochenen Bestimmungen auch wirklich nachzulesen.

Wir bedanken uns bei unseren Kollegen, Mitarbeitern und Freunden, die in verschiedener Weise zum Zustandekommen dieser 3. Auflage beigetragen haben, und bei unseren Lesern für Anregungen und Kritik, die uns unter der Anschrift Weiherhofstr. 2 in 79104 Freiburg willkommen sind.

Freiburg i.Br., im Juli 1995 *Reinhard Sparwasser*
Rüdiger Engel

Inhaltsübersicht

Vorwort V
Abkürzungsverzeichnis XXV

Teil 1: Allgemeines Umweltrecht 1
Teil 2: Planfeststellungsrecht 69
Teil 3: Naturschutzrecht 119
Teil 4: Öffentliches Gewässerschutzrecht 195
Teil 5: Bodenschutz-, insbes. Altlastenrecht 255
Teil 6: Öffentliches Immissionsschutzrecht 309
Teil 7: Kernenergie- und Strahlenschutzrecht 406
Teil 8: Gentechnikrecht 475
Teil 9: Chemikalienrecht 505
Teil 10: Kreislaufwirtschafts- und Abfallrecht 541

Schrifttum 632
Sachverzeichnis 643

Inhaltsverzeichnis

Vorwort V
Abkürzungsverzeichnis XXV

Teil 1: Allgemeines Umweltrecht 1

   I. Funktion und Eigenart des Umweltrechts 1
      1. Funktion und Begriff des Umweltrechts 1
      2. Schutzrichtungen und Ziele des Umweltrechts 2
      3. Umweltrecht als Querschnittsrecht und als selbständiges
         Rechtsgebiet 5
   II. Möglichkeiten der Einteilung des Umweltrechts 9
      1. Materielles und formelles Umweltrecht 9
      2. Privates und öffentliches Umweltrecht, Umweltstrafrecht 9
      3. Einteilung nach der Normenhierarchie 11
         a) Umweltvölkerrecht 11
         b) Umwelteuroparecht 13
         c) Nationales Umweltrecht 20
   III. Hauptprinzipien des Umweltrechts 24
      1. Gefahrenabwehrprinzip 25
      2. Vorsorgeprinzip 25
      3. Bestandsschutzprinzip 27
      4. Verursacherprinzip 27
      5. Gemeinlastprinzip 28
      6. Kollektives Verursacherprinzip 28
      7. Kooperationsprinzip 29
      8. Prinzip des grenzüberschreitenden Umweltschutzes 30
   *IV. Gesetzesvollzug und Verwaltungsorganisation im Bereich
      des Umweltrechts* 31
      1. Gesetzesvollzug 31
      2. Verwaltungsorganisation auf Bundesebene 32
      3. Verwaltungsorganisation auf Landesebene 33
      4. Vollzugsdefizit 34
   V. Instrumente des Umweltschutzes 35
      1. Direkte Verhaltenssteuerung 36
         a) Eröffnungskontrollen 36
         b) Planfeststellungen 40

Inhaltsverzeichnis

c) Inkurs: Umweltverträglichkeitsprüfung	41
d) Verhaltensgebote	46
e) Behördliche Anordnungen	46
f) Öffentlich-rechtliche Verträge	47
2. Verhaltenssteuerung durch Umweltschutzplanung	48
a) Formen der Umweltplanung	48
b) Exkurs: Raumordnungsverfahren	49
3. Indirekte Verhaltenssteuerung	50
a) Umwelthaftung	54
b) Umweltabgaben	56
c) Umwelt-Audit (Umweltmanagement und -betriebsprüfung)	61
d) Umweltschutz und Information der Öffentlichkeit	64

Teil 2: Planfeststellungsrecht ... 69

I. Planfeststellungsbedürftige Objekte ... 72
  1. Bundesrechtliche Planfeststellungserfordernisse ... 72
  2. Landesrechtliche Planfeststellungserfordernisse ... 76
  3. Ausnahmen: Plangenehmigung und Absehen vom förmlichen Planungsverfahren ... 76
  4. Exkurs: Planfeststellung konkreter Vorhaben durch förmliches Gesetz ... 78

II. Planfeststellungsverfahren ... 80
  1. Antrag ... 80
  2. Behördenanhörung ... 80
  3. Auslegung des Antrags und öffentliche Bekanntmachung ... 81
  4. Einwendungen ... 81
  5. Erörterungstermin ... 83
  6. Erlaß des Planfeststellungsbeschlusses ... 84
  7. Besonderheiten der Verkehrswegeplanung ... 85

III. Planfeststellungsbeschluß ... 87
  1. Inhalt des Planfeststellungsbeschlusses ... 87
  2. Rechtswirkungen des Planfeststellungsbeschlusses ... 88
  3. Schutzauflagen im Planfeststellungsbeschluß und Entschädigung . 92
    a) Nebenbestimmungen ... 92
    b) Insbesondere: Fluglärmschutzauflagen ... 96
    c) Entschädigung ... 97

IV. Rechtliche Schranken der planerischen Gestaltungsfreiheit ... 98
  1. Vorbereitende Planungsentscheidung ... 99
  2. Planrechtfertigung ... 99
  3. Planungsleitsätze ... 101
  4. Abwägungsgebot ... 102
    a) Abwägungsmaterial ... 193
    b) Abwägungsfehlerlehre ... 104

V. Rechtsschutz Dritter gegenüber Planfeststellungsbeschlüssen 107
   1. Abwehransprüche 108
   2. Schutzansprüche 110
   3. Entschädigungsansprüche 111
      a) Überblick 111
      b) Rechtsgrundlagen und Rechtsweg 112
      c) Umfang und Inhalt des Entschädigungsanspruchs 115
   4. Insbesondere: Rechtsschutz der Gemeinden 116
   5. Erstinstanzliche gerichtliche Zuständigkeit 117

Teil 3: Naturschutzrecht 119

   I. Fakten und Probleme 119
     1. Natur, Naturbedrohung und Naturschutz 119
       a) Natur und Landschaft 119
       b) Bedrohung von Natur und Landschaft 121
       c) Naturschutz und Landschaftspflege 122
     2. Landschaftszerstörung und Abhilfemaßnahmen 123
       a) Ursachen der Landschaftszerstörung 123
       b) Abhilfemaßnahmen 124
     3. Artenschwund und Abhilfemaßnahmen 127
       a) Grad der Bedrohung 127
       b) Gefährdungsursachen 128
       c) Abhilfemaßnahmen 129
     4. Gesellschaftliche Organisationen 131
   II. Einführung in das Naturschutzrecht 131
     1. Zur historischen Entwicklung 131
     2. Rechtsquellen 132
       a) Europarecht 132
       b) Bundesrecht 132
       c) Landesrecht 135
       d) Zwischenstaatliche Abkommen 136
     3. Überblick über das Bundesnaturschutzgesetz 138
   III. Ziele und Grundsätze des Naturschutzes und der Landschaftspflege . 139
     1. Ziele (§ 1 BNatSchG) 139
     2. Grundsätze (§ 2 BNatSchG) 141
     3. Privilegierung der Land- und Forstwirtschaft 142
       a) Vermutungsklausel des § 1 III BNatSchG 142
       b) Besondere Privilegierungsklauseln der §§ 8 VII, 20f III
         BNatSchG 145
   IV. Landschaftsplanung 147
     1. Ziele und Instrumente der Landschaftsplanung 147
     2. Landschaftsprogramm 149
     3. Landschaftsrahmenplan 150
     4. Landschaftsplan 150

XI

Inhaltsverzeichnis

V. Allgemeiner Gebietsschutz: Eingriffe in Natur und Landschaft	151
1. Definition des Eingriffs in Natur und Landschaft	152
2. Schutz vor natur- oder landschaftsschädigenden Eingriffen	154
a) Bundesrechtliche Rahmenregelung	154
b) Landesrechtliche Umsetzungen	159
3. Die naturschutzrechtliche Eingriffsregelung in der Bauleitplanung	161
4. Bewertungsverfahren und -methoden bei der Eingriffsregelung	166
VI. Besonderer Biotop- und Flächenschutz	168
1. Besonderer Gebietsschutz durch Unterschutzstellung bestimmter Teile von Natur und Landschaft	168
a) Schutzgebiete und Schutzobjekte	168
b) Unterschutzstellung	171
c) Gebote und Verbote	171
2. Gesetzesunmittelbarer Biotopschutz	173
VII. Artenschutz	175
1. Allgemeines	175
a) Ziele des Artenschutzes	175
b) Artenschutzrechtliche Begriffe des BNatSchG	177
2. Allgemeiner Schutz wildlebender Tiere und Pflanzen	177
3. Besonderer Artenschutz	178
a) Kategorien des besonderen Artenschutzes	178
b) Besondere Schutzbestimmungen	179
VIII. Behördenzuständigkeit und Verfahren	181
1. Zuständigkeit und Verfahren nach Bundesrecht	181
a) Allgemeine Vorschriften	181
b) Besondere Vorschriften bei Eingriffen in Natur und Landschaft	182
2. Zuständigkeit und Verfahren nach Landesrecht	182
IX. Verbandsmitwirkung und Verbandsklage	183
1. Verbandsmitwirkung im Umweltrecht	183
a) Allgemeines	183
b) Mitwirkungsbefugte Verbände im Naturschutzrecht	185
c) Gegenstand der Mitwirkung anerkannter Verbände	186
d) Art der Mitwirkung anerkannter Verbände	188
2. Verbandsklage im Umweltrecht	190
a) Allgemeines	190
b) Naturschutzrechtliche (altruistische) Verbandsklage	191
c) Vereinbarkeit einer landesrechtlichen Verbandsklage mit Bundesrecht	193
Teil 4: Öffentliches Gewässerschutzrecht	**195**
I. Fakten und Probleme	195
1. Gefährdung der Funktionsfähigkeit der Gewässer	195
a) Gewässerfunktionen	195
b) Wasserversorgung	197

Inhaltsverzeichnis

c) Trinkwassergewinnung		198
d) Abwasserbeseitigung		199
2. Kriterien der Gewässergüte		201
3. Beeinträchtigungen der Gewässergüte und Gegenmaßnahmen		203
a) Eutrophierung		204
b) Nitrateintrag		205
c) Versauerung		206
d) Eintrag von Schwermetallen		207
e) Eintrag von Pflanzenbehandlungsmitteln		207
f) Aufheizung		208
g) Unfallbedingter Chemikalieneintrag		208
II. Einführung in das Gewässerschutzrecht		209
1. Zur historischen Entwicklung		209
2. Rechtsquellen		210
a) Europarecht		210
b) Bundesrecht		212
c) Landesrecht		213
d) Zwischenstaatliche Abkommen		213
3. Überblick über das Wasserhaushaltsgesetz		214
III. Ziele und Grundsätze des Wasserhaushaltsgesetzes (§ 1a WHG)		214
1. Bewirtschaftungsgebot		214
2. Sorgfaltsgebot		217
3. Wassernutzung und Eigentum		217
IV. Nutzung und Schutz oberirdischer Gewässer		217
1. Oberirdische Gewässer: Begriff, Einteilung, Eigentum		217
a) Begriff der oberirdischen Gewässer		217
b) Einteilung der oberirdischen Gewässer		218
c) Gewässereigentum		218
2. Wasserrechtliche Eröffnungskontrollen (Erlaubnis und Bewilligung)		219
a) Grundsätzliches		219
b) Erlaubnis- und bewilligungspflichtige Tatbestände der Benutzung von oberirdischen Gewässern (§ 3 WHG)		219
c) Die wasserrechtliche Bewilligung (§ 8 WHG)		221
d) Die wasserrechtliche Erlaubnis (§ 7 WHG)		226
e) Wasserrechtliche Genehmigung		233
3. Reinhaltung der oberirdischen Gewässer		233
a) Instrumente		233
b) Insbesondere: Vorsorge nach § 26 WHG		235
V. Nutzung und Schutz des Grundwassers		236
1. Begriff und Erscheinungsformen des Grundwasser		236
2. Wasserrechtliche Eröffnungskontrollen (Erlaubnis und Bewilligung)		237
a) Grundsätzliches		237
b) Erlaubnis- oder bewilligungspflichtige Tatbestände der Grundwasserbenutzung		238

Inhaltsverzeichnis

3. Reinhaltung des Grundwassers	239
a) Vorsorge nach § 34 WHG	239
b) Schutz vor wassergefährdenden Stoffen (§§ 19 a ff. WHG)	240
c) Wasserschutzgebiete (§ 19 WHG)	242
VI. Unterhaltung und Ausbau oberirdischer Gewässer	245
1. Unterhaltung oberirdischer Gewässer (§§ 28 ff. WHG)	245
2. Ausbau oberirdischer Gewässer (§ 31 WHG)	246
a) Begriff des Ausbaus	246
b) Ausbaulast	247
c) Wasserrechtliche Planfeststellung	247
VII. Überwachung	250
1. Behördliche Überwachung	250
2. Innerbetriebliche Überwachung	251
VIII. Abwasserabgabengesetz	251

Teil 5: Bodenschutz-, insbes. Altlastenrecht 255

I. Fakten und Probleme	255
1. Begriff und Funktionen des Bodens	255
2. Beeinträchtigungen des Bodens	256
a) Stoffliche und nichtstoffliche Beeinträchtigungen und ihre Erfassung	256
b) Schutzstrategien	259
3. Insbesondere: Altlasten	259
a) Herkunft und Bedeutung	259
b) Abschätzung des Gefährdungspotentials	262
c) Sanierungsmöglichkeiten	263
II. Einführung in das Bodenschutzrecht	265
1. Systematische Stellung	265
2. Historische Entwicklung	266
3. Gesetzgebungskompetenz und Rechtsquellen	267
a) Europarecht	267
b) Bundesrecht	268
c) Landesrecht	269
4. Überblick über das Bodenschutzrecht	270
5. Würdigung des Bodenschutzrechts	270
III. Gesetzeszweck, Anwendungsbereich, Begriffe und Instrumente	271
1. Ziel und Zweck des Gesetzes	271
2. Anwendungsbereich	273
3. Begriffsbestimmungen	273
4. Instrumente	274
IV. Grundpflichten	275
V. Schutzmaßnahmen	276

Inhaltsverzeichnis

VI. Behördenzuständigkeit	276
VII. Insbesondere: Altlasten	276
1. Altlastenbegriff	276
2. Rechtsgrundlagen	278
a) Abfallrecht	278
b) Wasserrecht	281
c) Bodenschutzrecht	282
d) Immissionsschutzrecht	282
e) Allgemeines Polizei- und Ordnungsrecht	283
3. Erfassung, Untersuchung und Bewertung	284
4. Behördliche Befugnisse	285
a) Amtsermittlung und Gefahrerforschungseingriff	285
b) Sanierungsplanung	287
c) Sanierungsverfügung	288
d) Rekultivierungsanordnung	289
5. Sanierungsverantwortlichkeit	290
a) Haftung des Handlungsstörers	290
b) Haftung des Zustandsstörers	292
c) Haftung des Rechtsnachfolgers	301
d) Verantwortlichkeit mehrerer	304
6. Öffentlichkeitsbeteiligung und Behördenzuständigkeit	306
7. Finanzierungsmodelle	306

Teil 6: Öffentliches Immissionsschutzrecht 309

I. Fakten und Probleme	309
1. Luftschadstoffe und Luftreinhaltung	
a) Luftverunreinigungen: Herkunft, Verbreitung und Auswirkungen	309
b) Luftverunreinigungen: Folgen an Beispielen	312
c) Gegenmaßnahmen	315
2. Geräusche und Lärmschutz	316
a) Körperliche und seelische Wirkungen	316
b) Schallphysikalische Grundlagen und Lärmwirkungsindikatoren	317
c) Schallschutz	321
II. Einführung in das Immissionsschutzrecht	322
1. Zur historischen Entwicklung	322
2. Zielsetzung des geltenden Immissionsschutzrechts	323
3. Rechtsquellen	323
a) Europarecht	323
b) Bundesrecht	325
c) Landesrecht	327
d) Zwischenstaatliche Abkommen	327
4. Überblick über das Bundes-Immissionsschutzgesetz	328

Inhaltsverzeichnis

III. Grundbegriffe und Regelwerke	330
1. Emissions- und Immissionsbegriff	330
2. Luftverunreinigungen	330
a) Luftverunreinigungen und ihre rechtliche Bedeutung	330
b) TA Luft	331
c) Exkurs: Normkonkretisierende Verwaltungsvorschriften	333
3. Geräusche	336
a) Geräusche und ihre rechtliche Beurteilung	336
b) TA Lärm	336
4. Erschütterungen	338
5. Ähnliche Erscheinungen bzw. Umwelteinwirkungen	338
6. Schädliche Umwelteinwirkungen	338
a) Gefahren	339
b) Nachteile	340
c) Belästigungen	340
d) Erheblichkeit	341
e) Nachbarschaft	342
7. Anlage	344
8. Stand der Technik	346
IV. Genehmigungsbedürftige Anlagen	347
1. Genehmigungserfordernis	347
2. Grundpflichten des § 5 BImSchG	348
a) Schutz- bzw. Gefahrenabwehrpflicht (§ 5 I Nr. 1 BImSchG)	349
b) Vorsorgepflicht (§ 5 I Nr. 2 BImSchG)	351
c) Abfallvermeidungspflicht (§ 5 I Nr. 3 BImSchG)	354
d) Abwärmenutzungspflicht (§ 5 I Nr. 4 BImSchG)	355
e) Nachsorgepflicht (§ 5 III BImSchG)	355
3. Genehmigungsvoraussetzungen	356
a) Die immissionsschutzrechtliche Genehmigung als Kontrollerlaubnis	356
b) Genehmigungsvoraussetzungen nach § 6 BImSchG	357
c) Anforderungen an genehmigungsbedürftige Anlagen in Rechtsverordnungen	358
4. Insbesondere: Die 12., 13. und 17. BImSchV	359
a) Störfall-Verordnung	359
b) Großfeuerungsanlagen-Verordnung	361
c) Die Abfallverbrennungsanlagen-Verordnung	362
V. Genehmigungsverfahren, Genehmigung und nachträgliche Verwaltungsakte	364
1. Förmliches Genehmigungsverfahren	364
a) Antragstellung	365
b) Behördenbeteiligung und Sachverständigengutachten	365
c) Öffentlichkeitsbeteiligung	366
d) Erörterungstermin	367

Inhaltsverzeichnis

        e) Umweltverträglichkeitsprüfung 367
        f) Entscheidung und Zustellung 368
   2. Vereinfachtes Verfahren 368
   3. Immissionsschutzrechtliche Genehmigung 370
        a) Konzentrationswirkung (§ 13 BImSchG) 370
        b) Privatrechtsgestaltende Wirkung (§ 14 BImSchG) 371
        c) Nebenbestimmungen (§ 12 BImSchG) 372
        d) Teilgenehmigung (§ 8 BImSchG) 372
        e) Vorbescheid (§ 9 BImSchG) 373
        f) Zulassung vorzeitigen Beginns (§ 15a BImSchG) 374
        g) Erlöschen der Genehmigung (§ 18 BImSchG) 374
   4. Wesentliche Änderung (§ 15 BImSchG) 375
   5. Nachträgliche Maßnahmen 377
        a) Nachträgliche Anordnungen (§ 17 BImSchG) 377
        b) Untersagung, Stillegung und Beseitigung (§ 20 BImSchG) . . . 378
        c) Widerruf der Genehmigung (§ 21 BImSchG) 379
   6. Bestandsschutz 379
VI. *Nicht genehmigungsbedürftige Anlagen* 381
   1. Anwendungsbereich der §§ 22-25 BImSchG 381
   2. Grundpflichten des Betreibers 382
   3. Anforderungen an Errichtung, Beschaffenheit und Betrieb 383
   4. Insbesondere: die Sportanlagenlärmschutzverordnung
      (18. BImSchV) 384
   5. Durchsetzung der Grundpflichten 386
        a) Anordnungen im Einzelfall 386
        b) Untersagung 387
   6. Rechtsschutzfragen 387
VII. *Produktbezogener Immissionsschutz* 388
VIII. *Überwachung* 389
   1. Behördliche Überwachung, Überwachungsbefugnisse 389
        a) Überwachungsauftrag 389
        b) Überwachungsbefugnisse und Überwachungsvollzug 389
   2. Eigenüberwachung 391
        a) Immissionsschutzbeauftragter 391
        b) Störfallbeauftragter 392
        c) Insbesondere: Sicherheitstechnische Überprüfung 393
IX. *Verkehrsbezogener Immissionsschutz* 393
   1. Verkehrsbeschränkungen 394
        a) Austauscharme Wetterlagen (Smog-Verordnungen) 394
        b) Gesundheitsgefährdende Luftschadstoff-Konzentrationen
           (§ 40 II BImSchG und die 23. BImSchV) 394
   2. Lärmschutz 397
        a) Rechtsgrundlagen 397
        b) Verkehrslärmschutzverordnung (16. BImSchV) 398

Inhaltsverzeichnis

   c) Ministerielle Richtlinien und private Regelwerke 400
   d) Entschädigung 401
 X. *Gebietsbezogener Immissionsschutz* 402
  1. Untersuchungsgebiete 402
  2. Emissionskataster 403
  3. Luftreinhaltepläne 403
  4. Lärmminderungspläne 404

Teil 7: Kernenergie- und Strahlenschutzrecht 406
 I. *Fakten und Probleme* 406
  1. Energiegewinnung durch Kernspaltung 406
   a) Wirkungsweise und Reaktortypen 406
   b) Brennstoffzyklus 409
  2. Entsorgung 407
  3. Gegenwärtiger Stand der wirtschaftlichen Nutzung
   der Kernenergie 414
  4. Argumente für und gegen die Nutzung der Kernenergie 416
  5. Ionisierende Strahlen 422
   a) Naturwissenschaftliche Grundlagen 422
   b) Maßeinheiten und Grundbegriffe 424
 II. *Einführung in das Atomverwaltungs- und Strahlenschutzrecht* . . . 425
  1. Systematische Stellung und Regelungsansatz 425
  2. Historische Entwicklung 425
  3. Gesetzgebungskompetenz und Rechtsquellen 427
   a) Europarecht 427
   b) Bundesrecht 427
   c) Zwischenstaatliche Abkommen 428
  4. Überblick über das Atom- und Strahlenschutzrecht 429
  5. Bedeutung das Atomrechts 430
 III. *Gesetzeszweck, Anwendungsbereich, Begriffe und Instrumente des*
   Atomverwaltungsrechts 431
  1. Zweck des Atomgesetzes 431
  2. Anwendungsbereich 431
  3. Begriffsbestimmungen 432
  4. Instrumente 432
 IV. *Genehmigungserfordernisse nach dem AtG im Überblick*
   (§§ 3-10 AtG) 433
  1. Einfuhr und Ausfuhr von Kernbrennstoffen 433
  2. Beförderung von Kernbrennstoffen 434
  3. Verwahrung von Kernbrennstoffen 434
  4. Errichtung und Betrieb von Kernanlagen 434
  5. Bearbeitung, Verarbeitung und sonstige Verwendung
   von Kernbrennstoffen außerhalb genehmigungspflichtiger
   Anlagen 435

6. Landesstellen für die Zwischenlagerung radioaktiver Abfälle	435
7. Endlagerung	435
V. *Insbesondere: Die Anlagengenehmigung nach § 7 AtG*	436
1. Sachlicher Regelungsbereich	436
2. Genehmigungsvoraussetzungen und Versagungsermessen	438
3. Insbesondere: Schadensvorsorge im Sinne des § 7 II Nr. 3 AtG	439
a) Gefahrenabwehr, Risikovorsorge	440
b) Erforderliche Schadensvorsorge	442
4. Teilgenehmigung und Vorbescheid	448
a) Teilgenehmigung	448
b) Vorbescheid	451
5. Verfahren	452
6. Wirkungen der atomrechtlichen Genehmigung	453
7. Nebenbestimmungen	453
8. Rechtsschutz	453
VI. *Erhaltung des gebotenen Sicherheitsstandards*	454
1. Nachträgliche Anforderungen	455
2. Betriebseinstellung	456
3. Fakultative Genehmigungsrücknahme	456
4. Fakultativer Genehmigungswiderruf	457
5. Obligatorischer Genehmigungswiderruf	459
6. Entschädigungspflicht	459
VII. *Beseitigung stillgelegter Anlagen*	460
VIII. *Entsorgung*	461
1. Entsorgungspflicht und -konzept	461
2. Träger und Einrichtungen der Entsorgung	462
3. Planfeststellungsverfahren	462
IX. *Strahlenschutzverordnung*	463
1. Geltungsbereich	464
2. Vorsorge gegen schädliche oder möglicherweise schädliche Strahlenbelastung	465
a) Strahlenschutzgrundsätze	465
b) Strahlenbelastungsgrenzwerte bei bestimmungsgemäßem Betrieb	466
c) Störfall-Planungsgrenzwerte	469
X. *Behördenzuständigkeit, Überwachung und Haftung*	470
1. Überwachung	470
a) Behördliche Überwachung	470
b) Innerbetriebliche Überwachung	470
2. Behördenzuständigkeit und Bundesaufsicht	470
a) Behördenzuständigkeit	470
b) Weisungen des Bundes	471
3. Haftung	472

Inhaltsverzeichnis

XI. Strahlenschutzvorsorgegesetz	472
1. Gesetzeszweck	473
2. Aufgaben des Bundes	473
3. Aufgaben der Länder	373

Teil 8: Gentechnikrecht 475
  I. Fakten und Probleme 475
    1. Naturwissenschaftlich-technische Grundlagen 475
    2. Wissenschaftliche und kommerzielle Bedeutung 477
    3. Risiken und Sicherheitsfragen 479
  II. Einführung in das Gentechnikrecht 481
    1. Systematische Stellung und Regelungsansatz 481
    2. Historische Entwicklung 482
    3. Gesetzgebungskompetenz und Rechtsquellen 484
        a) Europarecht 484
        b) Bundesrecht 484
    4. Überblick über das Gentechnikrecht 485
    5. Bedeutung des Gentechnikgesetzes 486
  III. Gesetzeszweck, Anwendungsbereich, Begriffe und Instrumente . . . 487
    1. Zweck des Gentechnikgesetzes 487
    2. Anwendungsbereich 488
    3. Begriffsbestimmungen 489
    4. Instrumente 490
  IV. Arbeiten in Anlagen 491
    1. Sicherheitsstufen und Sicherheitsmaßnahmen 491
    2. Genehmigungs- und Anmeldeverfahren 492
        a) Genehmigungsverfahren 493
        b) Anmeldeverfahren 495
        c) Anhörungsverfahren 496
    3. Anlage- und Arbeitsgenehmigung 497
    4. Anmeldung 498
    5. Überwachung 499
    6. Rechtsschutz 499
  V. Freisetzung und Inverkehrbringen 500
    1. Genehmigungserfordernis 500
    2. Verfahren 501
    3. Genehmigungsvoraussetzungen 501
  VI. Überwachung, Haftung, Behördenzuständigkeit und ZKBS 502
    1. Überwachung 502
        a) Überwachung durch die Behörden 502
        b) Innerbetriebliche Überwachung 503
    2. Behördenzuständigkeit 503
    3. Zentrale Kommission für die Biologische Sicherheit (ZKBS) . . 503
    4. Haftung 504

Teil 9: Chemikalienrecht 505

I. Fakten und Probleme 505

II. Einführung in das Chemikalienrecht 509
    1. Systematische Stellung 509
    2. Historische Entwicklung 511
    3. Gesetzgebungskompetenz und Rechtsquellen 512
        a) Europarecht 512
        b) Bundesrecht 513
    4. Überblick über das Chemikaliengesetz 515
    5. Mängel und Bedeutung des Chemikaliengesetzes 516

III. Gesetzeszweck, Anwendungsbereich, Begriffe und Instrumente 517
    1. Gesetzeszweck 517
    2. Anwendungsbereich 517
    3. Begriffsbestimmungen 519
    4. Instrumente 521

IV. Anmeldung, Prüfung und Bewertung von Stoffen 523
    1. Anmeldepflicht und Ausnahmen 523
        a) Grundsatz: Anmeldepflicht für neue Stoffe (§ 4 ChemG) 523
        b) Ausnahmen von der Anmeldepflicht für neue Stoffe 524
        c) Gegenausnahmen 525
    2. Anmeldung, Prüfnachweise, Bewertung 525
        a) Anmeldung 525
        b) Prüfnachweise 527
        c) Behördliche Bewertung 531

V. Besondere Pflichten 532
    1. Einstufung, Verpackung und Kennzeichnung gefährlicher
       Stoffe und Zubereitungen 532
    2. Mitteilungspflichten 533

*VI. Verbote und Beschränkungen sowie gift- und arbeitsschutzrechtliche
Regelungen* 534
    1. Ermächtigungen zu Verboten und Beschränkungen 534
        a) Gefahrstoffverordnung 535
        b) Chemikalien-Verbotsverordnung 536
        c) Einzelfall-Anordnungen 536
    2. Giftige Tiere und Pflanzen 537
    3. Arbeitsschutz 537

VII. Überwachung und Behördenzuständigkeit 539
    1. Überwachung 539
    2. Behördenzuständigkeit 539

Inhaltsverzeichnis

Teil 10: Kreislaufwirtschafts- und Abfallrecht 541

  I. Fakten und Probleme 541
    1. Herkunft und Menge des Abfalls 541
    2. Vermeidung und Verwertung des Abfalls 544
    3. Arten der Abfallbehandlung und -beseitigung 546
        a) Sortierung 547
        b) Kompostierung 547
        c) Biologisch/mechanische Behandlung 548
        d) Thermische Behandlung 548
        e) Deponie 553
        f) Abfallbeseitigung auf hoher See 557
        g) „Mülltourismus" 558

  II. Einführung in das Kreislaufwirtschafts- und Abfallrecht 558
    1. Systematische Stellung 558
    2. Historische Entwicklung 558
    3. Gesetzgebungskompetenz und Rechtsquellen 559
        a) Europarecht 559
        b) Bundesrecht 560
        c) Landesrecht 563
        d) Zwischenstaatliche Abkommen 563
    4. Überblick über das Kreislaufwirtschafts- und Abfallgesetz 563
    5. Bedeutung des Kreislaufwirtschafts- und Abfallgesetzes 564

  III. Gesetzeszweck, Anwendungsbereich, Begriffe und Instrumente 566
    1. Zweck des Gesetzes 566
    2. Geltungsbereich 566
        a) Anwendbarkeit des KrW-/AbfG 566
        b) Ausnahmen von der Geltung des KrW-/AbfG 568
    3. Begriffsbestimmungen 568
        a) Abfallbegriff 568
        b) Erzeuger 572
        c) Besitzer 573
        d) Entsorgung 573
        e) Besonders überwachungsbedürftige Abfälle 574
    4. Instrumente 575

  IV. Ordnung der Kreislaufwirtschaft 575
    1. Grundsätze und Grundpflichten 576
    2. Pflichtenhierarchie: Vermeidung, Verwertung und Beseitigung . . 576
    3. Abfallvermeidung 577
    4. Stoffliche und energetische Verwertung 578
        a) Unterscheidung stofflich/energetisch 578
        b) Abgrenzung zur Beseitigung 579
        c) Verhältnis stofflich/energetisch 579
        d) Anforderungen an die Verwertung 580
        e) Grenzen der Verwertungspflicht 581

Inhaltsverzeichnis

    5. Produktverantwortung 581
        a) Grundpflicht und Ausgestaltung 581
        b) Verbote, Beschränkungen und Kennzeichnungen 583
        c) Rücknahme- und Rückgabepflichten 585
        d) Ausblick 588
    6. Absatzförderung 589
    7. Informationspflichten 590

V. Ordnung der Abfallbeseitigung 590
    1. Grundsätze, Grundpflichten und Anforderungen zur Beseitigung . . 590
        a) Grundsätze 590
        b) Grundpflichten 592
        c) Anforderungen 592
    2. Aufgabenverteilung zwischen privaten und öffentlichen
       Entsorgungsträgern 593
        a) Grundsatz: Entsorgungspflicht nach dem Verursacherprizip . . . 593
        b) Ausnahme: öffentliche Trägerschaft 596
        c) Überlassungspflicht 598
    3. Benutzungspflicht (Anlagenzwang) 599
        a) Begriff der Abfallbeseitigungsanlage 599
        b) Grundregel: Anlagenzwang 601
        c) Ausnahmen vom Anlagenzwang 601
    4. Abfallwirtschaftsplanung, § 29 KrW-/AbfG 602
        a) Ziele und Inhalt der Abfallwirtschaftspläne 602
        b) Verbindlichkeit der Abfallwirtschaftspläne 603
        c) Bedeutung der Abfallwirtschaftspläne 603
        d) Exkurs: Standortsuche 604
        e) Rechtsschutz 605

VI. Zulassung und Stillegung von Abfallbeseitigungsanlagen 606
    1. Immissionsschutzrechtliche Genehmigung: § 31 I KrW-/AbfG
       und BImSchG 606
    2. Planfeststellung, § 31 II KrW-/AbfG 608
        a) Planfeststellungsverfahren 608
        b) Versagung des Planfeststellungsbeschlusses 609
        c) Materiellrechtliche Schranken des Planungsermessens 610
        d) Nebenbestimmungen, nachträgliche Anforderungen
           und Sicherheitsleistung 610
        e) Planänderung und Vorhabenkumulierung 611
        f) Rechtsschutz Dritter 611
    3. Plangenehmigung 613
        a) Zulässigkeit einer Plangenehmigung 613
        b) Plangenehmigungsverfahren 613
        c) Voraussetzungen einer Plangenehmigung 614
        d) Nebenbestimmungen, nachträgliche Anforderungen
           und Sicherheitsleistung 614

Inhaltsverzeichnis

       4. Zulassung vorzeitigen Beginns, Veränderungssperre 614
          a) Zulassung vorzeitigen Beginns 614
          b) Veränderungssperre 615
       5. Stillegung von Deponien 615
          a) Anzeigepflicht 615
          b) Rekultivierungs- und Schutzanordnungen 615
 VII. *Überwachung* 615
       1. Überblick über die Überwachungsbestimmungen 615
       2. Einteilung in bestimmte Abfallarten 616
       3. Anforderungen an die Überwachung 617
          a) Allgemeine Überwachung 617
          b) „Schlicht" überwachungsbedürftige Abfälle 619
          c) Besonders überwachungsbedürftige Abfälle 619
       4. Einsammeln und Befördern von Abfällen, Vermittlungsgeschäfte
         und grenzüberschreitender Verkehr 622
          a) Transportgenehmigung 622
          b) Vermittlungsgeschäfte 623
          c) Grenzüberschreitender Verkehr 624
       5. Mitteilungspflichten und innerbetriebliche Überwachung
         und Planung 627
          a) Mitteilungspflichten 627
          b) Betriebsbeauftragter 627
          c) Abfallwirtschaftskonzept 628
          d) Abfallbilanz 629
VIII. *Sonderbestimmungen für Altöle (§§ 5a u. 5b AbfG)* 629
       1. Verwertung 630
       2. Rücknahme- und Informationspflicht 631
  IX. *Behördenzuständigkeit* 631
       1. Überwachung 631
       2. Planfeststellung und Genehmigung 631

Schrifttum 632

Sachverzeichnis 643

Abkürzungsverzeichnis

a.A.	anderer Ansicht
a.E.	am Ende
a.F.	alte Fassung
aaO.	am angegebenen Ort
AbfBefV	Abfallbeförderungsverordnung
AbfBestV	Abfallbestimmungsverordnung
AbfEinfV	Abfalleinfuhrverordnung
AbfG	Abfallgesetz
AbfKlärV	Abfallklärschlammverordnung
AbfNachwV	Abfallnachweisverordnung
AbfVerbrG	Abfallverbringungsgesetz
AbfVerbrV	Abfallverbringungsverordnung
abl.	ablehnend
ABl.	Amtsblatt
Abs.	Absatz
Abschn.	Abschnitt
abw.	abweichend
AbwAG	Abwasserabgabengesetz
AbwHerkV	Abwasserherkunftsverordnung
AEG	Allgemeines Eisenbahngesetz
AMG	Arzneimittelgesetz
Anm.	Anmerkung
Art.	Artikel
Ast.	Antragsteller
AtDeckV	Atom-Deckungsvorsorge-Verordnung
AtG	Atomgesetz
AtVfV	Atomrechtliche Verfahrens-Verordnung
atw	Atomwirtschaft-Atomtechnik (Zeitschrift)
Aufl.	Auflage
ausf.	ausführlich
Az.	Aktenzeichen
BAB	Bundesautobahn
BAnz.	Bundesanzeiger
BArtSchVO	Bundesartenschutz-Verordnung
BauGB	Baugesetzbuch
BauNVO	Baunutzungsverordnung
BauR	Baurecht (Zeitschrift)
Bay.	Bayerisch
BayObLG	Bayerisches Oberstes Landesgericht
BayVBl.	Bayerische Verwaltungsblätter (Zeitschrift)

Abkürzungsverzeichnis

BB	Betriebs-Berater (Zeitschrift)
BBauG	Bundesbaugesetz
BBergG	Bundesberggesetz
Bbg	Brandenburg
BbG	Bundesbahngesetz
BBodSchG	Bundesbodenschutzgesetz
Bd.	Band
Bek.	Bekanntmachung
BfS	Bundesamt für Strahlenschutz
BGB	Bürgerliches Gesetzbuch
BGBl. I/II	Bundesgesetzblatt, Teil 1/2
BGH	Bundesgerichtshof
BGHZ	Entscheidungen des BGH in Zivilsachen (Amtl. Sammlung)
BImSchG	Bundes-Immissionsschutzgesetz
BImSchV	Verordnung zur Durchführung des BImSchG
BJagdG	Bundesjagdgesetz
Bln.	Berlin, Berliner
BMA	Bundesminister für Arbeit und Sozialordnung
BME	Bundesminister für Ernährung, Landwirtschaft und Forsten
BMFT	Bundesminister für Forschung und Technologie
BMI	Bundesminister des Innern
BMJ	Bundesminister für Jugend, Familie, Frauen und Gesundheit
BMR	Bundesminister für Raumordnung, Bauwesen und Städtebau
BMU	Bundesminister für Umwelt, Naturschutz und Reaktorsicherheit
BMV	Bundesministerium für Verkehr
BMWi	Bundeswirtschaftsministerium
BNatSchG	Bundesnaturschutzgesetz
BodSchG	Bodenschutzgesetz
Bq	Bequerel (radiologische Maßeinheit)
BR	Bundesrat
BR-Drs.	Bundesratsdrucksache
BReg.	Bundesregierung
Brem.	Bremen, Bremisch
BSeuchG	Bundesseuchengesetz
BT	Bundestag
BT-Drs.	Bundestagsdrucksache
BVerfG	Bundesverfassungsgericht
BVerfGE	Entscheidungen des BVerfG (Amtl. Sammlung)
BVerwG	Bundesverwaltungsgericht
BVerwGE	Entscheidungen des BVerwG (Amtl. Sammlung)
BW	Baden-Württemberg, Baden-Württembergisch
BWaldG	Bundeswaldgesetz
BWGZ	Die Gemeinde (Zeitschrift)
BWVP	Baden-Württembergische Verwaltungspraxis (Zeitschrift)
bzgl.	bezüglich
ChemG	Chemikaliengesetz
ChemPrüfV	Chemikalien-Prüfnachweisverordnung
ChemVerbotsV	Chemikalien-Verbotsverordnung
CKW	Chlorierte Kohlenwasserstoffe

Abkürzungsverzeichnis

d	je Tag
DB	Deutsche Bundesbahn
dB(A)	Dezibel (A-bewertet)
DDR	Deutsche Demokratische Republik
ders.	derselbe
diff.	differenzierend
DIN	Deutsches Institut für Normung
DJT	Deutscher Juristentag
DMG	Düngemittelgesetz
DNS	Desoxyribonucleinsäure
DÖV	Die Öffentliche Verwaltung (Zeitschrift)
DVBl.	Deutsches Verwaltungsblatt (Zeitschrift)
DVO	Durchführungsverordnung
DWR	Druckwasserreaktor
E	Entscheidungssammlung, Entwurf
E.coli	Escherichia coli
EAGV	Vertrag zur Gründung der Europäischen Atomgemeinschaft
ebda.	ebenda
ECE	Economic Commission for Europe
EEA	Einheitliche Europäische Akte
EG	Europäische Gemeinschaften
EGAB	ESrstes Gesetz zur Abfallwirtschaft und zum Bodenschutz im Freistaat Sachsen
EGBGB	Einführungsgesetz zum BGB
EGV	EG-Vertrag
EINECS	European Inventory of Existing Chemical Substances
EnergG	Energiewirtschaftsgesetz
EnteignG	Enteignungsgesetz
EntlG	Gesetz zur Entlastung der Gerichte in der Verwaltungs- und Finanzgerichtsbarkeit
EStG	Einkommensteuergesetz
et	Energiewirtschaftliche Tagesfragen (Zeitschrift)
EuGH	Gerichtshof der Europäischen Gemeinschaft
EGRZ	Europäische Grundrechte (Zeitschrift)
EUR	Europarecht (Zeitschrift)
EURATOM	Europäische Atomgemeinschaft
EurUm	Europäische Umwelt (Zeitschrift)
EUZW	Europäische Zeitschrift für Wirtschaftsrecht
EVertr	Einigungsvertrag
EW	Einwohner-Gleichwert
EWG	Europäische Wirtschaftsgemeinschaft
EWGV	Vertrag zur Gründung der EWG
f(f).	und folgende Seite(n)
F.	Fassung
FCKW	Fluorchlorkohlenwasserstoffe
FluglärmG	Fluglärmgesetz
FlurbG	Flurbereinigungsgesetz
Fn.	Fußnote

Abkürzungsverzeichnis

FreisRl.	Freisetzungsrichtlinie
FStrG	Bundesfernstraßengesetz
G	Gesetz
GBl.	Gesetzblatt
GefStoffV	Gefahrstoffverordnung
GenTAnhV	Gentechnik-Anhörungsverordnung
GenTAufzV	Gentechnik-Aufzeichnungsverordnung
GenTBetV	Gentechnik-Beteiligungsverordnung
GenTG	Gentechnikgesetz
GenTSV	Gentechnik-Sicherheitsverordnung
GenTVfV	Gentechnik-Verfahrensverordnung
GenTZuVO	Gentechnik-Zuständigkeitsverordnung
Ges.	Gesetz
GewArch.	Gewerbearchiv
GewO	Gewerbeordnung
GG	Grundgesetz für die Bundesrepublik Deutschland
GK-BImSchG	Gemeinschaftskommentar zum Bundesimmissionsschutzgesetz
GLP	Gute Laborpraxis
GMBl.	Gemeinsames Ministerialblatt
GS	Gedächtnisschrift
GS	Gesetzessammlung
GVBl.	Gesetz- und Verordnungsblatt
GVO	Gentechnisch veränderter Organismus
Gy	Gray (radiologische Maßeinheit)
H	Heft
h.L.	herrschende Lehre
h.M.	herrschende Meinung
ha	Hektar
Hbg.	Hamburg, Hamburgisch
Hdb.	Handbuch
HdUR	Handwörterbuch des Umweltrechts
Hess.	Hessen, Hessisch
HPflG	Haftpflichtgesetz
HS	Halbsatz
HStR	Handbuch des Staatsrechts
HTR	Hochtemperaturreaktor
hz	Hertz
Hz	Hertz (Zahl der Schwingungen je Sekunde)
i.d.F.	in der Fassung
i.e.S.	im engeren Sinn
i.S.	im Sinne
i.V.m.	in Verbindung mit
i.w.S.	im weiteren Sinn
Jh.	Jahrhundert
JÖR	Jahrbuch des öffentlichen Rechts
JuS	Juristische Schulung (Zeitschrift)
JZ	Juristenzeitung (Zeitschrift)

Abkürzungsverzeichnis

K	Kelvin
KAG	Kommunalabgabengesetz
Kap.	Kapitel
Kfz	Kraftfahrzeug
KKW	Kernkraftwerk
KraftStG	Kraftfahrzeugsteuergesetz
krit.	kritisch
KrW-/AbfG	Kreislaufwirtschafts- und Abfallgesetz
KTA	Kerntechnischer Ausschuß
Ktr.	Kommentar
KW	Kraftwerk
KWU	Kraftwerk Union
LAI	Länderausschuß für Immissionsschutz
LANA	Länderarbeitsgemeinschaft für Naturschutz, Landschaftspflege und Erholung
Lbg.	Lüneburg, Lüneburgisch
Lit.	Literatur
lit.	littera (Buchstabe)
LKV	Landes- und Kommunalverwaltung
LM	Lindenmaier-Möhring, Nachschlagewerk des BGH
LS	Leitsatz
LSA	Land Sachsen Anhalt
LuftVG	Luftverkehrsgesetz
LuftVZO	Luftverkehrszulassungsordnung
LVwVfG	Verwaltungsverfahrensgesetz eines Landes
LWG	Landeswassergesetz, Landeswassergesetze
LWR	Leichtwasserreaktor
M.	Meinung
m.w.N.	mit weiteren Nachweisen
MaßnG	Maßnahmengesetz
MDR	Monatsschrift für Deutsches Recht (Zeitschrift)
ME	Musterentwurf
MELUF	Ministerium für Ernährung, Landwirtschaft, Umwelt und Forste
MEPdG	Musterentwurf für ein Polizeigesetz
µg	Mikrogramm
Mio	Million(en)
Mrd	Milliarde(n)
Mstr.	Münster
MV	Mecklenburg Vorpommern
MVA	Müllverbrennungsanlage
MW	Megawatt
MWe	Megawatt (elektrisch) = 1 Mio Watt elektrischer Leistung
n.F.	neue Fassung
Nachw.	Nachweise
NatSchG	Naturschutzgesetz (Land)
NJW	Neue Juristische Wochenschrift (Zeitschrift)
nm	Nanometer
Ns.	Niedersachsen, Niedersächsisch

Abkürzungsverzeichnis

NStZ	Neue Zeitschrift für Strafrecht
NuL	Natur und Landschaft (Zeitschrift)
NuR	Natur und Recht (Zeitschrift)
NVwZ	Neue Zeitschrift für Verwaltungsrecht
NVwZ-RR	NVwZ-Rechtsprechungs-Report
NW	Nordrhein-Westfalen
NW	Nordrhein-Westfalen, Nordrhein-Westfälisch
NWVBl.	Nordrhein-Westfälische Verwaltungsblätter
OECD	Organisation for Economic Cooperation and Development (für wirtschaftliche Zusammenarbeit und Entwicklung)
OVG	Oberverwaltungsgericht
PBefG	Personenbeförderungsgesetz
PCB	Polychlorierte Biphenyle
PCP	Pentachlorphenol
PCT	Polychlorierte Terphenyle
PE	Polyethylen
PET	Polyethylenterephthalat
PFB	Planfeststellungsbeschluß
PflSchG	Pflanzenschutzgesetz
PFV	Planfeststellungsverfahren
Preuß.	Preußen, Preußisch
PS	Polystyrol
PTB	Physikalisch-Technische Bundesanstalt
PU	Plutonium
PVC	Polyvinylchlorid
Rad, rad	radiation absorbed dose (radiologische Maßeinheit)
Rem, rem	radiation equivalent man (radiologische Maßeinheit)
RG	Reichsgericht
Rh.-Pf.	Rheinland-Pfalz, Rheinland-Pfälzisch
RL	Richtlinie
Rn.	Randnummer(n)
RNS	Ribonucleinsäure
ROG	Raumordnungsgesetz des Bundes
Rs.	Rechtssache
Rspr.	Rechtsprechung
S	Sicherheitsstufe
S.	Seite, Satz
s.	siehe
s.o.	siehe oben
s.u.	siehe unten
Saarl.	Saarland, Saarländisch
SH	Schleswig-Holstein, Schleswig-Holsteinisch
Slg.	Sammlung
SNR	Schneller Brüter
SRU	Rat von Sachverständigen für Umweltfragen
st.	ständig(e)
StaatsVertr	Staatsvertrag

Abkürzungsverzeichnis

Stat.BA	Statistisches Bundesamt
Stat.Jb.	Statistisches Jahrbuch
StGB	Strafgesetzbuch
str.	streitig
StrlSchV	Strahlenschutzverordnung
StrVG	Strahlenschutzvorsorgegesetz
StVG	Straßenverkehrsgesetz
Sv	Sievert (radiologische Maßeinheit)
SWR	Siedewasserreaktor
TA Lärm	Technische Anleitung zum Schutz gegen Lärm
TA Luft	Technische Anleitung zur Reinhaltung der Luft
TEG	Teilerrichtungsgenehmigung
Th	Thüringen, Thüringisch
ThürVBl.	Thüringische Verwaltungsblätter
Tz.	Teilziffer
u.ä.	und ähnliche(s)
u.a.m.	und andere(s) mehr
u.E.	unseres Erachtens
UAbs.	Unterabsatz
UBA	Umweltbundesamt
UGB(-BT)	Umweltgesetzbuch (Besonderer Teil)
UIG	Umweltinformationsgesetz
UM	Umweltministerium
Umwelt	Informationen des BMI bzw. (seit H 4/5, 1986) des BMU
UNEP	United Nations Environment Program
UPR	Umwelt- und Planungsrecht (Zeitschrift)
UVP	Umweltverträglichkeitsprüfung
UVPG	Gesetz über die Umweltverträglichkeitsprüfung
V	Verordnung
VBlBW	Verwaltungsblätter für Baden-Württemberg (Zeitschrift)
VC	Vinylchlorid
VdI	Verein deutscher Ingenieure
Verh.	Verhandlungen
VersR	Versicherungsrecht (Zeitschrift)
VerwArch.	Verwaltungsarchiv
VerwRspr.	Verwaltungsrechtsprechung in Deutschland (Entscheidungssammlung)
VG	Verwaltungsgericht
VGH	Verwaltungsgerichtshof
VkBl.	Verkehrsblatt
VO	Verordnung
VVDStRL	Veröffentlichungen der Vereinigung der Deutschen Staatrechtslehrer
VwGO	Verwaltungsgerichtsordnung
VwVfG	Verwaltungsverfahrensgesetz des Bundes
WA	Washingtoner Artenschutzübereinkommen
WAA	Wiederaufbereitungsanlage
WaStrG	Wasserstraßengesetz
WHG	Wasserhaushaltsgesetz

Abkürzungen

WiVerw.	Wirtschaft und Verwaltung (Vierteljahresbeilage GewArch. u. UPR)
WMG	Waschmittelgesetz
WRMG	Wasch- und Reinigungsmittelgesetz
WuV	Wirtschaft und Verwaltung (Zeitschrift)
ZAU	Zeitschrift für angewandte Umweltforschung
ZBl.	Schweizerisches Zentralblatt für Staats- und Gemeindeverwaltung
ZfU	Zeitschrift für Umweltpolitik und Umweltrecht
ZfW	Zeitschrift für Wasserrecht
ZKBS	Zentrale Kommission für die biologische Sicherheit
ZPO	Zivilprozeßordnung
ZUR	Zeitschrift für Umweltrecht
zutr.	zutreffend

Teil 1

Allgemeines Umweltrecht

I. Funktion und Eigenart des Umweltrechts

1. Funktion und Begriff des Umweltrechts

Die Menschen laufen heute mehr denn je Gefahr, ihre natürlichen Lebensgrundlagen nachhaltig zu verändern, möglicherweise gar zu zerstören. Atemluft, Böden, Trinkwasser und Nahrungsmittel sind zunehmend schadstoffbelastet, Wälder „sterben", die Wüstenzonen weiten sich aus, der Treibhauseffekt und der Abbau der Ozonschicht beeinflussen das Weltklima. Viele Tier- und Pflanzenarten sind bereits ausgestorben oder vom Aussterben bedroht. Diese Liste ließe sich beliebig verlängern. Die Zukunft des Menschen ist aber ungewiß, wenn er die Umwelt, in der, von der und mit der er lebt, weiterhin in einem Maße ausbeutet wie bisher. Vor dem Hintergrund dieser „neuen" Bedrohungssituation für die bedeutendsten Individualgüter Leben, Freiheit und Eigentum[1] erscheint der Umweltschutz als ein *fundamentaler Staatszweck*[2], vergleichbar der Friedens- und Freiheitsfunktion, die zum staatlichen Gewaltmonopol führte, oder dem Rechtsstaats- und Sozialstaatsprinzip, die im vergangenen Jahrhundert Grundrechte sichern und die soziale Frage lösen halfen.

Ohne Umweltnutzung und damit auch ohne Umweltbelastung können die Menschen nicht existieren. Die Gesellschaft kann nicht naturreine Flüsse und Seen, saubere Luft, unberührte Natur, schöne Landschaft usw. zugleich mit einem hohen materiellen Wohlstandsniveau aufgrund einer hierfür ausreichenden Rohstoffgewinnung, Nahrungs-, Energie-, Dienstleistungs- und Güterproduktion haben. Vielmehr ist es notwendig, nach einem die konfligierenden ökonomischen, sozialen und ökologischen Bedürfnisse optimal berücksichtigenden Gleichgewicht zu streben. Ein solches Gleichgewicht ist aber weltweit nicht in Sicht, wenn man das Massenelend der exponentiell wachsenden Zahl von Menschen in vielen Entwicklungsländern und den Reichtum der Industrieländer, die laufende Vernichtung großer Teile der für das Klima so bedeutsamen tropischen Regenwälder, den sonstigen Ressourcenraubbau, die Bedrohung der lebenserhaltenden stratosphärischen Ozonschicht durch FCKW, den Treibhauseffekt und die Verschmutzung der Naturgüter (Boden, Luft und Wasser) nicht nur

---

1 So der Gedanke unveräußerlicher Menschenrechte seit *John Locke*, Two Treatises of Government, 1690, Vol. II, § 87.
2 *Murswiek*, Umweltschutz als Staatszweck: Die ökologischen Legitimitätsgrundlagen des Staates, 1995; ders., in: *Kloepfer* (Hrsg.), Umweltstaat als Zukunft, 1994, S. 172 ff.

1 *Allgemeines Umweltrecht*

in den Industriestaaten bedenkt.[3] Das „ökologische Schuldenkonto" hat – unübersehbar – inzwischen beängstigende Ausmaße angenommen. Der Umstand, daß die „Natur zurückschlägt", wo ihre Rahmenbedingungen mißachtet werden, verdeutlicht, daß heute **als Fortschritt nur noch bezeichnet werden kann, was von den Bedingungen der Natur mitgetragen wird** („Retenität" oder *„sustainable development"*).[4] Dieses Konzept des *Sustainable Development* ist ein Leitgedanke der UN-Konferenz für Umwelt und Entwicklung in Rio de Janeiro 1992 gewesen, der in die dort verabschiedete „Rio-Deklaration" und die „Agenda 21" Eingang gefunden hat (Rn. 1/36).

3 Durch die nachhaltige Übernutzung der Umwelt werden unverzichtbare Lebensgrundlagen der Menschen kontinuierlich oder gar in dramatischen „Phasensprüngen"[5] vernichtet. Daher *bedarf die Umweltnutzungsfreiheit* des einen *der normativen Beschränkung*, um dieselbe Freiheit des anderen nicht nur formal, sondern auch substantiell zu erhalten bzw. zu gewährleisten.[6] Diese normativen Beschränkungen bilden in ihrer Gesamtheit den Kernbereich des dem Schutz der Umwelt dienenden **Umweltrechts**. Dieses läßt sich als Inbegriff der Regelungen verstehen, die sich auf den Schutz, die Pflege und die Entwicklung der „Umwelt" oder einzelner ihrer Teile (also etwa auf Naturhaushalt, Boden, Wasser, Luft usw.) bzw. auf das dementsprechende Verhältnis „Mensch/Umwelt" beziehen. Letztlich soll mit diesen Regelungen unser aller Verhalten so gesteuert werden, daß die Grenzen der ökologischen Belastbarkeit sowohl des Menschen und der übrigen Lebewesen als auch ihrer Umwelt nicht überschritten werden.[7]

2. Schutzrichtungen und Ziele des Umweltrechts

4 Die Bedeutung des Umweltrechts für die Erhaltung und Pflege unserer Lebensgrundlagen liegt damit auf der Hand. Es geht dabei vor allem um *zwei Fragestellungen: Wer oder was soll geschützt werden (Schutzobjekt)* und *wovor (Art der Gefährdung)?* Eine erste, pauschale Antwort wird meistens schon in den Bezeichnungen der jeweiligen Gesetze und Verordnungen gegeben, die einerseits schutzgutbezogene Bezeichnungen (Naturschutzgesetz, Artenschutzverordnung, Waldgesetz, Wasserhaushaltsgesetz, Bodenschutzgesetz usw.) und andererseits gefährdungsbezogene Bezeichnungen (Bundesimmissionsschutzgesetz, Fluglärmgesetz, Verkehrslärmschutzverordnung, Chemikaliengesetz, Gentechnikgesetz usw.) enthalten. Dem *Schutz* dienen die Zielbestimmungen, die auf den angestrebten – z.B. durch die Festsetzung von Immissionsgrenzwerten oder sonstigen Beschaffenheitsanforderungen an Schutzgüter definierten – *Umweltzustand* bezogen sind (Umweltqualitätsziele). Gegen die *Gefährdung* richten

---

3 S. hierzu *Nisbet*, Globale Umweltveränderungen, 1994; ferner UBA, Daten zur Umwelt 1992/93, S. 86 ff.
4 Ausführlich hierzu aus umweltethischer Sicht: SRU, Umweltgutachten 1994, S. 45 ff. Der Begriff „Retenität" geht zurück auf lat. *„reta"*, das Netz.
5 Dazu *Eigen*, Perspektiven der Wissenschaft, 2. Aufl. 1989, S. 105 ff.
6 Dazu *Murswiek*, JZ 1988, 985 ff.; DVBl. 1994, 77 ff., der die Belastung öffentlicher Umweltgüter wie Luft, Wasser (und z.T. des Bodens) als *Teilhabe* i.S.d. Grundrechtstheorie auffaßt.
7 So etwa die Formulierung im SRU-Umweltgutachten 1987, Tz. 10.

sich hingegen alle Zielbestimmungen, die verschiedene Faktoren der *Umweltbeeinträchtigung* betreffen und mit der Regelung z.B. von vorsorgenden Emissionsgrenzwerten, Beschaffenheitsanforderungen an potentiell gefährliche Stoffe, Vorschriften über den Umgang mit solchen Stoffen usw. bestimmten Gefährdungen begegnen sollen (Umweltschutzziele i.e.S.). Manche Instrumente dienen sowohl dem einen als auch dem anderen Ziel (z.B. Immissionsgrenzwerte).

Der Begriff **Umwelt** wird in zahlreichen Bedeutungen gebraucht.[8] Im Sinne einer Gesamtdarstellung des Umweltrechts ist der Begriff Umwelt weit zu verstehen und umfaßt Mitmenschen, Tiere, Pflanzen, Boden, Wasser, Luft, Klima, Landschaft, Kultur- und Sachgüter sowie das dazwischen bestehende Wirkungsgefüge[9], d.h. er ist letztlich mit der Biosphäre als Gesamtsystem der Ökosysteme (Rn. 3/3 ff.) gleichbedeutend. Beim *Umweltschutz* handelt es sich vornehmlich darum, die Umwelt vor nachteiligen Wirkungen menschlicher Eingriffe zu *bewahren*, eingetretene ökologische Schäden zu *beseitigen* und mit alledem dem Menschen eine lebenswerte Umwelt zu *erhalten*. Erst das **Umweltrecht** vermag der Umweltpolitik diese „Zieltrias" verbindlich vorzugeben. Die **Umweltpolitik** umfaßt nicht nur die unmittelbar und ausschließlich dem Umweltschutz zugewandte Politik, sondern auch die auf einen „integrierten Umweltschutz" gerichteten Teilgehalte zahlreicher Einzelpolitiken (etwa Rechts-, Wirtschafts-, Finanz-, Bevölkerungs-, Raumordnungs-, Forschungspolitik usw.). Sie dient dem Schutz[10]

- der Naturgüter oder Umweltmedien (Boden, Luft und Wasser),
- der Landschaft und des Klimas,
- und der Erhaltung wildlebender Tier- und Pflanzenarten sowie dem Schutz ihrer Lebensräume,
- der Funktionsfähigkeit des Naturhaushalts sowie einzelner Ökosysteme.

Vor allem geht es dabei um umweltfeindliche anthropogene Einwirkungen im Zusammenhang mit der Erzeugung, der Verwandlung und dem Einsatz von Energie sowie mit chemischen, vor allem chlorchemischen Prozessen in der Produktion, aber auch mit dem alltäglichen Verhalten jedes einzelnen, beispielsweise vor dem Einkaufsregal. Schon längst ist auch eine international abgestimmte Umweltpolitik gefordert.

Ein effektiver Umweltschutz durch Vollzug des Umweltrechts und durch Umweltpolitik setzt eine laufende und hinreichende *Information* aller verantwortlichen Organe, aber auch der Bevölkerung über den jeweiligen faktischen Zustand der Umwelt (Umweltqualität) sowie über Umweltbeeinträchtigungen und ihre Ursachen (Umweltstreß) voraus. Zahlreiche Ministerien, Ämter und Dienststellen des Bundes und der Länder berichten regelmäßig zur Situation der Umwelt.[11] Wichtige Informationsquellen sind auch die Jahrbücher der Statistischen Ämter, die

---
8 *Kloepfer*, Umweltrecht, 1989, S. 11 ff. Der Begriff Umwelt weist bereits in den Normen, die ihn verwenden, unterschiedliche Inhalte auf (vgl. *Dempfle-Müggenborg*, NuR 1987, 301 ff.) und wird auch unterschiedlich interpretiert (vgl. *Erbguth*, Grundfragen, S. 44 ff. m.w.N.).
9 Vgl. § 2 I UVPG; *Kloepfer/Rehbinder/Schmidt-Aßmann/Kunig*, UGB – Allgemeiner Teil, 1990, S. 116 f.
10 S. dazu Leitlinien Umweltvorsorge der BReg., BT-Drs. 10/6028, S. 6. Vgl. ferner *Vahrenholt*, in: HdUR, Bd. II, Art. „Umweltpolitik", Sp. 2237 ff. sowie *Hartkopf/Bohne*, Umweltpolitik, Bd. I, 1983.
11 Im Anhang von UBA, Daten zur Umwelt 1990/91, findet sich eine Übersicht der bis Jan. 1992 erstatteten Berichte.

1 *Allgemeines Umweltrecht*

vom Umweltbundesamt herausgegebenen Daten zur Umwelt, die Gutachten des Rats von Sachverständigen für Umweltfragen (Rn. 1/94), die Roten Listen der gefährdeten Tiere und Pflanzen in der Bundesrepublik Deutschland (Rn. 3/28) usw. Eine Datenerhebung kann aufgrund des *Umweltstatistikgesetzes* vom 14.10.1980/21.9.1994 bei den Unternehmen erfolgen. Es ist notwendig, die bestehenden Systeme der Umweltbeobachtung, die meist ausschließlich sektoral orientiert sind, zu einem integrierten System einer allgemeinen ökologischen Umweltbeobachtung fortzuentwickeln. Wissenschaftlichen Ansprüchen genügende Prognosen zur künftigen Umweltentwicklung sind nur auf der Grundlage verläßlicher Informationen über den gegenwärtigen Umweltzustand und unter Berücksichtigung der zu erwartenden Umweltnutzungen und Umweltschutzmaßnahmen möglich; eine breitere Entscheidungsbasis eröffnen dabei alternative Szenarien.[12]

Inzwischen wird auch versucht, die Größenordnung der gesamtwirtschaftlichen Umweltschäden zu erfassen, für die alten Bundesländer wurden dabei in den 80er Jahren zwischen 100 und 500 Mrd DM/Jahr ermittelt, eine neuere gesamtdeutsche Abschätzung für das Jahr 1992 beziffert die *jährlichen Umweltschäden auf rund 200 Mrd DM*.[13]

8 Ebenso dient es mittelbar dem Umweltschutz, wenn den Bürgern freier Zugang zu den bei Behörden vorhandenen Umweltinformationen gewährt wird. Diesen Gedanken greifen die Richtlinie 90/313/EWG des Rates vom 7.6.1990 und das hierauf ergangene *Umweltinformationsgesetz* vom 19.5.1994 (Rn. 1/169 ff.) auf.

9 **Schützen** bedeutet allerdings mehr als bloße – aus dem Polizei- und Ordnungsrecht überkommene – *Gefahrenabwehr* und *Störungsbeseitigung*, d.h. Schutz vor aktueller Umweltgefährdung und Beseitigung eingetretener Umweltschäden (Rn. 1/67). Umweltschutz heute bedeutet nämlich zugleich *vorsorgendes*, d.h. präventiv planendes, gestaltendes, pflegendes, entwickelndes oder sonst förderndes Handeln (Rn. 1/69). Außerdem dürfen sektorale Schutzmaßnahmen (z.B. Gewässerreinhaltung, Abfallentsorgung) nicht zu unvertretbaren anderweitigen Umweltbelastungen (z.B. durch schadstoffhaltigen Klärschlamm, durch dioxinhaltige Emissionen aus Müllverbrennungsanlagen) führen. Es ist m.a.W. ein *integrierter Umweltschutz* geboten.

10 Oberstes Ziel der Umweltpolitik ist es, die natürlichen Lebensgrundlagen und damit Leben und Gesundheit der Menschen jetzt und in Zukunft („Nachweltschutz") zu bewahren (vgl. Art. 20a GG). Somit sind der Schutz und die Pflege der Umwelt(-güter) zunächst *anthropozentrisch* orientiert. Sie erweisen sich nämlich gerade *um der Menschen willen* – und zwar um der heutigen Menschen und der künftigen Generationen willen – als notwendig zur Sicherung ihrer natürlichen Lebensgrundlagen (§ 1 I BNatSchG, § 1 I ROG) bzw. zur Wahrung des Wohls der Allgemeinheit (§ 1a I WHG, §§ 10 I KrW-/AbfG u.a.m.). Dabei geht es insbesondere um die grundrechtlich geschützten Individualgüter nach Art. 2 I GG (allgemeine Handlungsfreiheit), Art. 2 II GG (Leben und körperliche Unversehrtheit) und Art. 14 I 1 GG (Eigentum) sowie um die Verwirklichung der staatlichen Verantwortung für die natürlichen Lebensgrundlagen (Art. 20a GG). Letztlich ist somit auch der Umweltschutz aus dieser Sicht Schutz des Menschen vor dem (die Umwelt übermäßig in Anspruch nehmenden) Menschen.

---

12 Vor allem im Sinne eines Appells sind die Versuche globaler Prognosen zu werten. Allgemein bekannt geworden sind der 1972 erschienene Bericht des „Club of Rome" mit dem Titel „Die Grenzen des Wachstums" und der Bericht der US-Regierung aus dem Jahr 1982 mit dem Titel „Global 2000".
13 *Wicke*, Umweltökonomie, 4. Aufl. 1993, S. 60 ff., 112 ff. m.w.N.

Darüber hinaus kann der Umweltschutz aber auch den Schutz von Ökosystemen, einzelnen wildlebenden Tier- und Pflanzenarten usw. *um ihrer selbst willen* im Auge haben, ist also unter diesem Gesichtspunkt auch Selbstzweck (vgl. z.B. §§ 17 I Nr. 2, 20e BNatSchG i.V.m. der BArtSchV). Diese beiden Ansätze, nämlich der *anthropozentrische* Ansatz einerseits und der *ökozentrische* Ansatz[14] andererseits schließen sich gegenseitig nicht aus; sie bestehen vielmehr nebeneinander; bei manchen Umweltschutznormen überlagern sie sich.

Der Umweltschutz kann *sektoral* ansetzen (z.B. BImSchG, AtG, GenTG, WHG, KrW-/AbfG usw.) oder sektorenübergreifend *integral* (z.B. ROG, BauGB, UVPG usw.). Er kann auch – und dies ist ein anderes Einteilungsprinzip – *medial* ansetzen (z.B. BNatSchG, WHG, BodenSchG) bzw. sonst umweltgutbezogen (z.B. ArtSchV) oder aber medienübergreifend *kausal* (z.B. KrW-/AbfG, AtG, StrlSchV, BImSchG, ChemG, GenTG). Manche Umweltgesetze beziehen sich im Sinne eines „medialen Umweltschutzes" nicht nur, aber vor allem *auf einzelne Umweltmedien* – z.B. das BImSchG (mehrmedial), das WHG (einmedial), das BNatSchG (mehrmedial) oder ein etwaiges, hinsichtlich seiner Wünschbarkeit (und der Bundeskompetenz, Rn. 5/48) umstrittenes Bodenschutzgesetz (einmedial) –, andere sind im Sinne eines kausalen, produktorientierten Umweltschutzes *stoffbezogen* und daher *ohne speziellen Medienbezug* (z.B. das ChemG, das WRMG, das PflSchG usw.). **11**

In zeitlicher Hinsicht ist zu unterscheiden zwischen *vorbeugendem* Schutz, insbesondere durch Verbote bzw. Gebote (präventive Gefahrenabwehr, Vorsorge), und *nachsorgendem* Schutz durch Beseitigung bereits eingetretener Störungen oder Nachteile, z.B. Beseitigung einer Ölverschmutzung des Bodens, Sanierung einer Altlast. Ganz allgemein ist das Bestreben festzustellen, den Umweltschutz möglichst früh wirksam werden zu lassen, was z.B. Verbot (Vorbeugen, Prävention) statt Beseitigung (Heilung, Restitution) bedeuten kann oder auch Zulassungsvorbehalt statt nachträglicher Untersagung, Vermeidung statt Entsorgung usw. **12**

3. Umweltrecht als Querschnittsrecht und als selbständiges Rechtsgebiet

Die Normen des – noch immer in einer stürmischen Entwicklung begriffenen[15] – Umweltrechts finden sich zum Teil in (hier sog.) *umweltspezifischen* Gesetzen, d.h. in Gesetzen, die primär auf den Umweltschutz bezogen sind, etwa im Bereich des öffentlichen Immissions-, des Strahlenschutz- oder Naturschutzrechts, des Gentechnikrechts, des Abfallentsorgungsrechts, des Bodenschutz- oder des Wasserrechts. Zum Teil finden sich aber die Umweltrechtsnormen in lediglich (hier sog.) *umweltrelevanten* Gesetzen, d.h. in Gesetzen, die neben sonstigen Zielsetzungen mit dieser oder jener Norm auch auf Umweltbelange Bedacht nehmen, wie etwa im Bereich des Raumordnungsrechts (vgl. z.B. §§ 1 I, 2 I Nrn. 7 u. 8, 6a ROG n.F.), des Baurechts (z.B. §§ 1 V 1 u. 2 Nr. 7, 5 II Nrn. 6 u. 10, 9 I Nrn. 20, 23 u. 24, 127 II Nr. 5 BauGB), des **13**

---
14 Z.B. *Bosselmann*, Im Namen der Natur, 1992. Zurecht krit. hierzu *Lübbe/Lübbe*, ZUR 1993, 90 ff.
15 Zur Umweltrechtsgeschichte s. *Kloepfer*, Zur Geschichte des deutschen Umweltrechts, 1994.

1 *Allgemeines Umweltrecht*

Atomrechts (z.B. §§ 1 Nr. 2, 7 II Nrn. 3 u. 6 AtG), des Bergrechts (z.B. § 1 Nr. 3 BBergG), des Flurbereinigungsrechts (z.B. § 37 II FlurbG), des Waldrechts (z.B. § 1 Nr. 1 BWaldG), des Straßen- und Straßenverkehrsrechts (z.B. §§ 3 I 2 HS 2, 17 I 2 u. IV FStrG, § 6 I Nrn. 3d u. 5a StVG), des Luftverkehrsrechts (z.B. §§ 2 I 2 Nr. 4, 6 II 1, 9 II, 29b, 32 I 1 Nr. 15, 32a, 32b LuftVG, §§ 3 I Nr. 2b u. II, 10 IV LuftVZO) u.a.m.

14 Zum Umweltrecht gehören materiell- und verfahrensrechtliche Vorschriften, zivil-, straf-, verwaltungs- und natürlich auch verfassungsrechtliche Normen. Hinzu kommen das Umweltvölkerrecht und das – immer wichtigere – Umwelteuroparecht. Umweltrecht findet sich auf allen Ebenen der Normenhierarchie angesiedelt. Die Fülle der Regelungen zeigt ein Charakteristikum, aber auch eine Schwierigkeit des Umweltrechts, nämlich die „*Verstreutheit*" seiner Normen über ganz verschiedene Regelungsbereiche.[16]

15 Auf **europarechtlicher Ebene** umfaßt das „supranationale" (dem innerstaatlichen Recht vorgehende) EG-Umweltrecht außer den einschlägigen EG-Vertragsnormen (Rn. 1/38) und den allgemeinen Rechtsgrundsätzen des Gemeinschaftsrechts[17] (sog. *Primärrecht*) eine Fülle von Normen des *sekundären Gemeinschaftsrechts* i.S. von Art. 189 EGV oder Art. 161 EAGV (Rn. 1/39 ff.). Sekundärnormen sind entweder in allen EG-Mitgliedstaaten unmittelbar geltende *Verordnungen* der jeweils zuständigen Unions-Organe (Rat oder Kommission) oder aber – wie meist – *Richtlinien*, die prinzipiell (nur) für die Mitgliedstaaten und auch nur hinsichtlich der Ziele verbindlich und innerhalb der vorgegebenen Fristen umzusetzen sind.[18] Da zahlreiche Gebiete des Umweltrechts (z.B. das Wasser- und Luftreinhalterecht, das Recht der Industrieunfälle, das Abfallrecht u.a.m.) EG-rechtlich schon mehr oder weniger weitgehend determiniert sind, muß zum Verständnis und zur Anwendung der innerstaatlichen Umweltschutzvorschriften häufig auch das EG-Recht herangezogen werden (Rn. 1/40). Nach Art. 10 EVertr – ebenso nach dem Prinzip der beweglichen Vertragsgrenzen – gilt das Gemeinschaftsrecht seit dem Beitritt der ehemaligen DDR zur Bundesrepublik Deutschland auch in den neuen Bundesländern. Allerdings sind für diese Länder – inzwischen abgelaufene – Übergangsregelungen geschaffen worden.

16 Auf **nationaler Ebene** umfaßt das Umweltrecht im Bundes- und Landesbereich Verfassungsnormen, Gesetze, Rechtsverordnungen und Verwaltungsvorschriften, aber auch Satzungen bestimmter, mit Autonomie begabter öffentlich-rechtlicher Körperschaften.

17 Nach allem erweist sich das Umweltrecht ähnlich wie das Wirtschaftsrecht als ein „**Querschnittsrecht**". Dieses Querschnittsrecht ist harmonisierungsbedürftig, da seine

---

16 Zum Problem s. *Erbguth*, Grundfragen; *Kloepfer*, Systematisierung des Umweltrechts, 1978.
17 S. hierzu *Bleckmann*, DÖV 1993, 837 ff.; *Grabitz*, NJW 1989, 1776 ff.; *Schmidt-Aßmann*, DVBl. 1993, 924 ff.; *Schwarze*, Europäisches Verwaltungsrecht, 1988.
18 Vgl. aber BVerfGE 75, 223 (235 ff.) zur unmittelbaren Geltung hinreichend genauer und unbedingter EG-Richtlinien bei nicht fristgerechter bzw. nicht ordnungsgemäßer Umsetzung in innerstaatliches Recht. Dazu auch unten Rn. 1/40. Vgl. im übrigen zur Gerichtsbarkeit des BVerfG über die Anwendbarkeit abgeleiteten Gemeinschaftsrechts BVerfGE 73, 339 (383 ff.) – „Solange II" – und 89, 155 ff. – Maastricht.

(häufig ergänzten und novellierten) Normen nicht zureichend aufeinander abgestimmt sind, so daß es zur Verwendung unterschiedlicher Begriffe für identische Begriffsinhalte, zu Überschneidungen oder Mehrfachregelungen und zu sonstigen Unstimmigkeiten gekommen ist. Novellierungen gehen daneben auch häufig von unterschiedlichen, ja sogar gegenläufigen systematischen Ansätzen aus (UVPG und ROG einerseits, Verkehrswegeplanungsbeschleunigungsgesetz, Planungsvereinfachungsgesetz und Maßnahmegesetz andererseits). Im übrigen sind insbesondere die lediglich umweltrelevanten Regelungen (Rn. 1/13) eng mit Rechtsgebieten verzahnt, die nicht lediglich als Umweltrecht qualifiziert werden können, wie z.B. das Planfeststellungsrecht. Jedoch bildet das Umweltrecht im Sinne der Gesamtheit der umweltspezifischen, aber auch der nur umweltrelevanten Regelungen eine besondere, von anderen Rechtsgebieten abgrenzbare Rechtsmaterie. Die Zusammenfassung verschiedener Regelungsbereiche bzw. -sektoren unter einem umweltbezogenen und ganzheitlichen Aspekt ist – wie auch die planvolle Umweltschutzgesetzgebung[19] – zwar noch relativ jung, dennoch ist auf der Grundlage umweltrechtsspezifischer – sektoral differierender – Zwecksetzungen, Wertungen und Rechtsprinzipien von der Rechtswissenschaft im Rahmen einer integrativen Sichtweise durch systembildende rechtsdogmatische Aufarbeitung ein durchaus *eigenständiges Umweltrecht* sichtbar gemacht worden.[20] Diese Wertungen, Prinzipien und zweckrationalen Grundentscheidungen bilden die Basis und eine wichtige innere Rechtfertigung eines besonderen Rechtsgebiets „Umweltrecht".

18 Der 59. DJT 1992 befaßte sich mit der Frage „Empfiehlt es sich, ein **Umweltgesetzbuch** zu schaffen, gegebenenfalls mit welchen Regelungsbereichen?" und befürwortete grundsätzlich eine umfassende Umweltrechtskodifikation. Zuvor war im Jahre 1990 vom BMU der von einer Professorengruppe erarbeitete „wissenschaftliche" Entwurf eines 169 Paragraphen umfassenden Allgemeinen Teils eines Umweltgesetzbuchs (E-UGB-AT) vorgestellt worden.[21] Er hat insbesondere Ziele, Prinzipien und Instrumente des Umweltschutzes, Umweltrechte und Umweltpflichten, ein Modell der Umweltleitplanung[22], Umweltfolgenprüfung und Umwelthaftung sowie die Verbandsbeteiligung, die Öffentlichkeit von Verfahren sowie Recht- bzw. Regelsetzung zum Inhalt. Hierauf aufbauend wurde Ende 1993 die Arbeit einer weiteren Professorengruppe für den Entwurf eines Besonderen Teils vorgestellt, der die Sachgebiete Naturschutz und Landschaftspflege, Gewässerschutz und Wasserwirtschaft, Bodenschutz, Immissionsschutz, Kernenergie und Strahlenschutz, Gefährliche Stoffe sowie Abfallwirtschaft und Abfallentsorgung, nicht aber das bedeutsame Gentechnikrecht, ein übergreifendes Stoffrecht (Rn. 9/44) oder ein einheitliches Recht für alle Verkehrsanlagen (mit einer sog. verkehrswegübergreifenden Verkehrsfolgenprüfung) umfaßt.[23] Vor der ministeriellen Gesetzgebungsarbeit soll durch eine vom BMU im Juli 1992 berufene, unabhängige Sachverständigenkommission

---

19 In dieser Hinsicht hatte das Umweltprogramm der BReg. von 1971, BT-Drs. 6/2710 die Funktion einer Initialzündung.
20 *Erbguth*, Grundfragen, S. 48 ff.; *Kloepfer*, Umweltrecht, S. 27 ff.
21 *Kloepfer/Rehbinder/Schmidt-Aßmann/Kunig*, Umweltgesetzbuch – Allgemeiner Teil, 1990; s. hierzu auch die Verhandlungen des 59. DJT 1992 mit Gutachten von *Breuer* sowie Referaten von *Hansmann* und *Dolde*.
22 S. *Erbguth*, DVBl. 1992, 122 ff.; *Hoppe*, NJW 1992, 1993 ff.
23 *Jarass/Kloepfer/Kunig/Papier/Peine/Rehbinder/Salzwedel/Schmidt-Aßmann*, Umweltgesetzbuch – Besonderer Teil, 1994; *Kloepfer*, DVBl. 1994, 305 ff. Zu einem integrierten Stoffrecht s. Enquête-Kommission „Schutz des Menschen und der Umwelt", BT-Drs, 12/8260, S. 29 ff., 305.

1 Allgemeines Umweltrecht

– unter Vorsitz des früheren Präsidenten des BVerwG *Sendler* – das über viele Einzelgesetze verstreute Umweltrecht auf der Basis der Professoren-Entwürfe in einem einheitlichen Umweltgesetzbuch zusammengefaßt und fortentwickelt werden.

19 Im Gegensatz hierzu ist die Entwicklung des Umweltrechts spätestens seit dem Beitritt der ehemaligen DDR im Jahre 1990 durch eine *Verkürzung der Beteiligungsrechte und Rechtsschutzmöglichkeiten* der Bürger sowie eine *Aufweichung der formellen und materiellen Genehmigungsvoraussetzungen in einer Vielzahl von Sonderregelungen* geprägt, die – entsprechend immer wiederholten Forderungen der Wirtschaftsverbände – den „Aufschwung Ost" und den „Industriestandort Deutschland" sichern sollen, und zwar durch punktuelle Gesetzesänderungen mit dem Ziel, Zulassungsverfahren zu beschleunigen.[24] Beispielhaft können die überhastete Verabschiedung des Planungsvereinfachungsgesetzes (Rn. 2/28, 2/61) sowie des Investitionserleichterungs- und Wohnbaulandgesetzes (Rn. 3/46, 6/46) im Jahre 1993 genannt werden. Es ist erstaunlich, welche Energie der Gesetzgeber derzeit – im Anblick global zunehmender Umweltprobleme – in den Abbau umweltrechtlicher Vorschriften steckt, ohne zuvor eine fundierte Schwachstellenanalyse betrieben zu haben und ohne die Mitverantwortung der Antragsteller an der Dauer der Genehmigungsverfahren auch nur zu erwähnen; deshalb kann man dem Präsidenten des Umweltbundesamts *von Lersner* nur zustimmen, wenn er davon spricht, daß derzeit eine „ökologische Gegenreformation" stattfindet.[25]

20 Unabhängig davon dürfte es bereits in Anbetracht der dynamischen Entwicklung des nationalen und europäischen Umweltrechts schwerfallen, in absehbarer Zukunft eine umfassende Gesamtkodifikation in Gestalt eines (jedoch wünschenswerten) UGB zu schaffen.[26] Gerade im Hinblick auf die fortlaufenden Novellierungen der einzelnen Fachgesetze, die häufig aus unterschiedlichen systematischen und politischen Ansätzen erfolgen, besteht nach überwiegender Auffassung sowohl ein *Harmonisierungs-* als auch ein *Fortentwicklungsbedarf* im Umweltschutzrecht.[27] Daher wäre es zumin-

---

24 S. z.B. BMWi (Hrsg.), Investitionsförderung durch flexible Genehmigungsverfahren. Bericht der Unabhängigen Expertenkommission zur Vereinfachung und Beschleunigung von Planungs- und Genehmigungsverfahren, November 1994; *Bullinger*, JZ 1994, 1129 ff.; *Schlichter*, DVBl. 1995, 173 ff. einerseits und *Erbguth*, JZ 1994, 477 ff.; *Lübbe-Wolff*, ZUR 1995, 57 ff. andererseits. Nach neueren Untersuchungen spielt die Dauer von Genehmigungsverfahren allerdings bei Investitionsentscheidungen nur eine untergeordnete Rolle, vgl. *Steinberg*, NVwZ 1995, 109 m. Fn. 4.
25 Auf der Jahrespressekonferenz des BVerwG am 14.2.1995 übte auch der Präsident des Gerichts, *Everhard Franßen*, zutreffende Kritik an dieser Haltung des Gesetzgebers: „Die Beschleunigung der Genehmigungsverfahren ist heute ein höchst aktuelles Thema. Beschleunigt hat sich freilich bislang die Rotation der Gesetzgebungsmaschine, und zwar in einer Weise, die nach meinem Eindruck sowohl Verwaltung als auch Verwaltungsgerichte zunehmend zu überfordern beginnt. Es ist in manchen Bereichen des Umweltrechts fast schon eine besondere Leistung, sich den Überblick über das aktuell geltende Recht zu erhalten – oder besser – wieder zu verschaffen. Es mag mit unserem föderalistischen System zusammenhängen, daß auf gesamtstaatlicher Ebene die Entdeckung politischen Handlungsbedarfs immer mit der Entdeckung vermeintlicher Regelungsdefizite einhergeht, denn der Bund hat nun einmal im Vollzugsbereich nur sehr geringe Kompetenzen, und wenn er handeln will, muß er als Gesetzgeber handeln. Aber wir haben heute keine Regelungsdefizite, sondern Vollzugsprobleme, die durch das ständige Drehen an der Regulierungsschraube nicht behoben, sondern nur vermehrt werden …" (DVBl. 1995, 339).
26 In der Schweiz ist dagegen eine Kodifikation bereits vor einem Jahrzehnt durch das Umweltschutzgesetz v. 7.10.1983 vorgenommen worden; dazu z.B. *Heine*, UPR 1985, 345 ff.; *Kölz/Müller-Stahel* (Hrsg.), Kommentar zum Umweltschutzgesetz, Loseblattsammlung.
27 S. Diskussion der Abteilung Umweltrecht beim 59. DJT nebst Beschlüssen, in: Verhandlungen des 59. DJT, 1992, Band II, N, S. 56 ff., 202 ff.; ferner *Kloepfer* (Hrsg.), Umweltstaat als Zukunft, 1994; zuvor bereits *Kloepfer/Meßerschmidt*, Innere Harmonisierung des Umweltrechts, 1986.

dest erforderlich, nach dem Vorbild des UVPG oder des UIG einzelne, in vielen Umweltrechtssektoren wiederkehrende Regelungsgegenstände vorab einheitlich und sektorenübergreifend zu normieren. Zu denken wäre etwa an ein Gesetz zur Regelung der organisatorischen und verfahrensrechtlichen Vorgaben für den Erlaß von Umweltstandards, an ein Gesetz zur Regelung der Rechtsstellung von Umweltbeauftragten sowie ein einheitliches förmliches Genehmigungsverfahren.

Der vielfach attestierte Reformbedarf des Umweltrechts wird darüberhinaus auch als ein Indikator für mögliche *Änderungen des allgemeinen Verwaltungsverfahrensrechts* angesehen (Rn. 1/103, 1/128)[28], womit dem Umweltrecht eine Schlüsselrolle in der Diskussion um die Reform des Allgemeinen Verwaltungsrechts zukommt. 21

II. Möglichkeiten der Einteilung des Umweltrechts

Der Komplexität des Umweltrechts als Querschnittsrecht entspricht die Vielfalt der Einteilungsmöglichkeiten. 22

1. Materielles und formelles Umweltrecht

Das **materielle Umweltrecht** läßt sich in allgemeines und besonderes Umweltrecht einteilen. Zum „*allgemeinen Umweltrecht*" kann man alle diejenigen Normen zählen, die für den gesamten Umweltschutz von Bedeutung sind (wie z.B. Umweltverfassungsrecht, allgemeine Umweltrechtsprinzipien, Umweltverträglichkeitsprüfung, Informationsanspruch usw.). Das „*besondere Umweltrecht*" läßt sich in umweltmedienbezogene Rechtsgebiete (Naturschutz, Gewässerschutz, Bodenschutz) und kausal-medienübergreifende, an potentielle Belastungsfaktoren (z.B. Abfallrecht, Gentechnikrecht, Gefahrstoffrecht) anknüpfende Rechtsgebiete unterteilen. Diese Einteilung wird auch für den Erlaß eines Umweltgesetzbuchs diskutiert (Rn. 1/18). 23

Schließlich lassen sich zum **formellen Umweltrecht** zählen: Umweltorganisationsrecht (Behördenstruktur- und Zuständigkeitsfragen), Umweltverfahrensrecht (z.B. Vorschriften über Anhörungsverfahren, Umweltinformationsgesetz) und Umweltprozeßrecht (z.B. Zulassung der naturschutzrechtlichen Verbandsklage in verschiedenen Bundesländern; vgl. Rn. 3/261 ff.). 24

2. Privates und öffentliches Umweltrecht, Umweltstrafrecht

Das **private Umweltrecht** ist insbesondere in den §§ 906 ff., 1004 BGB sowie in den Landesnachbarrechtsgesetzen geregelt; von Bedeutung ist hier auch noch das (private) Deliktsrecht der §§ 823 ff. BGB, die wasserrechtliche Gefährdungshaftung des § 22 25

---

28 S. *Hoffmann-Riem*, DVBl. 1994, 1381 ff. u. in: *ders./Schmidt-Aßmann/Schuppert* (Hrsg.), Reform des Allgemeinen Verwaltungsrechts, 1993, 115 ff.

1 *Allgemeines Umweltrecht*

WHG oder das Umwelthaftungsgesetz (Rn. 1/139). Dieses private Umweltrecht dient dem bürgerlichrechtlichen, vor den Zivilgerichten durchzusetzenden Individualschutz, und zwar vor allem gegen Umweltbelastungen durch Immissionen.[29] Das Umweltprivatrecht tritt heute infolge der *privatrechtsgestaltenden* Eröffnungskontrollen mit Präklusionswirkung z.B. im Immissionsschutzrecht (§ 14 BImSchG), im Wasserrecht (§ 11 WHG), im Atomrecht (§ 7 VI AtG), im Gentechnikrecht (§ 23 GenTG) oder im Fachplanungsrecht (§ 75 II 1 VwVfG) immer mehr hinter das öffentliche Umweltrecht zurück. In manchen Bereichen bleibt dem Umweltprivatrecht nur die Funktion eines „Lückenbüßers". Besonders wichtig bleibt das Umweltprivatrecht freilich im grenzüberschreitenden Umweltschutz, da nationalen Hoheitsakten grenzüberschreitende (z.B. privatrechtsgestaltende) Wirkung prinzipiell nicht zukommt,[30] und bei der Durchsetzung von aufgrund nachbarschützender Normen erlassenen öffentlichrechtlichen Auflagen, die vom Genehmigungsinhaber nicht erfüllt werden, über einen quasi-negatorischen Anspruch.[31]

26 Die weitaus größte Bedeutung ist dem **öffentlichen Umweltrecht** zuzumessen, das neben völkerrechtlichen, europarechtlichen und verfassungsrechtlichen Normen (zu dieser Einteilung Rn. 1/28 ff.) insbesondere solche des Umweltverwaltungsrechts umfaßt. Die meisten seiner Normen dienen *nur dem Allgemeinwohl*, nicht aber Individualbelangen, viele sind aber sog. Schutznormen und bieten einen im Verwaltungsrechtsweg geltend zu machenden *Individualschutz* gegen Umweltbelastungen,[32] indem gegen die öffentliche Hand gerichtete Abwehr-, Schutz- und/oder Entschädigungsansprüche (vgl. z.B. Rn. 2/120 ff.) eingeräumt werden. Seine wichtigsten Regelungsbereiche werden hier im folgenden behandelt.

27 Schließlich gibt es auch das **Umweltstrafrecht**, das mit dem 18. Strafrechtsänderungsgesetz von 1980 im 28. Abschn. des StGB unter dem Titel „Straftaten gegen die Umwelt" (§§ 324-330d) kodifiziert[33] und mit Wirkung vom 1.11.1994 novelliert wurde,[34] sowie das **Umwelt-Ordnungswidrigkeitenrecht**.[35]

---

29 Vgl. statt vieler die Ausführungen und Nachweise bei *Marburger*, Gutachten zum 56. DJT, 1986, S. 101 ff.; *Baur*, JZ 1987, 317 ff.; *Wagner*, NuR 1992, 201 ff. sowie *Gerlach*, Privatrecht und Umweltschutz im System des Umweltrechts, 1989; *Hohloch*, in: HdUR, Bd. II, Art. „Umweltprivatrecht", Sp. 2270 ff. m.w.N.

30 S. hierzu *Engel*, VBlBW 1990, 81 (86 f.); *Lummert*, in: *Bothe/Prieur/Ress*, Rechtsfragen grenzüberschreitender Umweltbelastungen, 1984, S. 187 ff.; *Roßbach*, NJW 1988, 590 ff.; BVerfGE 72, 66; BVerwGE 75, 284.

31 BGH, NJW 1993, 1580 ff.; *Fritzsche*, NJW 1995, 1121 ff.

32 Dazu die Ausführungen und Nachweise bei *Beckmann*, Rechtsschutz, 1987; *ders.* UPR 1987, 321 ff.; *Erbguth*, Grundfragen, S. 276 ff.; *Hoppe/Beckmann*, Umweltrecht, S. 186 ff.; *Kloepfer*, Umweltrecht, S. 250 ff.; *König*, Drittschutz, 1993; *Marburger*, Gutachten zum 56. DJT, 1986, S. 16 ff. – Zu den Aufgaben des Verwaltungsrichters bei der Anwendung des Umwelt- und Technikrechts s. *Bender*, NJW 1978, 1945 ff.

33 Dazu *Meinberg/Möhrenschlager/Link* (Hrsg.), Umweltstrafrecht, 1989; *Heine*, NJW 1990, 2430 ff.; *Meurer*, NJW 1988, 2065 ff.; *Schall*, NJW 1990, 1263 ff.; *Tiedemann*, in: HdUR, Bd. II, Art. „Umweltstrafrecht", Sp. 2440 ff.; *Wegscheider*, NuR 1988, 318 ff.; ferner *Frisch*, Verwaltungsakzessorietät und Tatbestandsverständnis im Umweltstrafrecht, 1993; *Heine*, Die strafrechtliche Verantwortlichkeit von Unternehmen, 1995; *Hoch*, Die Rechtswirklichkeit des Umweltstrafrechts aus der Sicht von Umweltverwaltung und Strafverfolgung, 1994.

3. Einteilung nach der Normenhierarchie

a) Umweltvölkerrecht

Das **Umweltvölkerrecht**[36] (internationales Umweltrecht) kann als solches nur Völ- **28**
kerrechtssubjekte, d.h. souveräne Staaten oder ausnahmsweise auch internationale
Organisationen berechtigen und verpflichten, nicht aber Einzelne oder Personenvereinigungen.

Soweit es sich bei den Völkerrechtsnormen um **allgemeine Regeln des Völkerrechts** **29**
handelt, sind sie nach *Art. 25 S. 1 GG* Bestandteil des Bundesrechts. Sie gehen nach
Art. 25 S. 2 GG den Gesetzen vor und erzeugen Rechte und Pflichten unmittelbar für
die Bewohner des Bundesgebietes. Daraus folgt u.a., daß die Behörden und Gerichte
der Bundesrepublik Deutschland grundsätzlich daran gehindert sind, innerstaatliches
Recht – also auch innerstaatliches Umweltrecht – in einer Weise auszulegen und
anzuwenden, welche die allgemeinen Regeln des Völkerrechts verletzt.[37] Die „allgemeinen Regeln des Völkerrechts" i.S. des Art. 25 GG werden durch Normen gebildet,
die von der überwiegenden Mehrheit der Völkerrechtssubjekte – nicht notwendigerweise auch von der Bundesrepublik Deutschland – als verbindlich anerkannt werden
und nicht lediglich regional bedeutsam sind. Dazu gehören nach der Auffassung des
Bundesverfassungsgerichts[38] die Normen des Völkergewohnheitsrechts und anerkannte allgemeine Rechtsgrundsätze, nicht aber besondere völkervertragliche Vereinbarungen.

Rechtsquellen des Umweltvölkerrechts sind das Völkergewohnheitsrecht, die „von **30**
den Kulturvölkern anerkannten allgemeinen Rechtsgrundsätze" (Art. 38 I lit. b des
Statuts des Internationalen Gerichtshofs in Den Haag) sowie vor allem das Völkervertragsrecht, d.h. die multi- oder bilateralen völkerrechtlichen Verträge.

Für das Recht des internationalen Umweltschutzes sind zunächst gewisse **völkerge-** **31**
wohnheitsrechtliche Grundsätze von Bedeutung, z.B. der *Grundsatz der guten
Nachbarschaft* (Art. 74 UN-Charta)[39] oder der **Grundsatz der beschränkten territorialen Souveränität und Integrität**.[40] Aus diesen beiden Grundsätzen folgt für den

---

34 Zur Umweltstrafrechts-Novelle s. *Breuer*, JZ 1994, 1077 ff.; *Möhrenschlager*, NStZ 1994, 513 ff.,
566 ff.; *Otto*, Jura 1995, 134 ff.; *Schmidt/Schöne*, NJW 1994, 2514 ff.; vgl. ferner BR-Drs. 126/90
(Reg.Entw. eines Ges. zur Änd. des StGB), BT-Drs. 11/6449 (SPD-Entwurf) und hierzu *Martin*, InfUR
1991, 141 ff.; ferner z.B. *Breuer*, NJW 1988, 2065 ff.; *Dahs/Redecker*, DVBl. 1988, 803 ff. und die
Verhandlungen der strafr. Abt. des 57. DJT 1988 mit dem Gutachten von *Heine/Meinberg*. Zu Vollzugsproblemen *Heine*, ZUR 1995, 63 ff.
35 Dazu *Meinberg*, NJW 1990, 1273 ff.
36 Dazu *Kimminich*, in: HdUR, Bd. II, Art. „Umweltvölkerrecht", Sp. 2510 ff.; *Kloepfer*, Umweltrecht,
S. 312 ff. m.w.N. Aus politikwissenschaftlicher Sicht: *Strübel*, Internationale Umweltpolitik, 1992.
37 BVerfGE 75, 1 (18 f.).
38 BVerfGE 6, 309 (363); 31, 145 (178); 41, 88 (20 f.).
39 Dazu z.B. *Thalmann*, Grundprinzipien des modernen zwischenstaatlichen Nachbarrechts, 1951; *Klein*,
Umweltschutz im völkerrechtlichen Nachbarrecht, 1976, S. 115 ff.; *Kloepfer/Kohler*, Kernkraftwerk
und Staatsgrenze, 1981, S. 28 m. Fn. 35.
40 S. dazu *Fröhler/Zehetner*, Rechtsschutzprobleme bei grenzüberschreitenden Umweltbeeinträchtigungen, Bd. I, 1979, S. 69 ff.; *Kloepfer/Kohler*, Kernkraftwerk und Staatsgrenze, 1981, S. 36 ff.

1 *Allgemeines Umweltrecht*

grenzüberschreitenden Umweltschutz (Rn. 1/83), d.h. für das *internationale Nachbarrecht* die bedeutsame Grundregel, nach der kein Staat auf seinem Territorium ohne besonderen völkerrechtlichen Rechtfertigungsgrund Tätigkeiten dulden, vornehmen, fördern oder gar förmlich zulassen darf, die sich auf dem Territorium eines anderen Staates in erheblicher, am Erfolgsort im „Wirkungsstaat" ortsunüblicher Weise auf Rechte und Rechtsgüter schädigend auswirken oder auswirken können.[41]

32 Wegweisend war der berühmte, im *Trail-Smelter-Fall* 1938/41 ergangene Schiedsspruch zu den völkerrechtlichen Implikationen grenzüberschreitender Luftverschmutzung. Eine in Trail auf kanadischem Gebiet gelegene Zink- und Bleischmelze hatte durch Luftverunreinigungen über Jahre hinweg der amerikanischen Land- und Forstwirtschaft jenseits der Grenze im US-Bundesstaat Washington schweren Schaden zugefügt. Das Schiedsgericht leitete aus der völkergewohnheitsrechtlichen Pflicht zu gutnachbarlichem Verhalten die Verpflichtung Kanadas ab, das Einwirken derartig schädlicher Abgasemissionen auf fremdes Staatsgebiet zu verhindern. Außerdem wurde Kanada verurteilt, für den entstandenen und noch entstehenden Schaden Ersatz zu leisten, und zwar ohne Rücksicht auf etwaiges Verschulden.[42]

33 Die häufig grenzüberschreitende Wirkung von Umweltbeeinträchtigungen führt dazu, daß in umweltrelevanten Verwaltungsverfahren die Behörde Belange ausländischer Nachbarn zu berücksichtigen hat, wenn das Regelungsprogramm des bundesdeutschen Gesetzes einen solchen grenzüberschreitenden Nachbarschutz nicht ausschließt.[43] Die Genehmigung selbst wirkt aber nur innerhalb des genehmigenden Staates.

34 Auch **internationale Organisationen** (z.B. UNO, UNEP, OECD usw.) leisten mit ihren „rules", „guidelines", „principles", „standards" (= „soft-law") einen Beitrag zur Bildung von Völkergewohnheitsrecht. Die 1. UN-Umweltkonferenz fand 1972 in Stockholm statt. Sie führte zur Gründung des Umweltprogramms der Vereinten Nationen (UNEP), einer Unterorganisation der UNO.

35 Das **Völkervertragsrecht** ist vor allem dann von – u.U. globaler – Bedeutung, wenn Konventionen (multilaterale Verträge) in Rede stehen, etwa solche zum Schutz einzelner Umweltmedien[44] (z.B. des Luftraums [Rn. 3/53], der Meere [Rn. 4/68] oder grenzüberschreitender Gewässer), bestimmter Umweltgüter (z.B. wildlebender Tier- und Pflanzenarten, vgl. Rn. 3/53 ff.) oder – medienunabhängig – des Menschen vor bestimmten Gefahren, etwa vor den Gefahren der Kernenergienutzung (Rn. 7/77).

---

41 Vgl. *Klein*, Umweltschutz im völkerrechtlichen Nachbarrecht, 1976, S. 197; *Fröhler/Zehetner*, ebda., S. 52, 74 ff.; *Engel*, VBlBW 1990, 81 ff.; *Kloepfer/Kohler*, ebda., S. 20 f.; *Rest*, Österr. Zeitschr. f. öffentl. Recht u. Völkerrecht, Bd. 32 (1981), S. 59 (61); BGHZ 87, 321 (328 f.), jeweils m.w.N.
42 Dazu *Klein*, ebda., S. 107 f., 225 ff.; *Rest*, Internationaler Umweltschutz und Haftung, 1978, S. 28 f.; *Fröhler/Zehetner*, ebda., S. 87; weitere Nachw. bei *Bothe*, UPR 1983, 5 (dort in Fn. 40). – Allerdings fehlt es bisher noch an einem völkergewohnheitsrechtlichen Prinzip der Staatenhaftung für Umweltschäden; völkervertragsrechtlich ist eine solche Staatenhaftung nur in einigen Verträgen zum Weltraumrecht verankert, dazu *Rest*, NJW 1989, 2153 ff. m.w.N.
43 BVerwGE 75, 284 ff.; OVG Saarlouis, ZUR 1994, 258; zu den verwaltungsverfahrensrechtlichen Fragen im Anschluß an diese „völkerrechtsfreundliche Auslegung" einfachgesetzlicher Normen s. *Engel*, VBlBW 1990, 81 (83 ff.). Eine privatrechtsgestaltende Wirkung von Genehmigungen gegenüber ausländischen Nachbarn bejaht *Nassr-Esfahani*, Grenzüberschreitender Bestandsschutz für unanfechtbar genehmigte Anlagen, 1991, S. 146 ff.
44 S. *Kimminich*, in: HdUR, Bd. II, Art. „Umweltvölkerrecht", Sp. 2510 (2521 ff.).

Manche Umweltprobleme können in der Tat nur durch weltweit abgestimmte strategische Konzepte gemeistert werden. Leider gibt es bisher noch keine internationale, zeitverbindliche Emissionsreduzierungsvorgaben enthaltende Vereinbarung zur Bekämpfung des insbesondere von den Kohlendioxidemissionen herbeigeführten bedrohlichen Treibhauseffekts (Rn. 6/10).

Auf der 2. globalen **UN-Umweltkonferenz**, die **in Rio de Janeiro** vom 3. bis 13.6.1992 unter Beteiligung von über 170 Staaten stattfand, kam es zwar zur Unterzeichnung einer bestimmte Verpflichtungen entweder aller Vertragsstaaten oder jedenfalls der Industriestaaten beinhaltenden *Rahmenkonvention zum Klimaschutz* mit dem Ziel einer weltweiten Reduzierung insbesondere des CO_2-Ausstoßes, wegen des Widerstands der USA bei der Vorbereitung der Konferenz aber nicht zu verbindlichen Zeit- und Mengenvorgaben. Immerhin normiert Art. 2 der Konvention den bedeutsamen Grundsatz einer Stabilisierung des Treibhaus-Spurensgasgehalts der Atmosphäre auf dem Niveau von 1990. Außerdem kam es auf dieser Konferenz, die vor allem bei den Entwicklungsländern ein neues Umweltbewußtsein geweckt haben dürfte, zur Unterzeichnung einer *Konvention zum Schutz der Artenvielfalt* (ohne die USA), mit der das Ziel verfolgt wird, die Vielfalt der Tier- und Pflanzenarten und ihre Lebensräume weltweit zu erhalten; geregelt wird darin insbesondere die faire Teilung der Erträge, die aus der Verwendung genetischer Ressourcen erwachsen. Die Konventionen, die nach ihrer Ratifizierung durch eine bestimmte Zahl von Staaten in Kraft treten, werden zu Nachfolgekonferenzen der Vertragsstaaten mit dann möglichen Konkretisierungen führen. Ferner wurden auf der Konferenz Erklärungen abgegeben, und zwar in Gestalt einer „*Deklaration von Rio*", die Grundsätze für die Entwicklung und den Umweltschutz sowie für die internationale Kooperation auf diesen Gebieten formuliert, ferner der umfassenden, in das nächste Jahrhundert weisenden „*Agenda 21*", in deren 40 Kapiteln ein umfassendes Programm für die umweltgerechte Entwicklung auch in der Dritten Welt und für die nachhaltige Nutzung aller natürlichen Ressourcen sowie eine künftige Steigerung der Hilfe der Industriestaaten zugunsten der Entwicklungsländer auf rd. 0,7% ihres Sozialproduktes niedergelegt sind, sowie einer „*Walddeklaration*" (anstelle einer von den Entwicklungsländern nicht akzeptierten Waldschutz-Konvention), mit welcher der Schutz, die Erhaltung und die ökologische Bewirtschaftung aller Arten von Wäldern gefordert wird.[45]

36

b) Umwelteuroparecht

Das europäische Umweltrecht[46] gewinnt in den letzten Jahren zunehmend an Bedeutung. Seit 1973 hat die EG-Kommission insgesamt 5 *EG-Umweltschutzprogramme*

37

---

45 Zur Konferenz von Rio s. BT-Drs. 12/3380 v. 30.9.1992; *Ruffert*, ZUR 1993, 208 ff.; *v. Websky*, in: HdUR, Bd. II, Art. „Rio-Konferenz", Sp. 1731 ff. Einige Konventionen sind dokumentiert in *BMU* (Hrsg.), Dokumentation über die Konferenz der Vereinten Nationen für Umwelt und Entwicklung, 1993.
46 Zu den bisherigen Aktivitäten s. etwa *Ress*, in: HdUR, Bd. I, Art. „Europäische Gemeinschaften", Sp. 548 ff.; *Krämer/Kromarek*, Beilage zu ZUR 3/95; *Hüwels*, in: *Lenz* (Hrsg.), EG-Handbuch Recht im Binnenmarkt, 1991, S. 651 ff. Ferner: *Breuer u.a.* (Hrsg.), Umwelt- und Technikrecht in den Europäischen Gemeinschaften – Antrieb oder Hemmnis?, UTR Bd. 7, 1989; *Jarass/Neumann*, Umweltschutz und Europäische Gemeinschaften, 1992; *Kloepfer*, Umweltrecht, S. 289 ff.; *Middeke*, Nationaler Umweltschutz im Binnenmarkt, 1993; *Pieper*, in: *Bleckmann*, Europarecht, 5. Aufl. 1990, S. 758 ff.; *Rengeling* (Hrsg.), Europäisches Umweltrecht und europäische Umweltpolitik, 1988; *Schwarze*, Europäisches Verwaltungsrecht, 2 Bde. 1988. Umweltrechtliche Vorschriften der EG finden sich in der Loseblatt-Sammlung von *Storm/Lohse*, EG-Umweltrecht und bei *Krämer*, Umweltrecht der EG, 2. Aufl. 1995.

1 *Allgemeines Umweltrecht*

(1973, 1977, 1983, 1987 und 1992) aufgestellt und dementsprechende Aktivitäten entfaltet. Im Jahre 1990 wurde dabei als zentrale europäische Einrichtung die *Europäische Umweltagentur* geschaffen, welche die Aufgabe erhalten hat, auf europäischer Ebene Daten über den Zustand der Umwelt zu sammeln, aufzubereiten und zu analysieren, gestützt auf vorhandene Meßstellen in den Mitgliedstaaten. Mittelfristig sollen ihr auch Aufgaben im Bereich der Überwachung und Vorbereitung von Rechtsakten der Gemeinschaft übertragen werden.[47]

38 Die **Europäische Union** (EU) ist eine internationale Organisation, die hoheitliche Gewalt in allen klassischen Formen – Rechtsetzung, Verwaltung und Rechtsprechung[48] – ausüben kann. Die Befugnis hierzu wurde ihr in den Gründungsverträgen nebst nachfolgenden Änderungen, dem sogenannten **Primärrecht**, übertragen. Mit diesen Verträgen wurde eine eigene Rechtsordnung geschaffen[49]. Mit den Änderungen durch die **Einheitliche Europäische Akte (EEA)** vom 28.2.1986[50] sind für die Normsetzung der EG auf dem Gebiet des Umweltrechts – für die Kernenergie gilt allerdings der EURATOM-Vertrag[51] – verschiedene Rechtsgrundlagen Bestandteil des EWG-Vertrags geworden, die durch den **Vertrag von Maastricht** vom 7.2.1992 über die Europäische Union[52] verfeinert wurden. Durch die mit der EEA[53] und dem Vertrag von Maastricht geschaffenen neuen Bestimmungen des nunmehr in EGV umbenannten EWGV wurden tragfähige Ermächtigungen für spezifisch umweltpolitische Aktivitäten der Gemeinschaft bereitgestellt. Die Kompetenz war für die Vergangenheit zweifelhaft, weil für eine Rechtsetzung im Umweltbereich nur die Art. 100 EGV (Rechtsangleichung) und 235 EGV (Auffangzuständigkeit) zur Verfügung standen. Integrationspolitisch legitimiert waren nämlich die produktgebundenen umweltrechtlichen

---

47 VO v. 7.5.1990, ABl. Nr. L 120/1. Die Umweltagentur konnte allerdings erst 1994 ihre Arbeit aufnehmen, nachdem sich die Mitgliedstaaten schließlich auf Kopenhagen als Sitz geeinigt hatten. Für das Jahr 1994 hat sie lediglich einen Etat von 8 Mio. ECU erhalten. Hiermit können nur die im Rahmen des CORINE-Programms zwischen 1985 und 1990 erhobenen Umweltdaten ausgewertet, nicht aber neue Erhebungen durchgeführt werden.
48 Zur Rolle des Umweltschutzes in der Rechtsprechung des EuGH s. *Everling*, NVwZ 1993, 209 ff.; *Krämer*, EuGRZ 1995, 45 ff.; *Zuleeg*, NJW 1993, 31 ff.; krit. *Schoch*, JZ 1995, 109 ff. Zum Europarecht vor deutschen Gerichten s. *Neßler*, DVBl. 1993, 1240 ff.
49 EuGH Slg. 1964, 1251 (1269 ff.); zu den Grenzen nach dem Vertrag von Maastricht BVerfGE 89, 155 ff.; *Götz*, JZ 1993, 1081 ff.; *Lenz*, NJW 1993, 3038 f.; *Meessen*, NJW 1994, 549 ff. Zur EG als Rechtsgemeinschaft *Zuleeg*, NJW 1994, 545 ff.
50 Gesetz zur Einheitlichen Europäischen Akte vom 28.2.1986 (EEAG) v. 19.12.1986, BGBl. II 1102. Der Bund konnte gem. Art. 24 I GG z.B. die Regelungsmaterie „Umweltschutz" auf die EG auch insoweit übertragen, als sie nach der Kompetenzverteilung des GG in die ausschließlichen Gesetzgebungskompetenz der Länder fällt. Gem. den materiell- und verfahrensrechtlichen Bestimmungen des Art. 2 EEAG werden bei den Verhandlungen in den EG-Gremien die berechtigten Interessen der Länder von der BReg. berücksichtigt; dazu *Haas*, DÖV 1988, 613 ff. Zur Stellung der Bundesländer in der EG s. *Hailbronner*, JZ 1990, 149 ff.; *Pernice*, DVBl. 1993, 909 ff.
51 Vgl. zu den EG-rechtlichen Rahmenbedingungen einer Reform *Pernice*, EuZW 1993, 497 ff.; *Schroeder*, DVBl. 1995, 322 ff.
52 S. Ges. v. 28.12.1992 (BGBl. II 1251) sowie Ges. zur Änderung des Grundgesetzes vom 21.12.1992 (BGBl. I 2086).
53 Dazu z.B. *Kromarek*, EurUm 1987, 11 ff.; *Zuleeg*, NVwZ 1987, 280 ff.; *Meier*, NJW 1987, 537 ff.; *Krämer*, EuGRZ 1988, 285 (288 ff.); *Glaesner*, NuR 1988, 166 (168 ff.); *Pernice*, Die Verwaltung, 1989, 1 ff.; ders., NVwZ 1990, 201 ff.; *Grabitz-Zacker*, NVwZ 1989, 303 ff.; *Scheuing*, EuR 1989, 152 ff.; *Seidel*, DVBl. 1989, 441 ff.; *Wicke/Huckestein*, ZAU 1989, 119 ff.

Regelungen nur durch die Erfordernisse der Wettbewerbsfreiheit und die anlagen- bzw. standortgebundenen Regelungen nur durch die Erfordernisse der Wettbewerbsgleichheit.[54] Durch den Vertrag von Maastricht ist der Umweltschutz insbesondere in den *Katalog der Gemeinschaftspolitiken* aufgenommen worden (Art. 2: umweltverträgliches Wachstum; Art. 3 lit. k: gemeinschaftliche Umweltpolitik).[55]

Unter **sekundärem Gemeinschaftsrecht** versteht man das von den Organen der Europäischen Union nach Maßgabe der Gründungs- und Folgeverträge erlassene Recht. Dabei gilt das **Prinzip der begrenzten Ermächtigung**[56]: nach Art. 3b Satz 1 EGV dürfen die EU und ihre Organe nur die ihnen speziell durch die Verträge übertragenen Befugnisse ausüben. **39**

Allgemeine Rechtsakte der EU sind Verordnungen und Richtlinien. Kennzeichnend für die **Verordnung** ist deren *unmittelbare Geltung* in den Mitgliedstaaten (Art. 189 II EGV), ohne daß es eines innerstaatlichen Transformationsaktes bedürfte. **Richtlinien** sind hingegen staatsgerichtet und *bedürfen zunächst der innerstaatlichen Umsetzung*. Sie sind in erster Linie Mittel zur Rechtsangleichung und die aufgrund des europarechtlichen Subsidiaritätsprinzips (insbesondere wegen Art. 3b Satz 3 EGV) gebräuchlichste Handlungsform. Richtlinien sind, anders als Verordnungen, nur hinsichtlich des zu erreichenden Zieles verbindlich und überlassen den innerstaatlichen Stellen die Wahl der Form und Mittel (Art. 189 III EGV). Das *Wie* der Umsetzung der Ziele in die nationalen Rechtsordnungen bleibt damit den Mitgliedsstaaten überlassen, nicht aber das *Ob*. Unter den möglichen Formen und Mitteln sind diejenigen zu ergreifen, die sich am besten dafür eignen, die praktische Wirksamkeit der Richtlinie zu gewährleisten. Nach bundesdeutscher Terminologie erfordert das regelmäßig eine Umsetzung durch Gesetz oder aufgrund eines Gesetzes.[57] Wo dem Bund nur eine Rahmengesetzgebungskompetenz zusteht (Wasserhaushaltsrecht, Naturschutzrecht), sind die Länder unter dem Gesichtspunkt der Bundestreue und der Beachtung des neugefaßten Art. 23 GG zur Mitwirkung bei der Umsetzung von Richtlinien gehalten.[58] Die Umsetzungsregelungen sind im Licht der EG-Regelungen auszulegen.[59] **40**

---

54 Vgl. EuGH Slg. 1985, 531 (549 [Altöl]); NVwZ 1989, 849 (Dän. Pfandflaschenurteil); *Kloepfer*, UPR 1986, 321 ff.
55 S. *Breier*, NuR 1993, 457 (460 ff.); *Wiegand*, DVBl. 1993, 533 (535 f.).
56 BVerfGE 89, 155 (191 ff.); *Hitzler*, NVwZ 1992, 720 ff.; zum Subsidiaritätsprinzip: *Jarass*, EuGRZ 1994, 209 ff.; *Kahl*, AöR 118 (1993), 414 ff.; *Pieper*, DVBl. 1993, 705 ff.; *Schmidhuber*, DVBl. 1993, 417 ff.
57 Zu den Kriterien der Umsetzung von Umweltrichtlinien: *Pernice*, EuR 1994, 325 (328 ff.). Vgl. ferner EuGH, DVBl. 1991, 869 ff.; NVwZ 1993, 257; *Gellermann/Sczczekalla*, NuR 1993, 54 (56 ff.); *Weber*, UPR 1992, 5 ff.; *Zuleeg*, VVDStRL 53 (1993), 1 ff.
58 Zur bereits früher nach Art. 24 I EWGV bestehenden Bindungswirkung s. *Grabitz* AöR 111 (1986), 11; *Weber*, Rechtsfragen der Durchführung des Gemeinschaftsrechts in der Bundesrepublik Deutschland, 1988, S. 31 f.
59 Vgl. zur richtlinienkonformen Auslegung *Pernice*, in: *Grabitz/Hilf* (Hrsg.), Kommentar zur Europäischen Union, 1995, Art. 164 Rn. 32; *Nettesheim*, AöR 119 (1994), 261 (267); *Ress*, DÖV 1994, 489 ff.; *Salzwedel*, UPR 1989, 41 ff.; *Di Fabio*, NJW 1990, 947 ff. Für die mögliche Kollision sekundären Gemeinschaftsrechts mit deutschem Bundesstaatsrecht wird vom BVerfG eine Entscheidungskompetenz und -befugnis in Anspruch genommen. Allerdings wird das sekundäre Gemeinschaftsrecht nicht mehr am Maßstab der Grundrechte des GG überprüft, solange ein wirksamer Grundrechtsschutz auf Gemeinschaftsebene generell gewährleistet ist; BVerfGE 89, 155 (174).

1 *Allgemeines Umweltrecht*

41 Richtlinien weisen eine gewisse Ähnlichkeit mit der bundesdeutschen Rahmengesetzgebung auf und schaffen grundsätzlich kein unmittelbar geltendes Recht mit Wirkung für den einzelnen. Nach insoweit übereinstimmender Auffassung von EuGH und BVerfG können Richtlinien, welche hinreichend konkrete Ziele formulieren (und nicht lediglich programmatischen Charakter besitzen[60]), **ausnahmsweise unmittelbare Wirkung** in den Mitgliedstaaten erlangen, wenn die Umsetzungsfrist abgelaufen ist und sich jemand auf diese unmittelbare Geltung beruft.[61] Der EuGH hält mittlerweile alle Träger öffentlicher Gewalt in den Mitgliedstaaten, also neben den Rechtsetzungsorganen auch Gerichte[62] und Behörden[63] für verpflichtet, geltendes Recht im Lichte des Wortlauts und des Zweckes der Richtlinie auszulegen und darüberhinaus eine mögliche unmittelbare Wirkung der Richtlinie (von Amts wegen) zu beachten.[64] Eine Richtlinie „bricht" jedoch entgegenstehendes nationales Recht nicht, sondern wird in einem solchen Kollisionsfall nur vorrangig angewendet.[65] Jüngst ist der EuGH sogar so weit gegangen, einen – verschuldensunabhängigen – *gemeinschaftsrechtlichen Entschädigungsanspruch* gegen einen Mitgliedstaat, der eine Richtlinie nicht oder nicht rechtzeitig umgesetzt hat, rechtsschöpfend herzuleiten,[66] der über die zurückhaltende Rechtsprechung des BGH zur Staatshaftung bei sog. legislativem Unrecht[67] weit hinausgeht.

42 Die Umsetzung von EG-Normen findet sehr zögerlich statt. Die Kommission hat in ihrem 11. Jahresbericht an das Europäische Parlament mitgeteilt, daß im Jahre 1993 insgesamt 1340 mutmaßliche Vertragsverletzungen festgestellt wurden, wovon allein 383 auf den Bereich des Umweltschutzes (Generaldirektion XI) entfielen. Von den 1209 eingeleiteten Vertragsverletzungsverfahren richten sich 119 gegen die Bundesrepublik Deutschland.[68]

---

60 EuGH, NVwZ 1994, 885 = ZUR 1994, 195 f. m. Anm. *Wegener.*
61 EuGH Slg. 1974, 1337 (1348); 1991, 3757 (3783); BVerfGE 75, 223 (235 ff.). Abgelehnt wird lediglich eine sog. „horizontale" unmittelbare Wirkung zwischen verschiedenen Privatrechtssubjekten, vgl. EuGH, NJW 1994, 2473 f.; ferner *Bach,* JZ 1990, 1108 ff.; *Haneklaus,* DVBl. 1993, 130 ff.; *Langenfeld,* DÖV 1992, 955 ff.; *Steinberg/Klößner,* BayVBl. 1994, 33 ff.; *Winter,* DVBl. 1991, 657 ff.
62 EuGH Slg. 1984, 1891 (1908); 1988, 4635 (4662); *Götz,* NJW 1992, 1849 (1853 f.); *Jarass,* NJW 1991, 2665 ff.
63 EuGH, NVwZ 1990, 649; NJW 1992, 165; *Fischer,* NVwZ 1992, 635 ff.; *Papier,* DVBl. 1993, 809 ff. Kritisch zur Durchdringung des deutschen Verwaltungsrechts durch Auswirkungen der „europarechtsfreundlichen" Rechtsprechung des EuGH *Schoch,* JZ 1995, 109 ff.
64 EuGH Slg. 1988, 4635 (4662); *Everling,* NVwZ 1993, 209 ff.; *Jarass,* NJW 1991, 2665 (2668); *Kahl,* Umweltprinzip und Gemeinschaftsrecht, 1993, S. 144 ff.; *Zuleeg,* NJW 1993, 31 ff. Während der EuGH sehr vielen Richtlinien unmittelbare Wirkung bescheinigt hat und mit der Ableitung individualschützender Rechte allein aus dem Gemeinschaftsrecht großzügigere Anforderungen an die Annahme subjektiver Rechte stellt als die Schutznormtheorie, ist die bundesdeutsche Rspr. eher zurückhaltend, s. *Frenz,* DVBl. 1995, 408 (411 ff.) und Fn. 1/165, 1/267.
65 BVerfGE 75, 223 (244); *Pieper,* in: *Bleckmann,* Europarecht, Rn. 809 ff., 843 ff.
66 EuGH, NJW 1992, 165 (Francovich); EuZW 1994, 498; *Geiger,* DVBl. 1993, 465 ff.; *Hailbronner,* JZ 1992, 284 ff.; *Ossenbühl,* DVBl. 1992, 993 ff.; *Albers,* Die Haftung der Bundesrepublik Deutschland für die Nichtumsetzung von EG-Richtlinien, 1994.
67 BGHZ 102, 350 (Waldschäden); BGH, DVBl. 1993, 718. Ob es sich wirklich um legislatives Unrecht in diesem Sinne handelt, bezweifelt *Pernice,* GS Grabitz, 1995, S. 523 (549).
68 AblEG 1994, Nr. C 154/1, 59, 64, 70. Nach dem 10. Jahresbericht für 1992 waren in der BRD 110 Richtlinien nicht fristgerecht umgesetzt, weshalb 87 Verfahren eingeleitet wurden, s. Dokument KOM 93 (320) endg. v. 28.3.1993. Zur Umsetzung von EG-Rechtsakten im Bereich des Gewässerschutzes s.a. BT-Drs. 12/5881 v. 13.10.1993. – Auch die Einhaltung von Urteilen des EuGH läßt noch zu

Möglichkeiten der Einteilung des Umweltrechts **1/II**

Die Organe der EU können darüberhinaus nach Art. 189 IV EGV **Entscheidungen** 43
erlassen, welche in allen ihren Teilen für die dort bezeichneten Adressaten verbindlich
werden,[69] im Umweltrecht aber nur eine untergeordnete Rolle spielen.

Durch die EEA wurde der Umweltschutz als eigenständiger Bereich der Gemein- 44
schaftspolitik und damit – neben den vor allem auf Wirtschaftsintegration und -wachstum gerichteten Gemeinschaftsaufgaben und Gemeinschaftsaktivitäten der Art. 2 u. 3
EGV – als besondere Gemeinschaftsaufgabe ausdrücklich anerkannt, wobei gleichzeitig eine entsprechende Gemeinschaftskompetenz geschaffen wurde (Titel VII im 3.
Teil des EGV). Durch die Festlegung auf ein „umweltverträgliches Wachstum" in
Art. 2 als Ziel der Europäischen Union trägt der Vertrag von Maastricht den umweltpolitischen Bedenken gegen die mit der Verwirklichung des Binnenmarktes drohenden
Umweltgefährdungen zumindest begrenzt Rechnung. Mit dem durch die Verwirklichung des Binnenmarktes ausgelösten Wachstumsschub sind nämlich erhebliche zusätzliche Umweltbelastungen verbunden, womit auf europäischer Ebene ein erhöhter
Umweltschutz- und damit Umweltschutzregelungsbedarf entsteht.[70]

Der Vertrag über die Europäische Union schafft zweierlei **Rechtsgrundlagen** für ein 45
Tätigwerden der Unionsorgane:

1. Nach **Art. 100a EGV** kann der Rat auch auf dem Gebiet des Umweltschutzes durch 46
qualifizierten *Mehrheitsbeschluß* (Art. 148 II EGV) rechtssetzend tätig werden, nachdem ein Verfahren der Mitentscheidung zwischen Rat und Europäischem Parlament
(Art. 189b EGV) durchgeführt wurde. Dabei ist nach Art. 100a III EGV in dem
Bereich Umweltschutz bei Harmonisierungsvorschlägen der Kommission von einem
„**hohen Schutzniveau**" auszugehen.[71] Die Möglichkeit, durch Mehrheitsbeschluß des
Rats zu entscheiden, kann der Tendenz entgegenwirken, das Tempo des umweltpolitischen Fortschritts in der Gemeinschaft durch den Langsamsten bestimmen zu
lassen.

2. Wie schon erwähnt, ist der EGV durch die EEA auch um einen **Titel „Umwelt"** 47
(**Art. 130r ff.**) ergänzt worden, der mit dem Vertrag von Maastricht erneut wesentlich
geändert wurde. Unter grundsätzlicher Aufgabe des Einstimmigkeitsprinzips des
Art. 130s I EWGV a.F. beschließt nunmehr der Rat mit *qualifizierter Mehrheit unter
Beteiligung des Europäischen Parlaments*[72] im Kooperationsverfahren nach Art. 189c
EGV und nach Anhörung des Wirtschafts- und Sozialausschusses über ein Tätigwerden
der Gemeinschaft zur Erreichung der in Art. 130r genannten Ziele. Nur noch in
einzelnen Fällen, die in Art. 130s II EGV abschließend aufgezählt werden, ist ein

---

wünschen übrig. So ist z.B. nicht abzusehen, daß das Urt. v. 17.9.1987 (Rs. C-412/85), in dem
festgestellt wurde, daß die BRD die Vogelschutz-Richtlinie nicht umgesetzt hat, befolgt wird (die BRD
ist deshalb ein zweites Mal am 23.3.1993 – C-245/92 – verurteilt worden). Gleiches gilt für das Urteil
zur Grundwasser-Richtlinie v. 28.2.1991 (Rs. C-131/88), UPR 1992, 22.
69 EuGH, NJW 1993, 315 ff.
70 S. etwa *Franken/Ohler* (Hrsg.), Natürlich Europa. 1992 – Chancen für die Natur, 1990; *Callies*, InfUR
1991, 207 ff.; *Hey/Jahns-Böhm*, Ökologie und freier Binnenmarkt, 1989.
71 S. hierzu *Kahl*, Umweltprinzip und Gemeinschaftsrecht, 1993.
72 Die mit dem Vertrag von Maastricht verbundene vorsichtige Stärkung des Europäischen Parlaments
führt damit auch zu einer höheren demokratischen Legitimation von Umweltnormen der EU.

1 *Allgemeines Umweltrecht*

einstimmiger Beschluß erforderlich.[73] Somit kann die Gemeinschaft mit primär ökologischer Zielsetzung initiativ werden. Die *Umweltpolitik der Gemeinschaft* trägt nach der Zielnorm des Art. 130r I EGV zur Verfolgung nachstehender **Ziele** bei:

– Erhaltung und Schutz der Umwelt sowie Verbesserung ihrer Qualität,
– Schutz der menschlichen Gesundheit,
– umsichtige und rationelle Verwendung der natürlichen Ressourcen sowie
– Förderung von Maßnahmen auf internationaler Ebene zur Bewältigung regionaler und globaler Umweltprobleme.[74]

48 Auch nach Art. 130r II UAbs. 1 EGV zielt die EU unter Berücksichtigung der unterschiedlichen regionalen Gegebenheiten jetzt – wie in Art. 100a III – auf ein **hohes Schutzniveau** ab, das die Gemeinschaft nunmehr also bei allen Rechtsakten zugrundezulegen hat. Dabei wird von den Grundsätzen der *Vorsorge*[75] und *Vorbeugung*, der *Bekämpfung von Umweltbeeinträchtigungen an ihrer Quelle* sowie dem *Verursacherprinzip*[76] (als Kostenverteilungsgrundsatz) ausgegangen (Rn. 1/73). Aus Art. 130r II UAbs. 1 Satz 3 folgt das für den Umweltschutz eminent wichtige Gebot, daß die Erfordernisse des Umweltschutzes bei der Festlegung und Durchführung anderer Gemeinschaftspolitiken einbezogen werden müssen. Das bedeutet also eine Verschärfung der alten *Querschnittsklausel* des Art. 130r II 2 a.F., wonach den umweltpolitischen Zielen auch von den anderen Politiken der Gemeinschaft (Agrar-, Verkehrs-, Wettbewerbspolitik usw.) Rechnung zu tragen war.[77] Umweltpolitik hat zwar in der EU keinen Vorrang vor anderen Politiken. Soweit aber keine spezifisch umweltpolitischen Maßnahmen durchgeführt werden, sind die Erfordernisse des Umweltschutzes in allen anderen Politiken der Gemeinschaft zwingend zu berücksichtigen.[78] Unter Beachtung des in Art. 3b Satz 2 EGV verankerten Subsidiaritätsprinzips darf die EU allerdings nur dann und nur insoweit tätig werden, als ein Problem nicht ebenso wirksam auf nationaler Ebene gelöst werden kann.[79]

49 Nicht nur zur Beseitigung von Handelshemmnissen, sondern auch zur Vermeidung von Wettbewerbsverzerrungen auf dem Binnenmarkt der EG wäre es wünschenswert,

---

73 Hierzu zählen Vorschriften überwiegend steuerlicher Art, Maßnahmen im Bereich der Raumordnung, Bodennutzung (mit Ausnahme der Abfallbewirtschaftung und allgemeiner Maßnahmen) sowie der Bewirtschaftung der Wasserressourcen und Maßnahmen, welche die Wahl eines Mitgliedstaates zwischen verschiedenen Energiequellen und die allgemeine Struktur seiner Energieversorgung erheblich berühren. Allein in diesen Fällen wird sich weiterhin die Frage nach der zutreffenden Rechtsgrundlage (Art. 100a oder Art. 130s) stellen, die dem Titandioxid-Urteil des EuGH vom 11.6.1991 (EuZW 1991, 473 f.) zugrundelag.
74 Dieses durch den Maastrichter Vertrag neu eingefügte „Globalitätsprinzip" war bereits Bestandteil des 4. Aktionsprogramms von 1987 und kann nach dem 5. Aktionsprogramm von 1992 insbesondere auf die Klimaveränderung, den Abbau der Ozonschicht, die Verringerung der biologischen Artenvielfalt und das Waldsterben angewendet werden.
75 Vgl. *Rengeling*, Umweltvorsorge und ihre Grenzen im EWG-Recht, 1989; *Burgi*, NuR 1995, 11 ff.
76 Zum Verursacherprinzip im Gemeinschaftsrecht s. *Krämer*, EuGRZ 1989, 353 ff.
77 S. *Kahl*, Umweltprinzip und Gemeinschaftsrecht, S. 58 f.; *Breier*, NuR 1992, 181; NuR 1993, 157 (160); *Kamp*, InfUR 1991, 162.
78 S. etwa *Beyerlin*, UPR 1989, 361 ff.
79 S. hierzu *Kahl*, Umweltprinzip und Gemeinschaftsrecht, S. 27 ff.; *Beyerlin*, UPR 1989, 363; *Pernice*, Die Verwaltung 1989, 34 f.

daß sich die umweltrechtlichen Anforderungen an Produkte, Herstellung und Anlagen in den Mitgliedstaaten nach Möglichkeit entsprechen. Mit diesem Wunsch nach Harmonisierung kann allerdings die Notwendigkeit zureichenden Umweltschutzes kollidieren. Daher kann, sofern Gemeinschaftsnormen auf der Grundlage des Art. 130s i.V.m. Art. 130r EGV erlassen worden sind, nach Art. 130t EGV jeder Mitgliedstaat EWG-vertragskonforme Umweltschutznormen setzen, die strengere Anforderungen an den Umweltschutz stellen als die nach Art. 130s EGV beschlossenen gemeinschaftsrechtlichen Regeln (sog. *opting up*). Die im Verfahren des Art. 130s EGV beschlossenen Regeln konstituieren somit nur Mindeststandards. Voraussetzung für die schärferen nationalen Normen ist allerdings ihre EGV-Verträglichkeit (also insbesondere ihre Vereinbarkeit mit den Erfordernissen des Binnenmarkts gem. Art. 7a EGV). Nicht EG-vertragskonform wären z.B. wegen Behinderung des freien Warenverkehrs strengere nationale Produktnormen, die sich nicht lediglich auf *inländische* Produkte beziehen.[80]

Die Neufassung der Art. 130r, 130s EGV durch den Vertrag von Maastricht ist zu begrüßen, weil sich die Wirksamkeit des Art. 130s EGV i.d.F.d. EEA aus mehreren Gründen als relativ gering erwiesen hat. Zunächst war Art. 130s a.F. nur eine Kompetenznorm neben anderen – teils allgemeineren, teils spezielleren – EWG-vertraglichen Ermächtigungen zum Erlaß von Umweltschutznormen. So konnten Umweltschutzrichtlinien zur Harmonisierung des Umweltrechts innerhalb der EG vom Rat auf Vorschlag der Kommission nach Art. 100 EWGV, eventuell auch noch (nach Anhörung des Europäischen Parlaments) auf der Grundlage der Ersatzkompetenznorm des Art. 235 EGV erlassen werden;[81] nationale Abmilderungen oder Verschärfungen wären hier ausgeschlossen. Des weiteren war für den Ratsbeschluß nach Art. 130s I EWGV a.F. Einstimmigkeit erforderlich – bei (damals) 12 Mitgliedstaaten eine hohe Hürde. 50

Insbesondere das **Verhältnis des Art. 130s zu Art. 100a EGV** war lange umstritten.[82] EG-Richtlinien auf dem Gebiet des Umweltrechts können mit Rücksicht auf die Verwirklichung und/oder das Funktionieren des Binnenmarktes gem. Art. 100a I EGV vom Rat auf Vorschlag der Kommission mit dem Europäischen Parlament erlassen werden, wobei eine *qualifizierte Mehrheit* genügt. Auch hier ist nach der sog. Schutzklausel des Art. 100a IV EGV unter den in dieser – ebenfalls interpretationsbedürftigen[83] – Vertragsbestimmung geregelten materiell- und verfahrensrechtlichen Voraussetzungen eine nationale Verschärfung nicht nur i.S. einer Anwendung vorhandener, sondern wohl auch des Erlasses neuer und strengerer nationaler Umweltschutznormen möglich (str.). 51

Der EuGH hat schließlich in einem aufsehenerregenden Urteil zur Titandioxid-Richtlinie entschieden, daß die Wahl der Rechtsgrundlage eines Rechtsaktes nicht allein davon abhängen dürfe, welches nach Überzeugung eines Organs der EG das angestrebte Ziel des Rechtsaktes 52

---

80 Umstritten ist, ob solche strengeren nationalen Regelungen nach Art. 100a IV EGV möglich sind. In seinem Urteil zum bundesdeutschen PCP-Verbot hat der EuGH erkannt, daß dies nur zulässig ist, wenn die Kommission, der strengeres nationales Recht vom Mitgliedstaat notifiziert wurde, ihre Entscheidung auch begründet, damit hiergegen ggf. Rechtsschutz erwirkt werden kann (EuGH, NJW 1994, 3341 = ZUR 1994, 247 m. Anm. *Breier*; krit. *Reich*, NJW 1994, 3334 [3335]). Zu den gemeinschaftsrechtlichen Problemen eines solchen Alleingangs vgl. auch *Hailbronner*, EuGRZ 1989, 101 ff.
81 Näher zu dem auch künftig zulässigen Rückgriff auf Art. 235 EGV im Sinne intensiveren Umweltschutzes *Jacobs*, The protection of the environment under the Single European Act, in: *Schwarze/Schermers* (Hrsg.), Structure and dimensions of European Community Policy, 1988, S. 117 ff.
82 S. *Pernice*, NVwZ 1990, 201 (205 f.); *Voß/Wenner*, NVwZ 1994, 332 ff.
83 Dazu EuGH, ZUR 1994, 247 ff.; *Beyerlin*, UPR 1989, 361 ff.

1 *Allgemeines Umweltrecht*

sei, sondern vielmehr objektive, gerichtlich nachprüfbare Umstände herangezogen werden müßten, wozu Ziel und Inhalt einer Maßnahme zählen. Wenn eine Richtlinie gleichermaßen dem Umweltschutz und der Beseitigung von Wettbewerbsverzerrungen diene, könne nur Art. 100a EGV als Rechtsgrundlage herangezogen werden, weil im dortigen Verfahren das Europäische Parlament stärker zu beteiligen ist.[84] Eine Richtlinie, die nur *nebenbei* eine Harmonisierung der Wettbewerbs- und Handelsbedingungen hervorruft und deren Hauptzweck im Bereich des Umweltschutzes liegt, kann allerdings aufgrund Art. 130s EWGV a.F. ergehen.[85] Diese Rechtsprechung wirft die Frage auf, welche Umweltrichtlinien der EG in den Jahren zwischen 1987 und 1991 zu Unrecht auf Art. 130s EWGV a.F. gestützt wurden.[86] Für die Zukunft wird Art. 130s EGV aufgrund des Mehrheitsprinzips und der förmlichen Beteiligung des Europäischen Parlamentes nun weiter an Anwendungsbereich gewinnen.

53 Richtlinien der EU auf dem Gebiet des Umweltrechts haben zunehmend auch allgemeinen Charakter und vermitteln damit auch Impulse für das allgemeine deutsche Umweltrecht, wie die Richtlinie über die Umweltverträglichkeitsprüfung[87], die zum UVPG (Rn. 1/109 ff.) oder die Richtlinie über den freien Zugang zu Informationen über die Umwelt,[88] die zum UIG führte (Rn. 1/167 ff.).

c) Nationales Umweltrecht

54 Nach Inkrafttreten des neuen **Art. 20a GG** zum 15.11.1994 sind die natürlichen Lebensgrundlagen erstmals ausdrücklich unter **verfassungsrechtlichen Schutz** gestellt. Hiernach schützt der Staat auch in Verantwortung für die künftigen Generationen die natürlichen Lebensgrundlagen im Rahmen der verfassungsmäßigen Ordnung durch die Gesetzgebung und nach Maßgabe von Gesetz und Recht durch die vollziehende Gewalt und die Rechtsprechung.

55 Durch diese Verfassungsänderung wurden mehr als zehnjährige Bemühungen des Parlaments abgeschlossen, dem gestiegenen Stellenwert des Umweltschutzes durch Aufnahme in die Verfassung Rechnung zu tragen.[89] Spezifisches **Umweltverfassungsrecht** war zuvor – abgesehen von Kompetenznormen (z.B. Art. 74 Nr. 24, 75 Nrn. 3 u. 4 GG) und von Art. 89 III GG – im Grundgesetz nicht enthalten. Es gab und gibt jedoch umweltrelevantes materielles Verfassungsrecht (vgl. z.B. Rn. 1/28, 1/83 ff.). Dazu gehören im Grundgesetz insbesondere die Sozialstaatsklausel (Art. 20 I, 28 I 1 GG), der Schutz der Menschenwürde (Art. 1 I GG) sowie manche Grundrechtsnormen (vor allem Art. 2 II 1, 12 I 2, 14 I u. II, 19 II GG) nebst den ihnen

---

84 EuGH, EuZW 1991, 473 f.; *Zuleeg*, NJW 1993, 31, 32 f.
85 EuGH, DVBl. 1993, 777 f. (Abfallrahmenrichtlinie 91/156/EWG); DVBl. 1994, 997 ff. (Abfallverbringungs-VO); krit. *Kahl*, ThürVBl. 1994, 225 (228 ff.); ferner *Klein/Haratsch*, DÖV 1994, 133 (135); *Middeke*, DVBl. 1993, 769 ff.; *Ruffert*, Jura 1994, 635 ff.
86 Nach den Untersuchungen von *Kahl*, Umweltprinzip und Gemeinschaftrecht, S. 298 ff., könnten die Großfeuerungsanlagen-Rl., Abfallverbrennungsanlagen-Rl., die Benzin-Blei-Rl. und die Rl. über gefährliche Abfälle eine falsche Rechtsgrundlage haben. S.a. EuGH, DVBl. 1993, 777 f.
87 ABl. Nr. L 175/40. S. hierzu: *Cupei*, Umweltverträglichkeitsprüfung, 1986; *Coenen/Jörissen*, Umweltverträglichkeitsprüfung in der EG, 1989; *Erbguth/Schink*, UVPG, 1992, Einl.
88 ABl. Nr. L 158/56. S. hierzu: *Engel*, Akteneinsicht, S. 178 ff.; *Erichsen/Scherzberg*, Zugang zu Informationen, 1992; *Blumenberg*, NuR 1992, 8 ff.; *Engel*, NVwZ 1992, 111 ff.; *Erichsen*, NVwZ 1992, 409 ff.; *Scherzberg*, UPR 1993, 48 ff.; *v. Schwanenflügel*, DÖV 1993, 95 ff.
89 S. unsere Vorauflage Rn. 31; *Meyer-Teschendorf*, ZRP 1994, 73 (74); *Peters*, NVwZ 1995, 555 ff.

entsprechenden staatlichen Schutzpflichten.[90] Daneben hat der Umweltschutz auch förmlich in mehrere *Landesverfassungen* Eingang gefunden (vgl. z.B. Art. 86 BWVerf a.F., Art. 73a Rh.-Pf.Verf., Art. 3 II, 131 II u. 141 BayVerf. und die Verfassungen der neuen Bundesländer).[91]

Umweltschutz ist damit ein **objektivrechtliches Staatsziel**, das zugunsten des Bürgers keine unmittelbaren Rechtswirkungen zeigt, sondern nur über die jeweiligen gesetzlichen Konkretisierungen dieses Verfassungsauftrages durch die drei Staatsgewalten. In erster Linie richtet sich der Verfassungsauftrag natürlich an den Gesetzgeber, ist also ein *Handlungs- und Gestaltungsauftrag* (mit einem damit verbundenen Gestaltungs*spielraum*). Der Gesetzgeber muß versuchen, das Staatsziel „langfristiger Schutz der natürlichen Lebensgrundlagen" mit anderen Verfassungsrechtsgütern (z.B. Art. 2 I, 12 I, 14 I GG) in einen angemessenen Ausgleich zu bringen. Bei unzureichenden und mangelhaften Regelungen löst die Staatszielbestimmung das richterliche Prüfrecht und die Vorlagepflicht zum BVerfG aus (Art. 100 I GG). Die Prägekraft auf Verwaltung und Rechtsprechung ist den gesetzgeberischen Entscheidungen nachgeordnet („nach Maßgabe von Gesetz und Recht"[92]). Für die Administrative bedeutet dies nach dem Grundsatz der Gesetzmäßigkeit der Verwaltung zunächst, daß aus Art. 20a GG keine eigenständige Rechtsgrundlage für belastende Verwaltungsakte abgeleitet werden kann. Die Staatszielbestimmung kann jedoch bei der Interpretation unbestimmter Rechtsbegriffe („Wohl der Allgemeinheit", „öffentliche Interessen" usw.), der Ausfüllung von Gestaltungsspielräumen, Planungs- und Ermessensentscheidungen eine Auslegungsdirektive bieten. Im Falle von gesetzlichen Regelungslücken kommt Art. 20a GG als Richtschnur richterlicher Rechtsfortbildung in Betracht.

Wesentliche Teile des Umweltrechts sind (was wohl schon von der „Wesentlichkeitstheorie" des Bundesverfassungsgerichts[93] gefordert ist) im **Gesetzesrecht** des Bundes und der Länder geregelt, wobei sich allerdings der Gesetzgeber nicht selten – selbst für in hohem Maße konsensbedürftige politische Entscheidungen – gesetzestechnisch des Hilfsmittels der *Generalklausel* mit weit gefaßten unbestimmten Gesetzesbegriffen oder der *Verordnungsermächtigung* bedient. Im ersten Fall wird die Macht und die Bürde der – der Idee nach nur konkretisierenden, häufig aber in Wahrheit eigenständigen und politisch äußerst bedeutsamen – Entscheidung dem Gesetzesanwender (letztlich also dem hierbei nicht ganz selten als „Ersatzgesetzgeber" in die Bresche springenden Richter), im zweiten Fall dem Verordnunggeber überlassen. Das mag rechtspolitisch unter dem Aspekt eines „dynamischen Grundrechtsschutzes" u.U. wünschenswert sein, ist aber unter demokratischen und rechtsstaatlichen Gesichtspunkten

---

90 Dazu insbes. *Hoppe/Beckmann*, Umweltrecht, 1989, S. 47 ff.; *Kloepfer*, Umweltrecht, 1989, S. 37 ff.; *Isensee*, HStR V, § 111 Rn. 86 ff.; *E. Klein*, NJW 1989, 1633 ff.; *Lorenz*, HStR VI, § 128 Rn. 43 ff.; *Lübbe-Wolff*, Grundrechte als Eingriffsabwehrrechte, 1988; *Hermes*, Das Grundrecht auf Schutz von Leben und Gesundheit, 1987; *Murswiek*, Die staatliche Verantwortung für die Risiken der Technik, 1985; *Murswiek*, DVBl. 1994, 77 ff.; *Wahl/Masing*, JZ 1990, 553 ff. Aus der Rspr. zur staatlichen Schutzpflicht s. BVerfGE 39, 1 (42); 46, 160 (164); 49, 80 (142); 53, 30 (57); 56, 54 (73); 77, 170 (214); 79, 174 (201); 88, 203 (254).
91 Weitere Nachw. bei *Kloepfer*, DVBl. 1988, 306 f. m. Fn. 12-19.
92 „Gesetz und Recht" hat einen mit Art. 20 III GG identischen Begriffsinhalt; nach BVerfGE 3, 225 (233) ist im Staat des GG ein Konflikt zwischen den überpositiven Normen einer Rechtsidee und dem positiven Recht *normalerweise* nicht denkbar. S.a. *Becker*, DVBl. 1995, 713 ff.
93 BVerfGE 49, 89 (126); 61, 260 (275); 83, 130 (142); 84, 212 (226).

1 *Allgemeines Umweltrecht*

zumindest dann bedenklich, wenn diese Entscheidungen vom Gesetzgeber nicht mehr hinreichend vorbestimmt sind.[94]

58 Vieles ist jedenfalls dort, wo es um mehr oder weniger technische Details oder um in Wandlung begriffene Rahmenbedingungen geht, in **Rechtsverordnungen** (früher Polizeiverordnungen) geregelt, meist in Form von Durchführungsverordnungen zu Umweltgesetzen (vgl. z.B. die zahlreichen Durchführungsverordnungen zum BImSchG oder die Rechtsverordnungen aufgrund des KrW-/AbfG, des ChemG oder des GenTG).

59 Daneben bedient sich die Exekutive von sich aus oder im Auftrag des Gesetzgebers auch des Instruments der **Verwaltungsvorschriften**, wie z.B. der Rahmen-Abwasserverwaltungsvorschrift zu § 7a WHG (Rn. 4/120 ff.), der TA Luft (Rn. 6/68 ff.), der TA Lärm (Rn. 6/84 ff.) oder der TA Abfall (Rn. 10/72). Verwaltungsvorschriften haben zunächst nur verwaltungsinterne Geltung (vgl. etwa § 37 BRRG), und zwar als ermessensbindende oder *norminterpretierende* Vorschriften (oder auch als Organisationsvorschriften). Sie können aber auch rechtliche Außenwirkung entfalten, so bei ihrer Aufnahme in Gesetze als Tatbestandsmerkmale (z.B. § 7a I 1 i.V.m. § 7a I 3 HS 2 WHG) oder im Falle von ermessensbindenden Verwaltungsvorschriften bei Begründung einer ständigen Übung mittelbar über Art. 3 GG, darüber hinaus nach der Rechtsprechung ausnahmsweise auch unmittelbar in Gestalt sog. *normkonkretisierender Verwaltungsvorschriften* (dazu Rn. 6/79 ff.).[95] Diese spielen insbesondere dort eine Rolle, wo gesetzliche Generalklauseln oder weit gefaßte unbestimmte Gesetzesbegriffe (Rn. 1/57) durch sog. „**Umweltstandards**"[96] konkretisiert werden.

60 Im Verwaltungsverfahren ist die Behörde verpflichtet, den Sachverhalt von Amts wegen zu ermitteln (§ 24 VwVfG), wobei es zunächst ihrem Verfahrensermessen (§ 26 VwVfG) obliegt, welcher Mittel sie sich dabei bedient. Wann aber z.B. ein bestimmter Schadstoff zu Gesundheitsschäden führen kann oder der Stand der (Wissenschaft und) Technik eingehalten ist, läßt sich nur unter Heranziehung (naturwissenschaftlicher) Sachverständiger beurteilen. Ein solches Verfahren wäre zeitaufwendig und wenig vollzugstauglich. Deshalb werden mit in Rechtsverordnungen (z.B. 13., 16.-18. BImSchV), Verwaltungsvorschriften (z.B. TA Lärm, TA Luft, TA Abfall) oder in privaten Regelwerken enthaltenen Umweltstandards (z.B. Grenz- oder Richtwerte für Emissionen oder Immissionen) die auf den Schutz der Umwelt bezogenen offenen Gesetzestatbestände mit ihren unbestimmten Rechtsbegriffen in konkrete, meßbar definierte und vollzugsfähige Anforderungen i.S. des Schutzprinzips (Rn. 1/67) oder des Vorsorgeprinzips (Rn. 1/69) umgesetzt. Die *Schutz- oder Vorsorgestandards* die-

---

94 Dazu z.B. *Grimm*, NJW 1989, 1305 (1309); *Wahl*, NVwZ 1991, 409 ff.; insoweit sind verfassungsrechtlich neben Art. 80 I 2 GG der Gesetzesvorbehalt, der Parlamentsvorbehalt und der Bestimmtheitsgrundsatz angesprochen.
95 *Gusy*, NVwZ 1995, 105 ff.; *Lübbe-Wolff*, in: HdUR, Bd. II, Art. „Technische Anleitung – Allgemeines", Sp. 2019 ff.; *Hill*, NVwZ 1989, 401 ff.; *Sendler*, UPR 1993, 321 ff.; *Wahl*, NVwZ 1991, 409 ff.; BVerwGE 72, 300 (316).
96 S. SRU, Umweltgutachten 1987, S. 58 ff.; *Bönker*, Umweltstandards in Verwaltungsvorschriften, 1992; *Hüttermann*, Funktionen der Grenzwerte im Umweltrecht, 1993; *Jarass*, in: HdUR, Bd. II, Art. „Umweltstandards", Sp. 2413 ff.; *Kloepfer/Rehbinder/Schmidt-Aßmann/Kunig*, UGB-AT, 1990, S. 125 ff., 460 ff.; *Roßnagel*, UPR 1986, 46 ff.; *Salzwedel*, NVwZ 1987, 276 ff.; *Steinberg*, DVBl. 1990, 1369 ff.; UBA (Hrsg.), Umweltqualitätsziele für die ökologische Planung, 1992.

nen damit zugleich der Rechtssicherheit, der Vollzugserleichterung und -beschleunigung sowie der Rechtsanwendungsgleichheit.

Allerdings sind Umweltstandards mit ihren *verbindlichen Grenzwerten* keineswegs unproblematisch, weil sie 61
- nicht nur (sachverständige) naturwissenschaftliche Erkenntnisse widerspiegeln, sondern auch (politische) Wertungen über das Schutz- und Vorsorgeniveau (Art. 2 Abs. 2 GG) enthalten, die grundsätzlich einer demokratischen Legitimation bedürfen,
- mit der Standardisierung unbestimmter Rechtsbegriffe eine Auswahl der durch einen Rechtsbegriff angesprochenen Aspekte vornehmen, also notwendig verkürzen und typisieren,
- als generalisierte Bewertungsmaßstäbe in atypischen Einzelfällen, z.B. bei besonderen Risikogruppen, sensiblen Biotopen usw. zu Fehlsteuerungen führen,
- Aspekte, die nicht quantifizierbar oder meßbar sind, zumeist nicht erfassen,
- synergistische und kumulative Effekte in der Regel nicht zureichend berücksichtigen,
- dazu reizen, den von ihnen eingeräumten Spielraum auf Kosten des Minimierungsprinzips voll zu nutzen,
- chronische Beeinträchtigungen häufig nicht verhindern.

Zum weiteren Bereich der Umweltstandardsetzung zählen insbesondere eine Vielzahl von **technischen Regelwerken**,[97] die die Auffassung der (privaten oder amtlichen) Verfasser über den „Stand der Technik" (Rn. 6/113), die „allgemein anerkannten Regeln der Technik" (Rn. 6/118) oder den „Stand von Wissenschaft und Technik" (Rn. 7/134 ff.) u.ä. zum Ausdruck bringen. 62

Das BVerwG hatte zunächst eine Bindungswirkung der TA Luft als „**antizipiertes Sachverständigengutachten**" begründet (Rn. 6/79), war dann aber davon abgerückt und stützt nunmehr die Annahme einer über den rein inneradministrativen Bereich hinausgehenden Bindungswirkung in Übereinstimmung mit der h.L. auf den Umstand, daß eine funktionsgerechte Abgrenzung exekutivischer und gerichtlicher Kompetenzen die Anerkennung eines eigenständigen administrativen Konkretisierungsspielraums erfordere.[98] Ein solcher Spielraum kann der Verwaltung nach der herrschenden „*normativen Ermächtigungslehre*" aber nur durch Gesetz zugewiesen werden, so daß sich Existenz und Umfang administrativer Konkretisierungsspielräume (und gleichzeitig die Beschränkung gerichtlicher Kontrollbefugnisse) durch Auslegung der jeweiligen gesetzlichen Vorschriften ergeben.[99] Auch hier zeigt sich jedoch der wachsende Einfluß des Europarechts: der EuGH hat die Umsetzung von EG-Richtlinien durch Verwaltungsvorschriften (TA Luft) als nicht ausreichend bestimmt angesehen,[100] so daß aus europarechtlicher Sicht zumindest die Umsetzung von Richtlinien in nationales Recht zukünftig in Form der *Rechtsverordnung* erfolgen muß, was aus demokratischer Sicht zu begrüßen ist. Der 63

---

97 Dazu *Gusy*, NVwZ 1995, 105 ff.; *Hanning*, Umweltschutz und überbetriebliche technische Normung, 1976; *Marburger*, Die Regeln der Technik im Recht, 1979; *ders.*, in: HdUR, Bd. II, Art. „Technische Regeln", Sp. 2045 ff.; *Rittstieg*, Die Konkretisierung technischer Standards im Anlagenrecht, 1982; *Fischer*, Umweltschutz durch technische Regelungen, 1989; *Gusy*, VerwArch. Bd. 79 (1988), 68 ff. m.w.N. S.a. *Erbguth*, Grundfragen, S. 77 f., 229 ff.; *Koch*, ZUR 1993, 103 ff.
98 BVerwGE 72, 300 (320); 78, 177 (180); 80, 207 (217); 81, 185 (190); zur TA Luft BVerwGE 55, 250 (255).
99 *Lübbe-Wolff*, in: HdUR, Bd. II, Art. „Technische Anleitung – Allgemeines", Sp. 2019 (2022); *Maunz/Dürig/Herzog/Schmidt-Aßmann*, GG, Art. 19 IV Rn. 185 f. Deutlich zurückhaltend gegenüber der durch das BVerwG angenommenen gerichtlichen Kontrolldichte ist das BVerfG gewesen; s. BVerfGE 75, 275; 88, 40; BVerfG, NJW 1993, 917 u. *Sendler*, DVBl. 1994, 1089 ff.
100 EuGH, DVBl. 1991, 869 ff.; ferner EuGH, EuZW 1991, 761 ff.; s.a. *Weber*, UPR 1992, 5 ff.

1 *Allgemeines Umweltrecht*

Professorenentwurf des Allgemeinen Teils eines Umweltgesetzbuches sieht hierfür entsprechende Regelungen vor (§§ 145 ff., 155 ff.).[101]

64 Privatrechtliche Normenverbände sind z.B. das Deutsche Institut für Normung (DIN), der Verein Deutscher Ingenieure (VDI), der Verband Deutscher Elektrotechniker (VDE), der Deutsche Verein des Gas- und Wasserfachs (VDGW) oder die Abwassertechnische Vereinigung (ATV). In ihren **privaten Regelwerken**[102] bemühen sie sich auch um die Erarbeitung von Umweltstandards, die z.T. eine große Bedeutung gewonnen haben (auf nationaler Ebene z.B. DIN-„Normen", VDI-Richtlinien, Regeln des KTA, Arbeitsblätter der ATV usw., oder auf internationaler Ebene die sog. ISO-Standards, d.h. die Standards der Internationalen Organisation für Standardisierung). Zuweilen werden solche Regelwerke von einer Rechtsnorm in ihren Inhalt übernommen. Das ist verfassungsrechtlich jedenfalls dann unbedenklich, wenn – etwa i.S. der Ermächtigung des § 7 V BImSchG oder der §§ 7 III KrW-/AbfG – auf ein zeitlich fixiertes Regelwerk unter Angabe der Fundstelle verwiesen wird (sog. „statische Verweisung" im Gegensatz zu einer verfassungswidrigen sog. „dynamischen Verweisung",[103] die ein Regelwerk in seiner *jeweiligen* Fassung in die Norm einbezieht).

65 Schließlich sind noch die auf der untersten Ebene der Hierarchie der Umweltrechtsnormen angesiedelten **autonomen Satzungen** juristischer Personen des öffentlichen Rechts, insbesondere kommunale Satzungen mit umweltrechtlichem Inhalt zu erwähnen (z.B. Bebauungspläne, Baumschutzsatzungen, Abwassersatzungen usw.).[104]

III. Hauptprinzipien des Umweltrechts

66 Neben den Zielen, die von der Umweltpolitik verfolgt, die aber erst von umweltrechtlichen Normen verbindlich vorgeschrieben werden (Rn. 1/5, 1/10 ff.), sind für die Umweltpolitik eine Reihe von Prinzipien entwickelt worden, die sich wechselseitig ergänzen, aber auch gegenseitig ausschließen können. Allerdings haben auch diese Prinzipien, solange sie nicht gesetzlich verankert und so zu unmittelbar verbindlichen und anwendbaren Rechtsprinzipien erstarkt sind, nur den Charakter von umwelt- und rechtspolitischen Handlungsmaximen. Im Zuge der deutschen Einigung hat sich der Gesetzgeber in Art. 16 I 2 StaatsV, Art. 34 I EVertr auf das **Vorsorge-, Verursacher- und Kooperationsprinzip** im Umweltrecht festgelegt.[105] Ein Vorschlag zur allgemei-

---

101 *Kloepfer/Rehbinder/Schmidt-Aßmann/Kunig*, UGB-AT, 1990, S. 460 ff.; *Sendler*, UPR 1993, 321 (327 f.). Sinnvoll wäre es, eine Höchstgrenze für die Geltungsdauer von derartigen technischen Regelwerken einzuführen (vgl. z.B. § 159 UGBE). Es ist nicht erkennbar, daß mit einer Verwaltungsvorschrift, die nach Zustimmung des Bundesrates verabschiedet wird, flexibler auf den Erkenntnisfortschritt reagiert werden kann als mit einer Rechtsverordnung. Im Gegenteil könnte man z.B. bei Betrachtung der mehr als ein Vierteljahrhundert alten, dringend novellierungsbedürftigen TA Lärm den Eindruck gewinnen, daß Verwaltungsvorschriften längere Lebensdauer beschieden ist als Rechtsnormen.
102 Hierzu *Führ*, ZUR 1993, 99 ff.
103 BVerfGE 47, 285 (311); *Sachs*, NJW 1981, 1651.
104 S. *Lübbe-Wolff* (Hrsg.), Umweltschutz durch kommunale Satzungen, 1993.
105 S. *Kloepfer*, DVBl. 1991, 1 ff.

nen Normierung einzelner Prinzipien findet sich im wissenschaftlichen Entwurf des Allgemeinen Teils eines Umweltgesetzbuches[106], des weiteren sind in Art. 130 Abs. 2 EGV die Grundsätze, Umweltbeeinträchtigungen vorzubeugen, diese nach Möglichkeit an ihrem Ursprung zu bekämpfen, sowie das Verursacherprinzip primärrechtlich verankert.[107]

1. Gefahrenabwehrprinzip

Das **Gefahrenabwehrprinzip** oder Schutzprinzip zielt zunächst auf die Abwehr von Gefahren im engeren Sinne (Rn. 6/94), also auf die Abwehr von Gefahren für Leib, Gesundheit, Leben und Umwelt, z.B. die Abwehr drohender Explosionen, Brände, Überschwemmungen usw., aber auch auf die Abwehr schwerwiegender Beeinträchtigungen von Menschen, Tieren oder Pflanzen durch boden-, luft- oder gewässerverunreinigende Schadstoffe. Das Schutzprinzip erfaßt auch – z.T. abweichend vom rein polizeirechtlichen Gefahrenabwehrprinzip – die Abwehr von bloß erheblichen Nachteilen und Belästigungen (Rn. 6/96 f.). Dem Gefahrenabwehr- bzw. Schutzprinzip entsprechende Normen finden sich etwa im Immissionsschutzrecht (z.B. § 5 I Nr. 1 i.V.m. § 3 I BImSchG), im Atomrecht (§ 7 II Nrn. 3 und 5 AtG oder §§ 10, 12 AtG i.V.m. der StrSchV), im Chemikalienrecht (§§ 17 ff. ChemG) usw. Solche Normen sind, soweit sie sich unmittelbar als Verhaltens- oder Ermächtigungsnormen auf Verwaltungsakte beziehen, häufig „drittschützend", d.h. sie sind Schutznormen, die neben der Allgemeinheit auch den potentiell betroffenen Einzelnen in diesem oder jenem Individualinteresse gegen diese oder jene Gefahr oder Beeinträchtigung schützen sollen. 67

Sicher wird die Gesundheit der Menschen in der Industriegesellschaft durch eine unvernünftige Lebensweise ebenso gefährdet wie durch manche anthropogenen Umweltbelastungen. Erstens handelt es sich dabei aber zum Großteil um individuell zu verantwortende Selbstgefährdung; zweitens gefährden letztere auch die mittelbar dem Schutz der Menschen dienenden, den Naturhaushalt bildenden ökologischen Systeme. Umweltschutz ist nicht nur Gesundheitsschutz! 68

2. Vorsorgeprinzip

Das auch im Europarecht als besonderes Umweltprinzip anerkannte **Vorsorgeprinzip**[108] beinhaltet vor allem den nicht lediglich reaktiven, sondern vorausschauenden und vorbeugenden[109], also „vorsorglichen" Schutz des Menschen vor Umweltgefahren 69

---

106 *Kloepfer/Rehbinder/Schmidt-Aßmann/Kunig,* UGB-AT, 1990, S. 138 ff.; krit. hierzu: *Breuer,* Gutachten B für den 59. DJT 1992, S. 92 ff.
107 Vgl. *Kahl,* Umweltprinzip und Gemeinschaftsrecht, S. 21 ff.
108 Dazu *Erbguth,* Grundfragen, S. 92 ff.; *Germann,* Das Vorsorgeprinzip als vorverlagerte Gefahrenabwehr, Diss. Wien 1993; *Kloepfer,* in: Gethmann/Kloepfer, Handeln unter Risiko im Umweltstaat, 1993, S. 55, 71 ff.; *v. Lersner,* in: HdUR, Bd. II, Art. „Vorsorgeprinzip", Sp. 2703 ff. m.w.N.; *Kloepfer,* Umweltrecht, S. 74 f.; *Kloepfer/Rehbinder/Schmidt-Aßmann/Kunig,* UGB-AT, S. 138 ff.; *Rehbinder,* Das Vorsorgeprinzip im internationalen Vergleich, 1991; *Schmidt,* DÖV 1994, 749 (752 ff.); *Wahl* (Hrsg.), Prävention und Vorsorge, 1995.
109 Dies wird beispielsweise in Art. 130r II EGV ausdrücklich getrennt.

1 Allgemeines Umweltrecht

und Umweltqualitätsverlusten, desgleichen aber auch den entsprechenden Schutz der Umweltgüter vor dem Menschen. Es verlangt die möglichst schonende Inanspruchnahme der Naturgüter und Lebensräume durch den Menschen. All dies ist Zukunftsvorsorge jenseits des Bereichs der Gefahrenabwehr. **Vorsorge verlangt daher auch ein *Offenhalten von Optionen*.**[110] und Ressourcen

70 Das Vorsorgeprinzip ist nicht nur eine umweltpolitische Maxime für das nicht gesetzesakzessorische Handeln der Verwaltung oder ein in manchen Umweltnormen positiviertes Rechtsprinzip, sondern auch ein rechtspolitischer Grundsatz, der die rechtsetzenden Staatsorgane dazu anhalten soll, sich nicht lediglich am jeweiligen „Skandal des Jahres" zu orientieren. Es umfaßt einmal – und insoweit besteht noch eine Affinität zum Gefahrenabwehrprinzip – die Gefahrenvermeidung, d.h. die „*Risikovorsorge*" i.e.S. (Rn. 6/137, Rn. 7/134 ff.). Die Bewertung der Frage, ob eine Gefahr für ein gesetzlich geschütztes Rechtsgut besteht, setzt bei der Anwendung der klassischen polizeirechtlichen „Je-desto-Formel" durchschnittliche Erfahrungen voraus, die über einen gewissen Zeitraum hinweg in Wissenschaft und Technik, Verwaltung und Wirtschaft gesammelt wurden. Bei vielen modernen technischen Entwicklungen (z.B. in der Atomtechnik oder der Gentechnik) kann aber auf solche Erfahrungen nicht zurückgegriffen werden. Die Risikovorsorge soll dazu beitragen, solche Ungewißheiten technisch-wissenschaftlicher Sachverhalte zu bewältigen. Sie findet sich damit vor allem im Recht der technischen Sicherheit und bezweckt, schon einem – vielleicht nur theoretischen – Gefahrenverdacht zu begegnen bzw. einen zureichenden Sicherheitsabstand zur Gefahrenschwelle zu gewährleisten (Sicherheitsreserve). Tatsächlich ist die Abgrenzung zwischen Vorsorgeprinzip und Gefahrenabwehrprinzip in diesen Grenzbereichen unscharf (vgl. z.B. Rn. 6/127).[111] Von besonderer Bedeutung für den Schutz vor Umweltbelastungen ist die vorsorgliche Minimierung potentiell umweltschädlicher Stoffeinträge (z.B. in erster Linie durch Schadstoffvermeidung oder hilfsweise durch Schadstoffverminderung im Wege der Abgas- und Abwasserreinigung, Abfallbehandlung usw.). Das Vorsorgeprinzip zielt aber über die Risikovorsorge hinaus als *Ressourcenvorsorge* auch noch auf andere Bereiche der Zukunftsvorsorge, nämlich auf die Ressourcen- und Freiraumerhaltung im Interesse einer materiellen Sicherung der menschlichen Handlungsfreiheit oder gar der menschlichen Existenz.

71 Demgemäß dient das Vorsorgeprinzip u.a. sowohl der Minimierung der noch nicht „Gefahrenqualität" erreichenden Risiken als auch der Offenhaltung von Belastungsreserven (vgl. z.B. § 1 UVPG, ferner §§ 1, 5 I Nr. 2 BImSchG, §§ 1a I, 7a WHG, § 7 II Nr. 3 AtG, §§ 1, 4 I, 6 I 2, 19, 22, 24, 37, 38, KrW-/AbfG, §§ 2 I Nrn. 3-8, 8 II BNatSchG; im Planungsrecht z.B. §§ 2 I Nr. 8, 6a ROG, § 1 V 2 BauGB, §§ 49, 50 BImSchG, §§ 8a, 13-16 BNatSchG). Im Unterschied zu den Normen, die das Gefahrenabwehrprinzip positivieren, sind die Vorsorgenormen in aller Regel nicht drittschützend, soweit die Ebene der Gefahren- und Schadensabwehr verlassen ist.[112]

---

[110] BVerwGE 69, 37 (43); i.E. auch *Scherzberg*, VerwArch 84 (1993), 484 (497 ff.); aus verfassungstheoretischer Sicht s. *Grimm*, Die Zukunft der Verfassung, 1991, S. 184 f., 415 ff.

[111] S. *Reich*, Gefahr – Risiko – Restrisiko: Das Vorsorgeprinzip am Beispiel des Immissionsschutzrechts, 1989; *Breuer*, NVwZ 1990, 211 ff.; *Scherzberg*, VerwArch 84 (1993), 484 ff. Nach *Kloepfer*, in: *Gethmann/Kloepfer*, Handeln unter Risiko im Umweltstaat, 1993, S. 73, umfaßt das Vorsorgeprinzip in diesem Zusammenhang insbesondere (1) zeitlich entfernte Gefahren, deren späterer Eintritt nicht mit hinreichender Wahrscheinlichkeit ausgeschlossen werden kann, (2) Fälle geringer Eintrittswahrscheinlichkeit vom Gefahrenverdacht bis zur Risikovorsorge und (3) Umweltbelastungen im Rahmen von möglichen Synergieeffekten (str.).

[112] Vgl. *Kloepfer/Rehbinder/Schmidt-Aßmann/Kunig*, UGB-AT, 1990, S. 140 ff. Zu § 5 I Nr. 2 BImSchG s. Rn. 6/130.

3. Bestandsschutzprinzip

Mit dem Vorsorgeprinzip eng verwandt ist ein nur in Ansätzen positiviertes **Bestandsschutzprinzip**, das nichts mit dem eigentumsrechtlichen Bestandsschutz (s. etwa Rn. 6/231 ff.) zu tun hat, sondern vielmehr auf den Schutz des vorgefundenen qualitativen Umweltbestandes abzielt (vgl. z.B. §§ 8, 8a, 20c BNatSchG, §§ 26 II, 34 WHG). Insofern kann auch von einem Verbot der wesentlichen Verschlechterung der Umweltqualität gesprochen werden (s. Rn. 3/112 ff., Rn. 4/146).

72

4. Verursacherprinzip

Nach dem aus dem Polizeirecht bekannten **Verursacherprinzip** (Rn. 5/137 ff.) hat der Verursacher in erster Linie einer von seinem Verhalten ausgehenden Umweltbeeinträchtigung vorzubeugen, zumindest aber ihre Folgen zu beseitigen. Demzufolge beschränkt sich das Verursacherprinzip nicht auf die Frage der Zurechnung der Kosten für die Vermeidung, Beseitigung und den Ausgleich von Umweltbeeinträchtigungen, sondern umfaßt darüberhinaus auch die Mittel direkter Verhaltenslenkung (z.B. Gebote, Verbote, Auflagen), anreizausübende Abgaben sowie zivilrechtliche Unterlassungs- und Haftungsansprüche.[113]

73

Das Verursacherprinzip ist ein materielles Zurechnungsprinzip für die Ermittlung der Verantwortlichkeit für Umweltbeeinträchtigungen, Umweltgefahren und Umweltrisiken.[114] Seine Bedeutung liegt darin, daß der Verursacher vorrangiger Adressat umweltschützender und umweltlenkender Tätigkeit des Staates ist. Die Hauptrolle spielt dabei das Verursacherprinzip als Regelungsmodell für die Kostenbelastung, d.h. als Kostenzurechnungsprinzip.[115] Wenn die volkswirtschaftlichen Kosten der durch Umwelt-(Über-)Nutzung verursachten ökologischen Schäden nicht vom Verursacher getragen werden, führen diese sogenannten „externen Effekte" zu einer suboptimalen Allokation der volkswirtschaftlichen Ressourcen (Güter und Produktionsfaktoren), d.h. zu „Wohlfahrtsverlusten". Eine optimale Allokation der Güter und Produktionsfaktoren setzt daher umweltpolitisch voraus, daß jeder die Kosten trägt, die er durch Inanspruchnahme der endlichen Umweltgüter, insbesondere durch Nutzung der Umwelt als Ressourcenreservoir oder als Entsorgungsmedium verursacht (Internalisierung der externen Sozialkosten, s. Rn. 1/136).

74

Die Pflichten des Abfallerzeugers im neuen KrW-/AbfG (Rn. 10/207) oder die im Umwelthaftungsgesetz (Rn. 1/139) vorgenommenen Beweiserleichterungen haben ihren Rechtsgrund im Verursacherprinzip.[116] Vor seinem Hintergrund wird auch die Einführung einer allgemeinen

75

---

113 *Kloepfer/Rehbinder/Schmidt-Aßmann/Kunig*, UGB-AT, 1990, S. 145 ff. Demgegenüber wird das *europarechtliche* Verursacherprinzip des Art. 130 r II EGV als Kostenzurechnungsgrundsatz angesehen, vgl. *Kahl*, Umweltprinzip und Gemeinschaftsrecht, 1993, S. 23 ff.

114 Da eine ökologische Störung in der Regel das Ergebnis des Zusammenwirkens mehrerer Faktoren, d.h. aber auch mehrerer Personen ist, kann „der" verantwortlich zu machende Verursacher nur im Wege einer wertenden Entscheidung bestimmt werden. Es geht aber zu weit, das Verursacherprinzip deshalb als bloße Leerformel zu qualifizieren (so aber *Adams*, JZ 1989, 787 ff.).

115 S. *Erbguth*, Grundfragen, S. 94 ff.; *Ewringmann*, in: HdUR, Bd. II, Art. „Verursacherprinzip", Sp. 2678 ff.; *Kloepfer*, Umweltrecht, S. 83 ff.

116 Vgl. *Hager*, NJW 1991, 134 ff.; *Kreuzer*, JA 1991, 209 ff.; *Schmidt*, DÖV 1991, 878 ff.; *Tampitz*, Jura 1991, 113 ff.

1 *Allgemeines Umweltrecht*

Gefährdungshaftung des Verursachers von Umweltschäden nach dem Vorbild des § 22 WHG diskutiert.[117] Umstritten ist, ob die Umweltgefährdungshaftung durch eine obligatorische Haftpflichtversicherung für bestimmte Unternehmen ergänzt werden soll. Dies würde einerseits im Sinne der Ausgleichsfunktion des Haftungsrechts den Gläubiger vor dem Risiko der Schuldnerinsolvenz, andererseits den Schuldner vor dem wirtschaftlichen Ruin schützen, müßte aber die umweltpolitisch erwünschte Präventionsfunktion der Haftung beeinträchtigen.[118] Man könnte anstelle einer obligatorischen Haftpflichtversicherung auch an eine obligatorische Deckungsvorsorge denken. Auch sonst ist im Zusammenhang mit einer allgemeinen Umweltgefährdungshaftung rechtspolitisch vieles umstritten, z.B. die Frage, ob nur für Schäden aus Störfällen bzw. aus bestimmungswidrigem (rechtswidrigem) Betrieb oder auch für Schäden aufgrund genehmigten Normalbetriebs gehaftet werden soll, ferner die Frage der Beweislast oder jedenfalls der Beweiserleichterung zugunsten des Geschädigten bei Kausalitätsverdacht oder die Frage der sog. Summationsschäden.[119] Versicherbar ist allerdings nur, was kalkulierbar und über Prämien finanzierbar ist. Daher käme jedenfalls bei einer Haftung für Schäden aus Normalbetrieb die Festsetzung von Haftungsobergrenzen oder von Höchstdeckungssummen in Betracht.

5. Gemeinlastprinzip

76 Praktisch das Gegenstück zum Verursacherprinzip ist das **Gemeinlastprinzip**,[120] das im Gefahrenbereich nur ausnahmsweise, und zwar nur dann eingreifen soll, wenn eine Umweltgefahr oder ein Umweltschaden nicht einem bestimmten Verursacher zugerechnet werden oder wenn von der Behörde die Beseitigung der Störung (oder die Finanzierung der Störungsbeseitigung) durch den Störer nicht durchgesetzt werden kann (s. etwa Rn. 5/209). Die Kostenfolgen hat dann die Allgemeinheit zu tragen. Hinzu kommen mannigfaltige Aufwendungen für die Umweltvorsorge der öffentlichen Hand (staatliche Eigenvornahme, Finanzhilfen, Darlehen, Bürgschaften, Steuerbegünstigungen usw.), die aus den jeweiligen Haushalten finanziert werden; insofern hat das Gemeinlastprinzip nicht lediglich lückenfüllenden Charakter im Verhältnis zum Verursacherprinzip.

6. Kollektives Verursacherprinzip

77 Zwischen den beiden letztgenannten Prinzipien, wenn auch näher beim Verursacher- als beim Gemeinlastprinzip angesiedelt, ist das rechts- und umweltpolitische „**kollektive Verursacherprinzip**", wonach Folgekosten einer Gruppe von Rechtssubjekten

---

117 Vgl. z.B. *Ganten/Lemke*, UPR 1989, 1 ff.; *Geisendörfer*, VersR 1988, 421 ff.; *Hübner*, NJW 1988, 441 ff.; *Kloepfer/Rehbinder/Schmidt-Aßmann/Kunig*, UGB-AT, 1990, S. 412 ff.; *Meßerschmidt*, UPR 1988, 47 ff. (Tagungsbericht); *Rehbinder*, NuR 1989, 149 ff.; *Salje*, ZRP 1988, 153 ff. Nach einer EG-Richtlinie ist das Produkthaftungsgesetz v. 15.12.1989 (BGBl. I 2198) erlassen worden, durch das eine verschuldensunabhängige Haftung des Herstellers oder Importeurs für Produktfehler begründet wurde. Zum Ersatz ökologischer Schäden s.a. *Gassner*, UPR 1987, 370 ff.
118 Zur Problematik vgl. *Köck*, ZUR 1993, 65 f.; *Peter*, ZUR 1993, 79 ff.; *Schmidt-Salzer*, VersR 1988, 424 ff.; 1990, 12 ff., 121 ff.; *Rehbinder*, NuR 1989, 153 f.
119 S. *Kloepfer/Rehbinder/Schmidt-Aßmann/Kunig*, UGB-AT, 1990, S. 412 ff.
120 Dazu *Ewringmann*, in: HdUR, Bd. I, Art. „Gemeinlastprinzip", Sp. 844 ff.; *Kloepfer/Rehbinder/Schmidt-Aßmann/Kunig*, UGB-AT, 1990, S. 147 f.; *Kloepfer*, Umweltrecht, S. 89 ff. m.w.N.

aufzuerlegen sind („*Gruppenlastprinzip*"), die typischerweise die Umweltgefahr oder den Umweltschaden verursacht hat. Zu denken ist etwa an die Finanzierung sog. „Altlasten" (z.B. sanierungsbedürftiger ehemaliger Müllkippen) durch „die" Chemieindustrie, ferner an den rechtspolitisch geforderten Ausgleich für Schäden des Waldsterbens (Rn. 6/12) durch Industrie, Energiewirtschaft und Kraftfahrzeugbenutzer. Praktisch umgesetzt wird das kollektive Verursacherprinzip z.B. durch die Bildung von Finanzierungsfonds (Rn. 5/210) und die Erhebung von Sonderabgaben (Rn. 1/154).

7. Kooperationsprinzip

Nach dem **Kooperationsprinzip**[121] soll der Staat auf dem Gebiet des Umweltschutzes möglichst umfassend mit allen betroffenen und interessierten gesellschaftlichen Kräften (Unternehmen, Industrie- und Umweltschutzverbände usw.) zusammenarbeiten. Normativ geregelte Erscheinungsformen des Kooperationsprinzips sind der Einsatz von Beliehenen zur staatsentlastenden Wahrnehmung öffentlicher Aufgaben, der Einsatz von Ausschüssen mit der Aufgabe technischer Regelfindung, Beratungsgremien der öffentlichen Verwaltung (z.B. nach § 24 GewO), die organisierte Anhörung der beteiligten Kreise (z.B. §§ 7, 48, 51 BImSchG) und der Einsatz von Umweltschutzbeauftragten zur innerbetrieblichen Eigenüberwachung (z.B. §§ 53 ff. BImSchG, 21a WHG).[122]

78

Das Kooperationsprinzip ist ein politisches Verfahrensprinzip, das auf eine innerhalb der vom Grundgesetz – insbesondere dem Rechtsstaatsprinzip und der staatlichen Schutzpflicht nach Art. 2 II GG – gezogenen Grenzen möglichst einvernehmliche Verwirklichung umweltpolitischer Ziele gerichtet ist. Exemplarisch sind neben den obengenannten Beispielen vor allem öffentlich-rechtliche Verträge (Rn. 1/113), „Branchenabsprachen" oder „Branchenzusagen" im Bereich von Industrie und Handel (Rn. 10/164 ff.) zu nennen.[123] Sie haben meist die Minderung bestehender Umweltbelastungen (z.B. Produktionseinschränkung für FCKW-haltige Spraydosen) bzw. die Vornahme bestimmter umweltschonender Maßnahmen (z.B. Reduzierung von Verpackungsmaterialien) zum Inhalt, sind aber nicht rechtsverbindlich und werden daher von seiten der Wirtschaft nicht immer eingehalten.

79

Diese Kooperation soll in der Praxis häufig einseitig von Seiten der Unternehmen zur Verhinderung des Vollzuges mißbraucht werden.[124] Wenngleich Umweltschutz zutreffend als eine Aufgabe des Staates *und* seiner Bürger angesehen wird, darf die Kooperation im Bereich des

80

---

121 *Grüter*, Umweltrecht und Kooperationsprinzip, 1989; *Kloepfer*, Umweltrecht, S. 91 ff.; *Kloepfer/Rehbinder/Schmidt-Aßmann/Kunig*, UGB-AT, 1990, S. 155 ff.; *Lübbe-Wolff*, NuR 1989, 295 ff.; *Müggenborg*, NVwZ 1990, 909 ff.; *Rengeling*, in: HdUR, Bd. I, Art. „Kooperationsprinzip", Sp. 1284 ff.; *Schulze-Fielitz*, DVBl. 1994, 657 ff. Das Kooperationsprinzip wird auch im 5. Aktionsprogramm der EG für Umweltpolitik 1992 betont.
122 S. hierzu *Müggenborg*, NVwZ 1990, 909 (910 ff.).
123 S. *Scherer*, DÖV 1991, 1 ff.; ferner: *Kloepfer*, JZ 1991, 737 (739 ff.); *Müggenborg*, NVwZ 1990, 909 (914 ff.); *Murswiek*, JZ 1988, 985 (988).
124 *Lübbe-Wolff*, NuR 1989, 295 ff.

1 *Allgemeines Umweltrecht*

Umweltschutzes nicht den Vorrang des Vollzuges ersetzen.[125] Im Umweltschutzrecht muß der Schwerpunkt staatlichen Handelns gerade wegen des verbreiteten Fehlens eines gerichtlich durchsetzbaren Individualinteresses im ordnungsrechtlichen Vollzug gesetzlicher Regelungen liegen.[126] Verfassungsrechtliche Grenze kooperativen Handelns ist die staatliche Schutzpflicht nach Art. 2 II GG: soweit sie berührt ist, muß der Staat Leben und Gesundheit seiner Bürger (auch präventiv) schützen, was einschließt, diesen Schutz auch durchzusetzen.[127]

81 Ausdruck des Kooperationsprinzips sind auch die Öffentlichkeitsbeteiligung in bestimmten Planungs- und Genehmigungsverfahren (Rn. 1/117, 2/44, 6/185),[128] die Verbandsmitwirkung im Naturschutzrecht (Rn. 3/229 ff.) oder das staatliche Angebot eines Umwelt-Audit-Verfahrens (Rn. 1/158). Eine besondere – nicht unproblematische – Art der Kooperation findet nicht selten in der informellen Vorphase der Erteilung einer Industriegenehmigung oder des Erlasses einer behördlichen Anordnung statt, und zwar zwischen der Behörde und dem Betreiber einer geplanten oder bereits bestehenden umweltrelevanten Anlage. Hier kommt es zuweilen über gegenseitige Informationserteilung hinaus zu umweltschutzdienlichen, gelegentlich aber auch zu mehr oder weniger dubiosen Arrangements, Duldungen[129] o.ä. zulasten der an diesem informellen Verfahren nicht beteiligten Drittbetroffenen und/oder der Umwelt.[130]

82 Grundsätzlich nichts einzuwenden ist gegen eine möglichst frühzeitige informelle Informationskooperation zwischen der zuständigen Genehmigungsbehörde und dem Antragsteller, um auf diese Weise zu gewährleisten, daß der Untersuchungsrahmen rechtzeitig abgesteckt und die Erhebung aller entscheidungsrelevanten Informationen vorbereitet wird. Eine solche Kooperation sollte aber möglichst unter Beteiligung der betroffenen Bürger oder anerkannter Umweltschutzverbände erfolgen, weil das polygonale Rechtsverhältnis des Genehmigungsverfahrens auf ein bipolares verkürzt wird. Entsprechende Verfahrensweisen sind sogar normativ vorgesehen (vgl. § 2 II 9. BImSchV, § 5 UVPG), wodurch allerdings die Ebene informellen Handelns verlassen wird.

8. Prinzip des grenzüberschreitenden Umweltschutzes

83 Das **Prinzip grenzüberschreitenden Umweltschutzes**, nach dem Umweltschutz auch über die Hoheitsgrenzen der Staaten hinweg gewährt werden soll, will der trivialen Erkenntnis Rechnung tragen, daß insbesondere Luft- und Gewässerverunreinigungen nicht an den Staatsgrenzen haltmachen. Beim praktischen Vollzug wirft das Prinzip oft schwierige Rechtsfragen nicht nur auf den Gebieten des Völkergewohnheits- und Völkervertragsrechts (Rn. 1/28 ff.) sowie des Europarechts (Rn. 1/37 ff.), sondern

---

125 So aber *Kloepfer/Rehbinder/Schmidt-Aßmann/Kunig*, UGB-AT, 1990, S. 157; hiergegen zu Recht *Hansmann*, Referat auf dem 59. DJT 1992, S. N 23; s. ferner *Murswiek*, JZ 1988, 985 (987).
126 Ähnlich *Lübbe-Wolff*, NuR 1989, 295 (301); *Müggenborg*, NVwZ 1990, 909 (917).
127 So auch *Murswiek*, JZ 1988, 985 (987).
128 Zur Konfliktmittlung in Großverfahren s. *Hill*, DÖV 1994, 279 ff.; *Würtenberger*, NJW 1991, 257 ff.
129 *Hermes/Wieland*, Die staatliche Duldung rechtswidrigen Verhaltens, 1988; *Fluck*, NuR 1990, 197 ff.
130 *Bohne*, Der informale Rechtsstaat, 1981; *ders.*, VerwArch 75 (1984), 343 ff.; *Bauer*, VerwArch 78 (1987), 241 ff.; *Becker*, DÖV 1985, 1003 ff.; *Breuer*, in: *Hoffmann-Riem* (Hrsg.), Konfliktlösung durch Verhandlungen, 1990, S. 230 ff.; *Bulling*, DÖV 1989, 277 ff.; *Erbguth*, Grundfragen, S. 81 ff.; *Lübbe-Wolff*, NuR 1989, 295 ff.; *Murswiek*, JZ 1988, 985 (988).

auch auf dem Gebiet des internationalen Verwaltungsrechts, des internationalen Privatrechts und Prozeßrechts auf (Rn. 1/61).[131]

IV. Gesetzesvollzug und Verwaltungsorganisation im Bereich des Umweltrechts

1. Gesetzesvollzug

Anders als bei den Gesetzgebungskompetenzen liegt der Schwerpunkt der Verwaltung auch im Umweltrecht nach Art. 30 GG i.V.m. Art. 83 ff. GG bei den Ländern und ihren Gliederungen (bis herunter zu den Gemeinden). Die Dominanz der Länder im Bereich des Gesetzesvollzuges beruht auf Art. 83 und 84 Abs. 1 GG, wonach auch die Ausführung der Bundesgesetze grundsätzlich Sache der Länder als eigene Angelegenheit ist und diese dementsprechend auch über die Organisation („Errichtung von Behörden") sowie das Verwaltungsverfahren bestimmen können.[132] Der Bund hat nur wenige *bundeseigene Durchführungszuständigkeiten* i.S. der Art. 86 ff. GG. Ausnahmen sind z.B: Eisenbahnrechtliche Fachplanungen gem. § 18 AEG (Art. 87 I 1 GG), bundeswasserstraßenrechtliche Fachplanungen gem. § 14 WaStrG (Art. 89 II GG), atomrechtliche Genehmigungen gem. §§ 22, 23 AtG (Art. 87c GG, vgl. Rn. 7/241); vgl. ferner §§ 2, 9 StrVG, § 60 BImSchG, § 58 KrW-/AbfG, § 24 ChemG u.a.

84

Die wichtigsten Materien des Umweltrechts sind in *Bundesgesetzen* geregelt. Sie werden von den *Ländern* entweder (ausnahmsweise) i.S. des Art. 85 GG *im Auftrag des Bundes* (so gem. Art. 87c GG z.B. § 24 AtG oder § 10 StrVG) oder (in der Regel) i.S. der Art. 83 f. GG als *eigene Angelegenheit* (z.B. viele Normen des BImSchG) ausgeführt. Die Länder unterstehen im ersten Fall der auf die Gesetzmäßigkeit und Zweckmäßigkeit der Gesetzesausführung gerichteten Fachaufsicht (Art. 85 IV GG), im zweiten Fall nur der Rechtsaufsicht (Art. 84 III GG) des Bundes.

85

Bei der Bundesauftragsverwaltung bleibt die sog. Wahrnehmungskompetenz unentziehbar beim Land, während die sog. Sachkompetenz (d.h. die Kompetenz zur Sachbeurteilung und Sachentscheidung) vom Bund im Wege der Weisung (Art. 85 III GG) in Anspruch genommen werden kann (Rn. 7/244 ff.).[133]

---

131 Hierzu auch *Kriech*, Grenzüberschreitender Umweltschutz im schweizerischen Recht, 1986; *Peter*, Umweltschutz am Hochrhein, 1987; *Martin*, Strafbarkeit grenzüberschreitender Umweltbeeinträchtigungen, 1989; *Roßbach*, NJW 1988, 590 ff. Aus der Rspr.: BVerfGE 72, 66 (völkerrechtlicher Vertrag über den Ausschluß privatrechtlicher Abwehransprüche – Flughafen Salzburg); BVerwGE 75, 274 (KKW Lingen/Emsland – Anfechtungbefugnis eines niederländischen Grenznachbarn); VG Strasbourg, UPR 1984, 174; VBlBW 1993, 313 ff.; OG Schaffhausen, ZBl. 1987, 81 ff.
132 Hierzu allgemein *Wahl*, Verwaltungsorganisation, in: *Maurer/Hendler* (Hrsg.), Baden-Württembergisches Staats- und Verwaltungsrecht, 1990, S. 92 ff.; *ders.*, Die Organisation und Entwicklung der Verwaltung in den Ländern, in: *Jeserich/Pohl/v. Unruh* (Hrsg.), Deutsche Verwaltungsgeschichte, Band V, 1986, S. 208 ff. Zur Umweltverwaltung in den neuen Bundesländern vgl. *Eisen*, DÖV 1993, 677 ff. S.a. BVerfGE 88, 203 (332).
133 BVerfGE 81, 310 (331 ff.). Hiernach hat das Land keinen Anspruch darauf, daß der Bund die Weisungsbefugnis inhaltlich rechtmäßig und ohne Verstoß gegen Grundrechte Dritter ausübt; die Rechtmäßigkeit der Weisung kann daher nur über die Anfechtung des Vollzugsaktes incidenter überprüft werden.

1 *Allgemeines Umweltrecht*

86   *Landesgesetze* werden von den Ländern (Gemeinden) bundesaufsichtsfrei in *Eigenverwaltung* ausgeführt. Das gilt auch für Landesgesetze, soweit sie entweder den bundesgesetzlich normierten Rahmen ausfüllen (z.b. im Naturschutz- und Wasserrecht gem. Art. 75 Nrn. 3 u. 4 GG) oder soweit sie aufgrund bundesgesetzlicher Zuweisungen über das Bundesumweltrecht hinaus weitere ergänzende Regelungen vorsehen (z.B. auf dem Gebiet der Abfallentsorgung gem. §§ 8 III, 13 IV, 29 VIII u.a. KrW-/AbfG).

2. Verwaltungsorganisation auf Bundesebene

87   Der Bund verfügt nur über wenige speziell mit dem Umweltschutz befaßte Behörden bzw. bundesunmittelbare Körperschaften oder Anstalten i.S. des Art. 87 III GG. Sie haben zumeist keine Vollzugsaufgaben zu erfüllen, sondern Aufgaben auf dem Gebiet der Forschung, Information, Beratung usw. Bundeseigene Verwaltungszuständigkeiten finden sich aber z.B. im Bereich des Atom- und Strahlenschutzrechts.[134]

88   Aus dem Kreis der obersten Bundesbehörden ist hier vor allem das **Bundesministerium für Umwelt, Naturschutz und Reaktorsicherheit** (BMU) zu nennen.[135] Das BMU ist im wesentlichen eine „Vorschriftenwerkstatt", vor allem im Bereich des Atom-, Immissionsschutz-, Wasserhaushalts-, Abfallwirtschafts-, Chemikalien- und Naturschutzrechts. Bestimmte Bereiche des Umweltrechts ressortieren bei anderen Bundesministerien, z.B. das Pflanzenschutzmittel- oder Düngemittelrecht beim BML, Teile des Gefahrstoffrechts (Rn. 9/129 ff.) beim BMA, das Recht der Gefahrguttransporte (Rn. 10/366) wie auch das Bundesverkehrswege- oder Luftverkehrsrecht beim BMV. Außer dem „Umweltbundesamt", der „Bundesforschungsanstalt für Naturschutz und Landschaftsökologie" und dem „Bundesamt für Naturschutz" hat das BMU bislang keinen weiteren „Unterbau".

89   Seit 1989 gibt es ein **Bundesamt für Strahlenschutz** (BfS) mit Sitz in Salzgitter (Rn. 7/241), dem durch § 23 I AtG und § 11 VI StrVG Aufgaben übertragen worden sind. Das *Bundesausfuhramt* ist zuständig für die Überwachung und Genehmigungen der Ein- und Ausfuhr von Kernbrennstoffen (§§ 3, 22 AtG).

90   Das **Umweltbundesamt**, eine seit 1974 bestehende selbständige Bundesoberbehörde (Art. 87 III 1 GG) mit Sitz in Berlin, ist in eigener Zuständigkeit insbesondere mit der wissenschaftlichen Unterstützung des zuständigen Bundesministers bei der Erarbeitung von Rechts- und Verwaltungsvorschriften sowie mit dem Aufbau und der Führung eines Informationssystems zur Umweltplanung (UMPLIS) nebst einer zentralen Umweltdokumentation und der Aufklärung der Öffentlichkeit in Umweltfragen betraut.[136] Durch oder aufgrund spezielle(r)

---

134   Vgl. *Bothe*, Verwaltungsorganisation im Umweltschutz, 1986.
135   Bek. des Organisationserlasses des Bundeskanzlers v. 5.6.1986, BGBl. I 864. Zum Ressort des BMU gehören die Wasser- u. Abfallwirtschaft, der Immissionsschutz, der Schutz vor Gefahrstoffen i.e.S., der Natur- u. Bodenschutz sowie die Sicherheit kerntechnischer Anlagen u. der Strahlenschutz. Dazu *Mertes/Müller*, VerwArch 78 (1987), 459 ff.; vgl. auch *Pehle*, VerwArch 79 (1988), 184 ff.
136   Gesetz über die Errichtung eines Umweltbundesamtes v. 22.7.1974, BGBl. I 1505, geändert durch VO v. 26.11.1986, BGBl. I 2089, und Ges. v. 24.6.1994, BGBl. I 1416. Vgl. *Storm*, in: HdUR, Bd. II, Art. „Umweltbundesamt", Sp. 2126 ff.

gesetzliche(r) Vorschriften sind dem Umweltbundesamt weitere Aufgaben (insbes. Bewertungsaufgaben) übertragen worden (vgl. z.B. § 15 II Nr. 2 PflSchG; § 9 IV WMG).

Das im Jahre 1993 errichtete **Bundesamt für Naturschutz**[137] nimmt Vollzugsaufgaben im Bereich verschiedener Artenschutzübereinkommen und der Bundesartenschutzverordnung wahr. **91**

Noch weitere Bundesbehörden bzw. Bundesanstalten sind partiell durch diese oder jene gesetzliche Regelung zur Wahrnehmung spezieller Umweltschutzaufgaben berufen. Das gilt z.B. für den *Deutschen Wetterdienst, die Bundesanstalt für Gewässerkunde,* die *Biologische Bundesanstalt für Land- und Forstwirtschaft* oder das *Deutsche Hydrographische Institut,* das *Robert-Koch-Institut* (Rn. 8/103) oder die *Bundesforschungsanstalten* (für Gewässerkunde, Ernährung, Milch, Fischerei usw.).[138] **92**

Schließlich gibt es schon seit 1971 einen im Erlaßwege konstituierten **Rat von Sachverständigen für Umweltfragen**, der inzwischen aus sieben vom BMU berufenen Mitgliedern besteht und alle zwei Jahre in Gutachten die jeweilige Situation der Umwelt und deren Entwicklungstendenzen darzustellen und Fehlentwicklungen und Möglichkeiten zu ihrer Vermeidung oder zu ihrer Beseitigung aufzuzeigen hat.[139] Aus der Arbeit dieses Sachverständigenrats sind eine ganze Reihe sehr wichtiger Gutachten (allgemeine Umweltgutachten[140] und Sondergutachten zu speziellen Fragen[141]) hervorgegangen, und zwar meist mit – nicht selten auch umgesetzten – bedeutsamen rechtspolitischen Empfehlungen. **93**

3. Verwaltungsorganisation auf Landesebene

Die Zuständigkeit der mit der Wahrnehmung von Umweltaufgaben betrauten **Landesbehörden** ergibt sich aus den jeweiligen Organisations- bzw. Landesverwaltungsgesetzen und/oder aus besonderen, punktuellen Aufgabenzuweisungen in einzelnen Fachgesetzen.[142] (Die Landesbehörden unterstehen den Weisungen des BMU nur im Rahmen der Bundesauftragsverwaltung unter den Voraussetzungen des Art. 85 III GG; vgl. z.B. § 24 AtG, § 10 StrVG). Neben den **allgemeinen Verwaltungsbehörden**[143] – bei Dreistufigkeit in den großen Flächenländern: Untere Verwaltungsbehörde, Regierungspräsidium (bzw. Bezirksregierung, Regierungspräsident, Regierung) als mittlere Landesbehörde, (Umwelt-)Ministerium als oberste Landesbehörde – stehen die **besonderen Verwaltungsbehörden** (untere Sonderbehörde, mittlere/höhere Sonder- **94**

---

137 Gesetz über die Errichtung eines Bundesamtes für Naturschutz und zur Änderung von Vorschriften auf dem Gebiet des Artenschutzes v. 6.8.1993, BGBl. I 1458.
138 *Kloepfer,* Umweltrecht, S. 67.
139 Erlaß über die Einrichtung eines Rates von Sachverständigen für Umweltfragen bei dem Bundesminister des Innern v. 28.12.1971, GMBl. 1972, 27, geändert durch Erlaß des BMU v. 10.8.1990, GMBl. 1990, 831.
140 Umweltgutachten 1974, BT-Drs. 7/2802; Umweltgutachten 1978, BT-Drs. 8/1938; Umweltgutachten 1987, BT-Drs. 11/1568; Umweltgutachten 1994, BT-Drs. 12/6995.
141 Insbesondere: Energie und Umwelt, 1981, BT-Drs. 9/872; Waldschäden und Luftverunreinigungen, 1983, BT-Drs. 10/113; Umweltprobleme der Landwirtschaft, 1985, BT-Drs. 10/3613; Altlasten, 1989, BT-Drs. 11/6181; Abfallwirtschaft, 1990, BT-Drs. 11/8493; Allgemeine ökologische Umweltbeobachtung, 1990, BT-Drs. 11/8123; Altlasten, 1995, BT-Drs. 13/380.
142 Vgl. *Dittmann,* in: HdUR, Bd. II, Art. „Organisation der Umweltverwaltung", Sp. 1549 ff.
143 Zur Terminologie s. *Wahl,* in: *Jeserich/Pohl/v.Unruh* (Hrsg.), Deutsche Verwaltungsgeschichte, Bd. V, 1986, S. 208 (215 f.).

1 *Allgemeines Umweltrecht*

behörde und Landesoberbehörde). Die Umweltschutzverwaltung ist weitgehend in die *allgemeine* Verwaltung integriert. Die Bezeichnung der Behörde folgt oft der jeweils von ihr zu erfüllenden Aufgabe. So nennt sich z.B. in mehreren Ländern die untere Verwaltungsbehörde (Landratsamt, Landrat, Oberkreisdirektor) insoweit, als sie wasserrechtliche oder naturschutzrechtliche Entscheidungen zu treffen hat, „untere Wasserbehörde" oder „untere Naturschutzbehörde". Entsprechendes gilt für die anderen Verwaltungsorganisationsebenen. Oberste Umweltschutzbehörde ist inzwischen in allen Ländern ein Umweltministerium. Zu den *besonderen* Verwaltungsbehörden gehören z.B. die staatlichen Forstämter, aber auch die Gewerbeaufsichtsämter, deren Bezirk u.U. das Gebiet mehrerer Kreise umfaßt.[144]

95 Schließlich haben auch die *Gemeinden oder Gemeindeverbände* bedeutsame Verwaltungskompetenzen im Bereich des Umweltrechts, z.B. auf den Gebieten der Bauleitplanung, der öffentlichen Wasserversorgung (Rn. 4/6 ff.), der öffentlichen Abwasserbeseitigung (Rn. 4/14 ff.) und Abfallentsorgung (Rn. 10/232) usw. Den kreisfreien Städten sind überdies in der Regel auch die Aufgaben der unteren Verwaltungsbehörde (d.h. einschließlich der unteren Umweltschutzbehörde) übertragen.

96 Die meisten Aufgaben im Umweltrecht werden durch die „Umweltbürokratie" der unteren Verwaltungsbehörden wahrgenommen; bei technischen oder naturwissenschaftlichen Fragestellungen werden diese Behörden durch technische, nicht mit eigenen Vollzugsaufgaben betraute *Fachbehörden* (z.B. zentrale Landesämter für Umweltschutz, Geologische Landesämter, Wasserwirtschaftsämter) unterstützt.

4. Vollzugsdefizit

97 Häufig ertönt nach Bekanntwerden einer Umweltstörung größeren Ausmaßes – wie im übrigen auch bei den Beschwerden über die Dauer von Genehmigungsverfahren – der Ruf nach dem Gesetzgeber, obwohl die vollständige „Implementation", d.h. die lückenlose Einhaltung bzw. Durchsetzung der schon bestehenden einschlägigen Umweltschutznormen den Schaden bereits verhindert hätte. Die Vorstellung eines lückenlosen Vollzugs ist indes wirklichkeitsfremd. Vollzugsfeindlich ist zunächst die auf vielen Gebieten überquellende Normenflut, verbunden mit einer ständig zunehmenden Regelungsdichte des Umweltrechts.[145] Hinzu kommen die Unübersichtlichkeit und Vielschichtigkeit mancher Regelungsbereiche, das Fehlen der erstrebten inneren Harmonisierung des Umweltrechts sowie zahlreiche Auslegungsschwierigkeiten. Abgesehen von dieser derzeit noch vollzugsunfreundlichen Ausgestaltung des Umweltrechts scheitert ein umfassender, rechtmäßiger Normenvollzug im Umweltrecht nicht selten schon an der unzulänglichen Ausstattung der zuständigen Behörden mit qualifiziertem

---

144 Zu Vorteilen und Problemen der Sonderbehörden vgl. *Wahl*, in: *Jeserich/Pohl/v. Unruh* (Hrsg.), Deutsche Verwaltungsgeschichte, Bd. V, S. 215 f. Eine effektive Rolle im Vollzug wird den Ämtern für Wasserwirtschaft und Bodenschutz in Baden-Württemberg bescheinigt (*Lahl*, ZUR 1993, 249 [254]), die allerdings im Zuge der Verwaltungsreform – leider – aufgelöst wurden (Ges. v. 12.12.1994, GBl. 653).
145 Dazu oben Fn. 1/25.

Personal und zureichenden technischen Sachmitteln. Die Verwaltungskapazität ist eben auch eine – im Umweltrechtsvollzug häufig allzu – knappe Ressource. Oft stehen dem Vollzug auch behördliche Informationslücken oder Kontrollschwierigkeiten entgegen. Dann und wann ist auch das Fehlen eines Vollzugswillens dieser oder jener Behörde zu konstatieren, so daß etwa, aus welchen Gründen auch immer, gegen einen als solchen bekannten „Umweltsünder" (z.B. einen übermäßig emittierenden Produktionsbetrieb mit großer Belegschaft) nicht, zu spät oder nur zaghaft vorgegangen wird. Aus all diesen Gründen ist leider gerade im Bereich des Umweltrechts ein erhebliches, häufig beklagtes „Vollzugsdefizit" festzustellen (z.B. für das Abfallrecht, das Naturschutz- und Landschaftspflegerecht usw.).[146] Durch die Bestrebungen des Gesetzgebers, umweltrelevante Verfahren möglichst beschleunigt durchzuführen und in weitem Umfang von der präventiven Genehmigungspflicht von Vorhaben abzusehen, wird das Vollzugsdefizit noch weiter verstärkt werden.[147] Andererseits dürfen auch die deutlichen Vollzugserfolge im Immissionsschutz- oder im Wasserrecht nicht gering geschätzt werden. Dem Abbau des Vollzugsdefizits soll auch die Richtlinie über den freien Zugang zu Informationen über die Umwelt dienen (Rn. 1/167), weil durch einen solchen ungehinderten Zugang Mißstände im Bereich des Vollzugs aufgedeckt und in der Folge verringert werden können.

V. Instrumente des Umweltschutzes

Zur Durchsetzung umweltpolitischer Forderungen und zur Umsetzung der erwähnten Ziele und Grundsätze des Umweltrechts steht dem Staat ein reichhaltiges Instrumentarium zur Verfügung. Zuweilen werden verhaltensbeeinflussende staatliche oder kommunale Maßnahmen *informalen Verwaltungshandelns* getroffen (z.B. die Veranlassung freiwilliger Produktions- oder Emissionsbeschränkungen auf seiten der Industrie, gezielte Beeinflussung der öffentlichen Meinung durch Umweltaufklärung über die Massenmedien insbes. im Produktbereich usw.) oder umweltbedeutsame Projekte – auch durch Stiftungen – finanziell gefördert. Im Bereich *formalen staatlichen Handelns* werden zur Erreichung bestimmter Umweltqualitätsziele zunächst die unmittelbar verhaltenslenkenden klassischen „*ordnungsrechtlichen*" Instrumente des Verwaltungshandelns eingesetzt (Rn. 1/99 ff.). Hinzu kommen umweltrelevante und umweltspezifische Pläne und Planfeststellungen (Rn. 1/128 ff., 2/1 ff.). Darüber hinaus kommen jedoch auch neue, überhaupt erst für Zwecke des Umweltschutzes konzipierte „influenzierende" Instrumente, insbesondere „*marktwirtschaftliche*" Instrumente indirekter Verhaltenssteuerung zum Einsatz (Rn. 1/133 ff.). Letztlich kommen auch Maßnahmen *staatlicher Eigenvornahme* in Betracht, und zwar nicht nur dort, wo der Staat

98

---

146 Dazu z.B. *Mayntz* (Hrsg.), Vollzugsprobleme der Umweltpolitik, 1978; *Jarass*, DVBl. 1985, 193 ff.; *Hucke/Wollmann*, in: HdUR, Bd. II, Art. „Vollzug des Umweltrechts", Sp. 2694 ff.; *Lübbe-Wolff*, NuR 1993, 217 ff. m.w.N. Entsprechende Fakten sind aus den Umweltgutachten (wie Fn. 1/140 f.) ersichtlich (insbes. BT-Drs. 8/1983, S. 472 ff. sowie BT-Drs. 11/1568, S. 129 ff.). S.a. Rn. 6/260 und *Winter*, Das Vollzugsdefizit im Wasserrecht, 1975.
147 Dazu *Erbguth*, ZAU 1993, 549 ff.; *ders.*, JZ 1994, 477 ff.

1 *Allgemeines Umweltrecht*

als Sacheigentümer, Betriebsinhaber, Produktnachfrager usw. eine Vorbildfunktion erfüllen kann (dazu Rn. 10/195). Die Frage, welche der verschiedenen umweltverwaltungs- oder umwelthaftungsrechtlichen Instrumente jeweils – je für sich oder kumulativ – eingesetzt werden sollen, ist immer dann, wenn eine Wahlmöglichkeit besteht, eine umweltschutzstrategische Frage.[148] Der Gesetzgeber hat jedoch bei der Wahl der Instrumente zu berücksichtigen, daß ein Zielkonflikt zwischen den Betreiberinteressen, den Schutzinteressen der Nachbarschaft und den Belangen der Allgemeinheit hinsichtlich Sicherheit und ausreichendem Schutz der Umwelt besteht, und muß unter diesen – gegensätzlichen – Belangen einen verhältnismäßigen Ausgleich vornehmen.

1. Direkte Verhaltenssteuerung

99 Die auf den Einzelfall bezogene, dem Umweltschutz dienende direkte („dirigistische", „nichtfiskalische") Verhaltenssteuerung natürlicher und juristischer Personen bedient sich zunächst einmal des traditionellen „ordnungsrechtlichen" Instrumentariums der Eingriffs- oder Lenkungsverwaltung.[149] Häufig sind zum Schutz der Umwelt vor beeinträchtigenden Maßnahmen oder Tätigkeiten gesetzliche Anzeige-, Anmelde-, Genehmigungs-, Erlaubnis-, Bewilligungs- oder sonstige Gestattungsverfahren vorgesehen (sog. „Eröffnungskontrollen"). Das Handlungsinstrumentarium reicht von der Untersagungsermächtigung für den Einzelfall über den Anzeigenvorbehalt zum Anmeldungsvorbehalt und den wichtigsten Genehmigungsformen, nämlich dem präventiven Verbot mit Erlaubnisvorbehalt (genauer: Kontrollerlaubnis) und dem grundsätzlichen oder repressiven Verbot mit Befreiungsvorbehalt (Ausnahmebewilligung). Hinzu kommt die Umweltverträglichkeitsprüfung (Rn. 1/109 ff.), die allerdings nur einen verfahrensrechtlichen Zwischenschritt auf dem Wege zu einer das Verhalten der Umweltnutzer unmittelbar steuernden behördlichen Entscheidung darstellt.

a) Eröffnungskontrollen

100 aa) Unter den normativen Vorgaben, die einem umweltbelastenden Verhalten vorbeugen sollen (z.B. einer Überschreitung gewisser Emissionsgrenzwerte), nimmt das **präventive normative Verbot mit Erlaubnisvorbehalt** (genauer: die Kontrollerlaubnis) eine zentrale Stellung ein. Es dient der behördlichen Vorausprüfung einer umweltrelevanten Verhaltensweise, etwa des Betriebs einer in die Umweltmedien emittierenden Anlage, der sonstigen Nutzung eines Umweltmediums oder bestimmter Umweltgüter, des Inverkehrbringens bestimmter Produkte usw. Zu nennen sind etwa die §§ 4, 6 BImSchG i.V.m. der 4. BImSchV (z.B. Genehmigung von Kunststofffabriken, Steinmühlen, Hochöfen, Eisengießereien, großen Schweinemästereien usw.), § 31 I KrW-

---

148 Vgl. zum Ganzen z.B. *von Lersner*, Verwaltungsrechtliche Instrumente des Umweltschutzes, 1983; *Hoffmann-Riem*, Verwaltungsrechtsreform – Ansätze am Beispiel des Umweltschutzes, in: ders./Schmidt-Aßmann/Schuppert (Hrsg.), Reform des Allgemeinen Verwaltungsrechts, 1993, S. 115 (135 ff.); *Kloepfer*, JZ 1991, 737 ff.; *Wahl*, in: HdUR, Bd. I, Art. „Erlaubnis", Sp. 528 (537 ff.).
149 Dazu im einzelnen *Kloepfer*, Umweltrecht, S. 111 ff.; *Wahl*, ebda, Sp. 528 ff.

Instrumente des Umweltschutzes **1**/V

/AbfG i.V.m. §§ 4, 6 BImSchG (z.B. Müllverbrennungs- und Wertstoffsortieranlagen) oder § 49 I KrW-/AbfG (abfallrechtliche Transportgenehmigung). Das generelle gesetzliche Verbot ist hier nur formeller Natur; im Genehmigungsverfahren ist zu prüfen, ob das geplante Vorhaben mit den materiellrechtlich einschlägigen Rechtsvorschriften übereinstimmt oder nicht. Dem Antragsteller ist durch das Antragsverfahren aber eine Darlegungs- und Beweislast für das Vorliegen der Genehmigungsvoraussetzungen auferlegt. Die Behörde überprüft zunächst die vorgelegten Antragsunterlagen („nachkontrollierende Untersuchung"), fordert den Antragsteller ggf. zur Vervollständigung auf und stellt nur ergänzend (im Rahmen der Untersuchungsmaxime) eigene Ermittlungen an bzw. bringt das auf Behördenseite vorhandene Wissen ins Verfahren ein.[150] Bei Vorliegen der gesetzlichen Voraussetzungen besteht grundsätzlich ein *Rechtsanspruch* auf Erteilung der Kontrollerlaubnis, wenn hinter dieser ein verfassungsrechtlicher Anspruch des Antragstellers steht.[151] Die behördlichen Gestattungen können unter bestimmten Voraussetzungen mit Auflagen oder sonstigen Nebenbestimmungen versehen werden (z.B. nach § 36 VwVfG, § 12 BImSchG, § 17 I 2 AtG).

bb) Bei einem **repressiven normativen Verbot mit oder ohne Befreiungsvorbehalt** 101 (Ausnahmebewilligung) werden umweltrelevante, als potentiell umweltschädlich oder jedenfalls als im Grunde unerwünscht qualifizierte Verhaltensweisen gesetzlich verboten, wobei aber u.U. eine in das *Ermessen* der zuständigen Behörde gestellte, die Rechtssphäre des Antragstellers erweiternde Erlaubnis- (bzw. Befreiungs-)Erteilung (oder Ausnahmebewilligung) vorgesehen ist (vgl. etwa §§ 2, 6 WHG, § 31 III KrW-/AbfG, § 31 BNatSchG, § 9 BWaldG). Im Gegensatz zur Kontrollerlaubnis besteht kein grundrechtlicher Anspruch auf Erlaubniserteilung. Der Gesetzgeber ist nämlich grundsätzlich befugt, das Eigentumsrecht nach Art. 14 I 2 GG (und den Regelungs-

---

150 So überzeugend *Wahl*, in: *Blümel/Pitschas* (Hrsg.), Reform des Verwaltungsverfahrensrechts, 1994, S. 83 (94 f.).
151 Die allgemeine Handlungsfreiheit nach Art. 2 I GG genügt dem nicht bereits; vielmehr sind Ansprüche aus Art. 12 I GG oder Art. 14 I GG erforderlich. Zu beachten ist auch, daß die Kontrollerlaubnis im Bereich der Gefahrenabwehr und Risikovorsorge der grundrechtlichen Schutzpflicht des Staates aus Art. 2 II GG dient, weshalb ihre Ersetzung durch eine Genehmigungsfiktion oder eine *Freistellung von der Genehmigungspflicht* nur in engen Grenzen möglich ist, s.a. *Bullinger*, Beschleunigte Genehmigungsverfahren für eilbedürftige Anlagen, 1991, S. 68 ff.; *Steinberg/Allert/Grams/Scharioth*, Zur Beschleunigung des Genehmigungsverfahrens für Industrieanlagen, 1991, S. 123 ff.; *Wahl/Masing*, JZ 1990, 553 (560). Diese präventive Wirkung des Genehmigungsverfahrens bleibt im Ansatz von *Bohne*, DVBl. 1994, 195 ff., ebenso unberücksichtigt wie die Irreversibilität ökologischer Schäden, die durch Errichtung und Betrieb von Anlagen entstehen und die durch Bereitstellen von Finanzmitteln zur Restitution nicht aufgefangen werden können. Die These von *Bohne*, eine partielle Abschaffung der immissionsschutzrechtlichen Genehmigungspflicht zugunsten einer Gefährdungshaftung mit Versicherungspflicht (einschließlich privater Prüfnachweise zur Einhaltung von Umweltstandards) verbessere den Umweltschutz, wird weder empirisch belegt, noch ist sie nachvollziehbar. Die Erfahrungen mit der Freistellung von sonstigen Genehmigungspflichten (z.B. der Baugenehmigungspflicht in BW) verdeutlichen, daß entgegen der Annahme von *Bohne* (S. 199) das vorhandene Personal nicht zur Überwachung eingesetzt wird, sondern im Zuge knapper Kassen der öffentlichen Hand und einer damit verbundenen „Verwaltungsreform" abgebaut wird, sobald die staatlichen Pflichtaufgaben reduziert werden. Sinnvoll erschiene jedoch eine *Ergänzung der Genehmigungspflicht* durch eine derartige Risikoverlagerung (s.a. *Hoffmann-Riem*, Verwaltungsrechtsreform – Ansätze am Beispiel des Umweltschutzes, in: *ders./Schmidt-Aßmann/Schuppert*, Reform des Allgemeinen Verwaltungsrechts, 1993, S. 115 [140 ff.]).

1 Allgemeines Umweltrecht

vorbehalt des Art. 12 I GG) so auszugestalten, daß bestimmte Verhaltensweisen nicht zum notwendigen Eigentumsinhalt (oder zur Ausübung der Berufsfreiheit) zählen. Die Ausnahmebewilligung kann damit insbesondere der vorsorgenden Bewirtschaftung des Schutzguts (Umweltmedium, Ressource) dienen.

102 cc) Das präventive Verbot mit Erlaubnisvorbehalt und das repressive Verbot mit Befreiungsvorbehalt sind die systematisch bedeutendsten Formen der **Eröffnungskontrolle**. Die Gegenüberstellung dieser zwei Formen stößt vor allem insofern auf Kritik, als es als willkürlich bezeichnet wird, zwischen sozial erwünschtem Verhalten (Folge: Erlaubnisanspruch, z.B. Luftverschmutzung) und sozial unerwünschtem Verhalten (Folge: Befreiungsermessen, z.B. Wasserverschmutzung) zu unterscheiden.[152] In ihren gesetzlichen Ausprägungen unterscheiden sich die verschiedenen Erlaubnisverfahren aber sowohl aus historischen Gründen (Entwicklung aus dem Gewerberecht einerseits und dem Polizeirecht andererseits) als auch in ihrer Tatbestandsstruktur. Hierbei bleibt oft unklar, ob eine Entscheidung eine gebundene oder eine Ermessensentscheidung ist, daneben läßt die Verwendung weit gefaßter, unbestimmter Rechtsbegriffe, die interpretationsbedürftig sind, die Grenzen zwischen den einzelnen Erlaubnisformen verschwimmen, insbesondere wenn und soweit der Verwaltung die Befugnis zugebilligt wird, aufgrund einer „Letztentscheidungskompetenz" einzelne Tatbestandsmerkmale normkonkretisierend auszufüllen.[153]

103 Rechtspolitisch wünschenswert erscheint es, für das Umweltschutzrecht ein einheitliches Verfahrensrecht zu entwickeln, welches die Vielzahl unterschiedlicher Verfahrensformen und -regeln in einem systematisierenden Ansatz zusammenfaßt und den Tendenzen nach bereichsspezifischen Sonderregeln – wie die §§ 72 ff. VwVfG für das Planfeststellungsverfahren – die *prägende Kraft eines Modellverfahrens* entgegensetzt. Ein solches Verfahrensrecht „komplexer" Genehmigungsverfahren sollte möglichst in das VwVfG integriert werden (z.B. anstelle der disfunktionalen §§ 63 ff. VwVfG) und müßte Regelungen über die einzelnen Verfahrensschritte (UVP, Untersuchungsrahmen, Vorlagepflichten für Antragsunterlagen, Behörden- und Öffentlichkeitsbeteiligung, Erörterungstermin, Verfahrensfristen usw.), die Rechtswirkungen der Entscheidung (z.B. Konzentrationswirkung oder Verzahnung mit parallelen Verfahren) sowie die materiellrechtlichen Voraussetzungen zur Unterscheidung zwischen Normalverfahren, vereinfachten Verfahren (mit weniger weitgehenden Rechtswirkungen) und – bei Bagatellfällen – Freistellung von der Genehmigungspflicht bei gleichzeitiger Kenntnisgabe des Vorhabens an die Aufsichtsbehörde (welche es dieser ermöglicht, Überwachungsmaßnahmen einzuleiten) enthalten. Denkbar wäre es, den Zulassungstatbestand als dritte dogmatische Kategorie zwischen Kontrollerlaubnis und Ausnahmebewilligung anzusiedeln: als **Teilhabebewilligung**, deren Erteilung einerseits unter dem Vorbehalt des Versagungsermessens der

---

152 S. *Hoppe/Beckmann*, Umweltrecht, S. 118 f.; *Kloepfer*, Umweltrecht, S. 121 f.; *Sach*, Genehmigung, S. 40 ff.
153 S. hierzu: *Kloepfer/Rehbinder/Schmidt-Aßmann/Kunig*, UGB-AT, 1990, S. 254 ff.; *Kloepfer*, Umweltrecht, S. 117 ff.; *Wahl*, NVwZ 1991, 409 ff. Grundlegend zur Unterscheidung zwischen Genehmigung und Planungsentscheidung *Wahl*, DVBl. 1982, 51 ff. Hierzu neuerdings auch *Burgi*, JZ 1994, 654 ff., der – u.E. nicht überzeugend – punktförmigen Planfeststellungen (Abfalldeponien, wohl auch Naßauskiesung, Bergwerke, Flugplätze) den Planungscharakter abspricht, weil diese Verfahren nicht auf die Planfeststellungsbehörde, sondern auf den Vorhabenträger zugeschnitten seien. Wesentliche Merkmale der Planfeststellung sind u.E. auch die Raumbezogenheit des Vorhabens und der mit der Planfeststellung der Verwaltung übertragene Gestaltungsauftrag, die in *Burgi* Ansatz zu kurz kommen.

Behörde steht, jedoch ohne andererseits die Nutzung der jeweiligen Umweltmedien als sozial unerwünscht einzustufen.[154] Bereichsspezifische Sonderregeln können daneben die Genehmigungsvoraussetzungen (Kontrollerlaubnis oder Ausnahmebewilligung), den Anwendungsbereich des Genehmigungsvorbehalts (Normalverfahren, vereinfachtes Verfahren, Freistellung), den Umfang der Antragsunterlagen und die Verzahnung mit fach- und raumplanerischen Entscheidungen umschreiben.[155]

dd) Ein verbreitetes Instrument der Eröffnungskontrolle sind **Anzeigepflichten**, die vom Gesetzgeber dort eingesetzt werden, wo umweltrelevante Tätigkeiten als nicht so gefährdend eingestuft werden, daß sie einer präventiven Kontrollerlaubnis bedürften. Die Behörde soll jedoch auf Beginn oder Änderung der Tätigkeit (z.B. § 17 I Nr. 2a ChemG, § 76 AMG, § 9 PflSchG) aufmerksam gemacht werden, damit ggf. die Tätigkeit überwacht werden kann. **104**

ee) Wie bei der Anzeigepflicht ist die Aufnahme einer umweltrelevanten Tätigkeit nicht an eine präventive Kontrollerlaubnis gekoppelt, wenn ein **Anmeldungsvorbehalt** besteht (z.B. §§ 4 ff. ChemG, § 12 GenTG). Dieser ist jedoch dadurch charakterisiert, daß mit der Anmeldung Unterlagen über die umweltrelevante Tätigkeit vorgelegt werden müssen, die der Behörde eine Prüfung der umweltrelevanten Auswirkungen ermöglichen. Die Tätigkeit darf erst nach Ablauf einer bestimmten Frist (innerhalb der die Unterlagen geprüft werden können) begonnen werden. **105**

ff) Exkurs: Eine in der behördlichen Praxis häufig auftretende Verhaltensweise stellt die **Duldung** formal oder materiell rechtswidrigen umweltrelevanten Verhaltens dar.[156] Die Gründe für ein solches Verhalten sind vielschichtig und reichen von politischer Motivation („vorauseilender Gehorsam") über Resignation bis zur Arbeitsüberlastung (mangelnde Personalausstattung der Vollzugsbehörden) und einem falsch verstandenen (eine Ermessensentscheidung eröffnenden) Verhältnismäßigkeitsgrundsatz (Beispiel: Abwägung zwischen Erhalt von Arbeitsplätzen und Dulden der Umweltbelastung). Eine Duldung kann in allen bekannten Formen behördlichen Verhaltens liegen, also in einem Realakt, VA, öffentlich-rechtlichen Vertrag oder dem Unterlassen von Vollzugs- und Vollstreckungsmaßnahmen. Kennzeichnend ist aber jeweils, daß die zuständige Behörde trotz Kenntnis eines Sachverhaltes, der einen Verstoß gegen Vorschriften des Umweltrechts beinhaltet, von gesetzlich möglichen Maßnahmen der Amtsermittlung oder des Einschreitens absieht. Die größte „Verbreitung" dürfte die Duldung im Abwasserrecht besitzen, wo die Einleitung von Abwässern teilweise nicht untersagt wird und lediglich Nachbesserungsmaßnahmen verfügt werden, weil eine andauernde Wohnnutzung besteht.[157] Unabhängig von der möglichen strafrechtlichen Relevanz behördlichen Unterlassens kommt einer behördlichen Duldung aber weder **106**

---

154 Vgl. *Appel*, DVBl. 1995, 399 (407); *Wahl*, in: HdUR, Bd. I, Art. „Erlaubnis", Sp. 528 (529). Ähnlich bereits aus verfassungsrechtlicher Sicht *Murswiek*, DVBl. 1994, 77 (81 f.).
155 S. hierzu *Kloepfer/Rehbinder/Schmidt-Aßmann/Kunig*, UGB-AT, 1990, S. 259 ff., 270 ff.; *Wahl*, Neues Verfahrensrecht für Planfeststellung und Anlagengenehmigung, in: *Blümel/Pitschas* (Hrsg.), Reform des Verwaltungsverfahrensrechts, 1994, S. 83 (109 ff.).
156 S. hierzu *Hermes/Wieland*, Die staatliche Duldung rechtswidrigen Verhaltens. Dogmatische Folgen behördlicher Untätigkeit im Umwelt- und Steuerrecht, 1988; *Wüterich*, UPR 1988, 248 ff.; zu weitgehend jedoch *Fluck*, NuR 1990, 197 ff.
157 *Nisipeanu*, Abwasserrecht, 1991, S. 132 f.

1 *Allgemeines Umweltrecht*

Legalisierungswirkung zu noch kann sich bei späterem Einschreiten der Adressat auf Vertrauensschutz berufen.[158]

b) Planfeststellungen

107 Ein auch für Zwecke des Umweltschutzes nutzbares und oft genutztes Instrument ist die **Planfeststellung**. Ihre Aufgabe ist es, im Einzelfall alle mit dem – regelmäßig umweltbeanspruchenden oder umweltbeeinflussenden – Vorhaben (Straßen, Bahnlinien, Flughäfen usw.) zusammenhängenden Auswirkungen und betroffenen Belange abwägend in eine gestattende und gestaltende Planentscheidung mit dem Ziel einzubeziehen, einen angemessenen *Interessenausgleich* herbeizuführen (Rn. 2/1 ff.). Das Atom- und Abfallrecht kennt Planfeststellungen, die nicht nur umweltrelevanten, sondern „umweltspezifischen" Charakter haben (Rn. 7/211 ff., 10/275 ff.), weil sie sich auf Vorhaben beziehen, die als solche unmittelbar dem Umweltschutz dienen (z.B. Sonderabfalldeponien, atomare Endlagerstätte). Der am Ende des Verfahrens, das zumeist eine Umweltverträglichkeitsprüfung (Rn. 1/109 ff.) beinhaltet, stehende Planfeststellungsbeschluß entscheidet endgültig über die Zulässigkeit des geplanten Vorhabens, seine räumliche Lage und Gestalt.

108 Durch die in den einschlägigen Fachgesetzen enthaltene Ermächtigung zur Planfeststellung wird der Behörde ein **Planungsermessen** (planerische Gestaltungsfreiheit) eingeräumt, das sich auf alle Gesichtspunkte erstreckt, die zur Verwirklichung des gesetzlichen Planungsauftrages und zugleich zur Bewältigung der von dem Vorhaben in seiner räumlichen Beziehung aufgeworfenen Probleme von Bedeutung sind. Wie bei den komplexen Genehmigungsverfahren, die als Kontrollerlaubnis oder Ausnahmebewilligung ausgestaltet sind, liegt der Planfeststellung also ein mehrpoliges Interessenverhältnis zugrunde. Im Unterschied zu den Genehmigungsverfahren handelt es sich aber bei der Planfeststellung nicht um die Verwirklichung möglicherweise grundrechtlich geschützter Freiheiten, sondern grundsätzlich um die *Verwirklichung öffentlicher Vorhaben durch einen Träger der öffentlichen Verwaltung* (zuweilen auch durch einen privaten Träger, der öffentliche Aufgaben wahrnimmt und häufig nur „formal" privatisiert ist wie die Deutschen Bahnen, kommunale Verkehrsbetriebe oder Abfallentsorger in der Rechtsform einer Aktiengesellschaft oder GmbH). Die Planung dieses Vorhabenträgers, der grundsätzlich keinen Anspruch auf Erlaß des Planfeststellungsbeschlusses besitzt, weil dies mit dessen Charakter als Raumnutzungsentscheidung unvereinbar wäre, wird im Planfeststellungsverfahren durch eine andere Stelle der öffentlichen Verwaltung – die Planfeststellungsbehörde – „nachvollziehend" überprüft.[159]

---

158 *Kloepfer*, Umweltrecht, S. 729; BVerwG, DVBl. 1986, 687 f.; OVG Münster, UPR 1992, 280.
159 S. BVerwGE 72, 365 (367); BVerwG, UPR 1995, 192 (193). Dies gilt seit dem Eisenbahnneuordnungsgesetz (Rn. 2/12) auch für die Planfeststellung von Eisenbahnen, die nach § 36 BbG a.F. von der Bundesbahn selbst getroffen wurde, was verfassungsrechtlich zweifelhaft war, s. BVerwG, DVBl. 1987, 1267.

c) Inkurs: Umweltverträglichkeitsprüfung

Ein besonderes, dem Vorsorgeprinzip entsprechendes Instrument ist die in einer EG-Richtlinie vom 27.6.1985 (85/337/EWG)[160] für bestimmte, potentiell umweltbelastende öffentliche und private Projekte (z.B. Fernstraßen, größere Flugplätze, Abfallbeseitigungsanlagen, Raffinerien, Wärmekraftwerke ab 300 MW Wärmeleistung usw.) – bisher nicht aber für Programme und großräumige Pläne – vorgesehene **Umweltverträglichkeitsprüfung** (UVP).[161] Entsprechende Regelungen gab es insbesondere bereits in den USA[162] und der Schweiz[163] schon früher. 109

Hierbei sollen alle unmittelbaren und mittelbaren *Umweltauswirkungen* eines geplanten Vorhabens einschließlich der ökologischen Wechselwirkungen frühzeitig, d.h. *vorsorgend* im Wege einer UVP (also auch einer Umweltfolgenprüfung) medien- und fachgebietsübergreifend (**integrativer Ansatz**) unter Einbeziehung der Öffentlichkeit[164] *ermittelt, beschrieben und bewertet* werden. Die Ergebnisse sind von der für die Zulassung des Vorhabens zuständigen Behörde (nur) zu *berücksichtigen*, dienen ihr somit als Entscheidungshilfe. Die Richtlinie wäre bis zum 2.7.1988 in nationales Recht umzusetzen gewesen.[165] 110

Zur Umsetzung der EG-Richtlinie vom 27.6.1985 ist in erster Linie das *UVP-Umsetzungsgesetz* (UVP-UG) vom 12.2.1990 (BGBl. I 205)[166] als Artikelgesetz ergangen und im wesentlichen zum 1.8.1990 in Kraft getreten.[167] Es enthält in Art. 1 das sog. „Stammgesetz", nämlich das **Gesetz über die Umweltverträglichkeitsprüfung** (UVPG) mit Anlage zu § 3 UVPG und Anhang zu dieser Anlage. Die Art. 2-14 des UVP-UG enthalten Änderungen der hauptsächlich von der UVP betroffenen (Fach-)Gesetze des Bundes sowie Schlußvorschriften. Das UVPG soll nur insoweit angewen- 111

---

160 ABl. Nr. L 175/40; abgedr. z.B. in DVBl. 1987, 829 ff.
161 Vgl. dazu z.B. *Cupei*, Umweltverträglichkeitsprüfung (UVP), 1986; *ders.*, DVBl. 1985, 813 ff.; *Bunge*, Die Umweltverträglichkeitsprüfung im Verwaltungsverfahren, 1987; *ders.*, DVBl. 1986, 819 ff.; *Coenen/Jörissen*, UVP in der Europäischen Gemeinschaft, 1989; *Erbguth/Schink*, UVPG, Einl. Rn. 3 ff.; *Schoeneberg*, Umweltverträglichkeitsprüfung, 1993, S. 12 ff.; SRU, DVBl. 1988, 21 ff.; *Wahl*, DVBl. 1988, 86 ff.
162 S. *Mezger*, UVP in den USA, 1989; *Hundertmark*, Durchführung der UVP, 1988, S. 40 ff.
163 Nach Art. 9 Umweltschutzgesetz (SR 814.01); s. hierzu: *Jungo*, Die UVP als neues Instrument des Verwaltungsrechts, 1987; *Loretan*, Die Umweltverträglichkeitsprüfung, 1986; Schweizer. Bundesgericht, Entscheidungssammlung Bd. 113 Ib 232 ff.
164 Zum Rechtsschutz Drittbetroffener s. *Beckmann*, DVBl. 1991, 358 ff.
165 Da die UVP-Richtlinie hinreichend genaue Bestimmungen enthält, war sie im wesentlichen unmittelbar wirksam (Rn. 1/40), so auch: *Beckmann*, DVBl. 1991, 358, 364; *Erbguth/Schink*, UVPG, Einl. Rn. 41 ff.; *Hoppe/Beckmann*, Umweltrecht, S. 126; *Weber*, Die Umweltverträglichkeitsrichtlinie im deutschen Recht, 1989, S. 24 ff.; *Winter*, NuR 1989, 197, 204; BVerwG, Urt. v. 18.5.1995, 4 C 4.94, UA S. 30; BayVGH, UPR 1993, 76 ff.; OVG Koblenz, ZUR 1995, 146 (148) m. Anm. *Schink*; a.A. VGH BW, DÖV 1994, 527 f., VBlBW 1994, 271 [274]; OVG Hamburg, B.v. 16.6.1992, II 103/91 P.
166 Hierzu *Peters*, Die UVP-Richtlinie der EG und ihre Umsetzung in das deutsche Recht, 1994. Die Amtliche Begründung findet sich in BT-Drs. 11/3919. Kritisch zum Entw. z.B. *Püchel*, ZAU 1988, 121 ff.; *Steinberg*, DVBl. 1988, 995 ff.; *Erbguth*, NVwZ 1988, 969 ff.
167 Die Anforderungen für nach BImSchG genehmigungsbedürftige Anlagen sind erst mit Anpassung der 9. BImSchV vom 20.3.1992 (BGBl. I 1001) und für kerntechnische Anlagen durch die Neufassung der AtVfV v. 3.2.1995 (BGBl. I 180) erfüllt worden.

1 Allgemeines Umweltrecht

det werden, als nicht bereits – wie z.B. im BImSchG i.V.m. der 9. BImSchV – in bundes- oder landesrechtlichen Vorschriften die Prüfung der Umweltverträglichkeit in einer den Anforderungen des UVPG genügenden Weise näher bestimmt wird. Solche näheren Bestimmungen werden bereits durch die Art. 2 ff. des EG-Richtlinien-Umsetzungsgesetzes in die wichtigsten Umweltgesetze des Bundes (KrW-/AbfG, AtG, BImSchG, WHG, BNatSchG) sowie in die Verkehrsplanungsgesetze des Bundes (FStrG, WaStrG, BbG – jetzt AEG, PBefG, VersuchsanlagenG, LuftVG) eingefügt.

112 Den *Ländern* verbleibt die Möglichkeit, eine UVP für solche Vorhaben einzuführen, die im Anhang II der EG-Richtlinie aufgelistet, vom UVPG aber nicht erfaßt sind, z.B. Planfeststellung von Landesstraßen, Vorhaben des Torfabbaus, Seilbahnen und andere Bergbahnen, Waldrodungen usw. Die *EG-Kommission* hat inzwischen einen Vorschlag zur Änderung der UVP-Richtlinie unterbreitet, der den Anwendungsbereich präzisieren und das Scoping-Verfahren (Rn. 1/114) europaweit verankern soll.[168]

113 Nach dem UVPG wird die UVP nicht von einer besonderen UVP-Behörde in einem selbständigen Verfahren vorgenommen, sondern in die schon bisher vorgesehenen verwaltungsbehördlichen Verfahren (z.B. durch das BImSchG) integriert (wobei allerdings die §§ 5, 8, 11 und 12 UVPG neue Verfahrensstationen einführen). Sie ist damit ein unselbständiger Teil dieser Verfahren. Die UVP umfaßt die **Ermittlung, Beschreibung und Bewertung der Auswirkungen eines Vorhabens auf Menschen, Tiere und Pflanzen, Boden, Wasser, Luft, Klima und Landschaft, einschließlich der jeweiligen Wechselwirkungen**[169] sowie auf Kultur- und sonstige Sachgüter (§ 2 I UVPG). Hierfür sind zunächst eine *Bestandsaufnahme* des gegenwärtigen Zustands der Umwelt im Einwirkungsbereich des geplanten Projekts vorzunehmen, dann die Umweltauswirkungen des Projekts (einschließlich etwaiger Wechselwirkungen und „Gegenmaßnahmen") zu *prognostizieren* und anschließend eine Bewertung anhand ökologischer Maßstäbe vorzunehmen. Der UVP-Pflicht unterliegen Verfahren, die die hoheitliche Entscheidung (Bewilligung, Genehmigung, Planfeststellung usw.) über die Zulässigkeit solcher (Groß-)Vorhaben (Errichtung, Betrieb oder wesentliche Änderung technischer Anlagen, wesentliche Änderung des Anlagenbetriebs) zum Ziel haben, die in der (umfassenden) *Anlage zu dem Stammgesetz* enumerativ aufgeführt sind, z.B. Vorhaben i.S. der §§ 4, 15 BImSchG i.V.m. dem Anhang zu Nr. 1 der UVPG-Anlage, §§ 7, 9b AtG, § 31 II KrW-/AbfG, § 31 WHG, § 17 FStrG, § 18 AEG, § 14 WaStrG, § 8 LuftVG usw.[170]

---

168 Vorschlag für eine Richtlinie des Rates zur Änderung der RL 85/337/EWG, ABl. Nr. C 130/10 v. 12.5.1994 = BR-Drs. 449/94; hierzu *Schink*, DVBl. 1995, 73 ff.
169 Dieser naturwissenschaftlich zutreffende Ansatz kann jedoch aufgrund vorhandener Wissensdefizite (vgl. *Engelhardt*, ZAU 1992, 166 [168]) nur begrenzt erfüllt werden, vgl. *Erbguth/Schink*, UVPG, § 2 Rn. 28 ff.; *Schoeneberg*, UVP, Rn. 91 ff.; *Wahl*, DVBl. 1988, 86 (88).
170 Nach § 22 I 1 UVPG ist für bereits begonnene Verfahren nur dann eine UVP durchzuführen, wenn das Vorhaben bei Inkrafttreten des Gesetzes (1.8.1990) noch nicht öffentlich bekanntgemacht worden ist. Bei Planfeststellungsverfahren findet eine UVP daher nicht statt, wenn die Auslegung nach § 73 III VwVfG bereits erfolgt ist. Es ist zweifelhaft, ob dies mit der UVP-Richtlinie vereinbar ist, die vorsieht, daß eine UVP spätestens ab Ende der Umsetzungsfrist (3.7.1988) vorzusehen ist und dabei alle bis zu diesem Zeitpunkt nicht genehmigten Projekte erfaßt (BayVGH, UPR 1993, 76 ff.; OVG Koblenz, ZUR 1995, 146 ff. m. Anm. *Schink*; VGH BW, Urt. v. 22.3.1995, 5 S 2448/94; *Ginzky/Viebrock*, UPR 1991, 428 ff.; offen gelassen von EuGH, DVBl. 1994, 1126; a.A. OVG Lüneburg, DVBl. 1994, 770).

Die UVP gliedert sich in folgende **Verfahrensschritte:**

(1) Die UVP beginnt mit der *Unterrichtung* der Behörde über ein geplantes Vorhaben durch den Vorhabenträger.[171] Anschließend stimmt die Behörde mit dem Vorhabenträger den **voraussichtlichen Untersuchungsrahmen** (d.h. Gegenstand, Umfang und Methode der UVP) vor Eintritt in das förmliche Verwaltungsverfahren ab (§ 5 UVPG – sog. **scoping-Verfahren**),[172] wobei andere Behörden, Sachverständige (Gutachter) und Dritte (betroffene Gemeinden, Bürgerinitiativen, Umweltverbände) hinzugezogen werden können.[173] Diese Abstimmung des Untersuchungsrahmens besitzt eine nicht zu unterschätzende Bedeutung für die Akzeptanz der UVP und damit auch des Verfahrensergebnisses bei den Verfahrensbeteiligten.

114

(2) Mit Einreichen des Zulassungsantrages (Genehmigung, Planfeststellung) legt der Vorhabenträger dann regelmäßig die für die Durchführung der UVP erforderlichen **Unterlagen** vor (§ 6 I UVPG). Zwingend erforderliche Mindestangaben nach § 6 III UVPG sind z.B. die Beschreibung des Projekts einschließlich hierbei anfallender Emissionen und Reststoffe sowie der Möglichkeiten, negative Auswirkungen auf die Umwelt zu vermeiden, vermindern oder auszugleichen und der zu erwartenden – verbleibenden – erheblichen Auswirkungen auf die Umwelt. Nur wenn ihre Beibringung zumutbar ist, müssen nach § 6 IV UVPG u.a. die Übersicht der vom Vorhabenträger geprüften Alternativen und Darstellung von vorhandenen Kenntnislücken vorgelegt werden.

115

Das UVPG bürdet dem Projektträger damit eine weitreichende Mitwirkungslast im Verfahren auf (abweichend von § 24 VwVfG), mit der allerdings auch die Gefahr der Einflußnahme auf das Verfahrensergebnis verbunden ist.[174] Andererseits stellt die (teilweise fehlende) Neutralität der vom Antragsteller vorgelegten Gutachten eines der wesentlichen Probleme nicht nur des UVP-Verfahrens, sondern aller umweltrechtlichen Verwaltungsverfahren dar. Im Gegensatz zum Verwaltungsverfahren und zum gerichtlichen Verfahren, in denen die Entscheidungsträger zu einem neutralen Ausgleich zwischen den Interessen des Antragstellers, der Nachbarn und der Allgemeinheit verpflichtet sind, ist die neutrale Entscheidungsvorbereitung in technisch-naturwissenschaftlicher Hinsicht durch Gutachter nicht gleichermaßen unabhängig abgesichert. Gutachten sind im wesentlichen Auftragsarbeit, was zu einer bedenklichen Nähe zwischen Auftraggeber (Antragsteller) und Auftragnehmer (Gutachter/Sachverständiger) führen kann, insbesondere wenn und soweit die berufliche Existenz in Einzelfällen allein auf solcher privatwirtschaftlicher Auftragstätigkeit beruht. Abhilfe wäre z.B. durch einvernehmliche Benennung des Gutachters und der Aufgabenstellung im Scoping-Termin oder Vergabe von Parallel-Gutachten zu schaffen.

116

(3) Das UVP-Verfahren beinhaltet sodann eine **Beteiligung der** in ihrem Aufgabenbereich berührten – nationalen – **Behörden** (§ 7 UVPG), der Behörden von Mitgliedstaaten der EG bei grenzüberschreitenden Umweltbeeinträchtigungen (§ 8 UVPG) **und der Öffentlichkeit** auf der Grundlage der Vorschriften über das Planfeststellungsverfahren (§ 9 I 2 UVPG i.V.m. § 73 III – VII VwVfG). Nach Art. 6 II, III, 9 UVP-

117

---

171 Zum Rechtsschutz des Vorhabenträgers bei der UVP *Beckmann*, NVwZ 1991, 427 ff.
172 *Nisipeanu*, NVwZ 1993, 319 ff.; *Schoeneberg*, UVP, Rn. 105 ff.
173 Zurecht kritisch wegen dieser bloßen Kann-Regelung: *Soell/Dirnberger*, NVwZ 1990, 707.
174 Vgl. *Schneider*, Nachvollziehende Amtsermittlung bei der Umweltverträglichkeitsprüfung, 1990, S. 88 ff.; *Schoeneberg*, UVP, Rn. 117 ff.

1 *Allgemeines Umweltrecht*

Richtlinie ist bei letzterer zwischen der (allgemeinen) Unterrichtung und der Anhörung der (betroffenen) Öffentlichkeit zu unterscheiden, was der Verweis auf das Planfeststellungsrecht nur unzureichend zum Ausdruck bringt. Die Anhörung bezweckt – in Erweiterung gegenüber dem Planfeststellungsrecht – nämlich nicht nur eine Verbesserung der Informationsbasis der entscheidenden Behörde (Rechtsstaatsprinzip), sondern auch eine größere Transparenz des Entscheidungsverfahrens und eine höhere Akzeptanz der Entscheidung selbst.[175] Die Einsichtnahme in die ausgelegten Unterlagen ist – anders als bei § 73 III VwVfG – im Hinblick auf Art. 6 II UVP-Richtlinie nicht auf Personen beschränkt, deren Belange vom Vorhaben berührt sind, sondern vielmehr für jedermann möglich.[176]

118 (4) Kernstück der UVP ist die sich anschließende *Entscheidungsphase*, die mit der Erarbeitung der **zusammenfassenden Darstellung** der Auswirkungen des Projekts auf die Umweltgüter einschließlich der Wechselwirkungen (§ 11 UVPG) beginnt, und zwar auf der Grundlage der Unterlagen des Projektträgers, der behördlichen Stellungnahmen, der Äußerungen der Öffentlichkeit und eigener Ermittlungen der Behörde.[177] Bedauerlicherweise muß diese zusammenfassende Darstellung nicht in einem eigenen UVP-Dokument enthalten sein, sondern kann in die Begründung der Zulassungsentscheidung einfließen, was die Transparenz der UVP in ihrer entscheidenden Phase deutlich schmälert.[178] In Bauleitplanverfahren (§ 17 UVPG) und bergrechtlichen Planfeststellungsverfahren (§ 18 S. 2 UVPG) muß keine zusammenfassende Darstellung erarbeitet werden.

119 (5) Auf der Grundlage der zusammenfassenden Darstellung der Umweltauswirkungen sind diese anschließend zu **bewerten** (§ 12 UVPG). *Fraglich* ist dabei insbesondere, nach welchen Maßstäben die Bewertung zu erfolgen hat.[179] Der – unklare – Wortlaut des § 12 UVPG nimmt auf die „Maßgaben der geltenden Gesetze" im Hinblick auf eine „wirksame Umweltvorsorge i.S.d. §§ 1, 2 I 2 und 4 UVPG" Bezug. Eine Abwägung ökologischer Belange mit anderen Belangen hat auf dieser Stufe noch nicht zu

---

175 S. *Erbguth/Schink*, UVPG, § 9 Rn. 10; *Cupei*, UVP, S. 163; ähnlich *Jarass*, NuR 1991, 201 (205). Die UVP beinhaltet daher nicht nur ein rechtsstaatliches, sondern auch ein demokratisches Element. Zur akzeptanzfördernden Wirkung der Öffentlichkeitsbeteiligung s. *Würtenberger*, Die Akzeptanz von Verwaltungsentscheidungen, 1991.
176 *Erbguth/Schink*, UVPG, § 9 Rn. 9; BVerwG, Urt. v. 18.5.1995, 4 C 4.94.
177 Im UVP-Verfahren wird dem Vorhabenträger regelmäßig die Begutachtung der umweltrelevanten Auswirkungen durch einen sachverständigen Dritten auferlegt werden, so daß die Amtsermittlungspflicht nach § 24 VwVfG dahingehend beschränkt wird, daß die vorgelegten Unterlagen unter Berücksichtigung der eingegangenen Stellungnahmen und eigener behördlicher Fachkenntnisse *nachvollziehend* auf ihre Vollständigkeit und fachliche Richtigkeit zu untersuchen sind, vgl. *Schneider*, Nachvollziehende Amtsermittlung bei der UVP, S. 131 m.w.N; *Wahl*, in: *Kroeschell* (Hrsg.), Recht und Verfahren, 1993, S. 155 (174 f.).
178 Kritisch deshalb auch *Jarass*, NuR 1991, 201 (205); *Weber*, Umweltverträglichkeitsrichtlinie, 1989, S. 363. Ein Planfeststellungsbeschluß ist bei fehlender zusammenfassender Darstellung nur abwägungsfehlerhaft, wenn er in rechtserheblicher Weise davon beeinflußt sein kann, BVerwG, NVwZ 1993, 565 ff.; s. aber auch BayVGH, DVBl. 1994, 1198 ff.
179 S. hierzu: *Beckmann*, DVBl. 1993, 1335 ff.; *Erbguth/Schink*, UVPG, § 12 Rn. 6 ff.; *Hoppe/Appold*, DVBl. 1991, 1221 ff.; *Jarass*, NuR 1991, 201 (206); *Schoeneberg*, UVP, Rn. 143 ff.; *Steinberg*, DVBl. 1990, 1369 ff.

erfolgen,[180] so daß die *Bewertung anhand von (ökologischen) Maßstäben* zu erfolgen hat, die projektbezogen im Verfahren entwickelt wurden.[181] Soweit hierbei auf Umweltstandards (z.B. TA Luft, TA Lärm, TA Abfall, DIN- oder VDI-Vorschriften) zurückgegriffen wird, ist zu berücksichtigen, daß diese meist bereits eine eigene Bewertung unter Einbeziehung *umweltexterner* Kriterien getroffen haben, was § 12 UVPG widerspricht, so daß weiterhin eine eigenständige Bewertung erforderlich bleibt (str.).[182]

(6) Die UVP wird abgeschlossen, indem die Bewertung der Umweltauswirkungen bei der Zulassungsentscheidung für das Vorhaben **berücksichtigt** wird. Soweit in parallelen Verfahren mehrere Zulassungen zu erteilen sind, muß jede Behörde gesondert entscheiden, welche Folgerungen aus der Gesamtbewertung zu ziehen sind. Das Berücksichtigungsgebot hat nicht nur verfahrensrechtlichen, sondern materiellrechtlichen Charakter.[183] Während das Planfeststellungsverfahren – wie alle anderen Planungsverfahren – aufgrund des mit der Entscheidung verbundenen planerischen Ermessens bei der Abwägung (Rn. 2/108) hierfür in besonderer Weise geeignet ist,[184] bereiten gebundene Kontrollerlaubnisse (präventives Verbot mit Erlaubnisvorbehalt) – anders als Ausnahmebewilligungen – wegen ihrer Entscheidungsstruktur (Genehmigungsanspruch) deutlich Schwierigkeiten. Nur wenn eine Kontrollerlaubnis an unbestimmte Rechtsbegriffe anknüpft, die Spielräume zur Berücksichtigung der Gesamtbewertung eröffnen (z.B. Entgegenstehen öffentlicher Belange, Wohl der Allgemeinheit), ist überhaupt denkbar, aufgrund der UVP die Zulassung des Vorhabens zu versagen oder mit Auflagen zu versehen. Daher bestehen insbesondere Bedenken, ob die immissionsschutzrechtliche Genehmigung den Anforderungen der UVP – wie sie durch die UVP-Richtlinie vorgegeben sind – genügt.[185] 120

Außerdem enthält das UVPG *Sondervorschriften* z.B. für 121

– Teilentscheidungen (Vorbescheide und Teilzulassungen), also für vertikal gestufte Verfahren (§ 13),

---

180 Amtl. Begründung BT-Drs. 11/3919, S. 27; *Erbguth/Schink*, UVPG, § 12 Rn. 7; *Hoppe/Appold*, DVBl. 1991, 1221 (1223).
181 S. *Erbguth/Schink*, UVPG, § 2 Rn. 13; *Hoppe/Appold*, DVBl. 1991, 1221 (1223). Zur hiermit verbundenen Rechtsunsicherheit zu Recht kritisch: *Dohle*, NVwZ 1989, 697 (704); *Schoeneberg*, UVP, Rn. 145.
182 I.E. ähnlich *Hoppe/Appold*, DVBl. 1991, 1221 (1225); *Schoeneberg*, UVP, Rn. 163.
183 H.M., s. *Erbguth/Schink*, UVPG, § 12 Rn. 19; *Lange*, DÖV 1992, 780 (781); a.A. *Schmidt-Preuß*, DVBl. 1995, 485 (489).
184 Allgemeine Auffassung, s. *Erbguth/Schink*, UVPG, § 12 Rn. 33; *Lange*, DÖV 1992, 780 (782 f.); *Wahl*, DVBl. 1988, 86 (89). Soweit im Planfeststellungsverfahren die Durchführung einer Umweltverträglichkeitsprüfung vorgeschrieben ist, kann der PFB im Regelfall nur rechtmäßig ergehen, wenn ein förmliches UVP-Verfahren durchgeführt wurde, so zutr. Bay VGH, DVBl. 1994, 1198 (1200); UPR 1993, 275; OVG Koblenz, ZUR 1995, 146 ff.
185 *Erbguth/Schink*, UVPG, § 12 Rn. 95 ff.; *Kloepfer/Rehbinder/Schmidt-Aßmann/Kunig*, UGB-AT, 1990, S. 235; *Schink/Erbguth*, DVBl. 1991, 413 ff.; *Schoeneberg*, UVP, S. 100 ff.; a.A. *Lange*, DÖV 1992, 780 (784); *Schmidt-Preuß*, DVBl. 1995, 485 (493); *Steinberg*, DVBl. 1990, 1369 ff. Rechtspolitisch wäre dieses Defizit durch eine – verfassungsrechtlich zulässige (s. *Murswiek*, DVBl. 1994, 77 [81 f.]; *Wahl*, DVBl. 1988, 86 [89]) – Ergänzung der Kontrollerlaubnis mit einem Versagungsermessen zu korrigieren.

1 *Allgemeines Umweltrecht*

- Aufgaben einer koordinierenden, von den Ländern zu bestimmenden sog. federführenden Behörde, falls mehrere behördliche Zulassungen parallel einzuholen sind (§ 14),
- vorgelagerte Verfahren, nämlich (§ 15) Linienbestimmungsverfahren nach § 16 FStrG und § 13 I WaStrG sowie für Verfahren der luftrechtlichen Genehmigung nach § 6 LuftVG und schließlich (§ 16) Raumordnungsverfahren,[186]
- bestimmte projektbezogene Bauleitplanverfahren (§§ 2 III Nrn. 3 u. 4, 17).[187]

122 Es erscheint zweifelhaft, ob all diese Vorschriften dem integrativen Ansatz der EG-Richtlinie entsprechen.[188] Große Bedeutung kommt den nach § 20 UVPG erlassenen allgemeinen Verwaltungsvorschriften zu, insbesondere für die Konkretisierung der §§ 5, 11 und 12 UVPG.[189]

d) Verhaltensgebote

123 Normative Vorgaben, mit denen ein umweltfreundliches Verhalten geboten wird, d.h. **normative Verhaltensgebote** (vgl. etwa die 12. BImSchV [Störfallverordnung], die 13. BImSchV [Großfeuerungsanlagen-VO], die 17. BImSchV [Abfallverbrennungs-VO], §§ 5, 22 BImSchG, § 42 BWaldG, §§ 13-16 ChemG, § 6 GenTG usw.) legen ihren Adressaten bestimmte Handlungs-, Unterlassungs- oder Duldungspflichten in bezug auf den Schutz von Mensch und Umwelt auf.

Die Einhaltung von Verboten und Geboten bedarf auch und besonders im Bereich des Umweltschutzes der **Überwachung** durch die zuständigen Behörden.[190] Dazu stehen ihnen kraft Gesetzes bestimmte Überwachungsbefugnisse (Instrumente) zur Verfügung, z.B. Grundstücksbetretungsrechte, Auskunftsansprüche, das Recht, Proben zu nehmen oder die Vorlage von Unterlagen zu verlangen u.a.m. (vgl. etwa §§ 26 ff., 52 BImSchG, § 25 GenTG, § 21 WHG, §§ 35, 40 KrW-/AbfG usw.). Hinzu kommt die Eigenüberwachung, z.B. durch den sog. Umweltbeauftragten (Rn. 4/199, 6/266, 10/366).

e) Behördliche Anordnungen

124 **Ermächtigungen zu Einzeleingriffen** aufgrund umweltspezifischer Gesetze (vgl. z.B. §§ 17, 24 BImSchG, § 23 ChemG, §§ 19 S. 3, 26 GenTG), aufgrund umweltrelevanter

---

186 Zur UVP im Raumordnungsverfahren vgl. § 6a ROG n.F., wonach eine UVP im Raumordnungsverfahren bundesrahmenrechtlich nicht mehr vorgegeben ist. Soweit in einzelnen Bundesländern die ausfüllenden Landesplanungsgesetze (wie z.B. in Baden-Württemberg) eine UVP vorschreiben, bleibt es bei diesen Regelungen. S. *Schmidt*, ZUR 1993, 197 (198 f.); *Wagner*, DVBl. 1993, 583 (586 ff.)
187 S. *Erbguth*, NVwZ 1993, 956 ff.; *Wagner*, DVBl. 1993, 583 (584 ff.); zur Bedeutung der UVP für die Kommunen: *Schink*, NVwZ 1991, 935 ff.
188 Vgl. z.B. *Dohle*, NVwZ 1989, 697 ff.
189 Die UVP-VwV ist von der BReg. am 20.9.1994 beschlossen und dem BRat zur Zustimmung zugeleitet worden (BR-Drs. 904/94), der BRat hat insgesamt 47 Änderungsvorschläge unterbreitet; zum Referentenentwurf s. *Feldmann*, UPR 1991, 127 ff.
190 Zu den verfassungsrechtlichen *Grenzen einer Deregulierung* aufgrund staatlicher Schutzpflichten s. *Murswiek*, JZ 1988, 985 (987); *Lübbe-Wolff/Steenken*, ZUR 1993, 263 ff.; *Wahl/Masing*, JZ 1990, 553 ff.

Gesetze (z.B. Landesbauordnungen) oder aufgrund des subsidiär anzuwendenden allgemeinen Polizei- bzw. Ordnungsrechts (so z.B. bei der Sanierung von „Altlasten" oder sog. „Uraltlasten"; vgl. Rn. 5/109 ff.) ermöglichen der jeweils zuständigen Behörde, repressiv gegen umweltbeeinträchtigende Vorhaben, Zustände oder Verhaltensweisen einzuschreiten bzw. nicht befolgte gesetzliche Verbote oder Gebote durchzusetzen. Dies geschieht durch den Erlaß von Einzelfallanordnungen, für die entweder das Legalitätsprinzip (Muß- oder Soll-Erlaß) oder aber das Opportunitätsprinzip (Kann-Erlaß) gilt.

Zu unterscheiden sind hier zunächst das *Einschreiten gegen erlaubnisfreie Tätigkeiten*, wobei in Ermangelung spezialgesetzlicher Regelungen (z.B. § 24 BImSchG) auf die polizeirechtlichen Generalklauseln zurückzugreifen ist. Der Verstoß gegen Gebote und Verbote des Umweltrechts stellt einen Verstoß gegen die öffentliche Sicherheit im polizeirechtlichen Sinn dar. Teilweise wird das behördliche Ermessen eingeschränkt (z.B. § 25 II BImSchG). Anders als etwa im Baurecht kann im Bereich des Umweltrechts eine Untersagungs- oder Beseitigungsverfügung bei *genehmigungspflichtigen Vorhaben* bereits ergehen, wenn (nur) die *formelle Illegalität* gegeben ist, da hiermit typischerweise verbundene Schädigungen und Belastungen der Umwelt zumeist irreversibel sind.[191] Spezialgesetzlich geregelt sind die Voraussetzungen behördlichen Einschreitens bei erteilter Erlaubnis; es besteht z.B. die Möglichkeit nachträglicher Anordnungen (§ 17 I 1 BImSchG, § 26 I 1 GenTG) sowie von Rücknahme (§ 17 II AtG) und Widerruf (§ 21 I BImSchG, §§ 7 I, 12 WHG). Umstritten ist, ob und inwieweit neben diesen spezialgesetzlichen Einschreitensmöglichkeiten ein Rückgriff auf die polizeirechtliche(n) Generalklausel(n) möglich ist; des weiteren, ob eine erteilte Erlaubnis eine Legalisierungswirkung entfaltet, die einer Inanspruchnahme des Verhaltens- oder Zustandsstörers entgegensteht (Rn. 5/141, 6/227, 6/233).

125

f) Öffentlich-rechtliche Verträge

Öffentlich-rechtliche Verträge sind besonders dann, wenn sie unter behördlichem Druck zustandekommen, in der Regel ebenfalls Instrumente direkter Verhaltenssteuerung.[192] Sie sind unter den allgemeinen Voraussetzungen der **§§ 54 ff. VwVfG** auch auf dem Gebiet des Umweltrechtsvollzugs zulässig. Ihr Einsatz – z.B. auf den Gebieten der Luft- oder Gewässerreinhaltung – insbesondere zwischen Genehmigungsbehörden und einzelnen Unternehmen entspricht dem Kooperationsprinzip (Rn. 1/78).

126

Öffentlich-rechtliche Verträge dieser Art können innerhalb bestimmter rechtlicher Grenzen nicht nur die einseitige behördliche Konkretisierung von Umweltschutzpflichten der Unternehmen mittels Verwaltungsakts überflüssig machen, sondern auch dem Erreichen solcher ökologischer Ziele dienstbar gemacht werden, die sonst nur mit größerem Aufwand oder erst zu

127

---

191 BVerwGE 84, 220 (233); VGH BW, VBlBW 1992, 214 ff.; DÖV 1977, 332; *Kloepfer*, Umweltrecht, S. 146; *Jarass*, BImSchG, § 20 Rn. 23.
192 *Kloepfer*, Umweltrecht, S. 200 f. erörtert den öffentlich-rechtlichen Vertrag unter der Rubrik „Instrumente indirekter Verhaltenssteuerung".

1 *Allgemeines Umweltrecht*

einem späteren Zeitpunkt oder auch gar nicht erreichbar wären.[193] Allerdings werden solche Verträge nur dann zustande kommen, wenn ihr Abschluß auch dem Unternehmer unter diesem oder jenem Aspekt ökonomisch vorteilhaft erscheint. Die sog. Branchenabsprachen sind keine öffentlich-rechtlichen Verträge in dem erörterten Sinne, weil sie auf beiden Seiten eines rechtsgeschäftlichen Bindungswillens entbehren (Rn. 1/79).

128 Eine Aufgabe zukünftigen Verwaltungsrechts wird es auch sein, ein Recht für komplexe Vertragsgestaltungen zu entwickeln, da sich die Dogmatik bisher mehr mit den Voraussetzungen der Zulässigkeit als mit dem möglichen Inhalt von öffentlich-rechtlichen Verträgen befaßt. Insbesondere Fragen des Drittschutzes sind dabei zu lösen.

2. Verhaltenssteuerung durch Umweltschutzplanung

a) Formen der Umweltplanung

129 Umweltschutz ist – gerade wenn das Vorsorgeprinzip ernst genommen wird – eine wichtige Planungsaufgabe des Staates, der deshalb auch mit verschiedenen Planungsinstrumentarien versucht, räumliche Probleme vorsorgend zu bewältigen.[194] Soweit *alle* in einem Raum auftretenden Probleme gelöst werden sollen, wird dabei von **Gesamtplanung** gesprochen; sie findet auf allen Ebenen der Gebietskörperschaften statt; zu ihr zählen neben der Bauleitplanung die Regionalplanung und die Landesplanung. Umweltschutz ist hier nur eines von mehreren Zielen der Planung. Als **Fachplanung** kann die sektorale Planung bezeichnet werden, die auf allen staatlichen Ebenen durchgeführt wird und einerseits Fachpläne (z.B. Abfallentsorgungspläne nach § 29 KrW-/AbfG auf Landesebene und Abfallentsorgungskonzepte nach § 3 I LAbfG BW auf Kreisebene) umfaßt, die des weiteren Vollzuges bedürfen, und andererseits raumbedeutsame, ein Vorhaben direkt verwirklichende **Planfeststellungen** (Rn. 2/1) sowie Handlungsgebote und -verbote enthaltende **Schutzgebietsausweisungen** (Rn. 2/1, 3/171, 4/172).[195]

130 Umweltplanung als solche dient der Erfassung komplexer Zusammenhänge (Ist-Zustand) und der Koordination sowie dem Ausgleich von Umweltbelangen mit anderen kollidierenden Zielen und Belangen entsprechend einem in der Planung entwickelten Konzept (Soll-Zustand). Charakteristisch für jede Planung ist eine schwache gesetzliche Determinierung, weil der zukunftsbezogene Gestaltungsauftrag der Verwaltung übertragen wurde. Planung ist dabei sachnotwendig mit einer Gestaltungsfreiheit des Planungsträgers, dem *Planungsermessen* verbunden (Rn. 2/2, 2/108), das den verfassungsrechtlichen Anforderungen an das Abwägungsgebot genügen muß.

---

193 Beispiele öffentlich-rechtlicher Verträge auf dem Gebiet des Umweltschutzes analysiert *Arnold*, VerwArch. 80 (1989), 125 ff.; s.a. *Bulling*, DÖV 1989, 277 ff.; BVerwGE 84, 236 ff. Allgemein zu den Problemen und Möglichkeiten verwaltungsrechtlicher Verträge *Maurer*, DVBl. 1989, 798 ff.; *Stelkens/Bonk/Sachs*, VwVfG, 4. Aufl. 1993, § 54 Rn. 1 ff., 78 f.
194 *Hoppe*, VVDStRL 38 (1980), S. 211 (228 ff.).
195 Es ist umstritten, ob die Schutzgebietsausweisung ein Planungsinstrument darstellt, da die Frage der Schutzwürdigkeit einer Fläche eine Rechtsfrage ist und lediglich die Frage, welche Gebietsgröße unter Schutz zu stellen ist, planerischen Charakter besitzt; dazu BVerwG, NVwZ 1988, 1020 ff.

Um die von der Legislative oder der Exekutive postulierten Ziele vorsorgender Um- **131** weltpolitik erreichen zu können, steht ein gut ausgebildetes Planungsinstrumentarium zur Verfügung,[196] wobei auch Umweltqualitätsziele Gegenstand der Umweltschutzplanung sind. Wie andere Planungsbereiche auch (z.b. Energie, Verkehr, Wirtschaft) weist der Planungsbereich Umwelt eine verwirrende Vielfalt von Plänen und Programmen auf. Es gibt (in ganz verschiedenen Rechtsformen) Grundsatz-, Rahmen- und Detailpläne, Bundes-, Landes-, Regional- und Kommunalpläne, kurz-, mittel- und langfristige Pläne, unverbindliche, innenverbindliche (d.h. für gewisse oder für alle Behörden verbindliche) oder außenverbindliche (d.h. behörden- und bürgerverbindliche) Pläne, Vorsorge- und Sanierungspläne usw. Mit manchen Plänen werden – wenn auch u.U. im Rahmen einer übergreifenden Zielplanung (z.B. § 29 KrW-/AbfG) – überhaupt nur Umweltschutzziele verfolgt (*umweltspezifische Fachpläne* oder Umweltplanung i.e.S.), mit manchen aber noch andere Ziele, z.B. fachübergreifende Raumordnungs- oder Bauleitpläne (*umweltrelevante Pläne*). Neben den umweltspezifischen Planfeststellungen im Atom- und Abfallrecht (Rn. 7/211 ff., 10/275 ff.) sind unter den in Umweltgesetzen vorgesehenen **umweltspezifischen und raumbezogenen Fachplänen** etwa zu nennen:

- Luftreinhaltepläne nach § 47 BImSchG (Rn. 6/306 ff.),
- Lärmminderungspläne nach § 47a BImSchG (Rn. 6/309 ff.),
- wasserwirtschaftliche Rahmenpläne nach § 36 WHG (Rn. 4/143),
- Gewässerbewirtschaftungspläne nach § 36b WHG (Rn. 4/143),
- Abwasserbeseitigungspläne nach § 18a III WHG (Rn. 4/75, 4/132),
- Abfallwirtschaftspläne nach § 29 KrW-/AbfG (Rn. 10/252 ff.),
- Instrumente der Landschaftsplanung nach §§ 5 ff. BNatSchG (Rn. 3/98 ff.) oder
- Forstliche Rahmenplanung nach §§ 6, 7 BWaldG.

b) Exkurs: Raumordnungsverfahren

Ein ursprünglich zur Planungssicherung entwickeltes und in der Praxis insbesondere **132** zur Standortsuche eingesetztes Instrument stellt das **Raumordnungsverfahren** dar, in dem – vor Einleitung des Zulassungsverfahrens (Planfeststellungsverfahrens, Genehmigungsverfahrens) auf einer ersten Stufe – die raumrelevanten Gesichtspunkte (z.B. einer Abfalldeponie, einer Sondermüllverbrennungsanlage, der Trassierung einer Eisenbahnneubaustrecke) geklärt, mit anderen raumbedeutsamen Planungen abgestimmt und für das weitere Verfahren (auf der 2. Stufe) vorgegeben werden.[197] Das

---

196 Dazu *Erbguth*, Grundfragen, S. 103 ff., 146 ff; *ders.*, in: HdUR, Bd. II, Art. „Umweltplanung", Sp. 2221 ff.; *Hoppe*, NJW 1992, 1993 ff.; *Kloepfer/Rehbinder/Schmidt-Aßmann/Kunig*, UGB-AT, 1990, S. 185 ff.; *Kloepfer*, Umweltrecht, S. 99 ff. m.w.N.; *Peters*, DÖV 1988, 56 ff.; *Schmidt-Aßmann*, DÖV 1990, 169 ff.
197 S. hierzu *Erbguth*, in: HdUR, Bd. II, Art. „Raumordnungsverfahren", Sp. 1683 ff.; *Wagner*, DVBl. 1991, 1230 ff.; 1993, 583 ff.; *Wahl*, Fs. Sendler, 1991, S. 199 ff. – Zum Streitstand hinsichtl. der von der h.M. abgelehnten Außenwirkung der landesplanerischen Beurteilung *Salis*, Gestufte Verwaltungsverfahren im Umweltrecht, 1991, S. 67 ff. – Zum Einsatz des ROV als Standortsuchverfahren *Bender/Pfaff*, DVBl. 1992, 181 (184 ff.); krit. *Erbguth*, NVwZ 1992, 209 (218).

1 *Allgemeines Umweltrecht*

Raumordnungsverfahren ist ein projektbezogenes Verfahren, das darauf ausgerichtet ist, die unterschiedlichen Anforderungen aus fachbezogenen Planungen und insbes. landesplanerischen Gesamtplanungen im Raum des geplanten Standorts untereinander abzustimmen. Die Planungspraxis schätzt das Raumordnungsverfahren als frühzeitig wirksam werdendes, aber gleichzeitig flexibles Instrument der *Koordination öffentlicher Belange*. Seine konkrete Ausgestaltung ist in den verschiedenen Landesplanungsgesetzen geregelt, z.B. § 13 LPlG BW. In der *landesplanerischen Beurteilung*, die das Raumordnungsverfahren abschließt, wird zumeist eine von mehreren Alternativen (ggf. unter bestimmten Maßgaben) als die raumordnerisch verträglichste Lösung vorgeschlagen. Ihre Wirkungen sind auf den Adressatenkreis des § 4 V ROG beschränkt, insoweit ist ein Berücksichtigungsgebot, nicht aber eine strikte Beachtenspflicht angeordnet. Nach h.M. ist damit aus § 6 VI u. VII ROG bereits bundesrechtlich abzuleiten, daß die landesplanerische Beurteilung weder unmittelbare Rechtswirkung noch Außenwirkung hat. Der Gesetzgeber hat jetzt leider das Raumordnungsverfahren, in dem nach § 6a ROG zwischenzeitlich zwingend die Durchführung einer UVP vorgeschrieben war, in seiner Funktionsfähigkeit durch Abschaffung der UVP und einen 3-Monats-Zeitraum für die Durchführung des Raumordnungsverfahrens in der Verkehrswegeplanung deutlich beschnitten (Rn. 1/121).[198] Die damit einhergehende Problemverlagerung in das nachfolgende Zulassungsverfahren ist aus Sicht des Umweltschutzes – nicht nur wegen des damit verbundenen Verzichts auf die Öffentlichkeitsbeteiligung nach § 9 UVPG – als deutlicher Rückschritt zu werten. Insbesondere Standortalternativen sollten zu einem Zeitpunkt diskutiert werden, da die Planungssituation noch „ergebnisoffen" ist; hierfür hat sich das Raumordnungsverfahren in der Vergangenheit als geeignet erwiesen. Im Planfeststellungsverfahren (s. hierzu Rn. 2/115) hingegen ist aufgrund der geleisteten Vorarbeiten eine sinnvolle Alternativendiskussion nicht mehr möglich.

3. Indirekte Verhaltenssteuerung

133 Im rechtlichen Instrumentarium des Umweltschutzes dominieren ordnungsrechtliche Instrumente, weil seine Anfänge im Bereich der Gewerbeaufsicht und der Gefahrenabwehr liegen. Daneben kann der moderne Staat den Bürger aber auch mit vielen Mitteln indirekter Verhaltenssteuerung zu „umweltgerechtem" Verhalten anleiten. Hierzu zählen neben ökonomischen Instrumenten (Abgaben, Steuervergünstigungen, Subventionen u.a.)[199] auch Haftungsregelungen,[200] Informationen über die Umwelt sowie die Umweltberatung.

---

[198] Landesgesetzliche Regelungen, die die Durchführung einer UVP vorschreiben, bestehen in diesem Rahmen fort. S. ferner *Erbguth*, ebda., Sp. 1703 f.; *Steinberg*, Fachplanungsrecht, § 8 Rn. 47 ff.; *Wagner*, DVBl. 1993, 583 ff.
[199] Vgl. zum folgenden insbes. *Hansmeyer/Schneider*, Umweltpolitik. Ihre Fortentwicklung unter marktsteuernden Aspekten, 1990; *Rehbinder*, in: *Kloepfer* (Hrsg.), Umweltstaat als Zukunft, 1994, S. 70 ff.; SRU, Umweltgutachten 1987, S. 66 ff.; Umweltgutachten 1994, S. 149 ff.
[200] S. *Endres/Rehbinder/Schwarze*, Haftung und Versicherung für Umweltschäden aus ökonomischer und juristischer Sicht, 1992.

Die direkte (ordnungsrechtliche) Verhaltenssteuerung ist nicht schon als solche mit einer **134** Marktwirtschaft unvereinbar. Marktwirtschaft und Umweltschutz sind keine Gegensätze. Das zeigt schon die desolate Umweltsituation in den Regionen der ehemaligen, auf Planerfüllung oder Planübererfüllung bedachten östlichen Planwirtschaften im Vergleich zur Umweltsituation in bestimmten Marktwirtschaften. Allerdings beachtet der Markt weder Langzeitfolgen, noch das Wohl künftiger Generationen oder den Erhalt natürlicher Ressourcen, die Gemeingut sind. Auch unter diesem Gesichtspunkt bedarf eine Wettbewerbswirtschaft mit ihren auf Gewinnmaximierung bedachten Betrieben geeigneter gesetzlicher Rahmenbedingungen. Diese können systemkonform so ausgestaltet werden, daß sich Produktion, Verteilung und Verbrauch nicht notwendig im Widerspruch zu den ökologischen Erfordernissen vollziehen. Mit dem ordnungspolitischen Sinn einer Wettbewerbswirtschaft unvereinbar sind allerdings solche punktuell wirkenden Hoheitsakte der Exekutive, die – im Widerspruch zum Grundsatz einheitlichen Gesetzesvollzugs – die rechtliche Chancengleichheit der Unternehmen im Wettbewerb verfälschen. Dies geschieht z.B. dann, wenn aus einer Gruppe von in gleicher Weise umweltbeeinträchtigenden und in gleichem Ausmaß pflichtigen Unternehmen nur ein Teil interventionistisch belastet oder begünstigt wird, belastet z.B. zugunsten der Umwelt durch strenge und kostenintensive emissionsmindernde Auflagen, begünstigt z.B. zu Lasten der Umwelt durch behördliche Duldung überhöhter Emissionen. Hingegen ist es durchaus mit einer Wettbewerbswirtschaft vereinbar, wenn in ihre rechtlichen Rahmenbedingungen die aus ökologischen Gründen notwendigen Verhaltens- und Bestimmungsnormen (z.B. gemäß dem Verursacherprinzip, Rn. 1/73) eingehen (*„ökologische Marktwirtschaft"*). Für den Ökonomen ist aber die Effizienz von Preissignalen in der Regel verläßlicher als Gesetzestreue oder Umweltbewußtsein.

Zunehmend wird daher angestrebt, ein umweltgerechtes Verhalten der Unternehmen **135** nicht lediglich unmittelbar durch „ordnungsrechtliche" Verhaltensnormen oder deren Vollzug zu steuern (Rn. 1/99 ff.), weil hiermit nur zulässige und unzulässige Umweltnutzungen getrennt werden können, was „End-of-the-pipe"-Technologien fördert und eine „überobligatorische" Normerfüllung nicht anreizt. Jedenfalls soll *zusätzlich*[201] auch mittelbar der vom Eigeninteresse der Wirtschaftssubjekte in Gang gehaltene Steuerungsmechanismus einer Wettbewerbswirtschaft, nämlich der durch Angebot und Nachfrage gebildete **Marktpreis**[202] (insbesondere in seiner Funktion als Kostenfaktor), für umweltpolitische Ziele genutzt werden. Reine Luft und reines Wasser, die früher als „freie wirtschaftliche Güter" charakterisiert werden konnten, sind heutzutage zwar faktisch knapp (Rn. 4/3); nicht „aufbereitete" Wasser- oder Luftmengen haben indessen als Teile der entsprechenden Umweltmedien keinen Marktpreis. Die unmittelbare Nutzung dieser ursprünglichen natürlichen Güter als Produktionsressourcen oder Entsorgungsmedien ist – abgesehen von den der Nutzung vorgeschalteten, rechtlich gebotenen Gefahrenabwehr- und Vorsorgeaufwendungen (z.B. für die Einhaltung von Emissionsgrenzwerten) – praktisch umsonst. (Zu einer Ausnahme führt bisher nur die Abwasserabgabe, Rn. 4/202 ff.). Durch diese Nutzung, z.B. durch Emissionen in Luft oder Wasser, werden aber Sozialkosten verursacht (Rn. 4/30, 6/10), etwa höhere

---

201 *Hansmeyer/Schneider*, Umweltpolitik, 1990, S. 45 ff.; *Wilhelm*, Ökosteuern, 1990, S. 21. Marktwirtschaftliche Instrumente versagen hingegen, wenn Entscheidungsprozesse bereits abgeschlossen sind, Umweltschäden eingetreten sind (z.B. Altlastensanierung) oder wenn absolute Schutzziele (z.B. Gefahrenabwehr, Stoffverbote, Technologieverbote) erreicht werden sollen.
202 Der Marktpreis setzt sich in der Regel zusammen aus den *Produktionskosten eines Produkts* (für Rohstoffe, Energie, Kapitaleinsatz, Lohnkosten) und dem am Markt aufgrund der Nachfrage im Wettbewerb erzielbaren *Gewinn*.

1 *Allgemeines Umweltrecht*

Trinkwasseraufbereitungskosten wegen Minderung der Gewässergüte, Kosten für die Behandlung luftschadstoffbedingter Krankheiten, Folgekosten neuartiger Waldschäden und Gebäudeschäden durch SO_2, Verkehrsbeschränkungen bei Smog usw.[203] Hier zahlen immer „die anderen". Die Preise sagen insoweit nur die halbe ökonomische und gar nicht die „ökologische Wahrheit".

136 Daher wird gefordert, daß diese – oft nicht exakt identifizierbaren, quantifizierbaren und „monetarisierbaren" – Sozialkosten in geeigneter Weise erfaßt, pauschaliert und den Verursachern entsprechend der Intensität ihres Verursachungsbeitrags anteilig angelastet und damit „internalisiert" werden (Rn. 1/148).[204] Es kommt also darauf an, die knappen Umweltgüter mit einem Preis zu versehen und dadurch vor einer umweltschädlichen Übernutzung zu bewahren. Die Verursacher sollen mit dem von ihnen zu entrichtenden „Umweltnutzungspreis" veranlaßt werden, umweltfreundliche Vermeidungsstrategien zu entwickeln. Allerdings wäre der von den Verursachern im Rahmen des sog. Lenkungsabgabenmodells (Rn. 1/138, 1/148) für die Inanspruchnahme der Güter Luft und Wasser geforderte, hoheitlich festgesetzte „Preis" kein durch Angebot und Nachfrage erzeugter Marktpreis, sondern ein politisch gebildeter Preis. Er wäre aber eine Alternative zu einem echten Knappheitspreis, und zwar eine Alternative, die im Rahmen einer systemkonformen marktwirtschaftlichen Steuerung von vielen Ökonomen als durchaus geeignet bewertet wird, zu ökologischen Entlastungen wirksam beizutragen. Demgegenüber käme es zur Bildung von Marktpreisen im Rahmen des sog. *Zertifikatsmodells*[205], in dem vom Parlament oder der Regierung regionale Emissionskontingente festgelegt und in dieser Höhe Emissionsrechte in Umlauf gebracht werden. Es erscheint aus der Sicht des Ökonomen deshalb besonders geeignet, das angestrebte Ziel einer nicht nur sozialen, sondern auch umweltverträglichen und in diesem Sinne ökologischen Marktwirtschaft zu erreichen, kann aber auf lokale Sondersituationen nur begrenzt Rücksicht nehmen.

137 Jedenfalls ist das herkömmliche (ordnungsrechtliche) Instrumentarium des Verwaltungsrechts gerade im Umweltrecht schon früh dort an Wirksamkeitsgrenzen gestoßen, wo es darum geht, die Umweltgüter vor qualitätsmindernden Einflüssen rechtzeitig und nachhaltig zu schützen, und zwar bereits vor Überschreiten der Schädlichkeits-

---

203 In die Berechnung des Bruttosozialprodukts gehen die ökologischen Schäden ebensowenig ein wie die positiven Wohlfahrtswirkungen der natürlichen Umweltgüter. Das Statistische Bundesamt versucht daher, eine umfassende, eigenständige umweltökonomische Gesamtrechnung zu entwickeln, vgl. *Klaus*, ZAU 1994, 197 ff.; *Rademacher/Stahmer*, ZAU 1994, 531 ff., 1995, 99 ff.
204 *Hansmeyer/Schneider*, Umweltpolitik, 1990, S. 14 ff.; *Wegehenkel*, Marktsystem und exklusive Verfügungsrechte an Umwelt, in: *ders.*, Marktwirtschaft und Umwelt, 1981, S. 1 ff.
205 *Cansier*, in: HdUR, Bd. II, Art. „Umweltzertifikat", Sp. 2541 ff.; *Endres/Rehbinder/Schwarze*, Umweltzertifikate und Kompensationslösungen aus juristischer Sicht, 1993; *Hansmeyer/Schneider*, Umweltpolitik, 1990, S. 57 f.; *Kloepfer*, JZ 1991, 737 (742 f.); *Maier-Rigaud*, Umweltpolitik mit Mengen und Märkten, 1994. In der Schweiz wurden z.B. der Ciba-Geigy und der Schenectady AG Emissionsgutschriften für den Fall der überobligatorischen Erfüllung von Normen der Luftreinhalteverordnung erteilt, die innerhalb des Halbkantons Basellland am Markt gehandelt werden dürfen (s. Badische Zeitung v. 27.1.1994, S. 9; ferner *Staehelin-Witt/Spillmann*, ZfU 1994, 207 ff.). In den USA wurde durch den Clean Air Act v. 1991 die Voraussetzungen für ein SO_2-bezogenes Umweltzertifikatsystem (8,9 Mio. t Gesamtemission pro Jahr) geschaffen, s. *Hildebrand*, et 1991, 650 ff.; *Hansjürgens/Fromm*, ZfU 1994, 473 ff.

schwelle (also im Vorsorgebereich). Das gilt trotz einzelner, dem Vorsorgeprinzip entsprechender ordnungsrechtlicher Regelungen gerade für den Anreiz zum schonenden Ge- und Verbrauch bisher unentgeltlich in Anspruch genommener Umweltgüter. Vom Ordnungsrecht gehen eben keine Impulse aus, normative Gebote überzuerfüllen. Herkömmliche informale Methoden indirekter Verhaltenssteuerung (z.B. öffentliche Appelle oder Warnungen) erweisen sich hier in aller Regel ebenfalls als ineffizient. Nach Möglichkeit sollen daher wirtschaftliche Anreize oder umgekehrt Kostennachteile die Verursacher zu umweltfreundlichem Verhalten veranlassen (u.U. über die ordnungsrechtlichen Vorgaben hinaus). Hierfür kommen verschiedene flexible Instrumente ökonomischer Steuerung durch neuartige, mehr oder weniger **marktwirtschaftliche Methoden**,[206] die das ordnungsrechtliche Instrumentarium ergänzen, in Betracht (sog. Instrumentenverbund).

Einige werden schon angewendet, angefangen beim Einwegkunststoffflaschen-Pfand über die höhere Besteuerung verbleiten Benzins, höhere Start- und Landegebühren für laute Flugzeuge bis zu – letztlich aber i.S. des Gemeinlastprinzips vom Steuerzahler zu tragenden – direkten oder indirekten Subventionen bei Umweltschutzinvestitionen[207] (z.B. nach § 13 AbwAG, §§ 3b-3d KraftStG, § 2 I, IV MineralölStG oder – bis 1990 – nach § 7d EStG und § 82a EStDV). Insbesondere wird an ein ökologisch konzipiertes, d.h. an der Vermeidung von Umweltbelastungen orientiertes umfassendes Steuer- und Lenkungsabgabensystem gedacht, wobei angestrebt wird, eine der Zunahme der (Öko-)Abgabenlast in etwa entsprechende *Minderung* der auf den Faktoren Arbeit und Kapital ruhenden Steuerlast gegenüberzustellen. Eine vom BMU in Auftrag gegebene Studie des Finanzwissenschaftl. Forschungsinstituts der Universität Köln kam jüngst zu dem Ergebnis, einiges spräche dafür, daß durch eine breitere und stärkere Besteuerung ökologisch relevanter Tatbestände bei gleichzeitiger Abschaffung bzw. Absenkung bestehender Abgaben eine Verbesserung des deutschen Steuer- und Abgabensystems erreicht werden könne.[208] Kritisch angemerkt wird häufig, daß „Ökosteuern" nicht gleichzeitig die

138

---

206 *Kloepfer*, Umweltrecht, 1989, S. 192 ff. – Aus nationalökonomischer Sicht: *Bonus*, Marktwirtschaftliche Konzepte im Umweltrecht, 2. Aufl. 1985; *Cansier*, NVwZ 1994, 642 ff.; *ders.*, Umweltökonomie, 1993; *Faber/Manstetten*, ZAU 1990, 361 ff.; *Gawel*, Umweltallokation durch Ordnungsrecht, 1994; *Hansmeyer/Schneider*, Umweltpolitik, 1990; *Kemper*, Das Umweltproblem in der Marktwirtschaft, 1989; *Meuser*, Umweltschutz und Unternehmensführung, 1993; *Wegehenkel* (Hrsg.), Marktwirtschaft und Umwelt, 1981; *ders.* (Hrsg.), Umweltprobleme als Herausforderung der Marktwirtschaft, 1983; *Wicke*, Umweltökonomie, 4. Aufl. 1993. – Kritisch zu den nationalökonomischen Konzepten aus juristischer Sicht z.B. *Feldhaus*, DVBl. 1984, 552 ff.; *Kloepfer*, ZAU 1990, 355 ff. Zum Ersatz der Kontrollerlaubnis durch Verlagerung des Haftungsrisikos auf Anlagenbetreiber *Bohne*, DVBl. 1994, 195 ff. – Die Bundestagsfraktion BÜNDNIS 90/DIE GRÜNEN beabsichtigt, im Herbst 1995 einen entsprechenden Gesetzgebungsvorschlag zu unterbreiten; ein erster – von der Fraktion nicht gebilligter – Entwurf ist bereits im Mai 1995 an die Öffentlichkeit gelangt (vgl. FAZ v. 9.5.1995).
207 S. *Reidenbach*, Öffentliche Umweltschutzausgaben als Teil der Maßnahmen im Umweltschutz, 1994; UBA, Daten zur Umwelt 1992/93, S. 66 ff. Danach stiegen die *Gesamtausgaben* des Produzierenden Gewerbes für den Umweltschutz von 5,7 Mrd. DM im Jahre 1975 auf 18,4 Mrd. DM im Jahre 1991 (alte Bundesländer), darunter (1990) 9,2 Mrd. DM für Luftreinhaltung, 6,1 Mrd. DM für Gewässerschutz, 2,74 Mrd. DM für Abfallentsorgung und 0,43 Mrd. DM für Lärmbekämpfung. Die öffentliche Hand gab weitere 22,22 Mrd. DM für den Umweltschutz in den alten Bundesländern aus. Der Schwerpunkt von *Investitionen* liegt beim Produzierenden Gewerbe auf dem Gebiet der Luftreinhaltung, bei der öffentlichen Hand im Gewässerschutz.
208 S. Umwelt (BMU) 1995, 10 (12); *Bach/Kohlhaas*, Wirtschaftliche Auswirkungen einer ökologischen Steuerreform, 1994. Zum ökologischen Umbau des Steuersystems s.a. die Beiträge von *Hoffmann, Kohlhaas, Klemmer u. E. v. Weizsäcker*, in: ZAU 1994, S. 297 ff.

1 *Allgemeines Umweltrecht*

Aufgabe vorsorgepolitischer Lenkung und die Aufgabe finanzpolitischer Mittelbeschaffung optimal erfüllen können, weil es der Logik dieser ausschließlich ökologisch motivierten Steuern entspreche, ihr Aufkommen zu minimieren. Der Steuerstaat müsse aber die Erhaltung seiner Steuerquellen erstreben. Ein Öko-Steuersystem würde aus diesem Grund einen Fremdkörper in der Finanzverfassungsordnung des Grundgesetzes bilden. Dem ist entgegenzuhalten, daß bei Öko-Steuern auf umweltbelastende Produkte trotz Preisänderungen weiterhin eine – allerdings geminderte – Nachfrage besteht (z.B. Energie), der Steuerertrag also nicht in Frage gestellt ist. Eine vollständige Vermeidung umweltschädlicher Produktion kann durch Steuern ohnehin nicht erreicht werden, weil ansonsten eine unzulässige „Erdrosselungssteuer" vorläge. Da in der „Konsumgesellschaft" Produkte vom Konsumenten weiterhin nachgefragt werden bzw. die Abgaben vom Produzenten auf den Konsumenten überwälzt werden, ist ein Erhalt der Steuereinnahmen letztlich wohl gesichert.

a) Umwelthaftung

139 aa) Die ab 1.1.1991 durch das Gesetz über die Umwelthaftung (UmweltHG) vorgenommene Einführung einer **allgemeinen Umweltgefährdungshaftung**[209] schuf ein marktorientiertes umweltpolitisches Instrument, weil der drohende, kostenverursachende Schadensausgleich Präventivmaßnahmen der Inhaber umweltbelastender Betriebe auslösen kann. *Haftungsbegründend* sind die von einer Anlage über die Medien Luft, Wasser oder Boden ausgehenden Umwelteinwirkungen, durch die eine Rechtsgutsverletzung (Leben, Gesundheit oder Körper eines Menschen, Eigentum oder Besitz von Sachen) verursacht wird; *haftungsausfüllend* ist der dadurch bewirkte materielle Schaden. Eingeführt wird eine reine – verschuldensunabhängige – Verursacherhaftung des Inhabers für Umwelteinwirkungen umweltgefährlicher (listenmäßig abschließend erfaßter) Anlagen. Der Kreis der erfaßten Anlagen (Anhang 1 des Gesetzes) ist an der 4. BImSchV orientiert. Die Haftung wird verschärft durch die gesetzlich vorgesehenen Beweiserleichterungen und Auskunftsansprüche, welche dem Geschädigten die Durchsetzung seiner Ansprüche erleichtern sollen. Im übrigen sind Haftungshöchstgrenzen (160 Mio DM) vorgesehen. Das UmweltHG tritt neben das bisherige Recht, wie sein § 18 I ausdrücklich klarstellt.

140 Das UmweltHG regelt somit die Anlagenhaftung i.S. einer *Gefährdungshaftung* der Betreiber für betriebstypische, zu einem Vermögensschaden führende Verletzungen von Leben, Körper, Gesundheit oder Sachen. (Durch eine Ergänzung des § 251 II BGB in § 16 UmweltHG wurde sichergestellt, daß bei ökologischen Schäden die Naturalrestitution i.S. des § 249 S. 1 BGB auch tatsächlich erfolgt.) Diese Haftung erstreckt sich nicht nur auf Störfallschäden, sondern – das war der Hauptkritikpunkt z.B. von seiten der Industrie – auch auf Schäden aus dem rechtmäßigen *Normalbetrieb* sowie auf das Entwicklungsrisiko, soweit es sich nicht um Bagatellschäden handelt. Lediglich bei höherer Gewalt entfällt die Haftung (§ 4 UmweltHG). Zur Erleichterung der Beweisführung durch den Geschädigten wird dann, wenn der Anlagenbetrieb nach den

---

209 S. *Hager*, NJW 1991, 134 ff.; *Salje/Peter*, Umwelthaftungsgesetz, Kommentar, 1993; *Schmidt*, DÖV 1991, 878 ff.; *Schmidt-Salzer*, Kommentar zum Umwelthaftungsgesetz, 1992; *ders.*, VersR 1991, 9 ff.; *Wagner*, NuR 1992, 201 (204 ff.); OLG Köln, UPR 1993, 103.

gesamten Umständen, d.h. nach den Gegebenheiten des Einzelfalls geeignet war, den Schaden zu verursachen, der *Kausalzusammenhang* zwischen Betrieb und Rechtsverletzungsfolge (widerlegbar) *vermutet* (§ 6 I UmweltHG). Dies gilt aber dann nicht, wenn der Betreiber (z.B. aufgrund fortlaufender Registrierung der Betriebsbedingungen) nachweist, daß die den Normalbetrieb kennzeichnenden hoheitlichen Vorgaben eingehalten worden sind. Hingegen verbleibt es bei der gesetzlichen Vermutung insoweit, als der Betrieb *bestimmungswidrig* durchgeführt wurde oder als es zu *Störfällen* gekommen ist. Weiterhin werden dem Geschädigten nach dem Rechtsgedanken des § 809 BGB bestimmte Auskunftsansprüche gegen Betriebsinhaber und Behörden eingeräumt. Im Falle eines Mitverschuldens des Geschädigten gilt § 254 BGB. Für Anlagen mit hohem Gefährdungspotential (vgl. Anhang 2 des UmweltHG; dieser entspricht in etwa dem Anhang I der 12. BImSchV) ist eine Haftpflichtversicherung bzw. eine gleichwertige Deckungsvorsorge obligatorisch.

bb) Die zivilrechtliche Umwelthaftung ist derzeit „dreispurig". Zunächst bleibt nach wie vor von Bedeutung die *Unrechts-(Verschuldens-)Haftung* nach § 823 BGB. Neben der Deliktshaftung wird aber auch eine *verschuldensunabhängige Umwelthaftung im Nachbarverhältnis* durch § 906 II 2 BGB und § 14 S. 2 BImSchG (Rn. 6/202) normiert. Darüber hinaus finden sich dann die *Gefährdungshaftungstatbestände*,[210] die entweder (so gem. § 22 WHG, §§ 32 ff. GenTG, §§ 25 ff. AtG u. das nur für bestimmte Anlagen geltende UmweltHG) umweltspezifisch oder jedenfalls (wie etwa §§ 1 f. HpflG, § 7 StVG, § 33 LuftVG, § 1 ProdHaftG oder auch § 833 S. 1 BGB) umweltrelevant sind. **141**

cc) Obwohl mit dem Umwelthaftungsgesetz ein wichtiger Schritt zur „marktkonformen" Verhaltenssteuerung verwirklicht wurde, erscheint das Umwelthaftungsrecht weiterhin in mehrerlei Hinsicht verbesserungsbedürftig: **142**

Zunächst sollten die vorhandenen Mängel des UmweltHG, die insbes. in der Beschränkung des Kreises der haftpflichtigen Personen und im Haftungsumfang liegen, beseitigt werden. Die bislang nur listenmäßig dem UmweltHG unterfallenden Anlagen sollten durch eine Anlagengeneralklausel ergänzt werden; im Stoffrecht sollte das Inverkehrbringen umweltgefährdender Produkte einer § 22 WHG entsprechenden Gefährdungshaftung unterworfen werden. Wünschenswert wäre auch die Einbeziehung von Umweltschäden der Allgemeinheit in den Haftungsumfang, wodurch z.B. Kosten der Wiederherstellung beeinträchtigter Naturgüter dem Verursacher auferlegt werden könnten.[211] **143**

Für die Fälle, in denen es zu erheblichen *Distanz- und Summationsschäden* kommt (z.B. in Gestalt neuartiger Waldschäden oder Gebäudeschäden), in denen somit die Verursacher trotz Beweiserleichterungen nicht individualisierbar sind, bedarf die zivilrechtliche individuelle Gefährdungshaftung des UmweltHG dringend einer eigenständigen und ergänzenden kollektivrechtlichen, d.h. öffentlich-rechtlichen Regelung, etwa im Sinne einer (kompetenzrechtlich schwierigen) Fondslösung (Rn. 6/13) oder im Sinne einer unmittelbaren staatlichen Billigkeitshaftung.[212] **144**

---

210 S. *Deutsch*, NJW 1992, 73 ff.
211 So z.B. SRU, Umweltgutachten 1994, Tz. 568.
212 *Wagner*, NuR 1992, 201, 208 ff.; *Salje/Peter*, UHG, Kommentar, 1993, Einl. Rn. 18 ff. – Zum US-amerikanischen Superfund s. *Bachmann/Claus/Weingrau*, ZAU 1990, 182 ff.

1   *Allgemeines Umweltrecht*

b) Umweltabgaben

145   Umweltabgaben sind das einzige umweltpolitische Instrument, das zugleich zu öffentlichen Einnahmen führt. Es lassen sich verschiedene Rechtsformen bzw. Arten gesetzlich vorzusehender öffentlich-rechtlicher **Umweltabgaben**, d.h. Abgaben als unmittelbar oder mittelbar dem Umweltschutz dienender Instrumente unterscheiden.[213] Umweltabgaben können grundsätzlich in jeder herkömmlichen Abgabenart, d.h. als Steuern, Vorzugslasten (Gebühren, Beiträge) und Sonderabgaben erhoben werden.[214]

146   Derzeit gibt es u.a. folgende Umweltabgaben:

- Abwasserabgaben aufgrund des Abwasserabgabengesetzes[215],
- Naturschutzausgleichsabgaben[216] und Waldabgaben in verschiedenen Bundesländern,
- Wasserpfennig in verschiedenen Bundesländern[217] und
- Sonderabfallabgaben[218] in Baden-Württemberg, Bremen, Hessen und Niedersachsen sowie Lizenzentgelt für Fremd- und Eigenentsorger von Sonderabfällen in NRW (§§ 11, 15 LAbfG).

147   In der rechtspolitischen Diskussion werden eine Vielzahl von Abgaben vorgeschlagen, z.B. Verpackungssteuer, CO_2-Abgabe, SO_2-Abgabe, Grundwasserabgabe, Stickstoffabgabe, Chemikalienabgabe oder Chlorsteuer sowie Straßenbenutzungsgebühren.[219] Bei richtiger Ausgestaltung können Umweltabgaben zu einer Rückverlagerung der sozialen Folgekosten der Umweltnutzung führen (Internalisierung externer Kosten) und damit einen Anreiz zu umweltverträglichem Verhalten bieten sowie überobligatorische Anstrengungen anregen. Andererseits besteht

---

213   *Böhm*, Die Wirksamkeit von Umweltlenkungsabgaben, 1990; *P. Kirchhof*, in: HdUR, Bd. I, Art. „Abgabe", Sp. 21 ff.; *Kloepfer*, Umweltrecht, 1989, S. 175 ff.; *Köck*, Die Sonderabgabe als Instrument des Umweltschutzes, 1991; *Meßerschmitt*, Umweltabgaben als Rechtsproblem, 1986; *Murswiek/Wilms*, Die Entlastung der Städte vom Individualverkehr durch Abgaben und andere Geldleistungen, 2 Bde., 1993; *F. Kirchhof*, DÖV 1992, 233 ff.; *Köck*, JZ 1993, 59 ff.; DVBl. 1994, 27 ff.; *Weyreuther*, UPR 1988, 161 ff. m.w.N. – Aus volkswirtschaftlicher Sicht: *Mackscheidt/Ewringmann/Gawel* (Hrsg.), Umweltpolitik durch hoheitliche Zwangsabgaben?, 1994. – Zu den allgemeinen rechtlichen Abgabenkategorien (Steuern, Beiträge, Gebühren und Sonderabgaben) vgl. z.B. *Tipke-Kruse*, Abgabenordnung, Finanzgerichtsordnung, § 3 AO, Rn. 6 ff.; *Klein/Orlopp*, Abgabenordnung, § 3 Anm. 5 ff., jeweils m.w.N. (auch der Rspr. des BVerfG). Zum Europarecht: *Breuer*, DVBl. 1992, 485 ff.; *Hill*, NVwZ 1992, 105 ff.; *Seidel*, NVwZ 1993, 105 ff.
214   *Kloepfer/Rehbinder/Schmidt-Aßmann/Kunig*, UGB-AT, 1990, S. 341 f. m.w.N.; *Meßerschmidt*, UTR 3, 1987, S. 83 ff.
215   OVG Münster, DVBl. 1984, 348 ff.; *Schröder*, DÖV 1983, 667 ff. Zum 4. Gesetz zur Änderung des AbwAbgG v. 5.7.1994 (BGBl. I 1453) s. *Ewringmann/Gawel/Hansmeyer*, Die Abwasserabgabe vor der vierten Novelle: Abschied vom gewässergütepolitischen Lenkungs- und Anreizinstrument?, Ms. 1993; *Gawel*, ZUR 1993, 159 ff.; SRU, Umweltgutachten 1994, Tz. 484.
216   BVerwGE 74, 308 ff.; 81, 220 (225).
217   VG Hamburg, InfUR 1992, 236 f.; OVG Hamburg, NVwZ 1990, 1003; VG Berlin, ZfW 1990, Sh Nr. 90; VG Karlsruhe, VBlBW 1990, 69. Die baden-württembergische und die hessische Regelung sind derzeit beim BVerfG (2 BvR 413/88, 1300/93) anhängig; s.a. Lit. bei Fn. 1/230 und *Murswiek*, NuR 1994, 170 ff.; *Sanden*, UPR 1994, 424 ff. (zur Rechtslage in den neuen Bundesländern).
218   Dazu SRU, Sondergutachten Abfallwirtschaft, BT-Drs. 11/8493, Tz. 909, 936 ff. Zu bundesrechtlichen Überlegungen des BMU s. *Kloepfer/Schulte*, UPR 1992, 201 ff.; *Köck*, JZ 1993, 59 (65 ff.). Zur baden-württembergischen Regelung: *Kretz*, BWVP 1994, 29 ff.; *Kühner*, VBlBW 1991, 201 ff.; *Münch*, VBlBW 1995, 121 ff.
219   S. *Kloepfer/Rehbinder/Schmidt-Aßmann/Kunig*, UGB-AT, 1990, S. 340 f. m.w.N.

eine grundlegende Schwierigkeit darin, die im Hinblick auf das erwünschte Lenkungsziel richtige Abgabenhöhe zu bestimmen. Schließlich bietet auch die Umweltökonomie nur begrenzte Möglichkeiten, subjektive Elemente wie den Verlust von Landschaftsschönheit oder Landschaftsvielfalt zu monetarisieren.

148 Vorgeschlagen wird beispielsweise ein *dreistufiges Abgabentarifsystem*, das wie folgt aufgebaut ist: (1) Bei Einhalten der ordnungsrechtlichen Grenzwerte wird die verbleibende „Restverschmutzung" mit dem normalen Abgabensatz veranlagt, (2) wenn die Grenzwerte nicht eingehalten werden, wird – neben ordnungsrechtlichen Maßnahmen (z.B. nachträglichen Auflagen) – die Gesamtbelastung einem erhöhten Abgabensatz unterworfen und, (3) soweit über die Einhaltung der Grenzwerte hinaus Umweltbelastungen vermieden werden, könnte während der Planungs- und Investitionsphase bereits von der Abgabepflicht (ggf. teilweise) befreit und könnten die Investitionen ggf. auch staatlich gefördert werden.[220]

149 Grundlegend erscheint zunächst die Unterscheidung zwischen Steuern und sonstigen öffentlichen Abgaben, da in Art. 105-108 GG detaillierte Regelungen zur Gesetzgebungs-, Verwaltungs- und Ertragszuständigkeit bei Steuern getroffen sind. Für andere Abgaben folgt die Gesetzgebungskompetenz den allgemeinen Sachzuständigkeiten nach Art 73 ff. GG.[221] Die Unterscheidung zwischen Steuern und Abgaben hat aber noch einen weiteren – im Zuge der Krise öffentlicher Haushalte politisch in Vergessenheit geratenen – Grund: Die Finanzverfassung des Grundgesetzes hat zur Voraussetzung, daß die zur Wahrnehmung öffentlicher Aufgaben benötigten Finanzmittel vornehmlich aus Steuern aufgebracht werden (*Prinzip des Steuerstaates*). Eine Abgabe muß sich – neben den allgemeinen verfassungsrechtlichen Zulässigkeitsvoraussetzungen – also gegenüber dem verfassungsrechtlichen Vorrang der Steuer rechtfertigen lassen.[222]

150 Umweltabgaben können zunächst einmal als **Umweltsteuern** in Erscheinung treten. Nach dem auch für den X. Abschnitt des Grundgesetzes maßgeblichen abgabenrechtlichen Steuerbegriff[223] (§ 3 I AO) sind Steuern (einmalige oder laufende) Geldleistungen, die *keine Gegenleistung für eine besondere öffentliche Leistung* darstellen und von einem öffentlich-rechtlichen Gemeinwesen allen auferlegt werden, bei denen der Steuertatbestand zutrifft. Steuern dienen insbesondere der Deckung des allgemeinen Finanzbedarfs einer Gebietskörperschaft. Zweck der Steuer muß daher zumindest auch die Erzielung von Einnahmen sein; *daneben* können auch noch andere Zwecke (z.B. Lenkungszwecke) verfolgt werden (Zwecksteuern).[224] Selbst die Zweckbindung des Aufkommens (Ausgabenbindung) widerspricht dem verfassungsrechtlichen Steuerbegriff nicht. Als Beispiel einer Umweltsteuer wäre eine künftige, nach den fahrzeugmodelltypischen Schadstoffemissionen bemessene Kfz-Steuer oder – wesentlich wirk-

---

220 *Hansmeyer/Schneider*, Umweltpolitik, 1990, S. 66 f.
221 Vgl. BVerfGE 8, 274 (317); 78, 249 (266 ff.); 81, 156 (184 ff.); 82, 159 (182).
222 *K. Vogel*, Grundzüge des Finanzrechts der BRD, HStR IV, 1990, § 87 Rn. 45; BVerfGE 78, 249 (267).
223 BVerfGE 3, 407 (435); 7, 244 (251); 55, 274 (299) u. st. Rspr.
224 BVerfGE 38, 61 (80); BVerwG, NVwZ 1995, 59 (60 f.) – st. Rspr. Die neuere Rspr. des BVerfG hat die frühere (z.B. E 3, 407 [436]) Unterscheidung zwischen Haupt- und Nebenzweck einer Steuer fallengelassen. Maßgeblich ist danach für eine Steuer, daß ihr Aufkommen endgültig einem öffentlich-rechtlichen Gemeinwesen zufließt und von diesem – zumindest in den Grenzen einer Zwecksteuer – frei verwendet werden kann, s. BVerfGE 55, 274 (305).

1 Allgemeines Umweltrecht

samer – eine CO_2- oder Energiesteuer anzuführen.[225] Die Möglichkeiten der Besteuerung von Schadstoffemissionen oder der Nutzung von Umweltressourcen werden aber dadurch beschränkt, daß nach h.M. das *Steuererfindungsrecht* des Gesetzgebers auf die Einführung solcher Steuern beschränkt ist, welche bereits in der Finanzverfassung des GG genannt und hierin verteilt worden sind.[226] Damit wird sich in vielen Fällen eine Überschneidung zu vorhandenen Steuerarten ergeben.

151 Gebühren und Beiträge (als zweite große Abgabengruppe) werden allgemein als **Vorzugslasten**[227] bezeichnet, weil sie regelmäßig die Gegenleistung für eine staatliche Leistung darstellen. Im Unterschied zu Steuern, die voraussetzungslos erhoben werden, bleibt das staatliche Vermögen bei der Erhebung von Gebühren und Beiträgen unverändert, was gleichzeitig die Vorzugslasten gegenüber dem verfassungsrechtlichen Vorrang der Steuer (Prinzip des Steuerstaates) rechtfertigt, sofern sie mit einem *individuellen* Vorteil für den Abgabepflichtigen verbunden sind. Anders als bei Steuern scheidet eine Gebührenstaffelung nach Einkommenshöhe der Abgabenpflichtigen bei Vorzugslasten grundsätzlich aus, Differenzierungen sind nur unter Wahrung des Gleichheitssatzes (Art. 3 GG) möglich.[228]

152 Eine Umweltabgabe kann sich damit als **Umweltgebühr** darstellen. Gebühren sind öffentlich-rechtliche Geldleistungen, die als *Entgelt für eine besondere öffentliche Leistung* der Verwaltung von denjenigen erhoben werden, in deren individuellem Interesse oder auf deren Veranlassung hin die Inanspruchnahme dieser mit einem besonderen Aufwand verbundenen konkreten öffentlichen Leistung tatsächlich erfolgt (Prinzip der speziellen Entgeltlichkeit).[229] Gebühren sind grundsätzlich dazu bestimmt, die Kosten einer öffentlichen Leistung ganz oder teilweise abzudecken. Dieser Grundsatz gilt uneingeschränkt für die klassischen Gebühren, die *Verwaltungs- und Benutzungsgebühren*. Umstritten ist, ob als weiterer Gebührentypus die sog. *Verleihungsgebühr* für die Verschaffung eines subjektiven öffentlichen Rechts erhoben werden darf[230], welche von diesem Grundsatz abweicht. Überwiegend wird dies – u.E. zutreffend – als zulässig erachtet, weil der gebührenrechtliche Kostendeckungsgrundsatz, wonach das Gebührenaufkommen die Kosten der öffentlichen Hand für die Erbringung der Leistung nur decken, sie aber nicht übersteigen darf, keinen verfassungsrechtlichen

---

225 Neuere Untersuchungen zur Wirksamkeit einer schadstoffbezogenen Kfz-Steuer haben deren geringe ökologische Wirksamkeit gegenüber einer Erhöhung der Mineralölsteuer – auf einen Benzinpreis von 4,60 DM – im Sinne einer CO_2- oder Energiesteuer ergeben, vgl. SRU, Umweltgutachten 1994, Tz. 793 ff. m.w.N. S.a. : *Breuer*, DVBl. 1992, 485 (490); *Köck*, JZ 1991, 692 (697); *Kloepfer/Thull*, DVBl. 1992, 195 (202 f.).
226 *Birk*, AK-GG, Art. 106 Rn. 6; *Vogel/Walter*, Bonner Kommentar zum GG, Art. 105 Rn. 66, Art. 106 Rn. 213; *Maunz/Dürig/Herzog/Scholz*, GG, Art. 105 Rn. 46; *Stern*, Staatsrecht, Band 2, 1980, S. 1119, 1159; a.A. *Osterloh*, NVwZ 1991, 823 ff.; *Wendt*, HStR IV, 1990, § 104 Rn. 29.
227 Vgl. zum folgenden ausführlich: *Murswiek*, Innenstadtzufahrtsabgabe, S. 17 ff. Ferner SRU, Umweltgutachten 1994, BT-Drs. 12/6995, Tz. 806 ff.
228 *K. Vogel*, Grundzüge des Finanzrechts der BRD, HStR IV, 1990, § 87 Rn. 100.
229 BVerfGE 50, 257 (269); *Hendler*, NuR 1989, 22 ff.
230 OVG Lüneburg, NVwZ-RR 1995, 442; VG Hamburg, InfUR 1992, 236 f. (zulässig, wenn kein Rechtsanspruch auf kostenfreie Nutzung); *Hendler*, NuR 1989, 22 ff.; *F. Kirchhof*, DVBl. 1987, 554 ff.; *Köck*, JZ 1993, 59 (63 ff.); *Murswiek*, Innenstadtzufahrtsabgabe, S. 23 f., 60 ff.; *Pietzcker*, DVBl. 1987, 774 ff.; *Wieland*, WUR 1991, 128 (133 f.); ablehnend z.B. *P. Kirchhof*, HStR IV, 1990, § 88 Rn. 187; *ders.*, Verfassungsrechtliche Beurteilung der Abwasserabgabe des Bundes, 1983, 30 ff.

Charakter besitzt.[231] Soweit also eine Verleihungsgebühr als zulässig erachtet wird, wären z.B. nicht nur (lenkende) Umweltgebühren für die Entnahme von Abwasserproben (Verwaltungsgebühren), Abfall- oder Abwassergebühren (Benutzungsgebühren), sondern auch Umweltgebühren zur Nutzung von Boden, Luft[232] und (Grund-) Wasser[233] (sog. *Ressourcennutzungsgebühren*)[234] oder von öffentlichen Sachen wie Straßen[235], grundsätzlich denkbar. Voraussetzung wäre jedoch, daß *kein Rechtsanspruch* auf kostenlose Nutzung besteht, weil ansonsten keine staatliche Leistung der Gebührenerhebung gegenübersteht. Nach dem (verfassungsrechtlichen) Äquivalenzprinzip muß zwischen der Höhe der Gebühr und dem Wert der öffentlichen Leistung für den Gebührenschuldner ein angemessenes Verhältnis bestehen.[236]

Weiterhin kann eine Umweltabgabe den Charakter eines **Umweltbeitrags** haben.[237] Nach der üblichen abgabenrechtlichen Begriffsbestimmung sind Beiträge solche Vorzugslasten, die zur vollen oder teilweisen Deckung des Aufwands insbesondere für die Bereitstellung einer öffentlichen Einrichtung von denjenigen erhoben werden, denen die Veranstaltung des Hoheitsträgers *besondere Vorteile* gewährt. Unerheblich ist, ob der Beitragspflichtige diese Vorteile auch tatsächlich wahrnimmt. Die Höhe des Beitrags ist nach den gewährten Vorteilen zu bemessen; die Summe der Beiträge darf den Aufwand nicht überschreiten. Beispiele für einen Umweltbeitrag sind die aufgrund kommunaler Satzung von allen Eigentümern bebauter oder unbebauter Grundstücke erhobenen Klärbeiträge für die Errichtung einer Kläranlage sowie die Kostenerstattungen für im Bebauungsplan festgesetzte naturschutzrechtliche Ausgleichs- und Ersatzmaßnahmen nach § 8a V BNatSchG.

Die gesetzlich nicht geregelten **Sonderabgaben** stellen einen Auffangtatbestand für solche Abgaben dar, die nicht unter die Begriffe Steuer, Beitrag oder Gebühr fallen.[238] Da das Aufkommen von Sonderabgaben nicht in den allgemeinen Staatshaushalt fließt und der Grundsatz der steuerlichen Lastengleichheit durchbrochen wird, sind nach der

---

231 BVerfGE 50, 217, 226 f.; *P. Kirchhof*, HStR IV, 1990, § 88 Rn. 189, 198, 207; *Kloepfer*, Umweltrecht, S. 188; *Meßerschmidt*, Umweltabgaben als Rechtsproblem, 1986, S. 115 ff.; *Sendler*, DÖV 1974, 217 (224); a.A. insbes. *Leisner*, GS Hans Peters, 1967, 730 ff.
232 Dies würde nach hier vertretener Auffassung eine Ergänzung des immissionsschutzrechtlichen Zulassungsanspruchs um ein Versagungsermessen bzw. eine § 1a WHG entspr. Regelung voraussetzen, da heute noch ein – allerdings stark eingeschränkter – Anspruch auf Emissionen besteht. Zur verfassungsrechtlichen Dimension vgl. *Murswiek*, DVBl. 1994, 77 (81 f.).
233 VG Hamburg, InfUR 1992, 236 f.; die meisten Ländergesetze, die einen Wasserpfennig vorsehen, erheben diesen in Form einer Umweltgebühr; offen ist jedoch, ob der in Baden-Württemberg erhobene „Wasserpfennig" eine Umweltgebühr darstellt (so VG Karlsruhe, VBlBW 1990, 69 und oben Fn. 1/217, 1/230), weil er den Aufwand des Landes für die Unterhaltung und Reinhaltung der Gewässer sowie die Ausgleichspflicht nach § 19 IV WHG gegenüber Landwirten finanzieren soll und damit nur schwer gegen Sonderabgaben abzugrenzen ist.
234 Zur Rechtfertigung solcher Gebühren s. *Murswiek*, NuR 1994, 170 ff.; JZ 1988, 985 (991 ff.).
235 SRU, Umweltgutachten 1994, BT-Drs. 12/1995, Tz. 806 ff. Zur Innenstadtzufahrtsabgabe s. *Murswiek*, Innenstadtzufahrtsabgabe, 1993; *Jachmann*, NVwZ 1992, 932 ff.
236 BVerwG, NVwZ 1987, 503. Die Angemessenheit wird auch durch den Lenkungszweck der Gebühr mitbestimmt (str.).
237 S. hierzu *Meßerschmidt*, Umweltabgaben als Rechtsproblem, 1986, S. 35 ff.
238 *Henseler*, Begriffsmerkmale und Legitimation von Sonderabgaben, 1984, S. 22.

1 Allgemeines Umweltrecht

Rechtsprechung des Bundesverfassungsgerichts Sonderabgaben nur unter folgenden strengen Voraussetzungen zulässig[239]:

– Belastung einer homogenen gesellschaftlichen Gruppe (mit gemeinsamer Interessenlage),
– Sachnähe der Abgabenpflichtigen zum Abgabenzweck (im Vergleich zu anderen Gruppen oder der Gesamtheit der Steuerzahler),
– hieraus resultierende besondere Gruppenverantwortung,
– gruppennützige Verwendung des Abgabeaufkommens und
– periodische Legitimation der Abgabenerhebung.

155 Die Gesetzgebungskompetenz zur Einführung einer nichtsteuerlichen Sonderabgabe sowie zur Regelung ihrer Verwendung ergibt sich (als Annex) aus der allgemeinen Sachzuständigkeit nach Art. 73 ff. GG.[240] Die Rechtsprechung des Bundesverfassungsgerichts unterschied zunächst zwischen Sonderabgaben mit *Finanzierungsfunktion* und Sonderabgaben mit *Lenkungsfunktion*[241] (Antriebs- oder Ausgleichsfunktion). Der 2. Senat stellte dabei Sonderabgaben mit *ausschließlicher Lenkungsfunktion* teilweise von der gruppennützigen Verwendung der Abgabe frei[242], Sonderabgaben mit Finanzierungsfunktion nur in eng begrenzten Ausnahmefällen, nämlich wenn „die Natur der Sache eine finanzielle Inanspruchnahme der Abgabepflichtigen zugunsten fremder Begünstigter aus triftigen Gründen eindeutig rechtfertigt".[243] Die gruppennützige Verwendung einer Sonderabgabe ist hierdurch modifiziert, nicht aber aufgegeben worden. Wesentliches Merkmal einer Sonderabgabe scheint in der jüngeren Rechtsprechung des BVerfG das Fehlen einer Gegenleistung der öffentlichen Hand (als Abgrenzung zu den Vorzugslasten) zu sein.[244]

156 Kommunen dürfen Umweltabgaben erheben, wenn ihnen – durch die Kommunalabgabengesetze der Länder – die Befugnis hierzu eingeräumt wurde. Streitig ist – wie im allgemeinen Verwaltungsrecht[245] – ob die kommunale Selbstverwaltungsgarantie des Art. 28 II GG die Kommunen ermächtigt (ggf. auch ohne besondere gesetzliche Ermächtigung), in den durch die Verfassung, insbesondere Art. 105 und 106 GG, gezogenen Grenzen rechtsetzend tätig zu werden und aufgrund eines *Steuererfindungsrechts* auch Abgabensatzungen zu erlassen.[246] Verschiedene Gemeinden (u.a. Detmold,

---

239 BVerfGE 55, 274; 57, 139; 67, 256; zuletzt BVerfG, DVBl. 1995, 613 ff. (Feuerwehrabgabe). S. *Jarass*, DÖV 1989, 1013 ff; *Heun*, DVBl. 1990, 666 ff.
240 BVerfGE 57, 139, 166.
241 Beispiel: naturschutzrechtliche Ausgleichsabgabe (Rn. 3/142), Abwasserabgabe (Rn. 4/202 ff.).
242 BVerfGE 67, 256 (277); 82, 159 (180).
243 BVerfGE 55, 274 (307); 82, 159 (180); BVerfG, NJW 1995, 381 ff. (Kohlepfennig) m. zust. Anm. *Wilms*, NVwZ 1995, 550 f.
244 *Murswiek*, Innenstadtzufahrtsabgabe, S. 27 f.; teilweise a.A. *Schmidt*, NVwZ 1991, 36 (37).
245 Vgl. *Maurer*, DÖV 1993, 184 (188 ff., insbes. Nachw. Fn. 22); problematisch ist dies insbesondere im Hinblick auf die Rechtsprechung des BVerfG zum Gesetzesvorbehalt bei Grundrechtseingriffen (Wesentlichkeitstheorie). Da die diesbezügliche gesetzliche Ermächtigung in den Kommunalabgabengesetzen der Länder vorhanden ist, spielt diese Frage – im Gegensatz zum allgemeinen Satzungsrecht – in der Praxis keine Rolle, so daß im vorliegenden Zusammenhang allein die Abgrenzung zu Art. 105 f. GG entscheidend ist.
246 So insbes. *Mohl*, Die Einführung und Erhebung neuer Steuern aufgrund des kommunalen Steuererfindungsrechts, 1992; zu Recht abl. BVerwG, NVwZ 1995, 59 (61).

Kassel) haben dabei insbesondere versucht, kommunale Verpackungssteuern einzuführen, deren rechtliche Einordnung als Sonderabgabe oder Steuer streitig war und deren Rechtmäßigkeit erst jüngst vom BVerwG geklärt wurde[247].

Umweltabgaben können eine sinnvolle Ergänzung des ordnungsrechtlichen Instrumentariums darstellen und marktwirtschaftliche Anreize zur Verringerung der Umweltbelastungen bieten, indem sie entsprechend dem Verursacherprinzip die sozialen Folgekosten umweltschädigenden Verhaltens dem Verursacher auferlegen. Andererseits dürfen sie vom Staat in Anbetracht seiner knappen Kassen nicht als „Ersatzkasse" mißbraucht werden. Dies spricht dafür, nicht über Sonderabgaben, sondern vor allem über Verleihungsgebühren zu versuchen, lenkend auf den Markt im Sinne eines vorsorgenden Umweltschutzes einzuwirken.

157

c) Umwelt-Audit (Umweltmanagement und -betriebsprüfung)

Umweltschutz kann auch durch freiwillige Kooperation von Unternehmen betrieben werden, die durch ihre Produktion auf vielfältige Art und Weise die Umwelt belasten. Dieser Ansatz, der auf der Eigenverantwortlichkeit von Unternehmen in der freien Marktwirtschaft basiert, setzt aber Anreize voraus, gesamthaftes, längerfristig umweltverantwortliches Handeln in die vornehmlich betriebswirtschaftlich orientierte Unternehmenspolitik einzubringen. Sofern dies gelingt, können die Umweltbelastungen unmittelbar an der Quelle bekämpft werden, z.B. durch umweltfreundlichere Produktionskreisläufe. Vor diesem Hintergrund hat der Umweltministerrat der EG am 29.6.1993 eine **Verordnung über die freiwillige Beteiligung gewerblicher Unternehmen an einem Gemeinschaftssystem für das Umweltmanagement und die Umweltbetriebsprüfung**[248] auf Grundlage des Art. 130s EGV verabschiedet[249], deren Regelungssystem ab 11. April 1995 wirksam wurde. Nach Art. 189 II EGV gilt die Verordnung unmittelbar in allen Mitgliedstaaten, ist also geltendes Recht, das allerdings nationale Ausführungsvorschriften nicht ausschließt.[250] Die Verordnung verbindet betriebswirtschaftliche Instrumente des Umweltmanagements und Umweltcontrolling mit nicht-ordnungsrechtlichen Kontroll- und Überwachungsverfahren (durch staatlich zugelassene Umweltgutachter und mit anschließendem Eintragung in einem

158

---

247 Allgemein: *Böhm*, in: *Lübbe-Wolff* (Hrsg.), Umweltschutz durch kommunales Satzungsrecht, 1993, S. 255 ff.; *Dahmen*, KStZ 1992, 1 ff., 26 ff.; *Eckert*, DÖV 1990, 1006 ff.; *Köck/v.Schwanenflügel*, Abfallvermeidung durch kommunale Verpackungsabgaben, 1990; *Tiedemann*, DÖV 1990, 1 ff. Zur Detmolder Satzung: VG Minden, InfUR 1992, 108 f. m. Anm. *Köck*; *Benkmann/Gaulke*, ZKF 1990, 98 ff.; zur Kasseler Satzung Hess. VGH, ZUR 1993, 123 ff. (Vorlagebeschluß) m. Anm. *Köck,* und BVerwG, NVwZ 1995, 59 ff.
248 VO (EWG) Nr. 1836/93, AB1EG Nr. L 168, 1 v. 10.7.1993. Vgl. zum Kommissionsentwurf v. 5.3.1992 (AB1EG Nr. C 78, 2) *Führ*, EuZW 1992, 468 ff.; *Scherer*, NVwZ 1993, 11 ff. Zur VO s. *Führ*, NVwZ 1993, 858 ff.; *Lübbe-Wolff*, DVB1. 1994, 361 ff.; *Köck*, JZ 1995, 643 ff.; *Schnutenhaus*, ZUR 1995, 9 ff.; *Sellner/Schnutenhaus*, NVwZ 1993, 928 ff.; *Wiebe*, NJW 1994, 289 ff. und ausführlich *Waskow*, Betriebliches Umweltmanagement, 1994. - S.a. den Entwurf des Umweltgutachterzulassungs- und StandortregistrierungsG, BR-Drs. 210/95.
249 S. hierzu oben Rn. 1/51 f. und *Scherer*, NVwZ 1993, 11 (14 f.).
250 Hierzu *Sellner/Schnutenhaus*, NVwZ 1993, 928 (932 ff.).

1 *Allgemeines Umweltrecht*

öffentlichen Register).[251] Sie stellt damit eine Ausprägung des Kooperationsprinzips und ein Instrument des Vorsorgeprinzips dar (Rn. 1/69). Ziel ist es, das Umweltverhalten von Unternehmen zu verbessern durch

- Festlegung und Umsetzung *standortbezogener* Umweltpolitiken, Umweltprogramme und Umweltmanagementsysteme der Unternehmen,
- systematische, objektive und regelmäßige Bewertung der Leistungsfähigkeit dieser Instrumente und
- Bereitstellung von Informationen über den betrieblichen Umweltschutz für die Öffentlichkeit.

159 Die Unternehmen können sich *freiwillig* für einen bestimmten Standort an diesem System beteiligen und sind nach ihrer Registrierung befugt, eine *Teilnahmeerklärung* in der Öffentlichkeit zu führen (Imagewerbung), ohne aber damit *produktbezogen* zu werben. Die hierbei anzuwendenden **Managementinstrumente** umfassen eine Definition der *Umweltpolitik* des Unternehmens (einschließlich einer Selbstverpflichtung zur Einhaltung der einschlägigen Umweltvorschriften[252] und zur *angemessenen* kontinuierlichen Verbesserung des betrieblichen Umweltschutzes), eine Aufstellung der *Umweltziele* für den betrieblichen Umweltschutz sowie eines *Umweltprogrammes* für den jeweiligen Standort (mit Zielvorgaben und Umsetzungsfristen). Durch ein *Umweltmanagementsystem*, welches eine interne Umweltbetriebsprüfung einschließt, soll die Einhaltung dieser Anforderungen sichergestellt werden. All diese Elemente sind Inhalt einer bestätigenden Erklärung – *Validierung* – durch staatlich zugelassene, *unabhängige und unternehmensexterne Umweltgutachter*.

160 Unter folgenden – insbesondere in Art. 3 aufgeführten – Voraussetzungen kann sich ein Unternehmen am **Umwelt-Audit-System** beteiligen:

- Festlegung auf eine Umweltpolitik;
- Ermittlung der Umweltwirkungen (z.B. Energieverbrauch, Rohstoffeinsatz, Abfall, Lärm und sonstige Emissionen), die sich aus den Aktivitäten des Unternehmens ergeben (einschließlich der Wirkungen von Produkten und deren Transport unter Berücksichtigung von Auftragnehmern und Zulieferern);
- Erstellen des Umweltprogramms auf dieser Datengrundlage;
- Einrichtung des Umweltmanagementsystems im Unternehmen (z.B. Organisationsstrukur, Handlungsanweisungen, Handbücher usw.);
- Regelmäßige *interne Umweltbetriebsprüfung*, ob der betriebliche Umweltschutz am Standort greift oder verbessert werden muß (Art. 4 i.V.m. Anh. II). Es ist systematisch und objektiv

---

251 Die VO greift damit – wie viele umweltrechtliche Normen der EU – auf angelsächsische Erfahrungen zurück, welche die Zielerreichung den Unternehmen überläßt, und zugleich eine öffentliche Kontrolle über jedermann einsehbare Register (s. hierzu: *Blechschmidt*, UPR 1988, 128 ff.; *Burmeister*, in: *Winter* (Hrsg.), Öffentlichkeit von Umweltinformationen, 1990, S. 123 ff.) ermöglicht, s. *Scherer*, NVwZ 1993, 11 f.
252 Dies sollte an sich eine Selbstverständlichkeit sein, beinhaltet aber eine Selbstverpflichtung des Unternehmens, geltendes Recht auch konkret einzuhalten, also vorhandene Vollzugsdefizite tatsächlich abzubauen. Damit verbunden ist aber eine Vielzahl von Folgeproblemen, wenn z.B. ausländische Unternehmen (Dienstleistungsfreiheit) die Umweltbetriebsprüfung durchführen und deutsche Rechtsvorschriften in diesem Zusammenhang auszulegen sind. Offen ist auch, inwieweit die behördliche Kontrolle in diesen Fällen zurückgenommen wird oder sich lediglich auf das Nachvollziehen der betriebsinternen Prüfung erstreckt. S.a. *Lübbe-Wolff*, DVBl. 1994, 361 (363 ff.).

zu bewerten und zu dokumentieren, ob die gesetzlichen und selbst gesetzten Umweltziele erreicht, das Umweltprogramm erfüllt ist sowie das Managementsystem sich bewährt. Der Umwelt-Audit-Bericht des Betriebsprüfers soll dabei auch Korrekturmaßnahmen aufzeigen und anregen, über die das Unternehmen entscheiden muß;
- Abgabe einer *Umwelterklärung* in knapper und verständlicher Form *für die Öffentlichkeit,* die u.a. die Tätigkeit des Unternehmens beschreibt, die damit zusammenhängenden Umweltfragen bewertet, Umweltpolitik, Umweltprogramm und -managementsystem darstellt und eine Zusammenfassung der Zahlenangaben über Schadstoffemissionen, Abfallaufkommen, Rohstoff-, Energie- und Wasserverbrauch sowie andere umweltrelevante Daten „soweit angemessen" enthält;[253]
- Überprüfung der Umwelterklärung durch einen staatlich zugelassenen,[254] unabhängigen Umweltgutachter, der vom Unternehmen ausgewählt und beauftragt wird und der zur Geheimhaltung verpflichtet ist. Der Umweltgutachter kann in seinem Bericht an die Unternehmensleitung die Umwelterklärung ohne weiteres für gültig erklären oder Änderungen verlangen.

161 Unternehmen müssen die für gültig erklärten Umwelterklärungen gebührenpflichtig in ein *Register* eintragen lassen, wobei glaubhaft zu machen ist, daß die Voraussetzungen der Verordnung eingehalten sind. Die Register sind zum Jahresende der Kommission zu übermitteln und werden von ihr im Amtsblatt der EG *veröffentlicht* (Art. 9).

162 Die Verordnung ist als freiwilliges Instrumentarium betrieblichen Umweltschutzes zu begrüßen – auch wenn sie einen Ansatz verfolgt, der dem deutschen Umweltrecht bislang weitgehend fremd war[255] – weil sie insbesondere die Möglichkeit eröffnet, auf die Produktion der beteiligten Unternehmen einzuwirken, also *an der Quelle* der Umweltbelastungen ansetzt.[256] Ihre praktische Wirksamkeit wird allerdings erheblich davon abhängen, wie viele Unternehmen sich bereit erklären werden, am Umwelt-Audit-System teilzunehmen.[257] Ungeklärt ist auch die Ermittlungstiefe der vom Unternehmen anzustellenden Untersuchungen, problematisch das Auftragsverhältnis zwischen Unternehmen und externem Umweltgutachter sowie der Umfang der in der Umwelterklärung zu veröffentlichenden umweltbezogenen Daten.[258]

---

253 Die Richtigkeit der Umwelterklärung ist vom – externen – unabhängigen Gutachter zu bestätigen. Die Bürger haben nach Art. 3h einen unmittelbaren Auskunftsanspruch gegenüber dem Unternehmen.
254 Die Zulassung steht unter dem Gesetzesvorbehalt des Art. 12 I GG, weil sie die Berufsausübung regelt (vgl. BVerfGE 86, 28 [37 f.]); denkbar wäre auch eine staatliche Eigenvornahme oder Beleihung, *Sellner/Schnutenhaus*, NVwZ 1993, 928 (932). Der Gesetzentwurf der BReg. (s. ZRP 1995, 274 ff.) enthält eine Ermächtigung für das BMU, eine oder mehrere juristische Personen des Privatrechts (wie z.B. die u.a. von DIHT und BDI gegründete Dt. Akkreditierungs- und Zulassungsgesellschaft für Umweltgutachter GmbH) mit den Aufgaben der Zulassungsstelle durch RVO zu betrauen (§ 28), und zwar anhand von Richtlinien, die durch einen pluralistisch besetzten Umweltgutachterausschuß (§ 21) erarbeitet werden sollen (BR-Drs. 210/95); s. *Ewer*, NVwZ 1995, 457 (458 f.).
255 Anknüpfungspunkte im deutschen Umweltrecht bieten verschiedene Aufzeichnungs- und Eigenüberwachungspflichten (z.B. Emissionserklärungsverordnung) sowie Regelungen über die Betriebsorganisation (z.B. §§ 53 ff. BImSchG); s. *Scherer*, NVwZ 1993, 11 (15 f.).
256 Im Gegensatz zu reaktiven ordnungsrechtlichen Instrumenten, die emissionsbegrenzend (end-of-the-pipe) wirken.
257 Zu den Vorteilen für die teilnehmenden Unternehmen *Sellner/Schnutenhaus*, NVwZ 1993, 928 (934). Bemängelt wird z.B. daß Betriebssparten, die bereits gegenüber anderen Branchen ein sehr hohes Umweltschutzniveau erreicht haben, nur sehr kostenaufwendig an dem Umwelt-Audit-Verfahren teilnehmen können.
258 Eine skeptische Beurteilung erfolgt auch bei *Lübbe-Wolff*, DVBl. 1994, 361 (373 f.).

1 *Allgemeines Umweltrecht*

d) Umweltschutz und Information der Öffentlichkeit

163 Eine effektive Umweltschutzpolitik setzt nicht nur eine laufende und hinreichende Information aller verantwortlichen Organe mit zuverlässigen und aktuellen Daten über den Zustand der Umwelt und die Ursachen der Umweltbeeinträchtigungen voraus.[259] Auch die in der Umwelt lebenden Menschen, die nicht selten zu den Umweltbeeinträchtigungen beitragen, müssen hierüber informiert sein, damit sie die Möglichkeit besitzen, sich umweltbewußt zu verhalten.

164 Eine Befugnis zur Information und *Öffentlichkeitsarbeit* wird dabei überwiegend aus der verfassungsrechtlichen und gesetzlichen Aufgabenverteilung abgeleitet.[260] Eine Mitteilung über die Aufgabenerfüllung und aus der Aufgabenerfüllung kann die jeweils zuständige Behörde geben. Eine Grenze bilden dabei die Grundrechte anderer, wenn die Information oder Öffentlichkeitsarbeit so konkret wird, daß sie in den Schutzbereich eines Grundrechts eingreift[261] – etwa durch Warnung vor den Gesundheitsgefahren eines bestimmten Produkts oder in bestimmten Werbekampagnen für verpackungsarmes Verbraucherverhalten. In diesem Fall ist eine gesetzliche Grundlage für die Öffentlichkeitsarbeit erforderlich, welche subsidiär auch in der polizeirechtlichen Generalklausel liegen kann.[262] Eine gesetzliche Regelung erscheint aber insbesondere im Bereich der Umweltvorsorge wünschenswert.[263]

165 In einem demokratischen Staatswesen ist eine objektive, umfassende – staatlich nicht beeinflußte – Information darüberhinaus eine unverzichtbare Voraussetzung für einen funktionsfähigen demokratischen Willensbildungsprozeß. Die Bürgerinnen und Bürger müssen aber nicht nur informiert werden, sondern darüberhinaus die Möglichkeit besitzen, sich die Informationsquellen selbst zugänglich zu machen.[264] Erst dann können die demokratischen und rechtsstaatlichen Partizipationsmöglichkeiten innerhalb und außerhalb von Verwaltungsverfahren sachgerecht wahrgenommen werden.

166 Das bundesdeutsche Recht kannte lange keinen allgemeinen Anspruch des einzelnen auf Information, insbesondere auf Einsicht in behördliche Akten.[265] Informationsrechte bestanden in erster Linie im Rahmen von Verwaltungsverfahren, nämlich das Akteneinsichtsrecht der Beteiligten nach § 29 VwVfG oder – spezialgesetzlich – nach den

---

259 SRU, Umweltgutachten 1987, S. 71 f., 91 f.; BT-Drs. 6/3826, S. 64 ff.; s. ferner *Schröder*, NVwZ 1990, 905 ff.
260 Zu den Strukturen und rechtlichen Bindungen staatlichen Informationshandelns vgl. *Philipp*, Staatliche Verbraucherinformationen im Umwelt- und Gesundheitsrecht, 1989; *Lübbe-Wolff*, NJW 1987, 2705 ff.; *Pinger*, JuS 1988, 53 ff.
261 *Erichsen/Scherzberg*, Zugang zu Informationen, S. 122 ff.; *Gröschner*, WuR 1991, 71 ff.; *Heintzen*, VerwArch 1990, 532 (549 ff.); *Leidinger*, DÖV 1993, 925 (930); *Papier*, VerwArch 1993, 417 ff. (aus industrieller Sicht); *Schoch*, DVBl. 1991, 667 ff.; a.A. BVerwGE 87, 37 ff. (Warnung vor diethylenglykolhaltigen Weinen), welches aus der Aufgabenkompetenz bereits die Befugnis zu grundrechtsrelevantem Handeln ableitet.
262 Vgl. VGH BW, NVwZ 1989, 279; *Gusy*, JZ 1989, 1003. Fraglich ist, ob z.B. § 2 II AbfG BW die Gebietskörperschaften zu Informationen über die Möglichkeiten der Abfallvermeidung ermächtigt, so VG Freiburg, B. v. 3.9.1993, 4 K 1417/93. S.a. Hess VGH, NVwZ 1995, 611 f.
263 In diesem Sinn auch *Brohm*, DVBl. 1994, 133 (136); *Leidinger*, DÖV 1993, 925 (935).
264 Behördenakten zählen nach Auffassung des BVerfG „schon ihrer Natur nach grundsätzlich nicht" zu den allgemein zugänglichen Informationsquellen nach Art. 5 I GG, s. BVerfG, NJW 1986, 1243.
265 Eine Ausnahme bildete die Verordnung über Umweltdaten v. 13.11.1989, GBl. DDR I, S. 241. S.a. *Burmeister/Winter*, in: *Winter* (Hrsg.), Öffentlichkeit von Umweltinformationen, 1990, S. 87 ff.; *Engel*, Akteneinsicht, S. 11 ff.; *Gurlit*, Die Verwaltungsöffentlichkeit im Umweltrecht, 1989, S. 131 ff.

Ermessensregelungen der § 72 I VwVfG, § 10 IV 9. BImSchV, § 6 III AtVfV, § 18 III 2 GenTG (**Grundsatz der beschränkten Aktenöffentlichkeit**). Außerhalb des Verwaltungsverfahrens steht die Gewährung von Akteneinsicht im Ermessen der Behörde, welche die schutzwürdigen Interessen des Antragstellers, der Allgemeinheit und Drittbetroffener zu berücksichtigen hat. Lediglich einzelne Kataster wie die Wasserbücher sind in einigen Bundesländern frei zugänglich.

Der Rat der Europäischen Gemeinschaften hat am 7.6.1990 die **Richtlinie über den freien Zugang zu Informationen über die Umwelt**[266] beschlossen, die in der gesamten EG jeder Person ein subjektives Recht auf freien Zugang zu Informationen vermittelt (Art. 1, 3 I), welche im Besitz von Behörden oder von diesen beauftragter Dritter (Art. 6) sind und die Staaten darüberhinaus verpflichtet, eine aktive Informationspolitik zu betreiben (Art. 7). 167

Nach den Erwägungsgründen der Richtlinie soll ein solcher freier Zugang den Umweltschutz verbessern. Die Richtlinie war – was nicht geschehen ist – bis 31.12.1992 in deutsches Recht umzusetzen.[267] Gegenstand des Zugangsrechts sind Informationen über den Zustand der Umwelt[268] (z.B. Immissionswerte, Altlasten-, Emissionskataster, Biotopkartierungen usw.), über Tätigkeiten oder Maßnahmen, die diesen Zustand beeinträchtigen können (z.B. Emissionen, Lagerung oder Produktion gefährlicher Stoffe sowie diesbezügliche Planungen) sowie über Tätigkeiten und Maßnahmen zum Schutz der Umwelt einschließlich verwaltungstechnischer Maßnahmen und Programme zum Umweltschutz (z.B. Luftreinhalte- und Lärmminderungspläne, vgl. Rn. 6/306, 6/309), Art. 3 I 1 i.V.m. Art. 2 lit. a. Die Richtlinie enthält eine Reihe von – abschließend aufgezählten – verfahrensrechtlichen (Art. 3 III) und materiellrechtlichen (Art. 3 II) Ausschlußgründen, bei deren Vorliegen der Zugang zu Informationen (durch Auskunft oder Akteneinsicht)[269] abgelehnt werden kann und die insbesondere den Geheimnisschutz (personenbezogene Daten, Betriebs- und Geschäftsgeheimnis, geistiges Eigentum) betreffen. 168

Das schließlich am 19.5.1994 verabschiedete **Umweltinformationsgesetz** (BGBl. I 1490)[270] übernimmt teilweise wörtlich Bestimmungen der Umwelt-Informationsricht- 169

---

266 ABl. Nr. L 158/56. S. hierzu *Blumenberg*, NuR 1992, 8 ff; *Engel*, NVwZ 1992, 111 ff.; *Erichsen*, NVwZ 1992, 409 ff.; *Scherzberg*, UPR 1992, 48 ff.; *Schröder*, ZHR 1991, 471 ff.; *v. Schwanenflügel*, DVBl. 1991, 93 ff., DÖV 1993, 95 ff.; *Wegener*, InfUR 1992, 211 ff., ZUR 1993, 17 ff.; *Engel*, Akteneinsicht und Recht auf Information über umweltbezogene Daten, 1993, S. 178 ff.; *Erichsen/Scherzberg*, Zur Umsetzung der Richtlinie des Rates über den freien Zugang zu Informationen über die Umwelt, 1992.
267 Zur Direktwirkung der Richtlinie *Engel*, Akteneinsicht, S. 276 ff.; *Erichsen/Scherzberg*, Zugang zu Informationen, S. 131 ff.; *Haller*, UPR 1994, 88 ff.; *v. Schwanenflügel*, DÖV 1993, 95 (102); *Wegener*, ZUR 1993, 17 ff.; VG Minden, ZUR 1993, 284 ff. m. Anm. *Hegele*. Eine partielle Umsetzung ist im freien Zugang zum baden-württembergischen Bodenkataster nach § 17 BodenschutzG vorgenommen worden. Zur Handhabung der Richtlinie in der Verwaltung s. *Meininger*, NVwZ 1994, 150 ff.
268 Im Hinblick auf die Zielrichtung der EG-Richtlinie ist ein weiter Umweltbegriff zugrundezulegen, der den Zustand der Umweltmedien, der Tier- und Pflanzenwelt, der natürlichen Lebensräume, der Wechselwirkungen untereinander, ihre Auswirkungen auf Menschen, Kultur- und Sachgüter umfaßt; s. *Erichsen/Scherzberg*, Zugang zu Informationen, S. 8.
269 Die Einführung eines Akteneinsichtsrechts befürworten u.E. zu Recht *Erichsen*, NVwZ 1992, 409 (412); *Scherzberg*, UPR 1992, 48 (51) sowie §§ 134 ff. UGB-E.
270 Hierzu insbes. *Scherzberg*, DVBl. 1994, 733 ff.; *Faber*, DVBl. 1995, 722 ff.; *Fluck/Theuer*, Umweltinformationsrecht. UIG-Ktr., 1994; *Röger*, Umweltinformationsgesetz, Kommentar, 1995; *Schomerus/Schrader/Wegener*, UIG, 1995; *Turiaux*, NJW 1994, 2319 ff. Zum Gesetzentwurf vgl. BT-Drs. 12/7138 und *Erbguth/Stollmann*, UPR 1994, 81 ff.

1 *Allgemeines Umweltrecht*

linie (z.B. hinsichtlich des Gesetzeszwecks in § 1 oder des Begriffs Informationen über den Zustand der Umwelt in § 3 II), führt aber u.E. in Widerspruch zur Umweltinformationsrichtlinie das *allgemeine Umweltinformationsrecht nur außerhalb laufender Verwaltungsverfahren* ein bzw. schließt es während dieser Verfahren hinsichtlich derjenigen Daten, die der Behörde aufgrund des Verfahrens zugehen, aus (§ 7 I Nr. 2, s. Rn. 1/171 f.).

170 Nach § 4 UIG besteht (ohne Nachweis eines Interesses) ein **Anspruch auf freien Zugang zu Informationen über die Umwelt**, die bei einer Behörde[271] oder privaten Dritten, die unter staatlicher Aufsicht Aufgaben des Umweltschutzes wahrnehmen, vorhanden sind. Über den Wortlaut des § 4 UIG hinaus ist auch öffentlich-rechtlichen Rechtsträgern (z.B. Gemeinden, Rundfunkanstalten usw.) ein entsprechender Informationszugang zu gewähren, was sich aus dem weiter gefaßten Art. 3 I UIRL ergibt.[272] Das UIG hat – bewußt – kein Einsichtsrecht in Umweltakten eingeführt, die Behörde kann vielmehr die Art der Informationsübermittlung nach Ermessensgesichtspunkten selbst bestimmen, also z.B. schriftliche Auskunft erteilen, Akteneinsicht gewähren oder EDV-Datenträger zur Verfügung stellen. In der Regel wird aber auf entsprechenden Antrag hin – innerhalb von 2 Monaten – Akteneinsicht zu gewähren sein; Ansprüche auf Informationsbeschaffung oder gegenüber privaten Unternehmen werden nicht begründet.[273]

171 In § 7 wird der Anspruch auf freien Zugang zugunsten öffentlicher Belange beschränkt, wobei u.a. bei Vorhaben der Landesverteidigung, vertraulichen Beratungen von Behörden und Gefahren für die öffentliche Sicherheit kein Anspruch besteht. Der Informationsanspruch ist nach *§ 7 Abs. 1 Nr. 2 UIG während* der Dauer eines *Gerichtsverfahrens*, eines strafrechtlichen *Ermittlungsverfahrens* und während der Dauer eines *verwaltungsbehördlichen Verfahrens* hinsichtlich derjenigen Daten, die der Behörde aufgrund des Verfahrens zugehen, *ausgeschlossen*.

172 Dies bedeutet, daß nach Ansicht des Bundesgesetzgebers im Zuge umweltrechtlicher Genehmigungsverfahren für diejenigen Daten, die der Behörde aufgrund des Verfahrens zugehen (z.B. Daten in den Genehmigungs- oder Planungsunterlagen, Ergebnisse neuer behördlich angeordneter Emissions- oder Immissionsmessungen, neue Gutachten im Zuge von Planungs- oder Genehmigungsverfahren), die spezialgesetzlichen Regelungen über Akteneinsicht und die öffentliche Auslegung von Unterlagen (Rn. 2/44, 6/185) gelten sollen und der allgemeine Informationsanspruch nach § 4 UIG nur für bereits bei Einleitung des jeweiligen Verfahrens vorhandene Informationen besteht.[274] Diese Auffassung wird u.E. zutreffend als Verstoß gegen den Regelungsgehalt der Umwelt-Informationsrichtlinie angesehen, weil der dortige Ausschlußgrund („Sachen, die Gegenstand von Vorverfahren sind") nicht das (bundesdeutsche) Verwal-

---

271 Der Behördenbegriff war im Gesetzgebungsverfahren umstritten. Nach Ansicht des Bundesrates sollen nur die klassischen Umweltschutzbehörden zur Auskunft verpflichtet sein, was jedoch dem Behördenbegriff der Umwelt-Informationsrichtlinie widersprechen würde, vgl. *Erbguth/Stollmann*, UPR 1994, 81 (83); *Erichsen*, NVwZ 1992, 409 (411); *Fluck/Theuer*, UIG, § 3 Rn. 84; *Röger*, UIG, § 3 Rn. 5; *Scherzberg*, DVBl. 1994, 733 (735); *v. Schwanenflügel*, DÖV 1993, 95 (100).
272 So auch *Röger*, UIG, § 4 Rn. 7 f.; a.A. *Fluck/Theuer*, UIG, § 4 Rn. 21; *Scherzberg*, DVBl. 1994, 733 (736).
273 S. aber Art. 3 h Umwelt-Audit-VO (Rn. 1/160).
274 *Erichsen/Scherzberg*, Zugang zu Informationen, S. 65 f.; *Fluck/Theuer*, UIG, § 7 Rn. 104; VG Gelsenkirchen, NuR 1995, 158 m. abl. Anm. *Stollmann*.

tungsverfahren als Regeltypus eines Verfahrens erfassen würde und nach dem 7. Erwägungsgrund der Richtlinie nur ganz bestimmte Fälle (d.h. eng begrenzte und nicht der größte Teil) vom allgemeinen Informationsrecht ausgenommen werden dürfen.[275] Überwiegend wird im Hinblick auf die Entstehungsgeschichte und den Wortlaut der Umwelt-Informationsrichtlinie die vermittelnde Auffassung vertreten, daß Vorverfahren nur gerichtsähnliche Verfahren wie das Widerspruchsverfahren nach §§ 68 ff. VwGO oder – weitergehend – auch formalisierte Genehmigungs- (z.B. § 10 BImSchG, § 18 GenTG) und Planfeststellungsverfahren nach §§ 72 ff. VwVfG sind und § 7 Abs. 1 Nr. 2 UIG in diesem Sinne auszulegen ist.[276] Rechtssystematisch ist es allerdings wenig überzeugend, auch innerhalb formalisierter Genehmigungs- und Planfeststellungsverfahren den Informationsanspruch auszuschließen. Wenngleich diese Verfahren auch „vorverlagerten Rechtsschutz" vermitteln können und bestimmten gesetzlich normierten Verfahrensregeln unterliegen, so stellen sie dennoch lediglich eine Form der Umweltverwaltungsverfahren dar (Rn. 1/99 ff.), die wie andere auch eine umweltrelevante Entscheidung als primäres Verfahrensergebnis hat, nicht aber die Vorbereitung einer gerichtlichen oder gerichtsähnlichen Entscheidung. Dieser Gedanke trifft allenfalls auf das Widerspruchsverfahren nach §§ 68 ff. VwGO zu, so daß in europarechtskonformer Auslegung der Ausschluß nach § 7 I Nr. 2 im Bereich der Verwaltungsverfahren sich nur auf Widerspruchsverfahren erstreckt.

§ 8 beschränkt daneben den Informationszugang, wenn personenbezogene Daten offenbart und dadurch schutzwürdige Interessen der Betroffenen beeinträchtigt würden, Urheberrechte entgegenstehen oder das **Betriebs- und Geschäftsgeheimnis** unbefugt zugänglich gemacht würde, und sichert damit die materiell betroffenen Grundrechte Privater, die im übrigen vor Bekanntgabe dieser Informationen anzuhören sind. Das Betriebs- und Geschäftsgeheimnis umfaßt entsprechend § 17 UWG Tatsachen, die im Zusammenhang mit einem wirtschaftlichen Geschäftsbetrieb stehen, nur einem begrenzten Personenkreis bekannt sind und nach dem Willen des Geschäftsinhabers geheimgehalten werden sollen, wenn zugleich objektiv an der Geheimhaltung ein berechtigtes wirtschaftliches Interesse besteht.[277] Vom Betriebs- und Geschäftsgeheimnis ausgenommen sind daher offenkundige Tatsachen (z.B. Immissionsdaten von Messungen außerhalb des Betriebsgrundstückes) und Emissionsdaten von Messungen an der Schadstoffquelle, aus denen kein Rückschluß auf geheime Rezepturen oder Produktionsverfahren des Betriebs möglich ist oder an deren Geheimhaltung kein berechtigtes Interesse besteht (z.B. bei Überschreiten der zulässigen Grenzwerte).[278]

173

---

275 *Wegener*, InfUR 1992, 215 f.; *Turiaux*, NJW 1994, 2319 (2323).
276 Vgl. *Röger*, UPR 1994, 216 (219); *ders.*, UIG, § 7 Rn. 27 ff.; *Scherzberg*, DVBl. 1994, 733 (739).
277 BT-Drs. 12/7138, S. 14; vgl. ferner *Breuer*, NVwZ 1986, 171 (172); *Baumbach/Hefermehl*, Wettbewerbsrecht, § 17 UWG Rn. 6 und ausführlich *Gurlit*, Die Verwaltungsöffentlichkeit im Umweltrecht, 1989, S. 166 ff.; *Taeger*, Die Offenbarung von Betriebs- und Geschäftsgeheimnissen, 1988.
278 S. *Fluck*, NVwZ 1994, 1048 ff.; *Röger*, UIG, § 8 Rn. 36 f. § 8 I 2 UIG weicht bedauerlicherweise vom anwendungsorientierten Modell eines *Negativkataloges* ab, der enumerativ Informationen umschreibt, die *nicht* zum Kreis der Betriebs- und Geschäftsgeheimnisse gehören, und damit der Behörde die – riskante und zeitaufwendige – Einzelfallprüfung erspart. Eine solche verfassungsrechtlich zulässige (*Erichsen/Scherzberg*, Zugang zu Informationen, S. 81; *Kloepfer/Rehbinder/Schmidt-Aßmann/Kunig*, UGB-AT, 1990, S. 455) Regelung sehen z.B. § 22 III ChemG, § 17a II GenTG oder § 139 UGB-E und § 4 II des österreich. UIG vor.

1 Allgemeines Umweltrecht

174 Das UIG enthält daneben noch verfahrensrechtliche Vorschriften über Massenanträge und einen Gebührentatbestand, der durch die Umweltinformationsgebührenverordnung vom 7.12.1994 (BGBl. I 3732) ausgefüllt wird.[279]

175 Das UIG schöpft die Möglichkeiten, welche die Umwelt-Informationsrichtlinie zu einer effektiven Kontrolle von Emittenten durch die Öffentlichkeit bot, nur unvollständig aus und bleibt weit hinter vergleichbaren Regelungen anderer europäischer Staaten (Niederlande, Österreich, Schweden) bzw. USA, Kanada oder Australien zurück.[280] Der mit der Umweltinformationsrichtlinie verfolgte Ansatz, mit einer demokratischen Kontrolle der Verwaltung durch die Öffentlichkeit den Vollzug des Umweltschutzes zu verbessern, wird nicht konsequent aufgegriffen. Der Bürger wird nicht als Partner der Verwaltung im gemeinsamen Bemühen um eine Verbesserung des Umweltschutzes gesehen, sondern als potentiell lästiger Antragsteller, gegenüber dem die Verwaltung weiterhin in der traditionellen Geheimhaltung verhaftet bleibt. Kritisch zu sehen sind insbesondere der nicht richtliniengerechte Ausschluß des Informationsrechts während laufender Verwaltungsverfahren sowie die praktisch nur schwer handhabbaren Geheimnisschutzregelungen. Insofern hätte sich durchaus angeboten, die diesbezüglichen Vorschläge des UGB-E (AT) aufzugreifen und weiterzuentwickeln.

---

279 Hierzu *Schrader*, ZUR 1994, 221 ff. Gebühren dürfen aber nach dem Wortlaut des Art. 5 der EG-Richtlinie nur für die Übermittlung der beantragten Information, nicht für die Ablehnung eines Antrags erhoben werden, vgl. *Engel*, Akteneinsicht, S. 250 f.; *Faber*, DVBl. 1995, 722 (728 f.); *Scherzberg*, DVBl. 1994, 733 (744).
280 Vgl. *Bidner*, UPR 1994, 408 ff.; *Engel*, Akteneinsicht, S. 146 ff.; *Winter* (Hrsg.), Öffentlichkeit von Umweltinformationen, 1990.

Teil 2

Planfeststellungsrecht

Im folgenden Kapitel wird das Planfeststellungsrecht als in der Praxis wichtigster Teil der raumbedeutsamen Umweltplanung erörtert. Die (raumbedeutsame) **Umweltplanung** hat die zukunftsgerichtete und insbes. vorsorgende Bewältigung räumlicher Probleme durch den Staat zum Inhalt. Soweit alle in einem Raum auftretenden Probleme gelöst werden sollen, wird dabei von **Gesamtplanung** gesprochen; sie findet auf allen Ebenen der Gebietskörperschaften statt; hierzu zählen neben der Bauleitplanung die Regionalplanung und die Landesplanung. Umweltschutz ist hier nur eines von mehreren Zielen der Planung, für die charakteristisch ist, daß sie noch des weiteren Vollzuges bedarf. Als **Fachplanung** kann die sektorale Planung bezeichnet werden, die auch auf allen staatlichen Ebenen durchgeführt wird und einerseits **Fachpläne** (z.B. Abfallwirtschaftspläne nach § 29 KrW-/AbfG auf Landesebene und Abfallentsorgungskonzepte nach § 3 I LAbfG BW auf Kreisebene) umfaßt, die des weiteren Vollzuges bedürfen und andererseits raumbedeutsame, ein Vorhaben direkt verwirklichende **Planfeststellungen** sowie Handlungsgebote und -verbote enthaltende **Schutzgebietsausweisungen** (Rn. 3/168 ff.; 4/172 ff.).[1]   1

Planung ist ein Gestaltungsauftrag des Gesetzgebers an die Verwaltung, der durch eine schwache gesetzliche Determinierung gekennzeichnet ist. In der Regel ist eine Vielzahl verschiedenartiger privater und öffentlicher Belange zu berücksichtigen, wobei Entscheidungsalternativen bestehen. **Planung als** vorausschauende und zwischen verschiedenen gegenläufigen Interessen einen Ausgleich suchende **Arbeitsweise** setzt nicht nur eine Analyse des vorhandenen Zustands (Ist-Zustand) und eine Erarbeitung von Planungszielen (Soll-Zustand) voraus, sondern auch die Zielfindung in einem iterativen Prozeß, der in einem Hin und Her zwischen möglichem Ziel und vorhandener Problemkonstellation die jeweils optimale Lösung zu erreichen sucht. Planung ist dabei untrennbar mit einem Gestaltungsermessen der Verwaltung, dem **Planungsermessen**, verbunden und verfassungsrechtlich an die vom BVerwG herausgearbeiteten Anforderungen an die Einhaltung zwingender Rechtsnormen und eine sachgerechte Abwägung (Rn. 2/113) gebunden.[2] Da Planung regelmäßig einen Ausgleich zwischen öffentlichen und privaten Belangen beinhaltet, ist sie in ihrem Kern eine hoheitliche Tätigkeit und einer „Privatisierung" nur sehr begrenzt zugänglich. Der in der Abwä-   2

---

1 Bei letzteren ist allerdings umstritten, ob sie Planungsinstrumente darstellen, weil die Frage der Schutzwürdigkeit einer Fläche eine Rechtsfrage ist und lediglich die Frage, welche Gebietsgröße unter Schutz zu stellen ist, planerischen Charakter hat; dazu BVerwG, NVwZ 1988, 1020 ff.; *Kühling*, Fachplanungsrecht, Rn. 8.
2 BVerwGE 34, 301; 45, 309.

2 Planfeststellungsrecht

gung liegende *Interessenausgleich*[3] hat einen hohen Gemeinwohlbezug, der das Staatliche an der Planung darstellt. Damit sind das Abwägen als Vorgang wie auch die Abgewogenheit des Ergebnisses die zentralen hoheitlichen Elemente der Planung. Denn hier wird ein Ausgleich der betroffenen öffentlichen Belange nach einem öffentlichen Konzept vorgenommen und gleichzeitig durch die Abwägung zwischen privaten und öffentlichen Interessen der Konflikt zwischen Staat und Bürger gelöst.[4]

3   *Träger der Planungshoheit* ist in der Gesamtplanung die jeweilige Gebietskörperschaft, die den Plan regelmäßig durch ihr demokratisch legitimiertes Verwaltungsorgan (Gemeinderat, Kreistag, Verbandsversammlung) beschließt; in der vollzugsorientierten Planung ist die Verwaltung aus verfassungsrechtlichen Gründen (Gewaltenteilung) nach entsprechender parlamentarisch-gesetzlicher Ermächtigung allein befugt, verbindliche vollzugsorientierte Pläne (für einen Dritten, den Projektträger) zu erlassen. Eine projektbezogene Planung durch „Maßnahmegesetze" widerspricht dem Gewaltenteilungsgrundsatz (vgl. Rn. 2/33 ff.).

4   Nachstehend wird vor allem die verbindliche, **förmliche projektbezogene Fachplanung** einer konkreten Maßnahme (etwa der Herstellung einer Straße oder Bahnlinie, eines Verkehrsflughafens, einer Abfalldeponie) in den Grundzügen erörtert, nicht dagegen die sachbereichsbezogene, förmliche oder nichtförmliche Fachplanung oder Gesamtplanung. Dabei wird unter der projekt-, d.h. vorhabenbezogenen Planfeststellung verstanden: eine nach Durchführung eines förmlichen Verfahrens mit rechtsgestaltender Wirkung erfolgende verbindliche behördliche Feststellung eines Plans zur Verwirklichung eines konkreten, *raumbedeutsamen Vorhabens*.[5] Raumbedeutsam ist ein raumbeanspruchendes oder raumbeeinflussendes Vorhaben. Aufgabe der Planfeststellung ist es – wie bereits erwähnt –, bei der planerischen Festlegung des Wegs zur Verwirklichung des Planungsziels (Vorhabens) die Auswirkungen des Vorhabens auf die betroffenen Belange abwägend in die Entscheidung einzubeziehen, um einen optimalen Ausgleich zwischen den mit dem Vorhaben verfolgten Interessen und den vom Vorhaben betroffenen Belangen zu ermöglichen.

5   Die Objekte, die der projektbezogenen Fachplanung unterliegen, sind in einschlägigen fachgesetzlichen Regelungen des Bundes und der Länder angeführt (z.B. im FStrG, AEG, LuftVG, WHG, KrW-/AbfG, in Landesstraßengesetzen, Landeswassergesetzen usw., s. Rn. 2/11 ff.). Die Verwirklichung entsprechender Projekte ist regelmäßig nur auf der Grundlage eines Planfeststellungsbeschlusses möglich.

6   Der Planfeststellungsbeschluß (PFB)[6], der als Verwaltungsakt Ziel des Planfeststellungsverfahrens ist und spezifische Wirkungen entfaltet (Rn. 2/68 ff.), wird durch die Planfeststellungsbehörde erlassen. Ihre Träger sind teils mit dem Vorhabenträger iden-

---

3   Zur Ausgleichsfunktion der Planfeststellung: BVerwGE 60, 297 (307); 74, 124 (133); *Erbguth*, DVBl. 1992, 398 (399 ff.); *Kühling*, Fachplanungsrecht, Rn. 20 f., 23; *Wahl*, NVwZ 1990, 426 (427).
4   *Wahl*, DVBl. 1993, 517 (521).
5   Zu sonstigen Definitionen vgl. *Ule/Laubinger*, Verwaltungsverfahrensrecht, S. 242 f. – Der Ursprung des Rechtsinstituts der Planfeststellung ist offenbar in § 4 des Preuß. EisenbahnG v. 3.11.1838 (GS 505) zu sehen, vgl. *Blümel*, DVBl. 1960, 697 ff.
6   Zum Unterschied zwischen einer behördlichen Genehmigung (Kontrollerlaubnis) und einer Planungsentscheidung vgl. z.B. *Wahl*, DVBl. 1982, 51 ff.; *Beckmann*, DÖV 1987, 944 ff.

tisch (z.B. bei der wasserstraßenrechtlichen Planfeststellung i.S.d. § 14 WaStrG und der fernmelderechtlichen Planfeststellung nach § 7 IV TelwegG), teils auch nicht (z.B. bei der abfallrechtlichen Planfeststellung). Im ersten Fall bestehen zwischen der antragstellenden und der planfeststellenden Behörde lediglich „inneradministrative", nicht durch subjektive Rechte gekennzeichnete Beziehungen.

Soweit in den Fachgesetzen das Planfeststellungsverfahren und die in diesem Verfahren ergehenden Planfeststellungsbeschlüsse keine eigenständige Normierung gefunden haben (Teilregelungen finden sich z.B. in §§ 8 ff. LuftVG, §§ 14 ff. WaStrG), gelten die Vorschriften der §§ 72 ff. VwVfG (bzw. des jeweiligen VwVfG des Landes). Das Planfeststellungsrecht ist aber auch – wie kaum ein anderer Bereich des Umweltrechts – durch Richterrecht geprägt. 7

Eine zusammenfassende Darstellung des Fachplanungsrechts ist möglich, weil jedenfalls das materielle Fachplanungsrecht weitgehend von einheitlichen Rechtsgrundsätzen beherrscht wird, die insbesondere in der Rechtsprechung des Bundesverwaltungsgerichts zunächst für die Bauleitplanung entwickelt und danach auf die Planfeststellung übertragen worden sind. Eine solche Darstellung in einem Buch über Umweltrecht ist aber auch sinnvoll, weil die *Umweltrelevanz* der planfeststellungsbedürftigen Vorhaben auf der Hand liegt[7], ganz abgesehen davon, daß einige planfeststellungsbedürftige Vorhaben unmittelbar auf die Verwirklichung von Umweltschutzforderungen gerichtet sind („umweltspezifische" Planfeststellungen; s. Rn. 2/18 f.). Die materielle Ermächtigung zur Planung in Form der Planfeststellung ist in umweltspezifischen oder umweltrelevanten Gesetzen (Rn. 1/13) vorgesehen (s. z.B. § 29 II KrW-/AbfG, § 9b AtG, § 31 WHG). Von der Planfeststellungsbehörde ist den Erfordernissen des Umweltschutzes insbesondere bei der Anwendung des sog. „*Abwägungsgebots*" (Rn. 2/108 ff.) Rechnung zu tragen. 8

Spätestens seit der deutschen Einigung im Jahre 1990 ist das Fachplanungsrecht aus einer Konsolidierungs- in eine **Umbruchphase** (vgl. Rn. 1/18) eingetreten, in der – mit dem Ziel, das Planungsverfahren „schlanker" und „schneller" zu gestalten – eine Vielzahl von beschleunigt durchgeführten Gesetzesänderungen (Verkehrswegeplanungsbeschleunigungsgesetz, Investitionserleichterungs- und Wohnbaulandgesetz, Planungsvereinfachungsgesetz) sowie verfahrensrechtliche und materiellrechtliche Änderungen am jahrzehntelang gewachsenen Grundgerüst des Planungsrechts vorgenommen wurden.[8] Mit den beabsichtigten Planungen der 17 „Verkehrswege Deutsche Einheit" durch Gesetz werden sogar die Fundamente des Planungsrechts ausgewechselt, ohne daß die verfassungsrechtliche Tragfähigkeit (Rn. 2/33 ff.) solchen Handelns 9

---

7 Speziell zum Gewicht der Umweltschutzbelange in der Planabwägung (Rn. 2/108 ff.) und zu der Frage, inwieweit der Gesetzgeber die aus rechtsstaatlichen Gründen gebotene Abwägung zugunsten einer verstärkten Berücksichtigung dieser Belange lenken darf: *Funke*, DVBl. 1987, 511 ff. m.w.N.
8 Kritisch aus grundsätzlichen verfahrensrechtlichen Überlegungen z.B. *Wahl*, Neues Verfahrensrecht für Planfeststellung und Anlagengenehmigung, in: *Blümel/Pitschas* (Hrsg.), Reform des Verwaltungsverfahrensrechts, 1994, S. 83 (97 ff.). S.a. den Gesetzentwurf des BRats v. 19.5.1995 „zur Sicherung des Wirtschaftsstandorts Deutschland durch Beschleunigung und Vereinfachung der Anlagenzulassung", mit dem Vorschriften des PlanungsvereinfachungsG (Rn. 2/28 ff., 2/62) in die §§ 73, 74 VwVfG eingefügt werden sollen (BT-Drs. 13/1445).

2 Planfeststellungsrecht

auch nur annähernd geprüft wurde. Der Wunsch, insbesondere im Bereich der Verkehrswegeplanung die Vorhaben zügiger als bisher zu genehmigen, hat auch zu einer Aufwertung des Plangenehmigungsverfahrens (ohne Öffentlichkeitsbeteiligung und Umweltverträglichkeitsprüfung, aber dennoch mit formeller Konzentrationswirkung des Planfeststellungsbeschlusses unter Wegfall der aufschiebenden Wirkung einer Anfechtungsklage), zu einer Vielzahl von Fristen im Verwaltungs- und Gerichtsverfahren mit Präklusionsmöglichkeiten geführt, ohne mögliche Alternativen, die insbesondere in der Einführung eines Projektmanagements[9] gelegen hätten, auch nur ansatzweise zu prüfen. Es ist damit zu befürchten, daß auch im Vollzug der neuen gesetzlichen Regelungen der Komplexität der zugrundeliegenden Lebenssachverhalte – als typischem Element staatlicher Planung[10] – nicht ausreichend Rechnung getragen wird. Bestimmte Problemkonstellationen sind einer verfahrensrechtlichen Vereinfachung nur begrenzt zugänglich, will man nicht eine lückenhafte Ermittlung der tatsächlichen Entscheidungsgrundlagen (der planbetroffenen Belange) in Kauf nehmen.

10 Nachfolgend wird zunächst das Grundmodell staatlicher projektbezogener Fachplanung, die Planfeststellung, dargestellt, anschließend auf die durch die neuen Gesetzgebungen aufgewerteten Modelle der Plangenehmigung und Planung ohne Genehmigungsvorbehalt eingegangen sowie auf die Verkehrswegeplanung durch Gesetz.

I. Planfeststellungsbedürftige Objekte

1. Bundesrechtliche Planfeststellungserfordernisse

Bundesrechtlich sind insbesondere die folgenden förmlichen projektbezogenen Fachplanungen vorgesehen:[11]

11 • **Bundesfernstraßenrechtliche Planfeststellung** (§ 17 FStrG) für Bau oder Änderung einer Bundesfernstraße (BAB, Bundesstraße).[12]

---

9 Vgl. *Bullinger*, DVBl. 1992, 1463 (1468); *ders.*, JZ 1994, 1129 (1132); *Erbguth*, NVwZ 1992, 551 ff.; *Steinberg/Allert/Grams/Scharioth*, Zur Beschleunigung des Genehmigungsverfahrens für Industrieanlagen, 1991, S. 155 ff.; *Steinberg/Berg*, NJW 1994, 488 (491); *Würtenberger*, Konfliktschichtung im Erörterungstermin, in: *Kroeschell* (Hrsg.), Recht und Verfahren, 1993, S. 183 ff.

10 Eine Reform des Planfeststellungsrechts darf nicht übersehen, daß Planfeststellungsverfahren in erster Linie deshalb zeitlich und sachlich aufwendig sind, weil die zugrundeliegende Problemkonstellation von der Sache und von den berührten Interessen her sehr komplex, und von daher einer „Verschlankung" nur begrenzt zugänglich ist; so zutr. *Wahl*, in: HdUR, Bd. II, Art. „Planfeststellung", Sp. 1623 (1640); *ders.*, Die Aufgabenabhängigkeit von Verwaltung und Verwaltungsrecht, in: *Hoffmann-Riem u.a.*, Reform des Allgemeinen Verwaltungsrechts, 1993, S. 177 (196 ff.).

11 Eine Übersicht über die Besonderheiten der im folgenden angeführten Fachplanungen gibt *Steinberg*, Fachplanung, § 1 Rn. 29 ff. m.w.N. Vgl. auch *Battis*, Die Verwaltung 1988, 23 ff.; *Ronellenfitsch*, VerwArch 80 (1989), S. 92 ff.; *Wahl*, NVwZ 1990, 426 ff., 923 ff.

12 Dazu *Dürr*, UPR 1993, 161 ff.; *ders.*, Planfeststellung, S. 943 ff. Für die Planfeststellung von Bundesstraßen hat das BMV Richtlinien erlassen, die am 19.8.1994 neu gefaßt wurden (VkBl. 1994, 749 ff.). Die Sonderregelung für Planfeststellungen von Eisenbahnkreuzungen in § 9 EKrG sind durch das PlanungsvereinfachungsG aufgehoben worden.

Solche Vorhaben sind gegenüber den Ausweisungen oder Festsetzungen von kommunalen Flächennutzungs- oder Bebauungsplänen sowie gegenüber den sonstigen bauplanungsrechtlichen Regelungen der Zulässigkeit von Vorhaben (§§ 34, 35 BauGB) gem. § 38 BauGB privilegiert.[13] (Bei Landesstraßen gilt dies nur, wenn die Gemeinde im Verfahren beteiligt worden ist.) Überhaupt hat die Bundesstraßenplanung gem. § 16 III 3 FStrG grundsätzlich Vorrang vor der Orts- oder Landesplanung. Die Privilegierung entbindet aber die Planfeststellungsbehörde nicht von dem Gebot, die Planungsbelange der betroffenen Gemeinden im Rahmen des Abwägungsgebots (Rn. 2/108 ff.) gebührend zu berücksichtigen. Vgl. ferner § 7 BauGB. Die meisten Entscheidungen des BVerwG zum Fachplanungsrecht beziehen sich auf das FStrG.

Die Planfeststellung kann durch entsprechende Festsetzungen in Bebauungsplänen (§ 9 I Nr. 11 BauGB) ersetzt werden (§ 17 III 1 FStrG).[14]

- **Eisenbahnrechtliche Planfeststellung** (§§ 18 ff. AEG[15]) für Bau oder Änderung einer Betriebsanlage der Eisenbahn (z.B. einer Neubau- oder Ausbaustrecke, eines Bahnhofs usw.).[16]

  Sonderfall: Planfeststellung für das Projekt „Transrapid" nach dem Magnetschwebebahnplanungsgesetz v. 23.11.1994 (BGBl. I 3486).

  Diese Planfeststellungen sind ebenfalls nach § 38 BauGB privilegiert. Sie ergehen in bundeseigener Verwaltung durch das Eisenbahn-Bundesamt (Art. 87 I GG, § 3 II 1 Nr. 1 Gesetz über die Eisenbahnverkehrsverwaltung).

- **Luftverkehrsrechtliche Planfeststellung** (§ 8 LuftVG) für Anlage oder Änderung eines Flughafens oder eines Landeplatzes mit (i.S.d. § 17 LuftVG) beschränktem Bauschutzbereich. (Ebenfalls privilegiert nach § 38 BauGB.) Sie ergeht in Bundesauftragsverwaltung (Art. 87d II GG; § 31 II Nr. 4 LuftVG entspr.[17]). Daneben bedarf es einer Unternehmergenehmigung (§ 6 LuftVG).

---

13 Durch § 38 BauGB wird das Verhältnis zwischen Bauleitplanung als einem Instrument der Gesamtplanung auf örtlicher Ebene und überörtlicher projektbezogener Fachplanung geregelt. Auf die „privilegierten" Fachplanungen sind die bodenrechtlichen Zulässigkeitsvoraussetzungen der §§ 29-37 BauGB nicht als zwingendes Recht, sondern nur als abwägungserhebliche Belange anzuwenden, weil der PFB die erforderliche Raumnutzungsentscheidung mit enthalten kann. Für die Kontrollerlaubnis (Rn. 1/100) wird die Raumnutzungsentscheidung hingegen durch den Bebauungsplan getroffen. Zu § 38 BauGB s.a. BVerwGE 70, 242 (243 f.); 81, 111 (115 f.); *Engel*, UPR 1993, 209 ff.; *Erbguth*, NVwZ 1989, 608 ff.; *Paetow*, UPR 1990, 321 ff. Zur Berücksichtigung kommunaler Belange vgl. BVerwG, NVwZ 1989, 242; UPR 1992, 310; UPR 1995, 192 (195).

14 Hierzu *Dürr*, Planfeststellung, S. 1139 ff. Die Rechtmäßigkeit der Planung richtet sich nach dem gewählten Verfahren, eine Berufung auf Verwirkung von Folgeansprüchen, weil ein PFB in Bestandskraft hätte erwachsen können oder Abwägungsfehler geheilt wären, ist ausgeschlossen; BVerwG, NVwZ 1994, 275 (277).

15 Durch Art. 8 Abs. 1 des Eisenbahnneuordnungsgesetzes v. 27.12.1993 (BGBl. I 2378) wurde das Bundesbahngesetz, in dem die Planfeststellung geregelt war, aufgehoben und in Art. 5 – Allgemeines Eisenbahngesetz – neu gefaßt. Zu § 36 BbG vgl. *Steinberg*, Fachplanung, § 1 Rn. 51 ff. – § 36 III u. IV BbG war nach BVerwG, DVBl. 1987, 1267 verfassungsgemäß; s. auch BVerfG, NVwZ 1988, 523.

16 S. hierzu BVerwGE 81, 111; *Bender*, VerwArch 83 (1992), 576 ff. Zur Aufsicht über die DB-AG durch das Eisenbahn-Bundesamt s. BVerwG, NVwZ 1995, 379 (380).

17 BVerwGE 58, 344 (347) u. st. Rspr. Vgl. im übrigen zur luftverkehrsrechtlichen Planfeststellung z.B. BVerwGE 56, 110 (Flughafen Frankfurt), BVerwGE 69, 256 u. 75, 214 (jeweils Flughafen München II); BVerwGE 85, 251. S. ferner *Ronellenfitsch*, DVBl. 1984, 505 ff.; *Steinberg/Bidinger*, UPR 1993, 281 ff.

2 Planfeststellungsrecht

14 • **Personenbeförderungsrechtliche Planfeststellung** (§ 28 PBefG) für Bau oder Änderung einer Straßenbahn i.S. des PBefG (gem. § 4 PBefG), somit auch einer U-Bahn. (Ebenfalls privilegiert nach § 38 BauGB.) Auch hier bedarf es daneben einer Unternehmergenehmigung (§§ 9 I Nr. 1, 28 IV PBefG). Wiederum kann die Planfeststellung durch entsprechende Festsetzungen in einem Bebauungsplan (§ 9 I BauGB) ersetzt werden (§ 28 III PBefG).[18]

15 • **Bundeswasserstraßenrechtliche Planfeststellung** (§ 14 WaStrG) für Ausbau oder Neubau einer Bundeswasserstraße[19], z.B. Bau der Main-Donau-Wasserstraße, Bau einer Oberrhein-Staustufe. (Privilegiert nach § 13 III WaStrG.) Sie ergeht in bundeseigener Verwaltung (Art. 89 II 1 GG, § 45 I WaStrG).

16 • **Wasserrechtliche** (wasserwirtschaftliche) **Planfeststellung** (Rahmenvorschrift des § 31 WHG i.V.m. den einschlägigen Vorschriften des Landeswasserrechts; dazu auch Rn. 4/189 ff.) für den Ausbau, d.h. für die auf Dauer angelegte Herstellung, für die Beseitigung oder die wesentliche Umgestaltung eines Gewässers oder seiner Ufer, darüber hinaus auch für Deich- und Dammbauten, die den Hochwasserabfluß beeinflussen.[20] (Die Vorschrift des § 31 WHG hat nicht die Bundeswasserstraßen als *Verkehrswege* zum Regelungsgegenstand; vgl. Rn. 2/15, 4/186).

17 Hier sind „überörtliche Planungen" (BVerwGE 79, 318) nach § 38 BauGB privilegiert, aber nur dann, wenn die Gemeinde im Verfahren beteiligt worden ist. Für betroffene Bebauungspläne der nicht beteiligten Gemeinde, die der Fachplanung vorausgegangen und aus dem Flächennutzungsplan entwickelt worden sind, gilt § 7 BauGB.

18 • **Atomrechtliche Planfeststellung** (§ 9b AtG; dazu auch Rn. 7/211 ff.) für Errichtung und Betrieb einer Anlage des Bundes zur Sicherstellung und zur Endlagerung radioaktiver Abfälle (z.B. Endlager Gorleben) sowie die wesentliche Änderung einer solchen Anlage und ihres Betriebs.[21]

19 • **Abfallrechtliche Planfeststellung** (§ 7 II AbfG – § 29 II KrW-/AbfG; dazu auch Rn. 10/275 ff.) für Errichtung und Betrieb einer Abfalldeponie sowie für die wesentliche Änderung einer solchen Anlage und ihres Betriebs. (Privilegiert nach § 38 BauGB.)[22] Die Planfeststellung von Abfallentsorgungsanlagen stellte bis zur Än-

---

18 Der Bebauungsplan kann aber nur die in § 9 BauGB und § 8a BNatSchG genannten Festsetzungen treffen und insbesondere nicht konkrete (nach LBO genehmigungspflichtige) Bauwerke genehmigen; insoweit bleibt evtl. ein ergänzendes Baugenehmigungs- oder Planfeststellungsverfahren erforderlich (z.B. für Betriebsgebäude, Strommasten und -leitungen), s. VGH BW, VBlBW 1991, 97 ff.; *Fromm*, DVBl. 1986, 121 (125); *Kühling*, Fachplanungsrecht, Rn. 140.
19 Näheres *Steinberg*, Fachplanung, § 1 Rn. 55 ff.
20 Vgl. im einzelnen *Steinberg*, Fachplanung, § 1 Rn. 63 ff.
21 Näheres bei *Steinberg*, Fachplanung, § 1 Rn. 69 ff. Nach BVerwGE 85, 54 bedarf die *untertägige Erkundung* eines Standortes (hier: Gorleben) auf seine Eignung neben der bergrechtlichen Betriebsplanzulassung nicht der atomrechtlichen Planfeststellung.
22 S.a. *Paetow*, FS Sendler, 1991, S. 425 ff.; *Steinberg*, Fachplanung, § 1 Rn. 47; *Kunig/Schwermer/Versteyl*, AbfG, 2. Aufl. 1992, § 7 Rn. 1 ff. Seit Erlaß des Investitionserleichterungs- und Wohnbaulandgesetzes bedürfen alle anderen Abfallentsorgungsanlagen (Kompostieranlagen, Wertstoffsortieranlagen, Müllverbrennungsanlagen) nur noch einer immissionsschutzrechtlichen Genehmigung, wobei die Privilegierung nach § 38 BauGB – verfassungsrechtlich wegen Art. 28 II GG bedenklich – aufrechterhalten wurde, s. *Engel*, UPR 1993, 209 ff. – Zu den Übergangsvorschriften s. BVerwG, UPR 1995,

derung durch das Investitionserleichterungs- und Wohnbaulandgesetz einen zweiten Schwerpunkt des Fachplanungsrechts dar.

- **Fernmelderechtliche Planfeststellung** (§ 7 I Telegrafenwege-Gesetz 1991) für Errichtung oder wesentliche Änderung von öffentlichen Zwecken dienenden Telegrafenlinien, durch die ein Verkehrsweg i.S. des § 1 (öffentliche Wege, Plätze, Brücken und öffentliche Gewässer nebst deren dem öffentlichen Gebrauch dienenden Ufern) benutzt werden soll.[23] Sie betrifft Telegrafen- und Fernsprechlinien (darüber hinaus alle Fernmeldelinien) in Gestalt von Freileitungen oder Kabeln (einschließlich Breitbandkabeln, z.B. zur Fernsehversorgung[24]). Auch diese Planfeststellung ist nach § 38 BauGB privilegiert.   **20**

   Ergänzende Regelung für Vorhaben von unwesentlicher Bedeutung[25] enthält das Ges. zur Vereinfachung des Planverfahrens für Fernmeldelinien (vom 24.9.1935, RGBl. I 1177, geänd. durch das Gesetz vom 28.6.1990, BGBl. I 1221).   **21**

   Für *Energieversorgungsleitungen* fehlt bisher ein allgemeines Fachplanungsgesetz. Falls sich hier Enteignungen (z.B. Zwangsbelastungen) als erforderlich erweisen (vgl. § 11 EnergG), kommt es nach manchen Landesenteignungsgesetzen zu „enteignungsrechtlichen Planfeststellungsverfahren" (etwa nach den §§ 15 ff. des z.B. in Nordrhein-Westfalen noch geltenden PreussEnteignG vom 11.6.1874 oder nach §§ 24 ff. BW EnteignG.)   **22**

- **Flurbereinigungsrechtliche Planfeststellung** (§ 41 FlurbG) für gemeinschaftliche und öffentliche Anlagen im Flurbereinigungsgebiet (also insbesondere für das neue Wege- und Gewässernetz) nebst den dazu gehörenden landschaftspflegerischen Maßnahmen.   **23**

- **Bergrechtliche Planfeststellung** (§ 52 IIa BBergG) für die Aufstellung eines Rahmenbetriebsplans i.S. des § 52 II Nr. 1 BBergG, wenn ein betriebsplanpflichtiges Vorhaben aufgrund einer gem. § 57c BBergG erlassenen RechtsVO einer UVP bedarf.[26]   **24**

Für die unter Rn. 2/11-2/14 dargestellten Planfeststellungen hat das Planungsvereinfachungsgesetz verfahrensrechtliche und materiellrechtliche Sonderregelungen getroffen (s. Rn. 2/28, 2/61). Nur die unter Rn. 2/12, 2/15 u. 2/20 aufgeführten Planfeststellungen werden von Bundesbehörden vorgenommen, alle übrigen von Landesbehörden (Art. 83 GG). Abgesehen von den unter Rn. 2/20 f. erwähnten Fällen sind für die   **25**

---

192 (193). – Zur Abgrenzung von Immissionsschutzrecht und Abfallrecht s.a. *Blankenagel/Bohl*, DÖV 1993, 585 ff.; *Neuss*, DVBl. 1993, 637 ff.; *Gaßner/Schmidt*, NVwZ 1993, 946 ff.; *Klett/Gerhold*, NuR 1993, 421 ff.; zur grundsätzlichen Abgrenzung von Planfeststellung und vorhabenbezogener Genehmigung am Beispiel von Abfallentsorgungsanlagen *Burgi*, JZ 1994, 654 ff.

23 Die Deutsche Bundespost TELEKOM nimmt die Rechte und Pflichten aus diesem Gesetz wahr. Dieses Unternehmen kann in entsprechender Anwendung des Gesetzes ein Planverfahren auch für die Errichtung und wesentliche Änderung von Fernmeldelinien *außerhalb* von öffentlichen Verkehrsflächen durchführen, wenn zuvor für die erforderliche Benutzung fremden Eigentums eine Rechtsgrundlage geschaffen worden ist. Vgl. zu alledem Art. 1 § 57 des Poststrukturgesetzes v. 9.6.1989, BGBl. I 1026, und Neubekanntmachung des Telegraphenwegegesetzes v. 24.4.1991, BGBl. I 1053.

24 BVerwGE 77, 128; dazu *Ronellenfitsch*, VerwArch 79 (1988), 211 ff.

25 BVerwGE 77, 134; dazu *Ronellenfitsch*, VerwArch 79 (1988), 211 (228).

26 S. *Gaentzsch*, FS Sendler, 1991, S. 403 ff.; *Niermann*, Betriebsplan und Planfeststellung im Bergrecht, 1992.

angeführten, planfeststellungsbedürftigen Vorhaben nach den zusammen mit dem UVPG in Kraft gesetzten neuen Regelungen der Fachplanungsgesetze (z.B. § 7 I 2 AbfG a.F., § 17 I 2 FStrG, § 8 I 2 LuftVG usw.) jeweils im Planfeststellungsverfahren *Umweltverträglichkeitsprüfungen* vorzunehmen (s. auch Nrn. 3-14 der Anl. zu § 3 UVPG).

2. Landesrechtliche Planfeststellungserfordernisse

26 Landesrechtlich ist, bei unterschiedlichen Regelungen im einzelnen, noch für weitere Objekte ein Planfeststellungserfordernis vorgesehen, z.B. für die Herstellung oder wesentliche Änderung von Landesstraßen, von öffentlichen Abwasserbeseitigungsanlagen, von Bergbahnen, ferner von Eisenbahnstrecken, die nicht von der Deutschen Bundesbahn betrieben werden, u.a.m.

3. Ausnahmen: Plangenehmigung und Absehen vom förmlichen Planungsverfahren

27 In einigen Fachplanungsgesetzen (z.B. § 41 IV 1 FlurbG, § 31 I 3 WHG, § 7 II AbfG a.F.) war seit jeher für weniger bedeutsame Infrastrukturvorhaben die Möglichkeit eröffnet, statt eines Planfeststellungsverfahrens ein **Plangenehmigungsverfahren** durchzuführen, das ohne Beteiligung der Öffentlichkeit und ohne formalisierte UVP ablaufen konnte. Hauptanwendungsfall sind Änderungen oder Erweiterungen von unwesentlicher Bedeutung, die keine Rechtsbeeinträchtigungen Dritter[27] bzw. keine erheblichen Auswirkungen auf die Umwelt (vgl. § 7 II AbfG a.F.) befürchten lassen. Die Plangenehmigung ist eine planerische Entscheidung, die dem Abwägungsgebot (Rn. 2/108 ff.) unterliegt, der aber die für die Planfeststellung typische Konzentrationswirkung fehlt.

28 Durch das **Planungsvereinfachungsgesetz**[28] wurde abweichend hiervon bei der **Planung von Verkehrswegen** die Möglichkeit geschaffen, anstelle eines Planfeststellungsverfahrens ein förmliches Plangenehmigungsverfahren – unter Beteiligung der Betroffenen sowie der Träger öffentlicher Belange – durchzuführen. Bei Änderungen oder Erweiterungen von unwesentlicher Bedeutung (d.h. wenn unter keinem erdenklichen Gesichtspunkt andere öffentliche Belange berührt sind und Rechte Dritter nicht

---

27 BVerwGE 77, 134 (136 ff.) – verfassungskonforme Auslegung in der fernmelderechtlichen Planung.
28 Gesetz zur Vereinfachung der Planungsverfahren für Verkehrswege v. 17.12.1993, BGBl. I 2123; vgl. hierzu BR-Drs. 598/93; *Dürr*, Planfeststellung, S. 1135 ff.; *Ronellenfitsch*, DVBl. 1994, 441 ff.; *Steinberg/Berg*, NJW 1994, 488 ff.; *Steiner*, NVwZ 1994, 313 ff. Zu Beschleunigungsgesetzen aus rechtsethischer Sicht *Erbguth*, JZ 1994, 477 ff. Das PlanungsvereinfachungsG stellt im wesentlichen eine Fortentwicklung des *VerkehrswegeplanungsbeschleunigungsG* v. 16.12.1991, BGBl. I 2174, unter Ausdehnung des Geltungsbereichs auf das gesamte Bundesgebiet dar, ohne daß die seinerzeit angekündigte Prüfung der Bewährung des VerkehrswegeplanungsbeschleunigungsG erfolgt wäre. Krit. zu den Regelungen des VerkWPlBeschlG z.B. *Brohm*, NVwZ 1991, 1027 ff.; *Kuschnerus*, UPR 1992, 168 ff. Inhaltsgleich das AEG und das MagnetschwebebahnplanungsG.

beeinflußt werden, was etwa bei dem Anlegen eines Radweges oder einer Verbreiterung eines innerörtlichen Gehweges auf städtischem Gelände der Fall sein kann) kann die Durchführung eines Verwaltungsverfahrens ganz entfallen.

Der Gesetzesänderung liegt der im Kern zutreffende Gedanke zugrunde, daß nur bei komplexen Sachverhalten die verfahrensbezogenen Sicherungen des Planfeststellungsverfahrens für ein sachgerechtes Abwägungsergebnis erforderlich sind. Verwaltungsverfahren sind effizient durchzuführen und einfache Problemlagen – so es diese gibt – in einfachen Verfahren, komplexe Problemlagen aber in komplexen Verfahren – wie dem Planfeststellungsverfahren – zu lösen. Gerade das Planfeststellungsverfahren gewährleistet mit seinem Verfahrensmodell der Öffentlichkeitsbeteiligung die Einbindung aller von der Planung berührten Interessen und damit nicht nur den rechtsstaatlich erforderlichen Schutz bereits im Verwaltungsverfahren, sondern fördert auch die Akzeptanz des Verfahrensergebnisses und damit die Durchsetzung der mit der Planung verfolgten Sachziele. Der BRat hat mittlerweile einen Gesetzentwurf eingebracht, der die nachfolgenden Bestimmungen des PlanungsvereinfachungsG als § 74 VI und VII VwVfG vorsieht (BT-Drs. 13/1445).

Die Plangenehmigung für Verkehrswege mit *Rechtswirkung* (d.h. Konzentrationswirkung und Präklusionswirkung) *der Planfeststellung kann* durchgeführt werden, wenn

– Rechte anderer nicht (oder enger: nicht wesentlich) beeinträchtigt werden[29] oder die Drittbetroffenen sich mit der Inanspruchnahme ihres Eigentums einverstanden erklären bzw. auf ihre privaten Rechte verzichten;

– mit den Trägern öffentlicher Belange (d.h. den sachlich von der Planung berührten Behörden, Kommunen und sonstigen juristischen Personen des öffentlichen Rechts) das *Benehmen*[30] hergestellt wurde.

Da die Vorschriften über das Planfeststellungsverfahren keine Anwendung finden, würde eine Umweltverträglichkeitsprüfung auch entfallen, wenn für ein an sich planfeststellungsbedürftiges, die Umwelt erheblich belastendes Vorhaben die Eigentümer zustimmen.[31] Des weiteren

---

29 Auch eine nur flächenmäßig geringe Inanspruchnahme fremden Grundeigentums schließt die Durchführung eines Plangenehmigungsverfahrens aus, weil das Eigentumsrecht *vollständig* (d.h. nicht unwesentlich) entzogen werden kann, a.A. VGH BW, Urt. v. 15.7.1994, 8 S 1196/94 für § 37 II BW StrG. Im Hinblick auf eine Mehrbelastung durch Verkehrslärm ist auf den Einzelfall abzustellen; einen Anhaltspunkt bietet die Wahrnehmungsschwelle von 2 dB (A). S.a. *Klinski/Gaßner*, NVwZ 1992, 235 (236 f.), welche in Anlehnung an BVerwGE 77, 134 eine verfassungskonforme Auslegung fordern, wonach unter jedem denkbaren Gesichtspunkt eine materielle Schlechterstellung des Dritten ausgeschlossen sein muß. Zurückhaltend auch *Steinberg*, Fachplanung, § 6 Rn. 41.

30 Die Herstellung des Benehmens mit einer anderen Behörde bedeutet, daß diese im Verfahren anzuhören ist und – soweit sie einen anderen Standpunkt zum Vorhaben vertritt – die gegenläufigen Standpunkte wie im Abwägungsvorgang einander mit dem Ziel der weitestgehenden Übereinstimmung anzunähern sind, der Standpunkt der anderen Behörde für die zuständige Behörde – anders als beim Einvernehmen – jedoch keine Bindungswirkung hat.

31 Ein Plangenehmigungsverfahren kann demzufolge insbesondere durchgeführt werden, wenn der Projektträger bereits Eigentümer der Flächen ist, die in Anspruch genommen werden sollen, was in der Praxis zu einem frühzeitigen Grunderwerb führt, aber unter dem Gesichtspunkt der gebotenen Alternativenabwägung bedenklich ist. Im Einzelfall kann sich aber aus der UVP-Rl. (Rn. 1/109) eine Pflicht zur Durchführung der UVP einschließlich Öffentlichkeitsbeteiligung ergeben, s. *Dürr*, Planfeststellung, S. 1136; *Klinski/Gaßner*, NVwZ 1992, 235 ff.; *Reinhardt*, DtZ 1992, 258 (261); *Ronellenfitsch*, DVBl. 1994, 441 (444). § 37 II BWStrG, § 6 II BWEisenbahnG verlangen daher zusätzlich, daß erhebliche Auswirkungen auf die Umwelt nicht zu besorgen sind; ein entspr. Vorschlag des BRates (BR-Drs. 756/92 v. 18.12.1992) wurde jedoch nicht Gesetz, so daß ein Plangenehmigungsverfahren auch in diesem Fall durchgeführt werden kann, s. BVerwG, B.v. 15.12.1994, 7 VR 17.94.

2 Planfeststellungsrecht

entfallen Öffentlichkeitsbeteiligung und Beteiligung der anerkannten Naturschutzverbände.[32] Dies kann in Einzelfällen dem Grundsatz, daß komplexe Sachverhalte auch komplexer Verfahren mit komplexem Sachverhaltsaufklärungsmechanismus bedürfen, widersprechen, so daß in diesen Fällen vom Verfahrensermessen, ein Plangenehmigungsverfahren durchzuführen, kein Gebrauch gemacht werden sollte. Bedenklich erscheint auch, daß die Öffentlichkeitsbeteiligung als demokratisches Element des PFV (gerade in den östlichen Bundesländern!) entfällt, obwohl mit ihrer Durchführung keine nennenswerte Verfahrensverzögerung verbunden zu sein scheint.[33] Insbesondere besteht die Gefahr, daß Planungsträger Projekte anhand der Eigentumsverhältnisse planen und die erforderliche Alternativenabwägung vernachlässigen, was einen Widerspruch zum raumordnenden Charakter der Fachplanung darstellt. Hingegen bestehen keine Bedenken, das Plangenehmigungsverfahren mit einer umfassenden Konzentrationswirkung auszugestalten, weil die Fachbehörden, deren Genehmigungen ersetzt werden, im Verfahren eingebunden bleiben.

32 Eine vollständige Deregulierung, d.h. ein **Verzicht auf ein Verwaltungsverfahren**, welches mit einer Planfeststellung oder -genehmigung abschließt, sieht das Planungsvereinfachungsgesetz für *Änderungen und Erweiterungen von unwesentlicher Bedeutung* vor (§ 18 III AEG, § 17 II FStrG, § 13 Ib WaStrG, § 8 III LuftVG, § 28 II PersBefG).[34] Eine Bindung an das Abwägungsgebot bleibt bestehen (Art. 20 III GG). Ein Fall von unwesentlicher Bedeutung liegt nach dem Gesetzeswortlaut vor, wenn u.a. „Rechte anderer nicht beeinflußt werden", was bei der auch nur geringfügigen Inanspruchnahme von Eigentum aber nicht der Fall ist.

4. Exkurs: Planfeststellung konkreter Vorhaben durch förmliches Gesetz

33 Die Bundesregierung beabsichtigt, möglicherweise insgesamt 17 „Verkehrsprojekte deutsche Einheit" nicht in ein Planfeststellungsverfahren zu bringen, sondern direkt durch den Bundestag unter Zustimmung des Bundesrates verabschieden zu lassen. Die ersten diesbezüglichen **Gesetzesbeschlüsse** sind – trotz gravierender verfassungsrechtlicher Bedenken – für den Bau der Eisenbahn-Südumfahrung Stendal und der Ostseeautobahn ergangen.[35] In der Literatur sind – im wesentlichen einhellig[36] – folgende **verfassungsrechtliche Einwände** gegen derartige Gesetze erhoben worden:

---

32 Krit. hierzu, i.E. aber wohl zu weitgehend *Kröger/Schulz*, NuR 1995, 72 (76). Zur Möglichkeit der Naturschutzverbände, die Tatbestandsvoraussetzungen für den Verzicht auf ein Planfeststellungsverfahren überprüfen zu lassen s. VGH BW, UPR 1993, 194; *Steinberg*, Fachplanung, § 7 Rn. 38.
33 *Steinberg/Allert/Grams/Scharioth*, Zur Beschleunigung des Genehmigungsverfahrens für Industrieanlagen, 1991, S. 57 ff.
34 Zur entspr. Vorschrift im VPlBG: *Klinski/Gaßner*, NVwZ 1992, 235 (236 f.). Von diesen Fällen sind Planänderungen im Planfeststellungsverfahren (s. etwa § 73 VIII VwVfG sowie *Kuschnerus*, DVBl. 1990, 235 ff. u. Rn. 10/285) sowie Planänderungen nach Feststellung des Plans, aber vor Fertigstellung des Vorhabens (s. etwa § 76 VwVfG; Rn. 2/60, 10/286) zu unterscheiden.
35 Gesetz über den Bau der Südumfahrung Stendal der Eisenbahnstrecke Berlin-Oebisfelde v. 29.10.1993, BGBl. I 1906 (ein Normenkontrollverfahren des Bundeslands Hessen ist beim BVerfG anhängig, Az. 2 BvF 2/93); Gesetz über den Bau des Abschnitts Wismar West – Wismar Ost der BAB A 20 Lübeck – Bundesgrenze (A11) v. 2.3.1994, BGBl. I 734.
36 Z.B. *Bullinger*, Beschleunigte Genehmigungsverfahren für eilbedürftige Vorhaben, 1991, S. 104 ff.; *ders.*, DVBl. 1992, 1463 (1467); *Ronellenfitsch*, DÖV 1991, 771 (778 ff.); *Stüer*, DVBl. 1992, 1333; *Würtenberger*, VBlBW 1992, 1 ff.

– Unter föderativen Aspekten stellen solche Gesetze eine Durchbrechung der den Ländern zugewiesenen *Verwaltungskompetenz* dar. Nach der Systematik des GG ist das Parlament zur Gesetzgebung befugt, die Ausführung der so beschlossenen Gesetze obliegt nach Art. 83 ff. GG grundsätzlich den Landesbehörden, ausnahmsweise Bundesbehörden, nicht aber den Parlamenten. Eine rechtsetzende Tätigkeit der Exekutive durch Rechtsverordnung ist verfassungsrechtlich vorgesehen, nicht aber eine verwaltende Tätigkeit des Parlaments, die damit einer besonderen Rechtfertigung bedürfte. 34

– Aus dem Gesichtspunkt der *Gewaltenteilung* ist die vollzugsorientierte Planung eine Aufgabe der Verwaltung aufgrund entsprechender parlamentarisch-gesetzlicher Ermächtigung. Zwar ist die Gewaltenteilung kein starres Prinzip, es erlaubt aber Modifizierungen nur außerhalb eines Kernbereichs der den drei Staatsgewalten vorzubehaltenden Aufgaben. Typusfremde Tätigkeiten wie der Erlaß von verwaltungsaktersetzenden Einzelfallgesetzen bedürfen daher einer besonderen Rechtfertigung, die um so höher sein muß, je weiter sich das Parlament vom Erlaß allgemeiner Regeln entfernt. Daher ist eine gesetzförmige Genehmigung nur in einer Notstandssituation – wenn nicht gleichermaßen exekutivisch gehandelt werden kann – zulässig. 35

– Die Gesetze widersprechen dem Verbot von grundrechtsbeschränkenden *Einzelfallgesetzen*, welches das BVerfG im Hamburger Deichordnungsurteil (BVerfGE 24, 367, 402) aufgestellt hat. Sie sind mit der *Rechtsschutzgarantie* des Art. 19 IV GG nicht zu vereinbaren, weil sie dem Bürger nur die Möglichkeit einer Verfassungsbeschwerde eröffnen, die für sich allein gesehen – aufgrund der unterschiedlichen Prüfdichte – aber noch keinen effektiven Rechtsschutz vermittelt, sondern diesen nur ergänzt. 36

– Nach Art. 28 II GG ist die *Planungshoheit* der Gemeinden verfassungsrechtlich geschützt.[37] Die Gesetze stellen einen Eingriff in die Planungshoheit dar, der durch Mitwirkung der betroffenen Gemeinden und Berücksichtigung der kommunalen Belange im Planungsverfahren kompensiert werden muß. 37

Die Gesetze stellen nicht nur den Plan fest, sondern ermächtigen darüberhinaus den Bundesverkehrsminister zu *Planänderungen durch Rechtsverordnung ohne Zustimmung des Bundesrates* unter Einhaltung der Grundzüge der Planung, wenn Tatsachen bekannt werden, die der Ausführung des Vorhabens entgegenstehen (was z.B. bei einem Abwägungsdefizit der Fall sein kann). Diese Vorschrift ist u.E. bedenklich weit gefaßt, weil sie, wie aus § 2 II Nr. 3 der Gesetze hervorgeht, auch wesentliche Planänderungen ermöglicht. 38

---

37 BVerwG, UPR 1992, 447 (449); i.E. auch BVerfGE 76, 107 (118).

II. Planfeststellungsverfahren

39 Für das – bei großtechnischen Projekten u.U. viele Jahre dauernde[38] – Planfeststellungsverfahren sind die §§ 72 ff. VwVfG bzw. die entsprechenden Vorschriften der LVwVfG maßgeblich, soweit nicht das jeweils einschlägige Fachplanungsgesetz abweichende Bestimmungen vorsieht. Das Verfahren entwickelt sich in folgenden Stufen:[39]

1. Antrag

40 Das Verfahren beginnt damit, daß der Vorhabenträger den Antrag zur Durchführung des Planfeststellungsverfahrens für das planfeststellungsbedürftige Objekt einreicht. Dem Antrag ist der „*Plan*" beizufügen; die dazugehörigen Planunterlagen umfassen z.B. bei Straßen (vgl. Nr. 12 Planfeststellungsrichtlinien): den Erläuterungsbericht des Antragstellers mit einer Darstellung der Auswirkungen des Vorhabens auf die Umwelt und einer allgemeinverständlichen Kurzfassung des Planfeststellungsantrags, Bauwerksverzeichnis, Ausbauquerschnitt, Lage-, Höhen-, Leitungsplan, Grunderwerbsverzeichnis, Grunderwerbsplan, Unterlagen zur Regelung wasserwirtschaftlicher und lärmtechnischer Sachverhalte, den landschaftspflegerischen Begleitplan mit Vermeidungs-, Minimierungs-, Ausgleichs- und Ersatzmaßnahmen (Rn. 3/136) u.a.m. Antrag und Unterlagen sind der zuständigen Behörde vorzulegen. Das kann unmittelbar die Planfeststellungsbehörde sein oder aber, was die Regel ist, eine davon zu unterscheidende Behörde (etwa die für das Anhörungsverfahren nach Landesrecht speziell für zuständig erklärte Anhörungsbehörde). Mit der Antragstellung und der Vorlage des Plans wird das sog. „*Anhörungsverfahren*", nämlich die Behördenanhörung und die (mehrstufige) Öffentlichkeitsbeteiligung, eingeleitet.

41 Die wesentlichen Verzögerungen im Planungsverfahren treten noch vor Antragstellung auf. Da der Projektträger verpflichtet ist, eine bereits den Anforderungen des Abwägungsgebotes genügende Planung zu beantragen, ist der informelle Abstimmungsprozeß und die damit verbundene Sachverhaltsaufklärung bereits sehr zeitaufwendig. Daneben ist zu bemängeln, daß viele Pläne unvollständig eingereicht werden und sehr zeitraubend nachgebessert werden müssen. Diesen Mängeln soll mit der Durchführung eines Scoping-Verfahrens nach § 5 UVPG (Rn. 1/114) vorgebeugt werden.

---

38 Der Gesetzgeber hat hierauf seit 1991 insbesondere für den Verkehrswegebau durch eine Vielzahl von beschleunigt durchgeführten Gesetzesänderungen, z.B. das VerkehrswegeplanungsbeschleunigungsG, das PlanungsvereinfachungsG und Maßnahmegesetze, mit denen Verkehrswege durch Gesetz beschlossen wurden, reagiert, ohne daß dem gesetzgeberischen Handeln erkennbar eine Schwachstellenanalyse zugrundelag (vgl. z.B. *Steinberg/Allert/Grams/Scharioth*, Zur Beschleunigung des Genehmigungsverfahrens für Industrieanlagen, 1991); s. *Blümel* (Hrsg.), Verkehrswegeplanung in Deutschland, 1992; *Wahl*, DVBl. 1993, 517 ff.

39 Im einzelnen hierzu die Planfeststellungsrichtlinien des BMV (VkBl. 1994, 749); *Dürr*, Planfeststellung, S. 1073 ff.; *Steinberg*, Fachplanung, § 3 Rn. 12 ff.

2. Behördenanhörung

Die Planfeststellungs- bzw. Anhörungsbehörde holt die Stellungnahmen aller Fachbehörden ein, deren jeweiliger Aufgabenbereich durch das Vorhaben berührt wird (z.B. § 73 II VwVfG, § 10 II 2 LuftVG usw.). Dies ist schon deswegen notwendig, weil der Planfeststellungsbeschluß Konzentrationswirkung (Rn. 2/69 ff.) entfaltet. **42**

Das Planungsvereinfachungsgesetz für Verkehrswege sieht vor, daß die Behörden ihre Stellungnahme innerhalb einer Frist von höchstens drei Monaten abgeben müssen (zur Behördenpräklusion, s. Rn. 2/61) **43**

3. Auslegung des Antrags und öffentliche Bekanntmachung

Der Antrag und die nicht geheimhaltungsbedürftigen Unterlagen sind zur Ermöglichung einer **Öffentlichkeitsbeteiligung**[40] in den Gemeinden, in denen sich das Vorhaben voraussichtlich auswirkt, nach § 73 III 1 VwVfG für die *Dauer eines Monats* zu jedermanns Einsicht *auszulegen* (nach § 9b V Nr. 1 AtG i.V.m. § 6 I AtVfV zwei Monate). Die Planauslegung hat dabei in einer Weise zu erfolgen, die geeignet ist, dem interessierten Bürger und den interessierten Gemeinden ihr Interesse an Information und Beteiligung durch Anregung und Bedenken bewußt zu machen und dadurch eine auf das geplante Vorhaben bezogene Öffentlichkeit herzustellen (BVerwGE 75, 214, 223). Der Antrag ist ortsüblich öffentlich bekanntzumachen. **44**

Auf die Einwendungsbefugnis (Rn. 2/47) und die Einwendungsfrist ist in der öffentlichen Bekanntmachung ausdrücklich hinzuweisen (vgl. etwa § 73 V VwVfG). **45**

4. Einwendungen

Bis einschließlich zwei Wochen nach Ende der einmonatigen Auslegungsfrist (§ 73 IV 1 VwVfG) können Einwendungen gegen das Vorhaben erhoben werden (eine Sonderregelung enthält nur noch § 7 AtVfV, wonach Einwendung während der zweimonatigen Auslegungsfrist erhoben werden müssen). Einwendungen sind *sachliches Gegenvorbringen*, durch das das vom Vorhaben berührte Rechtsgut und die Art seiner befürchteten Beeinträchtigung kenntlich zu machen sind. Insoweit sind sie zu substantiieren, brauchen aber nicht näher begründet zu werden.[41] **46**

---

40 Dazu *Laubinger*, in: HdUR, Bd. II, Art. „Öffentlichkeitsbeteiligung", Sp. 1493 ff.; *Wahl*, NVwZ 1990, 426 (433). Nach VGH BW, VBlBW 1992, 428 müssen Gutachten nur ausgelegt werden, wenn hierdurch die eigene Betroffenheit der Bürger erkennbar wird (z.B. Verkehrslärm). Durch § 6 III UVPG wird der Umfang der auszulegenden Unterlagen erheblich erweitert. Das sog. „vereinfachte Anhörungsverfahren" des § 73 III 2 VwVfG kommt nach § 9 UVPG nicht mehr in Betracht. Im Verfahren der *flurbereinigungsrechtlichen Planfeststellung* (Rn. 2/23) ist zwar eine Anhörung, nicht aber eine unmittelbare Beteiligung auch nur der von der Planfeststellung betroffenen Teilnehmer vorgesehen (vgl. § 41 FlurbG); deren Rechtspositionen werden nämlich, da ihre Rechte auf wertgleiche Abfindung unberührt bleiben (§ 41 V 3 FlurbG), durch die geplanten Vorhaben nicht unmittelbar berührt (s. Fn. 2/137).

41 So für das atomrechtliche Verfahren BVerwGE 60, 297 (311); BVerwG, DVBl. 1988, 1170 (1174).

2 Planfeststellungsrecht

47 In der Regel kann nur der, dessen Belange durch das Vorhaben berührt werden, Einwendungen erheben (§ 73 IV VwVfG: **Interessentenbeteiligung**). Nach § 9b V Nr.1 AtG (i.V.m. § 7 I 1 AtVfV) ist aber im atomrechtlichen Planfeststellungsverfahren (wie auch nach § 10 IV Nr. 2 BImSchG im immissionsschutzrechtlichen Genehmigungsverfahren) „jedermann" zur Erhebung von Einwendungen befugt (*Jedermann*- oder **Popularbeteiligung**).

48 Die Vorschriften über die Öffentlichkeitsbeteiligung haben jedenfalls zugunsten solcher Dritter, die durch die Planfeststellung in einer *materiellrechtlich geschützten Rechtsposition* (z.B. Gesundheit, Eigentum) verletzt sein können, *drittschützende Funktion* (Rn. 2/125).[42] Zu beachten sind aber die §§ 45, 46 VwVfG,[43] wonach sich eine Verfahrensrüge des Nachbarn, auch wenn sich der Verfahrensverstoß ihm – und nicht anderen – gegenüber ereignet hat, u.U. als nutzlos erweisen kann.

49 Nach Ablauf der Einwendungsfrist, die nach § 31 VwVfG i.V.m. §§ 187 II, 188 II BGB zu berechnen ist, sind alle Einwendungen *ausgeschlossen*, die nicht auf besonderen privatrechtlichen Titeln (z.B. Verträgen, Dienstbarkeiten) beruhen. Dabei handelt es sich in manchen Fällen (nur) um eine sog. **formelle Präklusion**. Dies bedeutet, daß verspätete Einwendungen (lediglich) im Erörterungstermin nicht erörtert werden müssen (z.B. § 73 IV u. VI 1 VwVfG), wogegen demjenigen, der Einwendungen nicht oder verspätet erhoben hat, dieses Gegenvorbringen im Wege einer späteren verwaltungsgerichtlichen Klage unbenommen bleibt. Möglich ist aber auch eine **materielle Präklusion** (s. auch Rn. 6/188). Sie beinhaltet, daß verspätete Einwendungen im Planfeststellungsbeschluß nicht berücksichtigt werden müssen und auch eine spätere verwaltungsgerichtliche Klage nicht mehr auf Umstände gestützt werden kann, die bereits im Wege der Einwendung hätten geltend gemacht werden können. Im Bestreben des Gesetzgebers, komplexe Genehmigungsverfahren zu beschleunigen und die Entscheidung gegenüber Rechtsmitteln Dritter beständig zu machen, wurde die materielle Präklusion von Einwendungen Privater durch das „3. Rechtsbereinigungsgesetz" und das Planungsvereinfachungsgesetz in viele Fachplanungsgesetze[44] eingeführt (z.B.

---

42 So seit BVerfGE 53, 30 (62 ff.) – Mülheim-Kärlich – die h.L. u. Rspr. Vgl. etwa BVerwGE 75, 214 (226); UPR 1989, 24 f.; OVG Lbg., NVwZ 1985, 506 (508), DVBl. 1984, 890 (894 f.) u.a.m. Abw. noch BVerwGE 41, 58 (63 ff.); 62, 243 (246) – wasserrechtliches PFV; DÖV 1982, 639 (641) – straßenrechtliches PFV.

43 Nach st. Rspr. des BVerwG kommt eine Aufhebung des PFB nur in Betracht, wenn sich die Nichtbeachtung einer Verfahrensvorschrift auf die dahinterstehende grundrechtlich geschützte Rechtsposition des Klägers ausgewirkt haben könnte, was der Fall ist, wenn die *konkrete Möglichkeit* besteht, daß die angegriffene Entscheidung ohne den Verfahrensmangel anders ausgefallen wäre (BVerwGE 75, 214 [228]; BVerwG, NVwZ 1993, 572 [575]). Zurecht kritisch hierzu *Grimm*, NVwZ 1985, 865 (871); *Hufen*, Fehler im Verwaltungsverfahren, 2. Aufl. 1992, Rn. 626 ff.; *Kügel*, Planfeststellungsbeschluß, S. 228 ff.; *Schoch*, Die Verwaltung 1992, 21 (48 f.); *Steinberg*, Fachplanung, § 3 Rn. 146 ff. m.w.N. Ausführlich zu Verfahrensfehlern *Breuer*, FS Sendler, 1991, S. 383 ff.; *Wahl*, NVwZ 1990, 426 (431 ff.).

44 Es dürften in erster Linie kompetenzrechtliche Gründe gewesen sein, die den Gesetzgeber davon abhielten, allgemeine verfahrensrechtliche Neuregelungen, insbesondere Präklusion und Verfahrensfristen, nicht in den §§ 72 ff. VwVfG zu verankern. Da der Bund in den Fachgesetzen im Rahmen seiner konkurrierenden Gesetzgebungsbefugnis auch verfahrensrechtliche Regelungen treffen kann, wenn der BRat dem Gesetz zustimmt, ist dieser Weg politisch einfacher durchzusetzen als eine Änderung der VwVfGe, die einen Konsens zwischen Bund und Ländern voraussetzt, weil das verfahrensrechtliche Grundgerüst der meisten Planfeststellungsverfahren die VwVfGe der Länder bilden.

§ 20 II AEG, § 9b IV Nr. 1 AtG i.V.m. § 7 I 2 AtVfV, § 17 IV FStrG, § 17 Nr. 5 WaStrG, § 10 IV LuftVG, § 29 IV PersBefG, § 41 II i.V.m. § 59 II 1 FlurbG). Dies beruht letztlich auf dem Gedanken, daß dem Inhaber eines subjektiven Rechts eine Mitwirkungslast im Verfahren obliegt, die dazu führt, daß er sein subjektives Recht verwirkt, wenn er seine Beteiligungsmöglichkeit (schuldhaft) nicht wahrnimmt. Eine solche materielle sog. Verwirkungspräklusion ist nicht verfassungswidrig.[45]

5. Erörterungstermin

Die rechtzeitig erhobenen Einwendungen hat die Anhörungsbehörde in einem besonderen Termin mit den Einwendern und dem Antragsteller zu erörtern, soweit dies für die Prüfung der Planfeststellungsvoraussetzungen von Bedeutung sein kann. Der Erörterungstermin darf erst dann stattfinden, wenn eine hinreichend problembezogene Erörterung zu erwarten steht.[46] In dem Erörterungstermin, einer nicht voll entwickelten Sonderform der mündlichen Verhandlung, erreicht das Anhörungsverfahren seinen Höhepunkt. Die Einzelheiten sind in § 73 VI VwVfG geregelt. Ganz allgemein gilt der **Grundsatz der fairen und sachbezogenen Erörterung**.[47]

Der Erörterungstermin für Verkehrswege muß nach dem Planungsvereinfachungsgesetz (Rn. 2/61) innerhalb von drei Monaten nach Ablauf der Einwendungsfrist abgeschlossen werden.

Der (nicht öffentliche) Erörterungstermin dient insbesondere

– der Information der Einwender,
– der Sachaufklärung der Behörde darüber, ob die Planfeststellungsvoraussetzungen vorliegen,
– der vorverlagerten Rechtsschutzgewährung für solche Einwender, die in ihren Rechten betroffen sein können[48] und
– wenn möglich auch der größeren Akzeptanz der Planung durch umfassende und objektive Erörterung der Sachprobleme mit den Einwendern.

§ 73 VI VwVfG vermittelt einen Anspruch auf die Einräumung der Möglichkeit einer „substantiellen Einflußnahme" jedenfalls der anzuhörenden „Betroffenen". Hierzu kann auch gehören, bereits vorliegende Gutachten im Erörterungstermin zu behandeln oder einen derartigen Termin erst nach Einholung von Gutachten durchzuführen.[49]

---

45 Vgl. BVerfGE 61, 82 u. schon BVerwGE 9, 9 zur GewO. – Grenzen der materiellen Präklusion ergeben sich aus dem Gebot der Gewährleistung effektiven Rechtsschutzes auch im Verwaltungsverfahren; deshalb muß der Betroffene insbes. Kenntnis über den Verfahrensgegenstand (z.B. Vollständigkeit der Unterlagen, Möglichkeit der Akteneinsicht, keine nachträglichen Änderungen usw.) und die Möglichkeit besitzen, Einwendungen zu erheben. Kein Einwendungsausschluß daher für „neue" Nachbarn (OVG Lüneburg, NVwZ 1986, 671) oder für nachträglich eingereichte Antragsunterlagen (BayVGH, NVwZ 1989, 483). – Allgemein zu den Präklusionsregelungen im Umweltrecht *Erbguth*, Grundfragen, S. 256 ff.; *Streinz*, VerwArch 79 (1988), S. 272 ff.
46 BVerwGE 75, 214 (226) – Flugh. München II = DVBl. 1987, 573 (576).
47 BVerwG, DVBl. 1987, 573 (578); in BVerwGE 75, 214 nicht abgedr.
48 Vgl. BVerfGE 53, 30 – Mülheim-Kärlich. Zu den damit verbundenen Rechtsfragen s. *Erbguth*, Grundfragen, S. 242 ff.
49 So BVerwGE 75, 214 (226).

2 Planfeststellungsrecht

Für die Öffentlichkeitsbeteiligung bei der behördlichen Gestattung großtechnischer Vorhaben kommen *rechtspolitisch* zwei Modelle in Betracht:

54 (1) Bei dem **Erörterungsmodell**, das sozus. idealtypisch im immissionsschutzrechtlichen Genehmigungsverfahren nach § 10 VI 1 BImSchG i.V.m. § 14 I der 9. BImSchV verwirklicht ist, werden die Einwendungen (nur) mit dem Antragsteller und den Einwendern erörtert. Das Ziel besteht vornehmlich darin, den Einwendern Gelegenheit zu geben, ihre fristgerecht erhobenen Einwendungen zu verdeutlichen.

55 (2) Bei dem **Verhandlungsmodell** (vgl. z.B. die für das Planfeststellungsverfahren nicht einschlägigen §§ 67 f. VwVfG) wird einerseits die Ermöglichung einer echten, d.h. substantiellen Mitwirkung der Einwender an der Gewinnung der Entscheidungsgrundlagen und andererseits die Transparenz dieses Vorgangs erstrebt. Hierzu findet eine kontradiktorische Verhandlung (bei Neutralität des Verhandlungsleiters) statt. Sie hat allerdings nur Sinn, wenn zwischen den „Parteien", d.h. den Einwendern einerseits und dem Antragsteller andererseits, „Waffengleichheit" besteht, was einen zureichenden Informationsstand der Einwender voraussetzt. Das bedingt z.B., daß die Stellungnahmen der Fachbehörden vor dem Verhandlungstermin eingegangen und möglichst die von der Genehmigungsbehörde schon bei der Vorabprüfung für erforderlich gehaltenen Gutachten eingeholt worden sind. Des weiteren ist grundsätzlich Akteneinsicht zu gewähren. Die (etwa in einer Bürgerinitiative organisierten) Einwender müssen Gelegenheit haben, ihrerseits Gutachter zu bestellen. Da die Kosten einer sachverständigen Begutachtung die finanziellen Möglichkeiten der meisten Einwender, Bürgerinitiativen und auch kleinerer Gemeinden regelmäßig bei weitem übersteigen, kann von echter „Waffengleichheit" aber nur dann gesprochen werden, wenn den (organisierten) Einwendern die Möglichkeit gegeben wird, für streitigen Fachfragen zur Vorbereitung des Erörterungstermins einen eigenen Gutachter zu bestellen, der von der Anhörungsbehörde bezahlt wird. Ein solches Vorgehen wäre für die Akzeptanz des Verfahrens bei den Betroffenen förderlich und würde die Erfüllung der Funktionen der Öffentlichkeitsbeteiligung besser gewährleisten als ein reines Erörterungsmodell.

56 In den *normativen* Regelungen der Öffentlichkeitsbeteiligung im Immissionsschutz-, Atom- und Planfeststellungsrecht finden sich in bezug auf den Erörterungstermin Vorschriften, die sich zunehmend dem Verhandlungsmodell annähern. Lediglich nach § 8 I 1 AtVfV findet eine Erörterung nur der Einwendungen und auch nur mit den Einwendern und dem Antragsteller statt. Demgegenüber bezieht die Regelung des § 73 VI VwVfG insoweit auch die (Fach-)Behörden mit ein.

57 Die *Praxis* geht noch weiter, indem hier häufig auch noch die Gutachter, die die in das Verfahren einbezogenen Gutachten erstattet haben, (einschließlich der von den Einwendern bestellten Gutachter) hinzugezogen werden, so daß eine umfassende Erörterung stattfinden kann. Gerade bei großtechnischen Vorhaben (z.B. kerntechnischen Anlagen, Flughäfen) geht es häufig um Fragen, deren sinnvolle Erörterung besonderen Sachverstand voraussetzt, so daß sich der Einzeleinwender hierzu oft nicht in qualifizierter Weise äußern kann. Dies wäre aber wünschenswert, zumal Einwender nicht selten als Protagonisten einzelner, von dem Vorhaben potentiell betroffener Umweltbelange, die jeweils als öffentliche Interessen zu qualifizieren sind, angesehen werden können; hier können Verfahrensbevollmächtigte oder sachkundige Beistände hilfreich sein.

6. Erlaß des Planfeststellungsbeschlusses

58 Nach Abschluß des Anhörungsverfahrens legt die Anhörungsbehörde der Planfeststellungsbehörde den Plan, die nicht erledigten Einwendungen und die eigene Stellung-

nahme vor (§ 73 IX VwVfG). Das damit eingeleitete Beschlußverfahren endet, falls der Antrag Erfolg hat, mit dem Erlaß des Planfeststellungsbeschlusses, mit welchem die Planfeststellungsbehörde durch Verwaltungsakt den vom Antragsteller vorgelegten Plan (Rn. 2/40) feststellt und über die noch strittigen Einwendungen sowie über ggf. notwendige Schutzauflagen entscheidet. Ist der zur Feststellung vorgelegte Plan inhaltlich mit den rechtlichen Anforderungen an eine rechtmäßige Fachplanung nicht vereinbar (Rn. 2/97 ff.), so muß, sofern vom Antragsteller keine Planänderung vorgenommen wird und/oder durch Nebenbestimmungen keine zureichende Abhilfe möglich ist, der Erlaß des beantragten Planfeststellungsbeschlusses abgelehnt werden.[50] Im übrigen ist der Planfeststellungsbehörde bei der Entscheidung über das „Ob" der Planfeststellung nach der h.L. ein Ermessen eingeräumt.

Im Planfeststellungsbeschluß entscheidet die Planfeststellungsbehörde über alle entscheidungserheblichen Fragen, auch über die Einwendungen, über die bei der Erörterung keine Einigung erzielt worden ist. Die Betroffenen können ggf. verwaltungsgerichtlichen Rechtsschutz in Anspruch nehmen (Rn. 2/120 ff.). Soweit eine abschließende Entscheidung über einzelne Fragen noch nicht möglich ist, ist diese im Planfeststellungsbeschluß vorzubehalten (§ 74 III HS 1 VwVfG).[51] 59

Soll der festgestellte Plan noch *vor* Fertigstellung des Vorhabens geändert werden, so bedürfen die vorzunehmenden *Planänderungen* dann keines neuen Planfeststellungsverfahrens, wenn diese Änderungen von *unwesentlicher Bedeutung* sind, wenn insbesondere die Belange anderer von der Änderung nicht berührt werden oder wenn die Betroffenen der Änderung zugestimmt haben (§ 76 II VwVfG). 60

7. Besonderheiten der Verkehrswegeplanung

Bei fortbestehender Bindung an das Abwägungsgebot wurden mit dem Planungsvereinfachungsgesetz für Verkehrswege (d.h. für Bundesstraßen, Eisenbahnen, Straßenbahnen, Flughäfen und Bundeswasserstraßen) folgende **Änderungen des Planfeststellungsverfahrens** (als *leges speciales* insbes. zu § 73 VwVfG) eingeführt: 61

– eine *Stellungnahmefrist* für Behörden (Träger öffentlicher Belange) von höchstens drei Monaten;
– die Gemeinden müssen den Plan innerhalb von drei Wochen nach Zugang auslegen, wobei zuvor die ortsübliche Bekanntmachung erfolgen muß;
– der *Erörterungstermin* (§ 73 VI VwVfG) ist *innerhalb von drei Monaten* nach Ablauf der Einwendungsfrist abzuschließen;

---

50 Zur str. Frage, ob der Ablehnung des PFB die Einleitung des förmlichen Verfahrens vorausgehen muß, vgl. OVG Koblenz, NuR 1991, 189. Zur Aufhebung eines PFB *Grupp*, DVBl. 1990, 81 ff.
51 Vgl. auch § 18a III FStrG a.F. und BVerwGE 61, 307 (311); BVerwG, NVwZ-RR 1995, 332 f. Zur Grenze für Vorbehalte hinsichtlich der Umweltverträglichkeit zutr. Bay VGH, DVBl. 1994, 1198 ff.; OVG Lüneburg, DVBl. 1994, 770 (772); VGH BW, Urt.v. 9.2.1995, 5 S 1648/94, S. 50 ff.

2 Planfeststellungsrecht

- bei Planänderungsverfahren kann der *Erörterungstermin* i.S.d. § 73 VI VwVfG, § 9 I 2 UVPG ganz *entfallen*;[52]
- eine *materielle Präklusion* von Einwendungen Privater (Rn. 2/49);[53]
- nach dem Erörterungstermin eingehende Stellungnahmen von Behörden müssen bei der Planfeststellung nicht berücksichtigt werden, es sei denn, die verspätet vorgebrachten öffentlichen Belange hätten der Planfeststellungsbehörde auch ohne das Vorbringen bekannt sein müssen. Diese *Behördenpräklusion*, die außer im Planungsvereinfachungsgesetz für Verkehrswege auch für die Bauleitplanung in § 2 IV BauGB-MaßnG vorgesehen ist, widerspricht dem aus dem Rechtsstaatsprinzip abgeleiteten und deshalb im Verfassungsrecht verwurzelten Abwägungsgebot mit seinen damit verknüpften Anforderungen an Sachverhaltsermittlung und Entscheidungsfindung. Sie ist daher verfassungskonform dahingehend auszulegen, daß vorgetragene öffentliche Belange der Planfeststellungsbehörde regelmäßig hätten bekannt sein müssen.[54]

  Behörden machen nämlich regelmäßig öffentliche und nicht eigene Belange geltend. Eine Pflicht, öffentliche Belange fristgerecht vorzutragen, kann den Fachbehörden zwar auferlegt werden, sie kann aber die Planfeststellungsbehörde nicht von der Pflicht entbinden, verspätet vorgetragene öffentliche Belange auch in die Abwägung einzubeziehen. Das verfassungsrechtliche Abwägungsgebot verpflichtet die Planfeststellungsbehörde zum Ausgleich aller betroffener privaten und öffentlichen Belange. Die Wahrung der öffentlichen Interessen ist verfassungsrechtlich gerade ihr übertragen; hierin liegt ein spezifisch hoheitliches Element der Planung. Öffentliche Interessen können – da sie Gemeinwohlbelange sind – anders als private Belange nicht im Verfahren verwirkt werden und unberücksichtigt bleiben. Die Planfeststellungsbehörde müßte diese Belange ja gegebenenfalls selbst im Wege der Amtsermittlung erforschen.

- bei Eisenbahnen und Bundesfernstraßen, für die gesetzlich ein vordringlicher Bedarf festgestellt wurde, sowie bei Straßenbahnen hat eine Anfechtungsklage *keine aufschiebende Wirkung* mehr (§ 20 IV AEG, § 17 VIa 1 FStrG, § 29 VI 2 PersBefG), womit eine gesetzliche Anordnung des Sofortvollzuges „im öffentlichen Interesse" getroffen wurde;[55]
- soweit durch Gesetz oder Verfügung die sofortige Vollziehbarkeit eines PFB (oder einer Plangenehmigung) angeordnet wurde, ist ein Antrag auf Herstellung der aufschiebenden Wirkung nach § 80 V VwGO innerhalb eines Monats nach Zustellung des PFB zu stellen (s. Rn. 2/147);

---

52 Da Änderungen von Verkehrsanlagen weit häufiger vorkommen als Neubauten, wird der Verzicht auf den Erörterungstermin in der Praxis zur Regel. *Paetow*, DVBl. 1994, 94 (96) empfiehlt aus Akzeptanzgründen u.E. zu Recht die Durchführung eines Erörterungstermins, wenn mit der Änderung des Verkehrsweges erhebliche Auswirkungen verbunden sind.
53 Der Einwendungsausschluß erstreckt sich auch auf das gerichtliche Verfahren, BVerwG, NVwZ 1993, 266.
54 Ähnlich *Erbguth*, JZ 1994, 477, 480; *Steinberg*, Fachplanung, § 3 Rn. 89; a.A. *Sendler*, Neue Entwicklungen im Rechtsschutz und gerichtliche Kontrolldichte im Planfeststellungsrecht, in: *Kormann* (Hrsg.), Aktuelle Fragen der Planfeststellung, 1994, S. 9 (13); *Steiner*, NVwZ 1994, 313 (315), die lediglich den Schutzbereich des Art. 2 II 1 GG von der Behördenpräklusion ausnehmen.
55 Das BVerwG hat daran erinnert, daß diese Regelung nichts daran geändert habe, daß die aufschiebende Wirkung einer Klage ein fundamentaler Grundsatz des öffentlichrechtlichen Prozesses ist (NVwZ 1995, 383 unter Hinweis auf BVerfGE 35, 263 [272]). Der im einstweiligen Rechtsschutzverfahren anzulegende Beurteilungsmaßstab wird daher von § 17 VIa FStrG nicht zugunsten der Planfeststellungsbehörde verschoben.

– eine Anfechtungsklage ist innerhalb von sechs Wochen zu begründen, verspätet vorgetragene Tatsachen und Beweismittel können präkludiert werden. Die 6-Wochen-Frist beginnt mit Erhebung der Klage zu laufen (str.);[56]
– Abwägungsmängel sind nur erheblich, wenn sie offensichtlich und auf das Abwägungsergebnis von Einfluß gewesen sind.[57] In diesem Fall ist der PFB zunächst zu ergänzen[58] und der PFB nur dann aufzuheben, wenn dies nicht möglich ist (s. Rn. 2/129). Diese Heilungsvorschrift soll nach Art. 10 S. 2 Planungsvereinfachungsgesetz auch für bereits vor Inkrafttreten dieses Gesetzes planfestgestellte oder -genehmigte Vorhaben Anwendung finden.

Der BRat beabsichtigt, mit einer Gesetzesinitiative (BT-Drs. 13/1445) die verwaltungsverfahrensrechtlichen Bestimmungen in § 73 VwVfG einzufügen. Wenngleich sich gegen einzelne dieser Verfahrenselemente wenig sagen läßt, so ist ihre Kumulation eine deutliche (und zumindest rechtspolitisch fragwürdige) Beschränkung der Rechtsschutzfunktion sowohl des Planfeststellungs- als auch des Verwaltungsgerichtsverfahrens. In der Praxis stößt der betroffene und Rechtsschutz suchende Bürger insbesondere im einstweiligen Rechtsschutzverfahren auf eine unangemessene Häufung von Hindernissen. 62

III. Planfeststellungsbeschluß

1. Inhalt des Planfeststellungsbeschlusses

Findet der vom Vorhabenträger erarbeitete Plan (Rn. 2/40) des planfeststellungsbedürftigen Objekts aufgrund eines Abwägungsprozesses (Rn. 2/97 ff., 2/108 ff.) die Billigung der Planfeststellungsbehörde, so stellt sie den Plan durch Beschluß fest (Planfeststellung). Der – schriftlich zu erlassende und zu begründende[59] – PFB kann 63

---

56 BVerwG, NVwZ 1994, 371 ff. Der Kläger muß, um die Präklusion zu vermeiden, die ihn beschwerenden Tatsachen so konkret angeben, daß der Lebenssachverhalt, aus dem er seinen mit der Klage verfolgten Anspruch ableitet, unverwechselbar feststeht. Die Fristversäumnis soll – u.E. lebensfremd – nicht damit entschuldigt werden können, daß zur Klagebegründung erst noch die Verwaltungsakten durchgearbeitet werden müssen, weil die Planunterlagen bereits während des Planfeststellungsverfahrens öffentlich ausgelegen haben und der Kläger bereits hierbei seine Einwendungen fristgerecht vortragen mußte.
57 Hierzu und zu § 214 III 2 BauGB BayVGH, BayVBl 1994, 436 (438); VGH BW, Urt. v. 22.3.1995, 5 S 2448/94, UA S. 21; *Sendler*, Neue Entwicklungen im Rechtsschutz und gerichtliche Kontrolldichte im Planfeststellungsrecht, in: *Kormann* (Hrsg.), Aktuelle Fragen der Planfeststellung, 1994, S. 9 (24 ff.).
58 Ausführlich auch zu den damit verbundenen Formen einstweiligen Rechtsschutzes (§ 80 V oder § 123 VwGO) BayVGH, BayVBl. 1994, 436 ff. Eine solche Änderung des PFB ist bereits *während* eines gerichtlichen Verfahrens nach § 76 I VwVfG zulässig, vgl. BVerwG, B.v. 24.10.1991, 7 B 65.91, Buchholz 451.22 Nr. 44; BVerwG, NVwZ 1993, 366.
59 Vgl. *Schwab*, Die Begründungspflicht nach § 39 VwVfG, 1991, S. 77 ff. Die Begründung muß zwar die zentralen, die Abwägung tragenden Erkenntnisse und Ziele offenlegen (BVerwG, DVBl. 1971, 795; BVerwGE 45, 309 [330]); sie braucht aber nicht so umfassend zu sein, daß sich aus ihr allein erschöpfend alle für die Entscheidung maßgebenden Einzelheiten ergeben müßten (BVerwG, DVBl. 1980, 999). Einem Begründungsmangel kommt indizielle Bedeutung für das Vorhandensein eines

2 Planfeststellungsrecht

darüber hinaus mit Nebenbestimmungen (Rn. 2/80 ff.), insbesondere mit Auflagen – z.B. hinsichtlich des Schutzes von Drittbetroffenen (Rn. 2/120 ff.) – versehen werden, so daß Planfeststellung und Planfeststellungsbeschluß zu unterscheiden sind. Durch den PFB muß die Verwirklichung des Vorhabens eindeutig determiniert sein; die potentiell Betroffenen sollen aus dem PFB die möglichen Auswirkungen des Planvollzugs erkennen können.

64 So erstreckt sich z.B. die Planfeststellung einer neu zu bauenden Bundesfernstraße in der Regel auf

- die Straßenbestandteile (§ 1 IV Nr. 1 FStrG: Straßenkörper, insbes. Unterbau und Decke der Straße, Rand-, Trenn-, Mittel- oder Standstreifen usw., Brücken, Tunnel, Dämme, Böschungen, Stützmauern, Durchlässe, Entwässerungsanlagen, Lärmschutzwälle u.a.m.),
- das Höhenniveau (ebenerdige Straßenführung, Führung auf Dämmen oder in Einschnitten),
- das Zubehör (§ 1 IV Nr. 3 FStrG: z.B. Verkehrsanlagen, Bepflanzung),
- die Nebenanlagen (§ 1 IV Nr. 4 FStrG: z.B. Straßenmeistereien),
- die Flächen, die vorübergehend für die Bauzeit in Anspruch genommen werden müssen (z.B. Baustraßen, Lagerflächen usw.),
- die Folgemaßnahmen (z.B. Verlegung von Wegen und Gewässern, Über- oder Unterführung von Wegen usw.).

65 Im verfügenden Teil des Planfeststellungsbeschlusses werden diejenigen Teile zum Bestandteil des PFB erklärt, die unverändert übernommen werden (vgl. Rn. 2/40).[60]

66 Im Gegensatz zu „punktförmigen" Objekten (z.B. Flughäfen, Abfalldeponien) wird bei „linienförmigen" Objekten (etwa bei Straßen, Bahnlinien, Kanälen) die Planfeststellung aus planungstechnischen Gründen und zur Wahrung der Übersichtlichkeit häufig *abschnittsweise* vorgenommen.[61]

2. Rechtswirkungen des Planfeststellungsbeschlusses

67 Der gem. § 74 IV, V VwVfG zuzustellende PFB entfaltet kraft ausdrücklicher gesetzlicher Bestimmungen besondere Wirkungen, um deretwillen sich der Gesetzgeber des Rechtsinstituts der Planfeststellung bedient. Zunächst sind zu nennen:

68 • **Gestattungswirkung**: Durch die Planfeststellung wird die Zulässigkeit des Vorhabens einschließlich der notwendigen Folgemaßnahmen an anderen Anlagen im

---

materiellen Fehlers des PFB zu (BVerwG, B.v. 28.12.1988, 4 B 227.88, Buchholz 407.4 § 17 Nr. 80). Trotz eines Begründungsmangels kann der PFB allerdings rechtmäßig sein, was das VG im gerichtlichen Verfahren prüfen und aufklären muß, wobei die Planfeststellungsbehörde die Darlegungs- und Beweislast hat (BVerwG aaO und NVwZ 1993, 572 ff.).
60 Hierzu *Roßnagel*, UPR 1995, 121 ff.
61 Dazu z.B. BVerwGE 57, 297 (302); 62, 342 (353 f.); BVerwG, NVwZ 1994, 370 ff.; NVwZ 1993, 572 ff.; OVG Lüneburg, DVBl. 1994, 770 ff. u. Fn. 2/129.

Hinblick auf alle von ihm berührten öffentlichen Belange festgestellt (§ 75 I 1 HS 1 VwVfG);

- **Konzentrationswirkung**: Neben der Planfeststellung sind andere behördliche Entscheidungen, insbesondere öffentlich-rechtliche Genehmigungen, Verleihungen, Erlaubnisse, Bewilligungen, Zustimmungen und Planfeststellungen nicht erforderlich (vgl. zu dieser „Entscheidungskonzentration" § 75 I 1 HS 2 VwVfG).[62]

69

Die Konzentrationswirkung beinhaltet nicht nur

70

- eine *Entscheidungskonzentration*, wonach behördliche Gestattungen neben der Planfeststellung nicht erforderlich sind und daher auch keines gesonderten Ausspruchs bedürfen, soweit nicht gesetzlich anderes bestimmt ist (z.B. in § 9 I 3 LuftVG, wonach die Entscheidungskonzentration nicht die baurechtliche Genehmigung umfaßt; vgl. auch § 9 b IV Nr.3 AtG), sondern auch
- eine *Zuständigkeitskonzentration* (bei der Planfeststellungsbehörde) und
- eine *Verfahrenskonzentration*, was bedeutet, daß nur *ein* Verfahren stattfindet, das sich auch hinsichtlich der ersetzten behördlichen Entscheidungen mangels abweichender gesetzlicher Regelung lediglich nach dem einschlägigen Fachplanungsgesetz bzw. subsidiär nach den §§ 72 ff. VwVfG richtet.

Sehr umstritten war lange Zeit die Frage, ob das Konzentrationsprinzip die Planfeststellungsbehörde von der Einhaltung solcher (zwingenden) Vorschriften *entbindet*, die nach den einschlägigen Fachgesetzen (z.B. des Baurechts) diejenigen Behörden zu beachten hätten, deren Entscheidungen durch den PFB ersetzt bzw. überflüssig werden. Für die *Verfahrensvorschriften* ist diese Frage, d.h. die Frage nach der etwaigen Freistellung der Planfeststellungsbehörde von fachgesetzlichen Normen, grundsätzlich zu bejahen (Verfahrenskonzentration; Rn. 2/70).[63] Für das *materielle* Recht wird sie inzwischen in Lit. und Rspr. überwiegend verneint („**Theorie der formellen Konzentration**"), zuweilen aber auch noch bejaht; dies geschieht allerdings meist nur mit Einschränkungen („*Theorie der eingeschränkten materiellen Konzentration*", d.h. Nichteinhaltung einer solchen Vorschrift dann, wenn dies im Rahmen der Abwägung sachlich geboten ist), nur noch selten uneingeschränkt („*Theorie der uneingeschränkten materiellen Konzentration*").[64] Die Rspr. des Bundesverwaltungsgerichts war in dieser Hinsicht einige Zeit nicht ganz klar. Neuerdings gibt es aber eindeutige Voten dieses Gerichts im Sinne einer Ablehnung jeglicher „materiellen Konzentration" in

71

---

62 Idealtypisch stellt das sog. Separationsprinzip den Gegensatz zum Konzentrationsprinzip dar; dazu Fn. 6/120. – Die Länder können, soweit Planfeststellungen aufgrund Landesrechts durchgeführt werden (z.B. Rn. 4/196), nach § 100 Nr. 2 VwVfG bestimmen, daß die Konzentrationswirkung auch die nach Bundesrecht notwendigen behördlichen Entscheidungen umfaßt.

63 A.A. noch BVerwGE 27, 253 (256). Umstritten ist, ob das fachgesetzliche Erfordernis der Mitwirkung einer anderen Behörde (Einvernehmen oder Zustimmung) vorbehaltlich des verfassungsrechtlichen Verbots der Mischverwaltung mangels ausdrücklich abweichender Regelung (z.B. § 14 III WHG) auch im Rahmen des Konzentrationsgrundsatzes wirksam bleibt. Bejahend z.B. *Jarass*, Konkurrenz, Konzentration und Bindungswirkung von Genehmigungen, 1984, S. 57, verneinend BVerwG, Urt. v. 14.4.1989 – 4 C 31.88 u. die wohl h.L.

64 Zu diesen verschiedenen „Theorien" *Wahl*, NVwZ 1990, 426 (430) und *Laubinger*, VerwArch 77 (1986), 77 ff., der eine „materielle Konzentration" jedweder Art ablehnt; ebenso *Gaentzsch*, NJW 1986, 2787 (2789). Differenzierend *Ronellenfitsch*, VerwArch 80 (1989), 92 (94 ff.).

2 Planfeststellungsrecht

der hier zugrundegelegten Bedeutung dieses (mehrdeutigen) Begriffs. Danach *bleibt die Planfeststellungsbehörde an alle Rechtsvorschriften, die* außerhalb des jeweiligen Fachplanungsgesetzes bestehen und *einen materiellen Gehalt haben, gebunden*; diese Normen sind nicht lediglich Abwägungsmaterial. Soweit materiellrechtliche Vorschriften die Möglichkeit einer Ausnahme, Befreiung oder Abweichung eröffnen, kann die Planfeststellungsbehörde aufgrund der mit der formellen Konzentrationswirkung verbundenen Zuständigkeit im Rahmen der Ausnahmetatbestände eine entsprechende Entscheidung treffen.[65] (Zu den sonstigen materiellrechtlichen Schranken der planerischen Gestaltungsfreiheit vgl. Rn. 2/97 ff.).

72   Treffen *mehrere planfeststellungsbedürftige Vorhaben* so zusammen, daß nur eine einheitliche Entscheidung möglich ist (z.B. wenn der Neubau einer Bahnstrecke und der Neubau einer diese Bahnstrecke kreuzenden Straße zusammentreffen), so werden die Planfeststellungszuständigkeit und das Verfahren bei *einer* Planfeststellungsbehörde konzentriert, und zwar dort, wo das Planfeststellungsverfahren „einen größeren Kreis öffentlich-rechtlicher Beziehungen berührt" (§ 78 VwVfG).[66] Davon zu unterscheiden ist der Fall der planfeststellungsbedürftigen *Folgemaßnahme* gem. § 75 I 1 VwVfG (z.B. der Fall, daß der Neubau einer Bahnstrecke die Verlegung eines Straßenabschnitts bedingt); hier ist die für das Primärvorhaben zuständige Planfeststellungsbehörde auch für die Planfeststellung der Folgemaßnahme zuständig.[67]

Über die Gestattungs- und die Konzentrationswirkung hinaus hat der Planfeststellungsbeschluß noch folgende Wirkungen:

73   • **Gestaltungswirkung**: Durch den PFB werden alle *öffentlich-rechtlichen* Beziehungen zwischen dem Träger des Vorhabens und den durch den Plan Betroffenen rechtsgestaltend geregelt (vgl. § 75 I 2 VwVfG). Wird z.B. dem Vorhabenträger durch den PFB zugunsten der Nachbarn die Errichtung eines Lärmschutzwalls auferlegt, so erwerben diese einen hierauf gerichteten öffentlich-rechtlichen Anspruch gegen den Vorhabenträger.

74   • **Duldungs- bzw. Ausschlußwirkung**: Ist der PFB unanfechtbar geworden, so sind privat- oder öffentlich-rechtliche Ansprüche auf Unterlassung des Vorhabens, auf Beseitigung oder Änderung der Anlagen oder auf Unterlassung ihrer Benutzung ausgeschlossen (vgl. etwa § 75 II 1 VwVfG).[68] Von dieser (somit auch privatrechts-

---

65 Vgl. insbes. BVerwG, NVwZ 1993, 572 ff. und B.v. 23.3.1992, 4 B 218.91, Buchholz 316 § 75 VwVfG Nr. 6 (hierzu aber Rn. 2/117); zuvor bereits BVerwGE 70, 242 (244); 71, 163 (164); 85, 348 (352). In diesem Sinn auch *Kühling*, Fachplanungsrecht, S. 146; *Laubinger*, VerwArch 77 (1986), 77 ff.; *Steinberg*, Fachplanung, § 3 Rn. 144 ff.; § 4 Rn. 9 ff.; *Wahl*, NVwZ 1990, 426 (430).

66 Der normative Gehalt des Kriteriums „Berührung eines größeren Kreises öffentlich-rechtlicher Beziehungen" ist nicht nur bisher nicht eindeutig geklärt, sondern wegen der Verschiedenheit der Auslegungsgesichtspunkte (z.B. Größe des jeweils erfaßten Gebiets, Bedeutung der betroffenen öffentlichen Interessen u.ä.; vgl. *Kopp*, VwVfG, § 78 Rn. 6; BVerwG, UPR 1993, 187 [188]) nur schwer zu bestimmen; so richtig *Knöpfle*, FS Maunz, 1981, S. 187 (196, 204).

67 Vgl. zu den Zuständigkeitsschranken BVerwG, NVwZ 1994, 1002; DVBl. 1988, 843; BayVGH, DVBl. 1990, 166.

68 S. auch § 9 III LuftVG; demgegenüber bezieht sich § 11 LuftVG i.V.m. § 14 BImSchG nur auf den Ausschluß privatrechtlicher Abwehransprüche. Abgemildert wird die Ausschlußwirkung des PFB durch Regelungen nach Art des § 75 II 2 VwVfG (Rn. 2/84).

gestaltenden) Ausschlußwirkung werden insbesondere gesetzliche privatrechtliche Unterlassungs-, Änderungs- oder Beseitigungsansprüche nach den §§ 823, 861 f., 906 f. u. 1004 BGB betroffen; umstritten ist dies für Ansprüche aufgrund „besonderer privatrechtlicher Titel" (z.B. Dienstbarkeiten).[69] Eine weitergehende Enteignungswirkung ist mit dem PFB nicht verbunden, wohl aber eine enteignungsrechtliche Vorwirkung (dazu sogl.).

- **Enteignungsvorwirkung**: Soweit von der Verwirklichung des Vorhabens fremde Rechte über die Duldungs- bzw. Ausschlußwirkung (Rn. 2/74) hinaus betroffen sind, muß ggf. aufgrund der Festsetzungen des PFB zur Ausführung des Vorhabens die Enteignung (Vollenteignung, Belastung mit einem Sachenrecht, Änderung des Inhalts einer Dienstbarkeit) nach den einschlägigen (landesrechtlichen) Enteignungsgesetzen vorgenommen werden (vgl. z.B. § 19 FStrG, § 28 LuftVG n.F.). Dies gilt insbesondere für Grundstücke, die nach dem PFB auf Dauer oder vorübergehend ganz oder teilweise in Anspruch zu nehmen sind. Dabei ist die Enteignungsbehörde in bestimmter Hinsicht an den PFB gebunden (Rn. 2/76). Allerdings kommt aufgrund des Art. 14 III 1 GG diese Enteignungsvorwirkung bei sog. „privatnützigen Planfeststellungen" nur unter engen Voraussetzungen in Betracht (Rn. 2/101).

75

Zur Enteignungsvorwirkung ist ergänzend zu bemerken:

Für das Enteignungsverfahren steht aufgrund des PFB nach den fachplanungsrechtlichen Vorschriften (z.B. § 19 I u. II FStrG, § 44 I 1 u. 2 WaStrG) die Zulässigkeit der konkreten, objektbezogenen Enteignung „dem Grunde nach" fest. Damit kommt dem PFB – im Gegensatz zu einem Bebauungsplan – eine im dargelegten Sinne bereits rechtsmindernde *enteignungsrechtliche Vorwirkung* zu. Das hat rechtlich die Bedeutung, daß diese Vorschriften des Planfeststellungsrechts und die nach diesen Vorschriften anzuwendenden Normen des einschlägigen Enteignungsgesetzes (nur) *zusammen* die Ermächtigung zum Zugriff auf das Recht (insbesondere auf das Grundeigentum) des Betroffenen bilden.[70] Die genannten fachplanungsrechtlichen Vorschriften regeln daher zunächst nur, daß mit Erlaß des PFB das Vorliegen der Voraussetzungen einer förmlichen Enteignung *dem Grunde nach* verbindlich festgestellt wird. Daher ist der PFB insoweit am Maßstab des Art. 14 III GG zu prüfen.[71] Ob dann im konkreten Fall tatsächlich enteignet werden kann, hängt davon ab, ob auch im übrigen die Zulässigkeitsvoraussetzungen für eine Enteignung des konkret betroffenen Enteignungsobjekts nach dem einschlägigen Enteignungsgesetz vollständig erfüllt sind (etwa unter dem Aspekt der enteignungsrechtlichen Erforderlichkeit). Daraus ergibt sich verfahrensrechtlich folgendes:

76

Bereits *im Planfeststellungsverfahren* sind entsprechend dem Umfang der im „raumgestaltenden" Planfeststellungsbeschluß zu treffenden verbindlichen enteignungsrechtlichen Vorentscheidungen gewisse – projektbezogene – enteignungsrechtliche Einwendungen zulässig und im Sinne einer „Einwendungslast" in der Regel auch geboten, wenn es z.B. um den Einwand geht, daß

77

– abweichend von dem zur Planfeststellung vorgelegten Plan eine mit dem Vorhabenzweck zu vereinbarende, kostenmäßig zumutbare Verschiebung der Anlage (etwa der Trasse einer

---

69 Bejahend *Kopp*, VwVfG, § 75 Rn. 3 m.w.N.
70 BVerfGE 45, 297 (320); 56, 249 (264 f.); ferner BVerwG, B.v. 13.3.1995, 11 VR 4.95.
71 BVerfG, DVBl. 1987, 895. Nach OVG Koblenz, Urt.v. 29.12.1994, 1 C 10893/92 obliegt der Planfeststellungsbehörde die Beweislast für die Rechtmäßigkeit eines PFB, mit dem enteignend in die Rechte des Klägers eingegriffen wird (in ZUR 1995, 146 ff. nicht abgedruckt).

2 Planfeststellungsrecht

geplanten Straße) die Möglichkeit biete, Gelände des Vorhabenträgers statt Fremdgelände zu nutzen,
– eine noch vorhabenkonforme, kostenmäßig zumutbare Verschiebung der Anlage deswegen zu insgesamt geringeren Eingriffen führe, weil dann etwa weniger wertvolle Grundstücke oder (zu angemessenen Bedingungen) frei erwerbbare Grundstücke betroffen seien,
– die geplante Anlage im Hinblick auf den Vorhabenzweck überdimensioniert sei u.ä.

78 Hingegen gehören *in das Enteignungsverfahren* sonstige enteignungsrechtliche Einwendungen, also z.B. Einwendungen, wonach
– für die Zwecke des Vorhabens statt einer Vollenteignung des Grundeigentums dessen Belastung mit einem beschränkten dinglichen Recht genüge,
– der Vorhabenträger sich nicht hinreichend um den freihändigen Erwerb der betroffenen Grundfläche zu angemessenen Bedingungen bemüht habe u.ä.

Das Enteignungsverfahren hat gegenüber der Planfeststellung damit nur geringe eigenständige Bedeutung.[72]

79 Die **Rechtswirkungen eines PFB enden** mit seiner Rücknahme oder dem Widerruf (§§ 48, 49 VwVfG), seiner Aufhebung wegen Aufgabe des Vorhabens überhaupt (§ 77 VwVfG) sowie mit seiner Aufhebung durch das Gericht (Rn. 2/121 ff.). Ein festgestellter Plan tritt auch dann außer Kraft, wenn mit seiner Ausführung nicht innerhalb von fünf Jahren nach Unanfechtbarkeit begonnen worden ist (§ 75 IV VwVfG, § 17 VII FStrG).

3. Schutzauflagen im Planfeststellungsbeschluß und Entschädigung

a) Nebenbestimmungen

80 Für die Nebenbestimmungen im Planfeststellungsbeschluß (Befristungen, Bedingungen, Auflagen, Widerrufsvorbehalt) gilt, soweit in den Fachplanungsgesetzen keine Sondervorschriften vorgesehen sind (vgl. z.B. § 32 II, IV KrW-/AbfG), die Vorschrift des § 36 VwVfG.

81 aa) Was insbesondere die **Schutzauflagen** betrifft, so ist in den Fachplanungsgesetzen wörtlich oder dem Sinne nach vorgeschrieben, daß dem Träger des Vorhabens *im Planfeststellungsbeschluß* Vorkehrungen (z.B. die Festlegung von Betriebszeiten) oder die Errichtung und die Unterhaltung von Anlagen (z.B. Stützmauern, Lärmschutzwälle, Weidezäune, Ersatzzufahrten usw.) aufzuerlegen sind, die „zum Wohl der Allgemeinheit oder zur Vermeidung nachteiliger Wirkungen auf Rechte anderer erforderlich" sind (so z.B. die drittschützende Vorschrift des § 74 II 2 VwVfG).[73] Der Wortlaut

---

[72] Vgl. auch BVerfG, DVBl. 1987, 895; BVerwGE 85, 44 (50 f.); 72, 282 (283), NVwZ 1993, 477 f. m.w.N. Anderes gilt bei betroffenem kommunalem Grundeigentum: BVerwG, NVwZ 1989, 247 (249). Vgl. zu alledem z.B. *Bauer*, NVwZ 1993, 441 ff.; *Bender*, DVBl. 1984, 301 (304 ff.); *de Witt*, NVwZ 1995, 31 ff. und im übrigen zur enteignungsrechtlichen Vorwirkung auch BVerfGE 74, 264 (Boxberg).

[73] Die Begriffe „Vorkehrungen" und „Anlagen" sind nach BVerwGE 69, 256 (277) weit auszulegen; sie „erfassen das gesamte Spektrum der in Betracht kommenden sachdienlichen Maßnahmen". S.a. zu Betriebsregelungen im PFB BVerwGE 75, 214 (243); 87, 332 (343); BVerwG, NVwZ-RR 1991, 129 (131); *Michler*, Rechtsprobleme des Verkehrsimmissionsschutzes, 1993, S. 131 ff.; enger *Blümel*, VerwArch 83 (1992), 146 ff.

der einschlägigen Normen, die alle demselben Normzweck dienen, ist nicht einheitlich (vgl. § 9 II LuftVG, § 31 II WHG, § 32 II, IV KrW-/AbfG, § 19 WaStrG). Indessen dürften diese Formulierungsabweichungen keinen sachlichen Unterschied des jeweils gewollten Schutzumfangs anzeigen, handelt es sich doch bei dem Gebot der Anordnung indizierter Schutzauflagen (Schutzeinrichtungen, betriebsregelnde Maßnahmen) ohnehin um einen allgemeinen Grundsatz, der eine spezifische Ausprägung des fachplanungsrechtlichen Abwägungsgebots (Rn. 2/108 ff.) darstellt.[74] Mit diesem Schutzgebot werden der Abwägung äußerste, mittels einer „gerechten Abwägung" nicht mehr überwindbare Grenzen gesetzt.[75] Darüberhinaus müssen auch geringfügige – aber nicht unerhebliche – Nachteile in die Abwägung einbezogen werden.[76]

Umstritten ist, ob (oder ggf. in welchen Fällen) die Anordnung von Schutzvorkehrungen bzw. die Anordnung der Errichtung und Unterhaltung von Schutzeinrichtungen (Rn. 2/81) rechtstechnisch als eine echte (nicht „modifizierende"), selbständig anfechtbare bzw. erzwingbare „Auflage" i.S. des § 36 II Nr. 4 VwVfG zu qualifizieren ist. Die damit zusammenhängende Frage nach der Rechtsschutzform (Anfechtungs- oder Verpflichtungsklage des Drittbetroffenen) ist vom Bundesverwaltungsgericht für die Praxis geklärt (Rn. 2/128). 82

Sehr häufig geht es um *immissionsschutzrechtliche Schutzauflagen*, und zwar um Auflagen zugunsten solcher Grundstücke, die vom künftigen Betrieb der planfestgestellten Anlage durch Lärm (z.B. Straßenverkehrs- oder Fluglärm) oder durch Luftverunreinigungen (z.B. Verkehrsabgase, Abgase einer Müllverbrennungsanlage) betroffen werden. Es handelt sich also – im Sprachgebrauch des Bundesverwaltungsgerichts – um die Verhütung von „mittelbar" eigentumsrelevanten Eingriffen. Sind sie erheblich (Rn. 2/132, 2/136) und vermeidbar, so steht dem Betroffenen ein entsprechender, gegen den Träger der Planfeststellungsbehörde gerichteter Schutzanspruch zu. 83

Stellen sich nicht vorhersehbare erhebliche Beeinträchtigungen erst *nach* Unanfechtbarkeit des PFB heraus, so wird ebenfalls ein Schutzanspruch des Betroffenen ausgelöst (vgl. § 75 II 2 VwVfG).[77] 84

bb) Zur Frage, wo die Erheblichkeitsschwelle, d.h. die **Schwelle der fachplanungsrechtlichen Unzumutbarkeit** anzusetzen ist, muß nach der Rechtsprechung darauf abgestellt werden, von welcher Grenze ab dem Betroffenen nachteilige Einwirkungen des Planvorhabens auf seine rechtlich geschützten Interessen nach der Intention des Gesetzes „billigerweise" nicht mehr zugemutet werden sollen.[78] Das Maß des am 85

---

74 BVerwGE 59, 253 (260).
75 BVerwGE 48, 56 (68); 51, 15 (26); 58, 154 (157); 87, 332 (342 f.) u.a.m. Vgl. im übrigen zur Anordnung von Schutzmaßnahmen *Ule/Laubinger*, Verwaltungsverfahrensrecht, S. 285 ff. m.w.N. Zu Schutzanordnungen für das allgemeine Wohl s. *Kühling*, Fachplanungsrecht, Rn. 286 ff.; zu entsprechenden Schutzansprüchen öffentlich-rechtlicher Rechtsträger s. BVerwGE 41, 178 (188); 51, 6 (14); 52, 226 (233 f.); 80, 7 (9); 87, 332 (391).
76 BVerwG, DÖV 1984, 426. Zum Abwägungserfordernis unterhalb der Schutzauflagenschwelle s. auch BVerwGE 59, 87 (98, 102 f.); 71, 150 (160); 87, 332 (341 f.); a.A. BayVGH, ZUR 1994, 81 ff.
77 Dazu BVerwGE 80, 7; BVerwG, UPR 1989, 394; *Dürr*, UPR 1993, 161 (170).
78 Vgl. etwa BVerwGE 57, 297 (304); 58, 154 (161); 59, 253 (261); 71, 150 (155); 87, 332 (361).

2 Planfeststellungsrecht

Immissionsort jeweils (noch) Zumutbaren bestimmt sich – was vor allem für Verkehrs- oder Baulärmimmissionen[79], für Geruchsimmissionen, nicht aber für Gesundheitsgefahren infolge gesundheitsschädlicher Schadstoffimmissionen Bedeutung hat[80] – insbesondere nach der Schutzwürdigkeit und Schutzbedürftigkeit der Umgebung, also nach dem Gebietscharakter, wie er faktisch bzw. nach einem Bebauungsplan, also i.S. der §§ 2 ff. BauNVO besteht (differenzierende Betrachtungsweise).[81]

86 Allerdings haben nach dem Bundesverwaltungsgericht **Lärmvorbelastungen** außerhalb des Geltungsbereichs der *Verkehrslärmschutzverordnung* (16. BImSchV, vgl. Rn. 6/283 ff.)[82] unter dem Gesichtspunkt der Zumutbarkeit dann, wenn die sog. enteignungsrechtliche Zumutbarkeitsschwelle (Rn. 2/131, 2/133) noch nicht erreicht ist, schutzmindernde Bedeutung. Dies gilt sowohl für

– *faktische* Vorbelastungen des betroffenen Gebiets mit (im wesentlichen gleichartigen) Immissionen[83] als auch
– *plangegebene* Vorbelastungen, sofern aufgrund einer bereits zureichend konkretisierten und verfestigten Planung (z.B. einer Fachplanung) künftig mit einer höheren Belastung des Gebiets zu rechnen ist.[84]

87 Was die *plangegebene* Vorbelastung anlangt, so kann diese nicht nur von Fremdplanungen, sondern gerade auch von einer noch nicht abgeschlossenen Planung des planfeststellungsbedürftigen Vorhabens ausgehen. Die Rechtsprechung hat aber unliebsamen Konzequenzen dieser Möglichkeit durch die Herausstellung folgender Grundsätze vorgebeugt:[85] Die noch nicht

---

79 Zu Baulärmimmissionen (U-Bahnbau) s. BVerwG, NVwZ 1988, 534.
80 Zur Frage der planfeststellungsrechtlichen Beschränkung *straßenverkehrsbedingter Luftverunreinigungen* im Straßenumfeld vgl. *Steiner*, in: *Blümel* (Hrsg.), Bedarfsplanung-Planfeststellung-Immissionsschutz, 1988, S. 35 ff. *Steiner* behandelt vor allem den personenbezogenen Gesundheitsschutz (Art. 2 II 1 GG), aber auch den objektbezogenen Sachgüterschutz (Art. 14 GG), ferner den Stellenwert der betroffenen Individualbelange bei der Abwägung (§ 17 I 3 FStrG n.F.), und zwar unterhalb, auf und oberhalb der Reaktionsschwelle für Schutzauflagen (§ 17 IV FStrG a.F.) sowie schließlich die materiell- und prozeßrechtliche Bedeutung der Tatsache, daß erhebliche Unsicherheiten bei der Ermittlung der Ist-Belastung, bei der Belastungsprognose und bei der Schädlichkeitseinschätzung bestehen.
81 Seit BVerwGE 51, 15 (28 ff.) st. Rspr. (z.B. BVerwGE 58, 154 [161]; 59, 253 [261]; BVerwG, DVBl. 1994, 284 ff. u.a.m.); dazu *Kühling*, Fachplanungsrecht, Rn. 267 ff. – Die Zumutbarkeitsschwelle ist also aus der *rechtlich zulässigen* Grundstücksnutzung zu bestimmen; eine rechtswidrige, jedoch bestandskräftige Baugenehmigung für ein Wohngebäude vermag keine eigentumsrechtlich geschützte Anspruchsposition zu vermitteln, so zutr. BGH, NVwZ 1992, 404 f. Zur Zumutbarkeitsschwelle bei *Verkehrslärmimmissionen* s. Rn. 2/136, bei *Fluglärmimmissionen* Rn. 2/95. – Zum Schutz des „*Außenwohnbereichs*", d.h. des „Wohnumfelds" s. BVerwGE 51, 15 (33); BVerwG, UPR 1989, 110; 1994, 69; BGHZ 122, 76 (85). Schutzziel für ein allgemeines Wohngebiet in der Nachbarschaft ist für die Nacht die Möglichkeit des störungsfreien Schlafens, auch bei (gelegentlich) geöffnetem Fenster, s. BVerwGE 87, 332 (373). – Die Schutzwürdigkeit eines immissionsbetroffenen Grundstücks ist nicht schon wegen seiner *Außenbereichslage* prinzipiell gemindert (so aber noch BGHZ 97, 114 [122]); sie wird vielmehr durch die jeweiligen Umstände der konkreten Situation bestimmt (BVerwGE 87, 332 [385 f.]; 88, 210; BGHZ 122, 76).
82 Die Differenzierung nach Baugebieten in § 2 I der 16. VO zur Durchführung des BImSchG v. 12.6.1990, BGBl. I 1036 schließt eine gesetzlich vorgenommene Typisierung der dort vorhandenen Lärmbelastung ein, vgl. *Alexander*, NVwZ 1991, 318 (320); *Dürr*, UPR 1992, 241 (246 f.); *Schulze-Fielitz*, UPR 1994, 1 (3).
83 Vgl. BVerwGE 51, 15 (32 ff.); 59, 252 (263).
84 Vgl. BVerwGE 71, 150 (155 f.); 77, 285 (292 ff.); 87, 332 (364).
85 Dazu *Kühling*, Fachplanungsrecht, Rn. 272-274 m.w.N.

abgeschlossene Planung muß bereits so weit verfestigt sein, daß die betroffenen Grundeigentümer mit ihrer Verwirklichung und den daraus folgenden Belastungen rechnen können. Das ist im allgemeinen im Zeitpunkt der Auslegung der Pläne (§ 73 III 1 VwVfG) der Fall. Allerdings sind die absehbaren Folgen einer so verfestigten Planung von den Betroffenen nur insoweit hinzunehmen, als sie ihm *im Zeitpunkt der Verfestigung* zuzumuten waren. Trifft die Fachplanung im Zeitpunkt ihrer Verfestigung auf eine bebauungsrechtlich bereits (insbesondere durch einen qualifizierten Bebauungsplan) verfestigte Situation, so treten die mit einer plangegebenen Vorbelastung verbundenen schutzmindernden Wirkungen gegenüber künftigem Verkehrslärm nicht ein.[86] Im übrigen kann die plangegebene Vorbelastung lediglich die die Zumutbarkeitsschwelle bestimmenden Faktoren (z.B. Gebietscharakter) fixieren (sog. „vorwirkende Planbelastung"). Und schließlich: Eine plangegebene Vorbelastung kann die Ansprüche der Betroffenen auf Anordnung der notwendigen Maßnahmen *aktiven* Lärmschutzes nicht mindern.[87]

Die (tatsächliche und plangegebene) Vorbelastung haftet dem Grundstück kraft seiner **88** *Situationsgebundenheit* an und muß vom jeweiligen Eigentümer – unabhängig vom Zeitpunkt des Grunderwerbs und von seiner Kenntnis der Vorbelastung – hingenommen werden,[88] hat jedoch keinen Einfluß auf die fortbestehende Abwägungserheblichkeit der Eigentümerbelange und auf deren Berücksichtigung im Abwägungsvorgang.[89]

cc) Hält sich die durch den Betrieb einer planfestgestellten Anlage verursachte Vor- **89** belastung innerhalb der Grenzen, die durch die Pflicht zur Duldung der Lärmbelastung gezogen sind, so gilt für den Fall der planfeststellungsbedürftigen *Änderung* der Anlage folgendes:

Die Planfeststellungsbehörde ist zum Erlaß einer (zusätzlichen) Lärmschutzauflage **90** nur insoweit verpflichtet, als die durch die neue Planfeststellung ermöglichte Anlagenänderung *die Gesamtbelastung* (für dieses oder jenes Gebiet) *intensiviert*. Voraussetzung dafür ist aber, daß gerade diese Intensivierung den Betroffenen – unter Berücksichtigung ihrer wegen einer schon beträchtlichen Vorbelastung etwa gesteigerten Empfindlichkeit gegenüber einer Belastungszunahme – billigerweise nicht zugemutet werden kann.

Überschreitet allerdings die durch den Betrieb der Anlage schon bisher hervorgerufene **91** Vorbelastung den Rahmen des „eigentumsrechtlich Zumutbaren" (Rn. 2/133 ff.), so wirkt sich diese übermäßige Vorbelastung nicht schutzmindernd aus. In diesem Falle müßte nicht „wegen", sondern „aus Anlaß" der notwendigen Planfeststellung bzw. der Änderungsplanfeststellung eine ggf. zur *Lärmsanierung* führende Schutzauflage ergehen.[90]

---

86 BVerwGE 71, 150 (157 ff.); 87, 332 (365).
87 BVerwGE 77, 285 (294 f.).
88 BVerwGE 71, 150 (156); BGH, UPR 1988, 142 (144).
89 BVerwGE 87, 332 (341 f.).
90 BVerwGE 56, 110 (132); 59, 253 (266 ff.); 71, 150 (155). Zur Frage der Verletzung der sich aus Art. 2 II 1 GG ergebenden Verkehrslärmschutzpflicht des Staates s. BVerfGE 79, 174 (201).

2   *Planfeststellungsrecht*

b) Insbesondere: Fluglärmschutzauflagen

92   Dies alles gilt auch für die fachplanungsrechtliche Beurteilung von Fluglärm (§ 9 II LuftVG)[91], der vom sachlichen Geltungsbereich des BImSchG nach dessen § 2 II ausgenommen ist. Das FluglärmG macht die Beurteilung nach § 9 II LuftVG nicht überflüssig.

aa)   Gesetz zum Schutz gegen Fluglärm

93   Das Gesetz zum Schutz gegen Fluglärm *(Fluglärmgesetz)*[92] vom 30.3.1971 (BGBl. I 282; mehrfach geändert, zuletzt BGBl. 1986 I 2441) nebst den auf ihm beruhenden Vorschriften (insbesondere SchallschutzV vom 5.4.1974, BGBl. I 903) dient dem Schutz der Allgemeinheit vor Gefahren, erheblichen Nachteilen und erheblichen Belästigungen durch den Fluglärm in der Umgebung von Flugplätzen. Es normiert als Baubeschränkungs- und Entschädigungsgesetz für Verkehrsflughäfen und militärische Flugplätze mit Strahlflugzeugbetrieb einen aus zwei Schutzzonen bestehenden sog. **Lärmschutzbereich**. Dieser umfaßt das Gebiet außerhalb des Flugplatzgeländes, in dem der durch Fluglärm hervorgerufene, nach der Anlage zu § 3 FluglärmG für die verkehrsreichsten 6 Monate des Jahres ermittelte äquivalente Dauerschallpegel den Wert von 67 dB(A) übersteigt (vgl. Rn. 6/26 ff.). Die Zone zwischen den Dauerschallkonturen 67 dB(A) und 75 dB(A) bildet die sog. Schutzzone 2. Ab einem Dauerschallpegel von 75 dB(A) beginnt die engere Schutzzone 1. Der Lärmschutzbereich wird nach bestimmten Vorschriften berechnet[93] und von den jeweils zuständigen Bundesministern durch RechtsVO für alle Verkehrsflughäfen und für die militärischen Flugplätze mit Düsenflugbetrieb festgesetzt. Im gesamten Lärmschutzbereich dürfen Krankenhäuser, Altenheime oder in gleichem Maße lärmempfindliche und daher schutzbedürftige Einrichtungen nicht erstellt werden. In der Schutzzone 1, also in der besonders lauten Zone, ist auch der Bau von Wohnungen grundsätzlich verboten; in der Zone 2 dürfen Wohnungen nur mit bestimmten Schallschutzeinrichtungen errichtet werden. Damit wird dem Heranwachsen von Siedlungen an Verkehrsflughäfen vorgebeugt. Die im Lärmschutzbereich zulässigen baulichen Anlagen und Wohnungen müssen den in der SchallschutzV spezifizierten Schallschutzanforderungen genügen. Bisher sind nach dem Fluglärmgesetz lediglich den Eigentümern von in der Schutzzone 1 gelegenen Grundstücken, die vor Festsetzung des Lärmschutzbereichs oder zulässigerweise

---

91   Dazu *Quaas*, NVwZ 1991, 16 ff.; *Hartmann*, Genehmigung und Planfeststellung von Verkehrsflughäfen und Rechtsschutz Dritter, 1994, S. 151 ff. Aus der Rspr.: BVerwGE 56, 110; 69, 256; 75, 214; 87, 332; BGHZ 69, 105; 79, 45 u. BGH, NJW 1986, 2423; 1995, 1823 ff.
92   Vgl. hierzu BVerfGE 56, 54 u. 298; *Landmann/Rohmer/Soell*, Umweltrecht, Erl. zum Gesetz zum Schutz gegen Fluglärm (1991); *Michler*, Rechtsprobleme des Verkehrsimmissionsschutzes, 1993, S. 100 ff.
93   Vgl. die Anleitung des BMI zur Berechnung von Lärmschutzbereichen an zivilen und militärischen Flugplätzen − AzB − v. 27.2.1975 (GMBl. 162) m. spät. Ergänzungen. Hier wird mit einem Halbierungsparameter (Fn. 6/25) q = 4 gerechnet; Vergleiche mit Werten nach der 16. BImSchV (q = 3) sind daher nicht möglich (BVerwGE 87, 332 [374]). Die DIN 45643 bezieht sich auf die Messung u. Beurteilung von Flugzeuggeräuschen, wobei Teil 3 die Bildung eines Beurteilungspegels (durch einen Ruhezeiten-, u.U. auch Impulszuschlag) ermöglicht. Vgl. zu diesen Fragen VGH BW, VBlBW 1990, 56.

danach bebaut wurden, auf Antrag die Aufwendungen für die baulichen Schallschutzmaßnahmen zu ersetzen, allerdings nur bis zu einer Höchstgrenze.[94]

bb) Fachplanungsrechtliche Beurteilung des Fluglärms

Mit den – außerhalb des Fachplanungsrechts ergangenen – Bestimmungen des FluglärmG und seinen Planungswerten wird den fachplanungsrechtlichen Schutzanforderungen bei unzumutbaren Fluglärmbelastungen (§ 9 II LuftVG) noch keineswegs für alle Einzelfälle hinreichend Rechnung getragen. Dies folgt u.a. daraus, daß die Beurteilung der *konkreten Zumutbarkeit* der Lärmbelastung gerade bei Fluglärm nicht allein nach dem Mittelungspegel (Rn. 6/30) im Sinne eines über den relativ langen Zeitraum von 6 Monaten gemittelten äquivalenten Dauerschallpegels vorgenommen werden kann; hier sind vielmehr für die Beurteilung der Fluglärmwirkungen vor allem die Einzelschallpegel (Spitzenpegel) bzw. die (energetisch) gemittelten Maximalpegel heranzuziehen.[95]

94

Bei raumbedeutsamen Großprojekten wie bei Flughäfen muß damit gerechnet werden, daß in der Umgebung die für jeden Immissionsort jeweils maßgebliche „individuelle und relative Zumutbarkeitsschwelle" (BVerwGE 51, 15 [33 f.]) in mannigfacher Weise variiert. Es kann sein, daß die Planfeststellungsbehörde solchen Unterschieden nicht in der an sich gebotenen Weise Rechnung zu tragen vermag, weil z.B. die Vielzahl der Einzelfälle dies sinnvoll nicht ermöglicht. Dann kann sie nach Lage der Dinge gleichartig betroffene Grundstücke zusammenfassen, oder sie muß nach Art einer „*Meistbegünstigung*" allgemein den (aktiven) Lärmschutz gewähren, den die schutzwürdigsten und schutzbedürftigsten Grundstücke der durch Fluglärm beeinträchtigten Umgebung beanspruchen können. Auch beim Fluglärmschutz kommen Maßnahmen sowohl *passiven* Lärmschutzes (z.B. Schallschutzvorrichtungen an Gebäuden über die Anforderungen des Fluglärmgesetzes hinaus) als auch Maßnahmen *aktiven* Lärmschutzes in Gestalt baulicher Anlagen (z.B. Lärmdämpfungsanlagen für Probe- und Standläufe) oder flugbetriebsregelnder Anordnungen (z.B. bei Flugzeugen mit Strahlturbinen-Antrieb Nachtflugverbot oder Beschränkungen der besonders lärmintensiven Schubumkehr) in Frage. Ob die mangels normativer Grenzwertbestimmungen nur unter Schwierigkeiten zu ermittelnde Zumutbarkeitsgrenze richtig getroffen ist, unterliegt uneingeschränkter richterlicher Überprüfung. Die weitere Frage, ob eine danach äußerstenfalls zumutbare Geräuscheinwirkung in einem bestimmten Geräuschpegel zutreffend ausgedrückt worden ist, ist – so BVerwGE 61, 295 (299); 69, 256 (276) – in den Tatsacheninstanzen ggf. mit Hilfe Sachverständiger zu klären.

95

c) Entschädigung

Eine nach den fachplanungsrechtlichen Schutzauflagebestimmungen an sich gebotene Schutzauflage muß unterbleiben, wenn ihre Durchführung technisch nicht möglich

96

---

94 S.a. BGH, NVwZ 1992, 404 f.
95 BGHZ 69, 105 u. 79, 45; BVerwG, DVBl. 1978, 845 (851). S.a. BVerwGE 87, 332 zur Unzumutbarkeit von Fluglärm und Notwendigkeit von Schutzauflagen i.S.d. § 9 II LuftVG.

2 *Planfeststellungsrecht*

oder mit dem Vorhaben nicht zu vereinbaren wäre oder mit dem Grundsatz der Verhältnismäßigkeit in Widerspruch stünde. Dann ist in der Regel kraft Gesetzes (z.B. nach § 74 II 3 VwVfG) schon wegen Überschreitung der sog. *„fachplanungsrechtlichen Zumutbarkeitsschwelle"* (Rn. 2/136 ff.) angemessen zu *entschädigen* (Rn. 2/141 ff.). Dieser öffentlich-rechtliche Entschädigungsanspruch setzt keine „schwere und unerträgliche" Beeinträchtigung des durch Art. 14 I GG geschützten Eigentums (oder eines Schutzguts des Art. 2 II GG) voraus.[96]

IV. Rechtliche Schranken der planerischen Gestaltungsfreiheit

97 Eine Planung, auch eine verbindliche, imperative hoheitliche Planung ist ihrem Wesen nach normativ nicht konditional im Sinne des „Wenn-Dann-Schemas", sondern nur final im Sinne des „Zweck-Mittel-Schemas" programmierbar.[97] Sie ist daher keineswegs bloßer Gesetzesvollzug, sondern innerhalb des rechtlichen Planungsspielraums eine schöpferische Entscheidung, die den gesetzlichen Zielvorgaben sachgerecht Rechnung tragen muß. Dabei berührt und gestaltet sie in der Regel – dies zumal bei raumgreifenden Vorhaben – zahlreiche verschiedene und verschiedenartige Individual- und Allgemeinbelange, d.h. ein umfassendes, komplexes Interessengefüge. Die von der Planung insgesamt betroffenen Interessen sind z.T. gegenläufig, zum Teil gleichgerichtet und meist vielfältig wechselbezüglich miteinander verschränkt. Eine sinnvolle, gestaltende Problembewältigung ist hier nur möglich, wenn der Planungsbehörde ein Gestaltungsermessen (eine sog. „planerische Gestaltungsfreiheit") zusteht, dessen Rechtsgrund in der materiellen fachgesetzlichen Ermächtigung der Planfeststellungsbehörde zur Planung (z.B. § 17 FStrG, § 28 PBefG usw.) gesehen wird. Allerdings ist diese planerische Gestaltungsfreiheit rechtlich begrenzt. Bei vorhabenbezogenen Fachplanungen wird die erste Schranke durch den vom Vorhabenträger vorgelegten oder im Planfeststellungsverfahren abgeänderten Plan (Rn. 2/40) gezogen; die Planfeststellungsbehörde ist zu einer verbindlichen Alternativplanung (Rn. 2/115) nicht befugt (Rn. 2/109). Hinzu kommt: Aus zwingenden Vorschriften einschlägiger Fachgesetze des Bau-, Wege-, Wasser-, Naturschutzrechts usw. (Rn. 2/106 f.), aber auch allgemein aus spezifisch fachplanungsrechtlichen Normen oder Rechtsgrundsätzen ergeben sich materiellrechtliche Schranken, deren Überschreitung zur Rechtswidrigkeit des PFB führt. Vor allem aber muß die Planfeststellungsbehörde die im Rechtsstaatsprinzip (BVerwGE 61, 295 [301]) verwurzelten Anforderungen des Abwägungsgebots (Rn. 2/108 ff.) einhalten.

---

96 BVerwG, DVBl. 1988, 534 m.w.N. Nach der Rspr. sind Lärmpegel von ca. 70-75 dB (A) tagsüber und 65 dB (A) nachts vom Grundstückseigentümer nicht mehr entschädigungslos hinzunehmen, s. BVerwGE 87, 332 (382); BGHZ 97, 114 (123); 122, 76 (81); DVBl. 1978, 110 (111).
97 Dazu m. zahlr. Nachw. *Kügel*, Planfeststellungsbeschluß, S. 120 ff.

1. Vorbereitende Planungsentscheidung

Zuweilen ist eine zweistufige Planung vorgesehen. So besteht z.B. in einigen Fachplanungsfällen eine lediglich behördeninterne, d.h. nur im *Innenverhältnis* rechtlich bedeutsame Bindung der Planfeststellungsbehörde an die **vorbereitende Planungsentscheidung** einer anderen Behörde.[98] Dies gilt z.B. für die Vorausgenehmigung des Bundesministers für Verkehr bei planfeststellungsbedürftigen Vorhaben, die die Planung und Linienführung einer neuen Bundesfernstraße (Linienbestimmung nach § 16 I FStrG) oder einer neuen Bundeswasserstraße (§ 13 I WaStrG) betrifft. Besonderheiten gelten auch im Personenbeförderungsrecht (§§ 2 I Nr. 1, 9 I Nr. 1, 17 II Nr. 7, 28 IV PBefG) und Luftverkehrsrecht (§§ 6, 8 LuftVG) für das Verhältnis zwischen der (eine gewisse Vorplanung enthaltenden) Unternehmergenehmigung und der Planfeststellung.[99] Wieder von anderer Art ist die zweistufige Abfallwirtschaftsplanung nach §§ 29, 32 I Nr. 4 KrW-/AbfG (Rn. 10/252 ff.).[100]

98

Demgegenüber sind die nachfolgend darzulegenden materiellrechtlichen Schranken der planungsrechtlichen Gestaltungsfreiheit (Planrechtfertigung, Beachtung zwingender gesetzlicher Planungsleitsätze und Abwägungsgebot) durchweg auch im *Außenverhältnis* wirksam. Dasselbe gilt für die die Planfeststellungsbehörde bindenden, oben unter Rn. 2/71 erörterten zwingenden Vorschriften einschlägiger Fachgesetze.

99

2. Planrechtfertigung

Eine hoheitliche Planung findet ihre Rechtfertigung nicht schon in sich selbst. Vor allem wegen der eigentumsverteilenden Wirkung einer gemeinnützigen Planfeststellung – der PFB kann, wie dargelegt, eine enteignungsrechtliche Vorwirkung entfalten (vgl. Rn. 2/75 f.) –, aber auch wegen der Möglichkeit der Beeinträchtigung öffentlicher Belange bedarf das geplante Vorhaben nach der Rechtsprechung einer besonderen, der fachplanerischen Zielsetzung entsprechenden **Planrechtfertigung** (fachplanungsrechtliche bzw. planrechtfertigende Erforderlichkeit), die auch vor Art. 14 III GG standhält. Eine Enteignung ist nur zum Wohle der Allgemeinheit aufgrund Gesetzes oder durch Gesetz zulässig. Deshalb muß der Zweck der Planung auf die Verwirklichung solcher öffentlicher Belange ausgerichtet sein, die generell – im Rahmen der dem Gesetzgeber vorbehaltenen Bestimmung der Enteignungsvoraussetzungen und der zulässigen Enteignungszwecke (z.B. gem. § 19 FStrG) – als Gemeinwohlbelange geeignet sind, entsprechend den Anforderungen des Art. 14 III 1 GG entgegenstehende Eigentumsrechte zu überwinden. So sind z.B. die im FStrG genannten Ziele und Aufgaben – insbesondere die Bildung eines zusammenhängenden Verkehrsnetzes und weiträumiger Verkehrsverbindungen sowie die Förderung der Verkehrssicherheit – *generell* geeignet, diese Voraussetzungen zu erfüllen. Darüber hinaus muß aber für die geplante Verkehrsverbindung etwa aufgrund der aktuellen Verkehrslage, der unzurei-

100

---

[98] Vgl. z.B. BVerwGE 48, 56; 62, 342 (jeweils zu § 16 I FStrG); ausführlich *Ibler*, DVBl. 1989, 76 ff.
[99] Dazu z.B. *Wahl*, DÖV 1975, 373 ff.; BVerwG, DVBl. 1981, 347 u. 1988, 532 m.w.N.
[100] S.a. *Ibler*, DVBl. 1989, 639 (646 f.).

2 Planfeststellungsrecht

chenden Verkehrserschließung vorhandener Siedlungen oder der zu erwartenden künftigen Verkehrslage ein *konkretes Bedürfnis* bestehen. Rechtmäßig kann eine Planfeststellung also nur dann sein, wenn das Vorhaben, gemessen an den Zielsetzungen des jeweiligen Fachplanungsgesetzes, *erforderlich* ist (*Zielkonformität*). Die materiellrechtliche Planungsbindung unter dem Aspekt der „Planrechtfertigung" verlangt dabei allerdings nur, daß das planfeststellungsbedürftige Vorhaben objektiv „**vernünftigerweise geboten**" ist. Eine „Unausweichlichkeit" des planfeststellungsbedürftigen Vorhabens ist keine Voraussetzung rechtmäßiger Planfeststellung.[101] Das Erfordernis der Planrechtfertigung schränkt insoweit den planerischen Gestaltungsspielraum ein. Die damit verbundenen – relativ geringen – Anforderungen an die Planrechtfertigung unterliegen uneingeschränkter gerichtlicher Kontrolle.[102]

101 Die Bedeutung der Planrechtfertigung als Voraussetzung für die Inanspruchnahme von Eigentum ist auch der Hintergrund der lange vom BVerwG angenommenen Unterscheidung von *„privatnützigen"* und *„gemeinnützigen Planfeststellungen"*. Während die „gemeinnützige Planfeststellung" auch zur Rechtfertigung von Eingriffen in Rechte Dritter dienen konnte, war das bei der „privatnützigen Planfeststellung" nicht der Fall (z.B. bei der wasserrechtlichen Planfeststellung nach § 31 WHG, wenn es um die Herstellung eines Baggersees durch Auskiesung eines Grundstücks im Wege der Naßbaggerung oder um die Herstellung eines Fischteichs u.ä. geht[103]). Die Gemein- oder Privatnützigkeit einer Planfeststellung hängt nicht von der Qualifizierung der Rechtsnatur des Antragstellers (privat- oder öffentlich-rechtlich) oder davon ab, ob sein planfeststellungsbedürftiges Vorhaben auf Gewinnzielung gerichtet ist oder nicht, sondern ausschließlich davon, ob mit diesem Vorhaben *unmittelbar* zum Wohl der Allgemeinheit *öffentliche Aufgaben* wahrgenommen werden oder nicht.[104] Nachdem die Rechtsprechung des BVerfG[105] unter bestimmten legislativen Voraussetzungen eine Enteignung zugunsten eines privatrechtlich organisierten Unternehmens auch dann für möglich hält, wenn sich der Nutzen für das Allgemeinwohl nur als mittelbare Folge der Unternehmertätigkeit darstellt, erweist sich die Trennung zwischen Gemein- und Privatnützigkeit als unergiebig und sollte aufgegeben werden. Inzwischen ist das BVerwG – zunächst für die abfallrechtliche Planfeststellung[106] – von der Unterscheidung zwischen privatnützigen und gemeinnützigen Planfeststellungen abgerückt und sieht als Rechtmäßigkeitsvoraussetzungen einer Planfeststellung zugunsten eines privaten Trägers (im Abfallrecht, Wasserrecht oder Bergrecht) die Einhaltung zwingender Rechtsvorschriften sowie die Abwägung aller von der Planung berührten öffentlichen und privaten Belange gegeneinander und untereinander an (Rn. 4/192).[107]

---

101 BVerwGE 56, 110 (119) – Flugh. Frankfurt. Bei Flughäfen kann sich die planungsrechtliche Erforderlichkeit insbes. aus den Funktionalitätsanforderungen (etwa aus dem Verkehrsbedürfnis) und aus Luftsicherheitsanforderungen ergeben.
102 Grundlegend BVerwGE 48, 56 (60). Vgl. z.B. aus jüngerer Zeit BVerwGE 71, 166 (168); 72, 282 (285 f.); 84, 123 (131). Im einzelnen *Niehaus*, WiVerw. 1985, 250 ff.; *Kühling*, Fachplanungsrecht, Rn. 156 ff.; *Ibler*, NuR 1989, 247 (248 ff.), *Steinberg*, Fachplanung, § 4 Rn. 30 ff. jeweils m.w.N. Im übrigen: Nicht nur das Erfordernis der Planrechtfertigung, sondern zusätzlich auch noch das Abwägungsgebot ist ein Instrument zur Gewährleistung der grundgesetzlichen Voraussetzungen für die Inanspruchnahme von Grundeigentum im Wege der Enteignung (BVerwGE 71, 166 [170]). Denn auch bei zu bejahender Planrechtfertigung bleibt für den Bereich der Abwägung immer noch die Frage zu beantworten, ob das Planvorhaben überhaupt verwirklicht werden darf.
103 BVerwGE 55, 220 (226 f.); BVerwG, DVBl. 1990, 1170.
104 BVerwGE 85, 44; *Sellmann*, DVBl. 1987, 223 ff. m.w.Nachw.
105 BVerfGE 56, 266 (287 ff.); 66, 248 (257 f.); 74, 274 (Boxberg-Urteil).
106 BVerwGE 85, 44 (46 ff.) gegen BayVGH, DÖV 1989, 401.
107 BVerwGE 85, 44 (46); 85, 155 (156); wie hier auch *Kühling*, FS Sendler, 1991, S. 391 ff.

Häufig ist bei der Beurteilung der Frage, ob ein planfeststellungsbedürftiges Vorhaben **102** planungsrechtlich erforderlich ist, für einen bestimmten Zeithorizont eine *Prognose* zu stellen, z.B. hinsichtlich der künftigen Menge und der Zusammensetzung des Verkehrs auf einer neu zu bauenden Straße, der Zahl der zu erwartenden Flugbewegungen auf einem auszubauenden Flughafen usw. Prognosen können aber im günstigsten Fall – und daran kann keine Rechtsordnung etwas ändern – eine bestmögliche Vorausschau auf den jeweiligen Prognosezeitpunkt bieten.

Daher spielt es für die Beurteilung der Rechtmäßigkeit des PFB im Prinzip keine Rolle, **103** ob die ihm zugrunde gelegte Prognose durch die spätere Entwicklung falsifiziert wird. Vielmehr kommt es allein darauf an, ob die Prognose mit den *seinerzeit* zur Verfügung stehenden Erkenntnismitteln unter Beachtung aller für sie erheblichen Umstände sachgerecht gestellt worden ist. Es reicht also aus, wenn die Prognose in einer der jeweiligen Materie angemessenen, methodisch einwandfreien Weise erarbeitet und begründet worden ist. Nur dann, wenn infolge unvorhersehbarer Ereignisse die tatsächliche Entwicklung von einer im zuvor dargelegten Sinn zutreffend aufgestellten Prognose in extremer Weise abweicht, stellt sich die Frage, ob der PFB dadurch *funktionslos* und deshalb rechtswidrig geworden ist.[108]

Die Frage der *konkreten Dimensionierung des Vorhabens* – etwa der Länge der Start- **104** und Landebahn eines Flughafens, des Regelquerschnitts einer einbahnigen und zweistreifigen Bundesstraße – ist nach der Rechtsprechung des Bundesverwaltungsgerichts keine Frage der Planrechtfertigung, sondern eine solche des *Abwägungsgebots* (Rn. 2/108 ff.).[109]

Mit der grundsätzlichen Bejahung der Planrechtfertigung ist allerdings die fachpla- **105** nungsrechtliche Frage nach der rechtlichen Zulässigkeit des „Ob" der Verwirklichung des planfeststellungsbedürftigen Vorhabens noch nicht abschließend beantwortet, weil ein negatives Ergebnis der gebotenen Abwägung immer noch dazu führen kann, diese Frage zu verneinen.[110]

3. Planungsleitsätze

Ein Planfeststellungsbeschluß ist dann rechtswidrig, wenn bei seinem Erlaß **zwingen-** **106** **de materiellrechtliche Gebote oder Verbote** nicht beachtet worden sind, also Rechtsnormen, die für die Planung strikte Beachtung fordern und daher nicht durch planerische Abwägung überwunden werden können (z.B. Art. 2 II 1, 14 III GG, § 74 II 2 VwVfG, § 32 I KrW-/AbfG, §§ 5, 22, 41 BImSchG, § 5 17. BImSchV usw.).[111] Das

---

108 BVerwGE 56, 110 (122); 72, 282 (286); 75, 114 (234).
109 So BVerwGE 69, 256 (271); 75, 214 (238). Dies ist indessen umstritten (vgl. z.B. *Winter*, NuR 1985, 41 ff.).
110 BVerwGE 71, 166 (170).
111 So das BVerwG seit BVerwGE 71, 163 – zur fernstraßenrechtlichen Fachplanung, krit. dazu *Steinberg*, NVwZ 1986, 812; *ders.*, Fachplanung, § 4 Rn. 41 ff. Daher enthält § 2 I 2 AbfG a.F. (~ § 10 IV 2 KrW-/AbfG) wohl keine Planungsleitsätze im dargelegten Sinn: BayVGH, DVBl. 1988, 544; a.A. noch BVerwG, NJW 1980, 953 u. – wie häufig mißverständlich in der Wortwahl – VGH BW, DVBl.

2 Planfeststellungsrecht

BVerwG nennt diese Normen neuerdings auch *Planungsleitsätze*. Hierzu gehören somit *nicht* bloße Optimierungsgebote (z.B. §§ 1, 8 III BNatSchG, § 50 BImSchG), d.h. gesetzgeberische Zielvorgaben, denen zwar im Rahmen der Abwägung (Rn. 2/108 ff.) eine besondere, aber eben keine absolute Bedeutung zukommt,[112] und auch nicht „sekundäres" materielles Recht, das selbst die Möglichkeit einer Ausnahme, Befreiung oder ähnlichen Abweichung eröffnet.[113]

107 Das Bundesverwaltungsgericht hat früher – in anderer Terminologie – zwischen externen und internen Planungsleitsätzen differenziert. Hiernach waren die zwingenden Ziele der jeweiligen Fachplanung – insbesondere des Straßenrechts – als interne Planungsleitsätze zu beachten (vgl. z.B.: § 1 III 1 FStrG, wonach Bundesautobahnen keine höhengleichen Kreuzungen haben dürfen). Demgegenüber wurde im Immissionsschutz ein externer, durch die Abwägung überwindbarer Planungsleitsatz gesehen. Diese Unterscheidung wurde ebenso wie die Überwindbarkeit strikter immissionsschutzrechtlicher Normen inzwischen aufgegeben. Wenn das BVerwG nunmehr diejenigen zwingenden materiellrechtlichen Normen als Planungsleitsätze bezeichnet, welche die Planfeststellungsbehörde – als Folge der (formellen) Konzentrationswirkung des PFB – zu beachten hat, weil sie auch von den Behörden zu beachten wären, deren Entscheidungen durch den Planfeststellungsbeschluß ersetzt bzw. überflüssig werden (Rn. 2/71), so ist diese Bezeichnung irreführend. Deshalb könnte und sollte auf sie ohne weiteres verzichtet werden.[114]

4. Abwägungsgebot

108 Nach dem jede rechtsstaatliche Planung beherrschenden **Abwägungsgebot**[115] müssen die durch das Planvorhaben berührten öffentlichen und privaten Belange gegeneinander und untereinander mit dem Ziel abgewogen werden, sie in einen gerechten Ausgleich zu bringen. Dabei sind die unmittelbar für das Planvorhaben sprechenden öffentlichen Belange bereits bei Bejahung der Planrechtfertigung ermittelt (Rn. 2/100), aber noch nicht im Vergleich zu konfligierenden öffentlichen und privaten Interessen gewichtet worden. Dies ist auf der Stufe der Abwägung nachzuholen. Auf ihr wird nämlich nicht lediglich über das *Wie*, sondern immer auch noch über das *Ob* des Vorhabens entschieden.

109 Nach der Rechtsprechung des Bundesverwaltungsgerichts[116] bezieht sich das Abwägungsgebot sowohl auf den **Abwägungsvorgang** als auch auf das **Abwägungsergebnis**. Hierbei ist zu beachten: Während der kommunale Träger der Bebauungsplanung

---

1988, 542. Umstritten ist unter diesem Aspekt (Planungsleitsatz oder Optimierungsgebot) z.B. auch noch § 8 II u. III BNatSchG; vgl. BVerwG, NVwZ 1993, 565 ff. (Rn. 3/125 ff.). S. im übrigen *Dreier*, Abwägung, S. 110 ff., 125 ff.; *Ibler*, NuR 1989, 247 (250) m.w.N.

112 *Dreier*, Die normative Steuerung der planerischen Abwägung, 1995; *Hoppe*, DVBl. 1992, 853 ff.; *Wahl*, NVwZ 1990, 426 (437 f.).
113 BVerwG, NVwZ 1991, 1074; UPR 1989, 428.
114 In diesem Sinn auch *Hoppe*, UPR 1995, 201 (202); *Steinberg*, Fachplanung, § 4 Rn. 45; *Wahl*, NVwZ 1990, 426 (436).
115 Dazu m.w.Nachw. insbes. der Rspr. des BVerwG etwa *Kügel*, Planfeststellungsbeschluß, S. 141 ff. Vgl. auch BVerfGE 79, 174 (188).
116 S. die Darstellung bei *Kühling*, Fachplanungsrecht, Rn. 174 ff. m.Nachw.; *Ibler*, NuR 1989, 247 (251).

beim Erlaß eines Bebauungsplans als Planer tätig wird (also eine Identität von Planer und Träger der Planungshoheit besteht), ist es an sich nicht Aufgabe der Planfeststellungsbehörde, selbst zu planen. Prinzipiell hat sie daher lediglich die vom Vorhabenträger vorgenommene und vorgelegte Planung auf ihre Feststellungsfähigkeit zu überprüfen. Dabei hat sie aber als Träger der Planungshoheit alle von der Planung berührten Belange eigenverantwortlich abzuwägen. Überdies kann sie dem etwa sonst nicht feststellungsfähigen Plan u.U. dadurch zur Feststellung verhelfen, daß vom Vorhabenträger noch nicht vorgesehene, nach dem Abwägungsgebot aber notwendige Schutzmaßnahmen im PFB angeordnet oder notwendige Folgemaßnahmen (Rn. 2/72) planfestgestellt werden.

a) Abwägungsmaterial

Von der Planfeststellungsbehörde kann dem vom Abwägungsgebot geforderten Ausgleich der von der Planung berührten Belange nur entsprochen werden, wenn vor der Gesamtabwägung alle im konkreten Fall abwägungserheblichen Fakten und Umstände,[117] insbesondere also alle durch die Planung berührten (schutzwürdigen) Belange, ermittelt worden sind. Hilfreich ist hierbei das Ergebnis der meist notwendigen Umweltverträglichkeitsprüfung (Rn. 1/113 ff.). Andernfalls können die von der Planung vorgefundenen und die durch sie überhaupt erst aufgeworfenen Probleme nicht bewältigt werden.[118] **110**

Diese Zusammenstellung des sog. **Abwägungsmaterials** steht nicht im Ermessen der Planfeststellungsbehörde; vielmehr handelt es sich insoweit nach der Rechtsprechung um Rechtsanwendung, d.h. um eine gerichtlich überprüfbare Tat- und Rechtsfrage.[119] Wenn die Abwägungsbeachtlichkeit eines Interesses (Belangs) zu verneinen ist, bedarf es auch keiner Einstellung dieses Interesses in das Abwägungsmaterial. **111**

Nach BVerwGE 59, 87 (102 ff.) entfällt die *Abwägungsbeachtlichkeit* für Interessen, die entweder geringwertig, nicht (hinreichend) schutzwürdig, nur geringfügig betroffen oder in ihrem Betroffensein nicht (hinreichend) erkennbar sind. Auf letzteres bezieht sich der Umfang der Ermittlungspflicht der Planfeststellungsbehörde (§ 24 VwVfG). Diese muß (nur) solche Umstände aufklären[120] und sodann abwägend be- **112**

---

117 Dazu gehören u.U. auch die prognostizierbaren Ergebnisse einer Flurbereinigung. Ist für ein planfeststellungsbedürftiges Vorhaben die Inanspruchnahme von ländlichen Grundstücken in großem Umfang erforderlich (z.B. für eine Straße oder einen Flughafen), so kann nach Einleitung des Planfeststellungsverfahrens eine insbes. der Verteilung des Landverlustes auf einen größeren Eigentümerkreis dienende sog. *Unternehmensflurbereinigung* angeordnet werden (§ 87 FlurbG). Bei der planerischen Abwägung können die künftigen Ergebnisse dieser Flurbereinigung antizipierend berücksichtigt werden, wenn sie bereits mit hoher Wahrscheinlichkeit zu erwarten sind; vgl. BVerwG, DVBl. 1988, 534, 536 u. 538; VGH BW, NVwZ-RR 1990, 66.
118 Eine förmliche UVP ist daher regelmäßig zur Ermittlung der (materiellen) Umweltverträglichkeit eines Vorhabens (z.B. nach § 17 I 2 FStrG, § 31 II 2 KrW/-AbfG) erforderlich, so zutr. BayVGH, DVBl. 1994, 1198 ff.; OVG Koblenz, ZUR 1995, 146 (149). S. ferner Fn. 2/76.
119 Dazu z.B. BVerwG, DVBl. 1980, 999; B. v. 9.3.1993, 4 B 190.92, Buchholz 316 § 74 VwVfG Nr. 23. Vgl. *Ibler*, JuS 1990, 7 ff. m.Nachw. der krit. Stimmen in Fn. 9.

2 Planfeststellungsrecht

rücksichtigen, die entscheidungserheblich sind. Das ist nach dem BVerwG[121] dann der Fall, wenn sich die Abwägungserheblichkeit entweder aufdrängt oder wenn ein Planbetroffener Umstände, die nicht ohne weiteres als abwägungserheblich erkennbar sind, im Zuge der Öffentlichkeitsbeteiligung oder auf andere zulässige Weise rechtzeitig in das Planverfahren einbringt.

b) Abwägungsfehlerlehre

113 Der Planungsträger hat bei der gestaltenden Verwirklichung des Planungsziels abwägend für einen angemessenen Ausgleich der berührten schutzwürdigen Belange Sorge zu tragen. Dazu gehört auch die planerische Bewältigung der durch die Planung überhaupt erst aufgeworfenen Probleme (sog. *Problem- oder Konfliktbewältigung*). Dies alles schließt ebenso eine Gewichtung dieser Belange wie eine Bevorzugung oder Zurückstellung einzelner Belange ein. Für die hierbei zu treffenden Entscheidungen steht dem Planungsträger ein zwar normativ begrenzter, aber eben doch relativ weiter Entscheidungsspielraum zur Verfügung. Seine Überschreitung macht die Planung rechtsfehlerhaft. Hierzu hat das Bundesverwaltungsgericht – zunächst im Bauplanungsrecht – in zahlreichen Entscheidungen eine **Abwägungsfehlerlehre** (Stufenlehre) entwickelt.[122] Nach ihr ist das Abwägungsgebot dann verletzt, wenn

– eine (sachgerechte) Abwägung überhaupt nicht stattfindet (**Abwägungsausfall**),
– in die Abwägung an (privaten *und* öffentlichen) Belangen nicht eingestellt wird, was nach Lage der Dinge in sie eingestellt werden muß (**Abwägungsdefizit**)[123] oder
– die Bedeutung betroffener Belange im Verhältnis zu ihrer jeweiligen objektiven Gewichtigkeit (absolut) oder in ihrem Verhältnis zueinander (relativ) verkannt und dadurch die Gewichtung dieser Belange und/oder der Ausgleich zwischen ihnen in einer Weise vorgenommen wird, durch die die objektive Gewichtigkeit einzelner

---

120 Zur Zulässigkeit einer Wahrunterstellung vgl. z.B. BVerwGE 61, 295 (304 f.); BVerwG, NVwZ-RR 1991, 129 (137). Nach zutr. Auffassung des BayVGH, DVBl. 1994, 1198 (1200) ist die fachplanungsrechtlich vorausgesetzte Umweltverträglichkeit eines Vorhabens aber durch eine förmliche UVP so weit wie möglich zu klären, was den Anwendungsbereich der Wahrunterstellung auf nach der UVP verbleibende Wissenslücken beschränkt.
121 BVerwGE 59, 87 (103 f.); BVerwG, DVBl. 1989, 510; B. v. 9.3.1993, 4 B 190.92, Buchholz 316, § 74 VwVfG Nr. 23.
122 Vgl. etwa BVerwGE 45, 309; 47, 144; 48, 56 u.a.m. Ebenso BGHZ 66, 322. Ob die uneingeschränkte Übertragung der vom BVerwG ursprünglich am Bebauungsplan orientierten Abwägungsfehlerlehre auf den Planfeststellungsbeschluß sachlich gerechtfertigt ist, mag zweifelhaft sein; dazu *Beckmann*, DÖV 1987, 944 (949 f.) m.w.N. Vgl. im übrigen zur Vorgangs- u. Ergebniskontrolle planerischer Abwägungsentscheidungen durch das BVerwG *Ibler*, DVBl. 1988, 469 ff. (in Auseinandersetzung vor allem mit *Koch*, DVBl. 1983, 1125 ff. u. *Erbguth*, DVBl. 1986, 1230 ff.); *ders.*, JuS 1990, 7 (12 ff.). S. ferner *Koch*, DVBl. 1989, 399 ff.; *Sendler*, UPR 1995, 41 ff.; *Wahl*, NVwZ 1990, 426 ff.
123 Die Verkennung der Abwägungserheblichkeit bekannter Umstände führt ebenso zu einem Abwägungsdefizit wie die Unterlassung der Ermittlung derartiger Umstände, wenn zu einer solchen Ermittlung hinreichende Veranlassung (Rn. 2/112) bestand. Zur Durchführung einer UVP s. BayVGH, DVBl. 1994, 1198 und Fn. 2/120.

dieser Belange völlig verfehlt wird (**Abwägungsfehlgewichtung**, diese wird – u.E. nicht sachnotwendig – oft auch noch in *Abwägungsdisproportionalität* unterteilt).

Mit Ausnahme des Abwägungsausfalls, der nur den Vorgang der Abwägung betrifft, haben alle diese Fehlerkategorien sowohl für den Abwägungsvorgang als auch für das Abwägungsergebnis Bedeutung.[124] Indessen ist ein Fehler beim Abwägungsvorgang rechtlich nur dann von Bedeutung, wenn er sich auf das Abwägungsergebnis im Sinne einer konkreten Möglichkeit ausgewirkt haben kann.[125] In zeitlicher Hinsicht kommt es für die Fehlerfreiheit der Abwägung auf die *Sach- und Rechtslage im Zeitpunkt der Planfeststellungsentscheidung* an. Für diesen Zeitpunkt festzustellende Abwägungsfehler (insbesondere beim Abwägungsvorgang) können nachträglich – etwa im gerichtlichen Verfahren – nicht mehr geheilt werden. Zwar ist das Gericht u.U. gehalten, im verwaltungsgerichtlichen Verfahren aufzuklären, ob ein von der Planfeststellungsbehörde angenommener und gewürdigter abwägungserheblicher Umstand in Wahrheit gegeben ist oder nicht. Unzulässig sind aber nach dem Bundesverwaltungsgericht gerichtliche Ergänzungen der planerischen Erwägungen oder des Abwägungsmaterials. Das Gericht hat zu prüfen, ob die Planung (auch hinsichtlich des Abwägungsvorgangs) rechtsfehlerfrei ist, nicht aber hat es die für die Rechtsfehlerfreiheit erforderlichen Erwägungen nachzuschieben,[126] also etwa ein bestehendes Abwägungsdefizit „nachzubessern". Insoweit ist Planungskontrolle *nicht Begründbarkeits-, sondern Begründungskontrolle*.

114

Was speziell etwaige **Planungsalternativen** (Planungsvarianten) anlangt, so ist ihre Prüfung dann geboten, wenn sie sich nach Lage der Dinge anbieten oder aufdrängen.[127] Bei der Sachverhaltsermittlung ist ein gestuftes Vorgehen im Sinne einer ersten Vorprüfung zulässig, mit der Planungsvarianten ausgeschieden werden, die „nach Lage der Dinge" sich als wenig realistisch erweisen werden. Das jeweilige Abwägungsmaterial muß in diesem Stadium der Planung „eben nur so genau und vollständig sein, daß es jene vorauswählende Entscheidung zuläßt. Insoweit ist die Ermittlung des Sachverhalts und der berührten öffentlichen und privaten Belange relativ zur jeweiligen Problemstellung".[128] Danach verbleibende planerische Alternativen müssen mit der ihnen objektiv zukommenden Bedeutung in die vergleichende Prüfung der von den möglichen Alternativen jeweils berührten öffentlichen und privaten Belange Eingang finden. Darüber hinaus darf – auf der Ebene des Abwägungsergebnisses – die Bevorzugung einer bestimmten Lösung nicht auf einer Bewertung beruhen, die zur

115

---

124 Vgl. die in Fn. 2/122 zit. Rspr. des BVerwG. A.A. *Erbguth*, DVBl. 1986, 1230 ff.; nach ihm bezieht sich nur die Verfehlung eines ordnungsgemäßen Interessenausgleichs auf das Abwägungsergebnis, alles andere ausschließlich auf den Abwägungsvorgang.
125 BVerwGE 75, 214 (239, 251); BVerwG, NVwZ 1993, 572 (575).
126 BVerwG, NVwZ 1994, 275 ff.; NVwZ 1993, 572 ff.; DVBl. 1988, 844 (845); krit. dazu *Heinze*, NVwZ 1989, 121.
127 BVerwGE 69, 256 (273) – Flugh. München I; 75, 214 (237, 239) – Flugh. München II; BVerwG, UPR 1989, 273 u.a.m. Eine Zurückweisung sich anbietender oder aufdrängender Planungsalternativen ist abwägend darzulegen (BVerwGE 71, 166 [172]). Insoweit besteht auch eine (formelle) Pflicht zur Begründung (BVerwG, NVwZ-RR 1989, 528 Nr. 7). Zur Alternativenprüfung näher *Beckmann*, DVBl. 1994, 236 ff.; *Bender/Pfaff*, DVBl. 1992, 181 (186 f.); *Schink*, DVBl. 1994, 245 ff.; *Schlarmann*, DVBl. 1992, 871 ff. (i.E. allerdings zu weit gehend); *Steinberg*, Fachplanung, § 4 Rn. 101 ff.
128 BVerwG, NVwZ 1993, 572 (574).

objektiven Gewichtigkeit der von den möglichen Alternativen betroffenen Belange außer Verhältnis steht (vgl. auch Rn. 10/263, 289).[129]

116 U.U. ist die Planfeststellungsbehörde zur Vermeidung eines Abwägungsdefizits gehalten, im Rahmen eines zumutbaren Ermittlungsaufwands ernsthaft in Betracht kommende Planungsalternativen (z.B. ein anderer Standort für eine Abfalldeponie, eine andere Trasse für ein Straßenbauvorhaben) durch Auffüllung des Abwägungsmaterials so zu konkretisieren, daß ein echter, d.h. abwägungsfehlerfreier Alternativenvergleich (auf Vor- und Nachteile) möglich wird.[130] Unterbleibt dies und ist somit das Abwägungsmaterial für die Abwägung aller nach Lage der Dinge einzustellenden Belange unzureichend, so führt dieser Mangel zu einem – später im Gerichtsverfahren nicht mehr durch nachträgliche Ergänzung des Abwägungsmaterials („Nachschieben von Gründen") heilbaren – Abwägungsdefizit (Rn. 2/114).[131]

117 Die Planfeststellungsbehörde ist – jedenfalls grundsätzlich – befugt, die Vorzugswürdigkeit des einen Belangs gegenüber dem anderen öffentlichen oder privaten Belang zu bestimmen. Quantifizierbare und damit im engeren Sinne vergleichbare Größen sind hierbei nur selten vorhanden. Allerdings ist die **Ermächtigung zu planerischer Gestaltung nur rechtsgebunden gewährt** und darf nicht so verstanden werden, als sei sie auf die Beachtung nur allgemeiner planerischer Vernünftigkeit gerichtet. Normative Zielvorgaben schränken die Gestaltungsfreiheit des Planers ein. Zunächst einmal binden zwingende, der rechtsanwendenden Behörde keinen Entscheidungsspielraum belassende fachgesetzliche Regelungen auch die Planfeststellungsbehörde („**Planungsleitsätze**" des BVerwG, Rn. 2/106). Daneben finden sich Rechtssätze, in denen der Gesetzgeber einzelne öffentliche oder private Belange selbst als objektiv bedeutsam qualifiziert hat (wie etwa den Trennungsgrundsatz des § 50 BImSchG, die Bewertung der Umweltauswirkungen nach § 12 UVPG oder die Abwägung zwischen dem Planungsvorhaben und einem unvermeidlichen Eingriff in den Naturhaushalt nach § 8 III BNatSchG i.V.m. dem jeweiligen Landesnaturschutzgesetz). In solchen Fällen ist den Zielvorgaben des Gesetzgebers jedenfalls im Sinne eines **Optimierungsgebots** ein besonderes Gewicht zuzumessen.[132] Gleiches gilt im übrigen entgegen der Auffassung des BVerwG für materiellrechtliche Vorschriften, die selbst die Möglichkeit einer Ausnahme, **Befreiung** oder sonstigen Abweichung eröffnen, weil hier das Gesetz grundsätzlich von einem strikten Verbot ausgeht und diese gesetzliche Grundentschei-

---

129 Vgl. z.B. BVerwGE 71, 167 (171 f.) sowie die Nachw. weiterer Entscheidungen in BVerwG, NVwZ 1993, 572 ff. Soweit in der Verkehrswegeplanung eine Abschnittsbildung erfolgt, muß *jeder* Abschnitt auch dem Einwand standhalten, im Bezug auf die Gesamtplanung sei eine andere Planungsvariante vorzugswürdig, BVerwG, B. v. 2.11.1992, 4 B 205.92, Buchholz 407.4 § 17 FStrG Nr. 92.
130 Vgl. z.B. BVerwGE 71, 166 (172 f.); VGH BW, VBlBW 1989, 61 m.Anm. *Kuchler* (dazu BVerwG, B. v. 27.1.1989 – 4 B 201-205.88); VGH BW, NVwZ-RR 1989, 354.
131 S. etwa BVerwG, NVwZ 1993, 572 ff. (B 31-Ost): „Trichtermodell" zur Abschichtung von Varianten entsprechend dem jeweilligen Planungsstand.
132 Dazu ausführlich *Dreier*, Abwägung, S. 125 ff.; s.a. BVerwGE 71, 163 (165); 75, 214 (254, 257) – Flugh. München II; BVerwG, NVwZ 1993, 572 ff.; *Hoppe*, DVBl. 1992, 853 ff.; *Sendler*, UPR 1995, 41 (45); *Steinberg*, Fachplanung, § 4 Rn. 66 ff. Gegen eine in der Literatur vertretene – jedoch unpraktikable – weitere Ausdifferenzierung (z.B. im Sinne eines relativen Vorrangs bestimmter Belange) u.E. zu Recht *Wahl*, NVwZ 1990, 426 (438).

dung im Planfeststellungsbeschluß, der sich durch seine formelle Konzentrationswirkung darüber hinwegsetzen kann, berücksichtigt werden muß.[133]

Das PlanungsvereinfachungsG hat für **Planfeststellungen von Verkehrswegen** – wie in § 214 III BauGB – angeordnet, daß *Mängel bei der Abwägung* der von einem Vorhaben berührten öffentlichen und privaten Belange nur dann erheblich sind, wenn sie *offensichtlich und auf das Abwägungsergebnis von Einfluß*[134] gewesen sind (§ 17 VIc FStrG, § 19 IV WaStrG, § 10 VIII LuftVG, § 29 VIII PersBefG). Das BVerwG verlangt bekanntlich eine *verfassungskonforme Auslegung* des § 214 III BauGB im Hinblick auf das dem Abwägungsgebot zugrundeliegende Rechtsstaatsprinzip und den nach Art. 19 IV GG erforderlichen effektiven Rechtsschutz von Grundrechten (BVerwGE 64, 33). Offenkundig sind daher nicht nur alle sofort erkennbaren Abwägungsmängel, sondern alle Mängel, die sich (insbesondere anhand der Aktenlage) nachweisen lassen wie z.B. das Fehlen einer förmlichen UVP. Den Vorschriften des PlanungsvereinfachungsG ist diese verfassungskonforme Auslegung zugrundezulegen; ein bewußtes Abrücken des Gesetzgebers von dieser eindeutigen Rechtsprechung kann nicht unterstellt werden (dies ließe nur noch den Schluß auf die Verfassungswidrigkeit übrig).

118

Darüberhinaus ordnet Art. 10 S. 2 PlanungsvereinfachungsG auch eine Anwendung dieser Unbeachtlichkeit (sowie des Vorrangs eines Planergänzungsverfahrens, s. Rn. 2/61) für bereits vor Inkrafteten des Gesetzes ergangene PFB an, die angefochten wurden. Damit wird zwar zulasten des Nachbarn vom Grundsatz abgewichen, daß sich die Rechtmäßigkeit des PFB nach der Sach- und Rechtslage im Zeitpunkt des Erlasses des PFB bestimmt.[135] Mit dieser Überleitungsvorschrift ist allerdings keine Verkürzung des Nachbarrechtsschutzes und auch kein Verstoß gegen das Rückwirkungsgebot von Gesetzen verbunden, weil die Rechtsprechung auch bisher einen PFB nur dann als rechtswidrig ansah, wenn die konkrete Möglichkeit einer anderen Entscheidung gegeben war und vorrangig die Möglichkeit einer Nachbesserung durch Schutzauflagen zugunsten des Nachbarn prüfte.

119

V. Rechtsschutz Dritter gegenüber Planfeststellungsbeschlüssen

Bei dem Rechtsschutz Dritter gegenüber Planfeststellungsbeschlüssen[136] geht es vornehmlich um die Durchsetzung von öffentlich-rechtlichen Abwehr-, Schutz- und Ent-

120

---

133 *Dreier*, Abwägung, S. 381 ff.; a.A. BVerwG, NVwZ 1993, 572 ff.
134 Letzteres entspricht der (umstr.) Rspr. des BVerwG, s. BVerwG, NVwZ 1993, 572 ff., die in § 46 VwVfG einen dem Planfeststellungsrecht zugrundeliegenden allgemeinen Rechtsgedanken sieht und vor diesem Hintergrund die *konkrete* Möglichkeit einer anderweitigen Entscheidung als Voraussetzung der Aufhebung eines PFB aufstellte (die nach zutr. Auffassung des OVG Koblenz, ZUR 1995, 146 [149], auch im Rahmen des § 17 VIc FStrG gegeben ist, wenn eine von der planerischen Gestaltungsfreiheit gedeckte Planungsalternative vorliegt), a.A. z.B. *Grimm*, NVwZ 1985, 865 (871); *Hufen*, Fehler im Verwaltungsverfahren, 2. Aufl. 1992, Rn. 626 ff.; *Kügel*, Planfeststellungsbeschluß, S. 228 ff.; *Schoch*, Die Verwaltung 1992, 21 (48 f.); *Steinberg*, Fachplanung, § 3 Rn. 146 ff.
135 St. Rspr. BVerwGE 56, 110 (121); NVwZ 1993, 572 ff.
136 Dazu *Hoppe/Schlarmann*, Rechtsschutz; *Kügel*, Planfeststellungsbeschluß, S. 200 ff.; *Steinberg*, Fachplanung, § 7; *Kühling*, Fachplanungsrecht, Rn. 387 ff.; *Wahl*, NVwZ 1990, 923 ff. Zur Klagebefugnis der Länder bei der Anfechtung bundesbehördlicher Planfeststellungen wegen ihrer Befug-

schädigungsansprüchen. Ein Vorverfahren ist in der Regel nicht vorgesehen und damit auch nicht zulässig (vgl. z.B. § 74 I 2 i.V.m. § 70 VwVfG).

1. Abwehransprüche

121 Da der PFB ein (rechtsgestaltender) Verwaltungsakt ist, kann er von jedem Betroffenen[137] mit der **Anfechtungsklage** angegriffen werden, und zwar mit dem Ziel, daß er insgesamt oder in Teilen aufgehoben wird.[138] Ein mit der Anfechtungsklage geltend zu machender, auf *Aufhebung des PFB* gerichteter Abwehranspruch entsteht insoweit, als
- der PFB rechtswidrig ist und
- Dritte hierdurch i.S. des § 113 I 1 VwGO in ihren Rechten verletzt werden.

122 Solange nicht nach § 80 II Nr. 4 VwGO die sofortige Vollziehung des PFB angeordnet worden ist, hat die Anfechtungsklage aufschiebende Wirkung (§ 80 I VwGO), so daß mit dem Vollzug des PFB noch nicht begonnen werden darf. (Zu den Sonderregelungen des PlanungsvereinfachungsG s. Rn. 2/61).

123 Art. 14 GG schützt das Grundeigentum unverbrüchlich vor einem enteignenden Eigentumsentzug, der nicht zum Wohle der Allgemeinheit erforderlich oder nicht gesetzmäßig ist (Art. 14 III GG). Muß daher ein Grundstück beim Vollzug des PFB ganz oder teilweise, auf Dauer oder vorübergehend in Anspruch genommen werden, so wird der betroffene *Grundeigentümer* wegen der enteignungsrechtlichen Vorwirkung des PFB (Rn. 2/75) dann in seinem nach Art. 14 I GG verfassungsrechtlich geschützten Grundeigentum verletzt, wenn der PFB (z.B. wegen fehlender Planrechtfertigung oder wegen eines Verstoßes gegen zwingendes Recht bzw. das Abwägungsgebot) *rechts-*

---

nisse auf dem Gebiet des Naturschutzrechts s. BVerwG, NVwZ 1990, 561 ff.; DVBl. 1993, 886 ff.; *Laubinger*, VerwArch 85 (1994), 291 ff. Zu Besonderheiten des Rechtsschutz der Naturschutzverbände s. BVerwGE 87, 62; VGH BW, NuR 1993, 194 und Rn. 3/251.

137 Für die gerichtliche Geltendmachung von Abwehransprüchen, die aus Art. 14 I GG i.V.m. einfachrechtlichen Konkretisierungen abgeleitet werden, ist in der Regel nur ein betroffener *Grundeigentümer* oder zur Nutzung des Grundstücks *dinglich Berechtigter* (Nießbraucher, Erbbauberechtigter – BVerwG, NVwZ 1993, 477), nicht aber ein am Grundstück nur *obligatorisch Berechtigter* klagebefugt (BVerwG, DVBl. 1983, 898 – diese Rspr. muß jedoch für Wohnungsmieter im Anschluß an BVerfGE 89, 1 überprüft werden, s. *Dürr*, Planfeststellung, S. 1125; *Jäde*, UPR 1993, 330 ff.; a.A. *Mampel*, UPR 1994, 8 ff.). Bei der *flurbereinigungsrechtlichen Planfeststellung* (Rn. 2/23) werden durch Feststellung des Wege- und Gewässerplans die Teilnehmer nicht individuell, sondern nur in ihrer Gesamtheit als Teilnehmergemeinschaft betroffen; vgl. BVerwGE 74, 1. Der PFB kann daher von einem Teilnehmer nur zusammen mit dem Flurbereinigungsplan angefochten werden. Anderes gilt insoweit für in ihrem Selbstverwaltungsrecht betroffene Gemeinden: BVerwGE 74, 84.

138 BVerwGE 56, 110 (132 f.); BVerwG, DVBl. 1985, 896 (898). Es gibt Fälle, in denen ein PFB bei erfolgreicher Anfechtungsklage nur dem Kläger gegenüber und nur insoweit aufgehoben wird, als dieser in seinen Rechten verletzt ist. Faktisch würde dies u.U. aber auch gegenüber sonstigen Betroffenen auswirken. So kann z.B. ein Flughafen nicht einerseits im Verhältnis zu diesen sonstigen Betroffenen gebaut, andererseits im Verhältnis zum erfolgreichen Kläger aber nicht gebaut werden. Im übrigen: Die teilweise (also etwa grundstücksbezogene) Aufhebung eines PFB kommt nur in Betracht, wenn hinreichender Grund zu der Annahme besteht, daß die Planfeststellungsbehörde auch ohne den wegfallenden Teil so entschieden hätte, BVerwG, DVBl. 1989, 843 (844).

widrig ist. Daraus folgt insbesondere, daß der so *unmittelbar* Betroffene eine Verletzung des Abwägungsgebots in jeder Hinsicht, d.h. grundsätzlich auch mit der Begründung rügen kann, *öffentliche* Belange (z.B. der Schutz des Naturhaushalts oder der Landschaft) seien mit der Folge eines „Abwägungsdefizits" oder einer „Abwägungsfehlgewichtung" (Rn. 2/113) fehlerhaft abgewogen worden.[139]

Allerdings können nach dem Bundesverwaltungsgericht auch dem unmittelbar Betroffenen gegenüber bestimmte rechtliche Mängel der Planfeststellung – insbesondere wegen fehlender Kausalität[140] – **unbeachtlich** sein. Dies trifft z.B. dann zu, wenn sie sich in ihrer örtlichen Wirkung derart begrenzen lassen, daß sie das in Rede stehende Eigentum nicht berühren bzw. daß bei ihrer Korrektur (z.B. durch die teilweise Verlegung der Trasse einer planfeststellungspflichtigen Straße oder Bahnlinie) der Eingriff in das Eigentum des Klägers unverändert bestehen bleibt.

124

Ein PFB kann auch wegen der Verletzung drittschützender Verfahrensvorschriften angefochten werden, die dem Schutz der Grundrechte der Verfahrensbeteiligten dienen.[141] Nach Auffassung des BVerwG kommt eine Aufhebung des PFB allerdings nur in Betracht, wenn sich die Nichtbeachtung einer Verfahrensvorschrift auf die dahinterstehende grundrechtlich geschützte Rechtsposition des Klägers ausgewirkt haben könnte, was der Fall ist, wenn die *konkrete Möglichkeit* besteht, daß die angegriffene Entscheidung ohne den Verfahrensmangel anders ausgefallen wäre.[142] Ist z.B. ein abfallrechtlicher PFB ohne neues, mit Öffentlichkeitsbeteiligung verbundenes Planfeststellungsverfahren geändert worden, obwohl die Voraussetzungen des § 76 II VwVfG nicht vorlagen, so kann ein Dritter, der durch das Vorhaben zwar in seinen Belangen berührt, nicht aber in einer materiellen Rechtsposition betroffen ist, den verfahrensrechtswidrigen PFB nicht schon aus diesem Grunde mit Erfolg anfechten.[143] Damit wird allerdings die „Grundrechtsrelevanz" der Öffentlichkeitsbeteiligung erheblich relativiert. Überhaupt besteht nach der Rspr. des BVerwG *kein Anspruch eines Dritten auf Einleitung und Durchführung eines rechtlich gebotenen Planfeststellungsverfahrens*. Wird jedoch ein Vorhaben ohne das an sich vorgeschriebene Planfeststellungsverfahren ausgeführt oder betrieben, so kann ein in seinen *materiellen* Rechten betroffener Dritter gegen die Planfeststellungsbehörde öffentlich-rechtliche Abwehr- und (Folgen-)Beseitigungsansprüche geltend machen, die auch Ansprüche auf Erteilung von Schutzauflagen umfassen.[144]

125

Soweit hingegen der Grundeigentümer nicht unmittelbar, sondern nur *mittelbar*, wenn auch unzumutbar betroffen wird – also z.B. durch nicht mehr im Wege geeigneter

126

---

139 BVerwGE 67, 74 (B 16); 72, 15 (Main-Donau-Kanal); 74, 109; BVerwG, DVBl. 1989, 510; ferner OVG Koblenz, ZUR 1995, 146 (147) – Fehlen einer UVP.
140 Im Rahmen einer Anfechtungsklage prüfen die Verwaltungsgerichte regelmäßig, ob eine konkrete Möglichkeit besteht, daß die planende Behörde konzeptionell eine andere Entscheidung getroffen hätte. Soweit die Rechtswidrigkeit eines PFB nur auf einem die Gesamtplanung nicht in Frage stellenden Mangel beruht, so besteht kein Anspruch auf Planaufhebung, sondern nur auf Planergänzung durch Schutzauflagen (Rn. 2/127).
141 *Wahl*, NVwZ 1990, 426 (431 f.).
142 BVerwGE 75, 214 (228); BVerwG, NVwZ 1993, 572 (575). Zur zutr. Kritik hieran vgl. die Nachw. in Fn. 2/43.
143 S. VGH BW, NVwZ 1986, 663; vgl. aber auch BVerwG, UPR 1989, 24 sowie BVerwGE 56, 110 (137) zur Rechtsstellung der Gemeinden im Verfahren nach § 6 I LuftVG u. BVerwGE 87, 62 zur Beteiligung der Naturschutzverbände (Rn. 3/251).
144 S. BVerwGE 44, 235 (240); 66, 243; 94, 100; BVerwG, NJW 1981, 239; VGH BW, NuR 1988, 289 u. Rn. 6/255.

2 Planfeststellungsrecht

Schutzvorkehrungen reduzierbare, mit dem Betrieb der Anlage verbundene Immissionen, die das Grundeigentum bzw. die konkrete Nutzung eines Nachbargrundstücks unzumutbar beeinträchtigen (Rn. 2/81) –, wird zum Teil immer noch ohne Einschränkung BVerwGE 48, 56 herangezogen. Danach können Abwehransprüche auf eine Verletzung des – als Schutznorm verstandenen – Abwägungsgebots *nur* insoweit gestützt werden, als der in seinem Grundeigentum mittelbar Betroffene geltend machen kann, daß gerade seine *eigenen* Belange fehlerhaft mit entgegenstehenden Belangen abgewogen worden sind. Ein mittelbar in seinem Grundeigentum betroffener Kläger könnte also eine fehlerhafte Abwägung *fremder* (privater oder öffentlicher) Belange nie mit Erfolg rügen. Dies kann u.E. für den Fall einer Überschreitung der sog. „enteignungsrechtlichen Zumutbarkeitsschwelle" (Rn. 2/131, 2/133) schwerlich richtig sein. Aufgrund des Art. 14 I 1 GG muß nämlich auch der in seinem Eigentum zwar nicht durch Enteignungsvorwirkung, aber doch „mittelbar" Betroffene einen Anspruch darauf haben, daß sein Eigentum nicht durch einen rechtswidrigen Hoheitsakt schwer und unerträglich beeinträchtigt wird. Das heißt: Die unter Rn. 2/123 dargelegten Grundsätze müssen auch dann gelten, wenn bei lediglich mittelbarer Grundeigentumsbetroffenheit die vorgegebene Grundstückssituation nachhaltig verändert wird und dadurch eine *schwere und unerträgliche Eigentumsbeeinträchtigung* eintritt.[145]

2. Schutzansprüche

127 An die Stelle öffentlich-rechtlicher Abwehransprüche können öffentlich-rechtliche, auf die Anordnung notwendiger präventiver Schutzvorkehrungen gerichtete Schutzansprüche des Grundeigentümers treten (Rn. 2/81, 2/96). Dies ist dann der Fall, wenn Grundeigentum durch eine fachplanungsrechtliche Festsetzung mittelbar in der Weise betroffen wird, daß die fachplanungsrechtliche oder gar die enteignungsrechtliche Zumutbarkeitsschwelle (Rn. 2/131, 2/133) überschritten wird und technisch oder betriebsorganisatorisch durchführbare Schutzauflagen möglich und mit dem Vorhaben bzw. mit dem Verhältnismäßigkeitsprinzip vereinbar sind (etwa i.S. des § 74 II 3 VwVfG).

128 Die gebotene, gleichwohl unterbliebene Schutzauflage ist von dem zu schützenden Betroffenen, dem ein entsprechender *Schutzanspruch* (Planergänzungsanspruch) zusteht, grundsätzlich im Wege der **Verpflichtungsklage** zu erstreiten.[146] Dies gilt allerdings dann nicht, wenn ein von der Planung ausgelöster Interessenkonflikt wegen des Fehlens zureichenden Schutzes der benachteiligten Belange von solcher Qualität ist,

---

145 So nunmehr auch OVG Bremen, NVwZ-RR 1993, 468 (470); *Engelhardt*, DWW 1994, 297 (300). BVerwGE 71, 150 (155) weist u.E. zu Recht nicht nur auf die (nicht ohne Entschädigung zumutbare) Beschränkung des Rechts auf Nutzung des Eigentums (Art. 14 I 1 GG), sondern auch auf eine durch die Verletzung des Grundrechts auf körperliche Unversehrtheit (Art. 2 II 1 GG) bestimmte Zumutbarkeitsschwelle hin. Konsequent wäre es, bei Überschreiten dieser aus Art. 2 II 1 GG abgeleiteten Zumutbarkeitsschwelle die verwaltungsgerichtliche Überprüfung des PFB auch auf öffentliche Belange zu erstrecken.

146 Dazu *Johlen*, DVBl. 1988, 287 ff. Dies gilt auch für den Fall der nachträglichen Änderung der tatsächlichen Verhältnisse zulasten des Drittbetroffenen, s. § 75 II 2 VwVfG und Fn. 2/77.

daß dadurch nicht nur der einzelne Betroffene benachteiligt wird, sondern zugleich die „Ausgewogenheit der Gesamtplanung" bzw. eines abtrennbaren Planungsteils entfällt (z.B. bei schutzgebotener Trassenverschiebung). Entsprechendes gilt, wenn bei gebotenem Schutz durch die erstrebte zusätzliche Schutzauflage nunmehr andere Belange im Interessengeflecht der Planung nachteilig betroffen wären. In solchen Fällen ist der Planfeststellungsbeschluß insgesamt rechtswidrig. Das löst dann bei dem in seinen Individualbelangen unzumutbar Beeinträchtigten einen mit der *Anfechtungsklage* durchsetzbaren, auf Aufhebung bzw. Teilaufhebung des PFB gerichteten *Abwehranspruch* (Planaufhebungsanspruch) aus.[147]

Bei der Wahl der richtigen Klageart kann der Kläger seinem etwa unzureichenden Informationsstand prozessual dadurch Rechnung tragen, daß er seinem Hauptantrag (z.B. Anfechtungsantrag) einen *Hilfsantrag* (z.B. Verpflichtungsantrag) anhängt.

3. Entschädigungsansprüche

a) Überblick

Zu den Fragen der *Entschädigung* wegen der *Beeinträchtigung des Grundeigentums durch Verkehrslärm*, insbesondere hinsichtlich der Rechtsnatur der Ansprüche und des einzuschlagenden Rechtswegs, kristallisiert sich langsam eine Annäherung traditionell unterschiedlicher Standpunkte in der Rechtsprechung des BGH und des BVerwG heraus. So kommen etwa wegen des von neugebauten Bundesstraßen ausgehenden, durch Maßnahmen aktiven Lärmschutzes nicht hinreichend abschirmbaren Verkehrslärms für die Eigentümer gestörter Nachbargrundstücke Ausgleichsansprüche aufgrund unterschiedlicher Rechtsgrundlagen in Betracht, und zwar:

(1) Bei Verkehrslärmimmissionen *auf oder oberhalb* der sog. „**enteignungsrechtlichen Zumutbarkeitsschwelle**" (Rn. 2/133 ff.) besteht nach Auffassung des BGH ein Entschädigungsanspruch aus *enteignendem Eingriff*, der als *Aufopferungsanspruch im Zivilrechtsweg* geltend zu machen ist (§ 40 II 1 VwGO). Konkurrierend hierzu sieht das BVerwG einen *im Verwaltungsrechtsweg* zu verfolgenden *Entschädigungsanspruch* aufgrund Gesetzes (§ 74 II 3 VwVfG); dieser stellt eine – zur Vermeidung eines Verstoßes gegen das Übermaßverbot erforderliche – ausgleichspflichtige Inhaltsbestimmung des Eigentums i.S. des Art. 14 I 2 GG dar (Rn. 2/133). Für den Rechtsweg greift dann § 17 II 1 GVG n.F.

(2) Wenn die Verkehrslärmimmissionen *unterhalb* der sog. „enteignungsrechtlichen Zumutbarkeitsschwelle", aber über der mit der sog. immissionsschutzrechtlichen Zumutbarkeitsschwelle identischen **fachplanungsrechtlichen Zumutbarkeitsschwelle** (Rn. 2/136) liegen, besteht ein *gesetzlich* gem. § 74 II 3 VwVfG (bzw. § 42 BImSchG, § 9 II FluglärmG) vorgesehener *Entschädigungsanspruch*. Dieser ist im *Verwaltungsrechtsweg* geltend zu machen, soweit nicht wegen des Streits über die Höhe der

---

[147] BVerwGE 56, 110 (132 f.); 71, 150 (161); BVerwG, UPR 1990, 336 (337).

2 Planfeststellungsrecht

Entschädigung fachgesetzlich (z.B. §§ 19a, 17 FStrG i.V.m. § 74 II 3 VwVfG) der Zivilrechtsweg nach § 40 I 1 VwGO eröffnet ist.

b) Rechtsgrundlagen und Rechtsweg

133 aa) Zur angemessenen **Entschädigung bei schwer und unerträglich beeinträchtigenden Verkehrslärmimmissionen** hat der Bundesgerichtshof unter dem Gesichtspunkt des *enteignenden Eingriffs* eine bereits umfangreiche Kasuistik entwickelt.[148] Nach der neueren, besonders durch BVerfGE 58, 300 (Naßauskiesungsbeschluß) ausgelösten Rechtsprechung des BGH ist die Grundlage dieser Entschädigung aus „enteignendem Eingriff" nicht mehr Art. 14 III GG, weil der verfassungsrechtliche Enteignungsbegriff (finaler Zugriff auf das Eigentum durch einen hoheitlichen Rechtsakt) nicht erfüllt ist.[149] Nach dem Bundesgerichtshof folgt aber die Entschädigungspflicht bei schweren und unerträglichen Beeinträchtigungen durch Verkehrslärm auch nicht etwa aus Art. 14 I 2 GG i.V.m. dem verfassungsrechtlichen Übermaßverbot, sondern aus dem allgemeinen **Aufopferungsgrundsatz**.[150]

134 Die verkehrslärmbedingten, also mittelbar eigentumsrelevanten Grundstücksbeeinträchtigungen erreichen oder überschreiten nur dann als „enteignende Eingriffe" die sog. *enteignungsrechtliche Zumutbarkeitsschwelle* („eigentumsrechtliche Zumutbarkeitsschwelle", „Enteignungsschwelle"), wenn durch diese Eingriffe die *vorgegebene Grundstückssituation nachhaltig verändert* und dadurch das in Mitleidenschaft gezogene *Grundstück schwer und unerträglich betroffen* wird. Der BGH stellt bei der Ermittlung der eigentumsrechtlchen Zumutbarkeitsschwelle in erster Linie auf die Höhe des Lärmmittelungspegels ab, daneben aber auch auf die Art des Lärms (z.B. Schallspitzen), den Gebietscharakter (wobei der Außenbereich grundsätzlich mehr an Lärmbelastung hinzunehmen hat als der Innenbereich) und die Lärmvorbelastung. In *Wohngebieten* wurde die Zumutbarkeitsschwelle für Verkehrslärmimmissionen auf 70-75 dB(A) tagsüber und 60-65 dB(A) nachts angesetzt.[151]

135 Wird durch Verkehrslärmimmissionen die „enteignungsrechtliche Zumutbarkeitsschwelle" überschritten, so ist, soweit es sich nicht um den Grund, sondern um die Höhe der Entschädigung handelt, nach dem Bundesgerichtshof der **ordentliche Rechtsweg** gegeben. Dies ergibt sich nicht bereits aus Art. 14 III 4 GG, weil der vom BGH gewährte Aufopferungsanspruch bei enteignendem Eingriff keine Enteignung im engen, verfassungsrechtlichen Sinne des Art. 14 III 1 GG darstellt. Der auf den allgemeinen Aufopferungsgrundsatz gestützte Entschädigungsanspruch bei „enteignendem Eingriff" würde aber mit dem Entschädigungsanspruch aus § 74 II 3 VwVfG

---

148 Dazu *Boujong*, UPR 1987, 207 ff.; *Stich*, UPR 1988, 281 (285, 287); *Maurer*, Allgemeines Verwaltungsrecht, 9. Aufl. 1994, § 26 Rn. 56 ff.
149 BVerfGE 58, 300 (320); 79, 174 (191). Dazu auch BVerwGE 77, 295 (298).
150 BGHZ 122, 76 (77); 91, 20; 97, 114 (116); 97, 361 (363); s.a. BVerfGE 58, 300; weitere Nachw. bei Bender, JZ 1986, 888 ff. *Engelhardt*, DWW 1994, 297 (302) sieht die Rechtsgrundlage dieses Anspruchs demgegenüber nicht im „enteignenden Eingriff", sondern in einem mittlerweile *gewohnheitsrechtlichen Anspruch* des privaten Nachbarschutzrechts, der allerdings auf die Fälle beschränkt sei, daß eine Straße nicht aufgrund eines PFB errichtet wurde und auch § 42 BImSchG nicht anwendbar ist.
151 BGHZ 122, 76 (81) m.w.N.; BGH, NJW 1995, 1823 (1824).

konkurrieren. Es war daher konsequent, wenn der Bundesgerichtshof daran festhielt, daß (auch) der ordentliche Rechtsweg (durch § 40 II VwGO) eröffnet ist.[152] Da nach § 17 II 1 GVG n.F. nunmehr das Gericht des zulässigen Rechtswegs, wenn dieser auch nur für einen der möglichen Klagegründe gegeben ist, für alle anderen Klagegründe entscheidet,[153] kann auch einheitlich über beide Anspruchsgrundlagen im Verwaltungsrechtsweg entschieden werden, wofür schon die Sachnähe der Verwaltungsgerichte zum Planfeststellungsverfahren und den damit verbundenen Lärmschutzfragen spricht.

bb) Bei einer so hohen Lärmbelastung ist aber nicht nur unter dem Aspekt des enteignenden Eingriffs, sondern auch nach dem Gesetz (§ 74 II 3 VwVfG, aber auch § 42 BImSchG) zu entschädigen. Beeinträchtigungen des Grundeigentums wegen Überschreitung der *fachplanungsrechtlichen Zumutbarkeitsschwelle* (2. Fall) lösen nämlich nach **§ 74 II 3 VwVfG** einen **öffentlich-rechtlichen Entschädigungsanspruch**[154] (Rn. 2/137) aus, wenn und soweit die Beeinträchtigungen durch geeignete Schutzauflagen aus rechtlichen oder tatsächlichen Gründen nicht abgewendet werden können. Diese Vorschriften regeln u.E. *auch* die (mittelbaren) Beeinträchtigungen des Grundeigentums wegen Überschreitung der (irreführend immer noch so genannten) „enteignungsrechtlichen Zumutbarkeitsschwelle" (Rn. 2/133). Mindestens für diesen Fall (Zusammenfallen von Fall 1 und 2) haben diese fachplanungsrechtlichen Vorschriften den Charakter einer zur Wahrung des Verhältnismäßigkeitsgebots ausgleichspflichtigen Inhaltsbestimmung des Eigentums (Art. 14 I 2 GG).[155] **136**

Die Frage, welches Ausmaß von Verkehrlärmimmissionen der Inhaber eines nach Art. 14 I 1 GG geschützten Rechts, insbesondere also an seinem betroffenen Grundstück entschädigungslos hinnehmen muß, ist eine Frage der Inhalts- und Schrankenbestimmung des Eigentums i.S. des Art. 14 I 2 GG. Hier kann bei hoher Intensität der zu duldenden Belastung eine gesetzliche Regelung verfassungswidrig sein, wenn sie keinen Ausgleichsanspruch zubilligt. Das BVerwG war früher der Auffassung, daß es sich in den Fällen des § 17 IV 2 FStrG a.F. (jetzt: § 74 II 3 VwVfG) vor Erreichen der „Enteignungsschwelle" nicht um einen verfassungsrechtlich notwendig vorzusehenden Geldausgleich handelt, sondern um eine vom Gesetzgeber *aus Billigkeitsgründen* getroffene Ausgleichsregelung. Inzwischen hat sich aber zumindest beim BVerwG die Auffassung durchgesetzt, daß § 74 II 3 VwVfG und vergleichbare Vorschriften auch die Fälle regeln, in denen die Eigentumsinhaltsbestimmung i.S. des Art. 14 I 2 GG wegen der Schwere der zu duldenden Beeinträchtigung zur Wahrung des verfassungsrechtlichen Verhältnismäßigkeitsprinzips eine Ausgleichsregelung fordert.[156] Dies dürfte nicht immer schon dann der Fall sein, wenn die „immissionsschutzrechtliche" bzw. „fachplanungsrechtliche" Zumutbarkeitsschwelle erreicht ist, jedenfalls aber dann, wenn wegen der Schwere und Unerträglichkeit der Beeinträchtigung die wohl höher gelegene, sog. „enteignungsrechtliche" Zumutbarkeitsschwelle (Rn. 2/133) erreicht bzw. überschritten wird. (Die dann nach dem Gesetz geschuldete Entschädigung hat nichts mit einer Enteignungsentschädigung zu tun.) Einigkeit besteht allerdings zwischen BGH und BVerwG darüber, daß die in § 74 II 3 VwVfG festge- **137**

---

152 Vgl. etwa BGHZ 97, 114 (118); 122, 76 (77).
153 BVerwG, NVwZ 1993, 358 (359); BGHZ 114, 1 (2).
154 S. auch BVerwGE 87, 332 (376 ff. – Fluglärm). Zu den Entschädigungsfragen s. etwa *Korbmacher*, DÖV 1982, 517 ff.; *Bender*, DVBl. 1984, 301 ff.; *Boujong*, UPR 1987, 81 ff. u. 207 ff., jeweils m.w.N.
155 So nunmehr ausdrücklich BVerwGE 87, 332 (380); NVwZ-RR 1991, 129.
156 BVerwGE 84, 361 (364); 87, 332 (383). Zur gleichgelagerten Frage einer Entschädigungsregelung bei Beschränkungen des Eigentums in Natur- und Wasserschutzgebieten s. Rn. 3/183, 4/177.

2 Planfeststellungsrecht

schriebene fachplanungsrechtliche Zumutbarkeitsschwelle (die u.E. durch die Grenzwerte der 16. BImSchV [Rn. 6/286] konkretisiert wird)[157] niedriger ist als die enteignungsrechtliche Zumutbarkeitsschwelle.[158]

Beispiel: In einem allgemeinen Wohngebiet beträgt die Verkehrslärmbelastung durch eine geplante Umgehungsstraße 65 dB (A) tagsüber und 55 dB (A) nachts. Die fachplanungsrechtliche Zumutbarkeitsschwelle ist überschritten, da nach § 2 I der Verkehrslärmschutz-VO die Beurteilungspegel in einem allgemeinen Wohngebiet 59 dB(A) tagsüber und 49 dB(A) nachts nicht überschreiten dürfen. Die enteignungsrechtliche Zumutbarkeitsschwelle, die zwischen 70-75 dB(A) tagsüber und 60-65 dB(A) nachts liegt, ist nicht erreicht. Die Planfeststellungsbehörde muß durch aktive Schallschutzmaßnahmen (Lärmschutzwand, Ampelschaltung usw.) sicherstellen, daß die Immissionsgrenzwerte nicht überschritten werden; wenn dies nicht möglich ist, besteht wegen des Überschreitens der fachplanungsrechtlichen Zumutbarkeitsschwelle der Entschädigungsanspruch nach § 74 II 3 VwVfG.

138 Die Planfeststellungsbehörde hat die Entschädigungspflicht des Vorhabenträgers im Planfeststellungsbeschluß zumindest „dem Grunde nach" unter Angabe der für die Höhe der Entschädigung relevanten Faktoren festzustellen.[159] Geht es lediglich um die Überschreitung der „fachplanungsrechtlichen Zumutbarkeitsschwelle", wird aber die „enteignungsrechtliche Zumutbarkeitsschwelle" noch nicht erreicht, so steht für die Durchsetzung des einfachgesetzlich vorgesehenen Entschädigungsanspruchs der **Verwaltungsrechtsweg** offen, soweit nicht wegen des Streits über die Höhe der Entschädigung fachgesetzlich (z.B. §§ 19a, 17 FStrG i.V.m. § 74 II 3 VwVfG, § 39 I 1 WaStrG) der Zivilrechtsweg nach § 40 I 1 VwGO eröffnet ist. Das gilt u.E. für den in § 74 II 3 VwVfG *gesetzlich* vorgesehenen Entschädigungsanspruch auch dann, wenn die sog. „enteignungsrechtliche Zumutbarkeitsschwelle" erreicht ist, so daß der Rechtsweg nicht unvermeidbar gespalten wird. Wird im PFB ein Entschädigungsanspruch (ausdrücklich oder stillschweigend) verneint, so ist mit Eintritt der Bestandskraft des PFB auch der Entschädigungsanspruch bestandskräftig abgelehnt, und zwar wegen der Gestaltungswirkung des PFB (Rn. 2/73) auch im Falle eines „enteignenden Eingriffs".[160] Der Betroffene ist bei rechtswidriger Aberkennung des Anspruchs gehalten, die notwendige Ergänzung (Zubilligung des Anspruchs zumindest dem Grunde nach) zunächst im Verwaltungsrechtsweg über eine Verpflichtungsklage zu erstreiten.[161]

---

157 BGHZ 122, 76 (81); *Alexander*, NVwZ 1991, 318 (320); *Jarass*, BImSchG, § 42 Rn. 17; *Schulze-Fielitz*, UPR 1994, 1; a.A. *Dürr*, UPR 1992, 241 (247); *Landmann/Rohmer/Hansmann*, Umweltrecht, § 43 BImSchG, Rn. 12, 15. Zu EG-Luftreinhalterichtlinien (Rn. 6/41) s. BayVGH, BayVBl. 1994, 347 f.
158 BGHZ 122, 76 (79); BVerwGE 87, 332 (389).
159 Vgl. etwa BVerwGE 61, 295 (306); 71, 166 (174); BVerwG, UPR 1989, 110.
160 BVerwGE 77, 295 (297); vgl. demgegenüber BGHZ 90, 17 (23); 122, 76 (79). – Zur Festsetzung einer Entschädigung gem. § 17 IV 2 FStrG a.F. nach Grund u. Höhe im PFB vgl. BVerwGE 71, 166 (174 f.). S. ferner zu den Voraussetzungen des Vorbehalts einer späteren abschließenden Entscheidung i.S. des § 18 a III FStrG a.F. (etwa über die Entschädigung) BVerwGE 61, 307 (311 f.); BVerwG, NVwZ 1989, 255; 1993, 477 (480).
161 BVerwGE 77, 295 (297); vgl. auch BGHZ 95, 28 (35). Unterläßt es der Betroffene, eine Verpflichtungsklage auf Ergänzung des PFB zu erheben, so billigt ihm auch der BGH keinen Entschädigungsanspruch mehr zu, vgl. BGH, NuR 1988, 355 (356).

cc) Nach **§ 75 II 2 VwVfG** gilt, daß auch dann, wenn – objektiv[162] – *nicht voraussehbare Wirkungen des planfestgestellten Vorhabens* (hier also des neu gebauten oder wesentlich geänderten Verkehrswegs) auf das Recht eines anderen erst *nach Unanfechtbarkeit des Planes* auftreten, der Betroffene geeignete Vorkehrungen oder die Errichtung und Unterhaltung von Anlagen verlangen kann, welche die nachteiligen Wirkungen ausschließen (etwa Lärmschutzanlagen zum Zweck nachträglicher Verkehrslärmvorsorge, wenn sich die methodisch einwandfrei erstellte Verkehrsprognose durch ein tatsächlich höheres Verkehrsaufkommen als fehlerhaft erwiesen hat). Diese Vorkehrungen sind dem Träger des Vorhabens nach § 75 II 3 VwVfG durch Beschluß der Planfeststellungsbehörde aufzuerlegen (etwa im Wege einer nachträglichen Ergänzung des PFB). Sind solche Vorkehrungen und Anlagen untunlich oder mit dem Vorhaben unvereinbar, so richtet sich der Anspruch des Betroffenen gem. § 75 II 4 VwVfG wieder auf eine insgesamt angemessene Entschädigung in Geld. **139**

Die (etwa auf eine Analogie zu § 1 II 1 Nr. 2 der 16. BImSchV gestützte) Auffassung, daß eine gem. § 75 II VwVfG gebotene nachträgliche Lärmvorsorge erst verlangt werden kann, wenn die ursprünglich im Planfeststellungsverfahren prognostizierten Immissionswerte um mindestens 3 dB(A) überschritten werden, wäre mit dem materiellen Immissionsschutzrecht der §§ 41-43 BImSchG nicht zu vereinbaren, weil es sich nicht i.S. des § 41 I BImSchG i.V.m. § 16 II 1 Nr. 2 der 16. BImSchV um eine Änderung des Verkehrswegs, sondern um eine Abweichung von der durch die tatsächliche Entwicklung falsifizierten Immissionsprognose handelt. **140**

c) Umfang und Inhalt des Entschädigungsanspruchs

aa) Die Entschädigung könnte in einem Geldausgleich für zureichende Schallschutzeinrichtungen auf dem betroffenen Grundstück bestehen („zweckgebundene Entschädigung"). Es liegt indes nahe, unter (Schutz-)Vorkehrungen oder (Schutz-)Anlagen i.S. des § 74 II 2 u. 3 oder des § 75 II 2 u. 4 VwVfG (LVwVfG) auch technische Vorkehrungen des **passiven Schallschutzes** zu verstehen (z.B. Schallschutzfenster nebst motorgetriebenen Entlüftern). Diese wären dann an sich vom Vorhabenträger selbst zu treffen bzw. zu installieren. Jedoch kann der Betroffene (möglichst im Einvernehmen mit dem Vorhabenträger) diese Schallschutzeinrichtungen selbst installieren bzw. installieren lassen. Er hat dann einen gegen den Vorhabenträger gerichteten Anspruch, der mit dem BVerwG[163] als **Aufwendungsersatzanspruch** zu qualifizieren ist. Hierbei handelt es sich also nicht um einen Anwendungsfall der Entschädigungsregelungen des § 74 II 3 oder des § 75 II 4 VwVfG, weil diese doch gerade die Untunlichkeit oder die mangelnde Vereinbarkeit der Vorkehrungen und/oder Anlagen mit dem Vorhaben voraussetzen. **141**

bb) Eine **Entschädigung für einen Minderwert des Grundstücks** kommt wohl nicht erst bei Überschreiten der „enteignungsrechtlichen" Zumutbarkeitsschwelle in Be- **142**

---

162 BVerwG, UPR 1989, 394; BayVGH, B.v. 28.5.1991, 8 B 88.2246; *Dürr*, UPR 1993, 161 (170).
163 BVerwG, NVwZ 1989, 255 (256). Soweit allein § 42 II BImSchG (u. nicht § 74 II VwVfG) Rechtsgrundlage eines Entschädigungsanspruchs ist, stellt sich die Frage, ob erst noch eine RVO erlassen werden müßte oder die Gerichte im Einzelfall konkretisieren müssen, was „notwendige Aufwendungen" sind, vgl. *Schulze-Fielitz*, in: *Koch/Lechelt* (Hrsg.), 20 Jahre BImSchG, S. 117 (132) m.w.N.

tracht, jedenfalls aber nur dann, wenn und soweit Schutzeinrichtungen keine wirksame Abhilfe versprechen (z.B. weil Schallschutzfenster nicht mehr geöffnet werden können) oder unverhältnismäßige Aufwendungen erfordern, also für die Fälle der verbleibenden Beeinträchtigung *oberhalb* der „fachplanerischen" Zumutbarkeitsgrenze. Nach dem BVerwG kann ein derart betroffener Grundeigentümer, dem die weitere Nutzung seines Grundstücks insgesamt nicht mehr zuzumuten ist, auf der Grundlage des § 74 II 3 VwVfG (oder vergleichbarer Vorschriften) sogar einen *Übernahmeanspruch* hinsichtlich des betroffenen Grundstücks geltend machen, über den ggf. auf Antrag im PFB abschließend zu entscheiden ist.[164]

4. Insbesondere: Rechtsschutz der Gemeinden

143 Ist eine Gemeinde[165] in ihrem Grundeigentum oder in ihren kommunalen Einrichtungen nur „mittelbar" (z.B. durch übermäßige Immissionen) betroffen, so wird die Klagebefugnis (§ 42 II VwGO) unter Berufung auf BVerfGE 61, 82 (keine Grundrechtsfähigkeit der Gemeinden!) teilweise auch in der Rechtsprechung bezweifelt,[166] allerdings zu Unrecht. Zwar kann die Klagebefugnis der Gemeinde hier nicht unmittelbar aus Art. 14 I GG abgeleitet werden,[167] wohl aber ggf. aus einer einfachrechtlichen, drittschützenden Vorschrift des Planfeststellungsrechts (z.B. aus der jeweils einschlägigen Schutzauflagenvorschrift; dazu Rn. 2/83 ff.).[168] Allerdings kann sich eine Gemeinde mangels Grundrechtsfähigkeit auch im Falle unmittelbarer Grundeigentumsbetroffenheit nicht i.S. von BVerwGE 67, 74 (Rn. 2/123) auf *jeden* Abwägungsfehler berufen.[169]

144 Zuweilen kommt ein Abwehranspruch einer Gemeinde unter dem Gesichtspunkt einer Verletzung ihrer durch Art. 28 II GG geschützten **Planungshoheit**[170] in Betracht. Die abstrakte Möglichkeit einer Beeinträchtigung der Planungshoheit genügt aber nicht; vielmehr sind, soweit nicht wesentliche Teile des Gemeindegebiets von einem großräumigen Vorhaben erfaßt und dadurch praktisch unbeplanbar werden[171], eine hinreichend konkretisierte, durch das planfeststellungsbedürftige Vorhaben beeinträchtigte Planung und eine sowohl gewichtige als auch nachhaltige Betroffenheit Voraussetzun-

---

164 BVerwGE 75, 214 (259); 87, 332 (383, 388).
165 Zum gerichtlichen Rechtsschutz einer Gemeinde gegen einen PFB s. *Kügel*, Planfeststellungsbeschluß, S. 212 ff.; *Steinberg*, Fachplanung, § 7 Rn. 71 ff.; *Kühling*, Fachplanungsrecht, Rn. 458 ff., jeweils m.w.N.
166 HessVGH, NVwZ 1984, 736; OVG NW, ZLW 1982, 71, 78.
167 BVerwG, UPR 1988, 445.
168 So ausdrücklich zur Klagebefugnis einer Gemeinde bei mittelbaren Beeinträchtigungen ihres Eigentums durch einen abfallbeseitigungsrechtlichen Planfeststellungsbeschluß OVG Lüneburg, DVBl. 1984, 895 mit überzeugender Begründung; ferner BVerwGE 69, 256 (261 f.); 87, 332, 391; NVwZ 1989, 247; DVBl. 1992, 748 f.; UPR 1995, 192 (194); BayVGH, BayVBl. 1990, 113 (116); *Wahl*, NVwZ 1990, 923 (926 f.).
169 VGH BW, UPR 1985, 144.
170 BVerwGE, UPR 1992, 447 (449); i.E. auch BVerfGE 76, 107 (118).
171 BVerwGE 74, 124 (132); 90, 96 (100).

gen des Abwehranspruchs.[172] Liegen diese Voraussetzungen vor, kann die Gemeinde aber eine Planüberprüfung erreichen, die in etwa so umfassend ist wie im Falle des Eigentumsentzuges nach Art. 14 III GG, weil die verfassungsrechtlich geschützte Gesamtplanungsbefugnis der Gemeinde sich in der Regel auch auf alle abwägungsrelevanten Belange erstreckt.[173]

Gemeinden können nicht Rechte ihrer Einwohner (z.B. Recht auf Sicherung der Gesundheit) quasi als Treuhänder im Wege einer „*kommunalrechtlichen Verbandsklage*" geltend machen. Das gehört nicht zu ihren Selbstverwaltungsaufgaben.[174] Die Einwohner können nur selbst Rechtsschutz in Anspruch nehmen. Soweit jedoch Gemeinden – das gilt auch für andere öffentlich-rechtliche Rechtsträger – bestimmte Allgemeinwohlbelange im eigenen Wirkungskreis wahrnehmen, können sie in Erfüllung dieser Selbstverwaltungsaufgabe (z.B. Trinkwasserversorgung[175], Abwasserbeseitigung) Ansprüche auf Erlaß von Auflagen zum Wohle der Allgemeinheit gem. § 74 II 2 VwVfG (oder vergleichbarer Vorschriften) als Planergänzungsansprüche geltend machen.[176] So können Gemeinden, die durch einen PFB in ihrer Planungshoheit betroffen sind, bei unzureichenden Schutzeinrichtungen gegen Betriebslärm der planfestgestellten Anlage u.U. sogar solche Planergänzungsansprüche geltend machen, die auf Maßnahmen zum Schutz fremder, in der Nachbarschaft der Anlage auf Gemeindegebiet gelegener Wohngrundstücke gerichtet sind.[177]

145

5. Erstinstanzliche gerichtliche Zuständigkeit

Über Anfechtungsklagen gegen Planfeststellungsbeschlüsse oder über Verpflichtungsklagen, die auf Ergänzung von Planfeststellungsbeschlüssen (z.B. durch Schutzauflagen) abzielen, entscheidet in zahlreichen Fällen nach § 48 I VwGO das **Oberverwaltungsgericht** (Verwaltungsgerichtshof) *im ersten Rechtszug*.[178] Das gilt z.B. unter den

146

---

172 Grundlegend BVerwGE 31, 263; s. ferner BVerwGE 51, 6 (14); 56, 110 (135); 69, 256 (261 f.); 74, 124 (132); 90, 96 (100); BVerwG, NVwZ 1984, 584 m.w.N.; HessVGH, NVwZ 1989, 484. Zuletzt: BVerwG, NVwZ 1994, 371 (konkrete Darlegung des Planinhaltes und der durch die Fachplanung aufgeworfenen Konflikte erforderlich).
173 *Kühling*, Fachplanungsrecht, Rn. 467; *Wahl*, NVwZ 1990, 923 (927); *Engel*, UPR 1993, 209 (211); Hess. VGH, NVwZ 1989, 484 (486); offengelassen bei BVerwG, B.v. 26.11.1991, 7 C 16.89, Buchholz 451.22 Nr. 45.
174 VGH BW, DVBl. 1977, 345; 1976, 538; OVG Koblenz, UPR 1986, 396; BayVGH, DVBl. 1979, 673; DÖV 1986, 208; BVerwG, BayVBl. 1981, 185; a.A. *Pfaff*, VerwArch 70 (1979), S. 1 ff.
175 Vgl. z.B. BVerwG, Urt.v. 27.3.1992, 7 C 18.91, Buchholz 451.22 Nr. 48; BayVGH, BayVBl. 1988, 147; HessVGH, NVwZ 1994, 1126 (1127); 1987, 987 für Beeinträchtigungen gemeindeeigener Einrichtungen wie z.B. Brunnen, Freischwimmbäder u.a.
176 BVerwGE 41, 178 (188); 51, 6 (14); 52, 226 (233 f.); 87, 332 (391).
177 So in bezug auf § 17 VI 2 FStrG a.F. BVerwGE 80, 7 (Fortführung von BVerwGE 51, 6). Entsprechendes muß dann auch in bezug auf § 74 II 2 VwVfG gelten.
178 Krit. zu dieser Regelung *Kopp*, NJW 1991, 521 (523); *Stelkens*, NVwZ 1991, 209 (211). Ein Vorverfahren ist nach den einschlägigen Vorschriften (§ 74 I 2 i.V.m. § 70 VwVfG; § 17 Ia 3 FStrG, § 8 II LuftVG, § 28 Ia 3 PBefG, § 14 Ia 3 WaStrG) weder bei der Anfechtung einer Planfeststellung, noch einer Plangenehmigung erforderlich. S.a. BT-Drs. 11/1433 – Entwurf eines VwGO-ÄnderungsG durch den BRat.

2 Planfeststellungsrecht

im Gesetz näher genannten Gesichtspunkten und Einschränkungen für atomrechtliche, abfallentsorgungsrechtliche, eisenbahnrechtliche, luftverkehrsrechtliche und personenbeförderungsrechtliche Planfeststellungsbeschlüsse (nicht aber – bislang – für *Plangenehmigungsbeschlüsse* nach dem Planungsvereinfachungsgesetz, denen nur die Rechtswirkung einer Planfeststellung zukommt, die aber vom Wortlaut des § 48 I VwGO nicht erfaßt werden) oder für solche, die den Bau oder die Änderung von Bundesfernstraßen oder den Bau neuer, dem allgemeinen Verkehr dienender Binnenwasserstraßen betreffen.

147 Das **Planungsvereinfachungsgesetz für Verkehrswege** hat für Eisenbahnen und Fernstraßen, für die gesetzlich ein vordringlicher Bedarf festgestellt wurde, sowie für Straßenbahnen die *aufschiebende Wirkung einer Klage gegen den PFB entfallen lassen*, so daß regelmäßig neben der Anfechtungsklage ein *Antrag auf einstweiligen Rechtsschutz nach § 80 V VwGO* zu stellen ist, über den der Schutz der Rechte Privater in Zukunft also vorrangig laufen wird (viele Hauptsacheverfahren werden ja nach beendetem einstweiligem Rechtsschutzverfahren nicht mehr weitergeführt). Dies hat nicht nur zur Folge, daß das als summarisches Prüfungsverfahren konzipierte einstweilige Rechtsschutzverfahren aufgebläht wird, wenn es effektiven Rechtsschutz vermitteln soll, sondern auch, daß in vielen Fällen eine einheitliche Rechtsprechung durch das BVerwG nicht mehr gewährleistet ist, weil die Entscheidung des Oberverwaltungsgerichts unanfechtbar (bis zur Hauptsacheentscheidung) ist (§ 152 VwGO). Eine weitere Einschränkung gegenüber dem allgemeinen verwaltungsgerichtlichen Verfahren besteht darin, daß in diesen Fällen und soweit die sofortige Vollziehung des PFB oder der Plangenehmigung besonders angeordnet wurde, der Antrag nach § 80 V VwGO *innerhalb eines Monats* gestellt werden muß.

148 Daneben hat der Kläger innerhalb einer *Frist von 6 Wochen* die zur Begründung seiner Klage dienenden Tatsachen und Beweismittel anzugeben, ansonsten kann das Oberverwaltungsgericht diese – wie nach § 296 ZPO – präkludieren (§ 87b VwGO, § 128a VwGO).[179] Es ist zu befürchten, daß diese Vorschrift die Rechtsschutzmöglichkeiten Privater über Gebühr beschränkt, da es sich hier um Entscheidungen mit fachtechnischem Bezug handelt, die vom Kläger in den seltensten Fällen selbst sachverständig bewertet werden können. An die Substantiierung der Klage dürfen daher keine hohen Anforderungen gestellt werden; die Ausführungen werden in der Regel unter dem Vorbehalt sachverständiger Beratung und Begutachtung stehen.

---

179 Der Kläger muß dabei die ihn beschwerenden Tatsachen so konkret angeben, daß der Lebenssachverhalt, aus dem er seinen mit der Klage verfolgten Anspruch ableitet, unverwechselbar feststeht (BVerwG, NVwZ 1994, 371 [372]). Gegenstand der Klagebegründung können wegen des Einwendungsausschlusses im Planfeststellungsverfahren grundsätzlich nur dort fristgerecht erhobene Einwendungen sein (BVerwG, NVwZ 1993, 266). § 87b III VwGO verlangt jedoch eine Prognose, ob die Zulassung verspäteten Vorbringens die Erledigung des Rechtsstreits verzögern würde, vgl. BGHZ 86, 31 (34 ff.); BGH, JZ 1981, 351 f.

Teil 3

Naturschutzrecht

I. Fakten und Probleme

1. Natur, Naturbedrohung und Naturschutz

a) Natur und Landschaft

aa) Der (weite) Naturbegriff[1] des Naturschutzrechts ist auf die Biosphäre (den belebten Raum) bezogen. Danach umfaßt die Natur mit ihren Stoffen, Kräften, Verflechtungen, Veränderungen und Gesetzlichkeiten einerseits die Lebensgrundlagen aller lebendigen Geschöpfe unserer Erde, insoweit also die „freie" oder „wilde" Natur, den sog. Kulturraum (z.B. land- oder forstwirtschaftlich genutzte Flächen) sowie die besiedelten Bereiche, und andererseits einen Teil dieser Geschöpfe selbst, nämlich die wildlebenden Pflanzen und Tiere. 1

Einzelne Erscheinungsformen der so verstandenen Natur sind insbesondere die Umweltmedien, der Naturhaushalt, die Naturgüter und die Landschaft.

bb) Boden, Luft und Wasser sind die **Umweltmedien**. Der *Boden* (Rn. 5/1 ff.) stellt den Raum für Bodenluft, Boden- und Grundwasser dar, ist Lebensraum für Mikroorganismen (Bakterien, Pilze, Algen), bildet weiterhin einen Filter für die Anreicherung des Grundwassers aus Niederschlags- oder Flußwasser, ist Nährgrund für die Pflanzen und ermöglicht daher die landwirtschaftliche Nutzung, ist auch Gegenstand der baulichen und industriellen Nutzung, birgt die Bodenschätze usw. Die überragende Bedeutung von *Luft* (Rn. 6/3 ff.) und *Wasser* (Rn. 4/2 ff.) für alles Leben auf Erden ist allgemein bekannt. 2

cc) Organismen gleicher Art innerhalb eines Raumes bilden **Populationen** (§ 20a V BNatschG). Kombinationen verschiedenartiger Organismen (aus den drei Gruppen Pflanzen, Tiere und Destruenten, d.h. Pilze und Bakterien) treten als Lebensgemeinschaften (**Biozönosen**) in Erscheinung, und zwar in mehr oder weniger scharf abgrenzbaren – durch Bodenbeschaffenheit, Bodenwasser, Gewässer, Mikroklima usw. geprägten – Lebensräumen (**Biotopen**) unterschiedlicher Größe, z.B. in Waldstücken, Hoch- und Niedermooren, Bachauen, Auwäldern, Obst-, Streu- oder Salzwiesen, Feldgehölzen, Hecken, Flüssen, Teichen, Dünen, Wattflächen usw. Die komplexen 3

---

1 Zu den verschiedenen Begriffsinhalten von „Natur" vgl. SRU, Umweltgutachten 1987, Tz. 338 ff.

3 Naturschutzrecht

(energetischen, stofflichen und informatorischen) Wechselbeziehungen, die einerseits zwischen den Organismen untereinander und andererseits zwischen ihren Lebensgemeinschaften und ihren Lebensräumen (einschließlich der anorganischen Umwelt) bestehen, bilden die sog. **Ökosysteme**.

4   Dabei sind Organismen, die im Vergleich zum Gesamtsystem quantitativ kaum ins Gewicht fallen, oft von existentieller Bedeutung für die Erhaltung des Ökosystems (z.B. gewisse Insekten für den tropischen Regenwald, bei dem der Großteil der Bäume nicht windblütig, sondern auf eine Bestäubung durch diese Insekten, z.B. Schmetterlinge, angewiesen ist). Kleine Ursachen haben hier große Wirkungen.[2] Die je eigene Funktionsweise der Ökosysteme ist Gegenstand der ökologischen Forschung.[3]

5   Ein Ökosystem stellt die kleinste, räumlich mehr oder weniger scharf abgegrenzte funktionelle Grundeinheit des **Naturhaushalts**[4] (s. insbes. §§ 1 I Nr. 1, 2 I Nr. 1, 8 I BNatSchG) dar. Mehrere Ökosysteme bilden Ökosystem-Komplexe, die sich ihrerseits durch gemeinsame Entstehung o.ä. auszeichnen. *Biome* sind Lebensräume (geographische Räume) einer einheitlichen Landschaft, sie umfassen stets mehrere Ökosystem-Komplexe. Der Naturhaushalt umfaßt das gesamte vernetzte und dynamische Beziehungs- und Wirkungsgefüge aller natürlichen (belebten und unbelebten) Komponenten der Ökosysteme in der Litho-, Hydro- und Atmosphäre, global gesehen somit die gesamte Biosphäre. Die natürlichen oder die vom Menschen kaum beeinflußten naturnahen, durch Artenvielfalt gekennzeichneten Ökosysteme sind selbstregelungsfähig und tendieren, falls sie nicht (durch unnatürliche Eingriffe, Stoffeinträge usw.) gestört werden, dazu, einen Zustand des Gleichgewichts zu bilden, sich temporär zu stabilisieren und auf diese Weise leistungs-, d.h. funktionsfähig zu bleiben. Bei den vom Menschen beeinflußten „Nutz-Ökosystemen" (Agrar- und Forstökosystemen) tritt an die Stelle der Selbstregelung weitestgehend die Außensteuerung.

6   dd) Die **Naturgüter** (§§ 1 I Nr. 2, 2 I Nrn. 3-10 BNatSchG) sind der Boden, die Luft und das Wasser sowie das pflanzliche und tierische Leben. Leider findet in unserem hochindustrialisierten, sehr dicht besiedelten Land allzu oft eine Übernutzung der Naturgüter statt, was u.U. mit schwerwiegenden und nachhaltigen negativen ökologischen Konsequenzen verbunden ist.

7   ee) Die **Landschaft** (§§ 5 ff., 8 ff. u. 12 ff. BNatSchG) – ein Ökosystemkomplex – ist ein individuell geprägter, abgrenzbarer Teilraum der Erdoberfläche. Es gibt zahl-

---

2 Man spricht von Schalter- oder Verstärkerwirkung. Dazu die Beispiele bei *Remmert*, Naturschutz, 1988, S. 57 ff., 63.
3 Vgl. *Bick*, Ökologie, 2. Aufl. 1993; *Finke*, Landschaftsökologie, 2. Aufl. 1994; *Remmert*, Ökologie, 5. Aufl. 1992. Einführend z.B. *Heinrich/Heigt*, dtv-Atlas zur Ökologie, 1990.
4 Dazu *Olschowy*, in: HdUR, Bd. II, Art. „Naturhaushalt", Sp. 1439 ff. Eine Legaldefinition des Begriffs „Naturhaushalt" für den Bereich des PflSchG enthält § 2 Nr. 6 PflSchG. Danach ist unter dem Begriff zu verstehen: „Naturhaushalt: seine Bestandteile Boden, Wasser, Luft, Tier- und Pflanzenarten sowie das Wirkungsgefüge zwischen ihnen." Der Begriff wird in neueren umweltspezifischen Gesetzen häufig verwendet, und zwar außer im BNatSchG (§§ 1 I Nr. 1, 2 I Nr. 1, 8 I, 15 I Nr. 1, 18 I Nr. 1, 24 I Nr. 1) z.B im BWaldG (§§ 1 Nr. 1, 6 III Nr. 1, 9 I 3), im WHG (§§ 1a I, 28 I 2, 36b I), im WRMG (§ 1 I), im ChemG (§ 3a II), im DüngemittelG (§§ 2 II 1, 5 I) und besonders häufig im PflSchG (§§ 1 Nr. 4, 2 Nr. 6, 6 I 2, 7 I, 10 I usw.). Auch ist dieser Begriff bereits Tatbestandsmerkmal von Strafvorschriften (§ 39 I Nr. 3 PflSchG).

reiche Landschaftstypen (z.B. Fluß- und Seemarschen, Auen-, Altmoränen-, Moor-, Löß-, Wald-, Gebirgslandschaften usw.). Bodenrelief, Bodenarten, Bodennutzung, Gewässer, Klima, Vegetation und Tierwelt stellen die Hauptmerkmale dar, die die Vielfalt (Gliederung) und Eigenart einer Landschaft (z.B. im Hinblick auf Flora, Topographie oder Lokalklima), ihre ästhetischen Reize oder Defizite und mit alledem zugleich ihren Erholungswert bestimmen. Der weit überwiegende Teil des Bundesgebiets ist infolge der Einflüsse menschlicher Tätigkeiten im Laufe von vielen Jahrhunderten aus einer Naturlandschaft zu einer Kulturlandschaft geworden.

b) Bedrohung von Natur und Landschaft

In unserem Erdteil konkurrieren, besonders in den – obendrein dicht besiedelten – Ländern Mitteleuropas, Wohnbesiedelung, Industrie, Verkehr, Land- und Forstwirtschaft, Tourismus und Sport um Landflächen und Gewässer. Auf diese Weise werden in der modernen Industriegesellschaft vor allem durch das Wirken des Menschen Natur und Landschaft – unmittelbar oder mittelbar – bedroht, so daß die Situation im Bereich des Naturschutzes kritisch ist. Die Diskrepanz zwischen den allgemeinen Naturschutzzielen und den realen Gegebenheiten ist evident. Die den industriellen Nutzungen inhärenten Nebenwirkungen drohen gegenüber den erstrebten positiven Effekten zu überwiegen.

Anthropogene Einwirkungen auf Natur und Landschaft mit zum Teil verhängnisvollen Folgen sind etwa

– die *Verschmutzung der Umweltmedien* (Luft, Wasser und Böden) einschließlich dadurch bedingter Klimaveränderungen,
– die *Zerschneidung der Landschaft* durch Verkehrswege (Straßen, Bahnlinien, Kanäle, aber auch einfache Land- und Forstwirtschaftswege),
– die *Bodenversiegelung* durch Wohn- und Industriebauten oder durch Verkehrswegebau („Landverbrauch"),
– die *Veränderung der Landschaft* durch Abgrabungen (z.B. Trockenauskiesung, Braunkohleförderung im Tagebau), Aufschüttungen (z.B. Müll-, Kies- oder Kohlehalden) oder sonstige intensive bauliche, industrielle, land- oder forstwirtschaftliche Bodennutzungen,
– die *Entwässerung* von Feuchtgebieten u.a.m.

Solche anhaltenden Einwirkungen führen tendenziell nicht nur zur Verunstaltung des Landschaftsbildes, sondern auch mehr und mehr zur Denaturierung von Naturgütern, zur Zerstörung von Biotopen und damit zur Vernichtung ganzer Ökosysteme, die den Schwund des Artenreichtums in Flora und Fauna zur Folge haben. Damit werden sowohl die Lebensgrundlagen des Menschen als auch die der Tiere und Pflanzen beeinträchtigt und in wachsendem Ausmaß bedroht.

So kam der Sachverständigenrat für Umweltfragen (Rn. 1/94) in seinem Gutachten 1994 zur Schlußfolgerung, daß das „ökologische Schuldenkonto" inzwischen geradezu beängstigende Ausmaße angenommen habe. Die Tatsache, daß die Natur „zurückschlage", wo ihre Gesetzmäßigkeiten mißachtet, ihre Ökosysteme zerstört und ihre Ressourcen geplündert würden,

3 *Naturschutzrecht*

zeige, daß sich auf die Dauer kein Fortschritt auszahle, der gegen die grundlegenden Bedingungen der Natur verlaufe. Als *Fortschritt könne deshalb heute nur noch bezeichnet werden, was von den Bedingungen der Natur mitgetragen werde.*[5]

11 Als Teil des Umweltrechts soll gerade das Naturschutzrecht einen effektiven Beitrag dazu leisten, dieser Entwicklung erfolgreich entgegenzusteuern. Diese Erwartung kann sich aber nur dann erfüllen, wenn die vom Naturschutzrecht errichteten Schranken menschlicher Handlungsfreiheit eingehalten und die Vorsorgemöglichkeiten intensiver genutzt werden.

c) Naturschutz und Landschaftspflege

12 aa) Unter **Naturschutz und Landschaftspflege** versteht man die Gesamtheit der Maßnahmen zur Erhaltung, Pflege und Entwicklung
- von Pflanzen und Tieren wildlebender Arten, ihrer Lebensgemeinschaften und natürlichen Lebensgrundlagen,
- der Vielfalt, Eigenart und Schönheit von Landschaften und Landschaftsteilen im Hinblick auf ihre natürlichen Bedingungen sowie
- der Leistungsfähigkeit des Naturhaushalts.

13 Die *Erhaltung* und Bewahrung dessen, was an dem in Natur und Landschaft Vorhandenen erhaltenswürdig ist, erfordert seinen Schutz, d.h. die Abwehr von aktuellen und die Vorsorge gegen potentielle Beeinträchtigungen sowie die Beseitigung der Störungsfolgen (Bestandsschutzprinzip; Rn. 1/72). Demgegenüber hat die *Pflege* des qualitativen Bestandes fördernden Charakter; auch sie trägt zur Verhinderung einer Denaturierung bei. Schließlich zielt die *Entwicklung* von Natur und Landschaft auf Gestaltung und Veränderung, und zwar in Richtung auf eine Entfaltung der in den Entwicklungsbereichen jeweils bereits angelegten besonderen Qualitäten.

14 bb) Der Naturschutz (z.B. Arten- und Gebietsschutz) und die Landschaftspflege (z.B. Landschaftsgestaltung) standen ursprünglich nebeneinander. Heute sind *Naturschutz und Landschaftspflege* (Rn. 3/12) so sehr ein zusammengehöriges Begriffspaar geworden, daß es auf eine Differenzierung im einzelnen nicht mehr ankommt. Sie zielen insbesondere auf einen zureichenden Gebiets- und Artenschutz sowie auf einen umfassenden Schutz des „Naturhaushalts" (Rn. 3/5) als Gesamtheit der jeweils räumlich faßbaren und ein ganzheitliches Wirkungsgefüge darstellenden Ökosysteme (Rn. 3/3). Das Naturschutzrecht soll es ermöglichen, daß diese Ziele erreicht werden.

15 *Ziel* des Naturschutzrechts (vgl. Rn. 3/70) ist die Erhaltung oder Pflege und Entwicklung von Landschaften bzw. Landschaftsteilen, von wildlebenden Tier- und Pflanzenarten und ihren Lebensstätten, von bedeutsamen Einzelgebilden der Natur usw. *Instrumente* hierfür sind hoheitliche Planungen, normative, flächenbezogene oder auch allgemeine Verbote mit oder ohne Erlaubnisvorbehalt, normative Verhaltensgebote und konkrete Vollzugsakte. Soweit die belebte und unbelebte Natur um des Menschen

---

5 SRU, Umweltgutachten 1994, Tz. 20 f. und passim; ferner *Finke*, Landschaftsökologie, 2. Aufl. 1994, S. 182 ff.

willen geschützt wird, sollen für ihn die Fülle der Naturgüter, die Schönheit und Unversehrtheit noch einigermaßen intakter Landschaften und mit alledem auch die Vielfalt der Erholungsräume gesichert werden. Wesentliche Bereiche des Naturschutzes und der Landschaftspflege sind dabei der **allgemeine Gebietsschutz**, d.h. der Schutz vor unvertretbaren Eingriffen in Natur und Landschaft i.S. der §§ 8 ff. BNatSchG (Rn. 3/112 ff.), ferner der **besondere Gebietsschutz** durch die Ausweisung von Schutzgebieten i.S. der §§ 12 ff. BNatSchG (Rn. 3/168 ff.) und schließlich der **Artenschutz** i.S. der §§ 20 ff. BNatSchG (Rn. 3/191 ff.).

2. Landschaftszerstörung und Abhilfemaßnahmen

Die gesamte Erdoberfläche ist Lebensraum von Arten und der durch die Nutzung gebildeten, mitbeeinflußten oder mitgestalteten Ökosysteme. Eine ökologische Entwertung selbst der unbebauten Flächen findet nicht nur durch Bodenverschmutzung infolge Schadstoffeintrags und durch sonstige nachteilige Veränderungen der Bodeneigenschaften (etwa durch Erosion, Bodenverdichtung, Bodenversiegelung usw.), sondern auch durch die fortschreitende Landschaftszerstörung statt.   16

a) Ursachen der Landschaftszerstörung

Eine der mehreren Ursachen der Landschaftszerstörung ist das sog. *Ausräumen der Landschaft für die Landbewirtschaftung* (Rn. 3/84) einschließlich des mit der Land- und Forstwirtschaft verbundenen *Wegebaus*. Auch durch den *obertägigen Abbau von Bodenschätzen* werden Landschaftsdeformationen bewirkt (z.B. durch Braunkohleabbau, Trockenauskiesung usw.). Die Hauptursache der Landschaftszerstörung ist aber der sog. **Landverbrauch**. Derzeit werden täglich etwa 90 ha Boden durch verschiedenste Baumaßnahmen versiegelt[6] (und die Bodenfunktionen damit endgültig zerstört). Landverbrauch ist nicht nur mit der Bebauung zusammenhängender Flächen verbunden, sondern auch mit der erwähnten Zerschneidung der Landschaft durch Verkehrswege. Hiervon sind nicht nur die freien, bisher noch nicht oder wenig besiedelten Landschaftsteile betroffen, sondern auch großflächige Wälder, die neben ihrer Nutz- und Erholungsfunktion eine wichtige Schutzfunktion (für Boden, Wasser, Klima usw.) erfüllen. Unzerschnittene verkehrsarme Räume bieten ihren Tieren und Pflanzen bessere Lebensbedingungen bzw. Überlebenschancen und den Menschen bessere Erholungsbedingungen.   17

Als unzerschnittener verkehrsarmer Raum wird üblicherweise eine Fläche von mindestens 100 qkm bezeichnet, die nicht von Autobahnen, Hauptverkehrsstraßen und Eisenbahnstrecken durchquert wird. Der Bestand an solchen unzerschnittenen verkehrsarmen Räumen ging in der   18

---

6 UBA, Daten zur Umwelt 1992/93, S. 187. Von der Gesamtfläche des alten Bundesgebiets sind 12,2% bebaut (1990), in den neuen Bundesländern 9,9% (1989); diese Daten basieren allerdings auf unterschiedlichen Erhebungsmethoden.

3 Naturschutzrecht

Bundesrepublik Deutschland in der Zeit von 1977 bis Ende 1987 von 349 auf 296 zurück.[7] Sie machten im alten Bundesgebiet 1987 nur noch 18,5% der Fläche aus.

Die für den Naturhaushalt relevante direkte Flächeninanspruchnahme umfaßt nicht nur die in der amtlichen Verkehrsstatistik zugrundegelegte Fahrbahnfläche (4-streifige Bundesautobahn: 2,67 ha/km), sondern auch dazugehörige Dämme, Einschnitte, Hanganschnitte, Brücken, Tunnel usw., wodurch für eine 4- bis 5-streifige Bundesautobahn ein naturzerstörender Flächenbedarf von 4,55 bis 5,90 ha/km im Flachland und 6 bis 10,4 ha/km im Mittelgebirge entsteht.[8] Die Gesamtlänge der Straßen des überörtlichen Verkehrs (ohne Bundesautobahnen) stieg in der alten Bundesrepublik von 1982 bis Ende 1993 von 172 490 auf 174 100 km, das Bundesautobahnnetz in demselben Zeitraum von 7784 auf 9135 km. Insbesondere die Gesamtlänge aller Kreisstraßen ist in diesem Zeitraum angewachsen, nämlich von 66 707 auf 71 200 km. Gleichzeitig wurde das Netzangebot des öffentlichen Personenverkehrs auf Schiene und Straße reduziert. Dem Abbau von Nebenstrecken durch die Deutsche Bundesbahn vor allem in dünn besiedelten Gebieten stehen zwei große Neubaustrecken (Stuttgart-Mannheim und Hannover-Würzburg), demnächst auch die Neubaustrecke Köln-Frankfurt sowie mehrere Ausbaustrecken gegenüber. Für den Luftverkehr sind beispielsweise der Flughafen München II (Neuanlage im Erdinger Moos), der Flughafen Frankfurt (Erweiterung um die Startbahn West) sowie der Flughafen Stuttgart (Verschiebung und Verlängerung der Start- und Landebahn aus Funktionalitäts- und Luftsicherheitsgründen) stark flächenverbrauchend neu- bzw. ausgebaut worden.

b) Abhilfemaßnahmen

19 aa) Von herausragender Bedeutung sind der Schutz und die Pflege von Landschaftsteilen durch den **besonderen Gebiets- oder Flächenschutz** i.S. der §§ 12 ff. BNatSchG (Rn. 3/168 ff.). Dieser wurde in der Bundesrepublik Deutschland in den beiden letzten Jahrzehnten deutlich intensiviert,[9] was aber nur ein erster Schritt hin zu einer, wegen des Artenrückgangs dringend erforderlichen, großräumigen Biotopvernetzung (Rn. 3/35) sein kann. Große Chancen für großflächigen, zusammenhängenden Biotopschutz bieten sich im ehemaligen Grenzgebiet BRD/DDR, wo der „Todesstreifen" jahrzehntelang nahezu ungenutzt war und ein Rückzugsgebiet vieler gefährdeter Arten wurde. Inzwischen wurden dort zwar etwa 250 Naturschutzgebiete neu ausgewiesen, doch böten sich noch weitreichende Möglichkeiten, z.B. in den meisten ehemaligen militärischen Sonderflächen und Truppenübungsplätzen. In Zukunft sollten vermehrt Schutzgebiete auch grenzüberschreitend festgesetzt werden.

20 Mit der geschilderten Zunahme des Flächenschutzes allein ist die wichtigste Ursache der Landschaftszerstörung, der kontinuierliche Flächenverbrauch, nicht in den Griff zu bekommen. Hier muß zunächst die **naturschutzrechtliche Eingriffsregelung** nach § 8 BNatSchG ansetzen, die ein naturräumliches *Verschlechterungsverbot* zum Inhalt hat, deren Umsetzung aber noch sehr zu wünschen übrig läßt (Rn. 3/114). Ein Grundproblem der Landschaftszerstörung ist auch, daß der Bundesgesetzgeber durch stufenweises *Aufweichen des Planmäßigkeitsgrundsatzes* im bauplanungsrechtlichen Innen-

---

7 UBA, Daten zur Umwelt 1988/89, S. 156.
8 SRU, Umweltgutachten 1994, Tz. 710.
9 Hierzu und zum folgenden s. UBA, Daten zur Umwelt 1992/93, S. 128 ff.; SRU, Umweltgutachten 1987, BT-Drs. 11/1568, S. 149 ff.

und vor allem im Außenbereich (Einführung neuer Genehmigungstatbestände, z.B. § 34 III BauGB, § 35 IV BauGB, Sondertatbestände im BauGB-MaßnG) die anhaltende Naturzerstörung begünstigt hat. Dringend erforderlich wäre daher ein Zurückführen des § 35 BauGB auf den ihm ursprünglich zugedachten Sinn, nämlich ein grundsätzliches Bauverbot (das ja auch ein Versiegelungsverbot wäre!) im Außenbereich.

bb) Die Gesamtfläche der in der Bundesrepublik vorhandenen **Naturschutzgebiete** 21 i.S. des § 13 BNatSchG (Rn. 3/170) hat seit 1965 stark zugenommen. Im Jahre 1978 gab es im alten Bundesgebiet 1262, 1986 bereits 2593 Naturschutzgebiete; im Jahre 1989 waren im alten Bundesgebiet über 2600 Naturschutzgebiete (1,3% der Gesamtfläche) festgesetzt. Im Gebiet der ehemaligen DDR bedeckten 1990 825 Naturschutzgebiete 0,98% der Landesfläche. Die Gesamtfläche der 5049 Naturschutzgebiete belief sich zum 30.12.1992 schließlich auf ca. 617 000 ha (1,7% der Gesamtfläche). Ihre Größe variiert von unter 1 ha bis zu 10 000 ha. Zwei Drittel der Naturschutzgebiete haben eine Fläche in der Größenordnung von (leider nur) 20-50 ha, nur etwa 20% haben eine ökologisch sinnvolle Größe von mehr als 100 ha. Leider wird jedes zweite der Naturschutzgebiete durch Freizeitaktivitäten (vor allem Wasser- und Wintersport, Jagd und Fischerei) mehr oder weniger schutzzweckwidrig genutzt und beschädigt. Auch fehlt es an einer wünschenswerten Vernetzung der ohnehin häufig zu kleinen Naturschutzgebiete. Im übrigen werden Naturschutzgebiete zuweilen nicht dort ausgewiesen, wo dies am dringlichsten wäre, sondern wo der Widerstand der Betroffenen am geringsten ist.

In *Baden-Württemberg* gibt es (Stand: 31.12.1992) 724 (1976: 230) Naturschutzgebiete mit 48 069 ha (rd. 1,35% der Landesfläche). 203 Naturschutzgebiete waren (am 1.4.1995) im Bereich des Regierungspräsidiums Freiburg ausgewiesen, davon ein relativ großer Teil bereits aus der Zeit des RNatSchG.

cc) **Nationalparke** i.S. des § 14 BNatSchG sind nach einer 1969 von der 1. Weltkonferenz für Nationalparke in Neu Delhi gefaßten Resolution ausgedehnte Naturschutzgebiete, die von wirtschaftlichen Nutzungen freigehalten werden und so groß sind, daß in ihnen die ökologischen Prozesse in natürlicher Weise ablaufen können, ohne daß besondere Pflegemaßnahmen notwendig sind. 22

Durch die Vereinigung mit der ehemaligen DDR hat sich die Zahl der Nationalparke in der BRD von 5 auf 10 erhöht mit einer Fläche von jetzt ca. 700 000 ha.

Die *zwei bayerischen* Nationalparke sind der älteste deutsche Nationalpark (seit 1969) „Bayerischer Wald" mit rd. 13 000 ha und der Nationalpark „Alpenpark Berchtesgaden" mit rd. 21 000 ha. Diese Nationalparke sind für einen bestimmten Ökosystemtyp repräsentativ; sie sind daher (auch zur Sicherung der Kontinuität der ökologischen Forschung) in die Liste der UNESCO-Biosphärenreservate aufgenommen worden. Zu nennen sind weiterhin *drei norddeutsche* Nationalparke „Wattenmeer". Sie umfassen von der dänischen Grenze bis zur Ems – mit Ausnahme einiger Halligen und der schleswig-holsteinischen Inseln – eine Fläche von rd. 536 500 ha, davon rd. 285 000 ha in Schleswig-Holstein, rd. 11 500 ha in Hamburg und rd. 240 000 ha in Niedersachsen. 23

3 Naturschutzrecht

Wenn es auch sinnvoll ist, die Salzwiesen und das Watt entlang der Nordseeküste (von Esbjerg/Dänemark bis Helder/Niederlande) besonders zu schützen – diese Ökosysteme gibt es nur noch an einem kleinen Teil der Ostseeküste und in geringem Ausmaß in den USA –, so kann bei den norddeutschen Wattenmeer-Nationalparken wegen ihrer intensiven Nutzung durch Fremdenverkehr, Wassersport, Fischerei, Wattenjagd, Schafhaltung, Erdöl- und Erdgasförderungsindustrie usw. von naturbelassenen Regionen ernstlich nicht die Rede sein. Hinzu kommt die Bedrohung der Nordsee durch direkte oder indirekte Einleitung von Schwermetallen, HCHs, PCBs und Nährstoffen, die 1988 aufgrund des „Robbensterbens" und der „Algenpest" ins allgemeine Bewußtsein trat (Rn. 10/62).

24 Die Regierung der *ehemaligen DDR* hat durch Verordnungen vom 12.9.1990 mit Wirkung vom 1.10.1990, also kurz vor dem Beitritt der DDR zur BRD, noch *fünf Landschaften zu Nationalparken* erklärt (Rn. 3/171), nämlich Jasmund (auf Rügen) mit rd. 3030 ha, Müritz (Mecklenburgische Seenplatte) mit rd. 30 800 ha, die Vorpommersche Boddenlandschaft mit rd. 80 500 ha, den Hochharz mit rd. 5900 ha (der auf niedersächsischer Seite um weitere 13 000 ha erweitert werden soll) und die Sächsische Schweiz mit rd. 9300 ha. Geplant ist ferner die Ausweisung eines ca. 15 000 ha großen deutsch-polnischen Nationalparks „Untere Oder", dessen auf deutscher Seite liegende Flächen im März 1992 einstweilig durch Rechtsverordnung gesichert wurden.

25 dd) Schließlich waren schon 1987 in der Bundesrepublik Deutschland 5.841 **Landschaftsschutzgebiete** i.S. des § 15 BNatSchG (Rn. 3/174) ausgewiesen. Sie überlagern sich häufig mit Naturparken (Rn. 3/173). 1987 bedeckten die nahezu 6000 Landschaftsschutzgebiete 25,6% des alten Bundesgebiets. Im Gebiet der ehemaligen DDR umfaßten 1990 die lediglich 420 Landschaftsschutzgebiete immerhin 19,7% der Landesfläche.

In *Baden-Württemberg* nahmen am 31.12.1992 bereits 1443 Landschaftsschutzgebiete rd. 714 000 ha und damit rd. 20% der Landesfläche ein.

26 ee) Im Jahre 1978 gab es in den alten Bundesländern 57, im Jahre 1989 schon 64 großräumige **Naturparke** i.S. des § 16 BNatSchG (Rn. 3/173), deren Flächen, die zwischen 38 qkm (Harburger Berge/Hamburg) und 2908 qkm (Altmühltal/Bayern) variieren, zu rd. 60% unter Landschaftsschutz gestellt sind. Diese Naturparke umfaßten rd. 22% der Fläche des alten Bundesgebiets. In der ehemaligen DDR wurden durch Verordnungen vom 12.9.1990 noch unmittelbar vor dem Beitritt 3 Landschaften zu Naturparken erklärt (Rn. 3/49). Ende des Jahres 1992 war eine Fläche von 5,5 Mio ha als Naturpark festgesetzt. Naturparke dienen allerdings als solche nicht dem Naturschutz i.e.S., sondern der Erholung des Menschen (insbesondere also auch dem Fremdenverkehr).

In *Baden-Württemberg* waren 1985 fünf Naturparke mit einer Gesamtfläche von 3538 qkm ausgewiesen, also rd. 10% der Landesfläche, darunter z.B. durch Verordnung vom 2.6.1986 (GBl. 281) der Naturpark „Stromberg-Heuchelberg" mit 32 850 ha, der zahlreiche Gemarkungen der Landkreise Heilbronn, Ludwigsburg, Enzkreis und Karlsruhe umfaßt.

27 ff) Seit 1976 können im Rahmen eines UNESCO-Programms Natur- und wertvolle Kulturlandschaften als **Biosphärenreservate** anerkannt werden, die auch der Entwicklung und Erprobung nachhaltiger, ökologischer und sozio-ökonomischer Landnutzungskonzepte dienen sollen. Derzeit sind auf dem Festland 9 Flächen einer Größe

von insges. 628 000 ha angemeldet (davon 6 in den neuen Bundesländern), darunter z.B. 179 800 ha des Pfälzerwaldes.

3. Artenschwund und Abhilfemaßnahmen

a) Grad der Bedrohung

Der Artenschutz setzte ein, als in unserem Land spektakuläre Arten wildlebender Pflanzen und Tiere mehr und mehr verschwanden, z.B. Edelweiß, Trollblume, Schwertlilie, weißer und schwarzer Storch, Stein- und Seeadler, Kranich u.a.m. Heute geht es um weit mehr, da inzwischen nahezu jede zweite oder dritte Tier- oder Pflanzenart bedroht ist. Die Gefährdung der wildlebenden Tier- und Pflanzenarten in ihrer biologischen Vielfalt besteht weltweit. Eine **Bestandsaufnahme** zum Grad der Seltenheit und der Bedrohung **gefährdeter Tier- und Pflanzenarten** bilden die verschiedenen „Roten Listen", wie etwa die in der Bundesrepublik erstmals 1978 veröffentlichte, seitdem fortgeschriebene „Rote Liste der gefährdeten Tiere und Pflanzen in der Bundesrepublik Deutschland".[10] Sie gibt über die Zahl der in bestimmten Gebieten vorkommenden Arten und den Grad ihrer Gefährdung (5 Stufen) Auskunft.

So waren z.B. 1992 von den in den alten Bundesländern bekannten Wirbeltierarten über die Hälfte bedroht. Insbesondere sind nach dem Ergebnis genauer Ermittlungen oder realistischer Schätzungen 41 von 100 Säugetierarten aktuell gefährdet und 10 in letzter Zeit ausgestorben. Von den 2728 einheimischen Farn- und Blütenpflanzen waren 1990 bereits 27% aktuell und 5% potentiell gefährdet.[11] In der 1992 erschienen ersten gesamtdeutschen „Roten Liste für gefährdete Brutvogelarten" werden von 273 einheimischen Brutvogelarten 166, d.h. 60% als gefährdet ausgewiesen. Durch Verschmutzung unserer Fließgewässer und Seen sind nahezu 50% der zuvor in Deutschland einheimischen Fische ausgestorben.[12] Die Artensterberate ist in diesem Jahrhundert von Jahr zu Jahr gewachsen. Rund die Hälfte aller Tierarten und etwa ein Drittel aller Pflanzenarten gelten derzeit als gefährdet. Der ökologische Stellenwert vieler dieser Arten kann wegen großer Wissenslücken oft noch gar nicht beurteilt werden. Mit dem Artenschwund ist zugleich ein irreversibler Verlust an genetischem Material, d.h. an Rohstoff für die Evolution verbunden.

---

10 Hrsg. von *Blab* u.a., 4. Aufl. 1984. S. ferner z.B. *Kornek/Sukopp*, Rote Liste der in der Bundesrepublik Deutschland ausgestorbenen, verschollenen und gefährdeten Farn- und Blütenpflanzen und ihre Auswertung für den Arten- und Biotopschutz, 1988; *Nowak*, Rote Liste der gefährdeten Wirbeltiere in Deutschland, 1994; *Riecken/Ries/Ssymank*, Rote Liste der gefährdeten Biotoptypen in der BRD, 1994.
11 Hierzu UBA, Daten zur Umwelt 1992/93, S. 110 ff. Vgl. auch *Bundesforschungsanstalt für Naturschutz und Landschaftsökologie* (Hrsg.), Rote Liste der gefährdeten Pflanzen in der Bundesrepublik Deutschland, 1992.
12 *Remmert*, Naturschutz, 1988, S. 133 ff.

3 Naturschutzrecht

b) Gefährdungsursachen

30 aa) Durch *menschliche Aktivitäten*, insbesondere durch Entwässerung, Urbarmachung, Überbauung, „Ausräumung" und Versiegelung der Landschaft werden mit der unmittelbaren *Zerstörung ihrer Lebensräume* ganze Tier- und Pflanzenarten in einem Ausmaß vernichtet, das die naturbedingten Vernichtungsraten um ein Vielfaches übersteigt. Bis 1992 wurden in den alten Bundesländern täglich immerhin ca. 90 ha Boden versiegelt. Diese Ausbreitung von Wohn-, Industrie- und Verkehrsflächen sowie die immer weiter zunehmende Freizeitnutzung der Natur (mit dem damit einhergehenden Vordringen des Menschen in bislang noch vorhandene Rückzugsgebiete bedrohter Arten) vernichtet in wachsendem Ausmaß die natürlichen Standorte. Dieser Prozeß wurde erst seit der Mitte des 19. Jahrhunderts in Gang gesetzt.[13] Hinzu kommt die mittelbare Beeinträchtigung der Lebensräume durch Immissionen. Als Hauptverursacher für den dramatischen Artenschwund sind – in der Reihenfolge ihrer Schädlichkeit aufgeführt – folgende „Landnutzer" anzusehen: Landwirtschaft, Forstwirtschaft und Jagd, Tourismus und Sport, Rohstoffgewinnung, städtebauliche und industrielle Nutzung.

31 Die Gefährdung der heimischen Tier- und Pflanzenarten beruht nahezu ausschließlich auf der Zerstörung ihrer Lebensräume und nur zum kleinsten Teil auf gezielten menschlichen Eingriffen in ihren Bestand (z.B. Töten von Tieren, Ausreißen von Pflanzen). Allerdings werden insbesondere exotische Arten durch Vermarktung an „Tierfreunde" bedroht, und zwar trotz des Washingtoner Artenschutzübereinkommens (Rn. 3/53) und der entsprechenden europarechtlichen Handelsreglementierung (Rn. 3/55).

32 bb) Wichtigste Gefährdungsursachen sind somit *Eingriffe in die natürlichen Standorte*. Schädlich ist auch die Beseitigung von Ökotonen, d.h. von Übergangsflächen zwischen zwei Lebensräumen. Die – durch Flurbereinigungen erleichterte – flächen- und bearbeitungsintensive Ausbreitung der Landwirtschaft drängt natürliche Standorte wie Trockenmauern, Böschungen, Teiche, Wald- und Wegränder, unproduktive Restflächen oder sonst ökonomisch uninteressantes, ökologisch aber oft wertvolles Land immer mehr zurück. Das Anlegen von Wirtschaftswegen zerschneidet noch vorhandene Lebensräume zusätzlich. Dazu kommen solche Eingriffe in den Naturhaushalt, durch die wertvolle Feucht- und Naßbiotope (Moore, Sümpfe, Gewässer, Naßwälder) – sogar in Landschafts- oder Naturschutzgebieten und Nationalparks[14] – beseitigt werden.

---

13 Dazu Näheres bei *Finke*, Landschaftsökologie, 2. Aufl. 1994, S. 180 ff.; *Jedicke*, Biotopverbund, 2. Aufl. 1994, S. 15 ff.; *Kaule*, Arten- und Biotopschutz, 2. Aufl. 1991, S. 14 ff.

14 Vgl. *Beyer*, Landschaftsveränderungen durch Freizeit- und Erholungsnutzung: Das Beispiel Wasserkuppe (Rhön), 1994. Die Landesregierung Schleswig-Holstein läßt z.B. Erdölbohrungen im Nationalpark Wattenmeer trotz erheblicher Bedenken weiter zu, weil das durchführende Bergbaukonsortium RWE-DEA/Wintershall mit Entschädigungsforderungen drohte (Südd. Zeitung v. 7.8.1992, S. 6). In Baden-Württembergs größtem Naturschutzgebiet Feldberg befindet sich nicht nur das größte Wintersportgebiet des Landes mit mehreren Skiliften. Auf Wunsch des Skiverbandes werden dort nunmehr durch einen öffentlich-rechtlichen Vertrag auch der Bau eines alpinen Trainingszentrums (im Mittelgebirge!) und – um das winterliche Training sowie den Betrieb der Skilifte bei den unsicheren Schneeverhältnissen im Schwarzwald zu sichern – eine Beschneiungsanlage zugelassen, welche die Standortverhältnisse der dort vorhandenen Arten noch mehr beeinträchtigen wird (Bad. Zeitung v. 13.5.1994, S. 9).

c) Abhilfemaßnahmen

Der frühere „Vogel- und Blümchenschutz" genügt den Erfordernissen eines sinnvollen 33
und effizienten Artenschutzes schon lange nicht mehr. Heute gibt es besondere Instrumente des naturschutzrechtlichen – allgemeinen und besonderen – **Artenschutzes** (§§ 20 ff. BNatSchG). Manche Vorschriften verbieten eine *Beeinträchtigung wildlebender Tiere und Pflanzen* (vor allem aus dem Bereich der „besonders geschützten" Tier- und Pflanzenarten) oder *untersagen* solche Aktivitäten, die geeignet sind, die Beeinträchtigung oder Ausrottung geschützter Arten zu provozieren (wie z.B. der Handel mit Pelzen seltener Tiere, vgl. Rn. 3/191 ff.). Andere sind nicht primär auf den Artenschutz bezogen, sondern kommen ihm nur mittelbar zugute, z.B. der sog. besondere Gebietsschutz durch *Ausweisung von Schutzgebieten* (Rn. 3/168 ff.). Leider haben sich die bisher getroffenen Artenschutzmaßnahmen noch nicht als ausreichend erwiesen, einen breitgefächerten wirksamen Artenschutz zu gewährleisten. Das liegt nach neueren Erkenntnissen u.a. daran, daß die Größe der Schutzgebiete zu gering ist, um bedrohten Arten die zum Überleben erforderliche Mindestfläche zu sichern[15], aber auch an einem bedauerlichen Vollzugsdefizit (Rn. 1/98),[16] z.B. an dem bisherigen Versagen der Landschaftsplanung (Rn. 3/104).

Vor allem der – ebenfalls noch nicht zureichend verwirklichte – **Biotopschutz** 34
(Rn. 3/184 ff.), d.h. die Erhaltung, Renaturierung und Anlage biologisch-ökologisch wertvoller Lebensräume für ganze Lebensgemeinschaften, also für eine Vielzahl von Arten, ist für den Artenschutz besonders wichtig (ganzheitlicher Artenschutz). Tier- und Pflanzenarten können nämlich nicht wirksam geschützt werden, wenn der ihnen gemäße Lebensraum schwindet oder gar überhaupt nicht mehr zur Verfügung steht. Dabei mag es sich – je nach den unter Schutz gestellten Arten – um *aquatische Biotope* (Tümpel, Teiche, Seen, naturnahe Bach- und Flußabschnitte, Altarme fließender Gewässer usw.) oder um *terrestrische Biotope* (Moore, Sümpfe, Naßwiesen, Streuwiesen, hochstämmige, kaum pflegebedürftige Streuobstwiesenbestände, Röhrichte, Wacholderheiden, große alte Feldhecken und Feldgehölze, naturnahe Au-, Misch- oder Bergwälder usw.) handeln. Soll z.B. der Weißstorch effektiv geschützt werden, so sind dazu als Lebensraum neben dem Nistraum ausgedehnte Naßwiesen mit Fröschen und Kleinfischen, aber auch mit Insekten (z.B. Libellen) und mit einer charakteristischen Pflanzenwelt erforderlich.

Der Artenrückgang wird maßgeblich durch eine „Verinselung" der noch vorhandenen 35
artgerechten Lebensräume hervorgerufen. Die moderne, industrielle Agrar- und Forstwirtschaft reduziert Tier- und Pflanzenarten auf mehr oder weniger kleine, voneinander isolierte Restflächen. Soweit diese nicht ausreichend groß sind, stirbt die Population dort aus. Ein wirksamer Arten- und Biotopschutz muß daher einerseits auf *ausreichend großen, geschützten Gebieten* aufbauen, diese aber auch *mosaikartig miteinander verflechten* durch kleinflächige, lineare Landschaftsstrukturen (**Biotopverbund**),[17] um

---

15 *Kaule/Henle*, Arten- und Biotopschutzforschung für Deutschland, 1991, S. 16 f.; *Kaule*, Arten- und Biotopschutz, 2. Aufl. 1991, S. 369 ff.; *Jedicke*, Biotopverbund, 2. Aufl. 1994, S. 181 ff.
16 Dazu auch SRU, Umweltgutachten 1987, BT-Drs. 11/1568, S. 146 ff.; *Lübbe-Wolff*, NuR 1993, 217 ff.
17 Hierzu ausführlich: *Jedicke*, Biotopverbund, 2. Aufl. 1994; ferner *Finke*, Landschaftsökologie, 2. Aufl. 1994, S. 194 ff.; *Kaule*, Arten- und Biotopschutz, S. 373 ff.; SRU, Umweltgutachten 1987, Tz. 492 ff.

3 Naturschutzrecht

für wandernde Tierarten oder für den Austausch genetischen Materials geschützte Verbindungszonen zu schaffen, etwa in Gestalt von langen Hecken, Baumgruppen und Wiesenwegen, aber auch von Randstreifen an Gewässern und Äckern, die möglichst von Dünge- und Pflanzenbehandlungsmitteln freizuhalten sind. Ein wirksames Biotopverbundsystem setzt sich aus den folgenden Bausteinen zusammen:

- ein System großflächiger Lebensräume, die noch von Artenvielfalt und naturbetonten Biotopen geprägt sind, als Grundbausteine (nicht unter 100 ha Größe), die unter Naturschutz stehen oder gestellt werden;
- ein Netz von „Trittsteinbiotopen" von geringerer Größe zwischen den Schutzgebieten als Ausgangspunkte und Zwischenstationen für einen Individuenaustausch zwischen den großen Schutzgebieten;
- Korridore als Wanderwege zwischen den großflächigen Schutzgebieten und den kleinflächigen Trittsteinen, möglichst an bevorzugten Wanderwegen der Arten;
- Nutzungsextensivierung von Land- und Forstwirtschaft sowie Lenkung der Freizeitnutzung.

36 Ein solches Verbundkonzept kann auf den seit 1973 in den Bundesländern erarbeiteten *Biotopkartierungen* aufbauen. Wichtig erscheint, vorhandene Biotopstrukturen gleicher und ähnlicher Art miteinander zu verbinden und dabei auch Wanderungshindernisse abzubauen bzw. in ihren Auswirkungen zu minimieren. Notwendig erscheint aber insbesondere eine klare *gesetzliche Vorgabe über den Anteil an Fläche, der dem Naturschutz vorzubehalten ist* und in dem ein solches großflächiges Biotopverbundsystem entwickelt werden kann (sowie ein verstärkter Schutz des bauplanungsrechtlichen Außenbereichs vor weiterer Bebauung und Erschließung).[18] Soweit diese Flächen sich bereits in einem natürlichen oder naturnahen Zustand befinden, wäre dieser aufrechtzuerhalten, ansonsten müßten diese Vorrangflächen für Naturschutz extensiv genutzt, gepflegt oder der Sukzession überlassen werden. Hierbei wären auch eine Verringerung der stofflichen Belastungen auf den Flächen und eine naturschonendere Ausnutzung sicherzustellen.

37 Dem Artenschutz können außer dem naturschutzrechtlichen Artenschutz in gewisser Weise auch der *Tierschutz* sowie manche Vorschriften des *Jagd- und Fischereirechts* dienen. Manchmal ist auch das Gegenteil der Fall (etwa bei einer „Faunenverfälschung" durch das Aussetzen von Jungfischen aus besonders nutzbaren, nicht einheimischen Fischarten, etwa der Regenbogenforelle statt der Bachforelle). Allerdings unterliegen nur wenige der nach § 2 I BJagdG jagdbaren Tiere dem naturschutzrechtlichen Artenschutz (Rn. 3/202 ff.).[19]

---

18 So übereinstimmend § 173 UGB-E; SRU, Umweltgutachten 1987, Tz. 492 ff.; Umweltgutachten 1994, Tz. 466; *Länderarbeitsgemeinschaft für Naturschutz, Landschaftspflege und Erholung* – Lübecker Grundsätze des Naturschutzes v. 6.12.1991 (jeweils mindestens 10% der Landesfläche). Aus Sicht der Ökologieforschung erscheinen *10% als absolute Vorrangfläche* für den Arten- und Biotopschutz – mit einem Schutzstatus entsprechend Naturschutzgebieten – *und weitere 10% als relative Vorrangfläche* für Vernetzungsmaßnahmen und innerstädtische Ausgleichsflächen ausreichend, aber auch erforderlich (vgl. *Jedicke*, Biotopverbund, 2. Aufl. 1994, S. 109 ff. m.w.N.). Einen Beitrag zur europaweiten Sicherung von bedeutsamen Biotopen können auch die Flora-Fauna-Habitat-Richtlinie der EG und das CORINE-Biotop-Projekt der EG zur Erfassung von bedeutsamen Biotopen liefern; dazu *Wascher*, NuL 1993, 108 ff.; *Nonnen u.a.*, NuL 1994, 87 ff.; *Ssymank*, NuL 1994, 395 ff.

4. Gesellschaftliche Organisationen

Dem Gedanken des Naturschutzes wissen sich nicht nur die zuständigen Behörden verpflichtet, sondern auch bestimmte, oft sehr engagierte, zuweilen auch dogmatisch-ideologisch verhärtete gesellschaftliche Organisationen, denen zum Teil das Recht der sog. naturschutzrechtlichen Verbandsbeteiligung (Rn. 3/230 ff.) eingeräumt worden ist. Solche regionalen oder überregionalen **Umweltverbände**, die ihr – hier und da sehr erfolgreiches – Wirken auch dem Naturschutz oder einzelnen seiner Ziele widmen, gibt es schon seit langem. Die Zahl ihrer Mitglieder wird auf über 4 Millionen geschätzt. Das Erscheinungsbild dieser Organisationen und ihrer Aktivitäten ist allerdings sehr vielfältig und heterogen.[20] Diese „Zersplitterung" dürfte mit ein Grund für die relative politische Ohnmacht dieser „organisierten Idealinteressen" sein. Darin mag ein mitwirkendes Motiv für die seit 1977 erfolgte Gründung *politischer Umweltorganisationen*, insbesondere einer – nach ihrem Selbstverständnis ursprünglich vorrangig umweltverpflichteten – „Grünen Partei" zu sehen sein. Von ihr sind sicherlich wichtige Anstöße ausgegangen. Für den Schutz und die Pflege der Umwelt ist es indessen nicht von Bedeutung, welcher Partei es letztlich gelingt, daß bestimmte dringliche Umweltschutzforderungen in staatliche Schutz-, Pflege- oder Entwicklungsmaßnahmen umgesetzt werden, wenn nur wenigstens das eindeutig Notwendige für den Schutz der bedrohten Umwelt und speziell des bedrohten Naturhaushalts überhaupt geschieht. Solche Umweltschutz-, insbesondere Naturschutzforderungen sind inzwischen Inhalt der Programme aller politischen Parteien geworden, wie auch allgemein das Umweltbewußtsein der Bevölkerung seit Anfang der 70-iger Jahre zunehmend sensibilisiert worden ist. Leider wirken tatsächliche, aber auch vorgeschobene gegenläufige Interessen („Arbeitsplätze", „Aufbau Ost", „Ausbau der Infrastruktur") heute wieder so stark entgegen, daß der Präsident des Umweltbundesamts, *Heinrich v. Lersner*, mit Grund bereits von einem „Zeitalter der ökologischen Gegenreformation" gesprochen hat.

II. Einführung in das Naturschutzrecht

1. Zur historischen Entwicklung

Wohl die erste bedeutende rechtliche Naturschutzmaßnahme auf deutschem Boden war die 1936 erfolgte Unterschutzstellung des Drachenfelsgebiets im Siebengebirge durch eine preuß. Verordnung. 1906 wurde in Preußen eine staatliche Stelle für Naturdenkmalspflege geschaffen. Bereits 1899 ist der Deutsche Bund für Vogelschutz e.V. (heute: Naturschutzbund Deutschland e.V.) gegründet worden.

---

19 Zum Grenzbereich von Tierschutz-, Naturschutz-, Jagd- und Fischereirecht s. *Lorz*, NuR 1985, 259 ff.
20 Dazu SRU, Umweltgutachten 1987, BT-Drs. 11/1568, S. 131; ferner *Ellwein*, in: HdUR, Bd. II, Art. „Umweltverbände", 1988; *Hey/Brendle*, Umweltverbände und EG, 1994.

3 *Naturschutzrecht*

40 Trotz mancher gesetzgeberischer Ansätze bereits vor und alsbald nach dem ersten Weltkrieg – vgl. auch Art. 150 I WRV – ist aber in Deutschland erst aufgrund des *Reichsnaturschutzgesetzes* (RNatSchG) vom 26.6.1935 (RGBl. I 821) systematische Naturschutzarbeit möglich geworden. Dieses Gesetz verfolgte mit seinen Fang- und Pflückverboten und den Ermächtigungen zu Schutzgebietsausweisungen im wesentlichen eine konservativ-bewahrende Tendenz. Nach dem Inkrafttreten des Grundgesetzes wurde das RNatschG, da es nur *als Landesrecht* fortgalt, von den Landesgesetzgebern abgeändert, ergänzt oder ersetzt. In der ehemaligen DDR ist das RNatSchG 1954 durch ein DDR-NatSchG ersetzt worden; dieses Gesetz wurde dann 1970 durch das Landeskulturgesetz der DDR nebst der 1. DVO (NatSchVO) abgelöst. In der Bundesrepublik wurde erst am 10.11.1976 das **Bundesnaturschutzgesetz** (BNatSchG) als Rahmengesetz verabschiedet; es erweiterte den ursprünglich hauptsächlich bewahrenden Naturschutz auf die Pflege und Entwicklung der Landschaft.

2. Rechtsquellen

a) Europarecht

41 Auf EG-Ebene gibt es **Rats- und Kommissionsverordnungen**, etwa die EG-VO 348/81 zur Untersagung der kommerziellen Einfuhr gewisser Walerzeugnisse in die Gemeinschaft, vor allem aber die – mit Rücksicht auf die Vollendung des Binnenmarktes zu novellierende[21] – wichtige EG-Artenschutz-VO 3626/82 nebst der EG-VO 3418/83 über die CITES-Bescheinigungen (Rn. 3/55) sowie **Richtlinien des Rates der EG**, insbesondere die wichtige Richtlinie 79/409/EWG über die Erhaltung wildlebender Vogelarten (sog. *Vogelschutzrichtlinie*) oder die Richtlinie 83/129/EWG über das Verbot der kommerziellen Einfuhr von Fellen bestimmter Jungrobben oder von daraus gefertigten Waren.[22] Für die Entwicklung eines europaweiten Netzes von Schutzgebieten soll die Richtlinie zur Erhaltung der natürlichen Lebensräume sowie der wildlebenden Tiere und wildwachsenden Pflanzen sorgen (sog. *Flora-Fauna-Habitat-Richtlinie* 92/43/EWG vom 21.5.1992, ABl. Nr. L 206/7, kurz: FFH-RL).[23]

b) Bundesrecht

42 aa) Die wichtigste Rechtsquelle auf Bundesebene ist das **Gesetz über Naturschutz und Landschaftspflege** (Bundesnaturschutzgesetz – BNatSchG) vom 20.12.1976

---

21 S. den Änderungsvorschlag der EG-Kommission ABl. Nr. C 26/1 v. 3.2.1992.
22 Fundstellen: EG-VO 348/81 vom 20.1.1981, ABl. Nr. L 39/1, zuletzt geändert durch ABl. 1985 Nr. L 64/5; EG-Artenschutz-VO 3626/82 vom 3.12.1982, ABl. Nr. L 384/1, zuletzt geändert durch ABl. 1990 Nr. L 29/1; EG-CITES-VO 3418/83 vom 28.11.1983, ABl. Nr. L 344/1; Vogelschutzrichtlinie 79/409/EWG vom 2.4.1979, ABl. Nr. L 103/1, zuletzt angepasst durch ABl. 1986 Nr. L 100. Texte der EG-Richtlinien u. EG-VO sind z.B. abgedr. in: *Storm/Lohse* (Hrsg.), EG-Umweltrecht, Loseblattsammlung, 1994.
23 Hierzu *Freytag/Iven*, NuR 1995, 109 ff.; *Ssymank*, NuL 1994, 395 ff.

(BGBl. I 3574) in der nach der Novelle von 1986[24] vorgenommenen Neufassung vom 12.3.1987 (BGBl. I 889), geändert durch Ges. vom 12.2.1990 (BGBl. I 205). Ziel dieser Novelle waren die Verbesserung und Vereinheitlichung des Artenschutzes sowie die Umsetzung internationaler Artenschutzregelungen und der EG-Vogelschutzrichtlinie.

Der Bund hat (nur) die Rahmenkompetenz für den Bereich Naturschutz und Landschaftspflege (Art. 75 Nr. 3 GG a.F. = Art. 75 I Nr. 3 GG n.F.). Aufgrund Art. 75 Nr. 3 GG a.F. hat der Bund mit dem *Bundesnaturschutzgesetz* eine Rahmenregelung erlassen, wobei er seine Rahmenkompetenz wohl noch nicht einmal überall voll ausgeschöpft hat. Die Rahmenregelung umfaßt einerseits an den Landesgesetzgeber gerichtete *Rahmenrichtlinien* (§ 4 S. 1 BNatSchG), die nach § 4 S. 2 BNatSchG innerhalb von zwei Jahren nach Inkrafttreten des BNatSchG (in den neuen Bundesländern innerhalb von zwei Jahren ab 1.7.1990) in Landesrecht *umzusetzen* waren, und andererseits *unmittelbar* für jedermann *geltende*, d.h. bürgerverbindliche („bürgeradressierte") Normen (§ 4 S. 3 BNatSchG).[25] Neben der Pflicht, die Rahmenrichtlinien des BNatSchG in Landesrecht umzusetzen bzw. bestehende Landesvorschriften an diese Richtlinien anzupassen (§ 4 S. 2 BNatSchG), haben die Länder das Recht, *ausfüllende*, u.U. auch weiterreichende Regelungen insoweit zu treffen (vgl. z.B. §§ 8 IX, 10 II, 11 II BNatSchG), als diese landesrechtlichen Regelungen mit den Rahmenvorschriften und den unmittelbar geltenden Normen des BNatSchG vereinbar sind (Art. 31 GG). In § 4 S. 3 BNatSchG sind die unmittelbar geltenden „bürgeradressierten" Normen des BNatSchG abschließend aufgeführt.

43

Die Ergebnisse des BNatSchG-Vollzugs waren bisher z.T. unbefriedigend.[26] Deshalb stand seit 1987 eine weitere (Gesamt-)Novellierung auf dem Programm der Bundesregierung, die aber letztlich nicht in der Lage war, gegen den Widerstand insbesondere der Agrarlobby mehr als einen Referentenentwurf vorzulegen. Das BMU verfolgte dabei die Absicht, den Katalog der Ziele (Rn. 3/71) und der Grundsätze (Rn. 3/75 ff.) systematisch neu zu ordnen, zu konkretisieren und zu erweitern, das Verhältnis von Land- bzw. Forstwirtschaft zum Naturschutz (Rn. 3/86) neu zu bestimmen, den Biotopschutz (Rn. 3/184 ff.) und die Landschaftsplanung (Rn. 3/102) zu verbessern, die Eingriffsregelung (Rn. 3/112 ff.) und die Verbandsmitwirkung (Rn. 3/243) effizienter zu machen und schließlich auch die Artenschutzregelung (Rn. 3/191 ff.) zu vereinfachen und an die Novellierung der EG-Artenschutz-VO 3626/82 (Rn. 3/55) anzupassen. Im Regierungsprogramm für die 13. Legislaturperiode ist die BNatSchG-Gesamtnovelle nicht mehr enthalten, durchaus kennzeichnend für den in den vergangenen Jahren trotz zunehmender Umweltprobleme immer geringer werdenden Stellenwert des Umweltschutzes in der Regierungspolitik.

44

---

24 Dazu *Apfelbacher*, NuR 1987, 241 ff.; *Schmidt*, NVwZ 1987, 1037 ff.
25 Im Bereich der Rahmengesetzgebung war der Bund nach Art. 75 GG a.F. zu punktuellen Vollregelungen befugt, soweit den Ländern ein substantiell ausfüllungsbedürftiger Rahmen gesetzt wurde, was weitreichende Vollregelungen ermöglichte, vgl. BVerfGE 66, 270 (285); 291 (307). S. nunmehr Art. 75 II, 125a II GG. Offen ist – auch nach der Neufassung des Art. 75 GG – inwieweit der Bund befugt ist, auch verwaltungsverfahrensrechtliche Regelungen zu treffen, was zumindest für den Fall, daß eine bundesunmittelbare materiellrechtliche Norm verfahrensrechtlich abgesichert werden soll, zu bejahen ist, vgl. BVerfGE 55, 274 (320).
26 Dazu zusammenfassend *Schmidt-Aßmann*, in: *Jarass u.a.*, UGB-BT, S. 354 ff.

3 Naturschutzrecht

45 In der 12. Legislaturperiode hatten die SPD-Fraktion (BT-Drs. 12/3487) und die Gruppe Bündnis 90/DIE GRÜNEN (BT-Drs. 12/4105) Entwürfe zur Änderung des Bundesnaturschutzgesetzes im Bundestag eingebracht. Der SPD-Entwurf sieht u.a eine Regelung vor, wonach auf 10% der Landesfläche, insbesondere durch Ausweisung von Naturschutzgebieten, dem Naturschutz Vorrang eingeräumt werden soll, sowie verschärfte Anforderungen an eine umweltschonende Landwirtschaft. Der Bündnis-Entwurf will das BNatSchG konsequent dem Vorsorge-, Vorbeuge- und Nachhaltigkeitsprinzip verpflichten, weshalb die Zielbestimmungen ökozentrisch umformuliert, die Stellung der Land- und Forstwirtschaft neubestimmt, die Landschaftsplanung gestärkt und die Verbandsklage eingeführt werden soll. Schließlich ist 1994 der wissenschaftliche *Entwurf des Besonderen Teils eines Umweltgesetzbuches* veröffentlicht worden, der vorschlägt, das BNatSchG durch *mindestens 10% Vorrangfläche zur Schaffung eines Biotopverbundsystems*, Streichung der Landwirtschaftsklausel und der Erholungsfunktion der Landschaft, Fortentwicklung der Landschaftsplanung zu einer Umweltleitplanung, Präzisierung der naturschutzrechtlichen Eingriffsregelung und des besonderen Biotopschutzes sowie Einführung einer Verbandsklage fortzuentwickeln.[27]

46 Die Neuregelung des Verhältnisses zwischen Naturschutz und Bauleitplanung wurde durch das Investitionserleichterungs- und Wohnbaulandgesetz vom 22.4.1993 (BGBl. I 466) aus der Gesamtnovelle herausgelöst, wodurch eine Vielzahl neuer klärungsbedürftiger Fragen entstand (Rn. 3/150 ff.).

47 bb) Aufgrund zahlreicher Ermächtigungen insbesondere im V. Abschnitt des BNatSchG erging durch das BMU im Einvernehmen mit dem BMF und BML mit Zustimmung des Bundesrats die neue Verordnung zum Schutz wildlebender Tier- und Pflanzenarten (**Bundesartenschutzverordnung** – BArtSchV) vom 18.9.1989 (BGBl. I 1677), geändert durch VO vom 9.7.1994 (BGBl. I 1523) und Ges. vom 25.10.1994 (BGBl. I 3082).

48 An bundesgesetzlichen, im weiteren Sinne dem Naturschutzrecht zuzurechnenden **Sonderregelungen** sind neben dem BNatSchG (vgl. § 20 II) exemplarisch zu nennen
- das *Bundeswaldgesetz* vom 2.5.1975 (BGBl. I 1037), geändert durch Ges. vom 27.7.1984 (BGBl. I 1034), das rahmenrechtliche Vorschriften über die forstliche Rahmenplanung, die Rodungsgenehmigung, Walderhaltung und Waldbewirtschaftung sowie Normen über forstwirtschaftliche Zusammenschlüsse und die Förderung der Forstwirtschaft enthält,
- das *Bundesjagdgesetz* vom 29.11.1952 i.d.F. der Bek. vom 29.9.1976 (BGBl. I 2849), zuletzt geändert durch EinigungsvertragsG vom 31.8.1990 (BGBl. II 889, 1017), das insbesondere Vorschriften über das Jagdrecht und die Jagdbezirke, über die Beteiligung Dritter an der Ausübung des Jagdrechts, über den Jagdschein, über Jagdbeschränkungen sowie über Wild- und Jagdschaden umfaßt,
- das *Tierschutzgesetz* vom 17.2.1993 (BGBl. I 254), zuletzt geändert durch Ges. vom 27.4.1993 (BGBl. I 512) mit Normen zu einem den anthropozentrischen Ansatz überwindenden „ethischen Tierschutz" (insbesondere Tierhaltung, Töten von Tieren, Eingriffe an Tieren, Tierversuche, Tierzucht und Tierhandel),

---

27 Das Kapitel „Naturschutz und Landschaftspflege" ist von *Schmidt-Aßmann* bearbeitet, dessen §§ 170-221 werden auf S. 347 ff. begründet.

- das *Pflanzenschutzgesetz* vom 15.9.1986 (BGBl. I 1505), zuletzt geändert durch Ges. vom 25.11.1993 (BGBl. I 1917) u.a. mit Normen zum Schutz der Kulturpflanzen und Pflanzenerzeugnisse vor Schadorganismen sowie mit Normen zur Beschränkung der Anwendung von Pflanzenschutzmitteln,
- Regelungen des *Baugesetzbuchs* zu Belangen des Naturschutzes und der Landschaftspflege (s. auch Rn. 3/150 ff.).[28]

cc) Nach Abschluß des StVertr wurde in der ehemaligen DDR das DDR-Umweltrahmengesetz (DDR-URG) vom 29.6.1990 (DDR-GBl. 649) erlassen. Art. 6 des DDR-URG regelte die Materie „Naturschutz- und Landschaftspflege". Mit dieser Vorschrift – i.V.m. Anlage 1 aaO – wurden das BNatSchG, die BArtSchV und die EG-Verordnungen Nrn. 3626/82 und 3418/83 (Rn. 3/55) ab 1.7.1990 in Kraft gesetzt (ohne § 38 BNatSchG).

49

Gem. Art. 8 EVertr wurde mit dem Wirksamwerden des Beitritts der ehemaligen DDR zur BRD (3.10.1990) grundsätzlich das gesamte Bundesrecht – also auch das Naturschutzrecht – im **Beitrittsgebiet** in Kraft gesetzt. (Vom gleichen Zeitpunkt an sind gem. Art. 10 EVertr auch die für Naturschutz und Landschaftspflege einschlägigen EG-rechtlichen Bestimmungen anzuwenden.) Mit Rücksicht auf die neuen Bundesländer wurden jedoch mit dem EVertr (Anlage I, Kap. XII, Sachgebiet F, Abschn. III) das BNatSchG (einschl. § 38) mit der „Maßgabe" in Kraft gesetzt, daß für die Anwendung der §§ 4 S. 2, 38 I BNatSchG als Datum des Inkrafttretens des BNatSchG der 1.7.1990 gilt. Dies hatte u.a. die Bedeutung, daß die die Rahmenvorschriften des BNatSchG ausfüllenden und ergänzenden Landesnaturschutzgesetze in den neuen Bundesländern bis zum 1.7.1992 zu erlassen waren. Bis zum Inkrafttreten der Landesnaturschutzgesetze galten gem. § 3 I des Art. 6 DDR-URG die umsetzungsbedürftigen, d.h. die bundesrechtlich nicht unmittelbar anzuwendenden Bestimmungen des BNatSchG als Landesrecht.

c) *Landesrecht*

aa) Auf Landesebene ergingen **Landesnaturschutzgesetze** und einschlägige Rechtsverordnungen der zuständigen Landesbehörden. Ihre Schwerpunkte liegen in Regelungen über konkrete Nutzungskollisionen (z.B. allgemeines Betretensrecht), dem Schutz von Grünbeständen (Baumschutz), Entschädigungs- und Ausgleichsregelungen, weiteren Formen der Beteiligung im Naturschutz (z.B. Naturschutzbeiräte, ehrenamtlicher Naturschutzdienst), der Zulassung der Verbandsklage sowie Fördermaßnahmen.

50

Das Naturschutzgesetz für *Baden-Württemberg* ist bereits am 21.10.1975 (GBl. 654), also über 1 Jahr vor dem BNatSchG erlassen und seither an die bundesrechtlichen Bestimmungen nicht eigentlich angepaßt worden. Es gilt in Fassung der Bekanntmachung vom 29.3.1995 (GBl. 385). Auch andere Länder hatten bereits vor Erlaß des BNatSchG eigene LNatSchG erlassen (Bayern, Nordrhein-Westfalen, Rheinland-Pfalz, Schleswig-Holstein); sie haben allerdings (z.T. erst spät) aus dem BNatSchG gesetzgeberische Konsequenzen gezogen. Ein modernes Landesnaturschutzgesetz haben z.B. Brandenburg und Schleswig-Holstein verabschiedet.

51

---

28 Vgl. z.B. § 1 V 2 Nr. 7, § 35 III 1, 5. Spiegelstrich BauGB. Vorhaben im Außenbereich, die naturschutzrechtlich unzulässig sind, sind auch nach § 35 BauGB bebauungsrechtlich unzulässig: BVerwGE 67, 33 u. 84. Für den Innenbereich soll demgegenüber nach BVerwGE 35, 256; 55, 272 (anders aber BVerwG, NVwZ 1995, 601) die Frage der bebauungsrechtlichen Zulässigkeit abschließend in § 34 BBauG (BauGB) geregelt sein; krit. *Kuchler*, DVBl. 1989, 973 ff.

3 Naturschutzrecht

52 bb) Altes DDR-Naturschutzrecht, das nach der Kompetenzordnung des GG Landesrecht ist, gilt gem. Art. 9 I 1 EVertr in den neuen Bundesländern bis zum Erlaß entsprechender neuer landesrechtlicher Regelungen fort, sofern dieses alte Recht dem EG- und Bundesrecht nicht widerspricht. Dieser „Konformitätsvorbehalt" erforderte jeweils eine u.U. schwierige Prüfung. Auch die nicht gem. § 4 S. 3 BNatSchG als Bundesrecht unmittelbar anzuwendenden Vorschriften des BNatSchG galten in den neuen Bundesländern bis zum Erlaß der Landesnaturschutzgesetze jeweils als Landesrecht fort.

Die kurz vor dem Beitritt am 12.9.1990 erlassenen Verordnungen der DDR-Regierung über die Festsetzung von Nationalparken (Rn. 3/24), Naturparken (Rn. 3/27) und Naturschutzgebieten blieben nach Anlage II des EVertr, Kap. XII, Sachgebiet F, Abschn. III Nr. 5 mit der „Maßgabe" in Kraft, daß sie auf den Neubau, den Ausbau und die Unterhaltung von Bundesverkehrswegen keine Anwendung finden.

d) Zwischenstaatliche Abkommen

Auf dem Gebiet des Naturschutzes sind eine Reihe von bedeutsamen internationalen Übereinkommen abgeschlossen worden. Hinzuweisen ist insbesondere auf folgende Konventionen:

53 • Übereinkommen vom 3.3.1973 über den internationalen Handel mit gefährdeten Arten freilebender Tiere und Pflanzen („**Washingtoner Artenschutzübereinkommen**" – WA, engl. Abk. CITES). Das 1975 völkerrechtlich in Kraft getretene Übereinkommen, dem inzwischen 113 Staaten und Organisationen (einschließlich der EG) beigetreten sind, will diesen internationalen Handel als eine der Hauptursachen für die Gefährdung bestimmter Tier- und Pflanzenarten einschränken. Es wurde von der Bundesrepublik als erstem EG-Staat durch Zustimmungsgesetz vom 22.5.1975 (BGBl. II 773) ratifiziert. Die nach dem WA geschützten Tiere und Pflanzen sind entsprechend ihrer Schutzbedürftigkeit in 3 Anhängen aufgeführt, und zwar die vom Aussterben bedrohten Arten (z.B. alle Meeresschildkröten) in Anhang I, die gefährdeten, aber noch eine kontrollierte, geordnete wirtschaftliche Nutzung zulassenden Arten (z.B. der Graupapageien, der Kolibris) in Anhang II und die von einem Vertragsstaat für sein Gebiet für gefährdet erklärten Arten (z.B. das Flußpferd oder das Stachelschwein in Ghana) in Anhang III. Die in Anhang I aufgeführten Arten unterliegen einem Handelsverbot für kommerzielle Zwecke, während die Arten der übrigen Anhänge unter bestimmten Voraussetzungen handelbar sind. Auf den WA-Folgekonferenzen, die etwa alle zwei Jahre stattfinden, sind durch Resolution jeweils Änderungen bzw. Ergänzungen der Anhänge des WA (ohne förmliche Textänderung) beschlossen worden.

54 Im Oktober 1989 hat in Lausanne die *7. WA-Konferenz* stattgefunden. Auf dieser Konferenz sind z.B. mit der Folge eines weltweiten prinzipiellen Vermarktungsverbotes in Anhang I u.a. zahlreiche weitere asiatische Orchideenarten, der indonesische Kakadu, 3 südamerikanische Katzenarten (z.B. der Ozelot) aufgenommen worden. Auch die afrikanischen Elefanten wurden in Anhang I hochgestuft. Für die EG bestand ohnehin schon seit dem 14.6.1989 ein vorläufiges Importverbot für Elfenbein. Erfolglos blieben die Anträge südafrikanischer Staaten auf der *8. WA-Konferenz*[29] in Kyoto im März 1992 und der *9. WA-Konferenz* in Fort Lauderdale im November 1994, das weltweite Elfenbeinhandelsverbot wegen der Schädigungen durch die anwachsenden Elefantenpopulationen zu lockern.

Inzwischen sind sowohl das Zustimmungsgesetz von 1975 durch die EG-Artenschutz-VO, d.h. durch die EG-VO Nr. 3626/82 zur Anwendung des Washingtoner Artenschutzübereinkommens in der Gemeinschaft vom 3.12.1982 (ABl. L 384), als auch das (am 31.12.1986 wegen Fristablaufs auch förmlich außer Kraft getretene) Ges. zur Durchführung dieser EG-VO vom 22.12.1983 (BGBl. I 1571) insoweit gegenstandslos geworden, als *das WA als unmittelbar geltendes Recht in das Europarecht inkorporiert* worden ist. Durch die (mehrfach geänderte) EG-VO 3626/82 – ergänzt durch EG-VO 3418/83 vom 28.11.1983 betr. die einheitliche Erteilung und Verwendung der CITES-Formulare (ABl. L 344) – sind die in der EG nach einheitlichen europarechtlichen Bestimmungen anzuwendenden Vorschriften des WA für den EG-Bereich teilweise verschärft worden. Die EG-VO Nr. 3626/82 ließ den EG-Mitgliedstaaten noch zusätzlich Raum zur Normierung noch weitergehender nationaler Besitz- und Vermarktungsbeschränkungen. Von dieser Möglichkeit hatte auch die BRD Gebrauch gemacht. Mit Rücksicht auf den ab 1.1.1993 verwirklichten Binnenmarkt mußten diese nationalen Beschränkungen entfallen, was eine Novellierung der EG-VO Nr. 3626/82 und eine Anpassung des BNatSchG und der BArtSchV erforderte. **55**

- Übereinkommen vom 23.6.1979 zur Erhaltung der wandernden wildlebenden Tierarten („**Bonner Konvention**"); vgl. das Zustimmungsgesetz vom 29.6.1984 (BGBl. II 569). Dem 1983 völkerrechtlich verbindlich gewordenen Abkommen (2 Anhänge) sind inzwischen 37 Staaten und die EG beigetreten. Das Übereinkommen schafft eine umfassende Regelung zur Erhaltung, Hege und Nutzung grundsätzlich aller wandernden Arten. Die 2. Folgekonferenz hat im Sept. 1991 stattgefunden (Änderung des Anhangs II). **56**

- Übereinkommen vom 19.9.1979 über die Erhaltung der europäischen wildlebenden Pflanzen und Tiere und ihrer natürlichen Lebensräume („**Berner Konvention**"); vgl. das Zustimmungsgesetz vom 17.7.1984 (BGBl. II 618). Das Übereinkommen (4 Anhänge), dem 19 Staaten und die EG beigetreten sind, soll insbesondere die zwischenstaatliche Zusammenarbeit zum Schutz der wildlebenden Fauna und Flora fördern. Es verbietet z.B. auch bestimmte Methoden des Tötens und Fangens von Vögeln. **57**

- Abkommen über Feuchtgebiete, insbesondere als Lebensraum für Watt- und Wasservögel von internationaler Bedeutung vom 2.2.1971 („**Ramsar-Konvention**"); vgl. die Bek. vom 16.7.1976 (BGBl. II 1265). Diese in Ramsar/Iran unterzeichnete, für die Bundesrepublik Deutschland am 25.6.1976 in Kraft getretene Konvention, der bisher rd. 50 Staaten beigetreten sind, will erreichen, daß möglichst viele Staaten ökologisch wichtige *Feuchtgebiete* von internationaler Bedeutung unter besonderen Schutz stellen, weil Feuchtgebiete zu den am stärksten gefährdeten Teilen der Natur gehören. Von der BRD wurden bis 1989 18 derartige Feuchtgebiete benannt. **58**

- **Konvention** von Rio de Janeiro **zum Schutz der Artenvielfalt** vom 13.6.1992 (noch nicht in Kraft getreten, Rn. 1/36). **59**

---

29 Dazu *Schmidt-Räntsch*, NuR 1993, 149.

3. Überblick über das Bundesnaturschutzgesetz

Das BNatSchG ist in neun Abschnitte gegliedert.

60 Der *erste* Abschnitt (§§ 1-4) enthält allgemeine, unmittelbar geltende Vorschriften über die **Ziele** und die **Grundsätze** des Naturschutzes und über die Aufgaben der zuständigen Behörden; hinzu kommt § 4 mit den Umsetzungs- und Anpassungsvorgaben für die Landesgesetzgebung und der Bestimmung, welche Normen des BNatSchG lediglich umsetzungsbedürftige Rahmenvorschriften und welche unmittelbar geltende Vorschriften sind.

61 Der *zweite* Abschnitt (§§ 5-7) befaßt sich mit der grundsätzlich dreistufigen „**Landschaftsplanung**", nämlich mit den landesweiten Landschaftsprogrammen, den regionalen Landschaftsrahmenplänen und den Landschaftsplänen auf der kommunalen Stufe; unmittelbar gilt hier nur die Regelung des § 7 über das Zusammenwirken der Länder bei der Planung.

62 Der *dritte* Abschnitt (§§ 8-11) hat allgemeine **Schutz-, Pflege- und Entwicklungsmaßnahmen** zum Gegenstand; er enthält vor allem die wichtige, allerdings nur als Rahmenvorschrift ergangene Regelung der Eingriffe in Natur und Landschaft (§ 8). Unmittelbar gelten hier lediglich die Verfahrensregelung des § 9 sowie die 1993 eingeführten Regelungen des Verhältnisses zwischen naturschutzrechtlicher Eingriffsregelung und Bauleitplanung (§§ 8a-c).

63 Im *vierten* Abschnitt (§§ 12-19) finden sich Vorschriften über den Schutz, die Pflege und die Entwicklung bestimmter **Teile von Natur und Landschaft**. Hier werden Rahmenanleitungen für die Festsetzung von Naturschutzgebieten, Nationalparken, Landschaftsschutzgebieten, Naturparken oder Naturdenkmälern (bzw. geschützten Landschaftsbestandteilen) gegeben.

64 Der seit der Novellierung von 1986 mit nunmehr 24, zum Teil sehr umfangreichen Paragraphen bei weitem längste *fünfte* Abschnitt (§§ 20-26c) enthält Artenschutznormen, d.h. Normen zum **Schutz und zur Pflege wildlebender Tier- und Pflanzenarten** nebst Verordnungsermächtigungen sowohl für den Bundesminister für Umwelt, Naturschutz und Reaktorsicherheit als auch für die nach Landesrecht zuständigen Behörden. Nicht nur die Ermächtigungs- und Zuständigkeitsnormen sowie die Legaldefinitionen gelten unmittelbar, sondern auch viele materiellrechtliche Normen (vor allem Verbotsvorschriften für „besonders geschützte Tier- und Pflanzenarten"). Leider ist die Gesamtregelung dieses Abschnitts unübersichtlich.

65 Der knappe *sechste* Abschnitt (§§ 27 f.), der nur wenige (Rahmen-)Vorschriften enthält, ist auf die Erholung in Natur und Landschaft bezogen.

66 Der insgesamt unmittelbar geltende *siebte* Abschnitt (§§ 29-31) regelt die Mitwirkung von Verbänden, aber auch Ordnungswidrigkeiten und die Voraussetzungen von Befreiungen.

67 Im ebenfalls unmittelbar geltenden *achten* Abschnitt (§§ 32-37) sind die vom BNatSchG vorgenommenen Änderungen von Bundesgesetzen aufgeführt.

Schließlich sind im unmittelbar geltenden *neunten* Abschnitt (§§ 38-40) die Übergangs- und Schlußbestimmungen enthalten. Nach seinem § 40 ist das BNatSchG am 24.12.1976 in Kraft getreten.

68

III. Ziele und Grundsätze des Naturschutzes und der Landschaftspflege

Im BNatschG werden mit den §§ 1 und 2 die Ziele und Grundsätze des Naturschutzes und der Landschaftspflege den folgenden Vorschriften sozus. als regulative Ideen vorangestellt. Diese sind allerdings nach § 4 S. 3 BNatSchG unmittelbar (behörden-) verbindlich. Sie sollen verhaltenssteuernde Leitmotive für den behördlichen Gesetzesvollzug sein. Sie sollten aber auch Anlaß für die Bürger sein, sich bei ihrem Handeln der Mitverantwortung für einen schonenden Umgang mit der Natur bewußt zu bleiben. Diese – außerhalb konkreter normativer Gebote oder Verbote mehr ethische als rechtliche – Verpflichtung der Bürger soll möglicherweise im Zuge der BNatSchG-Überarbeitung in einer den §§ 1, 2 nachfolgenden programmatischen Appellnorm besonders betont werden.

69

1. Ziele (§ 1 BNatSchG)

Die unmittelbar geltende **Ziel- und Aufgabennorm** des § 1 I BNatSchG regelt

70

- das **Ziel** der vom Gesetz geforderten Bemühungen (nachhaltige Sicherung der „Lebensgrundlagen des Menschen" und der Möglichkeit seiner „Erholung in Natur und Landschaft"),
- den **Gegenstand** der vom Gesetz geforderten Bemühungen (Natur und Landschaft im besiedelten und unbesiedelten Bereich in bzw. mit ihren in Nrn. 1-4 genannten Manifestationen bzw. Eigenschaften) und
- die **Art** der vom Gesetz geforderten Bemühungen (Schutz, Pflege, Entwicklung; künftig möglicherweise auch noch: Wiederherstellung im Bedarfsfall).

Nach der **Zielbestimmung** des § 1 I BNatSchG[30] sind Natur und Landschaft so zu schützen, zu pflegen und zu entwickeln, daß

71

(1) die Leistungsfähigkeit (besser: Funktionsfähigkeit) des Naturhaushalts (Rn. 3/5),
(2) die Nutzungsfähigkeit (besser: Regenerations- und nachhaltige Nutzungsfähigkeit) der Naturgüter (Rn. 3/6),
(3) die Pflanzen- und Tierwelt und
(4) die Vielfalt, Eigenart und Schönheit von Natur und Landschaft

als „Lebensgrundlagen des Menschen" und „Voraussetzung für seine Erholung in Natur und Landschaft" *nachhaltig gesichert* sind; hierin äußert sich die nutzungsbezogene *anthropozentrische Motivation* des Gesetzgebers. Die Schutzbedürftigkeit und

---
30 Vgl. *de Witt*, Landschaftsschutz, Rn. 48 ff.

3 Naturschutzrecht

Schutzwürdigkeit von Natur und Landschaft *um ihrer selbst willen*, d.h. als „Wert an sich" sollte aber ebenfalls Motivation rücksichtsvollen menschlichen Verhaltens sein und u.E. künftig auch im BNatSchG deutlich zum Ausdruck kommen. Gegenwärtig klingt dieser *ökozentrische Ansatz* im wesentlichen nur bei zwei Fallgruppen an, nämlich bei

- bestimmten Gebieten bzw. Gebietsteilen oder bei Einzelschöpfungen der Natur, die u.a. wegen ihrer Seltenheit oder besonderen Eigenart unter Schutz gestellt worden sind bzw. gestellt werden können (§§ 13 I Nr. 3, 17 I 1 Nr. 2 BNatSchG), sowie
- bestimmten Arten oder Populationen wildlebender Tiere und Pflanzen, die ohne Rücksicht auf eine erkennbare Nützlichkeit für den Menschen allein wegen ihrer Bestandsgefährdung besonders geschützt sind bzw. geschützt werden können (§ 20e I u. III BNatSchG).

72 Die nach § 4 S. 3 BNatschG unmittelbar anzuwendende, den Gesetzeszweck beschreibende Ziel- und Aufgabennorm des § 1 I BNatSchG räumt noch keine Befugnisse ein, ist aber als Richtlinie maßgebend für die Interpretation naturschutzrechtlicher Handlungsnormen und für die Ausübung des den Naturschutzbehörden eingeräumten Ermessens.

73 Da die Ziele im Einzelfall konfligieren können (z.B. Erholungsvorsorge und Artenschutz), fordert das unmittelbar anzuwendende naturschutzrechtliche **Abwägungsgebot** des § 1 II BNatSchG die Abwägung der sich aus der Ziel- und Aufgabennorm des § 1 I ergebenden Anforderungen, und zwar sowohl untereinander (z.B. Biotopschutz gegen Erholung) als auch gegen die sonstigen Anforderungen der Allgemeinheit an Natur und Landschaft (z.B. Naturschutz gegen Straßen- oder Wohnungsbau, Land- oder Forstwirtschaft, Energieerzeugung, Abfallwirtschaft, Freizeitbetätigung usw.). Diesem Abwägungsgebot unterfallen nach h.L. über den Gesetzeswortlaut hinaus auch betroffene private Belange.[31] Bei der Abwägung der miteinander kollidierenden Interessen genießen die Belange des Naturschutzes und der Landschaftspflege – die sog. „aufgabeninternen Belange" – mangels abweichender gesetzlicher Bestimmung *keinen Vorrang* vor den sog. „aufgabenexternen Belangen", d.h. vor den sonstigen Anforderungen an Natur und Landschaft. Die Abwägungsklausel wirkt daher sehr relativierend. Man kann sich des Eindrucks nicht erwehren, daß trotz eines seit Ende der 70er Jahre zunehmend sensibilisierten Umweltbewußtseins sowohl der Gesellschaft als auch der Staatsorgane die Abwägung ohne zureichenden Grund häufiger zulasten als zugunsten des Naturschutzes vorgenommen worden ist.[32]

74 Die Abwägung von Rechtsgütern und Interessen im Falle des Konflikts ist keine Frage der Zielsetzung, sondern der optimalen Zielverwirklichung. Die Abwägungsklausel ist daher im Rahmen des § 1 BNatSchG, einer Zielnorm, systematisch fehl am Platz. Andererseits wird eine

---

31 Vgl. etwa BGHZ 77, 351 (357) m.w.N.; VGH BW, NuR 1984, 149. S. auch Rn. 3/128 f. zur Abwägung nach § 8 III BNatSchG.
32 S. SRU, Umweltgutachten 1987, BT-Drs. 11/1568, S. 126 f.; *Hübler*, UPR 1989, 121 ff. Vor diesem Hintergrund dürfte die im wissenschaftlichen Entwurf des UGB nachträglich vorgenommene Änderung der allgemeinen Abwägungsklausel in § 1 III E-UGB zu sehen sein, der nunmehr wie folgt lauten soll: „Der Schutz der Umwelt erfolgt unter Berücksichtigung seiner besonderen Bedeutung unter Abwägung mit anderen Rechtsgütern im Rahmen der Rechtsordnung." (*Jarass u.a.*, UGB-BT, S. 1049).

Abwägungsgeneralklausel von manchen für unnötig erachtet, weil die Abwägung bereits verfassungsrechtlich gefordert sei. Für spezielle Interessenkonflikte bedarf es ohnehin einer Abwägungsregelung i.S. einer Vorrangregelung (vgl. § 8 III BNatSchG). Indes wäre es wünschenswert, im Gesetz möglichst klar zum Ausdruck zu bringen, wie sich die naturschutzrechtlichen Anforderungen zueinander verhalten und auf welche Weise und mit welchem Gewicht sie in andere fachgesetzliche Verfahren und Beurteilungen eingehen sollen.

2. Grundsätze (§ 2 BNatSchG)

In der ebenfalls unmittelbar anzuwendenden *Grundsätzeregelung* des § 2 I **Nrn. 1-13** BNatSchG[33] sind in Gestalt von *Handlungsanweisungen an die Vollzugsbehörden* die wichtigsten Richtpunkte in einem Katalog zusammengefaßt, der gem. § 2 II durch Landesrecht (wie in einigen Ländern geschehen) erweitert werden kann.[34] Die Grundsätze der **Nrn. 1-10** des § 2 I BNatSchG beziehen sich auf den *Naturhaushalt* (Rn. 3/5) und auf einzelne *Naturgüter* (Rn. 3/6), z.B. auf Boden, Bodenschätze, Gewässer, Luft, Klima, wildlebende Tiere und Pflanzen usw. Die **Nrn. 11-12** heben die *Erholungsfunktion der Landschaft* (Rn. 3/7) hervor, während die **Nr. 13** an die *historischen Kulturlandschaften und Landschaftsteile* anknüpft.

75

An sich beinhalten diese Grundsätze nur eine erste *Konkretisierung* der Ziele des § 1 BNatSchG. Ausdrücklich wird auf das Abwägungsgebot des § 1 II BNatSchG Bezug genommen; dies bedeutet wohl auch, daß die Ziele des § 1 I BNatSchG Maßstab für die Abwägung der Grundsätze des § 2 BNatSchG sind (insoweit ähnlich wie in §§ 1, 2 III ROG n.F.). § 2 BNatSchG ist aber insoweit unvollständig, als die hier aufgeführten Grundsätze zusammenhanglos nebeneinanderstehen und die Lösung der untereinander auftretenden Zielkonflikte (z.B. zwischen Erhalt von Biotopen und der Erholungsfunktion der Landschaft) der Abwägungsklausel des § 1 II BNatSchG überläßt, was in der naturschutzrechtlichen Praxis zu einer entscheidenden Schwächung des Naturhaushaltes gegenüber Nutzungsansprüchen führt.

76

Die nach § 4 S. 3 BNatSchG unmittelbar verbindliche Grundsätzeregelung des § 2 BNatSchG ist durch die Verwendung zahlreicher „wertausfüllungsbedürftiger" Begriffe gekennzeichnet. Auch wenn sich wiederum unmittelbar auf diese Regelung keine nach außen gerichteten Handlungen der Behörden stützen lassen, spielt sie doch ebenfalls die Rolle einer *Ermessenssteuerung* und einer *Interpretationsrichtlinie*, und zwar auch für *Planungsnormen* in anderen Gesetzen, die ausdrücklich auf die Belange oder Erfordernisse des Naturschutzes und der Landschaftspflege Bezug nehmen (z.B. § 2 I Nr. 8 ROG; § 1 V 2 Nr. 7 BauGB; § 32 I Nr. 1a i.V.m. § 10 IV 2 Nr. 5 KrW-/AbfG; § 6 II 1 LuftVG; § 37 II FlurbG usw.). Das BVerwG räumt deshalb in der Planung den Zielen und Grundsätzen des Naturschutzrechts nach §§ 1, 2 BNatSchG den Rang eines *Optimierungsgebotes* ein.[35]

77

---

33 Vgl. hierzu *Schmidt-Aßmann*, NuR 1979, 1 ff.; *de Witt*, Landschaftsschutz, Rn. 56 ff.
34 Die LNatSchG nennen noch zusätzliche Grundsätze; diese beziehen sich vor allem auf die landschaftsgerechte Führung von Verkehrswegen und Versorgungsleitungen, vgl. z.B. § 2 Nr. 15 NatSchG BW.
35 BVerwGE 71, 163 (165).

3 *Naturschutzrecht*

78 Es war beabsichtigt, mit der – gescheiterten – 2. Novelle zum BNatSchG den Grundsätzekatalog systematisch neu zu ordnen, zu konkretisieren und zu erweitern. So sollten etwa die Verbesserung des Biotopschutzes durch Einrichtung eines Biotopverbundsystems sowie die Erhaltung der Biotope im besiedelten Bereich („Stadtökologie"), weiter ein Minimierungsgebot für den Landverbrauch, ein Gebot der Anpassung baulicher Anlagen an die natürlichen Landschaftsstrukturen und schließlich ein Gebot natur- und landschaftsverträglicher Erholung aufgenommen werden.

3. Privilegierung der Land- und Forstwirtschaft

a) Vermutungsklausel des § 1 III BNatSchG

79 Nach der gemäß § 4 S. 3 BNatSchG unmittelbar anzuwendenden Vorschrift des § 1 III BNatSchG kommt der *„ordnungsgemäßen Land- und Forstwirtschaft*[36] ... für die Erhaltung der Kultur- und Erholungslandschaft eine zentrale Bedeutung zu; sie dient *in der Regel* den Zielen dieses Gesetzes".[37] Diese allgemeine **Privilegierungsklausel** des § 1 III BNatSchG ist heftig umstritten.[38]

80 aa) Dies beginnt bereits damit, daß die ausdrückliche Betonung der (nicht zu leugnenden) „zentralen Bedeutung" der Land- und Forstwirtschaft für die Erhaltung der Kultur- und Erholungslandschaft im 1. Halbsatz des § 1 III BNatSchG den Charakter einer Feststellung, nicht aber den einer Normierung hat und deshalb eher in die Begründung eines Gesetzentwurfs als in ein Gesetz selbst paßt.

81 Unklar ist, ob die Aussage des 2. Halbsatzes des § 1 III BNatSchG als Schlußfolgerung aus dem 1. Halbsatz zu verstehen ist. Unabhängig davon hat die im Gesetz für den Regelfall konstatierte *„Zielkonformität"* zwischen Naturschutz und Landschaftspflege einerseits und ordnungsgemäßer Land- und Forstwirtschaft andererseits lediglich den Charakter einer **widerlegbaren Vermutung**.

82 Zentrale Frage ist aber, was **„ordnungsgemäße Land- und Forstwirtschaft"** bedeutet. Eine *Mindermeinung*[39] versteht darunter nicht schon jede ökonomisch (agronomisch) zweckmäßige, sondern nur eine *ökologisch richtige Wirtschaftsweise*. „Privilegiert" im Sinne der Vermutungsklausel soll somit nur eine den ökologischen Grundsätzen des Naturschutzes und der Landschaftspflege entsprechende land- und forst-

---

36 Von der Fläche der alten Bundesrepublik (248.694 qkm) waren 1989 53,7% landwirtschaftliche Fläche (Acker- und Grünland) u. 29,8% Waldfläche; 12,2% waren Siedlungsfläche und 4,3% Gewässer oder Ödland. In der ehemaligen DDR waren 57% Landwirtschaftsfläche, 27,5% Waldfläche, 13,2% Siedlungsfläche und 2,3% sonstige Flächen statistisch erfaßt, s. UBA, Daten zur Umwelt 1990/91, S. 140 f.
37 Die Fischereiwirtschaft gehört zur Landwirtschaft i.S. von § 1 III BNatSchG, s. BVerwG, UPR 1989, 108 f. Dies wird aus § 8 VII BNatSchG gefolgert; ein Umkehrschluß aus dieser Vorschrift gäbe in der Tat keinen Sinn.
38 Dazu z.B. die Beiträge von *Haber, von Heeremann* u. *Fremuth/Weinzierl* in ZAU 1989, 103 ff.; ferner *Baumeister,* in: UTR Bd. 17, 1992, S. 91 (103); *Schmidt-Aßmann,* in: *Jarass u.a.,* UGB-BT, S. 378 ff.
39 So z.B. *Bernatzky/Böhm,* BNatSchG, § 1 Rn. 16; *Sening,* BayVBl. 1978, 398; ähnlich *Schink,* UPR 1991, 201.

wirtschaftliche Nutzung sein, nicht aber jede Nutzung, die nach den agrar- oder forstwirtschaftlichen „Kunstregeln" vorgenommen wird. Bei dieser Auffassung gibt die Vermutungsklausel nur schwer einen Sinn.

Daher wird von der *vorherrschend vertretenen Auffassung*[40] unter der ordnungsgemäßen Landwirtschaft die herkömmliche bzw. die dem jeweiligen Stand der Agrarwissenschaft entsprechende, *agrarökonomisch richtige Wirtschaftsweise* verstanden. Von dieser Wirtschaftsweise wird – wohl nicht nur beschränkt auf die „Kultur- und Erholungslandschaft" – widerlegbar vermutet, daß sie den Zielen des Naturschutzes und der Landschaftspflege entspricht, daß sie also in diesem Sinne mit den ökologischen Anforderungen vereinbar ist. Diese widerlegbare Vermutung hat sich aber – insbesondere wegen der zunehmenden „Mechanisierung" und „Chemisierung" der Landwirtschaft – im Einzelfall so häufig als unzutreffend erwiesen, daß das, was im Gesetz als Regel hingestellt wird, in Wahrheit Ausnahmecharakter hat. Daher bestehen gegen den Inhalt der Regelung des § 1 III HS 2 BNatSchG erhebliche sachliche Bedenken. Diese Bedenken haben umso mehr Gewicht, als über 80% der Wirtschaftsfläche im Bundesgebiet land- oder forstwirtschaftlich genutzt werden.[41] **83**

Die **Umweltproblematik** der bisher nur in bescheidenem Ausmaß auf sog. biologische Wirtschaftsmethoden umgestellten, aufgrund der Rahmenbedingungen große Überschußmengen produzierenden **Landbewirtschaftung**[42] (Pflanzenbau und Tierhaltung) zeigt sich beispielhaft in folgendem: **84**

- Die (durch Technisierung, betriebswirtschaftliche Rationalisierung, Spezialisierung und Chemisierung der Landwirtschaft ermöglichte) *intensive* ertragssteigernde *Bodennutzung* trägt erheblich zu einem Rückgang der Artenvielfalt wildwachsender Pflanzen und wildlebender Tiere, zur Bodenerosion sowie zur Beeinträchtigung des Bilds und des Erholungswerts der Landschaft bei.
- Das *„Ausräumen" der Landschaft*, insbesondere die großflächige Beseitigung von Feldgehölzen (Obstbäumen, Sträuchern, Hecken u.ä.),[43] von Wällen oder Tümpeln

---

40 So etwa BVerwG, NVwZ-RR 1989, 288 f.; *Fischer-Hüftle*, NuR 1983, 110 f.; *ders.*, BayVBl. 1987, 614 ff. m.w.N.; *Hartmann*, NuR 1983, 53 ff.; *Henneke*, Landwirtschaft und Naturschutz, 1986, S. 260.
41 Vgl. Fn. 3/36. Nach Hess. VGH, DVBl. 1995, 524 (525), ist „ordnungsgemäß" aber nur eine *erwerbswirtschaftliche*, am nachhaltigen Ertrag u. an betriebswirtschaftlichen Erfordernissen ausgerichtete Bodennutzung.
42 Dazu das Sondergutachten des Rates von Sachverständigen für Umweltfragen „Umweltprobleme der Landwirtschaft", BT-Drs. 10/3613 sowie das Kapitel „Umwelt und Landwirtschaft – Elemente und Chancen einer dauerhaft-umweltgerechten Landbewirtschaftung" im Umweltgutachten 1994, BT-Drs. 12/6995, Tz. 887 ff.
43 S. BVerwG, UPR 1992, 309 (Beseitigung von Hecken als Eingriff i.S.d. § 10 LNatSchG Saar). *Kaule*, Arten- und Biotopschutz, 2. Aufl. 1991, S. 139 ff. und *Remmert*, Naturschutz, 1988, S. 144 ff. weisen auf die ökologische Wertigkeit großer *alter Hecken* hin. Sie werden von den Landwirten entfernt, weil sie dem Boden Wasser entnehmen, Schatten auf den Acker werfen, die maschinelle Landbearbeitung behindern usw. Aber: Hecken bieten auf engem Raum eine größtmögliche Vielfalt an Kleinstandorten für Tiere. Dies gilt einerseits für das Klima (sonniger Südrand, waldartiges Innenklima, feuchter Nordrand), als auch für das Strukturangebot, das von den Bäumen über Sträucher zu Stauden, Gräsern und Steinhaufenstrukturen reicht. Alte Hecken beherbergen eine Fülle von zunehmend in den Roten Listen angeführten Tierarten, die in der offenen Landschaft nicht leben können und unter denen sich auch solche befinden, die dem Landwirt nützen, etwa Blütenbestäuber, die z.B. die Erträge bei Raps erhöhen, und Spinnen, die die Massenvermehrung von Schadinsekten verhindern usw. Die Existenz solcher

3 Naturschutzrecht

usw. zu dem Zweck, auf der so entstandenen „Kultursteppe" einen rationellen Einsatz von Landmaschinen zu ermöglichen, sowie der Umbruch von Grünland und die Trockenlegung von Feuchtgebieten, um landwirtschaftlich nutzbare Böden zu gewinnen, führen zur *Vernichtung von Biotopen* sowie zu ökologischen Mangelgebieten und damit ebenfalls zu einem Rückgang der Artenvielfalt.

- *Übermäßige* oder fehlerhafte *Anwendung von Düngemitteln* kann ökologisch unvertretbare Gewässerbelastungen mit Phosphat (Rn. 4/23) oder Nitrat (Rn. 4/24, 36) bewirken.
- *Übermäßige* oder fehlerhafte *Anwendung von Pflanzenbehandlungsmitteln* kann die Bodenfruchtbarkeit beeinträchtigen, die Artenvielfalt mindern und zu schädlicher Gewässerbelastung führen (Rn. 4/44).
- Industrieähnlich betriebene, nur an betriebswirtschaftlichen Kriterien orientierte flächenunabhängige *Massen- und Intensivtierhaltung* („Tier-Zuchthäuser" als Eier- und Fleischfabriken) ist nicht nur mit dem Tierschutzgedanken unvereinbar, sondern auch unter dem Gesichtspunkt des Umweltschutzes bedenklich, weil sie – ganz abgesehen von den Gas- und Lärmemissionen – Belastungen des Bodens und der Gewässer zur Folge haben kann (z.B. wegen des hohen Gülleaufkommens bei der Kälber- oder Schweinemast).

85 Aus all diesen Gründen wird der Ruf nach einer **Novellierung** der Klausel des § 1 III HS 2 BNatSchG immer lauter.[44] Demgegenüber haben die Bauernverbände verständlicherweise stets betont, der Naturschutz, der ohnehin nur mit den Landwirten erfolgreich verwirklicht werden könne, dürfe nicht zum Entzug der ökonomischen Grundlagen der Landwirtschaft und zu einer zusätzlichen Gefährdung der vielen in ihrer Existenz bedrohten bäuerlichen Familienbetriebe führen. Es sollte daher im Rahmen der Überarbeitung des BNatSchG ein akzeptabler Kompromiß für das Verhältnis zwischen Land- bzw. Forstwirtschaft einerseits und Naturschutz bzw. Landschaftspflege andererseits gefunden werden. Vorbild könnte u.E. die in § 11 II Bbg NatSchG getroffene Regelung (Rn. 3/121) sein.

86 bb) Nach früheren *Novellierungsüberlegungen* des BMU soll auf das Landwirtschaftsprivileg in seiner derzeitigen Gestalt, aber auch auf den schwer zu konkretisierenden und daher umstrittenen Begriff der „ordnungsgemäßen" Land- und Forstwirtschaft (Rn. 3/82 ff.) verzichtet werden. Leider ist nicht vorgesehen, eine Grundpflicht der Inhaber landwirtschaftlicher Betriebe zur Beachtung der Regeln einer umweltschonenden Landbewirtschaftung zu normieren (anders aber § 175 III UGB-E). Stattdessen wurde im Sinne von Mindestanforderungen an die soziale Bindung des land- und forstwirtschaftlich genutzten Grundeigentums normativ konkret lediglich gefordert, daß Pflanzenschutzmittel nur nach den „Grundsätzen des integrierten Pflanzenschutzes"[45] angewendet werden, die Düngung nach Art und Menge unter Berücksich-

---

Hecken mindert daher die Notwendigkeit des Einsatzes von Pestiziden. Ihre Wurzeln nehmen Schwermetalle auf, ferner Nährstoffe, die bei Überdüngung ins Grundwasser gelangen würden. Außerdem erschweren Hecken die Erosion von Ackerflächen.

44 Vgl. etwa den Vorschlag des SRU im Umweltgutachten 1987, BT-Drs. 11/1568, S. 156; § 175 UGB-E und hierzu *Schmidt-Aßmann*, in: *Jarass u.a.*, UGB-BT, S. 374 ff.; *Soell*, NuR 1993, 301 (308).

45 Danach ist über die in § 6 I i.V.m. § 2 Nr. 2 PflSchG verbindlich vorgeschriebene Anwendungsbeschränkung hinaus der Einsatz von Pflanzenschutzmitteln zur Ernährungssicherung nicht lediglich in herkömmlicher, und damit oft genug umweltgefährdender Weise vorbeugend vorzunehmen. Vielmehr ist der chemische Pflanzenschutz, zu dem auch die Bekämpfung von „Unkräutern" gehört, mit sonstigen

tigung der Bodenart und der im Boden verfügbaren Nährstoffe am Nährstoffbedarf der Pflanzen orientiert wird und Bodenerosionen und Bodenverdichtungen durch standortgerechten Pflanzenbau und entsprechende Bodenbearbeitung so weit wie möglich vermieden werden.

Das wären, falls diese Vorstellungen über die agrarpolitischen Hürden hinweg jemals Gesetz werden sollten, nahezu selbstverständliche, keineswegs einschneidende Gebote. Andererseits ist erwogen worden, eine dem § 19 IV WHG (Rn. 4/179) entsprechende, unterhalb der Enteignungsschwelle greifende Ausgleichsregelung für Nutzungsbeschränkungen einzuführen. Gemeint sind die Fälle, in denen durch standortbedingte naturschutzrechtliche, in Rechtsverordnungen oder Verwaltungsakten enthaltene Festsetzungen die nach dem allgemeinen Landwirtschafts-, Forst- oder Fischereirecht zulässigen land-, forst- oder fischereiwirtschaftlichen Bodennutzungen beschränkt werden. Es geht also um die Fälle naturschutzrechtlich erzwungener extensiver Bodenbewirtschaftung (insbesondere durch Beschränkungen des Dünge- und Pflanzenschutzmitteleinsatzes). Ein solcher, auf die Koalitionsvereinbarung der Regierungsparteien vom 10.4.1987 zurückgehender Regelungsvorschlag widerspricht u.E. nicht nur dem Verursacherprinzip, sondern würde im Falle seiner Realisierung auch nicht unerhebliche Finanzierungsprobleme aufwerfen. **87**

Der wissenschaftliche *Entwurf eines UGB* ordnet – im Anschluß an die massive Kritik des Sachverständigenrates für Umweltfragen – auch das Verhältnis von Landwirtschaft und Naturschutz neu und *ersetzt das Landwirtschaftsprivileg durch differenzierende Regelungen*, in denen die besondere Verantwortung der Landwirtschaft betont und sie auf ein umweltschonendes Wirtschaften verpflichtet wird, das Belastungen der Bodenbeschaffenheit, der Gewässer, der Tiere, Pflanzen und ihrer Biotope möglichst gering hält (§ 175 UGB-E). **88**

cc) Unter einer **ordnungsgemäßen Forstwirtschaft** ist nach h.M. eine den Regelungen des BWaldG und der LWaldG entsprechende Waldbewirtschaftung zu verstehen. Hiernach ist der Wald nach anerkannten forstlichen Grundsätzen nachhaltig (vgl. § 11 BWaldG), pfleglich und planmäßig sowie entsprechend den Erfordernissen der Landespflege zu bewirtschaften. **89**

b) Besondere Privilegierungsklauseln der §§ 8 VII, 20f III BNatSchG

aa) Im Zusammenhang mit den Regelungen über Eingriffe in Natur und Landschaft (Rn. 3/102 ff.) wird in der umsetzungsbedürftigen Vorschrift (vgl. Rn. 3/113) des § 8 VII BNatSchG bestimmt, daß die „im Sinne dieses Gesetzes ordnungsgemäße land-, forst- und fischereiwirtschaftliche Bodennutzung ... nicht als Eingriff in Natur und Landschaft anzusehen" ist. Gemeint ist offenbar eine unmittelbare („alltägliche") land-, forst- und fischereiwirtschaftliche Bodennutzung, nicht dagegen eine bauliche Bodennutzung[46] oder die bloße Vorbereitung einer privilegierten Nutzung (z.B. Beseitigung von Hecken, Umbruch von Grünland in Ackerland[47] usw.). Der Wechsel von **90**

---

geeigneten Verfahren zur Bekämpfung von Schädlingen und Krankheiten (z.B. mit biologischen oder biotechnischen Verfahren) zu kombinieren. Die Populationen der Schadorganismen sollen mit solchen Methoden möglichst eben noch unter der wirtschaftlichen Schadensschwelle gehalten werden, also unterhalb der Schwelle, bei der für die Kosten zusätzlichen Pflanzenschutzes nicht mehr durch eine entsprechende Ertragssteigerung aufgewogen werden.

46 BVerwG, NuR 1985, 275.
47 *Stollmann*, NuR 1994, 73 ff.; Hess. VGH, NuR 1993, 147; NuR 1992, 86.

3 Naturschutzrecht

der landwirtschaftlichen zur forstwirtschaftlichen Nutzung einer Fläche ist ebenfalls nicht nach § 8 VII BNatSchG privilegiert,[48] ebensowenig der Wechsel von der landwirtschaftlichen zur fischereiwirtschaftlichen Nutzung (z.B. durch Anlegung eines Fischteichs)[49] wie überhaupt jeder Eingriff, der eine unter das Privileg fallende Nutzung erst ermöglichen soll.[50]

91 Im Zuge der schon längere Zeit diskutierten (bislang gescheiterten) Bestrebungen einer Neubestimmung des Verhältnisses der Land-, Forst- und Fischereiwirtschaft zum Naturschutz soll künftig die diesbezügliche Bodennutzung von der Eingriffsregelung des § 8 BNatSchG nur dann ausgenommen sein, wenn sie den in Rn. 3/86 wiedergegebenen Anforderungen entspricht.

92 Aus der Regelung des § 8 I, II 2 u. 3 BNatSchG ergibt sich, daß die privilegierende Wirkung der Klausel des § 8 VII BNatSchG – wie immer sie auch zu interpretieren ist – erst zum Zuge kommt, wenn ohne diese Wirkung

- im Einzelfall der hier i.S. des § 8 I BNatSchG relevante Eingriffstatbestand „erhebliche und nachhaltige Beeinträchtigung von Natur- und Landschaft" durch die land-, forst- oder fischereiwirtschaftliche Bodennutzung erfüllt wäre und nachgewiesen ist und
- dieser Eingriffstatbestand nach anderen Vorschriften gestattungs- oder zumindest anzeigepflichtig wäre, so daß von der zuständigen Behörde nach § 8 II BNatSchG an sich entsprechende Ausgleichsauflagen erlassen werden müßten.

93 Eine im Sinne des § 8 VII BNatSchG „ordnungsgemäße land-, forst- und fischereiwirtschaftliche Bodennutzung" liegt nach einer für den Nutzungswilligen *weniger strengen Auffassung* solange vor, bis im Einzelfall die Naturschutzbehörde den Nachweis für die ökologische Bedenklichkeit der beabsichtigten Bodennutzung geführt hat. Die Formulierung des § 8 VII BNatSchG wird dabei als Verweisung auf das Landwirtschaftsprivileg des § 1 III BNatSchG angesehen mit der Folge, daß eine Vermutung für die fehlende Eingriffsqualität der (insoweit privilegierten) Bodennutzung spricht. Wenn daher im konkreten Fall an sich der Eingriffstatbestand des § 8 BNatSchG erfüllt wäre, so griffen die dort vorgesehenen behördlichen Handlungsermächtigungen zulasten der land-, forst- und fischereiwirtschaftlichen Bodennutzung nur unter der Voraussetzung, daß *in jedem Einzelfall nachgewiesen* ist, daß die beabsichtigte *Bodennutzung mit den Zielen und Grundsätzen des Naturschutzes* und der Landschaftspflege *unvereinbar ist. Nur dann* darf die Bodennutzung im naturschutzrechtlichen Sinn als „*Eingriff*" qualifiziert werden. Insoweit trage die Behörde die „objektive Beweislast".[51]

94 Nach einer *strengen Auffassung* trägt der Nutzer selbst die Beweislast für die ökologische Unbedenklichkeit der beabsichtigten Bodennutzung. Die Formulierung des § 8 VII BNatSchG kann nämlich auch als Verweisung auf die Ziele und Grundsätze des *gesamten* BNatSchG in dem Sinne aufgefaßt werden, daß die land-, forst- und fischereiwirtschaftliche Bodennutzung

---

48 BVerwGE 67, 93. In verschiedenen Bundesländern unterliegt die Aufforstung einer Genehmigungspflicht, z.B. § 25 Landwirtschafts- und KulturG BW.
49 BVerwG, RdL 1986, 148.
50 *Emig*, NuR 1988, 178 (181); *Fischer-Hüftle*, BayVBl 1987, 614 (616); *Schink*, Naturschutz- und Landschaftspflegerecht NRW, 1989, Rn. 227; *Stollmann*, NuR 1994, 73 (74). Nach Hess. VGH, NuR 1994, 89 wird z.B. auch die Rodung eines Streuobstbestandes zur besseren landwirtschaftlichen Ausnutzung nicht mehr von der Landwirtschaftsklausel gedeckt. Angelsport ist nicht mit Fischereiwirtschaft i.S.d. § 8 VII BNatSchG gleichzusetzen.
51 So im Ergebnis der materialreiche Beitrag von *Hartmann*, NuR 1983, 53 ff.; s.a. *de Witt*, Landschaftsschutz, Rn. 82.

nur dann als ordnungsgemäß anzusehen ist, wenn an ihrer ökologischen Unbedenklichkeit keine Zweifel bestehen. Dies würde bedeuten, daß die Zielkonformität der Bodennutzung nicht vermutet wird, sondern nachzuweisen ist, um ihren Eingriffscharakter trotz Erfüllung der Merkmale des § 8 I BNatSchG verneinen zu können.[52] Hier würde somit eine entsprechende „objektive Beweislast" den Nutzungswilligen treffen.

Ein solcher „Wille des Gesetzes" ist jedoch – leider! – kaum anzunehmen, da eben schon nach § 1 III HS 2 BNatSchG die Zielkonformität der land- und forstwirtschaftlichen Bodennutzung generell, wenn auch widerlegbar vermutet wird (Rn. 3/79). Richtig dürfte daher die dem Benutzungswilligen günstigere, in Rn. 3/84 dargelegte Auffassung sein. Kann die Vermutung ordnungsgemäßer land-, forst- oder fischereiwirtschaftlicher Bodennutzung im Einzelfall widerlegt werden, so bleibt im Ergebnis diese Bodennutzung materiellrechtlich den Eingriffsregelungen des § 8 BNatSchG unterworfen. Zu beachten ist, daß verschiedene Landesnaturschutzgesetze (Rn. 3/121) Legaldefinitionen der „ordnungsgemäßen" Landwirtschaft enthalten. **95**

bb) Nach der gemäß § 4 S. 3 BNatSchG unmittelbar geltenden Vorschrift des **§ 20f III BNatSchG** (= § 22 III BNatSchG a.F.) sind die den besonderen Schutz bestimmter wildlebender Tier- und Pflanzenarten bezweckenden Verbote des § 20f I u. II BNatSchG nicht auf Handlungen zu beziehen, die insbesondere bei der ordnungsgemäßen land-, forst- und fischereiwirtschaftlichen Bodennutzung vorgenommen werden. Nach einer Entscheidung des EuGH vom 17.9.1987[53] ist § 22 III BNatSchG a.F. mit der Richtlinie des Rats 79/409/EWG vom 2.4.1979 über die Erhaltung der wildlebenden Vogelarten nicht vereinbar. **96**

Dem sollte die Novelle des BNatSchG Rechnung tragen. Nach der im Referentenentwurf 1989 vorgesehenen Regelung stehen die Verbote der Absätze 1 und 2 des § 20f BNatSchG der rechtlich sonst zulässigen land-, forst- und fischereiwirtschaftlichen Bodennutzung nicht entgegen, soweit die besonders geschützten Arten nicht absichtlich beeinträchtigt werden. **97**

IV. Landschaftsplanung

1. Ziele und Instrumente der Landschaftsplanung

Die Einführung der **Landschaftsplanung** auf Landes-, Regional- und Kommunalebene ist eine der wesentlichen Neuerungen des BNatSchG gewesen. Nach den bundesrechtlichen Rahmenregelungen der §§ 5 und 6 BNatSchG soll die prinzipiell dreistufige[54] Landschaftsplanung (Landschaftsprogramm, Landschaftsrahmenplan und Landschaftsplan) die *Erfordernisse und Maßnahmen zur Verwirklichung der Ziele des* **98**

---

52 Vgl. die Nachw. bei *Hartmann*, NuR 1983, 53 ff. in Fn. 7; *Mutius/Henneke*, BayVBl. 1983, 545 (548); *Fischer-Hüftle*, NuR 1986, 242 (243).
53 EuGH, NuR 1988, 53.
54 Eine Übersicht der Gesetzeslage in den Bundesländern ist in der Beilage zu Heft 4/1993 der Zeitschrift Natur und Landschaft abgedruckt, s. ferner *Mitschang*, UPR 1994, 366 ff.; *Stich*, WiVerw 1992, 145 ff.; *de Witt*, Landschaftsschutz, Rn. 95 ff. In den Stadtstaaten könnte die Landschaftsplanung einstufig sein (§ 5 III BNatSchG); jedoch sehen die LNatSchG von Bremen, Berlin und Hamburg, wie auch die LNatSchG anderer Länder ein Zweistufenmodell vor.

3 *Naturschutzrecht*

Naturschutzes und der Landschaftspflege (einschließlich des Artenschutzes) planerisch festlegen und darstellen.[55] Die zuständigen Planungsbehörden, das Planungsverfahren und die Verbindlichkeit der Pläne selbst (insbesondere für die Bauleitplanung) werden von den Ländern geregelt (§ 6 IV 1 u. 2 BNatSchG).

99 Jede sozus. perfekte Landschaftsplanung soll flächendeckend sein und in entsprechenden Verfahrensschritten eine **vierfache Aufgabe** erfüllen. Für den Planungsraum sind

(1) Natur und Landschaft sowie die Nutzungen in ihrem Ist-Zustand deskriptiv-analytisch zu erfassen und darzustellen (*Zustandsbeschreibung* oder **Bestandsanalyse**);
(2) die Ziele (und Grundsätze) des Naturschutzes und der Landschaftspflege *qualitativ* und möglichst auch *quantitativ* zu konkretisieren (**Zielkonkretisierung**);
(3) der Ist-Zustand nach Maßgabe dieser Ziele, also im Hinblick auf den angestrebten Zustand prognostisch zu bewerten (**Zustandsbewertung**) und
(4) die Erfordernisse und Maßnahmen zur Zielverwirklichung (insbesondere die gebotenen Schutz-, Pflege- und Entwicklungsmaßnahmen) zu entwickeln (**Anforderungs- und Maßnahmenkatalog**).

Diese vierfache Aufgabe ist in der Rahmenregelung des BNatSchG bisher noch nicht in der beschriebenen Breite vorgegeben. Eine Regelung des Mindestinhalts der Pläne sieht das Bundesrahmenrecht bisher nur für Landschaftspläne vor (§ 6 II BNatschG).

100 Da die (von Zeit zu Zeit fortschreibungsbedürftige) Landschaftsplanung (§§ 5-7 BNatSchG) zwar möglichst flächendeckend erfolgen soll, dabei aber nur die ökologischen bzw. landschaftspflegerischen Aspekte im Auge hat, ist sie als solche lediglich eine zwar gesamträumlich angelegte, hinsichtlich der in ihr ausgewiesenen Raumnutzungsansprüche aber nur sektoral orientierte **Fachplanung** (Raum- und Maßnahmenplanung). Sie ist also keine fachübergreifend koordinierende und integrierende räumliche Gesamtplanung, obwohl das Abwägungsgebot der §§ 1 II, 2 I BNatSchG mit dem Gebot der Einbeziehung auch naturschutzfremder Anforderungen an Natur und Landschaft in die Abwägung auch hier gilt.

101 Gleichwohl ist die Landschaftsplanung auch **querschnittsbezogene Planung**,[56] und zwar insofern, als sie

– den notwendigen ökologischen Beitrag zu sonstigen öffentlichen Planungen und Maßnahmen erbringen soll, wobei die Beteiligung der Landschaftsplanungsbehörden (§ 6 IV BNatSchG) an sonstigen öffentlichen Planungen durch § 3 II 2 BNatSchG gewährleistet wird (*Beitrag zu anderen Fachplanungen*),

---

[55] Dazu SRU, Umweltgutachten 1987, BT-Drs. 11/1568, S. 131 ff.; *Kiemstedt*, Effektivierung der Landschaftplanung, 1990; *Schütze*, Aufgabe und rechtliche Stellung der Landschaftsplanung im räumlichen Planungssystem, 1994; *Stich*, in: HdUR, Bd. I, Art. „Landschaftsplanung", Sp. 1328 ff.; ferner *Erbguth*, UPR 1987, 409 ff.; *Hofherr*, UPR 1987, 88 ff.; *Löhr*, NVwZ 1987, 361 ff.; *Pielow*, NuR 1986, 60 ff.; *Pfeifer/Wagner*, DVBl. 1989, 789 ff. (auch de lege ferenda); *Ramsauer*, NuR 1993, 108 ff.
[56] Zur Fortentwicklung der Landschaftsplanung zu einer Umweltleitplanung s. *Kloepfer/Rehbinder/Schmidt-Aßmann/Kunig*, UGB-AT, S. 185 ff.; *Breuer*, Gutachten B zum 59. DJT, S. 98 ff.; *Dolde*, Referat zur umweltrechtlichen Abteilung des 59. DJT, S. N 44 ff.; *Erbguth*, DVBl. 1992, 1122 ff.; *Hoppe*, NJW 1992, 1993 ff.

– nach Maßgabe der einschlägigen Vorschriften der Länder in die Programme und Pläne der Landesplanung bzw. der Bauleitplanung aufgenommen werden soll bzw. kann, also einen *Beitrag zur räumlichen Gesamtplanung* liefert (Soll-Integration nach § 5 II BNatSchG, Kann-Integration nach § 6 IV 3 BNatSchG).

Zwar kann die Landschaftsplanung als solche, da sie nur den Zielen des Naturschutzes und der Landschaftspflege zu dienen hat, nicht naturschutzübergreifend abwägen. Soweit aber landschaftsplanerisch ermittelte Erfordernisse und Maßnahmen entweder von Anfang an (*Primärintegration*) oder nachträglich (*Sekundärintegration*) in die Programme und Pläne der Landesplanung bzw. – für die örtliche Ebene – in die Bauleitplanung (Rn. 3/150 ff.) einbezogen werden, gelten dort die *alle* Raumnutzungsansprüche umfassenden Abwägungsgebote des § 2 III ROG bzw. des § 1 VI BauGB. 102

Auf allen Planungsstufen sind bei der Aufstellung der Pläne die *Ziele der Raumordnung und Landesplanung* zu beachten (§§ 5 I, 6 III 1 BNatSchG); bei der Aufstellung der Landschaftsprogramme und Landschaftsrahmenpläne gilt dies auch für die *Grundsätze der Raumordnung und Landesplanung*.[57] Im Verhältnis zwischen benachbarten Bundesländern gilt nach § 7 BNatSchG in bezug auf die Aufstellung der Programme und Pläne ein Rücksichtnahme- und Kooperationsgebot. 103

Trotz des Normierungsaufwandes im BNatSchG und in den – in dieser Hinsicht sehr unterschiedlichen – LNatSchG entspricht die bisherige Effizienz der Landschaftsplanung bei weitem nicht den Erwartungen, was u.a. auf den fehlenden politischen Umsetzungswillen, insbesondere in den Gemeinden, die auf der untersten Ebene der Landschaftsplanung zugleich Träger der Bauleitplaung als raumbezogener Gesamtplanung sind, zurückgeführt wird. In der Praxis begründen ferner das Verhältnis zu anderen Planungen und lange Bearbeitungszeiten aufgrund der fehlenden Datengrundlage sowie eine (vom Gesetz nicht gewollte) Konzentration auf den Biotop- und Artenschutz, die zur Vernachlässigung der programmatischen Aufgaben in den Bereichen Boden, Gewässer, Luft und Klima führen, die bisherige Durchsetzungsschwäche der Landschaftplanung. 104

Wünschenswert wäre es nach wie vor, im Rahmen der Novellierung des BNatSchG das Gewicht der Landschaftsplanung – auch im Verhältnis zu anderen Planungen – zu erhöhen. Insbesondere sollten dabei die raumbedeutsamen überörtlichen Erfordernisse und Maßnahmen des Naturschutzes und der Landschaftspflege nach Maßgabe des Landesrechts unter Abwägung mit den anderen raumbedeutsamen Planungen und Maßnahmen in die raumordnerischen Programme und Pläne (bzw. Teilprogramme und Teilpläne) i.S. des § 5 I 1 u. 2 und des § 5 III ROG auf Landes- und Regionalebene übernommen werden. Dann wären die Landschaftspläne von anderen Behörden nach § 5 IV i.V.m. § 4 V ROG zu beachten. 105

2. Landschaftsprogramm

Die *Landschaftsprogramme*, die jeweils für den gesamten *Bereich eines Bundeslandes* aufgestellt werden, stellen die *überörtlichen* Erfordernisse und Maßnahmen zur Verwirklichung der Ziele des Naturschutzes und der Landschaftspflege einschließlich des 106

---

57 Systematisch unklar ist allerdings die Regelung über die Integration der Landschaftsplanung in die Landesplanung und Raumordnung, welche in § 5 II BNatSchG getroffen wurde, s. *Ramsauer*, NuR 1993, 108 (109). Zum Verhältnis zwischen überörtlicher Landschaftsplanung und Landesplanung *Erbguth*, UPR 1983, 137 ff.

Artenschutzes dar (§ 5 I 1. Alt. BNatSchG). In manchen Ländern (z.B. in Nordrhein-Westfalen) wird auf diese erste Stufe einer eigenständigen Landschaftsplanung verzichtet, weil den landesweiten Belangen von Naturschutz und Landschaftspflege bereits durch die Landesplanung Rechnung getragen wird.

3. Landschaftsrahmenplan

107 Durch *Landschaftsrahmenpläne* werden die *überörtlichen* Erfordernisse und Maßnahmen des Naturschutzes und der Landschaftspflege *für Teile eines Bundeslandes* dargestellt; insbesondere werden die Ziele des Landschaftsprogramms konkretisiert (§ 5 I 2. Alt. BNatSchG).[58] Diese Pläne weisen im Rahmen der Zustandsbeschreibung bereits im einzelnen landschaftsökologische Fakten (z.B. regionalbedeutsame Biotope) aus. Ferner legen sie im Rahmen der Zielkonkretisierung bzw. des Anforderungs- und Maßnahmenkatalogs aus fachlicher Sicht die Erfordernisse und Maßnahmen des Naturschutzes und der Landschaftspflege dar (z.B. die Entwicklung eines konkreten Biotopverbundsystems), und zwar ohne Rücksicht auf etwa konkurrierende Raumnutzungsansprüche. Solche konkurrierenden Ansprüche müssen allerdings dann berücksichtigt werden, wenn Landschaftsrahmenpläne inhaltlich in die raumordnerischen Regionalpläne integriert werden.

4. Landschaftsplan

108 Im Bedarfsfall erarbeiten die Planungsträger für die **örtliche** (kommunale) **Ebene** in **Landschaftsplänen** die Erfordernisse und Maßnahmen zur Verwirklichung der Ziele des Naturschutzes und der Landschaftspflege, und zwar durch Text, Karte und zusätzliche Begründung (§ 6 I BNatSchG).[59] Dabei sind, soweit erforderlich, eine Zustandsbeschreibung, eine Zustandsbewertung anhand der Ziele des § 1 I BNatSchG und ein Maßnahmekatalog darzustellen (§ 6 II BNatSchG: Mindestinhalt), wobei die Ziele der Raumordnung und Landesplanung zu beachten sind (§ 6 III 1 BNatSchG). Auf die Verwertbarkeit eines Landschaftsplans für die *Bauleitplanung* ist Rücksicht zu nehmen (§ 6 III 2 BNatSchG).[60]

109 Die zuständigen Planungsbehörden, das Planungsverfahren und die Verbindlichkeit der Pläne (insbesondere für die Bauleitplanung) werden von den Ländern geregelt (§ 6 IV 1 u. 2 BNatSchG), die auch bestimmen können, daß Darstellungen des Landschaftsplans als Darstellungen in die Flächennutzungspläne oder als Festsetzungen in

---

58 Dazu *Erbguth*, ebda. Nur soweit die Landschaftsrahmenpläne voll in die Raumordnungsplanung (Regionalplanung) integriert sind, besteht die Beachtenspflicht anderer Behörden i.S. des § 5 IV i.V.m. § 4 V ROG sowie die Anpassungspflicht für die gemeindliche Bauleitplanung gem. § 1 IV BauGB.
59 Bis Anfang 1989 waren in den alten Bundesländern lediglich 1.775 Landschaftspläne erlassen worden, weitere 579 waren in Bearbeitung; vgl. UBA, Daten zur Umwelt 1990/91, S. 122.
60 Zur Bedeutung der Landschaftsplanung für die Bauleitplanung vgl. *Baumeister*, Die Integration der örtlichen Landschaftsplanung in die Bauleitplanung, 1992; *Hofherr*, UPR, 1987, 88 ff.; *Mitschang*, UPR 1994, 366 (373); *Stich*, UPR 1989, 166 (167); *Gaentzsch*, NuR 1990, 1 (5).

die Bebauungspläne aufgenommen werden (§ 6 IV 3 BNatSchG). Werden in den *Stadtstaaten* (Berlin, Bremen und Hamburg) Landschaftspläne aufgestellt, so werden hierdurch Landschaftsprogramme und Landschaftsrahmenpläne ersetzt (§ 5 III BNatSchG).

In den Bundesländern finden sich alle denkbaren Variationen der Verbindlichkeit von der praktisch fehlenden Verbindlichkeit (Niedersachsen) über die Herstellung der Verbindlichkeit mittels der Bauleitplanung (in den meisten Flächenstaaten) bis zur Rechtsnormqualität. Im wesentlichen lassen sich **drei Formen** unterscheiden: 110
– Landschaftspläne werden (in Bayern, Rheinland-Pfalz[61]) im Rahmen der Bauleitplanung aufgestellt (*Primärintegration oder integrierte Landschaftsplanung*);
– Landschaftspläne werden (in Baden-Württemberg, Brandenburg, Hessen, Saarland, Sachsen, Sachsen-Anhalt, Schleswig-Holstein, Thüringen) gesondert aufgestellt und erlangen ihre Verbindlichkeit durch Übernahme in die Bauleitplanung (*Sekundärintegration oder mitlaufende Landschaftsplanung*);
– Landschaftspläne haben (in Berlin, Bremen, Hamburg, Nordrhein-Westfalen) eine eigene Außenverbindlichkeit (*parallel laufende oder vorlaufende Landschaftsplanung*).

Nach dem BauGB ist aber aufgrund des Fehlens der rechtlichen Möglichkeit, gewisse Inhaltselemente eines Landschaftsplans (z.B. Aussagen zum Artenschutz) auch bauplanerisch darzustellen bzw. festzusetzen, nur eine (flächenhafte) Teilintegration möglich, und zwar zunächst in den Flächennutzungsplan (§ 5 II Nr. 10 BauGB) und danach in rechtsverbindliche Bebauungspläne (insbes. § 9 I Nrn. 15, 16, 18 lit. b, 20, 25 BauGB).[62] Negativ für die Durchsetzungsfähigkeit der Landschaftsplanung im Verhältnis zur Bauleitplanung macht sich auch das Fehlen klarer materieller Planungsleitlinien und Gewichtungsklauseln bemerkbar (ein Querverweis zum BNatSchG ist im BauGB z.B. nicht enthalten), woran etwa auch das aus der Landschaftsplanung entwickelte Modell einer Umweltleitplanung im Entwurf eines UGB ansetzt. Ziel einer umweltorientierten Planung auf Gemeindeebene sollte es in Zukunft – insbesondere nach der Neuordnung des Verhältnisses zwischen naturschutzrechtlicher Eingriffsregelung und Bauleitplanung in § 8a BNatSchG (Rn. 3/150 ff.) – sein, Vorgaben der Landschaftspläne in die Bauleitpläne oder in sonstige raumbedeutsame, Dritten gegenüber verbindliche Pläne zu übernehmen; hierbei sind die Erfordernisse und Maßnahmen auf der Ebene der Bebauungspläne als „**Grünordnungspläne**" darzustellen. 111

V. Allgemeiner Gebietsschutz: Eingriffe in Natur und Landschaft

Für den allgemeinen Gebietsschutz des III. Abschnitts des BNatSchG („allgemeine Schutz-, Pflege- und Entwicklungsmaßnahmen") ist bundesrechtlich ein bestimmtes Mindestinstrumentarium vorgesehen. Von herausragender Bedeutung ist hier die (um- 112

---

61 Das Fehlen eines landespflegerischen Planungsbeitrags nach § 17 LPflG führt nach Auffassung des OVG Koblenz, UPR 1994, 234, zur Nichtigkeit des Bebauungsplans, weil nach rheinland-pfälzischem Recht eine Landschaftsplanung ohne Bauleitplanung und umgekehrt eine Bauleitplanung ohne Landschaftsplanung grundsätzlich nicht möglich erscheint; i.E. ähnlich VG Gießen, NuR 1992, 95.
62 Festsetzungen in Bauleitplänen können im Fall der Sekundärintegration nur nach Maßgabe der §§ 5, 9 BauGB bzw. § 8a I BNatSchG getroffen werden. Die „Rücksichtnahme" nach § 6 IV 3 BNatSchG begründet keine eigenständige Festsetzungsmöglichkeit, s. *Ramsauer*, NuR 1993, 108 (117); *Stich*, ZfBR 1986, 63; a.A. *Bunge*, in: *Lübbe-Wolff* (Hrsg.), Umweltschutz durch kommunales Satzungsrecht, 1993, S. 78; *Pielow*, NuR 1986, 60 (61).

setzungsbedürftige) mehrstufig strukturierte Eingriffsregelung des § 8 BNatSchG[63] und deren (bundesunmittelbare) Integration in die kommunale Bauleitplanung durch § 8a BNatSchG.

113 Die auf dem Verursacherprinzip (Rn. 1/72) beruhenden Regelungen zum Schutz vor natur- und landschaftsschädigenden Eingriffen gehören zu den *wichtigsten Bestimmungen des Naturschutzrechts*, da sie wenigstens eine Erhaltung des status quo in der Natur zum Ziel haben. Bundesrechtlich stellt die **naturschutzrechtliche Eingriffsregelung** des § 8 BNatSchG an sich nur eine *Rahmenvorschrift* für die Landesgesetzgebung dar, die die bundesrechtlichen Vorgaben umzusetzen hat und durch weitergehende, rahmenkonforme Vorschriften ergänzen kann. Sie wird vor allem durch die *Legaldefinition des Eingriffs* in Absatz 1 (Rn. 3/115) und die *Rechtsfolgenregelung* in den Absätzen 2 u. 3 des § 8 BNatSchG (Rn. 3/124 ff.) geprägt. Rechte und Pflichten des Bürgers entstehen zwar nur kraft des zu ihrer Umsetzung und Ausfüllung ergangenen Landesrechts; die Legaldefinition des „Eingriffs in Natur und Landschaft" in § 8 I BNatSchG hat allerdings als grundlegende Begriffsbestimmung abschließenden Charakter.[64] Im übrigen ist die Rechtsfolgenregelung in § 8 II u. III BNatSchG als Mindestregelung bereits so detailliert, daß den Ländern nur noch ein relativ enger, in § 8 VIII u. IX BNatSchG umschriebener Ergänzungsspielraum verbleibt. Dort eröffnet § 8 VIII BNatSchG dem Landesgesetzgeber zur Erleichterung des Gesetzesvollzugs die Möglichkeit, (im Einzelfall widerlegliche) Vermutungen zu normieren (Rn. 3/128, 139).

114 Rechtspolitisch werden weiterreichende bundesrechtliche Vorgaben (u.a. im Interesse eines wirksameren Biotopschutzes) gefordert; dabei wird z.B. neben der Einführung eines eigenständigen naturschutzrechtlichen Genehmigungsverfahrens die ersatzlose Streichung der Landwirtschaftsklausel des § 8 VII BNatSchG vorgeschlagen (Rn. 3/87). In vielen Fällen wird die Erhaltung eines status quo nämlich nicht ausreichen, um gravierende ökologische Schäden zu verhindern, weil die Natur bereits zu stark vorgeschädigt ist, um z.B. ein weiteres Aussterben von Arten in einem Gebiet zu verhindern. Das Naturschutzrecht sollte daher auch rechtliche Instrumentarien bereithalten, um – beispielsweise auf Grundlage entsprechender Landschaftsplanung – den status quo ante herbeiführen zu können.

1. Definition des Eingriffs in Natur und Landschaft

115 **Eingriffe in Natur und Landschaft** im Sinne der (bundes-)naturschutzrechtlichen Eingriffsregelungen sind nicht alle vom Menschen bewirkten negativen Veränderungen von Natur und Landschaft (z.B. durch stoffliche Einwirkungen, etwa durch den übermäßigen Gebrauch von Pestiziden), sondern nach der **bundesrechtlichen Legaldefinition** des § 8 I BNatSchG (Vollregelung) nur Vorhaben, die geeignet sind, durch

---
63 Vgl. etwa *Bunzel*, UPR 1991, 297 ff.; *Czybulka*, VBlBW 1991, 85 ff.; *Dürr*, NVwZ 1992, 833 ff.; *Ehrlein*, VBlBW 1990, 121; *Gaentzsch*, NuR 1986, 89 ff.; *Kuchler*, NuR 1991, 465; *Ibler*, NuR 1989, 247 ff.; *Paetow*, NuR 1986, 144 ff. (zur gerichtlichen Überprüfung der Vorhabenzulassung); *Porger*, WiVerw 1992, 175 ff.; *Schink*, DVBl. 1992, 1390 ff.; *Schmidt*, UPR 1992, 361 ff.; *Schmidt-Aßmann*, in: HdUR, Bd. I, Art. „Eingriff in Natur und Landschaft", Sp. 451 ff.
64 BVerwGE 85, 348 (357); s.a. VGH BW, NVwZ 1992, 992 (999).

Veränderungen der Bodengestalt oder der *Bodennutzung* die *Leistungsfähigkeit des Naturhaushalts* (Rn. 3/5) oder das *Landschaftsbild* (in ästhetischer Hinsicht, z.B. durch Bauwerke, Geländeveränderungen) *erheblich oder nachhaltig zu beeinträchtigen.*[65]

Ausreichend ist eine gewisse Wahrscheinlichkeit der Beeinträchtigung. Diese ist *erheblich*, wenn sie ohne weiteres feststellbar ist, es sich also nicht lediglich um unwesentliche Wirkungen des Eingriffs handelt; sie ist *nachhaltig*, wenn sie andauernde bzw. nicht nur vorübergehende Wirkungen auslöst. Die Leistungsfähigkeit (d.h. Funktionsfähigkeit) des Naturhaushalts (oder von Teilen des Naturhaushalts) wird nicht beeinträchtigt, wenn eine Prognose erkennen läßt, daß mit dem Eingriff keine Störung verbunden ist bzw. daß eine Störung (z.B. der Biozönose) binnen angemessener Frist von selbst wieder ausgeglichen wird. Ob ein Eingriff das Landschaftsbild beeinträchtigt, ist aus der Sicht eines für die Schönheiten der natürlich gewachsenen Landschaft aufgeschlossenen Durchschnittbetrachters zu beurteilen.

116

Beispiele:[66] **Änderungen der Bodengestalt** i.S. des § 8 I BNatSchG sind etwa größere Bauvorhaben (besonders im Außenbereich), z.B. die Errichtung eines Gebäudes, eines Tiergeheges, eines Weges, einer Straße, einer Bahnlinie, eines Kanals, eines Flugplatzes oder einer Mülldeponie; die wesentliche Umgestaltung eines Gewässers; der Bau einer Telegraphen- oder Hochspannungsleitung; nicht unerhebliche Abgrabungen (etwa Anlegen eines Entwässerungsgrabens, Trockenauskiesung, Abbau von Braunkohle im Tagebau) oder Aufschüttungen (etwa Kies- oder Kohlehalden) usw. **Änderungen der Bodennutzung** sind etwa die Überführung von Brachland oder Feuchtgebieten in eine landwirtschaftliche Nutzung, die Umwandlung von Wald, die Aufforstung von Dünen, die Entwässerung von Mooren oder Feuchtgebieten, u.U. die Beseitigung von Sekundär-Biotopen usw.

117

Das **Landesrecht** kann – das ist fast durchweg geschehen – **Negativ- oder Positivkataloge** aufstellen, wonach entweder Veränderungen der Gestalt oder der Nutzung von Grundflächen, die im Regelfall nicht zu einer erheblichen Beeinträchtigung von Natur und Landschaft führen, nicht als Eingriffe anzusehen sind (§ 8 VIII 1 BNatSchG) oder – nach dem BVerwG im Einzelfall widerlegliche – Eingriffsvermutungen für bestimmte, regelmäßig dem bundesrechtlichen Eingriffsbegriff unterfallende Veränderungen normiert sind (§ 8 VIII 2 BNatSchG).

118

Nach § 10 BW NatSchG ist als Eingriff (nur) ein „Vorhaben im Außenbereich" mit der Eignung zu erheblicher Beeinträchtigung des Naturhaushalts oder Landschaftsbilds anzusehen.[67] Aufforstungen und Waldrodungen unterliegen den speziellen Vorschriften nach § 25 Landwirtschafts- und LandeskulturG bzw. § 9 BW WaldG. Die Regelung der Art. 6 f. BayNatSchG

119

---

65 Für Änderungen der Bodennutzung mit erheblichen Folgelasten des Naturhaushalts genügt zur Erfüllung des Eingriffstatbestandes nicht, daß die Beeinträchtigung erst mit Immissionen verbunden ist, die vom Betrieb einer Anlage (z.B. einer MVA) verursacht werden; insoweit sind nur die Fachgesetze (z.B. BImSchG, WHG) einschlägig; so zutr. *Bickel*, DÖV 1989, 937 ff.
66 S. hierzu auch die Beispiele aus den Rechtsprechungsübersichten von *Schmidt*, NVwZ 1991, 31 (32); 1993, 539 (540).
67 VGH BW, VBlBW 1991, 19 ff. gegen die von *Kuchler*, Naturschutzrechtliche Eingriffsregelung und Bauplanungsrecht, 1989, S. 145 ff. und DVBl. 1989, 973 ff., mit u.E. überzeugenden Argumenten vertretene Auffassung, daß diese Beschränkung gegen § 8 BNatSchG verstößt und daher nach Art. 31 GG nichtig ist (so auch *de Witt*, Landschaftsschutz, Rn. 275). Das BVerwG vertritt die Auffassung, daß der Landesgesetzgeber den Eingriffstatbestand nicht begrenzen darf; s. BVerwGE 85, 348 (357). Durch § 8a II, VII BNatSchG ist nun bundesunmittelbar geregelt, daß bei der Genehmigung von Bauvorhaben nach §§ 30, 33, 34 BauGB die naturschutzrechtliche Eingriffsregelung nicht gesondert – über die bauplanungsrechtlichen Vorschriften hinaus – geprüft werden muß. Offen blieb dabei, ob dies auch in Fällen der Befreiung nach § 31 BauGB gilt, s. *Blume*, NVwZ 1993, 941 (943).

3 *Naturschutzrecht*

entspricht im wesentlichen dem Bundesrecht ebenso wie die einschlägigen Regelungen aller übrigen Länder. Nach Art. 6 III BayNatSchG gelten allerdings für Vorhaben, die den Naturgenuß erheblich oder nachhaltig beeinträchtigen oder den Zugang zur freien Natur ausschließen bzw. erheblich oder nachhaltig beeinträchtigen, die Regelungen für Eingriffe entsprechend. Hervorzuheben ist etwa noch § 5 HessNatSchG, nach dem Bodengestalt- oder Bodennutzungsänderungen mit Eignung zur erheblichen und nachhaltigen Beeinträchtigung des Erholungswerts oder des örtlichen Klimas einen Eingriff darstellen.

120   Die im Sinne des BNatSchG ordnungsgemäße land-, forst- und fischereiwirtschaftliche Bodennutzung ist – rechtspolitisch umstritten – *nicht* als Eingriff in Natur und Landschaft anzusehen (§ 8 VII BNatSchG; Rn. 3/91 ff.).

121   Eine landwirtschaftliche Bodennutzung ist z.B. ordnungsgemäß, wenn
– im Rahmen des wissenschaftlich-technischen Fortschritts und der gesetzlichen Bestimmungen die Bodenfruchtbarkeit nachhaltig gesichert und die Erzeugung hochwertiger Nahrungsmittel gewährleistet ist (Art. 6 II 2 BayNatSchG);
– sie mit geeigneten Wirtschaftsweisen (die auf einen geschlossenen schadstoffarmen Stoffkreislauf und ausgeglichenen Wasserhaushalt abzielen, der die Bodenfunktionen sichert und die Gruindwasserzonen von Schadstoffbelastungen freihält) den Boden pflegt, Erosion und Humusabbau weitgehend vermeidet, zur Regeneration beiträgt, Gewässer nicht durch Schadstoffeintrag und Bewirtschaftung der Uferzonen gefährdet sowie wildlebenden Tieren und Pflanzen einen ausreichenden Lebensraum erhält (§ 11 II BbgNatSchG).

Besondere Klauseln i.S. des § 8 VII BNatSchG weisen auch die anderen Landesnaturschutzgesetze auf (in § 10 III BW NatSchG ohne Erwähnung der Fischereiwirtschaft).

2. Schutz vor natur- oder landschaftsschädigenden Eingriffen

a) Bundesrechtliche Rahmenregelung

122   aa) Die – verbesserungsbedürftige[68] und nicht unmittelbar anzuwendende – **Rechtsfolgenregelung** des § 8 II u. III BNatSchG ist als **naturschutzrechtliche Ermächtigung zur Vornahme belastender Anordnungen konzipiert**, *nicht* aber – wie etwa bei § 11 I, III BWNatSchG, § 14 V BlnNatSchG oder bei § 13 I BbgNatSchG – als unmittelbares *repressives Verbot* des Eingriffs in Natur und Landschaft *mit Befreiungsvorbehalt*.

123   Um Bagatellvorgänge auszuscheiden, gelten die Bestimmungen der Rechtsfolgenregelung nur für Eingriffe, die nach *anderen Rechtsvorschriften* einer behördlichen Gestattung (Bewilligung, Erlaubnis, Genehmigung, Planfeststellung usw.) bedürfen, einer Behörde anzuzeigen sind oder von einer Behörde durchgeführt werden (§ 8 II 2 u. VI BNatschG, sog. „**Huckepackverfahren**"). Die zur Gestattung oder Anzeigenentgegennahme zuständigen (sowie die etwa selbst eingreifenden) Behörden (§ 8 II 3 BNatSchG) haben – etwa in Gestalt von selbständigen *Anordnungen* oder von *Nebenbestimmungen* zu den Gestattungen – die in § 8 II u. III BNatSchG vorgesehenen Entscheidungen (z.B. Eingriffsuntersagung, Anordnung von Ausgleichs- oder Ersatz-

---

68 Vgl. SRU, Umweltgutachten 1987, BT-Drs. 11/1568, S. 156 f.; *Peters/Ranneberg*, Umweltwirksamkeit von Ausgleichs- und Ersatzmaßnahmen nach § 8 BNatSchG, 1993.

maßnahmen) im Benehmen mit den für Naturschutz und Landschaftspflege zuständigen Behörden zu treffen (§ 8 V BNatSchG; Rn. 3/224). Insoweit wird das jeweils für das Eingriffsvorhaben geltende materielle Recht modifiziert. Die Rechtsfolgenregelung ist wie folgt **gestuft**:

Vermeidbare Beeinträchtigungen sind zu unterlassen (1. Stufe). Unvermeidbare Beeinträchtigungen sind auszugleichen (2. Stufe). Sind unvermeidbare Beeinträchtigungen nicht ausgleichbar, so ist der Eingriff zu untersagen, wenn sich die Belange des Naturschutzes und der Landschaftspflege bei der Abwägung aller Anforderungen an Natur und Landschaft als vorrangig erweisen (3. Stufe), oder hilfsweise durch Ersatzmaßnahmen zu kompensieren (4. Stufe). Bei der 3. Stufe handelt es sich um ein sog. Optimierungsgebot (Rn. 2/117); die Regelungen der anderen Stufen haben u.E. grundsätzlich den Charakter zwingender Rechtssätze.[69]

124

(1) **Vermeidbare Beeinträchtigungen** von Natur und Landschaft **sind** nach § 8 II 1 BNatSchG **zu unterlassen**. Nach der neueren Rechtsprechung des BVerwG soll das Vermeidungsgebot auch in der Planfeststellung nicht der planerischen Abwägung unterliegen, sondern striktes Recht im Sinne eines Planungsleitsatzes sein (Rn. 2/106).[70] Der Begriff der Vermeidbarkeit ist in Bezug auf die konkrete Ausführung eines Vorhabens, also in erster Linie objektbezogen zu verstehen. Es ist zu fragen, ob das von einem Fachgesetz gebilligte Vorhaben *an der vorgesehenen Stelle* ohne einen Eingriff in Natur und Landschaft bzw. mit weniger schweren Beeinträchtigungen verwirklicht werden kann. Dabei sind – im Gegensatz zu einer weit verbreiteten Praxis – strenge Maßstäbe für die Gewichtung derjenigen Belange zu fordern, denen freies Gelände des Naturhaushaltes geopfert werden soll.[71] Auswirkungen auf den Naturhaushalt sind *so gering wie möglich* zu halten,[72] was auch die Suche nach schonenderen Alternativen am Ort des Eingriffs einschließt.[73] Im Hinblick auf diese Pflicht, den geplanten Eingriff so geringfügig wie möglich zu gestalten, ist in dieser 1. Stufe der Eingriffsregelung – entgegen der mißverständlichen Aussage des BVerwG – nicht ein strikter Planungsleitsatz, sondern die *Verknüpfung einer Rechtspflicht mit einem Optimierungsgebot* zu sehen.[74]

125

(2) In diesem Sinne „unvermeidliche" Naturbeeinträchtigungen sind nach § 8 II 1 BNatSchG **auszugleichen**. Der Begriff des Ausgleichs ist in § 8 II 4 BNatSchG bundesrahmenrechtlich vorgegeben. Ein Eingriff ist ausgeglichen, wenn nach seiner Beendigung in dem betroffenen Landschaftsraum ein Zustand geschaffen ist, der in gleicher Art, mit gleichen Funktionen und ohne Preisgabe wesentlicher Faktoren des

126

---

69 Vgl. BVerwG, NVwZ 1993, 565 ff.; VGH BW, VBlBW 1994, 271 ff.; Urteil v. 22.3.1995, 5 S 2448/94, UA S. 27 ff.; *Berkemann,* NuR 1993, 97; *Schink,* DVBl. 1992, 1390 ff.; diff. *Dreier,* Abwägung, S. 303 ff., und unten Fn. 3/74.
70 BVerwG, NVwZ 1993, 565 ff.; zust. *Berkemann,* NuR 1993, 97 (100); *Schink,* DVBl. 1992, 1390 ff. Zur Eingriffsregelung im Baurecht s. *Dolde,* FS Weyreuther, 1993, S. 195 ff.
71 BVerwGE 75, 214 (257); *Kloepfer,* Umweltrecht, S. 558; *Schink,* DVBl. 1992, 1390 (1398); *Ecker/Engel/Schäfer,* VBlBW 1994, 217 (218).
72 Sogen. technisch-fachliche Optimierungspflicht, s. *Kuchler,* NuR 1991, 465 (466); *Schink,* DVBl. 1992, 1390 (1397).
73 S. *Ecker/Engel/Schäfer,* VBlBW 1994, 217 (218); *Schink,* DVBl. 1992, 1390 (1397).
74 *Dreier,* Abwägung, S. 303 ff.; so auch noch BVerwG, NVwZ 1991, 69.

3 Naturschutzrecht

optischen Beziehungsgefüges den vor dem Eingriff vorhandenen Zustand in weitestgehender Annäherung fortführt. Ein solcher Ausgleich muß nicht notwendig genau an der Stelle des Eingriffs, wohl aber unter Wahrung des funktionellen Zusammenhangs zwischen Eingriff und Ausgleich erfolgen, um auch insoweit die Abgrenzung zur Ersatzmaßnahme (Rn. 3/132) zu wahren.[75]

127 Ziel des Ausgleichsgebotes ist also eine weitestgehende Kompensation der Eingriffsfolgen[76] durch gleichartige[77] Ausgleichsmaßnahmen, die – soweit der Ausgleich am Ort des Eingriffs nicht oder nur unter unverhältnismäßigem Aufwand möglich ist – auch im gleichen Landschaftsraum und im Zusammenhang mit dem Eingriff durchgeführt werden kann (z.B. Verlegung eines Feuchtbiotops). Das naturschutzrechtliche Gebot, mögliche Ausgleichsmaßnahmen zu schaffen, ist *striktes Recht und unterliegt nicht der planerischen Abwägung.*[78]

128 (3) Sind die mit einem Eingriff verbundenen **Beeinträchtigungen** von Natur und Landschaft **nicht zu vermeiden** und obendrein im erforderlichen Maße **nicht auszugleichen**, so hat die nach § 8 II 3 BNatSchG zuständige Behörde den Eingriff gem. § 8 III BNatSchG zu **untersagen**, wenn die Belange des Naturschutzes und der Landschaftspflege bei der **Abwägung** aller Anforderungen an Natur und Landschaft im Range vorgehen (anders teilweise die Landesnaturschutzgesetze, die festlegen, daß in diesem Fall Eingriffe *zugelassen werden können,* wenn überwiegende andere Belange der *Allgemeinheit* den Eingriff erfordern, z.B. § 11 III 1 BW NatSchG, § 14 V 2 Bln NatSchG, § 6 I 1 Hess NatSchG). Da diese Abwägung nicht lediglich „nachvollziehend" ist, unterliegt sie nur hinsichtlich der bekannten Abwägungsfehler (Rn. 2/113 ff.) der gerichtlichen Kontrolle.[79] Umstritten ist, ob die „Abwägung aller Anforderungen an Natur und Landschaft" nur öffentliche Belange im Sinne des Naturschutzrechts oder auch private Belange, insbesondere Eigentümerinteressen erfaßt.[80] Der Wortlaut der Vorschrift läßt beide Deutungsmöglichkeiten zu.

129 Für eine Einbeziehung allein öffentlicher Belange spricht, daß sich die Abwägungsklausel an den Zielen und Grundsätzen des Naturschutzes nach §§ 1, 2 BNatSchG orientiert und im Gegensatz zu dem in § 1 VI BauGB normierten Abwägungsgebot private Belange unerwähnt läßt. Auch die Entstehungsgeschichte der Vorschrift (nach Auffassung der BReg soll § 8 III BNatSchG inhaltlich dem Vorschlag des BRats entsprechen, wonach ein Eingriff zugelassen

---

75 BVerwGE 85, 348 (361).
76 *Berkemann,* NuR 1993, 97 (102 f.); *Schink,* DVBl. 1992, 1390 (1398) weisen u.E. zutr. darauf hin, daß dies nicht mit Naturalrestitution verwechselt werden darf, weil die ursprüngliche naturräumliche Funktion durch den Eingriff endgültig zerstört wird und nur ein künstlicher Ausgleich geschaffen wird, der erst nach längerer Zeit zu wirken beginnt.
77 OVG Berlin, NVwZ 1983, 416 (417); *Berkemann,* NuR 1993, 97, 102 (insbes. Lit. bei Fn. 48); *Kuchler,* NuR 1991, 465 (469); *Schink,* DVBl. 1992, 1390 (1398); a.A. *Breuer,* NuR 1980, 94.
78 BVerwG, NVwZ 1993, 565, 569 unter Aufgabe der noch in BVerwG, NVwZ 1991, 69 vertretenen Auffassung. Das Ausgleichsgebot wird aber auch vom tatsächlich Möglichen und dem Verhältnismäßigkeitsgrundsatz begrenzt.
79 BVerwGE 85, 348 (362).
80 Für eine Beschränkung auf öffentliche Belange: BayVGH, UPR 1992, 29 ff.; *Czybulka,* VBlBW 1991, 95; *Paetow,* NuR 1986, 144 (147); a.A. OVG Hamburg, NVwZ-RR 1993, 9; *Dürr,* BauR 1994, 460 (463); *Kolodziejcok/Recken,* BNatSchG, § 8 Rn. 22; *Kuchler,* NuR 1991, 465 (470); *Schink,* DVBl. 1992, 1390 (1400).

werden könne, wenn *überwiegende* andere Belange der *Allgemeinheit* den Eingriff erfordern), kann hierfür herangezogen werden.[81]

Diese Auslegung führt jedoch zu einem Widerspruch mit der Rechtsfolgenregelung des § 8 III BNatSchG, die von der prinzipiellen naturschutzrechtlichen Zulässigkeit eines Eingriffs in Natur und Landschaft trotz unvermeidbarer, nicht vollständig ausgleichbarer Beeinträchtigungen des Naturhaushaltes ausgeht und den zuständigen Behörden lediglich eine Rechtsgrundlage für die Untersagung des Eingriffs an die Hand gibt, soweit im Rahmen der Abwägung Naturschutzbelange als vorrangig bewertet werden.[82] Wenn private Interessen in der Abwägung unberücksichtigt blieben, wäre ein vorwiegend privatnütziger Eingriff (z.B. Bau eines Wohnhauses oder einer Scheune im Außenbereich, Anlage eines Fischteiches, Kiesabbau usw.) grundsätzlich zu untersagen, was mit der gesetzlichen Grundentscheidung des § 8 III BNatSchG nur schwer vereinbar wäre. Daher ist es u.E. zutreffend, § 8 III BNatSchG als „echte" Abwägungsklausel anzusehen, bei der entsprechend dem rechtsstaatlichen Abwägungsgebot eine umfassende Würdigung aller Belange, nicht nur öffentlicher Interessen vorzunehmen ist.[83] Hierbei ist allerdings keine planerische Entscheidung i.e.S. zu treffen, sondern es sind eingriffsbezogen die Beeinträchtigungen des Naturhaushaltes mit den Eingriffsinteressen zu vergleichen und zu bewerten. In echten Planungsentscheidungen stellt § 8 III BNatSchG, da sich die Naturschutzbelange in dieser Abwägung durchsetzen, wenn sie gewichtiger sind als die Eingriffsinteressen und der Eingriff dann auch zwingend zu untersagen ist, ein **Optimierungsgebot** dar.

Es ist aber nicht zu übersehen, daß die in § 8 III BNatSchG normierte Vorrangregelung umweltpolitisch bedenklich ist und zulasten des Naturschutzes wirtschaftliche Interessen und Verkehrswegebau begünstigt. Im Zuge der Novellierung des BNatSchG sollte daher in Anlehnung an verschiedene LNatSchGe ein repressives Verbot mit Befreiungsvorbehalt eingeführt werden, wonach ein unvermeidbarer Eingriff nur dann zulässig ist, wenn überwiegende Allgemeininteressen ihn erfordern und eine vollständige Kompensation der Eingriffsfolgen (durch Ausgleichs- oder Ersatzmaßnahmen) möglich ist.

(4) Da ein vollständiger Ausgleich der naturräumlichen Beeinträchtigungen an Ort und Stelle häufig nicht zu verwirklichen sein wird, weil dort die Natur endgültig vernichtet wird, können – nachrangig gegenüber dem in § 8 III BNatSchG enthaltenen Optimierungsgebot – nach § 8 IX BNatSchG i.V.m. den Ländergesetzen (z.B. § 11 III 4, IV Nr. 2 BWNatSchG) an anderer Stelle auch **ausgleichende Ersatzmaßnahmen** durchgeführt werden, um die Eingriffsfolgen zu kompensieren.[84] Es sind dabei Flächen

---

81 S. BT-Drs. 7/3879, S. 35 (in diesem Sinn auch ausdrücklich einige LNatSchGe).
82 Bei – in der Praxis wohl seltener – *Gleichrangigkeit* des konkreten Eingriffsinteresses mit entgegenstehendem Erhaltungsinteresse ist der Eingriff damit zulässig, wenn nicht – wie in verschiedenen Landesnaturschutzgesetzen – der Eingriff nur zugelassen werden kann, soweit *überwiegende Allgemeininteressen* für ihn sprechen (Rn. 3/139).
83 I.E. auch BVerwG, NVwZ 1991, 362 u. 364 (Zulässigkeit einer privatnützigen Planfeststellung für einen Fischteich). Zu weitgehend allerdings VGH BW, Urt. v. 9.2.1995, 5 S 1648/94, S. 49, wonach § 17 VIc I FStrG nicht nur auf die Abwägung im Planfeststellungsbeschluß, sondern auch auf die naturschutzrechtliche Abwägung zu erstrecken sei; damit würde § 8 III BNatSchG seiner relativen Vorrangfunktion (als ein Optimierungsgebot) entkleidet.
84 Es ist str., ob diese landesrechtlich geschaffene Möglichkeit bereits in die Abwägung nach § 8 III BNatSchG einzubeziehen ist. Befürwortend: *Ronellfitsch*, NuR 1986, 284 (288); zu Recht ablehnend jedoch *Berkemann*, NuR 1993, 97 (105); *Schink*, DVBl 1992, 1390 (1400), weil sich die Frage nach Ersatzmaßnahmen erst dann stellt, wenn die Abwägung zugunsten des Vorhabens ausgefallen ist. In Planungsentscheidungen ergibt sich diese Berücksichtigungspflicht aus dem Abwägungsgebot. De lege ferenda sollte diese Abschichtung zwischen Ausgleichs- und Ersatzmaßnahmen jedoch aufgegeben werden (s.o.).

3 Naturschutzrecht

ökologisch so aufzuwerten, daß sie neben ihrer bisherigen Funktion auch eine ausreichende Ersatzfunktion für die durch den Eingriff vernichtete oder beeinträchtigte Fläche bieten. Eine solche Ersatzmaßnahme kann in der Nähe der Fläche durchgeführt werden, auf der der Eingriff stattfinden soll, aber auch durchaus räumlich getrennt davon.[85] Die *Abgrenzung zwischen Ausgleichs- und Ersatzmaßnahme ist fließend* und vor allem hinsichtlich Art und Ort der Kompensation unterschiedlich: Ein Ausgleich ist nur durch gleichartige Kompensation (Trockenmagerrasen durch Trockenmagerrasen) zu erzielen, während die Ersatzmaßnahme auch eine andere gleichwertige Kompensation sein kann (Streuobstwiese durch naturnahen Mischwald). Die Ausgleichsmaßnahme muß in naturräumlicher Beziehung zum Eingriff stehen, während die Ersatzmaßnahme auch in einem anderen Natur- und Landschaftsraum durchgeführt werden kann.

133 Die Landesnaturschutzgesetze sehen darüberhinaus regelmäßig die Zulässigkeit eines bestimmten Vorhabens nach Zahlung einer *Ausgleichsabgabe* für die Fälle vor, in denen der damit verbundene Eingriff weder ausgeglichen noch durch Ersatzmaßnahmen kompensiert werden kann (Rn. 3/142).

134 bb) Bei den Bemühungen um eine 2. Novellierung des BNatSchG wurde u.a. angestrebt, als Rahmenregelung in den bundesrechtlichen Eingriffsvorschriften zwei Pflichten des Verursachers zu normieren: Eine durch physisch-reale Maßnahmen zu erfüllende Wiedergutmachungspflicht bei vorrangigen, aber nicht ausgleichbaren Eingriffen sowie eine durch Zahlung zu erfüllende, auf Kompensation des ökologischen Schadens gerichtete Ersatzpflicht bei vorrangigen, physisch-real weder ausgleichbaren noch wiedergutzumachenden Eingriffen. (Wichtig wäre ein bundesrechtlicher Maßstab für die Bemessung des Ausgleichsbetrags.) Außerdem sollte bundesrechtlich die Möglichkeit der Anordnung von Ausgleichs- und Ersatzmaßnahmen auf den Fall ausgedehnt werden, daß Immissionen (keine Eingriffe!) von i.S. des § 4 BImSchG genehmigungsbedürftigen Anlagen schutzwürdige Biotope erheblich und nachhaltig beeinträchtigen. Entsprechendes sollte *ceteris paribus* für Gewässerbenutzungen i.S. des § 3 WHG gelten.

135 cc) Handelt es sich bei dem Eingriff in Natur und Landschaft um ein Vorhaben, das nach § 3 UVPG einer **Umweltverträglichkeitsprüfung** unterliegt, so muß das Verfahren, in dem Entscheidungen nach § 8 II 1 u. III BNatSchG oder aufgrund von landesrechtlichen Vorschriften i.S. des § 8 IX BNatSchG getroffen werden, den Anforderungen des UVPG (Rn. 1/113 ff.) entsprechen (§ 8 X BNatSchG).

136 dd) Ist i.S. des § 8 IV BNatSchG ein Eingriff aufgrund eines *Fachplans*[86] – also insbesondere eines Planfeststellungsbeschlusses – vorzunehmen, so sind die zum Ausgleich des Eingriffs notwendigen Maßnahmen vom Planungsträger im Fachplan selbst oder aber in einem **landschaftspflegerischen Begleitplan**[87] darzustellen. Die Ausgleichsentscheidungen sind von der Planfeststellungsbehörde regelmäßig (so z.B. nach § 12 I 1, 2 BW NatSchG) im Benehmen mit der gleichgeordneten Naturschutzbehörde zu treffen (§ 8 V 1 BNatSchG).

---

85 *Ecker/Engel/Schäfer*, VBlBW 1994, 217 (219); *Kolodziejcok*, NuR 1992, 309 (311); *Kloepfer*, Umweltrecht, S. 558; *Kuchler*, NuR 1991, 465 (471); *Schink*, DVBl. 1992, 1390 (1401).
86 Dazu gehören Bebauungspläne wohl nicht, vgl. *Gaentzsch*, NuR 1986, 89 (97) und § 8a VIII BNatSchG.
87 Dazu *Kuschnerus*, DVBl. 1986, 75 ff.; vgl. auch BVerwGE 72, 15 (27).

b) Landesrechtliche Umsetzungen

aa) Die Rahmenvorschriften des § 8 BNatSchG sind durch unmittelbar anzuwendendes Landesrecht umzusetzen. **137**

Als Beispiel sei kurz auf die (schon vor dem BNatSchG getroffene) Regelung in **Baden-Württemberg** eingegangen. Nach § 11 I BW NatSchG sind bestimmte, in § 10 BW NatSchG definierte Eingriffe *schlechthin unzulässig*. Dies ist dann der Fall, wenn die Eingriffe mit den Zielen der Raumordnung und Landesplanung nicht vereinbar sind (*Nr. 1*), wenn und soweit sie mit vermeidbaren, d.h. über das verfolgte Ziel hinausschießenden[88] erheblichen Beeinträchtigungen verbunden sind (*Nr. 2*) oder wenn und soweit unvermeidbare erhebliche Beeinträchtigungen nicht (oder nicht binnen angemessener Frist) physisch-real im Eingriffsbereich ausgeglichen werden können und wesentliche Belange des Naturschutzes, der Landschaftspflege oder der Erholungsvorsorge entgegenstehen (*Nr. 3*). **138**

Aus dem Katalog dieser unzulässigen Eingriffe *können* Eingriffe i.S. des § 11 I Nr. 3 BW NatSchG *zugelassen werden* (zur Behördenzuständigkeit vgl. Rn. 3/123, 3/224). Dies ist aber *nur* dann möglich, wenn *überwiegende andere öffentliche Belange*, insbesondere Zielsetzungen der Raumordnung und Landesplanung, die Zulassung *erfordern* (§ 11 III 1 BW NatSchG). Der Naturschutz kann somit nur dann zurückgestellt werden, wenn sich im Rahmen der Abwägung (§ 1 II BNatSchG) herausstellt, daß *anderen (öffentlichen) Belangen ein höheres Gewicht* zuerkannt werden muß.[89] Diese landesrechtliche Eingriffsregelung ist zugunsten des Natur- und Landschaftsschutzes in dreifacher Hinsicht strenger als die bundesrechtliche Rahmenregelung: **139**

(1) *verfahrensrechtlich* wird ein repressives Verbot mit Befreiungsvorbehalt (Rn. 1/101) anstelle der grundsätzlichen Zulässigkeit mit Untersagungsvorbehalt (Rn. 1/124) festgeschrieben;
(2) *materiellrechtlich* wird für den Fall, daß die für das (Eingriffs-)Vorhaben sprechenden Belange mit den entgegenstehenden, für Naturschutz und Landschaftspflege sprechenden Belangen gleichgewichtig sind, weiterhin von der Unzulässigkeit des Eingriffs ausgegangen, und darüberhinaus kann
(3) im Rahmen der Abwägung allein aufgrund überwiegender öffentlicher Interessen die Unzulässigkeit des Eingriffs überwunden werden.

Diese Verschärfung gegenüber § 8 III BNatSchG ist aber vom Willen des Bundesgesetzgebers (noch) gedeckt und daher bundesrechtlich nicht zu beanstanden.[90] Auch Art. 14 I GG erfordert keine Einbeziehung der Eigentümerinteressen in die Abwägung. Als Inhalts- und Schrankenbestimmung des Eigentums berücksichtigt die naturschutzrechtliche Eingriffsregelung in diesem Fall die Eigentümerinteressen abschließend im Rahmen der unbestimmten Rechtsbegriffe bei der Eingriffsdefinition, des Verhältnismäßigkeitsgrundsatzes im Rahmen des Verbots vermeidbarer Beeinträchtigungen und des Ausgleichsgebots sowie in Form der Landwirtschaftsklausel. Eine darüberhinausgehende Berücksichtigung im Rahmen der Abwägung würde eine Entwertung des naturschutzfachlich ausgerichteten mehrstufigen Entscheidungsstruktur der naturschutzrechtlichen Eingriffsregelung darstellen, die hier auf dem Gedanken beruht, daß ein unvermeidbarer und nicht ausgleichbarer Eingriff nur aus anderen Gemeinwohlinteressen zulasten des Gemeinwohlinteresses Naturschutz dennoch durchgeführt werden kann.[91] **140**

---

88 VGH BW, DVBl. 1986, 364; VGH BW, VBlBW 1989, 61 ff. (Hochrheinautobahn) mit i.E. zust. Anm. *Kuchler*.
89 VGH BW, VBlBW 1989, 61 ff.
90 S.a. BVerwG, NVwZ 1993, 565 ff. zum inhaltsgleichen § 14 V 2 BlnNatSchG.
91 In diesem Punkt daher zutr. BayVGH, UPR 1992, 29 (30 f.).

3 Naturschutzrecht

141 In jedem Fall ist indessen der Verursacher des Eingriffs nach §§ 11 II, III 2 BW NatSchG verpflichtet, vor Ort hinsichtlich Naturhaushalt und Landschaftsbild nach Möglichkeit einen *physisch-realen Ausgleich* zu schaffen (z.B. durch Bepflanzung, Neuanlage vernichteter Feuchtbiotope, Wiederaufforstung usw.); hilfsweise ist der Verursacher zum physisch-realen, gleichsam kompensierenden „Ausgleich auf sonstige Weise" verpflichtet (§ 11 III 3 u. IV BW NatSchG), sei es durch „Landschaftsverbesserungen" am Ort des Eingriffs, sei es – bei nicht ausgleichbaren, aber vorrangigen Eingriffen – durch „Ersatzmaßnahmen" in einem anderen Landschaftsraum (Rn. 3/132). Äußerstenfalls ist für die durch physisch-reale Ersatzmaßnahmen nicht aufzuwiegenden Eingriffe der Verursacher zur Entrichtung einer *Ausgleichsabgabe*[92] in Form einer an einen staatlichen Naturschutzfonds zu entrichtenden Geldleistung verpflichtet (§ 11 III 4 u. V BW NatSchG).

142 Diese **Ausgleichsabgabe** ist eine von § 8 IX BNatSchG gedeckte und nach Auffassung des BVerwG auch verfassungsrechtlich (Art. 104a ff. GG) zulässige Sonderabgabe.[93] Konkretisiert wird die Ausgleichsverpflichtung zusammen mit der behördlichen Gestattung durch eine Auflage, wobei die Ausgleichsabgabe wenigstens dem Grunde nach festzusetzen ist. Die *ex ante* zu entrichtende Ausgleichsabgabe ist in Baden-Württemberg gem. der AusgleichsabgabenVO[94] nach dem vom Eingriff verursachten (pauschalierten) ökologischen *Schaden* zu bemessen. Dieses Prinzip gilt auch in Berlin und Rheinland-Pfalz. In mehreren Ländern richtet sich die Höhe des Ausgleichs nach dem *Vorteil*, der mit dem Eingriff für den Verursacher verbunden ist. Abweichend hiervon werden in Bayern, Hessen, Niedersachsen und Sachsen-Anhalt die Kosten der erforderlichen Ersatzmaßnahmen durch die Ausgleichsabgabe erfaßt. Weiterführend wird vom SRU vorgeschlagen, die Bemessung einer Ausgleichsabgabe an folgenden Parametern zu orientieren: Sachkosten (Wiederherstellungskosten), Zeitabgabe (Geldäquivalent für Funktionsausfall während der Entwicklungszeit), Risikoabgabe (Geldäquivalent für das Wiederherstellungsrisiko) und Wertabgabe (für den beeinträchtigten Naturschutzwert).[95]

143 bb) Schließlich können die Länder auch *weitergehende* Vorschriften zu Ausgleichsmaßnahmen und zum Verbot von Eingriffen erlassen (§ 8 IX BNatSchG).

144 In **Baden-Württemberg** enthalten die §§ 13 ff. BW NatSchG besondere Vorschriften für die Sicherung der Landschaft, darüberhinaus sind bestimmte (in einer Anlage zum Biotopschutzgesetz aufgeführte) besonders schutzwürdige Biotope durch § 24a BW NatSchG gesetzlich geschützt (Rn. 3/186).

Unter einem repressiven Verbot mit Befreiungsvorbehalt stehen der *Abbau von Bodenbestandteilen* (z.B. Sand oder Kies), Abgrabungen, Aufschüttungen sowie die Schaffung künstlicher Wasserflächen (§ 13 I BW NatSchG); diese können also von der Naturschutzbehörde genehmigt werden, soweit nicht die naturschutzrechtliche Eingriffsregelung oder Vorschriften in

---

92 Die isolierte Anfechtung der mit einer Baugenehmigung verbundenen Festsetzung der Ausgleichsabgabe ist nach zutr. Ansicht des Hess. VGH, NVwZ-RR 1994, 647 (648), nicht möglich, weil erst die Ausgleichsabgabe die Zulässigkeit des Eingriffs begründet; a.A. wohl VGH BW, NuR 1984, 102. Zu den landesrechtlich vorgesehenen, unterschiedlich konzipierten Ausgleichsabgaben vgl. z.B. *Dürr*, BauR 1994, 460; *Heiderich*, NuR 1979, 19 ff.; *Gassner*, NuR 1984, 81 (86); *Mitschang*, Die Belange von Natur und Landschaft in der kommunalen Bauleitplanung, 1993, S. 100.
93 BVerwGE 74, 308; 81, 220. Allerdings weicht das BVerwG von der Sonderabgabenjudikatur des BVerfG (Rn.) teilweise ab, vgl. dazu *Meßerschmidt*, DVBl. 1987, 925 ff.; *Rehbinder*, NuR 1989, 149 (163). – Zur Frage der Ausgleichspflicht des Bundes für den Bau von Bundesfernstraßen s. VGH BW, UPR 1987, 433 f.; *Schultze*, NuR 1986, 106 ff., 161 ff. (bejahend).
94 AAVO des MELU vom 1.12.1977, GBl. 704, zuletzt geändert durch VO v. 30.10.1990, GBl. S. 342.
95 SRU, Umweltgutachten 1994, BT-Drs. 12/6995, Tz. 822.

Allgemeiner Gebietsschutz: Eingriffe in Natur und Landschaft **3**/V

Rechtsverordnungen über geschützte Gebiete und Gegenstände entgegenstehen (§ 13 I 1 u. 3 BW NatSchG).

Chemische Mittel zur Bekämpfung von Schadorganismen (Pestiziden) und Pflanzenkrankheiten sowie Wirkstoffe, die den Entwicklungsablauf von Pflanzen beeinflussen (Herbizide), dürfen in der freien Landschaft außerhalb von land- und forstwirtschaftlich genutzten Grundstücken nur angewendet werden, wenn dies im öffentlichen Interesse erforderlich ist und wenn nicht überwiegende Belange des Naturschutzes und der Landschaftspflege entgegenstehen (§ 17 I BW NatschG); vgl. auch Rn. 4/45.

Streusalz, das sich bekanntlich insbesondere baumschädigend auswirken kann, darf außerhalb von Privatgrundstücken nur verwendet werden, soweit dies im öffentlichen Interesse erforderlich ist (§ 17 III BW NatSchG). Dies wird man im Fall von Glättebildung auf Gefällstrecken, in scharfen Kurven, auf Brücken oder an ähnlich gefährdeten Stellen, wohl auch bei stark befahrenen Durchgangsstraßen bejahen müssen, weil hier die erforderliche Verkehrssicherheit durch den Einsatz sog. abstumpfender Mittel (z.B. Splitt) u.U. nicht zureichend gewährleistet werden kann.[96]

In **Bayern** bestehen Sondervorschriften für Freileitungen (Art. 6c BayNatSchG), für den Wegebau im Alpengebiet (Art. 6e BayNatSchG) und zum Schutz der Feuchtflächen, Mager- und Trockenstandorte (Art. 6d BayNatSchG mit Anlage). **145**

In **Brandenburg** *bedürfen Eingriffe*, für die keine besondere behördliche Zulassung oder Anzeige vorgeschrieben ist (und die dann im Huckepackverfahren im Einvernehmen mit der gleichgeordneten, bei Kreisen der obersten Naturschutzbehörde zu erteilen ist), *der naturschutzrechtlichen Genehmigung*. **146**

In **Rheinland-Pfalz** dürfen chemische Mittel zur Bekämpfung von Pflanzen oder Tieren in freier Landschaft nur mit behördlicher Genehmigung angewendet werden (§ 7 LPflG). **147**

Im **Saarland** regeln die §§ 10-14, 16 f. SaarlNatSchG u.a. die Erhaltung des biologischen Gleichgewichts, die Ufer- und Dammgestaltung, Tier- und Pflanzenbestände und ebenfalls die Verwendung chemischer Mittel. **148**

In **Schleswig-Holstein** sind Eingriffe in Feucht- und Trockengebiete sowie in „Knicks" (Gebüschstreifen) grundsätzlich unzulässig (§ 11 LPflG – repressives Verbot mit eng begrenztem Befreiungsvorbehalt); ferner gibt es Sondervorschriften für die Gewinnung von Bodenschätzen (§§ 13 f. LPflG). **149**

3. Die naturschutzrechtliche Eingriffsregelung in der Bauleitplanung

Die durch das Investitionserleichterungs- und Wohnbaulandgesetz vom 22.4.1993 (BGBl. I 466)[97] eingeführten **§§ 8a-c BNatSchG regeln – bundesunmittelbar – das Verhältnis von naturschutzrechtlicher Eingriffsregelung und kommunaler Bauleitplanung** als Gesamtplanung. Die Neuregelung klärt die umstrittene Frage, inwieweit die Bauleitplanung, die grundsätzlich Eingriffe (im Gegensatz zur Planfeststel- **150**

---

96 Es gibt auch straßenrechtliche Beschränkungen des Streusalzeinsatzes; vgl. z.B. § 41 I 2 BW StrG, Art. 51 I 2 Bay StrWG u.a.m. Vgl. auch UBA-Texte 3/88 (Ökologische Auswirkungen eines tausalzfreien innerstädtischen Winterdienstes).
97 S.a. BR-Drs. 197/93, BT-Drs. 12/3944.

3 Naturschutzrecht

lung) nur planerisch vorbereitet,[98] die naturschutzrechtliche Eingriffsregelung zu berücksichtigen hat.[99] Nach § 8a I 1 BNatSchG ist über die Belange des Naturschutzes und der Landschaftspflege im Flächennutzungsplan und Bebauungsplan unter *entsprechender* Anwendung des § 8 II 1 BNatSchG (Verbot vermeidbarer Beeinträchtigungen, Ausgleichsgebot) und der Vorschriften über Ersatzmaßnahmen i.S.d. § 8 IX BNatSchG nach den Vorschriften des BauGB und des BauGB-MaßnG zu entscheiden, wenn aufgrund der Aufstellung, Änderung, Ergänzung oder Aufhebung von Bauleitplänen Eingriffe in Natur und Landschaft zu erwarten sind.[100] Der Verweis auf die Vorschriften des BauGB und BauGB-MaßnG hat u.E. in erster Linie *verfahrensrechtliche* Bedeutung, denn er bewirkt die Integration der naturschutzrechtlichen Eingriffsregelung in das Verfahren der Bauleitplanung.[101] Vor dem Hintergrund des bauplanungsrechtlichen *Grundsatzes der Konfliktbewältigung* wird klargestellt, daß die naturschutzrechtliche Eingriffsregelung mit dem ihr nach § 8 II 1, IX BNatSchG fachgesetzlich gebührenden Gewicht in die Abwägung einfließt und planerisch bewältigt wird („in der Abwägung", nicht: durch Abwägung).

151 Dies führt dazu, daß die oben (Rn. 3/124 ff.) beschriebene Stufenfolge der naturschutzrechtlichen Eingriffsregelung in der Bauleitplanung so weit abzuarbeiten ist, wie in § 8a I BNatSchG darauf verwiesen wird, nämlich unter Ausnahme der 3. Stufe (ein Verweis auf § 8 III BNatSchG ist in § 8a I nicht enthalten), und dies mit dem Charakter der Bauleitplanung als Gesamtplanung (die noch des Vollzugs bedarf, bei dem aber keine kompensierende Ausgleichsabgabe erhoben werden kann) übereinstimmt.

152 (1) In einem ersten Schritt ist zu klären, ob durch den Bebauungsplan ein **Eingriff** in Natur und Landschaft (Rn. 3/115) ermöglicht wird, wobei der Rahmen des baurechtlich Möglichen vor und nach der Verabschiedung des Bebauungsplans verglichen werden muß. Dies verlangt neben einer *Bestandsanalyse* eine *Prognose* der durch die Bauleitplanung ermöglichten Eingriffe. Wenn bebaubare Grundstücke brachliegen, ist der Ist-Zustand fiktiv durch die mögliche Bebauung zu korrigieren.

153 Soweit ein nach § 34 I BauGB bebaubares Innenbereichsgrundstück neu überplant wird oder in einem Bebauungsplanänderungsverfahren lediglich die Art, nicht aber das Maß der zulässigen Nutzung verändert wird, kann es bereits an einem Eingriff fehlen.[102]

---

98 Ausnahme: Erschließungsanlagen, insbesondere Straßen und Abwasserkanäle können unmittelbar aufgrund des Bebauungsplans errichtet werden, desgleichen Anlagen aufgrund die Planfeststellung ersetzender Bebauungspläne, z.B. Straßenbahnen nach § 28 III PersBefG (vgl. § 8a VIII BNatSchG). Soweit im Zuge der landesrechtlichen Novellen des Bauordnungsrechts Vorhaben weitgehend von einer Baugenehmigung (präventives Verbot mit Erlaubnisvorbehalt) freigestellt werden, wächst die Bedeutung der §§ 8 ff. BNatSchG weiter.
99 Befürwortend: VGH BW, Urt. v. 5.12.1991, 5 S 976/91 = NuR 1992, 335; OVG Koblenz, NVwZ 1992, 1000 ff.; vgl. ferner: *Dolde*, FS Weyreuther, 1993, S. 195 ff.; *Gaentzsch*, NuR 1990, 1 ff.; *Kuchler*, Naturschutzrechtliche Eingriffsregelung und Bauleitplanung, 1989; *Schmidt*, UPR 1992, 361 ff.
100 § 8a I 4 BNatSchG erweitert den Geltungsbereich auf Ortsabrundungssatzungen (§ 4 IIa BauGB-MaßnG) und Vorhaben- und Erschließungspläne (§ 7 BauGB-MaßnG).
101 *Ecker/Engel/Schäfer*, VBlBW 1994, 217 (219); *Gassner*, NuR 1993, 252 (253); a.A. *Runkel*, UPR 1993, 203 (206); *Schink*, NuR 1993, 365 (374).
102 Vgl. OVG Lüneburg, BauR 1995, 63 ff. Die in § 10 BW NatSchG getroffene Regelung, daß als Eingriff nur ein Vorhaben im Außenbereich zu werten ist, wird durch höherrangiges Bundesrecht –

(2) Das **Verbot vermeidbarer Beeinträchtigungen** verlangt eine städtebauliche *Planrechtfertigung*. Wenn – wie im Regelfall – die Planung nach § 1 III BauGB städtebaulich erforderlich ist,[103] folgt daraus, daß ein zwangsläufig damit verbundener Eingriff grundsätzlich nicht vermeidbar ist. Der Flächennutzungs- oder der Bebauungsplan müssen aber daraufhin überprüft werden, ob die Eingriffsfolgen ohne wesentliche Einbußen für die städtebauliche Zielsetzung *minimiert* werden können, wobei planungsrechtlich mögliche *Alternativen* (Verschiebung der Baufenster, anderes Erschließungskonzept, Änderung des Maßes der baulichen Nutzung usw.) zu untersuchen sind.

154

(3) Die aus der Bauleitplanung folgenden Eingriffe sind grundsätzlich vollständig auszugleichen, hilfsweise sind Ersatzmaßnahmen vorzusehen. Auch hier ist eine *Prognose* vorzunehmen, inwieweit die Ausgleichs- und Ersatzmaßnahmen den möglichen Eingriff kompensieren (*Bilanzierung* der Eingriffe und der Kompensationsmaßnahmen, Rn. 3/161 ff.). Wenn sich zeigt, daß eine **vollständige Kompensation der Eingriffsfolgen im Plangebiet** nicht durchgeführt werden kann, muß die Gebietsabgrenzung – die durch das planungsrechtliche Gebot der Konfliktbewältigung gesteuert wird – überprüft und eine sich anbietende Arrondierung des Plangebietes mit den erforderlichen Flächen für Ausgleichs- und Ersatzmaßnahmen vorgenommen werden. Das Plangebiet ist grundsätzlich so abzugrenzen, daß die Eingriffsfolgen in ihm oder einer geeigneten Exklave (um die das Plangebiet erweitert wird) kompensiert werden können (str.).[104] Dabei kann insbesondere auf die Darstellungen des Flächennutzungsplans (die auf der Grundlage des Landschaftsplans getroffen wurden) zurückgegriffen werden.

155

(4) In der **bauplanerischen Abwägung** sind alle im Planungsvorgang ermittelten und vorgetragenen Belange nach ihrem objektiven Inhalt zu gewichten und einem Ausgleich untereinander zuzuführen. Daneben hat die Gemeinde *Planungsleitsätze* (Rn. 2/106), an die sie bei ihrer kommunalen Gesamtplanung gebunden ist (vgl. § 6 II BauGB), wie § 1 IV BauGB[105], das Verbot der Bebauung in Landschafts-

156

---

§ 8a BNatSchG – bei der Aufstellung eines Bauleitplanes damit verdrängt. Es wäre ein nicht zu übersehender Widerspruch, wenn der Gesetzgeber einerseits die Anwendung der naturschutzrechtlichen Eingriffsregelung auf die Bauleitplanung verlangt und den Ländern es in § 8b BNatSchG lediglich ermöglicht, die Neuregelung bis zu 5 Jahre lang auszusetzen, aber durch landesrechtliche Legaldefinition dieser gesetzgeberische Wille unterlaufen werden könnte. Da auch durch § 8a II, VII BNatSchG geregelt wurde, daß bei der Genehmigung von Bauvorhaben nach §§ 30, 33, 34 BauGB die naturschutzrechtliche Eingriffsregelung nicht gesondert – über die bauplanungsrechtlichen Vorschriften hinaus – geprüft werden muß, findet das Innenbereichsprivileg des § 10 BW NatSchG in der Bauleitplanung entgegen der Ansicht des VGH BW, VBlBW 1995, 241 ff., keine Anwendung.

103 Zum Maßstab der Erforderlichkeit s. *Bender*, FS Weyreuther, 1993, S. 125 ff.
104 *Blume*, NVwZ 1993, 941 (942); *Bunzel*, NVwZ 1994, 960 ff.; *Dürr*, BauR 1994, 460 (467); *Ecker/Engel/Schäfer*, VBlBW 1994, 217 (220, 223); *Gassner*, NuR 1993, 252 (255); *Steinfort*, VerwArch 86 (1993), 107 (120 ff.); *Stollmann*, UPR 1994, 170 (173); a.A. mit dem allerdings unzutreffenden Hinweis, daß solche räumlich auseinanderliegenden Teilbereiche von Bebauungsplänen von der Rspr. nicht anerkannt seien *Runkel*, NVwZ 1993, 1136 (1140); ferner *Battis/Krautzberger/Löhr*, BauGB, 4. Aufl. 1994, § 9 Rn. 57a. Lediglich gegen die damit verbundene Heranziehung der Baugrundstücke zu Beiträgen nach § 8a V BNatSchG wendet sich – schwer nachvollziehbar – *Schmidt-Eichstaedt*, DVBl. 1994, 1165 (1173).
105 BVerwG, UPR 1992, 447 ff.; VGH BW, DÖV 1981, 269 ff.; *Gaentzsch*, in: Berliner Kommentar zum BauGB, § 1 Rn. 23 ff.

schutz-[106] oder Wasserschutzgebieten[107] und das Vorliegen einer erforderlichen Waldumwandlungserklärung[108] zu beachten. *Optimierungsgebote* (z.B. § 1 I BauGB-MaßnG, § 50 BImSchG) sind mit besonderem Gewicht in den Abwägungsvorgang einzustellen und dementsprechend im Abwägungsergebnis zu berücksichtigen. Als räumliche Gesamtplanung muß die Bauleitplanung einen sachgerechten Interessenausgleich *aller* berührten städtebaulichen Belange herstellen. Mit dem Charakter als vollzugsbedürftige Gesamtplanung wäre eine uneingeschränkte Bindung an die Vorgaben der – vollzugsorientierten – naturschutzrechtlichen Eingriffsregelung aber nur schwer zu vereinbaren, zumal das Instrument der Ausgleichsabgabe, welches die Zulässigkeit nicht vollständig kompensierbarer Eingriffe auf der Vollzugsebene herbeiführt, im Rahmen des § 8a BNatSchG nicht anwendbar ist. Daneben zeigt eine Analyse der in der Bauleitplanung zwingend zu beachtenden Planungsleitsätze, daß diese sich aus Vorgaben höherrangiger Planungen i.w.S. (Raumordnung, Landesplanung, Schutzgebietsplanung, forstliche Rahmenplanung usw.), nicht aber – wie in der Planfeststellung – auch aus sonstigen vollzugsorientierten Rechtsnormen ableiten lassen. Vermeidungs- und Ausgleichsgebot werden damit in der Abwägung überwindbar, wenn überwiegende städtebauliche Belange ihrer Festsetzung auf gerade diesen Flächen entgegenstehen. Aber auch dann muß die Gemeinde eine Kompensation durch geeignete Ersatzmaßnahmen an anderer Stelle sichern und dies auch besonders begründen. Nur wenn dies nicht möglich oder unverhältnismäßig und mit dem Charakter der Bauleitplanung als Gesamtplanung unvereinbar wäre, kann sich die Gemeinde in der planerischen Abwägung über den Grundsatz der vollständigen Kompensation hinwegsetzen, der damit den Charakter eines *Optimierungsgebotes* (Rn. 2/117) erhält (str.).[109] Man kann daher das damit verbundene Ziel der Erhaltung des status quo in der Natur (Rn. 3/113) auch als *Verschlechterungsverbot* bezeichnen.

157 Im Bebauungsplan und Flächennutzungsplan *sind* nach § 8a I 2 BNatSchG Festsetzungen zu treffen, um naturschutzrechtliche Eingriffe auszugleichen, zu ersetzen oder zu minimieren. Hierbei sind die Darstellungen der Landschaftspläne zu berücksichtigen, die parallel zu den Bauleitplänen erstellt werden (Rn. 3/111). Die zügige Aufstellung eines Bebauungsplanes hängt ganz entscheidend davon ab, inwieweit der Flächennutzungsplan mit seinem begleitenden Landschaftsplan ein ausreichendes Potential an Kompensationsflächen bereithält. Der Landschaftsplan, der wie der FNP das gesamte Gemeindegebiet umfaßt, bietet den Anhaltspunkt dafür, ob und wo Ausgleichs- und Ersatzmaßnahmen durchgeführt werden können; im den Bebauungsplan

---

106 BVerwG, NVwZ 1989, 662 f.; VGH BW, NVwZ-RR 1990, 464; Hess. VGH, NuR 1993, 34. Andererseits können aber Festsetzungen für Ausgleichs- und Ersatzmaßnahmen aufgrund § 9 I Nr. 20 BauGB, § 8a I 4 BNatSchG auch innerhalb eines Naturschutz- oder Landschaftsschutzgebiets getroffen werden, wenn sie den Vorschriften der Schutzverordnung nicht widersprechen, vgl. *Ecker/Engel/Schäfer*, VBlBW 1994, 217 (222); VGH BW, B.v. 11.1.1995, 5 S 227/94.
107 BVerwG, NVwZ-RR 1993, 598 f.
108 VGH BW, Urt.v. 20.12.1993, 3 S 2356/91, S. 17 (UPR 1994, 240 nur Ls.).
109 *Dreier*, Abwägung, S. 311 ff.; *Dürr*, BauR 1994, 460 (466); *Ecker/Engel/Schäfer*, VBlBW 1994, 217 (221); *Felder*, NuR 1994, 53 (62); *Jannasch*, DÖV 1994, 950 (953); *Sendler*, UPR 1995, 41 (46); *Stollmann*, UPR 1994, 170 (173); für einen Planungsleitsatz: *Blume*, NVwZ 1993, 941 (942); *Gassner*, NuR 1993, 252 (255); für einen einfachen, in der Abwägung überwindbaren Belang: *Runkel*, NVwZ 1993, 1136 (1140); *Steinfort*, VerwArch 86 (1995), 107 (120).

Allgemeiner Gebietsschutz: Eingriffe in Natur und Landschaft 3/V

begleitenden Grünordnungsplan sind die Eingriffsfolgen dann zu bewerten und die konkret erforderlichen Ausgleichs- und Ersatzmaßnahmen herauszuarbeiten.

Im Bebauungsplan selbst können Ausgleichs- und Ersatzmaßnahmen aufgrund § 9 Abs. 1 Nrn. 15, 16, 20, 22, 24, 25 BauGB *verbindlich festgesetzt* werden.[110] § 8a I 4 BNatSchG ermöglicht darüberhinaus – in Ergänzung des Katalogs zulässiger Festsetzungen nach § 9 I BauGB – diese Festsetzungen auch einzelnen Grundstücken ganz oder teilweise **zuzuordnen**.[111] Die Gemeinde soll dann diese Festsetzungen anstelle des Grundstückseigentümers (§ 8a III 2 BNatSchG) und auf dessen Kosten (auf Grundlage einer Satzung nach § 8a V BNatSchG)[112] durchführen, wodurch die ökologischen Folgekosten der Planung auf die Verursacher abgewälzt werden. Ungelöst bleibt allerdings die Frage, wie die Gemeinde sich das Eigentum an den erforderlichen Flächen beschaffen kann, weil das *Umlegungsverfahren* nicht entsprechend geändert wurde und von der bislang h.M. der Grünanlagenbegriff des § 55 II BauGB Eingriffsausgleichsflächen nicht erfaßt, weil ansonsten die Umlegung enteignenden Charakter annehme.[113] Hier wird die Gemeinde auf ein Nutzungsgebot (§ 176 BauGB) oder ein Pflanzgebot (§ 178 BauGB) zurückgreifen müssen, wenn die Umsetzung nicht über einen städtebaulichen Vertrag nach § 6 I BauGB-MaßnG sichergestellt wird. Als ultima ratio kommt auch die Durchführung eines Enteignungsverfahrens nach §§ 85 ff. BauGB in Betracht, soweit die Ausgleichs- und Ersatzmaßnahmen einem öffentlichen Zweck dienen (z.B. Zuordnung zu Infrastrukturvorhaben wie Kindergarten, Schule, Krankenhaus, Universität, Erschließungsanlagen usw.), der die Enteignung rechtfertigt (str.).[114]

158

Nach § 8b BNatSchG können Länder in zweierlei Hinsicht von § 8a BNatSchG abweichen:

---

110 S. *Ecker/Engel/Schäfer*, VBlBW 1994, 217 (221 f.); *Gaentzsch*, NuR 1990, 1 ff.; *Mitschang*, ebda., S. 202 ff.; *Stich*, DVBl. 1992, 257 ff.; *Stich/Porger/Steinebach/Jacob*, Stadtökologie in Bebauungsplänen, 1992.
111 Eine solche Zuordnung kann auch bei „zweigeteilten" Bebauungsplänen (Fn. 3/104) erfolgen. – Soweit die Ausgleichsmaßnahme aus städtebaulichen oder ökologischen Gründen vor Baubeginn durchgeführt werden muß (Beispiel: Umsiedlung bestimmter gefährdeter Arten), werden die betreffenden Grundstücke erst mit deren Durchführung baureif; die Situation gleicht hier der Erschließung eines Grundstücks, vgl. *Ecker/Engel/Schäfer*, VBlBW 1994, 217 (223).
112 Str. ist, ob die Kostenerstattung materiellrechtlich einen Beitrag oder eine Sonderabgabe darstellt.
113 Vgl. *Runkel*, UPR 1993, 203 (208); *Stemmler/Otte*, in: Ernst/Zinkahn/Bielenberg, BauGB-Ktr., § 55 Rn. 8; zu Recht a.A. jedoch z.B. *Battis/Krautzberger/Löhr*, BauGB-Ktr., 4. Aufl. 1994, § 55 Rn. 26; *Steinfort*, VerwArch 86 (1995), 107 (129 ff.), die den Grünanlagenbegriff wie im Erschließungsbeitragsrecht auslegen und die Bewohnerdienlichkeit in der Zuordnung der Ausgleichsmaßnahmen zu Eingriffsgrundstücken sehen. Bereits *Dieterich/Lemmen* haben darauf hingewiesen (GuG 1991, 301 ff.), daß der Einwurf von Bauland wegen seiner Belastung mit den erforderlichen Ausgleichsmaßnahmen und -flächen mit einem entsprechend geringeren Rohbaulandwert angesetzt werden könne, um so dem Grundsatz der mindestens wertgleichen Zuteilung (vgl. BGHZ 113, 139) zu genügen. Des weiteren können im Bebauungsplan für Ausgleichsmaßnahmen private Flächen festgesetzt werden, für die im *Umlegungsplan* Miteigentum zugeschrieben werde unter gleichzeitiger Festlegung von Unterhaltungs- und Benutzungsfragen.
114 S. *Dürr*, BauR 1994, 460 (471); zur Frage, ob die §§ 85 ff. BauGB den Anforderungen des Art. 14 III 2 GG genügen: BVerfGE 74, 268 (287 f. – Boxberg); BGH, DVBl. 1988, 1217 (bejahend); *Berkemann*, in: Berliner Ktr. zum BauGB, § 87 Rn. 12 ff.; *Reisnecker*, in: Brügelmann (Hrsg.), BauGB-Ktr., § 85 Rn. 6; § 87 Rn. 9.

3 Naturschutzrecht

159 – § 8a kann einerseits befristet bis längstens 30.4.1998 ausgesetzt werden.[115] Damit bleibt es bei der bisherigen Rechtslage, wonach die naturschutzrechtliche Eingriffsregelung in ihrer planungsrechtlichen Vorwirkung bei der Abwägung berücksichtigt werden muß (Rn. 3/150).

160 – § 8a kann andererseits insofern erweitert werden, als die Länder ohne zeitliche Befristung bestimmen können, daß eine Ausgleichsleistung in Geld zu erbringen ist für Eingriffe aufgrund Bauvorhaben, die nach Inkrafttreten des entsprechenden Landesgesetzes genehmigt wurden, wenn hiermit ein Eingriff in Natur und Landschaft verbunden ist und mangels Festsetzung im Bebauungsplan oder wegen § 34 BauGB keine Ausgleichs- oder Ersatzmaßnahme vorgeschrieben ist.[116]

4. Bewertungsverfahren und -methoden bei der Eingriffsregelung

161 Die wesentliche Schwierigkeit bei der Anwendung der naturschutzrechtlichen Eingriffsregelung liegt in der Bewertung des Eingriffs und der Ableitung der möglichen und erforderlichen Kompensationsmaßnahmen. Erst seit einigen Jahren sind verschiedene Bewertungsverfahren entwickelt worden, die grundsätzlich auf dem Gedanken basieren, daß der durch den Eingriff verursachten *Wertminderung mal Flächengröße* der *Wertsteigerung mal Flächengröße* durch die Ausgleichs- und Ersatzmaßnahmen entsprechen muß. Wie dieser Ansatz in die Praxis umgesetzt werden soll, ist aber noch im Streit, weil es keine objektiven Kriterien für eine Bewertung nicht vergleichbarer Eigenschaften und Funktionen von Natur und Landschaft gibt. Der Erholungswert einer naturnahen Wiesenlandschaft, die überbaut werden soll, läßt sich nur schwer mit dem ökologischen Wert einer dort angesiedelten Storchenpopulation vergleichen oder der beeinträchtigten Grundwasserbildungsrate. Allen vorhandenen Bewertungsverfahren mangelt es an der für untergesetzliche Regelungen notwendigen Transparenz der Erstellung und Erarbeitung durch pluralistisch besetzte Gremien (Rn. 6/79). Teilweise wird dabei von der Bodenversiegelung als maßgeblichem Faktor des Eingriffs ausgegangen (z.B. Modell der Bezirksregierung Rheinhessen-Pfalz), teilweise von Biotop-Grundtypen (z.B. Modell der Bezirksregierung Koblenz und der Hess. Richtlinie zur Bemessung der Ausgleichsabgabe) oder es werden (wie in Hamburg) *Wertstufen für Teilhaushalte der Natur* (Boden, Tier- und Pflanzenwelt, Oberflächengewässer) aggregiert und anschließend bilanziert.[117]

---

115 Bislang haben nur Bayern und – eingeschränkt – Nordrhein-Westfalen sowie Sachsen von dieser Ermächtigung Gebrauch gemacht, vgl. *Henkel*, NuL 1994, 499 ff.
116 Z.B. § 5b LPflG Rh.-Pf., § 5a LG NW, § 15a Nds NatSchG; zur Reichweite des § 8b II BNatSchG *Kuchler*, NuR 1994, 209 ff.
117 Zu Bewertungsverfahren und – methoden vgl. insbesondere *Kiemstedt*, Methodik der Eingriffsregelung, Schriftenreihe der LANA 4/1994 u. *Haber/Lang/Jessel/Spandau/Köppel/Schaller*, Entwicklung von Methoden zur Beurteilung von Eingriffen nach § 8 BNatSchG, 1993; ferner *Breuer*, Naturschutzfachliche Hinweise zur Anwendung der Eingriffsregelung in der Bauleitplanung, Informationsdienst Naturschutz Niedersachsen 1/94; *Kaule*, Arten- und Biotopschutz, 2. Aufl. 1991, S. 397 ff.; *Mitschang*, Die Belange von Natur und Landschaft in der kommunalen Bauleitplanung, 1993, S. 131 ff.; *Peters/Ranneberg*, Umweltwirksamkeit von Ausgleichs- und Ersatzmaßnahmen nach § 8 BNatSchG, 1993; *Peters*, in: *Böhme/Preiser-Holl*, Die naturschutzrechtliche Eingriffsregelung, difu-Materialien 3/1993, S. 84 ff.

Allgemeiner Gebietsschutz: Eingriffe in Natur und Landschaft 3/V

Vorgeschlagen wird dabei eine Fortentwicklung der Verfahren anhand folgender Eckpunkte: 162
- Offenlegung der einzelnen Bewertungskriterien;
- differenzierte Definition von naturräumlichen Potentialen;
- Bilanzierung und Kompensation nur innerhalb derselben Funktionsbereiche;
- funktionsspezifische Festlegung der Verrechnungsmöglichkeiten von Wertstufe und Flächengröße;
- Vorrang vorgezogener Kompensationsmaßnahmen (Zeitfaktor).

Den **hessischen Richtlinien zur Bemessung der Abgabe bei Eingriffen in Natur und Landschaft** vom 17. Mai 1992[118] liegt ein Gutachten zur ökologischen Bewertung von Nutzungs- und Biotoptypen zugrunde.[119] Hierbei werden etwa 170 Nutzungs- und Biotoptypen gebildet und anhand von 8 Kriterien (Entwicklungsgrad – Sukzessionsstadium, Natürlichkeitsgrad, Strukturvielfalt, Artenvielfalt, Seltenheit des Biotoptyps, Seltenheit von Pflanzen- und Tierarten, Empfindlichkeit gegen anthropogene Einflüsse, ungünstige Entwicklungstendenz) anhand einer Sechserskala bewertet. Ausgehend von der These, daß der gleiche Eingriff umso nachhaltiger und insgesamt erheblicher auf den Naturhaushalt und das Landschaftsbild einwirkt, *je schutzwürdiger und je schutzbedürftiger* der betroffene Biotoptyp ist, werden diese acht Kriterien in zwei Kategorien Schutz*würdigkeit* (mit Entwicklungsgrad, Natürlichkeit, Strukturvielfalt und Artenvielfalt) und Schutz*bedürftigkeit* (mit Seltenheit des Biotoptyps, Anteil seltener Arten, Empfindlichkeit gegenüber anthropogenen Einflüssen und ungünstiger Entwicklungstendenz) unterteilt. Innerhalb einer Kategorie werden die jeweils vier Kriterien gleich gewichtet und ihre Punkte in der Sechserskala addiert. Um Synergieeffekte zu erfassen, werden dann – sehr umstritten – die Punktesummen der beiden Kategorien miteinander multipliziert, so daß eine Höchstsumme von $(6 + 6 + 6 + 6) \times (6 + 6 + 6 + 6) = 576$ rechnerisch möglich ist. Die Biotopwertliste gibt dann jeweils den vom konkteten Nutzungstyp erreichten Quotienten als Prozentsatz an. 163

Beispiele:

Erwerbsgärtnerei $(2 + 2 + 2 + 2) \times (2 + 2 + 2 + 3) = 72 \Rightarrow 13\%$
Halbtrockenrasen $(4 + 5 + 4 + 6) \times (5 + 6 + 5 + 5) = 399 \Rightarrow 69\%$
Streuobstwiese (neu angelegt) $(2 + 4 + 4 + 4) \times (4 + 2 + 4 + 5) = 210 \Rightarrow 37\%$
Nadelbaumforst $(4 + 3 + 3 + 2) \times (3 + 2 + 4 + 3) = 144 \Rightarrow 25\%$
Einzelgärten $(2 + 2 + 3 + 2) \times (3 + 1 + 2 + 3) = 81 \Rightarrow 14\%$
Versiegelte Fläche $(1 + 1 + 1 + 1) \times (1 + 1 + 1 + 1) = 16 \Rightarrow 3\%$

Konkrete Korrekturen in der Bewertung des Biotoptyps sind im Einzelfall durch individuelle Zu- und Abschläge möglich. Anhand dieser Bewertungsmatrix ist der naturräumliche Zustand auf den Eingriffsflächen zu ermitteln (Punktwert mal Flächengröße) und mit den Ausgleichs- und Ersatzflächen zu vergleichen. Eine vollständige Kompensation wäre danach erreicht, wenn keine Differenz zwischen *Voreingriffs*zustand und *Nachausgleichs*zustand besteht. Nach § 6 III LAbfG und der hessischen Richtlinie kann eine verbleibende Differenz durch Zahlung einer Ausgleichsabgabe abgegolten werden, die – sehr umstritten – anhand der Rekultivierungskosten ermittelt wird.[120]

Für die **Bauleitplanung** ist das hessische Bewertungsmodell nur begrenzt verwendungsfähig, weil z.B. die Kriterien für die Biotopbestimmung unklar bleiben und die Bedeutung der einzelnen Teilhaushalte der Natur (Boden, Grundwasser => Versiegelung) nur unzureichend 164

---

118 Staatsanzeiger Nr. 26, S. 1437.
119 *Aicher/Bartling/Leyser/Neugebauer*, Biotopwertverfahren, März 1991.
120 Der Hessische VGH (NuR 1993, 338) hat deshalb auch die Bemessung der Ausgleichsabgabe anhand der Richtlinie in einem Fall als willkürlich verworfen.

erfaßt ist. Deshalb sollte u.E. in einem *medienbezogenen Ansatz* (Boden, Oberflächengewässer, Grundwasser, Luft/Klima, Tier- und Pflanzenwelt) verbal-argumentativ vorgegangen werden (was der Begründungspflicht nach § 9 VIII 1 BauGB ohnehin entspricht), hilfsweise kann dabei auf ein Bewertungsverfahren zurückgegriffen werden.

VI. Besonderer Biotop- und Flächenschutz

165 Schutz, Entwicklung und Pflege erhaltenswerter und regenerationsfähiger Teile von Natur und Landschaft sind im wesentlichen im IV. Abschnitt des BNatSchG bundesrahmenrechtlich – abgesehen von § 12 IV 2 BNatSchG – geregelt und im übrigen der verfahrens- und materiellrechtlichen Ausformung durch die Landesnaturschutzgesetze überlassen. Kern des besonderen Gebietsschutzes ist die Unterschutzstellung bestimmter Flächen und Objekte durch rechtsverbindliche Festsetzung (meist Rechtsverordnung). Daneben findet sich innerhalb der Bestimmungen zum Artenschutz noch die bedeutsame rahmenrechtliche Regelung des § 20c BNatSchG, welche den gesetzesunmittelbaren Schutz besonders schutzwürdiger Biotope zum Gegenstand hat. Der Gebietsschutz hat darüberhinaus durch die FFH-RL der EG (Rn. 3/41) eine Aufwertung erfahren. Das hiernach anzustrebende Netzwerk von besonderen Schutzgebieten „Natura 2000" hebt einen engen Bereich von Lebensräumen des gemeinschaftlichen Interesses, der nach in der Richtlinie dargelegten Kriterien im Zusammenwirken von Mitgliedstaaten und EG-Kommission zu bestimmen ist, hervor und verlangt dessen Absicherung als „besonderes Schutzgebiet" durch die Mitgliedstaaten (einschließlich verbindender Landschaftsräume).

166 Art. 8 der auf der Konferenz von Rio verabschiedeten *Konvention zum Schutz der Artenvielfalt* v. 13.6.1992 sieht eine Verpflichtung der Signatarstaaten vor, soweit wie möglich und angemessen ein System von Schutzgebieten oder solchen Gebieten einzurichten, in denen spezielle Maßnahmen notwendig sind, um die Artenvielfalt zu erhalten.

167 *Biotope* (Rn. 3/3), praktisch also Waldstücke, Moore, Stillgewässer, Quellengebiete, Wiesentäler u.ä., sind häufig besonders schutzwürdig und schutzbedürftig. Sie wurden (und werden z.T. noch immer) in den Bundesländern zur Schaffung einer verläßlichen Grundlage für die Ausweisung von Schutzgebieten kartiert (Rn. 3/38; vgl. auch § 20b I Nr. 1 BNatSchG). Bis Anfang 1995 sind auf diese Weise z.B. in *Baden-Württemberg* rund 40 000 Biotope erfaßt worden.

1. Besonderer Gebietsschutz durch Unterschutzstellung bestimmter Teile von Natur und Landschaft

a) Schutzgebiete und Schutzobjekte

168 Teile von Natur und Landschaft *können* nach den nicht unmittelbar geltenden Bestimmungen der Absätze 1 u. 2 des § 12 BNatSchG bei Vorliegen eines gesetzlich vorgesehenen Schutzgrundes zu einem Schutzgebiet (Naturschutz- oder Landschaftsschutz-

gebiet,[121] National- oder Naturpark), zu einem Naturdenkmal oder zu einem geschützten Landschaftsbestandteil erklärt werden. Die **Schutzwürdigkeit** eines Landschaftsbestandteils ist eine *gerichtlich voll überprüfbare Rechtsfrage*, während die **räumliche Abgrenzung** auch *planerische Elemente* beinhaltet.[122] Das „Ob" der Unterschutzstellung liegt jedoch im **Normsetzungsermessen** des Verordnungsgebers, das allerdings aufgrund einer besonderen Schutzwürdigkeit eines Gebietes (wenn beispielsweise viele Rote-Liste-Arten dort leben und ohne Unterschutzstellung sterben würden) stark eingeschränkt sein kann.[123]

Vom BNatSchG wird für die Unterschutzstellung allgemein eine **rechtsverbindliche Festsetzung** gefordert (vgl. §§ 13 I, 14 I, 15 I, 17 I, 18 I BNatSchG). Dabei sind *Schutzgegenstand* und *Schutzzweck*[124], ferner die zur Erreichung des Schutzzwecks notwendigen *Gebote* und *Verbote* sowie (notfalls) auch noch etwa erforderliche *Pflege- und Entwicklungsmaßnahmen* oder Ermächtigungen zu solchen Maßnahmen zu bestimmen. Von diesen Möglichkeiten eines naturschutzrechtlichen Gebietsschutzes wurde im Verlauf der letzten beiden Jahrzehnte zunehmend Gebrauch gemacht (Rn. 3/19 ff.). **169**

Es *können* behördlich festgesetzt werden

- **Naturschutzgebiete** (§ 13 BNatSchG) zur Gewährleistung eines *besonderen* Schutzes von Natur und Landschaft in ihrer *Ganzheit* oder in *einzelnen Teilen*, soweit dies zur *Erhaltung von Lebensgemeinschaften oder Biotopen* bestimmter wildlebender Tier- und Pflanzenarten oder aus kulturellen, wissenschaftlichen, naturgeschichtlichen oder landeskundlichen Gründen oder schließlich wegen ihrer *Seltenheit*, besonderen *Eigenart* oder hervorragenden *Schönheit erforderlich*[125] ist (d.h. im öffentlichen Interesse liegt), **170**

- **Nationalparke** (§ 14 BNatSchG) als einheitlich zu schützende *großräumige Gebiete*, wenn sie von *besonderer Eigenart*, möglichst *unberührt* und *artenreich* sind und im überwiegenden Teil ihres Gebiets die *Voraussetzungen eines Naturschutzgebiets* erfüllen,[126] **171**

- **Landschaftsschutzgebiete** (§ 15 BNatSchG) zum *erforderlichen*[127] besonderen Schutz von Natur und Landschaft mit *Rücksicht auf Naturhaushalt, Landschafts-* **172**

---

121 Über die unterschiedliche Schutzintensität u. die damit verbundenen unterschiedlichen Rechtsfolgen von Natur- und Landschaftsschutzgebieten vgl. (insbes. im Hinblick auf die Landwirtschaft) *Soell*, NuR 1984, 8 ff.; zu den Schutzgebieten *ders.*, NuR 1993, 301 ff.; *Fischer-Hüftle*, DÖV 1990, 1011 ff.; *de Witt*, Landschaftsschutz, Rn. 153 ff.
122 BVerwG, DVBl. 1984, 342 ff.; NVwZ 1988, 1020 ff.; VGH BW, NVwZ-RR 1989, 403; *Kloepfer*, Umweltrecht, S. 563; *Sellmann*, DVBl. 1992, 235 ff. Zur Ausweisung eines Bannwaldes nach LWaldG s. BayVGH, BayVBl. 1994, 718 (720).
123 *Soell*, NuR 1993, 301 (307 f.) m.w.N. Im Verhältnis zur Bauleitplanung legt § 7 BauGB eine begrenzte Bindungswirkung des Flächennutzungsplanes fest.
124 Zum Erfordernis der Bestimmtheit der wesentlichen Schutzzwecke s. VGH BW, VBlBW 1993, 139.
125 Zur Erforderlichkeit der Ausweisung eines Naturschutzgebiets OVG Koblenz, NVwZ 1985, 61.
126 Vgl. dazu *Lang*, NuR 1984, 14 ff.
127 Der Schutzgegenstand muß aus der Sicht der Ziele und Grundsätze des Naturschutzes (§§ 1, 2 BNatschG) schutzwürdig und schutzbedürftig sein. Nur dann ist die Unterschutzstellung mit Rücksicht auf Art. 14 I GG zulässig. Zulässig ist insbesondere auch die Ausweisung eines „unselbständi-

3 Naturschutzrecht

bild oder Erholung, allerdings mit einer gegenüber Naturschutzgebieten geringeren Schutzintensität, zumal § 1 III BNatSchG (Rn. 3/79 ff.) besonders zu beachten ist,[128]

173 • **Naturparke** (§ 16 BNatSchG) als bereits anderweitig (in Gestalt von den größeren Teil der Gesamtfläche erfassenden Landschafts- oder Naturschutzgebieten) rechtsverbindlich geschützte, *einheitlich zu entwickelnde und zu pflegende großräumige Gebiete*, die sich wegen ihrer landschaftlichen Voraussetzungen für die *Erholung der Bevölkerung* besonders eignen und raumordnerisch hierfür oder für den Fremdenverkehr vorgesehen sind,

174 • **Naturdenkmale** (§ 17 BNatSchG), die als *Einzelschöpfungen der Natur*, d.h. als besondere Naturgebilde (u.U. mit Umgebungsfläche) aus *wissenschaftlichen, naturgeschichtlichen* oder *landeskundlichen Gründen* (z.B. Felspartien, Höhlen, sehr alte Bäume, „Gerichtslinden" usw.) oder wegen ihrer *Seltenheit, Eigenart* oder *Schönheit* (z.B. seltene oder seltsame Bäume, Wasserfälle usw.) besonders schützenswert erscheinen[129] und

175 • **geschützte Landschaftsbestandteile** (§ 18 BNatSchG), deren besonderer Schutz unter dem Gesichtspunkt der *Leistungsfähigkeit des Naturhaushalts*, der Belebung, Gliederung oder Pflege des *Orts- und Landschaftsbildes* oder zur *Abwehr schädlicher Einwirkungen* erforderlich ist, was z.B. zum Schutz insbesondere von „Grünbeständen", z.B. von Parkanlagen, Alleen, Rainen, einzelnen Baum- oder Gebüschgruppen usw. führen kann.[130]

176 Die Naturschutzgesetze der neuen Bundesländer haben das im BNatSchG vorgesehene Schutzgebietskonzept darüberhinaus um den Typus eines **Biosphärenreservats** erweitert, welches der *Erhaltung oder Wiederherstellung* einer durch traditionelle Nutzung geprägten Landschaft und der darin historisch gewachsenen Arten- und Biotopvielfalt dient.[131]

---

gen" Landschaftsschutzgebietes, welches eine Pufferzone um ein Naturschutzgebiet bilden soll. Zur Erforderlichkeit der Ausweisung eines Landschaftsschutzgebiets s. etwa VGH BW, NVwZ 1985, 59; VBlBW 1989, 227 (228); 1994, 233 (235).

128 Immerhin ist ein Bebauungsplan, dessen Festsetzungen mit den Regelungen einer Landschaftsschutzverordnung unvereinbar sind, nach § 11 II, III i.V.m. § 6 II BauGB nicht genehmigungsfähig; vgl. BVerwG, NuR 1989, 225. Zum Landschaftsschutz s. ausführlich *Carlsen/Fischer-Hüftle*, NuR 1993, 311 ff.

129 Vgl. VGH BW, Urt. v. 9.7.1992, 5 S 1867/90. Bei der Unterschutzstellung geht es aber in der Regel nicht um Flächen-, sondern um Objektschutz. – Zur Natur- und Kulturdenkmalpflege *Hönes*, NuR 1986, 225 ff.

130 Näheres dazu (unter Darlegung der landesrechtlichen Besonderheiten) bei *Rosenzweig*, NuR 1987, 313 ff. Zum Thema Baumschutzsatzungen *Otto*, UPR 1994, 12 ff.; *Führen*, in: *Lübbe-Wolff* (Hrsg.), Umweltschutz durch kommunales Satzungsrecht, 1993, S. 183 ff.; BVerwGE 31, 22; OVG Münster, NVwZ 1992, 62 (Zulässigkeit der Anordnung von Ersatzpflanzungen und Ausgleichszahlungen); UPR 1993, 198; zuletzt BVerwG, BauR 1994, 755 ff. (Bezeichnung des Geltungsbereichs als „Innenbereich" genügt Bestimmtheitsgebot, a.A. in der Vorinstanz Hess. VGH, UPR 1994, 35); ferner: VGH BW, NVwZ 1995, 402 ff. (eine Baumschutzsatzung muß auf den Innenbereich und angrenzende Randzonen beschränkt sein; sie ist rechtswidrig, wenn sie das gesamtes Gemeindegebiet umfaßt).

131 § 25 Bbg NatSchG, § 18 Sächs NatSchG, § 19 Sachs-Anh NatSchG; § 14 VorlThürNatSchG; s.a. § 192 E-UGB-BT; OVG Greifswald, ZUR 1995, 41 ff.; VG Meiningen, ThürVBl 1993, 68.

b) Unterschutzstellung

Die Schutzgebietsvorschriften werden fast durchweg in der Form einer **Rechtsverordnung** von den nach Landesrecht zuständigen unteren, höheren oder obersten Naturschutzbehörden erlassen[132], im Falle eines Nationalparks im Benehmen mit den in § 12 IV 2 BNatSchG genannten Bundesministern (BMU und BMR).[133] Nach Maßgabe des Landesrechts, auf das in § 12 III Nr. 2 BNatSchG verwiesen wird, können zur **einstweiligen Sicherstellung** von künftigen Schutzgebieten oder Einzelschöpfungen der Natur Eingriffe, die im Widerspruch zu dem vorgesehenen Schutzzweck stehen und dessen Verwirklichung (abstrakt) gefährden, durch Rechtsverordnung oder Einzelanordnung befristet untersagt werden (vgl. z.B. § 60 II BW NatSchG, Art. 48 II BayNatSchG usw.).[134]

177

Bei der Erarbeitung des Entwurfs einer Schutzverordnung sind nach Landesrecht alle Behörden und Träger öffentlicher Belange, deren Aufgabenbereich berührt sein könnte, rechtzeitig zu beteiligen. Zuweilen ist auch eine Öffentlichkeitsbeteiligung vorgesehen.

178

Rechtspflichten zur Ausweisung von Schutzgebieten können sich aus europäischem Gemeinschaftsrecht, nämlich der Vogelschutz-Richtlinie (79/409/EWG) und der FFH-Richtlinie (92/43/EWG) ergeben. Nach Art. 4 I der Vogelschutz-Richtlinie von 1979 müssen die Mitgliedstaaten die für die Erhaltung bestimmter (in einem Anhang aufgezählter) Vogelarten geeignetsten Gebiete zu Schutzgebieten erklären, wobei ihnen nur bei der Ausweisung, nicht aber bei der Verkleinerung bestehender Schutzgebiete ein – eng begrenzter – Beurteilungsspielraum zukommt.[135] Nach den Bestimmungen der FFH-Richtlinie sind zur Wiederherstellung oder Bewahrung eines günstigen Erhaltungszustandes natürlicher Lebensräume und der Arten gemeinschaftlichen Interesses besondere Schutzgebiete auszuweisen, um ein zusammenhängendes europäisches ökologisches Netz zu schaffen.

179

c) Gebote und Verbote

Die zur Verwirklichung des jeweiligen Schutzzwecks erforderlichen „bürgeradressierten" *Gebote und Verbote* finden sich in den Naturschutzgesetzen der Länder und in den Schutzgebietsverordnungen. Soweit die Schutzgebietsverordnungen keine Regelungen darüber enthalten, ob und unter welchen Voraussetzungen von ihren Geboten und Verboten Ausnahmen gewährt werden können[136], gelten die allgemeinen landesrechtlichen, dem § 31 BNatSchG (Befreiung von zwingenden naturschutzrechtlichen

180

---

132 Zu den rechtsstaatlichen verfahrensrechtlichen Erfordernissen gibt es eine reichhaltige Judikatur; vgl. *Schmidt*, NVwZ 1988, 982 (984); 1991, 31 (33 f.); 1993, 539 (542) m.w.N.; ferner OVG Schleswig, BauR 1994, 359.
133 S. auch § 5 I 3 WaStrG.
134 S. VGH BW, NVwZ-RR 1993, 544 f.; BayVGH, NVwZ-RR 1993, 549; OVG Lüneburg, NuR 1991, 145.
135 EuGH, NuR 1991, 249 (250) – Leybucht. Nach EuGH, Urt. v. 2.8.1993, C-355/90 (Marismas de Santoña), besteht u.U. eine Rechtspflicht zur Ausweisung geeigneter Schutzgebiete, s. ZUR 1994, 305 ff. mit zust. Anm. *Winter*.
136 Vgl. dazu *Carlsen/Fischer-Hüftle*, NuR 1993, 311 (318 f.); *Lang*, NuR 1984, 189 f.

3 Naturschutzrecht

Normen des BNatSchG)[137] entsprechenden naturschutzrechtlichen Befreiungsbestimmungen, wobei Befreiungen nur in atypischen Fällen in Frage kommen. So sind z.B. in *Naturschutzgebieten* grundsätzlich alle Veränderungen des Schutzgebiets oder seiner Bestandteile strikt verboten; auf Befreiung besteht kein Rechtsanspruch (repressives Verbot mit Befreiungsvorbehalt, Rn. 1/101). Demgegenüber sind in *Landschaftsschutzgebieten* sowohl repressive Verbote für konkrete Beeinträchtigungen des Schutzzwecks (z.B. Verbot des Zeltens, der Anlage von Drainagen, der Beseitigung von Feldgehölzen usw.) als auch – für allgemein formulierte Beeinträchtigungen – präventive Verbote mit Erlaubnisvorbehalt zu finden, wonach Handlungen zu erlauben sind, die als solche (oder aufgrund von Nebenbestimmungen der Erlaubnis) dem Schutzzweck nicht zuwiderlaufen, insbesondere den Gebietscharakter nicht verändern, den Naturgenuß oder den Erholungswert des Gebiets nicht beeinträchtigen, den Naturhaushalt nicht schädigen usw.[138]

181 Eine Befreiung kommt allerdings nicht in Betracht, wenn dadurch das Schutzgebiet in erheblichem Umfang angetastet oder seine Schutzwürdigkeit in Frage gestellt wird (wie etwa bei flächenhafter Überbauung oder einer Straßenplanung). In diesem Fall müßte zuvor die Schutzgebietsfestsetzung aufgehoben werden, wenn überwiegende öffentliche Belange die Verabschiedung des Bebauungsplans oder des Planfeststellungsbeschlusses erfordern.[139] Da § 13 BNatSchG kein einheitliches Schutzprofil erkennen läßt, werden auch Naturschutzgebiete – wie alle anderen flächenhaften Schutzgebiete – durch konträre Nutzungsinteressen, insbesondere Freizeit und Erholung gefährdet. So werden von den Naturschutzbehörden aufgrund politischen Drucks nicht selten Nutzungen zugelassen, die dem Schutzzweck erheblich widersprechen, wie z.B. Straßenbauten, Skilifte, Beschneiungsanlagen usw. Rechtspolitisch wird daher eine Einschränkung des allgemeinen Betretungsrechts sowie eine Streichung des Erholungszwecks für Schutzgebiete gefordert.[140]

182 Grundsätzlich *zulässig* ist die *Fortsetzung der bisherigen landwirtschaftlichen Nutzung*. Im übrigen bleibt aber die vor der Unterschutzstellung rechtmäßig ausgeübte Grundstücksnutzung selbst in der bisherigen Art und im bisherigen Umfang nicht immer zulässig. Umgekehrt muß in manchen Naturschutzgebieten, deren besonderer Wert einer extensiven Nutzung zu verdanken ist (z.B. Streuwiesen, Wacholderheiden), die bisherige Nutzung fortgeführt werden.

183 Im allgemeinen sind **Beschränkungen der Eigentümerbefugnisse** durch naturschutzrechtliche Regelungen oder durch Maßnahmen aufgrund solcher Regelungen konform mit der sog. Situationsgebundenheit der betroffenen Grundstücke und damit Konkretisierungen der *Sozialbindung des Eigentums* (Art.14 II 2 GG)[141]; sie sind dann i.S.

---

137 § 31 BNatSchG gilt zwar unmittelbar (§ 4 S. 3 BNatSchG), bezieht sich aber nur auf die Verbote oder Gebote, die ihrerseits nach dem BNatSchG (oder nach den auf ihm beruhenden Rechtsvorschriften, z.B. nach der BArtSchV) unmittelbar gelten, vgl. *Louis*, NuR 1995, 62 ff. Zum atyp. Sonderfall s. BVerwG, NVwZ 1993, 583 f.
138 Hierzu ausführlich mit Beispielen *Carlsen/Fischer-Hüftle*, NuR 1993, 311.
139 Das BVerwG, NVwZ 1993, 572 ff. hält – u.E. unzutr. – sogar eine „unbewußt" im Rahmen des PFB erteilte Befreiung von den Festsetzungen einer Landschaftsschutzverordnung für möglich.
140 Vgl. *Schmidt-Aßmann*, in: *Jarass u.a.*, UGB-BT, 1994, S. 423 ff.
141 Vgl. BGHZ 121, 328; BVerwGE 94, 1 (5); NVwZ 1985, 41. S. im übrigen hierzu und zum folgenden: *Rennert*, VBlBW 1995, 41 (46 f.); *Soell*, NuR 1993, 301 (302 ff.) und die Referate der Staatsrechtslehrertagung 1991 zum Beratungsgegenstand „Eigentumsschutz, Sozialbindung und Enteignung bei der Nutzung von Boden und Umwelt" von *Rill*, *Hänni* und *Ehlers* in VVDStRL 51 (1992), S. 177 ff. Daß der Schutz der natürlichen Lebensgrundlagen ein Ausdruck der Sozialbindung des Eigentums ist, betonen z.B. Art. 31 II Verf Sachsen und Art. 18 II Verf Sachsen-Anhalt.

des Art 14 I 2 GG eigentumsinhaltsbestimmend und in der Regel entschädigungslos zu dulden.[142] Nur wenn solche Beschränkungen etwa wegen ihrer besonderen Intensität „enteignenden" Charakter haben (z.B. bei nicht nur den *status quo* festschreibenden, sondern in diesen eingreifenden Nutzungsbeschränkungen), ist nach Maßgabe der dann gem. Art. 14 III 2 GG notwendigen gesetzlichen Entschädigungsregelung zu entschädigen.[143] Dem versuchte der Gesetzgeber bisher mit landesrechtlichen „salvatorischen Entschädigungsklauseln" Rechnung zu tragen, mit Klauseln also, die, ohne den Enteignungstatbestand näher zu umreißen, eine angemessene Geldentschädigung für den Fall vorsehen, daß eine (Aufopferungs-)Enteignung zu bejahen ist. Auf die Problematik solcher Klauseln ist hier nicht näher einzugehen.[144]

2. Gesetzesunmittelbarer Biotopschutz

§ 20c BNatSchG normiert ein umsetzungsbedürftiges *absolutes Verbot der erheblichen oder nachhaltigen Veränderung bestimmter*, bundesrechtlich aufgeführter und landesrechtlich etwa zusätzlich benannter, **besonders schutzwürdiger Biotope**. **184**

Beispiele: Moore, Sümpfe, naturnahe Bruch-, Sumpf- und Auwälder, seggen- und binsenreiche Naßwiesen, naturnahe Gewässerabschnitte, Quellbereiche, offene Binnendünen, Zwergstrauch- und Wacholderheiden, Trocken- und Magerrasenflächen, Fels- und Steilküsten, Salzwiesen und Wattflächen im Meeresküstenbereich, offene Felsbildungen und natürliche Block- und Geröllhalden, alpine Rasen und Schneetälchen.

---

142 Vgl. zuletzt BVerwGE 94, 1 (5), zuvor BVerwGE 3, 335; 4, 57; 49, 365; 67, 84 u. 93; 84, 361 (370); ferner BayVGH, BayVBl. 1995, 242 (245); vgl. aus der Rspr. des BGH: DVBl. 1957, 861 (Buchendomurteil); LM Art. 14 GG Nr. 70 (Kapellen-Urteil); NJW 1977, 945 (Schaumlava); DVBl. 1983, 630 sowie BGHZ 90, 4. Jeweils ging es darum, daß durch eine generelle oder einzelfallbezogene hoheitliche Maßnahme eine vom Grundeigentümer zuvor noch nicht ausgeübte Nutzung beschränkt wurde. Zusammenfassend zur entschädigungsrechtlichen Beurteilung landschafts- oder naturschützender Eigentumsbeschränkungen BGHZ 72, 211 (216 f.); 121, 328 u. BGH, UPR 1994, 391 ff; DVBl. 1987, 568 (570).
143 So gibt z.B. der BGH in LM Art. 14 (Cb) GG (Gipsbruch) oder in BGHZ 57, 178 (Kiesabbau) zu erkennen, daß in einer aus Gründen des Natur- oder Landschaftsschutzes vorgenommenen hoheitlichen Untersagung der weiteren Ausübung einer bisher ungestört ausgeübten Benutzungsart des Grundeigentums eine Enteignung zu sehen ist. Der Eingriff kann nach Auffassung des BGH auch dann *enteignend* sein, wenn es sich um eine bisher noch nicht ausgeübte, von der Natur der Sache her aber naheliegende, künftig abgeschnittene Nutzungsmöglichkeit handelt (dazu BGHZ 105, 19; 63, 240 (244); BGH, NuR 1990, 429). Diese Auffassung ist in der Literatur zu Recht auf Ablehnung gestoßen, weil die Enteignung gegenüber der Sozialbindung ein *aliud* darstellt, und die Rechtsprechung des BVerfG zu Art. 14 GG nicht hinreichend beachtet wird, vgl. *Ehlers*, VVDStRL 51 (1992), S. 211, 226 f.; *Engelhardt*, NuR 1991, 104; *Osterloh*, DVBl. 1991, 910 (913); *Soell*, NuR 1993, 301 (303).
144 Die gleiche Frage stellt sich im Gewässerschutzrecht (Rn. 4/178), s.a. BVerwGE 84, 361; BVerwGE 94, 1 m. Anm. *Götz*, DVBl. 1993, 1356 f.; BGH, UPR 1994, 391 ff.; *Melchinger*, NJW 1991, 2524 (2531); *de Witt*, Landschaftsschutz, Rn. 539. Der VGH BW, VBlBW 1994, 233 (237) hat, um einen Verstoß gegen die Junktimklausel des Art. 14 III 2 GG zu umgehen, die in § 47 II 1 LNatSchG enthaltene „salvatorische Entschädigungsklausel" – u.E. bedenklich – als Entschädigungsregelung für unverhältnismäßige Maßnahmen der Inhalts- und Schrankenbestimmung nach Art. 14 I 2 GG interpretiert (so auch BayVGH, BayVBl. 1995, 242 [245]). Der BGH interpretiert solche Klauseln – u.E. unzutreffend – gegen BVerwGE 94, 1 als Rechtswegzuweisung zu ihm (§ 40 II VwGO), s. BGH, NJW 1995, 964 ff.; BGHZ 122, 76 (77).

3 Naturschutzrecht

185 Diese dürfen nicht zerstört oder erheblich beeinträchtigt werden und unterliegen damit einem *allgemeinen Veränderungsverbot*.[145] Das Verbot wurde durch die BNatSchG-Novelle 1986 eingeführt und war zunächst als Regelung im Rahmen der naturschutzrechtlichen Eingriffsregelung nach §§ 8 ff. BNatSchG vorgesehen, wurde dann aber als eigenständiges Instrument des besonderen Naturhaushaltsschutzes in § 20c geregelt, um das hiermit verbundene Schutzkonzept nicht durch das Landwirtschaftsprivileg des § 8 VII BNatSchG zu schmälern. Dieser *gesetzesunmittelbare Schutz*, den § 20c BNatSchG den Ländern[146] zur Pflicht macht, hat den Vorteil, daß er von einer besonderen Gebietsausweisung unabhängig ist und wenigstens den status quo sichert.

186 Das **Biotopschutzgesetz Baden-Württemberg**s beispielsweise definiert in einem Anhang eine Vielzahl von geschützten Biotoptypen (in Erweiterung der beispielhaften Aufzählung des § 20c I BNatSchG), die (deklaratorisch) in Listen und Karten zu erfassen sind.[147] Von der Schutzintensität her sind die besonders geschützten Biotope Naturschutzgebieten durchaus vergleichbar; sie erfassen auch Beeinträchtigungen, die den Eingriffstatbestand des § 8 BNatSchG nicht erfüllen (z.B. stoffliche Einwirkungen und mittelbare Beeinträchtigungen durch Veränderungen der Grundwasserverhältnisse).

187 In **Brandenburg** sind neben den § 20c-Biotopen (§ 32) auch *Alleen* (§ 31) gesetzlich geschützt und darüberhinaus durch § 33 NatSchG drei verschiedene Schutzzonen um die Horste von Adlern, Wanderfalken, Weihen, Schwarzstörchen, Kranichen und Uhus festgesetzt.

188 Durch § 20c II BNatSchG werden die Länder allerdings auch ermächtigt, Ausnahmen von dem allgemeinen Veränderungsverbot zuzulassen, wenn die Beeinträchtigungen ausgeglichen werden können oder die Maßnahmen aus überwiegenden Gründen des Allgemeinwohls notwendig sind. In letzterem Fall können (und sollten!) die Länder Ausgleichs- und Ersatzmaßnahmen vorsehen. In dieser Vorschrift liegt also neben dem Ausgleichsgebot (Rn. 3/126) eine Abwägungsdirektive, daß nur bei eindeutigem Überwiegen von Allgemeinwohlbelangen (nicht: privaten Belangen), die für die Zulassung einer Maßnahme sprechen, gegenüber dem Erhalt des schutzwürdigen Biotops dieses in Anspruch genommen werden kann. Planungsrechtlich handelt es sich um ein Optimierungsgebot.

189 In der *Bauleitplanung* sind gesetzlich nach § 20c BNatSchG geschützte Biotope gesondert zu berücksichtigen, da § 8a BNatSchG nur Eingriffe in Natur und Landschaft erfaßt, sich aber nicht auf den gesetzesunmittelbaren Biotopschutz erstreckt. Ein Bebauungsplan muß also entsprechende Biotope entweder in ihrem Bestand sichern oder materiell die Voraussetzungen

---

145 Zu § 20c BNatSchG s. Hess. VGH, NVwZ-RR 1993, 348 ff.; *Louis*, NuR 1992, 24 ff.; *Schink*, VerwArch 86 (1995), 398 ff.; *Schmidt-Aßmann*, in: Jarass u.a., UGB-BT, 1994, S. 419 ff.
146 Zur Wirksamkeit des § 20c BNatSchG im bauplanungsrechtlichen Innenbereich s. BVerwG, BauR 1995, 229. Die Vereinbarkeit der nordrhein-westfälischen Umsetzungsregelung mit Art. 14 I GG wird vom OVG Münster, B. v. 15.8.1994, 7 A 2883/92 angezweifelt, anders für Niedersachsen OVG Lüneburg, RdL 1995, 75 ff.; s. hierzu *Gellermann*, NuR 1995, 227 ff.
147 Gesetz zur Änderung des Naturschutzgesetzes (Biotopschutzgesetz) v. 19.11.1991, GBl. S. 701. In § 67 VI BW NatSchG werden jedoch u.a. im Zusammenhang bebaute Ortsteile i.S.d. § 34 BauGB vom gesetzlichen Biotopschutz ausgenommen. Da die Rahmenvorschrift des § 20c BNatSchG keine solchen Ausnahmen vorsieht, ist – wie bei § 10 BW NatSchG – fragl., ob diese Einschränkung mit Bundesrecht vereinbar ist, vgl. Fn. 3/67.

für landesrechtlich zulässige Ausnahmen entsprechend § 20c II BNatSchG schaffen. Bei Wohnbebauung, die einen örtlich vorhandenen dringenden Wohnbedarf deckt (§ 1 I BauGB-MaßnG), wird eine Überbauung eher möglich sein als bei Gewerbeflächen.

Der an sich sehr intensive Biotopschutz genügt allerdings insofern nicht, als manche gefährdete Tier- und Pflanzenarten in den Gebieten, in denen sie vorkommen, auf Biotope angewiesen sind, die sich nicht dazu eignen, in die absolute Schutzregelung des § 20c BNatSchG einbezogen zu werden. Dem Biotopschutz dient daneben aber auch die Unterschutzstellung von Gebieten (insbesondere nach Naturschutzrecht, aber auch nach § 19 WHG oder §§ 12, 13 BWaldG), die als ergänzendes, *komplementäres Instrument* eingesetzt werden kann.[148] Letztlich muß ein vorsorgender Biotopschutz darauf abzielen, um des Schutzes der wildlebenden Tiere und der wildwachsenden Pflanzen willen nicht nur deren ökologisch noch funktionsfähige Lebensstätten bzw. Lebensräume intensiv zu schützen, zu pflegen und zu entwickeln, sondern auch neue Biotope (etwa nach Maßgabe eines Landschaftsplans) zu schaffen (z.B. Sukzessionszonen, Gewässerschutz- oder Ackerrandstreifen). Für die Zukunft gilt es, landschaftsplanerisch ein Biotopverbundsystem zu entwickeln (Rn. 3/37).[149]

190

Die bundesrechtliche Rahmenregelung ist bislang nur von einigen Bundesländern ausgefüllt worden, so daß im Sinne eines wirksamen Biotopschutzes eine Umsetzungsfrist in das BNatSchG einbezogen werden sollte. Auch an eine Pflicht, Ausgleichsmaßnahmen für Befreiungen vorzusehen, wäre zu denken.

VII. Artenschutz

1. Allgemeines

a) Ziele des Artenschutzes

Neben dem Gebiets- und Objektschutz gehört auch der **Artenschutz**,[150] d.h. der *Schutz und die Pflege wildlebender Tier- und Pflanzenarten* mit dem Ziel der Erhaltung der Artenvielfalt (Biodiversität), der Sache nach zum klassischen Bereich des Naturschutzes. Dabei kann man sich heute allerdings nicht mehr – wie noch nach dem RNatSchG – lediglich mit dem unmittelbaren Schutz bestimmter einheimischer Tiere oder Pflanzen als Einzelerscheinungen der Natur begnügen. Vielmehr geht es beim heutigen – grenzüberschreitenden – Artenschutz angesichts des immer bedrohlichere Ausmaße annehmenden Artenschwundes (Rn. 3/31) um den Schutz und die Pflege der wildlebenden Tier- und Pflanzenarten in ihrer natürlichen und historisch gewachsenen –

191

---

148 Vgl. VGH BW, VBlBW 1994, 233 (237).
149 Vgl. *Soell*, NuR 1993, 301 (309); SRU, Umweltgutachten 1987, Tz. 492; Umweltgutachten 1994, Tz. 465 f.; § 173 UGB-E; *Länderarbeitsgemeinschaft für Naturschutz, Landschaftspflege und Erholung* – Lübecker Grundsätze des Naturschutzes v. 6.12.1991.
150 Vgl. hierzu insbesondere *Schmidt-Räntsch*, Leitfaden zum Artenschutzrecht, 1990; *dies.*, in: HdUR, Bd. I, Art. „Artenschutzrecht", Sp. 147 ff.; *Heider*, Der Tierartenschutz im Naturschutzrecht und artverwandten Gebieten, Diss. Köln 1990. Zur 1986 erfolgten Novellierung des BNatSchG vgl. ferner *Apfelbacher*, NuR 1987, 241 (246 ff.); *Edmonds*, NuR 1987, 112 ff. – S. auch *Arzt*, NuR 1992, 304 ff. (zum Schutz der Meeressäugetiere) u. *BMU* (Hrsg.), Durchführung des Washingtoner Artenschutzübereinkommens in der BRD, April 1994.

3 Naturschutzrecht

weltweiten – Vielfalt (§ 20 I 1 BNatSchG) und auch um den Schutz der *Lebensräume* der Arten (§ 20 I 2 Nr. 2 BNatSchG).

192 Der Artenschutz dient zugleich der Sicherung der Lebensgrundlagen des Menschen. Solche Lebensgrundlagen bilden nicht nur die dem Menschen unmittelbar zur Befriedigung von Grundbedürfnissen dienlichen Arten der Nutztiere oder Nutzpflanzen – auf diese bezieht sich der naturschutzrechtliche Artenschutz gerade nicht –, sondern auch zahllose sonstige Arten, die (wie etwa bestimmte Insektenarten) nach den Ergebnissen der ökologischen Forschung für die Erhaltung der Leistungs-, d.h. Funktionsfähigkeit von Ökosystemen oft unverzichtbar sind.

193 Nach der unmittelbar geltenden **Ziel- und Aufgabennorm** des § 20 I BNatSchG soll Artenschutz nicht nur im traditionellen Sinn unmittelbar durch Schutz und Pflege der Arten erfolgen, sondern auch mittelbar durch die Erhaltung und zweckdienliche Gestaltung der Lebensräume (s. Rn. 3/35). Nach Abs. 1 S. 2 dieser Grundnorm umfaßt nämlich der Artenschutz

- den Schutz der *wildlebenden Tiere und Pflanzen* und ihrer *Lebensgemeinschaften* vor Beeinträchtigungen durch den Menschen (*Nr. 1*),
- den Schutz, die Pflege, die Entwicklung und die Wiederherstellung der *Biotope* wildlebender Tier- und Pflanzenarten sowie die Gewährleistung ihrer sonstigen Lebensbedingungen (*Nr. 2*),
- die *Ansiedlung* von Tieren und Pflanzen verdrängter wildlebender Arten in geeigneten Biotopen innerhalb ihres natürlichen Verbreitungsgebietes (*Nr. 3*).

Die *Länder* sind nach § 20b BNatSchG verpflichtet, geeignete Maßnahmen zur Erreichung der in § 20 I BNatSchG genannten Ziele zu treffen.

194 Der naturschutzrechtliche Artenschutz wird insbesondere durch Vorschriften des *Tier- und Pflanzenschutzrechts* sowie durch Vorschriften des *Forst-, Jagd- und Fischereirechts* ergänzt oder verdrängt (s. auch Rn. 3/37). Nach § 20 II BNatSchG bleiben daher diese Vorschriften unberührt. Diese „Unberührtheitsklausel" ist überflüssig und soll daher künftig entfallen.

195 Der Verwirklichung eines wirksamen Artenschutzes dienen in erster Linie normative „**Verbotskataloge**" untersagter Verhaltensweisen. So gibt es bundesrechtlich eine stattliche (umsetzungsbedürftige) Verbotsliste schon beim sog. „allgemeinen Schutz wildlebender Tiere und Pflanzen" (§ 20d I BNatSchG; Rn. 3/202) und eine noch weit umfangreichere, unmittelbar geltende Verbotsliste bei den sog. „besonders geschützten Tier- und Pflanzenarten" (§ 20f BNatSchG; Rn. 3/212).

196 Erforderlich wäre vor allem ein wirksamer, bisher noch nicht zureichend gewährleisteter **Biotopschutz** (Rn. 3/34 ff.). Ihm dienen zunächst einmal die unmittelbar geltende *Aufgabennorm* des § 20 I 2 Nrn. 2 u. 3 BNatSchG (Rn. 3/191) und das umsetzungsbedürftige *allgemeine Verbot der Biotopbeeinträchtigung ohne vernünftigen Grund* des § 20d I Nr. 3 (Rn. 3/204). Zentrales Element des vom BNatSchG vorgehaltenen Schutzkonzeptes ist der gesetzesunmittelbare Schutz *besonders schützenswerter Biotope* durch die Rahmenregelung des § 20c (Rn. 3/184). Biotopschutz für besonders geschützte Arten sieht auch der unmittelbar geltende § 20f in den Nrn. 1 u. 4 vor.

197 Das Artenschutzinstrumentarium dient zugleich der Erfüllung der Verpflichtungen, die der Bundesrepublik Deutschland nach internationalen Abkommen (Rn. 3/53 ff.) und Europarecht (Rn. 3/41, 55) obliegen.

b) Artenschutzrechtliche Begriffe des BNatSchG

§ 20a BNatSchG enthält wichtige **Legaldefinitionen** für die Begriffe Tiere, Pflanzen, heimisch, Populationen, Inverkehrbringen, Mitgliedstaat und Drittland. Unter „Tieren" und „Pflanzen" der Artenschutzregelung sind nur Exemplare „wildlebender Arten" zu verstehen, also nicht Haustiere oder Kulturpflanzen. **198**

aa) **Tiere** i.S. des V. Abschnitts des BNatSchG sind nach § 20a I Nr. 1 **199**
– wildlebende, gefangene oder gezüchtete und nicht herrenlos gewordene sowie tote Tiere wildlebender Arten,
– Eier, Larven, Puppen und sonstige Entwicklungsformen von Tieren wildlebender Arten.

bb) **Pflanzen** i.S. des V. Abschnitts des BNatSchG sind nach § 20a I Nr. 2 **200**
– wildlebende, durch Anbau gewonnene sowie tote Pflanzen wildlebender Arten,
– Samen, Früchte und sonstige Entwicklungsformen von Pflanzen wildlebender Arten.

cc) Nach § 20a II BNatSchG gelten als Tiere und Pflanzen i.S. des V. Abschn. des BNatSchG auch die als solche ohne weiteres erkennbaren **Teile von Tieren und Pflanzen** wildlebender Arten sowie die ohne weiteres erkennbar aus solchen Tieren und Pflanzen gewonnenen **Erzeugnisse** (z.B. bearbeitete Häute und Felle, Pelzmäntel,[151] Taschen, Tinkturen). Vgl. dazu auch § 7 BArtSchV i.V.m. Anlage 4 dieser VO. **201**

2. Allgemeiner Schutz wildlebender Tiere und Pflanzen

Nach der aus dem klassischen Artenschutzrecht tradierten, nicht unmittelbar geltenden Rahmenregelung des **§ 20d I BNatSchG** über den *allgemeinen Schutz wildlebender Tiere und Pflanzen* ist es verboten,
– wildlebende *Tiere* mutwillig zu beunruhigen oder ohne vernünftigen Grund zu fangen, zu verletzen oder zu töten (*Nr. 1*),
– ohne vernünftigen Grund wildlebende *Pflanzen* von ihrem Standort zu entnehmen oder zu nutzen oder ihre Bestände niederzuschlagen oder auf sonstige Weise zu verwüsten (*Nr. 2*) und
– ohne vernünftigen Grund *Lebensstätten* wildlebender Tier- und Pflanzenarten zu beeinträchtigen oder zu zerstören (*Nr. 3*).

Gebietsfremde Tiere und Pflanzen wildlebender und nicht wildlebender Arten dürfen, soweit es sich nicht um land- oder forstwirtschaftlichen Pflanzenanbau handelt, nur mit behördlicher Genehmigung ausgesetzt oder in der freien Natur angesiedelt werden (§ 20d II BNatSchG). **202**

---

151 VG Hamburg, NuR 1993, 174.

3 Naturschutzrecht

203 Diese Verbotsliste wird durch § 13 BArtSchV ergänzt. Die *Länder* können nach § 20d III BNatSchG noch weitere Vorschriften erlassen. So ist es z.B. nach § 29 I Nr. 4 BW NatSchG verboten, brütende oder sich sammelnde Tiere unnötig zu stören.

3. Besonderer Artenschutz

204 Die Regelungen zum *besonderen Artenschutz* sind mit der BNatSchG-Novelle von 1986 erheblich ausgeweitet worden. Dabei handelt es sich (vgl. § 4 S. 3 BNatSchG) *überwiegend um unmittelbar geltende, nicht umsetzungsbedürftige Regelungen*, die überdies zum großen Teil nicht ergänzungsbedürftig sind, d.h. den Charakter bundesrechtlicher Vollregelungen haben. Mit ihnen wird ein besonderer Schutz bestimmter gefährdeter Arten erstrebt, wobei das deutsche Naturschutzrecht zugleich an Vorgaben des internationalen Artenschutzrechts (Rn. 3/53 ff.) und des Europarechts (Rn. 3/41) angepaßt wurde. Wegen des Ineinandergreifens von völkerrechtlichen, europarechtlichen und innerstaatlichen Normen ist das im BNatSchG kodifizierte Recht des besonderen Artenschutzes leider extrem unübersichtlich.

a) Kategorien des besonderen Artenschutzes

205 Nach der **Schutzform** unterscheidet das Artenschutzrecht **zwei** *Kategorien besonders geschützter Tier- und Pflanzenarten*, nämlich
– die kraft Gesetzes besonders geschützten Arten (Rn. 3/206) und
– die zusätzlich durch die BArtSchV besonders geschützten Arten (Rn. 3/207).

Nach der **Schutzintensität** gibt es sogar **drei** *Kategorien besonders geschützter Tier- und Pflanzenarten* (Rn. 3/212). Einen besonders intensiven Schutz genießen die *vom Aussterben bedrohten Arten*.

206 aa) **Kraft Gesetzes** (§ 20e III 1 BNatSchG) sind besonders geschützte Tier- und Pflanzenarten, die in den Anhängen I u. II des Washingtoner Artenschutzübereinkommens (WA) – Rn. 3/53 – i.d.F. des Anhangs A der EG-VO Nr. 3626/82 (Rn. 3/55) aufgeführten Arten sowie die Arten des Anhangs C der zit. EG-VO, die den Arten des Anhangs I WA (vom Aussterben bedrohte Arten) gleichgestellt sind (Art. 3 I der EG-VO) oder einer besonderen EG-rechtlichen Einfuhrregelung unterliegen (Art. 3 II der EG-VO).

207 bb) **Durch die BArtSchV** besonders geschützte Tier- und Pflanzenarten (§ 20e I 1 BNatSchG) sind zunächst die in § 1 S. 1 i.V.m. *Anlage 1* Spalte 1 der BArtSchV aufgelisteten Arten. In dieser Anlage 1 zur BArtSchV sind die der EG-VO Nr. 3626/82 nicht unterliegenden, gem. § 20e I BNatSchG i.V.m. § 4 S. 1 BArtSchV unter besonderen Schutz gestellten Arten aufgeführt; dabei sind die vom Aussterben bedrohten Arten gem. § 1 S. 2 BArtSchV durch Fettdruck hervorgehoben. In *Anlage 2* zur BArtSchV werden die wildlebenden Tier- und Pflanzenarten, die der EG-VO Nr. 3626/82 unterliegen, aufgeführt. Dabei werden die in Spalte 2 dieser Anlage mit einem Kreuz bezeichneten Arten gem. § 4 S. 1 BArtSchV zusätzlich unter besonderen Schutz gestellt. Die Arten, die über die EG-VO hinaus zusätzlich als vom Aussterben bedroht

angesehen werden, sind hier gem. § 4 S. 2 BArtSchV in Spalte 3 mit einem Kreuz gekennzeichnet.

cc) Zu den besonders geschützten Arten gehören praktisch alle europäischen Vogel-, Amphibien- und Reptilienarten, alle heimischen Säugetiere sowie eine große Zahl weiterer heimischer oder nichtheimischer Tier- und Pflanzenarten. Bei den Vögeln (etwa Kranichen, Großen Brachvögeln, Kormoranen usw.) sind somit jetzt auch die nicht gerade seltenen Elstern, Eichelhäher und Rabenkrähen besonders geschützt, obwohl diese Rabenvögel, so wird behauptet, auch Nesträuber sind und den Junghasen gefährlich werden können (u.a. deswegen Protest der Jägerverbände); insoweit sind insbesondere in bezug auf das Tötungsverbot des § 20f I Nr. 1 BNatSchG aufgrund des § 20g VI BNatSchG im Wege von Rechtsverordnungen einiger Landesregierungen befristete Ausnahmeregelungen für Jagdausübungsberechtigte erlassen worden.[152] Die Kormorane, deren Bestände im Zunehmen begriffen sind, fügen der Fluß- und Seefischerei sowie der Teichwirtschaft nicht unerhebliche Schäden zu (daher Protest des Deutschen Fischereiverbandes). **208**

Zu den kraft *gesetzlicher* Regelung besonders geschützten Arten gehören auch einige dem Jagdrecht (§ 2 I BJagdG) unterliegende Tierarten, u.a. Fischotter, Wildkatze, Luchs usw. sowie die 18 heimischen Greifvögel, deren Haltung von der BWildSchV geregelt ist (Falknerjagdschein). Durch die *BArtSchV* können keine gem. § 2 I BJagdG dem Jagdrecht unterliegenden Tierarten dem besonderen Tier- und Pflanzenartenschutz unterstellt werden. **209**

dd) Bisher sind bei den besonders geschützten Arten im Hinblick auf die **Schutzintensität** zu unterscheiden **210**

– *Kategorie 1*, nämlich die besonders geschützten Arten, sei es kraft Gesetzes (§ 20e III 1 BNatSchG), d.h. die in Anh. I u. II WA und in Anh. C EG-VO aufgeführten Arten, oder sei es gem. BArtSchV (§ 20e I 1 BNatSchG),
– *Kategorie 2*, nämlich die in Anh. C Teil 1 EG-VO aufgeführten Arten und
– *Kategorie 3*, nämlich die vom Aussterben bedrohten Arten, d.h. die in Anh. I WA aufgeführten (§ 20e III 2 BNatschG) sowie die in der BArtSchV als solche bezeichneten Arten (§ 20e I 2 BNatSchG).

Die 1. Kategorie (besonders geschützte Arten) umfaßt die Kategorien 2 und 3. Für die Kategorien 2 und 3 gelten aber zusätzlich strengere Vorschriften, z.B. § 20g II BNatSchG, während andere schutzsteigernde Vorschriften nur auf die Kategorie 3 (vom Aussterben bedrohte Arten) bezogen sind, z.B. § 20f I Nrn. 3 u. 4 oder § 30a II BNatSchG. Dies ist für den Nichtspezialisten kaum noch durchschaubar. Die Referentenentwürfe zur Novelle des BNatSchG hatten deshalb terminologisch und sachlich nur noch differenziert zwischen **211**

– besonders geschützten Arten (wie oben Kategorie 1 in Rn. 3/210) und
– streng geschützten Arten (wie oben Kategorien 2 u. 3 in Rn. 3/210).

Die „streng geschützten" Arten sollten insgesamt schärferen Schutzregeln unterstellt werden.

b) Besondere Schutzbestimmungen

Der Inhalt der Unterschutzstellung ergibt sich für den besonderen Artenschutz vor allem aus **§ 20f BNatSchG**. Es geht dabei um z.T. sehr weitgehende, verfassungs- **212**

---

152 Vgl. z.B. die bad.-württ. VO v. 23.1.1989, GBl. 23. Die Aufnahme grundsätzlich aller europäischer Vogelarten (hier: des Kormorans) in die Liste besonders geschützter Tier- und Pflanzenarten durch die BArtSchV hat in § 26a BNatSchG eine ausreichende Rechtsgrundlage, BVerwG, NuR 1994, 486.

rechtlich aber grundsätzlich nicht zu beanstandende[153] **Beeinträchtigungs-, Besitz-, und Verarbeitungsverbote** sowie **Vermarktungs- und sonstige Verkehrsverbote.**

213 aa) Für die besonders geschützten Arten wildlebender Tiere und Pflanzen zählt die unmittelbar geltende Vorschrift des § 20f I BNatSchG alle Handlungen auf, die verboten sind. Diese *Verbote* umfassen praktisch *jegliche Beeinträchtigung besonders geschützter wildlebender Tiere und Pflanzen* einschließlich ihrer Nist-, Brut-, Wohn- oder Zufluchtsstätten bzw. Standorte, wobei § 20f I Nr. 3 BNatSchG u.E. auch *mittelbare* Einwirkungen auf Tiere der *vom Aussterben bedrohten* Arten verbietet.[154] Dies alles gilt nach § 20f III 1 BNatSchG nicht für die ordnungsgemäße land-, forst- und fischereiwirtschaftliche Bodennutzung (Rn. 3/79 ff.) oder für die nach § 8 BNatSchG zulässigen Eingriffe (Rn. 3/122 ff.).

214 bb) Hinzu kommen zahlreiche weitere – z.T. außerordentlich weitreichende – Regelungen im BNatSchG und in der BArtSchV. Sie haben in bezug auf besonders geschützte Tier- und Pflanzenarten spezielle Verbote (mit Genehmigungsvorbehalten) und besondere Pflichten zum Gegenstand. Durch Errichtung des Bundesamts für Naturschutz konnten die bislang gesplitterten Behördenzuständigkeiten in § 21c BNatSchG wesentlich gestrafft werden.

215 – Zunächst sind *Besitz-, Vermarktungs- und sonstige Verkehrsverbote* zu nennen (§ 20f II BNatSchG). Diese Verbote sind für einen wirksamen Artenschutz besonders wichtig, weil sie das kommerzielle Interesse am Fangen oder Gewinnen geschützter Tiere oder Pflanzen bekämpfen. In § 20g I 1 BNatSchG sind Ausnahmen von den Verboten kraft Gesetzes vorgesehen, und zwar für die Tierzucht und den Pflanzenanbau im Inland, für den Erwerb durch Jagd- und Fischereiberechtigte, für den Vorerwerb und für die Einfuhr. Besonderheiten gelten insoweit gem. § 20g II BNatSchG für die in Rn. 3/210 angeführten Kategorien 1 und 2.[155]

Im BNatSchG und in der BArtSchV ist ferner vorgesehen, daß von den *Ländern* weitere Ausnahmen und Befreiungen von den Besitz- und Verkehrsverboten gewährt werden können.

216 – Regelungen der *Ein- und Ausfuhr* (vgl. §§ 20a VII, 21-21e BNatSchG) enthalten die EG-VO Nr. 3626/82 und die §§ 3, 5 u. 6 BArtSchV i.V.m. Anlagen 1, 2 u. 3 dieser VO. Hier bestehen sowohl bei den der EG-VO unterliegenden als auch bei den von dieser VO nicht erfaßten besonders geschützten Arten Genehmigungserfordernisse. Eine Ein- oder Ausfuhrgenehmigung darf nur unter den in § 21b BNatSchG angeführten Voraussetzungen erteilt werden. Ohne Genehmigung zur Einfuhr gelangende Tiere und Pflanzen unterliegen der Beschlagnahme und Einziehung durch die Zollstellen gem. § 21f BNatSchG.

217 – Da der Besitz von Tieren und Pflanzen der besonders geschützten Arten nur in den gesetzlich geregelten Ausnahmefällen zulässig ist, ist in § 22 BNatSchG vorgesehen, daß der Besitzer solcher Exemplare sein *Besitzrecht* gegenüber den zuständigen Behörden *nachzuweisen* hat.[156]

---

153 Vgl. BVerfG, NuR 1993, 154 und zum früheren § 22 II BNatSchG BVerfGE 61, 291.
154 A.A. VGH BW, NVwZ 1991, 82, wonach ein Verbot des Modellflugsports aufgrund § 20f BNatSchG in einem Jagdrevier des vom Aussterben bedrohten Wanderfalken nicht zulässig sein soll.
155 Zum Vermarktungsverbot des Art. 6 I VO (EWG) Nr. 3626/82 für Afrikanische Elefanten s. VGH BW, VBlBW 1995, 244 ff. u. oben Rn. 3/210.
156 OLG Hamm, NuR 1993, 182.

- Wer gewerbsmäßig Tiere oder Pflanzen der besonders geschützten Arten erwirbt, be- oder **218** verarbeitet oder in den Verkehr bringt, ist nach § 8 I BArtSchV zur Führung eines *Aufnahme- und Auslieferungsbuchs* verpflichtet. Der Halter von lebenden Wirbeltieren besonders geschützter Arten ist nach § 10 III BArtSchV verpflichtet, den Bestand der Tiere der zuständigen Landesbehörde jeweils binnen vier Wochen seit Beginn der Haltung und jeweils unverzüglich den Zu- und Abgang von Tieren schriftlich *anzuzeigen*. Hiervon sind die zoologischen Gärten nach Maßgabe des § 10 IV BArtSchV freigestellt.

- Nach der BArtSchV sind *besonders geschützte Wirbeltiere* beim Inverkehrbringen (§ 9 **219** BArtSchV) in bestimmter Weise zu *kennzeichnen* (z.B. durch Beringung von Vögeln, soweit es sich nicht um Greifvögel handelt, die bereits entsprechend § 3 II u. III der Bundeswildschutzverordnung gekennzeichnet sind). § 9 BArtSchV gilt auch für Teile und Erzeugnisse besonders geschützter Wirbeltiere. Auch das Halten der gem. § 9 BArtSchV zu kennzeichnenden, besonders geschützten Wirbeltiere ist nach § 10 BArtSchV von der Erfüllung persönlicher und sachlicher Voraussetzungen abhängig.

- Die BArtSchV enthält noch besondere Vorschriften über die *Zucht von Tieren der besonders* **220** *geschützten Arten* (§ 11) sowie über die *Vermarktung gezüchteter Tiere* (§ 12).

cc) Insbesondere der Vollzug der Handelsbeschränkungsvorschriften durch die zuständigen **221** Zoll-, Naturschutz- und Polizeibehörden läßt sehr zu wünschen übrig. Gründe dafür sind die Überkompliziertheit der Regelungen, niedriger Kenntnisstand des Vollzugspersonals, Personalmangel, Fehlen geeigneter Unterbringungsmöglichkeiten für an sich zu beschlagnahmende (u.U. zahlreiche) Exemplare, mangelhafte Kooperation zwischen den Vollzugsbehörden usw.

VIII. Behördenzuständigkeit und Verfahren

1. Zuständigkeit und Verfahren nach Bundesrecht

a) Allgemeine Vorschriften

Zuständig für die Durchführung der Naturschutzgesetze des Bundes und der Länder **222** sind, soweit normativ nichts anderes bestimmt ist, die für Naturschutz und Landschaftspflege nach Landesrecht hierzu berufenen *Landesbehörden* (§ 3 I BNatSchG). Häufig werden die naturschutzrechtlichen Normen nicht von den *Naturschutzbehörden*, sondern von anderen Behörden vollzogen (vgl. etwa Rn. 3/123). Jedenfalls haben alle Behörden im Rahmen ihrer Zuständigkeit die Verwirklichung der – nach § 4 S. 3 BNatSchG unmittelbar in den Ländern verbindlichen – Ziele des Naturschutzes und der Landschaftspflege i.S. des § 1 BNatSchG zu unterstützen (§ 3 II 1 BNatSchG). Soweit die Naturschutzbehörden nicht selbst zuständig sind, sind sie nach § 3 II 2 BNatSchG von den anderen zuständigen Behörden bereits bei der Vorbereitung aller öffentlichen naturschutzrelevanten Planungen und Maßnahmen zu unterrichten und anzuhören (verfahrensrechtliche Mindestbeteiligung), wenn nicht andere Vorschriften eine weitergehende Form der Beteiligung vorsehen. Entsprechendes gilt im umgekehrten Fall der primären Zuständigkeit der Naturschutzbehörden (§ 3 III BNatSchG).

3 *Naturschutzrecht*

b) Besondere Vorschriften bei Eingriffen in Natur und Landschaft

223 Die besondere Behördenzuständigkeit bei Eingriffen in Natur und Landschaft (§ 8 BNatSchG) ist innerhalb der bundesrechtlichen Vorgaben des BNatSchG grundsätzlich Gegenstand landesrechtlicher Regelung. *Bundesrechtlich* ist das Verfahren bei *Beteiligung von Behörden des Bundes* (Entscheidung über den Eingriff oder Durchführung einer solchen Entscheidung durch eine Bundesbehörde) durch § 9 BNatSchG geregelt (Rn. 3/225).[157] Im übrigen ist das Landesrecht maßgebend.

224 Haben nicht die Naturschutzbehörden, sondern andere Behörden über naturschutzrechtlich relevante Eingriffe (Rn. 3/123) zu entscheiden, so sind sie auch dazu berufen, die naturschutzrechtlich notwendigen Maßnahmen in Gestalt von Auflagen, Untersagungen oder der Auferlegung von Ausgleichsverpflichtungen unter den in § 8 II u. III BNatSchG normierten Voraussetzungen auszusprechen (§ 8 II 3 BNatSchG). Entsprechende Entscheidungen und Maßnahmen sind aber *im Benehmen mit den zuständigen Naturschutzbehörden* zu treffen, wenn nicht eine weitergehende Form der Beteiligung (z.B. „im Einvernehmen mit ...") vorgesehen ist (§ 8 V 1 BNatSchG), was allerdings im Verhältnis zwischen Bundes- und Landesbehörden wegen des verfassungsrechtlichen Verbots der Mischverwaltung nicht zulässig wäre.[158] Bei Entscheidungen aufgrund eines Bebauungsplanes erachtet § 8a VII 3 i.V.m. II BNatSchG die in § 4 I BauGB für das Planaufstellungsverfahren geregelte Beteiligung der Behörden (u.a. also der „Naturschutzbehörden") für ausreichend, Baugenehmigungen nach § 34 oder § 35 I und IV BauGB ergehen nach § 8a VII 1 BNatSchG im Benehmen mit der zuständigen Naturschutzbehörde.[159]

225 Bundesrechtlich ist die Beteiligung von Landesbehörden in Fällen, in denen *bundesbehördlich vorgesehene Maßnahmen* oder *Maßnahmen von Bundesbehörden in Natur und Landschaft eingreifen*, in § 9 BNatSchG gesondert und abschließend mit unmittelbarer Wirkung (§ 4 S. 2 BNatSchG) geregelt. Bei einer abweichenden Stellungnahme der zuständigen Landesbehörde (§ 8 V BNatSchG) ist danach das Benehmen mit der obersten Landesbehörde für Naturschutz und Landschaftspflege erforderlich.

2. Zuständigkeit und Verfahren nach Landesrecht

226 Die allgemeinen und besonderen Zuständigkeiten der Naturschutzbehörden sowie die einschlägigen organisations- und verfahrensrechtlichen Fragen werden grundsätzlich

---

157 Die nach § 9 BNatSchG vorgeschriebene Beteiligung verleiht den Ländern nach Auffassung des BVerwG, DVBl. 1993, 886 ff., kein klagefähiges Recht i.S.d § 42 II VwGO (so bereits BVerwG, DVBl. 1989, 1053); hiergegen zutr. *Laubinger*, VerwArch 85 (1994), 291 ff.
158 Zur Frage der materiell- und verfahrensrechtlichen Schranken für naturschutzrechtlich relevante Vorhaben des Bundes und ihrer Durchsetzung s. *Salzwedel*, NuR 1984, 165 ff.; vgl. insbes. BVerwGE 44, 351 (357 f.) m.w.N. Im Grundsatz gilt: Der Bund als Vorhabenträger ist dem Naturschutzrecht auch insoweit, als es sich um Landesrecht handelt, voll unterworfen. Die Bindung besteht nicht, wenn Bundesrecht im Rahmen der grundgesetzlichen Kompetenzordnung eine andere Regelung trifft; vgl. z.B. BVerwG, DVBl. 1989, 1053 (zu § 36 BbG).
159 Hierzu *Dürr*, BauR 1994, 460 (472).

durch das Landesrecht geregelt. Das gilt auch für die fachliche Beratung der Naturschutzbehörden, für die Heranziehung ehrenamtlich tätiger Bürger und Verbände, für die Einrichtung eines Naturschutzdienstes usw.

So gilt beispielsweise in *Baden-Württemberg*: Bedürfen Eingriffe in Natur und Landschaft nach anderen als naturschutzrechtlichen Vorschriften einer behördlichen Gestattung, so wird diese nach § 12 BW NatSchG im Einvernehmen mit der Naturschutzbehörde erteilt. Handelt es sich aber um den speziellen Fall des Eingriffs nach § 10 I Nr. 1 i.V.m. § 13 I BW NatSchG (*Veränderung der Bodengestalt*), so ist die *Genehmigung durch die Naturschutzbehörde* erforderlich (§ 13 I 1 BW NatSchG). Bedarf dieses Vorhaben nach anderen Vorschriften einer behördlichen Gestattung (einer Baugenehmigung, wasserrechtlichen Erlaubnis usw.), so wird nach § 13 II 1 BW NatSchG auch diese Gestattung neben der naturschutzrechtlichen Genehmigung durch die Naturschutzbehörde im Benehmen mit der an sich sonst zuständigen Behörde erteilt (*Zuständigkeitskonzentration*). Dies gilt nur dann nicht, wenn es sich bei der Gestattung nach anderen Vorschriften um eine ihrerseits mit Konzentrationswirkung ausgestattete Planfeststellung (Rn. 2/69) handelt (§ 13 II 2 BW NatSchG) oder wenn Bundesrecht entgegensteht (§ 13 II BW NatSchG a.E.). 227

In allen Landesnaturschutzgesetzen finden sich Vorschriften, nach denen bei unzulässigen Eingriffen in Natur und Landschaft (Rn. 3/117) die zuständige Behörde ermächtigt wird, vorzugehen; darüberhinaus enthalten einzelne Gesetze (z.B. § 5 I in BW, § 54 I in Bbg, § 63 in Nds u.a.) eine generalklauselartige Ermächtigung, gegen naturschutzwidrige Zustände einzuschreiten. Subsidiär ist jedenfalls die polizeirechtliche Generalklausel anwendbar.[160] 228

IX. Verbandsmitwirkung und Verbandsklage

Die **Mitwirkung von Verbänden im Bereich des Naturschutzes** und der Landschaftspflege ist bundesrechtlich in der gem. § 4 S. 3 BNatSchG unmittelbar anzuwendenden Vorschrift des § 29 BNatSchG geregelt. Landesrechtlich finden sich ergänzende Regelungen. Darüber hinaus haben bisher zwölf Bundesländer für einzelne Bereiche des Naturschutzrechtes die **Verbandsklage** eingeführt (Rn. 3/261). 229

1. Verbandsmitwirkung im Umweltrecht

a) Allgemeines

Unter *Verbandsmitwirkung* (Verbandsbeteiligung) im eigentlichen, engeren Sinne versteht man die zur Wahrung bestimmter öffentlicher Belange in Fachgesetzen verfahrensrechtlich vorgesehene „Sonderbeteiligung" von auf Dauer angelegten Personenvereinigungen an nichtförmlichen oder förmlichen hoheitlichen Entscheidungsprozessen der Exekutive.[161] Dabei spielt die „Mitbestimmung" von Verbänden beim Erlaß 230

---

160 OVG Münster, NuR 1991, 497; 1994, 251. Zur Störerauswahl s. VGH BW, NVwZ-RR 1992, 350; aber auch OVG Koblenz, NuR 1988, 41.
161 Zu den rechtspolitischen Aspekten einer Verbandsbeteiligung vgl. z.B. *Bender*, DVBl. 1977, 708 ff. (Gesetzgebungsvorschlag); *ders.*, in: 25 Jahre Bundesverwaltungsgericht, 1978, 37 ff. m.w.N.; *ders.*, in: HdUR, Bd. II, Art. „Verbandsbeteiligung", Sp. 2554 ff.; *Gassner*, NuR 1991, 211 ff.; *Hauber*, VR 1991, 313 ff.

3 Naturschutzrecht

definitiver Entscheidungen aus guten Gründen keine Rolle, wohl aber die Mitwirkung in behördlichen Ermittlungs-, Prognose- und Bewertungsverfahren, also die **Mitwirkung bei der Vorbereitung von Entscheidungen**. Diese Mitwirkung soll dazu beitragen, daß möglichst umfassende Entscheidungsgrundlagen gewonnen werden. Dabei interessiert bei der eigentlichen Verbandsbeteiligung nur die (nach geltendem Recht etwa schon bestehende oder rechtspolitisch geforderte) *Verfahrensbeteiligung von Verbänden gerade wegen ihrer Verbandsfunktion*, nicht aber die Verbandsbeteiligung unter den Voraussetzungen, unter denen auch Einzelpersonen als Beteiligte in Betracht kommen.

231 Nicht hierher gehört die Verbandsbeteiligung solcher Verbände, die (wie etwa Arbeitgeber- oder Wirtschaftsverbände, Gewerkschaften usw.) *materielle* Partikularinteressen „gruppenegoistisch" verfolgen. Auch sind manche Verbände, obschon sie *ideelle*, mehr oder weniger allgemeine Interessen „altruistisch" verfolgen, für die Verbandsbeteiligung im Umweltrecht gleichwohl ohne Bedeutung (wie etwa Verbände des Wohlfahrtswesens, der Jugendhilfe usw.). Es geht im Umweltrecht nur um die Verbandsbeteiligung von *Umweltverbänden*.

232 Zu den von den **Umweltverbänden** satzungsmäßig übernommenen *Aufgaben* gehört die Wahrnehmung bestimmter Umweltbelange, insbesondere der Schutz und die Pflege bestimmter Umweltgüter, z.B. bestimmter Landschaftsteile oder bestimmter wildlebender Tiere oder Pflanzen, und zwar entweder um dieser Güter selbst willen oder zur Sicherung der Lebensgrundlagen des Menschen. *Inhaltlich* kann die Befugnis zur Beteiligung eines Verbands an staatlichen Entscheidungsprozessen *Anhörungs-, Vorschlags-, Einspruchs- oder sonstige Mitwirkungsrechte* umfassen. *Funktional* bezieht sich die Verbandsbeteiligung auf die *Problemerhellung*, die *Informationsbeschaffung und -verarbeitung* sowie u.U. auf die *Entwicklung von Problemlösungsalternativen*. Eine in staatliche Entscheidungsprozesse integrierte Aktivierung der vom Verband gesammelten Erfahrungen und seines Sachwissens ist sinnvoll nur dann möglich, wenn der Verband „seriös" und hinreichend leistungsfähig ist.

233 Mit der Verbandsbeteiligung sollen nicht Verbände um ihrer selbst willen privilegiert, sondern sie sollen für Zwecke der öffentlichen Verwaltung instrumentalisiert werden, wenn und soweit sich dies mit Rücksicht auf eine typische Unterentwicklung der Artikulationschance konkreter Umweltschutzinteressen als zweckmäßig erweist. *Verfassungsrechtlich* ist dies *unbedenklich*. Es geht eben nicht um die – mit dem Erfordernis *demokratischer Legitimation* u.U. nicht mehr zu vereinbarende – Verbandsbeteiligung an der hoheitlichen Entscheidung selbst. Auch der *Gleichheitssatz* steht der Verbandsbeteiligung dann nicht entgegen, wenn die zur gemeinwohlbezogenen Bewältigung der Optimierungsproblematik fachgesetzlich vorgenommene „Bewehrung" eines öffentlichen Interesses mit dem Verbandsbeteiligungsrecht sachlich motiviert ist. Schließlich ist auch in *rechtsstaatlicher* Hinsicht gegen die eigentliche Verbandsbeteiligung, die von der Gewährung rechtlichen Gehörs zu unterscheiden ist, nichts einzuwenden. Ihr Zweck ist nämlich insbesondere der, es der Verwaltung zu erleichtern, die entscheidungsbetroffenen Belange nicht nur zu ermitteln, sondern auch zu bewerten und zwischen ihnen innerhalb der vom objektiven Recht offengehaltenen Entscheidungsspielräume einen angemessenen, verantwortbaren Ausgleich herbeizuführen. Somit soll, was sich besonders bei komplexen Sachverhalten auswirken kann, die Funktionstüchtigkeit der Verwaltung durch Steigerung ihres „Problembewältigungspotentials" angehoben und administrativen Fehlbeurteilungen nach Möglichkeit vorgebeugt werden.

234 Von Bedeutung kann eine Verbandsbeteiligung überall dort sein, wo Umweltbelange gefördert oder geschützt werden sollen. Der Schutz von Umweltbelangen erfordert ggf. nicht nur Maß-

nahmen der *Gefahrenabwehr* (Rn. 1/67), sondern insbesondere auch Maßnahmen in Vollzug von Normen, die das *Vorsorgeprinzip* (Rn. 1/69) konkretisieren. Solche Normen sind in der Regel nur auf den Schutz bzw. die Förderung bestimmter Allgemeininteressen, nicht aber auch bestimmter Individualinteressen angelegt. Die Folge ist, daß der Behörde im Verwaltungsverfahren mangels verfahrensbeteiligter Bürger von seiten der Gesellschaft grundsätzlich keine Anregungen für den Schutz der Umwelt zugehen können. Dem kann die Verbandsbeteiligung abhelfen. Aus dieser Erkenntnis sind aber bisher über das Naturschutzrecht hinaus noch keine legislatorischen Folgerungen zugunsten einer allgemeinen umweltrechtlichen Verbandsbeteiligung gezogen worden (etwa bei dem Vorsorgegebot im Immissionsschutz-, Wasser- oder Abfallentsorgungsrecht). In den §§ 131, 132 des E-UGB-AT wird vorgeschlagen, über das geltende Recht hinaus anerkannten Umweltverbänden in für den Umweltschutz besonders bedeutsamen Verwaltungs-, Rechtsetzungs- und Planungsverfahren Mitwirkungsrechte einzuräumen.[162]

Das *geltende Recht* sieht für gewisse Umweltverbände nur in der unmittelbar anzuwendenden Vorschrift des § 29 BNatSchG (und in den diese Norm ergänzenden, die Verbandsbeteiligung erweiternden einschlägigen Regelungen des Landesnaturschutzrechts) eine Verbandsbeteiligung vor. **235**

b) Mitwirkungsbefugte Verbände im Naturschutzrecht

Bundesrechtlich sind **mitwirkungsbefugt** solche förmlich **anerkannten rechtsfähigen Vereine des Privatrechts**,[163] die durch das spezielle, naturschutzrechtlich relevante Vorhaben in ihrem satzungsmäßigen Aufgabenbereich berührt werden. **236**

Die **Anerkennung** – ein Verwaltungsakt – wird auf *Antrag* erteilt (§ 29 II 1 BNatSchG). Sie *ist* nach **§ 29 II 2 BNatSchG** von der hierfür nach Landesrecht zuständigen Behörde für den satzungsmäßigen Aufgabenbereich des Antragstellers (§ 29 IV BNatSchG) *zu erteilen*, wenn der Verein **237**

– nach seiner **Satzung** ideell und nicht nur vorübergehend vorwiegend die **Ziele des Naturschutzes und der Landschaftspflege fördert** *(Nr. 1)*,[164]
– nach seiner Satzung einen **Tätigkeitsbereich** hat, der **mindestens das Gebiet eines Landes** umfaßt *(Nr. 2)*,
– die **Gewähr für eine sachgerechte Aufgabenerfüllung** bietet, wobei Art und Umfang der bisherigen Tätigkeit, der Mitgliederkreis sowie die Leistungsfähigkeit des Vereins zu berücksichtigen sind *(Nr. 3)*,
– wegen **Verfolgung gemeinnütziger Zwecke** nach § 5 I Nr. 9 KStG von der Körperschaftsteuer befreit ist *(Nr. 4)* und
– den **Eintritt jedermann ermöglicht**, der die Ziele des Vereins unterstützt *(Nr. 5)*.[165]

---

162 S. *Kloepfer/Rehbinder/Schmidt-Aßmann/Kunig*, UGB-AT, S. 435 ff.
163 Eine Körperschaft des öffentlichen Rechts ist nicht anerkennungsfähig, vgl. OVG Saarlouis, UPR 1986, 88.
164 Ausführlich zu den Anerkennungsvoraussetzungen *Louis*, NuR 1994, 381 ff. m.w.N.
165 Dazu BVerwG, DVBl. 1986, 415; OVG Hbg., NVwZ 1982, 687; OVG Saarlouis, UPR 1986, 88.

3   *Naturschutzrecht*

238   Bundesrechtlich sind somit im Gebiet eines Landes ggf. mehrere Verbände anzuerkennen. Da die Anerkennungsvoraussetzungen sehr weit gefaßt sind, ist die Anerkennungspraxis in Bund und Ländern uneinheitlich. Die Anerkennung wird von der nach Landesrecht zuständigen Behörde für den satzungsmäßigen Aufgabenbereich ausgesprochen und gilt dann nur für das Gebiet des Landes, in dem die zuständige Behörde ihren Sitz hat (§ 29 IV 1 BNatSchG). Zur Mitwirkung bei Planungen und Maßnahmen des Bundes, die *über das Gebiet eines Landes hinausgehen*, wird die Anerkennung unter den Voraussetzungen des § 29 IV BNatSchG von dem Bundesminister für Ernährung, Landwirtschaft und Forsten ausgesprochen (§ 29 IV 2 BNatSchG).

Beispiele: Bund für Umwelt und Naturschutz Deutschland e.V. (BUND), Naturschutzbund Deutschland e.V. (Nabu), früher Deutscher Bund für Vogelschutz e.V. (DBV); Deutscher Heimatbund e.V. (DHB); Deutscher Naturschutzring e.V. (DNR); Schutzgemeinschaft Deutscher Wald e.V. (SDW); Vereinigung Deutscher Gewässerschutz e.V. (VDG) usw. Allerdings gehören hierzu z.B. auch der Deutsche Jagdschutzverband e.V. (DJV) oder der Verband Deutscher Sportfischer e.V. (VDSF).

239   Bundesrechtlich *kann* nach **§ 29 V 1 BNatSchG** die Anerkennung **zurückgenommen** werden, wenn sie von Anfang an dem Gesetz widersprach, weil die Voraussetzungen für ihre Erteilung nicht vorgelegen haben; sie *ist* zurückzunehmen, wenn dieser Mangel nicht beseitigt ist. Nach **§ 29 V 2 BNatSchG** *ist* die Anerkennung zu **widerrufen**, wenn sie deswegen dem Gesetz widerspricht, weil eine der Voraussetzungen für ihre Erteilung nachträglich weggefallen ist. Mit der Unanfechtbarkeit der Aufhebung der Anerkennung endet nach § 29 V 3 BNatSchG das Mitwirkungsrecht des Verbandes.

240   In Baden-Württemberg kann nach dem (zeitlich vor § 29 BNatSchG erlassenen) § 51 III 1 BW NatSchG ein solcher rechtsfähiger Zusammenschluß von Naturschutzverbänden, dessen Tätigkeit sich auf das gesamte Landesgebiet erstreckt, auf Antrag von dem zuständigen Ministerium anerkannt werden (*Landesnaturschutzverband*). Voraussetzung ist, daß der Zusammenschluß nach Art und Umfang seiner bisherigen Tätigkeit, seiner Zusammensetzung und Organisation die Gewähr für eine dauernde Wahrnehmung seiner Aufgaben auf Landesebene bietet. Während des Bestehens eines Landesnaturschutzverbandes („Landesspitzenverband" von Naturschutzverbänden im Landesgebiet) kann *ein weiterer Zusammenschluß* von Naturschutzverbänden *nicht anerkannt* werden (§ 51 III 3 BW NatSchG). Neben diesem Spitzenverband – als solcher ist die ca. 40 Umweltverbände umfassende „Aktionsgemeinschaft Natur- und Umweltschutz Baden-Württemberg e.V." anerkannt – sind aber u.U. unmittelbar nach § 29 II BNatSchG auch andere Naturschutzverbände anzuerkennen.

In manchen Landesnaturschutzgesetzen begnügt sich der Gesetzgeber damit, die zur Ausführung des § 29 BNatSchG zuständige Behörde zu bestimmen.

c) Gegenstand der Mitwirkung anerkannter Verbände

241   Nach **§ 29 I 1 BNatSchG** bezieht sich das Einsichts- und Äußerungsrecht des anerkannten Vereins auf

– die **Vorbereitung von Verordnungen** und anderen im Range unter dem Gesetz stehenden Rechtsvorschriften der für Naturschutz und Landschaftspflege zuständigen Behörden (*Nr. 1*),

– die **Vorbereitung von Programmen und Plänen** i.S. der §§ 5 u. 6 BNatSchG, aber lediglich dann, wenn und soweit diese dem einzelnen gegenüber *verbindlich* sind (*Nr. 2*),
– **Befreiungen** von Verboten und Geboten, die zum Schutz von *Naturschutzgebieten* (§ 13 BNatSchG) und *Nationalparken* (§ 14 BNatSchG) erlassen sind (*Nr. 3*), und
– **Planfeststellungsverfahren** über Vorhaben, die mit **Eingriffen in Natur und Landschaft** i.S. des § 8 BNatSchG verbunden sind (*Nr. 4*).

Nachdem durch das Planungsvereinfachungsgesetz (Rn. 2/28) das Institut der Plangenehmigung neben der Planfeststellung gesetzlich verankert wurde, wäre es konsequent gewesen, die Verbandsbeteiligung nach § 29 BNatSchG auch auf Plangenehmigungsverfahren zu erstrecken, die mit Eingriffen in Natur und Landschaft verbunden sind. Der Gesetzgeber ist aber wohl bewußt nicht diesen Weg gegangen. 242

Es wurde diskutiert, diese Verbandsmitwirkung im Zuge der – inzwischen gescheiterten – Novellierung des BNatSchG noch auf weitere Verfahren auszudehnen, nämlich auf 243
– die Vorbereitung von Plänen der Landschaftsplanung, auch soweit sie keinen Rechtssatzcharakter haben,
– die Vorbereitung von Programmen und Plänen der Raumordnung und Landesplanung sowie Raumordnungsverfahren,
– die Linienbestimmungsverfahren nach § 13 I WaStrG und § 16 FStrG und nach entsprechenden Linienbestimmungsvorschriften des Landesrechts,
– die Befreiung von Verboten und Geboten zum Schutz der in § 20c I BNatSchG genannten, besonders schutzwürdigen Biotope und
– bergrechtliche Betriebsplanverfahren.

Nach § 132 I E-UGB ist ferner eine Mitwirkung bei Zulassungsverfahren, die einer UVP-Pflicht unterliegen, und bei UVP-pflichtigen Bauleitplänen vorgesehen. Rechtssystematisch erscheint die dort vorgenommene Anknüpfung an die UVP gegenüber den Regelungen in den BMU-Entwürfen vorzugswürdig.

Zuweilen kann landesrechtlich geeigneten *Naturschutzverbänden*, auch wenn sie *nicht anerkannt* sind, aber die Gewähr für eine sachgerechte Förderung der Zielsetzungen des LNatSchG bieten, auf Antrag in bestimmtem Umfang die (nicht hoheitliche) Betreuung von geschützten Gebieten oder geschützten Gegenständen widerruflich übertragen werden. 244

In *Baden-Württemberg* sind gem. § 51 I 3 BW NatSchG die *Naturschutzverbände* vor der Änderung oder Aufhebung einer SchutzVO, deren Gebiet sie betreuen sowie bei dort beabsichtigten erheblichen Beeinträchtigungen zu hören. Darüber hinaus ist der *Landesnaturschutzverband* als Spitzenverband der Naturschutzverbände im Landesgebiet gem. § 63 II Nrn. 1 u. 2 BW NatSchG vor Befreiungen von Vorschriften einer Rechtsverordnung *anzuhören*, soweit das Vorhaben 245
– ein Naturschutzgebiet oder ein flächenhaftes Naturdenkmal nicht nur unwesentlich betrifft (*Nr. 1*) oder
– in Landschaftsschutzgebieten zu Eingriffen von besonderer Tragweite oder zu einer schwerwiegenden Beeinträchtigung überörtlicher Interessen der erholungsuchenden Bevölkerung führen kann (*Nr. 2*).

Soweit in diesen unter Nrn. 1 u. 2 des § 63 II BW NatSchG genannten Fällen die zuständige Naturschutzbehörde entgegen der Stellungnahme des Landesnaturschutzverbandes entscheiden will, kann dieser nach § 51 IV BW NatSchG verlangen, daß die Weisung der nächsthöheren Naturschutzbehörde eingeholt wird. 246

3 *Naturschutzrecht*

247 § 63 II BW NatSchG entspricht, soweit es für die Mitwirkung des Landesnaturschutzverbands um Naturschutzgebiete geht, der Regelung des § 29 I Nr. 3 BNatSchG. Über diese bundesrechtliche Vorschrift hinaus sind auch flächenhafte Naturdenkmale und (unter engen Voraussetzungen) Landschaftsschutzgebiete in die landesrechtliche Regelung einbezogen.

d) Art der Mitwirkung anerkannter Verbände

248 Die dem mitwirkungsberechtigten Verband bei der Mitwirkung zukommende verfahrensrechtliche Stellung ist bisher bundesrechtlich nur rudimentär geregelt. Ergänzende Bestimmungen finden sich in einzelnen Ländergesetzen, z.B. in § 63 II BbgNatSchG oder § 35 II HessNatschG.[166] Der Verband muß gem. § 29 I 1 BNatSchG (rechtzeitig) *Gelegenheit zur Äußerung* sowie zur **Einsicht in die einschlägigen Sachverständigengutachten**[167] erhalten. (Diese Regelung ist, um der Äußerung des Verbandes die Erfüllung der ihr zugedachten Funktion zu ermöglichen, auch auf die *Einsicht in die einschlägigen sonstigen Akten* zu beziehen.)[168] Von der **Anhörung kann** gleichwohl **abgesehen** werden, *wenn eine sofortige behördliche Entscheidung* wegen Gefahr im Verzug oder im öffentlichen Interesse *notwendig erscheint* bzw. wenn durch die Anhörung die Einhaltung einer für die Entscheidung maßgeblichen Frist in Frage gestellt werden würde (§ 29 I 2 BNatSchG i.V.m. § 28 II Nrn. 1 u. 2 VwVfG). Die **Anhörung kann unterbleiben**, wenn ihr ein zwingendes öffentliches Interesse entgegensteht (§ 29 I 2 BNatSchG i.V.m. § 28 III VwVfG).

249 Obwohl die Verbandsmitwirkung in erster Linie dem Interesse an sachrichtigen behördlichen Entscheidungen dient, ist dem Verband vom Gesetz ein der behördlichen Anhörungspflicht entsprechendes, die Funktionsfähigkeit der Verbandsmitwirkung sicherndes **subjektiv-öffentliches Mitwirkungsrecht**[169] eingeräumt worden, bei gegebenen Voraussetzungen angehört zu werden und Akteneinsicht zu erhalten. Wenn dies zutrifft, dann ist der übergangene Verband (trotz § 44a VwGO) nicht nur befugt, sein Anhörungsrecht während der Dauer des Verwaltungsverfahrens im Wege der Leistungsklage und damit ggf. auch vorläufig im Wege einer einstweiligen Anordnung (§ 123 VwGO) zu erstreiten („*Beteiligungserzwingungsklage*").[170] Die anerkannten Naturschutzverbände haben darüberhinaus die Möglichkeit, wegen der unterlassenen Beteiligung die behördliche Entscheidung – z.B. den Planfeststellungsbeschluß – anzufechten.[171]

---

166 *Waskow*, Mitwirkung von Naturschutzverbänden im Verwaltungsverfahren, 1990; *Gassner*, NuR 1991, 211 ff.; *Herbert*, NuR 1994, 218 ff.
167 S. *Engel*, Akteneinsicht, S. 42 m.w.N.
168 Insoweit zutreffend HessVGH, NVwZ 1982, 689; dagegen HessVGH, NuR 1984, 30. Die für eine Beteiligung in Betracht kommenden Verbände müssen von der Behörde *rechtzeitig* unterrichtet werden, damit sie ihr Anhörungsrecht ausüben können. Bei Vorhaben i.S. des § 29 I 1 Nr. 4 BNatSchG erfordert dies eine gesonderte Unterrichtung über Lage, Art und Umfang des Vorhabens; so OVG Koblenz, NuR 1985, 30.
169 BVerwGE 87, 62 ff.; Waskow, Mitwirkung von Naturschutzverbänden in Verwaltungsverfahren, 1990, S. 79; *Herbert*, NuR 1994, 218 ff.
170 Nach OVG Schleswig, NuR 1994, 307 ff. kann der Naturschutzverband zur Vermeidung vollendeter Tatsachen mit einer Sicherungsanordnung nach § 123 I 1 VwGO die Einstellung bereits vor der Planfeststellung begonnener Bauarbeiten erreichen.
171 BVerwGE 87, 62 ff.

Im Falle der *gesetzwidrigen Nichtanhörung* des Verbandes *bei der Vorbereitung von Rechtsvorschriften* i.S. des § 29 I 1 Nrn. 1 u. 2 BNatSchG ist der erlassene **Rechtssatz** zwar unter Verletzung einer Verfahrensnorm verabschiedet worden; er dürfte aber gleichwohl nicht unter einem seine Nichtigkeit begründenden Rechtsmangel leiden (str.). Das läßt sich nicht bereits aus dem Wortlaut des Gesetzes („bei der Vorbereitung") entnehmen, kann aber wohl, wenn nicht schon aus dem Zweck der verletzten Verfahrensnorm, so doch aus dem rechtsstaatlichen Gebot der Rechtssicherheit gefolgert werden. Rechtstheoretisch ist die Nichtigkeit keine zwingende Folge der Rechtswidrigkeit einer Norm (vgl. z.B. §§ 214 ff. BauGB).[172]

250

In den „**Verwaltungsaktfällen**" des § 29 I 1 Nrn. 3 u. 4 BNatSchG (Befreiungen, Planfeststellungen) kann bei unterlassener Verfahrensbeteiligung der übergangene Verband nach dem BVerwG die fehlende Beteiligung mit Erfolg im Wege der Anfechtungsklage gegen den ergangenen Verwaltungsakt rügen; dem Verband ist durch § 29 I BNatSchG sozus. ein absolutes Verfahrensbeteiligungsrecht (wie einer Gemeinde im Hinblick auf § 36 BauGB) eingeräumt.[173] Dieses Recht auf Mitwirkung im Verfahren darf auch nicht umgangen werden, indem anstelle eines Planfeststellungsverfahrens ein *Plangenehmigungsverfahren* durchgeführt wird; auch in diesem Fall ist der Verband zur Anfechtung der Genehmigung berechtigt mit dem Ziel einer Überprüfung, ob die Tatbestandsvoraussetzungen für einen Verzicht auf das Planfeststellungsverfahren vorgelegen haben.[174]

251

Nach der Rechtsprechung des OVG Koblenz[175] begründet die Verletzung des Anhörungsrechtes eines anerkannten Naturschutzverbandes im *Planfeststellungsverfahren* (§ 29 I 1 Nr. 4 BNatSchG) darüberhinaus die Rechtswidrigkeit des daraufhin ergangenen Planfeststellungsbeschlusses mit der Folge, daß auch ein *Grundeigentümer*, der durch diesen Planfeststellungsbeschluß mit enteignender Vorwirkung (Rn. 2/75) in seinem Grundeigentum betroffen wird, den Planfeststellungsbeschluß mit Erfolg anfechten kann.

252

Allerdings kann die Verbandsmitwirkung das Verwaltungsverfahren nicht überdauern, sondern endet mit dessen Abschluß. Daher ist der Verband, der angehört worden ist, in einem späteren, zwischen Dritten anhängigen Verwaltungsstreitverfahren (z.B. wegen Anfechtung eines Planfeststellungsbeschlusses i.S. des § 29 I 1 Nr. 4 BNatSchG) vom Gericht jedenfalls dann *nicht beizuladen*, wenn sich aus der landesrechtlichen Einführung und Regelung einer Verbandsklage nichts anderes ergibt.[176]

253

---

172 Zur Frage, ob die Verletzung des Mitwirkungsrechts eines anerkannten Naturschutzverbandes einen „Nachteil" i.S. des § 47 II 1 VwGO darstellt, vgl. den Vorlagebeschl. des HessVGH, NuR 1988, 351.
173 BVerwGE 87, 62 ff.; OVG Lüneburg, NVwZ 1992, 903 ff.; HessVGH, NVwZ 1988, 1040; VGH München, NuR 1991, 494; a.A. in der Vorinstanz VGH BW, NVwZ 1988, 1039; Hess VGH, NuR 1983, 22 m. krit. Anm. *Bickel*. Aus der Literatur vgl. *Battis/Weber*, JuS 1992, 1012 ff.; *Wolf*, ZUR 1994, 1 (8 f.); ablehnend *Dolde*, NVwZ 1991, 960 ff.
174 VGH BW, UPR 1993, 194; *Steinberg*, Fachplanung, § 7 Rn. 38.
175 NuR 1985, 30; a.A. HessVGH, DÖV 1987, 497.
176 VGH BW, NuR 1985, 153.

3 *Naturschutzrecht*

2. Verbandsklage im Umweltrecht

a) Allgemeines

254 Die *Verbandsklage* ist, selbst wo sie auf das Umweltrecht beschränkt wird, rechtspolitisch höchst umstritten und auch gesetzestechnisch nicht leicht zu normieren. Sie ist in vielen europäischen Ländern in unterschiedlicher Ausgestaltung zugelassen.[177]

255 aa) Unter dem Begriff der sog. „**egoistischen Verbandsklage**" versteht man die Befugnis eines Verbandes, normativ geschützte Individualinteressen seiner Mitglieder – für einzelne oder alle – im eigenen Namen und aus eigenem Recht gerichtlich zu verfolgen. Voraussetzung ist, daß der Schutz bzw. die Förderung dieser Individualinteressen zu seinen satzungsmäßigen Aufgaben gehört.

256 Die egoistische Verbandsklage, die im Verwaltungsprozeßrecht mit Ausnahme der §§ 8 IV, 12, 16 III HandwO gesetzlich nicht vorgesehen ist, könnte gleichwohl zulässig sein, wenn ein Verband befugt wäre, im Wege einer satzungsmäßig generell eingeräumten oder mit seinen Mitgliedern speziell vereinbarten „gewillkürten Prozeßstandschaft" im eigenen Namen Rechte seiner Mitglieder geltend zu machen (mit der Folge der Rechtskrafterstreckung). Die Rechtsprechung der Verwaltungsgerichte steht aber einhellig auf dem Standpunkt, daß eine gesetzlich nicht vorgesehene vereinbarte Prozeßstandschaft privater Verbände, die diese zur prozessualen Wahrnehmung der Rechte ihrer Mitglieder ermächtigen würde, auch dann zu verneinen ist, wenn die Wahrung dieser Rechte Verbandszweck ist.[178] Tatsächlich besteht für die „egoistische Verbandsklage" kein gewichtiges Bedürfnis, weil ein Verband bei der Klage eines seiner Mitglieder diesem Informationshilfe und notfalls auch finanzielle Hilfe leisten kann. Auch kann sich der Kläger von einem Verbandsfunktionär vertreten lassen.

257 bb) Bei der rechtspolitisch besonders interessierenden sog. „**altruistischen Verbandsklage**" geht es zwar nicht nur, aber doch in erster Linie um die prozessuale Befugnis eines Verbandes, unter bestimmten Voraussetzungen hoheitliche Verletzungen von Normen des öffentlichen Rechts auch insoweit klageweise zu rügen, als diese Normen *keine Drittschutzfunktion* haben.[179] Es geht also vor allem um die Rüge der Verletzung solcher Normen, die „lediglich" öffentliche – aber immerhin auch in den satzungsmäßigen Wirkungskreis des Verbandes fallende – Interessen, nicht aber auch Individualinteressen schützen oder fördern wollen. Darunter fallen gerade die meisten Normen des Natur- und Landschaftsschutzrechts, ferner Normen des Denkmalschutz-

---

177 Dazu *Winkelmann*, ZUR 1994, 12 ff.; *ders.*, Untersuchungen zur Verbandsklage im internationalen Vergleich, UBA-Forschungsbericht 90 104/36; *Bizer/Ormond/Riedel*, Die Verbandsklage im Naturschutzrecht, 1990.
178 Vgl. die Nachw. der Rspr. bei *Kopp*, VwGO, 10. Aufl. 1994, Vorb. § 40 Rn. 26.
179 Die Lit. zur Frage, ob sich allgemein die Einführung einer altruistischen Verbandsklage für Umweltverbände empfiehlt, ist nahezu unübersehbar. **Für** eine solche Verbandsklage spricht sich z.B. § 217 E-UGB aus (s. *Schmidt-Aßmann*, in: *Jarass u.a.*, UGB-BT, S. 451 ff.). Ferner befürwortend z.B.: *Bender*, DVBl. 1977, 169 ff. (Gesetzgebungsvorschlag); *Bizer/Ormond/Riedel*, Die Verbandsklage im Naturschutzrecht, 1990; *Rehbinder*, in: HdUR, Bd. II, Art. „Verbandsklage", Sp. 2559 ff.; *Gassner*, Treuhandklage zugunsten von Natur und Landschaft, 1984; *Wolf*, ZUR 1994, 1 ff. **Gegen** die Verbandsklage z.B. *Weyreuther*, Verwaltungskontrolle durch Verbände, 1975; *Redeker*, ZRP 1976, 163 ff.; *Stelkens*, DVBl. 1975, 137 ff.; *Ule/Laubinger*, Gutachten, Verh. des 52. DJT, Bd. I 1978, S. B 99 ff. m.w.N.

rechts, gewisse Vorschriften des Gewässerschutzrechts (z.B. §§ 26, 34 WHG), des Atomrechts (z.B. § 7 II Nr. 6 AtG), des Immissionsschutzrechts (z.B. § 5 I Nr. 2 BImSchG) usw. Der altruistischen Verbandsklage kommt daher bei ihrer lediglich prozeßrechtlichen Regelung keine Rechtsschutz-, sondern eine *Beanstandungsfunktion* zu. Sie ist auf der Ebene des Landesnaturschutzrechts – wenn auch in einer noch keineswegs befriedigenden prozessualen Ausgestaltung – mittlerweile in den meisten Bundesländern eingeführt worden (Rn. 3/261).

Für die Einführung jedenfalls einer umweltrechtlichen Verbandsklage sprechen rechtspolitisch zunächst einmal die Aspekte, die auch für eine Verbandsmitwirkung im Verwaltungsverfahren sprechen (Rn. 3/232 ff.). Diese Verbandsmitwirkung wird durch eine Klagebefugnis verstärkt, was dazu beitragen kann, das – zuweilen unzweifelhaft vorhandene – *Defizit beim Vollzug solcher Umweltrechtsnormen, die nicht drittschützend sind, zu mindern.*[180] Wird nämlich gegen solche Normen verstoßen (z.B. mit der normwidrigen behördlichen Zulassung eines Vorhabens), dann gibt es ohne eine gesetzlich speziell gewährte Klagebefugnis grundsätzlich keinen Kläger, der dies erfolgreich rügen könnte. **258**

Wird allerdings die Verbandsklage, wie dies im Naturschutzrecht geschehen ist, durch den *Landesgesetzgeber* eingeführt, besteht das bundesrechtlich vorgegebene Dilemma, daß der Landesgesetzgeber im Rahmen der ihm durch die VwGO eingeräumten Regelungskompetenzen nicht in der Lage ist, eine in jeder Hinsicht sinnvolle prozessuale Regelung vorzunehmen. Die Vorschriften der VwGO sind an sich auf Individualklagen, mit denen Individualrechtsschutz begehrt wird, zugeschnitten; sie passen daher häufig nicht zu der Verbandsklage als Beanstandungsklage. Daher kann der Landesgesetzgeber kompetenzrechtlich z.B. nicht die Automatik ausschalten, die bei Erhebung einer Anfechtungsklage gem. § 80 I VwGO zu dem die Gewährung effektiven Rechtsschutzes sicherstellenden Suspensiveffekt führt. Er kann ferner das Vorverfahren oder die Beiladung nicht problemangemessen regeln, ebensowenig wie er besondere Bestimmungen über die Rechtskraftwirkung des Urteils oder etwaige Präklusionswirkungen vorsehen kann. Dies alles könnte, solange nicht die VwGO entsprechend geändert wird, nur der Bundesgesetzgeber sinnvoll normieren. **259**

Gegen die altruistische Verbandsklage werden zahlreiche Argumente angeführt, angefangen von solchen aus dem Bereich des Verfassungsrechts bis hin zur oft beschworenen Überlastung der Verwaltungsgerichte. Indessen sind diese Argumente u.E. letztlich nicht überzeugend. Empirische Untersuchungen haben zumindest ergeben, daß die Verbandsklagen sowohl international als auch national nur einen geringen Anteil am Geschäftsanfall der Gerichte haben, dabei jedoch überdurchschnittlich erfolgreich sind.[181] **260**

b) Naturschutzrechtliche (altruistische) Verbandsklage

Das Rechtsinstitut einer **naturschutzrechtlichen Verbandsklage** ist noch nicht im Bundesrecht verankert worden; es war auch nicht als Teil der gescheiterten BNatSchG-Novelle vorgesehen, wird jedoch im wissenschaftlichen Entwurf eines UGB für den **261**

---

180 Das war als Folge der Erhebung landesnaturschutzrechtlicher Verbandsklagen schon der Fall; vgl. *Neumeyer*, UPR 1987, 327 (328).
181 *Bizer/Ormond/Riedel*, Die Verbandsklage im Umweltrecht, 1990, S. 31 ff., 60 ff.; *Winkelmann*, Untersuchungen zur Verbandsklage im internationalen Vergleich, UBA-Forschungsbericht 90 104/36, S. 40 ff.

3 *Naturschutzrecht*

Bereich des Naturschutzrechts vorgeschlagen (§ 217 E-UGB).[182] **Zwölf Länder** (Berlin, Brandenburg, Bremen, Hamburg, Hessen, Niedersachsen, Rheinland-Pfalz, Saarland, Sachsen, Sachsen-Anhalt, Schleswig-Holstein und Thüringen) haben aber inzwischen durch Aufnahme entsprechender Regelungen in ihre Landesnaturschutzgesetze die Verbandsklage zugunsten anerkannter Verbände zugelassen.[183] Dies gilt aber grundsätzlich nur – noch weniger weitgehend in Hamburg – für den in § 29 I 1 Nrn. 3 u. 4 BNatSchG normierten Bereich der Verbandsmitwirkung und nur mit der Befugnis, einen Verstoß gegen spezifisches Naturschutzrecht zu rügen. In den neuen Bundesländern wird teilweise die Klagebefugnis gegen Planfeststellungen auf Schutzgebiete beschränkt.[184] Die umfassendste Regelung besteht in Niedersachsen, wo neben den in § 29 I Nrn. 3 und 4 BNatSchG genannten Fällen auch Plangenehmigungen für Bundesverkehrswege (außer bei bundeseigener Verwaltung), abfallrechtliche Plangenehmigungen im Außenbereich, wasserrechtliche Plangenehmigungen und Bewilligungen, waldrechtliche Genehmigungen ab 3 ha Fläche sowie Großbauvorhaben im Außenbereich der Verbandsklage zugänglich sind.

262 In allen genannten Fällen ist grundsätzlich Voraussetzung der Klagebefugnis, daß der Verband durch die Verletzung naturschutzrechtlicher Vorschriften in seinen *satzungsmäßigen Aufgaben berührt wird* und daß er von seinem *Mitwirkungsrecht im vorausgegangenen Verfahren Gebrauch gemacht hat*. Klagegrund ist die Verletzung der Vorschriften des Naturschutzrechtes durch die angefochtene behördliche Maßnahme oder durch die gerügte Unterlassung.

263 Nach der umstr. Rechtsprechung des *BVerwG*[185] ist – auch bei Fehlen einer ausdrücklichen negativen Regelung, wie sie z.B. in § 44 I BremNatSchG anzutreffen ist – die Verbandsklagebefugnis nicht gegenüber Maßnahmen eingeräumt, die von *Bundesbehörden* aufgrund bundesrechtlicher Vorschriften getroffen werden; hier müsse es bei dem bloßen Verfahrensmitwirkungsrecht des Verbandes verbleiben.

264 Ebenso hatte der *HessVGH*[186] die Frage verneint, ob die landesrechtlich vorgesehene, gegen Maßnahmen nach § 29 I 1 Nr. 4 BNatSchG gerichtete Verbandsklage auch dann (als Anfechtungsklage) statthaft ist, wenn die Behörde die Sachentscheidung rechtswidrig nicht in dem an

---

182 Im Allgemeinen Teil war lediglich eine Öffnungsklausel für die Landesgesetzgeber enthalten. Zur Begründung s. *Schmidt-Aßmann*, in: *Jarass u.a.*, UGB-BT, S. 451 ff. Zur Diskussion der Autoren des E-UGB s. ferner den Tagungsbericht von *Lübbe*, ZUR 1994, 42, wonach der Verbandsklage nunmehr „vorsichtig zugeraten" werde.
183 Dazu ausführlich *Wolf*, ZUR 1994, 1, 5 ff.; *Rehbinder*, in: HdUR, Bd. II, Art. „Verbandsklage", Sp. 2559 (2565).
184 Eine derartige Beschränkung ist auch dann nicht zu beanstanden, wenn – wie in Sachsen – die Landesverfassung den anerkannten Naturschutzverbänden eine Klagebefugnis in Umweltbelangen unter dem Vorbehalt der näheren Bestimmung durch Gesetz zubilligt, so BVerwG, Urt. v. 5.10.1993, 4 A 9.93, Buchholz 406.401, § 29 BNatSchG Nr. 3.
185 BVerwG, NVwZ 1993, 891 unter Abgrenzung zu BVerwGE 78, 347; zuvor bereits HessVGH, NuR 1984, 114; 1985, 154 m. abl. Anm. *Ladeur*; krit. auch *Neumeyer*, UPR 1987, 327 (330); *Kopp*, NuR 1994, 77.
186 NuR 1992, 382 (385); NVwZ 1982, 689 = NuR 1983, 22 m. abl. Anm. *Bickel*. Zur Kritik an dieser Entscheidung des HessVGH vgl. *Rehbinder*, NVwZ 1982, 666 ff. Bejahend zuvor VG Frankf., NuR 1983, 28 u. 160. – Großzügig HessVGH, NuR 1990, 30 m. Anm. *Möller* (Verbandsklage gegen eine gem. § 9a WHG im Planfeststellungsverfahren erfolgte vorzeitige Zulassung).

sich vorgeschriebenen Planfeststellungsverfahren (§ 29 I 1 Nr. 4 BNatSchG) und daher ohne Verbandsbeteiligung getroffen hat. Das sollte somit z.B. für den Fall gelten, daß die Planfeststellungsbehörde zu Unrecht statt eines Planfeststellungsbeschlusses ohne Verbandsbeteiligung – also unter Mißachtung des Verbandsbeteiligungsrechtes (Rn. 3/241) – eine Plangenehmigung erteilt. Im Anschluß an die vom BVerwG für möglich gehaltene Anfechtung eines Planfeststellungsbeschlusses, der ohne Verbandsmitwirkung ergangen ist, sprechen die überwiegenden Gründe dafür, diese Frage entgegen der Rechtsprechung des HessVGH bereits auf der Grundlage des § 29 BNatSchG – unabhängig von der Verbandsklagebefugnis – zu bejahen (Rn. 3/251). § 33b Saarl. NatSchG enthält eine dementsprechende ausdrückliche Regelung.

c) Vereinbarkeit einer landesrechtlichen Verbandsklage mit Bundesrecht

Eine landesrechtlich geregelte altruistische Verbandsklage, bei der die Klagebefugnis nicht das Geltendmachen der Verletzung eigener Rechte oder die Verletzung von Rechten der Verbandsmitglieder voraussetzt (Beanstandungsklage), **verstößt** zunächst **nicht gegen** die an sich subjektiv-rechtlich konzipierte Verfassungsnorm des **Art. 19 IV GG**. Diese bestimmt nur den Typus des Verwaltungsrechtsschutzes, läßt aber jedenfalls punktuelle Ausnahmen zu.[187] Auch sonst steht u.E. Bundesverfassungsrecht der altruistischen Verbandsklage nicht entgegen,[188] und zwar aus den bereits zur Verfassungsmäßigkeit der Verbandsmitwirkung angeführten Gründen (Rn. 3/233). 265

Die landesrechtliche Regelung einer altruistischen Verbandsklage **verstößt auch nicht gegen § 29 BNatSchG**.[189] Diese Norm des Bundesrechts bildet nach ihrem Regelungsgehalt keine Sperre für die Einführung einer Verbandsklage durch den Landesgesetzgeber. Zwar hat der Bundesgesetzgeber ausweislich der Gesetzesmaterialien den anerkannten Organisationen das Recht, bei Vorschriften und Maßnahmen, wie sie in § 29 I BNatSchG abschließend aufgezählt sind, gehört zu werden, lediglich „anstelle" einer Verbandsklagebefugnis eingeräumt. Die Motive des BNatSchG machen jedoch insoweit nur deutlich, daß sich der Bundesgesetzgeber zur Einführung einer bundesrechtlichen Verbandsklageregelung nicht verstehen konnte. Abgesehen davon kommt es für die Auslegung einer Norm in erster Linie auf den „objektivierten Willen des Gesetzgebers" an, nicht aber auf etwa entgegenstehende Absichten der Verfasser des Gesetzesentwurfs. 266

Es handelt sich bei der altruistischen naturschutzrechtlichen Verbandsklage nach den einschlägigen landesrechtlichen Regelungen um eine „partielle Beanstandungsklage mit beschränktem Rügegrund und beschränkter gerichtlicher Rechtmäßigkeitskontrolle". Dies ist **mit der VwGO vereinbar**, und zwar aus folgenden Gründen: 267

Für die *erweiterte*, allerdings keineswegs unbeschränkte *Klagebefugnis*, die hier – anders als im Regelfall – keine Beeinträchtigung eigener Rechte des klagenden Verbands (bzw. die Möglichkeit einer solchen Beeinträchtigung) voraussetzt, folgt dies aus dem „Soweit-Satz" des § 42 II VwGO. Danach gilt die in dieser Vorschrift vorgesehene Beschränkung der Klagebefugnis – der Kläger muß geltend machen können, durch den Verwaltungsakt oder seine Ablehnung oder Unterlassung „in seinen Rechten" verletzt zu sein – nur „soweit gesetzlich 268

---

187 So z.B. auch BVerwGE 87, 347 (348); 87, 62 (72); *Krebs*, in: *v. Münch* (Hrsg.), GG, 4. Aufl. 1993, Art. 19 Rn. 58; *Maunz/Dürig/Herzog/Scholz/Schmidt-Aßmann*, GG, Art. 19 Rn. 271; a.A. *Weyreuther*, Verwaltungskontrolle durch Verbände, 1975, S. 82 ff.
188 S. ausführlich *Wolf*, ZUR 1994, 1 ff.; *Neumeyer*, UPR 1987, 327 (332).
189 Ebenso BVerwGE 78, 347 (349) m.w.N.; a.A. *Lässig*, NVwZ 1989, 97 ff.

3 Naturschutzrecht

nichts anderes bestimmt ist". „Gesetz" i.S. der Terminologie der VwGO ist aber sowohl ein Bundes-, als auch ein Landesgesetz.

269 Daß darüber hinaus auch die landesrechtliche *Beschränkung der zulässigen Verbandsklagegründe* auf die Rüge eines Verstoßes gegen *spezifisches Naturschutzrecht* in der Kompetenz des Landesgesetzgebers liegt, folgt allerdings nicht aus dem (in seinem Bezug richtig gedeuteten) „Soweit-Satz" des § 42 II VwGO. Diese Kompetenz folgt aber schon daraus, daß der Landesgesetzgeber wohl kaum nach § 42 II VwGO verpflichtet sein kann, eine naturschutzrechtliche Verbandsklage, wenn er sie schon aufgrund der Ermächtigung des § 42 II VwGO – nicht unbeschränkt – zuläßt, ohne jegliche Beschränkung der zulässigen Klagegründe einzuführen. Mit der Beschränkung der Rügebefugnis des Verbands auf die Rüge eines Verstoßes gegen spezifisches Naturschutzrecht ist ggf. zugleich der Umfang der im Verbandsklageprozeß bestehenden *Kompetenz der Verwaltungsgerichte zur Rechtmäßigkeitskontrolle* auf die Überprüfung der Frage *beschränkt*, ob spezifisches Naturschutzrecht (einschließlich des naturschutzrechtlichen Verfahrensrechts) verletzt ist. Letzteres ist eine Folge dessen, daß nach der Absicht des Bundesgesetzgebers die §§ 42 II, 113 I, IV VwGO ein *aufeinander abgestimmtes System* bilden. Danach kommt eine gerichtliche Rechtmäßigkeitskontrolle und ggf. die Aufhebung eines rechtswidrigen Verwaltungsaktes (bzw. die Verurteilung zum Erlaß eines Verwaltungsaktes) nur in Relation zu den Klagegründen in Betracht, die vom Kläger angeführt werden dürfen, um die Rechtswidrigkeit des Verwaltungsaktes (bzw. der Ablehnung oder Unterlassung eines Verwaltungsaktes) darzutun. Insoweit ist die Regelung des § 113 I, V VwGO, die keinen dem § 42 II VwGO entsprechenden ausdrücklichen Vorbehalt zugunsten einer abweichenden landesrechtlichen Regelung enthält, systemgetreu einschränkend zu interpretieren.[190]

---

190 Im Ergebnis ebenso BVerwGE 78, 347 (349); BVerwG, DVBl. 1987, 1278; *Rehbinder*, NVwZ 1982, 666 (667); a.A. *Skouris,* NVwZ 1982, 233 (235).

Teil 4

Öffentliches Gewässerschutzrecht

Das *Wasserrecht* als Gesamtheit der Rechtsnormen, die den Zustand der Gewässer und 1
ihre Nutzung regeln, untergliedert sich in das *Wasserstraßen- und Wasserwegerecht*
sowie das *Recht der Wasserwirtschaft*. Als spezifisches Umweltrecht ist im folgenden
nur das Recht der Wasserwirtschaft zu behandeln, nicht aber das Wasserwegerecht,
das sich mit der Verkehrs- und Transportfunktion der Oberflächengewässer befaßt.

I. Fakten und Probleme

1. Gefährdung der Funktionsfähigkeit der Gewässer

a) Gewässerfunktionen

„Das Wasser ist eine der wichtigsten Grundlagen allen menschlichen, tierischen und 2
pflanzlichen Lebens. Es wird nicht nur als Trink- und Brauchwasser, sondern auch als
Produktionsmittel in Industrie und Handwerk benötigt".[1] Die Gewässer erfüllen eine
Vielzahl von Funktionen (Versorgungs-, Entsorgungs-, Kühl-, Lösch-, Erholungs-,
Verkehrs-, Transportfunktion u.a.m.).[2] Speziell die *oberirdischen Fließgewässer* spielen vor allem als sog. „Vorfluter" eine erhebliche Rolle; sie nehmen einerseits Schmutzfrachten auf, andererseits liefern sie einen natürlichen Selbstheilungsbeitrag durch ihre
Selbstreinigungskräfte. Das *Grundwasser* ist in erster Linie Wasserspender für die
Trink-, aber auch Reservoir für die Brauchwasserversorgung. Außerdem stellen die
Gewässer natürliche Lebensräume dar. Die oberirdischen Gewässer sind überdies
klimabeeinflussend und landschaftsprägend.

Die Bedeutung einer ausreichenden Menge und Güte unseres Wassers kann somit 3
kaum überschätzt werden. Dies gilt schon für die oberirdischen Gewässer (einschließlich der Küstengewässer), vor allem aber für das Grundwasser. Gefährdet werden die
Gewässer und ihre Funktionen vor allem durch übermäßigen Wasserentzug und durch
Schadstoffeintrag, aber auch durch Erwärmung oder durch Versiegelung aufgrund von
Baumaßnahmen u.a.m. Längst ist das öffentliche Gut „Wasser" – wie auch die übrigen
Umweltmedien – nicht mehr als (im wirtschaftswissenschaftlichen Sinn) „freies" Gut

---

[1] BVerfGE 58, 300 (341) – Naßauskiesung.
[2] Dazu z.B. *Thurn*, Schutz natürlicher Gewässerfunktionen durch räumliche Planung, 1986.

4 Öffentliches Gewässerschutzrecht

qualifizierbar, weil es faktisch aufgrund der wachsenden Nutzungsansprüche an die Gewässer „knapp" geworden ist (Rn. 1/135). Diesem Umstand mußte auch die rechtliche Regelung Rechnung tragen. Der Schutz der gemeinnützigen Funktionstüchtigkeit der Gewässer und damit die Sicherung einerseits einer ausreichenden Menge und Güte des Wassers und andererseits einer privatnützigen Teilhabe an diesem öffentlichen Gut erforderten somit eine rechtlich geordnete hoheitliche Gewässerbewirtschaftung.[3] Das bedeutet nicht nur, daß das Wasserdargebot und der Wasserverbrauch in Einklang zu bringen sind, sondern auch, daß eine hinreichende Qualität des Wassers erhalten oder geschaffen werden muß.

4   In der Natur sind in Form von Verdunstung, Kondensation, Niederschlag, Abfluß und Wiederverdunstung ständig globale, regionale und lokale Wasserkreisläufe, die gleichzeitig den Energiehaushalt der Erde regeln, im Gang (Wasserhaushalt i.w.S.). Das nach der Wasserbilanz verfügbare Wasser unterliegt einer hoheitlich regulierten Angebots- und Nachfrageordnung, die allerdings an der Tendenz zur zunehmenden Verknappung und Verteuerung einwandfreien Wassers nichts zu ändern vermag. Die Gesamtwassermenge, die in der Bundesrepublik Deutschland jährlich für die öffentliche Energieversorgung (Kühlwasser), die industrielle Produktion (Betriebs- und Kühlwasser), die Landwirtschaft und die öffentliche Wasserversorgung genutzt wird, hat 1991 rd. 48 Mrd m^3 betragen.[4] Während im allgemeinen – von zeitlichen und regionalen Engpässen abgesehen – das *Wasserdargebot* (Bilanz aus Niederschlag, Verdunstung, Abfluß und Zufluß von außerhalb) mit rd. 164 Mrd. m^3/a quantitativ zumeist ausreicht, um den Bedarf zu decken, steht es bekanntlich mit seiner Qualität häufig nicht zum besten.[5] Die *oberirdischen Gewässer* (Rn. 4/79 ff.) sind zwar weniger in quantitativer, wohl aber in qualitativer Hinsicht gefährdet, und zwar vor allem durch *anthropogene Gewässerverunreinigungen*. Das *Grundwasser* (Rn. 4/149 ff.) ist ebenfalls gefährdet.

5   Grundwasser besitzt im Gegensatz zum Oberflächenwasser nahezu kein Selbstreinigungsvermögen; deshalb ist seine Reinheit unmittelbar mit einem wirksamen *Bodenschutz* (Rn. 5/4) verbunden. Verunreinigungen des Bodens erreichen das Grundwasser, wenn sie im Boden nicht gebunden oder abgepuffert werden. Die ausreichende Versorgung mit unbelastetem Wasser ist in den vergangenen Jahren in ganzen Regionen (z.B. München, Südhessen) zum Problem geworden. In quantitativer Hinsicht kann die Gefährdung des Grundwassers (trotz seines großen Vorrats gerade in der Bundesrepublik Deutschland) verschiedene Ursachen haben. Zu nennen ist hier etwa seine regional – besonders in Ballungsgebieten – erfolgende *übermäßige Nutzung* (z.B. für den Trinkwasserbedarf bzw. für den meist durch Eigenversorgung, häufig noch nicht im Kreislaufbetrieb befriedigten Kühlwasserbedarf der industriellen Produktion; Rn. 4/8) oder auch die *Behinderung seiner Erneuerung* (z.B. durch flußbautechnische Maßnahmen oder Bodenversiegelung; Rn. 3/17 f.). Übermäßige Entnahmen haben in manchen Gebieten bereits zu landschaftsverändernden Grundwasserabsenkungen geführt (z.B. im Hessischen Ried). In qualitativer Hinsicht wird das Grundwasser zunehmend durch den *Eintrag chemischer Substanzen* (z.B. Nitrat oder Pestizide, Rn. 4/36, 4/45) belastet.

---

3   BVerfGE 10, 89 (113).
4   UBA, Daten zur Umwelt 1992/93, S. 320.
5   Über den Gewässerzustand und den Gewässerschutz in der Bundesrepublik vgl. SRU, Umweltgutachten 1987, Tz. 827 ff.; Umweltgutachten 1994, Tz. 478 ff. – Zur Verunreinigung s. z.B. die Daten zu den Pflanzenschutzmittelfunden in etwa 10% der dem UBA übermittelten Beprobungen in: UBA, Daten zur Umwelt 1992/93, S. 439 ff.

b) Wasserversorgung

aa) Die Haushalte, die gewerblichen Kleinverbraucher und viele öffentliche Einrichtungen (Krankenhäuser, Schulen usw.) sind in aller Regel für die Versorgung mit Trink- und Brauchwasser auf die *öffentliche Wasserversorgung* angewiesen. Zur öffentlichen Versorgung der Bevölkerung der Bundesrepublik Deutschland wurden im Jahre 1991 6,5 Mrd. m^3 (in den alten Bundesländern 1991: 5,08 Mrd m^3, 1987: 4,92 Mrd m^3, 1983: 5,04 Mrd m^3, 1975: 4,77 Mrd m^3)^6 Rohwasser dem natürlichen Wasserkreislauf entnommen und mit dem Ziel aufbereitet, es den Verbrauchern in Trinkwasserqualität zuzuleiten. 19.815 Gewinnungsanlagen der öffentlichen Versorgung belieferten 1991 ca. 98% der Bevölkerung mit Trinkwasser. Der Pro-Kopf-Wasserverbrauch aller Wasserkonsumenten betrug 1991 immerhin 144 l pro Einwohner und Tag.^{7} Dieser erhebliche Bedarf kann zuweilen regional – besonders in Ballungsgebieten – nicht mehr zureichend gedeckt werden, wenn Wasserwerke, die Rohwasser aus oberirdischen Gewässern aufbereiten können, fehlen, und wenn das Grundwasser, das an sich wegen seiner in der Regel geringen Schadstoffbelastung für die Trinkwasserversorgung besonders geeignet ist, bereits übermäßig in Anspruch genommen wird. Besonders in langen Hitzeperioden (wie z.B. im Sommer 1992, 1983 oder 1976) haben sich schon vorübergehende örtliche *Wasserversorgungsschwierigkeiten* ergeben. Die übermäßige Grundwassernutzung kann auch zu erheblichen, mit ökologischen Schäden verbundenen *Grundwasserabsenkungen* führen. Nicht selten muß daher der Wassermangel durch den Bau teurer *Fernversorgungssysteme* ausgeglichen werden.^{8}

Die durch Wasserversorgungsanlagen sichergestellte öffentliche Wasserversorgung ist Selbstverwaltungs-Pflichtaufgabe der Kommunen und eines der wichtigsten Anliegen der *Daseinsvorsorge*. Häufig schließen sich insbesondere kleinere Gemeinden zur gemeinsamen Erfüllung der Wasserversorgungsaufgabe zu einem kommunalen Zweckverband zusammen. Unter den Begriff der *Wasserversorgungsanlagen* fallen alle Einrichtungen zur Gewinnung und Fassung von Grund-, Oberflächen- und Quellwasser sowie zum Aufbereiten, Speichern, Zuleiten und Verteilen des Wassers. Die kommunalen Wasserwerke werden als Regiebetriebe, als Eigenbetriebe, ausnahmsweise auch in der Rechtsform privatrechtlicher Kapitalgesellschaften betrieben.

bb) Die *industrielle Wasserversorgung* gilt der Deckung des Bedarfs der Kraftwerke und Industriebetriebe an Kühl- oder Spülwasser, an Kesselspeisewasser oder an Wasser als Rohstoff. Der gesamte Wasserverbrauch der Industrie (vor allem der Chemie) lag im Jahre 1983 noch bei ca. 11,2 Mrd m^3, wobei etwa 10,2 Mrd m^3 durch Eigengewinnung bereitgestellt wurden (während der Fremdbezug aus dem öffentlichen Netz und von anderen Betrieben ca. 1 Mrd m^3 ausmachte), ist aber anschließend bis zum Jahre 1987 aufgrund von Wiederverwertungsbemühungen um ca. 1 Mrd m^3 zurückgegangen. Zwischen 1987 und 1991 ist der Wasserverbrauch in den alten Bundesländern auf unter 10 Mrd m^3 gesunken, der Trend hält also weiter an.^{9}

---
6 UBA, Daten zur Umwelt 1992/93, S. 322.
7 UBA, Daten zur Umwelt 1992/93, S. 321.
8 Vgl. SRU, Umweltgutachten 1994, Tz. 495; BVerfGE 58, 300 (342). – Die Fernwasserversorgungsnetze in den alten Bundesländern haben 1990 rd. 3000 km Fernleitungen umfaßt.
9 UBA, Daten zur Umwelt 1992/93, S. 324.

4 *Öffentliches Gewässerschutzrecht*

9   cc) Von Bedeutung ist schließlich auch noch die vor allem zur Deckung des Bewässerungsbedarfs notwendige *landwirtschaftliche Wasserversorgung* insoweit, als der Wasserbedarf der landwirtschaftlichen Betriebe nicht durch Niederschläge abgedeckt wird. Dieser Teil des Wasserbedarfs beträgt nach Schätzungen 1,6 Mrd m^3.[10]

c) Trinkwassergewinnung

10 Die herausragende Bedeutung gerade des *Trinkwassers* liegt auf der Hand. Das Rohwasser, das häufig erst noch zu Trinkwasser aufgearbeitet werden muß, wird hauptsächlich aus „echtem", d.h. allein aus der Versickerung von Niederschlagswasser entstandenem *Grundwasser* gewonnen (zu ca. 63%), ferner aus künstlich durch Versickerung von Oberflächenwasser „angereichertem Grundwasser" (zu ca. 10%), aus „Grundwasser mit Uferfiltrat" (zu ca. 6%), aus *Quellwasser* (zu ca. 11%), aus *See- und Talsperrenwasser* (zu ca. 9%) und schließlich auch – z.B. bei Rhein, Ruhr und Donau – aus *Flußwasser* (zu ca. 0,5%). Aus dem Uferfiltrat des Rheins von Basel bis zur holländischen Grenze werden rd. 5,5 Mio Einwohner versorgt.

11 Das Trinkwasser muß *Mindestqualitätserfordernissen* entsprechen. Hierfür sieht die u.a. auf § 11 II BSeuchG gestützte, EG-rechtliche Vorgaben umsetzende (lebensmittelrechtliche) *Trinkwasserverordnung* (i.d.F. vom 5.12.1990, BGBl. I 2612) seit 1986 *Grenzwerte* für gewisse Stoffe vor, nämlich für Arsen, Blei, Cadmium, Cyanid, Fluorid, Nitrat, Nitrit, Quecksilber, polyzyklische Kohlenwasserstoffe und organische Chlorverbindungen sowie – seit 1.10.1989 – einerseits für chemische Stoffe zur Pflanzenbehandlung und Schädlingsbekämpfung (nebst toxischen Hauptabbauprodukten) und andererseits für polychlorierte bzw. -bromierte Bi- oder Terphenyle. Das als Trinkwasser in Betracht kommende Rohwasser muß daher in aller Regel *aufbereitet* werden.

12 Entsprechend der Richtlinie 80/778/EWG vom 15.7.1980 ist in der Trinkwasserverordnung der Grenzwert (Vorsorgewert) für die einzelnen Pestizide (leider unterschiedslos) auf je 0,1 µg/l, der Grenzwert für die Summe aller im Trinkwasser vorhandenen Pestizide auf 0,5 µg/l festgesetzt worden.[11] Diese extrem niedrigen, allenfalls knapp über der Nachweisgrenze liegenden Grenzwerte dürften für viele der Wasserwerke in der Bundesrepublik nicht ohne zeit- und kostenaufwendige Sanierung der Werke bzw. der Wasservorkommen einhaltbar sein.

13 Nicht nur bei der Nutzung von Oberflächengewässern für die Trinkwassergewinnung, sondern auch insoweit, als das Trinkwasser aus Grundwasser ohne Trinkwasserqualität gewonnen wird, sind *Aufbereitungsmaßnahmen* notwendig, da selbst das Grundwasser durch den Schadstoffaustrag z.B. aus „Altlasten" (d.h. aus verseuchten alten Industriestandorten oder aus Altablagerungen; Rn. 5/19 ff.), durch Nitrate (Rn. 4/36), Pflanzenbehandlungsmittel (Rn. 4/45), Haushaltschemikalien (z.B. Lösemittel), Schwermetalle (Rn. 4/42) usw. bisher schon verunreinigt worden ist und weiterhin – trotz aller

---

10 UBA, Daten zur Umwelt 1992/93, S. 320.
11 Vgl. *Kolkmann*, Die EG-Trinkwasserrichtlinie, 1991; *Wegener*, InfUR 1991, 14 ff. Der EuGH hat die BRD wegen Nichtumsetzung der Richtlinie verurteilt, s. Rn. 4/56.

Vorbeugungsmaßnahmen – verunreinigt werden wird.[12] Insbesondere bedarf das aus uferfiltriertem Grundwasser oder gar unmittelbar aus Fluß- oder Seewasser gewonnene Rohwasser einer technisch oft schwierigen und aufwendigen physikalischen oder chemischen Aufbereitung zu Reinwasser, um die trinkwasserschädlichen Inhaltsstoffe wie Phosphate, Nitrate und sonstige Salze, Schwermetalle, CKW usw. zu entfernen und das Wasser keimfrei zu machen. Bei der Aufbereitung werden zunächst die gröberen Sink- oder Schwebstoffe, oft unter Zusatz von Fällmitteln wie Eisen- oder Aluminiumsalzen, Kalk usw. *mechanisch entfernt.* Durch *Belüftung* wird das Wasser mit Sauerstoff angereichert; zugleich werden hierdurch die flüchtigen Stoffe (Kohlendioxid, Schwefelwasserstoff usw.) eliminiert. Häufig muß das Wasser auch noch *entsäuert* werden. Durch *Entkeimung,* z.b. im Wege des (problematischen) Zusatzes von Chlor, des Vermischens des Wassers mit ozonhaltiger Luft oder der Ultraviolettbestrahlung usw. soll möglichst weitgehend Keimfreiheit erreicht werden. Schließlich werden durch *Filtration* (über Kies- und Sandstrecken und/oder Aktivkohlefilter) ungelöste Stoffe (z.b. Schwermetalle) zurückgehalten. Durch die stärkere Gewässerverunreinigung wird die Wasseraufbereitung immer teurer.

d) Abwasserbeseitigung

Die Hauptverschmutzung der Gewässer[13] wird durch die öffentliche und industrielle Abwasserbeseitigung sowie durch die Landwirtschaft[14] verursacht. **14**

Die von den Gemeinden als *Daseinsvorsorge* in Selbstverwaltung (Pflichtaufgabe) betriebene *öffentliche Abwasserbeseitigung* (Rn. 4/132) erfaßt nicht nur die geordnete Beseitigung (Sammeln, Fortleiten, Klären, Einleiten, Versickern usw.) des sog. Schmutzwassers, sondern auch die Abführung des ungenutzten Niederschlagswassers, das auf verbauten oder befestigten Teilen der Erdoberfläche (Gebäudedächern, Straßen und Plätzen usw.) anfällt. (Vgl. im übrigen zur Legaldefinition des Begriffs der „Abwasserbeseitigung" § 18a I 2 WHG). **15**

Möglichst leistungsfähige kommunale und industrielle Kläranlagen sollen den mit den Abwassereinleitungen erfolgenden Eintrag schädlicher Wasserinhaltsstoffe in die oberirdischen Gewässer reduzieren. Hier sind in den letzten Jahrzehnten trotz der **16**

---

12 Im Jahre 1988 konnten z.B. in Baden-Württemberg noch rd. 60% des geförderten Grundwassers ohne weitergehende Aufbereitungsmaßnahmen als Trinkwasser abgegeben werden (BWGZ 1988, 123). Zur Lage in den neuen Bundesländern s. UBA, Daten zur Umwelt 1992/93, S. 445 ff.
13 Vgl. zu den Güteklassen bzw. Trophiestufen der Gewässer Fn. 4/80. – Wie z.B. Untersuchungen der Deutschen Kommission zur Reinhaltung des Rheins aus dem Jahre 1985 ergeben haben, wurden dem Rhein damals noch jährlich zugeführt: rd. 11 Mio t Chlorid, 4,5 Mio t Sulfat, 284 000 t organische Kohlenstoffverbindungen, 90 000 t Eisen, 38 250 t Ammonium, 28 400 t Phosphor, 2500 t organische Chlorverbindungen, 578 t Chrom, 129 000 t Arsen, über 10 t Cadmium u. 6 t Quecksilber (vgl. FAZ v. 28.3.1988). Inzwischen hat sich die Wasserqualität kontinuierlich verbessert, so daß der Rhein bis auf zwei kleinere Teilstrecken nach dem sieben-klassigen Bewertungssystem (Fn. 4/80) wieder die angestrebte Klasse II oder doch die Klasse II-III erreicht hat; die Entwicklung der Gewässergüte zwischen 1982 und 1991 ist dokumentiert in UBA, Daten zur Umwelt 1992/93, S. 366 ff.; ebda. S. 458 und in BT-Drs. 12/4406, S. 10, sind auch die Schadstoffeinträge in die Nordsee dargestellt.
14 Vgl. z.B. Rn. 3/84; SRU, Umweltgutachten 1994, Tz. 496 f.

4 *Öffentliches Gewässerschutzrecht*

Steigerung des Abwasseranfalls bereits wichtige Erfolge erzielt worden. Die rechtlichen Anforderungen an die Qualität des Abwassers wurden in jüngerer Zeit erheblich verschärft (vgl. § 7a WHG; dazu Rn. 4/120 ff.).

17 Der gesamte *Abwasseranfall* in den alten Bundesländern (Ableitung behandelten oder unbehandelten Abwassers) hat 1975 noch rd. 32 Mrd m^3 betragen, 1983 bereits rd. 42 Mrd m^3, 1987 schließlich rd. 46,3 Mrd m^3; seither ist ein leichter Rückgang auf rd. 42,8 Mrd m^3 zu verzeichnen.[15] Allerdings waren 1991 auch schon 90% der Wohnbevölkerung (dabei 94% in den alten und 77% in den neuen Bundesländern) an die öffentliche Kanalisation, 85% der Wohnbevölkerung (92% in den alten und 60% in den neuen Bundesländern) an eine Abwasserbehandlungsanlage angeschlossen. Von den rd. 9900 öffentlichen Abwasserbehandlungsanlagen wirkten 1991 etwa 8050 nicht nur mechanisch (z.B. durch Rechen und Siebe, Sand- und Fettfänge, Absetzbecken), sondern zusätzlich auch biologisch (durch Umwandlung organischer Stoffe mit Bakterienhilfe in absetzbaren Schlamm, z.B. im Tropfkörper- oder Belebungsbeckenverfahren). Etwa 90% der Bevölkerung der alten Bundesländer und 31% der Bevölkerung in den neuen Bundesländern waren an solche (voll-)biologischen Reinigungsanlagen angeschlossen, die den strengen, für Gemeinden geltenden Anforderungen der Rahmen-AbwasserVwV nach § 7a WHG (Rn. 4/129) entsprechen.[16]

18 Dadurch wurde eine wesentliche Verringerung der Vorfluterbelastung mit organischer Schmutzfracht erreicht. Die Belastung der kommunalen Abwässer mit düngendem *Stickstoff* und *Phosphor* ist aber verblieben. Daher ist zur Umwandlung von Ammmoniumstickstoff (NH$_4$) in wasserlösliches Nitrat (NO$_3$) noch eine besondere Nitrifizierung erforderlich; die völlige Entfernung des Stickstoffs verlangt zusätzlich noch eine Denitrifizierung (Rn. 4/37). Schließlich bedarf es zur Eliminierung des Phosphors einer chemischen Ausfällung (Entphosphatierung). Auch an die kommunalen Abwässer sind daher (zum Schutz der Fließgewässer und der Nord- und Ostsee vor Überdüngung) neue Anforderungen insbesondere in Bezug auf die noch zulässigen Restmengen an sauerstoffzehrenden bzw. düngenden Stickstoffverbindungen (Rn. 4/36) und Phosphorverbindungen (Rn. 4/23) gestellt worden (Novellierung der zu § 7a WHG ergangenen 1. AbwasserVwV v. 8.9.1989[17], s. auch Rn. 4/129). Seit 1.1.1992 müssen alle kommunale Kläranlagen nach den Bestimmungen der Rahmen-Abwasser-VwV zunächst einmal bestimmte, nach Größenklassen dieser Anlagen differenzierte *Grenzwerte für den Biologischen und den Chemischen Sauerstoffbedarf* (Rn. 4/21 f.) einhalten. Die fünf Größenklassen werden durch eine Reinigungsleistung bestimmt, die nach Einwohner-(gleich-)werten (EW) gestuft ist. Ein EW entspricht dabei 60 g BSB$_5$/d im Rohabwasser. In Anlagen mit einer Belastung von mehr als 300 kg BSB$_5$/d (= 5000 EW) sind Grenzwerte für *Ammonium-Stickstoff und Stickstoff gesamt* (als Summe von Ammonium-Nitrit- und Nitratstickstoff) einzuhalten. Darüberhinaus müssen Kläranlagen ab 20 000 EW (= 6000 kg BSB$_5$/d) eine Entphospatierung

---

15 Stat. Jb. 1987 für die Bundesrepublik Deutschland, S. 587; UBA, Daten zur Umwelt 1990/91, S. 372; UBA, Daten zur Umwelt 1992/93, S. 327 ff.
16 Vgl. UBA, Daten zur Umwelt 1992/93, S. 327 ff. Von 1970 bis 1990 sind für Neubau, Ausbau und Sanierung von Kanalisation und Kläranlagen mehr als 110 Mrd DM in den alten Bundesländern ausgegeben worden; der jährliche Aufwand beläuft sich derzeit auf über 12 Mrd DM; vgl. BMU (Hrsg.), Wasserwirtschaft in Deutschland, 1994, S. 14.
17 GMBl. 1989, 517. Durch die Rahmen-AbwasserVwV ist die 1. Allgemeine Verwaltungsvorschrift über Mindestanforderungen an das Einleiten von Abwasser in Gewässer (Gemeinden) – 1. AbwasserVwV – v. 9.11.1988, GMBl. 1988, 602 (dazu *Lübbe-Wolff*, NVwZ 1989, 439 ff.) aufgehoben und durch Anhang 1 ersetzt worden.

vorsehen. Über 1100 solcher Abwasserbehandlungsanlagen haben in den alten Bundesländern rd. 84% der Gesamt-BSB_5-Belastung erfaßt. In Kläranlagen der Größenordnung über 100 000 EW dürfen folgende Grenzwerte nicht überschritten werden: CSB: 75 mg/l, BSB_5: 15 mg/l, Ammonium-Stickstoff: 10 mg/l, Stickstoff gesamt: 18 mg/l, Phosphor gesamt: 1 mg/l.

Alte Kläranlagen sind entsprechend nachzurüsten. Nach Schätzungen aus dem Jahr 1990 sind etwa 22% des 310 000 km langen öffentlichen Kanalnetzes in den alten Bundesländern schadhaft und müssen über kurz oder lang *saniert* werden. Des weiteren sind Regenwasserbehandlungsmöglichkeiten für die Mischwasserkanalnetze vorzusehen. Durch die Nachrüstung der alten Kläranlagen sowie durch die Notwendigkeit die undichten Abwasserkanalnetze teilweise zu erneuern und ausreichende Niederschlagsspeicher zu schaffen, kommen auf die Gemeinden und kommunalen Abwasserzweckverbände allein in den alten Bundesländern Investitionslasten in Höhe zwischen 100 und 200 Mrd DM zu.[18]

2. Kriterien der Gewässergüte

Für die Qualifizierung und Kontrolle der Gewässergüte, also für die Reinheit des Wassers und den Sauerstoffhaushalt gibt es eine Vielzahl von *Gewässergütedaten* (Parametern). Als Gütedaten kommen etwa die Gehalte an absetzbaren, oxidierbaren oder giftigen (organischen oder anorganischen) Stoffen, die Färbung, die Temperatur usw. in Betracht. Dabei kann es sich um Einzelparameter (z.B. gewisse Einzelstoffe, etwa bestimmte Schwermetalle, bestimmte organische oder anorganische chemische Verbindungen) oder Summenparameter (z.B. BSB_5, CSB, AOX) handeln. Einige der wichtigsten dieser chemisch-physikalischen Kenngrößen sowie einige der typischen problematischen Wasserinhaltsstoffe sollen im folgenden vorgestellt werden.

- Sauerstoffgehalt

Der Sauerstoffgehalt (gemessen in mg/l) eines Gewässers ist das wichtigste Kriterium seiner Selbstreinigungskraft. Verbraucht wird der Sauerstoff für den Abbau der Verschmutzung; sein Eintrag in die oberirdischen Gewässer erfolgt durch Diffusion aus der Luft unter Mitwirkung von Wind und Wellenbewegung, durch lebende Pflanzen und Algen im Wege der Photosynthese oder durch künstliche Belüftung (Rn. 4/33).

- Biochemischer Sauerstoffbedarf

Der Biochemische (oder Biologische) Sauerstoffbedarf (BSB), gemessen in mg/l, ist die Menge an gelöstem elementaren Sauerstoff, die von Mikroorganismen verbraucht wird, um im Wasser vorhandene, faulfähige organische Stoffe oxidativ bei 20 °C und Dunkelheit abzubauen. Der BSB gibt einen Hinweis auf die Belastung des Sauerstoffhaushalts eines Gewässers mit abbaubaren organischen Verbindungen. In der Praxis wird nur auf die innerhalb 5 Tagen benötigte Sauerstoffmenge abgestellt (sog. BSB_5).

- Chemischer Sauerstoffbedarf

Der Chemische Sauerstoffbedarf (CSB), gemessen in mg/l, ist die Sauerstoffmenge, die zur vollständigen chemischen Oxidation organischer Stoffe mit Hilfe eines be-

---

18 S. SRU, Umweltgutachten 1994, Tz. 491; BWGZ 1989, 869 u. 870; *Salzwedel*, NVwZ 1988, 493 (494). Zur Problematik der undichten Kanalisation aus ökologischer, ökonomischer, technischer und juristischer Sicht vgl. *Klemmer/Stein* (Hrsg.), ZAU, Sonderheft 1/1988.

4 Öffentliches Gewässerschutzrecht

stimmten starken Oxidationsmittels (z.B. Kaliumdichromat als Sauerstofflieferant) benötigt wird. Der CSB ist in der Regel höher als der BSB_5, weil durch das Oxidationsmittel auch Substanzen angegriffen werden, die biologisch nur schwer oder gar nicht abbaubar sind (Alkohole, Essigsäure u.a.). Er ist ein (indirekter) Indikator für den Sauerstoffverbrauch eines Gewässers.

23 • Phosphate

Phosphate, d.h. (gut wasserlösliche) Salze verschiedener Phosphorsäuren, sind zwar ungiftig, können aber aufgrund ihrer hohen Düngewirkung zu einer Gewässereutrophierung (Rn. 3/31 ff.) führen. Der Phosphateintrag in die Gewässer erfolgt insbesondere aufgrund landwirtschaftlicher (Über-)Düngung und über kommunale Kläranlagen (aufgrund des Gebrauchs von phosphathaltigen Waschmitteln); er ist in den vergangenen Jahren deutlich gesunken.

24 • Nitrate

Nitrate, d.h. Salze der Salpetersäure, gehören zu den Endstoffen des Abbaus von organischen, stickstoffhaltigen Gewässerbestandteilen. Nitrat (NO_3) kann durch Bakterien in das besonders für Säuglinge gefährliche Blutgift Nitrit (NO_2) umgewandelt werden; im übrigen bilden Nitrate im Magen-Darmtrakt krebserregende Nitrosamine. In die Gewässer gelangt Nitrat häufig wiederum durch landwirtschaftliche (Über-)Düngung (Rn. 3/36 ff.); auch wird z.B. in den Kläranlagen Ammonium (NH_4) teilweise zu Nitrat aufoxidiert (nitrifiziert).

25 • Ammonium

Ammonium (NH_4), das ebenfalls nur in salzartigen Verbindungen existiert, wirkt sauerstoffzehrend; es kann auch noch in anderer Weise gewässerrelevant werden, z.B. dann, wenn durch Oxidation bei alkalischem pH-Wert des Gewässers das als Fisch- u. Blutgift wirkende freie Ammoniak (NH_3) entsteht. Ammonium trägt bei höheren Konzentrationen erheblich zur Belastung des Sauerstoffhaushalts bei, weil bei der mikrobiellen Oxidation (Nitrifikation) von 1 mg Ammonium-Stickstoff zu Nitrat (temperaturabhängig) etwa 4,5 mg Sauerstoff verbraucht werden.

26 • Chloride

Chlorid kommt in allen natürlichen Gewässern vor, wobei in den meisten Fällen der natürliche Chloridgehalt unter 20 mg/l Wasser liegt. Die Chloridkonzentration bildet einen Maßstab für die Belastung eines Gewässers insbesondere mit Koch- oder Kalisalzen, deren Eintrag vor allem durch Bergbau und industrielle Produktion verursacht wird. Hohe Chloridwerte verändern die Gewässerfauna und -flora nachhaltig, bei Konzentrationen von über 200 mg/l könne für die landwirtschaftiche Nutzung (durch Versalzung der Böden) und die Trinkwasserversorgung (durch hohe Aufbereitungskosten, sofern das Gewässer für die Wasserversorgung von Bedeutung ist) Probleme entstehen.

27 • Schwermetalle

Schwermetalle (z.B. Arsen, Quecksilber, Cadmium, Chrom, Nickel, Blei, Kupfer) haben häufig toxische (auch antibakterielle) Wirkung und beeinträchtigen daher auch die Selbstreinigungskraft der Gewässer. Sie sind oft in Schwebstoffen adsorbiert und in Stillwasserzonen sedimentiert. Ihr Eintrag in die Gewässer erfolgt in erster Linie durch Abwassereinleitungen aus Industriebetrieben (Rn. 4/42). Die ökologische Bedeutung von Schwermetallen liegt darin, daß diese nicht abbaubaren Stoffe sich in Organismen anreichern und damit in verschiedene Nahrungsketten gelangen.

- Chlorkohlenwasserstoffe   28

Die Chlorkohlenwasserstoffe (CKW),[19] die zu den besonders problematischen Umweltgiften gehören, haben inzwischen eine ubiquitäre Verbreitung gefunden. Einige dieser zahllosen chemischen Verbindungen, die sich als solche z.T. sehr lange Zeit in der Umwelt (z.B. auch im Grundwasser) halten und z.T. selbst wasserdichte Barrieren durchdringen können, sind krebserregend. Aufgrund hoher Fettlöslichkeit können sich CKW im Fettgewebe von Mensch und Tier anreichern. Das Vorkommen von CKW in Gewässern deutet stets auf *anthropogene Verursachung* hin (z.B. durch den Einsatz von Schädlingsbekämpfungsmitteln). CKW-freies Grundwasser ist immer seltener geworden. Wenn sich z.B. grundwasseroberstromig eines Grundwasserentnahmebrunnens, der der Trinkwasserversorgung dient, eine „Altlast" (Rn. 5/19 ff.) befindet, von der wassergefährdende CKW in das Grundwasser gelangen können, bedarf es der Abhilfe. Diese wird zunächst in der Installierung von Grundwasserbeobachtungspegeln zur Ermittlung des Schadstoffpfads bestehen. Bei bestimmtem Ausmaß der Kontamination des der Trinkwasserversorgung dienenden Brunnenwassers muß das geförderte Grundwasser aufbereitet werden, z.B. durch den Einsatz aufwendiger Aktivkohlefilter. Typische Anwendungsgebiete für CKW sind z.B. Pestizide, Holzschutzmittel, Lösemittel und Isolierstoffe.

- Hexachlorbenzol   29

Hexachlorbenzol (HCB) ist ein Fungizid, das früher als Saatgutbeizmittel (und als Grundstoff für das Holzschutzmittel PCB) Verwendung fand. Heute ist der Gebrauch HCB-haltiger Fungizide in der Bundesrepublik wegen Krebsverdachts verboten, so daß der HCB-Eintrag in die Gewässer vor allem über Altlasten erfolgt. HCB ist schwer wasserlöslich, schwer flüchtig und hat eine starke Tendenz, sich in Sedimenten und Organismen anzureichern.

3. Beeinträchtigungen der Gewässergüte und Gegenmaßnahmen

Trotz der Bemühungen um die Verminderung von Schadstoffeinträgen in das Wasser 30
durch emissionsmindernde Maßnahmen an der Quelle oder durch Abwasserbehandlungsmaßnahmen läßt die Gewässergüte vieler Oberflächengewässer und nicht selten auch des Grundwassers noch immer sehr zu wünschen übrig. Das ist auch kein Wunder angesichts der zahlreichen Emissionsquellen. Man denke an die Industrieanlagen und Kraftwerke, die unsere großen Flußläufe säumen, an den unsachgemäßen Umgang mit wassergefährdenden Stoffen, an den z.T. immer noch exzessiven Gebrauch von Düngeund Pflanzenbehandlungsmitteln in der Landwirtschaft, an die gewässergefährdenden Altlasten, an das Fehlen chemischer Reinigungsstufen in zahlreichen kommunalen

---

19 *Lübbe-Wolff*, Grundwasserbelastung durch CKW. Rechtsfragen der Ermittlung und Sanierung, 1991.

4 *Öffentliches Gewässerschutzrecht*

Kläranlagen, an undichte Kanalisationsstränge, an die winterliche Salzausbringung auf Straßen usw. Was insbesondere die industriellen Emissionsquellen anbetrifft, so liefern die gezielten Ableitungen aus der chemischen Industrie, aus der Papier- und Zellstoffindustrie und aus der metallverarbeitenden Industrie den Hauptbeitrag zur Gewässerverschmutzung. Zum Teil sind aber für die Gewässerverschmutzung Vorgänge ursächlich, die nichts mit gezielten, wasserrechtlich gestatteten Abwassereinleitungen zu tun haben (z.B. Schadstoffeinträge über kontaminierte Böden oder über die Luft, wilde Abwassereinleitungen, Störfälle in der chemischen Industrie usw.).

a) Eutrophierung

31 Der Eintrag von Nährstoffen, insbesondere von *Phosphaten* (Rn. 4/23) und *Nitraten* (Rn. 4/24) in die Oberflächengewässer führt zu einer *Steigerung des Nährstoffangebots* und daher zu einem verstärkten Wachstum von Wasserpflanzen (vor allem von Blaualgen). Der durch die Algenvermehrung bewirkte Lichtentzug läßt die Wasserpflanzen in den tieferen Schichten absterben. Durch die Fäulnisvorgänge beim Abbau der abgestorbenen pflanzlichen Substanzen tritt eine *Sauerstoffzehrung* ein. Obendrein entfällt im nunmehr unterbelichteten, wasserpflanzenfreien Bereich die sonst bei der Photosynthese erfolgende Sauerstofffreisetzung. All dies kann dazu führen, daß ein Gewässer, vor allem ein See „kollabiert". Aufgrund des Sauerstoffdefizits ersticken Fische, gehen Kleinlebewesen (Fischnahrung) zugrunde, geht der Schilfröhricht zurück usw. Auch erleichtert die Sauerstoffarmut des Tiefenwassers das Herauslösen von Schwermetallionen aus dem Sediment, was das Fischsterben beschleunigt und die Trinkwasseraufbereitung erschwert.

32 Die Nährstoffe, die in Gewässer gelangen, werden zu einem nicht geringen Teil von *landwirtschaftlich genutzten, gedüngten bzw. überdüngten Böden* ausgetragen, und zwar durch Abschwemmung einerseits in Oberflächengewässer, andererseits auch ins Grundwasser (durch Versickern mit Niederschlagswasser). Zum Teil gelangen sie von den kommunalen Abwasseranlagen (und damit auch aus anderen Herkunftsbereichen, z.B. *phosphathaltige Waschmittel* aus Haushalten) in die Vorfluter. Letztlich werden sie über die großen Flüsse (insbesondere Rhein und Elbe) bis in die Nordsee getragen, wo sie ebenfalls Eutrophierungsprobleme verursachen.

33 Der Sauerstoffzehrung der Oberflächengewässer versucht man durch künstlichen Sauerstoffeintrag im Wege der *Belüftung* entgegenzuwirken, etwa durch Einpumpen von Luft, durch Einbau von Schwellen in Fließgewässer, durch Installierung von sog. Flotationsanlagen in stehenden Gewässern usw.

34 Besser bzw. ergänzend notwendig sind schadstoffmindernde Maßnahmen an der Quelle. Das gilt z.B. für eine *Beschränkung der Düngung* auf das ökologisch verantwortbare Maß (vgl. §§ 3 II Nr. 2, 19 I Nr. 3 WHG); dies würde zugleich zu einer Verminderung des Nitrateintrags in das Grundwasser führen. Es ist ferner beabsichtigt, Gewässerrandstreifen aus der Düngung und Pflanzenbehandlung herauszunehmen. Aufgrund *verschärfter Anforderungen an die Zusammensetzung der Waschmittel* (Rn. 4/62) ist der Phosphatanteil seit dem Inkrafttreten der Phosphathöchstmengen-VO von 1980

ständig zurückgegangen[20], desgleichen die Produktion von Wasch- und Reinigungsmitteln nach dem Höhepunkt im Jahre 1982.[21]

Dem Abwasser können bisher von den Phosphaten in den beiden Reinigungsstufen der kommunalen Kläranlagen (mechanische und biologische Reinigung) nur ca. 30% entzogen werden. Zu einer wirksameren Eliminierung der Phosphate bedarf es einer sog. dritten Reinigungsstufe, in der diese Phosphate aus dem Abwasser ausgefällt werden (vgl. auch Rn. 4/18). 35

b) Nitrateintrag

Die größten Probleme für die Trinkwasserversorgung ergeben sich derzeit aus der zunehmenden Grundwasserbelastung mit Nitraten.[22] Die in organischen und mineralischen Düngern enthaltenen Stickstoffverbindungen werden im Boden von Mikroorganismen in wasserlösliche Nitrate umgewandelt (sog. *Nitrifizierung*); sie können nur so von den Pflanzen in begrenzten Mengen aufgenommen werden. Der Überschuß wird von den Bodenschichten kaum zurückgehalten, so daß er schließlich nach kürzerer oder längerer Zeit ins Grundwasser gelangt. Im Wege der Selbstreinigung des Grundwassers werden die Nitrate nur langsam abgebaut. Zwar sind Nitrate für die Eiweißbildung der Pflanzen unentbehrlich. Durch sie werden jedoch die Gewässer derzeit massiv verunreinigt. Die Gründe hierfür sind insbesondere: Tiefe Bodenbearbeitung, Erosion bei Sonderkulturen (z.B. Mais), Überdüngung mit Wirtschaftsdünger (d.h. mit Gülle, die in großen Mengen u.a. als Folge der Massentierhaltung zur kostensparenden Beseitigung versprüht wird) sowie eine nicht bedarfsgerechte Überdosierung von Handelsdünger (Mineraldünger). Dies führt – wie der Phosphateintrag – zu einer *Steigerung des Nährstoffangebots* für die Wasserpflanzen in Oberflächengewässern. (Betroffen sind vor allem Neckar, Main, Saar, Weser und Elbe.) Überdies ist Nitrat grund- und damit auch *trinkwasserschädlich* (Rn. 4/11, 4/24). 36

Jedenfalls außerhalb von Wasserschutzgebieten und nach dem Ende der Vegetationsperiode ist der Nitratgehalt des Bodens aufgrund der Düngung von seiten der Landwirtschaft häufig sehr hoch (z.B. mehr als 70 kg/ha). Wenn das Grundwasser dann wegen des Düngemitteleintrags einen zu hohen Nitratgehalt aufweist, muß von den Wasserwerken zur Gewährleistung ordnungsgemäßer Trinkwasserversorgung nicht selten nitratarmes Wasser zugezogen und zugemischt werden, weil das Ausziehen des Nitrats aus dem Wasser mittels physikalischer oder physikalisch-chemischer Verfahren sowie sein Abbau, die sog. *Denitrifikation*[23], aufwendig und teuer sind. 37

---

20 Die Belastung der Gewässer durch Phosphate aus Wasch- und Reinigungsmitteln hat sich von 276 000 t im Jahr 1975 (nur alte Bundesländer) auf ca. 14 000 t im Jahr 1991 stark verringert; vgl. UBA, Daten zur Umwelt 1992/93, S. 55.
21 Seit der Erweiterung der Produktpalette um sog. „Konzentrate" kann weder die Produktions- noch die Verbrauchsmenge eine verläßliche Auskunft über die umweltbelastenden Substanzen in Wasch- und Reinigungsmitteln mehr geben. Phosphathaltige Waschmittel sind vom Markt derzeit nahezu verdrängt; etwa drei Viertel aller Geschirrspülmittel sind aber noch phosphathaltig, UBA, Daten zur Umwelt 1992/93, S. 54 f. u. UBA, Daten zur Umwelt 1986/87, S. 367.
22 Dazu aus politikwissenschaftlicher Perspektive *Bruckmeier/Teherani-Krönner*, ZAU 1989, 153 ff.
23 Unter Denitrifikation versteht man die mikrobiologische Reduktion von Nitrat zu molekularem Stickstoff; vgl. auch Rn. 4/18.

4 *Öffentliches Gewässerschutzrecht*

38 Aufgrund der Richtlinie 80/778/EWG vom 15.7.1980 ist in der Trinkwasser-VO von 1986 (Rn. 4/11) der *Grenzwert für Nitrat (NO₃) im Trinkwasser* auf 50 mg/l herabgesetzt worden. Dieser Grenzwert konnte und kann etwa in jedem 20. Wasserwerk nicht eingehalten werden. In der Richtlinie 91/676/EWG zum Schutz der Gewässer vor Verunreinigung durch Nitrat aus landwirtschaftlichen Quellen vom 12.12.1991 werden nunmehr die Mitgliedstaaten verpflichtet, Maßnahmen gegen den weiteren Eintrag von Dünger zu treffen, wenn sich die Grundwasserbelastung mit Nitrat 50 mg/l nähert. Über 30% aller Trinkwasseranalysen weisen schon heute höhere Belastungen als 20 mg Nitrat/l auf. Deshalb schließen sich die von einem zu hohen Nitratgehalt ihres Trinkwassers betroffenen Gemeinden oder Wasserverbände oft einer Fernwasserversorgung an (z.B. der Harz-Wasserversorgung oder der über ein Leitungsnetz von über 1400 km verfügenden, bis nördlich von Heilbronn reichenden Bodensee-Wasserversorgung usw.).

39 Die Stickstoffüberdüngung steigert nicht nur die Gefahr der Nitratauswaschung in das Grundwasser, sondern sie beeinträchtigt auch die Qualität von Ernteprodukten. Die verschiedentlich propagierte Einführung einer EG-einheitlichen verhaltenssteuernden *Stickstoffabgabe* (Rn. 1/138) zur Reduzierung der Belastung von Grundwasser mit Nitrat hätte, da eine verminderte Düngung zu einer Ertragsminderung führt, zugleich den Vorteil einer Reduzierung der von der EG-Agrarpolitik bewirkten landwirtschaftlichen Überproduktion. Gleichzeitig sollte auch die Verwendung von Gülle (Flüssigmist) beschränkt oder abgabenpflichtig werden.

c) Versauerung

40 Der „saure Regen" trägt nicht nur zum Waldsterben (Rn. 6/12) bei, sondern kann auch zur Versauerung von Böden und Gewässern, insbesondere von Seen führen, was z.B. im Odenwald oder bei den Arberseen im Bayerischen Wald zu beobachten ist. Der mit dem Regen erfolgende Eintrag von aus SO_2- und NO_x-Emissionen gebildeten *anorganischen Säuren* – Schwefelsäure (H_2SO_4), schweflige Säure (H_2SO_3), Salpetersäure (HNO_3) oder salpetriger Säure (HNO_2) – senkt den pH-Wert (Rn. 4/136) des Wassers. Auch dies führt ggf. zu einem Fischsterben, und zwar nicht nur unmittelbar, sondern auch mittelbar dadurch, daß der Bestand an Kleinlebewesen reduziert und bei niedrigen pH-Werten die Herauslösung von Schwermetallen aus dem Sediment begünstigt wird. Die wichtigste Abhilfe gegen die Versauerung besteht in der Begrenzung der Emissionen von Schwefeldioxid und Stickoxiden.

41 Derzeit leiden vor allem die Seen in den nordischen Ländern Europas, ferner die Seen im Nordosten der USA und im Osten von Kanada unter einer erheblichen Versauerung. Bei den mitteleuropäischen Seen hat die vergleichsweise sogar erheblich höhere Immissionsbelastung deswegen noch nicht zu einer weiträumigen Versauerung geführt, weil der hier vorhandene Basenreichtum der Gewässer (pH-Wert größer als 7) eine Abpufferung des Säureeintrags ermöglicht. Indessen lassen auch Gewässer in kalkarmen Regionen der Bundesrepublik eine zunehmende Versauerung erkennen.

d) Eintrag von Schwermetallen

Schwermetalle (z.B. Quecksilber, Cadmium, Blei usw.; vgl. Rn. 4/27) gelangen in die Gewässer sowohl über die Luft aufgrund schwermetallhaltiger, von Industriebetrieben verursachter Staubemissionen als auch über das (wiederum vornehmlich industrielle) *Abwasser* aufgrund behördlich gestatteter oder auch „wilder" Einleitungen. Sie setzen sich im Sediment ab, wo sie im günstigsten Fall, nämlich bei neutralem Milieu und sauerstoffhaltigem Tiefenwasser, festgehalten und nicht wieder ausgewaschen werden.

Eine starke Belastung der Gewässer mit giftigen Schwermetallen kann über die Nahrungsmittelkette (Anreicherung von Schwermetallen in Speisefischen) u.U. zu schwersten Erkrankungen der Menschen führen. Dies ist z.B. in Japan geschehen. Dort trat in Minamata seit etwa 1955 die sog. *„Minamata-Krankheit"* auf, an der eine große Zahl von Menschen erkrankte und 59 Menschen starben. Erst 1968 wurde der Verdacht der Vergiftung durch Methylquecksilberchlorid offiziell bestätigt. Diese chemische Verbindung war von einer Fabrik, die Quecksilber als Katalysator zur Herstellung von Acetaldehyd eingesetzt hatte, über Jahrzehnte hinweg mit dem Abwasser in die Meeresbucht von Minamata eingeleitet worden. Über die Nahrungskette Plankton-Fisch-Mensch akkumulierte sich das Nervengift, bis es 1956 zum Ausbruch der Erkrankung kam (Störungen des Seh- und Hörvermögens sowie des Tastempfindens, abnorme Bewegungen, Apathie usw.). Wäre die abstrakte Gefährlichkeit des Methylquecksilberchlorids oder seine konkrete Gefährlichkeit unter den gegebenen Umständen rechtzeitig erkannt worden, so hätten vorsorgende, die Produktionsweise oder die Abwasserbehandlung betreffende behördliche Anordnungen die Schäden an Leib und Gesundheit vermeiden können. Immerhin ergingen 1971 und 1973 umweltschutzrechtlich außerordentlich bedeutsame gerichtliche Grundsatzentscheidungen über zivilrechtliche Schadensersatzansprüche.

Im Sediment der großen deutschen Flüsse ist (abgesehen von der Elbe) die Schwermetallanreicherung in den letzten Jahren deutlich zurückgegangen; sie ist aber in Ruhr, Weser und Werra immer noch relativ hoch.[24] Das UBA hat 1994 medienbezogene *Umweltqualitätsziele* zum Schutz der Oberflächengewässer vor Schwermetallen erarbeitet, die nun in der wasserwirtschaftlichen Praxis erprobt werden sollen.[25]

e) Eintrag von Pflanzenbehandlungsmitteln

Würde die Landwirtschaft auf Pflanzenbehandlungsmittel verzichten, gingen die Erträge möglicherweise um 30% zurück. In der Bundesrepublik sind heute noch mehr als 900 Pflanzenbehandlungsmittel, d.h. chemische Schädlingsbekämpfungsmittel (*Pestizide*) und Unkrautbekämpfungsmittel (*Herbizide*) mit nahezu 300 verschiedenen Wirkstoffen in Gebrauch. Über 250 dieser Wirkstoffe wurden inzwischen im Trinkwasser nachgewiesen; für etliche Wirkstoffe gibt es noch kein praktisch brauchbares Analyseverfahren. Manche der Pflanzenbehandlungsmittel werden relativ schnell (durch Hydrolyse, d.h. durch chemische Umsetzung mit Wasser, oder durch Mikroben) abgebaut, manche nur langsam und manche praktisch gar nicht. Der zunehmende

---

24 Zu völkerrechtlichen Vereinbarungen s. Rn. 4/68. Die Wasserbeschaffenheit der Fließgewässer zwischen 1982 und 1991 ist von der LAWA veröffentlicht worden (s.a. UBA, Daten zur Umwelt 1992/93, S. 354 ff.).
25 UBA (Hrsg.), Zielvorgaben für gefährliche Stoffe in Oberflächengewässern, UBA-Texte 44/94.

4 *Öffentliches Gewässerschutzrecht*

Eintrag von Pestiziden (z.B. Insektiziden, Fungiziden) und Herbiziden, besonders der Eintrag solcher Mittel, die leicht wasserlöslich und schwer abbaubar sind, birgt selbst im Falle ihrer regelentsprechenden Anwendung eine schwerwiegende Gefahr für die Gewässer. Das gilt bei wasserdurchlässigen und geringmächtigen Deckschichten speziell für das Grundwasser, aber auch für oberirdische Gewässer, weil sich beim Versprühen von Pflanzenbehandlungsmitteln (rd. 27 000 t/a) Aerosole bilden, die z.T. verweht und vom Niederschlag ausgewaschen werden. Eine Reihe von Pflanzenbehandlungsmitteln sind *humantoxikologisch zumindest bedenklich*. Dem tragen neuere Regelungen ausdrücklich Rechnung, z.B. in §§ 6 I, 15 I Nr. 3 PflSchG[26], in § 19 I Nr. 3 WHG oder in der Trinkwasser-VO.

f) Aufheizung

46 Schließlich ist unter dem Aspekt der Beeinträchtigung der Gewässergüte auch die Aufheizung des zu Kühlzwecken aus einem Fließgewässer oder aus dem Grundwasser entnommenen, einem Oberflächengewässer unverschmutzt wieder zugeleiteten Wassers anzusprechen. Hohe Wassertemperaturen stören das ökologische Gleichgewicht eines Gewässers, indem sie ebenfalls zur *Sauerstoffzehrung* beitragen, nämlich aufgrund einer Verminderung der Sauerstoffaufnahmefähigkeit der Gewässer mit steigenden Temperaturen.

g) Unfallbedingter Chemikalieneintrag

47 Wassergefährdende Stoffe, z.B. als Lösemittel eingesetzte Chlorkohlenwasserstoffe, können durch undichte Kanalisationen, Unfälle von Transportfahrzeugen u.ä. in das Grundwasser gelangen. Ein aufschreckendes Beispiel für eine unfallbedingte Belastung unserer oberirdischen Gewässer war die Rheinverschmutzungskatastrophe in der Nacht vom 31.10. auf den 1.11.1986, als sich in einer Lagerhalle des Baseler Chemiekonzerns *SANDOZ AG/Schweizerhalle* ein Brand ereignete.[27]

48 Dort lagerten 1246 t Agro-Chemikalien (30 unterschiedliche Stoffarten), vor allem Herbizide und Insektizide, davon insbesondere Phosphorsäure-Ester (z.B. E 605), aber auch quecksilberhaltige Pilzbekämpfungsmittel („Trillex"). Ca. 10-30 t dieser Chemikalien sowie wenigstens 200 kg einer hochtoxischen Quecksilberverbindung sind mit ca. 15 000 m^3 Löschwasser über das Betriebskanalnetz in den Rhein gespült worden. (Am 7.11.1986 gelangten noch einmal ca. 5% der ursprünglichen Schadstoffmenge aus stehendem Löschwasser in den Rhein). Auf einer Strecke von über 200 km ab Einleitungsstelle stromabwärts sind viele Fische (insbesondere Aale) unmittelbar getötet worden. Daneben wurden aber im Nahbereich des Unfallorts auch die Kleinlebewesen, z.B. Wasserasseln, Flohkrebse, Insektenlarven usw., von denen die Fische

---

26 Vgl. *Drescher*, NuR 1989, 283 ff. m.w.N. – Die auf § 7 I u. II PflSchG gestützte *Pflanzenschutz-Anwendungs-VO* v. 27.7.1988 (BGBl. I 1196) normiert für Pflanzenschutzmittel, die aus den in den Anlagen zur VO genannten Wirkstoffen bestehen oder solche Stoffe enthalten, vollständige oder eingeschränkte Anwendungsverbote oder bestimmte Anwendungsbeschränkungen.

27 Dazu z.B. *Töpfer*, ZAU 1988, 105 ff.

leben, völlig vernichtet. Insbesondere das Insektizid Parathion wirkte verheerend, weil es sich mit hohem Anteil im Flußsediment anreichert, schwer abbaubar ist (ausgeprägte Persistenz) und eine hohe aquatische Toxizität aufweist. Auch die durch den Unfall in den Rhein gelangten organischen Bleiverbindungen werden nicht abgebaut und haben sich, soweit sie nicht vom Hochwasser weitertransportiert wurden, sehr wahrscheinlich mehr oder weniger dauerhaft im Sediment festgesetzt. Einige Zeit nach dem Unfall bestand auch die Gefahr der Grundwasserbeeinträchtigung durch Uferfiltrat. Verschiedene Grundwasserbrunnen der Wasserwerke entlang des Rheins sind daher vorsorglich geschlossen worden, so daß die Bevölkerung zweier Gemeinden südlich von Bonn vorübergehend mittels Tankwagen mit Wasser versorgt werden mußte. Allerdings sind, wie sich inzwischen erwiesen hat, die für die Selbstreinigung des Rheins wichtigen Mikroorganismen durch die Gifteinleitungen nicht nachhaltig geschädigt worden. Zwei Jahre nach dem Unfall hatte sich der Rhein auch im übrigen weitgehend „erholt". Ermöglicht wurde die Katastrophe durch Mißachtung der objektiv gebotenen Risikovorsorge. So war die Lagerhalle nicht in Unterabteilungen zur Eindämmung von Brandschäden aufgeteilt, es gab kein automatisches Feueralarm- und Brandschutzsystem, Auffangbecken für überlaufendes Löschwasser fehlten, ebenso fehlte ein Anschluß der Lagerhalle an das werkseigene Chemieabwassersystem. Der „Internationale Wasser- und Alarmplan ‚Rhein'" wurde von den schweizerischen Behörden verspätet ausgelöst. Dies alles führte auch in der Bundesrepublik zu Rechtsetzungskonsequenzen (Rn. 6/157).

Nur Stunden vorher war von CIBA-GEIGY mindestens 1/2 t des Breitbandherbizids Atrazin in den Rhein gelangt. Ferner ereigneten sich nach dem 1.11.1986 innerhalb eines Monats zahlreiche weitere belastende Ableitungen von Chemikalien in den Rhein, z.B. bei HOECHST, BASF, BAYER, LONZA. Sie wurden z.T. nur aufgrund der durch den SANDOZ-Unfall intensivierten Rheinwasseranalysen bekannt und geben einen Hinweis auf die hohe Dunkelziffer solcher – gewollten oder störfallbedingten – ungenehmigten Ableitungen. **49**

II. Einführung in das Gewässerschutzrecht

1. Zur historischen Entwicklung

Das Wasserrecht bildet einen der ältesten Teile des Umweltrechts. Es bestand noch im 19. Jahrhundert über lange Zeit nur als privatrechtlich aufgefaßtes Gewohnheitsrecht und beschränkte sich im wesentlichen auf die Regelung der Benutzung der Gewässer durch die Anlieger. Daneben entwickelte sich aber schon früh eine polizeiliche Aufsicht über die Gewässerunterhaltung. Immerhin waren in Bayern schon seit 1852 die wichtigsten Teile des Rechts der oberirdischen Gewässer kodifiziert, insbesondere die Benutzung des Wassers, die Bewässerungs- und Entwässerungsunternehmen sowie der Uferschutz und der Schutz gegen Überschwemmungen.[28] Andere Länder folgten. Immer größere Teile des Wasserrechts wurden aber als öffentliches Recht qualifiziert. Auf der Kompetenzgrundlage des Art. 75 GG (Nr. 4: „Wasserhaushalt"; Rn. 4/58) hat schließlich der Bundestag am 27.6.1957 das *Wasserhaushaltsgesetz* verabschiedet. Seitdem ist das Wasserwirtschaftsrecht insgesamt fünf Mal geändert worden.[29] **50**

---
28 *Gieseke/Wiedemann/Czychowski*, WHG, Einleitung, S. 35 ff. m.w.N.
29 *Breuer*, Wasserrecht, Rn. 6 ff.

4 *Öffentliches Gewässerschutzrecht*

51 Dem **privaten Wasserrecht** verblieben daher nur noch wenige Regelungsgegenstände, dennoch sind gewisse Beziehungen zwischen einzelnen Gewässerbenutzern oder zwischen Grundeigentümern im Hinblick auf Wasserauswirkungen auch heute noch *privatrechtlicher* Natur. So sind etwa bestimmte nachbarrechtliche Beziehungen im Landesrecht privatrechtlich geregelt (vgl. Art. 65 EGBGB), z.B. Durchleitungsrechte für die Wasserversorgung von Grundstücken oder für ihre Entwässerung, Duldungspflichten gegenüber wild abfließendem Wasser usw. Von seiner Möglichkeit, privates Wasserrecht als „bürgerliches Recht" i.S. des Art. 74 Nr. 1 GG bundeseinheitlich zu regeln, hat der Bund praktisch nur für den Teilbereich der wasserrechtlichen Gefährdungshaftung (§ 22 WHG)[30] Gebrauch gemacht. Das (regelmäßig privatrechtliche) Gewässereigentum ist in den LWG geregelt. **Öffentliches Eigentum** von Staat oder Gemeinden am Gewässerbett besteht aber in *Baden-Württemberg* (Rn. 4/84).

52 Das **öffentliche Wasserrecht** i.w.S. umfaßt das öffentliche Recht des Gewässerschutzes (= öffentliches Wasserrecht i.e.S.), das Wasserwegerecht und das Wasserverkehrsrecht.

53 Zum *Gewässerschutzrecht* gehört zunächst einmal das gesamte Wasserwirtschaftsrecht; hinzu kommen einige wenige, ebenfalls dem Gewässerschutz dienende Normen im Kontext des Wasserwegerechts (z.B. § 5 S. 3 WaStrG) und des Wasserverkehrsrechts (z.B. § 1 I Nr. 2, II Binnenschiffahrtsaufgabengesetz). Das *Recht der Wasserwirtschaft* (des Wasserhaushalts i.e.S.) regelt vor allem die Nutzung der Gewässer sowie den Hochwasserschutz, hierbei stehen die Entnahme oder Förderung des Wassers, der Gewässerausbau sowie die Einleitung von Abwässern im Vordergrund. Das *Wasserwegerecht* befaßt sich hingegen mit dem Zustand und der Nutzung der Oberflächengewässer zum Zwecke des Verkehrs, also z.B. mit der Schiffbarkeit, den Verkehrsanlagen und dem Gemeingebrauch; es ist für Bundeswasserstraßen im WaStrG, im übrigen in den LWG normiert. Das *Wasserverkehrsrecht* soll die Sicherheit des Verkehrs auf schiffbaren Oberflächengewässern gewährleisten.

54 Rechtsdogmatisch sind Gewässer **öffentliche Sachen**. Während es sich bei Wasserstraßen um öffentliche Sachen im Gemeingebrauch handelt, stellen Gewässer im Bezug auf ihre wasserwirtschaftliche Nutzung *öffentliche Sachen im Sondergebrauch* dar. Für das *Wasserwirtschaftsrecht* ist kennzeichnend, daß der in oberirdischen Gewässern und im Grundwasser vorhandene Wasserschatz durch die öffentliche Hand nach Menge und Güte *bewirtschaftet* wird.

2. Rechtsquellen

a) Europarecht

55 Der Rat der EG hat zahlreiche **Gewässer-Richtlinien des Rats der EG** erlassen, die das deutsche Wasserrecht maßgeblich beeinflußt haben. Diese sehen u.a. vor:[31]

---
30 Vgl. z.B. BGH, NJW 1993, 2740; OLG Köln, ZfW 1993, 247.

- Verhinderung der **Meeresverschmutzung**;
- **Qualitätsanforderungen an bestimmte Nutzungsarten** der Gewässer, mit denen die Höhe des zulässigen Verschmutzungsgrades bestimmt wird, etwa in der Richtlinie 75/440/EWG v. 16.6.1975 über die Qualitätsanforderungen an Oberflächenwasser für *Trinkwassergewinnung* (ABl. Nr. L 194/34); der *Trinkwasser*-RL 80/778/EWG v. 15.7.1980 (ABl. Nr. L 229/11) oder der Richtlinie 76/160/EWG v. 8.12.1975 über die Qualität der *Badegewässer* (ABl. Nr. L 31/1), alle geändert durch Richtlinie 91/692/EWG v. 23.12.1991 (ABl. Nr. L 377/48);
- **Gewässerschutz vor Ableitungen gefährlicher Stoffe**: Nach der *Gewässerschutzrichtlinie* 76/464/EWG v. 4.5.1976 (ABl. Nr. L 129/23) unterliegt die Ableitung von als besonders gefährlich eingestuften Stoffen aus der Liste I – „schwarze Liste" – einer Genehmigungspflicht durch die nationalen Behörden. Hierzu sind verschiedene Ausführungsrichtlinien ergangen.[32] Nach der *Grundwasserschutzrichtlinie* 80/68/EWG vom 17.12.1979 (ABl. Nr. L 20/43) sind direkte Ableitungen von Stoffen der „schwarzen Liste" grundsätzlich verboten, indirekte Ableitungen bedürfen einer Genehmigung. Die Richtlinie 91/271/EWG zur *Behandlung kommunaler Abwässer* vom 21.5.1991 (ABl. Nr. L 135/1) enthält u.a. Regelungen über die Sammlung, Behandlung und Ableitung kommunalen Abwassers, biologisch abbaubaren Abwassers der Industrie sowie zur Entsorgung von Klärschlamm. Die Richtlinie 91/676/EWG zum Schutz der Gewässer vor Verunreinigung durch Nitrat aus landwirtschaftlichen Quellen vom 12.12.1991 (ABl. Nr. L 375/1) verpflichtet die Mitgliedstaaten, Maßnahmen gegen den weiteren Eintrag von Dünger zu treffen, wenn sich die Grundwasserbelastung mit Nitrat 50 mg/l nähert, was in weiten Gebieten der Fall ist.

Die Bundesrepublik Deutschland ist in jüngster Zeit mehrfach wegen fehlender oder mangelhafter Umsetzung von EG-Richtlinien durch den EuGH verurteilt worden:[33] Sie ist ihrer Pflicht, die EG-Grundwasserrichtlinie 80/68/EWG des Rats vom 17.12.1979 fristgerecht in nationales Recht umzusetzen, nicht zureichend nachgekommen; gleiches gilt für die EG-Richtlinien 75/440/EWG (Qualitätsanforderungen an Oberflächenwasser für Trinkwassergewinnung) und 79/868/EWG (Meßmethoden, Probenahmen und Analysen des Oberflächenwassers für die Trinkwassergewinnung; Meldepflichten) sowie die Trinkwasserrichtlinie 80/778/EWG. Der EuGH beanstandet dabei – und das betrifft insbesondere die Bundesländer –, daß anstelle hinreichend konkretisierter Rechtsnormen Verwaltungsvorschriften erlassen wurden (vgl. auch Rn. 1/35, 1/58).

56

---

31 Vgl. *Ress*, in: HdUR, Bd. I, Art. „Europäische Gemeinschaften", Sp. 548, 593 ff. – Die Texte der EG-Richtlinien sind abgedr. in *Storm/Lohse* (Hrsg.), EG-Umweltrecht, Loseblattsammlung, 1994; *Sieder/Zeitler/Dahme*, WHG, Bd. I, Halbbd. 2, Anh. Es gibt landesrechtliche Umsetzungsnormen bzw. -ermächtigungen, z.B. §§ 43a, 45i BW WG.

32 Z.B. für Quecksilber 82/176/EWG v. 22.3.1982, ABl. EG Nr. L 81/29, und 84/154/EWG v. 8.3.1984, ABl. EG Nr. L 74/49, für Cadmium 83/514/EWG v. 26.9.1983, ABl. EG Nr. L 291/1, Hexachlorcyclohexan 84/491/EWG v. 9.10.1984, ABl. EG Nr. L 274/1; RL 86/280/EWG v. 12.6.1986 über die Grenzwerte und Qualitätsziele für die Ableitung bestimmter gefährlicher Stoffe der Liste I, ABl. EG Nr. L 181/16, zuletzt geändert durch RL v. 27.7.1990, ABl. EG Nr. L 219/1.

33 EuGH, DVBl. 1991, 863; InfUR 1992, 34; DVBl. 1993, 167.

4 *Öffentliches Gewässerschutzrecht*

b) Bundesrecht

57 Zum *öffentlichen Wasserrecht* i.w.S. (Rn. 4/52) gehört insbesondere das *Wasserwirtschaftsrecht* (= Wasserhaushaltsrecht). Für diesen Bereich des im folgenden vornehmlich erörterten Wasserwirtschaftsrechts sind bereits auf Bundesebene wasserrechtliche Regelungen in Gesetzes- und Verordnungsform erlassen worden.

58 aa) Auf der Bundesrahmenkompetenz des Art. 75 Nr. 4 GG (a.F.) beruht das **Wasserhaushaltsgesetz** (WHG). Es ist zwar nur ein Rahmengesetz, aber – anders als das BNatSchG (Rn. 3/43) – ein im wesentlichen nicht „umsetzungsbedürftiges" Gesetz, weil es „punktuelle Vollregelungen" enthält und die meisten seiner Rahmennormen unmittelbar „bürgerverbindlich" und als solche vollzugsfähig sind (vgl. aber z.B. §§ 1 III, 18a II, 32, 35 WHG). Der Rahmen bedarf aber der Ausfüllung und Ergänzung, d.h. das WHG bedarf zur Herstellung einer zureichenden Gesamt-Wasserrechtsordnung zusätzlicher landesrechtlicher Regelungen.

59 Nach Art. 75 Nr. 4 GG a.F. stand dem Bund für den Wasserhaushalt eine Rahmengesetzgebungskompetenz zu. Der Umstand, daß das WHG nicht nur Rahmenvorschriften für die Landesgesetzgebung, sondern auch bürgeradressierte Normen enthält, die auf eine Ausfüllung durch Landesgesetze angelegt sind, ist verfassungsrechtlich nicht zu beanstanden, da den Ländern nach Art. 75 GG a.F. ein substantiell ausfüllungsbedürftiger Rahmen verblieben war.[34] Die Vollzugskompetenz für das WHG liegt nach Art. 84 GG bei den Ländern; demzufolge hat das BVerfG einen Versuch des Bundes, sich gesetzlich die wasserrechtliche Vollzugshoheit für den Bereich der Bundeswasserstraßen zu verschaffen, vereitelt.[35]

60 Soweit das WHG selbständig vollzugsfähig ist (z.B. §§ 2 ff., 9a, 26 II, 34 II), führen die Länder Bundesrecht als eigene Angelegenheit aus. Soweit die LWG das WHG ergänzt oder ausfüllungsbedürftige WHG-Normen ausgefüllt haben, geht es um den Vollzug von Landesrecht durch Landesbehörden. Das WHG ist bisher fünfmal, zuletzt 1986 novelliert worden. Beispielsweise wurden nachträglich Bestimmungen eingefügt über Rohrleitungsanlagen und Anlagen zum Umgang mit wassergefährdenden Stoffen, über den Schutz der Küstengewässer, über wasserwirtschaftliche Planung u.a.m. Vor allem wurde das dem ursprünglichen Ansatz entsprechende Recht der Ressourcenbewirtschaftung zunehmend durch ein Recht der Emissionsvermeidung ergänzt.

61 Ebenfalls auf Art. 75 Nr. 4 GG (a.F.) beruht das **Gesetz über Abgaben für das Einleiten von Abwasser in Gewässer** (Abwasserabgabengesetz; s. Rn. 4/202 ff.), das wiederum durch entsprechende landesgesetzliche Regelungen ausgefüllt wird.

62 Dagegen stützt sich das mittelbar dem Gewässerschutz dienende **Gesetz über die Umweltverträglichkeit von Wasch- und Reinigungsmitteln** (Wasch- und Reinigungsmittelgesetz-WRMG) auf die konkurrierende Gesetzgebungszuständigkeit des Bundes für das Recht der Wirtschaft (Art. 74 Nr. 11 GG). Eine konkurrierende Gesetzgebungszuständigkeit des Bundes

---

34 Vgl. hierzu BVerfGE 66, 250 (285). Nach Art. 75 II GG n.F. sind Vollregelungen nur noch in Ausnahmefällen möglich; für die im WHG enthaltenen Vollregelungen gilt Art. 125a II 2 GG, wonach durch Bundesgesetz bestimmt werden kann, daß diese Vorschriften durch Landesrecht ersetzt werden können.
35 BVerfGE 15, 1.

liegt auch dem mit einigen Normen mittelbar ebenfalls dem Gewässerschutz dienenden **Pflanzenschutzgesetz** (Art. 74 Nr. 20 GG) zugrunde. Beide Gesetze sind nicht medien-, sondern stoffbezogen.

bb) In der ehemaligen DDR wurde nach Abschluß des StaatsVertr das DDR-Umweltrahmengesetz (DDR-URG) vom 29.6.1990 (DDR-GBl. 649) erlassen, dessen Art. 3 das Recht der Wasserwirtschaft zum Gegenstand hat. Hierin wurde das WHG gemeinsam mit der Abwasserherkunftsverordnung (Rn. 4/126) und den Allgemeinen Verwaltungsvorschriften über Mindestanforderungen an das Einleiten von Abwasser in Gewässer nach § 7a WHG mit Wirkung vom 1.7.1990 in das DDR-Recht transformiert. Gem. Art. 8 EVertr wurde mit dem Wirksamwerden des Beitritts der ehemaligen DDR grundsätzlich das gesamte Bundesrecht in Kraft gesetzt. Die im EVertr enthaltenen Einschränkungen sind zwischenzeitlich außer Kraft getreten. 63

c) Landesrecht

aa) Aufgrund der Landeskompetenz nach Art. 70 I GG sind die **Landeswassergesetze** (LWG) erlassen worden. Sie waren zwar ursprünglich an einem einheitlichen Musterentwurf ausgerichtet, haben inzwischen aber doch eine recht unterschiedliche Entwicklung genommen. Der Schwerpunkt der landesgesetzlichen Regelungen liegt – neben einer Konkretisierung der Vorgaben aus dem WHG – in Regelungen des Vollzugs; hierbei sind insbesondere die wasserpolizeilichen Generalklauseln für Anordnungen zum Schutz des Wasserhaushalts hervorzuheben, die Rechtsgrundlage für Untersagungsverfügungen, Gefahrerforschungseingriffe oder Sanierungsverfügungen sind. 64

Hinzu kommen außer Landeswasserverordnungen aufgrund bundes- oder landesgesetzlicher Ermächtigungen wasserrechtliche Nebenvorschriften, z.B. in *Baden-Württemberg* das Fischereigesetz, das Landesabwasserabgabengesetz sowie einzelne Bestimmungen des Naturschutzgesetzes, des Landesabfallgesetzes oder der Landesbauordnung usw. Vom WG BW werden nach den einleitenden Bestimmungen und der Gewässereinteilung die Eigentumsverhältnisse der Gewässer geregelt, ferner ergänzend zum WHG insbesondere: Benutzung der Gewässer, Wasserversorgungsanlagen, Abwasserbeseitigung, Unterhaltung und Ausbau von oberirdischen Gewässern, Sicherung des Wasserabflusses, Gewässeraufsicht, Bauüberwachung und Wassergefahr, Zwangsverpflichtungen, Entschädigung, Zuständigkeit und Verfahren, Wasserbuch. Den Abschluß bilden Bußgeldvorschriften sowie Übergangs-und Schlußbestimmungen. 65

Zu den landesgesetzlichen Regelungen treten noch *kommunale Satzungen*, die vor allem die Trinkwasserversorgung und die Abwasserbeseitigung über kommunale Trinkwassergewinnungs- und Abwasserbehandlungsanlagen zum Regelungsgegenstand haben. 66

bb) Altes DDR-Wasserrecht, das nach der Kompetenzordnung des GG Landesrecht ist, galt gem. Art. 9 I 1 EVertr in den *neuen Bundesländern* bis zum Erlaß entsprechender neuer Landesgesetze fort, sofern dieses alte Recht dem EG- und Bundesrecht nicht widersprach. Als letztes Land hat Brandenburg am 13.7.1994 ein neues Wassergesetz verabschiedet (GVBl. S. 302). 67

d) Zwischenstaatliche Abkommen

Auf dem Gebiet des Gewässerschutzes bestehen zahlreiche internationale Abkommen, z.B. für den Bereich der Nordsee und der Ostsee, den Rhein[36] oder die Elbe. Hervor- 68

---

36 *Zils*, UPR 1992, 413 ff.

zuheben sind die *Helsinki-Konvention* zum Schutz der Ostsee aus dem Jahre 1974 (BGBl. 1979 II 1229), die am 9.4.1992 umfassend novelliert worden ist.[37] Die *Vereinbarung über die internationale Kommission zum Schutz der Elbe* v. 8.10.1990 zwischen Deutschland, der ehemaligen Tschechoslowakei und der EG – nach dem Vorbild der Internationalen Kommission zum Schutz des Rheins (die bereits seit 1950 besteht) – hat ein möglichst naturnahes Ökosystem mit einer gesunden Artenvielfalt sowie eine Minimierung der Belastung der Nordsee zum Ziel (BGBl. 1992 II 942 und 1993 II 827).[38] Mit Polen besteht ein Grenzgewässervertrag vom 19.5.1992, nach dem eine Zusammenarbeit beim Schutz aller Grenzgewässer stattfinden soll.

3. Überblick über das Wasserhaushaltsgesetz

69 Das **Wasserhaushaltsgesetz** bildet sozus. den Grobraster einer Kodifizierung des Wasserrechts. Zunächst enthält das WHG eine *einleitende Bestimmung* zu seinem sachlichen Geltungsbereich (§ 1). Ihr folgen *gemeinsame Bestimmungen für die Gewässer* (§§ 1a-22: wasserrechtliche Eröffnungskontrollen, alte Rechte und alte Benutzungen, Ausgleichsverfahren, Abwasserbeseitigungspläne und Abwasseranlagen, Wasserschutzgebiete, Rohrleitungen, Anlagen zum Lagern, Abfüllen und Umschlagen wassergefährdender Stoffe, Entschädigung, Überwachung, Betriebsbeauftragte für Gewässerschutz, Gefährdungshaftung). Dem schließen sich *besondere Bestimmungen für oberirdische Gewässer* an (§§ 23-32: erlaubnisfreie Benutzungen, Reinhaltung, Unterhaltung und Ausbau; Überschwemmungsgebiete), weiterhin *besondere Bestimmungen für Küstengewässer* (§§ 32a, 32b), *besondere Bestimmungen für das Grundwasser* (§§ 33-35), *Bestimmungen über wasserwirtschaftliche Planung und das Wasserbuch* (§§ 36-37) sowie schließlich *Bußgeld- und Schlußbestimmungen* (§§ 41, 44).

III. Ziele und Grundsätze des Wasserhaushaltsgesetzes (§ 1a WHG)

1. Bewirtschaftungsgebot

70 Das komplexe **Ziel der Gewässerschutzpolitik** ist nach dem normativen Gehalt der *Leitnorm* des § 1a WHG,[39] d.h. nach seinem *an die Behörde* gerichteten Absatz 1

---

37 Hierzu *Ehlers*, NuR 1993, 202 ff.; *Jenisch*, ZAU 1993, 81 ff.; *Kunig*, in: HdUR, Bd. II, Art. „Ostsee", Sp. 1581 (1585). Für die Nordsee besteht kein ähnlich umfassendes Umweltschutzabkommen; zur Internationalen Nordseeschutz-Konferenz s. BT-Drs. 12/4406 v. 19.2.1993. Die 4. Internationale Nordseeschutz-Konferenz fand im Juni 1995 in Esbjerg/Dänemark statt, brachte aber keine verbindlichen Ergebnisse. Allgemein s. *Beckert/Breuer*, Öffentliches Seerecht, 1991.
38 *Schulz*, NuR 1993, 481 ff.
39 Da § 1a WHG nur programmatischen Charakter hat, kann diese Leitnorm *unmittelbar* keinen Drittschutz begründen; vgl. *Breuer*, NuR 1987, 49 (51); *Landmann/Rohmer/Pape*, Umweltrecht, Band II, WHG, § 1a Rn. 18. Sie soll aber über das *Gebot der Rücksichtnahme* im Wasserrecht nach der Grundsatzentscheidung BVerwGE 78, 40 in Einzelfällen **Drittschutz** vermitteln (Rn. 4/110).

Ziele und Grundsätze des Wasserhaushaltsgesetzes **4/III**

(Bewirtschaftungsgebot) und seinem *an jedermann* gerichteten Absatz 2 (Sorgfaltsgebot), insbesondere darin zu sehen, durch Bewirtschaftung
- eine Benutzung der Gewässer zu ermöglichen und zu gewährleisten, die dem *Wohl der Allgemeinheit* dient und im Einklang mit dem *Nutzen einzelner* steht,
- vermeidbaren Beeinträchtigungen der Gewässer vorzubeugen *(Qualitätsvorsorge)* und
- das *ökologische Gleichgewicht* der einen Teil des Naturhaushalts bildenden Gewässer zu wahren oder herzustellen.

Nach § 1a I WHG sind die Gewässer als Bestandteil des Naturhaushalts so zu **bewirtschaften**, daß sie dem Wohl der Allgemeinheit und im Einklang mit ihm auch dem Nutzen einzelner dienen und daß jede vermeidbare Beeinträchtigung unterbleibt. Die hierin enthaltene Bewirtschaftungspflicht hat insbesondere dem *Vorsorgeprinzip* Rechnung zu tragen. Die hoheitliche „haushälterische Bewirtschaftung des in der Natur vorhandenen Wassers nach Menge und Güte" (BVerfGE 15, 1 [15]) geschieht im Rahmen der öffentlich-rechtlichen Benutzungsordnung durch Zuteilung einer *Ausnahmebewilligung* (in Form der Erlaubnis oder Bewilligung i.S. des § 2 WHG) für eine den landesrechtlich definierten Gemeingebrauch (vgl. § 23 WHG) übersteigende (Sonder-) Gewässerbenutzung i.S. des § 3 WHG. Das gilt auch für den Grundeigentümer, wenn er das unter der Oberfläche seines Grundstücks befindliche Grundwasser nutzen will. *Grundeigentum und öffentlich-rechtliche Gewässerbenutzungsordnung* sind nach der als Inhalts- und Schrankenbestimmung i.S. des Art. 14 I 2 GG zu wertenden Grundsatznorm des § 1a III WHG *nicht miteinander verknüpft*.[40] Soweit von der beabsichtigten Gewässerbenutzung eine Beeinträchtigung des Wohls der Allgemeinheit, insbesondere eine Gefährdung der öffentlichen Wasserversorgung zu erwarten ist, kann die Erlaubnis der Benutzung nicht erteilt werden (§ 6 WHG: *Repressives Verbot mit Befreiungsvorbehalt*; vgl. Rn. 1/101). **71**

Einige Arten von Gewässerbenutzungen sind in dem Sinne **gestattungsfrei**, daß sie keiner Erlaubnis oder Bewilligung i.S. des § 2 WHG bedürfen. Solche Ausnahmen ergeben sich aus dem WHG und den LWG. Im WHG sind in dieser Hinsicht als Ausnahmen vorgesehen **72**
- Maßnahmen, die dem (planfeststellungsbedürftigen) Ausbau und der Unterhaltung eines oberirdischen Gewässers dienen (§ 3 III WHG),
- Gewässerbenutzungen aufgrund sog. alter Rechte und alter Befugnisse (§§ 15-17 WHG),
- bestimmte Gewässerbenutzungen in bezug auf Übungen und Erprobungen für Zwecke der Verteidigung, des Zivilschutzes und der Gefahrenabwehr (§ 17a WHG),
- der Gemeingebrauch (§ 23 WHG), wie er durch die LWG konkretisiert worden ist (meist nur noch im Umfang typischer Freizeitnutzungen),
- der Eigentümer- und Anliegergebrauch (§ 24 WHG),
- das Einbringen von Stoffen in oberirdische Gewässer zu Zwecken der Fischerei (z.B. der Fischhege), falls das Landesrecht dies ermöglicht (§ 25 WHG),
- bestimmte Benutzungen des Grundwassers für häusliche, land-, forst- oder gärtnereiwirtschaftliche Zwecke (§ 33 WHG),
- bestimmte Benutzungen der Küstengewässer nach Maßgabe des Landesrechts (§ 32a WHG).

Die Länder können innerhalb dieses Katalogs einzelne Arten gestattungsfreier Benutzungen inhaltlich noch erweitern (§§ 15 III, 24 II, 33 II Nr. 2 WHG).

---
40 BVerfGE 58, 300.

4 Öffentliches Gewässerschutzrecht

73 Die Bewirtschaftung erfordert zunächst die Ermittlung der Entnahme- und Belastungskapazität eines konkreten Gewässers entsprechend den Gewässerschutzzielen, wie sie etwa in wasserwirtschaftlichen Rahmenplänen oder in Gewässer-Bewirtschaftungsplänen (Rn. 4/143) konkretisiert sind. Alsdann muß über Art und Ausmaß der Erfüllbarkeit eines Benutzungswunsches in jedem Einzelfall entschieden werden. Die so erfolgende Zuteilung von Benutzungsrechten oder -befugnissen für Zwecke der Wasserversorgung, der Abwassereinleitung, der Bewässerung usw. liegt im **Bewirtschaftungsermessen** der zuständigen Wasserbehörde, die hierbei entsprechend dem *Vorsorgeprinzip* auf eine Ressourcenschonung bei der Entnahme von Wasser (Offenhaltung von ausreichenden Wasserreserven) und eine Emissionsbegrenzung oder -minimierung bei der Einleitung von Abwasser (Belastungsreserven) hinwirken muß.

74 Die Bewirtschaftung des Wasserhaushaltes umfaßt dabei die Ermittlung und Abschätzung des Wasserdargebots, die Ermittlung und Abschätzung des gegenwärtigen und zukünftigen Nutzungsbedarfs, die Erfordernisse der langfristigen Sicherung des Wasserdargebots, die Veranschlagung von Vorrats- und Pufferkapazitäten, die Festlegung von Prioritäten für gegenwärtige und zukünftige Nutzungsansprüche, die zeitliche Staffelung verschiedener Benutzungen usw.[41]

75 Das *Bewirtschaftungsermessen* der zuständigen Wasserbehörden wird vornehmlich unter den Aspekten des Gewässerschutzes und der Gewässerschonung (ohne Drittschutzwirkung) *eingeschränkt* bzw. *gebunden*, insbesondere durch

– den erwähnten, in erster Linie auf wasserwirtschaftliche Aspekte, aber auch den Gesundheitsschutz zu beziehenden Versagungsgrund des § 6 WHG (Rn. 4/95),
– die Vorsorgevorschrift des § 7a WHG (Anforderungen an das Einleiten von Abwasser; Rn. 4/120 ff.),
– einzelne Planfestlegungen für die Abwasserbehandlung in überörtlichen Abwasserbeseitigungsplänen der Länder nach § 18a III WHG (Rn. 4/132),
– Vorschriften in (bisher nur in Bayern und Berlin erlassenen) Reinhalteordnungen der Landesregierungen nach § 27 WHG und
– Festlegungen in Gewässer-Bewirtschaftungsplänen der Länder (mit gewässerbezogenen Ziel-Standards) nach § 36b WHG, die den Erfordernissen des Schutzes, der Nutzung und der Schonung der Gewässer Rechnung tragen (Rn. 4/143); auch von diesem Instrument wird bislang noch zu selten Gebrauch gemacht.

76 Die Bewirtschaftungsentscheidung durch Erteilung (Versagung) der wasserrechtlichen Erlaubnis oder Bewilligung wirkt **konstitutiv**. Wegen dieser Besonderheit des Wasserrechts kann es (abweichend z.B. vom Baurecht) ohne formelle Legalität (Erlaubnis oder Bewilligung) keine materielle Legalität einer erlaubnispflichtigen Gewässerbenutzung geben (s.a. Rn. 1/125).[42]

---

41 Vgl. z.B. VGH BW, B.v. 15.3.1995, 8 S 3423/94; VG Freiburg, Urt. v. 27.10.1994, 9 K 755/94.
42 BVerwGE 55, 220; 78, 40 (44); BVerwG, NVwZ-RR 1994, 202; *Landmann/Rohmer/Pape*, Umweltrecht, Band II, WHG, § 2 Rn. 31; krit. *Breuer*, Wasserrecht, Rn. 549.

2. Sorgfaltsgebot

Nach dem **Sorgfaltsgebot** (Gebot der Vermeidung der Gewässerverunreinigung und Sparsamkeitsgebot) des § 1a II WHG,[43] das *unmittelbar gilt*, von *jedermann zu wahren* ist und dem *Gemeinverträglichkeitsgrundsatz* entspricht, sind alle gewässerwirksamen Maßnahmen (also nicht nur Gewässerbenutzungen i.e.S.) mit der den Umständen nach gebotenen Sorgfalt[44] so vorzunehmen, daß

- negative Veränderungen der Gewässereigenschaften nach Möglichkeit vermieden werden (*Qualitätsvorsorge*) und
- das Wasser mit Rücksicht auf den Wasserhaushalt sparsam verwendet wird (*Quantitätsvorsorge*).

Potentiell nicht gemeinverträgliche Gewässerbenutzungen sind im Einzelfall nur zulässig, wenn – und soweit – sie von einer wasserbehördlichen Gestattung (Bewilligung, Erlaubnis) gedeckt werden (§§ 2 I, 7, 8 i.V.m. § 3 WHG).

77

3. Wassernutzung und Eigentum

Während früher das Wasser einem weitreichenden Zugriff des Eigentümers unterworfen war, hat das WHG ein öffentlich-rechtliches Bewirtschaftungsregime entwickelt und schließlich in § 1a WHG (deklaratorisch) klargestellt, daß das Grundeigentum weder zu einer Gewässerbenutzung berechtigt, die einer Erlaubnis oder Bewilligung bedarf, noch zum Ausbau eines oberirdischen Gewässers. Das BVerfG hat in seinem Naßauskiesungsbeschluß (BVerfGE 58, 100) die Vereinbarkeit dieser Konzeption mit Art. 14 I GG entgegen Zweifeln des BGH ausdrücklich bestätigt und dabei klargestellt, daß § 1a III WHG im Hinblick auf die lebenswichtige Bedeutung des Grundwassers – Sozialpflichtigkeit des Eigentums nach Art. 14 II GG – den Inhalt des Eigentumsrechts nach Art. 14 I GG bestimmt. Grundeigentum verliert nicht bereits deshalb seine Privatnützigkeit, weil der Eigentümer das Grundwasser nur mit behördlicher Erlaubnis entnehmen darf.

78

IV. Nutzung und Schutz oberirdischer Gewässer

1. Oberirdische Gewässer: Begriff, Einteilung, Eigentum

a) Begriff der oberirdischen Gewässer

Der Begriff „**oberirdische Gewässer**" umfaßt nach der Legaldefinition des § 1 I Nr. 1 WHG das ständig oder zeitweilig in Betten fließende oder stehende oder aus Quellen

79

---

43 Zur Auskunftspflicht aufgrund § 1a II WHG: BVerwG, NuR 1992, 184.
44 Nach OLG Celle, NuR 1991, 199 ist dabei ein „strenger Maßstab" anzulegen, der sich an der Sorgfalt eines umweltbewußten Mitbürgers orientiert, die einschließt, sich Gedanken über die Zulässigkeit der Einleitung oder des Ausbringens von Stoffen zu machen.

4 Öffentliches Gewässerschutzrecht

wild abfließende Wasser. Ausgenommen sind kleine Gewässer von wasserwirtschaftlich untergeordneter Bedeutung nach Maßgabe der LWG (§ 1 II 1 WHG), in *Baden-Württemberg* z.B. kleine Fischteiche und Feuerlöschteiche (§ 1 II BW WG). Entscheidend für die Einordnung als „oberirdisches Gewässer" ist, ob ein Zusammenhang mit dem Wasserhaushalt besteht, m.a.W. das Gewässer seine *Vorfluterfunktion* (zum Abfluß des Oberflächenwassers) erfüllt. Vollständig verdolte Wasserläufe oder Wasser in Leitungen, Becken usw. ohne Zusammenhang mit dem natürlichen Wasserhaushalt gehören daher nicht zu den Gewässern.[45]

80 Das WHG unterscheidet zwischen den „*oberirdischen Gewässern*" (§ 1 I Nr. 1) und den „*Küstengewässern*" (§ 1 I Nr. 1a); für letztere sieht es einige Sondervorschriften vor (§§ 3 I Nr. 4a, 32a, 32b). Nach § 1 I Nr. 1a WHG werden **Küstengewässer** durch das Meer zwischen einerseits der Küstenlinie bei mittlerem Hochwasser bzw. der seewärtigen Begrenzung der oberirdischen Gewässer und andererseits der seewärtigen Begrenzung des Küstenmeers gebildet. Für das Küstenmeer entspricht die seewärtige Begrenzung der Hoheitsgrenze, deren Verlauf durch die von der Bundesrepublik (bisher noch immer nur) in Anspruch genommene Drei-Meilen-Zone bestimmt wird. Die seewärtige Begrenzung der *oberirdischen Gewässer* wird für die Bundeswasserstraßen durch das WaStrG (vgl. die Anlage zu § 1 I Nr. 1 WaStrG), im übrigen gem. § 1 III WHG durch die Landeswassergesetze bestimmt.

b) Einteilung der oberirdischen Gewässer

81 Die Klassifizierung der oberirdischen Gewässer, die öffentliche oder private Gewässer sein können, ist landesrechtlich verschieden geregelt.

82 Exemplarisch sei hier die Regelung von *Baden-Württemberg* angeführt: Danach sind *öffentliche Gewässer* (1) natürliche Wasserläufe, (2) künstliche Wasserläufe (Kanäle, Gräben), an deren Bett kein Privateigentum nachweisbar ist oder die bisher öffentliche Gewässer waren, sowie (3) natürliche stehende Gewässer (Seen, Teiche, Weiher) mit ständig fließendem oberirdischem Zu- oder Ablauf (§ 2 II 1, III BW WG). Alle anderen Gewässer sind *private Gewässer* (§ 2 II 2 BW WG). Die *öffentlichen Gewässer* in diesem Sinne sind eingeteilt in *Bundeswasserstraßen*, Gewässer *erster Ordnung* (aufgeführt in der Anlage zu § 3 I 3 BW WG) und Gewässer *zweiter Ordnung* (§ 3 I 4 BW WG). Von Bedeutung ist diese Einteilung für die Eigentumsverhältnisse am Gewässerbett (§ 4 I BW WG) und für die Unterhaltungs- und Ausbaulast (§§ 49, 63 BW WG).

c) Gewässereigentum

83 Das *Gewässereigentum* an Bundeswasserstraßen steht nach Art. 89 I GG dem Bund zu. Nach den LWG sind die Länder Eigentümer der in speziellen Gewässerverzeichnissen aufgeführten Gewässer erster Ordnung. Im übrigen differieren die landesrechtlichen Vorschriften über die Zuordnung des Gewässereigentums. Das Eigentum am Gewässerbett ist außerhalb von Baden-Württemberg immer privates Eigentum. Dieses private Gewässereigentum ist indes durch die kraft Gesetzes erfolgende Widmung der Gewässer zu öffentlichen Sachen stark eingeschränkt.

---

45 Vgl. BayVGH, ZfW 1990, 47; OVG Hamburg, UPR 1992, 385.

In *Baden-Württemberg* gilt folgendes: Das *Eigentum am Gewässerbett* steht nach § 4 I BW **84**
WG als *öffentliches Eigentum* bei Gewässern 1. Ordnung dem Land und bei Gewässern 2.
Ordnung den Gemeinden zu. *Privates Eigentum* am Gewässerbett kann dem Land, den Gemeinden oder auch anderen Rechtsträgern zustehen. Die Grenze zwischen dem Bett eines Gewässers und den Ufergrundstücken (Uferlinie) wird durch die Linie des Mittelwasserstands bestimmt (§ 7 I BW WG). Das Oberflächenwasser steht – wie das Grundwasser – in niemandes Eigentum. Das öffentliche Eigentum vermittelt der Intention nach eine besondere (normativ aber in § 5 nicht näher konkretisierte) hoheitliche Sachherrschaft der öffentlichen Hand. Demgegenüber beinhaltet das Privateigentum eine geringere Sachherrschaft. So kann z.B. grundsätzlich kein Abwehranspruch aus Privateigentum gegen eine erlaubte oder bewilligte Gewässerbenutzung ausgelöst werden (§ 11 BW WG). Für den in seinem öffentlichen Eigentum durch eine bewilligte Gewässerbenutzung Betroffenen gilt allerdings nach § 11 WHG im Ergebnis nichts anderes.

2. Wasserrechtliche Eröffnungskontrollen (Erlaubnis und Bewilligung)

a) Grundsätzliches

Der Wasserschatz oberirdischer Gewässer wird öffentlich-rechtlich bewirtschaftet **85**
(Rn. 4/70). Die unmittelbare Nutzung der Gewässer – etwa als Wasserspender für die Gewinnung von Brauchwasser oder von Trinkwasser, aber auch als Vorfluter für Einleitungen – bedarf grundsätzlich nach §§ 2 I, 3 I Nrn. 1-4, 3 II Nr. 2 WHG einer Eröffnungskontrolle in Form einer **Erlaubnis** oder **Bewilligung** (diese Unterscheidung ist dem Umweltrecht sonst fremd), deren Erteilung im *Ermessen* der Behörde steht. Ein Rechtsanspruch auf Erteilung ist daher durch das WHG nicht eingeräumt. Allerdings besteht ein Anspruch auf fehlerfreie Ermessensausübung[46]; dieser Anspruch verwandelt sich ausnahmsweise im Falle einer „Ermessensschrumpfung auf Null" in einen Erteilungsanspruch. Erlaubnis und Bewilligung, denen keine Konzentrationswirkung (Rn. 2/69 f., 6/200 f.) zukommt, werden nach Maßgabe des § 37 WHG und der landesrechtlichen ergänzenden Bestimmungen in das *Wasserbuch* eingetragen. Der *vorzeitige Beginn einer erlaubnis- oder bewilligungspflichtigen Gewässerbenutzung* kann im Zulassungsverfahren unter der Voraussetzung des § 9a WHG zugelassen werden.

*b) Erlaubnis- und bewilligungspflichtige Tatbestände der Benutzung
von oberirdischen Gewässern (§ 3 WHG)*

aa) **Bundesrechtlich** sind – vorbehaltlich der Genehmigungsfreiheit nach anderen **86**
Bestimmungen (Rn. 4/72) – **erlaubnis- und bewilligungspflichtige Benutzungen
der oberirdischen Gewässer** gem. § 3 WHG:

Unmittelbare sog. „**echte Benutzungen**" nach § 3 I WHG, nämlich direkte finale **87**
Einwirkungen auf ein oberirdisches Gewässer durch[47]

---
46 Vgl. OVG Koblenz, ZfW 1994, 352 ff.
47 Vgl. die Beispiele bei *Landmann/Rohmer/Pape*, Umweltrecht, Band II, WHG, § 3 Rn. 30 ff.

4 *Öffentliches Gewässerschutzrecht*

- *Nr. 1:* Entnehmen und Ableiten von Wasser aus oberirdischen Gewässern, d.h. *Wasserentnahmen* durch Einsatz menschlicher oder technischer Arbeitskraft (z.B. durch Pumpen) oder *Wasserableitungen* durch natürliche Wasserkraft infolge Gefälles (z.B. Gräben bzw. Kanäle für Zwecke der Wiesenbewässerung, des Betriebs eines Triebwerks oder der Kondensatorkühlung eines KW usw.),
- *Nr. 2: Aufstauen* und *Absenken* von oberirdischen Gewässern, z.B. Aufstauen von Bächen durch Staubretter, nicht aber Ausbaumaßnahmen i.S. des § 31 WHG (Rn. 4/186 ff.) wie etwa die Errichtung von Talsperren oder auch nur der Aufstau eines größeren Fischteichs,
- *Nr. 3: Entnehmen fester Stoffe* aus oberirdischen Gewässern, soweit dies auf den Zustand des Gewässers oder auf den Wasserabfluß einwirkt, z.B. Nutzung des Gewässerbetts durch Entnahme größerer Sandmengen, nicht aber die Ausbaggerung zur Schiffbarmachung (Ausbau) oder zur Erhaltung der Schiffbarkeit (Unterhaltung),
- *Nr. 4: Einbringen* (von festen) und *Einleiten* von (flüssigen oder gasförmigen) *Stoffen in oberirdische Gewässer* (gem. § 8 II 2 WHG nur erlaubnis-, nicht bewilligungsfähig), sofern dies nicht dem Entledigungsverbot des § 26 I 1 WHG widerspricht, was beim Einleiten von Abwasser in Gewässer (s. auch § 2 II Nr. 6 KrW-/AbfG) nicht der Fall ist (§ 26 I 2 WHG),[48]
- *Nr. 4a: Einbringen* und *Einleiten* von Stoffen in *Küstengewässer* (§ 1 I Nr. 1a WHG) unter bestimmten Voraussetzungen,

ferner nicht gezielt gewässerbezogene sog. **"unechte Benutzungen"** nach § 3 II Nr. 2 WHG, nämlich Maßnahmen, die geeignet sind, dauernd oder in einem nicht nur unerheblichen Ausmaß *schädliche Veränderungen* der physikalischen, chemischen oder biologischen Beschaffenheit des Wassers herbeizuführen (Gewässergefährdung).

88 Der zuletzt aufgeführte allgemeine Gefährdungstatbestand (Auffangtatbestand) des § 3 II Nr. 2 WHG gilt für jede Gewässerart, hat also sowohl für oberirdische Gewässer Bedeutung (z.B. bei großflächigem Einsatz von Schädlingsbekämpfungsmitteln aus der Luft), als auch für Grundwasser (Rn. 4/149 ff.). Eine Bewilligung ist hier von vornherein nicht möglich (§ 8 II 2 WHG). Alle Benutzungstatbestände setzen ein *zweckgerichtetes, planvolles Verhalten* voraus, das allerdings auch in dem Unterlassen gebotenen Handelns liegen kann.[49]

89 bb) **Landesrechtlich** ist dieser bundesrechtliche, auf die oberirdischen Gewässer bezogene Katalog der erlaubnis- und bewilligungspflichtigen Benutzungstatbestände erweitert worden, z.B. in Baden-Württemberg, Hessen und Rheinland-Pfalz.

90 So sind etwa in *Baden-Württemberg* nach § 13 I BW WG gestattungspflichtige Benutzungen oberirdischer Gewässer (zum Teil über die bundesrechtliche Regelung hinaus):
- Herstellung und Betreiben von Hafen- und Umschlaganlagen,

---

48 OVG Lüneburg, NuR 1987, 86; *Landmann/Rohmer/Pape*, Umweltrecht, Band II, WHG, § 3 Rn. 40. Kein Einleiten i.S.d. § 3 I Nr. 4 WHG liegt in der landwirtschaftlichen Düngung, deren Primärzweck i.d.R. die Erhöhung der Bodenfruchtbarkeit ist; eine Überdüngung kann aber unter § 3 II Nr. 2 WHG fallen, ebda. Rn. 76 m.w.N.
49 *Landmann/Rohmer/Pape*, Umweltrecht, Band II, WHG, § 3 Rn. 15 ff.

– Errichten und Betreiben von Fähren,
– Entnehmen fester Stoffe aus öffentlichen Gewässern auch ohne Erfüllung der zusätzlichen Merkmale des § 3 I Nr. 3 WHG sowie
– Versickern, Verregnen und Verrieseln von Abwasser und anderen Stoffen, welche die Eigenschaften von Wasser nachteilig verändern können, mit Ausnahme der landwirtschaftlichen Düngung im üblichen Umfang.

cc) **Keine Benutzungen** im Sinne des Katalogs der gestattungspflichtigen Benutzungstatbestände sind **Indirekteinleitungen** (für sie gilt § 7a I 5, III WHG; Rn. 4/130), ferner – nach § 3 III WHG – Maßnahmen, die dem **Ausbau** eines oberirdischen Gewässers dienen (Rn. 4/186 ff.), sowie Maßnahmen der **Unterhaltung** eines solchen Gewässers (Rn. 4/181 ff.), soweit hierbei nicht chemische Mittel verwendet werden (z.B. Herbizide zur chemischen Gewässerentkrautung). 91

c) Die wasserrechtliche Bewilligung (§ 8 WHG)

aa) Die *wasserrechtliche Bewilligung*, die *schriftlich erteilt* wird (mit landesrechtlich vorgeschriebenem Inhalt), die außerdem *befristet werden muß* und deren Erteilung im Ermessen der Wasserbehörde steht, verleiht dem Empfänger im Gegensatz zur Erlaubnis eine *gesicherte Rechtsposition* (§§ 2, 8 ff. WHG), und zwar sowohl gegenüber dem Hoheitsträger als auch gegenüber Privaten. Für diese **Bestands- und Ausübungsgarantie** spielt es keine Rolle, ob sich die Bewilligung einer Gewässerbenutzung auf ein oberirdisches Gewässer oder auf das Grundwasser bezieht. Grundsätzlich ist die Bewilligung unwiderruflich (vgl. aber §§ 5, 12 WHG). 92

Gegenüber dem Träger der zuständigen Wasserbehörde besteht die Bestandsgarantie darin, daß vor Ablauf der gesetzten Frist (§ 8 V WHG) die verliehene Rechtsposition nur ausnahmsweise entzogen (§ 12 WHG) oder unter den Voraussetzungen des Auflagenvorbehalts (§ 5 WHG) beschränkt werden kann (Rn. 4/113). *Gegenüber privaten Dritten* besteht die Ausübungsgarantie nach § 11 WHG darin, daß auch dann, wenn die bewilligte Gewässerbenutzung auf das Recht (§ 8 III 1 WHG) oder auf ein landesrechtlich geschütztes Interesse dieses Dritten (§ 8 IV WHG i.V. z.B. mit § 15 BW WG) nachteilig einwirkt, von dem Betroffenen gegen den Bewilligungsempfänger gewisse (privatrechtliche) Ansprüche nicht geltend gemacht werden können (privatrechtsgestaltende Wirkung der Bewilligung). Von dieser Präklusion privatrechtlicher Ansprüche sind nicht nur Ansprüche auf Störungsbeseitigung oder Benutzungsunterlassung betroffen, sondern – weitergehend als nach § 14 BImSchG, § 7 VI AtG, § 14 LuftVG, § 75 II 1 VwVfG – auch Ansprüche auf Herstellung von Schutzeinrichtungen und Schadensersatz, allerdings mit Ausnahme von Ansprüchen, die auf dem Verstoß gegen eine Schutzauflage beruhen. 93

Insbesondere im Hinblick auf seine *privatrechtsgestaltende Wirkung* (§ 11 WHG) ist die Bewilligung nicht nur ein begünstigender, sondern zugleich ein belastender, d.h. ein *doppelwirksamer* Verwaltungsakt. Er wirkt zudem „*dinglich*" (§ 8 VI WHG), was bedeutet, daß die Bewilligung mit der Wasserbenutzungsanlage auf den Rechtsnachfolger übergeht. 94

Eine dem Bewerber nach dem Ermessen der Wasserbehörde erteilte Bewilligung ist *rechtswidrig*, wenn die wasserrechtlichen formellen oder materiellen Voraussetzungen für ihre Erteilung nicht vorliegen oder wenn die Wasserbehörde von ihrem Ermessen einen fehlerhaften Gebrauch macht.

4 Öffentliches Gewässerschutzrecht

95 bb) **Zu versagen ist die Bewilligung** der Benutzung eines oberirdischen Gewässers (oder des Grundwassers) kraft Gesetzes inbesondere dann, wenn

– von der beabsichtigten Benutzung eine Beeinträchtigung des Wohls der Allgemeinheit (insbesondere wegen einer Gefährdung der öffentlichen Wasserversorgung oder aus sonstigen Gründen[50] mit mittelbarem wasserwirtschaftlichen Bezug) zu erwarten ist, die nicht durch Auflagen oder Maßnahmen nach § 4 WHG verhütet oder ausgeglichen wird (§ 6 WHG; dieser *Gemeinwohlvorbehalt* gilt auch für die *Erlaubnis* der Benutzung oberirdischer Gewässer und auch für die Zulassung von *Grundwasserbenutzungen*),

– dem Bewerber die Durchführung seines Vorhabens *ohne eine gesicherte Rechtsstellung* zugemutet werden kann und/oder die Benutzung nicht einem bestimmten Zweck dient, der nach einem bestimmten Plan verfolgt wird (§ 8 II 1 WHG),

– die Benutzung auf das *Recht eines anderen nachteilig einwirkt*, dieser andere im Verfahren *Einwendungen* erhoben hat und die nachteiligen Wirkungen durch *Auflagen nicht verhütet* oder ausgeglichen werden können, es sei denn, das Wohl der Allgemeinheit rechtfertigt die Bewilligungserteilung, wobei dann aber der Drittbetroffene zu entschädigen ist (§ 8 III WHG); entsprechendes gilt für die nach § 8 IV WHG landesrechtlich gleichgestellten, zu Einwendungen berechtigenden Nachteile,

– es um das *Einbringen oder Einleiten von Stoffen in ein Gewässer* (§ 3 I Nrn. 4-5 WHG) oder um den „unechten Benutzungstatbestand" der *Gewässergefährdung* des § 3 II Nr. 2 WHG geht, es sei denn, daß lediglich das Wiedereinleiten von nicht nachteilig verändertem Triebwasser bei Ausleitungskraftwerken beantragt ist (§ 8 II 2 u. 3 WHG).

96 Abgesehen von der ersten Fallgruppe (§ 6 WHG) ist die Bewilligung nur *als solche* zu versagen (vorbehaltlich der etwaigen Zulässigkeit der Erteilung einer Erlaubnis). „Unzumutbar" ist eine (widerrufliche) Erlaubnis statt einer (grundsätzlich nicht wi-

---

50 Das BVerwG hat das in § 6 WHG enthaltene Tatbestandsmerkmal „Beeinträchtigung des Wohls der Allgemeinheit" früher insoweit einschränkend dahingehend ausgelegt, daß es dabei *nur* auf die fachspezifisch, hier also wasserwirtschaftlich relevanten Aspekte des Gemeinwohls ankommt (sog. „Separationsprinzip", vgl. Fn. 6/120). Eine wasserrechtliche Erlaubnis durfte nach dieser Rspr. aufgrund des § 6 WHG nicht aus Gründen versagt werden, denen ein unmittelbarer wasserwirtschaftlicher Bezug fehlt (s. BVerwGE 55, 220, 229; vgl. auch BVerfGE 58, 300, 348). Indessen kann das auch in anderen umweltrechtlichen Normen vorgesehene Erfordernis der Allgemeinwohlverträglichkeit häufig schon nach dem Wortlaut dieser Normen nicht i.S. des Separationsprinzips auf einen fachspezifischen Bezug verkürzt werden, vgl. z.B. § 2 I 2 AbfG a.F. oder § 7 II Nr. 6 AtG. Auch im Wasserrecht ist der Allgemeinwohlbegriff (vgl. etwa §§ 1a I, 6, 12 I, 15 IV, 18a I 1, 19 I, 27 I 1 WHG) umfassend auszulegen (vgl. *Gieseke/Wiedemann/Czychowski*, WHG, § 6 Rn. 21; *Sieder/Zeitler/Dahme*, WHG, § 6 Rn. 7 ff.; a.A. *Büllesbach*, DÖV 1992, 477 ff.; *Keppeler*, NVwZ 1992, 137 ff.). Einschränkungen der materiellen Reichweite der Gemeinwohlklausel des § 6 WHG können sich aber daraus ergeben, daß für die Bewertung des Allgemeinwohlbelangs eine gesonderte behördliche Zuständigkeit und ein besonderes Verfahren vorgesehen sind. Davon abgesehen ist der Allgemeinwohlbegriff des § 6 WHG *nicht* auf wasserwirtschaftliche Belange verkürzt. Das BVerwG hat seine frühere Rspr. in diesem Sinne nunmehr modifiziert, s. BVerwGE 81, 347 (aber auch BVerwGE 85, 352); für einen umfassenden Allgemeinwohlbegriff auch VGH BW, VBlBW 1990, 389; ZfW 1992, 437; NuR 1994, 139; Urt.v. 9.5.1994, 8 S 2569/93; BayVGH, ZfW 1994, 287.

derruflichen) Bewilligung jedenfalls dann, wenn die Gewässerbenutzung mittels Anlagen erfolgen muß, die erhebliche Investitionskosten verursachen.

cc) Als „**Recht**" eines anderen i.s. des § 8 III WHG kommt praktisch wohl nur ein vermögenswertes subjektives Recht in Betracht. Das sind zunächst *subjektive Herrschaftsrechte*, also etwa absolute Rechte wie Eigentum, sonstige Sachenrechte, wohl auch das Recht am eingerichteten und ausgeübten Gewerbebetrieb usw., nicht aber bloße Vertragsrechte. Weiterhin kommen hier subjektiv-öffentliche Rechte in Betracht, soweit auch sie den Schutz des Art. 14 GG genießen, also insbesondere wasserrechtlich *bewilligte* Gewässerbenutzungsrechte. 97

Darüber hinaus begründet z.B. in *Baden-Württemberg* der gem. § 8 IV WHG in das BW WG aufgenommene § 15 die Möglichkeit des Inhabers einer lediglich *erlaubten* Gewässerbenutzungsbefugnis, Einwendungen gegen die Erteilung einer diese Gewässerbenutzung beeinträchtigenden Bewilligung zu erheben. 98

Allerdings geben Bewilligungen und Erlaubnisse **kein Recht auf Zufluß von Wasser bestimmter Menge und Beschaffenheit** (§ 2 II WHG); ihr Inhaber kann deshalb gegen die praktisch wichtigsten Beeinträchtigungen (Entzug und Verunreinigung des Wassers) keine Einwendungen nach § 8 III WHG erheben (str.), sofern nicht wegen nachhaltiger Änderung der vorgegebenen wasserwirtschaftlichen Situation und eines dadurch verursachten schweren und unerträglichen Nachteils ein Abwehranspruch unmittelbar aus Art. 14 GG ausgelöst wird (Rn. 4/109). 99

Keine Rechte i.S. des § 8 III WHG sind die im Rahmen des Gemeingebrauchs (§ 23 WHG) sowie – vorbehaltlich abweichender Regelungen des Landeswasserrechts – die durch eine wasserrechtliche Erlaubnis (§ 7 WHG) eingeräumten Befugnisse. 100

dd) Nach Maßgabe des § 4 WHG können der Bewilligung (auch der Erlaubnis) *Auflagen* oder *Benutzungsbedingungen* beigefügt werden; u.U. muß dies geschehen, um damit die Erteilungsvoraussetzungen zu schaffen (etwa nach § 6 oder nach § 8 III WHG). 101

Benutzungsbedingungen i.S. des § 4 I 1 WHG sind keine echten (aufschiebenden oder auflösenden) Bedingungen i.S. des § 36 II Nr. 2 VwVfG, sondern Teil der Bewilligung (oder der Erlaubnis). Sie bestimmen den Rahmen, in dem der Inhaber einer Bewilligung von seinem Recht (der Inhaber der Erlaubnis von seiner Befugnis) Gebrauch machen darf;[51] in diesem Sinne bestimmen sie somit auch den Inhalt des subjektiv-öffentlichen Rechts auf Gewässerbenutzung. 102

Auflagen i.S. des § 4 I 1 WHG (und i.S. des § 36 II Nr. 4 VwVfG) sind zu der Bewilligung hinzutretende Gebote, die dem Bewilligungsinhaber ein bestimmtes Tun, Dulden oder Unterlassen vorschreiben, etwa in bezug auf die Unterhaltung einer Wasserbenutzungsanlage. Gem. § 4 I 2 WHG sind Auflagen auch zulässig, um nachteilige Wirkungen für andere zu verhüten oder auszugleichen. Ferner können Auflagen zu einem der in § 4 II WHG genannten Zwecke ergehen. 103

---

51 S.a. OLG Düsseldorf, NVwZ 1991, 510.

4 Öffentliches Gewässerschutzrecht

104 Kraft Gesetzes können auch noch **nachträglich** aufgrund des Vorbehalts und nach Maßgabe des § 5 WHG die im Gesetz aufgeführten *Auflagen* bzw. *inhaltsbestimmenden Anordnungen* ergehen, was aber für *bewilligte* Benutzungen in bestimmten Fällen nur unter den Voraussetzungen des § 5 I 2 WHG (wirtschaftliche Rechtfertigung und Benutzungskonformität) zulässig ist. Nach § 10 I WHG ist bei einer Unsicherheit über den künftigen Eintritt nachteiliger Wirkungen eine spätere Entscheidung über Auflagen und Entschädigungen zugunsten der potentiell Betroffenen ausdrücklich vorzubehalten (Rn. 4/113).

105 ee) Die **verfahrensrechtliche Vorgabe** des § 9 WHG, wonach die *Bewilligung* nur in einem Verfahren erteilt werden kann, das

- gewährleistet, daß die Betroffenen und die beteiligten Behörden Einwendungen geltend machen können, und
- den Anforderungen des UVPG (also insbes. der Öffentlichkeitsbeteiligung) entspricht, wenn für das Vorhaben eine Umweltverträglichkeitsprüfung durchzuführen ist (Rn. 1/109 ff.),

wird durch die LWG (subsidiär durch die LVwVfG) ausgefüllt. Das Verfahren ist jedoch kein förmliches Verwaltungsverfahren i.S. der §§ 63 ff. der LVwVfG.

106 Bei *Konkurrenz mit einem anderweitig erforderlichen Planfeststellungsverfahren*, z.B. beim Bau eines Tunnels für eine neue Bahnlinie mit der Notwendigkeit, Tunnelwasser in einen Vorfluter abzuleiten, ist von der Planfeststellungsbehörde (§ 14 I WHG)[52] nach Maßgabe des § 14 III WHG die für das Wasser zuständige Behörde zu beteiligen.

107 Unter engen Voraussetzungen kann während eines laufenden Bewilligungsverfahrens – das gilt auch für das Erlaubnisverfahren – bereits vor Erteilung der Bewilligung zugelassen werden, daß mit der erstrebten Benutzung begonnen wird (*vorzeitiger Beginn* nach § 9a WHG).[53]

108 ff) Die Vorschriften des § 8 III u. IV WHG haben u.E. *drittschützenden Charakter*[54], berechtigen also einen in seinem Recht oder rechtlich geschützten Interesse nachteilig Betroffenen zur Anfechtung der Bewilligung oder zur Klage auf Erlaß einer Schutzauflage; sie sind auch Schutzgesetze i.S. des § 823 II BGB.[55]

109 Im übrigen war der **Drittschutz im öffentlichen Wasserrecht** lange Zeit nur wenig entwickelt, da die Bindungen des Bewirtschaftungsermessens als prinzipiell nicht drittschützend beurteilt worden sind. Als *äußerste Grenze der Duldungspflicht* des Nachbarn gegenüber der Bewilligung (und der Erlaubnis) wurde aber die *verfassungsrechtliche Eigentumsgewährleistung* (Art. 14 I GG) angesehen. Danach steht dem Betroffenen ein öffentlich-rechtlicher Abwehranspruch jedenfalls dann zu, wenn durch die Gestattung oder deren Ausnutzung *die vorgegebene wasserwirtschaftliche Situa-*

---

52 Zu den von § 14 WHG aufgeworfenen Zweifelsfragen *Bender*, NVwZ 1984, 9 ff.
53 S. *Scherer*, NVwZ 1993, 529 ff.
54 So auch *Bauer*, JuS 1990, 24; *Breuer*, Wasserrecht, Rn. 443 ff.; *Burgi*, ZfW 1990, 245 ff.; *Sieder/Zeitler/Dahme*, WHG, § 8 Rn. 21 ff.
55 BGHZ 69, 1 (22); 88, 34.

tion nachhaltig verändert und der Nachbar dadurch schwer und unerträglich getroffen wird.[56]

Nach der neueren Rechtsprechung des Bundesverwaltungsgerichts[57] kommt in zahlreichen Fällen Drittschutz *gegenüber allen Erlaubnisformen* in Betracht (Bewilligung, einfache oder gehobene Erlaubnis; Rn. 4/118). Wie z.B. auch im Baurecht[58] soll der Drittschutz unter dem Aspekt des vom Bundesverwaltungsgericht aus einfachrechtlichen Normen abgeleiteten *Gebots der Rücksichtnahme* vermittelt sein, und zwar im Wasserrecht aufgrund der Zusammenschau solcher Normen, die die Vermeidung nachteiliger Wirkungen für andere (§§ 1a I, 4 I 2, 31 II WHG) bzw. einen Ausgleich kollidierender Interessen von Gewässerbenutzern (§ 18 WHG) im Auge haben.

110

Voraussetzung soll sein, daß durch die wasserrechtliche Gestattung die Belange des Dritten *in einer qualifizierten und individualisierten Weise betroffen* sind. Danach gehören zu den geschützten Trägern von Individualbelangen die befugten bzw. berechtigten Wasserbenutzer sowie solche Personen, deren von der neuen Benutzung betroffene Belange nach dem Gesetz nicht beeinträchtigt werden sollen. Ihnen steht ein *Anspruch auf ermessensgerechte Würdigung ihrer privaten Belange* durch die Wasserrechtsbehörde zu. Wird dieser Anspruch verletzt, so können je nach Sachlage für den betroffenen Nachbarn Abwehr- bzw. Schutzansprüche ausgelöst werden, die mit der Anfechtungs- bzw. Verpflichtungsklage verfolgbar sind und auch verfolgt werden müssen, wenn sich der Inhaber einer Bewilligung Ansprüche i.S. des § 11 WHG erhalten will (Vorrang des primären Rechtsschutzes vor dem sekundären Rechtsschutz). Der privatrechtsgestaltende Charakter des § 11 WHG erstreckt sich allerdings nicht auf die wasserrechtliche Erlaubnis, was allerdings für die Frage, ob eine Norm drittschützend ist, keine ausschlaggebende Bedeutung hat. Die richterliche Rechtsfortbildung ist aber umstritten, weil

111

– i.S. der Schutznormtheorie die *Programmnorm* des § 1a I WHG (Rn. 4/70 ff.) Drittschutz nicht unmittelbar vermitteln, allenfalls mittelbar über die Interpretation anderer Normen und auch nur insoweit indizieren kann, als sie nicht Vorsorgenorm ist,

– hier (im Gegensatz zum Baurecht) das Merkmal des „individualisierten Betroffenseins" offenbar nicht die Beeinträchtigung einer besonderen *Rechtsposition*, sondern nur – wie bei der Normenkontrolle – die Beeinträchtigung eines *Belangs* erfordert (was allerdings im Rahmen des öffentlich-rechtlichen Bewirtschaftungsregimes konsequent erscheint) und

– das Merkmal des über das Zumutbare bzw. Sozialadäquate hinausgehenden, in diesem Sinne „qualifizierten Betroffenseins" auch durch die Beeinträchtigung einer lediglich *potentiellen Nutzung* erfüllt sein kann.[59]

gg) Für die **Rücknahme** einer *rechtswidrig* erteilten Bewilligung gilt § 48 (L)VwVfG. Im Gegensatz zu der jederzeit aus sachlichen, hinreichend gewichtigen Gründen entschädigungslos widerrufbaren Erlaubnis (§ 7 I WHG) ist der vollständige oder teilweise **Widerruf** einer *rechtmäßig* erteilten Bewilligung *nur* zulässig

112

---

56 BVerwGE 36, 248; 41, 58.
57 Vgl. die Grundsatzentscheidung BVerwGE 78, 40 (unter Hinweis auf BVerwGE 52, 122) = DVBl. 1988, 237 m. Anm. *Kunig*; ferner *Bauer*, JuS 1990, 24 ff.; *Knauber*, NVwZ 1988, 997 ff.; *Ladeur*, UPR 1992, 81 ff.; *Salzwedel*, ZfW 1988, 341 ff. u. NVwZ 1988, 493 (497 f.); BGHZ 88, 34.
58 Vgl. zum Gebot der Rücksichtnahme im Baurecht u.a. BVerwGE 55, 122 (125); 82, 343; 94, 151 (156); BVerwG, UPR 1994, 148 ff. und *Schlichter*, in: Berliner Ktr. zum BauGB, 1988, vor §§ 29 ff., Rn. 28 ff.; *Sarnighausen*, NVwZ 1993, 1054 ff.
59 Zurecht ablehnend daher OVG Münster, ZfW 1990, 340.

4 Öffentliches Gewässerschutzrecht

– *gegen Entschädigung*, wenn von der uneingeschränkten Fortsetzung der Benutzung eine erhebliche Beeinträchtigung des Wohls der Allgemeinheit, insbesondere der öffentlichen Wasserversorgung, zu erwarten ist (§ 12 I WHG),
– *ohne Entschädigung* lediglich dann, wenn einer der in § 12 II WHG aufgeführten Ausnahmetatbestände erfüllt ist.

113 Daneben kann die zuständige Behörde nach der durch § 5 WHG eröffneten Möglichkeit, in bestimmten Fällen entschädigungslos bleibende **nachträgliche Anordnungen** auch dann erlassen, wenn sie einen teilweisen Widerruf der Bewilligung bedeuten (Rn. 4/104).

114 hh) Obwohl die Bewilligung eine gesicherte Rechtsposition begründet, sind zum Schutz der von einer bewilligten Gewässerbenutzung nachteilig Betroffenen (§ 8 III u. IV WHG) nach § 10 WHG zulasten des Benutzungsberechtigten **nachträgliche Entscheidungen über Auflagen und Entschädigungen** zulässig, und zwar dann, wenn

– der Betroffene im Verfahren (§ 9 WHG) Einwendungen erhoben hat, etwaige nachteilige Wirkungen z.Z. der Bewilligungserteilung (noch) nicht hinreichend absehbar waren und die nachträglichen Entscheidungen von der zuständigen Behörde (etwa aus Gründen der Beschleunigung des Verfahrens) vorbehalten worden sind (§ 10 I WHG),
– vom Betroffenen im Verfahren (§ 9 WHG) nachteilige Wirkungen der Gewässerbenutzung nicht vorausgesehen werden konnten (§ 10 II WHG).

d) Die wasserrechtliche Erlaubnis (§ 7 WHG)

115 aa) Die *wasserrechtliche Erlaubnis* (§ 7 WHG), die befristet werden kann (und regelmäßig befristet wird) und deren Erteilung – ebenso wie die der Bewilligung – im *Ermessen* der Wasserbehörde steht, gewährt lediglich die *widerrufliche*, d.h. ungesicherte *Befugnis*, ein Gewässer – mag es sich um ein oberirdisches Gewässer oder um Grundwasser handeln – zu einem bestimmten Zweck in einer nach Art und Maß bestimmten Weise zu benutzen (§ 7 I 1 WHG). Sie stellt die Regelentscheidung für Gewässerbenutzungen dar und hat wie die Bewilligung (§ 8 VI WHG) „dingliche" Wirkung (§ 7 II WHG). Der *wesentliche Unterschied der Erlaubnis zur Bewilligung* liegt nicht in Art und Umfang der gestatteten Gewässerbenutzung, sondern in der *schwächeren Rechtsstellung*, die die Erlaubnis gewährt.

116 Allerdings werden die Unterschiede zwischen Bewilligung und Erlaubnis dadurch relativiert, daß

– auch die an sich grundsätzlich unwiderrufliche Bewilligung unter dem Vorbehalt nachträglicher Anforderungen ergeht (§ 5 WHG),
– auch die widerrufliche Erlaubnis ihrerseits nur nach pflichtmäßigem Ermessen widerrufen werden darf,[60]

---

60 Vgl. z.B. VGH BW, NVwZ-RR 1992, 126.

– auch die bundesrechtlich nicht privatrechtsgestaltende Erlaubnis nach Landesrecht als „gehobene Erlaubnis" mit dieser Wirkung ausgestattet werden kann (Rn. 4/118),
– aufgrund der neueren Rechtsprechung des Bundesverwaltungsgerichts zum Nachbarschutz im Wasserrecht (Rn. 4/110 f.) Drittbetroffene auch in einem auf die Erteilung einer einfachen Erlaubnis gerichteten Verfahren gehalten sind, ihre Rechte bereits in diesem Verfahren geltend zu machen, wenn sie den Eintritt der Bestandskraft der Erlaubnis verhindern wollen.

Eine Erlaubnis (anstelle einer Bewilligung) kommt dann in Betracht, wenn es dem Antragsteller zuzumuten[61] ist, die beabsichtigte gestattungspflichtige Benutzung eines Gewässers *auch ohne den Erwerb einer gesicherten Rechtsstellung* vorzunehmen. Im Gegensatz zur wasserrechtlichen Bewilligung ist nämlich – wie schon hervorgehoben wurde – die wasserrechtliche Erlaubnis jederzeit ohne Entschädigung nach pflichtgemäßem Ermessen der Wasserbehörde *frei widerruflich* (§ 7 WHG). So hat die wasserrechtliche Erlaubnis eher den Charakter einer Art konstitutiver „Unbedenklichkeitserklärung" unter dem Vorbehalt der Rechte Dritter. Bei bestimmten Benutzungstatbeständen ist überhaupt nur eine Erlaubnis, nicht aber eine Bewilligung zulässig (vgl. § 8 II 2 WHG). **117**

In den meisten Ländern kann dem Erlaubnisempfänger durch eine sog. **gehobene Erlaubnis** Dritten gegenüber eine stärkere Rechtsstellung eingeräumt werden, als dies nach dem WHG gefordert wird (vgl. z.B. § 16 II BlnWG). Diese gehobene (angehobene, qualifizierte) Erlaubnis steht zwischen der *einfachen* (schlichten, gewöhnlichen) Erlaubnis und der Bewilligung, bleibt aber eine Erlaubnis i.S. des § 7 WHG. Da Dritte durch Gewässerbenutzungen, die in qualifizierter Weise erlaubt werden, aufgrund der landesrechtlichen Vorschriften nachbarrechtlich mehr oder weniger beeinträchtigt werden können, ist zum Ausgleich durch die LWG verfahrensrechtlich gewährleistet, daß sie ihre Interessen im Erlaubnisverfahren rechtzeitig geltend machen können. **118**

bb) Die wasserrechtliche **Erlaubnis** zur Benutzung eines oberirdischen Gewässers **ist** insbesondere **zu versagen**, wenn **119**

– von der beabsichtigten Benutzung eine Beeinträchtigung des Wohls der Allgemeinheit (Rn. 4/95) zu erwarten ist (§ 6 WHG; diese Vorschrift gilt auch für die Bewilligung und auch für Grundwasser),
– für das beabsichtigte Einleiten von Abwasser die strengen Anforderungen des § 7a WHG (Rn. 4/120 ff.) nicht erfüllt werden können (gilt auch für Grundwasser) oder
– für das beabsichtigte Einleiten von Stoffen die Erlaubnisvoraussetzungen des § 36b VI WHG (Rn. 4/143) nicht vorliegen.

cc) Inkurs: Die Bedeutung der Anforderungen an das Einleiten von Abwasser nach § 7a WHG **120**

Die wichtige emissionsbegrenzende, nicht drittschützende *Vorschrift des § 7a WHG*[62] wurde erst mit der 4. Novelle zum WHG (1976) eingeführt und mit der 5. Novelle

---
61 Vgl. § 8 II Nr. 1 WHG; während noch BVerwGE 20, 219 die Zumutbarkeit am Kapitalaufwand des Ast. orientierte, werden heute zunehmend auch wasserwirtschaftliche Alternativen einbezogen, s. *Gieseke/Wiedemann/Czychowski*, WHG, § 8 Rn. 7a; *Sieder/Zeitler/Dahme*, WHG, § 8 Rn. 17a.
62 Wie beim Schutz vor Luftverunreinigungen ist auch hier der sog. Emissions*minderungs*strategie (Abwasserbehandlung) eine „*before* the end of the pipe" ansetzende Emissions*vermeidungs*strategie vorzuziehen.

4 *Öffentliches Gewässerschutzrecht*

(1986) verschärft. Die Vorsorgevorschrift ist auf die (gem. § 8 II 2 WHG nicht bewilligungsfähige) **Einleitung von Abwasser** in Gewässer bezogen, d.h. auf die Einleitung solchen Wassers, dessen natürliche Beschaffenheit durch menschliche Eingriffe nachteilig verändert worden ist (vgl. auch Rn. 4/204).

121 § 7a WHG geht nicht von der Belastbarkeit des Einzelgewässers (Immissionsprinzip), also nicht von einem auf bestimmte Qualitätsanforderungen an das Einzelgewässer bezogenen Bewirtschaftungsprinzip aus (hier helfen §§ 1a I, 6 WHG; Rn. 4/71, 4/95), sondern von Einleitungsstandards (Emissionsregulierung). Diese Einleitungsstandards sind nicht an der je schon vorhandenen Gewässerbelastung orientiert, sondern an den technischen Möglichkeiten zur Zurückhaltung von Schadstoffen. Damit wird in einem wichtigen Bereich das i.e.S. verstandene Bewirtschaftungsprinzip vom Vorsorgeprinzip überlagert. § 7a WHG hat vor allem für die Einleitung von Abwasser in oberirdische Gewässer Bedeutung; die Vorschrift kann aber auch für die Einleitung in Grundwasser (z.B. bzgl. Schluckbrunnen, Deponiesickerwasser) wichtig werden.

122 Der *Einleitungsbescheid* muß aufgrund des *AbwAG* mindestens die sog. *Überwachungswerte* sowie die *Jahresschmutzwassermenge* festlegen (Rn. 4/210). Neben den Überwachungswerten (Konzentrationsgrenzwerte und Verdünnungsfaktor) ist im Einleitungsbescheid auch eine *Begrenzung der Schadstofffracht* vorzunehmen (z.B. in der Dimension Kilogramm pro 2 Stunden), weil § 7a WHG auf eine solche Schadstofffrachtbegrenzung nach den jeweils möglichen technischen Verfahren abstellt. Um dem Bestimmtheitsgebot (§ 37 I VwVfG) zu genügen, muß der Erlaubnisbescheid zusätzlich die für die *Kontrolle* (Rn. 4/138) *maßgeblichen Angaben* enthalten, insbesondere den Meß- und Probenahmepunkt, die Art und Dauer der Probenahme, das anzuwendende Analyseverfahren (z.B. nach DIN-Norm) und das anzuwendende Auswertungsverfahren (z.B. Höchstwert, Mittelwert aus 5 Proben oder „4 von 5 Werten").

123 Zunächst gebietet die Vorschrift des § 7a WHG, daß die Schadstofffracht so gering gehalten wird, wie dies bei Einhaltung der spezifischen, in § 7a WHG im einzelnen geregelten Anforderungen an die Abwasserqualität möglich ist (**Minimierungsgebot** des § 7a I 1 WHG).

124 Seit ihrer Novellierung von 1986 unterscheidet die Vorschrift zwischen **gefährlichen Stoffen** (Rn. 4/126) und **sonstigen Stoffen** (Rn. 4/128). Enthalten Abwässer bestimmter Herkunft[63] *gefährliche Stoffe*, so unterliegen sie unter dem Aspekt der Einleitung den gesteigerten Reduzierungsanforderungen nach Maßgabe allgemeiner, den „Stand der Technik" wiedergebender Verwaltungsvorschriften. Abwässer, die lediglich *sonstige Stoffe* enthalten, unterliegen hingegen nur (wie bisher) den Reduzierungsanforderungen unmittelbar nach Maßgabe der „allgemein anerkannten Regeln der Technik", die für bestimmte Herkunftsbereiche durch allgemeine, gesetzesinterpretierende Verwaltungsvorschriften verdeutlicht werden.

125 Aufgrund der in § 7a WHG n.F. genannten Verwaltungsvorschriften mußten Tausende von Einleitungserlaubnissen überprüft und viele davon neu gefaßt werden.

126 „**Gefährliche Stoffe**" sind nach § 7a I 3 HS 2 WHG solche Stoffe, die wegen der Besorgnis ihrer Giftigkeit, Langlebigkeit, Anreicherungsfähigkeit oder einer krebser-

---

63 An die Stelle der Klassifizierung von Stoffen tritt die Klassifizierung von Herkunftsbereichen (abweichend von der EG-rechtlichen Systematik).

zeugenden, fruchtschädigenden oder erbgutverändernden Wirkung als gefährlich zu bewerten sind.[64] Es handelt sich also um solche Stoffe, die selbst in geringsten Spuren jedenfalls Langzeitwirkung entfalten oder sich im Ökosystem anreichern können. Die Bundesregierung hat gem. § 7a I 4 WHG mit Zustimmung des Bundesrats durch die *Abwasserherkunftsverordnung* (AbwHerkV) die *Herkunftsbereiche* von Abwasser, das gefährliche Stoffe im gekennzeichneten Sinne enthält, bestimmt (z.B. Abwasser aus Galvanikbetrieben, aus Betrieben zur Herstellung von halogenorganischen Verbindungen oder Bioziden, aus Abfallentsorgungsanlagen u.a.m.). Im übrigen erläßt die Bundesregierung nach § 7a I 3 HS 2 WHG mit Zustimmung des Bundesrats für Abwasser bestimmter Herkunft, das „gefährliche Stoffe" enthält, also für Abwässer aus den in der AbwHerkV genannten 55 Industriebereichen, *allgemeine Verwaltungsvorschriften*, die die Anforderungen – und damit die Norm des § 7a I WHG – konkretisieren, die nach ihrer Meinung den **„Stand der Technik"** wiedergeben und die nach § 7a I 1 i.V.m. § 7a I 3 HS 2 WHG für die Erlaubnisbehörden maßgebend sind. Das ist eine merkwürdige Gesetzestechnik. Offenbar hat der Gesetzgeber befürchtet, daß die unmittelbare gesetzliche Bezugnahme auf den Stand der Technik ohne eine allgemein maßgebliche Konkretisierung durch Verwaltungsvorschriften die Wasserbehörden überfordern müßte. Diese (jederzeit änderbaren) Verwaltungsvorschriften sind für die Erlaubnisfähigkeit der Einleitung von Abwasser, das gefährliche Stoffe enthält, *konstitutiv*. Der Gesetzgeber knüpft nämlich die Erlaubnisfähigkeit (Rechtsfolge) anscheinend *nicht an ein von ihm selbst im Gesetzestatbestand* (in § 7a I 1 WHG) *normativ vorgegebenes Anforderungsniveau* (Stand der Technik) an, sondern – abweichend von der sonst zuweilen praktizierten dynamischen Verweisung (Rn. 1/59) – an ein von der Verwaltung im Wege der Verwaltungsvorschrift in Erfüllung des gesetzlichen Auftrags erst noch zu definierendes, offenbar schon vor der Umsetzung in Erlaubnisbescheide mit Außenwirkung versehenes Anforderungsniveau. Damit scheint im Ergebnis die Verwaltung zur Rechtsetzung durch Verwaltungsvorschrift ermächtigt zu sein. Auch wenn man verfassungsrechtliche Bedenken hiergegen nicht teilt,[65] ist diese Regelungstechnik *europarechtlich* bedenklich, soweit durch Verwaltungsvorschriften EG-Richtlinien umgesetzt werden. Richtlinien sind nach aus rechtsstaatlicher Sicht begrüßenswerter Auffassung des EuGH durch Rechtsnormen umzusetzen, weil nur so dem Bürger ein klarer Normanwendungsbefehl erkennbar wird, aus dem er etwaige Rechte ableiten kann (Rn. 1/36).[66]

Beim *„Stand der Technik"* kommt es – anders als bei den „allgemein anerkannten Regeln der Technik" (Rn. 6/118) – i.S. des § 3 VI BImSchG (Rn. 6/113 f.) auch auf die technischen Schadstoffreduzierungsmöglichkeiten an, die mit hinreichender Ge- **127**

---

64 Der durch Verwaltungsvorschriften zu konkretisierende Begriff der gefährlichen Stoffe i.S. des § 7a I 3 HS 2 WHG unterscheidet sich von der Kategorie der wassergefährdenden Stoffe i.S. der §§ 19a ff. WHG (Rn. 4/165 ff.); Überschneidungen sind aber möglich, vor allem mit gefährlichen Stoffen i.S. des § 3a ChemG (Rn. 9/54 f.).
65 Zur damit verbundenen rechtsstaatlichen Problematik vgl. einerseits (für Verfassungswidrigkeit) *Lübbe-Wolff*, DÖV 1987, 896 ff., andererseits z.B. *Breuer*, Wasserrecht, Rn. 374 f.; *Kind*, DÖV 1988, 679 ff.; *Papier*, FS Lukes, 1989, 159 (165 ff.); *Kloepfer*, Umweltrecht, 1989, S. 624 m.w.N. Offengelassen in BVerfGE 78, 214 (227).
66 Z.B. EuGH, DVBl. 1991, 863 (Grundwasser-Richtlinie).

4 Öffentliches Gewässerschutzrecht

wißheit von fortschrittlichen, wenn auch noch nicht allgemein bewährten Verfahren, Einrichtungen oder Betriebsweisen bei nicht unverhältnismäßigem Aufwand erwartet werden dürfen.[67]

128 Für die Einleitung von Abwasser mit „**sonstigen Stoffen**" gilt, daß dieses Abwasser den – in bezug auf alle Gewässer einzuhaltenden – Mindestanforderungen genügen muß,[68] die den „**allgemein anerkannten Regeln der Technik**" entsprechen. Auch hierzu erläßt die Bundesregierung nach § 7a I 3 HS 1 WHG mit Zustimmung des Bundesrats *allgemeine Verwaltungsvorschriften*. Diese haben aber lediglich gesetzesinterpretierende Bedeutung.[69]

129 Bereits vor der Novellierung des § 7a WHG von 1986 waren über 40 derartige Verwaltungsvorschriften ergangen. Diese wurden 1989 in einer **Rahmen-Abwasser-VwV** zusammengefaßt[70], die Mindestanforderungen an die Qualität gewerblicher und kommunaler Abwässer enthält. Die Verwaltungsvorschriften geben hierzu an, was beim Abwasser an Emissionsbeschränkungen in den verschiedenen Produktionsbereichen (z.B. Koksproduktion, Mehlverarbeitung, Zucker-, Kohlenwasserstoff-, Nichteisenmetallherstellung, Metallverarbeitung, Rauchgaswäsche usw.), bei Mischabwasser (bisher 22. AbwasserVwV) oder im Bereich der kommunalen Abwasserbehandlung (bisher 1. AbwasserVwV; Rn. 4/18) nach Auffassung der Bundesregierung technisch ohne weiteres machbar ist.

130 Schließlich kann nunmehr durch Rechtsverordnung nach § 7a I 5 WHG bestimmt werden, daß die erörterten, zunächst einmal für **Direkteinleiter** vorgesehenen Vermeidungsmaßnahmen auch schon für die mittelbare Gewässerbenutzung durch **Indirekteinleiter** maßgeblich sind. Diese (europarechtlich angeleitete) Vorschrift hat vor allem für industrielle Produktionsstätten Bedeutung, die ihre Produktions-Abwässer nicht unmittelbar (nach Vorbehandlung) einem Vorfluter zuführen (Direkteinleiter), sondern zunächst einer kommunalen Abwasserbehandlungsanlage, was dann aber u.U. wiederum nicht ohne eine entsprechende Vorbehandlung zulässig ist.[71] Die Länder haben nach § 7 a III WHG sicherzustellen, daß vor dem Einleiten von Abwasser mit gefährlichen Stoffen in eine öffentliche Abwasserbehandlungsanlage die erforderlichen Maßnahmen entsprechend § 7a I 3 WHG durchgeführt werden. Dazu können etwa die Einführung der Genehmigungsbedürftigkeit einer Indirekteinleitung gefährlicher Stoffe bei Überschreitung gewisser Schwellenwerte und die Regelung der Genehmigungsfähigkeit durch Einführung von Grenzwerten gehören. Die Länderarbeitsgemeinschaft

---

67 Eine Betriebserprobung des „Standes der Technik" wird nicht vorausgesetzt, so VGH BW, ZfW 1993, 159 ff.
68 Dies schließt gewässerspezifisch motivierte höhere Anforderungen für den Einzelfall nicht aus.
69 Vgl. auch die sog. Arbeitsblätter der Abwassertechnischen Vereinigung (ATV). Aufgabe der Arbeitsblätter, die von Fachgremien erarbeitet und einem förmlichen, öffentlichen Einspruchsverfahren unterzogen werden, ist es in der Regel, Anforderungen zu beschreiben, die den allgemein anerkannten Regeln der Technik (oder auch dem Stand der Technik) entsprechen.
70 GMBl. 1989, 517. Die ab 1.2.1992 geltende Neufassung ist in GMBl. 1994, 498 veröffentlicht; zuletzt geändert durch VwV v. 31.1.1994, GMBl. 1994, 545. Zur Rahmen-AbwasserVwV s. *Lübbe-Wolff*, NVwZ 1989, 439 ff.; 1990, 240 ff.; *Viertel*, Vorsorge im Abwasserrecht, 1995.
71 Soweit problematische Abwässer den Einleitungsanforderungen nicht genügen, müssen sie in anderer Weise (etwa durch Eindampfen in einer besonderen Anlage) entsorgt werden.

Wasser (LAWA) hatte schon 1985 das Muster einer „Verordnung über die Genehmigungspflicht für das Einleiten gefährlicher Stoffe und Stoffgruppen in öffentliche Entwässerungsanlagen und die Selbstüberwachung von Abwasserbehandlungsanlagen" für Indirekteinleiter erarbeitet. Solche Verordnungen sind daraufhin von den meisten Ländern erlassen worden; sie bedurften aber z.T. noch der Anpassung an § 7a WHG n.F.[72]

Ergänzend ist in diesem Zusammenhang zu den besonderen Anforderungen an Abwassereinleitungen,[73] d.h. zum Recht der (in § 18a I 2 WHG legaldefinierten) *Abwasserbeseitigung* (Rn. 4/14 ff.) auszuführen: **131**

§ 7a II WHG verpflichtet die Länder dazu, die Anforderungen des § 7a I WHG auch bei **Alteinleitungen** durchzusetzen. § 18a I 1 WHG enthält das nicht auf die Abwassereinleitung beschränkte **Gebot der allgemeinwohlverträglichen Abwasserbeseitigung**. § 18a II WHG begründet nach dem Vorbild des AbfG eine **Abwasserbeseitigungspflicht** der öffentlichen Hand. Die öffentliche Abwasserbeseitigung ist nach landesrechtlicher Regelung Selbstverwaltungs-Pflichtaufgabe der Gemeinden. § 18a III WHG verpflichtet die Länder zum Erlaß von überörtlichen **Abwasserbeseitigungsplänen** (Rn. 4/75) durch intern wirksame Verwaltungsvorschriften oder außenwirksame Rechtsverordnungen mit Festlegungen insbes. über die Standorte bedeutsamer Abwasserbeseitigungsanlagen (vgl. zu dem Anlagenbegriff § 2 III AbwAG), über ihre Einzugsbereiche, die Grundzüge der Abwasserbehandlung (etwa Klärsysteme, Reinigungstechniken), über Maßnahmenträger u.a.m. Für **Bau und Betrieb der Abwasserbehandlungsanlagen** normiert § 18b WHG Anforderungen nach Maßgabe der Regeln der Technik.[74] Bau und Betrieb bedürfen u.U. nach Landesrecht einer Planfeststellung, im übrigen einer wasserrechtlichen Genehmigung (vgl. z.B. für *Baden-Württemberg* § 45e BW WG). Bundesrechtlich bedürfen nach § 18c WHG n.F. Bau, Betrieb und wesentliche Änderung einer Abwasserbehandlungsanlage, die eine bestimmte Auslegungskapazität überschreitet, einer behördlichen Zulassung, die nur in einem Verfahren erteilt werden kann, das den Anforderungen des UVPG entspricht.[75] Zu unterscheiden von „Abwasser" ist *„flüssiger Abfall"*, der aber seit § 1 III Nr. 5 AbfG 1986 ebenfalls der Regie des WHG unterliegt, sofern er in Gewässer eingeleitet wird. **132**

Nach wie vor können die Gemeinden für ihre Abwasseranlagen durch *Satzung* den Anschluß von Indirekteinleitern insofern beschränken, als es um den Schutz der Abwasseranlagen (z.B. vor betonagressiven Stoffen) oder ihres Bedienungspersonals geht. **133**

dd) Hinsichtlich der den wasserrechtlichen Erlaubnissen beizufügenden **Auflagen** gilt zunächst das unter diesem Gesichtspunkt oben zur wasserrechtlichen Bewilligung Ausgeführte (Rn. 4/101). **134**

---

72 Für BW s. die Indirekteinleiter-VO v. 12.7.1990, GBl. 258. – Dazu *Hendler*, VBlBW 1992, 401 ff.; *Lübbe-Wolff*, NVwZ 1989, 205 ff.; *dies.*, Abwassersatzung, in: Umweltschutz durch kommunales Satzungsrecht, 1993, S. 137 (151 ff.).
73 Dazu im einzelnen *Breuer*, Wasserrecht, Rn. 284 ff.; *ders.*, in: HdUR, Bd. I, Art. „Abwasserbeseitigung", Sp. 80 ff.; *Nisipeanu*, Abwasserrecht, 1991. Abgrenzungsprobleme zum KrW-/AbfG und zum BImSchG können sich bei thermischen Verfahren der *Klärschlammtrocknung* ergeben, die im übrigen aber grds. zur „Entwässerung von Klärschlamm" zählt; vgl. *Sieder/Zeitler/Dahme*, WHG, § 18a Rn. 13.
74 Vgl. Fn. 4/69.
75 *Nisipeanu*, NuR 1992, 101 ff. S. auch Nr. 5 der Anlage zu § 3 UVPG. Die Anlage muß für mehr als 1500 m^3/h ausgelegt sein.

135 Durch die der Erlaubnis beizufügenden **Benutzungsbedingungen** (§ 4 I WHG; Rn. 4/102) für die *Einleitung von* (insbesondere gewerblichem oder kommunalem) *Abwasser* sollen neben etwaigen Beschränkungen der je Zeiteinheit zulässigen Höchstabflußmengen vor allem gewisse, insbesondere von § 7a WHG (Rn. 4/120 ff.) geforderte *Qualitätsmindestanforderungen an das einzuleitende Abwasser* durchgesetzt werden.[76] Dabei kann, was besonders zur Vermeidung akuter Schädigungen wichtig ist, die höchstzulässige Konzentration bestimmter Arten schädlicher Stoffe (in der Dimension mg/l) und, was speziell zur Verhütung von Langzeitwirkungen zweckmäßig ist, die Fracht (z.B. in der Dimension kg/2h) begrenzt werden. Neben Einzelparametern kommen auch Summenparameter in Betracht (Rn. 4/19). Auch kann die Einhaltung bestimmter physikalischer oder chemischer Befindlichkeiten des Abwassers vorgeschrieben werden.

136 Solche **Festsetzungen** (s. auch Rn. 4/19 ff.) können sich z.B. beziehen auf die Höchsttemperatur des Abwassers, einen Höchstsatz für die elektrische Leitfähigkeit als Indikator für den höchstzulässigen Gehalt an Chloriden, den BSB_5, den CSB, den pH-Wert (d.h. auf den [negativen] dekadischen Logarithmus der Wasserstoffionenkonzentration einer Lösung, die bei einem Wert von 7 neutral, von über 7 alkalisch [basisch] und von unter 7 sauer ist), den zulässigen Gehalt an absetzbaren Stoffen, die maximale Konzentration oder Fracht gewisser schädlicher Wasserinhaltsstoffe (z.B. Phosphate, Chloride, Ammoniak, Nitrate oder Gesamtstickstoff, Phenole, bestimmte Kohlenwasserstoffe, Cyanide, Schwermetalle), den AOX (bzw. EOX oder POX), d.h. auf die an Aktivkohle adsorbierbaren (bzw. extrahierbaren oder ausblasbaren) organisch gebundenen Halogene.

137 Notwendig ist auf jeden Fall neben der Festsetzung der höchstzulässigen Schadstofffrachten die Festsetzung der für die *Abwasserabgabe* maßgeblichen Parameter (Rn. 4/122, 4/210). Die zum Mindestinhalt der Abwassereinleitungsbescheide gehörenden Benutzungsbedingungen (Rn. 4/102) ergeben sich nicht aus dem WHG, sondern aus § 4 I 2 AbwAG.

138 ee) Mit der Festsetzung von Grenzwerten allein ist es allerdings für einen effizienten Gewässerschutz nicht getan. Hinzukommen muß eine praktikable **Überwachung** (Eigenüberwachung und behördliche Überwachung), die heute auf der Grundlage kontinuierlich erfolgender Abwassermengenmessungen und Abwasserprobenahmen möglich ist (Rn. 4/122); dabei müssen aber die Schadparameter in der Regel im Labor ermittelt werden.[77]

139 ff) Die Erlaubnis wird **schriftlich** erteilt, und zwar in der Regel nach Durchführung eines **landesrechtlich normierten Verfahrens**, das häufig sogar den bundesrechtlichen Anforderungen an das Bewilligungsverfahren (§ 9 WHG) entspricht; dies gilt jedenfalls für die „gehobene Erlaubnis" (Rn. 4/132). Unterliegt ein Vorhaben, das der wasserrechtlichen Erlaubnis bedarf, einer **Umweltverträglichkeitsprüfung** (§ 3 UVPG i.V.m. der Anl. zu § 3), so kann die Erlaubnis nur in einem Verfahren erteilt werden, das den Anforderungen des UVPG (also insbes. der Öffentlichkeitsbeteiligung) entspricht (§ 7 I 2 WHG; s. Rn. 1/113 ff.).

---

76 Die Nichterfüllung der Benutzungsbedingungen führt dazu, daß die Gewässerbenutzung unbefugt ist; s. OLG Düsseldorf, NVwZ 1991, 510.
77 Dazu *Sautter*, NVwZ 1988, 487 ff. – S. zur Eigenüberwachung z.B. die Eigenkontroll-VO BW v. 14.7.1989, GBl. 391.

gg) Da bundesrechtlich nicht gefordert wird, daß auf wasserrechtliche Erlaubnisse die **140** Vorschrift des § 11 WHG (Ausschluß von privatrechtlichen Ansprüchen) anzuwenden ist, und da privatrechtliche Abwehransprüche Dritter gegenüber erlaubten Gewässerbenutzungen landesrechtlich nur ausnahmsweise (nämlich bei der gehobenen Erlaubnis i.S. von Rn. 4/132) entzogen oder beschränkt werden, haben Erlaubnisse *in der Regel keine privatrechtsgestaltende Wirkung.* Daher war lange Zeit der **öffentlich-rechtliche Individualschutz** der von erlaubten Gewässerbenutzungen nachteilig betroffenen Dritten besonders schwach entwickelt. Dies mußte sich jedoch aufgrund der jüngeren Rechtsprechung des Bundesverwaltungsgerichts[78] ändern (Rn. 4/110 ff.).

e) Wasserrechtliche Genehmigung

Die *wasserrechtliche Genehmigung* bezieht sich nicht – jedenfalls nicht unmittelbar **141** – auf Gewässerbenutzungen, sondern auf *Anlagen*. Bundesrechtlich genehmigungspflichtig sind die Errichtung und der Betrieb von Rohrleitungsanlagen zum Befördern wassergefährdender Stoffe (§ 19a I 1 WHG; Rn. 4/166). Landesrechtlich gibt es zahlreiche Genehmigungsvorbehalte, z.B. (vgl. § 76 BW WG) für Anlagen in und an Gewässern, für Anlagen in Überschwemmungsgebieten, für Bojenfelder oder Bootsstege, für Brücken oder Freileitungen über ein Gewässer, die dessen Unterhaltung beeinflussen, für gewisse Wasserversorgungs- oder Abwasserbehandlungsanlagen usw.

In *Baden-Württemberg* besteht auf Erteilung einer (befristeten) Genehmigung i.S. des § 76 BW **142** WG ein Rechtsanspruch. Nach § 76 III ist die Genehmigung zu versagen, wenn von dem Vorhaben eine Beeinträchtigung des Allgemeinwohls zu erwarten ist. Im übrigen kann sie (nur) versagt werden, wenn von dem Vorhaben
– erhebliche Nachteile, Gefahren oder Belästigungen für andere Grundstücke, Bauten oder sonstige Anlagen zu erwarten sind, die nicht durch Auflagen oder Bedingungen verhütet oder ausgeglichen werden können (insoweit drittschützend), oder
– die Zustimmung des Eigentümers des Bettes eines öffentlichen Gewässers fehlt.

Exemplarisch hinzuweisen ist schließlich auch noch auf die Genehmigungspflicht des Beförderns und Lagerns wassergefährdender Flüssigkeiten über § 19a WHG hinaus (§ 25a BW WG), des Baus und der wesentlichen Änderung von der öffentlichen Wasserversorgung dienenden Anlagen (§ 43 III BW WG) u.a.m. (vgl. z.B. §§ 23, 34, 44, 45e, 78 BW WG).

3. Reinhaltung der oberirdischen Gewässer

a) Instrumente

Die Reinhaltung der oberirdischen Gewässer ist – neben der Reinhaltung des Grund- **143** wassers und der Mengenbewirtschaftung der Gewässer, insbesondere des Grundwassers – das wichtigste wasserwirtschaftliche Ziel. Diesem Ziel dienen – unter anderem

---

78 BVerwGE 78, 40.

4 *Öffentliches Gewässerschutzrecht*

oder gar ausschließlich – eine Reihe wasserrechtlicher (zum Teil planungsrechtlicher[79]) Instrumente, insbesondere

- die bereits erwähnten **Eröffnungskontrollen** (Erlaubnis, Bewilligung) **für Benutzungen** oberirdischer Gewässer (vgl. §§ 2, 3, 6, 7a WHG),
- das **Verbot des Einbringens fester Stoffe nur zum Zwecke der Entledigung** (§ 26 I WHG),
- der vorbeugende **Schutz gegen wassergefährdendes Lagern bzw. Ablagern** von Stoffen oder gegen wassergefährdendes Befördern von Flüssigkeiten oder Gasen in Rohrleitungen (§ 26 II WHG),
- ressortinterne, bei Bedarf fortzuschreibende **wasserwirtschaftliche Rahmenpläne** (Verwaltungsvorschriften) *für große Räume* (Flußgebiete oder Wirtschaftsräume) zur Sicherung der wasserwirtschaftlichen Voraussetzungen für die Entwicklung der Lebens- und Wirtschaftsverhältnisse, also insbesondere Zielvorstellungen zum nutzbaren Wasserschatz, zur Möglichkeit der Deckung des künftigen Wasserbedarfs, zu den Anforderungen an die Reinhaltung der Gewässer, zum Hochwasserschutz u.a.m. (§ 36 WHG),
- ressortinterne oder allgemein behördenverbindliche, *für kleinere Räume* erlassene **Gewässer-Bewirtschaftungspläne** (Rn. 4/75) der Länder, die insbesondere für oberirdische Gewässer, die der öffentlichen Wasserversorgung dienen, aufzustellen sind. Die Erforderlichkeit hierfür kann sich aus wasserwirtschaftlichen Gründen oder aus zwischenstaatlichen bzw. EG-rechtlichen Verpflichtungen ergeben. Die Bewirtschaftungspläne enthalten u.a. wasserwirtschaftliche Zielvorstellungen bezüglich der Nutzungen, der Gewässergüte[80] und einen Maßnahmenkatalog zur Erreichung der Zielvorstellungen (§ 36b WHG),
- bei Fehlen eines Bewirtschaftungsplans die bereits durch § 36b VI WHG gesetzlich angeordnete **Beschränkung der Befugnis der Wasserbehörde**, das **Einleiten von Stoffen zu erlauben**, wenn dies für das oberirdische Gewässer mit nicht unerheblich nachteiligen Beschaffenheitsveränderungen verbunden ist sowie
- außenwirksame, d.h. für jedermann verbindliche **Reinhalteordnungen** durch Rechtsverordnungen der Landesregierungen mit Zuführungsverboten oder (über § 7a WHG hinaus) mit Zuführungs-, vor allem also Immissionsbeschränkungen (§ 27 WHG).

---

79 S. zu diesem planungsrechtlichen Instrumentarium des Wasserrechts *Peters,* UPR 1988, 325 ff.
80 Im Anschluß an die Verwaltungsvorschrift über den Mindestinhalt von Bewirtschaftungsplänen v. 19.9.1978 (GMBl. 466) wurden 7 Güteklassen für fließende Gewässer und 4 Trophiestufen für stehende Gewässer unterschieden. Die Güteklassen für fließende Gewässer reichen von I (unbelastet bis sehr gering belastet) über I/II (gering belastet), II (mäßig belastet) usw. bis IV (übermäßig verschmutzt). Die Trophiestufen für stehende Gewässer reichen von oligotrophen Seen (klare, nährstoffarme Seen mit geringer Planktonproduktion, die am Ende der Stagnationsperiode auch in der Tiefe noch mit über 70% Sauerstoff gesättigt sind) über metrophe Seen und eutrophe Seen bis zu polytrophen Seen (Seen mit sehr hohem, stets frei verfügbarem Nährstoffangebot, schon im Sommer in der Tiefe sauerstofffrei usw.). S. dazu die Karten der biologischen Gewässergüte in der Bundesrepublik Deutschland vom Juni 1992 in UBA, Daten zur Umwelt 1992/93, S. 344, für die zusätzlich eine achte Stufe, die Gewässergüteklasse IV (ökologisch zerstört) eingeführt werden mußte. Die Güteklassendefinitionen sollten auf neuerkannte Gefährdungspotentiale erstreckt werden und Gütemerkmale wie Halogenkohlenwasserstoffe, Schwefel- und Phosphorverbindungen, Pestizide, Toxizität und Kanzerogenität berücksichtigen (so SRU, Umweltgutachten 1994, Tz. 497).

b) Insbesondere: Vorsorge nach § 26 WHG

144 Besondere Bedeutung für die Reinhaltung oberirdischer Gewässer hat die zwingende Vorschrift des § 26 WHG über das Einbringen, Lagern und Befördern von Stoffen. Ihr Ziel ist es, die (weitere) Verunreinigung eines oberirdischen Gewässers ohne Rücksicht auf dessen jeweiligen Gütezustand zu verhindern. Für das Grundwasser findet sich eine korrespondierende Regelung in § 34 WHG (Rn. 4/162).

145 Nach *Abs. 1* ist das **Einbringen von festen Stoffen** in oberirdische Gewässer zu dem Zweck, sich dieser Stoffe zu *entledigen*, d.h. die Sachherrschaft über sie aufzugeben, verboten.[81] Dieses Verbot gilt sowohl für die gestattungspflichtigen, als auch für die gestattungsfreien Benutzungen oberirdischer Gewässer, nicht aber für wesentliche Änderungen solcher Gewässer i.S. des § 31 WHG (Rn. 4/186).[82]

146 Ebenso sind nach der Vorsorgevorschrift des *Abs. 2 S. 1* das **Lagern**[83] und **Ablagern von Stoffen**[84] an einem oberirdischen Gewässer[85] sowie nach *Abs. 2 S. 2* das **Befördern von Flüssigkeiten oder Gasen** in Rohrleitungen verboten, wenn durch diese Vorgänge eine „Verunreinigung des Wassers oder eine sonstige nachteilige Änderung seiner Eigenschaften oder des Wasserabflusses zu besorgen ist" (sog. *Besorgnisgrundsatz*).

147 Die – dem § 32b S. 1 WHG (Küstengewässer) und dem § 34 II 1 WHG (Grundwasser) entsprechende – Vorschrift des § 26 II 1 WHG[86] steht als Regelung des vorbeugenden Gewässerschutzes in Gesetzeskonkurrenz mit der offenbar weniger strengen Bestimmung des § 2 I 2 Nr. 3 AbfG (s. jetzt § 10 IV 2 Nr. 3 KrW-/AbfG), wonach Abfälle so zu beseitigen sind, daß dadurch nicht „Gewässer ... schädlich beeinflußt" werden. Nach einer umstrittenen Meinung soll insoweit § 2 I 2 Nr. 3 AbfG als speziellere und zeitlich nachfolgende Regelung dem § 26 II 1 WHG vorgehen.[87]

148 *Beispiel:* Ein Chemiewerk hat auf eigenem Gelände während längerer Zeit Chemiemüll abgelagert, und zwar lediglich mit Baugenehmigung, aber ohne wasserrechtliche Gestattung. Später gelangte, was nicht vorausgesehen worden war, ständig Sickerwasser mit schädlichen Wasserinhaltsstoffen in einen Vorfluter. Wurden diese Ablagerungen *vor* dem 11.6.1972 (Inkrafttreten

---

81 Unter § 26 I WHG fällt z.B. auch das Wiedereinbringen von „Rechengut" in das Unterwasser eines Werkskanals; BVerwG, VerwRspr. 1980, 423.
82 *Gieseke/Wiedemann/Czychowski*, WHG, § 26 Rn. 6.
83 „Lagern" ist das aufbewahrende Niederlegen von Stoffen mit dem Ziel ihrer späteren Wiederverwendung; vgl. BGHZ 46, 17. Für Abfälle (§ 3 I KrW-/AbfG) gelten §§ 5, 27 I KrW-/AbfG (Rn. 10/238 ff.). § 19g WHG ist gegenüber § 26 II lex specialis.
84 „*Ablagern*" ist das Niederlegen von Stoffen mit dem Ziel, sich ihrer zu entledigen; vgl. auch BGHZ 46, 17.
85 „An einem Gewässer" i.S. des § 26 II 1 WHG wird ein Stoff (u.U. landeinwärts) niedergelegt, soweit hiervon noch Gefahren für das Gewässer ausgehen können; vgl. *Gieseke/Wiedemann/Czychowski*, WHG, § 26 Rn. 23.
86 Die Regelungen der §§ 26 II 1, 32b S. 1, 34 II 1 WHG sind nach h.L. nicht drittschützend.
87 So OVG Schleswig, NVwZ-RR 1994, 75 ff.; *Franßen*, in: Salzwedel (Hrsg.), Grundzüge des Umweltrechts, 1982, S. 424; *Hösel/v. Lersner*, AbfG, § 2 Rn. 16; zu Recht a.A. *Staupe*, UPR 1988, 41 ff.; *Gieseke/Wiedemann/Czychowski*, WHG, § 26 Rn. 15; *Kunig/Schwermer/Versteyl*, AbfG, § 2 Rn. 32 f.; *Sieder/Zeitler/Dahme*, WHG, § 26 Rn. 2b. S. aber auch BVerwGE 89, 138, wonach bei *rechtswidriger* Lagerung oder Ablagerung von Abfällen die Anforderungen der §§ 26 II, 34 II WHG *ohne* Einschränkung gelten.

des AbfG), aber *nach* dem 1.3.1960 (Inkrafttreten des WHG) abgeschlossen („Altlast"), so hat die (dann zuständige) Wasserbehörde im Wege der Gewässeraufsicht die aufgrund des Verstoßes gegen § 26 II WHG herbeigeführte Gefahr durch eine an das Chemiewerk zu richtenden *Sanierungsverfügung* abzuwehren (etwa gem. §§ 82 ff. BW WG); das Chemiewerk hat die Gefahr unmittelbar verursacht und ist überdies Grundstückseigentümer. Eine Rekultivierung kann hier mangels gesetzlicher Ermächtigung nicht angeordnet werden. – Wurden demgegenüber die Ablagerungen erst *nach* dem 11.6.1972 beendet, so ist für diese stillgelegte Deponie die Sanierungsverfügung durch die für die Abfallbeseitigung gem. LAbfG zuständige Behörde zu treffen; diese kann nach § 10 II AbfG (§ 36 II KrW-/AbfG) nicht nur die Sanierung, sondern auch die Rekultivierung verlangen. – Ist hingegen die Ablagerung bereits *vor* dem 1.3.1960 abgeschlossen worden („Uraltlast"), so kann in der Regel lediglich die Polizei- bzw. Ordnungsbehörde die Sanierungsverfügung erlassen, wobei materiellrechtlich das allgemeine Polizei- oder Ordnungsrecht maßgeblich ist (s. Rn. 5/198 ff.). Eine Rekultivierungsanordnung ist dann ebenfalls nicht möglich.

V. Nutzung und Schutz des Grundwassers

1. Begriff und Erscheinungsformen des Grundwasser

149 Im wasserrechtlichen Sinne ist unter **Grundwasser** – eine Legaldefinition fehlt – das gesamte unterirdische, nicht in Rohren oder auf ähnliche Weise künstlich gefaßte Wasser zu verstehen, das

– an den natürlichen Gewässerfunktionen Anteil hat,
– dem Wasserhaushalt nicht entzogen und
– der Bewirtschaftung zugänglich ist.[88]

Die Bodenfeuchte unmittelbar unter der Erdoberfläche (*Porenwinkelwasser*) ist kein Grundwasser.

150 Eine grundwasserführende Schicht, d.h. ein Grundwasserleiter (*Aquifer*) kann von unterschiedlicher Mächtigkeit und Beschaffenheit sein; dabei kann sich seine Oberfläche (Grundwasserstand) nahe unter der Erdoberfläche befinden (geringer Flurabstand) oder aber – etwa als Folge einer Flußregulierung oder einer lang anhaltenden Trockenzeit – in größerer Tiefe. Grundwasser kann aber auch zwischen mehreren, übereinander verlaufenden und hydraulisch mehr oder weniger abdichtenden Trennhorizonten in verschiedenen Grundwasserleitern auftreten. Es fließt, soweit es nicht in Hohlräumen gestaut oder kapillar gebunden ist, mit bestimmter (geringer) Geschwindigkeit, wobei die Fließrichtung eines konkreten Grundwasserstroms schwanken kann. Das Schutzbedürfnis des Grundwassers wurde (zu) lange unterschätzt: da die belebte Bodenzone und die Deckschichten mit ihrem Bindungs- und Puffervermögen das Grundwasser gegen Verunreinigungen nur begrenzt schützen und ein Selbstreinigungsvermögen kaum vorhanden ist, werden Schadstoffe, weil das Grundwasser wie ein Strom die Erde durchfließt, auch in bislang nicht kontaminierte Vorkommen transportiert. Auch die Wirkungen der Entnahme von Wasser lassen sich nicht auf ein bestimmtes Grundstück beschränken.[89]

---

88 *Gieseke/Wiedemann/Czychowski*, WHG, § 1 Rn. 39 unter Hinweis auf das (weite) Begriffsverständnis in BVerfGE 58, 300 (303).
89 Vgl. BVerfGE 58, 300 (343).

Genährt wird das Grundwasser aus **151**
- Niederschlägen (Erschwerung bei Bodenversiegelung aufgrund der Anlage von Verkehrsflächen und durch Überbauung),
- Infiltrationen aus oberirdischen Gewässern durch Ufer und Sohle und
- Wasser oberirdischer Gewässer durch Einsickern, etwa über Klüfte des Untergrundes (z.B. in Karstformationen).

Grundwasser verliert diese seine wasserrechtliche Qualifikation nicht dadurch, daß es vorübergehend zutage tritt, sofern es im natürlichen Zusammenhang mit dem unterirdischen Wasser bleibt (z.B. das gelegentlich bei hohem Grundwasserspiegel auf Wiesen oder Feldern hervortretende Wasser). **152**

2. Wasserrechtliche Eröffnungskontrollen (Erlaubnis und Bewilligung)

a) Grundsätzliches

Das Grundwasser nimmt ebenso wie die oberirdischen Gewässer an der öffentlich-rechtlichen Bewirtschaftung des Wasserschatzes (Rn. 4/70 ff.) teil. Daher bedarf auch die unmittelbare Grundwassernutzung grundsätzlich nach § 2 I i.V.m. § 3 I Nrn. 5 u. 6 sowie § 3 II WHG der **wasserrechtlichen Erlaubnis oder Bewilligung**. Diese wird nach Maßgabe des § 37 WHG und der landesrechtlichen ergänzenden Bestimmungen in das Wasserbuch eingetragen. Im übrigen kann auf die Ausführungen unter Rn. 4/86 ff. Bezug genommen werden. **153**

Das *Grundeigentum* berechtigt nicht zu einer solchen Gewässerbenutzung, die nach dem WHG oder nach den LWG einer Erlaubnis oder Bewilligung bedarf (§ 1a III Nr. 1 WHG).[90] Aufgrund der überragenden Bedeutung des Grundwassers steht es mit der verfassungskräftig verbürgten Eigentumsgarantie in Einklang, daß das WHG das unterirdische Wasser im Interesse der Sicherung einer funktionsfähigen Wasserbewirtschaftung einer vom Grundstückseigentum getrennten öffentlich-rechtlichen Benutzungsordnung unterstellt hat (BVerfGE 58, 300). Die Grundwassernutzungsmöglichkeit gehört daher nicht zum verfassungsrechtlich geschützten Bereich des Grundeigentums. Sie muß somit auch bei der Ermittlung einer etwaigen Enteignungsentschädigung z.B. dann außer Betracht bleiben, wenn einem Grundstückseigentümer die erforderliche wasserrechtliche Gestattung für eine Grundwasserbenutzung versagt worden ist, weil von der beabsichtigten Benutzung eine Beeinträchtigung des Wohls der Allgemeinheit in wasserwirtschaftlicher Hinsicht zu erwarten ist (§ 6 WHG). **154**

Ein *Beispiel* bildet die sog. *Naßauskiesung* (Rn. 4/193). Allerdings: Auch die – nur durch Freilegung des Grundwassers ausbeutbaren – Kiesbestandteile eines Grundstücks bleiben verfassungsrechtlich mit der Folge geschützt, daß bei Versagung ihrer Nutzung aus nicht wasserwirtschaftlichen Gründen u.U. zu entschädigen ist.[91] **155**

Zur *Rechtsnatur* und zur Bedeutung von **Bewilligung** (s. Rn. 4/92 ff.) und **Erlaubnis** (s. Rn. 4/115 ff.) ist auf die obigen Ausführungen zu verweisen; desgleichen auf die **Versagungsgründe**, die für die Bewilligung und die Erlaubnis angeführt wurden, und auf die Ausführungen zu den **Nebenbestimmungen**. **156**

---

90 BVerfGE 58, 300; seither auch der BGH (BGHZ 84, 223 u.a.m.).
91 BGHZ 90, 4.

4 Öffentliches Gewässerschutzrecht

b) *Erlaubnis- oder bewilligungspflichtige Tatbestände der Grundwasserbenutzung*

157 aa) Soweit es sich nicht um die in § 33 I WHG aufgeführten oder nach § 33 II Nr. 2 WHG landesrechtlich ermöglichten gestattungsfreien Grundwassernutzungen, um alte Rechte und Befugnisse i.S. der §§ 15-17 WHG oder um Grundwasserbenutzungen gem. § 17a WHG handelt, sind **bundesrechtlich** nach § 3 WHG **erlaubnis- oder bewilligungspflichtig**

– das (zweckgerichtete, gewässerbezogene) *Einleiten von* (flüssigen oder gasförmigen) *Stoffen in das Grundwasser* (§ 3 I Nr. 5 WHG), z.B. das Versenken von Kühlwasser in sog. Schluckbrunnen, das Einpressen von Wasser oder von Gas zur Gewinnung von Erdöl oder Erdgas, aber auch das Verregnen oder Versickern von verunreinigtem Oberflächenwasser und der Betrieb bestimmter Kleinkläranlagen[92] usw. (alles gem. § 8 II 2 WHG nicht bewilligungsfähig und nur unter den Voraussetzungen des § 34 I WHG erlaubnisfähig),

– das (zweckgerichtete, gewässerbezogene) *Entnehmen, Zutagefördern, Zutageleiten* und *Ableiten von Grundwasser* (§ 3 I Nr. 6 WHG), z.B. der Betrieb von Förderbrunnen zur Gewinnung von Trink-, Mineral-, Thermal- oder Kühlwasser oder der nicht mehr unter § 33 I Nr. 1 WHG fallende Betrieb von Wärmepumpen für das längerdauernde Hochpumpen größerer Grundwassermengen,

– das *Aufstauen, Absenken* und *Umleiten von Grundwasser* durch Anlagen, die hierzu bestimmt oder hierfür geeignet sind (§ 3 II Nr. 1 WHG), z.B. das Fernhalten von Grundwasser aus Baugruben durch Spundwände, der Bau einer Straße im Geländeeinschnitt mit Grundwasserwanne (dazu § 14 I WHG), der Bau von Unterführungen, Tiefgaragen, U-Bahnröhren u.ä.m.,

– nicht gezielt gewässerbezogene (gem. § 8 II 2 WHG nicht bewilligungsfähige) *Maßnahmen mit Eignung zu schädlicher Veränderung des (Grund-)Wassers*[93] (§ 3 II Nr. 2 WHG), z.B. das Aufbringen grundwasserschädlicher Güllemengen[94] oder von Pestiziden bei hohem Grundwasserstand, die Trockenauskiesung bis dicht über den mittleren Grundwasserstand[95] oder sonstige Handlungen mit nicht ganz entfernt liegender, also nicht nur theoretischer Möglichkeit einer schädlichen Veränderung des (Grund-)Wassers.

158 bb) **Landesrechtlich** noch zusätzlich gestattungspflichtige Grundwasserbenutzungen bzw. grundwasserrelevante Verhaltensweisen sind z.B. in *Baden-Württemberg* nach § 13 I Nr. 5 BW

---

92 OVG Münster, ZfW 1993, 50; VGH BW, ZfW 1992, 437. Bei Kleinkläranlagen wurde das strenge Besorgnisprinzip des § 34 WHG (Rn. 4/162) lange Zeit und wird z.T. immer noch nicht konsequent angewendet. Regelmäßig wurde eine 15m lange Bodenpassage als ausreichend angesehen, obwohl diese nach einiger Zeit verseift und die Abwässer dann direkt ins Grundwasser gelangen; krit. hierzu *Gieseke/Wiedemann/Czychowski*, WHG, § 34 Rn. 9; *Sieder/Zeitler/Dahme*, WHG, § 34 Rn. 28 ff. – S. ferner zum Verhältnis zwischen Baugenehmigung u. wasserrechtl. Erlaubnis *Kastner/Reinhardt*, NVwZ 1993, 1059 ff.
93 Die Rspr. legt § 3 II Nr. 2 WHG streng aus; vgl. z.B. BGHZ 84, 230 (234).
94 Zu den vielfältigen Rechtsfragen, die durch die ökologische Überdüngung aufgeworfen werden, vgl. *Linden*, Gewässerschutz und landwirtschaftliche Bodennutzung, 1993, passim; ferner *Conrad/Gitschel*, NuR 1988, 23 ff.; *Murswiek*, NuR 1990, 289 (291 f.); *Salzwedel*, NuR 1983, 41 ff.; *Salzwedel/Nacke*, NVwZ 1985, 711 (712); *Schulte*, VerwArch. 77 (1986), 372 (381 f.); *Stemmler*, NuR 1991, 366 ff.
95 VGH BW, Urt. v. 6.5.1994, 8 S 2569/93.

WG das Versickern, Verregnen und Verrieseln von Abwasser und anderen Stoffen, welche die Eigenschaften von Wasser nachteilig verändern können, mit Ausnahme der landwirtschaftlichen Düngung im üblichen Umfang. Ist das Versickern von Abwasser usw. nicht zweckgerichtet i.S. von § 3 I Nrn. 4 oder 5 WHG, so wird der dann einschlägige Auffangtatbestand des § 3 II Nr. 2 WHG durch § 13 I Nr. 5 BW WG verschärft; die Gestattungspflicht wird bereits dann ausgelöst, wenn auch nur eine geringfügige nachteilige Veränderung der Wassereigenschaften möglich ist.

Der in weiten Bereichen der Landwirtschaft immer noch praktizierten (auch agrarökonomisch häufig nicht sinnvollen) *ökologischen Überdüngung* ist aber auch mit Hilfe des § 13 I Nr. 5 BW WG nicht beizukommen. Das ist schon nach dem Wortlaut dieser Vorschrift dann nicht möglich, wenn es sich um das Aufbringen von Stickstoff-, Kali- oder Phosphatdünger in Gestalt fester Stoffe handelt. Hinzu kommt das spezielle landesrechtliche Landwirtschaftsprivileg („im üblichen Umfang").[96]

159

cc) Nach § 3 III WHG sind Maßnahmen, die dem *Ausbau* (Rn. 4/186) oder der „chemiefreien" Unterhaltung (Rn. 4/182) *eines oberirdischen Gewässers* dienen, *keine Benutzungen des Grundwassers* im Sinne des Katalogs der gestattungspflichtigen Benutzungstatbestände.

160

Beispiel: Zwar läßt die Kiesgewinnung im Wege der Naßbaggerung einen Baggersee entstehen, so daß auf diese Weise Grundwasser zutage gefördert wird (§ 3 I Nr. 6 WHG); gleichwohl handelt es sich hier nicht um eine nach § 2 I i.V.m. § 3 I Nr. 6 WHG erlaubnis- oder bewilligungspflichtige Gewässerbenutzung, wenn der Baggersee längere Zeit bestehen bleibt und somit ein neues (oberirdisches) Gewässer i.S. des § 31 I WHG hergestellt wird. Dann ist eine wasserrechtliche Erlaubnis oder Bewilligung nicht zulässig, sondern eine wasserrechtliche Planfeststellung erforderlich (Rn. 4/189 ff.).

3. Reinhaltung des Grundwassers

Im Hinblick auf den potentiellen anthropogenen Schadstoffeintrag kommt dem Grundwasserschutz besondere Bedeutung zu. Abgesehen von der Gestattungspflichtigkeit der Grundwasserbenutzungen (Rn. 4/157) ist die Reinhaltung des Grundwassers noch Gegenstand spezieller wasserrechtlicher Bestimmungen, nämlich eines zwingenden Erlaubnisverbots (§ 34 I WHG) und eines zwingenden Verhaltensverbots (§ 34 II WHG); sie ist auch Gegenstand von Vorschriften zum Schutz vor wassergefährdenden Stoffen (§§ 19a-l WHG) und von Bestimmungen zur Ausweisung von Wasserschutzgebieten (§ 19 WHG).

161

a) Vorsorge nach § 34 WHG

Eine besondere Bedeutung für die *Reinhaltung des Grundwassers* hat die Vorschrift des § 34 WHG. Auch in ihrem Rahmen gilt der sog. *Besorgnisgrundsatz* (s. für oberirdische Gewässer Rn. 4/146).

162

---

96 Vgl. dazu *Peters*, VBlBW 1989, 127 ff. Auch § 15 I 2 u. V 2 AbfG a.F. begrenzte nur den das „übliche Maß" überschreitenden Einsatz von Wirtschaftsdünger (Jauche, Gülle oder Stallmist); s. nun § 8 KrW-/AbfG.

4 *Öffentliches Gewässerschutzrecht*

163 aa) Eine Erlaubnis für das **Einleiten von Stoffen** in das Grundwasser (§ 3 I Nr. 5 WHG) darf nach § 34 I WHG nur erteilt werden, wenn eine schädliche Verunreinigung des Grundwassers oder eine sonstige nachteilige Veränderung seiner Eigenschaften nach aller menschlichen Erfahrung nicht zu besorgen ist, wobei beachtet werden muß, daß dem Grundwasser nahezu vollständig das Selbstreinigungsvermögen fehlt.[97] (Eine Bewilligung kommt hier nach § 8 II 2 WHG von vornherein nicht in Betracht.)

164 bb) Ferner dürfen nach der – § 32b WHG (Küstengewässer) und § 26 II 1 WHG (oberirdische Gewässer) entsprechenden – Vorsorgevorschrift des § 34 II 1 WHG[98] **Stoffe** nur so **gelagert**[99] oder **abgelagert** (Rn. 4/146) werden, daß eine schädliche Verunreinigung des Grundwassers oder eine sonstige nachteilige Veränderung seiner Eigenschaften (z.B. durch Sickerwasser) nicht zu besorgen ist. Es darf somit keine auch noch so wenig naheliegende Wahrscheinlichkeit einer nachteiligen Veränderung der Gewässereigenschaften bestehen. Dasselbe gilt nach § 34 II 2 WHG für die **Beförderung von Flüssigkeiten und Gasen** durch Rohrleitungen (spezielle Regelungen finden sich in den §§ 19a-19f WHG; vgl. Rn. 4/165 ff.). Bei der Anwendung des – unmittelbar geltenden – § 34 II WHG ist ein strenger, grundwasserfreundlicher Maßstab anzulegen.[100]

b) *Schutz vor wassergefährdenden Stoffen (§§ 19a ff. WHG)*

165 Die Vorschriften zum *Schutz vor wassergefährdenden Stoffen* (§§ 19a-l WHG) sind durch die 5. Novelle zum WHG verschärft worden; sie haben den Charakter einer *unmittelbar geltenden Rahmenregelung*.[101]

166 aa) Die **Pipeline-Genehmigung** (§§ 19a-f WHG; speziell gegenüber § 34 II 2 WHG) ist eine Anlagengenehmigung, deren Erteilung – im Rahmen zwingender gewässerschützender normativer Vorgaben – im Ermessen der zuständigen Wasserbehörde steht (vgl. § 19b I, II WHG). Durch die Errichtung und den Betrieb der (auch Pumpen, Verteiler u.ä. umfassenden) Rohrleitungsanlagen zum Befördern von i.S. des § 19a II WHG wassergefährdenden Stoffen[102] darf entsprechend dem *Besorgnisgrundsatz* eine

---

97 Der EuGH hat § 34 WHG als nicht ausreichende Umsetzung der Grundwasser-Richtlinie angesehen, weil hierdurch nicht sichergestellt sei, daß die Einleitung der in Liste 1 der Richtlinie erfaßten Stoffe verboten ist, EuGH, DVBl. 1991, 863.
98 § 34 II 1 WHG ist – wie auch § 26 II 1 WHG – nach h.L. nicht drittschützend. S.a. *Schulz*, ZUR 1995, 194 ff.
99 Vgl. Fn. 4/83. Auch die Lagerung von landwirtschaftlichem Mist auf leichten Böden wird grds. von § 3 II Nr.2 und § 34 II WHG erfaßt, vgl. OLG Düsseldorf, NVwZ 1987, 261.
100 BVerwG, ZfW 1981, 87; *Schulz*, ZUR 1995, 194 ff. Zum Verhältnis des § 34 II 1 WHG zu § 2 I 2 Nr. 3 AbfG (§ 10 IV Nr. 3 KrW-/AbfG) vgl. Rn. 4/147 m. Fn. 4/87.
101 Dazu eingehend *Kibele*, VBlBW 1986, 441 ff.; *Rottgardt/Steiger/Grunder/Hanssmann/Lühr*, Anforderungen an den Umgang mit wassergefährdenden Stoffen, 1992.
102 Hierzu *Kollmer*, GewArch 1995, 13 (15); *Salzwedel*, in: HdUR, Bd. I, Art. „Grundwasserschutz", Sp. 943, 950 ff.; zum einstweiligen Rechtsschutz *Kollmer*, NuR 1994, 15 ff., mit dem allerdings nicht nachvollziehbaren Ergebnis, daß Gemeinden nicht befugt seien, die Genehmigung anzufechten. Dies wäre mit der kommunalen Selbstverwaltungsgarantie nur schwer zu vereinbaren, sobald konkrete gemeindliche Planungen oder öffentliche Einrichtungen der Daseinsvorsorge betroffen sind. – Zu den „wassergefährdenden Stoffen" i.S. der §§ 19a-19f WHG vgl. § 19a II WHG nebst Rechts-VO der BReg. zu § 19a II Nr. 2 WHG vom 19.12.1973, geändert durch VO vom 5.4.1976 (BGBl. I 915).

Verunreinigung der Gewässer oder eine nachteilige Veränderung ihrer Eigenschaften nicht zu besorgen sein (§ 19b II 1 WHG; vgl. zur obligatorischen *UVP* für eine Rohrleitungsanlage: Nr. 16 der Anlage zu § 3 UVPG und § 19b III WHG n.F.). Die Regelungen befassen sich im übrigen mit Nebenbestimmungen und Beschränkungen der Genehmigung, mit ihrem Widerruf, mit Beschaffenheitsanforderungen durch Rechtsverordnungen usw. Für Werksleitungen gilt § 19g I 2 WHG.

bb) Es folgen die – gegenüber § 34 II 1 WHG speziellen – Vorschriften über den **Umgang mit wassergefährdenden Stoffen in Anlagen** (§§ 19g-l WHG).[103] **167**

Gemeint sind zunächst solche Anlagen, die gem. § 19g I WHG dem *Besorgnisgrundsatz* unterliegen, nämlich Anlagen zum Lagern, Abfüllen, Herstellen und Behandeln von i.S. des § 19g V WHG wassergefährdenden Stoffen sowie Anlagen zum Verwenden wassergefährdender Stoffe, sei es im Bereich der gewerblichen Wirtschaft (z.B. Tankstellen, industrielle Tanks zur Lagerung von Flüssigkeiten, die wassergefährdende Stoffe enthalten, Anlagen zur Verarbeitung solcher Stoffe u.ä.m.) oder sei es im Bereich öffentlicher Einrichtungen. Diese Anlagen müssen so beschaffen sein und so errichtet und betrieben werden, daß eine Verunreinigung der Gewässer oder eine sonstige nachteilige Veränderung ihrer Eigenschaften nicht zu besorgen ist (§ 19g I WHG). **168**

Hinzu kommen Anlagen i.S. von § 19g II WHG, nämlich Anlagen, die nicht dem Besorgnisgrundsatz, sondern (lediglich) dem *Grundsatz des bestmöglichen Schutzes der Gewässer* unterliegen. Das sind Anlagen zum Umschlagen wassergefährdender Stoffe sowie Anlagen zum Lagern und Abfüllen von Jauche, Gülle und Silagesickersäften, auf die nach § 19g VI 2 WHG die §§ 19g I, 19h-l WHG nicht anzuwenden sind. **169**

Im übrigen enthalten diese Vorschriften insbesondere noch materielle Beschaffenheitsanforderungen an die Anlagen, Regelungen über die vor der Anlagenverwendung erforderliche behördliche Eignungsfeststellung oder Bauartzulassung, über spezifische Betreiberpflichten sowie über die notwendige Qualifikation solcher Fachbetriebe, die Anlagen i.S. von § 19g I u. II WHG einbauen, aufstellen, warten oder instandsetzen. **170**

Ergänzt werden die genannten wasserrechtlichen Schutzregelungen durch u.U. zugleich anzuwendende Schutzvorschriften u.a. durch *gewerberechtliche* Erlaubnistatbestände (§ 24 GewO) i.V. mit darauf bezogenen Rechtsverordnungen (z.B. der Verordnung über Anlagen zur Lagerung, Abfüllung und Beförderung brennbarer Flüssigkeiten zu Lande vom 27.2.1980, BGBl. I 173, 229), sowie durch – z.T. strengere – landeswasserrechtliche Regelungen (z.B. §§ 25 f. BW WG). **171**

---

103 Dazu *Krieger*, Normkonkretisierung im Recht der wassergefährdenden Stoffe, 1992; *Kibele*, BWVP 1995, 148 ff.; *Müller*, UPR 1991, 257 ff.; *Rupp*, UPR 1988, 332 ff. – Der Anlagenbegriff wird von der Rspr. weit ausgelegt, ausreichend sind ein technischer Mindestaufwand zur Lagerung flüssiger Stoffe oder zum Abfüllen bestimmte Einrichtungen, s. BayVGH, ZfW 1989, 102; OVG Münster, Urt. v. 7.8.1989, 20 A 2387/86; BayObLG, BayVBl. 1993, 698; OLG Stuttgart, VBlBW 1992, 232. Zu den „wassergefährdenden Stoffen" i.S. der §§ 19g-l WHG vgl. § 19g V WHG und den Stoffkatalog der VwV wassergefährdende Stoffe v. 9.3.1990, GMBl. 1990, 114. Eine Fortschreibung der augenblicklich ca. 700 wassergefährdenden Stoffe auf ca. 1350 ist vom BMU beabsichtigt. *Nicht* in der VwV aufgeführte Stoffe gelten als nicht wassergefährdend, was im Hinblick auf das Vorsorgeprinzip (Besorgnisgrundsatz) fragwürdig erscheint.

c) Wasserschutzgebiete (§ 19 WHG)

172 aa) Soweit es das *Wohl der Allgemeinheit* erfordert – das fragliche Wasservorkommen also *schutzwürdig, schutzbedürftig und ohne unverhältnismäßige Belastung Dritter schutzfähig*[104] ist –, können nach dem Ermessen der landesrechtlich für zuständig erklärten Wasserbehörde gem. § 19 I WHG Wasserschutzgebiete festgesetzt werden zu dem Zweck,

- Gewässer im Interesse der derzeit bestehenden oder künftigen öffentlichen Wasserversorgung vor nachteiligen Einwirkungen zu schützen (*Nr. 1*),
- das Grundwasser anzureichern (*Nr. 2*) oder
- das schädliche Abfließen von Niederschlagswasser sowie das Abschwemmen und den Eintrag von Bodenbestandteilen, Dünge- oder Pflanzenbehandlungsmitteln in Gewässer zu verhüten (*Nr. 3*).

Die Schutzgebietsfestsetzung geschieht (auch nach ausdrücklichen landesrechtlichen Regelungen) durch Rechtsverordnung.[105]

173 Der Schutzzweck des § 19 I Nr. 1 WHG setzt bei der Wasserversorgung an. Dies gilt wohl auch für § 19 I Nr. 2 WHG. Demgegenüber ist der Schutzzweck des § 19 I Nr. 3 WHG unmittelbar auf das Gewässer bezogen; jedenfalls insoweit kann auch unabhängig von einer existierenden oder geplanten Wasserversorgungsanlage das Grundwasser vor Verunreinigungen – insbesondere vor dem zu befürchtenden Eintrag von Düngemitteln (z.B. Nitrat; s. Rn. 4/36) oder von Pflanzenbehandlungsmitteln (Rn. 4/45) – durch Festsetzung eines Wasserschutzgebiets bewahrt werden. Es ist daher damit zu rechnen, daß die Wasserschutzgebiete in näherer Zukunft einen nicht geringen Teil der Länderflächen überdecken werden.[106] Umstritten ist, ob die Wasserschutzgebietsfestsetzung nur als in bestimmter Weise konditional gebundenes Verwaltungshandeln (§ 19 I WHG: „soweit ... erfordert"), insbesondere als ein Sonderfall des *Ordnungsrechts* (Gefahrenabwehr) begriffen werden kann oder ob sie sich, was jedenfalls für § 19 I Nrn. 2 u. 3 WHG gelten könnte, auch als ein Teil des der Vorsorge dienenden *Umweltplanungsrechts* darstellt. Dies hat für die Qualifizierung des Ermessens der Wasserbehörde (schlichtes Verwaltungsermessen oder besonderes Planungsermessen) Bedeutung.[107] Die *Schutzwürdigkeit* eines Gebietes ist wohl eine gerichtlich voll über-

---

[104] VGH BW, NVwZ 1987, 241 (242); OVG Lüneburg, NuR 1991, 440; OVG Saarlouis, ZfW 1994, 297 (299); *Knopp*, ZfW 1995, 1 ff.; *Lübbe-Wolff*, ZUR 1994, 177 (178); *Sieder/Zeitler/Dahme*, WHG, § 19 Rn. 5.

[105] S. schon BVerwGE 29, 207; vgl. z.B. auch § 110 BW WG. Zuständigkeit u. Verfahren sind in den LWG geregelt. Die Festsetzung unterliegt der verwaltungsgerichtlichen Normenkontrolle nach Maßgabe des § 47 I Nr. 2 VwGO. – Zum Verhältnis der wasserrechtlichen zur regionalplanerischen Grundwasserschutzgebietsfestsetzung vgl. *Schmidt-Aßmann*, DÖV 1986, 985 ff.

[106] Als Folge der Novellierung des § 19 WHG durch das 5. Änd.Ges. zum WHG von 1986 sollte z.B. in Baden-Württemberg statt 1989 noch 1/8 langfristig insgesamt über 1/5 der Fläche des Landes zu Wasserschutzgebieten erklärt werden.

[107] S. Rn. 2/1. Für ein Planungsermessen z.B. *Peters*, DVBl. 1987, 990 ff.; a.A. *Breuer*, Wasserrecht, Rn. 600 ff.; *Kloepfer*, Umweltrecht, § 11 Rn. 159; *Sellmann*, DVBl. 1992, 235 ff. In der Rechtsprechung haben sich z.B. in Richtung einer planerischen Entscheidung ausgesprochen: BayVerfGH, BayVBl. 1977, 727 (Normgeber besitzt bei der Festsetzung von Wasserschutzgebieten einen Gestaltungsspielraum, innerhalb dessen eine Abwägung betroffener Belange vorzunehmen ist); VGH BW,

prüfbare Rechtsfrage, während die *räumliche Abgrenzung* u.E. auch planerische Elemente beinhaltet.[108] Das „Ob" der Unterschutzstellung liegt jedoch im *Normsetzungsermessen* des Verordnungsgebers, das allerdings – wie im Naturschutzrecht (Rn. 3/168) – aufgrund einer besonderen Schutzwürdigkeit eines Gebietes (wenn beispielsweise viele Trinkwasservorkommen dort liegen) stark eingeschränkt sein kann.

bb) *In den Wasserschutzgebieten können* nach § 19 II WHG   **174**

– **bestimmte Handlungen verboten** oder für nur beschränkt zulässig erklärt werden (*Nr. 1*) und
– die Eigentümer und Nutzungsberechtigten von Grundstücken zur **Duldung bestimmter Maßnahmen** (auch Vorkehrungen zur Beobachtung des Gewässers und des Bodens) **verpflichtet** werden (*Nr. 2*).

Insbesondere die *Verbote* aufgrund des § 19 II Nr.1 WHG werden im Rahmen von Schutzgebietsfestsetzungen nach § 19 I Nrn. 1 u. 2 WHG regelmäßig gestaffelt. Hierfür werden nach Landesrecht[109] (und auch nach den in einigen Bundesländern im Erlaßwege behördenverbindlich eingeführten Richtlinien des Deutschen Vereins für das Gas- und Wasserfach)[110] **drei Zonen**, die den Standort der vorhandenen oder geplanten Wasserversorgungsanlage umgeben und unterschiedliche Schutzbestimmungen enthalten, festgesetzt, nämlich   **175**

– *Zone I* für den inneren (Fassungs-)Bereich (bei Trinkwassertalsperren für den Stauraum mit Uferzone) als „enge Schutzzone",
– *Zone II* für den ebenfalls besonders gefährdeten Einzugsbereich als „engere Schutzzone" und
– *Zone III* zur Vermeidung langfristig wirkender Beeinträchtigungen als „weitere Schutzzone" (oft noch unterteilt in die Zonen III A und III B).

In den Schutzgebietsverordnungen sind die Schutzzonen jeweils parzellenscharf textlich umschrieben und in Karten ausgewiesen. Es sind beispielsweise regelmäßig *verboten*[111]   **176**

UPR 1984, 176 (keine fachplanerische Entscheidung, die wesensnotwendig eine Gestaltungsfreiheit mit Planungsermessen der zuständigen Wasserbehörde voraussetzt; planerische Elemente enthält die Festsetzung nach dem VGH BW aber dann, wenn der Schutz der „künftigen" Wasserversorgung gesichert werden soll). Ist der gerichtlich überprüfbare Tatbestand der Schutzwürdigkeit u. Schutzbedürftigkeit gegeben, so eröffnet § 19 I WHG nach VGH BW, DVBl. 1983, 638 einen Ermessensspielraum, bei dem zwischen den Belangen des Gewässerschutzes einerseits, den sonstigen durch die Schutzgebietsfestsetzung betroffenen öffentlichen u. privaten Belangen andererseits abzuwägen ist. Demgegenüber sieht das OVG Koblenz, NuR 1991, 142 u.E. zutr. in der Ausweisung eines Wasserschutzgebietes keine spezifisch fachplanerische Entscheidung, sondern die Ausübung eines gesetzgeberischen Ermessens, das durch nachvollziehendes Abwägen gekennzeichnet und voll gerichtlich überprüfbar sei. – Zur Sicherung der Planung für die räumliche u. sachliche Ausweisung eines Wasserschutzgebiets ist die Festlegung einer *Veränderungssperre* nach § 36a WHG zulässig (BVerwG, UPR 1989, 308).

108 BVerwG, DVBl. 1984, 342 ff.; NVwZ 1988, 1020 ff.; VGH BW, NVwZ-RR 1989, 403.
109 Vgl. z.B. Art. 35 I 2 BayWG; § 22 I 3 Bln WG; § 48 II 2 BremWG usw.
110 Z.B. Runderlaß des RPf-MfWuU v. 19.2.1976, MinBl. 1976, S. 495. Die Richtlinien sind abgedruckt bei *Wüsthoff/Kumpf*, Hdb. des Dt. Wasserrechts, Loseblattslg., Stand 3/94, Bd. 2, D 30.
111 Eine Wasserschutz-VO, in der nicht die Möglichkeit vorgesehen ist, im Einzelfall zur Vermeidung unbilliger Härten von den Schutzanordnungen Befreiung zu erteilen, ist nach OVG Koblenz, NuR 1985, 118 nichtig; weniger streng OVG Schleswig, NVwZ 1994, 1034 ff. Andererseits kann auch ein Zuwenig an schützenden Festsetzungen zur Unverhältnismäßigkeit der Schutzgebietsausweisung führen, vgl. OVG Koblenz, ZfW 1990, 480 (481); *Salzwedel*, ZfW 1992, 397 (398). – Zu Baubeschränkungen s. *Huster*, NuR 1992, 56 ff.

4 Öffentliches Gewässerschutzrecht

- in Zone III die Errichtung von Pipelines, die Ansiedlung von Industrieanlagen, in der wassergefährdende Stoffe verwendet werden, das Versickern von Abwässern, das Einleiten schädlicher Abwässer in Vorfluter usw.,
- in Zone II darüber hinaus die Errichtung von baulichen Anlagen, Sport-, Bade- oder Parkplätzen o.ä., das Entnehmen fester Stoffe, das Düngen, die Verwendung von Pflanzenbehandlungsmitteln[112] usw.,
- in Zone I (eingezäunt) darüber hinaus jede Verletzung der belebten Bodenschicht und der Deckschichten, jede andere Nutzung als Wald- oder Grünlandnutzung.

177 cc) Im allgemeinen sind **Beschränkungen der Eigentümerbefugnisse** in Wasserschutzgebieten Folge der sog. Situationsgebundenheit der betroffenen Grundstücke und damit Konkretisierungen der *Sozialbindung des Eigentums* (Art.14 II 2 GG)[113]; sie sind dann i.S. des Art 14 I 2 GG eigentumsinhaltsbestimmend und in der Regel entschädigungslos zu dulden.[114] Nur wenn solche Beschränkungen etwa wegen ihrer besonderen Intensität „enteignenden" Charakter haben (z.B. bei Nutzungsbeschränkungen, die nicht nur den *status quo* festschreiben, sondern in diesen eingreifen), ist nach Maßgabe der dann gem. Art. 14 III 2 GG notwendigen gesetzlichen Entschädigungsregelung zu entschädigen. Eine vergleichbare Frage stellt sich im Naturschutzrecht (Rn. 3/183).

178 § 19 III WHG enthält deshalb für den Fall, daß im Zusammenhang mit der Ausweisung eines Wasserschutzgebiets Schutzanordnungen (z.B. ein dauerndes Bauverbot gem. § 19 II Nr. 1 WHG) ergehen, die eine (Aufopferungs-)**Enteignung** darstellen, eine sog. „salvatorische" Entschädigungsklausel. Auf diese – wohl unzureichende – Weise soll der Junktimklausel des Art. 14 III 2 GG entsprochen werden. (Zu den Einzelheiten der Entschädigung vgl. § 20 WHG.) Auf die enteignungsrechtliche Problematik von Schutzgebietsfestsetzungen und salvatorischen Entschädigungsklauseln soll hier nicht weiter eingegangen werden.[115]

179 dd) § 19 IV WHG enthält einen besonderen, landesrechtlich auszufüllenden – umweltpolitisch problematischen – Entschädigungstatbestand.[116] Er sieht einen **Billigkeitsausgleich** wirtschaftlicher Nachteile *zugunsten der Land- und Forstwirtschaft* für den Fall vor, daß durch „erhöhte Anforderungen" nach § 19 II WHG (insbesondere

---

112 Gewisse Pflanzenschutzmittel dürfen nach der in Fn. 4/26 angeführten Pflanzenschutz-Anwendungs-VO in keinem Wasserschutzgebiet angewandt werden.
113 Vgl. BGHZ 121, 328; BVerwGE 94, 1.
114 Vgl. zuletzt BVerwGE 94, 1 (5); BGH, UPR 1994, 391 ff. Dies gilt z.B. auch für Nutzungsbeschränkungen in Überschwemmungsgebieten nach § 32 WHG, VGH BW, VBlBW 1995, 19.
115 S. BVerwGE 84, 361; BVerwGE 94, 1 m. Anm *Götz*, DVBl. 1993, 1356 f.; BGH, UPR 1994, 391 ff. Ferner z.B. *Breuer*, NuR 1987, 49 (56) m.w.N. An der Verfassungsmäßigkeit der (z.B. von BVerwGE 26, 131 [133]; 94, 1 [5] oder BGHZ 99, 24 [28]; 105, 15 [179] gebilligten) salvatorischen Entschädigungsklauseln bestehen erhebliche Zweifel; vgl. etwa *Weyreuther*, Über die Verfassungswidrigkeit salvatorischer Entschädigungsregelungen im Enteignungsrecht, 1980; *Melchinger*, NJW 1991, 2524 (2531); demgegenüber (speziell zu enteignenden Eingriffen in das Grundeigentum in Wasserschutzgebieten) *Krohn*, DVBl. 1986, 745 ff. Der BGH interpretiert solche Klauseln – u.E. unzutreffend – gegen BVerwGE 94, 1 als Rechtswegzuweisung zu ihm (§ 40 II VwGO), s. BGH, NJW 1995, 964 ff.; BGHZ 122, 76 (77).
116 Dazu *Breuer*, NuR 1987, 49 (55 ff.); *Murswiek*, NuR 1990, 289 ff.; *Schink*, UPR 1991, 201 ff.; *Stemmler*, NuR 1991, 366 ff.; *Weyreuther*, UPR 1987, 41 ff. Vgl. auch VerfGH Rh.-Pf., DVBl. 1992, 981.

durch ein nicht bereits enteignendes Verbot des Gebrauchs von Dünge- oder Pflanzenbehandlungsmitteln) die „ordnungsgemäße land- oder forstwirtschaftliche Nutzung eines Grundstücks beschränkt" wird. „Ordnungsgemäß" ist eine solche Nutzung u.E. nicht immer schon dann, wenn sie agrarwirtschaftlichen Effizienzkriterien genügt, sondern nur, wenn sie nicht gegen allgemeine, schon außerhalb von Wasserschutzgebieten geltende Rechtsnormen verstößt, wenn sie also insbesondere auch wasserwirtschaftlich mit §§ 1a II, 3 II Nr. 2 WHG vereinbar ist (str.).

Die Einführung eines Wasserentnahmeentgelts (eines **„Wasserpfennigs"** oder ehrlicher eines „Wassergroschens") zur Finanzierung des durch § 19 IV WHG vorgeschriebenen Ausgleichs der Ertragsausfälle der Landwirtschaft – insbesondere bei Beschränkungen der sonst zulässigen Düngung – widerspricht dem Versursacherprinzip. Allerdings wird diesen Landwirten im Vergleich zu anderen, nicht betroffenen Landwirten eine Sonderbelastung zugemutet, durch die aber lediglich die Sozialbindung des Grundeigentums konkretisiert wird. Demgegenüber belastet der „Wasserpfennig" das Vermögen einer Gruppe, die potentiell durch den Grundwasserschutz (mittelbar) begünstigt wird (sog. „Nutznießerprinzip"). Fraglich ist, ob der Wasserpfennig als Sonderabgabe, Gebühr oder Verbrauchssteuer zu qualifizieren ist. Es handelt sich jedenfalls bei ihm nicht um eine „gruppennützige", sondern um eine „fremdnützige" Abgabe zugunsten einer Drittgruppe, der gegenüber keine – geschweige denn eine besondere – Verantwortung der belasteten Wasserentnehmer besteht. Obwohl ein solcher „Wasserpfennig" für verfassungsrechtlich fragwürdig gehalten wird, wurde er als „Wasserentnahmeentgelt" in *Baden-Württemberg* zur Finanzierung des mit Ges. vom 27.7.1987 (GBl. 228) geregelten, aus dem allgemeinen Haushalt zu gewährenden Ausgleichs[117] (vgl. §§ 24 IV, 112 BW WG) mit Ges. vom 27.7.1987 (GBl. 224) (ohne Zweckbindung) eingeführt (§§ 17a ff. BW WG). Beim BVerfG ist derzeit eine Verfassungsbeschwerde anhängig. Bisher haben außer Baden-Württemberg z.B. auch Hamburg, Hessen und Sachsen einen „Wasserpfennig" eingeführt. Zu weiteren Einzelheiten vgl. Rn. 1/146, 1/152.

180

VI. Unterhaltung und Ausbau oberirdischer Gewässer

1. Unterhaltung oberirdischer Gewässer (§§ 28 ff. WHG)

Die Rahmenvorschriften des WHG über den Umfang der Unterhaltung (§ 28), die Träger der Unterhaltungslast (§ 29) und die besonderen Pflichten Dritter im Interesse der Unterhaltung (§ 30) werden durch landesrechtliche Vorschriften ergänzt.

181

Der **Umfang der Unterhaltung** erstreckt sich nach § 28 I 1 WHG auf die Erhaltung eines ordnungsgemäßen Zustandes für den *Wasserabfluß*[118] und ggf. auch die *Schiffbarkeit*, nach Landesrecht insbesondere noch auf die Ufersicherung und die Reinigung des Gewässerbetts. Dabei ist den Belangen des Naturhaushalts (Rn. 3/5) Rechnung zu tragen; Bild und Erholungswert der Gewässerlandschaft sind zu berücksichtigen (§ 28 I 2 WHG).

182

---

117 Zur Höhe des Ausgleichs s. die Schutzgebiets- und AusgleichsVO v. 27.11.1987, GBl. 742. Nach Einführung des Wasserpfennigs wurden im Jahre 1988 an Landwirte rd. 50 Mio DM Ausgleichszahlungen geleistet.
118 Vgl. OVG Lüneburg, ZfW 1993, 230.

4 Öffentliches Gewässerschutzrecht

183 Die **Unterhaltungslast** (§ 29 WHG) ist eine ihrem Träger obliegende öffentlich-rechtliche Verpflichtung, die aber Dritten keine Rechtsansprüche gewährt (vgl. z.B. § 46 I BW WG). Soweit die Unterhaltung nicht die Aufgabe von Bund oder Land, von kommunalen Körperschaften oder Wasser- und Bodenverbänden ist, obliegt sie den Gewässereigentümern, den Anliegern, den durch die Unterhaltung Begünstigten oder den Verursachern des Unterhaltungsbedarfs. Unterhaltungpflichtig ist für die Bundeswasserstraßen der Bund (Art. 89 GG, §§ 7 f. WaStrG). Landesrechtlich ist u.a. bestimmt, in welcher Weise die Unterhaltungslast zu erfüllen ist (§ 29 I 4 WHG).

184 In *Baden-Württemberg* (Rn. 4/82) sind z.B. für Gewässer 1. Ordnung grundsätzlich das Land und für Gewässer 2. Ordnung die Gemeinden unterhaltungspflichtig (§ 49 BW WG), in anderen Ländern z.B. auch Wasser- und Bodenverbände. Private Gewässer sind vom Gewässereigentümer bzw. vom Eigentümer des Gewässerbetts zu unterhalten.

185 Die Anlieger und Hinterlieger haben nach § 30 WHG gewisse Handlungen der Unterhaltungspflichtigen zu dulden. Entstehen hierdurch Schäden, so haftet der Unterhaltungspflichtige auch ohne Verschulden auf Schadensersatz.[119]

2. Ausbau oberirdischer Gewässer (§ 31 WHG)

a) Begriff des Ausbaus

186 Der (planfeststellungsbedürftige) **Ausbau eines Gewässers** (§ 31 I WHG), nämlich seine (auf Dauer angelegte)
– *Herstellung* (z.B. Anlage eines Sees, Kanals, Bachlaufs, Fischteichs, Regenrückhaltebeckens oder Hochwasserpolders),
– *Beseitigung* (z.B. Zuschütten eines Gewässers, auch eines Baggersees nach Beendigung der Naßauskiesung) oder
– *wesentliche* (d.h. mit merklichen Auswirkungen auf den Wasserhaushalt verbundene) *Umgestaltung*[120], z.B. Flußregulierung, Uferverlegung, Errichtung großer Stauanlagen, Vertiefung des Gewässerbettes oder Renaturierungsmaßnahme,

ist in der Rahmenregelung des § 31 WHG sowie in ergänzenden landesrechtlichen Vorschriften (z.B. in den §§ 63-65 BW WG) normiert. Nach § 31 I 2 WHG stehen dem Ausbau *Deich- und Dammbauten*, die den Hochwasserabfluß beeinflussen (z.B. Eindeichen einer Flußniederung), gleich. Für die Bundeswasserstraßen gelten die §§ 12 ff. WaStrG.

187 Wenn der *Wasserbau*, wie das in der Vergangenheit üblich war, nur unter hydraulischen Aspekten bzw. unter Nutzungsaspekten betrieben wird (z.B. Flußlaufbegradigungen, Kanalisierungen, harte Uferbefestigungen selbst bei kleinen Fließgewässern, Verrohrungen usw.), hat dies Grundwasserabsenkungen wie überhaupt eine erhebliche Schwächung der Leistungsfähigkeit der Fließwasser-Ökosysteme zur Folge (vgl. demgegenüber § 12 II WaStrG). Etwa 40%

---

119 Hier ist entsprechend § 40 II 1 VwGO der Zivilrechtsweg eröffnet, BVerwG, NJW 1987, 2758.
120 Dazu VGH BW, NuR 1989, 90; OVG Koblenz, NuR 1991, 143; VG Regensburg, NuR 1991, 290; VG Karlsruhe, B. v. 7.10.1993, 3 K 307/92. Weitere Beispiele bei *Sieder/Zeitler/Dahme*, WHG, § 31 Rn. 18.

aller Fluß- und Bachläufe sind ausgebaut.[121] Inzwischen wird hier und da ein ökologisch indizierter „Rückbau" betrieben, der aber grundsätzlich auch planfeststellungspflichtig ist, soweit das Gewässer wesentlich umgestaltet wird, z.B. durch Verbreiterung des Gewässerbettes, künstliches Anlegen von Mäandern, Einbau von Stromschnellen.

b) Ausbaulast

Die **Ausbaulast** ist unter gewissen Voraussetzungen – wie schon die Unterhaltungslast – eine öffentlich-rechtliche Verpflichtung (in Hamburg nur eine öffentlich-rechtliche Befugnis) ihres Trägers, die keine Ansprüche Dritter begründet (vgl. z.B. § 63 I 2 BW WG). Die Träger der Unterhaltungslast sind zugleich Träger der Ausbaulast (vgl. z.B. § 63 I 1 BW WG). **188**

c) Wasserrechtliche Planfeststellung

aa) Der *Ausbau* eines Gewässers bedarf nach § 31 I 1 u. 2 WHG einer wasserrechtlichen **Planfeststellung** (dazu auch oben Rn. 2/16)[122]. Im Planfeststellungsverfahren ist eine **Umweltverträglichkeitsprüfung** durchzuführen (§ 31 I 1 WHG n.F. i.V.m. Nr. 6 der Anlage zu § 3 UVPG); das Verfahren muß den Anforderungen des UVPG (Rn. 1/113 ff.) genügen. Nur wenn mit Einwendungen nicht zu rechnen ist, kann auf die Durchführung eines Planfeststellungsverfahrens verzichtet und eine Ausbaugenehmigung in Form einer wasserrechtlichen **Plangenehmigung** erteilt werden (§ 31 I 3 WHG).[123] **189**

Die *(bundes-)wasserstraßenrechtliche Fachplanung* des Neubaus oder des Ausbaus einer Bundeswasserstraße (z.B. Begradigung des Flußlaufs, Bau einer Staustufe) richtet sich nicht nach § 31 WHG i.V.m. den einschlägigen landesrechtlichen Vorschriften, sondern nach den §§ 14 ff. WaStrG; dazu auch oben Rn. 2/15. **190**

---

121 Vgl. SRU, Umweltgutachten 1987, BT-Drs. 11/1568, S. 299. Zur Renaturierung s. *Knauber*, NVwZ 1992, 220 ff.; *Peine*, ZfW 1993, 189 ff.
122 Dazu z.B. *Steinberg*, Fachplanung, § 1 Rn. 63 ff.; *Sieder/Zeitler/Dahme*, WHG, § 31 Rn. 1 ff. – Nach VGH BW, ZfW 1985, 38 kann eine wasserrechtliche Planfeststellung auch dann erforderlich sein, wenn ohne bauliche Maßnahmen der Lauf eines Gewässers verändert wird (hier: Umleitung von Donauwasser vor den Versickerungsstellen Immendingen und Fridingen durch bereits bestehende Ableitungsstollen).
123 Dazu z.B. BVerwG, B.v. 22.9.1992, 7 B 11.92; OVG Lüneburg, B. v. 8.8.1991, 3 A 38/85; OVG Münster, NuR 1985, 196 u. NVwZ 1988, 179; *Müllmann*, Die Plangenehmigung im Wasserrecht, 1994. Erforderlich ist eine Prognose der Wasserrechtsbehörde, daß mit Einwendungen aufgrund rechtlich geschützter Interessen Dritter nicht zu rechnen ist. Stellt sich während des Plangenehmigungsverfahrens heraus, daß durch den Gewässerausbau entgegen dieser Prognose Rechte oder rechtlich geschützte Interessen Dritter abwägungserheblich berührt sein können, und stimmt der Betroffene der Plangenehmigung nicht zu, so ist ein Planfeststellungsverfahren durchzuführen. Das Institut der fachplanungsrechtlichen Plangenehmigung entfaltet grundsätzlich ohne ausdrückliche gesetzliche Anordnung (z.B. § 107 III Hess. WG) keine Konzentrations- u. Ausschlußwirkung (Rn. 2/27), teilt aber im übrigen die Rechtsnatur des Planfeststellungsbeschlusses (BVerwG, NJW 1977, 2368).

4 *Öffentliches Gewässerschutzrecht*

191 Die LWG bestimmen hinsichtlich der wasserrechtlichen Planfeststellung weitere wasserrechtlich planfeststellungsbedürftige Vorhaben (z.B. Bau, Betrieb und wesentliche Änderung öffentlicher Abwasserbehandlungsanlagen).

192 bb) Bei der wasserrechtlichen Planfeststellung unterscheidet das Bundesverwaltungsgericht (noch) zwischen *gemeinnütziger* Fachplanung (z.B. Regulierung eines Flußlaufs, Herstellung eines öffentlichen Kanals, Vorhaben i.S. des § 36a I 1 WHG usw.) und *privatnütziger* Fachplanung (z.B. Herstellung eines Baggersees durch Naßbaggerung zum Zwecke der Auskiesung, Herstellung eines Fischteichs). Die Gemein- oder Privatnützigkeit hängt ausschließlich davon ab, ob mit dem Vorhaben *unmittelbar* zum Wohl der Allgemeinheit *öffentliche Aufgaben* wahrgenommen werden (Rn. 2/101); die Unterscheidung ist heute wohl nur noch historisch bedingt, nachdem das BVerfG unter bestimmten legislativen Voraussetzungen auch Enteignungen zugunsten Privater für möglich hält und für alle (nicht nur für privatnützige) Planfeststellungen nunmehr Rechtmäßigkeitsvoraussetzung ist, daß zwingende Rechtsvorschriften – etwa die des Bauordnungsrechts (z.B. das Verunstaltungsverbot für Abgrabungen nach § 2 I 3 Nr. 1 i.V.m. § 3 I 2 BW LBO), des Bauplanungsrechts (z.B. §§ 29 S. 3 i.V.m. 35 BauGB; s. aber § 38 S. 2 BauGB[124]), des Naturschutzrechts (z.B. § 8 II BNatSchG bzw. §§ 10, 11, 13 BW NatSchG) oder des Waldrechts (z.B. § 9 BWaldG bzw. § 9 BW WaldG hinsichtlich der Rodung) – eingehalten und die von der Planung berührten privaten und öffentlichen Belange gegeneinander und untereinander abgewogen werden (Rn. 2/106 ff.).[125] Die wasserrechtliche Planfeststellung hat allenfalls die Besonderheit, daß sie über das Bewirtschaftungsgebot nach §§ 1a, 6 WHG bereits vor der Stufe der Abwägung versagt werden kann (Rn. 2/106). Allerdings kann die Planfeststellungsbehörde die Frage, ob zwingende Versagungsgründe vorliegen, offen lassen, wenn sich die Ablehnung aus der planerischen Abwägung ergibt.[126] Soweit feststeht, daß unüberwindbare fachgesetzliche Versagungsgründe vorliegen, kann ein Antrag auf Planfeststellung aber auch ohne Einleitung des förmlichen Planfeststellungsverfahrens abgelehnt werden.[127]

193 *Beispiel:* Die wichtigen gesamtwirtschaftlichen Aspekte des Kiesabbaus[128] ändern nichts daran, daß die **Naßauskiesung** eines Grundstücks nur aufgrund einer *privatnützigen Planfeststellung*

---

124 Die Rspr. des BVerwG zur Frage der Anwendbarkeit des § 38 BauGB war lange nicht eindeutig. Vgl. einerseits BVerwGE 55, 220 u. BVerwG, NVwZ 1985, 340, andererseits BVerwG, BayVBl. 1981, 436 (s. auch BVerwG, DVBl. 1985, 399). Dazu *Uechtritz*, NVwZ 1988, 316 ff.; *Erbguth*, NVwZ 1989, 608 (611 ff.). Klärend indes BVerwGE 79, 318 (320 f.); 81, 111; BayVGH, BayVBl. 1994, 273 f. (Bebauungsplan und Regionalplan als zwingende Versagungsgründe); NVwZ 1991, 391 ff.; VGH BW, NuR 1993, 231.
125 BVerwGE 85, 155 (156). Für eine Aufgabe des Terminus „privatnützige Planfeststellung" auch *Kühling*, FS Sendler, 1991, S. 391, 402. – Zum Problem des Eingriffs in Natur und Landschaft (Rn. 3/115 ff.) bei der wasserrechtlichen Planfeststellung s. VGH BW, DVBl. 1986, 364; OVG Koblenz, NuR 1991, 189.
126 BVerwGE 85, 155 (156).
127 OVG Koblenz, NuR 1991, 189; a.A. Hess. VGH, ZfW 1984, 226. Nach BVerwG, B.v. 12.8.1993, 7 B 122.93, Buchholz 445.4 § 31 WHG Nr. 16, ist z.B. auch die endgültige Weigerung eines Grundstückseigentümers, Flächen für eine geplante Naßauskiesung zur Verfügung zu stellen, ein „schlechterdings nicht ausräumbares Hindernis", welches bereits das Sachbescheidungsinteresse des Unternehmers entfallen läßt.
128 Dazu *Maute*, BWVP 1980, 79 ff.; *Brohm*, NJW 1980, 857 ff.

zulässig ist, weil mit der Naßauskiesung nicht unmittelbar zum Wohl der Allgemeinheit öffentliche Aufgaben vorgenommen werden (Rn. 2/101). Wenn der entstehende Baggersee wieder verfüllt werden soll, wird verschiedentlich hierin nur eine erlaubnis- oder bewilligungspflichtige Zutageleitung von Grundwasser gesehen.[129] Demgegenüber hat auch die nur vorübergehende Anlage eines Baggersees umweltrelevante Auswirkungen auf die gesamte Umgebung, so daß eine Naßauskiesung zumindest dann planfeststellungspflichtig ist, wenn der Baggersee länger als eine Vegetationsperiode bestehen bleibt.[130]

cc) Für das **wasserrechtliche Planfeststellungsverfahren** sind außer dem § 31 II, IIa u. III WHG die ergänzenden Sondervorschriften der LWG (z.B. §§ 64, 107 BW WG) maßgeblich. Die allgemeinen Vorschriften zum Planfeststellungsverfahren nach dem jeweiligen Landesverwaltungsverfahrensgesetz gelten daher (nur) subsidiär.[131] § 31 WHG fällt als Rahmengesetz nicht unter § 1 II 1 VwVfG. Der Ablauf des Verfahrens folgt jedoch grundsätzlich den unter Rn. 2/39 ff. beschriebenen Stufen. **194**

Für die Abwägung (und auch für den Drittschutz) sind insbesondere die Absätze 2a und 3 des § 31 WHG von Bedeutung. Die Konzentrationswirkung des Planfeststellungsbeschlusses ist durch das Landesrecht geregelt (z.B. durch § 75 I LVwVfG).[132] Die bundes- und landesrechtlichen Regelungen über die *Wirkungen des Planfeststellungsbeschlusses* entsprechen im wesentlichen dem, was oben unter Rn. 2/67 ff. allgemein zu den Wirkungen eines Planfeststellungsbeschlusses ausgeführt wurde. Dies gilt auch für die *Schutzauflagen* i.S. des § 31 II WHG (Rn. 2/81 ff.), für die *Entschädigung* (Rn. 2/96, s. auch §§ 20, 31 II WHG) und für die *rechtlichen Schranken der planerischen Gestaltungsfreiheit* (Rn. 2/106 ff.). Auf die Erörterung von Abweichungen und Einzelheiten wird hier verzichtet.[133] **195**

Auch für ein wasserrechtlich planfeststellungs- bzw. plangenehmigungsbedürftiges Vorhaben gilt nach § 31 IIa WHG, daß unter den engen Voraussetzungen des § 9a WHG mit der *vorläufigen Ausführung des Vorhabens* bereits vor der Planfeststellung bzw. der Plangenehmigung begonnen werden kann. Diese Regelung entspricht § 15a BImSchG und § 33 KrW-/AbfG (Rn. 6/210, 10/275). **196**

---

129 Hess. VGH, ZfW 1986, 378; *Breuer*, Wasserrecht, Rn. 49. So auch noch unsere Vorauflage Rn. 801.
130 Vgl. OVG Münster, NuR 1992, 134 ff.; *Sieder/Zeitler/Dahme*, WHG, § 31 Rn. 4.
131 VGH BW, DÖV 1986, 118. – Nach OVG Koblenz, NuR 1991, 189; OVG Münster, UPR 1985, 341; VGH BW, ZfW 1984, 356, braucht das förmliche Verfahren einer Versagung des Planfeststellungsbeschlusses nicht vorauszugehen; a.A. OVG Lüneburg, UPR 1985, 243 (für die abfallrechtliche Planfeststellung); Hess. VGH, ZfW 1984, 226.
132 Die meisten Länder haben von der Ermächtigung des § 100 Nr. 2 VwVfG Gebrauch gemacht und die Ersetzungswirkung auch auf die nach Bundesrecht notwendigen behördlichen Entscheidungen erstreckt.
133 S. hierzu *Sieder/Zeitler/Dahme*, WHG, § 31 Rn. 313 ff.

VII. Überwachung

1. Behördliche Überwachung

197 Die gesamte öffentlich-rechtlich geregelte Wasserwirtschaft (einschließlich des Gewässerschutzes) untersteht einer behördlichen, d.h. **hoheitlichen Gewässeraufsicht**. Ihr Gegenstand sind der Zustand und – nach Maßgabe des § 21 I 1 WHG – die Benutzung der Gewässer (Rn. 4/86) sowie gem. § 21 II WHG die Anlagen und Fachbetriebe i.S. der §§ 19a ff. WHG (Rn. 4/165). Die Kompetenzen der Überwachungsbehörden ergeben sich im einzelnen aus dem Landesrecht[134], da das WHG aus Rücksicht darauf, daß Polizeirecht Ländersache ist, auf eine Regelung verzichtet hat. Alle Ländergesetze enthalten aber eine spezifische **wasserpolizeiliche Generalklausel**, bei deren Anwendung als Auslegungsmaßstab auf § 6 WHG und § 34 WHG (für das Grundwasser) zurückgegriffen werden kann.[135] Die wasserpolizeiliche Generalklausel ist z.B. Rechtsgrundlage für Untersagungsverfügungen, Beseitigungs- und Sanierungsverfügungen, Maßnahmen zur Erforschung eines Gefahrenverdachts (Setzen von Grundwasserpegeln)[136] usw. Einzelheiten sind im Zusammenhang mit der Problematik der Altlasten (Rn. 5/90 ff.) dargestellt.[137]

198 Die Wasserbehörden müssen, um ihrer Aufsichts-, d.h. Überwachungsaufgabe nachkommen zu können, die Möglichkeit haben, die hierfür erforderlichen Informationen zu gewinnen. Dem dient bundesrechtlich § 21 WHG, der eine Reihe von *Duldungspflichten, Auskunfts-* und sonstige *Mitwirkungspflichten* von Antragstellern und Gewässerbenutzern usw. normiert. Weitere Regelungen finden sich im Landesrecht, insbesondere Regelungen zur Beseitigung von Mißständen; hier stehen landesrechtliche Instrumente der Eingriffsverwaltung (wasserrechtliche Aufsichts- bzw. subsidiär polizeirechtliche Eingriffsbefugnisse) zur Verfügung.[138]

---

134 Vgl. z.B. §§ 95 f. BW WG.
135 BVerwGE 89, 138 ff.
136 Nach Hess. VGH, ZfW 1993, 102 darf der Grundstückseigentümer nur zur Duldung von Gefahrerforschungseingriffen verpflichtet werden, wenn bei Diagnose des Sachverhalts oder des Kausalverlaufs ein hinreichend wahrscheinlicher Schadenseintritt nicht prognostiziert werden kann. Anderes gilt, wenn vorher stattgefundene Proben erheblich aus dem Rahmen fallende Verunreinigungen ergaben, in diesem Fall besteht ein hinreichender Gefahrenverdacht, so VGH BW, DÖV 1991, 167; DVBl. 1990, 1047. Zur Abgrenzung insbesondere der Kostentragung für Amtsermittlungs- und Gefahrerforschungsmaßnahmen s. *Schink*, DVBl. 1989, 1182 ff. und Rn. 5/119 ff.
137 Die Störerauswahl kann sich an der effektiv wirksamsten Gefahrenbeseitigung orientieren, VGH BW, Urt. v. 19.7.1990, 5 S 2021/89; Urt. v. 26.6.1990, 5 S 2753/89. Die BRD als Eigentümerin der Bundeswasserstraßen ist Zustandsstörerin bei Verschmutzungen und haftet insoweit auf Kostenersatz für die Beseitigung der ordnungswidrigen Zustände; das Land kann diese Kosten allerdings nicht durch Verwaltungsakt festsetzen, sondern ist auf eine Leistungsklage beschränkt, OVG Schleswig, ZfW 1993, 57; ähnlich Hess. VGH, DÖV 1992, 752.
138 Vgl. z.B. §§ 82-85 BW WG. Dazu etwa VGH BW, DÖV 1985, 687 u. DÖV 1986, 249.

2. Innerbetriebliche Überwachung

Neben die externe behördliche Überwachung tritt die interne *betriebliche Eigenüberwachung* (s. Rn. 4/138). Ihr dient auch die Institution des „**Betriebsbeauftragten für Gewässerschutz**" (§§ 21a-21g WHG). Nach § 21a I WHG ist mindestens *ein* Gewässerschutzbeauftragter von solchen *Gewässerbenutzern* zu bestellen, die an einem Tag mehr als 750 m³ Abwasser einleiten dürfen. Die gleiche Verpflichtung kann die zuständige Behörde anderen Einleitern von Abwasser in Gewässer oder in Abwasseranlagen auferlegen (§ 21a II WHG). Hinzu kommt die Möglichkeit, eine wasserrechtliche Gestattung mit der Auflage zu versehen, einen Gewässerschutzbeauftragten zu bestellen (§ 4 II Nr. 2 WHG).

199

Ähnlich wie der Immissionsschutzbeauftragte (s. dazu Rn. 6/266) oder der Betriebsbeauftragte für Abfall (Rn. 10/339) hat auch der *Gewässerschutzbeauftragte*, der ebenfalls nicht als verlängerter Arm der Exekutive, sondern als Mitarbeiter des ihn bestellenden Gewässerbenutzers tätig wird, nach dem WHG bestimmte, im wesentlichen *vier Funktionen* wahrzunehmen, nämlich eine

200

- Initiativfunktion (§ 21b I Nrn. 2 u. 3),
- Kontrollfunktion (§ 21b I Nr. 1),
- Aufklärungsfunktion (§ 21b Nr. 4) und eine
- Berichtsfunktion (§ 21b II).

Die beim Immissionsschutzbeauftragten gesetzlich noch hervorgehobene Beratungsfunktion (§ 54 I 1 BImSchG) ist im WHG für den Gewässerschutzbeauftragten nicht besonders angeführt.

Der *Gewässerbenutzer* hat dem Gewässerschutzbeauftragten gegenüber *spezielle Pflichten*, nämlich eine Unterstützungspflicht (§ 21c IV), Beteiligungspflicht (§ 21d), Anhörungspflicht (§ 21e) sowie die Pflicht, Benachteiligungen zu unterlassen (§ 21f).

201

VIII. Abwasserabgabengesetz

Auch das Abwasserabgabengesetz (AbwAG)[139] verfolgt das Ziel des Gewässerschutzes, allerdings auf dem Wege einer indirekten Verhaltenssteuerung, indem es einen ökonomischen **Anreiz zu gewässerschonendem Verhalten** schafft (Rn. 1/138)[140]. Für das Einleiten von Abwasser in ein Gewässer i.S. des § 1 I WHG ist nämlich vom *Direkteinleiter* (§ 9 I i.V.m. § 2 II HS 1 AbwAG) eine *Abgabe* zu entrichten (§ 1 S. 1 AbwAG),[141] deren Höhe durch den Grad der Schädlichkeit des Abwassers bestimmt

202

---

139 AbwAG v. 13.9.1976 i.d.F. der Bekanntmachung v. 3.11.1994 (BGBl. I 3370). Zum AbwAG im einzelnen *Kloepfer*, Umweltrecht, 1989, S. 652 ff.; *Schröder*, in: HdUR, Bd. I, Art. „Abwasserabgabe", Sp. 67 ff.; – ferner z.B. *Berendes*, DÖV 1981, 747 ff.; *Henseler*, NVwZ 1987, 551 ff.; WUR 1991, 78 ff.; *Kloepfer/Brandner*, ZfW 1989, 1 ff.
140 Die Anreizfunktion wird dadurch gemindert, daß sie nur die Direkteinleiter und nicht auch die Indirekteinleiter erfaßt.
141 Zur Umlage der von Gemeinden zu entrichtenden Abwasserabgabe auf die Benutzer ihrer Kläranlage vgl. BVerwG, DÖV 1988, 348.

4 Öffentliches Gewässerschutzrecht

wird. Die Vorschriften des AbwAG werden durch Abwasserabgaberegelungen der Länder ergänzt.

203 Das *Aufkommen* der Abwasserabgabe ist *zweckgebunden* für Maßnahmen zu verwenden, die der Erhaltung oder Verbesserung der Gewässergüte dienen (§ 13 I 1 AbwAG). In den Jahren 1985-1988 schwankten die Einnahmen in den alten Bundesländern zwischen 405 und 487 Mio DM, wovon der Aufwand für den Gesetzesvollzug durch die zuständigen Länderbehörden einen nicht unerheblichen Teil (durchschnittlich 63 Mio DM) in Anspruch nahm.[142]

204 „Abwasser" i.S. des AbwAG ist das durch einen Nutzer in seinen Eigenschaften veränderte Wasser samt dem bei Trockenwetter damit zusammen abfließenden Wasser (*Schmutzwasser*), das *Niederschlagswasser* aus dem Bereich bebauter oder befestigter Flächen (§ 2 I 1 AbwAG) sowie das *Deponiesickerwasser* (§ 2 I 2 AbwAG). „**Einleiten**" i.S. des AbwAG ist das *unmittelbare* Verbringen des Abwassers in ein Gewässer; das gilt auch für das Verbringen in den Untergrund, außer im Rahmen ordnungsgemäßer[143] landbaulicher Bodenbehandlung (§ 2 II AbwAG).

205 Zur Abwasserabgabe werden die Einleiter nach Maßgabe der **Schadeinheiten** des Abwassers veranlagt (§§ 3, 9 IV AbwAG). Die Festsetzung der Abwasserabgabe erfolgt jeweils für ein Kalenderjahr (§ 11 I AbwAG); Rechtsbehelfe gegen die Veranlagung haben keine aufschiebende Wirkung i.S. des § 80 I 1 VwGO (§ 12a AbwAG).

206 Die Zahl der Schadeinheiten richtet sich gem. § 3 I 1 AbwAG nach der **Schädlichkeit** des Abwassers unter Berücksichtigung der Abflußmenge, seines Gehalts an besonders wasserschädlichen Stoffen (als CSB; Rn. 4/22), an Phosphor, Stickstoff, organischen Halogenverbindungen (als AOX), Quecksilber, Cadmium, Chrom, Nickel, Blei, Kupfer und ihren Verbindungen, sowie seiner **Giftigkeit** gegenüber Fischen.[144]

207 Die **Bewertung der Schädlichkeit,** die das Abwasser aufgrund seiner wasserschädlichen Inhaltsstoffe aufweist, sowie die der **Giftigkeit** des Abwassers gegenüber Fischen richtet sich nach Buchst. A Abs. 1 der Anlage zu § 3 AbwAG; dabei bleiben solche Schadstoffkonzentrationen oder Jahresmengen außer Betracht, die die in dieser Anlage angeführten Schwellenwerte nicht überschreiten (§ 3 I 2 AbwAG). Bei der Einleitung verschmutzten Niederschlagswassers (§ 7 AbwAG) und bei Kleineinleitungen von Schmutzwasser aus Haushaltungen und ähnlichem Schmutzwasser (§ 8 AbwAG) wird die Zahl der Schadeinheiten pauschaliert.

208 Auf *jede Schadeinheit* entfällt ein *jährlicher Abgabesatz*, der von DM 12,– im Jahr 1981 sukzessive auf DM 50,– ab 1.1.1991 angestiegen ist und bis 1997 in Stufen noch auf DM 70,– ansteigen wird (§ 9 IV). Außer bei Einleitungen von Niederschlagswasser (§ 7 AbwAG) und Kleineinleitungen von Schmutzwasser aus Haushaltungen u.ä. (§ 8 AbwAG) *ermäßigt sich der Abgabesatz* (Restverschmutzungsabgabe bei ordnungsrechtlich legalen Einleitungen) beträchtlich (um 75%, ab 1999 nur noch um 50%), nämlich dann, wenn die Mindestanforderungen an die Ableitung von Abwasser, also

---

142 *Sautter*, Einführung in das Abwasser- und Abwasserabgabenrecht, 1991, S. 95.
143 BVerwG, NuR 1991, 481 ff.
144 Die Verfahren, nach denen diese Schadstoffgehalte und die Giftigkeit gegenüber Fischen ermittelt werden, sind in Buchst. B der Anlage zu § 3 AbwAG vorgeschrieben.

die allgemein anerkannten Regeln der Technik (Rn. 4/128) bzw. der Stand der Technik (Rn. 6/113) eingehalten werden (§ 9 V 1 u. VI AbwAG).

Mit der 4. Novelle des AbwAG (1994) wurde die Funktionsfähigkeit der Abwasserabgabe als Lenkungsabgabe entscheidend in Frage gestellt. Hierbei wurde auf die gestaffelte Anhebung des Abgabesatzes auf 90,- DM verzichtet, ein einheitlicher – sehr hoher – Ermäßigungssatz von 75% (ab 1999 50%) anstelle der bisherigen Staffelung von 75%, 40%, 20% geschaffen, die Verrechnungsmöglichkeiten für Anlageänderungen nach § 10 III AbwAG von einer Verbesserung der Gesamtschadstofffracht um 20% entkoppelt und darüberhinaus Verrechnungsmöglichkeiten für Arbeiten an der Kanalisation (§ 10 IV AbwAG) sowie Investitionen in den neuen Bundesländern (§ 10 V AbwAG) geschaffen. Diese Verrechnungsregelungen verstoßen gegen das Konzept am Verursacherprinzip orientierter Umweltabgaben und gegen § 3 AbwAG, wonach sich die Abwasserabgabe an der Schädlichkeit des Abwassers orientieren soll (bei Investitionen für die Kanalisation ist dieser Bezug gerade nicht vorhanden).[145] Da andererseits die Preise im Kläranlagenbau ebenfalls stark gestiegen sind, bestehen Zweifel an einer fortdauernden Anreizwirkung der Abwasserabgabe. **209**

Nach § 4 I 2 AbwAG hat der wasserrechtliche Erlaubnisbescheid mindestens für die abgabenerheblichen Schadstoffe und Schadstoffgruppen die in einem bestimmten Zeitraum im Abwasser einzuhaltende Konzentration und – bei der Giftigkeit gegenüber Fischen – den in einem bestimmten Zeitraum einzuhaltenden Verdünnungsfaktor zu begrenzen (**Überwachungswerte**) sowie die **Jahresschmutzwassermenge** festzulegen. **210**

Die entsprechend der Bewertungstabelle in der Anlage zu § 3 AbwAG für die Veranlagung zu ermittelnden Schadeinheiten werden gem. § 4 I 1 AbwAG nach dem sog. *Bescheidsystem* prinzipiell aufgrund der Festlegungen in dem gem. § 7a WHG ergangenen Einleitungserlaubnisbescheid (Rn. 4/136) *errechnet* (Überwachungswerte und Jahresschmutzwassermenge).[146] An die Stelle der im Einleitungsbescheid *festgelegten* Parameter (Überwachungswerte und Jahresabflußmenge) treten für die Berechnung der Schadeinheiten die vom Einleiter gegenüber der Behörde *erklärten* Parameter,[147] **211**

– wenn entweder der Einleiter glaubt, niedrigere Werte als die festgelegten Werte einhalten zu können (*bescheidabweichende Erklärung* nach § 4 V AbwAG) oder
– wenn und soweit die für die Berechnung der Schadeinheiten erforderlichen Werte im Einleitungsbescheid nicht festgelegt worden sind (*bescheidersetzende Erklärung* nach § 6 I AbwAG).

Der festzusetzende Abgabebetrag resultiert aus dem Produkt der Zahl der ermittelten Schadeinheiten mit dem jeweils pro Schadeinheit gültigen Abgabesatz.

Ergebnisse der Messungen, die im Zuge der behördlichen Überwachung der Einhaltung der maßgeblichen Parameter anfallen, werden der Berechnung der Schadeinheiten **212**

---

145 S. hierzu *Böhm*, NVwZ 1995, 557 ff.; *Ewringmann/Gawel/Hansmeyer*, Die Abwasserabgabe vor der vierten Novelle: Abschied vom gewässergütepolitischen Lenkungs- und Anreizinstrument?, Ms. 1993; *Gawel*, ZUR 1993, 159 ff.; SRU, Umweltgutachten 1994, Tz. 484.
146 S. OVG Koblenz, NVwZ-RR 1993, 324 ff.
147 Dazu BVerwGE 80, 83.

4 Öffentliches Gewässerschutzrecht

insoweit zugrundegelegt, als diese Meßergebnisse die von der Behörde im Einleitungsbescheid festgelegten bzw. die vom Einleiter erklärten Parameter in bestimmtem Ausmaß überschreiten (Näheres §§ 4 II-V, 6 II AbwAG). Dann wird die Zahl der maßgeblichen Schadeinheiten und damit auch die Abgabe erhöht. Insoweit wird somit keine von den festgelegten Soll-Werten ausgehende *Bescheidveranlagung*, auch keine auf den vom Einleiter erklärten Werten beruhende *Erklärungsveranlagung*, sondern eine auf die (im Grunde nur vermutete) Ist-Beschaffenheit des eingeleiteten Abwassers bezogene sog. *Wirklichkeitsveranlagung* vorgenommen (§§ 4 IV u. V, 6 II AbwAG).

Teil 5

Bodenschutz-, insbes. Altlastenrecht

I. Fakten und Probleme

1. Begriff und Funktionen des Bodens

Der **Begriff** des Bodens hat umgangssprachlich und wissenschaftlich ganz verschiedene Inhalte.[1] Im allgemeinen Sprachgebrauch versteht man darunter die oberste, von Tieren, Pflanzen und Mikroorganismen belebte Schicht der Erdoberfläche auf dem festen Land und unter der Wasseroberfläche oberirdischer Gewässer.

Der Boden ist *Teil der natürlichen Lebensgrundlagen des Menschen*. Noch später als bei Wasser und Luft rückten die Grenzen seiner Belastbarkeit erst in den letzten Jahren in das öffentliche Bewußtsein. Dabei ist er Standort für Biomasse (Wälder, landwirtschaftlicher Anbau), natürlicher Lebensraum für Pflanzen und Tiere, Filter, Puffer und Speicher, Klimafaktor, Rohstofflager und Baugrund.

Der Boden dient als *Nist- und Brutstätte für Pflanzen und Tiere* und als Versorger mit pflanzlicher und tierischer Nahrung. Er ist *Produktionsgrundlage* für Nahrungs- und Futtermittel und für natürliche Rohstoffe wie Holz. Böden bilden den Standort, in dem höhere Pflanzen wurzeln und unter Ausnutzung der Sonnenenergie aus dem Kohlendioxid der Atmosphäre, aus dem mit den Niederschlägen in den Boden gelangenden und aus dem bereits als Grundwasser vorhandenen Wasser sowie aus den Nährstoffen des Bodens unter Abgabe von Sauerstoff organische Substanzen aufbauen. Diese stehen dann Tier und Mensch als Nahrung zur Verfügung. Nach dem Absterben der Lebewesen unterliegen deren organische Körpersubstanzen einer mikrobiellen Zersetzung im Boden, durch die die gebundenen Nährstoffe wieder freigesetzt und erneut in den Stoffkreislauf der Ökosphäre überführt werden.

Auch der *Wasserhaushalt* einer Landschaft ist entscheidend von Böden und oberflächennah anstehenden Lockersedimenten abhängig. Niederschlagswasser gelangt zum Teil als Oberflächenabfluß oder unterirdischer Abfluß in Bäche und Flüsse oder als Sickerwasser in das Grundwasser. Mit ihrer Wasserspeicherkapazität wirken dabei Böden und Sedimente als Regulatoren des Landschaftswasserhaushalts. Außerdem bilden Böden und Sedimente wirkungsvolle Filter-, Puffer- und Transformatorsysteme, die gelöste und suspendierte Nährstoffe aus natürlichen Quellen, aber auch anthropo-

---

1 *Ott*, ZUR 1994, 53 (57, 59); *Kauch*, Bodenschutz aus bundesrechtlicher Sicht, 1993, S. 7 f.

5 Bodenschutz-, insbes. Altlastenrecht

genen Ursprungs zu binden vermögen. Deshalb auch steht das Niederschlagswasser nach der Bodenpassage jedenfalls bei intakten Böden in der Regel als sauberes Grundwasser für eine *Trink- und Nutzwassergewinnung* wieder zur Verfügung. Die Böden können eingetragene Substanzen verändern, festhalten und an Grundwasser und Pflanzen verändert oder unverändert weitergeben.

5 Der Boden beeinflußt das *Klima*. Und er dient als *Baugrund* für Siedlungs- und gewerbliche Tätigkeit sowie für Verkehrsflächen. Schließlich dient er der *Freizeitnutzung*.

6 Gerade mit der Pufferwirkung des Bodens ist auch zu erklären, warum die Notwendigkeit für Maßnahmen zum Schutz des Bodens erst so spät erkannt wurde: Die Auswirkungen von Luft- und Wasserverunreinigungen sind in vielen Bereichen rasch erkennbar. Schadstoffbelastungen im Boden zeigen sich dagegen oft erst mit erheblicher zeitlicher Verzögerung. Zu der im Vergleich zur Luft- und Wasseranalyse erschwerten Diagnose von Bodenbelastungen kommt noch der weit höhere technische und wirtschaftliche Aufwand für die Behandlung von Böden. Ökologisch wichtig sind vor allem die Funktionen als Filter, Puffer und Speicher sowie als natürliche Produktionsgrundlage.[2]

2. Beeinträchtigungen des Bodens

a) Stoffliche und nichtstoffliche Beeinträchtigungen und ihre Erfassung

7 Die wichtigsten Beeinträchtigungen des Bodens sind **Schadstoffeintrag** und **Landverbrauch**. So wird zwischen *stofflichen* und *nichtstofflichen Einwirkungen* unterschieden, bei diesen wiederum zwischen Land- und Freiflächenverbrauch einerseits, Erosion und Verdichtung andererseits.[3] Dementsprechend gibt es Bodenbeeinträchtigungen durch Stoffeintrag wie das Einwirken chemischer Elemente oder chemischer Verbindungen, die die natürliche Beschaffenheit des Bodens nachteilig verändern, z.B. aus Altlasten oder durch Düngemitteleintrag, aber auch nicht stoffliche Eingriffe wie die Umwidmung der Nutzung, die Versiegelung durch Siedlungstätigkeit und Verkehrswegebau u.a.m.

8 Der Flächenverbrauch durch Siedlung und Verkehr führt nicht nur zu Verlusten an lebender Bodendecke und verlangt umfangreiche und kostenträchtige Entwässerungsmaßnahmen. Der Oberflächenabfluß anstelle der Versickerung vermindert auch die Grundwasserneubildung und steigert Hochwassergefahren. Die Bodenversiegelung führt auch zu Änderungen des Kleinklimas mit verstärkter Nebel- und Wolkenbildung sowie Niederschlägen und Temperatursprüngen.

---

2 Vgl. zum ganzen *Spilok*, BodSchG BW, Ktr., 1992, § 1 Rn. 5 ff.; SRU, Umweltgutachten, 1994, BT-Drs. 12/6995, Tz. 467.
3 Zur Einteilung *Erbguth/Stollmann*, NuR 1994, 319 (322); insgesamt zur Belastungssituation SRU, Umweltgutachten, 1994, Tz. 473 f.

Fakten und Probleme 5/I

Insgesamt entfallen im früheren Bundesgebiet ca. 12% der Fläche auf Siedlungsflächen, also 9
Wohnbebauung, Industrie- und Gewerbeflächen, Verkehrsflächen und innerörtliche Freiflächen. Dabei liegen die Verkehrsflächen mit 4,7% im Landschaftsverbrauch noch vor der Wohnbebauung.[4] Die Zunahme der Siedlung- und Verkehrsfläche von 1981 auf 1989 betrug 10,61%, das entspricht 90 ha/Tag.[5] In der DDR umfaßten Siedlungs- und Verkehrsflächen im Durchschnitt 9,9%. Aussagefähige Daten zur Entwicklung der Flächennutzung hier liegen bisher nicht vor.[6] In Hinblick auf die erhöhte Wohnungsnachfrage sowohl in den alten als auch in den neuen Ländern und auf die erheblichen Infrastrukturinvestitionen im Beitrittsgebiet ist für die auf 1989 folgenden Jahre mit einem weiteren, sogar erheblichen Anstieg des Landschaftsverbrauchs zu rechnen.

Schädliche Stoffeinträge geschehen in verschiedensten Formen, teils unbewußt oder 10
jedenfalls ungewollt, teils durchaus bewußt und gewollt, insbesondere in der Landwirtschaft. Eine erhebliche Bodengefährdung in diesem Sinne bedeutet die Düngung, sei es durch Handelsdünger, Landwirtschaftsdünger oder Klärschlamm. Das Klärschlammaufkommen betrug 1986 ca. 50 Mio. m^3 mit steigender Tendenz, wovon 29% in der Landwirtschaft verwendet wurden[7] (Rn. 10/22, 71). Eine weitere Gefährdung besteht durch Pflanzenschutzmittel sowie durch Immissionen; saurer Regen macht saure Böden (Rn. 6/12).

Bodenbelastungen können in *anthropogenen Emissionen* bestehen, z.B. Schwermetallen, polyzyklischen aromatischen Kohlenwasserstoffen, Dioxinen, Furanen und anderen organischen Schadstoffen. 11

Beispiel: Der historische Bergbau im Südschwarzwald führte über die Abschwemmung von Schlacken und Haldenmaterial zu einer großflächigen Schwermetallbelastung bis in die Oberrheinebene. Auf insges. 1680 ha landwirtschaftlicher Nutzfläche wurden deutlich erhöhte Gehalte der Böden an Kadmium, Blei und Zink festgestellt.[8]

Manche Schwermetalle und andere Elemente können aber auch in *natürlicher Weise* 12
in Böden als *geogene* Bestandteile vorhanden sein, z.B. die Schwermetalle Cd, Pb und Hg in Sulfiden, Karbonaten und anderen sowie Zn, Cu, Ni und Cr in Sulfiden, Karbonaten, Silikaten und anderen. Die ökotoxikologische Relevanz mancher anderer Elemente hängt vom Ausmaß der Bodenversauerung ab. So sind Aluminium und Mangan immer natürliche Bestandteile von Böden, kommen aber in unterschiedlichen Bindungsformen vor und sind dementsprechend harmlos oder giftig. Schließlich kommt es natürlich auch auf die Dosis, also die Stoffkonzentration an.

Die Bedeutung der **Bindungsformen** für ökologische Wirkungen kann am Beispiel der bereits 13
genannten bodeneigenen Elemente Aluminium und Mangan erläutert werden: So ist Aluminium in Böden immer als Gitterbaustein von Tonmineralien vorhanden. Diese sind für viele Bodenfunktionen von entscheidender Bedeutung. Bei der Bodenversauerung werden Tonminerale und andere Silikate zerstört und Aluminium damit aus der immobilen silicatischen Bindung in mobile, toxisch wirkende Al-Ionen überführt. Als immobiler Gitterbaustein der Tonminerale und anderer Silikate ist Aluminium ein unentbehrlicher Bestandteil von Böden, in Form der

---

4 BT-Drs. 10/2977, S. 4; zu den absoluten Zahlen 1993 s. Statistisches Jahrbuch 1994, S. 176.
5 UBA (Hrsg.), Daten zur Umwelt, 1992/93, S. 187.
6 UBA (Hrsg.), Daten zur Umwelt, 1992/93, S. 188.
7 *Offermann-Clas*, DVBl. 1988, 328 ff.
8 *Spilok* (Fn. 2), § 2 Rn. 13.

5 Bodenschutz-, insbes. Altlastenrecht

mobilen Ionen dagegen ein Schadstoff, der einen großen Anteil an den neuartigen Waldschäden (Rn. 6/12) hat. Ähnliches gilt für *Mangan*, das ein für Lebewesen lebenswichtiges Element ist. Bei starker Versauerung werden in Waldböden mit höheren Manganoxydgehalten wie z.B. in manchen Lößböden Dioxyde zu einem großen Teil aufgelöst und in mobile Mangan-Ionen umgewandelt, die in entsprechender Konzentration toxisch auf die Waldvegetation wirken.[9] Daraus folgt, daß auch die bisher üblichen **Gefährdungsabschätzungen** für belastete Böden anhand von Schadstoff-Gesamtgehalten z.B. nach der Klärschlammverordnung, der Niederländischen Liste und ähnlichem abgelöst, jedenfalls aber ergänzt werden müssen durch eine Messung der ökologisch relevanten mobilen und mobilisierbaren (nachlieferbaren) Schadstoffgehalte. Dazu sind inzwischen auch praxisreife *Analysemethoden* entwickelt worden. Bekannt ist insbesondere die Extraktion der mobilen Gehalte vieler anorganischer Schadstoffe aus Böden mit oxydierenden Bedingungen durch eine 1M NH_4NO_3-Lösung.[10]

14 Für die Beurteilung der Schädlichkeit festgestellter Stoffe bedarf es der Festlegung von **Referenzwerten** für unbelastete, umfassend nutzbare Böden sowie von **Prüfwerten** für belastete Böden mit der Option für Nutzungseinschränkungen oder Sanierungsmaßnahmen und von **Sanierungswerten** mit der zwingenden Auflage für Nutzungseinschränkungen oder Sanierungsmaßnahmen. Ein solches System ist schon im Rahmen der sog. *Niederländischen Liste* (Rn. 5/30) vorgeschlagen und später verbreitet aufgegriffen und weiterentwickelt worden, freilich noch auf der Basis von Schadstoff-Gesamtgehalten. Dieses Schema ist weiterzuentwickeln.

15 In den Bodenschutzgesetzen selbst sind keine Grenzwerte zur Beurteilung der Böden hinsichtlich ihrer Schadstoffbelastung bzw. ihrer Empfindlichkeit gegenüber Schadstoffen festgelegt. Dies ist aber beispielsweise in der 3. Verwaltungsvorschrift zum Bodenschutzgesetz über die Ermittlung und Einstufung von Gehalten anorganischer Schadstoffe im Boden geregelt, die am 1.9.1993 für Baden-Württemberg in Kraft getreten ist. In dieser Verwaltungsvorschrift werden Hintergrund- und Prüfwerte, jeweils getrennt nach Gesamt- und mobilem Gehalt sowie Belastungswerte, die sich nur auf den mobilen Gehalt beziehen, festgesetzt.

16 Wenn die Entwicklung der Siedlung- und Verkehrsflächen vorstehend als Frage der nichtstofflichen Bodenbelastung und quantitatives Problem beschrieben wurde, darf dies nicht darüber hinwegtäuschen, daß sich natürlich in dichtbesiedelten Räumen die Umweltbelastungen konzentrieren, nämlich durch stetigen Eintrag von Schadstoffen in den Boden und deren Anreicherung, durch Grundwasserabsenkung und Erhöhung der Abflußspitzen, durch Verminderung der Pflanzendecke und Beschneidung biologisch aktiver Bodenflächen. Zu den ökologischen kommen auch sozioökonomisch nachteilige Auswirkungen, z.B. neben hohen Bodenpreisen ein weit niedrigerer Freizeit- und Erholungswert. Erholungsflächen sind oft nur mit erhöhtem Aufwand und häufig nur im motorisierten Individualverkehr mit entsprechenden Emissionen zu erreichen. Der Kreis schließt sich. Zur Verdeutlichung des Problems sei der Siedlungsflächenanteil einzelner Großstadtregionen zitiert, nämlich für München mit 74,1%, Berlin (West) 72,2%, Nürnberg 57% und Hamburg 55,1%.[11]

17 Alle Lobbyarbeit der Landwirtschaft kann nicht über die zum Teil fatalen Auswirkungen der **Landwirtschaft** hinwegtäuschen. Landwirtschaft und Naturschutz, insbesondere Bodenschutz stehen oft in einem Spannungsverhältnis, das durch gesetzliche

---

9 *Brümmer*, in: Ministerium für Umwelt, Raumordnung und Landwirtschaft NW (Hrsg.), Grundfragen des Bodenschutzrechts, 1992, S. 12 (16 f.).
10 *Brümmer*, aaO. S. 17.
11 UBA (Hrsg.), Daten zur Umwelt, 1992/93, S. 190.

Fiktionen nur scheinbar aufgelöst wird. Die Technisierung, Chemisierung und Spezialisierung der Landwirtschaft mag kurzfristig den Ertrag steigern, führt aber gleichzeitig zu einem Rückgang der Artenvielfalt und zur Bodenerosion. Übermäßige und fehlerhafte Anwendung ertragssteigernder, aber umweltbelastender Düngemittel erhöhen die Boden- und Gewässerbelastungen mit Phosphat und Nitrat. Übermäßige Anwendung von Pflanzenbehandlungsmitteln beeinträchtigt die Bodenfruchtbarkeit. Großflächige Bewirtschaftung, Entwässerung, Beseitigung und Beeinträchtigung natürlicher und naturnaher Flächen, vereinfachte Fruchtfolgen und der Einsatz von Großmaschinen verändern Natur und Landschaft nicht zu ihrem Vorteil.[12] Allein aus dem Umfang der betroffenen Flächen, nämlich (1989) 53,7% der Fläche der alten Bundesländer und 57% der Fläche der damaligen DDR als Anteil landwirtschaftlich genutzter Flächen ergibt sich die besondere Bedeutung darauf bezogener Regelungen.

b) Schutzstrategien

Aus den dargestellten Beeinträchtigungen des Bodens ergeben sich auch die **Strategien zum Bodenschutz**: Der vorgenannten Unterscheidung folgend spricht man von *qualitativem* und *quantitativem* Bodenschutz. Ein möglichst günstiger Bodenzustand ist zu bewahren. Der Flächenverbrauch ist zu verringern. Bodenbelastungen sind zu vermeiden und zu verringern. Zur Erfassung und Beurteilung von Bodenbelastungen sind **Kriterien** und standardisierte Methoden zu entwickeln. Das regionale Ausmaß der Bodenbelastung ist zu erfassen (rastermäßige Erfassung, flächenhafte Darstellung, Einrichtung von Dauerbeobachtungsflächen und Referenzproben [Bodenprobenbanken]). Bodenverbesserungen und Sanierungen sind im erforderlichen Umfang, also wohl auch differenzierter als bisher vorzunehmen. **Bodeninformationssysteme** sind zu erstellen und Bodenkarten (Themenkarten) für flächenhafte Risikovorhersagen anzufertigen, z.B. für Schadstoffbelastungen und -belastbarkeiten von Böden, für Sickerwasser-/Grundwasserbildung und -gefährdung, für Erosionsgefährdung, für Nutzungseigenschaften von Böden usw. In der Regionalplanung und der kommunalen Bauleitplanung sowie in der Landschaftsplanung und Grünordnungsplanung sind die Böden und ihre Funktionen stärker zu berücksichtigen, z.B. durch Ausweisung von **Vorrangflächen** für verschiedene Nutzungsarten oder Schutzzwecke.

18

3. Insbesondere: Altlasten

a) Herkunft und Bedeutung

In der Bundesrepublik Deutschland gibt es eine kaum noch übersehbare Anzahl sog. „**Altlasten**". Darunter versteht man einerseits „*Altablagerungen*", d.h. verlassene oder stillgelegte Ablagerungsplätze mit kommunalen und industriellen Abfällen, aber auch

19

---

12 Ebenso kritisch *Erbguth/Stollmann*, NuR 1994, 319 (324); vgl. zu den „Elementen und Chancen einer dauerhaft umweltgerechten Landbewirtschaftung" auch SRU, Umweltgutachten, 1994, Tz. 887 ff.; s.a. BT-Drs. 12/3487, S. 15; 12/4105, S. 24 f.

5 Bodenschutz-, insbes. Altlastenrecht

Standorte abgelagerter Kampfstoffe oder wilder Ablagerungen, andererseits sonstige „*kontaminierte Standorte*", d.h. kontaminierte Böden ehemaliger Industriestandorte, Bodenkontaminationen infolge von Leckagen defekter Rohrleitungen, Tanklager oder Abwässerkanäle[13] u.ä.m (Rn. 5/69). Das Interesse einer breiten Öffentlichkeit ist geweckt worden, seit sich mit Deponiestandorten wie „Müggenburger Straße" und „Georgswerder" in Hamburg, „Gerolsheim" in Rheinland-Pfalz und in den letzten Jahren mit den Namen Schöneberg, Bitterfeld, dem Chemiedreieck Halle/Merseburg u.a.m. die Vorstellung nicht unerheblicher (Umwelt-, insbesondere Grundwasser- und Gesundheits-)Gefahren und hoher (Sanierungs-)Kosten verbunden hat.[14] Mit dem Beitritt der neuen Bundesländer hat sich die Thematik nach Quantität und Qualität noch einmal verschärft, sowohl unter Kosten- als auch unter Entwicklungsgesichtspunkten (Investitionshemmnisse).[15]

20 Im Bereich von Altlasten finden sich in oder auf dem Boden Stoffe unterschiedlicher Art, Konsistenz und Herkunft, die zu einer Verunreinigung von bisher nicht kontaminierten Teilen des Bodens und/oder des Grund- bzw. Oberflächenwassers sowie der Luft führen oder jedenfalls führen können. Das beruht z.B. darauf, daß (u.U. nur schwer oder gar nicht abbaubare (Rn. 9/61)) Schadstoffe ausgetragen werden und so in Vorfluter oder in das Grundwasser (Rn. 4/5) gelangen oder daß Gase in die Luft entweichen.

21 *Entstanden* sind diese Altlasten vor allem durch – aus heutiger Sicht – unsachgemäße Behandlung oder Ablagerung von Stoffen. Dabei muß freilich auch gesehen werden, daß in einer Vielzahl von Fällen zum Zeitpunkt der Ablagerung oder der Behandlung das Gefährdungspotential und die Wirkungszusammenhänge noch nicht oder jedenfalls nicht vollständig erkennbar waren. Die Gefährlichkeit vieler Stoffe, die in Altlasten enthalten sind und u.U. aus ihnen freigesetzt werden können, hat man nicht selten erst im Laufe der Zeit entdeckt. Insbesondere ermöglichte und ermöglicht die ständig und rasch fortschreitende Verfeinerung der zu Gebote stehenden Analysetechniken (Rn. 9/93) immer wieder neue, zuweilen alarmierende Erkenntnisse über die unmittelbar und mittelbar nachteiligen Folgen unsachgemäßer Ablagerungen.

22 Im Jahre 1988 waren im alten Bundesgebiet rd. 40 000 Altablagerungen und fast 8000 kontaminierte industrielle oder gewerbliche Altstandorte erfaßt, deren Zustand dazu führt oder die im Verdacht stehen, aufgrund der dort abgelagerten oder ins Erdreich gelangten Schadstoffe Gefahren für die menschliche Gesundheit und die Umwelt zu verursachen.[16] Die Zahl der neu entdeckten verdächtigen Altstandorte nimmt immer noch ständig zu. Dies wird erneut eindrucksvoll bestätigt durch die amtliche Begrün-

---

13 Mindestens ¼ der Abwasserleitungen in Deutschland sollen nach Ansicht von Experten undicht oder schwer beschädigt sein. Die in den kommenden 10 Jahren benötigten Summen zur Beseitigung der Schäden werden auf DM 75 Mrd. geschätzt, was zu einem dramatischen Anstieg der Abwassergebühren auf bis zu DM 10,00/m^3 führen könnte. Schon heute sollen rd. 500 Mio m^3 Abwasser jährlich unkontrolliert versickern (s.a. Rn. 19).
14 Eine Reihe besonders bedeutender oder schwieriger Sanierungsfälle ist dargestellt bei *Franzius/Stegmann/Wolf/Brandt*, Handbuch der Altlastensanierung, Loseblatt, Kap. 8.1 bis 8.18.
15 Zum Vergleich der Altlastenproblematik alte/neue Länder *Thoenes*, ZAU 1994, 9 ff.
16 Antwort der BReg. auf die Große Anfrage „Altlasten" der Fraktion der SPD; s. BT-Drs. 11/2725 (Febr. 1989).

dung zum Referentenentwurf eines Bundes-Bodenschutzgesetzes in der Fassung vom 7.2.1994[17], wonach im November 1993 im alten Bundesgebiet rund 71 000 Verdachtsflächen registriert waren, im Gebiet der neuen Bundesländer rund 67 000 Verdachtsflächen.[18] Auch wurden bisher 5000 belastete ehemalige Rüstungsobjekte aus NS-Zeit ermittelt.[19] Die Altdeponien und Altstandorte wurden und werden von allen Bundesländern ermittelt und katastermäßig erfaßt. Nach heutigem Wissensstand sind von diesen (z.T. überbauten) Altlastenflächen über 10% sanierungsbedürftig. Indessen ist die Sanierung – z.B. durch Bodenabtragung oder durch Einkapseln in Verbindung mit der Aufbereitung des Sickerwassers – technisch schwierig und teuer. Die im Verlauf der nächsten 10 Jahre anfallenden **Kosten** der Altlastensanierung wurden 1987 auf ca. 17 Mrd. DM geschätzt[20], inzwischen schon auf 50 bis 100 Mrd. DM für die alten, 30 bis 100 Mrd. DM für die neuen Bundesländer, mithin ingesamt auf 80 bis 200 Mrd. DM.[21] Mittlerweile schätzt die Bundesvereinigung kommunaler Spitzenvebände alleine die Sanierungskosten militärischer Altlasten in den Neuen Bundesländern auf DM 100 Milliarden. Damit drängt sich die Frage auf, ob nicht wenigstens ein Teil dieser Gelder an anderer Stelle wirksamer in Umweltschutz investiert werden könnte.

Vordringlich ist zunächst die Aufgabe, die *Altlasten zu erfassen* und ihr jeweiliges *Gefährdungspotential zu bewerten* (sogen. Erkundungsphase). Erforderlichenfalls sind *Abwehrmaßnahmen* einzuleiten, um weitere Schäden zu verhüten. Dann ist ggf. in einer nach Dringlichkeit gestuften Folge die sog. *Sanierung* zu planen und durchzuführen.[22] Ziel der Sanierung ist die Herstellung eines mit dem Wohl der Allgemeinheit zu vereinbarenden Zustandes (z.B. Beseitigung oder zureichende Verringerung der Schadstoffmengen am und beim Gefahrenherd und/oder Sicherungsmaßnahmen, etwa Abdichten der Altlast sowie ständiges Abpumpen und ständige Kontrolle des Sickerwassers). Vorrangig ist die Sanierung solcher Altlasten, mit denen eine Gefährdung des Grundwassers und/oder der menschlichen Gesundheit verbunden ist. 23

Die Sanierung und insbesondere die Kostentragung hierfür richten sich – je nach dem Zeitpunkt der Beendigung der Ablagerungen – nach ganz verschiedenen rechtlichen Vorschriften (Rn. 5/90 ff.). Zuständig für den Vollzug sind die Länder. Regelmäßig haben der Sanierung eine Funktionsprüfung und eine Langzeitkontrolle zu folgen.[23] 24

---

17 Teilweise abgedruckt in: Verhandlungen des 60. Deutschen Juristentags Münster 1994, Diskussionsgrundlage der Abteilung Umweltrecht, 1994, Band I, Teil B, B 23 (B 27).
18 S.a. die Nachw. bei *Breuer*, DVBl. 1994, 890 (898).
19 SRU, Sondergutachten Altlasten II, 1995, BT-Drs. 13/380.
20 Vgl. *Breuer*, NVwZ 1987, 751 (752) m.w.N.
21 *Breuer*, DVBl. 1994, 890 (890) m.w.N. – Inzwischen werden sogar schon Zahlen wie 230 und 500 Milliarden gehandelt.
22 Ebenso unterscheidet der Leitfaden für die Beurteilung und Behandlung von Grundwasserverunreinigungen durch leichtflüchtige Chlorkohlenwasserstoffe des MELUF BW, August 1993, zwischen Erkundungs-, Abwehr- und Sanierungsmaßnahmen; siehe auch § 15 BodSchG-E (Fn. 31): Sanierungsplan, sowie § 19 BodSchG-E: Sanierungsplan.
23 Dazu Min. f. Umwelt BW (Hrsg.), Altlasten-Handbuch, Teil I, Altlastenbewertung, 2. Aufl. 1988, u. Teil II, Untersuchungsgrundlagen, 1988.

5 Bodenschutz-, insbes. Altlastenrecht

b) Abschätzung des Gefährdungspotentials

25 Sobald hinreichend starke Verdachtsmomente auf das Vorhandensein einer Altlast hinweisen, ist das **Gefährdungspotential** möglichst präzise **einzuschätzen**.[24]

26 Hier bringt – etwa im Falle einer Altdeponie – oft schon die Befragung noch erreichbarer Zeugen (z.B. Mitarbeiter der Herkunftsbetriebe, der Abfallbeförderer und des Deponiebetreibers) und/oder die Sichtung einschlägiger Unterlagen wertvolle Hinweise auf die Arten der abgelagerten Stoffe, der insgesamt abgelagerten Mengen sowie des Ablagerungszeitraums (*historische Erkundung*). Ergänzend sind nach Möglichkeit multitemporale Luftbildauswertungen sowie eine datenverarbeitungsgestützte Erfassung und Bewertung mit einem GEO-Informationssystem vorzunehmen.[25]

27 Wenn die auf einfache Weise erzielbaren Informationen zur Einschätzung des Gefährdungspotentials der abgelagerten Stoffe nicht ausreichen, sind in der Regel kostenintensive *Probebohrungen* vorzunehmen. Insbesondere die Feststellung der Kontamination des in der Abstromfahne der Altlast entnommenen Grundwassers läßt häufig recht genaue Rückschlüsse auf die einzelnen in der Altlast enthaltenen Gefahrstoffe zu. Bodenluftabsaugungen und -untersuchungen haben sich in einer Vielzahl von Fällen bewährt. Neben Proben von Sickerwasser und Bodenluft sind oft auch solche von Feststoffen zu analysieren. Durch die Nutzung von Erfahrungen, die aus der Untersuchung anderer Altlasten gewonnen worden sind, sowie durch systematisch stufenweises Vorgehen in Form fortschreitend zu spezifizierender, probenverdichtender Einzelanalysen (durch Rückstellproben) ist es technisch relativ leicht, wenn auch teuer und zeitaufwendig, weitere Aufschlüsse zu gewinnen.

28 Ggf. sind dann Untersuchungen der *Umgebung* des kontaminierten Standortes anzuschließen. Sie können sich auf Grundwasserstand, -fließrichtung, -verunreinigung, -leiter, Bodenformationen, Hauptwindrichtungen usw. beziehen.[26]

29 Möglicherweise erlauben die so gewonnenen Informationen bereits die Einschätzung, daß eine akute Gefahr für Mensch und Umwelt und damit ein aktueller Sanierungsbedarf gar nicht vorliegt. Aufgrund des erheblichen Aufwandes für die tatsächliche Sanierung einer Altlast und der noch großen Zahl akut sanierungsbedürftiger Altlasten sind ein **stufenweises Vorgehen**, die Erstellung einer strengen **Prioritätenliste** und damit auch die Zurückstellung der Sanierung kontaminierter, aber eben nicht akut gefährlicher Standorte unumgänglich. In der Folge reicht dann oft die regelmäßige weitere *Beobachtung* (Langzeit-Monitoring) der (noch) nicht sanierungsbedürftigen Altlasten.

30 Die so gewonnenen Befunde müssen schließlich auch **bewertet** werden.[27] Bislang fehlte es im deutschen Recht an einer normativen, gesetzeskonkretisierenden Stan-

---
24 Vgl. dazu *Breuer*, NVwZ 1987, 751 ff., Fn. 12 m.w.N.; s.a. SRU, Sondergutachten Altlasten, 1989, BT-Drucks. 11/6191, Tz. 292 ff. Leider fehlt ein bundeseinheitliches Bewertungssystem.
25 Dazu Brachflächenrecycling 1/94 und Altlasten-Spektrum 1/95.
26 *Kern*, BWGZ 1987, 429 ff. m.w.N.
27 Eingehend dazu *Franzius/Stegmann/Wolf/Brandt* (Fn. 14), Kap. 4.

dardisierung von Bodenwerten und sonstigen Umweltstandards.[28] Die bekannteste von etwa 30 „Wertelisten" unterschiedlicher Herkunft und verschiedenen Inhalts, aber ohne unmittelbare rechtliche Bedeutung, die in der fachwissenschaftlichen Diskussion und in der Verwaltungspraxis verwendet werden, ist die sog. *Holland-* oder *Niederländische Liste*.[29] Daneben sind auch die sog. *Kloke-Liste* (Orientierungswerte für tolerierbare Gesamtgehalte einiger Elemente in Kulturböden), die *Berliner Liste* (Beurteilungskriterien für die Beurteilung kontaminierter Standorte in Berlin), die *Hamburger Liste* und die *Brandenburger Liste* in Gebrauch. Abhilfe erwartet man von einer **TA Altlasten**, möglichst natürlich jetzt in Verordnungsform.[30] Die Ermächtigung zu einer entsprechenden Rechtsverordnung enthalten jetzt sowohl der Referentenentwurf[31] (§ 21 BodSchG-E) mit einer Unterscheidung zwischen Prüf- und Maßnahmewerten als auch der Vorschlag Bodenschutz im UGB-BT[32] (§ 312 i.V.m. § 284 IV und § 145) mit seiner Unterscheidung zwischen Risiko- und Gefahrenwerten. Inzwischen haben einige Länder gehandelt und wenigstens Verwaltungsvorschriften zu ihren altlastenregelnden Gesetzen erlassen.[33]

c) Sanierungsmöglichkeiten

Zur Vornahme der etwa notwendigen boden-, gewässer-, u.U. auch luftschützenden Sanierung kommen verschiedenartige, meist auch verschieden teure technische Maßnahmen in Betracht.[34] Daher ist im Einzelfall ein umfassendes **Sanierungskonzept** zu entwickeln und sinnvollerweise zwischen zuständiger Behörde und Sanierungspflichtigen, wenn möglich auch schon mit den (sonstigen) Kostenträgern, aber auch mit weiteren Betroffenen abzustimmen.   31

aa) Die **Auskofferung** des kontaminierten Erdreichs, d.h. die *Ausgrabung* der kontaminierten Erdmassen, und im Anschluß daran ihre *Entfernung* sowie ihre ordnungsgemäße *Entsorgung* in zentralen Entsorgungsanlagen (*off-site-treatment*) sind für den Standort und seine Umwelt oft die beste Lösung. Dagegen sprechen aber die hierfür notwendigen hohen Aufwendungen, der Mangel geeigneter Deponien oder Müllver-   32

---

28 Dazu die berechtigte Klage von *Dombert*, UPR 1990, 288 ff.
29 Dazu auch SRU, Sondergutachten Altlasten II, 1995; BT.-Drs. 13/380, Tz. 97.
30 Für Verwaltungsvorschrift statt Rechtsverordnung aber *Papier*, JZ 1994, 810 (819).
31 Das BodSchG-E wird zit. in der mit den Ressorts abgestimmten Fassung vom 7.2.1994, teilweise abgedr. in: Verhandlungen des 60. Deutschen Juristentags Münster 1994, Diskussionsgrundlage der Abteilung Umweltrecht, 1994, Band I, Teil B, B 5 (B 17), § 21 I 1. Daneben sind noch weitere, jedenfalls frühere Fassungen in Umlauf. Auch die zit. Fassung ist durch den nach Scheitern dieses Entwurfs in der letzten Legislaturperiode jetzt neu überarbeiteten Entwurf teilweise wieder überholt (Rn. 5/43).
32 *Jarass u.a.*, UGB-BT, sog. Professorenentwurf, teilweise auch abgedruckt in: Verhandlungen des 60. Deutschen Juristentags Münster 1994, Diskussionsgrundlage der Abteilung Umweltrecht, 1994, Band I, Teil B, B 87 ff.; dazu kurz *Breuer*, DVBl. 1994, 890 (897).
33 S. für BW die Orientierungswerte für die Bearbeitung von Altlasten und Schadensfällen, GABl. BW vom 30.11.1993.
34 Umfassend *Franzius/Stegmann/Wolf/Brandt* (Fn. 14), Kap. 5. – Vgl. ferner aus natur- bzw. ingenieurwissenschaftlicher Sicht *Thomé-Kozmiensky/Schneider*, ZAU 1989, 25 ff.; SRU, Sondergutachten Altlasten II, 1995, BT.-Drs. 13/380, Tz. 150 f.

brennungsanlagen zur Entsorgung der zu beseitigenden Schadstoffe, ggf. auch das Gefährdungspotential bei Durchführung der Sanierungsarbeiten.

33 bb) Das **Einkapseln** der Schadstoffe und kontaminierten Massen durch die Abdichtung der Oberfläche gegen Niederschlagswasser (Errichtung einer mehrschichtigen Versiegelung unter Verwendung von Folien) und die Errichtung von vertikalen Dichtwänden (etwa im Schlitzwandverfahren) seitlich der Altlast sowie die zureichende Abdichtung ihrer Sohle – letztlich alles zum Schutz der Gewässer, vor allem des Grundwassers – sind ebenfalls sehr aufwendig. Problematisch sind auch die Frage zureichender Dichtigkeit der verwendbaren Materialien (Folien, Spundwände, Ton, Lehm usw.), die noch immer fehlende Kenntnis des Langzeitverhaltens der Dichtungen und die mangelnde Erfahrung mit den anzuwendenden Techniken. Auch nach Abschluß der Sanierung sind daher in aller Regel langfristig noch Überwachungsmaßnahmen erforderlich, und etwa auftretendes Sickerwasser bedarf ständiger Behandlung (Rn. 5/37).

34 cc) Eine Alternative bildet das *Ausgraben* der kontaminierten Erdmassen und anschließend die *Extraktion der Schadstoffe* sowie ihre *Behandlung vor Ort* (**on-site-treatment**). Die Schadstoffe werden den ausgehobenen Erdmassen mittels physikalischer und/oder chemischer Verfahren entzogen (z.B. durch Auswaschen, d.h. durch Auf-Konzentrieren in der Feinstkornfraktion, oder durch „Strippen", d.h. Durchlüften zur Austreibung flüchtiger Stoffe). Die abgetrennten Schadstoffe werden (dies alles u.U. in einem Arbeitsgang) umgewandelt, abgebaut oder sind als Abfall zu entsorgen. Für die Behandlung kommen sog. „harte" Technologien (thermische Verfahren, z.B. im Wege des Einsatzes mobiler Infrarot- oder Wirbelschichtverbrennungsanlagen) oder stattdessen bzw. ergänzend sog. „weiche" Technologien (mikrobiologische Verfahren) in Betracht.[35] Die ausgehobenen kontaminierten Bodenteile können auch durch Zugabe geeigneter Zuschlagsstoffe so verfestigt werden, daß Schadstoffe nur noch in konkret vernachlässigbar geringer Menge ausgelaugt werden. Die behandelten Erdmassen können dann oft an gleicher Stelle wieder abgelagert werden. Probleme bestehen wiederum darin, daß immer noch nicht ausreichende Erfahrungen mit der Dekontamination verunreinigter, insbesondere mikrobiologisch behandelter Böden (Metabolitenbildung!) vor Ort vorliegen, mobile Verbrennungsanlagen in der Bundesrepublik Deutschland noch nicht verfügbar und die hier genannten Verfahren ebenfalls außerordentlich kostenintensiv sind.[36]

35 dd) Mit gleicher Wirkung können abgelagerte Schadstoffe u.U. auch *ohne vorheriges Ausgraben* der kontaminierten Erdmassen *an Ort und Stelle* behandelt werden (**in-site-treatment**). Dazu gibt es mittlerweile eine Fülle von Techniken wie z.B. die Bodenluftsanierung, elektronische Verfahren[37] und die Immobilisierung, bei der Sus-

---

35 Vgl. zur Kombination der Festbettbiologie mit einer Enteisenungsanlage zwecks Grundwassersanierung WLB 1995, Heft 1-2; zur photokatalytisch-naßoxidativen Reinigung von Grundwasser terratech 1995, Heft 2, S. 55 ff.; zur Elektronenstrahltechnik terratech 1995, Heft 1.
36 Vgl. dazu SRU, Sondergutachten Altlasten II, 1995, BT-Drs. 13/380, S. 85 ff. – Vgl. zu den Rechtsfragen der Genehmigung mobiler Bodenreinigungsanlagen *Beckmann*, NVwZ 1993, 305 ff. und (zur seither geänderten Rechtslage) *Reidt*, NVwZ 1993, 861 f.
37 Vgl. zur elektro-chemischen Sanierung terratech 1994, Heft 2.

pensionen eingespritzt werden, die die Schadstoffe im Boden fixieren, d.h. derart verfestigen, daß Auslaugungen verhindert bzw. bis auf einen nicht mehr bedenklichen Rest minimiert werden. Insoweit fehlen jedoch in der Bundesrepublik Deutschland noch hinreichende einschlägige Erfahrungen.

ee) Weiter kommt auch eine **hydraulische Sanierung** im Wege der künstlich herbeigeführten Änderung der lokalen Grundwasserfließrichtung durch ständiges Grundwasserpumpen, kombiniert mit einem Stripping-Verfahren oder photokatalytisch-naßoxidativer Reinigung in Betracht. – Entscheidende Fortschritte hat inzwischen eine neue Art der *hydraulischen Sanierung* gemacht, bei der Brunnen so gesetzt werden, daß sie kontaminiertes Grund- und Oberflächenwasser aufnehmen, dieses gefiltert oder sonst – vor Ort – gereinigt und über Schluckbrunnen oder durch Verrieselung auf dem Gelände dem Boden wieder zugeführt wird, vorausgesetzt, die Schadensquelle befindet sich in der grundwassergesättigten Zone. Gegenüber dem herkömmlichen Ausgraben entsteht oft nur ein Bruchteil der Kosten, ganz abgesehen von der Möglichkeit, so Deponieraum zu sparen. Der Sanierungserfolg und der Zeitbedarf sind jedoch schwerer kontrollierbar. 36

ff) Im Zusammenhang mit anderen Sanierungsmaßnahmen ist zum Gewässerschutz, insbesondere zum Schutz des Grundwassers meist auch eine *Sickerwasserbehandlung* erforderlich. Hierzu ist das Sickerwasser in geeigneter Weise zu sammeln sowie in einer deponieeigenen und/oder in einer hierfür geeigneten öffentlichen Anlage vor seiner Einleitung in eine kommunale Kläranlage chemisch-physikalisch vorzubehandeln. Das kann etwa im Wege der Umkehrosmose geschehen, so daß der nur noch schwach verunreinigte größere Wasserstrom abgeleitet und das stark verunreinigte Konzentrat zur Verdampfung einer thermischen Entsorgungsanlage zugeführt werden kann. 37

gg) Sofern *Gase* aus dem kontaminierten Standort austreten, müssen diese ebenfalls gesammelt und entsprechend behandelt werden. Zuweilen – meist jedoch nur bei jungen Deponien – lohnt sich eine thermische Verwertung (Rn. 10/52). 38

II. Einführung in das Bodenschutzrecht

1. Systematische Stellung

Systematisch ist Bodenschutz ein Teil des *medienbezogenen* Umweltschutzes vergleichbar dem WHG und dem BImSchG. Ob es eines *eigenständigen Bodenschutzrechts* überhaupt bedarf, war aber lange Zeit umstritten.[38] Dem lag die Vernachlässigung des Schutzguts Boden, dann aber auch die Tatsache zugrunde, daß jedenfalls Einzelaspekte des Bodenschutzes in einer ganzen Reihe verschiedener Gesetze unmittelbar oder mittelbar eben doch schon verwirklicht waren. U.a. enthalten bodenschüt- 39

---

38 Dafür schon unsere 1. Aufl. 1988, Rn. 4.

zende Regelungen das Immissionsschutzrecht, das Wasserrecht und das Abfallrecht. So warf der Querschnittscharakter des Bodenschutzes auch nicht unerhebliche Regelungsprobleme auf. Die Zusammenfassung in einem eigenen Gesetz schien daher vielen allenfalls wünschenswert, nicht aber notwendig.

40 Ebenso war lange umstritten, ob eine bundesrechtliche Normierung des Rechts der *Altlasten* geboten oder auch nur nützlich sei, und bejahendenfalls, ob die Altlastenregelungen gemeinsam mit dem allgemeinen Bodenschutzrecht in einem Bundesbodenschutzgesetz getroffen werden sollten. Beide Fragen waren unter anderem Gegenstand der Tagung der Abteilung Umweltrecht des DJT 1994 und wurden dort mit großer Mehrheit bejaht (60:4:2 bzw. 44:12:8).[39]

41 Die meisten *Länder* haben bisher bodenschutzrechtliche Regelungen in ihren Abfall- bzw. Abfall- und Altlastengesetzen getroffen. Nur Baden-Württemberg hat ein eigenes Bodenschutzgesetz (und darin einen Teil seiner Altlastenregelungen einbezogen), worin ihm jedenfalls der Referentenentwurf (BodSchG-E)[40] folgt.

2. Historische Entwicklung

42 Als umweltpolitische Aufgabe schrieb die Bundesregierung den Bodenschutz schon 1971 neben den Schutzgütern Wasser und Luft in ihr Umweltprogramm.[41] Ebenso setzten die europäische Bodencharta des Europarates aus dem Jahr 1972 und das UNEP-Umweltprogramm von Montevideo aus dem Jahr 1981 den Bodenschutz auf die politische Tagesordnung.[42] In der Bodenschutzkonzeption der Bundesregierung vom 7.3.1985 werden die Minderung von Stoffeinträgen und eine Trendwende im Landverbrauch in den Mittelpunkt gerückt.[43] Dieses Programm wurde durch den Maßnahmenkatalog zum Bodenschutzgesetz vom 12.1.1988 fortgeschrieben und konkretisiert.[44] Daraufhin wurden auch bodenschützende Ansätze in bestehenden Gesetzen vertieft bzw. neu eingefügt. Ein eigenes Bodenschutzgesetz wurde aber noch von vielen für nicht erforderlich, für nicht einmal wünschenswert gehalten, so noch 1987 auch vom SRU.[45] Den entscheidenden Anstoß zum Erlaß eines eigenen Bodenschutzgesetzes hat möglicherweise erst die deutsche Wiedervereinigung mit dem Hinzukommen einer Vielzahl neuer Altlastenfälle und einem entsprechend geschärften Problembewußtsein gebracht.[46] Auf internationaler Ebene ist aus neuester Zeit noch auf die Konferenz von Rio 1992 zu verweisen, deren Aktionsprogramm *Agenda 21* (Rn. 1/36) – umsetzungsbedürftige – Handlungsanweisungen für einen integrierten Ansatz der

---

39 NJW 1994, 3076 ff.
40 Fn. 31.
41 Zur Entwicklung von Bodenschutzrecht und -politik vgl. *Kauch*, Bodenschutz (Fn. 1), S. 2 f.; *Storm*, DVBl. 1985, 317 (318 f).
42 *Leidig*, NuR 1988, 377 (381); *Storm*, ZfU 1982, 262 (267 f.). – Zu weiteren völkerrechtlichen Verpflichtungen *Hohmann*, NuR 1995, 474 ff.
43 BT-Drs. 10/2977, S. 8.
44 BT-Drs. 11/1625.
45 Anders jetzt SRU, Umweltgutachten, 1994, BT-Drs. 12/6995, Tz. 467 f.; s.a. *Rid/Hammann*, UPR 1990, 281 ff.
46 Dazu *Ott*, ZUR 1994, 53 (54); s.a. SRU, Umweltgutachten, 1994, BT-Drs. 12/6995, Tz. 468.

Planung und Bewirtschaftung von Landressourcen sowie für die Bekämpfung der Wüstenbildung enthält.

Zwar ist jetzt die Entscheidung für ein eigenes Bundesbodenschutzgesetz im Grundsatz gefallen. In der 12. Legislaturperiode ist das Gesetzgebungsverfahren über einen *Referentenentwurf* des BMU zum Schutz vor schädlichen Bodeneinwirkungen und zur Sanierung von Altlasten (Bundesbodenschutzgesetz – BBodSchG)[47] aber nicht hinausgelangt. Der Entwurf wird jetzt überarbeitet (Rn. 5/48, 56) und soll bis Ende 1995 vorliegen, konnte hier also auch noch nicht berücksichtigt werden. So fehlt bislang eine einheitliche bundesrechtliche Regelung des gesamten spezifischen Bodenrechts und es bleibt bei der Forderung, ein Bodenschutzgesetz nun möglichst schnell zu verabschieden.[48]

Im Rahmen der Bemühungen um die Kodifikation des Umweltrechts legte die Arbeitsgruppe von Professoren für das Bundesumweltministerium als Drittes Kapitel des Besonderen Teils eines Umweltgesetzbuchs (UGB-BT) auch ein Bodenschutzrecht vor.[49]

Die erfreuliche Entwicklung zur Einführung eines eigenen Bodenschutzrechts kann nicht darüber hinwegtäuschen, daß gleichzeitig unter den Stichworten Standortproblematik, Wohnraumschaffung und Beschleunigung den Schutzzielen des Bodenschutzes jedenfalls unter dem Gesichtspunkt der Flächenzersiedelung *gezielt und effektiv entgegengewirkt* wird (Rn. 3/17 ff.).[50]

Landesrechtlich haben Baden-Württemberg und Sachsen (in Regelungszusammenhang mit seinem Abfallwirtschaftsrecht) schon jetzt ein eigenes Bodenschutzgesetz[51] und sind damit dem Bund voraus. Eine eigenständige Regelung zumindest für Teilgebiete des Altlastenrechts haben inzwischen alle Länder, bisher – mit Ausnahme Baden-Württembergs – in Regelungszusammenhang mit ihrem jeweiligen Abfallrecht (Rn. 5/101, 107).

3. Gesetzgebungskompetenz und Rechtsquellen

a) Europarecht

Auf **europäischer Ebene** ist auf die Europäische Bodencharta des Europarates aus dem Jahr 1972 zu verweisen, vor allem aber auf eine Reihe europarechtlicher Vorgaben mit nur mittelbarem Bezug zum Bodenschutz, die auch hier an entsprechender Stelle

---

47 Referentenentwurf, BBodSchG-E (Fn. 31).
48 Vgl. zuletzt noch einmal die entsprechende Forderung des SRU, Umweltgutachten, 1994, BT-Drs. 12/6995, Tz. 477.
49 Fn. 32, dazu *Kloepfer*, DVBl. 1994, 310 (310); *Peine*, in: *Jarass* u.a., UGB-BT, S. 557 ff.
50 Vgl. § 35 IV BauGB, § 4 BauGB-MaßnG und weitere Vorschriften des Investitionserleichterungs- und Wohnbaulandgesetzes, das Verkehrswegeplanungsbeschleunigungsgesetz und das Planungsvereinfachungsgesetz. – Zur Kritik auch *Erbguth/Stollmann*, NuR 1994, 319 (329) m.w.N.
51 Für BW BodSchG vom 24.6.1991, GBl. S. 434; für Sachsen EGAB, Erstes Gesetz zur Abfallwirtschaft und zum Bodenschutz im Freistaat Sachsen, vom 12.8.1991, GVBl. 306, §§ 7 bis 11.

5 *Bodenschutz-, insbes. Altlastenrecht*

behandelt werden. Ausdrücklich bodenschutzbezogen ist die Richtlinie des Rates 86/278 vom 12.6.1987 über den Schutz der Umwelt und insbesondere der Böden bei der Verwendung von Klärschlamm in der Landwirtschaft.[52] Ein wichtiger Schritt zur Stärkung des Bodenschutzes war vor allem die EG-Richtlinie über die **Umweltverträglichkeitsprüfung** (Rn. 1/109 ff.), die unter anderem auch die Bewertung der unmittelbaren und mittelbaren Auswirkungen einer Anlage oder eines Eingriffs in Natur und Landschaft auf den Umweltfaktor Boden vorschreibt, Art. 3 UVP-Richtlinie, §§ 2 I 2 Nr. 1, § 6 III 1 Nr. 1 UVPG.[53] Von einer Durchnormierung des Bodenschutzrechts, wie sie beispielsweise für das Chemikalienrecht kennzeichnend ist, sind wir weit entfernt – und werden es auch bleiben, weil Wettbewerbsprobleme hier einen vergleichbar großen Harmonisierungsbedarf nicht erzeugen.

b) Bundesrecht

48 Die **Gesetzgebungskompetenz** des Bundes für ein umfassend angelegtes Bodenschutzgesetz ist umstritten. Zum Teil wird eine solche Kompetenz aus Art. 74 Nr. 18 GG (Bodenrecht) sowie – für Teilbereiche – aus Art. 74 Nr. 11 (Recht der Wirtschaft) und Nr. 24 (Abfallbeseitigung) hergeleitet und dem Bund eine konkurrierende Vollkompetenz für eine Altlastenregelung zugesprochen.[54] Andererseits besitzt der Bund nur die Rahmengesetzgebungskompetenz für den Wasserhaushalt sowie den Naturschutz und die Landschaftspflege (Art. 75 Nr. 3 und 4 GG). Dies spricht gegen die Annahme einer konkurrierenden Vollkompetenz für den medialen Schutz des Bodens und des Grundwassers.[55] Dementsprechend ist der Referentenentwurf (BodSchG-E, Stand Anfang 1994) grundsätzlich auf Art. 75 Nr. 3 GG gestützt und als Rahmengesetz ausgestaltet, für die vorgesehene Altlastenregelung auf eine konkurrierende Gesetzgebungskompetenz aus Art. 74 Nr. 18 GG, die für den Bereich der Altablagerungen aus Art. 74 Nr. 24 GG und für den Bereich der Altstandorte aus Art. 74 Nr. 11 GG abgeleitet wird.[56] Der geänderte Entwurf 1995, der zur Zeit der Drucklegung noch nicht vorlag, soll das Bodenschutzgesetz insgesamt als konkurrierendes Recht ausgestalten und – als Artikelgesetz – eine Reihe weiterer Gesetze, darunter das BauGB verändern.

49 Bisher gibt es noch kein eigenes Bundesbodenschutzgesetz. Entsprechend sind die bodenschutzrelevanten Regelungen breit gestreut: Einige Rechtsvorschriften haben den Bodenschutz

---

52 ABl. Nr. L181/6 mit Änderung ABl. Nr. L377/48 (91/692/EWG).
53 Zum Konzept des Bodenschutzes aus rechtsvergleichender und europarechtlicher Sicht *Bückmann/Dreißigacker/Elevelt/Gerner/Lee/Mackensen/Maier*, Bodenschutz in der europäischen Union, herausgegeben von der interdisziplinären Forschungsarbeitsgemeinschaft für Gesellschaft, Umwelt und Siedlung (FAGUS), 1994. – s.a. *Bückmann/Lee/Leimbacher*, NuR 1993, 263 ff.
54 Dazu *Papier*, Rechtliche Probleme der Boden- und Grundwassersanierung, Rechtsgutachten, 1992, S. 96 ff.; *Peine*, NuR 1992, 553 ff.; *Rid/Froeschle*, UPR 1994, 321; *Rid/Petersen*, NVwZ 1994, 844 (845); s.a. *Schink*, DÖV 1995, 213 (214 ff.) m.w.N.
55 Dazu *Maunz*, in: *Maunz/Dürig/Herzog/Scholz*, Grundgesetz, Kommentar, Loseblatt Art. 74 Rn. 200; *Erbguth/Rapsch*, NuR 1990, 433 (436); ebenso *Breuer*, DVBl. 1994, 890 (897); siehe auch *Peine*, NuR 1992, 353 (354 f.) m.w.N.
56 So die Begründung zum Referentenentwurf (Fn. 17), B 25 f.; zustimmend *Breuer*, DVBl. 1994, 890 (898); spez. zur Altlastenregelung *Papier*, JZ 1994, 810 (811 f.).

zum wichtigsten oder sogar ausschließlichen Gegenstand, z.B. § 2 I Nr. 4 BNatSchG, andere nur als ein Ziel neben anderen, z.B. § 1 V 3 BauGB, § 2 I Nr. 6 PflSchG, § 2 II DMG, §§ 8, 8 a BNatSchG. Als Rechtsvorschriften mit mittelbar bodenschützenden Inhalten nennt die Bundesregierung[57] selbst das Wasserhaushaltsgesetz, das Waschmittelgesetz (jetzt: Wasch- und Reinigungsmittelgesetz), das Bundesimmissionsschutzgesetz mit Störfallverordnung, die Großfeuerungsanlagen-Verordnung mit TA Luft, das Benzinbleigesetz, das Gesetz über die Beförderung gefährlicher Güter nebst Gefahrgutverordnung (Rn. 9/22), die auf die Gewerbeordnung gestützte Verordnung über brennbare Flüssigkeiten, das Bundeswaldgesetz sowie das Grundstücksverkehrsgesetz. Zu ergänzen ist das Abfallrecht.[58] Als bodenschutzrelevante Planungsnormen zu nennen sind das Raumordnungsgesetz, das Baugesetzbuch, das Bundesfernstraßengesetz, das Allg. Eisenbahngesetz, das Luftverkehrsgesetz, das Telegraphenwegegesetz und das Landbeschaffungsgesetz.

Der genannte Referentenentwurf (BBodSchG-E) in der mit den Ressorts abgestimmten Fassung vom 7.2.1994[59] will dem Umweltmedium Boden ähnlich wie den Medien Wasser und Luft auf bundesrechtlicher Ebene Schutz und Vorsorge garantieren.[60] **50**

Im folgenden werden die bodenschutzrelevanten Regelungen anderer Gesetze auf Bundesebene, die landesrechtlichen Vorschriften und der Entwurf des Bundesbodenschutzgesetzes in der Fassung von Anfang 1994 zugrundegelegt.

c) Landesrecht

Vorreiter war **Baden-Württemberg** mit seiner in Deutschland ersten positiv-rechtlichen Normierung eines Bodenschutzgesetzes.[61] Damit sollte – vor dem Hintergrund der Schwierigkeiten bei der Sanierung dioxinbelasteter Böden (*Fahlbusch/Rastatt; Rheinfelden*) – der Zersplitterung der Rechtsgrundlagen zum Schutz des Bodens entgegengewirkt werden.[62] Indessen ist eine Zusammenfassung dieser Rechtsgrundlagen auf der Ebene des Landesrechts nicht zu erreichen.[63] **51**

Im einzelnen enthalten sind Mitwirkungspflichten der Grundstückseigentümer und der Inhaber der tatsächlichen Gewalt über ein Grundstück in Bezug auf die behördliche Feststellung von Bodenbelastungen (§ 7 BodSchG BW), gesetzliche Ermächtigungen sowie die Duldungs- und Handlungspflichten von Verursachern, Grundstückseigentümern und Inhabern der tatsächlichen Gewalt in Bezug auf die Überwachung, den Schutz und die Sanierung des Bodens (§§ 8-10 BodSchG BW). Diese Ermächtigungs- und Verpflichtungsnormen haben ordnungsrechtlichen und einzelfallbezogenen Charakter, die Festsetzung von Bodenbelastungsgebieten (§§ 13, 14 BodSchG BW) hat normativen und planerischen Charakter und erfolgt durch Rechtsverordnung. Diese enthält Nutzungsregelungen, die aufgrund der vorhandenen Bodenbelastungen **52**

---

57 BT-Drs. 10/2977, S. 36 f.
58 *Kunig*, ZfW 1992, 469 ff.
59 Fn. 31, Rn. 5/43.
60 Vgl. zum gesetzgeberischen Konzept des Bodenschutzes: *Peine*, in: Breuer u.a. (Hrsg.), UTR Band 3, 1987, S. 201 ff.; *Heiermann*, Der Schutz des Bodens vor Schadstoffeintrag, 1992; *Kauch*, Bodenschutz (Fn. 1).
61 Gesetz zum Schutz des Bodens vom 1.9.1991, GBl. 1991, 434, zul. geändert durch Gesetz vom 12.12.1994, GBl. 653; dazu *Spilok* (Fn. 2), S. 12 f.
62 Anschaulich zum Problem VGH BW, DÖV 1990, 344 ff.
63 Vgl. dazu *Ziegler*, NVwZ 1991, 1154 ff.; *Schlabach*, VBlBW 1993, 121 ff.

5 Bodenschutz-, insbes. Altlastenrecht

nach gebietsbezogenen Entwicklungszielen der Sanierung, der Gesundheitsvorsorge und der Umweltvorsorge zu gestalten, ordnungsrechtlich aber nicht vorgegeben sind.[64]

53 Umfassende Regelungen des Bodenschutzes enthält auch das Erste Gesetz zur Abfallwirtschaft und zum Bodenschutz im **Freistaat Sachsen** vom 12.8.1991[65], darunter Vorschriften über den Boden und belastete Flächen (§ 8 EGAB), Maßnahmen des Bodenschutzes (§ 9 EGAB) und die zur Durchführung von Maßnahmen Verpflichteten (§ 10 EGAB). Damit sind einerseits spezialgesetzliche, dem allgemeinen Polizei- und Ordnungsrecht vorgehende[66] Regelungen der Altlasten (§ 8 III Nr. 3 EGAB) enthalten, andererseits aber auch Vorschriften weit über das Altlastenproblem hinaus entsprechend der weiten Legaldefinition der Bodenbelastungen und der hierfür relevanten ökologisch geprägten Besorgnis (§ 8 II und III EGAB).

54 In den *anderen Ländern* werden entsprechende Gesetzesvorschläge vorbereitet oder liegen schon vor.

4. Überblick über das Bodenschutzrecht

55 Der Schutz des Bodens als allgemein anerkanntes Ziel soll in Form einer von den Ländern auszufüllenden Rahmengesetzgebung erreicht werden. Dazu enthält der Entwurf allgemeine Vorschriften (§§ 1-5 BBodSchG-E) und Regelungen über schädliche Bodenveränderungen (§§ 6-16) einschließlich einer Vorsorgepflicht (§ 6) und ordnungsrechtliche Pflichten zur Gefahrenabwehr und zur Sanierung (§§ 7, 8) sowie schließlich eine spezielle Altlastenregelung (§§ 17-26). Dazu kommen Bestimmungen über die landwirtschaftliche Bodennutzung (§ 27) und gebietsbezogene Maßnahmen und Festsetzungen (§§ 28-30).

56 Der **neue Entwurf 1995** unterscheidet sich von dem hier zunächst zugrundegelegten Entwurf vor allem darin, daß die materiellen Pflichten auf den 2. Abschitt konzentriert sein sollen. Der Altlastenteil beschränkt sich dann auf Regelungen zur Sanierungsplanung und zur Unterrichtung der Öffentlichkeit. Schließlich soll eine Sanierungsgenehmigung mit *Konzentrationswirkung* eingeführt werden, sofern kein abfallrechtliches Planfeststellungsverfahren erforderlich ist; da für die meisten Sanierungsverfahren eine abfall- oder immissionsschutzrechtliche Genehmigung ausreicht, entfällt dann auch das UVP-Erfordernis.

57 Das **baden-württembergische** Bodenschutzgesetz enthält allgemeine Bestimmungen (§§ 1-7, 19-24 BodSchG BW), Vorschriften über die Bodenüberwachung und Maßnahmen gegen Bodenbelastungen (§§ 8-10), über die land- und fortwirtschaftliche Bodenbewirtschaftung (§§ 11, 12), über Bodenbelastungsgebiete (§ 13, 14) und über die Erfassung und Überwachung der Bodenbeschaffenheit (§§ 15-19). Dabei findet das baden-württembergische Bodenschutzgesetz nur Anwendung, wenn nicht bundes- oder landesrechtliche Vorschriften inhaltsgleiche oder entgegenstehende Bestimmungen enthalten (§ 3).

5. Würdigung des Bodenschutzrechts

58 Über die Notwendigkeit eines besonderen Bodenschutzrechts besteht jetzt wohl weitgehend Einigkeit. Zu zersplittert sind bisher die bodenschutzbetreffenden Regelungen,

---

64 Vgl. *Erbguth/Stollmann*, NuR 1994, 319 (323 f.).
65 GVBl. 1991, S. 306; dazu *Knopp*, LKV 1992, 215 ff.; *Erbguth/Stollmann*, NuR 1994, 319 (323 ff.).
66 Zu §§ 16 ff. HAbfAG als Spezialgesetz Hess. VGH, DVBl. 1992, 721 und HessVGRspr 1992, 76.

zu wenig ist vor allem der Bodenschutz bisher konkretisiert und instrumentiert.[67] Das verspricht jetzt anders zu werden. Für richtig halten wir auch die jetzt wohl im Grundsatz gefallene Entscheidung für das Integrationsmodell, wonach die dringend erforderlichen bundesrechtlichen Altlastenregelungen nicht anderweitig, sondern eben in einem umfassenden Bodenschutzgesetz getroffen werden.[68]

Erfahrungen mit dem BBodSchG-E liegen naturgemäß noch nicht vor. Wie bei den meisten modernen Umweltgesetzen ist es aber auch im Bodenschutz so, daß viele wichtige Regelungen erst in aufgrund gesetzlicher Ermächtigungen zu erlassenden untergesetzlichen Normierungen erfolgen. Von deren Vollzugsfähigkeit und Strenge hängt der Erfolg des Ganzen ab. Der Referentenentwurf ist sicher eine brauchbare Basis, bedarf aber noch der Verbesserung, die jetzt auch noch erfolgen soll (Rn. 5/48, 56, 60, 64, 66, 78). – Die Landesgesetze haben sich wohl insgesamt bewährt. Aus den entsprechenden Erfahrungen sollte auch für die Bundesgesetzgebung geschöpft werden. Es bleibt zu hoffen, daß wenigstens in der laufenden Legislaturperiode ein – verbessertes – Gesetz samt dazugehöriger Rechtsverordnungen verabschiedet werden kann und der Entwurf nicht noch weiter verwässert wird. **59**

Zur **Kritik** ist schon redaktionell anzumerken, daß § 2 BodSchG-E (Bodenfunktionen) entweder noch zum Zweck des Gesetzes oder in die Begriffsbestimmungen gehört; Entsprechendes gilt für § 3 BodSchG-E (schädliche Bodenveränderungen). Inhaltlich richten sich Änderungsforderungen gegen die Aufnahme von Bodenbeeinträchtigungen unter die geschützten Bodenfunktionen (Rn. 5/64) und gegen die insgesamt noch unbefriedigende Umsetzung des Vorsorgegedankens, insbesondere die fehlende planende Bewirtschaftung und fehlende marktwirtschaftliche Anreize zur Erreichung bodenschützender Ziele. Ob das BBodSchG-E in der bisher vorliegenden Form – abgesehen vom Altlastenrecht – überhaupt einen Fortschritt gegenüber der bestehenden Rechtslage bedeutet, wird daher bezweifelt.[69] Womöglich bleibt es selbst dann, wenn es endlich in Kraft getreten sein wird, ein weiterer Akt bloß **symbolischer Umweltgesetzgebung** (Rn. 5/45, 66).[70] **60**

III. Gesetzeszweck, Anwendungsbereich, Begriffe und Instrumente

1. Ziel und Zweck des Gesetzes

Die wichtigste Zielsetzung der Kodifizierung des Bodenschutzrechts besteht in der Überwindung seiner bisherigen Zersplitterung[71], aber auch in der Aufwertung des Schutzgutes Boden insgesamt. **61**

---

67 *Lübbe-Wolff*, NVwZ 1986, 178 (181); *Seibert*, NVwZ 1993, 16 (20); s. aber auch Rn. 5/67.
68 Zum Trennungs- und Integrationsmodell *Rid/Petersen*, NVwZ 1994, 844 (845) m.w.N.
69 Sehr kritisch z.B. *Stollmann*, ZAU 1994, 391 (401 f.); zur Kritik auch *Werbeck/Wink*, ZAU 1994, 403 ff.
70 Zum Begriff *Schink*, ZUR 1993, 5 f.
71 Dazu schon *Kloepfer*, Umweltrecht, S. 822.

5 Bodenschutz-, insbes. Altlastenrecht

62 Auch das BBodSchG-E enthält in seinem § 1 eine auslegungs- und ermessensleitende **Zweckbestimmung**, nämlich
- den Boden vor schädlichen Veränderungen zu schützen und
- Vorsorge gegen das Entstehen schädlicher Bodenveränderungen zu treffen (S. 1),

und dazu
- schädliche Bodenveränderungen abzuwehren,
- bestehende schädliche Bodenveränderungen und Altlasten zu beseitigen sowie
- nachteilige Einwirkungen auf den Boden nach Maßgabe des Gesetzes soweit wie möglich zu vermeiden (S. 2) und
- insgesamt den Boden mit seinen vielfältigen Funktionen zu erhalten.

63 **Schutz und Vorsorge** in diesem Sinn werden in § 2 näher bestimmt, und zwar als Erhaltung oder Wiederherstellung der Leistungsfähigkeit des Bodens als
- Lebensgrundlage und Lebensraum für Menschen, Tiere, Pflanzen und Bodenorganismen,
- Teil des Naturhaushalts, insbesondere mit seinen Wasser- und Nährstoffkreisläufen,
- Abbau-, Ausgleichs- und Aufbaumedium für stoffliche Einwirkungen aufgrund der Filter-, Puffer- und Stoffumwandlungseigenschaften,

und in seinen Nutzungsfunktionen als
- Rohstofflagerstätte,
- Standort für die land- und forstwirtschaftliche Nutzung,
- Fläche für Siedlung und Erholung,
- Standort für wirtschaftliche Nutzungen, Verkehr, Ver- und Entsorgung und
- Archiv der Natur- und Kulturgeschichte.

64 Damit würden bundesrechtlich erstmals der Boden unmittelbar unter gesetzlichen Schutz und damit auch den beiden anderen Umweltmedien Wasser und Luft gleichgestellt. **Vorbeugender** Bodenschutz und **Altlastensanierung** wären gemeinsam in einem Gesetz geregelt. Kritisch anzumerken ist freilich auch, daß zu den geschützten Bodenfunktionen auch nicht-ökologische Funktionen gehören. Damit widersprechen sich die geschützten Funktionen untereinander, z.B. die Wirkung des Bodens als Teil des Naturhaushalts mit seinen Wasser- und Nährstoffkreisläufen einerseits, als Fläche für Siedlung und Erholung sowie als Verkehrsfläche andererseits. Damit schützt das Bodenschutzgesetz zugleich auch die Beeinträchtigungen der natürlichen Funktionen des von ihm gerade zu schützenden Umweltmediums. Es kann nicht Aufgabe gerade des Bodenschutzrechts sein, die Zugriffsmöglichkeiten auf Böden beispielsweise als Siedlungs- und Verkehrsfläche abzusichern. Dies kann anderen Regelungswerken überlassen bleiben.[72]

65 Nach § 7 I *EGAB Sachsen* (1991) ist der Boden als Naturkörper und Lebensgrundlage für Menschen, Tiere und Pflanzen in seinen Funktionen zu erhalten und vor Belastungen zu schützen. – Nach § 1 *BodSchG BW* ist Zweck des Gesetzes, den Boden als Naturkörper und Lebensgrundlage für Menschen und Tiere, insbesondere in seinen Funktionen als Lebensraum für Bodenorganismen, als Standort für die natürliche Vegetation und als Standort für Kulturpflanzen, als Ausgleichskörper im Wasserkreislauf, als Filter und Puffer für Schadstoffe sowie als landschaftsgeschichtliche Urkunde zu erhalten und vor Belastungen zu schützen, eingetretene Belastungen zu beseitigen und ihre Auswirkungen auf den Menschen und die Umwelt zu verhindern oder zu vermindern.

---

72 So zutreffend *Stollmann*, ZAU 1994, 391 (395) m.w.N. in Fn. 18.

2. Anwendungsbereich

In weiten Teilen enthält das BBodSchG-E nur Rahmenvorschriften für die Landesgesetzgebung (§ 5 I 1 BBodSchG-E), die innerhalb von zwei Jahren nach Inkrafttreten des Gesetzes dieses umsetzen sollen (§ 5 I 2 BBodSchG-E). Es findet keine Anwendung, wenn im einzelnen aufgeführte Vorschriften Regelungen bereits enthalten (Abfallgesetz, Düngemittel- und Pflanzenschutzrecht, Gentechnikgesetz, Atomgesetz, Immissionsschutzrecht u.a.m.), ferner für bestimmte thematisch bezeichnete Gebiete (Kampfmittel, Verkehrswegebau u.a.m.), § 5 II ff. BBodSchG-E. Gerade im Hinblick auf die Ausnahme für den Verkehrswegebau ist zu bemängeln, daß sich das Gesetz selbst seiner Einwirkungsmöglichkeiten hinsichtlich wesentlicher Schutzziele beraubt. Ob aber die Umweltverträglichkeitsprüfung im Verkehrswegerecht und die Bodenschutzklausel des § 1 V 3 BauGB ausreichen, eine möglichst bodenschonende Flächeninanspruchnahme zu gewährleisten, darf nach den bisherigen Erfahrungen bezweifelt werden, zumal neuere gesetzliche Regelungen den Zugriff auf ökologisch wichtige Flächen gerade wieder erleichtern (vgl. § 35 IV BauGB und § 4 BauGB-MaßnG sowie weitere Vorschriften des Investitionserleichterungs- und Wohnbaulandgesetzes, das Verkehrswegeplanungsbeschleunigungsgesetz und das Planungsvereinfachungsgesetz).[73] **66**

Kritisch anzumerken ist auch, daß der Gesetzentwurf schon allein aufgrund seiner vielen Anwendungsausnahmen nur bedingt in der Lage sein wird, der allseits beklagten Rechtszersplitterung auf dem Gebiet des Bodenschutzrechts tatsächlich entgegenzuwirken. **67**

3. Begriffsbestimmungen

Eine allgemeinverbindliche Begriffsbestimmung des Bodens auf Bundesebene gibt es bisher nicht. Seine Bedeutung ist jeweils aus dem Zusammenhang der betreffenden Normen zu erschließen, in denen er gebraucht wird. **68**

Der Entwurf enthält der Sache nach Begriffsbestimmungen in § 2 (Bodenfunktionen) und § 3 (schädliche Bodenveränderungen) sowie ausdrücklich in § 4. So sind im Sinne des Gesetzes **69**
- **Boden** die obere Schicht der Erdkruste, soweit sie Träger der in § 2 genannten Bodenfunktionen ist, einschließlich der flüssigen Bestandteile (Bodenlösung) und der gasförmigen Bestandteile (Bodenluft), ohne das Grundwasser (Nr. 1);
- **altlastenverdächtige Fläche** stillgelegte Abfallentsorgungsanlagen sowie sonstige Grundstücke, auf denen Abfälle behandelt, gelagert oder abgelagert worden sind (Altablagerungen), und Grundstücke stillgelegter Anlagen, ausgenommen Anlagen, deren Stillegung einer Genehmigung nach dem Atomgesetz bedarf, und sonstige Grundstücke, auf denen mit umweltgefährdenden Stoffen umgegangen worden ist, soweit die Grundstücke gewerblichen Zwecken dienten oder im Rahmen wirtschaftlicher Unternehmungen Verwendung finden (Altstandorte), bei denen der konkrete Verdacht besteht, daß schädliche Bodenveränderungen oder sonstige Gefahren für den einzelnen oder die Allgemeinheit hervorgerufen werden (Nr. 2).

Ferner sind legaldefiniert Altlasten, Dekontaminationsmaßnahmen, Sicherungs- und Beschränkungsmaßnahmen und Folgenbeseitigungsmaßnahmen.

Auf Länderebene gilt beispielsweise nach § 2 I *BodSchG BW: Boden* ist die oberste überbaute und nicht überbaute Schicht der festen Erdkruste einschließlich des Grundes fließender und stehender Gewässer, soweit sie durch menschliche Aktivitäten beeinflußt werden kann.[74] **70**

---

73 Kritisch auch *Stollmann*, ZAU 1994, 391 (395 f.).
74 Dazu *Spilok* (Fn. 2), § 2 Rn. 1 ff.

5 *Bodenschutz-, insbes. Altlastenrecht*

4. Instrumente

71 Instrumente des Bodenschutzes sind Maßnahmen sowohl der **Gefahrenabwehr** als auch der **Vorsorge**: Verursacher und Grundstückseigentümer werden verpflichtet, Belastungen des Bodens zu unterlassen oder abzuwenden, die zu *schädlichen Bodenveränderungen* führen können. Zum *langfristigen* Schutz des Bodens sind aber schon unterhalb der Gefahrenschwelle Belastungen des Bodens zu vermeiden oder zu vermindern, wenn sonst durch dauernden Eintrag langfristig die natürlichen Bodenfunktionen beeinträchtigt werden. Die Vorsorgepflicht soll verhindern, daß durch schleichende Anreicherung umweltgefährdender Stoffe im Boden jedenfalls auf längere Sicht die Belastungsgrenze erreicht wird. Zur Verwirklichung des vorsorgenden Bodenschutzes auch gegenüber dem Landverbrauch ist mit Grund und Boden sparsam und schonend umzugehen.[75]

72 Dies wird für großflächige Bauvorhaben im Gesetz selbst näher bestimmt. Die Bodenschutzklausel für großflächige *Bauvorhaben* findet bei der Zulassung von Bauvorhaben nach §§ 34 f. BauGB Anwendung (§ 5 VIII S. 2 BBodSchG-E), außer wenn sie unzumutbar ist oder planerische Vorgaben entgegenstehen.

73 Schließlich wird der bodenschutzrechtliche Vorsorgegrundsatz auch für die *landwirtschaftliche* Bodennutzung näher bestimmt. Hinzu kommen *gebietsbezogene* Maßnahmen und Festsetzungen wie Bodenschutzpläne zur Sanierung des Gebiets nach § 28 I BBodSchG-E, Bodenschutzpläne zur Vorsorge nach § 28 II BBodSchG-E mit Angaben über festgestellte schädliche Bodenveränderungen und zu erwartende Bodeneinwirkungen, die Beeinträchtigung der in § 2 BBodSchG-E genannten Bodenfunktionen, die Ursachen der Bodeneinwirkungen, geeignete Maßnahmen zur Gefahrenabwehr und zur Vorsorge u.a.m. (§ 29 BBodSchG-E) sowie weitere gebietsbezogene Maßnahmen, wie die Einrichtung und Führung von Bodeninformationssystemen.

74 Nach § 13 *BodSchG BW* können Gebiete, in denen erhebliche Bodenbelastungen festgestellt werden, zur Sanierung des Bodens oder aus Gründen der Vorsorge für die menschliche Gesundheit oder zur Vorsorge gegen erhebliche Beeinträchtigungen des Naturhaushalts durch Rechtsverordnung als Bodenbelastungsgebiete festgesetzt werden. Nach der Verordnung darf der Boden dann auf Dauer oder je nach Art und Maß der Bodenbelastungen auf bestimmte Zeit nicht oder nur eingeschränkt genutzt werden, sind nur bestimmte Nutzungen zugelassen, dürfen bestimmte Stoffe nicht eingesetzt werden oder muß der Grundstückseigentümer oder der Inhaber der tatsächlichen Gewalt über ein Grundstück näher festzulegende Maßnahmen zur Beseitigung oder Verminderung von Bodenbelastungen dulden oder durchführen.

75 Nach § 11 BBodSchG-E soll dann, wenn konkrete Anhaltspunkte für eine schädliche Bodenveränderung vorliegen, die Behörde die zur Ermittlung des Sachverhalts geeigneten Maßnahmen ergreifen. Liegt sogar ein entsprechender hinreichende Verdacht vor, kann die zuständige Behörde die Verpflichteten zu *Gefahrerforschungsmaßnahmen* heranziehen, § 12 BBodSchG-E. Dabei trägt ein gestuftes Verfahren dem jeweiligen Kenntnisstand der Behörde Rechnung.

76 Außer Untersuchungsanordnungen kann die zuständige Behörde auch sonstige Anordnungen treffen, § 14 BBodSchG-E.

77 Schließlich enthält § 9 BBodSchG-E die *Ermächtigung* zum Erlaß von Rechtsverordnungen, insbesondere zur Bestimmung von Gefahren-, Prüf- und Vorsorgewerten. Auch die Anforderungen an die landwirtschaftliche Bodennutzung können durch Rechtsverordnung konkretisiert

---

[75] Ebenso schon bisher § 1 V 3 BauGB.

werden. Die Regelungen der Anforderungen an stoffliche Einträge im Düngemittel- und Pflanzenschutzrecht sowie in der Klärschlammverordnung gehen vor.

Insgesamt wird der *Vorsorgegedanke* des § 6 II BBodSchG-E aber zu wenig umgesetzt. Die Instrumente dieser Vorsorge sind zu wenig bestimmt. Der Gesichtspunkt einer planenden Bewirtschaftung des Bodens kommt zu kurz.[76] Der Gesetzeszweck des § 1 BBodSchG-E, nämlich über ein vorsorgeorientiertes Bodenschutzrecht langfristig einen nachhaltigen Schutz des Bodens vor schädlichen Veränderungen zu gewährleisten, wird nicht hinreichend umgesetzt. Ökonomische Instrumente fehlen ganz. In diesem Sinn wären z.B. marktorientierte Bodennutzungsabgaben oder Versiegelungsabgaben einzuführen, darüber hinaus auch Baulandabgaben für bebaubare, aber nicht bebaute Grundstücke.[77]

78

Die *altlastenbezogenen* Regelungen §§ 17 ff. BBodSchG-E sind unten in einem eigenen Abschnitt behandelt (Rn. 5/86 ff.).

IV. Grundpflichten

Als **Grundpflichten** sind zu nennen:

79

- Über die Gefahrenabwehr hinaus ist durch Grundstückseigentümer und Inhaber der tatsächlichen Gewalt *Vorsorge* zu treffen, damit auch in Zukunft keine schädlichen Bodenveränderungen entstehen können, § 6 I 1 BBodSchG-E.
- Mit Grund und Boden soll *sparsam umgegangen* werden, § 6 II BBodSchG-E.
- *Jedermann* hat sich so zu verhalten, daß schädliche Bodenveränderungen nicht hervorgerufen werden, § 7 I BBodSchG-E.
- Grundstückseigentümer und Inhaber der tatsächlichen Gewalt müssen erforderlichenfalls schädliche *Bodenveränderungen abwehren*, § 7 II BBodSchG-E.
- Verursacher von schädlichen Bodenveränderungen und ihre Gesamtrechtsnachfolger, aber auch Eigentümer und Inhaber der tatsächlichen Gewalt müssen schädliche *Bodenveränderungen beseitigen*, § 7 III 1 BBodSchG-E. Dies umfaßt den ganzen Bereich der Altlastensanierung (dazu unten Rn. 5/137 ff.).

Beispielsweise muß der Grundstückseigentümer dafür sorgen, daß nicht aus undichten Rohrleitungen oder anderen Anlagen grundwassergefährdende Stoffe in den Boden gelangen, und zwar auch nicht langfristig und auch nicht in Mengen, die zunächst ungefährlich erscheinen. Die *Besorgnis* der langfristigen Anreicherung umweltgefährdender Stoffe im Boden genügt (vgl. zu § 26 WHG Rn. 4/146).

80

Auch für die *landwirtschaftliche* Bodennutzung wird danach die *Vorsorgepflicht* konkretisiert. Die landwirtschaftliche Bodennutzung hat standortgemäß nach der guten fachlichen Praxis und so zu erfolgen, daß soweit wie möglich Bodenabträge vermieden werden, Bodenverdichtungen nicht auftreten und die biologische Aktivität des Bodens sowie eine günstige Bodenstruktur erhalten und gefördert werden. Die Nutzung muß unter anderem so erfolgen, daß Bodenabträge und Bodenverdichtungen vermieden werden. Schonende Landbearbeitung soll in gefährlichen Lagen gegen Wind- und Wassererosion vorbeugen, z.B. durch Anpflanzungen von Hecken und Pflügen quer zum Hang.

81

---

76 Zu den Möglichkeiten *Erbguth*, NuR 1986, 137 (138).
77 Dazu *Stollmann*, ZAU 1994, 391 (398).

V. Schutzmaßnahmen

82 Bodenschutz erfolgt auf vielfältige Weise. Er kann Haupt- oder Nebenziel von Regelungen sein. Er kann unmittelbar und mittelbar erfolgen. Zur Verwirklichung des Bodenschutzes dienen *eingreifende, leistende* und *planende Bodenschutzmaßnahmen*, die räumlich beschränkt oder flächendeckend wirken und die sich auf alte, schon bestehende, aber auch auf neue Bodenbeeinträchtigungen richten können.

83 Entsprechend dem Querschnittscharakter der Aufgabe Bodenschutz finden sich eine Vielzahl unmittelbar und mittelbar bodenschützender Maßnahmen in einer Reihe verschiedener Gesetze verstreut, z.B. unter dem Gesichtspunkt des Landverbrauchs im Naturschutzrecht, der Stoffeinträge im Wasserrecht, im Immissionsschutzrecht, im Abfallrecht und in weiteren Regelungen. Ergänzend ist zu verweisen auf das Bundeswaldgesetz und die Landeswaldgesetze sowie auf Einzelbestimmungen im Recht der Raumordnung (Raumordnungsgesetz) und Landesplanung (Landesplanungsgesetze), der Bauleitplanung (BauGB) sowie einzelner Fachplanungsgesetze (BFStrG, BWaStrG, AEG ...).

84 Soweit es um die Bekämpfung bereits wirksamer Boden- und Grundwasserbelastungen geht, insbesondere um die Sanierung von Altlasten, soll dieser Themenbereich, solange ein BBodSchG noch nicht in Kraft ist, wie bisher in einem eigenen Kapitel dargestellt werden (Rn. 5/86 ff.).

VI. Behördenzuständigkeit

85 Der Vollzug ist Ländersache, ebenso die Bestimmung der Zuständigkeiten.

Der Vollzug der Bestimmungen über den Bodenschutz in *Sachsen* obliegt nach § 13 EGAB Sachsen den Abfallbehörden, was angesichts des Kombinationsmodells[78] des sächsischen Gesetzgebers, der Bodenschutz- und Abfallwirtschaft zusammenfaßt, folgerichtig erscheint.

In *Baden-Württemberg* obliegt der Vollzug dem Umweltministerium, den Regierungspräsidien und den unteren Verwaltungsbehörden als Bodenschutzbehörden, § 20 I, II BodSchG BW.

VII. Insbesondere: Altlasten

1. Altlastenbegriff

86 Der Begriff der „**Altlast**" (Rn. 5/19) ist inzwischen in aller Munde, wurde aber erst spät gesetzlich eingeführt[79], und bisher auch nur auf Landesebene. Das AbfG spricht

---

[78] Kritisch dazu *Erbguth/Stollmann*, NuR 1994, 319 (324 f.).
[79] Zum Begriff vgl. SRU, Sondergutachten Altlasten, 1989, BT-Drucks. 11/6191, Tz. 58; s.a. *Breuer*, NVwZ 1987, 751 (752); *ders.*, DVBl. 1994, 890 (890); *Kloepfer*, NuR 1987, 7 (7); *Kothe*, ZRP 1987, 399 (400); *Staupe*, DVBl. 1988, 606 (607); *Eberle*, ZAU 1989, 15 ff., jeweils m.w.N.

in § 10 II lediglich von stillgelegten ortsfesten Abfallbeseitigungsanlagen, das KrW-/ AbfG in § 36 von entsprechenden Deponien. Gesetzliche Begriffsbestimmungen enthalten inzwischen aber die meisten Landesgesetze.[80] Zumeist werden unter „Altlasten" solche „*Altablagerungen*" und „*Altstandorte*" verstanden, die durch eine anthropogene Schadstoffanreicherung im Boden, verbunden mit einer Boden- und/oder Gewässergefährdung oder sogar Boden- und/oder Gewässerschädigung gekennzeichnet sind.[81]

Nach den gesetzlichen Begriffsbestimmungen des BBodSchG-E (§ 4 Nr. 2 bzw. 3) sind *altlastverdächtige Flächen*: **87**
- stillgelegte Abfallentsorgungsanlagen sowie sonstige Grundstücke, auf denen Abfälle behandelt, gelagert oder abgelagert worden sind (Altablagerungen),
- Grundstücke stillgelegter Anlagen, ausgenommen Anlagen, deren Stillegung einer Genehmigung nach dem Atomgesetz bedarf, und sonstige Grundstücke, auf denen mit umweltgefährdenden Stoffen umgegangen worden ist, soweit die Grundstücke gewerblichen Zwecken dienten oder im Rahmen wirtschaftlicher Unternehmungen Verwendung fanden (Altstandorte),
- bei denen der konkrete Verdacht besteht, daß schädliche Bodenveränderungen oder sonstige Gefahren für den Einzelnen oder die Allgemeinheit hervorgerufen werden;

und *Altlasten*:
- Altablagerungen und Altstandorte, durch die schädliche Bodenveränderungen oder sonstige Gefahren für den Einzelnen oder die Allgemeinheit hervorgerufen werden.

Entscheidende Bedeutung wird wohl den erst zum Teil vorliegenden Standards für Beurteilung und Bewertung zukommen. *Rechtspolitisch* ist es folgerichtig, mit der Regelung des Altlastenrechts in einem Bundesbodenschutzgesetz den Altlastenbegriff zu erweitern und die Verursachung schädlicher Bodenveränderungen genügen zu lassen (§ 4 Nr. 3).

Nach § 22 I *LAbfG BW* sind altlastverdächtige Flächen im Sinne dieses Gesetzes Altablagerungen und Altstandorte, soweit die *Besorgnis* besteht, daß durch sie das Wohl der Allgemeinheit beeinträchtigt ist oder künftig beeinträchtigt wird. Nach § 22 II sind Altablagerungen Flächen, auf denen vor dem 1.3.1972 Anlagen zum Ablagern von Abfällen betrieben wurden, die vor Inkrafttreten dieses Gesetzes stillgelegt worden sind, oder Abfälle behandelt, gelagert oder abgelagert worden sind, aber auch sonstige vor Inkrafttreten dieses Gesetzes abgeschlossene Aufhaldungen und Verfüllungen. Nach § 22 III sind Altstandorte Flächen stillgelegter Anlagen, in denen mit gefährlichen, insbesondere wassergefährdenden Stoffen umgegangen worden ist. Und nach § 22 IV sind Altlasten die in Abs. 1 genannten Flächen, wenn von ihnen Beeinträchtigungen des Wohls der Allgemeinheit ausgehen. – Nach *§ 2 II BodSchG BW* sind *Bodenbelastungen* Veränderungen der physikalischen, chemischen oder biologischen Beschaffenheit des Bodens, bei denen die Besorgnis besteht, daß die in § 1 des Gesetzes genannten Funktionen aufgehoben oder erheblich oder nachhaltig beeinträchtigt werden. **88**

Nach Art. 26 IV BayAbfAlG sind Altlasten Belastungen der Umwelt, vor allem des Bodens **89** und des Wassers, durch Stoffe (Abfälle und sonstige umweltgefährdenden Stoffe) im Bereich

---

80 Vgl. die altlastenrechtlichen Regelungen §§ 28 ff. LAbfG N-W, §§ 16 ff. HessAbfAG, §§ 22 ff. LAbfG BW, Art. 26 ff. BayAbfAlG, §§ 25 ff. LAbfVG Bbg., §§ 22 ff. AbfAlG M-V, §§ 18 ff. Nds.AbfG, §§ 24 ff. LAbfWAG (Rh.-Pf.), §§ 29 ff. LAbfG LSA, §§ 16 ff. ThAbfAG.
81 Dazu *Breuer*, NVwZ 1987, 751 (752) m.w.N. – Die §§ 5 III Nr. 3, 9 V Nr. 3 BauGB sprechen von Flächen, deren Böden erheblich mit umweltgefährdenden Stoffen belastet sind, zielen dabei aber nicht nur auf „Altlasten" ab.

5 Bodenschutz-, insbes. Altlastenrecht

von Altablagerungen und Altstandorten, wenn aufgrund einer Gefährdungsabschätzung feststeht, daß eine Gefahr für die öffentliche Sicherheit und Ordnung vorliegt und zur Wahrung des Wohls der Allgemeinheit Sanierungsmaßnahmen erforderlich sind. Entsprechende Begriffsbestimmungen enthalten auch andere Ländergesetze.[82]

2. Rechtsgrundlagen

90 Besondere altlastenrechtliche Regelungen gibt es *europarechtlich* nicht.[83] Altlasten wurden aber auch vom geltenden Abfallrecht des *Bundes* und mancher *Länder* bisher nur unter Teilaspekten erfaßt.[84] Die auf die Altlastenproblematik bezogenen, auch in das Wasser- und das allgemeine Polizei- und Ordnungsrecht übergreifenden Rechtsfragen wurden auch noch in der Vorauflage wegen des Sachzusammenhangs mit abfallrechtlichen Vorschriften als Anhang zum Abfallrecht erörtert. Heute gibt es zumindest in einigen Bundesländern eingehende altlastenrechtliche Regelungen in den jeweiligen Bodenschutz- bzw. Abfallgesetzen, und auch auf Bundesebene sieht der Entwurf (BBodSchG-E) entsprechende Regelungen vor. So wird hier das Altlastenrecht als Teil des Bodenschutzrechts behandelt, wobei zunächst die über verschiedene Rechtsgebiete verstreuten Rechtsgrundlagen mit ihren Anwendungsbereichen darzustellen sind.

a) Abfallrecht

91 Die Anwendung des **KrW-/AbfG (AbfG)** ist *inhaltlich* und *zeitlich beschränkt*: Das KrW-/AbfG (AbfG) kann entsprechend seinem Regelungsbereich nur für solche Altlasten (Teil-)Regelungen bereithalten, die auf *Abfall*ablagerungen zurückgehen, und es kann wegen des *Rückwirkungsverbots* grundsätzlich auch nur für solche Abfallablagerungen Anwendung finden, die bei Inkrafttreten des AbfG noch nicht stillgelegt waren.[85] Damit fällt es für die rechtliche Durchführung der Sanierung der Mehrzahl der Boden- und Gewässergefährdungen oder gar -schädigungen, nämlich für die sog. „echten Altlasten" aus.

92 Nach dem *Zeitpunkt des Inkrafttretens* des AbfG (11.6.1972) unterscheidet man daher zwischen Anlagen und Ablagerungen einerseits, („echten") **Altanlagen** und **Altablagerungen** andererseits. „Alt" sind sie, wenn sie nach dem Stichtag nicht mehr betrieben oder gar errichtet wurden. Hinzu kommen als *„neue Altanlagen"* diejenigen

---

82 S. auch § 16 III HessAbfAG, § 18 Nds.AbfG und § 28 I LAbfG N-W.
83 Zu den allgemein bodenschutzrechtlichen Regelungen ist auf die Ausführungen oben II. 3. a) zu verweisen.
84 S. aber die altlastenrechtlichen Regelungen §§ 28 ff. LAbfG N-W, §§ 16 ff. HessAbfAG, §§ 22 ff. LAbfG B-W und §§ 8 ff. BodSchG B-W, Art. 26 ff. BayAbfAlG, §§ 25 ff. LAbfVG Bbg., §§ 22 ff. AbfAlG M-V, §§ 18 ff. Nds.AbfG, §§ 24 ff. LAbfWAG (Rh.-Pf.), § 29 ff. LAbfG LSA, §§ 16 ff. ThAbfAG; dazu den Überblick bei *Pohl,* NJW 1995, 1645 ff., sowie – zur Frage des Regelungsbedarfs – *Breuer,* DVBl. 1994, 890 ff.
85 h.M.; insoweit aber jedenfalls teilw. a.A. *Paetow,* DVBl. 1990, 510 (512 ff.); zur Rückwirkung auch *Peine,* NVwZ 1993, 958 ff.

bestehenden Anlagen, die durch die Neuregelungen des AbfG 1986 erst zu Abfallentsorgungsanlagen geworden sind, z.b. bestimmte bestehende Verwertungsanlagen oder Tanklager für bestimmte Altöle. Schließlich gibt es illegale Altanlagen/Altablagerungen, die praktisch wie neue behandelt werden. „**Uralt**" schließlich sind sie, wenn sie nach Inkrafttreten des WHG (1.3.1960) nicht mehr betrieben oder gar errichtet wurden.[86] Der Sprachgebrauch ist aber nicht einheitlich.[87]

aa) Wenn eine **Deponie** (AbfG 1986: ortsfeste *Abfallentsorgungsanlage*) schon *vor dem 11.6.1972* betrieben wurde oder mit ihrer Errichtung bereits begonnen war und wenn sie sich noch in Betrieb befindet, können für diese Anlage als solche ebenso wie für ihren Betrieb *nachträglich* gem. § 35 I KrW-/AbfG (§ 9 S. 1 AbfG) **Befristungen, Bedingungen und Auflagen** angeordnet werden. Ist die Anlage schon vor dem 11.6.1972 stillgelegt, greift Abfallrecht grundsätzlich nicht ein (zu den Ausnahmen sogl.). Die Voraussetzung, daß die Anlage weiterhin bestimmungsgemäß betrieben werden sollte, ergibt sich schon aus dem Maßnahmenkatalog des § 35 I KrW-/AbfG (§ 9 S. 1 AbfG), der sich auf noch nicht stillgelegte Anlagen bezieht.[88] 93

Beispielsweise können Auflagen zur Abdichtung, zur Sickerwasserbehandlung und zur Beobachtung verfügt werden.

bb) Kann hierdurch eine *erhebliche* Beeinträchtigung des Wohls des Allgemeinheit nicht verhindert werden, so ist für solche *Deponien* nach § 35 I 2 KrW-/AbfG (*Abfallentsorgungsanlagen* nach § 9 S. 2 AbfG) auch eine vollständige oder teilweise **Betriebsuntersagung** zulässig. Das Erfordernis der Erheblichkeit der Beeinträchtigung bedeutet zugleich einen gewissen Bestandsschutz, freilich nur für materiell und formell legal errichtete und betriebene[89] Anlagen. 94

cc) Der Inhaber einer *Deponie* (AbfG 1986: ortsfesten Abfallentsorgungsanlage) hat seine *Stillegungsabsicht* der zuständigen Behörde unverzüglich *anzuzeigen* (§ 36 I 1 KrW-/AbfG; § 10 I AbfG). Er soll dann nach § 36 II KrW-/AbfG (§ 10 II AbfG) verpflichtet werden, auf seine Kosten **Rekultivierungs-** und sonstige etwa erforderliche Vorkehrungen zu treffen. 95

Damit kann dem Betreiber aufgegeben werden, das zur Abfallentsorgung genutzte Grundstück in die Landschaft wieder einzugliedern, also an seine natürlich Umgebung wieder anzupassen. Weiter kann aber auch verlangt werden, die frühere Betriebsstätte einzuzäunen, Deponiesickerwässer abzuleiten und zu behandeln, Deponiegase zu fassen und zu behandeln, Kontrollbrunnen zur Überwachung des Grundwassers zu errichten, aber auch gefährliche Abfälle auszukoffern und gefahrlos zu entsorgen. 96

Auch diese *Rekultivierungs- und Verhütungspflicht* des Betreibers bezieht sich nach herrschender Auffassung nur auf Deponien (AbfG: Anlagen), die *nach* dem Zeitpunkt des Inkrafttretens des AbfG (11.6.1972) stillgelegt worden sind. Altablagerungen 97

---

86 Zu den Begriffen *Breuer*, NVwZ 1987, 751 (752); eingehend *Paetow*, NVwZ 1990, 510 ff.
87 *Kunig/Schwermer/Versteyl*, AbfG, § 9 Rn. 2, bezeichnen – wenig anschaulich – als Altanlagen auch die unter § 9 fallenden bestehenden Anlagen, weil sie schon vor dem „Stichtag" bestanden.
88 Ebso. *Kunig/Schwermer/Versteyl*, AbfG, § 9 Rn. 2.
89 BVerwGE 66, 298.

5 Bodenschutz-, insbes. Altlastenrecht

können also auf der Grundlage des § 36 II KrW-/AbfG (§ 10 II AbfG) einer Sanierung nicht zugeführt werden.[90]

98 dd) In den *neuen Ländern* gilt die Sanierungs- und Rekultivierungspflicht nach den §§ 35 und 36 KrW-/AbfG (§§ 9a und 10 a AbfG) sogar nur für Deponien (AbfG: Entsorgungsanlagen) mit dem dem Zeitpunkt des Inkrafttretens des AbfG dort am 1.7.1990 entsprechenden Stichtag. Sie betrifft also nur solche Deponien (Anlagen), die vorher schon betrieben wurden oder mit deren Errichtung schon begonnen war und die auch nachher noch betrieben wurden.[91]

99 ee) Lediglich die *allgemeine Überwachung* durch die zuständige Behörde kann zum Wohl der Allgemeinheit nötigenfalls auch auf stillgelegte Abfallentsorgungsanlagen sowie auf Grundstücke, auf denen vor dem 11.6.1972 Abfälle angefallen sind oder entsorgt wurden, ausgedehnt werden, § 40 I 2 KrW-/AbfG (§ 11 I 2 AbfG). Insoweit bestehen auch Auskunftspflichten gegenwärtiger oder früherer Eigentümer und Nutzungsberechtigter solcher Anlagen und Grundstücke, § 40 II 1 Nrn. 3 u. 4 KrW-/AbfG (§ 11 IV 1 Nrn. 5 u. 6 AbfG).

100 ff) Soweit allerdings Ablagerungen auf einem bestimmten Standort sowohl vor wie *nach* dem Inkrafttreten des AbfG vorgenommen worden sind, ist auf solche sog. „unechte Altlasten" nicht nur die Überwachungsregelung des § 40 I 2 KrW-/AbfG (§ 11 I 2 AbfG), sondern das gesamte Abfallrecht anzuwenden. – Dasselbe gilt für *illegale* Anlagen: auch hier ist das Abfallgesetz ohne Einschränkungen anwendbar.[92]

101 Inzwischen besitzt eine Reihe von *Ländern* Voll-[93] oder wenigstens Teilregelungen[94] des Altlastenproblems[95], teils in ihren Abfallgesetzen, teils (auch) in einem eigenen Bodenschutzgesetz (BW), teils in einem Kombinationsgesetz (Sachsen); teilweise finden sich auch Regelungen in den Landeswassergesetzen. Damit haben die Länder die gesetzgeberische Lücke in ihren Abfall- bzw. Abfall- und Altlasten- bzw. Bodenschutzgesetzen wenigstens teilweise gefüllt.[96] So gibt es insbesondere Vorschriften über ein gestuftes Verfahren zur Erfassung, Erkundung, Bewertung und Feststellung

---

90 *Hösel/von Lersner*, Abfallbeseitigung, § 10 Rn. 15; *Kunig/Schwermer/Versteyl*, AbfG, Anh. §§ 10, 10a Rn. 4. – Das weitgehende Fehlen bundesrechtlicher Gestaltungsmittel wird auch vom SRU beklagt, SRU, Sondergutachten Altlasten, 1989, BT-Drucks. 11/6191. – Vgl. allgemein zu den abfallrechtlichen Problemen der Altlastensanierung *Schink*, DVBl. 1985, 1149 ff. m.w.N. sowie *Paetow*, NVwZ 1990, 510 ff.
91 *Breuer*, DVBl. 1994, 890 (893) m.w.N. in Fn. 31.
92 Für Einzelheiten *Kunig/Schwermer/Versteyl*, § 9 Rn. 8 ff.
93 Vgl. §§ 22 ff. LAbfG B-W, §§ 16 ff. HAbfAG (Hessen), §§ 28 ff. LAbfG N-W, §§ 24 ff. LAbfAlG Rh.Pf., §§ 7 ff. EGAB vom 12.8.1991, §§ 16 ff. ThAbfAG.
94 Art. 26 ff. BayAbfAlG, §§ 29 ff. LAbfG LSA.
95 Vgl. zum Altlastenrecht in BW *Peters*, VBlBW 1991, 49 ff; zu den hess. Altlastenregelungen *Knopp*, DÖV 1990, 683 ff.
96 Vgl. die altlastenrechtlichen Regelungen §§ 28 ff. LAbfG N-W, §§ 16 ff. HAbfAG (Hessen), §§ 22 ff. LAbfG BW, Art. 26 ff. BayAbfAlG, §§ 25 ff. LAbfVG Bbg., §§ 22 ff. AbfAlG M-V, §§ 18 ff. NAbfG, §§ 24 ff.LAbfWAG (Rh.-Pf.), §§ 29 ff. LAbfG LSA, §§ 16 ff. ThAbfAG. – Vgl. dazu den Überblick bei *Hahn*, Bodenschutz; Erforderlichkeit, Möglichkeit und Grenzen rechtsnormativer Regelungen zur Bodensanierung, 1993, S. 188 ff.

von Altlasten.[97] Soweit Vorschriften bestehen, gehen sie den polizeirechtlichen Rechtsgrundlagen, insbesondere der polizeirechtlichen Generalklausel vor.

Die Vollregelungen enthalten Begriffsbestimmungen der Altlasten, Altablagerungen und Altstandorte sowie Vorschriften über die Erfassung von altlastverdächtigen Flächen, die Erkundung und Bewertung von Altlasten und deren Sanierung und Überwachung.[98] In Hessen, Nordrhein-Westfalen und Rheinland-Pfalz bestimmen die Landesgesetze auch, daß die Altlastensanierung durch einen öffentlich-rechtlichen Verband oder eine privatrechtliche Gesellschaft erfolgen kann, wenn ein Sanierungsverantwortlicher nicht mehr existiert, nicht feststellbar ist oder aus rechtlichen Gründen nicht herangezogen werden kann.[99] Damit sind Vorschriften über die Organisation und die Finanzierung des jeweiligen Sanierungsträgers verbunden. Einzelne landesgesetzliche Bestimmungen sehen auch einen Wertzuwachsausgleich vor, den der Grundstückseigentümer durch Zahlung eines Ausgleichsbetrags zu leisten hat, wenn er die Sanierungsmaßnahmen nicht selbst durchführt und diese den Verkehrswert seines Grundstücks erhöhen.[100] **102**

Zur Ermittlung und Einstufung von Schadstoffen im Boden haben einige Länder jetzt auch Verwaltungsvorschriften erlassen.[101] **103**

b) Wasserrecht

Unter das Regime des **WHG** fallen (Alt-)Ablagerungen, die *nach* dem Inkrafttreten des WHG, also *nach dem 1.3.1960*, aber *vor* dem Inkrafttreten des AbfG, also *vor dem 11.6.1972* vorgenommen und beendet wurden.[102] Vorher gilt Bestandsschutz, nachher geht das AbfG als speziellere Regelung vor.[103] Es geht hier um Verstöße gegen die Verbotsnormen des § 26 II WHG (Rn. 4/147 ff.) und des § 34 II WHG (Rn. 4/164) über die Reinhaltung oberirdischer Gewässer bzw. des Grundwassers sowie gegen § 2 WHG i.V. mit den „echten" Benutzungstatbeständen des § 3 I Nrn. 4 u. 5 (Rn. 4/87), insbesondere aber i.V. mit § 3 II Nr. 2 WHG (Rn. 6/87 f., 95, 157) mit dem „unechten" Benutzungstatbestand des potentiell gewässerschädlichen Verhaltens. Das WHG enthält jedoch keine speziellen Eingriffsermächtigungen, auf die die Anordnung einer Sanierung von Altlasten gestützt werden könnte. Allerdings halten manche Landeswassergesetze Ermächtigungsgrundlagen für Eingriffe bereit, um (u.U. auf Verstößen **104**

---

97 §§ 17, 18 HAbfAG (Hessen); §§ 29 ff. LAbfG NW; §§ 26, 27 LAbfAlG Rh.Pf.; § 17 ThAbfAG.; ebenso UGB-BT (Fn. 32), B 97, §§ 307, 308; weniger befriedigend der Referentenentwurf (Fn. 31), B 15, § 17.
98 Bes. ausführlich: §§ 16 ff. HAbfAG (Hessen) in der Fassung vom 26.2.1991, GVBl. 106. Hier sind Regelungen über behördliche Sanierungsanordnungen einschließlich eines vorzulegenden Sanierungsplans und der durchzuführenden Sicherungs-, Dekontaminations- und Rekultivierungsmaßnahmen sowie über die Sanierungsverantwortlichkeit enthalten. Ähnlich jetzt: §§ 16 ff. ThAbfAG, GVBl. 273.
99 § 22 HAbfAG (Hessen), Gesetz über die Gründung des Abfallentsorgungs- und Altlastensanierungsverbandes Nordrhein-Westfalen vom 21.6.1988 (GV NW, S. 268); § 29 LAbfWAG (Rh.-Pf.).
100 § 25 HAbfAG (Hessen), § 22 ThAbfAG.
101 z.B. BW die VwV Anorganische Schadstoffe vom 24.8.1993, GABl. vom 29.9.1993, 1029 über die Ermittlung und Einstufung von Gehalten anorganischer Schadstoffe im Boden, die VwV Bodenproben über die Probennahme und -aufbereitung, u.a.m.
102 *Breuer*, DVBl. 1994, 890 (893).
103 Zum Vorrang des – strengeren – Wasserrechts aber OVG Schleswig, NVwZ-RR 1994, 75 ff.

5 *Bodenschutz-, insbes. Altlastenrecht*

gegen das WHG beruhenden) konkreten Gefahren für ein Gewässer, insbesondere für das Grundwasser begegnen zu können.[104] Diese Ermächtigungen haben praktisch polizei- bzw. ordnungsrechtlichen Charakter. Auf ihrer Grundlage sind somit Sanierungs-, nicht aber Rekultivierungsanordnungen möglich. Fehlen solche Spezialermächtigungen, so müssen Sanierungsanordnungen auf das allgemeine Polizei- und Ordnungsrecht gestützt werden (Rn. 5/109).

c) *Bodenschutzrecht*

105 Am 7.2.1994 wurde ein Referentenentwurf des künftigen Bundes-Bodenschutzgesetzes[105] vorgelegt. Er wurde inzwischen überarbeitet und soll noch 1995 verabschiedet werden (Rn. 5/43). Er enthält auch besondere Altlastenbestimmungen (§§ 17-26). So sind Regelungen vorgesehen zur Erfassung, Untersuchung und Bewertung altlastverdächtiger Flächen (§ 17), die Altlastensanierungspflicht des Verursachers, seines Gesamtrechtsnachfolgers, des Grundstückseigentümers und des Inhabers der tatsächlichen Gewalt über ein Grundstück (§ 18), den hierbei maßgebenden Sanierungsplan des Verpflichteten (§ 19) oder der zuständigen Behörde (§ 20), eine Ermächtigung zum Erlaß von Rechtsverordnungen der Bundesregierung über Anforderungen zur Altlastensanierung (§ 21), die behördliche Überwachung und die Eigenkontrolle von Altlasten und altlastverdächtigen Flächen (§ 22), Mitwirkungspflichten (§ 23) und die Ermächtigung der zuständigen Behörde zu einzelfallbezogenen Sanierungsanordnungen (§ 24).

106 Daneben gibt es den Vorschlag einer Regelung des Teilgebiets Bodenschutz im Rahmen des Forschungs- und Entwicklungsvorhabens „Umweltgesetzbuch – Besonderer Teil".[106]

107 Das BodSchG BW[107] geht von einem eigenen Begriff der *Bodenbelastungen* aus, die in § 2 II BodSchG BW gesetzlich bestimmt sind (Rn. 5/89). Aufgrund seiner Zielsetzung, nicht nur den Boden vor neuen Belastungen zu schützen, sondern auch schon eingetretene Belastungen zu beseitigen, gilt es auch für schon vor seinem Inkrafttreten (1.9.1991) entstandene Belastungen.[108] § 8 II i.V.m. § 8 I 2 BodSchG BW enthält eine bodenschutzrechtliche Generalklausel, § 9 I die Ermächtigung zu Gefahrerforschungs- und -abwehr- sowie Rekultivierungsmaßnahmen (Nrn. 1, 2 bzw. 4). Verpflichtete hinsichtlich der Maßnahmen sind nach § 10 I Nr. 1 und 2 BodSchG BW der Sache nach Handlungs- und Zustandsstörer, die auch die Kosten zu tragen haben, § 10 III BodSchG BW. Die Regelungen des BodSchG BW sind aber subsidiär, § 3 BodSchG BW. Damit gehen insbesondere die §§ 22-27 LAbfG BW und die §§ 82 ff. WG BW vor.

d) *Immissionsschutzrecht*

108 Eher der Vollständigkeit halber sei noch auf das *Immissionsschutzrecht* verwiesen, das mit den §§ 5 III, 17 I und IV a BImSchG Maßnahmen (nur) gegen den Betreiber nach

---

104 Vgl. etwa zu § 82 II BW WG VGH BW, UPR 1989, 149. Zur Anwendbarkeit des Wasserrechts und zu möglichen Verfügungsinhalten s. *Schink*, DVBl. 1986, 161 ff. m.w.N. und *Striewe*, ZfW 1986, 273 (274 ff.).
105 S.o. Fn. 31.
106 Fn. 32.
107 Dazu *Schlabach*, VBlBW 1989, 281 ff.; *ders.*, VBlBW 1993, 121 ff.; *Ziegler*, NVwZ 1991, 1154.
108 Landtags-Drs. 10/4437, S. 18, 28; *Spilok* (Fn. 2), § 24 Rn. 1, § 3 Rn. 10 f.

Betriebseinstellung erlaubt, wegen des Rückwirkungsverbots aber auch nur für nach der Neufassung des BImSchG (1.9.1990) erfolgte Betriebseinstellungen gilt.

e) Allgemeines Polizei- und Ordnungsrecht

Die öffentlich-rechtliche Verantwortlichkeit für Altlasten, besonders für „Uraltlasten", also für Ablagerungen oder Kontaminationen, die sich schon vor dem Inkrafttreten des WHG (1.3.1960) ereignet haben und abgeschlossen waren, richtet sich mangels spezialgesetzlicher Eingriffsermächtigungen nach den das allgemeine **Polizei- und Ordnungsrecht** normierenden Landesgesetzen.[109] Dieses Recht ist im Zusammenhang mit der Altlastenproblematik zu einem Brennpunkt der rechtswissenschaftlichen Diskussion geworden.

109

Da die Grundsätze des allgemeinen deutschen Polizeirechts in der DDR über alle positivrechtlichen Änderungen hinweg fortgegolten haben[110], kann ein Verhaltens- oder Zustandsstörer in den **neuen Ländern** in Altlastenfällen nach den gleichen Rechtsgrundsätzen wie in den alten Ländern in Anspruch genommen werden und damit auch unabhängig von den neueren Landesgesetzen. Um der Sondersituation der neuen Länder Rechnung zu tragen und Investitionshemmnisse zu beseitigen, wurde die *Freistellungsklausel* des Art. 1 § 4 III UmwRG[111] eingeführt.[112] Danach sind im Beitrittsgebiet Eigentümer, Besitzer oder Erwerber von Anlagen und Grundstücken, die gewerblichen Zwecken dienen oder im Rahmen wirtschaftlicher Unternehmungen Verwendung finden, für die durch den Betrieb der Anlage oder die Benutzung des Grundstücks vor dem 1.7.1990 verursachten Schäden nicht verantwortlich, soweit die zuständige Behörde im Einvernehmen mit der obersten Landesbehörde sie von der Verantwortung freistellt. Offenbar sind aber nur wenige stattgebende Bescheide ergangen.[113]

110

Eine Sanierungsanordnung auf polizeirechtlicher Grundlage setzt stets eine **Gefahr** voraus. Im *Vorsorgebereich* sind keine Sanierungsanordnungen zulässig. Für die Beantwortung der Frage nach der Begründung einer polizeirechtlichen Verantwortlichkeit ist zu ermitteln, ob überhaupt im konkreten Einzelfall eine polizeirechtlich relevante *Gefahr* (Rn. 6/94) für die öffentliche Sicherheit oder Ordnung vorliegt (Rn. 5/119 ff.) und wer für sie polizeirechtlich verantwortlich, wem sie somit als „*Störer*" zuzurechnen ist. Dabei kommen die durch vielfältige Beziehungen untereinander verbundenen, im nachhinein oft nicht mehr ermittelbaren Abfallzeuger, Abfallbeförderer, Depo-

111

---

109 VGH BW, NVwZ 1990, 781; krit. mit Nachw. *Breuer*, DVBl. 1994, 890 (893); s.a. die – freilich nur als Eilentscheidung ergangene – Leitentscheidung des OVG Mstr., NVwZ 1985, 355 u. die Anm. von *Breuer*, JuS 1986, 359 ff.; dazu aber – unter dem Aspekt der Zuständigkeitsabgrenzung zwischen Wasserbehörden u. allgemeinen Ordnungsbehörden – auch OVG Mstr., NVwZ 1988, 615. – Zur Altlastenrechtsprechung in Baden-Württemberg *Rudisile*, VBlBW 1993, 321 ff.
110 *Breuer*, DVBl. 1994, 890 (895) m.w.N. in Fn. 53.
111 Vom 29.6.1990, GBl. I DDR, S. 649.
112 Jetzt in der Fassung des Art. 12 HemmnisbeseitigungsG vom 22.3.1991, BGBl. I 766; dazu *Dombert/Reichert*, NVwZ 1991, 744 ff.; *Kloepfer/Kröger*, DÖV 1991, 989 ff.; *Rose*, BB 1991, 2100 ff.
113 *Breuer*, DVBl. 1994, 890 (895) m.w.N. in Fn. 56.

nieeigentümer und Deponiebetreiber in Betracht. Ggf. können durch Polizeiverwaltungsakt von dem oder den Verantwortlichen Maßnahmen verlangt werden, die geeignet und erforderlich sind, der drohenden Gefahr vorzubeugen oder die bereits eingetretene Störung zu beseitigen. Auf diese Weise können *Sanierungs-, nicht aber Rekultivierungsmaßnahmen* angeordnet werden. Das Problem der Polizeipflichtigkeit und damit der Pflicht zur Kostentragung im Hinblick auf die Durchführung von Sanierungsmaßnahmen gehört aufgrund seiner rechtlichen Vielschichtigkeit und seiner großen praktischen Bedeutung zu einer der am häufigsten – durchaus kontrovers – diskutierten Fragen des Umweltrechts der letzten Jahre.[114]

3. Erfassung, Untersuchung und Bewertung

112 Zu den wichtigsten Forderungen an den Gesetzgeber im Zusammenhang mit der anstehenden Regelung der Altlastenfragen gehört die Aufstellung **formalisierter Bewertungskonzepte**.[115] Die geforderten Prüf-, Richt- oder Orientierungswerte können zwar nicht die *Gefahrenschwelle* im Einzelfall eindeutig festlegen, wohl aber als Richtlinie für die Art und Weise der Ausübung des behördlichen Handlungsermessens dienen. Solche bundesweit einheitlich angewandten, rechtlich verbindlichen Standards fehlen noch.

113 Ziel der Sanierungsmaßnahmen ist grundsätzlich, daß nur noch Schadstoffkonzentrationen vorliegen, die den natürlichen oder anthropogenen Hintergrundwerten entsprechen oder diesen nahekommen. Dafür sollten aber weder ein unverhältnismäßiger Aufwand noch eine – wegen etwaiger gleichzeitiger unerwünschter Folgen der Sanierung – ungünstige Umweltbilanz in Kauf genommen werden. Die Festlegung der Sanierungsziele erfordert daher eine Abwägung aller Umstände des jeweiligen Einzelfalles, und zwar unter besonderer Berücksichtigung der Schutzgüter Grundwasser, Grundwassernutzungen, menschliche Gesundheit und Boden und Pflanzen. Um die Notwendigkeit (weiterer) Erkundungs- und Sanierungsmaßnahmen einschätzen zu können, gibt es eine Reihe von Regelwerken. Verbindliche Vorgaben stehen noch aus (Rn. 5/30).

114 In *Baden-Württemberg* werden im allgemeinen **Hintergrundwerte** und **Prüfwerte** (P-Werte) unterschieden, Hintergrundwerte in solche für Grundwasser (H-W-Werte) und solche für Boden (H-B-Werte). Dabei schwanken die natürlich vorhandenen oder anthropogenen Hintergrundgehalte in Abhängigkeit von beispielsweise Tongehalt und Ausgangsgestein, Grundwasserlandschaft, Oberflächennutzung und anderem mehr. Werden die H-W-Werte oder die H-B-Werte überschritten, sind Art und Umfang der Kontamination zu erkunden; liegen nur nicht repräsentative Einzelwerte deutlich über diesen Werten, sind repräsentative Werte zu erkunden. Überschreiten repräsentative Schadstoffgehalte die P-Werte für bestimmte Schutzgüter, ist in der Regel eine eingehende Erkundung bzw. Sanierungsvorplanung als Grundlage für eine einzelfallbezogene Entscheidung über Notwendigkeit und Ziel von Sanierungsmaßnahmen durchzuführen. Werden die P-Werte unterschritten, besteht auch bei ungünstigsten örtlichen Verhältnissen kein Sanierungsbedarf im Hinblick auf die entsprechenden Schutzgüter.

---

114 Vgl. nur *Breuer*, DVBl 1994, 890 (892 ff.) m.w.N.
115 SRU, Sondergutachten Altlasten, 1989, BT-Drucks. 11/6191.

Die Prüfwerte wiederum unterscheiden sich entsprechend den genannten vier Schutzgütern in **115** Prüfwerte zum Schutz von Grundwasser vor Schadstoffeinträgen aus kontaminiertem Boden/Ablagerungsgut (P-W-Werte), Prüfwerte zum Schutz von Grundwassernutzungen vor bereits kontaminiertem Grundwasser, Prüfwerte zum Schutz der Gesundheit von Menschen auf kontaminierten Flächen (P-M-Werte), und zwar unterteilt nach Flächennutzungen für Kinderspielflächen (P-M1), Siedlungsflächen (P-M2) und Gewerbeflächen (P-M3), sowie Prüfwerte zum Schutz von Boden, Schutzgut Pflanzen (P-B-Werte). Bei der Sanierungszielfestlegung gibt es keine einheitliche Verfahrensweise. Grundsätzlich sind alle P-Werte für die vier genannten Schutzgüter einzuhalten. Die Fachbehörden arbeiten im Grenzbereich sehr unterschiedlich. Meist wird der P-W-Wert am *Eluat*, also am herausgelösten Stoff herangezogen.

Ausnahmsweise können höhere Restbelastungen hingenommen werden, möglicherweise mit **116** rechtsverbindlich festzulegenden Nutzungsbeschränkungen. Soll aus den genannten Gründen für einen Teil der Altlast oder des Schadensfalles eine Überschreitung der allgemein hinzunehmenden Schadstoffkonzentrationen (P-W-Werte) hingenommen werden, werden die entsprechend höheren Schadstoffkonzentrationen in P_{Max}-W-Werten bestimmt; diese werden wie die P-W-Werte, jedoch mit einem toxikologisch geringfügig erhöhten Risiko abgeleitet. Über das Maß der Abweichung der P_{Max}-W-Werte ist im Einzelfall zu entscheiden. In Betracht kommt dies aber nur, wenn die Altlast *in situ* verbleibt.

Beispielsweise gelten in Baden-Württemberg die Orientierungswerte Eluat/Grundwasser für **117** CKW (chlorierte Kohlenwasserstoffe, Summe) H-W = 0,1; P-W = 10 und P_{Max}-W = 50 µg/l, für Pestizide nn, 0,1 und 1.[116]

Die §§ 17 ff. BodSchG-E enthalten zwar Regelungen über die Erfassung, Erkundung und **118** Bewertung von Altlasten, bleiben damit aber hinter den Möglichkeiten zurück, die sowohl bestehende Landesabfallgesetze als auch der Gesetzesvorschlag Teilgebiet „Bodenschutz" im Rahmen des UGB-BT (vgl. dort § 307 f.) aufzeigen.

4. Behördliche Befugnisse

a) Amtsermittlung und Gefahrerforschungseingriff

Wenn ein hinreichender **Verdacht** besteht, daß von einem Grundstück eine echte **119** *(Altlast-)* Gefahr ausgeht, wenn also Tatsachen den Verdacht des Eintritts eines nicht unerheblichen Schadens begründen, so liegt nach überwiegend vertretener Auffassung bereits eine *konkrete Gefahr im polizeirechtlichen Sinne* (Rn. 6/94) vor. Bei dem Gegenstand des Verdachts kann es sich um eine *echte Gefahr* mit Schadenseignung handeln, aber auch eine (hinsichtlich der behördlichen Eingriffsbefugnis gleichzubehandelnde) bloße *Anscheinsgefahr* in dem Sinne, daß bei dem gegebenen Sachverhalt zwar jeder Vernünftige zunächst auf eine konkrete Gefahr bzw. den Verdacht einer echten Gefahr schließen würde, daß es objektiv aber an einer Schadenseignung fehlt.[117]

Beispiel: Das ist etwa dann der Fall, wenn ein Zeuge, der behauptet, vor Jahren seien in eine ehemalige, inzwischen längst verfüllte Grube Giftmüll enthaltende Fässer eingebracht worden, Opfer einer Erinnerungstäuschung geworden ist.

---

116 Vgl. zur Altlastenbewertung in BW *Kretz*, VBlBW 1992, 41 ff.
117 Zur Anforderung an die Prognose s. *Würtenberger*, in: *Achterberg/Püttner*, Besonderes Verwaltungsrecht, Teil 2, 1992, Rn. 355; s.a. SRU, Sondergutachten Altlasten, 1989, Tz. 834, 841.

5 Bodenschutz-, insbes. Altlastenrecht

Der „Gefahrenverdacht" kann schließlich auch darauf beruhen, daß ein Sachverhalt zwar zu Befürchtungen Anlaß gibt, daß er aber noch nicht hinreichend ermittelt worden ist (Gefahrenmöglichkeit).

Beispiel: Das ist, um das angeführte Beispiel abzuwandeln, etwa dann der Fall, wenn mehrere Zeugen bekunden können, daß in die Grube in früheren Jahren Fässer eingebracht worden sind, wenn aber niemand angeben kann, welchen Inhalt diese Fässer gehabt haben.

Hier kann sich die Behörde noch kein klares Bild davon machen, ob objektiv überhaupt eine echte Gefahr vorliegt und ggf. in welchem Ausmaß. In solchen Fällen der *Gefahrenmöglichkeit* muß der Grundeigentümer nach überwiegender Meinung unter dem Gesichtspunkt des Gefahrenverdachts[118] als bereits polizeipflichtiger „Zustandsstörer" jedenfalls **Untersuchungsmaßnahmen** (wie z.B. Probebohrungen, Bodenanalysen usw.) *dulden.*[119] Er kann auch auf einstweilige Unterlassung solcher Maßnahmen in Anspruch genommen werden, durch die sich der befürchtete gefährliche Zustand verfestigen oder verschlimmern könnte.

120 Umstritten ist aber, ob *von dem Pflichtigen* bei bloßer **Gefahrenmöglichkeit** *nicht nur die Duldung,* sondern sogar die *Vornahme* solcher Maßnahmen (z.B. das Niederbringen von Grundwassermeßstellen) verlangt werden kann, die erst der Aufklärung darüber dienen sollen, ob überhaupt eine echte und ggf. welche Gefahr vorliegt.[120] Entsprechendes gilt für die Vornahme vorläufiger Sicherungsmaßnahmen, z.B. die Überdeckung einer Altlast mit einer Plane zur Abhaltung des Niederschlagswassers. Schon die Vornahme bloßer Untersuchungsmaßnahmen ist häufig sehr kostenintensiv und kann daher den Grundeigentümer erheblich belasten. Nach u.E. zutreffender Auffassung fällt bei bloßem Gefahrenverdacht – also nicht bei bekanntem Vorliegen einer echten Gefahr unbekannten Ausmaßes – die Ermittlung des Sachverhalts mangels abweichender Rechtsvorschrift (§ 26 II 3 VwVfG) immer dann ausschließlich unter die *behördliche Aufsichts- und Ermittlungspflicht* (§ 24 I VwVfG), wenn nur eine *entfernte Möglichkeit des Schadenseintritts* (z.B. einer Schädigung des Wasserhaushalts) in Betracht zu ziehen ist. Ein solcher Verdacht kann nicht als konkrete Gefahr qualifiziert werden. Dann fallen trotz der (relativ schwachen) Mitwirkungspflicht des Grundeigentümers i.S. der Soll-Vorschrift des § 26 II 1 u. 2 VwVfG die Ermittlungskosten unter den nicht abwälzbaren Aufwand der Amtsermittlung.[121]

121 Wird in einem solchen Fall der Gefahrenverdacht bestätigt, so fallen nach der Rechtsprechung dem Eigentümer des Störgrundstücks die Ermittlungskosten zur Last, ob-

---

118 Zur Unterscheidung zwischen „Anscheinsgefahr" und „Gefahrenverdacht" vgl. *Drews/Wacke/Vogel/Martens* (Fn. 134), S. 266 f.; zur Unterscheidung zwischen „Verdachtsstörer" und „Verdachtsbetroffenem" *Breuer,* in: GS Martens, 1987, S. 340 ff. m.w.N.; *ders.,* DVBl. 1994, 890 (893). – Zurecht aber krit., wenn „Gefahrenverdacht" eine neue dogmatische Kategorie sein soll, *Brandt,* Altlastenrecht, S. 93 m.w.N., S. 108.
119 Vgl. z.B. VGH BW, DÖV 1985, 687; *Breuer,* NVwZ 1987, 751 (754) m.w.N.
120 Dagegen jetzt VGH Kassel, NJW 1991, 1774; NVwZ 1992, 1101; 1993, 1009; *Kunig/Schwermer/Versteyl,* AbfG, Anh. §§ 10, 10a Rn. 16; krit. auch *Breuer,* wie Fn. 119; *Papier,* NVwZ 1986, 256 (257); *ders.,* JZ 1994, 810 (814) m.w.N. aus der Rspr. – Abgewogen *Schink,* DVBl. 1989, 1182 ff.
121 Ebso. *Brandt,* Altlastenrecht, S. 99, 107. Zur Abgrenzung zwischen Amtsermittlung und Gefahrerforschung VGH BW, NVwZ 1990, 784 (785); VGH Kassel, NuR 1991, 387; DVBl. 1992, 43; OVG Koblenz, DÖV 1991, 1075 (1076 f.).

wohl diese Kosten im Rahmen einer Amtsermittlung angefallen sind;[122] diese Auffassung ist wohl nicht zutreffend.[123] Die Behörde sollte daher stufenweise ermitteln, ob sich der Verdacht bestätigt.

Stellt sich umgekehrt heraus, daß eine Gefahr tatsächlich gar **nicht vorhanden** ist und war, so ist zwar der durch den Gefahrerforschungseingriff ermittelte Befund negativ und die etwa vorgenommene einstweilige Sicherungsmaßnahme hinfällig; in diesen Fällen steht dem Grundeigentümer, der die Ermittlungs- und/oder Sicherungsmaßnahmen auf rechtmäßige, weil in diesem Augenblick zutreffende behördliche Anordnung selbst (bzw. durch Beauftragte) vorgenommen und damit auch finanziert hat, hinsichtlich der von ihm aufgewendeten Kosten kein öffentlich-rechtlicher Entschädigungs- oder Erstattungsanspruch zu.[124]

122

In *Baden-Württemberg* ergibt sich ähnliches jetzt aus dem Gesetz: *Gefahrerforschungsmaßnahmen* aufgrund § 23 LAbfG, in den mit der Neufassung der aus dem Wasserrecht bekannte Besorgnisgrundsatz (Rn. 4/146, 164) übernommen wurde, sind für den Eigentümer kostenfrei. Für *Gefahrerkundungsmaßnahmen* aufgrund von § 24 LAbfG, also dann, wenn eine gefährliche Bodenbelastung feststeht, können dagegen Kosten erhoben werden.[125]

123

Die weitestgehenden Eingriffsmöglichkeiten sind in Hessen vorgesehen.[126] Nach § 20 I HAbfAG können Probebohrungen und andere Untersuchungsmaßnahmen nur angeordnet werden, wenn sie zur Durchführung der Sanierung erforderlich sind. Dafür soll es ausreichen, wenn die Maßnahmen sowohl zur Abklärung von Art und Umfang einer bereits festgestellten Altlast und zur Ermittlung im Bezug auf möglicherweise künftig eintretende Beeinträchtigungen als auch als erster Schritt der Beseitigung weiterer Folgen gedeutet werden können.[127]

Nach § 17 i.V.m. § 12 BBodSchG-E veranlaßt die zuständige Behörde die stufenweise Ermittlung der Belastung, ggf. unter Zuziehung eines Sachverständigen und unter Beteiligung des/der Sanierungspflichtigen. Damit soll einerseits dem Amtsermittlungs- und dem Verhältnismäßigkeitsgrundsatz, andererseits dem Grundsatz der Kostenersparnis für die öffentlichen Haushalte Rechnung getragen werden.

124

---

122 VGH BW, DÖV 1990, 395 m.w.N. der kontroversen Äußerungen in Lit. u. Rspr., ebenso VGH BW, VBlBW 1990, 232; *Würtenberger* (Fn. 117), Rn. 347; *Kunig/Schwermer/Versteyl*, AbfG, Anh. zu §§ 10, 10a Rn. 17; s. auch SRU, Sondergutachten Altlasten, 1989, Tz. 862 f.; *Breuer*, NVwZ 1987, 751 (754); *Kippels*, in *Ketteler/Kippels*, Umweltrecht, 1988, S. 123 f.; auch noch *Bender/Sparwasser* in der Erstauflage dieses Buches, Rn. 787.
123 So mit guten Gründen *Schink*, DVBl. 1989, 1182 (1187); ebenso *Brandt*, Altlastenrecht, S. 102; anders jetzt § 10 III 2 BodSchG BW; dazu auch *Seibert*, DVBl. 1992, 669 ff.
124 VGH Kassel, NVwZ 1992, 1101 ff.; *Schink*, DVBl. 1989, 1182 (1187); *Brandt*, Altlastenrecht, S. 108. A.A. offenbar *Kloepfer*, NuR 1987, 7 (19); *Götz*, NVwZ 1987, 858 (862), ders., NVwZ 1990, 725 (730). S.a. *Knopp*, BB 1988, 923 ff. und *Grotefels*, DVBl. 1990, 781 (785) m.w.N. in Fn. 60; eingehend zum ganzend *di Fabio*, DÖV 1991, 629 ff.; *Losch*, DVBl. 1994, 781 ff.
125 Näher *Würtenberger/Heckmann/Riggert*, Polizeirecht in Baden-Württemberg, 2. Aufl. 1994, Rn. 626 ff. m.w.N.
126 § 17 II HAbfAG (Hessen); zurückhaltend § 17 III ThAbfAG. und § 10 V EGAB-Sachsen; s.a. § 26 III LAbfAlG Rh.Pf.; weitgehend § 12 I 1, § 17 II 2 und § 25 I BodSchG-E (Fn. 31).
127 VGH Kassel, NVwZ 1992, 1101 ff.

b) Sanierungsplanung

125 Aufgrund all dieser Ermittlungen ist eine **Sanierungsplanung** zu erstellen, also eine Übersicht über die Sanierungsziele, die durchzuführenden Maßnahmen, die erforderlichen Genehmigungen, Gestattungen oder sonstigen behördlichen Zustimmungen, die erforderlichen Verfügungsbefugnisse, die durchführenden Personen oder Stellen, die von der Sanierung weiter betroffenen Rechtsgüter und Rechtsinhaber, die Aufsicht über die Maßnahmen, die Zielkontrolle, den Zeitbedarf, den Finanzbedarf, die Mittelherkunft u.a.m.

126 Nach § 19 BodSchG-E ist ein Sanierungsplan von dem Sanierungsverpflichteten zu verlangen, nach § 20 BBodSchG-E hat er ihn selbst zu erstellen, zu ergänzen oder durch einen Sachverständigen erstellen oder ergänzen zu lassen; s.a. § 27 LAbfG BW.[128]

c) Sanierungsverfügung

127 Mit der **Sanierungsverfügung** wird dem oder den Pflichtigen aufgegeben, bestimmte Maßnahmen oder Maßnahmen zur Erreichung eines bestimmten Zieles durchzuführen.

128 Polizeirechtliche Voraussetzung ist das Vorliegen einer *konkreten Gefahr*, der mit der Sanierung begegnet werden soll. Daher kann auch nicht die Herstellung eines wie auch immer bestimmten ursprünglichen Zustands, sondern nur die Beseitigung der Gefahr, also die Sanierung bis zum Erreichen entsprechender Werte verlangt werden. Dabei ist der Verhältnismäßigkeitsgrundsatz zu beachten. Folglich muß auch nicht jede Altlast saniert werden. Für bloße Vorsorge ist in der Sanierungsverfügung kein Raum.

129 Art und Umfang sowie das Ziel der Sanierung sind von der zuständigen Behörde einzelfallbezogen unter Berücksichtigung des Schadstoffpotentials, der Schadstoffpfade, der Schutzgutexposition und der Durchführbarkeit einer konkreten Sanierung festzulegen. Dies sollte in einer förmlichen Sanierungsentscheidung geschehen, in schwierigen Fällen erst *nach Aufstellung* eines umfassenden *Sanierungskonzepts*, das eine Darstellung der Altlastenfläche, der derzeitigen und künftigen Nutzung, der Untersuchungsergebnisse, der Abschätzung der Gefahr für die Schutzgüter, der Sanierungsziele, der Maßnahmen zu ihrer Erreichung, des Zeitplans und des Sanierungsverantwortlichen enthalten sollte. Die Sanierungsentscheidung sollte auch alle *öffentlich-rechtlichen Zulassungen* für die festgelegten Maßnahmen enthalten oder, sofern das nicht möglich ist, z.B. bei fehlendem Einvernehmen mit der dafür zuständigen Behörde oder bei Notwendigkeit einer Planfeststellung oder eines förmlichen Verfahrens nach anderen Vorschriften, einen entsprechenden *Vorbehalt*.[129]

---

[128] Zu Art. 10 II BayAbfAlG 1986 BayVGH, NVwZ-RR 1994, 314 ff.
[129] Zu den Rechtsfragen der Durchführung der Sanierung, insbesondere zu den entsprechenden Genehmigungserfordernissen siehe oben Fn. 36 sowie *Franzius/Stegmann/Wolf/Brandt* (Fn. 14), Kap. 1.5.2.1; *Papier*, JZ 1994, 810 (819 ff.) m.w.N. sowie mit rechtspolitischen Forderungen; s. zu den abfall- u. immissionsschutzrechtlichen Fragen bei der Zulassung solcher Sanierungsverfahren auch *Buch*, UPR 1990, 92 ff.

Nach Landesrecht sind teilweise *Sanierungsgenehmigungen* vorgesehen, die nach anderen **130** Vorschriften erforderliche Zulassungen unter den dort genannten Voraussetzungen und mit Ausnahme von Planfeststellungen ersetzen (vgl. § 20 HAbfAG, § 19 IV ThAbfAG; dazu § 19 III BodSchG-E). Diese Zuständigkeits- und Verfahrenskonzentration ist zu begrüßen.

Anstelle einer Sanierungsentscheidung kann natürlich auch ein **öffentlich-rechtlicher** **131** **Vertrag** abgeschlossen werden, der einerseits mehr Akzeptanz beim Betroffenen und Effizienz bei der Durchführung gewährleisten, andererseits aber auch vom Sanierungspflichtigen als Mittel der Verzögerung und Verwässerung des Sanierungsziels eingesetzt werden kann.[130] Ohne eine – nach überwiegend vertretener, u.E. unzutreffender Auffassung nach § 61 I 3 LVwVfG genehmigungspflichtige, in der Praxis oft nur schwer durchsetzbare – Vollstreckungsklausel muß vor der Vollstreckung erst noch ein Titel erwirkt werden – was zuweilen übersehen werden soll.

Ist die geforderte Sanierung durchgeführt, bedeutet dies grundsätzlich keine Sperre **132** gegen ein weiteres Sanierungsverlangen, sei es aufgrund neuerer Erkenntnisse, aufgrund jetzt strengerer Anforderungen oder aufgrund neuer Kontaminationen.

Beispiele: Erst während oder nach der Sanierung wird die Gefährlichkeit einer Substanz **133** festgestellt, die bereits in die Sanierung einbezogen ist. – Das Grundstück wird in ein Trinkwasserschutzgebiet einbezogen und unterliegt jetzt strengeren Maßstäben hinsichtlich des Sanierungsziels. – Auf dem sanierten Grundstück wird ein neuer Schadstoffherd gefunden. – U.U. begründet es aber einen Amtshaftungsanspruch gegen die Behörde, wenn sie ihre Erkenntnisse bereits früher hätte gewinnen und die Sanierung dann in einem und kostengünstiger hätte durchgeführt werden können.

Durch entsprechende Folgenbeseitigungsmaßnahmen soll der vor der Einwirkung auf **134** den Boden bestehende Zustand so weit wie möglich wieder hergestellt werden, und zwar sowohl hinsichtlich der am Standort zu diesem Zeitpunkt bestehenden Nutzung als auch der vorhandenen Vegetation.

Nach § 18 I 2 BodSchG-E kommen zur Sanierung bei stofflichen Belastungen neben Dekon- **135** taminations- auch gleichwertige Sicherungsmaßnahmen in Betracht und sind, soweit die Beseitigung der Altlast auf diese Weise nicht möglich oder unzumutbar ist, sonstige Sicherungs- und Beschränkungsmaßnahmen zu ergreifen (Satz 3). Dabei soll die derzeitige und die planungsrechtlich zulässige künftige Nutzung des Grundstücks berücksichtigt werden, § 18 II BodSchG-E.

d) Rekultivierungsanordnung

Rekultivierung bedeutet die umgebungs- und nutzungsgerechte Gestaltung der betrof- **136** fenen Fläche nach Durchführung der Sanierung, z.B. durch Begrünung oder Anlage von Freizeitflächen. Polizeirechtlich gibt es keine Möglichkeit einer Rekultivierungsanordnung. Auf den beschränkten Anwendungsbereich der entsprechenden Vorschriften des Abfallrechts wurde vorstehend (Rn. 5/97) schon hingewiesen.

Einige Landesgesetze enthalten jetzt aber auch Vorschriften zu einer Rekultivierung.[131]

---

130 Zur Sanierungsabsprache vgl. *Rengeling*, Das Kooperationsprinzip im Umweltrecht, 1988, S. 194 ff.
131 Vgl. §§ 20 I, 28 II HAbfAG (Hessen); § 28 II LAbfAlG Rh.Pf.; § 19 I ThAbfAG.

5. Sanierungsverantwortlichkeit

a) Haftung des Handlungsstörers

137 Als Handlungs- oder auch als sog. „**Verhaltensstörer**" ist die natürliche oder juristische Person verantwortlich, die die Gefahr oder Störung verursacht hat (vgl. z.B. § 4 MEPolG).

138 *Beispiel:* Auf dem stillgelegten Kokereibetriebsgelände eines Bergwerkes war eine bebauungsplangemäße Wohnbebauung entstanden. Gegen die Bergwerksgesellschaft erging eine Ordnungsverfügung. Sie hatte zum Inhalt, daß bestimmte Maßnahmen gegen den festgestellten Austritt leichtflüchtiger, kokereispezifischer Kohlenwasserstoffe zu treffen und Luftmessungen vorzunehmen waren. Diese Verfügung wurde vom OVG Münster[132] unter dem Gesichtspunkt der Handlungsverantwortlichkeit für rechtens befunden, obwohl das Unternehmen die Betriebshandlungen in Ausnutzung bergrechtlicher Erlaubnisse vorgenommen hatte.[133]

139 Die Verursachung muß nach (noch immer) herrschender Auffassung „**unmittelbar**" zu dem polizei- bzw. ordnungswidrigen Erfolg geführt haben. Die – schon vom Preuß. Oberverwaltungsgericht vertretene – „Theorie der unmittelbaren Verursachung" erkennt eben nur ein solches Verhalten als polizeirechtlich erhebliche Ursache an, das selbst unmittelbar die konkrete Gefahr oder Störung setzt und damit die *Gefahrengrenze überschreitet*.[134] Indessen geht es hierbei nicht nur um eine Kausalitätsfrage; vielmehr erfordert die Anwendung des Kriteriums der „Unmittelbarkeit" die Beantwortung einer Zurechnungs-, d.h. Wertungsfrage.

Beispiel: Der Abfallerzeuger kommt in der Regel nicht für eine polizeiliche Verhaltenshaftung in Bezug auf die Sanierung einer von ihm beschickten Altdeponie in Betracht, wenn diese von ihm nicht betrieben worden war.

140 Offen bleibt aber dann immer noch die Frage nach den Kriterien, die den notwendigen Wertungen zugrundezulegen sind. Daher sind im Schrifttum neben der „*Unmittelbarkeitstheorie*"[135] noch andere Störertheorien entwickelt worden, etwa die „*Theorie der rechtswidrigen Verursachung*"[136] oder die „*Pflichtwidrigkeitstheorie*".[137] U.E. kann der Zurechnungsmaßstab durchaus im Sinne der „Pflichtwidrigkeitstheorie" – sofern nicht spezialgesetzliche, risikozuweisende Rechtsnormen weiterhelfen (früher etwa die §§ 25 III, 51 GewO) – den subsidiär

---

132 NVwZ 1985, 355; krit. *Papier*, NVwZ 1986, 256 (258); dazu auch VG Gelsenkirchen, NVwZ 1988, 1061 (Träger der Bauleitplanung als Störer).
133 Zur Frage der *Amtshaftung* des Trägers der Bauleitplanung im Beispielsfall OLG Hamm, NVwZ 1988, 762. Grundsätzlich zur Amtshaftung der Gemeinde bei Überplanung von Altlasten BGHZ 106, 323 (Fall Bielefeld) = JZ 1989, 1122 m. Anm. *Ossenbühl*; ergänzt durch BGH, JZ 1989, 1126 (Fall Osnabrück) u. BGH, UPR 1990, 148 (Fall Dortmund-Dorstfeld); aus neuerer Zeit: BGHZ 123, 363; 121, 65; 117, 363; 116, 215; UPR 1992, 438 und 439. – Vgl. dazu auch *Jochum*, NVwZ 1989, 635 ff.; *Dörr/Schönfelder*, NVwZ 1989, 933 ff.; *E. Rehbinder*, JuS 1989, 885 ff.; *Wurm*, NuR 1990, 201 ff.; *Schink*, DÖV 1988, 529 ff. u. NJW 1990, 351 ff.; *Bielfeldt*, DÖV 1988, 67 ff.; *Tettinger/Knöchel*, ZAU 1989, 45 ff. – Allgemein zu Altlasten in der Bauleitplanung *Henkel*, UPR 1988, 367 ff.; *Paßlick*, DVBl. 1992, 674 ff.; *Schmidt-Jortzig*, DÖV 1991, 753 (761); *Ipsen/Tettinger*, Altlasten und kommunale Bauleitplanung, 1988.
134 Vgl. *Drews/Wacke/Vogel/Martens*, Gefahrenabwehr, 9. Aufl. 1986, S. 313; *Würtenberger* (Fn. 117), Rn. 7/166 f.; *Würtenberger, Heckmann, Riggert* (Fn. 125), Rn. 303, jeweils m.w.N.
135 Vgl. *Drews/Wacke/Vogel/Martens*, ebda., sowie *Breuer*, JuS 1986, 359 ff. Fn. 28 m.w.N.
136 Vgl. *Schnur*, DVBl. 1962, 1 ff.; s. auch die Nachw. bei *Kloepfer*, NuR 1987, 7 ff. Fn. 32.
137 Vgl. etwa *Pietzker*, DVBl. 1984, 457 ff.

einschlägigen, wertgebundenen polizeilichen Generalklauseln nebst den Bestimmungen über die polizeiliche Verantwortlichkeit entnommen werden. Diese sind nämlich verfassungskonform auszulegen. Bedeutung haben hier vor allem die grundgesetzlichen Wertentscheidungen, etwa die Staatsziel- und Staatsstrukturklauseln (Art. 20 I, 28 I 1 GG), vor allem aber die Grundrechtsnormen. Wer von einer grundrechtlichen Freiheit Gebrauch macht, darf dies nicht in einer vom Grundrechtsschutzbereich nicht mehr gedeckten, gemeinwohlunverträglichen Weise tun (vgl. etwa Art. 2 I u. 14 II GG). Somit bliebe polizeirechtlich ein Verhalten ungeschützt, durch das die objektiv einzuhaltenden Sorgfaltsstandards und damit in der Regel auch grundrechtlich geschützte Freiheiten anderer verletzt werden. Dabei kann es im Rahmen der gebotenen Objektivierung des Zurechnungsmaßstabs nicht darauf ankommen, ob der Handelnde subjektiv nach seinen Kenntnissen und Fähigkeiten in der Lage war, die maßgeblichen Standards zu erfüllen. In die Bestimmung des Inhalts und des Umfangs der den einzelnen treffenden „Nichtstörungspflicht", d.h. der Pflicht zur Wahrung der Gemeinwohlverträglichkeit des eigenen Verhaltens müssen jedoch, um überhaupt von einer „Pflicht" sprechen zu können, (objektivierte) Sorgfaltskriterien eingehen.

So schließt beispielsweise die positive, etwa durch eine gewerberechtliche Genehmigung oder durch eine bergrechtliche Betriebsplanzulassung begründete verwaltungsrechtliche Befugnis die Unmittelbarkeit regelmäßig so weit aus, wie diese Befugnis reicht. (Diese „Entpflichtung" gilt demgegenüber nicht für eine bloße behördliche Duldung[138]; auch diese kann allerdings Bedeutung haben, etwa für die Beurteilung der Verhältnismäßigkeit des späteren polizeirechtlichen Eingriffs.) Hinsichtlich dieser handlungs- und erfolgsbezogenen sog. *„Legalisierungswirkung"* behördlicher (z.B. gewerbe-, immissions- oder wasserrechtlicher) Eröffnungskontrollen ist indessen – auch im Rahmen der gebotenen differenzierenden Betrachtungsweise – manches streitig.[139] Dies gilt schon für die Tragweite der jeweils in Betracht kommenden Gestattung, also z.B. für die (im allgemeinen wohl zu verneinende) Frage, ob eine frühere, nach den §§ 16 ff. GewO erteilte Gewerbeanlagengenehmigung auch den Vorgang der Ablagerung von umweltgefährdenden Produktionsrückständen umfaßt. Grundsätzlich kann die Legalisierungswirkung *nicht über den Inhalt einer Anlagengenehmigung*, d.h. über den Regelungs-(Bescheidungs-)gegenstand hinausreichen; natürlich kann u.U. gerade die Frage nach dem Gegenstand und dem Umfang der Genehmigung zu unterschiedlichen Antworten führen. U.E. kann eine behördliche Gestattung auch nicht von der polizeirechtlichen Verantwortlichkeit für solche *Gefahren* freistellen, die *im Zeitpunkt der Gestattung objektiv noch gar nicht vorhersehbar* waren.[140]

141

---

138 *Hermes/Wieland*, Die staatl. Duldung rechtswidrigen Verhaltens, 1988.
139 Dazu *Fluck*, VerwArch 79 (1988), 406 ff.; *Staupe*, DVBl. 1988, 606 (609 f.); *Peine*, JZ 1990, 202 ff.; *Brandt*, Altlastenrecht, S. 138 ff. m.w.N.; *Würtenberger/Heckmann/Riggert* (Fn. 125), Rn. 646 ff. m.w.N.; aus der Rspr.: OVG Koblenz, NVwZ 1992, 499 ff.; BayVGH, NVwZ 1992, 905 ff.; s.a. *Hermes*, in: *Becker/Schwarze* (Hrsg.), Wandlung der Handungsformen im öffentlichen Recht, 1991, S. 187 ff.; *Sach*, Genehmigung als Schutzschild?, 1993, S. 116 ff., 167 ff.; *Roesler*, Die Legalisierungswirkung gewerbe- und immissionssschutzrechtlicher Genehmigungen vor dem Hintergrund der Altlastenproblematik, 1993; vgl. allgemein zur Legalisierungswirkung einer immissionsschutzrechtlichen Genehmigung BVerwGE 55, 118 (121) u. 85, 368.
140 Ebenso *Breuer*, JuS 1986, 359 (363); Schink, DVBl. 1986, 161 (169); *Kloepfer*, NuR 1987, 7 (9); *ders.*, Umweltrecht, 1989, S. 726 f.; *Oerder*, DVBl. 1992, 691 (694); *Brandt*, Altlastenrecht, S. 145. – A.A. *Papier*, NVwZ 1987, 256 (259 f.); *Fluck*, VerwArch 79 (1988), 430 f.; diff. *Schrader*, Altlastensanierung nach dem Verursacherprinzip, 1989, S. 186 ff.; aus der Rspr. vgl. BayVGH, NVwZ 1992, 905 ff.

5 *Bodenschutz-, insbes. Altlastenrecht*

142 Die Frage, wie es mit der polizeirechtlichen Verantwortlichkeit für jene Fälle einer etwaigen Verhaltenshaftung steht, in denen eine von einem Produktionsabfall ausgehende *Gefahr erst später* (ex post) *als solche erkannt worden ist und auch erst erkannt werden konnte*, sei es aufgrund eines zwischenzeitlich erreichten neuen wissenschaftlichen Erkenntnisstandes oder neuer technischer Erkenntnismöglichkeiten, etwa aufgrund einer Verfeinerung der Analysetechnik (Rn. 9/93), wird kontrovers beantwortet. Sie hat erhebliche praktische Bedeutung. Geht man von der oben (Rn. 5/140) erwähnten „*Pflichtwidrigkeitstheorie*" aus, also von dem Kriterium der objektiven Verletzung einer Pflicht zur Wahrung der Gemeinwohlverträglichkeit des eigenen Verhaltens, dann ist die Ablagerung von Abfällen, die im Entsorgungszeitpunkt nach dem wissenschaftlichen Erkenntnisstand als ungefährlich zu beurteilen waren, auch dann objektiv keine polizeirechtlich relevante Pflichtverletzung, wenn später – aber eben erst später – die Gefährlichkeit dieser Abfälle erkannt und akut wird.[141]

143 *Rechtspolitisch* wird zu Recht die Ablösung der polizei- und ordnungsrechtlichen Verhaltens- und Zustandsverantwortlichkeit durch spezialgesetzliche Regelungen der Sanierungsverantwortlichkeit gefordert.[142] Unergiebig bleibt dazu der *Referentenentwurf*.[143] Dagegen soll nach §§ 303, 310 UGB-BT die Verantwortlichkeit des Verursachers entfallen, wenn die Inanspruchnahme unzumutbar ist, weil der Verantwortliche im Hinblick auf rechtmäßiges behördliches Verhalten im Zeitpunkt des Entstehens der Bodenbelastung darauf vertraut hat, daß eine Umweltgefahr nicht entstehen könne, und wenn dieses Vertrauen unter Berücksichtigung der Umstände des Einzelfalls in besonderem Maße schutzwürdig ist (§ 303 V 1).

b) *Haftung des Zustandsstörers*

144 Neben dem „Verhaltensstörer" ist auch der Eigentümer und/oder Inhaber der tatsächlichen Herrschaftsbefugnisse eines Grundstücks, von dem Gefahren ausgehen, hierfür als sog. „**Zustandsstörer**" polizeirechtlich verantwortlich (vgl. z.B. § 5 MEPolG). Einige Landesgesetze sehen darüber hinaus eine Verantwortlichkeit nicht nur des gegenwärtigen Eigentümers oder Inhabers der tatsächlichen Gewalt vor, sondern auch früherer Grundeigentümer.[144]

145 *Beispiel:* In einem Fall, in dem im Baugrund von Reihenhäusern nahe einer 1979 stillgelegten chemischen Fabrik gefährlich hohe Schadstoffkonzentrationen gefunden worden waren, bestätigte der Bay. VGH[145] für die Anlage eines Beobachtungspegels die Zustandsverantwortlichkeit des Immobilienunternehmers, der das Gelände aufgekauft und parzelliert hatte, im Zeitpunkt der behördlichen Anordnung aber noch im Grundbuch als Eigentümer eingetragen war.

146 Diese Zustandshaftung für Altlasten bedeutet grundsätzlich – sei es im Wege der Eigensanierung oder der polizeirechtlichen Ersatzvornahme – volle und im Prinzip unbegrenzte Kostentragung. Von der wohl überwiegenden Meinung in Rechtspre-

---

141 Dazu Fn. 140. Eingehend zur Problematik *Brandner*, Gefahrenerkennbarkeit und polizeirechtliche Verantwortlichkeit, 1990.
142 *Breuer*, DVBl. 1994, 890 (900).
143 Fn. 31.
144 § 21 I Nr. 5 und 6 AbfAlG Hbg.; § 20 I Nr. 5 ThAbfAG.; ebenso § 303 III UGB-BT (Fn. 32); kritisch dazu *Papier*, JZ 1994, 810 (817).
145 NVwZ 1986, 942 = DVBl. 1986, 1283.

chung¹⁴⁶ und Literatur¹⁴⁷ wird eine *Begrenzung der Haftung* etwa auf den Verkehrswert des sanierten Grundstücks verneint. Daran entzündet sich zu Recht Kritik.¹⁴⁸

aa) U.E. ist die Haftung des Zustandsstörers mit seinem *gesamten Vermögen*, wie sie von der h.M. aus dem geltenden Polizeirecht abgeleitet wird, mit Art. 14 GG als verfassungsrechtlicher Gewährleistung des Eigentums kaum vereinbar und deshalb verfassungskonform einschränkend auszulegen.¹⁴⁹ **147**

Die Gefahrenquelle ist in anderer Weise „gebunden" als das Vermögen des Zustandsstörers im übrigen. Sie ist vom Eigentümer im Rahmen der Sanierung *voll* einzusetzen. Zwar sollte nach dem Wortlaut von Art. 14 II GG – „*zugleich*" – der Eigentümer wohl einen „Rest von Privatnützigkeit" der Gefahrenquelle noch erwarten dürfen. Nach Auffassung des BVerfG ist die Pflicht des Eigentümers zum entschädigungslosen Einsatz der gesamten Gefahrenquelle aber durch die Sozialbindung des Eigentums gedeckt.¹⁵⁰ Die Sozialpflichtigkeit der Gefahrenquelle kann aber in keinem Fall die Heranziehung des Eigentümers mit seinem *gesamten Vermögen* decken, da sie nach Art. 14 GG nur den *konkreten Eigentumsgegenstand in seiner jeweiligen Gestalt* überlagert. Das *übrige* Vermögen des Eigentümers – dessen Bestand zufällig ist – wird von der Sozialpflichtigkeit nach Art. 14 II GG nicht überlagert. **148**

Die Haftung des *Eigentümers* steht in sämtlichen Polizeigesetzen in einem unmittelbaren textlichen Zusammenhang mit der Haftung des *Inhabers der tatsächlichen Gewalt*, wobei die Polizei grundsätzlich sowohl den einen als auch den anderen heranziehen kann. Die „Gleichstellung" des Eigentümers, also dessen, der rechtlich über die Gefahrenquelle verfügen kann, mit demjenigen, der tatsächlich auf die Gefahrenquelle einwirken kann, verdeutlicht den *Zweck* der Haftung des „Zustandsstörers": Die von allen Anforderungen an ein Verschulden oder auch nur an Kausalität unabhängige Haftung des „Zustandsstörers" beruht allein auf seiner Nähe zur Gefahrenquelle und seiner tatsächlichen oder rechtlichen Möglichkeit, auf die Gefahrenquelle einzuwirken und damit die Gefahr für die Allgemeinheit zu beseitigen¹⁵¹ bzw. ihrem Entstehen rechtzeitig vorzubeugen. Beruht die Haftung des Zustandsstörers aber allein auf seiner Einwirkungsmöglichkeit auf die Gefahrenquelle, ergibt sich schon daraus, daß sich seine Polizeipflichtigkeit auf die – ihm eher als anderen mögliche und daher auch ihm zumutbare – Einwirkung *auf die Gefahrenquelle* beschränkt.¹⁵² **149**

---

146 BVerwG, NVwZ 1992, 475 ff.; BayVGH, NVwZ 1986, 942 (944) m.w.N., ebenso VGH BW, NVwZ 1986, 325 (326).
147 *Drews/Wacke/Vogel/Martens* (Fn. 134), S. 320 f. m.w.N.; *Götz*, Allgemeines Polizei- und Ordnungsrecht, 10. Aufl. 1991, Rn. 212; *Spannowsky*, DVBl. 1994, 560 (562 f.): „nur ausnahmsweise unter dem Gesichtspunkte des Übermaßverbots". – Krit. aber *Friauf*, in: FS Wacke, 1972, 293 (300 ff.); *ders.*, VVDStRL 35 (1977), 350 f.; *Ziehm*, Die Störerverantwortlichkeit für Boden- und Wasserverunreinigungen, 1989, 61 ff.; *Schrader*, Altlastensanierung nach dem Verursacherprinzip, 1988, 121 ff.; differenzierend *Denninger*, in *Lisken/Denninger* (Hrsg.), Handbuch des Polizeirechts, 1992, Rn. 96 ff.
148 *Oerder*, NVwZ 1992, 1031 (1037); *Schink*, GewArch 1991, 357 (379), jeweils m.w.N. – Vgl. eingehend zum folgenden *Sparwasser/Geißler*, DVBl. 1995, i.E.
149 So schon *Friauf*, FS Wacke, 1972, S. 293 (300 ff.): keine Haftung für Schäden, deren Ursachen in die Risikosphäre der Allgemeinheit fallen; a.A. unter Berufung auf die gesetzgeberische Freiheit bei der Ausgestaltung von Inhalt und Schranken des Eigentums *Drews/Wacke/Vogel/Martens* (Fn. 134).
150 Vgl. BVerfGE 20, 351 (361). Auch nach dem BVerfG ist die Sozialbindung des Eigentums aber nicht unbegrenzt; vgl. nur BVerfGE 20, 351 (361); für Art. 2 I GG vgl. BVerfGE 9, 3 (11).
151 Vgl. nur *Würtenberger* (Fn. 117), Rn. 7/163.
152 Nur so ist auch zu verstehen, daß eine Haftung des Zustandsstörers jedenfalls grundsätzlich bei Beendigung der Einflußmöglichkeit auf die Gefahrenquelle enden soll; ebenso *Würtenberger/Heckmann/Riggert* (Fn. 125), Rn. 299; einhellige Meinung für den Fall, daß dem Eigentümer die Einwirkung auf die Sache aus tatsächlichen Gründen (bspw. Diebstahl) unmöglich ist.

5 Bodenschutz-, insbes. Altlastenrecht

150 *Beispiel:* Ein Schlossereibetrieb kaufte zwecks Betriebserweiterung das Nachbargrundstück von einer Chemischen Reinigung. Dem Käufer war bekannt, daß auf dem Grundstück Altlasten sind. Nach Untersuchungen wurden DM 100 000,– als Sanierungskosten veranschlagt. Das Grundstück hat ohne Altlast einen Wert von DM 200 000,–. Als Kaufpreis wurden folglich DM 100 000,– vereinbart. Nach Eigentumserwerb durch die Schlosserei stellte sich heraus, daß die Sanierungskosten DM 1 Mio. betragen. Nach unserer Auffassung haftet der Schlossereibetrieb nur mit dem Grundstück, das er von der Chemischen Reinigung erworben hat (also in Höhe von DM 200 000.–; str.).

151 Dagegen kommt nach wohl h.M. in den Genuß einer Haftungsbeschränkung nur, wer sich „in einer Art **Opferposition**" befindet, weil er beim Erwerb des altlastenbehafteten Grundstücks von der Belastung wußte oder wissen konnte.[153] Dem folgen die neueren Entwürfe zur gesetzlichen Regelung der Altlastensanierung.[154]

152 In das Gefahrenabwehrrecht wird durch diesen Ansatz eine subjektive Komponente eingeführt, die systemfremd ist[155], da das Polizeirecht auch sonst an Verschulden nicht anknüpft. – Verschulden ist auch kein taugliches Kriterium, wo keine Rechtspflicht besteht, gegen die „schuldhaft" (=vorwerfbar) verstoßen werden kann. Eine Rechtspflicht, den *Erwerb* oder die Inbesitznahme bestimmter Gegenstände zu unterlassen, nur weil sie ggf. zu einer Gefahr für die Allgemeinheit werden können, besteht aber nicht – und das mit gutem Grund: denn der Erwerb bzw. Eigentümerwechsel ist für die Entwicklung der Gefahr ohne Einfluß, führt insbesondere nicht zu einer Gefahrenerhöhung. Wenn man aber schon nicht aus eigentumsrechtlichen Gründen zu einer Begrenzung der zu Recht in manchen Fällen als unerträglich empfundenen unbegrenzten Zustandsstörerhaftung kommt, mag man dem „unschuldigen" Erwerber immerhin unter Billigkeitsgesichtspunkten in der beschriebenen Art zu Hilfe kommen. –

153 Stellt man aber auf die Kenntnis des Erwerbers ab, stellen sich die Fragen nach dem **maßgeblichen Zeitpunkt** und dem **Umfang der Kenntnis**.

154 Ist die Haftungsbegrenzung bei fehlender Kenntnis letztlich eine Frage der *Billigkeit*, kann auch der maßgebliche Zeitpunkt für die Kenntnis nur mit Billigkeitsüberlegungen bestimmt werden. Entscheidend ist die Wertung, daß eine Entlastung nicht verdient, wer sich sehenden Auges in Gefahr begibt, die Gefahr also hätte vermeiden können, sie aber – wirtschaftlich risikofreudig – in Kauf nimmt. Vermeiden kann der Erwerber die Gefahr so lange, wie er noch nicht in die Beziehung zur Gefahrenquelle getreten ist, die seine Haftung auslöst, also bis zur Begründung des Eigentums oder der tatsächlichen Gewalt. Das ist dann auch der für die Kenntnis maßgebliche Zeitpunkt.[156]

155 Mißt man der *Kenntnis* des Zustandsstörers Bedeutung für den Umfang seiner Haftung zu, fragt sich zugleich, *wie weit diese Kenntnis reichen muß.*

156 Auch hier bleibt nur der Rückgriff auf *Billigkeitsgesichtspunkte:* Nur wer sich *vorwerfbar* der Möglichkeit begeben hat, die Gefahr zu vermeiden, soll auch dafür haften. Die Haftung kann sich daher nicht auf mehr erstrecken, als der Eigentümer bei Erwerb „sehenden Auges" in Kauf

---

153 Solches jedenfalls erwägend BVerwG, NVwZ 1991, 475 m.w.N.; ihm folgend VGH BW, Urt. v. 22.4.1993, Az. 8 S 406/93, RSprDienst 1993, Beil. 7 B1.
154 Vgl. § 25 IV 1 BBodSchG-E (Stand: 7.2.1994); § 7 III 3 BBodSchG-E enthält zumindest eine ausdrückliche Normierung des Verhältnismäßigkeitsgrundsatzes (Möglichkeit und Zumutbarkeit).
155 So *Papier*, JZ 1994, 810 (817) m.w.N.; krit. auch *Schink*, DÖV 1995, 213 (224).
156 So auch HessVGH, NVwZ 1993, 389 zu § 21 II Nr. 5 S. 1 HAbfAG (Hessen).

nahm oder bei verkehrsüblicher Sorgfalt hätte erkennen können. Wurde also der Sanierungsaufwand in nicht vorwerfbarer Weise unterschätzt, steht dies dem Haftungsprivileg nicht entgegen. Dabei ist insbesondere grundsätzlich nicht vorwerfbar, wenn sich der Eigentümer auf die von den zuständigen Behörden eingeholten Gutachten verläßt.

Ein Teil der landesrechtlichen Regelungen[157] beschränkt sich darauf, im Zusammenhang mit der Störerauswahl ausdrücklich das Verhältnismäßigkeitsgebot anzusprechen und zwischen den verschiedenen Störern ein Gesamtschuldverhältnis anzuordnen, das dem in Anspruch genommenen Zustandsstörer immerhin einen (öffentlich- oder privatrechtlichen?) Ausgleichsanspruch gegen den – allerdings i.d. Regel vermögenslosen – Verhaltensstörer gibt.[158] Der Zustandsstörer trägt also das Risiko der Insolvenz des Verhaltensstörers. **157**

Entsprechend der Lehre von der Opferposition soll nach § 21 II HAbfAG (Hessen), § 20 II ThAbfAG eine Sanierungsverantwortlichkeit entfallen, wenn der Verantwortliche im Zeitpunkt des Entstehens der Verunreinigung darauf vertraut hat, daß eine Beeinträchtigung der Umwelt nicht entstehen könne, und wenn dieses Vertrauen unter Berücksichtigung der Umstände des Einzelfalles schutzwürdig ist. **158**

bb) Unabhängig davon, ob man – wie wir – von einer Haftung des Eigentümers grundsätzlich nur mit der Gefahrenquelle ausgeht oder – mit der h.M. – jedenfalls dann, wenn sich der Zustandsstörer in einer – wie auch immer bestimmten – Opferposition befindet, die Haftung auf die Gefahrenquelle beschränkt, stellt sich die Frage nach dem *räumlich-gegenständlichen Umfang* der Haftung. **159**

Beispiel: Kurz vor Entdeckung der Altlast teilt der Eigentümer sein Grundstück, die Belastung liegt jetzt nur noch auf dem abgetrennten kleineren Teil. Dann errichtet er eine Maschinenhalle darauf. Beschränkt sich die Haftung auf das abgetrennte kleinere Grundstück oder gar nur auf die kontaminierte Fläche? Und haftet er zusätzlich in Höhe des Werts der Maschinenhalle? Wie schließlich, wenn die Teilung erst nach Entdeckung der Altlast stattfindet? Soll sich ein Eigentümer aus der (Zustands-)Haftung stehlen können, indem er den verseuchten Teil seines Grundstücks abtrennt und verkauft? **160**

Dogmatisch muß die Beantwortung der Frage nach dem *Haftungsgegenstand* beim *Haftungsgrund* ansetzen. Allein die Tatsache *irgendeiner* Sonderverbindung bestimmter Personen zur Gefahrenquelle rechtfertigt nicht eine besondere Belastung. Dies wird schon dadurch deutlich, daß zur Gefahrenbeseitigung auch Personen ohne Sonderbeziehung herangezogen werden können wie der Nichtstörer. Seine Inanspruchnahme ist verfassungsgemäß, wenn er die Gefahr schneller und besser als andere beseitigen kann. Hier rechtfertigt das öffentliche Interesse an effektiver Gefahrenabwehr den Eingriff in das Recht des Nichtstörers aus Art. 2 I GG, allerdings nur auf der Ebene der Gefahrenbeseitigung. Eine Belastung des Nichtstörers mit den Kosten der Gefahrenbeseitigung ist dagegen nicht nur im Gesetz nicht vorgesehen, sondern wäre u.E. **161**

---

157 S.o. Fn. 96. Die landesrechtlichen Regelungen werden freilich entsprechend Art. 31 GG durch bundesrechtliche Regelungen verdrängt.
158 So bspw. §§ 10 BodSchG BW, § 10 EGAB Sachsen, § 21 II 3 HAbfAG (Hessen), § 20 I 3 ThAbfAG. – Die Altlastenregelungen der neuen Bundesländer enthalten zur Sicherung der Verkehrsfähigkeit der Grundstücke z.T. eine Freistellungsklausel für Bodenbelastungen vor dem 1.7.1990, vgl. bspw. § 10 VI 1 EGAB Sachsen. Soweit allerdings auf Kosten der öffentlichen Hand saniert wird, wird der hierdurch bewirkte Wertzuwachs beim Eigentümer abgeschöpft, vgl. §§ 31 LAbfVG Bbg., § 25 HAbfAG (Hessen), § 22 ThAbfAG. Vgl. auch § 25 IV BBodSchG-E (Stand: 7.2.1994).

5 Bodenschutz-, insbes. Altlastenrecht

auch verfassungswidrig, weil hier für eine besondere Belastung des Nichtstörers eine Rechtsgrundlage fehlte und die Belastung gegen Art. 3 GG verstieße.

162 Beim Eigentümer kommt es dagegen nicht darauf an, ob er selbst die Gefahr beseitigen kann; er haftet nach dem Gesetz immer aufgrund seines Eigentums. Diese Haftung ist auch verfassungsgemäß, weil sie Ausdruck der Sozialbindung des Eigentums i.S.d. Art. 14 II GG ist.[159] Diese Pflicht ruht aber allein auf dem Eigentum. Da die Anknüpfung aber eine *rechtliche* ist – nämlich an die Stellung als verfügungsberechtigter Eigentümer –, muß auch die Abgrenzung des Haftungsgegenstandes eine *rechtliche* sein: er haftet also mit dem rechtlich von der Haftung erfaßten Gegenstand, also dem *ganzen* Grundstück, aber nicht mehr.

163 Haftet das *gesamte* Grundstück, stellt sich weiter die Frage danach, was von den Gegenständen auf dem Grundstück zum Haftungsverband hinzuzurechnen ist. Eine detaillierte Regelung der Haftungsmasse enthält das *Hypothekenrecht*: Hier haftet die gesamte wirtschaftliche Einheit, nämlich das jeweilige Buchgrundstück samt wesentlicher und unwesentlicher Bestandteile und Erzeugnissen und Zubehör.[160] Die Vergrößerung des Grundstücks führt zur Haftungserstreckung (§ 1131 BGB); bei Teilung bleibt die Haftung beider Teilflächen bestehen (§ 1132 BGB). Angesichts dieser ausführlichen Regelungen, die sich auch in der Praxis bei der Bestimmung der haftenden Masse bewährt haben, fragt sich, ob diese Regelungen nicht auch auf das Polizeirecht und den Umfang der Haftung des Zustandsstörers übertragen werden können. Zwar ist der Umfang, in dem ein Grundstück für *öffentliche Lasten* haftet, nach §§ 10, 20 II ZVG, 1120 BGB dem Umfang der hypothekarischen Haftung gleichgestellt.[161] Die Sanierungspflicht ist einer öffentlichen Last insoweit vergleichbar, als auch sie an das Grundstück anknüpft und damit auf dem – gesamten – Grundstück zu ruhen scheint. Zwischen anderen öffentlichen Lasten und der Sanierungspflicht besteht aber folgender – ausschlaggebender – Unterschied: Öffentliche Lasten – bspw. Erschließungsbeiträge und Kommunalabgaben – knüpfen an eine *Begünstigung* des gesamten Grundstücks *als Wirtschaftseinheit* an. Dies rechtfertigt dann auch die *Haftung* der gesamten Wirtschaftseinheit für die Kosten der Begünstigung. – Dagegen knüpft die Zustandshaftung des Eigentümers zwar auch an das Eigentum an, aber nicht als insgesamt begünstigte *Wirtschaftseinheit*, sondern als *Gefahrenherd*. Der Anknüpfungspunkt der Haftung ist bei der Sanierungspflicht daher nicht derselbe wie bei öffentlichen Lasten. Entsprechend ist auch die *Interessenlage* zumindest teilweise verschieden und eine analoge Anwendung des Hypothekenrechts insgesamt daher nicht möglich. Zurückzugreifen ist vielmehr – zumindest für die Haftung des Eigentümers – auf den Gedanken der rechtlichen Sonderbeziehung zwischen Störer und Gefahrenquelle: Danach haftet all das, was rechtlich zum Grundstück gehört, also auch die wesentlichen Bestandteile und die noch mit dem Boden verbundenen Erzeugnisse, nicht dagegen das, was sonderrechtsfähig ist, also getrennte Erzeugnisse, sonstige Bestandteile und Zubehör. Die Erstreckung der hypothekarischen Haftung auf diese Rechtsgüter rechtfertigt sich aus der rechtsgeschäftlichen Vereinbarung der Haftungsmasse, kann aber auf die polizeirechtliche Haftung nicht übertragen werden, weil es insoweit an dem rechtlichen Zusammenhang mit der Gefahrenquelle fehlt.[162]

---

159 *Würtenberger/Heckmann/Riggert* (Fn. 125), Rn. 297.
160 Als rechtliche Teile der Sache, § 94 BGB, bzw. kraft gesetzlicher Anordnung, § 1120 BGB.
161 Das Grundstück haftet nach § 10 Nr. 3, 4, 7 und 8 ZVG für die öffentlichen Lasten sogar vorrangig.
162 Schließlich haften (nicht störende) Nachbargrundstücke desselben Eigentümers auch dann nicht, wenn sie mit dem störenden Grundstück eine „wirtschaftliche Einheit im weiteren Sinne" bilden sollten. Die Haftung bleibt damit auf die Gefahrenquelle in ihrer Ausdehnung als Buchgrundstück beschränkt.

Ist damit die Gefahrenquelle räumlich-gegenständlich eingegrenzt, stellt sich weiter **164** die Frage des *maßgeblichen Zeitpunkts*, und zwar in Hinblick sowohl auf Veränderungen der Größe des Grundstücks und seiner wesentlichen Bestandteile als auch auf Änderungen des Grundstückswerts.

Unseres Erachtens ist der entscheidende Anknüpfungspunkt für die Frage, welcher Zeitpunkt **165** für die Bemessung des Grundstückswerts maßgeblich sein soll, der Zeitpunkt, in dem die Polizeipflicht entsteht. Mangels Konkretisierung genügt eine abstrakte Polizeipflicht nicht, eine Rechtspflicht zu begründen. Wer sein Grundstück – mit oder ohne Kenntnis der drohenden Rechtsgütergefährdung für andere – nicht sichert, handelt nicht schon dadurch pflichtwidrig, sondern trägt allenfalls das Risiko, polizeirechtlich als Zustandsstörer in Anspruch genommen zu werden oder zivilrechtlich für etwa eintretende Schäden zu haften, sowie, aufgrund einer – die „abstrakte Rechtspflicht" konkretisierenden – Unterlassungs- oder Sicherungsverfügung in Anspruch genommen zu werden. Solange nur dieses Risiko und keine Handlungspflicht besteht, gibt es auch keinen rechtlichen Ansatzpunkt dafür, die Wertentwicklung des Grundstücks von weiteren Veränderungen auszuschließen. Anknüpfungszeitpunkt für die Bemessung des die Zustandsstörerhaftung des Eigentümers begrenzenden Grundstückswerts ist daher der Zeitpunkt der Polizeiverfügung, d.h. zumindest der Grundverfügung.

Solange die abstrakte Zustandsverantwortlichkeit nicht durch eine *Polizeiverfügung konkretisiert* **166** wurde, kommt der Eigentümer zwar als Zustandsstörer in Betracht, kann aber auch von einer Inanspruchnahme verschont bleiben, bspw. weil die Polizeibehörde sich erfolgreich an den Handlungsstörer hält.[163] Damit ist der Eigentümer vor Erlaß einer Polizeiverfügung polizeirechtlich nicht zur Gefahrbeseitigung verpflichtet, und zwar weder aus allgemeinen Rechtsgrundsätzen (*neminem laedere*), noch aus der Sozialpflichtigkeit des Eigentums und auch nicht aus seiner Verkehrssicherungspflicht. Jedenfalls *öffentlich-rechtlich* wird der Eigentümer zur Gefahrbeseitigung also nicht schon verpflichtet, wenn er *Kenntnis* von der Gefahr hat bzw. vorwerfbar nicht hat, und erst recht nicht schon mit *Entstehung der objektiven Gefahrenlage*.

Entsteht die Polizeipflicht erst mit der Polizeiverfügung, ist dies auch der maßgebliche **167** Zeitpunkt für Änderungen der Grundstücksgröße und der wesentlichen Bestandteile. Wer vor diesem Zeitpunkt sein Grundstück teilt, handelt nicht schon in Hinblick auf seine abstrakte Polizeipflicht rechtswidrig. Seine – grundstücksbezogene – Haftung beschränkt sich auf das ihm verbliebene belastete Grundstück. Eine *„nachwirkende Zustandsstörerhaftung"* (für den abgetrennten, unbelasteten Teil) findet im Gesetz keine Stütze.

Soweit eine nachwirkende Zustandsstörerhaftung angenommen wird, wird dies damit begründet, **168** daß man von einer materiellen Polizeipflichtigkeit des Zustandsstörers schon vor Erlaß der Sanierungsverfügung ausgeht[164] und vor diesem Hintergrund die Veräußerung des unbelasteten Teils – ähnlich einer Dereliktion der gesamten Gefahrenquelle – für unzulässig hält.[165] Beide

---

163 Vgl. zu der entsprechenden Auseinandersetzung über die abstrakte Polizeipflicht zur Frage der Gesamtrechtsnachfolge in die Handlungsstörerhaftung bejahend BayVGH, ZfW 1989, 147 (150 f.); VGH Kassel, NuR 1991, 86 (87); OVG Münster, UPR 1984, 279 (280) einerseits, verneinend *Papier*, NVwZ 1986, 256 (262) andererseits; zum Meinungsstand *Michael/Tull*, BB, Beilage 30 zu Heft 24/1990, S. 6.
164 Dazu *Jarass u.a.*, UGB-BT (Fn. 32), B 131 f., und *Peine*, DVBl. 1980, 941 f., 948 f.; s.a. *Griesbeck* (oben Fn. 151), S. 89.
165 VG Freiburg, B. v. 14.2.1995, 1 K 1991/94, S. 5, unter Verweis auf *Götz* (Fn. 147), Rn. 213 und OVG Bremen, DVBl. 1989, 1008 f.; sowie *Oerder*, NVwZ 1992, 1031 (1033 Fn. 22).

5 Bodenschutz-, insbes. Altlastenrecht

Begründungsansätze überzeugen uns nicht. Ist eine Grundstückstrennung möglich, d.h. vor allem baurechtlich zulässig, wird der *neue Eigentümer* zu keinem Zeitpunkt Zustandsstörer, weil er unbelastetes Eigentum erwirbt. Erwirbt er ein belastetes Grundstück, haftet er nicht als Rechtsnachfolger in die Zustandsverantwortlichkeit, sondern seinerseits originär als Zustandsverantwortlicher. Dagegen knüpft der Erwerber allein damit, daß er das Grundstück in Kenntnis der Belastung – ggf. billiger – erwirbt, nicht – geschweige denn billigend – an ein *Verhalten* des Veräußerers an. Der *alte Eigentümer* haftet nicht als Zustandsstörer mit dem Gesamtwert, weil er die haftungsbegründende Verbindung zu der Sache vor Entstehung der Haftung beschränkt hat.[166] Er haftet nicht wegen dieser Haftungsbeschränkung (aus *Verhaltens*haftung), weil die Teilung des Grundstücks rechtlich zulässig ist, er bei der Teilung also rechtmäßig handelt und sein – rechtmäßiges – Verhalten nicht zu einer Erhöhung der Gefahr führt.[167]

169 Unzutreffend ist u.E. auch die Ansicht, eine Dereliktion der Gefahrenquelle durch den Eigentümer sei grundsätzlich unzulässig und befreie ihn nicht von der Haftung.[168] Anderes mag der Gesetzgeber mit gutem Grund anordnen.[169] Aus geltendem Recht ergibt es sich ohne ausdrückliche Anordnung u.E. jedenfalls nicht.

170 Die Fortdauer der Haftung des Alteigentümers wird z.T. aber immerhin landesrechtlich angeordnet.[170]

---

166 Die Auffassung, der Alteigentümer sei schon vor der Beseitigungsverfügung verpflichtet und hafte deshalb aus pflichtwidrigem Unterlassen – so aber *Drews/Wacke/Vogel/Martens* (Fn. 134), S. 328; VG Karlsruhe, VBlBW 1985, 152 – ist, wie bereits dargelegt, unzutreffend.

167 Mit den Folgen einer Grundstücksteilung befaßt sich auch der Beschluß des VGH Kassel, NVwZ 1993, 1009: Danach kann ein durch Aufteilung eines Altstandortes i.S.d. § 16 II Nr. 2 HAbfAG entstandenes verkehrsfähiges (Teil-) Grundstück nur dann nach § 18 S. 1 HAbfAG zur Altlast erklärt werden, wenn feststeht, daß gerade von ihm wesentliche Beeinträchtigungen des Wohls der Allgemeinheit ausgehen.

168 S. aber OVG Münster, ZfB 1990, 232; OVG Bremen, DVBl. 1989, 1008 f.; VGH München, NVwZ 1986, 942 ff. Auch in der Lit. wird das Ende der Zustandsstörerhaftung mit Eigentumsaufgabe vielfach abgelehnt, vgl. *Denninger* (Fn. 147), S. 144 Rn. 92, mit der Begründung, daß eine andere Lösung „sehr bald zu *ökologisch unerträglichen Zuständen* führen" müßte, was wohl kaum ausreicht und zugleich damit entkräftet wird, daß in solchen Fällen in der Regel eine Handlungsverantwortlichkeit begründet sein wird; wie hier *Würtenberger/Heckmann/Riggert* (Fn. 125), Rn. 299. S. jetzt auch Ziff. 45 der Beschlüsse des 60. DJT, NJW 1994, 3077: Danach soll der Eigentümer zumindest dann, wenn es ihm wirtschaftlich nicht möglich oder zumutbar ist, die Kosten einer Altlastensanierung zu tragen, das Recht haben, die Übernahme des Grundstücks durch die Körperschaft, der die Ordnungsbehörde angehört, zu verlangen.

169 So bspw. § 303 III 2 UGB-BT (Fn. 32) (mit anderer Intention): „Die Verantwortlichkeit endet 30 Jahre nach Aufgabe des Eigentums." Ähnlich auch die folgende Regelung: „*Geht die Störung oder Gefahr von einer herrenlosen Sache aus, so können die Maßnahmen gegen die Personen gerichtet werden, die das Eigentum an der Sache aufgegeben haben,*" vgl. Art. 8 III BayPAG, § 7 III 1 VGPolG Bbg, § 8 III SOG LSA, § 219 III LVwG SH sowie § 21 I Nr. 5 HAbfAG (Hessen) u. § 20 I Nr. 5 ThAbfAG (nach den beiden letzten haftet der Alteigentümer nicht nur im Fall der Dereliktion, sondern auch bei Veräußerung an einen Dritten). Das gleiche Ergebnis erreicht man, wenn man eine Dereliktion der Gefahrenquelle verbietet. Vgl. hierzu *Quack*, in: Münchener Kommentar, BGB, Band IV, 2. Aufl. 1986, § 959 Rn. 14 f. (mit dem Hinweis auf die kompetenzrechtliche Problematik landesrechtlicher Regelungen zur Dereliktion). Möglich ist schließlich auch, allein die Fortdauer der Kostentragungspflicht anzuordnen, so bspw. § 6 V 5 KAG SH für die Gebühren der Beseitigung verbotswidrig abgelagerter Abfälle.

170 Vgl. oben Fn. 169.

Das Umgekehrte gilt für die Vergrößerung des Grundstücks. Solange die Polizeipflicht **171** nicht durch eine – wenigstens Grund- – Verfügung konkretisiert ist, ändert sich mit der Grundstücksgröße auch der Haftungsumfang.

Aus der Anknüpfung an den Haftungsgegenstand und die Sozialpflichtigkeit als Haf- **172** tungsgrund ergibt sich weiter, daß *Wertminderungen* (zwischen Entstehen der Sanierungspflicht und Sanierung) haftungsmindernd zu berücksichtigen sind: Denn haften soll ja stets nur die Gefahrenquelle, nicht das sonstige Vermögen des Zustandsstörers.

Ist eine nachträgliche *Wertminderung* zugunsten des Eigentümers zu berücksichtigen, muß sich **173** der Eigentümer auch eine nachträgliche *Wertsteigerung* anrechnen lassen. Die Grenze der Sozialpflichtigkeit wird hierdurch nicht überschritten, der Eigentümer nicht mehr belastet, als er es ohne die Wertsteigerung wäre.

Im Ergebnis ist hier also der Zeitpunkt der *Sanierung* maßgeblich. Dies gilt selbst **174** dann, wenn zwischen Sanierungsverfügung und Sanierung weitere Änderungen eintreten. U.U. muß die Behörde dem nach allgemeinen Grundsätzen des Verwaltungsverfahrens Rechnung tragen.

cc) Eine – u.E. nicht hinreichend weit gehende – Klärung verspricht der BodSchG-E **175** (Rn. 5/43). Sein § 18 bestimmt: „(1) Der Verursacher einer Altlast sowie dessen Gesamtrechtsnachfolger, der Grundstückseigentümer und der Inhaber der tatsächlichen Gewalt über ein Grundstück sind verpflichtet, Altlasten so zu sanieren, daß dauerhaft keine Gefahren, erhebliche Nachteile oder erhebliche Belästigungen für den Einzelnen oder die Allgemeinheit entstehen." Ebenso bestimmt § 7 III BBodSchG-E die Verantwortlichen. Nach der Begründung des Referentenentwurfs ist die in § 18 I bzw. § 7 III festgelegte Reihenfolge der Verantwortlichen gleichzeitig die Reihenfolge, in der die Verpflichteten herangezogen werden sollen.[171] Dieser Vorrang ergibt sich freilich nicht aus dem Gesetz.

Da der Referentenentwurf an der Effektivität als Leitmotiv des Gefahrabwehrrechts festhält, **176** wird die *Haftung* des Zustandsstörers ohne Einschränkung der Höhe nach aufrechterhalten. Die „Korrektur" zugunsten des Grundeigentümers, *„der weder Verursacher der Altlast ist noch bei Begründung des Eigentums Kenntnis von der Altlast oder den sie begründenden Umständen hatte oder hätte haben können"*, erfolgt auf der Ebene der Kostentragungspflicht: Diese entfällt, *„soweit die Kosten der angeordneten Maßnahmen den privatnützigen Gebrauch des Grundstücks ausschließen. Der privatnützige Gebrauch des Grundstücks ist ausgeschlossen, soweit die zur Durchführung der Maßnahmen erforderlichen Kosten den Verkehrswert des Grundstücks unter Berücksichtigung der durchgeführten Maßnahmen übersteigen."*[172]

Ansatzpunkt des Entwurfs ist also die Trennung zwischen Polizeipflicht und Kostentragungs- **177** pflicht, die (bisher) keine Stütze im geltenden Recht hat[173] und erstmals durch den Entwurf eingeführt würde. Dogmatisch stünde der nicht-kostenpflichtige Störer zwischen dem „alten"

---
171 Fn. 17, B 62 f.
172 § 25 des Entwurfs (Fn. 31). Dazu heißt es in der Begründung des Referentenentwurfs zu § 25 (B 82): *„Abs. 4 begrenzt die Kostentragungspflicht des Grundstückseigentümers."* Der Referentenentwurf begründet diese Entscheidung damit, daß die Sozialbindung nach Art. 14 II GG dann überschritten *„sein kann, wenn der Gesetzgeber die Zustandsverantwortlichkeit des Grundstückseigentümers, der weder Verursacher ist noch beim Erwerb von der Bodenbelastung Kenntnis hatte, auch dann noch mit Kostenfolge bejaht, wenn für einen privatnützigen Gebrauch keine Möglichkeit besteht."* Nach dem Willen der Gesetzesautoren beläßt es der Entwurf also bei der unbegrenzten Haftung des Zustandsstörers „bei Kenntnis".
173 Insbes. nicht in der Sozialpflichtigkeit des Eigentumsgebrauchs nach Art. 14 II GG.

5 Bodenschutz-, insbes. Altlastenrecht

kostenpflichtigen Störer und dem Nichtstörer mit Entschädigungsanspruch, wobei die Zuordnung des nicht-kostenpflichtigen Störers zur ersten Gruppe allein von den konkreten Umständen des Einzelfalles (nämlich Verkehrswert des Grundstücks und Sanierungsaufwand) abhinge – was dogmatisch nicht befriedigen kann.

178 Der Entwurf für ein Umweltgesetzbuch – Besonderer Teil (UGB-BT)[174] enthält Regelungen über die „Verantwortlichkeit" und die „Auswahlentscheidung" zwischen mehreren Verantwortlichen in seinen §§ 303 und 304. Nach diesen bleibt auch derjenige Eigentümer verantwortlich, der im Zeitpunkt der Bodenbelastung Eigentümer des Grundstücks war (§ 303 III 1 und IV 1 UGB-BT). Vorrangig verantwortlich sind allerdings der Verursacher und der Betreiber, §§ 303 I und II, 304 I 2 UGB-BT. Die Haftung des Zustandsstörers entfällt nach § 303 V 2 bei Unkenntnis von der Belastung.[175]

179 dd) Im Ergebnis ist festzustellen: Der Umfang der Zustandsstörerhaftung ist im geltenden Recht nicht ausdrücklich geregelt. Nach bisher wohl *überwiegender Meinung* haftet der Eigentümer als Zustandsstörer unbeschränkt mit seinem gesamten Vermögen. Korrekturen erfolgen aus Billigkeitserwägungen. Diese werden von den neueren Gesetzen und Entwürfen zu Fallgruppen – ohne systematische Begründung – zusammengefaßt: Bei „gutgläubig unbelastetem" Erwerb erfolgt eine Beschränkung der Eigentümerhaftung auf den Verkehrswert der Gefahrenquelle.

180 Nach *unserer Ansicht* ist der bloße Zustandsstörer schon *nach geltendem Recht* nur aufgrund seiner tatsächlichen und rechtlichen Möglichkeiten zur Gefahrenbeseitigung und der Sozialpflichtigkeit des Eigentums zur *Duldung* der Gefahrenbeseitigung verpflichtet; es haftet *allein die Gefahrenquelle* selbst, und zwar mit dem Verkehrswert der Gefahrenquelle nach der Sanierung.[176] Auf die Kenntnis des Eigentümers von der Gefahr kommt es für die Haftung u.E. nicht an. Sicherungs- und Erhaltungsverfügungen dürfen den Eigentümer nicht über den Grundstücks- und Gebäudewert hinaus belasten.[177]

181 Der Eigentümer haftet nach unserer Auffassung in sehr viel beschränkterem Maße als selbst nach den weitestgehenden neueren Ansätzen. Dies gilt auch, soweit diese eine Nachrangigkeit der Zustandsstörerhaftung vorsehen. Denn dann stellt sich immer noch die Frage, ob die Nachrangigkeit mangels vorrangig Haftendem schon dann entfällt, wenn der Verhaltensstörer

---

174 Insoweit abgedruckt in der „Diskussionsgrundlage zum 60. Deutschen Juristentag Münster 1994" (Fn. 32), B 87 ff.
175 Dem entspricht die Beschränkung der Haftung des Handlungsstörers nach § 303 V 1 bei einem Betrieb der Anlage entsprechend der behördlichen Genehmigung und schutzwürdigem Vertrauen darauf, daß diese Genehmigung ausreicht, um Gefahren zu vermeiden (dieser Vorschlag wurde in §§ 21 II HAbfAG (Hessen), 20 II ThAbfAG schon in geltendes Recht umgesetzt). – Demgegenüber stellt die Regelung in § 303 V 3 UGB-BT (Fn. 32) keine Neuigkeit dar: Daß der Zustandsstörer nicht mehr haften soll als der alte Eigentümer, dürfte klar sein.
176 Für Erkundungsmaßnahmen haftet der Zustandsstörer im Rahmen der Gefahrenabwehr nur insoweit, als die Maßnahme – auch in seinem Interesse – erforderlich ist, um den Beseitigungsbedarf festzulegen.
177 Dies gilt allerdings da nicht, wo der Zustandsstörer *gleichzeitig als Verhaltensstörer* – wenn auch nur aufgrund pflichtwidrigen Unterlassens von Maßnahmen zur Unterhaltung oder aufgrund der Duldung störender Handlungen Dritter – haftet. Wer bspw. den Bau eines Pächters auf seinem Außenbereichsgrundstück duldet, haftet als Verhaltensstörer mit seinem gesamten Vermögen für die Abbruchkosten. Dagegen haftet der Eigentümer einer wilden Müllablagerung im Außenbereich nur mit dem überlagerten Grundstück, ebenso auch der Eigentümer eines gestohlenen Kfz nicht mit mehr als dem Kfz selbst.

– beispielsweise nach Konkurs – untergegangen ist oder schlicht über keine Haftungsmasse verfügt. Soweit nämlich der Zustandsstörer das Insolvenzrisiko des Handlungsstörers trägt, ist seine Haftungsfreistellung bzw. -nachrangigkeit nach den neueren Regelungen nicht viel wert.[178] Dem helfen auch die teilweise eingeführten Versicherungspflichten[179] nicht ab, da hier nur ein Teil der Schäden erfaßt wird.

Zu den Grenzen der Zustandsstörerhaftung ist – und bleibt wohl auch nach Verabschiedung eines Gesetzes – vieles streitig. **182**

c) Haftung des Rechtsnachfolgers

aa) Die Frage der Haftung des **Rechtsnachfolgers** stellt sich vor allem hinsichtlich des Handlungsstörers, da die *Zustandsverantwortlichkeit* an das Eigentum am Grundstück bzw. die Sachherrschaft gekoppelt ist und mit der Übertragung beim Voreigentümer untergeht und bei dem Erwerber neu entsteht, der „Rechtsnachfolger" des Zustandsstörers also seinerseits originär zustandsverantwortlich ist. Nach überwiegender Auffassung handelt es sich bei der Verantwortlichkeit des Zustandsstörers gar nicht um eine der Rechtsnachfolge fähige Pflichtenstellung des Rechtsvorgängers. Richtigerweise wird man die Rechtsnachfolge von einer ausdrücklichen gesetzlichen Bestimmung abhängig machen, wie sie jetzt manche Landesgesetze vorsehen. Dies gilt dann auch für Altlastfälle. **183**

bb) Bei der *Verhaltensverantwortlichkeit* stellt sich die Frage, ob diese in der dem Rechtsvorgänger gegenüber getroffenen Konkretisierung auf den Rechtsnachfolger übergeht.[180] Bejahendenfalls könnte die Sanierungsverfügung, aber auch der Kostenersatzanspruch unmittelbar gegenüber dem Erben (Gesamtrechtsnachfolge, Universalsukzession), ggf. sogar gegenüber dem bloßen Käufer (Einzelrechtsnachfolge, Singularsukzession) geltend gemacht werden. Dabei müßte die bestandskräftige Verfügung nur noch durch einen neuen, gegen den Rechtsnachfolger gerichteten Verwaltungsakt vollzugsfähig gemacht werden, ohne daß inhaltliche Einwände dagegen vorgebracht werden könnten.[181] **184**

Zu unterscheiden ist zwischen Einzel- und Gesamtrechtsnachfolge als Nachfolge- bzw. Eintrittsgrund, zwischen vertretbaren und höchstpersönlichen Handlungen als Verfügungsgegenstand und nach Meinung mancher zwischen dinglichen und anderen Verwaltungsakten. **185**

Hinsichtlich *unvertretbarer* Handlungen stellt sich die Frage der Rechtsnachfolge nicht. **186**

Beispiel: Hat ein Erblasser das Nachbargrundstück mit Unrat belastet, soll sein Rechtsnachfolger nicht auf *Unterlassung* in Anspruch genommen werden können, weil diese Pflicht höchst- **187**

---

178 Gesichert ist der Erwerber einer altlastenbelasteten Fläche nämlich nur, soweit sein Veräußerer finanzkräftig ist und im Erwerbsvertrag die Sachmängelhaftung nicht ausgeschlossen wurde.
179 Vgl. bspw. §§ 19 UHG, 36 GenTG und 26 AbfG LSA.
180 Hierzu und zum folgenden *Schlabach/Simon*, NVwZ 1992, 143 ff.; *Würtenberger/Heckmann/Riggert* (Fn. 125), Rn. 310 ff. m.w.N.
181 Dafür *Lisken/Denninger* (Fn. 147), S. 148 Rn. 101 f.

5 Bodenschutz-, insbes. Altlastenrecht

persönlich sei; ein Unterlassungsanspruch setzt nämlich eine Wiederholungsgefahr voraus, die von dem verstorbenen Erblasser ja nicht mehr ausgeht. Hingegen soll die *Beseitigung* vom Erben verlangt werden können, weil diese Handlung vertretbar sei.

188 Im übrigen, also hinsichtlich einer ihrem Inhalt nach übergangsfähigen, auf *vertretbare* Handlungen bezogenen Pflicht entsteht eine der Gesamtrechtsnachfolge unterliegende öffentlich-rechtliche Rechtspflicht jedenfalls **mit Erlaß einer** die Verantwortlichkeit **konkretisierenden Polizeiverfügung**.[182] Nach verbreiteter Auffassung gilt dies auch für die Einzelrechtsnachfolge. Begründet wird dies mit der Rechtsfigur des „dinglichen Verwaltungsakts", wonach grundstücks- oder sachbezogene Verfügungen auch einem Einzelrechtsnachfolger gegenüber wirksam bleiben sollen. Ein solcher ist aber gesetzlich nicht vorgesehen, und eine saubere Abgrenzung zwischen dinglichen und nicht dinglichen Verwaltungsakten bleiben auch die Anhänger dieser Lehre schuldig. U.E. besteht auch kein Bedürfnis für eine solche Schöpfung. Jedoch gibt es grundstücks- und personenbezogene Verwaltungsakte (Baugenehmigung einerseits, Verhaltensverpflichtung andererseits).

189 Die grundstücksbezogenen Verwaltungsakte mag man „dinglich" nennen. Dagegen bestehen so lange keine Einwände, als daraus keine weiteren Folgerungen gezogen werden, als dem Verwaltungsakt selbst innewohnen. Kraft gesetzlicher Anordnung (z.B. § 59 II LBO BW) wirkt eine Baugenehmigung auch gegenüber dem Gesamt- und selbst gegenüber dem Einzelrechtsnachfolger. Die Abbruchverfügung aber ergeht gegenüber einer Person, mag sie auch grundstücksbezogen sein. Besonderes gilt für eine betriebsbezogene Handlungs- oder Unterlassungspflicht, bspw. eine immissionsschutzrechtliche Anordnung. Handelt es sich um eine Änderung der Genehmigung, wirkt diese gegenüber dem jeweiligen Betriebsinhaber, der eben gerade von der (geänderten) Genehmigung Gebrauch macht. Handelt es sich aber um eine konkrete Handlungspflicht, ist diese gegenüber einem Adressaten zu verfügen, der eine (natürliche oder juristische) Person, kein Grundstück oder sonst ein „dingliches Subjekt" sein muß. Dann aber gilt auch für die öffentliche Hand, was im übrigen jeder Private gegen sich gelten lassen muß: Nur bei Gesamtrechtsnachfolge tritt der Rechtsnachfolger in *alle* Rechtspflichten des Vorgängers ein.

190 U.E. besteht auch kein praktisches Bedürfnis für die Rechtsfigur des dinglichen Verwaltungsakts, abgesehen davon, daß das alleine eben auch nicht reichte: Im Einzelfall genügt die Möglichkeit der Anordnung des Sofortvollzugs mit Ersatzvornahme. U.U. scheitert die Wirksamkeit der Rechtsübertragung unter dem Gesichtspunkt des *Rechtsmißbrauchs*.

191 Weiter stellt sich die – umstrittene – Frage der Rechsnachfolgefähigkeit einer **abstrakten**, d.h. noch durch keine polizeiliche Verfügung konkretisierten Polizeipflicht, zwar nicht im Wege der Einzelrechtsnachfolge, wohl aber im Wege der Gesamtrechtsnachfolge.[183] U.E. ist eine solche Rechtsnachfolge abzulehnen, da die Haftung eben nicht schon durch das Gesetz ausreichend bestimmt ist und „durch die behördliche Verfügung lediglich im Hinblick auf die Modalitäten ihrer Erfüllung konkretisiert" zu

---

182 *Drews/Wacke/Vogel/Martens* (Fn. 134), S. 299; speziell zur Altlast vgl. *Breuer*, JuS 1986, 359 (363 f.) m.w.N. Vgl. auch die (keinen Altlastenfall betr.) Entsch. OVG Mstr., UPR 1984, 279 (280).
183 Dafür *Stadie*, DVBl. 1990, 501 (505) m.w.N.; *Schlabach/Simon*, NVwZ 1992, 143; *Kloepfer*, Umweltrecht, 1989, S. 731 m.N. in Fn. 258; vgl. demgegenüber *Papier*, JZ 1994, 810 (819). S. ferner OVG Mstr., UPR 1984, 279; HessVGH, UPR 1990, 117.

werden braucht.[184] Vielmehr muß doch die Behörde erst einmal ihr Ermessen ausüben, ob sie den Betreffenden überhaupt heranzieht, und kann stattdessen auch einen anderen, z.B. gefahr- oder sachnäheren Störer auswählen.

Die für die Gegenauffassung bemühte Lehre von der materiellen Polizeipflicht unterscheidet zwischen dem Zeitpunkt, in dem die Polizeipflicht konkretisiert wird, nämlich durch Verfügung, einerseits und dem Zeitpunkt, ab dem eine solche Verfügung erlassen werden könnte, weil die Gefahr entsteht, andererseits. Für die Zwischenzeit soll von einer „materiellen Polizeipflicht" auszugehen sein, also davon, daß der Pflichtige „eigentlich" polizeirechtlich zu einer Handlung verpflichtet ist, auch ohne daß ihm dies durch ausdrückliche Verfügung schon aufgegeben wurde. Wenn dazu behauptet wird, die polizeiliche Verantwortlichkeit bestehe bereits kraft Gesetzes[185], greift dies zu kurz. Ausdrücklich sagt das Gesetz ja gerade nicht, daß ein Zustandsstörer schon vor Erlaß einer Verfügung die Störung beseitigen müsse. Zutreffend wird unterschieden zwischen der Konkretisierung einer Rechtspflicht aufgrund einer Einzelbestimmung und einer Verpflichtung nur aufgrund polizeirechtlicher Generalklauseln.[186] Polizeirechtliche Generalklauseln vermögen gerade nicht hinreichend klare Handlungspflichten zu begründen. Fehl geht insoweit auch der Hinweis[187], eine hinreichende Bestimmung erfolge schon durch den Verhältnismäßigkeitsgrundsatz (!). Wenn aber eine hinreichend konkrete Inpflichtnahme nicht vorliegt, führt die Rechtsfigur der abstrakten Polizeipflichtigkeit zu keinem Ergebnis. Der Verweis, daß es „vor allem" – was gilt für die übrigen Fälle? – um Kostenersatzansprüche ginge und diese als vermögensrechtliche Verpflichtung keine höchstpersönliche Natur besäßen, hilft jedenfalls nicht weiter, sondern beweist nur, daß hier eine griffige Abgrenzung gerade nicht möglich ist. Die Lehre von der materiellen Polizeipflicht und mit ihr die von der Rechtsnachfolgefähigkeit der noch nicht konkretisierten Polizeipflicht wird daher zutreffend von vielen abgelehnt.[188]

192

Im Ergebnis gilt daher: Erst dann, wenn die Polizeipflicht zumindest durch eine Grundverfügung konkretisiert wurde, ist diese Polizeipflicht auch rechtsnachfolgefähig. An den Rechtsnachfolger als solchen, wenn er also seinerseits nicht selbst Handlungsstörer ist, z.B. den Käufer oder den Erben, können daher nur in Konkretisierung einer Grundverfügung Ausführungsverfügungen erlassen werden, es sei denn, gesetzlich wäre ausdrücklich etwas anderes bestimmt.

193

Einen Übergang der Verhaltensverantwortlichkeit kraft Gesamtrechtsnachfolge[189] sehen einige Landesgesetze jetzt auch ausdrücklich vor.[190] Dasselbe gilt für den Referentenentwurf (§ 18 I 1 BBodSchG-E) und den Professorenentwurf (§ 303 I UGB-BT).

194

---

184 So aber *Würtenberger/Heckmann/Riggert* (Fn. 125), Rn. 313 m.w.N.
185 Ebda.
186 *Kunig/Schwermer/Versteyl*, AbfG, Anh. § 10, 10a Rn. 28.
187 *Würtenberger/Heckmann/Riggert* (Fn. 125), Rn. 313.
188 Vgl. *Maurer*, Allgem. Verwaltungsrecht, 9. Aufl. 1994, § 9 Rn. 56 f.; s. aber auch *Stadie*, DVBl. 1990, 501 (505) m.w.N.
189 §§ 1922, 1967 BGB (Erbschaft); § 25 HGB (Firmenübernahme); §§ 346 III, 353 V, 359 II AktG (Verschmelzung); § 5 UmwG (Umwandlung); §§ 414, 415, 419 BGB (Vermögensübernahme); §§ 1347 ff. BGB (Gütergemeinschaft).
190 § 21 I 1 Nr. 1 und 2 AbfAlG Hbg., § 20 I Nr. 1 u. 2 ThAbfAG.

5 Bodenschutz-, insbes. Altlastenrecht

195 Auch hier ins einzelne und weitgehende Vorschriften hat Hessen: Die wohl detaillierteste Regelung der Sanierungsverantwortlichkeit enthält § 21 I 1 HAbfAG, der zur Durchführung der Sanierung verpflichtet: Inhaber sowie ehemalige Inhaber oder deren Rechtsnachfolger von Anlagen auf Altlasten, soweit die Verunreinigungen durch diese Anlagen verursacht worden sind, Ablagerer, Abfallerzeuger und deren Rechtsnachfolger bei Altablagerungen, sonstige Verursacher der Verunreinigungen, wenn von ihnen wesentliche Beeinträchtigungen des Wohls der Allgemeinheit ausgehen, sonstige Personen, die aufgrund anderer Rechtsvorschriften eine Verantwortung für die Verunreinigungen oder hiervon ausgehenden Beeinträchtigungen des Wohl der Allgemeinheit trifft, Grundeigentümer, es sei denn, daß sie die bestehende Verunreinigung beim Erwerb weder kannten noch kennen mußten, und ehemalige Grundeigentümer, es sei denn, daß ihnen eine bestehende Verunreinigung während der Zeit des Eigentums oder des Besitzes nicht bekannt wurde. Einschränkend läßt § 21 II AbfAG die Sanierungsverantwortlichkeit dann aber wieder entfallen, wenn der Verantwortliche im Zeitpunkt des Entstehens der Verunreinigung darauf vertraut hat, daß eine Beeinträchtigung der Umwelt nicht entstehen könne, und wenn dieses Vertrauen unter Berücksichtigung der Umstände des Einzelfalles schutzwürdig ist.

d) Verantwortlichkeit mehrerer

196 aa) Sind mehrere als (Handlungs- oder Zustands-)Störer verantwortlich, so steht der zuständigen Behörde ein **Auswahlermessen** zu. Zur unmittelbaren Gefahrenbeseitigung wird sie daher den Störer heranziehen, dessen Auswahl der schnellen und wirksamen Gefahrenbeseitigung am besten dient.[191] Soweit es um bloße Kostenverteilung oder vergleichbare, kurzfristig nicht notwendige Maßnahmen geht, kommt dem Gedanken der Gleichbehandlung und dem daraus abgeleiteten Prinzip der *Lastengerechtigkeit* größere Bedeutung zu. Es wird daher oft allein ermessensfehlerfrei sein, statt des „Verhaltensstörers" den „Zustandsstörer" in Anspruch zu nehmen.[192] Gefahrenabwehrverantwortung und Kostenverantwortung können also auseinanderfallen.[193] Ggf. kommt auch eine angemessene „Selbstbeteiligung" der öffentlichen Hand in Betracht, z.B. dann, wenn diese durch schlichte Untätigkeit über die Zeit, in der schon auf seiten der zuständigen Behörde Handlungsbedarf und Handlungsmöglichkeit bestanden, zum Entstehen oder zur Vergrößerung der Gefahr beigetragen hat.

197 § 18 BodSchG-E enthält sich ermessensleitender Bestimmungen. Die Begründung verweist auf die zu § 7 III BodSchG-E; danach bestimmt die Reihenfolge der Verantwortlichen (im Gesetzestext) „im Regelfall auch die Rangfolge der Verpflichtung". Soll der Satz eine Tatsachenbeschreibung sein, ist er überflüssig; soll er auf einen allgemeinen Auslegungsgrundsatz verweisen, ist er falsch; soll er selbst das Ermessen leiten, gehört er in das Gesetz. – Dagegen widmet

---

191 *Drews/Wacke/Vogel/Martens* (Fn. 134), 304 f. m.w.N.
192 *Drews/Wacke/Vogel/Martens* (Fn. 134); *Würtenberger/Heckmann/Riggert* (Fn. 125), Rn. 327 (331); *Lisken/Denninger* (Fn. 147), S. 149 ff. Rn. 105 ff.; s. auch *Papier*, NVwZ 1986, 256 (262 f.); *Fleischer*, JuS 1988, 530 (532); *Paetow*, NVwZ 1990, 510 (517); *Giesberts*, Die gerechte Lastenverteilung unter mehreren Störern, 1990. Dagegen geht die Rspr. in der Regel von einer Gleichrangigkeit von Handlungs- und Zustandsstörer aus, vgl. nur VGH BW, NVwZ-RR 1994, 565 (568). Selbst die alleinige Heranziehung desjenigen Verursachers, der den geringeren Verursachungsbeitrag geleistet hat, zur gesamten Sanierung ist demnach grundsätzlich nicht zu beanstanden, wenn er nur einen wesentlichen bzw. erheblichen Verunreinigungsbeitrag geleistet hat, ebda. S. 567 f.
193 *Lisken/Denninger* (Fn. 147), S. 151 Rn. 111 f.

der Professorenentwurf der Auswahlentscheidung eine eigene, dem Problem angemessene und sorgfältig differenzierende Bestimmung (§ 304 UGB-BT).

Das *BodSchG BW* verpflichtet zur Erfüllung oder Duldung bodenschutzrechtlicher Anordnungen erstens den Verursacher oder denjenigen, der aufgrund gesetzlicher Vorschriften für das Verhalten des Verursachers einzustehen hat, und zweitens den Grundstückseigentümer und den Inhaber der tatsächlichen Gewalt über ein Grundstück, § 10 I 1 BodSchG, ohne daß daraus eine Rangfolge abzuleiten wäre. Vielmehr entscheidet die Bodenschutzbehörde über die Auswahl nach pflichtgemäßem Ermessen (S. 2), wobei sie auch mehrere Verpflichtete heranziehen kann (S. 4). **198**

Auch nach § 10 I 1 *EGAB Sachsen* sind Verursacher, Grundstückseigentümer und Inhaber der tatsächlichen Gewalt (Nr. 1) ohne ein gesetzliches Vorrangverhältnis verpflichtet. Für die Auswahl und das Zusammentreffen mehrerer Verpflichteter (S. 2 und 3) gilt dasselbe wie in BW. Darüber hinausgehend bestimmt § 21 I 2 2. HS, die Behörde könnte im Falle der Heranziehung mehrerer die Kosten anteilmäßig geltend machen. Der Sache nach bedeutet dies aber nichts anderes, als was auch sonst ohne ausdrückliche Regelung bei der Heranziehung mehrerer gilt.[194] **199**

bb) Das Fehlen ausdrücklicher, für das *Innenverhältnis zwischen mehreren Störern* maßgeblicher öffentlich-rechtlicher **Ausgleichsregelungen** sowie die Rechtsprechung, wonach in den hier in Rede stehenden Fällen die bürgerlich-rechtlichen Ausgleichsregelungen beim Bestehen einer Gesamtschuld (§ 426 BGB) weder unmittelbar noch analog anwendbar sind[195], führen zu einem merkwürdigen Ergebnis. Der auf die Zahlung der Sanierungskosten in Anspruch genommene Zustandsstörer hat nämlich nach der Rechtsprechung keinen Rückgriffsanspruch gegen einen Verursacher, der in Anspruch genommene Verhaltensstörer hat keinen Rückgriffsanspruch gegen einen Mitverursacher (außer im Falle vertraglicher oder deliktischer bzw. quasideliktischer Anspruchsgrundlagen).[196] Dieses Ergebnis ist nicht ohne weiteres einsehbar und stößt auf Kritik.[197] **200**

Einige Landesgesetze ordnen eine gesamtschuldnerische Haftung nun auch ausdrücklich an, so § 10 III 3 BodSchG BW, § 10 V 2 EGAB Sachsen, § 21 I 3 HAbfAG (Hessen)[198], § 28 III 2 AbfAlG Rh.-Pf. Mit der Anordnung der Gesamtschuld gilt auch der bürgerlich-rechtliche Ausgleichsanspruch nach § 426 BGB. – Da es sich hier wohl um einen zivilrechtlichen Ausgleichsanspruch handelt[199], ist die *Gesetzgebungskompetenz* des Landesgesetzgebers nicht unproblematisch, vgl. Art. 72 I, 74 I Nr. 1 GG. **201**

---

194 Vgl. zum Ausgleich zwischen mehreren Sanierungsverantwortlichen nach Landesabfallrecht in Hessen, Thürigen und Rheinland-Pfalz *Herbert*, NVwZ 1994, 1061 ff.
195 Vgl. BGH, NJW 1981, 2457 (2458).
196 So BGH, ebda.; BGHZ 98, 235; 110, 313; im Ergebnis ebenso *Papier*, Altlasten, S. 73 f.; *Boujong*, UPR 1987, 81 (85); *Schwachheim*, NVwZ 1988, 225 ff. m.w.N.
197 Vgl. *Koch*, Bodensanierung, S. 69 f., 99 ff.; *Seibert*, DVBl. 1992, 673 ff.; *Spannowsky*, UPR 1988, 376 ff.; *Kloepfer*, in: *Achterberg/Püttner*, Besonderes Verwaltungsrecht, Bd. II, 1992, Rn. 7/917; manche lehnen zwar einen öffentlich-rechtlichen „Lastenausgleich" im Innenverhältnis der mehreren Störer ebenso ab wie einen privatrechtlichen Ausgleich über §§ 667 ff. oder §§ 812 ff. BGB, befürworten aber eine analoge Anwendung des § 426 BGB.
198 Nur scheinbar weiter geht daher § 21 I 2 und 3 HAbfAG (Hessen), der ausdrücklich einen Ausgleichsanspruch anordnet und bestimmt, die Verpflichtung zum Ersatz untereinander hänge von den Umständen ab, inwieweit der Schaden vorwiegend von dem einen oder anderen verursacht worden ist.
199 Zu Einzelheiten *Oerder*, NVwZ 1992, 1031 (1038). – Zum Parallelproblem vgl. *Clemens*, Steuerprozesse zwischen Privatpersonen, 1980.

5 Bodenschutz-, insbes. Altlastenrecht

202 Bei Anordnung gesamtschuldnerischer Haftung bleibt die Frage, ob mehrere Störer tatsächlich ungeachtet ihres **Verschuldensanteils** herangezogen werden können, z.B. der Zustandsstörer voll anstelle des zahlungsunfähigen Handlungsstörers, gegen den daher auch der *Rückgriffsanspruch* ins Leere geht. U.E. ergibt sich eine Begrenzung schon aus den Grenzen der Sozialpflichtigkeit (Rn. 5/147 ff.).[200]

203 Wo noch nicht geschehen, sollte für den fehlenden Gesamtschuldnerausgleich gesetzlich Abhilfe geschaffen werden.[201]

Ebenso sprach sich die Abteilung Umweltrecht des *DJT* auf ihrer Tagung 1994 mit großer Mehrheit dafür aus, daß das Gesetz einen internen Ausgleich zwischen mehreren Verantwortlichen anordne (64:1:4)[202], und zwar nach Maßgabe der Verantwortlichkeit, wobei der Zustandsstörer vom Handlungsstörer vollständigen Ausgleich verlangen können solle.

204 § 25 VI 1 BodSchG-E[203] ordnet jetzt ausdrücklich einen Ausgleichsanspruch an, der vor den ordentlichen Gerichten geltend zu machen ist, § 25 VI 4 BodSchG-E.

205 Der *Professorenentwurf*[204] geht einen anderen Weg, indem er einen Ausgleichsanspruch ohne Verweis auf die Regeln des Gesamtschuldnerausgleichs aufnimmt (§ 304 I 5 UGB-BT), freilich nur für den Fall, daß von mehreren Verantwortlichen nur einer herangezogen wird; über die Anteile soll auf Antrag die zuständige Behörde verbindlich entscheiden, S. 6; dagegen wäre dann ja wohl der Verwaltungsrechtsweg gegeben.[205] Soll diese Regelung als abschließend für den Ausgleich zu verstehen sein, ist sie sicher unvollständig.

6. Öffentlichkeitsbeteiligung und Behördenzuständigkeit

206 Eine besondere *Öffentlichkeitsbeteiligung* über die hinaus, die mit den jeweils etwa erforderlichen Verfahren verbunden ist, ist nicht vorgesehen. Die Sanierungverpflichteten müssen aber Grundstückseigentümer, sonstige Nutzungsberechtigte und die Nachbarschaft (Betroffene) von der bevorstehenden Durchführung der Sanierungsmaßnahmen informieren und die zur Beurteilung der Maßnahmen erforderlichen wesentlichen vorhandenen Unterlagen vorlegen, § 18 III Nr. 3 BodSchG-E.

207 Die Bestimmung der Behördenzuständigkeit ist Ländersache, § 10 I BBodSchG-E. In der Regel sind die unteren Wasserrechtsbehörden zuständig, z.T. auch die Abfallbehörden, z.B. nach § 13 I, II EGAB Sachsen, z.T. auch – aufgrund speziellerer Regelung – die unteren Bodenschutzbehörden, z.B. nach § 20 I, II BodSchG BW.

7. Finanzierungsmodelle

208 Die geschilderten Schwierigkeiten, mit denen sich die Anwendung des allgemeinen Polizeirechts auf Altlasten konfrontiert sieht, insbesondere

---

200 Für eine pro-rata-Haftung nach Verschuldensanteil bei Übernahme des Ausfalls durch die öffentliche Hand auch *Würtenberger/Heckmann/Riggert* (Fn. 125), R. 337 ff., 644 f. – A.A. BayVGH, NVwZ 1986, 942 (945), und *Koch* (Fn. 197), S. 65 f.
201 Zu Recht *Breuer* DVBl. 1994, 890 (900); zu Grenzen der (landesrechtlichen) Ausgestaltung *Oerder* (Fn. 199); s.a. *Kohler-Gehrig*, NVwZ 1992, 1049 ff.
202 NJW 1994, 1076 (1078).
203 Fn. 31.
204 Fn. 32.
205 Zu den Rechtswegfragen beim Störerausgleich *Herbert*, NVwZ 1995, 1061 ff. m.w.N.

- die Notwendigkeit des Nachweises einer konkreten Gefahr,
- die Eingriffsbegrenzung auf das zur Gefahrenabwehr unbedingt Erforderliche,
- das Fehlen von Ausgleichsregelungen bei Inanspruchnahme nur einzelner von mehreren Störern und
- die Problematik einer polizeilichen Störerhaftung bei besonderen Fallkonstellationen

begründen die rechtspolitische Forderung, geeignetere (kollektiv-)rechtliche Grundlagen zur Bewältigung der Altlastenproblematik zu schaffen. Dafür gibt es **verschiedene Modelle**.[206] Sie müssen insbesondere die Frage beantworten, wer die Sanierung derjenigen Altlasten letztlich finanzieren soll, für die ein nach den vorstehend dargestellten Grundsätzen Verantwortlicher nicht gefunden werden kann.

Nach dem *Gemeinlastprinzip* (Rn. 1/76) wäre die Finanzierung aus den öffentlichen Haushalten der Bundesländer und/oder der Gebietskörperschaften zu bestreiten. **209**

Nach dem *Gruppenlastprinzip* (Rn. 1/77) könnten gesetzlich Solidarfonds eingerichtet und von bestimmten „altlastnahen" Teilen der Industrie (mit-)finanziert werden. Auch Steuern oder Abgaben auf bestimmte Produkte zur finanziellen Speisung entsprechender Fonds werden diskutiert. Allerdings stoßen hier gesetzliche Zwangslösungen auf bisher noch wenig geklärte verfassungsrechtliche Grenzen. **210**

Nach dem das Gruppenlastprinzip auf der Basis freiwilligen Übereinkommens verwirklichenden *Kooperationsprinzip* (Rn. 1/78) tragen das Land, die entsorgungspflichtigen Gebietskörperschaften und die Industrie je zu bestimmten Teilen zur Altlastensanierung bei. Neben Geldleistungen kommen dabei auch geldwerte Leistungen bei der tatsächlichen Durchführung der Sanierung in Betracht. **211**

Die Einführung von *Steuern oder Sonderabgaben* auf bestimmte Produkte zur Finanzierung der Altlastensanierung stößt, was schon betont wurde, auf verfassungsrechtliche Bedenken.[207] Das gilt möglicherweise auch für das in *Nordrhein-Westfalen* verwirklichte Modell „Finanzierung der Altlastensanierung und Ausbau der Sonderabfallentsorgung durch Verteuerung des Sondermülls".[208] Danach ist zur Förderung der Sonderabfallentsorgung und der Altlastensanierung ein (Zwangs-)Zweckverband gegründet worden, der zur Finanzierung der Altlastensanierung u.a. Mittel aus Abgaben für eine Lizenzierung der Sonderabfallentsorgung erhält. Mitglieder des Entsorgungsverbands sind die Fremd- und Eigenentsorger sowie die kreisfreien Städte, Kreise und kreisangehörigen Gemeinden. **212**

Offenbar erfolgreich wird das durch einen öffentlich-rechtlichen Vertrag zwischen Land, kommunalen Spitzenverbänden, IHK und Unternehmensverbänden 1986 begründete Kooperationsmodell in *Rheinland-Pfalz* praktiziert, wo die Sanierungsmaßnahmen dann, wenn die Verursacher rechtlich oder faktisch nicht herangezogen werden können, von einem privatrechtlich **213**

---

206 Vgl. für einen Überblick über kollektivrechtliche Finanzierungsregelungen *Brandt*, Altlastenrecht, S. 221 ff.; näher *Franzius/Stegmann/Wolf/Brandt* (Fn. 14), Kap. 1.6.3
207 Die Unvereinbarkeit dieses Modells mit Bundesrecht wird z.B. von *Kloepfer/Follmann*, DÖV 1988, 573 ff. bejaht; a.A. z.B. *Salzwedel*, NVwZ 1989, 820 (825 f.); SRU, Sondergutachten Altlasten, 1989, BT-Drucks. 11/6191, Tz. 986; aus neuerer Zeit vgl. das Urteil zum Kohlepfennig („keine zulässige Sonderabgabe") BVerfG, DVBl. 1995, 100 ff.
208 Dazu *Kloepfer*, Umweltrecht, 1989, S. 205.

5 Bodenschutz-, insbes. Altlastenrecht

organisierten Träger durchgeführt und zu 1/4 vom Land und zu 3/4 von den Unternehmen finanziert werden.[209]

214 In *Baden-Württemberg* wird, wenn der Verursacher nicht ermittelt werden kann, nach dem Gemeinlastprinzip vorgegangen, und zwar in erster Linie auf Kosten der Gemeinden. Es wurde ein Altlastenfonds errichtet, der die jährlich erforderlichen Mittel zur Verfügung stellen soll (1988 nur 100 Mio DM). Gespeist wurde der Fonds zunächst nur aus Zuwendungen von seiten des Landes und der Gemeinden. Das Land steuerte aus dem vom „Wasserpfennig" (Rn. 4/180) finanzierten Ökologieprogramm 15 Mio DM bei; den Rest haben das Land zu 25%, die Gemeinden zu 75% getragen. Inzwischen will sich aber auch die Wirtschaft freiwillig mit einer erheblichen Summe beteiligen.[210] Finanziert werden aus dem Altlastenfonds die Erhebung von Verdachtsflächen und die Altlastenerkundung (zu 100%), Sicherungs- und Sanierungsmaßnahmen (zu 50%) und Überwachungs- und Nachsorgemaßnahmen (zu 35%).[211] Zuwendungsempfänger sind aber nur Gemeinden, Kreise, Zweckverbände und Verwaltungsgemeinschaften. – Ein ähnliches Modell für private/industrielle Altlasten wird über das LandesabfallabgabenG[212] finanziert.

215 In Hessen gibt es gem. § 22 II HAbfAG eine Altlastensanierungsgesellschaft, die auch zur Zahlung verpflichtet ist, wenn ein Kostenerstattungsanspruch gegen einen möglichen Sanierungsverantwortlichen nicht durchsetzbar ist, § 22 VII 1 HAbfAG. Zur Finanzierung erhebt das Land jährlich von den Entsorgungspflichtigen eine Altlastenfinanzierungsumlage nach § 23 I 1 HAbfAG, deren Aufkommen zweckgebunden für die Untersuchung und Sanierung kommunal verursachter Altlasten verwendet wird, § 23 I 2 HAbfAG.[213]

216 Im Referentenentwurf ist weder eine Organisations- noch eine Finanzierungsregelung vorgesehen. Rechtspolitisch wird die Einführung einer öffentlich-rechtlichen Abgabe gefordert.[214]

217 Für jede Strategie bleibt wichtig, daß bei der Lastenverteilung tatsächlich nach dem Grad der feststellbaren und realisierbaren Verantwortlichkeit differenziert wird. Dies kann einerseits zu einer erheblichen Beteiligung der konkret verantwortlichen Unternehmen oder der diese solidarisch unterstützenden Industriebereiche, andererseits aber auch zum Erfordernis der Bereitstellung beträchtlicher Mittel durch die öffentlichen Haushalte führen.

218 Der Sondersituation in den neuen Bundesländern trugen die Freistellungsklausel[215] und ein entsprechendes Verwaltungsabkommen[216] und trägt jetzt ein neues Finanzierungsabkommen Rechnung, das eine vereinfachte Verfahrensweise vorsieht.[217] Die Stichtagsregelung wurde aufgehoben.[218]

---

209 Vgl. *Wolf*, VBlBW 1988, 208 (210); *Spannowsky*, UPR 1988, 376 m. Fn. 2.
210 *Kretz*, BWVP 1994, 29 ff.
211 Hierzu und zum folgenden *Kretz*, UPR 1993, 41 (47).
212 Vom 11.3.1991, GBl. 133; dazu *Kühner*, VBlBW 1991, 201 ff.
213 Vgl. *Böhm*, NVwZ 1990, 340 ff.; zu weiteren Länderbeispielen s.*Kretz*, UPR 1993, 41 (48).
214 So *Breuer*, DVBl. 1994, 890 (900); *Kretz*, UPR 1993, 41 (47 f.); besonders zu den neuen Bundesländern *Rose*, BB 1991, 2100 ff.; s. dazu § 23 HAbfAG (Hessen); § 21 ThAbfAG; s.a. den Nachweis des Meinungsstands bei *Papier*, JZ 1994, 810 (818) m.w.N. in Fn. 77.
215 Dazu *Papier*, JZ 1994, 810 (821) m.w.N. in Fn. 104.
216 Verwaltungsabkommen vom 1.12.1992, dazu UPR 1993, 86 ff.
217 Vgl. insgesamt zum Problem das Sonderheft ZAU 1994, Heft 5.
218 BMU (Hrsg.), Umwelt 1995, Heft 2; *Radtke/Eisenbart*, UPR 1993, 86 ff.

Teil 6

Öffentliches Immissionsschutzrecht

I. Fakten und Probleme

Im Mittelpunkt des öffentlich-rechtlichen Immissionsschutzes stehen **Luftreinhaltung** 1
und **Lärmbekämpfung**. Die Wirkungen von Luftverunreinigungen, Lärm und anderen Immissionen auf Menschen, Tiere und Pflanzen, Boden, Wasser, Atmosphäre, Kultur- und Sachgüter werden in den letzten Jahren immer besser erforscht. Physiker, Chemiker, Mediziner, Biologen, Bau- und Verkehrsingenieure u.a. arbeiten dabei oft fachübergreifend zusammen. Neue Forschungsergebnisse führen zu neuen Gesetzen, öfter noch zu Verordnungen und Verwaltungsvorschriften, gehen aber auch unmittelbar in die Rechtsprechung ein.

Begrifflich sind Emissionen und Immissionen zu unterscheiden. Bei *Emissionen* han- 2
delt es sich um die von einer Quelle ausgehenden Teilchen oder Wellen, bei *Immissionen* um die an der Einwirkungsstelle auftretenden Beeinträchtigungen, d.h. um die durch Emissionen an bestimmten Standorten in der Umgebung der Störquelle herbeigeführten Einwirkungen. Beide Begriffe sind in § 3 BImSchG legaldefiniert (Rn. 6/63 f.).

1. Luftschadstoffe und Luftreinhaltung

a) Luftverunreinigungen: Herkunft, Verbreitung und Auswirkungen

Luftverunreinigungen (luftfremde Stoffe) bestehen aus *Stäuben* und aus sonstigen 3
Schwebstoffen, ferner aus Gasen und aus Dämpfen. *Schwebstoffe* nennt man die in feinster Verteilung in der Luft schwebenden festen oder flüssigen Stoffe (= Aerosole), hierzu gehört insbes. auch Ruß. *Gase* sind Stoffe, die unter Normalbedingungen im gasförmigen Aggregatzustand vorliegen, *Dämpfe* demgegenüber Gase, die unter Normalbedingungen kondensieren. An der Emissionsquelle oder am Immissionsaufpunkt können Luftverunreinigungen nicht aufgrund eines allumfassenden Meßprogramms in einem Meßgang als jeweilige Gesamtheit aller Schadstoffe erfaßt werden, sondern nur, indem entsprechend einem Meßprogramm nach bestimmten Komponenten gefahndet wird. Auch bei *Gerüchen* gibt es eine Methode der Bestimmung der Geruchsintensität (sog. *Olfaktometrie*). Als „Meßgerät" wird der Geruchssinn geschulter Personen eingesetzt.[1] „Elektronische Nasen" stehen als Prototypen schon zur Verfügung.

---

1 Vgl. *Strubelt*, Gifte in unserer Umwelt, 1988, S. 88 ff. Der Länderausschuß für Immissionsschutz hat am 23.1.1993 eine Muster-VwV für Geruchsimmissionen verabschiedet, auf deren Grundlage als erstes Bundesland Sachsen eine Geruchsimmissions-Richtlinie vom 26.3.1993 verabschiedet hat (abgedruckt in NVwZ 1995, 46 ff.). S.a. BVerwG, NVwZ-RR 1995, 6.

6 Öffentliches Immissionsschutzrecht

4 Die Luftverunreinigungen gehen auf Emissionen, d.h. auf aus ganz verschiedenen Quellen in die Atmosphäre abgegebene Stoffe zurück. *Hauptemittenten* sind Kraftwerke, Produktionsbetriebe, Haushalte und Kraftfahrzeuge. Bei der Ausbreitung der emittierten Stoffe kommt es unter der Einwirkung von Licht (auch Ultraviolettstrahlung), Wärme, Luftfeuchtigkeit (auch Wassertröpfchen) sowie chemischer Luftinhaltsstoffe zu Vermischungen, Summierungen, Veränderungen, Umwandlungen usw. Wegen dieser äußerst komplexen Vorgänge in der Atmosphäre können häufig keine gesetzmäßigen Zusammenhänge zwischen Emissionen und Immissionen gefunden werden.

5 Luftverunreinigungen können sich *auf dem Boden* und *auf Pflanzen* ablagern oder auch *in Gewässer* gelangen, und zwar als trockene oder – mit dem Niederschlag – als feuchte Depositionen. Immissionen können aber auch *über dem Gelände* als Luftbelastungen mit bestimmten Verunreinigungen in bestimmten Konzentrationen in Erscheinung treten. Selbstverständlich unterliegen die Immissionen örtlichen und zeitlichen Schwankungen, die bei Messungen am gleichen Ort zu „Häufigkeitsverteilungen" führen. Die *Jahresmittelwerte* der Immissionen fallen unterschiedlich aus, je nachdem, ob es sich um sog. Reinluftgebiete, ländliche Gebiete oder Ballungsgebiete handelt. In den alten Bundesländern liegt der Jahresmittelwert für Schwefeldioxid, aber auch für Stickoxide in Reinluftgebieten etwa bei 1-5 Mikrogramm/m^3, während er in ländlichen Gebieten um das 10-fache, in Ballungsgebieten durchschnittlich um das 25-fache größer ist. In den neuen Bundesländern sind die Luftverunreinigungen in manchen Ballungsgebieten nochmals um eine Zehnerpotenz größer. Dort lebten im Jahre 1990 rd. 26% der Gesamtbevölkerung (16,6 Mio) in Gebieten mit Sedimentationsstaubbelastungen oberhalb der Grenzwerte (Rn. 6/70) und rd. 36% in Gebieten mit SO_2-Konzentrationen oberhalb der Grenzwerte.

6 Luftschadstoffe, die – abgesehen von gewissen Umwandlungsprodukten (Rn. 6/10 ff.) – ebenso als Emissionen wie als Immissionen in Erscheinung treten und bei entsprechender Massenkonzentration zu Luftreinhaltungsmaßnahmen führen können oder müssen, sind z.B.
- *Schwebstäube* (ohne Rücksicht auf die Inhaltsstoffe),
- feste oder flüssige *Schwebstoffe* als Träger von (u.U. schädlichen) Inhaltsstoffen,
- gewisse *Schwermetalle*, z.B. Blei (Pb) oder Cadmium (Cd) als Staubinhaltsstoffe,
- *gasförmige Stoffe*, z.B. Ozon (O_3), Kohlenmonoxid (CO), Schwefeldioxid (SO_2), Stickoxide (NO_x), bestimmte leichtflüchtige Kohlenwasserstoffe (KWS), wie z.B. das als krebserregend eingestufte Benzo(a)pyren sowie sonstige, meist hochtoxische polyzyklische aromatische Kohlenwasserstoffe (PAK), ferner Chlor (Cl) oder Fluor (F) bzw. bestimmte chemische Verbindungen dieser Halogene (z.B. Dioxine, Furane, Fluorwasserstoff, FCKW), und schließlich
- *dampfförmige Schadstoffe* (z.B. gewisse Metalle, Metalloxide oder -chloride mit hohem Dampfdruck bei niedriger Temperatur) usw.

7 Art und Ausmaß der schädlichen Wirkungen dieser Luftschadstoffe hängen entscheidend von ihrer Gefährlichkeit (Grad der Giftigkeit, Eignung zur Ätzung, zur Krebserzeugung usw.), von ihrer Menge (Konzentration) und Einwirkungsdauer sowie von ihrem auch synergistischen Zusammenwirken mit anderen schädlichen Stoffen ab.² Manche in die Luft emittierten Stoffe sind zwar nicht gesundheits-, wohl aber umweltschädlich, z.B. CO_2 (Treibhauseffekt; Rn. 6/10) oder FCKW (Ozonschichtabbau; Rn. 6/14). Manche Luftverunreinigungen wirken lediglich als mehr oder weniger störende Gerüche. Die Schadstoffwirkungsforschung ist noch in vollem Gang, was nicht verwundert, gibt es doch tausende potentiell gefährlicher Stoffe.

Zur flächendeckenden Erfassung und Darstellung der räumlichen Aufgliederung von *Immissionen* wurden in der Bundesrepublik Deutschland ein Immissionsmeßnetz des Umweltbundesamts (UBA) mit Meßstationen in ländlichen Gebieten sowie Immissionsmeßnetze der Länder mit Meßstationen auch in Ballungsgebieten oder in Gebieten mit neuartigen Waldschäden aufgebaut. Die gewonnenen Daten werden vom UBA in der Datenbank LIMBA gesammelt, archiviert und ausgewertet. 8

In den alten Bundesländern haben die *Gesamtemissionen* (in Mio t) durch Kraft- und Fernheizwerke (KW), Industrie, Haushalte, Verkehr betragen:³

SO_2: (KW)	1980: 3,3	1985: 2,5	1991: 1,0
NO_2: (Kfz)	1980: 3,1	1985: 3,1	1991: 2,65
OS: (Kfz)	1980: 2,7	1985: 2,6	1991: 2,25
CO: (Kfz)	1980: 12,1	1985: 8,95	1991: 7,3
CO_2: (KW u. Industrie)	1980: 807,0	1985: 739,0	1991: 761,0
Staub: (Industrie)	1980: 0,7	1985: 0,58	1991: 0,45

Manche der für 1980 angegebenen Werte sind also inzwischen aufgrund der getroffenen Vorsorgemaßnahmen (z.B. 13. BImSchV) signifikant zurückgegangen. Der Ausstoß von CO_2, das erheblich zum sog. Treibhauseffekt beiträgt, ist seit 1989 (zumindest in den alten Bundesländern) allerdings wieder im Ansteigen begriffen. Keine deutliche Verbesserung ist auch bei hauptsächlich von Kfz emittierten Schadstoffen zu verzeichnen, wie bei Stickoxiden und organischen Stoffen. Der Kfz-Verkehr ist dadurch zum Hautverursacher von Belastungen durch ubiquitäre Schadstoffe geworden. Weitere *straßenverkehrsspezifische Luftbelastungen* sind ferner Blei-Emissionen und verschiedene – insgesamt 80% (!) der in der Außenluft vorzufindenden krebserregenden – Schadstoffe, insbesondere 41 200 t Benzol und 55 000 t Dieselruß im Jahr 1992 sowie polyzyklische aromatische Kohlenwasserstoffe (PAK) und Dioxine. Für solche krebserregende Luftschadstoffe kann kein eindeutiger Schwellenwert angegeben werden, jenseits dessen keine Gesundheitsgefahr angenommen werden kann.⁴ Gerade der Straßen- und Luftverkehr ist – nicht nur im Hinblick auf die damit verbundenen Emissionen, sondern auch auf den Flächenverbrauch (Rn. 3/17 f.) – ein Umweltproblem ersten Ranges.⁵ 9

---

2 Vgl. *Lahmann*, Die atmosphärische Luft und deren Verunreinigung, 1990; LAI (Hrsg.), Krebsrisiko durch Luftverunreinigungen, 1992.
3 OS steht für organische Stoffe (insbes. Kohlenwasserstoffe), in Klammern die Hauptemittenten. Vgl. UBA, Daten zur Umwelt 1992/93, S. 221 ff., 232 ff., 276 ff.; ferner den gem. § 61 BImSchG erstatteten 5. Immissionsschutzbericht der BReg. v. 15.12.1992, BT-Drs. 12/4006, S. 20 ff. u. SRU, Umweltgutachten 1987, BT-Drs. 11/1568, Tz. 656 ff.
4 SRU, Umweltgutachten 1994, Tz. 677 ff.; Sondergutachten Abfallwirtschaft, 1990, Tz. 1702; *Landmann/Rohmer/Hansmann*, Umweltrecht, TA Luft, Nr. 2.3 Rn. 1; a.A. *Salzwedel*, Rechtsgutachten, in: LAI (Hrsg.), Krebsrisiko durch Luftverunreinigungen, 1992, S. 39.
5 Dazu SRU, Umweltgutachten 1994, Tz. 609 ff. (insbes. Tz. 675 ff. zu krebserzeugenden Substanzen; hierzu auch LAI [Hrsg.], Krebsrisiko durch Luftverunreinigungen, 1992; *Kühling*, ZUR 1994, 112 ff.); *Schulze-Fielitz*, Die Verwaltung 1993, 515 ff.; UBA, Daten zur Umwelt 1992/93, S. 33 ff, 260 ff. Hinzu kommen die sozialen Folgen, die mit bis zu 10 000 Toten und 500 000 Verletzten jährlich verbunden sind. Nicht nur die Kfz-Dichte hat erheblich (~ 4% jährlich) zugenommen (1993: ca. 39 Mio. Pkw, 2

6 Öffentliches Immissionsschutzrecht

b) Luftverunreinigungen: Folgen an Beispielen

10 aa) Insbesondere durch die Verbrennung fossiler Energieträger (Stein- und Braunkohle, Erdöl und Erdgas), aber z.B. auch durch die Brandrodung der Tropenwälder, wird CO_2 weltweit in einer solchen Menge (viele Milliarden t/a) emittiert, daß der Überschuß nicht mehr in den Weltmeeren gespeichert werden kann. Zusammen mit den (für das sog. Ozonloch verantwortlichen) FCKW (Rn. 9/7 ff.) und mit anderen Spurengasen, z.B. N_2O, Halonen oder (noch bedeutsamer) mit Methan (CH_4) – einem Abfallprodukt der Kohlenstoffchemie, des Steinkohlebergbaus, aber z.B. auch der Rinderzucht – verhindert die wachsende Konzentration des CO_2 eine genügende Wärmeabstrahlung der Erde. Dadurch tritt zu dem natürlichen Wärmespeichereffekt insbesondere des Wasserdampfs in der Erdatmosphäre ein anthropogen verursachter, höchst bedrohlicher globaler sog. **Treibhauseffekt** hinzu.

Der natürliche Treibhauseffekt der Atmosphäre (durch nahezu ungehindertes Eindringen der kurzwelligen Sonnenstrahlung und gleichzeitiger Absorbtion der langwelligen Sonnenstrahlung in der unteren Erdatmosphäre durch verschiedene Gase) wird insbes. durch Wasserdampf, CO_2, Ozon, NO_2 und Methan bewirkt. Er wird verstärkt durch die anthropogen bedingte Zunahme verschiedener Treibhausgase, darunter CO_2 und FCKW, was nach derzeitigen Modellberechnungen zu einer *Erwärmung um 4-5 K im 21. Jhdt.* führen kann. Der anthropogen bedingte Treibhauseffekt ist *zu 50% auf den Bereich Verkehr und Energie (CO_2) zurückzuführen* (s. Bemühungen um die Einführung einer CO_2-Abgabe, Rn. 6/22), zu 20% auf chemische Produkte (FCKW, Halone) und zu etwa 15% auf die Vernichtung der Tropenwälder.

Die Abschätzung der möglichen Klimaveränderungen ist aufgrund der vielfältigen Wechselwirkungen in der Biosphäre äußerst kompliziert; so benötigten noch 1990 Großrechner eine ganze Woche, um die Folgen der Veränderung eines einzelnen Parameters zu ermitteln.[6] Im Frühjahr 1993 wurden erstmals Klimasimulationen im Computer mit Vegetationsmodellen kombiniert.

11 Der Treibhauseffekt wird, falls nichts geschieht, nach den (kaum noch umstrittenen) Ergebnissen von Modellrechnungen wahrscheinlich während des nächsten halben Jahrhunderts zu einer solchen Erhöhung der mittleren Temperatur der Erdoberfläche führen, daß global außerordentlich nachteilige Klimaveränderungen bewirkt werden (Klimazonenverlagerungen mit Ausweitung der Trockengebiete, Verringerung der Niederschläge in den mittleren Breiten, klimabedingtes Waldsterben und Artenveränderung in mittleren und höheren Breiten, Verschlechterung der Ernährungssituation usw.). Dabei kann es nicht nur zu einer Häufung extremer Wetterereignisse (z.B. tropischer Wirbelstürme) kommen, sondern auch zu einem Gletscherrückzug (Abschmelzen der Polkappen und des Grönlandeises) und thermischer Ausdehnung des oberen Ozeans mit folgendem Anstieg des Meeresspiegels (um 30 cm bis 1 m) und

---

Mio. Lkw und 1,8 Mio. Krafträder), sondern auch die mittlere Geschwindigkeit auf den Autobahnen (für Pkw 1980: 122 km/h, 1991: 131,5 km/h; für Lkw 1978: 84,5 km/h, 1991: 88 km/h, also deutlich über der zulässigen Höchstgeschwindigkeit).

6 *Matthews*, in: National Geographic, Vol. 178, No. 4 (Oktober 1990), S. 82 ff.

katastrophalen Überschwemmungen. Es ist daher dringend geboten, die Emission der derzeit bekannten Treibhausgase erheblich zu reduzieren (dazu Rn. 6/17 ff.).[7]

bb) Für das sog. **Waldsterben** steht nach den Ergebnissen der Ursachen- und Wirkungsforschung fest, daß die großflächig auftretenden, vom Sachverständigenrat für Umweltfragen (Rn. 1/94) 1983 so benannten „neuartigen Waldschäden" ohne die anthropogenen, ferntransportfähigen *Luftverunreinigungen* nicht entstanden wären. Es geht dabei insbesondere um Schwefeldioxid, Stickoxide und Kohlenwasserstoffe sowie um deren Folge- oder Umwandlungsprodukte wie z.B. anorganische Säuren (etwa Schwefel- oder Salpetersäure – „saurer Regen") oder unter der Einwirkung von Ultraviolettstrahlen entstehende Photooxidantien (etwa das als Zellgift wirkende Ozon), ferner um Ammoniakbelastung (und deren Folgeprodukte) durch Tierhaltung und Überdüngung.[8] Diese Luftverunreinigungen wirken sich unmittelbar (z.B. bei nassen Depositionen auf Blättern oder Nadeln) oder mittelbar (z.B. über bodenchemische Prozesse) waldschädigend aus. Dabei mögen durchaus auch natürliche biotische Streßfaktoren (z.B. Schadpilze) oder abiotische Streßeinwirkungen auf den Wald (z.B. Kälteeinbrüche, Trockenheit) und schließlich auch eine ungünstige äußere Struktur der Waldbestände oder Besonderheiten der Standorte mehr oder weniger prädisponierend oder schadensintensivierend mitwirken und mitgewirkt haben. Insgesamt haben die Waldschäden den Charakter einer „Komplexerkrankung" der Nadel- und Laubbäume, die auf zahlreichen, unentwirrbar miteinander vernetzten Kausalketten beruht. Es ist daher bei diesem „Globalphänomen" nicht möglich, die Schäden (sog. Summations- und Distanzschäden) einzelnen Verursachern oder bestimmten immissionsschutzrechtlichen Genehmigungen zuzuordnen; auch werden über 50% der Luftverunreinigungen „importiert".

12

Auf den Waldflächen der alten Bundesländer (7,4 Mio ha) waren 1984 etwa 50%, 1993 über 64% der Nadel- und Laubbäume mehr oder minder stark, z.T. irreversibel (etwa ¼) geschädigt.[9] Etwa 40% der Waldfläche der alten Bundesländer stehen im Eigentum Privater, je ca. 30% im Staats- und Körperschaftseigentum. Im Jahre 1993 waren in der Bundesrepublik Deutschland von den Waldflächen nur 36% nicht, hingegen 40% schwach und 24% stark geschädigt (ohne daß hiermit die inzwischen abgestorbenen und entfernten Bäume erfaßt wären). In den neuen Bundesländern ist der Anteil der deutlich geschädigten Waldflächen am restlichen Wald deutlich höher als in den alten Bundesländern, wo wiederum süddeutsche Wälder stärker geschädigt sind als nordwestdeutsche. In Europa liegen die am stärksten geschädigten Wälder neben der BRD in Bulgarien, Tschechien, der Slowakei, Dänemark und Großbritannien. Der Schaden

---

7 Vgl. den Bericht der Enquête-Kommission „Schutz der Erdatmosphäre", BT-Drs. 12/8600. S.a. die BT-Drs. 12/2081 zu Klimaschutz und CO_2, 12/3846 zum Schutz der Ozonschicht, 12/8600 zum Klimaschutz durch Energiepolitik; *Schirmer*, in: HdUR, Bd. II, Art. „Klimaschutz", Sp. 1253 ff.; UBA, Daten zur Umwelt 1992/93, S. 86 ff. Die auf der Konferenz von Rio vereinbarte Klima-Folgekonferenz von Berlin ging im März 1995 allerdings ohne verbindliches Ergebnis über die Ziele der CO_2-Reduzierung zu Ende.

8 Vgl. hierzu aus der Fülle der Lit. insbes. das Sondergutachten des SRU, Waldschäden und Luftverunreinigungen, März 1983, BT-Drucks. 10/113 sowie BT-Drs. 10/4284. – Zum Schädigungsstand vgl. UBA, Daten zur Umwelt 1992/93, S. 161 ff., 181 f. – Zu den Instrumenten zur Waldschadensbekämpfung nach deutschem und europäischem Gemeinschaftsrecht *Schröder*, UPR 1989, 49 ff.

9 Zu den Daten bis 1993 vgl. im einzelnen UBA (Hrsg.), Daten zur Umwelt 1992/93, S. 162 ff. Der Schwerpunkt des Waldsterbens verlagert sich in letzter Zeit von Fichten und Tannen auf Buchen und Eichen.

6 *Öffentliches Immissionsschutzrecht*

durch Beeinträchtigung der Nutzfunktion des Waldes (Mindererträge, Mehraufwendungen) wurde schon 1985 pro Jahr und ha auf durchschnittlich über 150,– DM geschätzt; dieser Betrag dürfte derzeit deutlich höher sein. Somit würde jährlich durch Beeinträchtigung der Nutzfunktion des Waldes ein Schaden in der Größenordnung von über 1,5 Mrd DM entstehen. Hinzu kommt die Beeinträchtigung der Schutz- und Erholungsfunktion des Waldes (§ 1 BWaldG).

13 Eine *Staatshaftung* für die neuartigen, als Summations- und Distanzschäden zu qualifizierenden Waldschäden wird in der Literatur häufig bejaht, in der Rspr. der Instanzgerichte sowie in zwei hierzu im Dez. 1987 ergangenen Grundsatzentscheidungen des Bundesgerichtshofs[10] aber verneint. Wenn schon nicht verfassungsrechtlich geboten, ist es jedenfalls *rechtspolitisch* wünschenswert, daß der zuständige Gesetzgeber eine Schadensausgleichsregelung bereitstellt, für die verschiedene Modelle (u.a. eine Fondslösung) in Betracht kommen.[11]

14 cc) **Ozon** (O_3) ist ein Gas, das aus Sauerstoff unter der Einwirkung von kurzwelligen UV-Sonnenstrahlen (Photodissoziation) entsteht. In der Stratosphäre von 15-35 km Höhe herrscht unter natürlichen Bedingungen ein Gleichgewicht zwischen Ozon auf- und abbauenden Prozessen. Hierdurch wird die UV-B-Strahlung zwischen 260 und 320 nm Wellenlänge, die beim Menschen Hautkrebs, Augenkrankheiten und Immunschwäche verursacht und die Meeresalgen, welche mehr als die Hälfte des Atemsauerstoffs produzieren, schädigt, vom Vordringen bis zur Erdoberfläche zurückgehalten. Die Störung dieses Gleichgewichts durch Abgaseinträge aus Landwirtschaft, Verkehr und Industrie, insbes. durch Fluorchlorkohlenwasserstoffe und Halone, führt zu einer Ausdünnung der Ozonschicht bis zur Bildung eines periodisch wachsenden *Ozonlochs*, welches zunächst über der Antarktis auftrat, aber nunmehr – gegen Ende des Winters – auch über der Arktis im Entstehen begriffen ist. Durch internationale Übereinkommen wird versucht, dieser Entwicklung entgegenzuwirken.[12]

15 Während in der Erdatmosphäre heute zuwenig Ozon vorhanden ist, stellt bodennah die zunehmende Ozonkonzentration wegen der damit verbundenen Gesundheitsbeeinträchtigungen ein Umweltproblem dar. Schönes Wetter und starker Autoverkehr führen dann in den Sommermonaten häufig zu hohen Ozonbelastungen (sog. *Sommersmog*), die aus Vorläufersubstanzen wie Stickoxiden (NO_x) und Kohlenwasserstoffen (CO, CO_2) entstehen. Stickoxide werden etwa zu 70%, Kohlenwasserstoffe werden zu etwa 45% von PKW und LKW erzeugt. Rund die Hälfte wird bei Tankvorgängen freigesetzt.

16 Der durchschnittliche Ozongehalt der Atemluft liegt bei 30 bis 60 µg je m^3. Ein Bewertungsmaßstab ist die EG-Richtlinie 92/72 über die Luftverschmutzung durch Ozon und die daraufhin geänderte 22. BImSchV. Hiernach ist zwischen einem (gesundheitsschützenden) 8-Stunden-Mittelwert von 110 µg und einem 1-Stunden-Schwellenwert von 180 µg je m^3 zu unterscheiden, bei dem die Bevölkerung zu informieren ist. Jenseits dieser Schwelle leiden bereits viele Menschen an Reizungen der Schleimhäute und Atemwege. Bei Ozonwarnung sollen körperliche Anstrengungen möglichst unterbleiben. An der Meßstation Freiburg-Mitte wurde z.B. im

---

10 BGHZ 102, 350, zuvor OLG Stuttgart, Urt. v. 22.10.1986; OLG München, NVwZ 1986, 691.
11 Zur staatshaftungsrechtlichen Problematik der Waldschäden vgl. *Bender*, VerwArch. 77 (1986), 335 ff.; *ders.*, in: UTR Bd. 2, 1987, S. 83 ff. m.w.N.; ferner: *Dörnberg*, NuR 1987, 308 ff.; *Schwabe*, in: *Thieme* (Hrsg.), Umweltschutz im Recht, 1988, S. 51 ff. Zu den Entschädigungsproblemen aus rechtspolitischer Sicht instruktiv *Kinkel*, ZRP 1989, 293 ff.
12 S. *Bunge*, in: HdUR, Bd. II, Art. „Ozonschicht", Sp. 1589 (1591). Ferner 2. Bericht der BReg, BT-Drs. 12/3846, S. 31 ff.

Jahr 1993 (1994) an 27 (19) Tagen der 1-Stunden-Mittelwert von 180 mg je m³ überschritten, und zwar auf bis zu 265 (231) µg je m³.[13]

c) Gegenmaßnahmen

Eine Vielzahl tatsächlicher und rechtlicher Maßnahmen soll zu einer Verminderung der Luftverunreinigungen führen. Für Emissionsvermeidung und -verminderung sorgen technische Vorrichtungen (z.B. Filter, Katalysatoren) und betriebliche Vorkehrungen (z.B. Produktionsunterbrechungen, Verfahrensänderungen). 17

Eine Strategie der Emissionsverminderung auf der letzten Stufe (*end of the pipe-treatment*), z.B. durch Einsatz von Filteranlagen, ist in der Regel nicht nur teuer, sondern auch stromintensiv. Sie führt daher kraftwerkseitig zu Emissionssteigerungen. Die Emissionsbilanz mag dann sogar negativ sein. Außerdem führt die Rückhaltetechnik für sich allein u.U. zu Problemverlagerungen, d.h. zu neuen Schadstoffproblemen bei Abwasser und/oder Abfall (Filter oder Filterstäube als zu entsorgender Sondermüll u.ä). Vorzuziehen ist daher im Sinne eines „verfahrensintegrierten Umweltschutzes" eine Strategie der *Emissionsvermeidung* durch veränderte Verfahrenstechniken (z.B. Kraft-Wärme-Kopplung, Wirbelschichtfeuerung[14]) und die Verwendung schadstofffreier oder schadstoffarmer Brennstoffe (dazu z.B. §§ 32 ff. BImSchG). Nur solche emissionsvermeidenden Produktkreisläufe vermögen eine dauerhafte umweltgerechte Entwicklung („*sustainable development*", Rn. 1/2) sicherzustellen. 18

Eine vorsorgende drastische Reduzierung insbesondere der SO_2-, NO_x- u. Staubemissionen haben die 13. BImSchV von 1983 (Rn. 6/162 ff.) und die TA Luft 1986 (Rn. 6/68 ff.) durch entsprechende Emissionsgrenz- bzw. Emissionswerte sowohl für Neuanlagen als auch – unter Vorgabe von Sanierungsfristen – für Altanlagen vorgeschrieben. (Allein aufgrund der Novellierung der TA Luft von 1986 waren fast 30 000 industrielle oder gewerbliche Altanlagen darauf zu überprüfen, ob sie den verschärften Anforderungen genügen.) Erreicht wird diese Reduzierung durch *Primärmaßnahmen zur emissionsmindernden Verbrennungsbeeinflussung* (z.B. Wirbelschichtfeuerung) sowie durch Maßnahmen zur Rauchgasreinigung, und zwar sowohl zur Entstaubung (z.B. durch mechanische Filter oder Elektrofilter), als auch zur Abscheidung gasförmiger Luftverunreinigungen (insbes. Rauchgasentschwefelung und Rauchgasentstickung). Die Mehrinvestitionen für die vorgeschriebenen Emissionsbegrenzungen betragen z.B. bei Kraftwerken etwa ein Drittel der Errichtungskosten. 19

Bei der *Rauchgasentschwefelung* wird insbesondere das ausgereifte Verfahren der Naßentschwefelung durch Schwefeldioxyd-Absorption mittels Rauchgaswäsche auf Kalk- bzw. Kalksteinbasis (Eindüsen einer Kalkdispersion in den Rauchgasweg) angewendet.[15] Der dabei schließlich über die Oxidation von Kalziumsulfit entstehende Reststoff, nämlich $CaSO_4$ (mit eingebundenem Kristallwasser), der sog. REA-Gips, ist nach Trocknung und Brikettierung wie Naturgips insbesondere in der Baustoffindustrie verwendbar. 20

---

13 S.a. UBA, Daten zur Umwelt 1992/93, S. 284 ff.
14 Dazu *Cronenbroek/Wagner*, et 1990, 324 ff.
15 *Hildebrand*, et 1987, 149 ff.; *Hamann/Schubbe*, et 1987, 402 ff.; *Trick*, et 1988, 154 ff.; *Völcker*, et 1992, 200 ff.

6 *Öffentliches Immissionsschutzrecht*

21 Bei der *Rauchgasentstickung* hat sich bisher vor allem das Verfahren der selektiven katalytischen Reduktion der NO_x, das zuerst in Japan zur Betriebsreife entwickelt wurde, durchgesetzt. Danach wird dem NO_x-haltigen Abgas bei ca. 300-400 °C in Anwesenheit von Metalloxidkatalysatoren in Waben- oder Plattenausführung (neuerdings auch Aktivkokskatalysatoren im Niedertemperaturverfahren) Ammoniakgas (NH_3) zugeführt, das zur Bildung von molekularem Stickstoff (N_2) und Wasserdampf (H_2O) führt. Reststoffe fallen hier also nicht an. In der Regel werden bei Steinkohlekraftwerken die Entstickungs- den Entschwefelungsanlagen nachgeschaltet und der Rauchgasstrom in den Schornstein oder Kühlturm abgeführt. Nach einem neueren Verfahren werden Harnstoff (auch in Form von Gülle) und andere Chemikalien in den Brennraum eingedüst. Inzwischen gibt es auch Verfahren zur kombinierten, katalytischen Entschwefelung und Entstickung. Beim Heizkraftwerk „Hafen" der Stadtwerke Münster wurde der Block 3 mit einer ersten Demonstrationsanlage ausgerüstet. Als Endprodukt entsteht hier nicht REA-Gips, sondern verwertbare Schwefelsäure.

22 Insgesamt sind zwar umfassende Vorsorgemaßnahmen getroffen worden, z.B. durch die Beschränkung der Emissionsgrenzwerte bzw. Emissionswerte und die Erzwingung der Altanlagensanierung aufgrund der Großfeuerungsanlagen-VO von 1983 und der TA Luft 1986, durch die Novellen zur Kleinfeuerungsanlagen-VO von 1988 und 1994 sowie schließlich durch Maßnahmen zur Schadstoffbegrenzung der Kraftfahrzeuge. Aufgrund des wachsenden Mobilitätverhaltens ist aber vor allem eine weitere Verschärfung der verkehrsbezogenen Maßnahmen (z.B. hinsichtlich der Abgasreduzierung beim Kfz-Betrieb) oder ihre Ergänzung (z.B. durch Verkehrsvermeidung, Kfz-Geschwindigkeitsbegrenzungen, sonstige Kfz-Benutzungsbeschränkungen, gesteuerte Umleitung des Güterfernverkehrs von der Straße auf die Schiene, ökonomische Instrumente zur Durchsetzung von Transportpreisen, die die tatsächliche Knappheit der natürlichen Lebensgrundlagen widerspiegeln u.a.m.) notwendig.[16] Auch im Hinblick auf den *Treibhauseffekt* sind CO_2-Reduzierungsmaßnahmen dringend erforderlich. Auf europäischer Ebene hat die EG-Kommission am 27.5.1992 einen Vorschlag für eine Richtlinie zur Einführung einer Steuer auf Kohlendioxidemissionen und Energie unterbreitet,[17] ein u.E. begrüßenswerter Ansatz (Rn. 1/138), der jedoch auf heftigen Widerstand der Energiewirtschaft stößt.[18] Die auf der 2. globalen UN-Umweltkonferenz in Rio vereinbarte und im März 1995 in Berlin abgehaltene Klima-Folgekonferenz[19] ging jedoch ohne eine Vereinbarung über verbindliche Zeit- und Mengenvorgaben zur CO_2-Reduzierung zu Ende. Das Thema wurde nach Helsinki 1997 vertagt.

2. Geräusche und Lärmschutz

a) Körperliche und seelische Wirkungen

23 **Schall** ist das Ergebnis von – in der Regel zusammengesetzten – mechanischen Schwingungen in Festkörpern, Flüssigkeiten oder Gasen und breitet sich zumeist in

---

16 Vgl. ausführlich hierzu SRU, Umweltgutachten 1994, Tz. 760 ff.
17 Ratsdokument 7018/92, KOM (92) 226 endg.; hierzu *Faross*, et 1993, 295 ff.; *Ressing*, et 1993, 299 ff.; ferner *Kohlhaas/Praetorius*, Selbstverpflichtung der Industrie zur CO_2-Reduktion, 1994.
18 Vgl. z.B. *Kabelitz*, et 1994, 264 ff.
19 S. hierzu die Beiträge in ZAU, Heft 1/1995.

der Luft als Longitudinalwellen entweder periodisch (Töne bzw. – bei Überlagerung mehrerer Töne – Klänge) oder aperiodisch (Geräusche) aus. Vom Menschen sind Schallwellen im Schwingungsbereich zwischen ca. 16 und maximal 20 000 Hz hörbar (unter 16 Hz: *Infraschall*, über 20 000 Hz: *Ultraschall*). Immissionsschutzrechtlich kommt es grundsätzlich nicht darauf an, ob die Schallschwingungen gleichförmig oder schwankend, dissonant oder harmonisch in Erscheinung treten.

Subjektiv können Geräusche negativ, d.h. als **Lärm** (Straßen- oder Schienenverkehrs- 24 lärm, Fluglärm, Industrie- und Gewerbelärm, Baulärm, Freizeitlärm usw.) empfunden werden und durch Art (z.B. durch Frequenzhöhe und -zusammensetzung), Ausmaß oder Dauer lästig, störend oder gar gefährdend wirken.[20] Lärm wird als umso störender empfunden, je weniger er als ortsüblich identifiziert wird, je häufiger und je intensiver er ist, je höher seine Frequenzen sind, je leichter er vermeidbar wäre, je größer sein Informationsgehalt und je gespannter die Beziehung des Gestörten zur Lärmquelle ist. Diese Faktoren sind nur zum Teil meßbar.[21] Insbesondere kann der Lärm den Schlaf und die Kommunikation, die Konzentration und die Erholung und damit über psychische und physische Reaktionen (Ärger, Herzklopfen, Blutdruckerhöhung usw.) das körperliche, seelische und soziale Wohlbefinden nachteilig beeinflussen; er kann sogar zu schweren Krankheiten (insbes. zu Schwerhörigkeit) führen. Art und Ausmaß der Beeinträchtigungen hängen somit nicht nur von den physikalischen Schallfaktoren, sondern auch von nichtakustischen Einflußgrößen, insbesondere von den Persönlichkeitseigenschaften der Betroffenen, von der konkreten Umweltsituation und von sonstigen sog. Moderatoren (Begleitumständen, wie z.B. Tageszeit, Ortsüblichkeit) ab.

Etwa 10-15% der Bevölkerung fühlt sich selbst bei sehr niedrigem Schallpegel immer noch 25 belästigt, wie umgekehrt ein etwa gleicher Bevölkerungsanteil auch hohe Schallintensitäten nicht als lästig empfindet. Im übrigen fühlt sich über die Hälfte der Bevölkerung in erster Linie durch Straßenverkehrslärm (Rn. 6/282 ff.) belästigt oder stark belästigt. An zweiter Stelle der subjektiv als störend empfundenen Lärmbelastung steht der Flugverkehr (Rn. 2/92 ff.). Danach folgen in der Reihenfolge zunehmender Akzeptanz: Lärm lauter Nachbarn, Industrielärm (Rn. 6/84 ff.), Schienenverkehrslärm (Rn. 6/290), Sportlärm (Rn. 6/244 ff.).[22]

b) Schallphysikalische Grundlagen und Lärmwirkungsindikatoren

aa) Die Wirkungen des Schalls auf den Menschen sind gekennzeichnet durch die 26 *Frequenz* (Tonhöhe, 1 Hz = 1 Schwingung pro Sekunde), die *Schallintensität* (Schallenergie, gemessen in Watt pro m^2) und den *Schalldruck* (Lautstärke, 1 Pa = 1 Newton pro m^2). Weil das vom menschlichen Ohr wahrnehmbare Schallspektrum Zahlenwerte umfaßt, die beim Schalldruck 10 Mio und bei der Schallstärke 1 Mrd Einheiten übersteigen, wurde für die Praxis eine (dekadische) logarithmische Skala mit der

---

20 Zu den Lärmwirkungen s. SRU, Umweltgutachten 1987, S. 392 ff.; Innenministerium BW (Hrsg.), Städtebauliche Lärmfibel, 1991; *Jansen/Klosterkötter*, Lärm und Lärmwirkungen, 1980. Vgl. im übrigen zum Ausmaß der Belastung der Bevölkerung mit den unterschiedlichen Lärmarten (z.B. Straßenverkehrs- oder Fluglärm) UBA (Hrsg.), Daten zur Umwelt 1992/93, S. 572 ff.
21 S. dazu BVerwG, DVBl. 1990, 419 (422).
22 Vgl. UBA, Daten zur Umwelt 1992/93, S. 573 ff.

Einheit **Dezibel** (dB) eingeführt. Dadurch gelingt es, die verschiedenen, die jeweilige Schallenergie kennzeichnenden Schallintensitäten vom relativen Wert 1 (Hörschwelle) bis zum 10-billionenfachen (Schmerzgrenze) in den (dB)-Werten 0-130 zu erfassen. Die in verschiedenen Regelwerken postulierten Immissionsorientierungs-, Immissionsricht-, Immissionsleit- oder Immissionsgrenzwerte werden allerdings nicht in der Einheit dB, sondern in der Einheit *dB(A)* ausgedrückt. Dem zugrunde liegt die sog. (frequenzabhängige) **A-Bewertung** des Schalldrucks. Sie trägt mit Hilfe einer empirisch ermittelten Frequenzbewertungskurve der Tatsache Rechnung, daß das menschliche Ohr Frequenzen zwischen rd. 1000 Hz und rd. 5000 Hz als lauter empfindet als niedrigere bzw. höhere Frequenzen gleichen Schalldrucks. Die Meßgeräte sind entsprechend geeicht.[23] Damit wird weder der Lästigkeit insbesondere der niederfrequenten Geräusche noch dem Lautheitseindruck Rechnung getragen. Da jedoch die A-Bewertung schon seit langem in zahlreichen Vorschriften eingeführt ist und daher auch schon seit langem angewendet wird, ist eine Änderung nicht zu erwarten, obwohl nach dem heutigen Stand der Erkenntnis und Meßtechnik bessere Meß- (und Berechnungs-)verfahren zur Verfügung stehen.

27 Der Veranschaulichung verschiedener Schallpegel mag die folgende Tabelle von ca.-Werten dienen:

20-30 dB(A):	Atemgeräusch eines Schlafenden
30-40 dB(A):	Flüstersprache in 1 m Entfernung, Blätterrascheln
50-60 dB(A):	Unterhaltungsgespräch, gedämpfte Radiomusik
65-75 dB(A):	Schreibmaschine, Nadeldrucker (Kopfschmerzschwelle)
70-80 dB(A):	Vorbeifahrgeräusch eines Pkw am Fahrbahnrand bei 50 km/h
80-90 dB(A):	Arbeitslärm in der Fabrikhalle, Vorbeifahrgeräusch eines Pkw am Fahrbahnrand bei 100 km/h (Hör- und Gleichgewichtsstörungen)
95-110 dB(A):	Diskothek, Rockkonzert, Lärm in einem Fußballstadion
105 dB(A):	Preßlufthammer
120 dB(A) u.m.:	Probelauf eines Düsenflugzeugs am Prüfstand in 100 m Entfernung
170 dB(A)	Schußknall

28 Eine *Schallpegeländerung um 10 dB* bewirkt bei gleichartigen, relativ lauten Geräuschen von über 50 dB(A) im Mittel etwa die Verdoppelung bzw. Halbierung der subjektiv empfundenen Lautstärke, obwohl physikalisch der Schalldruck um eine Zehnerpotenz vergrößert oder reduziert worden ist. So wird z.B. der Lärm, der von 5 in einer Minute vorbeifahrenden Kraftfahrzeugen emittiert wird, als etwa halb so laut empfunden wie der von 50 in der gleichen Zeit passierenden gleichartigen Fahrzeugen. Eine *Pegeldifferenz von 3 dB* ist bei der Änderung eines Dauertons von 50 dB und darüber eben noch wahrnehmbar. Bei relativ leisen Geräuschen von 30 dB(A) oder darunter entspricht bereits eine Änderung des Schallpegels um 3 dB einer Verdoppelung bzw. Halbierung des subjektiven Lautstärkeeindrucks.

29 Die *Verdoppelung des Abstandes* zur Lärmquelle bewirkt eine Abnahme um 6 dB(A) bei punktförmigen Schallquellen (z.B. Ventilator o.ä.) und um 3-4 dB(A) bei linienförmigen Schallquellen (z.B. Straßen o.ä.). Die *Summierung* zweier gleich starker

---

23 Zu den physikalisch-technischen Fragen des Lärms und Lärmschutzes vgl. z.B. *Koch* (Hrsg.), Schutz vor Lärm, 1990; *Ullrich*, DVBl. 1985, 1159 ff. m.w.N.

Schalldruckpegel führt infolge des logarithmischen Maßsystems nicht zur Verdoppelung des dB(A)-Wertes, sondern nur zur Erhöhung um 3 dB (A), bei drei gleich starken Schalldruckpegeln um 4,8 dB(A) usw. (vgl. z.B. Rn. 6/291). Ist die *Differenz zwischen zwei Schalldruckpegeln größer als 10 dB(A)*, so ist der aus der energetischen Addition resultierende Gesamtschalldruckpegel praktisch nicht höher als der höhere der beiden Ausgangspegel.

bb) Insbesondere bei *Straßenverkehrsgeräuschen* (§§ 41 ff. BImSchG; s. Rn. 6/282 ff.) kommt es nicht auf das Einzelgeräusch eines vorbeifahrenden Kraftfahrzeuges an, sondern auf die durch den Verkehrsstrom bewirkte Gesamtheit zahlreicher, oft dicht aufeinanderfolgender Einzelgeräusche. Daher stellt man bei relativ kontinuierlichen Dauergeräuschen (wozu häufig auch *Industrie- und Gewerbelärm*, nicht aber Fluglärm gehört) zur Beurteilung der Lärmwirkung grundsätzlich nicht auf einen *Einzelschallpegel* oder auf eine diskontinuierliche Folge von Einzelpegeln ab. Vielmehr wird den zeitlichen Schwankungen des Geräuschs – d.h. Höhe, Dauer und Häufigkeit der Einzelpegel – mit einem *errechneten* mittleren Schalldruckpegel, dem sog. **Mittelungspegel** (= Mittelwert der Schallintensität innerhalb eines bestimmten Beurteilungszeitraums) Rechnung getragen. Der Mittelungspegel ist als solcher also nicht hörbar. Er wird nach einem bestimmten Verfahren – vgl. etwa die TA-Lärm (Rn. 6/84 ff.) oder die 16. BImSchV (Rn. 6/283 ff.) – für einen festgelegten Zeitraum aufgrund bestimmter schallrelevanter Daten (z.B. Meß- oder Prognosedaten)[24] errechnet. Für den Beurteilungszeitraum ist der Mittelungspegel als Dauerschallpegel den von ihm umfaßten Einzelschallpegeln (z.B. energetisch) äquivalent. Dieser *Dauerschallpegel* basiert – als Ergebnis einer auf die logarithmische Skala Bedacht nehmenden sog. „energetischen Mittelung" – auf der Mittelung der Schallintensitäten aller Einzelpegel über die Zeiteinheit; er liegt höher als das arithmetische Mittel der Einzelpegel. (Neben der energetischen Mittelung gibt es noch andere Verfahren, etwa im Zusammenhang mit dem auf die statistische Verteilung der Regelwerte abstellenden sog. Summenhäufigkeitspegel.) Der daraus resultierende Dauerschallpegel dient – u.U. modifiziert als „Beurteilungspegel" (Rn. 6/33) – als Kenngröße für physische und psychische Wirkungen von Lärmimmissionen. Die Aussagefähigkeit des Mittelungspegels für die Lästigkeit des Lärms schwindet mit der Häufung von das Grundgeräusch überragenden Einzelimpulsen.

Gerade bei *Fluglärm*, der in der Regel durch distinkt voneinander abgehobene Einzelschallereignisse gekennzeichnet ist, gilt diese Einschränkung im Hinblick auf die Zumutbarkeitsschwelle des § 9 II LuftVG (Rn. 2/93 ff.). Auch kann der Störgrad gewisser Arten von *Sportlärm* (dazu die 18. BImSchV und Rn. 6/244 ff.) oder von einzelnen, potentiell zu Schlafstörungen führenden nächtlichen Lärmereignissen (Eisenbahnverkehr) häufig nur durch *Einzelpegel* und deren Häufigkeit adäquat wiedergegeben werden. Demgegenüber tritt der *Straßenver-*

---

24 Z.B. werden die bei *Straßenverkehrsgeräuschen* auftretenden Immissions-Mittelungspegel insbes. durch folgende Größen beeinflußt: Verkehrsstärke, Verkehrszusammensetzung (insbes. LKW-Anteil), zulässige Höchstgeschwindigkeit, Steigungen, Art der Straßenoberfläche, Entfernung des Immissionsorts von der Straße, Schallausbreitungsbedingungen (Wind, Gelände, Bewuchs usw.), aktive Lärmschutzmaßnahmen. Bei Straßenverkehrslärm wird zur Bildung des *Beurteilungspegels* zum berechneten Mittelungspegel ein Zuschlag für die erhöhte Störwirkung von lichtzeichengeregelten Kreuzungen und Einmündungen angesetzt.

6 Öffentliches Immissionsschutzrecht

kehrslärm in stärker belasteten Gebieten mehr oder weniger als Dauergeräusch in Erscheinung. Allerdings stellt man auch beim *Schienenverkehrslärm* (§§ 41 ff. BImSchG; s. Rn. 6/290) zur Beurteilung der Lärmwirkung auf den Mittelungspegel ab, obwohl er sich in der Zeitstruktur vom Straßenverkehrslärm erheblich unterscheidet. Dem Schienenverkehrslärm, der von der Bevölkerung mehr toleriert wird als der Straßenverkehrslärm, wird bei der Bildung des Beurteilungspegels in der 16. BImSchV ein „Schienenbonus" von 5 dB(A) zugebilligt.

32 Entsprechend den bei *Straßen- und Schienenverkehrslärm* angewandten *Meß- und Berechnungsregeln* (vgl. die 16. BImSchV) führt sowohl die Verdoppelung der Einwirkzeit als auch die Verdoppelung der Verkehrsstärke unter sonst gleichen Bedingungen zu einer Erhöhung des Mittelungspegels um 3 dB.[25] Eine Pegeldifferenz von 2-3 dB(A) ist für das menschliche Ohr (im normalen Lautstärkebereich) noch wahrnehmbar. Die (energetische) Summierung der Mittelungspegel verschiedener Schallquellen, z.B. die Summierung des Lärms von Kfz-Verkehr auf einer Straße und des Lärms von Bahnverkehr auf einer parallel zur Straße verlaufenden Bahnlinie, führt zu einem *Gesamt-* oder *Summenpegel*. Die Bildung eines Summenpegels ist nur sinnvoll, wenn die verschiedenen Schallereignisse nach Art, Dauer und Intensität in etwa vergleichbar sind.

Beispiel: Die A-Straße mit 12 000 Kfz/24 h und einem Mittelungspegel von 70 dB(A) bei einem Angrenzergrundstück wird von der B-Straße, an die das betroffene Grundstück ebenfalls angrenzt, mit 5000 Kfz/24 h und einem Mittelungspegel von 65 dB(A) gekreuzt. Der daraus resultierende Summenpegel beträgt dann bei dem Angrenzergrundstück rd. 71 dB(A). Er ist wegen der Gleichartigkeit der störenden Schallereignisse für die Störwirkung repräsentativ. Dies wäre z.B. bei einer Summierung von Straßenverkehrs- und Fluglärm nicht der Fall.

33 cc) Verschiedene amtliche oder private Regelwerke – z.B. die TA Lärm (Rn. 6/84 ff.), die 16. BImSchV (Rn. 6/283 ff.), die 18. BImSchV (Rn. 6/244 ff.), die DIN 18005 (Rn. 6/296), die VDI-Richtlinie Nr. 2058 (Rn. 6/298) – sollen mit Immissionsrichtoder Immissionsgrenzwerten eine Antwort auf die Frage nach den *Grenzen der Zumutbarkeit* bestimmter Beurteilungspegel geben, die mit diesen Immissionswerten zu vergleichen sind. Bei den Immissionswerten wird meist nach Tageszeit (z.B. 6.00 Uhr oder 7.00 Uhr bis 22.00 Uhr) und Nachtzeit sowie nach Gebietsarten (z.B. Reines Wohngebiet, Misch- oder Industriegebiet) unterschieden. Der **Beurteilungspegel** wird durch eine Bewertung aus dem Mittelungspegel (Rn. 6/30) gebildet. Im Beurteilungspegel wird etwa die Länge der Einwirkzeit des Geräusches zum Beurteilungszeitraum in Beziehung gesetzt. In diesen Pegel gehen auch Abschläge für Fremdgeräusche sowie Zuschläge für Ruhezeiten, Ton-, Impuls- oder Informationshaltigkeit ein (s. etwa Nr. 5 VDI-Richtlinie 2058).[26] Da die Meß- und Beurteilungsverfahren in den einzelnen

---

[25] Bei einem Halbierungsparameter (q) = 4 (z.B. bei Fluglärm) wird ein Schallereignis bestimmter Dauer einem um 4 dB niedrigeren Schallereignis doppelter Dauer gleichgesetzt; wird dagegen (wie beim Straßen- und Schienenverkehr) von q = 3 ausgegangen, so reduziert sich der Schallpegel eines energieäquivalenten Schallereignisses doppelter Dauer gegenüber dem Vergleichspegel nur um 3 dB. Daher erhöht sich der Mittelungspegel im Falle einer Verdoppelung der Verkehrsstärke (z.B. der Flugbewegungszahl pro Zeiteinheit) bei q = 4 um 4 dB(A), bei q = 3 um 3 dB(A). Der Halbierungsparameter gibt somit für die Pegelerhöhung in dB(A) an, die zu dem gleichen Mittelungspegel führt, wenn die Geräuschdauer halbiert wird.

[26] Geräusche sind *tonhaltig*, wenn besondere Einzeltöne, z.B. singende oder kreischende Töne hervortreten; sie sind *impulshaltig*, wenn sie durch knall- oder schlagartige Schalleindrücke mitgeprägt werden.

Regelwerken nicht identisch sind, haben die jeweils ermittelten Beurteilungspegel bei gleichem Zahlenwert keineswegs auch den gleichen Aussagewert (s. auch Rn. 6/286).[27]

c) Schallschutz

Eine Überschreitung der Zumutbarkeitsschwelle kann in der Regel durch Schallschutz vermieden werden.[28] Dazu sollen zunächst Maßnahmen **aktiven Schallschutzes** dienen, d.h. emissionsmindernde Maßnahmen (z.B. technische Entwicklung leiserer Kraft- oder Luftfahrzeuge, Anwendung lärmarmer Reifen und schalldämmender Straßendecken – sog. „Flüsterbeton", Einhausung der Schallquelle), organisatorische Maßnahmen (z.B. Nachtflugverbot, Geschwindigkeitsbeschränkungen) sowie sonstige Maßnahmen, die an oder bei der Lärmquelle ansetzen (z.B. Schallschutzwälle oder -wände[29]). Dem Schallschutz dienen aber auch die (gewöhnlich vom Vorhabenträger zu finanzierenden) Maßnahmen **passiven Schallschutzes**, d.h. Maßnahmen, die am Schutzobjekt vorgenommen werden (z.B. Verwendung von Schallschutzfenstern bestimmter Schallschutzklassen und schalldämmender Umfassungsbauteile).

Gemeinden sind verpflichtet, **Lärmminderungspläne** (Rn. 6/309 ff.) für Gebiete aufzustellen, in denen schädliche Umwelteinwirkungen durch Lärm hervorgerufen werden können, und deren Maßnahmenkatalog von den hierfür zuständigen Stellen (z.B. Bundesbahnen, Immissionsschutzbehörde, Straßenverkehrsbehörde) durchzusetzen ist. Bei der **Planung** neuer Verkehrswege – z.B. bei der Wahl der günstigsten Trassierung, der Konzeption einer Trog- oder Tunnellösung, der Anordnung von Lärmschutzwällen oder -wänden usw. – müssen für die Berechnung der künftigen Schallemissionen und -immissionen hinsichtlich der zu erwartenden Verkehrsmenge und der künftigen Zusammensetzung des Verkehrsstroms für einen bestimmten künftigen Zeithorizont *Prognosen* angestellt werden. Für die hierauf basierenden Emissions- und Immissionsberechnungen sehen die Regelwerke besondere Berechnungsmethoden vor; so z.B. für Bundesstraßen und Bahnlinien die 16. BImSchV (Rn. 6/291).

---

27 Zur Ermittlung u. Beurteilung der Geräuschemissionen u. -immissionen s. SRU, Umweltgutachten 1987, Tz. 1386 ff. Zu den Rechtsproblemen bei der Bewertung von Geräuschimmissionen vgl. *Kutscheidt*, NVwZ 1989, 193 ff.
28 Vgl. *Krell*, Handbuch für Lärmschutz an Straßen und Schienenwegen, 1980; *Bohny, Borgmann u.a* (Hrsg.), Lärmschutz in der Praxis, 1986; Innenministerium BW (Hrsg.), Städtebauliche Lärmfibel, 1991.
29 Zum Beleg dafür, daß auch ein Revisionsgericht die Tragweite schallphysikalischer Zusammenhänge (z.B. bei der Beurteilung der Schutzwirkung von Lärmschutzanlagen i.S. von § 127 II Nr. 5 BauGB) mit der Folge der Postulierung dubioser Rechtsgrundsätze verkennen kann, vgl. *Kuschnerus*, NVwZ 1989, 528 ff.

II. Einführung in das Immissionsschutzrecht

1. Zur historischen Entwicklung

36 Neben dem zivilrechtlichen Abwehranspruch insbesondere gegen wesentliche nachbarliche Einwirkungen auf das Grundeigentum in Gestalt von Immissionen hat sich aufgrund der Industrialisierung im 19. Jhdt. schon relativ früh auf polizeirechtlicher Grundlage auch ein öffentlich-rechtliches Immissionsschutzrecht entwickelt. In Fortentwicklung der ordnungsrechtlichen Generalklausel des Allgemeinen Preußischen Landrechts wurde z.B. bereits 1845 in der *Allgemeinen Preußischen Gewerbeordnung* (§ 26 ff.) für bestimmte besonders lästige Anlagen eine spezielle Genehmigungspflicht eingeführt, die sich unter im wesentlichen gleichen Voraussetzungen auch in den §§ 16 ff. *Gewerbeordnung des Norddeutschen Bundes* von 1869 bzw. in der *Reichsgewerbeordnung* von 1900 wiederfindet.

37 Die Gewerbeordnung wurde mehrfach novelliert, u.a. mit dem Ziel einer Intensivierung des in §§ 16 ff. GewO geregelten, auf genehmigungspflichtige Anlagen bezogenen Immissionsschutzes. Bereits in der Regierungserklärung von 1969 wurde zum Ausdruck gebracht, daß weitere gesetzgeberische Maßnahmen auf den Gebieten der Luftreinhaltung und Lärmbekämpfung vordringlich seien. Schließlich ging aus den §§ 16 ff. GewO – unter Einbeziehung des Vorsorgeprinzips – der II. Teil des *Bundes-Immissionsschutzgesetzes* (BImSchG) vom 15.3.1974 hervor. Es wurde inzwischen mehrfach geändert und hat sich insbesondere durch die Regelungstechnik der Ermächtigung zum Erlaß von Verordnungen und Verwaltungsvorschriften als aktuelles und seit einigen Jahren auch effizientes Steuerungsinstrument erwiesen.

38 Die immissionsschutzrechtliche Anlagengenehmigung in ihrer heutigen Form wird – aufgrund des polizeirechtlichen Ursprungs des öffentlichen Immissionsschutzrechts – mit Rücksicht auf die grundrechtliche Position des Betreibers überwiegend als **Kontrollerlaubnis** (Rn. 1/100) verstanden.[30] Dies bedeutet, daß die Verwaltung dem um die Erteilung der immissionsschutzrechtlichen Genehmigung nachsuchenden Betreiber gegenüber *gebunden* ist, wenn die Genehmigungsvoraussetzungen gegeben sind und dabei insbesondere sowohl der gebotene Schutz der Allgemeinheit sowie der Nachbarschaft vor (umwelt-)schädlichen Einwirkungen als auch die Einhaltung des Vorsorgegebots gewährleistet sind. Andererseits genießt die immissionsschutzrechtliche Genehmigung wegen der potentiell umweltbelastenden Auswirkungen emittierender Anlagen und der damit verbundenen stärkeren Sozialbindung des Eigentums nur einen **eingeschränkten Bestandsschutz** (Rn. 6/231 ff.).

---

30 Dies schließt aber u.E. nicht aus, durch Änderung des BImSchG die Nutzung der Luft einem – der Gewässernutzung vergleichbaren – öffentlich-rechtlichen Benutzungsregime zu unterstellen und anstelle einer Kontrollerlaubnis eine Ausnahmebewilligung vorzusehen, s. *Murswiek*, Risiken der Technik, S. 357 ff.; *ders.*, DVBl. 1994, 77 (81); *Kloepfer/Rehbinder/Schmidt-Aßmann/Kunig*, UGB-AT, S. 262 und die kontroverse Diskussion hierzu auf der Staatsrechtslehrertagung 1991 in Gießen, VVDStRL 51, 283 ff.

2. Zielsetzung des geltenden Immissionsschutzrechts

Ziel des gesamten öffentlichen Immissionsschutzrechts ist der – vor allem auf das **39** Medium Luft ausgerichtete – Schutz der Umwelt vor schädlichen Einwirkungen durch Luftverunreinigungen, Lärm, Erschütterungen und ähnlichen Erscheinungen. Die in seinem § 1 vorangestellte **Zweckbestimmung** des BImSchG dient der Auslegung der weiteren im Gesetz enthaltenen Vorschriften.[31] Die Bestimmung, in der der *Gefahrenabwehr-* und der *Vorsorgegrundsatz* zum Ausdruck kommen, lautet:

„Zweck dieses Gesetzes ist es, Menschen, Tiere und Pflanzen, den Boden, das Wasser, die Atmosphäre sowie Kultur- und sonstige Sachgüter[32]
- vor schädlichen Umwelteinwirkungen und,
- soweit es sich um genehmigungsbedürftige Anlagen handelt, auch vor Gefahren, erheblichen Nachteilen und erheblichen Belästigungen, die auf andere Weise herbeigeführt werden, zu schützen und
- dem Entstehen schädlicher Umwelteinwirkungen vorzubeugen."

Dieser auf den Schutz des Menschen und seiner Umwelt bezogenen Schutzzweck- **40** und Schutzobjektbestimmung – der Schutz von Ökosystemen (Rn. 3/3) dürfte ebenfalls in den Schutzbereich einbezogen sein – kommt vor allem bei der Rechtsanwendung, bei der Ermessensausübung und bei der rechtsetzenden Ausfüllung des BImSchG praktische Bedeutung zu. Allerdings verfolgt das BImSchG auch noch ein anderes, in § 1 nicht angesprochenes Ziel: Es will insoweit, als die Umwelteinwirkungen und sonstigen nachteiligen Einwirkungen die Erheblichkeitsschwelle nicht erreichen, den Betrieb emittierender Anlagen, d.h. eine kontrollierte industrielle Umweltnutzung ermöglichen.

3. Rechtsquellen

a) Europarecht

Auf der Ebene des Europarechts gibt es neben den medienübergreifenden Regelungen **41** (Rn. 1/109, 1/158, 1/167) immissionsschutzrechtlich relevante **Richtlinien des Rats der EG** u.a. zu folgenden Themenkomplexen:[33]
- **Verminderung der Luftverunreinigung durch ortsfeste Anlagen**, insbesondere die Rahmenrichtlinie 84/360/EWG v. 29.6.1984 zur Bekämpfung der Luftverunreinigung durch Industrieanlagen (ABl. Nr. L 188/20, geändert durch ABl. 1991

---

31 BVerfGE 75, 329 (344); ausführlich *Sach*, Genehmigung als Schutzschild?, 1994.
32 Dies alles war auch schon gem. der alten Fassung geltendes Recht; vgl. *Lübbe-Wolff*, NVwZ 1986, 178 ff.; zum Bodenschutz durch das BImSchG *Seibert*, NVwZ 1993, 16 ff.
33 S. ausführlich *Jahns-Böhm*, Umweltschutz durch europäisches Gemeinschaftsrecht am Beispiel der Luftreinhaltung, 1994; ferner *Jarass*, BImSchG, Einl. Rn. 15 ff.; *Ress*, in: HdUR, Bd. I, Art. „Europäische Gemeinschaften", Sp. 548 (606 ff.). Die Rechtsakte der EG sind z.B. abgedr. in *Storm/Lohse*, EG-Umweltrecht, u. bei *Jarass*, BImSchG, Anh. D. – Rechtsvergleichend *Steinberg*, NVwZ 1995, 209 ff.

6 *Öffentliches Immissionsschutzrecht*

Nr. L 377/48), die RL 88/609/EWG v. 24.11.1988 über Großfeuerungsanlagen (ABl. Nr. L 336/1, geändert durch ABl. 1990 Nr. L 353/59) sowie die RL 89/369/EWG v. 8.6.1989 (ABl. Nr. L 163/32) und 89/429/EWG v. 21.6.1989 (ABl. Nr. L 203/50) zur Emissionsbegrenzung bestehender und neuer Müllverbrennungsanlagen;
- **Verminderung der Schadstoffemissionen durch Kraftfahrzeuge**;
- **Grenz- und Leitwerte für die Luftqualität**, darunter die RL 80/779/EWG über Grenz- und Leitwerte für SO_2 und Schwebstaub v. 15.7.1980 (ABl. Nr. L 229/30), die RL 82/884/EWG über einen Grenzwert für Blei in der Luft v. 3.12.1982 (ABl. Nr. L 378/15), die RL 85/203/EWG über Luftqualitätsnormen für NO_2 v. 7.3.1985 (ABl. Nr. L 87/1, alle zuletzt geändert durch ABl. 1991 Nr. L 377/48) und die RL 92/72/EWG über die Luftverschmutzung durch Ozon v. 21.9.1992 (ABl. Nr. L 297/1).

42 Zur Umsetzung verbindlicher Normen des Europarechts in innerstaatliches Recht nimmt das BImSchG mehrfach (z.B. in §§ 7 IV, 38, 44 I, 47 I, 48a) auf bindende Beschlüsse der EG Bezug. Die Regelungsdichte der europarechtlichen Rechtsetzung im Bereich des Immissionsschutzes bleibt bisher noch hinter der europarechtlichen Regelungsdichte im Bereich des Gewässerschutzes zurück. Auch sind derzeit im Europarecht noch keine Instrumente indirekter Verhaltenssteuerung (z.B. Umweltabgaben) vorgesehen. Über eine CO_2-Abgabenrichtlinie wird nachgedacht.

43 Nach zwei Entscheidungen des EuGH vom 30.5.1991[34] ist der Pflicht, die SO_2- und die Bleirichtlinie in nationales Recht umzusetzen, von der Bundesrepublik Deutschland nicht dadurch zureichend entsprochen worden, daß die Grenzwerte dieser Richtlinien, die auch dem Gesundheitsschutz des einzelnen dienen, lediglich in die nur als Verwaltungsvorschrift ergangene und noch nicht einmal für alle emittierenden Anlagen geltende TA Luft (Rn. 6/68 ff.) übernommen (und dort z.T. sogar verschärft) worden sind. Erforderlich ist vielmehr für die Umsetzung der Richtlinien – so der EuGH – eine Regelung mit außennormativer Wirkung, damit der einzelne von seinen Rechten in vollem Umfang Kenntnis erlangen und diese vor nationalen Gerichten verfolgen kann. Darüber hinaus muß sich die Regelung auf einen größeren Anwendungsbereich als den der TA Luft beziehen, indem auch nicht genehmigungsbedürftige emittierende Anlagen in sie einbezogen werden. Daher ist die 22. BImSchV über Immissionswerte für SO_2, Schwebstaub, Blei, NO_2 und Ozon als Teil-Novellierung der TA Luft im Rang einer Rechts-VO erlassen worden (vgl. § 48a BImSchG).

44 Die Kommission hat kürzlich den Erlaß einer Richtlinie über die integrierte Vermeidung und Verminderung der Umweltverschmutzung (IVU- oder IPC-Richtlinie) vorgeschlagen, die Mindeststandards für ein Anlagen-Genehmigungsverfahren enthält; danach sollen u.a. alle bereits erteilten Genehmigungen bis zum 30.6.2005 anhand der Richtlinie überprüft und „nachgenehmigt", alle Genehmigungen turnusmäßig überprüft und hierbei dem jeweiligen Stand der „best available technique" angepaßt werden.[35] Nach Art. 7 I der RL hat die Behörde drei Entscheidungsmöglichkeiten: sie „erteilt eine schriftliche Genehmigung mit speziellen Auflagen für die Anlage, oder sie ändert die Genehmigung oder lehnt die Genehmigung aus Gründen der Verschmutzung ab". Damit stände ihr bei der Genehmigungsentscheidung ein *Versagungsermessen* (Rn. 1/ 102 f., 6/149) zu.[36]

---

34 EuGH Slg. 1991, 2567, 2607.
35 S. BT-Drs. 12/6952; *Schnutenhaus*, NVwZ 1994, 671 ff.; *Steinberg*, NVwZ 1995, 209 (217 ff.); *Wasielewski*, UPR 1995, 90 ff.
36 Dazu ausführlich *Appel*, DVBl. 1995, 399 (407 f.).

Die Umweltminister der EU haben sich auf der Tagung des „Umweltrates" in Luxemburg am 22.6.1995 u.a. darauf verständigt, neben der IPC-Richtlinie auch eine Rahmenrichtlinie für die einheitliche Beurteilung der Luftqualität zu verabschieden, mit der bis zum Jahr 2000 für 13 Schadstoffe europaweit Grenzwerte und Schwellenwerte festgelegt werden sollen.

b) Bundesrecht

aa) Nach Art. 74 Nr. 24 GG hat der *Bund* die konkurrierende Gesetzgebungskompetenz auf dem Gebiet der Luftreinhaltung und der Lärmbekämpfung. Für die Regelung sonstiger Immissionen (Erschütterungen, Licht, Wärme usw.) kann sich der Bund hinsichtlich wirtschaftlicher Unternehmen auf Art. 74 Nr. 11 GG (Recht der Wirtschaft), hinsichtlich der von Fahrzeugen verursachten Immissionen auf Art. 73 Nr. 6 GG (Bundeseisenbahn- und Luftverkehr) sowie auf Art. 74 Nrn. 21-23 GG (Schiffahrt, Straßenverkehr, Schienenbahnen u.a.) berufen. **45**

bb) Die zentrale Regelung des Immissionsschutzrechts im Bereich des Bundesrechts stellt das seit 1974 mehrfach novellierte **Gesetz zum Schutz vor schädlichen Umwelteinwirkungen durch Luftverunreinigungen, Geräusche, Erschütterungen und ähnliche Vorgänge** (Bundes-Immissionsschutzgesetz – BImSchG) dar.[37] Es wurde im Laufe der Jahre insbesondere aufgrund der Einführung der UVP in das bundesdeutsche Recht (Rn. 1/109 ff.), der Novelle 1990 und des Investitionserleichterungs- und Wohnbaulandgesetzes vom 22.4.1993 (BGBl. I 466) geändert. Letzteres unterwarf nicht nur Abfallentsorgungsanlagen (mit Ausnahme der Abfalldeponien) anstelle einer Planfeststellung der immissionsschutzrechtlichen Genehmigungspflicht (vgl. Rn. 6/154, 10/268), sondern führte darüberhinaus vielfältige – rechtspolitisch umstrittene – Verfahrenserleichterungen mit dem Ziel ein, das Genehmigungsverfahren schneller abzuwickeln. **46**

Weitergehende Vorschläge hat im November 1994 auch eine vom Bundeswirtschaftsministerium eingesetzte Kommission unterbreitet, auf deren Grundlage demnächst ein Gesetzesvorschlag erarbeitet werden soll.[38] Diese Vorschläge sehen u.a. die wahlweise Ersetzung von Genehmigungs- durch Anzeigepflichten, eine Einschränkung der Reichweite der Genehmigung durch Beschränkung des Anlagenbegriffs (Rn. 6/106), Verschiebung von Anlagetypen ins vereinfachte Verfahren und aus diesem in ein Anmeldeverfahren (Rn. 1/105), eine verringerte Prüfdichte der Behörde durch Einführung einer „Rahmengenehmigung" für nach der Umwelt-Audit-VO (Rn. 1/158 ff.) validitierte Standorte bis hin zum begrenzten Abweichen vom Schutz- und Vorsorgeprinzip sowie das Einführen zusätzlicher, verkürzter oder schärfer sanktionierter **47**

---

37 BImSchG i.d.F. d. Bek. vom 14.5.1990 (BGBl. I 881). Seitdem wurde das BImSchG bereits durch neun verschiedene Gesetze, zuletzt durch das MagnetschwebebahnplanungsG v. 23.11.1994, BGBl. I 3486, geändert.
38 Die Kommission wird nach ihrem Vorsitzenden, dem ehemaligen Vizepräsidenten des BVerwG, auch „Schlichter-Kommission" genannt. Neben je einem Ordinarius der Rechts- bzw. Wirtschaftswissenschaften gehörten dieser „unabhängigen Expertenkommission" noch zwei als Anwalt tätige ehemalige Verwaltungsbeamte und zwei Industrievertreter, jedoch niemand aus der Umweltverwaltung oder den Umweltverbänden an. Der Bericht mit einzelnen Vorschlägen zur Änderung des BImSchG u. der 9. BImSchV ist veröffentlicht: BMWi (Hrsg.), Investitionsförderung durch flexible Genehmigungsverfahren, 1994. Zurecht krit. *Lübbe-Wolff*, ZUR 1995, 57 (59 ff.).

6 Öffentliches Immissionsschutzrecht

Fristen für die behördliche Verfahrensbearbeitung vor (s. auch Rn. 1/19). Die Vorschläge führen – wie viele der in jüngerer Zeit verabschiedeten „Beschleunigungsgesetze" – u.E. zu einer Überbetonung der Betreiberinteressen an der zügigen Verfahrensdurchführung zulasten der in einem mehrpoligen Interessengeflecht weiterhin zu berücksichtigenden Ziele wie der Rechtmäßigkeit, der sachlichen Richtigkeit des Verfahrensergebnisses – gerade im Hinblick auf berührte Umweltbelange –, der Bürgerorientiertheit des Verfahrens und des effektiven Rechtsgüterschutzes der betroffenen Nachbarn.

48 Ergänzt wird das BImSchG durch die zu ihm ergangenen (bisher 22) Durchführungsverordnungen (z.B. der 4. BImSchV über genehmigungsbedürftige Anlagen, der 13. BImSchV über Großfeuerungsanlagen [Rn. 6/162 ff.], der 17. BImSchV über Abfallverbrennungsanlagen [6/168 ff.], der VerkehrslärmschutzVO [Rn. 6/283 ff.], der SportanlagenlärmschutzVO [Rn. 6/244 ff.]). Ferner gibt es spezielle Immissionsschutzgesetze, z.B. das *Fluglärmgesetz* (Rn. 2/93 ff.) oder das *Benzinbleigesetz* zur Begrenzung des Bleigehalts von Otto-Kraftstoffen. Hinzu kommen immissionsschutzrechtliche Bestimmungen in solchen Fachgesetzen, die nicht primär den Immissionsschutz normieren (vgl. z.B. §§ 2 I 2 Nr. 4, 6 II 1, 9 II, 29b LuftVG, § 6 I Nr. 3 lit. d StVG, § 2 I Nr. 7 BNatSchG, § 10 IV 2 Nr. 4 KrW-/AbfG usw.). Von großer Bedeutung für die Praxis sind auch die einschlägigen untergesetzlichen Verwaltungsvorschriften (vgl. Rn. 1/59 ff.), nämlich sog. Ausführungsverwaltungsvorschriften und sog. allgemeine Verwaltungsvorschriften (darunter die TA Luft und die TA Lärm).

49 cc) Mit Art. 16 III StaatsVertr hatte sich die ehemalige DDR verpflichtet, das Umweltrecht der BRD parallel zur Entwicklung des föderativen Staatsaufbaus und mit dem Entstehen einer Verwaltungsgerichtsbarkeit zu übernehmen. Dies ist zu einem wesentlichen Teil bereits mit Erlaß des die Umweltunion herstellenden DDR-Umweltrahmengesetzes (DDR-URG) vom 29.6.1990 (DDR GBl. 649) geschehen. Art. 1 des DDR-URG, das aufgrund des EVertr nur noch z.T. gilt, hat das Immissionsschutzrecht zum Regelungsgegenstand.

50 Gem. Art. 8 EVertr wurde mit dem Wirksamwerden des Beitritts der *fünf neuen Bundesländer* grundsätzlich das gesamte Bundesrecht – also auch das gesamte Immissionsschutzrecht – in ihrem Gebiet in Kraft gesetzt.[39] Mit Rücksicht auf die neuen Bundesländer ist mit dem EVertr in Anlage I, Kap. XII, Sachgebiet A, Abschn. II das BImSchG in §§ 10, 74 modifiziert und durch § 10a (Verwaltungshilfe durch Westbehörden bei Genehmigungsverfahren) und § 67a (Überleitungsregelung für die neuen Bundesländer mit der wichtigen Vorbelastungsregelung des § 67a II) ergänzt worden. Die Vorschrift des § 10a trat gem. § 74 BImSchG n.F. am 30.6.1992 außer Kraft. In Abschn. III werden bestimmte immissionsschutzrechtliche Vorschriften (nämlich die 1., 3., 12., 13. u. 14. BImSchV sowie das Benzinbleigesetz) angeführt, die im Gebiet der neuen Bundesländer (nur) mit bestimmten „Maßgaben" in Kraft treten. Die Maßgaben beziehen sich z.T. auf die Nichtanwendung einzelner Bestimmungen, vor allem aber auf die Verlängerungen normativ vorgegebener Fristen.

Nach Art. 9 II EVertr i.V.m. Anlage II, Kap. XII, Abschn. III gelten aus dem Art. 1 DDR-URG (Immissionsschutz) lediglich diejenigen Bestimmungen des § 2 I i.V.m. den Anlagen 1 u. 2 fort, die die Inkraftsetzung gewisser Verwaltungsvorschriften betreffen, und zwar (zum 1.7.1990) die 1. u. 2. Allg. VwV zur 12. BImSchV (Störfall-VO), die TA Luft, die TA Lärm sowie die Allg. VwV zum Benzinbleigesetz sowie (zum 1.1.1992) die 4. u. 5. Allg. VwV zum BImSchG.

---

39 Vgl. *Jänkel*, in: HdUR, Bd. I, Art. „Einigungsvertrag", Sp. 462 (464 ff.); *Repkewitz*, LKV 1992, 6 ff.

c) Landesrecht

aa) Im Bereich des Landesrechts finden sich (nicht durchgängig) Landesimmissions- **51**
schutzgesetze und Immissionsschutzverordnungen sowie spezielle immissionsschutzrechtliche Normen in vorwiegend andere Materien regelnden Gesetzen (z.B. in Landesbauordnungen). Das BImSchG läßt den Ländern auf dem Gebiet des Immissionsschutzes nur noch wenig Raum. Eine Landesergänzungskompetenz besteht z.B. dort, wo die Länder durch das BImSchG zur Normsetzung im Wege von Rechtsverordnungen ermächtigt worden sind (z.B. durch §§ 40 I, 49 II BImSchG zum Erlaß von sog. *Smog-VO*), ferner dort, wo der Bund von seinem Gesetzgebungsrecht mit dem Erlaß des BImSchG keinen Gebrauch gemacht hat (Art. 72 I GG), was zuweilen für Normsetzungsbereiche im BImSchG ausdrücklich klargestellt wird (etwa durch § 49 III BImSchG).

Ein Gesetzgebungsrecht der Länder auf dem Gebiet des Immissionsschutzrechts[40] besteht somit im wesentlichen nur noch hinsichtlich nicht anlagenbezogener, z.B. produktbezogener Vorschriften (soweit nicht Rechtsverordnungen nach §§ 32 ff. BImSchG die Gesetzgebungskompetenz des Bundes ausgeschöpft haben) und unmittelbar von menschlichen oder tierischen Verhaltensweisen bewirkter Immissionen (etwa Vorschriften über das Abbrennen fester Stoffe oder über nächtliches Hundegeheul) sowie hinsichtlich solcher anlagenbezogener Immissionen, die nicht von Anlagen i.S. des § 3 V BImSchG ausgehen. Der allgemeine **handlungsbezogene Immissionsschutz** bleibt damit die letzte Domäne der Immissionsschutzgesetze und -verordnungen der *Länder* und Polizeiverordnungen der *Gemeinden*; er bezieht sich beispielsweise auf den Schutz der Nachtruhe, die Benutzung von Musikinstrumenten, das Abbrennen von Feuerwerkskörpern, aber auch auf die Tierhaltung usw.

bb) Altes DDR-Immissionsschutzrecht, das nach der Kompetenzordnung des GG Landesrecht **52**
ist, gilt gem. Art. 9 I 1 EVertr in den *neuen Bundesländern* bis zum Erlaß entsprechender neuer Landesgesetze fort, sofern dieses alte Recht dem EG- und Bundesrecht nicht widerspricht.

d) Zwischenstaatliche Abkommen

Auf dem Gebiet der Luftreinhaltung bestehen zahlreiche internationale Übereinkom- **53**
men, wie etwa das Genfer (ECE-)*Übereinkommen über weiträumige grenzüberschreitende Luftverunreinigungen* vom 13.11.1979 (BGBl. 1982 II 374) sowie das Helsinki-Protokoll vom 8.7.1985 über die Verringerung von Schwefelemissionen oder ihres grenzüberschreitenden Flusses um mindestens 30% (BGBl. II 1116). Nach dem Sofia-Protokoll vom 31.10.1988 haben sich 25 ECE-Mitgliedstaaten verpflichtet, ihren NO_x-Ausstoß auf dem Stand von 1987 einzufrieren. Die Bundesrepublik und 11 weitere Staaten erklärten sich ferner bereit, ihre jährlichen nationalen NO_x-Emissionen bis spätestens 1998 um 30% zu reduzieren.[41]

---

40 Hierzu *Jarass*, BImSchG, Einl. Rn. 29 ff.; *Pudenz*, NuR 1991, 361 ff.
41 Vgl. dazu *Gündling*, UPR 1985, 403 ff.; *Kimminich*, in: HdUR, Bd. II, Art. „Umweltvölkerrecht", Sp. 2521 (2524 ff.); *Schröder*, DVBl. 1986, 1173 ff.; *Wolfrum*, DVBl. 1984, 493 ff. – Zum Schutz der Ozonschicht vor FCKW s. Rn. 6/14.

6 *Öffentliches Immissionsschutzrecht*

4. Überblick über das Bundes-Immissionsschutzgesetz

54 In seinem I. **Teil** enthält das BImSchG **allgemeine Vorschriften**: § 1 zum *Schutzgegenstand* und zum *Schutzzweck* (Gefahrenabwehr und Vorsorge), § 2 *zum sachlichen Geltungsbereich*, d.h. zu den gem. § 2 vom Gesetz umfaßten Objekten und Tätigkeiten, insbesondere Errichtung und Betrieb von Anlagen, Herstellung, Inverkehrbringen und Einfuhr von Anlagen, Treib- und Brennstoffen (nach Maßgabe der §§ 32-37), Beschaffenheit und Betrieb von Kraft-, Schienen-, Luft- und Wasserfahrzeugen (§§ 38-40), Bau öffentlicher Straßen und Schienenwege (§§ 41-43), wobei es insgesamt nicht nur um Anlagen zu gewerblichen Zwecken geht, sondern auch um Anlagen der Land- und Forstwirtschaft sowie des Bergbaus, und schließlich auch um Anlagen im Hoheitsbereich. *Ausgenommen* vom BImSchG sind aber Flugplätze (vgl. zum Fluglärm Rn. 2/92 ff.), Kernbrennstoffe sowie atomrechtlich geregelte Anlagen und Geräte, soweit es sich um den Schutz vor den Gefahren der Kernenergie und der schädlichen Wirkung ionisierender Strahlen handelt. Soweit die Regelungen des BImSchG die Luftreinhaltung und die Lärmbekämpfung betreffen, gelten sie – von den erwähnten Bereichsausnahmen (Flugplätze usw.) abgesehen – für Anlagen aus allen Bereichen, im übrigen aber aus Kompetenzgründen (Rn. 6/45) nur für den wirtschaftlichen Bereich.

55 Die *Begriffsbestimmungen* (§ 3) werden unten (Rn. 6/63 ff.) gesondert erörtert. Die *Behördenzuständigkeiten* ergeben sich aus (aufgrund des BImSchG ergangenen) Rechtsverordnungen der Länder.[42]

56 Der **II. Teil** des BImSchG betrifft den *anlagenbezogenen Immissionsschutz*, d.h. die **Errichtung und den Betrieb von Anlagen** (§§ 4-31a). Er stellt den Kernbereich des Gesetzes dar und regelt zunächst im *1. Abschnitt* die *genehmigungsbedürftigen Anlagen* (§§ 4-21). Das sind die vor allem unter dem Aspekt von Luftverunreinigung oder Lärm besonders umweltrelevanten Anlagen; sie sind in der 4. BImSchV abschließend aufgeführt und bedürfen einer immissionsschutzrechtlichen Genehmigung, für die ein besonderes Verfahren vorgeschrieben ist. Hierbei geht es z.B. um Kraftwerke und größere Feuerungsanlagen, Steinmühlen, Hochöfen und Zementwerke, viele chemische Produktionsanlagen, Müllverbrennungsanlagen usw. Der *2. Abschnitt* (§§ 22-25) über *nichtgenehmigungsbedürftige Anlagen* (z.B. bestimmte Handwerksbetriebe, ferner bestimmte Steinbrüche, Kinderspielplätze, Fußballstadien, aber auch mobile Einrichtungen wie Rasenmäher, Gartengrillgeräte usw.) enthält Vorschriften über die Pflichten der Betreiber bzw. über die Anforderungen an das Ausmaß der gebotenen Umweltfreundlichkeit der Anlagen und ihres Betriebs. Der *3. Abschnitt* über *Ermittlung von Emissionen und Immissionen, sicherheitstechnische Prüfungen und den Technischen Ausschuß für Anlagensicherheit* (§§ 26-31a) handelt zunächst von der Pflicht der Anlagenbetreiber, auf Ersuchen der zuständigen Behörde Emissionen und/oder Immissionen (letztere im Einwirkungsbereich der Anlagen) auf eigene Kosten durch anerkannte Stellen messen zu lassen und die Ergebnisse zu melden; ferner regelt er den beim BMU gebildeten, diesen beratenden Technischen Ausschuß für Anlagensicherheit.

---

42 Vgl. z.B. BW ZustVO v. 25.2.1993, GBl. S. 160; geändert durch VO v. 29.9.1993, GBl. S. 639.

Der **III. Teil** betrifft den *produktbezogenen Immissionsschutz,* d.h. die **Beschaffenheit** 57
von Anlagen, Stoffen, Erzeugnissen, Brennstoffen, Treibstoffen und Schmierstoffen (§§ 32-37). Hier geht es vornehmlich um Ermächtigungen der Bundesregierung, nach Anhörung der beteiligten Kreise (§ 51) durch RechtsVO mit Zustimmung des Bundesrats zum Schutz vor schädlichen Umwelteinwirkungen gewisse Anforderungen zu stellen, und zwar

– an die Beschaffenheit und generelle Zulassung (Bauartzulassung) hergestellter, eingeführter oder in Verkehr gebrachter Anlagen und Anlagenteile,
– an die Beschaffenheit von Brenn- und Treibstoffen oder von sonstigen Stoffen und Erzeugnissen, deren Verwendung oder Verbrennung zu schädlichen Umwelteinwirkungen führen können.

Im **IV. Teil** geht es um den *verkehrsbezogenen Immissionsschutz,* d.h. um **Beschaf-** 58
fenheit und Betrieb von Fahrzeugen, Bau und Änderung von Straßen- und Schienenwegen (§§ 38-43). Während §§ 38, 39 Emissionen, die durch Teilnahme am Verkehr verursacht sind, erfassen und diesbezüglich Anforderungen an Beschaffenheit und Betrieb von Fahrzeugen (Kraftfahrzeuge und Anhänger, Schienen-, Luft- und Wasserfahrzeuge) stellen und Verordnungsermächtigungen (auch für supranationales Recht) beinhalten, sind aufgrund von § 40 und der darauf erlassenen Landes- bzw. Bundesverordnungen Verkehrsbeschränkungen wegen konkreter Immissionssituationen (Sommer- und Wintersmog) möglich. Demgegenüber knüpfen die §§ 41-43 an die Lage und Ausgestaltung öffentlicher Straßen und Schienenwege an und stellen – zusammen mit § 50 – eine Stufenregelung hinsichtlich des Lärmschutzes – schonende Trassierung, aktiver Lärmschutz vor passivem Lärmschutz und Aufwendungsersatz für die Lärmbetroffenen – auf.

Der **V. Teil** betrifft den *gebietsbezogenen Immissionsschutz;* in ihm geht es um die 59
Überwachung der Luftverunreinigung im Bundesgebiet, ferner um Luftreinhaltepläne und Lärmminderungspläne (§§ 44-47a).

Der **VI. Teil** schließlich (§§ 48-62) enthält **gemeinsame Vorschriften**, darunter z.B. 60
§ 48 BImSchG, der die Bundesregierung ermächtigt, mit Zustimmung des Bundesrats nach Anhörung der beteiligten Kreise (§ 51) *allgemeine Verwaltungsvorschriften* zu erlassen, und zwar u.a. über Immissionswerte, die zu dem in § 1 genannten Zweck (Rn. 6/39) nicht überschritten werden dürfen, über Emissionswerte, deren Überschreitung nach dem Stand der Technik vermeidbar ist, sowie über das Verfahren zur Ermittlung der Emissionen und Immissionen.

Aufgrund dieser Ermächtigung ist die (novellierungsbedürftige) **TA Luft** (Rn. 6/68 ff.) ergangen 61
(zuletzt i.d.F. von 1986). Die (dringend novellierungsbedürftige) **TA Lärm** von 1968 (Rn. 6/84 ff.) beruht zwar auf der inzwischen durch das BImSchG aufgehobenen Vorschrift des § 16 GewO. Sie ist aber einstweilen nach der Überleitungsnorm des § 66 II noch anzuwenden, wobei jeweils zu prüfen ist, inwieweit ihre Regeln durch die Vorschriften des BImSchG überholt sind (z.B. Nr. 2.31 TA Lärm durch § 3 VI BImSchG).

Schließlich finden sich noch gemeinsame Vorschriften zur fehlerfreien Zuordnung 62
unterschiedlich genutzter Flächen bei *raumbedeutsamen Planungen* (§ 50), zur *Überwachung* der Durchführung immissionsschutzrechtlicher Vorschriften (§ 52; Rn. 6/

259 ff.) sowie zur Bestellung eines *Betriebsbeauftragten für Immissionsschutz* (§§ 53-58; Rn. 6/266). Gleichartige Regelungen für Betriebsbeauftragte finden sich im Gewässer-, Abfall- und Strahlenschutzrecht).

Der **VII. Teil** enthält die Schlußvorschriften.

Im folgenden soll besonders auf den anlagenbezogenen Immissionsschutz (Rn. 6/106, 6/120 ff.) sowie auf bestimmte Aspekte des verkehrsbezogenen (Rn. 6/272 ff.) und des gebietsbezogenen Immissionsschutzes (Rn. 6/302 ff.) näher eingegangen werden.

III. Grundbegriffe und Regelwerke

1. Emissions- und Immissionsbegriff

63 Nach der Legaldefinition der **Emissionen** in § 3 III BImSchG ist entscheidend, daß Luftverunreinigungen, Geräusche, Erschütterungen, Licht, Wärme, Strahlen[43] und ähnliche Erscheinungen von einer *Anlage* i.S. des § 3 V BImSchG „ausgehen", auch – wie klarstellend zu ergänzen ist – von Fahrzeugen (§ 38) und öffentlichen Verkehrswegen (§ 41). Kennzeichnend für die Emissionen ist jedenfalls der Quellenbezug.

64 Die Legaldefinition der **Immissionen** nach § 3 II BImSchG knüpft an die gleichen Erscheinungen an, die bereits für Emissionen kennzeichnend sind, doch müssen die Immissionen alternativ auf Menschen, Tiere und Pflanzen, den Boden, das Wasser, die Atmosphäre sowie Kultur- und sonstige Sachgüter „einwirken". Dieses Begriffsmerkmal der *Einwirkung* unterscheidet die Immissionen von den Emissionen. Immissionen können schädliche Umwelteinwirkungen i.S.d. § 3 I BImSchG sein (Rn. 6/92). Für Immissionen spielt im übrigen die Quelle keine Rolle, so daß in die Beurteilung von Immissionen Vor- und Fremdbelastungen grundsätzlich einzubeziehen sind.

Ein prinzipieller Unterschied zwischen den öffentlich-rechtlichen und privatrechtlichen (§ 906 BGB) Begriffen der Emissionen und der Immissionen besteht nicht.

2. Luftverunreinigungen

a) Luftverunreinigungen und ihre rechtliche Bedeutung

65 **Luftverunreinigungen** im Sinne des BImSchG (vgl. die Beispiele in Rn. 6/3 ff.) sind nach der Legaldefinition des § 3 IV BImSchG (ebenso nach Nr. 2.1.1 TA Luft) Veränderungen der natürlichen Zusammensetzung der Luft, insbesondere durch Rauch, Ruß, Stäube, Gase, Aerosole, Dämpfe oder Geruchsstoffe.

---

43 Vgl. aber zu den ionisierenden Strahlen § 2 II BImSchG. Zu Immissionen von elektromagnetischen Wellen s. Fn. 6/175.

Kennzeichnend für eine Luftverunreinigung ist somit eine – qualitativ noch gar nicht bewertete – Differenz zwischen dem Soll-Zustand der Luft (eigentlicher Naturzustand) und ihrem jeweiligen örtlichen Ist-Zustand (Belastungs-Zustand). Anhaltspunkte für die natürliche Zusammensetzung der Luft in Bodennähe enthält die VDI-Richtlinie 2104, die die Gewichts- bzw. Volumenanteile von Sauerstoff, Stickstoff, Kohlendioxid, Wasserstoff und Edelgasen angibt. **66**

Schädliche Luftverunreinigungen, d.h. abstrakt schädliche Luftschadstoffe können konkret zu schädlichen Umwelteinwirkungen (§ 3 I BImSchG; Rn. 6/92) führen. Ihnen gelten die Luftreinhaltebemühungen nach dem BImSchG, den aufgrund des BImSchG erlassenen Vorschriften und europarechtlichen Normen (s. Rn. 6/41 ff.). **67**

b) TA Luft

aa) Die (aufgrund § 48 BImSchG erlassene) allgemeine Verwaltungsvorschrift der **Technischen Anleitung zur Reinhaltung der Luft** vom 27.2.1986[44] – **TA Luft** – (vgl. Rn. 1/59, 6/78 ff.) enthält für den Normalbetrieb genehmigungspflichtiger emittierender Anlagen Vorschriften zur Reinhaltung der Luft, die von den zuständigen Behörden (§ 10 V BImSchG) im Genehmigungsverfahren bei der Prüfung der Anträge auf Erteilung von Genehmigungen (bzw. Teilgenehmigungen oder Vorbescheiden) nach §§ 6, 15 BImSchG oder im Überwachungsverfahren bei nachträglichen Anordnungen nach § 17 BImSchG zu beachten sind. Die Regelungen zielen aber nicht nur auf die Einhaltung der Immissions- und Emissionswerte, sondern bereits auf die Vermeidung und Minimierung der Emissionen (z.B. durch Verfahrensoptimierung). **68**

Dazu gehören allgemeine Grundsätze zum Genehmigungsverfahren, Immissions(-grenz-)werte für die wichtigsten luftverunreinigenden Stoffe, Verfahren zur Beurteilung von Immissionen, standardisierte Verfahren zur Berechnung der Ausbreitung von Emissionen und zur Bestimmung von Schornsteinhöhen, Emissions(-grenz-)werte für staub- und gasförmige Stoffe nebst Sonderregelungen für gasförmige Stoffe, Sonderregelungen für verschiedene Anlagen, Anforderungen an die Überwachung von Emissionen und Regelungen für Altanlagen. Die *Eingangsregelungen* (Anwendungsbereich, Begriffsbestimmungen) finden sich in Nr. 1 und Nr. 2.1, die Regelungen über *Immissionen* insbesondere in Nrn. 2.2, 2.5 u. 2.6, die Regelungen über *Emissionen* insbesondere in Nrn. 2.3, 2.4 u. 3 und die Sonderregelungen über die *Altanlagensanierung* in Nr. 4. Der Abschnitt Nr. 4, der die notfalls durch nachträgliche Anordnungen durchzusetzenden Anforderungen an Altanlagen[45] (s. Rn. 6/217 ff.) enthält, war (und ist noch) von besonderer Bedeutung für die Verminderung der vorhandenen Umweltbelastung durch Luftschadstoffe. **69**

bb) Die **Immissionswerte** konkretisieren das Schutzgebot (z.B. der §§ 5 I Nr. 1, 17 I 2 BImSchG, Rn. 6/127, 6/218), und zwar jeweils zum Schutz vor schädlichen Umwelteinwirkungen i.S. des § 3 I BImSchG (Rn. 6/92). Die Prüfung, ob die gesetzlichen Genehmigungs- oder Anordnungsvoraussetzungen erfüllt sind, hat sich nach **70**

---

44 Veröffentlicht im GMBl. Nr. 7 vom 28.2.1986, S. 95. ber. S. 202. Dazu *Führ*, InfUR 1991, 131 ff., 200 ff., InfUR 1992, 24 ff.; *Koch*, in: GK-BImSchG, § 3 Rn. 88 ff.; *Schmölling*, in: HdUR, Bd. II, Art. „TA Luft", Sp. 2041 ff.; *Hansmann*, UPR 1989, 321 ff.
45 Dazu 5. Immissionsschutzbericht der BReg., BT-Drs. 12/4006, S. 67 ff.

6 Öffentliches Immissionsschutzrecht

der TA Luft auf Gesundheitsgefahren (Nr. 2.2.1.1), erhebliche Nachteile und erhebliche Belästigungen (Nr. 2.2.1.2) sowie auf schädliche Umwelteinwirkungen in Sonderfällen (Nr. 2.2.1.3) zu erstrecken.

71 Die Immissionswerte werden nach der Nr. 2.1.2 TA Luft als Massenkonzentration z.B. in den Einheiten g/m^3 oder mg/m^3 angegeben, beim Staubniederschlag als zeitbezogene Massenbedeckung in den Einheiten $g/(m^2\ d)$ oder $mg/(m^2\ d)$. In Nr. 2.5.1 sind für 8 klassische (gem. Nr. 2.2.1.1 zu prüfende) Schadstoffe (bzw. Schadstoffgruppen) Immissionswerte (funktionell als Grenzwerte) angeführt, die sich am *Schutz vor Gesundheitsgefahren* orientieren. Soweit es um den *Schutz vor erheblichen Nachteilen oder erheblichen Belästigungen* geht, werden in Nr. 2.5.2 Immissions-(Richt-)werte für (nur) 5 (gem. Nr. 2.2.1.2 zu prüfende) Schadstoffe (bzw. Schadstoffgruppen) angeführt. Die Werte sind auf das Jahresmittel, d.h. auf sog. *Langzeiteinwirkungen* (IW 1; Rn. 6/74) und z.T. auch (als höhere Werte) auf die Belastungsspitzen, d.h. auf sog. *Kurzzeiteinwirkungen* (IW 2; Rn. 6/74) bezogen. Sie gelten nur nach Maßgabe der vorgeschriebenen Ermittlungsverfahren (Nr. 2.5) und berücksichtigen einen Unsicherheitsbereich bei der Ermittlung (Messung und Berechnung) der Immissionskenngrößen (Rn. 6/72) für die Vor-, Zusatz- und Gesamtbelastung (Nr. 2.6). Soweit Immissionswerte nicht festgelegt sind, bedarf es nach Nr. 2.2.1.3 einer *Sonderfallprüfung* (d.h. Einzelfallprüfung), wenn Anlaß zu der Annahme besteht, daß andere Luftschadstoffe, für die Immissionswerte fehlen, mit der Folge emittiert werden, daß schädliche Umwelteinwirkungen eintreten können.[46] Eine solche *Sonderfallprüfung* ist auch in den Fällen geboten, für die dies ausdrücklich vorgesehen ist.

72 Die schadstoffspezifischen *Kenngrößen der Vorbelastung* (Nr. 2.6.3) – Lang- und Kurzzeitwerte (Rn. 6/74) – in den sog. *Beurteilungsflächen* (Nr. 2.6.2.3) des die Anlage umgebenden sog. *Beurteilungsgebiets* (Nr. 2.6.2.2; Rn. 6/73) werden durch Messungen (in der Regel während der Dauer eines Jahres) ermittelt. Die von der (u.U. erst künftigen) Anlage zu erwartenden Kenngrößen für die schadstoffspezifische *Zusatzbelastung* (Nr. 2.6.4) sind mittels einer *Ausbreitungsrechnung* (gem. Anhang C der TA Luft) zu prognostizieren. Aus Vor- und Zusatzbelastung mit einem bestimmten Schadstoff ergibt sich für diesen durch Addition die Kenngröße der *Gesamtbelastung* (Nr. 2.6.5), die für die zu prüfende Luftverunreinigung mit dem entsprechenden Immissionswert der TA Luft zu vergleichen ist. Übersteigt die Gesamtbelastung mit einem bestimmten Schadstoff (bzw. mit einer Schadstoffgruppe) den Immissionswert, so führt dies in der Regel zur Ablehnung der beantragten Genehmigung, soweit die Einhaltung des Immissionswertes nicht durch Nebenbestimmungen der Genehmigung gewährleistet werden kann. Werden die im Anhang A aufgeführten Zusatzbelastungswerte eingehalten, ist die Anlage genehmigungsfähig, und zwar in der Regel unabhängig davon, ob die entsprechenden Kenngrößen für Vorbelastung und Gesamtbelastung unter- oder überschritten sind (Ausnahme: SO_2).

73 Das für den Einwirkungsnahbereich der Anlage repräsentative *Beurteilungsgebiet*, gebildet durch einen Kreis, dessen Radius das 30-fache der wirksamen Höhe der Emissionsquelle beträgt, gliedert sich in quadratische *Beurteilungsflächen* mit einer Seitenlänge von grundsätz-

---

46 Nach *Steinebach*, Lärm- und Luftgrenzwerte, 1987, Rn. 241, müßten aus heutiger Sicht für mehr als 300 Stoffe (anstelle der 8 von der TA Luft erfaßten) Grenzwerte bestimmt werden. Auch die MAK-Liste enthält derzeit 417 Stoffe, bei denen nach § 17 I 2 GefStoffV arbeitsmedizin. Regeln zu beachten sind. Anhaltspunkte für die Sonderfallprüfung können z.B. die MIK (Maximale Immissions-Konzentrations-)-Werte der VDI-Richtlinie 2310 liefern.

lich 1000 m (in Ausnahmefällen von 500 m). Die Schnittpunkte dieser Rasterlinien dienen als Aufpunkte für die Immissionsmessungen und -berechnungen (vgl. Nr. 2.6.4.2. i.V.m. dem Anhang C der TA Luft).

Der *Immissionswert IW 1*, der die sog. „Langzeitbelastung" ausdrückt, ergibt sich aus dem arithmetischen Mittel aller über den Meßzeitraum gemessenen (oder berechneten) Einzelwerte. Der *Immissionswert IW 2* für die sog. „Kurzzeitbelastung" ist ein sog. 98-Perzentilwert, d.h. der Wert, der von 98% der über den Meßzeitraum gemessenen (oder berechneten) Einzelwerten unterschritten werden muß.

cc) Die auf den Stand der Technik bezogenen **Emissionswerte** konkretisieren das Vorsorgegebot (z.B. der §§ 5 I Nr. 2, 17 I 1 BImSchG; s. Rn. 6/134, 6/218). Angegeben werden die Emissionswerte nach der Nr. 2.1.3 TA Luft als

– *Massenkonzentration* (Masse der emittierten Stoffe bezogen auf das Volumen) in den Einheiten g/m^3 oder mg/m^3,
– *Massenstrom* in den Einheiten kg/h, g/h oder mg/h,
– *Massenverhältnis* (Verhältnis der emittierten Stoffe zur Masse der erzeugten oder verarbeiteten Produkte) als kg/t oder g/t.

Die gem. Nr. 2.2.1.4 im Genehmigungs- oder Überwachungsverfahren zu beachtenden Emissionswerte, deren Überschreitung nach dem Stand der Technik vermeidbar ist, werden als höchstzulässige Werte in Abschn. 3.1-3.2 für *ca. 130 staub- und gasförmige Stoffe* angegeben. Sie haben den Charakter spezieller Vorsorgeanforderungen. Ob sonstige Vorsorgemaßnahmen, z.B. Betriebseinschränkungen, Einsatz emissionsarmer Brenn- und Arbeitsstoffe usw. zu fördern sind, ist gem. Nr. 2.2.1.4 im Einzelfall aufgrund des § 5 I Nr. 2 BImSchG zu entscheiden. Im einzelnen legt die TA Luft für den Vorsorgebereich zahlreiche Anforderungen fest, und zwar sowohl generell und grundsätzlich (Nr. 3.1.2) als auch für besondere Arten emittierter Stoffe, z.B. für staub-, dampf- oder gasförmige und geruchsintensive Stoffe (Nrn. 3.1.3-3.1.9).

Emissionswerte für *krebserzeugende Stoffe* – für sie kann es keine Immissionswerte geben – sind gem. Nr. 2.2.1.5 nach Nr. 2.3 zu begrenzen und nach Nr. 2.4 abzuleiten. Sie beinhalten nach Nr. 2.3 Mindestanforderungen, die – soweit wie dies möglich und noch verhältnismäßig ist – unterschritten werden müssen. Dabei werden die im Abgas enthaltenen krebserzeugenden Stoffe in 3 Klassen mit unterschiedlichen Grenzwerten eingeteilt. Auf die Klasse 1 (z.B. Asbest als Feinstaub) entfällt der niedrigste Grenzwert von 0,1 mg/m^3. Die Regelung der Nr. 2.2.1.5 ist dem Bereich der *individualschützenden Vorsorge* zuzuordnen und vermittelt daher Drittschutz (Rn. 6/140).[47]

c) Exkurs: Normkonkretisierende Verwaltungsvorschriften

Die TA Luft ist neben der TA Lärm lange Zeit die bedeutendste Verwaltungsvorschrift gewesen, in der **Umweltstandards** (Schutz- und Vorsorgestandards) – oder Standards im Recht der technischen Sicherheit – festgesetzt waren, bis die TA Abfall und die TA

---

47 Vgl. *Kutscheidt*, FS Redeker, 1993, S. 439 (454); i.E. auch VGH BW, NVwZ 1995, 292 (296); OVG Koblenz, B.v. 18.3.1994, 8 B 12060/93; *Jarass*, BImSchG, § 5 Rn. 25 (Teil der Schutzpflicht nach § 5 I Nr. 1). Die LAI empfiehlt für Asbest seit November 1990 einen Emissionswert, der um eine Zehnerpotenz niedriger ist, nämlich 0,01 mg/m^3; s. 5. Immissionsschutzbericht der BReg., BT-Drs. 12/4006, S. 81 f. Das BVerwG, UPR 1995, 196 ordnet Emissionsgrenzwerte dem Vorsorgegebot zu, läßt aber dabei offen, ob ein durchsetzbarer Anspruch der betroffenen Bürger besteht.

Siedlungsabfall erlassen wurden.[48] Solche gesetzesakzessorischen Verwaltungsvorschriften binden zwar die Verwaltung, haben aber nach der klassischen Rechtsquellenlehre keine Außenwirkung. Ihre Anwendung durch die Verwaltung unterliegt uneingeschränkt der gerichtlichen Kontrolle.[49] Lediglich eine auf solchen Vorschriften beruhende rechtmäßige allgemeine Verwaltungsübung kann zugunsten Dritter über Art. 3 GG Außenverbindlichkeit vermitteln.[50] Demzufolge hat der EuGH die TA Luft – konsequent – als nicht geeignet angesehen, der Umsetzungsverpflichtung für die SO_2-Richtlinie nach Art. 189 III EGV zu genügen.[51] Die in der Vergangenheit geführte heftige Diskussion um die Bindungswirkung der TAs für Gerichte wird auch nach Erlaß der 22. BImSchV, die einzelne EG-Immissionswerte normativ festsetzt, aber ansonsten am „TA-Konzept" festhält, weitergehen.

79 Die als Verwaltungsvorschrift erlassenen Technischen Anleitungen sind auf einen gleichmäßigen und damit berechenbaren Gesetzesvollzug ausgerichtet, weshalb ihren sorgfältig vorbereiteten sachlichen Aussagen ein hohes Maß an Beachtlichkeit zukommt. Die Praxis (einschließlich der Gerichte) wendet daher solche Verwaltungsvorschriften faktisch wie allgemein verbindliche Rechtsnormen an, soweit nicht die Atypik des Einzelfalls oder gesicherte neue wissenschaftliche Erkenntnisse[52] eine Abweichung erfordern. In diese Vorschriften gehen aber nicht nur kognitive Elemente, sondern auch **wertende** Beurteilungen ein, weswegen sie gerade nicht als „antizipierte Sachverständigengutachten" qualifiziert werden können.[53] Umstritten ist, inwieweit solche Verwaltungsvorschriften, die als „administratives Ergänzungsrecht" das Gesetz überhaupt erst praktikabel machen, nicht nur norminterpretierenden, sondern darüber hinaus **normkonkretisierenden** Charakter haben, und zwar mit der Folge einer auch für die Gerichte *bindenden Außenwirkung* (vorbehaltlich gesicherter neuer wissenschaftlicher Erkenntnisse oder atypischer Einzelfallgestaltungen). Insoweit hätte also die Exekutivspitze die Befugnis zu abstrakt-generellen Letztentscheidungen in Gestalt von Verwaltungsvorschriften. Eine derartige Reduzierung der gerichtlichen Kontrolldichte solcher „Umweltstandards" kann allenfalls in Frage kommen, wenn mehrere Voraussetzungen erfüllt sind:[54]

(1) die Konkretisierung von Umweltstandards durch Verwaltungsvorschriften muß *gesetzlich angeordnet* sein, weil nur so solche Vorschriften im Außenverhältnis hinreichend demokratisch legitimiert sind („normative Ermächtigung");
(2) die Verwaltung selbst muß in *eigener Verantwortung* die sachverständigen Aussagen kompetenter Experten bestätigen oder ggf. modifizieren;

---

48 Zu den Typen der Umweltstandards u. zum Verfahren ihrer Setzung vgl. SRU, Umweltgutachten 1987; *Gusy*, in: *Koch/Lechelt* (Hrsg.), 20 Jahre BImSchG, 1994, S. 185 ff.; *Jarass*, in: HdUR, Bd. II, Art. „Umweltstandard", Sp. 2413 ff.; *v. Lersner*, NuR 1990, 193 ff.; *Salzwedel*, NVwZ 1987, 276 ff.
49 BVerfGE 78, 214 (227).
50 BVerwGE 34, 278 (280); 58, 45 (49); BVerwG, NJW 1988, 2907; OVG Münster, NVwZ 1991, 1200; Hess. VGH, NVwZ 1991, 88 (90); UPR 1992, 319; ablehnend: EuGH Slg. 1991, 2567 u. 2607.
51 EuGH Slg. 1991, 2567 u. 2607 (= NVwZ 1991, 868); hierzu *Steiling*, NVwZ 1992, 134 ff.
52 Vgl. z.B. BVerwG, DVBl. 1988, 539 f.; OVG Koblenz, NVwZ 1991, 86 f.; NVwZ 1988, 176 ff. (Schießlärm u. TA Lärm).
53 Zutr. *Sendler*, UPR 1993, 321 (323); anders noch BVerwGE 55, 250 (256). Tatsächlich lassen sich naturwissenschaftlich die Grenzen zwischen schädlichen und unschädlichen Umwelteinwirkungen meist nicht exakt bestimmen. Zudem gehen in die amtlichen Regelwerke häufig auch Verhältnismäßigkeits- und politische Erwägungen ein. Dazu *Feldhaus*, UPR 1982, 137 ff.; *Wagener*, NuR 1988, 71 ff. Vgl. im übrigen auch BVerwG, DVBl. 1988, 539 f.
54 Zusammenfassend *Wahl*, NVwZ 1991, 409 (412). Ferner *Gusy*, in: *Koch/Lechelt* (Hrsg.), 20 Jahre BImSchG, 1994, S. 185 (208 ff.). Die genannten Voraussetzungen dürften z.B. bei der TA Luft, der TA Abfall und der TA Sonderabfall weitgehend erfüllt sein.

(3) die Umweltstandards müssen *willkürfrei* ermittelt werden, von *hinreichend konservativen,* d.h. im Zweifel vorsichtigeren *Annahmen* ausgehen und dabei alle wissenschaftlich und technisch vertretbaren Erkenntnisse (nicht nur die herrschende Meinung der Techniker) berücksichtigen;
(4) ihr Inhalt darf weder veraltet, widerlegt noch wissenschaftlich erschüttert sein;
(5) zu fordern ist schließlich auch eine *verfahrensrechtliche Richtigkeitsgewähr* (etwa aufgrund einer vorausgegangenen pluralistischen Anhörung beteiligter Kreise).

Diese – wegen des Gewaltenteilungsprinzips und der Grundrechtsrelevanz dieser Vorschriften verfassungsrechtlich problematische – Reduzierung der gerichtlichen Kontrolldichte wird inzwischen im Anschluß an das (zum Atomrecht ergangene) Wyhl-Urteil des Bundesverwaltungsgerichts[55] in der Literatur vermehrt gefordert[56], wenngleich ihre Ausdehnung über das Atomrecht hinaus von der Rechtsprechung u.E. zu Recht nur sehr zögerlich vorgenommen wird.[57] **80**

Die dogmatische Begründung dieser Konzeption bereitet nämlich nicht unerhebliche Schwierigkeiten. Die Annahme einer gesetzlichen „Konkretisierungs- oder Standardisierungsermächtigung"[58] vermag für sich allein die Hürde des Art. 80 GG und des Gesetzesvorbehalts nicht zu nehmen; sie erklärt noch nicht, woraus sich verfassungsrechtlich die Befugnis des Gesetzgebers ergibt, zum Erlaß einer außenwirksamen Verwaltungsvorschrift (an Stelle einer RechtsVO) zu ermächtigen. Das Bundesverfassungsgericht hat allerdings in der Sasbach-Entscheidung mit dem Blick auf § 7 II AtG für die Einzelfallentscheidungen der Genehmigungsbehörden betont, diese hätten „*im Rahmen normativer Vorgaben und willkürfreier Ermittlungen auch Bewertungen, z.B. am Maßstab des Standes von Wissenschaft und Technik, der Erforderlichkeit der Vorsorge gegen Schäden oder des Schutzes gegen Störmaßnahmen oder sonstige Einwirkungen zu treffen*". Die Gerichte hätten solche „*Feststellungen und Bewertungen nur auf ihre Rechtmäßigkeit hin zu überprüfen, nicht aber ihre eigenen Bewertungen an deren Stelle zu setzen*".[59] Aus dieser noch recht inhaltsarmen Formel ist eine Einschätzungs- (Beurteilungs-) und Bewertungsprärogative der zweiten Gewalt gefolgert worden. Eine solche exekutive Prärogative wäre beim hoheitlichen Einzelakt (etwa einer atomrechtlichen Anlagengenehmigung) unter die längst bekannte dogmatische Kategorie des „Beurteilungsspielraums" einzuordnen. Dieser läßt sich möglicherweise auch im Bereich der quasi-normativen Standardisierung rechtfertigen, etwa mit spezifischen Funktionseigenarten der Exekutive (z.B. Informationsvorsprung vor den übrigen Gewalten) und mit bestimmten, sich aus der Natur der Sache ergebenden Anforderungen (z.B. Flexibilität mit Rücksicht auf **81**

---

55 BVerwGE 72, 300 (319 ff.). Dazu krit. Rn. 7/232.
56 Dazu z.B. *Sellner,* Immissionsschutzrecht, Rn. 48, 329; *Breuer,* NVwZ 1988, 104 (112 f.); *Erbguth,* DVBl. 1989, 473 ff.; *Hill,* NVwZ 1989, 401 ff.; *Jarass,* NJW 1987, 1225 ff. Zurückhaltender *Ladeur,* UPR 1987, 253 ff.; *Wahl,* NVwZ 1991, 409 ff.; *Wolf,* DÖV 1992, 849 ff. jeweils m.w.N.
57 Für die TA Luft hat das BVerwG die naheliegende Qualifizierung als „normkonkretisierende" Verwaltungsvorschrift offen gelassen (DVBl. 1988, 539); anders in der Vorinstanz OVG Münster, DVBl. 1988, 152; zögernd auch VGH BW, NVwZ-RR 1989, 621. Nach BVerwG, DVBl. 1989, 94 (95) u. BVerfGE 78, 214 (227) handelt es sich bei der Bindungswirkung der atomrechtlichen Genehmigung an Verwaltungsvorschriften um einen „Sonderfall"; restriktiv auch BVerfGE 80, 257 (265); BVerfG, DVBl. 1993, 485 (488). Im Gentechnikrecht haben das OVG Hamburg, ZUR 1995, 93 (94) u. OVG Berlin, ZUR 1994, 206 (mit unzutr. Ableitung S. 208 aus dem Verfahrensrecht) einen Beurteilungsspielraum hinsichtl. der nach Stand von Wissenschaft u. Technik erforderl. Risikovorsorge angenommen. Darüberhinaus hat lediglich der VGH BW, VBlBW 1990, 56 (61) das Flugsicherheitskonzept bei einer Flughafenplanung keiner gerichtlichen Kontrolle unterzogen, was vom BVerwG, NVwZ-RR 1991, 129 ff. nicht beanstandet wurde.
58 *Jarass,* NJW 1987, 1225 (1227); ebenso („Beurteilungsermächtigung") *Papier,* FS Lukes, 1989, S. 159 ff.
59 BVerfGE 61, 82 (114 f.); dazu BVerwGE 72, 300 (316); 78, 177 (180); BVerwG, NVwZ 1989, 864 (865 f.).

den ständigen Fortschritt der wissenschaftlichen Erkenntnisse, was aber wenig stichhaltig ist, wenn man sieht, daß die TA Lärm seit langem als novellierungsbedürftig angesehen wird, weil sie die schon in der DIN 2058 enthaltenen Erkenntnisse nicht berücksichtigt und sich damit als beständiger erweist als so manche Rechtsnorm). Im Rahmen dieser Einschätzungs- und Bewertungsprärogative könnten dann die normkonkretisierenden Verwaltungsvorschriften als „verbindliche Teilvorwegnahme" der dem Bürger gegenüber zu treffenden Einzelentscheidungen gedeutet werden.[60] Dabei würde die Verbindlichkeit dieses sozus. „erststufigen Gesetzesvollzugs" (Gesetzesvollzug durch Verwaltungsvorschrift) im Gegensatz zur Rechtsverordnung unter dem Vorbehalt der Atypik des Einzelfalls oder der Falsifikation zugrundegelegter wissenschaftlicher Erkenntnisse stehen.

3. Geräusche

a) Geräusche und ihre rechtliche Beurteilung

82 Für **Geräusche** (Rn. 6/23 ff.) enthält das BImSchG keine Legaldefinition. Wie Geräusche gemessen und in bestimmten Lärmwirkungsindikatoren – insbes. in dB(A)-Beurteilungspegeln – ausgedrückt werden, war bereits Gegenstand der einführenden schallphysikalischen Darstellung (Rn. 6/26 ff.). Erst wenn diese Pegel bestimmte Immissions-(grenz-)werte überschreiten, erlangen die Geräusche die Qualität schädlicher Umwelteinwirkungen i.S.des § 3 I BImSchG.

83 Während sich die frühere (polizeirechtliche) Beurteilung lästiger oder gar schädlicher Geräuscheinwirkungen im konkreten Fall auf die schlichte Sinneswahrnehmung verlassen mußte, praktisch also im Streitfall der „Hellhörigkeit" der Gerichte oblag, ist das Überschreiten der Schwelle schädlicher Umwelteinwirkungen (Rn. 6/92) durch Geräusche heute im Interesse der Sachrichtigkeit, der Rechtsanwendungsgleichheit und damit der Rechtssicherheit nicht mehr ohne Rückgriff auf einerseits technische Regeln und Begriffe und andererseits meßtechnische Geräte (und damit meist auch auf sachverständige Hilfe) entscheidbar. Seitdem im Juli 1960 die **VDI-Richtlinie 2058**, die eigentlich nur für die „Beurteilung von Arbeitslärm in der Nachbarschaft" gedacht war, veröffentlicht und bald überall angewandt wurde, ist dieses private und daher nicht mit Normqualität ausgestaltete Regelwerk aus der (Gerichts-)Praxis nicht mehr wegzudenken.[61] Die VDI-Richtlinie 2058 wurde seither fortgeschrieben und ist heute eines der aktuellsten Regelwerke für die Schallbeurteilung. Auf ihrer *alten* Fassung fußt auch die (amtliche) TA-Lärm vom 16.7.1968.

b) TA Lärm

84 Die allgemeine Verwaltungsvorschrift der **Technischen Anleitung zum Schutz gegen Lärm** vom 16.7.1968[62] – **TA Lärm** – (vgl. Rn. 1/59, 6/78 ff.) ist bereits aufgrund

---
60 *Hill*, NVwZ 1989, 401 (406).
61 *Kutscheidt*, NVwZ 1989, 193 ff.
62 Beilage zum BAnz. Nr. 137. Dazu *Bethge*, in: HdUR, Bd. II, Art. „TA Lärm", Sp. 2033 ff.; *Koch*, in: GK-BImSchG, § 3 Rn. 220 ff.

§ 16 III 2 GewO a.F. erlassen worden und gilt nach § 66 II BImSchG fort. Sie bezieht sich unmittelbar nur auf *Gewerbe- bzw. Industrielärm*, und zwar auf die immissionsschutzrechtlich genehmigungsbedürftigen Anlagen bzw. auf deren Betrieb oder die wesentliche Anlagen- oder Betriebsänderung. In Nr. 2.1 finden sich die *Begriffsbestimmungen* (z.B. für Lärm, Immissionen), in Nr. 2.2 die *allgemeinen Grundsätze* über die Prüfung der Genehmigungsanträge und über nachträgliche Anordnungen, in Nr. 2.3 insbes. die *Immissionsrichtwerte* und in Nr. 2.4 die Regelungen über die *Ermittlung der Geräuschimmissionen* (Meßgeräte, Grundzüge der anzuwendenden Meßverfahren, Auswertung).

Die Vorgaben der TA Lärm sind von der Immissionsschutzbehörde (i.S. des § 10 V BImSchG) bei der Prüfung der Anträge auf Genehmigung der Errichtung, des Betriebs oder der wesentlichen Änderung genehmigungsbedürftiger Anlagen (§§ 4 I, 15 I BImSchG) und bei Erlaß nachträglicher Anordnungen (§ 15 I BImSchG) zu beachten. Die Vorgaben betreffen die prinzipiell einzuhaltenden, nach 6 Gebietsarten und dabei jeweils nach Tages- und Nachtzeit, nicht aber nach Gefahren, erheblichen Nachteilen und Belästigungen differenzierenden Immissionsrichtwerte, ferner Meßgeräte und Meßverfahren, Ermittlung der Beurteilungspegel u.ä.m. Sinngemäß sind diese Vorgaben wohl auch im Rahmen des § 22 BImSchG und beim Vollzug des § 24 BImSchG anzuwenden.[63] **85**

Die „Immissionsrichtwerte" der TA Lärm, die den „Immissionswerten" des BImSchG entsprechen, aber keine Summen-, sondern Anlagenwerte sind, markieren für den Regelfall die Schwelle zwischen den noch und den nicht mehr zumutbaren und daher erheblichen Lärmeinwirkungen. Für die meßbaren faktischen Immissionen ist zum Vergleich mit dem jeweils einschlägigen Immissions(richt)wert ein – über die Tageszeit (06.00-22.00 Uhr) bzw. über die Nachtzeit (22.00-06.00 Uhr) zu mittelnder – Mittelungspegel (Rn. 6/30) zu ermitteln, und zwar der den tatsächlichen Einzelschallereignissen energetisch *äquivalente Dauerschallpegel* (Nr. 2.4.2). Dazu ist der Mittelungs-, d.h. der in der TA Lärm noch sog. Wirkpegel nach dem sog. Taktmaximalverfahren aus den Meßdaten zu bilden (Nr. 2.422.2). Dabei wird der innerhalb der Taktzeit (z.B. 5 Sek.) auftretende maximale Einzelschallpegel als Immissionspegel für die gesamte Taktzeit angesetzt. Besondere Geräuschmerkmale (z.B. heulende oder singende, deutlich hervortretende Einzeltöne) und Fremdgeräusche sind zu berücksichtigen (Nrn. 2.422.3 u. 2.422.4). Alsdann ist nach Maßgabe der Nr. 2.422.5 der sog. *Beurteilungspegel* zu ermitteln. Vorgaben für die Emissions- oder Immissionsberechnung fehlen. **86**

Nicht zu vereinbaren mit § 5 I Nr. 1 BImSchG (Rn. 6/127) ist allerdings die Ausklammerung von Vor- und Fremdbelastungen durch Nr. 2.211b (s.a. 2.213 und 2.422.4)[64], weshalb ergänzend die Regeln der modernen VDI-Richtlinie 2058 (Rn. 6/298) und der DIN-Norm 18005 (Rn. 6/300) herangezogen werden. Die Bindungswirkung der TA Lärm ist wegen ihres Alters und insbesondere aufgrund der Tatsache, daß sie die neueren Erkenntnisse der VDI 2058 nicht beinhaltet, sehr gering geworden. Da die BReg bislang eine Novelle der TA Lärm nicht in die Wege leitete, haben – gewissermaßen in Umkehr des Wortlauts des § 48 BImSchG! – die Länder eine Anhörung zu einer von ihnen konzipierten Muster-VwV zur Ermittlung, Beurteilung und Verminderung von Geräuschimmissionen im BRat durchgeführt, die bei weiterer Untätigkeit der BReg von einzelnen Ländern in Kraft gesetzt werden könnte. **87**

---

63 Die Immissionsrichtwerte der TA-Lärm können auch für die Lärmbeurteilung nicht genehmigungsbedürftiger Anlagen (Rn. 6/237 ff.) Anhaltspunkte bieten, wenn es um der Art nach vergleichbare Immissionen geht; vgl. VGH BW, VBlBW 1989, 418 ff.
64 *Jarass*, BImSchG, § 3 Rn. 36a; *Kutscheidt*, NVwZ 1989, 193 (199); *Petersen*, Schutz und Vorsorge, S. 179 ff.; a.A. *Ule/Laubinger*, BImSchG, § 3 Rn. 6.

6 *Öffentliches Immissionsschutzrecht*

88 Für andere Lärmarten (z.B. Straßenverkehrslärm, Baumaschinenlärm, Fluglärm) gelten trotz gleicher Einheit – in dB(A) ausgedrückter äquivalenter Dauerschallpegel – andere Meß- oder Berechnungsmethoden bzw. Bewertungen, so daß die Werte nicht unmittelbar vergleichbar sind.

4. Erschütterungen

89 *Erschütterungen* sind niederfrequente, mechanische Schwingungen fester Körper, wie sie z.B. beim Einsatz von Baumaschinen (z.B. Rammen, Bohrpfahlgeräten), aber auch beim Betrieb von Verkehrseinrichtungen (z.B. Bahnstrecken) entstehen. Die Ausbreitung der Schwingungen ist nur schwer prognostizierbar. Das BMU ist dabei, eine Verwaltungsvorschrift zum Schutz vor Erschütterungen (TA Erschütterungen) zu erarbeiten.

5. Ähnliche Erscheinungen bzw. Umwelteinwirkungen

90 Den Luftverunreinigungen, Geräuschen und Erschütterungen, dem Licht, der Wärme und den Strahlen werden im Emissions- bzw. Immissionsbegriff des BImSchG (Rn. 6/63) *ähnliche Erscheinungen* bzw. *ähnliche Umwelteinwirkungen* gleichgestellt. Bei ihnen geht es immer um „physische" Vorgänge, nicht aber um immaterielle Einwirkungen wie etwa „*ästhetische*" (z.B. benachbarter Schrottplatz) oder „*sittliche*" Einwirkungen (z.B. benachbartes Bordell). Zu den ähnlichen Einwirkungen zählen Einwirkungen durch *unwägbare Stoffe*, also etwa durch Funkenflug, Kalt- oder Heißluft, pathogene Keime u.ä. (ebenso in § 906 BGB), nicht aber durch „wägbare" („grobkörperliche") Stoffe, etwa durch Gesteinsbrocken, die durch Sprengung aus einem Steinbruch ausgeworfen werden, oder durch Insekten usw.

91 „*Negative*" Immissionen, wie etwa die Behinderung des Zutritts von Luft, Licht usw., fallen nach überwiegender Auffassung nicht unter das BImSchG.[65] Im Gegensatz zu § 906 BGB ist die Immissionsdefinition des BImSchG (§ 3 II) nicht durch das Element des „Zuführens" verengt.[66]

6. Schädliche Umwelteinwirkungen

92 Auf der Immissionsseite ist der Begriff der *schädlichen Umwelteinwirkungen* von zentraler Bedeutung, denn hieran knüpfen z.B. Betreiberpflichten, Genehmigungs- und

---

[65] *Jarass*, BImSchG, § 3 Rn. 54; *Koch*, in: GK-BImSchG, § 3 Rn. 25; *Kutscheidt*, in: *Salzwedel* (Hrsg.), Grundzüge des Umweltrechts, 1982, S. 245 mit dem Hinweis darauf, daß der Begriff der Immissionen voraussetzt, daß die physischen Erscheinungen zuvor emittiert wurden, was bei negativen Immissionen nicht der Fall ist; BGHZ 88, 344 (346).

[66] Im Zivilrecht hat der Eigentümer gem. § 903 BGB die Freiheit, den Nachbarn bezügl. Luft- u. Lichtzutritt zu beschränken, allerdings vorbehaltlich abweichenden Landesrechts (Art. 124 EGBGB, z.B. Licht- und Fensterrecht); s. *Jauernig*, JZ 1986, 605 ff.; BGH, NJW 1992, 2569.

Anordnungsvoraussetzungen an (vgl. §§ 5 I Nr. 1 und 2, 7 II, 17 I, 19 I, 22 I, 23 I, 25 II, 33 I, 34 I, 40 I und II, 41 I, 43 I BImSchG u.a.m.). Nach der *Legaldefinition* des § 3 I BImSchG sind schädliche Umwelteinwirkungen im Sinne des BImSchG Immissionen, die nach Art, Ausmaß oder Dauer geeignet sind, Gefahren, erhebliche Nachteile oder erhebliche Belästigungen für die Allgemeinheit oder die Nachbarschaft herbeizuführen.[67]

Allerdings sind nach § 5 I Nr. 1 BImSchG (Rn. 6/127) nicht nur die mit Immissionen verbundenen Gefahren, erheblichen Nachteile und erheblichen Belästigungen abzuwehren, sondern auch *sonstige* Gefahren, erhebliche Nachteile und erhebliche Belästigungen, die von einer genehmigungsbedürftigen Anlage ausgehen können (z.B. Explosions- oder Brandgefahr, Grundwassergefährdung usw.). **93**

a) Gefahren

Der immissionsschutzrechtliche **Gefahrenbegriff** (vgl. auch Rn. 6/127) der §§ 3 I, 5 I Nr. 1, 17 BImSchG usw. geht auf das Polizeirecht zurück, wo er als „konkrete Gefahr" die hinreichende Wahrscheinlichkeit des Eintritts einer Störung der öffentlichen Sicherheit oder Ordnung im Einzelfall bezeichnet. Dabei wird die Wahrscheinlichkeit des Schadenseintritts in der Regel nach den Erfahrungen des täglichen Lebens beurteilt. Dieser Maßstab genügt im Umweltrecht häufig nicht, und zwar dann nicht, wenn, wie etwa im Immissionsschutzrecht und auch sonst im Recht der technischen Sicherheit, zur Gefahrbeurteilung eine natur- oder ingenieurwissenschaftliche Analyse und/oder Prognose notwendig ist (s. Rn. 6/135).[68] Im Immissionsschutzrecht gewinnt wegen des Rangs der betroffenen Rechtsgüter die sog. „*Je-desto-Formel*" besondere Bedeutung. Sie lautet: Je größer und folgenschwerer der drohende Schaden ist, desto geringere Anforderungen sind an den Grad der Wahrscheinlichkeit des Eintritts des Schadensereignisses zu stellen. **94**

Auch im Immissionsschutzrecht wird man unter der „Gefahr" eine hinreichend wahrscheinliche, nach Art, Ausmaß oder Dauer konkret negative Auswirkung im Sinne einer erheblichen Beeinträchtigung materieller oder immaterieller Rechtsgüter zu verstehen haben.[69] Bei Geräuschimmissionen wird z.B. die Gefahrenschwelle bei sehr hohen oder sehr lang anhaltenden, jeweils mit drohender Gesundheitsbeeinträchtigung verbundenen Lärmpegeln überschritten. Bei Luftverunreinigungen werden von **95**

---

67 Dazu *Jarass*, DVBl. 1983, 725 ff.; *Koch*, in: UTR 9, 1989, S. 205 ff.; *Schulze-Fielitz*, Immissionsschutzrecht, Rn. 64 ff. „Geeignet" i.S.d. § 3 I sind Immissionen, die *möglicherweise* zu schädlichen Umwelteinwirkungen führen bzw. wenn *hinreichende Gründe* für die Annahme bestehen, daß derartige Einwirkungen möglich sind (BVerwGE 69, 37 [43]). *Darnstädt*, Gefahrenabwehr und Gefahrenvorsorge, 1983, fragt danach, ob Immissionen die *potentielle Fähigkeit* besitzen, Gefahren, erhebliche Nachteile bzw. Belästigungen zu verursachen.
68 Vgl. statt vieler *Hansen-Dix*, Die Gefahr im Polizeirecht, im Ordnungsrecht und im Technischen Sicherheitsrecht, 1982.
69 Wie hier z.B. *Lübbe-Wolff*, NVwZ 1986, 178 (181 f.) m.w.N.; ähnlich *Jarass*, BImSchG, § 3 Rn. 11. – Allgemein zu den umweltrechtlichen Gefahr- u. Schadensbegriffen, zur Gefahrenprognose, zur Gefahrenabwehr u. zur Risikovorsorge: *Murswiek*, in: HdUR, Bd. I, Art. „Gefahr", Sp. 803 ff.; *Reich*, Gefahr – Risiko – Restrisiko: das Vorsorgeprinzip am Beispiel des Immissionsschutzes, 1989.

6 Öffentliches Immissionsschutzrecht

Nr. 2.5.1 der TA Luft (Rn. 6/68) Immissionswerte zum Schutz vor Gesundheitsgefahren (etwa bei toxischen Wirkungen) festgelegt (für Schwebstaub, Blei und Cadmium nebst ihren anorganischen Verbindungen als Staubinhaltsstoffe, ferner für Chlor, Chlorwasserstoff, Kohlenmonoxid, Schwefeldioxid und Stickstoffdioxid). Der Gefahrbegriff der TA Luft umfaßt – u.E. zu eng[70] – überhaupt nur Gesundheitsgefahren, während Sachschäden nur als erheblicher Nachteil oder gar nur als erhebliche Belästigung erfaßt werden (Rn. 6/87). Funktionell haben die Gesundheitswerte der TA Luft Grenzwertcharakter, die Nachteils- und Belästigungswerte lediglich Richtwertcharakter.

b) Nachteile

96 Im Gegensatz zur Gefahr, die erst bei ungehindertem Geschehensablauf einen Schaden zur Folge hat, stellen Nachteile und Belästigungen begrifflich bereits „Störwirkungen" dar. Der **Nachteilsbegriff** des BImSchG ist umstritten. Nachteil ist jede Beeinträchtigung, die nicht als Schaden (d.h. als Folge einer Gefahr) oder Belästigung qualifiziert werden kann. Da der Belästigungsbegriff auf Beeinträchtigungen des Menschen abstellt, sind Objekte des Nachteilsbegriffs Tiere, Pflanzen, sonstige Sachgüter, Vermögen und geschützte immaterielle Werte.[71] Daher liegen Nachteile i.S. des BImSchG meist in der hinreichend bedeutsamen Beeinträchtigung materieller Interessen *ohne unmittelbare Verletzung eines Rechtsguts*, vor allem in Vermögenseinbußen, die durch physische Einwirkungen hervorgerufen werden, ohne zu einem „unmittelbaren Schaden" zu führen. In Betracht kommen daher z.B. erhöhte Aufwendungen für passive Immissionsschutzvorkehrungen, die Wertminderung eines Grundstücks (z.B. eines Wohngrundstücks) oder der Umsatzrückgang eines Betriebes (z.B. Gartenwirtschaft) infolge der Auswirkungen von Immissionen.[72]

c) Belästigungen

97 Unter den immissionsschutzrechtlichen **Begriff der Belästigungen** fallen hinreichend bedeutsame Beeinträchtigungen des körperlichen oder seelischen Wohlbefindens des *Menschen* unterhalb der Schwelle der Gesundheitsgefahr.[73] Die Grenze zur Gesundheitsgefahr, d.h. zur Gefahr für die Gesundheit i.e.S. (also unter Ausschluß des „sozialen Wohlbefindens") ist naturgemäß fließend, zumal insbesondere lang andauernde Belästigungen letztlich zu Gesundheitsschäden führen können.[74]

---

70 So auch *Lübbe-Wolff*, NVwZ 1986, 178 (180 mit Fn. 34). Demgegenüber erfaßt z.B. § 5 I Nr. 2 i.V.m. 3 I BImSchG auch Gefahren für die Allgemeinheit, die z.B. durch Immissionen auftreten, die die Ozonschicht in der Atmosphäre zerstören.
71 *Murswiek*, in: HdUR, Bd. II, Art. „Nachteil", Sp. 1431 (1432).
72 Vgl. *Kloepfer*, Umweltrecht, S. 403; *Hoppe/Beckmann*, Umweltrecht, S. 401 f. m.w.N.
73 Vgl. die amtl. Begr. zu § 3 BImSchG, BT-Drs. 7/179; *Kloepfer*, Umweltrecht, S. 403; *Murswiek*, in: HdUR, Bd. I, Art. „Belästigung", Sp. 220 ff.; s. auch BVerwG, DVBl. 1987, 907.
74 Vgl. *Kutscheidt*, in: *Salzwedel* (Hrsg.), Grundzüge des Umweltrechts, 1982, S. 245. Auch hinsichtlich der „Belästigungen" stellt das BImSchG in § 5 I Nr. 1 als Genehmigungsvoraussetzung nicht allein auf die Vermeidung solcher Belästigungen ab, die durch Immissionen herbeigeführt werden, sondern auch auf die Vermeidung sonstiger mit der Errichtung und dem Betrieb der Anlage verbundener Belästigungen. S. im übrigen *Martens*, DVBl. 1981, 597 ff.

d) Erheblichkeit

Daß nach § 3 I BImSchG (nur) **erhebliche** immissionsbedingte *Nachteile* und *Belästigungen* als schädliche Umwelteinwirkungen anzusehen sind, dient nicht zuletzt dem gerechten Interessenausgleich innerhalb des nachbarschaftlichen Gemeinschaftsverhältnisses und entspricht dem am Topos der Zumutbarkeit orientierten Gebot gegenseitiger Rücksichtnahme. Identisch sind daher nach h.M. Erheblichkeitsschwelle und Zumutbarkeitsschwelle (vgl. auch Rn. 2/132, 6/301) sowie erhebliche Nachteile oder Belästigungen i.S. von § 3 I BImSchG und wesentliche Immissionen i.S. von § 906 I BGB.[75] Beeinträchtigungen sind somit erheblich, wenn sie in der gegebenen Situation durch Art, Ausmaß oder Dauer unter Berücksichtigung öffentlicher Belange (auch der Belange des Emittenten) das dem Beeinträchtigten zumutbare Maß überschreiten. Dies ist bereits unterhalb der Grenze, ab der Immissionen eine Gesundheitsgefahr darstellen oder die Nutzung eines Grundstücks in einer mit Art. 14 I 1 GG nicht mehr zu vereinbarenden Weise einschränken, der Fall. Die Zumutbarkeitsbeurteilung setzt eine *einzelfallbezogene Bewertung der* Umwelteinwirkungen (und zwar der *Gesamtbelastung*[76]) voraus; sie kann daher auch in den amtlichen Regelwerken nicht abschließend vorgenommen werden. Das Maß der Zumutbarkeit bestimmt sich – insbesondere bei Lärm, nicht aber bei gesundheitsgefährlichen Luftschadstoffimmissionen – u.a. nach der Schutzwürdigkeit des Gebiets.[77]

98

Zur Bestimmung der Erheblichkeitsschwelle ist in *differenzierender* und zugleich *typisierender Betrachtungsweise* nach h.M. auf das Empfinden eines *normalen Durchschnittsmenschen in vergleichbarer Lage*, nicht aber auf die subjektiv-individuelle, u.U. durch außergewöhnliche Sensibilität oder „Vulnerabilität" gekennzeichnete Befindlichkeit des konkret Gestörten abzustellen.[78] Die besondere Empfindlichkeit von Personengruppen (Kindern, Schwangeren, alten Menschen) ist jedoch zu berücksich-

99

---

75 Die Neufassung des § 906 I BGB hat hieran nichts geändert. Vgl. i.ü. BVerwGE 50, 49 (55); 68, 62 (67); 69, 37 (43); 79, 254 (256); 81, 197 (199); 88, 210 (213); BGHZ 111, 63 (65); *Landmann/Rohmer/Kutscheidt*, BImSchG, § 3 Rn. 14; *Ule/Laubinger*, BImSchG, § 3 Rn. 4; *Petersen*, Schutz und Vorsorge, S. 64 ff. m.w.N.; *Martens*, DVBl. 1981, 597 (598). Vgl. auch Nr. 2.2.1.3 TA Luft. – A.A. *Classen*, JZ 1993, 1042 ff.; *Koch*, in: *ders.* (Hrsg.), Schutz vor Lärm, S. 41 ff.; *Murswiek*, Risiken der Technik, S. 301 ff.: Nicht jede Beeinträchtigung, die erheblich ist, sei allein deswegen schon unzumutbar; zudem beruhe der Erheblichkeitsmaßstab des § 3 I BImSchG auf anderen rechtlichen Kriterien als der Minimierungsmaßstab des § 22 I Nr. 2 BImSchG.

76 *Jarass*, BImSchG, § 3 Rn. 36 f.; *Kutscheidt*, NVwZ 1989, 193 (199); *Koch*, Der Erheblichkeitsbegriff in § 3 I BImSchG und seine Konkretisierung durch die TA Lärm, in: *ders.* (Hrsg.), Schutz vor Lärm, 1990, S. 41 (47 f.).

77 *Koch*, ebda; *Petersen*, Schutz und Vorsorge, S. 69 ff.; BVerwG, NVwZ 1983, 155 (Schießplatz). Gemeinden können damit durch Bauleitplanung gebietsbezogen bis zu einem bestimmten Grad steuern, ob gewisse Nachteile oder Belästigungen i.S. des § 3 I BImSchG erheblich sind; vgl. BVerwG, DVBl. 1991, 1151 f.; 1989, 1050. Weitergehend auch auf Kriterien wie Sozialadäquanz und Akzeptanz abstellend BVerwGE 68, 62 (Kirchenglocken); 79, 258 (Feueralarmsirene); 81, 197 (Sportplatz); zusätzlich nach der Art des Lärms (Gaststättenlärm habe eine geringere Zumutbarkeitsschwelle als Verkehrslärm) differenziert OVG Bremen, NVwZ-RR 1994, 80 ff.; zu Recht krit. *Koch*, in: GK-BImSchG, § 3 Rn. 67 ff.

78 *Jarass*, BImSchG, § 3 Rn. 39; *Kutscheidt*, NVwZ 1989, 193 (195); *Petersen*, Schutz und Vorsorge, S. 73; BGH, NJW 1993, 929; krit. *Führ*, in: GK-BImSchG, § 1 Rn. 108, der hierin einen Widerspruch zum Gesetzeszweck sieht.

6 Öffentliches Immissionsschutzrecht

tigen. Bei den meisten Immissionen (nicht aber bei gesundheitsgefährlichen Immissionen) folgt die Zumutbarkeitsgrenze aus der Schutzwürdigkeit und Schutzbedürftigkeit der Umgebung, also aus dem Gebietscharakter, wie er faktisch bzw. nach einem Bebauungsplan besteht (Rn. 2/85). In gleicher Weise differenzieren auch die in amtlichen oder privaten Regelwerken festgesetzten Immissionsorientierungs-, Immissionsricht- oder Immissionsgrenzwerte (Rn. 6/85, 6/248, 6/287, 6/300).

100 Für *Luftverunreinigungen* setzt die TA Luft (Rn. 6/68) Immissionswerte zum Schutz vor „erheblichen" Nachteilen und Belästigungen fest, z.B. für Staubniederschlag, Blei, Cadmium, Thallium, Fluorwasserstoff. Für *Anlagengeräusche* markieren, wie schon erwähnt, die Immissionsrichtwerte der TA Lärm (Rn. 6/84) für den Regelfall die Grenze zwischen den zumutbaren und den nicht mehr zumutbaren Lärmimmissionen, wobei nicht nach Gefahren, erheblichen Nachteilen und erheblichen Belästigungen differenziert wird. Die TA Lärm stellt allerdings in Nrn. 2.211, 2.213 und 2.422.4 nur auf Einzelgeräusche ab, was dem Immissionsbegriff als Gesamtbelastung an einem bestimmten Ort widerspricht.

101 In den Bereichen, in denen Gebiete von unterschiedlicher Qualität und unterschiedlicher Schutzwürdigkeit zusammentreffen, was etwa der Fall ist, wenn ein Industriegebiet an ein Mischgebiet grenzt, ist die Grundstücksnutzung mit einer spezifischen *gegenseitigen Pflicht zur Rücksichtnahme* belastet. Das führt nicht nur zur Pflichtigkeit dessen, der Lärmimmissionen verursacht, sondern nach der Rechtsprechung des Bundesverwaltungsgerichts – im Sinne der „*Bildung einer Art von Mittelwert*" – auch zu einer die Tatsachen respektierenden Duldungspflicht derer, die ihr Grundstück in der Nähe von solchen Emissionsquellen nutzen.[79]

102 Nach der insbesondere zum Fachplanungsrecht ergangenen Rspr. des Bundesverwaltungsgerichts haben – soweit in einer normativen Regelung nichts anderes bestimmt ist – Lärm-*Vorbelastungen* eine schutzmindernde Wirkung (Rn. 2/86), wenn entweder eine *faktische* Vorbelastung des betroffenen Gebietes mit im wesentlichen gleichartigen Lärmimmissionen[80] oder eine *planerische* (plangegebene) Vorbelastung (aufgrund einer bereits zureichend konkretisierten und verfestigten Planung, z.B. einer Fachplanung), deretwegen künftig mit einer höheren Belastung des Gebietes zu rechnen ist, vorliegt.

e) Nachbarschaft

103 Insbesondere hinsichtlich der Rechtsschutzmöglichkeiten ist zu differenzieren zwischen Allgemeinheit und Nachbarschaft, im Ergebnis also zwischen einerseits solchen Allgemeininteressen, die z.B. am (unmittelbaren oder mittelbaren) Schutz der Bevölkerung oder von Allgemeingütern (Luft, Wasser, Boden, Ökosysteme usw.) bestehen, und andererseits den Individualinteressen derjenigen Personen, die sich regelmäßig im „Einwirkungsbereich" der emittierenden Anlage aufhalten oder Nutzungsrechte an

---

79 BVerwGE 50, 49 – Tunnelofen; BVerwG, DVBl. 1985, 397. Der Mittelwert ist nicht streng arithmetisch zu sehen, sondern ein Zwischenwert anhand des jeweiligen Einzelfalls, BGHZ 121, 248 (254); BGH, UPR 1995, 28 (29).
80 Vgl. zuletzt BVerwGE 88, 210 (Schießlärm).

dort befindlichen Sachen (insbes. Grundstücken) haben, und somit als **Nachbarn** in einer engeren zeitlichen und räumlichen Beziehung zu der Anlage stehen[81] (Rn. 6/130). Personen, die *keine dinglichen Nutzungsrechte* an Sachen im Einwirkungsbereich der Anlage haben, sind nur dann „Nachbarn" und damit ggf. klagebefugt, wenn ihre Beziehung zum Einwirkungsbereich in zeitlicher Hinsicht *hinreichend dauerhaft* ist (z.B. bei Dauermietern oder -pächtern, Arbeitnehmern), sich also nicht in gelegentlichen kurzfristigen Aufenthalten (z.B. bei Besuchen, Spaziergängen u.ä.) erschöpft.

Räumlich gesehen ist Nachbarschaft der **Einwirkungsbereich** der Anlage. Dieser Begriff, der als Gesetzesbegriff nur in § 26 BImSchG auftaucht, ist gesetzlich nicht definiert. Im Hinblick auf Immissionen ist allerdings unter dem Einwirkungsbereich nicht das bei Luftverunreinigungen u.U. sehr große Gebiet zu verstehen, in welchem sich Emissionen noch als Immissionen auswirken können. So verstanden würde u.U. das gesamte Gebiet der Bundesrepublik Deutschland und noch ein Teil des europäischen Auslands zum Einwirkungsbereich emittierender Anlagen gehören, weil sich der Ferntransport der Luftschadstoffe insbesondere wegen der (als verfehlt erkannten) „Hochschornsteinpolitik" früherer Jahre über eine große Reichweite erstreckt. Daher ist unter dem „Einwirkungsbereich" einer Anlage, soll dieser Begriff nicht funktionslos werden, nur jener Bereich zu verstehen, in dem die von einer emittierenden Anlage bewirkten relevanten Zusatzbelastungen zu etwa bereits vorhandenen Vorbelastungen dem als Verursacher *individualisierbaren Emittenten* noch hinreichend zuverlässig zurechenbar sind (Nahbereich). Bei Luftschadstoffen wird insoweit von einem Teil der Rechtsprechung auf das schadstoffbezogene Beurteilungsgebiet i.S. der Nr. 2.6.2.2 der TA Luft (Rn. 6/73) abgestellt[82]; bei Anlagengeräuschen wird der Nahbereich auf einen bestimmten Beurteilungspegel im Freien begrenzt (z.B. auf 35 dB(A) am Tage oder auf 25 dB(A) nachts). In diesem Sinne hat der Einwirkungsbereich Einfluß auf die Klagebefugnis eines (zur „Nachbarschaft" gehörenden) Betroffenen, der sich beispielsweise auf die drittschützende Norm des § 5 I Nr. 1 BImSchG (Vermeidung schädlicher Umwelteinwirkungen als Genehmigungsvoraussetzung) berufen will (Rn. 6/130). **104**

Die zuweilen schwierige Frage, ob von einer immissionsschutzrechtlichen Vorschrift auch die Nachbarschaft geschützt wird, ob diese Vorschrift also Drittschutz (und nicht nur einen Schutz der Allgemeinheit) bewirken soll (Schutznorm), ist aus dem Schutzzweck der jeweils anzuwendenden Norm zu beantworten (vgl. z.B. Rn. 6/130, 6/140, 6/220, 6/254).[83] **105**

---

[81] BVerwG, NJW 1983, 1507 (Azo-Urt.) u.a.m.
[82] S. OVG Lüneburg, NVwZ 1985, 357; BayVGH, BayVBl. 1989, 530, NVwZ-RR 1991, 463 f. Dies schließt es nicht aus, im Einzelfall auch einen weiteren Kreis von Drittbetroffenen anzunehmen, wenn – nach Einzelfallprüfung – etwa aufgrund belegbarer Kausalkette ein größerer Raum erheblichen Beeinträchtigungen ausgesetzt ist; s. OVG Münster, NWVBl 1993, 51; *Jarass*, BImSchG, § 3 Rn. 20; *Roßnagel*, in: GK-BImSchG, § 5 Rn. 843.
[83] S. hierzu *König*, Drittschutz, 1993, S. 83 ff., 102 ff.

6 Öffentliches Immissionsschutzrecht

7. Anlage

106 Der in § 3 V BImSchG definierte, vor allem für die Emissionsseite bedeutsame **Anlagebegriff** des Immissionsschutzrechts ist von weitreichender Bedeutung.[84] Zunächst gilt das BImSchG prinzipiell überhaupt nur für genehmigungsbedürftige oder genehmigungsfreie Anlagen. Dabei ist unter der *genehmigungspflichtigen* Anlage nicht etwa die Fabrik als solche zu verstehen, sondern jede zu einer Fabrik gehörende Anlage, sofern sie im Anhang der 4. BImSchV genannt wird. In diesem Sinne kommt es z.B. auf den Anlagebegriff auch an bei der Abgrenzung zwischen einerseits der *Änderung* einer (genehmigungsbedürftigen) Anlage (§ 15 BImSchG), also etwa ihrer Kapazitätssteigerung unter Erhaltung ihrer Identität, und andererseits der *Erweiterung* des Funktionsbereichs einer Anlage durch zusätzliche Errichtung einer – mit ihr im räumlichen und funktionellen Zusammenhang stehenden – neuen, immissionsschutzrechtlich selbständigen Anlage (§ 4 BImSchG).

107 Zur genehmigungsbedürftigen Anlage gehören nach § 1 II Nr. 1 der 4. BImSchV[85] alle technischen Einrichtungen, die bei den Verfahrensschritten eingesetzt werden, die zur Erreichung des im Anhang der 4. BImSchV genannten Betriebszwecks erforderlich sind. Außer diesem „Kernbestand" sind aber nach § 1 II Nr. 2 der 4. BImSchV auch die emissions-, immissions- und sicherheitsrelevanten Nebeneinrichtungen genehmigungspflichtig, sofern sie in einem räumlichen und technischen Zusammenhang zum Kernbestand stehen (z.B. Verpackungs- und Verladeeinrichtungen).

108 Entgegen der noch in der Vorauflage vertretenen Auffassung ist der – sehr weite – Anlagebegriff des § 3 V BImSchG nach Sinn und Zweck des Gesetzes nur dahingehend einschränkend auszulegen, daß von einer Anlage nur gesprochen werden kann, wenn das ungeschriebene Tatbestandsmerkmal des *Betreibens*[86] vorliegt. Im übrigen werden Anlagen, also auch solche, die nur *ungewollt* Immissionen verursachen, nach u.E. zutreffender h.M. vom Anlagenbegriff erfaßt. Auch wo Immissionen bestimmter Art, bestimmten Ausmaßes und bestimmter Dauer als solche gewollt sind (mögen diese Immissionen schädlich sein oder nicht), bleibt die Frage sinnvoll, ob sie etwa i.S. des § 22 I Nrn. 1 u. 2 BImSchG (Rn. 6/240) nach dem „Stand der Technik" vermieden oder reduziert werden können.[87] Eine Entscheidung über die Zulässigkeit solcher – vom Gesetz als grundsätzlich unzulässig angesehenen – Immissionen kann erst nach einer *Güterabwägung* zwischen der Bedeutung der störenden Nutzung und der Schutzwürdigkeit der gestörten Nutzung getroffen werden.[88] Dies mag vielfach im Rahmen der Erheblichkeitsprüfung geschehen.

Bei lärmintensiven Diebstahlsirenen, Weinbergschußapparaten o.ä. ist zu fragen, ob im Hinblick auf die Intensität der Lärmbeeinträchtigung und die Zahl der betroffenen Personen die Erheblichkeitsschwelle überschritten wird, wofür die TA Lärm und entsprechende private

---

84 Materialreich *Henkel*, Der Anlagenbegriff des Bundes-Immissionsschutzgesetzes, 1989.
85 Schon zuvor klärend BVerwGE 69, 351 (355); vgl. z.B. auch Hess. VGH, UPR 1992, 34. Ausführlich *Jarass*, NVwZ 1995, 529 ff.
86 *Jarass*, BImSchG, § 3 Rn. 57; *Sundermann-Rosenow*, in: HdUR, Bd. I, Art. „Anlage", Sp. 112 (113).
87 Vgl. BVerwGE 79, 254; *Jarass*, BImSchG, § 22 Rn. 7; *Roßnagel*, in: *Koch/Lechelt* (Hrsg.), 20 Jahre BImSchG, 1994, S. 60 (67); a.A. Ziegler, UPR 1986, 170 ff. und unsere Voraufl. Rn. 294.
88 *Koch*, in: *ders.*, Schutz vor Lärm, S. 41 (47); *Murswiek*, Risiken der Technik, S. 214 ff.

Grundbegriffe und Regelwerke 6/III

Regelwerke einen Anhaltspunkt bieten können. Darüberhinaus werden Lärmimmissionen häufig ihrerseits der Gefahrenabwehr dienen (z.B. Feueralarmsirenen,[89] Martinshorn, dringend erforderliche nächtliche Reparaturarbeiten an Straßenbahnschienen usw.) und sind daher bei Abwägung der berührten Interessen vom Drittbetroffenen grundsätzlich hinzunehmen (soweit nicht ohne Gefährdung ihres Zwecks minimierbar). Das liturgische Läuten (nicht der Stundenschlag) von Kirchenglocken[90] ist gleichfalls verfassungsrechtlich (Art. 140 GG i.V.m. Art. 137 WRV, Art. 4 GG) geschützt, weshalb über seine Zumutbarkeit auch hier im Einzelfall aufgrund einer Güterabwägung zu entscheiden ist. In der Land- und Forstwirtschaft ist anhand der gesetzlichen Wertung zu ermitteln, ob der Eigentümer bestimmte Maßnahmen zum Schutze seines Eigentums ergreifen darf oder ggf. auf Alternativen zurückgreifen muß. Soweit nicht ohnehin Stoffverwendungsverbote bestehen (Pestizide, Fungizide usw.), dürfen Immissionen nur im naturschutzrechtlich (ordnungsgemäße Landwirtschaft, Rn. 3/79 ff.) oder wasserrechtlich zulässigen Umfang (Rn. 4/77, 4/164) verursacht werden.

Mit dieser Einschränkung sind nach § 3 V BImSchG „Anlagen" (einschließlich der mit ihnen im örtlichen und betriebstechnischen Zusammenhang stehenden Nebeneinrichtungen): **109**

„**Betriebsstätten und sonstige ortsfeste Einrichtungen**", in der Regel also bauliche Anlagen, insbesondere gewerbliche, industrielle oder landwirtschaftliche Produktionsstätten. Eine „Betriebsstätte" kann dabei u.U. mehrere Produktionsstätten umfassen, die jeweils als gesondert genehmigungsbedürftige Anlage zu qualifizieren sind. Auch „sonstige ortsfeste Einrichtungen" müssen *betrieben* werden, um als Anlagen i.S. des § 3 V BImSchG gelten zu können. Zu ihnen gehören wohl auch größere *Sportanlagen*, obwohl der von ihnen ausgehende Lärm (wie auch bei Kinderspielplätzen; s. Rn. 6/244 ff.) überwiegend unmittelbar durch menschliches Handeln verursacht wird. **110**

Ferner sind Anlagen „**Maschinen, Geräte und sonstige ortsveränderliche technische Einrichtungen sowie Fahrzeuge, soweit sie nicht dem § 38 unterliegen**" (vgl. Rn. 6/256). Eine Einrichtung ist ortsveränderlich, wenn sie dazu bestimmt ist, an wechselnden Orten verwendet zu werden, und auch nicht in funktionalem Zusammenhang mit einer ortsfesten Einrichtung steht. Einfache Werkzeuge fallen, da sie nicht betrieben werden, ebenso wie viele Spiel- und Sportgeräte aus dem Anlagebegriff heraus, desgleichen solche Musikinstrumente, die keine technischen Einrichtungen sind. Im öffentlichen Verkehr genutzte Fahrzeuge unterliegen dem Immissionsschutzrecht nur nach Maßgabe der §§ 38-40 BImSchG. **111**

Schließlich sind Anlagen auch „**Grundstücke, auf denen Stoffe gelagert oder abgelagert oder Arbeiten durchgeführt werden, die Emissionen verursachen können, ausgenommen öffentliche Verkehrswege**"; für letztere gelten aber die §§ 41 ff. BImSchG. Nach der Lehre müssen die Tätigkeiten für eine gewisse Dauer ausgeübt werden, so daß z.B. Bauhöfe in der Regel, Baustellen aber nur dann Anlagen im Sinne des BImSchG sind, wenn sie wenigstens mehrere Monate ununterbrochen bestehen bleiben sollen. Anforderungen an die Art und Weise des Lagerns, Behandelns und **112**

---

[89] BVerwGE 79, 254 (256) = JZ 1989, 237 m. insoweit zust. Anm. von *Murswiek*.
[90] BVerwGE 68, 62 (66); BVerwG, DVBl. 1992, 1234 ff.; BayVGH, BayVBl. 1994, 721 f.; OVG Saarlouis, NVwZ 1992, 72 ff.; *Laubinger*, VerwArch 83 (1992), 623 ff.

6 *Öffentliches Immissionsschutzrecht*

Beseitigens von Abfällen sind in den Spezialvorschriften des KrW-/AbfG enthalten (§ 9 KrW-/AbfG), während die Genehmigung der entsprechenden Anlagen jetzt im BImSchG geregelt ist (§ 31 I KrW-/AbfG). Nur noch Abfalldeponien, d.h. Anlagen zur (langfristigen) Ablagerung von Abfällen, sind nach § 31 II KrW-/AbfG planfeststellungspflichtig (Rn. 10/275 ff.).

8. Stand der Technik

113 Der für die Emissionsseite besonders wichtige Begriff des Standes der Technik (vgl. z.B. §§ 5 I Nr. 2, 14 S. 2, 22 I 1 Nrn. 1 u. 2, 41 I, 48 Nr. 2 BImSchG, §§ 2 III, 3 IV der 12. BImSchV – StörfallVO; s. auch § 7a I 3 HS 2 WHG) hat in § 3 VI BImSchG (§ 12 III KrW-/AbfG) eine *Legaldefinition* erfahren:

„Stand der Technik im Sinne dieses Gesetzes ist der Entwicklungsstand fortschrittlicher Verfahren, Einrichtungen oder Betriebsweisen, der die praktische Eignung einer Maßnahme zur Begrenzung von Emissionen gesichert erscheinen läßt. Bei der Bestimmung des Standes der Technik sind insbesondere vergleichbare Verfahren, Einrichtungen oder Betriebsweisen heranzuziehen, die mit Erfolg im Betrieb erprobt worden sind."

114 Die Fassung des Gesetzes läßt erkennen, daß sich die Verfahren und Einrichtungen nicht notwendigerweise bereits allgemein im Betrieb bewährt zu haben brauchen. Vorausgesetzt wird aber ein Entwicklungsstand, der (z.B. aufgrund der Erprobung in Versuchs- oder Pilotanlagen) die praktische Eignung im technischen bzw. großtechnischen Maßstab gesichert erscheinen läßt.[91] Nach Art. 4 Nr. 1 der EG-Richtlinie zur „Bekämpfung von Luftverunreinigungen durch Industrieanlagen" (Rn. 6/41) ist der „Einsatz der besten verfügbaren Technologie" gefordert, soweit die Durchführung der Maßnahme keine unverhältnismäßig hohen Kosten verursacht. Nach dem Grundsatz der richtlinienkonformen Auslegung der nationalen Rechtsnormen (Rn. 1/40) ist daher § 5 II Nr. 2 i.V.m. § 3 VI BImSchG im Sinne dieser Richtlinienbestimmung auszulegen.

115 Es wurde schon oft und zu Recht darauf hingewiesen, daß das Abstellen auf den „Stand der Technik" im Zusammenhang mit Emissionsgrenzwerten (vgl. etwa § 5 I Nr. 2 BImSchG i.V.m. Abschn. 3.1-3.2 TA Luft) kontraproduktiv für umweltfreundliche technische Innovationen wirken kann. Technologien, die lediglich im Sinne eines „additiven" Umweltschutzes „at the end of the pipe" ansetzen (z.B. Filter), sollten mehr und mehr im Sinne eines „integrierten" Umweltschutzes, das heißt durch in das gesamte (Produktions-)Verfahren integrierte Lösungen des Emissionsproblems (z.B. Wirbelschichtfeuerung) ersetzt werden.

Exkurs:

116 Im technischen Sicherheitsrecht wird nicht nur auf den „Stand der Technik", sondern auch noch auf weitere „*technische Standards*"[92] (Rn. 1/62) verwiesen:

---

91 Vgl. BVerwG, B.v. 4.8.1992, 4 B 150.92, Buchholz 406.25, § 3 Nr. 9; s.a. VGH BW, ZfW 1993, 159 für § 7a WHG. Ausf. zum Stand der Technik *Koch*, in: GK-BImSchG, § 3 Rn. 342 ff.
92 Vgl. zu den technischen Standards z.B. *Asbeck-Schröder*, DÖV 1992, 252 ff.; *Breuer*, in: HdUR, Bd. II, Art. „Stand der Technik", Sp. 1869 ff.; *Jarass*, in: HdUR, Bd. II, Art. „Umweltstandard", Sp. 2413 ff.; *ders.*, NJW 1987, 1225 ff.; *R. Wolf*, Stand der Technik, 1986.

Anerkannte Regeln der Technik (vgl. z.B. § 2 I 3 HaftpflichtG, § 1 I der 1. DVO **117**
zum EnergG usw.) sind nach vorwiegend vertretener Auffassung jene Regeln, die nach
Meinung der überwiegenden Mehrheit der Fachleute insbesondere aufgrund der praktischen Bewährung als richtig anerkannt werden. Diese – vor Gericht beweisbare –
„herrschende Auffassung unter den technischen Praktikern" bleibt hinter dem Stand
der Technik zurück.

Allgemein anerkannte Regeln der Technik (s. etwa § 3 I des Gerätesicherheitsge- **118**
setzes, § 330 I Nr. 3 StGB; vgl. auch §§ 7a I 1 u. 3 HS 1, 19g III WHG, § 17 II Nr. 1
SprengstoffG, § 3 I 3 LBO BW usw.) werden von Rspr. und Lehre ebenso verstanden
wie die anerkannten Regeln der Technik.

Der – strengere – Begriff des **Standes von Wissenschaft und Technik** findet sich **119**
insbesondere im Atomgesetz (vgl. z.B. §§ 6 I Nr. 2, 7 II Nr.3, 9 II Nr. 3 AtG; vgl. aber
auch §§ 6 II, 7 II, 13 I Nr. 4, 16 I Nr. 2 GenTG). Er wird unter Rn. 7/134 ff. erläutert.

IV. Genehmigungsbedürftige Anlagen

1. Genehmigungserfordernis

Die Errichtung und der Betrieb von Anlagen (§ 3 V BImSchG), die aufgrund ihrer **120**
Beschaffenheit oder ihres Betriebs in besonderem Maße geeignet sind, schädliche
Umwelteinwirkungen (§ 3 I BImSchG) hervorzurufen oder in anderer Weise die Allgemeinheit oder die Nachbarschaft zu gefährden, erheblich zu benachteiligen oder
erheblich zu belästigen, sowie von ortsfesten Abfallentsorgungsanlagen[93] (Rn. 6/151)
bedürfen nach § 4 I 1 BImSchG einer **Genehmigung** (präventives Verbot mit Erlaubnisvorbehalt, vgl. Rn. 1/100). Nach § 4 I 2 BImSchG gilt dies auch für *nichtgewerbliche Anlagen*, wenn sie *in besonderem Maße geeignet* sind, schädliche Umwelteinwirkungen durch Luftverunreinigungen oder Geräusche hervorzurufen; diese Erleichterung betrifft aber nur die Genehmigungspflicht, nicht den (unveränderten) Prüfungsmaßstab, und gilt nicht für Abfallentsorgungsanlagen.

Die genehmigungspflichtigen Anlagen sind abschließend in dem (2-spaltigen) Anhang **121**
der gem. § 4 I 3 BImSchG von der Bundesregierung nach Anhörung der beteiligten
Kreise (§ 51) mit Zustimmung des Bundesrates ergangenen *4. BImSchV* aufgeführt.
In ihrem § 2 I ist bestimmt, daß für Anlagen, die in der Spalte 1 des Anhangs genannt
sind oder sich aus Anlagen der Spalte 1 und 2 zusammensetzen, das förmliche
Genehmigungsverfahren nach § 10 BImSchG (Rn. 6/176 ff.) durchzuführen ist. Darunter fallen z.B. Kraftwerke und Heizkraftwerke ab einer Wärmeleistung von 50 MW
bei festen oder flüssigen Brennstoffen, Kühltürme mit einem Kühlwasserdurchsatz
von 10 000 m³/h oder mehr, Zementwerke, größere Anlagen zur Stahlerzeugung,

---
[93] Vgl. *Gaßner/Schmidt*, NVwZ 1993, 946 ff.; *Kretz*, UPR 1994; 44 ff.; *Schink*, DÖV 1993, 725 ff.;
Weidemann, DVBl. 1994, 263 ff.

Steinmühlen, ferner zahlreiche Anlagen der chemischen und pharmazeutischen Industrie, Anlagen zur Erzeugung von Pestiziden, Papierfabriken, Müllverbrennungsanlagen, Pyrolyseanlagen usw. Dem vereinfachten Genehmigungsverfahren nach § 19 BImSchG (Rn. 6/194 ff.) unterliegen die in Spalte 2 des Anhangs aufgeführten Anlagen. Im Gebiet der alten Bundesländer wurden vor der Wiedervereinigung rd. 5000 genehmigungspflichtige Anlagen betrieben. Gehören zu einer Anlage Teile oder Nebeneinrichtungen, die je gesondert genehmigungsbedürftig wären, so bedarf es lediglich *einer* Genehmigung (§ 1 IV der 4. BImSchV).

122 Die genehmigungsbedürftige Anlage bedarf unter jedem Aspekt ihrer nach Lage, Beschaffenheit und Betrieb möglichen Eignung, schädliche Umwelteinwirkungen und damit das Bedürfnis nach Vorkehrungen gegen solche Einwirkungen hervorzurufen, der Genehmigung. Aus dem Charakter des präventiven Verbotes mit Erlaubnisvorbehalt folgt, daß verboten ist, was nicht genehmigt wurde (BVerwGE 84, 220 [224]).

123 Nach § 4 I 3 HS 2 BImSchG könnte in der 4. BImSchV – sofern dadurch ein ausreichender Schutz vor Gefahren möglich ist – auch vorgesehen werden, daß eine immissionsschutzrechtliche Genehmigung nicht erforderlich ist, wenn für die Anlage eine Bauartzulassung (nach § 33 I Nr. 1, Rn. 6/257) erteilt wurde *und* die Anlage entsprechend dieser errichtet wurde und betrieben wird. Hierbei würde allerdings nur von der immissionsschutzrechtlichen Genehmigungspflicht befreit werden, andere Eröffnungskontrollen wie z.B. die Baugenehmigung oder die wasserrechtliche Genehmigung müssen weiterhin eingeholt werden.

2. Grundpflichten des § 5 BImSchG

124 Für Errichtung und Betrieb genehmigungsbedürftiger Anlagen gelten nach § 5 I, III BImSchG eine

- Schutz- bzw. Abwehrpflicht (§ 5 I Nr. 1),
- Vorsorgepflicht (§ 5 I Nr. 2),
- Pflicht zur Vermeidung, hilfsweise Verwertung, äußerstenfalls Beseitigung der Reststoffe (§ 5 I Nr. 3, nach Inkrafttreten des KrW-/AbfG: Abfälle),
- Abwärmenutzungspflicht (§ 5 I Nr. 4) und eine
- Nachsorgepflicht (§ 5 III BImSchG).

125 Die Sicherstellung der Einhaltung dieser **Grundpflichten** ist Voraussetzung der Erteilung der immissionsschutzrechtlichen Genehmigung (§ 6 Nr. 1 BImSchG). Diese Grundpflichten sind sich fortwährend aktualisierende, inhaltlich durch den ständigen Wandel der relevanten Gegebenheiten *dynamisierte*, nur durch den Verhältnismäßigkeitsgrundsatz beschränkte **Dauerpflichten** des Betreibers, und zwar nicht nur für die Errichtungsphase, sondern auch *für den gesamten Betriebszeitraum* und – soweit es um die Nachsorgepflicht des § 5 III BImSchG geht – auch für die *Zeit nach Betriebseinstellung*.[94] Die Regelung des § 5 I hat u.a. zur Konsequenz, daß der Betreiber den Anlagenbetrieb einer Verschlechterung der Immissionssituation anpassen muß. Daher genießen die Anlage und ihr Betrieb gegenüber nachträglichen Anordnungen (§ 17 BImSchG; Rn. 6/217), durch die Grundpflichten des Betreibers konkretisiert werden

---

94 BVerwGE 84, 220 (224); vgl. ferner *Vallendar*, UPR 1991, 91 ff.

(z.B. infolge einer Änderung der Immissionssituation oder aufgrund von neuen, erst nach Genehmigungserteilung gewonnenen wissenschaftlichen Erkenntnissen über die Gefährlichkeit emittierter Stoffe), nur einen sehr **eingeschränkten Bestandsschutz** (Rn. 6/231 ff.).

Im übrigen bleibt eine Verletzung der Grundpflichten durch den Betreiber weitgehend sanktionslos; das BImSchG sieht hierin keine bußgeldbewehrte Ordnungswidrigkeit. Allerdings greift bei feststehendem Verstoß gegen die Grundpflichten die Beweislast-Vermutung des § 6 UHG (Rn. 1/140). Denkbar sind auch privatrechtliche Ansprüche nach § 823 II BGB i.V.m. § 5 I Nr.1 BImSchG und Abwehransprüche nach § 906 BGB. **126**

a) Schutz- bzw. Gefahrenabwehrpflicht (§ 5 I Nr. 1 BImSchG)

aa) Nach § 5 I *Nr. 1* BImSchG dürfen weder schädliche Umwelteinwirkungen (§ 3 I; vgl. Rn. 6/92) noch sonstige Gefahren (z.B. Feuer- oder Explosionsgefahr), erhebliche Nachteile und erhebliche Belästigungen für die Allgemeinheit und die Nachbarschaft (Rn. 6/103) durch die Errichtung oder durch den Betrieb der Anlage hervorgerufen werden.[95] Dies gilt für den Normalbetrieb der Anlage wie auch für etwaige Störfälle. Schon die bloße Möglichkeit einer künftigen unzulässigen Beeinträchtigung muß nach dem Gesetzeswortlaut entfallen („nicht hervorgerufen werden können"). Diese weite Formulierung bedarf allerdings einer einschränkenden Interpretation. Risiken der in § 5 I Nr. 1 BImSchG vorausgesetzten Störungsqualität müssen, so das Bundesverwaltungsgericht, mit hinreichender, dem Verhältnismäßigkeitsgrundsatz entsprechender Wahrscheinlichkeit ausgeschlossen sein.[96] Eine Pflicht zu Vorkehrungen gegen einen bloßen *Gefahrenverdacht* oder gegen eine hinreichend wahrscheinliche *künftige Gefahr* wird nach h.L. von § 5 I Nr. 1 BImSchG unter dem Aspekt einer „vorbeugenden Gefahrenabwehr" erfaßt, *nicht aber* eine – z.B. im Atomrecht anerkannte (Rn. 7/134 ff.) – *Pflicht zur störfallbezogenen Risikovorsorge* im Sinne einer Pflicht zur Risikominimierung („so gering wie möglich"). Eine solche störfallbezogene Risikominimierungspflicht kann nach h.L. nicht Teil der Gefahrenabwehrpflicht[97] sein. **127**

Bei im Sinne der Schutzpflicht unzureichenden Immissionswerten sind weitergehende Maßnahmen der Emissionsbegrenzung bereits durch das Schutzprinzip geboten.[98] Anders als die Vorsorgepflicht der Nr. 2 stellt die Gefahrenabwehrpflicht des § 5 I Nr. 1 BImSchG nicht auf den „Stand der Technik" (§ 3 VI) ab. Daher können im Rahmen des Vorsorgeprinzips Emissionen, die nach bisherigem Wissensstand weitgehend unschädlich sind, auch dann nach der Nr. 2 des § 5 I BImSchG unzulässig sein, wenn sie nach dem Stand der Technik vermeidbar sind, wie umgekehrt im Rahmen des Schutz- bzw. Abwehrprinzips auch bei Einhaltung des **128**

---
95 Dazu eingehend *Marburger*, Gutachten für den 56. DJT, 1986, S. 54 ff. m. zahlr. Nachw.
96 BVerwGE 55, 250 (254). Ausreichend ist die *Mitverursachung* von Emissionen, die nur dann entfällt, wenn von der Anlage praktisch keine entspr. Emissionen ausgehen, s. *Petersen*, Schutz und Vorsorge, S. 131 ff.
97 *Breuer*, NVwZ 1990, 211 (219); *Petersen*, Schutz und Vorsorge, S. 198 ff. m.w.N.; a.A. insbes. *Murswiek*, Risiken der Technik, S. 336 ff.
98 Vgl. *Rehbinder*, FS Sendler, 1991, S. 269 (278); aus der Rspr. BayVGH, NVwZ-RR 1991, 463 (472); BayVBl. 1989, 530; VGH BW, NVwZ 1995, 292 (297).

6 Öffentliches Immissionsschutzrecht

Standes der Technik die Genehmigung bei zu erwartenden unvermeidbaren schädlichen Umwelteinwirkungen versagt werden muß. Eine Genehmigung scheidet z.B. aus, wenn der Einwirkungsbereich der projektierten Anlage (Rn. 6/72 f.) bereits über die Schädlichkeitsgrenze hinaus durch Immissionen vorbelastet ist oder wenn diese Grenze durch die Inbetriebnahme der hinzukommenden Anlage nach dem Ergebnis einer konkreten Immissionsprognose überschritten werden würde. (Ausnahmen sind hier nur über die sog. Sanierungsklausel i.S. der Nr. 2.2.1.1b TA Luft möglich.)

129 Das Schutzgebot gilt für die Genehmigung der Errichtung und des Betriebs einer Neuanlage (§ 5 I Nr. 1 BImSchG) und – dies ereignet sich weit häufiger – für die Genehmigung der wesentlichen Änderung einer Anlage (§ 15 BImSchG; Rn. 6/212), darüber hinaus aber auch für den Erlaß nachträglicher sog. (Soll-) Gefahrenanordnungen (§ 17 I 2 BImSchG; Rn. 6/218) und Beseitigungsverfügungen (§ 20 II 2 BImSchG; Rn. 6/229).

130 Nach h.M. ist das Schutz- und Abwehrgebot als Genehmigungsvoraussetzung (§ 5 I Nr. 1 i.V.m. § 6 Nr. 1 BImSchG) insoweit **drittschützend**, als es der Rücksichtnahme auf Interessen eines individualisierbaren, d.h. sich von der Allgemeinheit unterscheidenden Personenkreises dient; es begünstigt somit in diesem Sinne lediglich die „Nachbarschaft".[99] Die im Einwirkungsbereich der Anlage (Rn. 6/104) als Nachbarn potentiell Betroffenen können somit gegen die Genehmigung gerichtlichen Rechtsschutz in Anspruch nehmen. Anders als bei § 906 BGB und abweichend vom primär eigentumsorientierten Bebauungsrecht sind **Nachbarn** im Sinne des Immissionsschutzrechts nicht nur Grundeigentümer, sondern alle Personen, die in einer engeren zeitlichen und räumlichen Beziehung zu der Anlage stehen, z.B. auch Dauermieter oder auf dem betroffenen Grundstück beschäftigte Arbeitnehmer (Rn. 6/103).

131 bb) Der Begriff des **Risikos** wird besonders im Bereich der Sicherheitstechnik verwendet. Der den sicherheitsrechtlichen Schutznormen sachlich zugrundeliegende, bisher noch kaum in die sicherheitsrechtliche Gesetzessprache (s. aber § 6 I GenTG) eingegangene Begriff des (technischen) Risikos, der auf Einzelpersonen (Individualrisiko) oder auf bestimmte Personengruppen (Kollektivrisiko) bezogen werden kann, umfaßt die Eintrittshäufigkeit sowie den potentiellen Schadensumfang (Rn. 7/125).[100]

132 Im Zuge der vorausschauenden Planung der erforderlichen technischen Sicherheitsvorrichtungen können sich die *deterministische* und die *probabilistische* Betrachtungsweise (näher Rn. 7/142 ff.) bei der Beantwortung der Frage ergänzen, ob und in welchem Ausmaß Risiken bestehen und wie diese gemindert werden können. Während Wissenschaft und Technik die notwendigen Analysen und die technischen Lösungen zur Risikobegrenzung erarbeiten können, sind die Fragen der Risikoermittlung und -bewertung unter sicherheitsrechtlichen Gesichtspunkten vom Staat zu verantworten. Sie ist auf der Normsetzungsebene Sache der Legislative bzw. der aufgrund gesetzlicher Ermächtigung normsetzenden Verwaltung, auf der

---

99 BVerwGE 65, 313 (320); 68, 58 (59); BVerwG, NJW 1984, 2174 (2175). Die in § 5 I Nr. 1 BImSchG normierte Schutz- und Abwehrpflicht schützt eben nicht nur die Allgemeinheit, sondern auch speziell die „Nachbarschaft". Dies ist eine besondere gesetzliche Ausprägung des Rücksichtnahmegebots, BVerwG, UPR 1984, 128. Vgl. im übrigen *Jarass*, BImSchG, § 5 Rn. 97; *Roßnagel*, in: GK-BImSchG, § 5 Rn. 837 ff.; *Breuer*, DVBl. 1986, 849 (855) m.w.N. in Fn. 60.

100 Vgl. z.B. *Reich*, Gefahr – Risiko – Restrisiko, 1989, S. 171; *Bender*, in: *Hartwig* (Hrsg.), Große technische Gefahrenpotentiale (Risikoanalysen und Sicherheitsfragen), 1983, S. 217 ff.; ferner *Breuer*, NVwZ 1990, 211 (213); *Ipsen*, VVDStRL 48 (1990), S. 177 (186); *Ladeur*, UPR 1993, 121 ff.; anders z.B. *Scherzberg*, VerwArch 84 (1993), 484 (498); vgl. auch die weiteren Berichte der Staatsrechtslehrertagung 1989 von *Murswiek* u. *Schlink* in VVDStRL, Bd. 48.

Normanwendungsebene Sache der normausführenden Verwaltung[101] oder – außerhalb einer etwaigen „Einschätzungsprärogative" der Verwaltung – Sache der Gerichte (näheres s. Rn. 6/78 ff.).

Ist ein Risiko (nach der *Je-desto-Formel*) als **Gefahr** (Rn. 6/94) zu beurteilen, so gilt das Gefahrenabwehrprinzip (vgl. § 3 I Störfall-VO, Rn. 6/154). Gegenüber einem Risiko, das die Gefahrenschwelle nicht überschreitet, ist im BImSchG – abweichend vom Atomrecht – nur eine Pflicht zur Risikovorsorge enthalten, soweit sich das (Schadens-)Risiko auf etwaige schädliche Umwelteinwirkungen i.S. des § 3 I BImSchG bezieht, sonstige Schäden (z.B. Explosionsschäden) sind vom Vorsorgeprinzip nicht erfaßt. Jedoch liegt in § 7 I Nr. 1 BImSchG (Rn. 6/155) eine Ermächtigung zu einer einschlägigen Regelung durch Rechts-VO (vgl. § 3 III Störfall-VO, Rn. 6/158). 133

b) Vorsorgepflicht (§ 5 I Nr. 2 BImSchG)

aa) Nach § 5 I *Nr. 2* BImSchG sind genehmigungsbedürftige Anlagen so zu errichten und zu betreiben, daß Vorsorge gegen schädliche Umwelteinwirkungen getroffen wird, insbesondere durch die dem Stand der Technik (§ 3 VI BImSchG) entsprechenden Maßnahmen zur Emissionsbegrenzung.[102] Die Emissionen sind demnach – zwar einzelfallbezogen, aber prinzipiell situationsunabhängig – durch emissionsmindernde Verfahrensoptimierung oder (umweltpolitisch erst in zweiter Linie) durch nachgeschaltete Rückhalte- bzw. Reinigungsmaßnahmen so weit zu mindern, wie dies mit Maßnahmen möglich ist, die dem Stand der Technik entsprechen und die – wie hinzuzufügen ist – verhältnismäßig sind. In diesem Sinn zielt Vorsorge – anders als Gefahrenabwehr – nicht auf ein bestimmtes umweltbezogenes Ergebnis, sondern auf anlagenbezogene, nicht das „Ob", sondern das „Wie" einer Anlage betreffende Maßnahmen. 134

Die Bewertung der Frage, ob eine Gefahr im Sinne des Schutzprinzips besteht, setzt bei der Anwendung der klassischen „Je-desto-Formel" durchschnittliche Erfahrungen voraus, die über einen gewissen Zeitraum hinweg in Wissenschaft und Technik, Verwaltung und Wirtschaft gesammelt wurden. Bei vielen modernen technischen Entwicklungen kann aber auf solche Erfahrungen nicht zurückgegriffen werden. Die *Risikovorsorge* (Rn. 6/137) soll dazu beitragen, solche Ungewißheiten technisch-wissenschaftlicher Sachverhalte zu bewältigen. Damit können Vorsorgemaßnahmen auch 135

---

101 1992 sind, wie im BImSchG vorgesehen, beim BMU sowohl ein „Technischer Ausschuß für Anlagensicherheit" (§ 31a) als auch eine „Störfall-Kommission" (§ 51a) gebildet worden. Der pluralistisch zusammengesetzte Ausschuß soll insbes. dem Stand der Sicherheitstechnik entsprechende sicherheitstechnische Regeln vorschlagen; die Kommission soll gutachtlich Möglichkeiten zur Verbesserung der Anlagensicherheit aufzeigen.
102 Vgl. dazu z.B. *Feldhaus*, DVBl. 1980, 133 ff.; 1981, 166 (170); *Grabitz*, WiVerw. 1984, 232 ff.; *Kloepfer/Kröger*, NuR 1990, 8 ff.; *Kutscheidt*, FS Redeker, 1993, S. 439 ff.; *Ossenbühl*, NVwZ 1986, 161 (163, 169); *Rehbinder*, FS Sendler, 1991, S. 269 ff.; *Rengeling*, DVBl. 1982, 622 ff.; *Rid/Hamann*, VBlBW 1987, 121 ff.; *Schwerdtfeger*, WiVerw. 1984, 217 ff.; *Sellner*, NJW 1980, 1255 ff.; im übrigen eingehend *Marburger*, Gutachten für den 56. DJT 1986, S. 58 ff.; *Petersen*, Schutz und Vorsorge, 1993; *Rengeling*, Die immissionsschutzrechtliche Vorsorge, 1982; *Reich*, Gefahr, Risiko, Restrisiko, 1989; *Schröder*, Vorsorge als Prinzip des Immissionsschutzrechts, 1987; *Trute*, Vorsorgestrukturen.

schon dann geboten sein, wenn die Immissionen nicht oder noch nicht den Grad schädlicher Umwelteinwirkungen erreichen, also nur *potentiell gefährlich* sind.[103] Art und Ausmaß der nach § 5 I Nr. 2 BImSchG gebotenen Vorsorgemaßnahmen werden durch den Stand der Technik und durch die Adäquanz[104] (Verhältnismäßigkeit, Nähe zur Gefahrenschwelle, gegenwärtige und künftige räumliche Nutzung des Einwirkungsbereichs usw.) bestimmt. Da die Grundpflichten des § 5 I BImSchG gleichrangig sind, kann auch eine technisch mögliche und an sich verhältnismäßige Emissionsbegrenzung dann nicht geboten sein, wenn sie zu schweren, nicht lösbaren Problemen bei der Abfallentsorgung (§ 5 I Nr. 3 BImSchG) führen müßte. Konkret sind aber der positive Gehalt des Vorsorgegebotes und damit Inhalt und Umfang der Vorsorgepflicht nur schwer auszumachen. Daher gibt es zur näheren Konkretisierung aufgrund des § 48 Nrn. 2-4 BImSchG *Emissionswerte* (sowie Verfahrensvorschriften zu ihrer Ermittlung) in Form von Verwaltungsvorschriften (z.B. TA Luft) und aufgrund des § 7 BImSchG *Emissionsgrenzwerte* in Form von Rechtsverordnungen (z.B. 13. BImSchV = GroßfeuerungsanlagenVO). Eine bislang nur unzureichend ausgenutzte Möglichkeit zur Konkretisierung des Vorsorgegebotes liegt in dem Erlaß eines – raumbezogenen – *Vorsorgeplans* nach § 47 I 3 BImSchG (Rn. 6/306) durch die zuständige Immissionsschutzbehörde.

136 Das Vorsorgegebot gilt – wie auch das Schutzgebot – sowohl für die Genehmigung einer Neuanlage (§ 5 I Nr. 2 BImSchG) oder einer wesentlichen Anlagenänderung (§ 15 BImSchG; Rn. 6/212), als auch für die durch behördliche (Kann-)Vorsorgeanordnungen (§ 17 I 1 BImSchG) nachträglich vorgenommenen Emissionsbegrenzungen (Rn. 6/218).

137 bb) Die **Funktionen der Vorsorge**[105] sind umstritten. Vorsorge soll

- *raumbezogen*[106] sein, insofern als sie jenseits der Schutzpflicht der Sicherung von Freiräumen für künftige emittierende Anlagen einerseits (Optionsaspekt) sowie von intakten Lebensräumen für die Menschen andererseits (Umweltqualitätsaspekt) dient, und
- *risikobezogen*[107], insofern als sie unterhalb der Schutzpflichtgrenze (in Verwandtschaft mit der Freiraumthese) auf die Schaffung von *Sicherheitsabständen* zur Grenze schädlicher Umwelteinwirkungen (Vorsorge gegen „Risiken unterhalb der Gefahrenschwelle") sowie (mehr aus ordnungsrechtlicher Sicht) im Zusammenhang mit Immissionen auf die Berücksichtigung eines „*Besorgnispotentials*" z.B.

---

103 *Petersen*, Schutz und Vorsorge, S. 236 ff.
104 Vgl. z.B. *Jarass*, BImSchG, § 5 Rn. 53 ff. m.w.N.
105 Zu den verschiedenen Auffassungen, welche Vorsorgefunktion(en) § 5 I Nr. 2 BImSchG im Auge hat, vgl. die oben in Fn. 6/102 angeführte Lit.
106 Dieser auf die Gesetzesmaterialien gestützte (z.B. dem Atomrecht fremde) raumbezogene Vorsorgeaspekt wird mit unterschiedlicher Akzentuierung insbes. betont von *Feldhaus*, DVBl. 1980, 133 (135); *Jarass*, BImSchG, § 5 Rn. 50 ff.; *Martens*, DVBl. 1981, 597 (602 ff.); *Sellner*, NJW 1980, 1255 (1261); a.A. *Kloepfer/Kröger*, NuR 1990, 8 ff. m.w.N. in Fn. 25. Weitere Nachw. bei *Trute*, Vorsorgestrukturen, S. 30 Fn. 2. Nur zur Lärmvorsorge: *Rid/Hamann*, NVwZ 1989, 200 ff. u. *Kratsch*, DÖV 1989, 628 ff.
107 Diese, vor allem auf den Wortlaut des § 5 I Nr. 2 BImSchG gestützten risikobezogenen Vorsorgeaspekte, die allerdings nur an der Vermeidung schädlicher Umwelteinwirkungen orientiert sind, werden z.B. betont von *Rengeling*, DVBl. 1982, 622 (626 f.); *Kloepfer/Kröger*, NuR 1990, 8 ff. Für das Atomrecht vgl. z.B. *Breuer*, DVBl. 1978, 829 (836 f.); *Bender*, NJW 1979, 1425 (1429 f.).

wegen der nicht ausschließbaren Möglichkeit schädlicher synergistischer Effekte oder sonstiger bisher unzureichend bekannter schädlicher Wirkungen bekannter Stoffe abzielt.

Ein Gebot der Minimierung des technischen Störfallrisikos (vgl. z.B. § 3 I, III 12. BImSchV) kann nicht bereits dem § 5 I Nr. 2 BImSchG entnommen werden (Rn. 6/133). Vereinfacht gesprochen, läßt sich der Vorsorgegrundsatz vom Schutzprinzip einerseits und vom Restrisiko andererseits wie folgt abgrenzen: vom Schutzprinzip des § 5 I Nr. 1 BImSchG unterscheidet er sich dadurch, daß – noch – keine Gefahren vorliegen, von der Hinnahme eines Restrisikos (Rn. 7/128, 7/133) durch ein auf hinreichende Gründe gestütztes Besorgnispotential.[108]

138

Auch das Bundesverwaltungsgericht vertritt anscheinend eine Verbindung dieser Interpretationsansätze (Vorsorge als multifunktionales Gebot).[109] Allerdings führt die raumbezogene, quasi planerische Komponente der Vorsorge nicht dazu, daß § 5 I Nr. 2 BImSchG als Planungs- und damit Abwägungsermächtigung der Genehmigungsbehörde verstanden werden könnte. Das wäre mit dem bei Vorliegen der gesetzlichen Voraussetzungen nach h.L. bestehenden *Rechtsanspruch* auf Genehmigungserteilung („gebundene Kontrollerlaubnis") nicht vereinbar. Erforderlich sind daher im Hinblick auf eine Vielzahl von Emittenten abstrakt-generelle Regelungen, die Ausdruck eines zukunftsbezogenen planerischen Konzepts sind, durch das die Genehmigungsbehörden gebunden werden. (Das ist beispielsweise bei den Luftreinhalteplänen und Lärmminderungsplänen der Fall; Rn. 6/306, 6/309). Zur Durchsetzung eines solchen, auf §§ 7, 48 BImSchG beruhenden „langfristig angelegten Vorsorgekonzepts" hat sich die Vorsorge gegen Luftverunreinigungen nicht allein auf den Einwirkungsbereich der Anlage (Rn. 6/104), sondern auch auf den emissionsquellenfernen Transport zu beziehen.[110]

139

Im Gegensatz zum Schutz- und Abwehrgebot (§ 5 I Nr. 1 BImSchG) ist das Vorsorgegebot (§ 5 I Nr. 2 BImSchG) nach überwiegend vertretener Auffassung **nicht drittschützend**.[111] Während in § 5 I Nr. 1 die Nachbarschaft ausdrücklich erwähnt ist, fehlt ein solcher Hinweis in Nr. 2. Das BVerwG ist der Auffassung, daß die Individualinteressen Dritter bereits durch das Abwehrgebot ausreichend geschützt seien, Vorsorge unterhalb der Schädlichkeitsschwelle nur gegen hypothetische Gefahren gerichtet sei und deswegen nur der Reduzierung eines Kollektivrisikos diene (BVerwGE 65, 313 [320]). Soweit das Vorsorgeprinzip eine allgemeine Verbesserung der Umweltsituation und damit auch einen ausreichenden Sicherheitsabstand zur Schädlichkeitsschwelle oder aber unbelastete bzw. gering belastete Freiräume sichern will, erscheint dies

140

---

108 *Kutscheidt*, FS Redeker, 1993, S. 439 (450).
109 In BVerwGE 65, 313 (320) sind die verschiedenen Auffassungen ohne eigene Stellungnahme wiedergegeben; s.a. BVerwG, UPR 1995, 196 (197); BVerwGE 69, 37 (43 ff. [Heidelberger Fernheizwerk]). Für eine multifunktionale Betrachtungsweise z.B. auch *Jarass*, BImSchG, § 5 Rn. 41 ff.; *Grabitz*, WiVerw. 1984, 232 (236 ff.); *Schwerdtfeger*, WiVerw. 1984, 217 ff.; *Sendler*, UPR 1983, 33 (43); *Wahl*, DVBl. 1982, 51 (61).
110 BVerwGE 69, 37 (45).
111 BVerwGE 65, 313 (320); BGHZ 102, 350 (360); OVG Lüneburg, UPR 1985, 253 u. 255 (Buschhaus I u. II); *Feldhaus*, DVBl. 1980, 133 (136); *Jarass*, BImSchG, § 5 Rn. 108 (der allerdings Emissionsgrenzwerte für kanzerogene Stoffe in Übereinstimmung mit der in Fn. 6/47 zit. Rspr. der Schutzpflicht nach § 5 I Nr. 1 zuordnet); *Rengeling*, DVBl. 1982, 622 (628); *Ronellenfitsch/Wolf*, NJW 1986, 1955 (1959); *Sellner*, Immissionsschutzrecht, Rn. 61; *Breuer*, DVBl. 1986, 849 (855), anders *ders.* in: Umweltrechtstage 1991, S. 158 (174 ff.).

6 Öffentliches Immissionsschutzrecht

zutreffend. Wo jedoch Vorsorge im Hinblick auf erkannte Gefahren betrieben wird, weil die Grenzen zwischen zumutbaren und unzumutbaren Immissionen (noch) nicht beschrieben werden können (z.B. bei kanzerogenen Stoffen) oder wo lückenhaften Kenntnissen im Hinblick auf die Schädlichkeit bestimmter Immissionen oder vermuteter Synergismen kleinräumig vorgebeugt werden kann, ist das Vorsorgeprinzip u.E. individual- und damit *drittschützend*.[112] Vorsorgende Emissionswerte bzw. Emissionsgrenzwerte für Luftverunreinigungen finden sich z.B. in der TA Luft (Rn. 6/77), der Großfeuerungsanlagen-VO (Rn. 6/167) und in der Abfallverbrennungsanlagen-VO (Rn. 6/171).

c) Abfallvermeidungspflicht (§ 5 I Nr. 3 BImSchG)

141 Für die Entsorgung der Stoffe, die beim Betrieb einer immissionsschutzrechtlich genehmigungsbedürftigen Anlage anfallen, im Anlagenbetrieb aber nicht mehr gebraucht werden (sog. Reststoffe, d.h. Produktionsabfall), ist in erster Linie § 5 I *Nr. 3* BImSchG maßgeblich. Diese Vorschrift, die es verdient, auf alle abfallwirtschaftlich relevanten Anlagen ausgedehnt zu werden, normiert mit Inkrafttreten des Art. 2 des Gesetzes zur Vermeidung, Verwertung und Beseitigung von Abfällen v. 27.9.1994 (BGBl. I 2705) zum 6.10.1996 eine Grundpflicht des Betreibers[113], **Abfälle**

- zu *vermeiden*, z.B. durch Änderung der Einsatzstoffe oder der Verfahrenstechnik, also durch Maßnahmen, die einem auf Emissionsvermeidung gerichteten „produktionsintegrierten Umweltschutz" entsprechen, oder
- sie ordnungsgemäß und schadlos (zu Produktions- oder Wärmeerzeugungszwecken) *innerhalb oder außerhalb* der genehmigungsbedürftigen Anlage zu *verwerten*,[114] z.B. durch Verkauf des bei der Rauchgasentschwefelung anfallenden Gipses in gereinigter Form an die Gipsindustrie (Rn. 6/20), wofür sich nach § 9 S. 2 u. 3 KrW-/AbfG stoffbezogene Anforderungen aus dem Abfallrecht ergeben,
- oder hilfsweise – wenn Vermeidung und Verwertung technisch nicht möglich oder unzumutbar sind – sie als Abfälle ohne Beeinträchtigung des Wohls der Allgemeinheit nach dem KrW-/AbfG oder nach den in § 2 II KrW-/AbfG genannten Vorschriften zu *beseitigen*.

---

112 So auch *Kutscheidt*, FS Redeker, 1993, S. 439 (453 f.); ähnlich *Rehbinder*, FS Sendler, 1991, S. 269 (282); *Roßnagel*, in: GK-BImSchG, § 5 Rn. 849 ff.; VG Gießen, NVwZ-RR 1993, 537; VG Neustadt, NVwZ 1992, 1008 (1011).
113 Dazu *Seibert*, UPR 1994, 415 (420); *Jarass*, BImSchG, § 5 Rn. 61 ff. Bis zum Inkrafttreten des KrW-/AbfG besteht eine *Reststoffvermeidungspflicht*, deren Verhältnis zum Abfallbegriff umstr. ist, vgl. BVerwG, NVwZ 1994, 897 f. (REA-Gips); *Jörgensen*, Das Reststoffvermeidungs- und Verwertungsgebot, 1994; *Hansmann*, NVwZ 1990, 409 ff.; *Rehbinder*, DVBl. 1989, 496 ff. sowie für BW die VwV zur Durchführung des § 5 I Nr. 3 BImSchG v. 11.11.1994, GABl. 979 ff.
114 Gemeint ist eine *hochwertige* Verwertung, die den Anforderungen des KrW-/AbfG genügen muß; *Seibert*, UPR 1994, 415 (420). Entgegen der h.M. für § 5 I Nr. 3 a.F. findet unter dem Regime des § 9 KrW-/AbfG „Verwertung" nicht nur außerhalb der Anlage, sondern auch anlagenintern statt, was bislang als „Vermeidung" interpretiert wurde (anders aber bereits mit beachtlichen Gründen *Jörgensen*, Das Reststoffvermeidungs- und Verwertungsgebot, 1994, S. 45 ff.), die dann nicht schadlos zu erfolgen brauchte, s. *Petersen/Rid*, NVwZ 1995, 7 (12); a.A. *Rebentisch*, NVwZ 1995, 639 (644).

Die Erfüllung auch dieser Grundpflicht kann durch Genehmigungsnebenbestimmungen, Behördenaufsicht und nachträgliche Anordnungen durchgesetzt werden. **142**

Zwischen dem Vermeidungs- und Verwertungsgebot besteht kein Rangverhältnis **143** (str.)[115], wohl aber haben beide zusammen Vorrang vor dem Beseitigungsgebot. Der Abfallbegriff des § 5 I Nr. 3 BImSchG ist mit dem des KrW-/AbfG identisch (arg. e § 9 KrW-/AbfG). Er umfaßt daher neben beweglichen Sachen, die bei der Energieumwandlung, Herstellung, Behandlung oder Nutzung von Stoffen oder Erzeugnissen oder bei Dienstleistungen anfallen, ohne daß der Zweck der jeweiligen Handlung darauf gerichtet ist, („Reststoffen" nach § 5 I Nr. 3 BImSchG a.F.) auch sonstige unerwünschte Nebenprodukte wie Abwässer. § 2 II KrW-/AbfG nimmt Abwässer vom Geltungsbereich des KrW-/AbfG aus, engt aber nicht den Abfallbegriff ein. Steht das Wohl der Allgemeinheit der Reststoffbeseitigung entgegen und findet der Betreiber keine Vermeidungs- oder (hochwertige) Verwertungsmöglichkeit, so ist die beantragte Genehmigung zu versagen. Fehlt es an einer (i.S.d. KrW-/AbfG) ordnungsgemäßen Abfallbeseitigung, so können noch nachträglich Anordnungen getroffen werden (§ 17 I BImSchG); letztlich kann der Betrieb untersagt werden (§ 20 I BImSchG).

d) Abwärmenutzungspflicht (§ 5 I Nr. 4 BImSchG)

Ferner wurde mit § 5 I *Nr. 4* BImSchG die Grundpflicht eingeführt, beim Betrieb **144** entstehende (Überschuß-)*Wärme* für Anlagen des Betreibers *zu nutzen* oder an abnahmebereite Dritte abzugeben, und zwar im Rahmen des nach Art und Standort der Anlage technisch Möglichen und Zumutbaren und in Übereinstimmung mit den Pflichten nach den Nrn. 1-3. Dies gilt aber nur, soweit solche Anlagen in einer Rechtsverordnung nach § 5 II benannt sind, was bislang nur im Bereich der Abfallverbrennungsanlagen geschehen ist (§ 8 der 17. BImSchV). Die Regelung zielt auf eine Minderung des Einsatzes fossiler Brennstoffe (Energieeinsparung) und damit auch auf eine Minderung der Luftbelastung.

e) Nachsorgepflicht (§ 5 III BImSchG)

§ 5 III BImSchG normiert die die Anlagenbetriebszeit überdauernden, der Entstehung **145** von Altlasten vorbeugenden Grundpflichten des Betreibers.[116] Dieser hat sicherzustellen, daß nach einer – gem. § 16 II BImSchG der zuständigen Behörde rechtzeitig anzuzeigenden – Betriebseinstellung

– von der Anlage oder dem Anlagengrundstück keine schädlichen Umwelteinwirkungen und sonstige Gefahren, erhebliche Nachteile und erhebliche Belästigungen für die Allgemeinheit und die Nachbarschaft hervorgerufen werden können *(Nr. 1)* und

---

115 Vgl. *Jörgensen*, Das Reststoffvermeidungs- und Verwertungsgebot, 1994, S. 59 ff. m.w.N.
116 *Hansmann*, NVwZ 1993, 921 ff.; *Peters*, NVwZ 1994, 879 f.

6 *Öffentliches Immissionsschutzrecht*

– vorhandene Abfälle ordnungsgemäß und schadlos verwertet oder als Abfälle ohne Beeinträchtigung des Wohls der Allgemeinheit beseitigt werden *(Nr. 2)*.

146 Von einer stillgelegten *Anlage* (auch einem stillgelegten selbständigen Anlageteil) oder von dem *Betriebsgrundstück* der stillgelegten Anlage können i.S. der *Nr. 1* des § 5 III schädliche Umwelteinwirkungen (z.B. in Gestalt von Staubverwehungen von Halden) oder sonstige Gefahren, erhebliche Nachteile und Belästigungen (z.B. aufgrund von im Boden versickerten gelösten Chemikalien) ausgehen. Die Pflicht, die Allgemeinheit und die Nachbarschaft vor solchen Gefahren usw. zu schützen, trifft nicht den Eigentümer des Betriebsgrundstücks als solchen (qua Zustandshaftung), sondern den (gefahrenverursachenden) Betreiber (str.).[117]

Eine bestimmungsgemäße oder sonst kurzfristige Betriebsunterbrechung ist dabei nicht als eine Betriebseinstellung i.S. der §§ 5 III, 16 II, 17 IVa BImSchG anzusehen.

147 Durch *Nr. 2* des § 5 III wird klargestellt, daß die in § 5 I Nr. 3 normierten Pflichten der Abfallverwertung und -beseitigung auch nach Betriebseinstellung bestehen bleiben, dann aber ohne Rangverhältnis.

148 Die Gewährleistung der Einhaltung der Grundpflichten aus § 5 III BImSchG ist – soweit wie möglich – schon bei Genehmigungserteilung zu prüfen (§ 4b I Nr. 4 der 9. BImSchV). Der Schwerpunkt liegt aber ohne Zweifel bei der späteren behördlichen Prüfung nach Eingang der Anzeige des Betreibers (§ 16 II BImSchG), wonach dieser die Absicht hat, den Anlagenbetrieb einzustellen. Dieser Anzeige sind die Unterlagen für die vorgesehenen Maßnahmen zur Erfüllung der Nachsorge-Grundpflichten beizufügen. Hier können dann von der Behörde noch innerhalb eines Zeitraums von 10 Jahren nach Betriebseinstellung die notwendigen Anordnungen zur Herstellung des den Pflichten nach § 5 BImSchG genügenden Zustands getroffen werden (§ 17 I i.V.m. § 17 IVa BImSchG).

3. Genehmigungsvoraussetzungen

a) Die immissionsschutzrechtliche Genehmigung als Kontrollerlaubnis

149 Sind die gesetzlichen *Genehmigungsvoraussetzungen* erfüllt, so besteht – abweichend von § 2 WHG oder § 7 AtG – gem. § 6 BImSchG nach h.L. ein **Anspruch auf Erteilung der Genehmigung**. Im Gegensatz zum Medium Wasser unterliegt somit das Medium Luft nach geltendem Recht keinem Bewirtschaftungsermessen.[118] Allerdings ist die immissionsschutzrechtliche Genehmigung keine rechtlich „streng" gebundene Kontrollerlaubnis, weil sie an mehreren Stellen „offene" Tatbestandsmerkmale mit abwägenden oder bewertenden Elemente beinhaltet, wie z.B. das Vorsorge-

---

117 *Dienes*, NWVBL 1990, 406; *Fluck*, BB 1991, 1797 (1799); a.A. (letzter Betreiber) *Vallendar*, UPR 1991, 91 (95). Zur Inanspruchnahme des Konkursverwalters: OVG Lüneburg, NJW 1993, 1671.
118 Vgl. *Jarass*, BImSchG, § 6 Rn. 19; a.A. *Murswiek*, Risiken der Technik, S. 357 ff.; s.a. *Trute*, Vorsorgestrukturen, S. 336 f. Zu den Möglichkeiten de lege ferenda s. *Hoffmann-Riem*, DVBl. 1994, 605 ff., zum Vorschlag einer IPC-Richtlinie der EG *Appel*, DVBl. 1995, 399 (407 f.) u. Rn. 6/44.

prinzip oder das „Wohl der Allgemeinheit" im Rahmen anderer öffentlich-rechtlicher Vorschriften i.S.d. § 6 Nr. 2 BImSchG.[119]

Da die immissionsschutzrechtliche Genehmigung den Charakter einer „Realkonzession" hat, gehören die Zuverlässigkeit und Fachkunde des Betreibers nicht zu den Genehmigungsvoraussetzungen. Steht jedoch die Unzuverlässigkeit des Betreibers bereits bei Antragstellung fest, so kann es wegen § 20 III BImSchG (Untersagungsmöglichkeit bei Unzuverlässigkeit des Betreibers) am Antragsinteresse fehlen. **150**

b) *Genehmigungsvoraussetzungen nach § 6 BImSchG*

Die Genehmigung *ist* (grundsätzlich sowohl unbefristet als auch unwiderruflich, vgl. aber Rn. 6/44, 6/191) nach § 6 BImSchG zu erteilen, wenn **151**

– sichergestellt ist, daß die Pflichten, die sich aus § 5 BImSchG und einer aufgrund des § 7 BImSchG (zur Bestimmung der näheren Anforderungen) erlassenen RechtsVO ergeben, erfüllt werden *(Nr. 1)* – wobei Zweifel zu Lasten des Antragstellers gehen – und
– andere öffentlich-rechtliche Vorschriften und Belange des Arbeitsschutzes der Errichtung und dem Betrieb der Anlage nicht entgegenstehen *(Nr. 2).*[120]

Zu den sonstigen anlagenbezogenen öffentlich-rechtlichen Vorschriften zählen z.B. Vorschriften des Bauordnungs-, Bauplanungs-,[121] Abfall-, Gewerbe-, Straßen- und **152**

---

119 Vgl. *Jarass*, Umweltverträglichkeitsprüfung bei Industrieanlagen, 1987, S. 91 f.; *Sendler*, in: *Koch/Lechelt* (Hrsg.), Zwanzig Jahre BImSchG, 1994, S. 221 f.; *ders.*, UPR 1983, 43.
120 Hat eine Genehmigungsbehörde außer speziellen Genehmigungsvoraussetzungen auch die Einhaltung der sonstigen öffentlich-rechtlichen Vorschriften zu prüfen, so stellt sich außerhalb einer gesetzlich etwa angeordneten Konzentrationswirkung (hier § 13 BImSchG) der behördlichen Genehmigung bei notwendigen weiteren (Parallel-)Genehmigungen (z.B. wasserrechtliche Gestattung neben immissionsschutzrechtlicher Genehmigung; vgl. BVerwG, DVBl. 1990, 57) die Frage, ob die Genehmigungsbehörde verbindlich für die andere Behörde über das Vorliegen oder Fehlen einer materiellrechtlichen Gestattungsvoraussetzung entscheiden kann. Vgl. zu dieser Problematik z.B. *Lämmle*, Konkurrenz paralleler Genehmigungen, 1991; *Gaentzsch*, NJW 1986, 2787 ff.; *Pauly/Lützeler*, DÖV 1995, 545 ff.; *Schmidt-Preuß*, DVBl. 1991, 229 ff. Im wesentlichen ist dies eine Frage der Reichweite der Bindungswirkung einer (zeitlich früheren) Genehmigung gegenüber einer späteren Genehmigung (vgl. *Lämmle*, ebda., S. 157 ff., 178 ff.). Das BVerwG geht im Grundsatz davon aus, daß die Entscheidungskompetenz so weit reicht, wie keine Genehmigungsvorbehalte zugunsten anderer Behörden bestehen; für Überschneidungsbereiche außerhalb eines Genehmigungsvorbehalts (z.B. § 8 BNatSchG, § 22 BImSchG) soll aber ein enger Bezug der Genehmigungsvoraussetzung zur Fachkompetenz der Genehmigungsbehörde deren ausschließliche Entscheidungskompetenz begründen. Soweit allerdings evident ist, daß die weitere Genehmigung nicht erteilt werden kann, fehlt es am Sachbescheidungsinteresse; vgl. etwa BVerwGE 82, 61 (69); 74, 315 (324); BVerwG, DVBl. 1988, 489; abw. BayVGH, DVBl. 1993, 665 ff. (sog. Separationsprinzip); hiergegen aber wiederum BVerwG, NVwZ-RR 1995, 66 (67).
121 Eine immissionsschutzrechtliche Genehmigung muß daher versagt werden, wenn eine Gemeinde während des Genehmigungsverfahrens oder des verwaltungsgerichtlichen Verfahrens zulässigerweise eine Veränderungssperre nach § 14 I BauGB erläßt mit dem Ziel, eine Grünfläche (§ 9 I Nr. 20 BauGB) zu erhalten; vgl. BVerwG, NVwZ 1991, 62 ff.; VGH BW, NVwZ-RR 1990, 396 ff. – Zur Bindung der immissionsschutzrechtlichen Genehmigung an die §§ 29 ff. BauGB s. BVerwG, NVwZ 1990, 464 ff.; *Bohl*, NVwZ 1994, 647 ff.; *Uechtritz*, DVBl. 1991, 466 ff.

6 Öffentliches Immissionsschutzrecht

Naturschutzrechts[122], also auch Vorschriften, die ein repressives Verbot mit Befreiungsvorbehalt beinhalten (Waldumwandlungsgenehmigung oder die naturschutzrechtliche Eingriffsregelung nach verschiedenen LNatSchGen). Insbesondere (aber nicht nur; str.) gehören dazu Vorschriften, die die materiellrechtlichen Voraussetzungen derjenigen Erlaubnisse und Genehmigungen regeln, die gem. § 13 BImSchG (Konzentrationsgrundsatz) von der Genehmigung eingeschlossen werden (Rn. 6/200).

153 Die Umweltverträglichkeitsprüfung ist nach § 1 II der 9. BImSchV unselbständiger Teil des Zulassungsverfahrens. Dabei sind die für die Prüfung der Genehmigungsvoraussetzungen bedeutsamen Auswirkungen einer Anlage auf die Umweltgüter zu ermitteln, zu beschreiben und zu bewerten (§ 1a 9. BImSchV). Soweit das gesetzliche Entscheidungsprogramm es zuläßt (z.B. im Rahmen des Schutz- oder Vorsorgeprinzips oder sonstiger öffentlich-rechtlicher Vorschriften nach § 6 Nr. 2 BImSchG) kann das Ergebnis der UVP bei der Genehmigungsentscheidung berücksichtigt werden.[123]

154 Mit dem Investitionserleichterungs- und Wohnbaulandgesetz vom 26.3.1993 wurden öffentlich zugängliche Abfallentsorgungsanlagen (in denen Abfälle gem. § 15 ff. KrW-/AbfG durch öffentlich-rechtliche Entsorgungsträger oder von diesen beauftragten Dritten behandelt oder verwertet werden, also insbesondere Abfallverbrennungsanlagen) aus der abfallrechtlichen Planfeststellungs- in die immissionsschutzrechtliche Genehmigungspflicht überführt. Dabei wurde gleichzeitig durch Änderung des § 38 S. 1 BauGB die Befreiung von der strikten Bindung an das Bauplanungsrecht aufrechterhalten (Rn. 2/19). Eine solche Ausnahme vom *bauplanungsrechtlichen Zulassungsvorbehalt* (vgl. § 30 BauGB i.V.m. §§ 8 I, 2 I BauGB, § 36 I BauGB) der Gemeinde, der Ausfluß der kommunalen Planungshoheit ist, muß sich jedoch verfassungsrechtlich rechtfertigen lassen.[124] Die Planungshoheit der Gemeinde muß die Chance haben, in dem Entscheidungsfindungsprozeß berücksichtigt zu werden, was verfahrensrechtlich die Gewährung rechtlichen Gehörs und materiellrechtlich die Berücksichtigung der bauleitplanerischen Belange in dem der Genehmigung zugrundeliegenden Entscheidungsprogramm einschließt. Fraglich ist, ob § 10 IV 1 KrW-/AbfG Anwendung findet, wonach Abfälle so zu beseitigen sind, daß das Wohl der Allgemeinheit nicht beeinträchtigt wird und insbesondere die Belange des Städtebaus (Nr. 5) gewahrt werden, weil § 31 I KrW-/AbfG offen läßt, ob § 10 IV KrW-/AbfG eine Vorschrift i.S.d. § 6 Nr. 2 BImSchG darstellt. Da es aber verfassungsrechtlich unzulässig wäre, die Planungshoheit der Gemeinde ohne weiteres einzuschränken, muß der Begriff „Wohl der Allgemeinheit" verfassungskonform so ausgelegt werden, daß die Genehmigung versagt werden kann, wenn überwiegende städtebauliche Belange gegen die Zulassung der Abfallentsorgungsanlage an dem beantragten Standort sprechen.[125]

c) Anforderungen an genehmigungsbedürftige Anlagen in Rechtsverordnungen

155 Mit § 7 I BImSchG ist die Bundesregierung ermächtigt worden, nach Anhörung der beteiligten Kreise (§ 51) mit Zustimmung des Bundesrats durch RechtsVO

---

122 VGH BW, NVwZ 1992, 998 ff.
123 Ausführlich hierzu und zu den im Hinblick auf die UVP-RL verbleibenden Defiziten bzgl. Wechselwirkungen zwischen verschiedenen Umweltmedien und Verschiebung von Umweltproblemen aus einem Umweltmedium in ein anderes *Erbguth/Schink*, UVPG, § 12 Rn. 95 ff., 103 ff.; ferner *Hoffmann-Riem*, DVBl. 1994, 605 ff.
124 S. hierzu *Beckmann*, DVBl. 1994, 236 (240 ff.); *Engel*, UPR 1993, 209 ff.; *Hofmann-Hoeppel*, BauR 1995, 479 ff.; *Weidemann*, DVBl. 1994, 263 (267 ff.).
125 OVG Koblenz, NVwZ 1995, 290 (291 f.); *Jarass*, BImSchG, § 6 Rn. 11; *Weidemann*, DVBl. 1994, 263 (269 ff.); diff. *Erbguth*, NVwZ 1995, 243 (245); a.A. *Haller*, NVwZ 1994, 1066 (1067).

- technische Anforderungen an Anlagen *(Nr. 1)*,
- Emissionsgrenzwerte *(Nr. 2)*,
- Meßpflichten der Betreiber *(Nr. 3)* und
- von den Betreibern im Wege der Eigenüberwachung während der Errichtung, vor Inbetriebnahme, während der Betriebszeit und der Nachbetriebszeit zu veranlassende sicherheitstechnische Überprüfungen durch einen Sachverständigen i.S. des § 29a *(Nr. 4)*

zu regeln. Insbesondere sind aufgrund dieser Ermächtigung erlassen worden

- die 12. BImSchV (Störfall-VO; vgl. Rn. 6/157 ff.),
- die 13. BImSchV (Großfeuerungsanlagen-VO; vgl. Rn. 6/162 ff.) und
- die 17. BImSchV (VO über Verbrennungsanlagen für Abfälle und ähnliche brennbare Stoffe, vgl. Rn. 6/168 ff.).

Solche Vorschriften, deren Einhaltung bei Erteilung der Genehmigung sichergestellt sein muß, dienen (auch) der (vorbeugenden) Gefahrenabwehr, sei es auch in Gestalt einer Konkretisierung des gesetzlichen Vorsorgegebots.

Für den Fall, daß in bestehenden Genehmigungen oder Vorbescheiden geringere Anforderungen gestellt worden sind, als sie in einer gem. § 7 I BImSchG ergangenen RechtsVO geregelt sind, können in dieser RechtsVO nach § 7 II BImSchG *Übergangsfristen* bis zur notwendigen Erfüllung der strengeren Anforderungen vorgesehen werden. § 7 III 1 BImSchG ermöglicht es, für Vorsorgeanforderungen nach § 5 I Nr. 2 schon in der VO selbst für betriebsbereite Anlagen befristete und gebietsbeschränkte, mit dem Schutzzweck des § 1 BImSchG zu vereinbarende Ausnahmen vorzusehen. Dies gilt aber nur, wenn an anderen Anlagen des Betreibers oder Dritter „weitergehende" Emissionsminderungen erreicht werden (Kompensationsmodell). Die Vorsorgeplanung kann somit unter dem Aspekt des Bestandsschutzes (Rn. 1/125) flexibel gestaltet werden. Dies ist mit der 13. BImSchV auch geschehen, im übrigen auch mit den Fristenstaffelungen, die die TA-Luft 1986 vorsieht (Rn. 6/164). **156**

4. Insbesondere: Die 12., 13. und 17. BImSchV

a) Störfall-Verordnung

aa) Die im Jahre 1991 novellierte *Störfall-VO* (12. BImSchV)[126] gilt für Störfälle i.S. ihres § 2 I[127], und zwar im wesentlichen für alle gem. § 4 BImSchG genehmigungsbedürftigen Anlagen, in denen bestimmte, in den Anhängen II, III oder IV der VO angeführte störfallrelevante (insbes. toxische sowie brennbare oder explosive) Stoffe oder Stoffgruppen (z.B. das 2, 3, 7, 8 TCDD = „Seveso-Dioxin", E 605, Phosgen) im bestimmungsgemäßen Betrieb vorhanden sein oder entstehen können (§ 1 I 1 VO). **157**

---

126 Dazu z.B. *Breuer*, NVwZ 1990, 211 ff.; *Hansmann*, NVwZ 1991, 1138 ff.; *Roßnagel*, in: GK-BImSchG, § 7 Rn. 217 ff.; *Uth*, Störfallverordnung, Ktr. 2. Aufl. 1994.
127 § 2 I definiert den Störfall als eine Störung des bestimmungsgemäßen Betriebs, bei der ein Stoff nach den Anhängen II, III oder IV durch Ereignisse wie größere Emissionen, Brände oder Explosionen sofort oder später eine ernste Gefahr hervorruft. Der Störfallbegriff der 12. BImSchV ist damit weiter als der atomrechtliche, den nicht beherrschbaren „Unfall" ausgrenzende Störfallbegriff (Rn. 7/234 ff.).

6 Öffentliches Immissionsschutzrecht

Die Verordnung legt den Betreibern der mit einem besonderen Risikopotential verbundenen genehmigungsbedürftigen Anlagen (z.B. Anlagen der chemischen Industrie, Mineralöl-Großlager) bestimmte (materielle und formelle) Pflichten auf, etwa

– (drittschützende) Sicherheitspflichten zur Verhinderung von Störfällen (§§ 3 I, II, 4, 6 VO) und zur Störfallvorsorge, um Störfallauswirkungen so gering wie möglich zu halten (§§ 3 III, 5, 6 VO),
– die Pflicht zur Anfertigung (und Fortschreibung) einer detaillierten Sicherheitsanalyse für die Betreiber der in Anhang I genannten Anlagen (§§ 1 II, 7 ff. VO),
– Informations- und Meldepflichten (§ 5 II, 6 II, 11, 11a VO) u.a.m.

Die Störfall-VO hat nach h.L. keinen abschließenden Charakter, wie insbes. deren § 3 I entnommen werden kann.[128] Zu ihrem Vollzug sind zwei Allgemeine Verwaltungsvorschriften erlassen worden.

158 bb) Durch die – gem. § 4b II der 9. BImSchV mit dem Genehmigungsantrag vorzulegende – **Sicherheitsanalyse** (§§ 7 ff. VO), die mit einer umfassenden Sicherheitsüberprüfung einhergeht, soll der Genehmigungsbehörde die Beurteilung ermöglicht werden, ob die materiellen Anforderungen an einen zureichenden *Gefahrenschutz* (§ 5 I Nr. 1 BImSchG)[129] erfüllt sind. Dabei gewährt die in der Störfall-VO sog. „Störfallvorsorge" (i.S. der §§ 3 III, 5, 6) u.E. **Drittschutz** im Sinne der hier vertretenen individualschützenden Komponente des Vorsorgegebots, weil erkannten Gefahren im Vorfeld der Gefahrenabwehr vorgebeugt werden soll (Rn. 6/140).[130]

159 Aufgrund jüngerer Erfahrungen (vor allem: Rheinverschmutzung durch den Unfall bei der Fa. Sandoz/Schweiz im Nov. 1986; vgl. Rn. 4/47) wurden 1988 die Anforderungen an die „Störfallvorsorge" durch eine „nachfassende" Novellierung der Störfall-VO erheblich verschärft. Insbesondere sind die Kataloge der Anhänge I u. II (auf über 320 Stoffe und verschiedene Gefährdungsklassen) erweitert, Vorschriften über den Schutz des Bedienungspersonals eingefügt und die Vorschriften über die Sicherheitspflichten der Betreiber ergänzt bzw. verschärft worden (z.B. durch die Begründung der Pflicht zur Erstellung und Fortschreibung von Lagerlisten zwecks Erleichterung der Brandbekämpfung oder der Pflicht zur Meldung eines betriebswidrigen schädigenden oder gefährlichen, wenn auch nicht gemeingefährlichen Austrags von Stoffen des Anhangs II usw.). Mit der Novelle von 1991 wurden gemeinschaftsrechtlich bedingte Änderungen in die Störfall-VO eingearbeitet und der Pflichtenumfang der Betreiber erneut ausgedehnt.

160 Erfaßte die Störfall-VO vor ihrer Novellierung von 1988 in der Bundesrepublik nur rd. 850 Anlagen, so waren es danach in den alten Bundesländern etwa 7000. Auch die 1988 vorgenommenen qualitativen Änderungen sind im Interesse einer Intensivierung der vorbeugenden

---

128 *Jarass*, BImSchG, § 7 Rn. 27; *Landmann/Rohmer/Hansmann*, Umweltrecht, Vorbem. 6 zur 12. BImSchV.
129 Zum Drittschutz durch § 3 I StörfallVO vgl. VGH BW, NVwZ 1995, 292 (297); OVG Münster, NVwZ 1991, 1200 (1203).
130 Nach § 3 III der 12. BImSchV werden „über" die Störfallvermeidungspflicht nach § 3 I „hinaus" Vorsorgemaßnahmen verlangt; so auch Roßnagel, in: GK-BImSchG, § 5 Rn. 338 ff., 855; OVG Münster, NVwZ 1989, 174; unklar *Rehbinder*, FS Sendler, 1991, 269 (282); a.A. *Jarass*, BImSchG, § 7 Rn. 31; *Landmann/Rohmer/Hansmann*, Umweltrecht, 12. BImSchV, § 3 Rn. 2; z.T. wird dann jedoch eine Ausweitung des Schutzprinzips nach § 5 I Nr. 1 BImSchG vorgenommen, so *Breuer*, NVwZ 1990, 211 (221); *Schulze-Fieleitz*, Immissionsschutzrecht, Tz. 112; OVG Lüneburg, DVBl. 1984, 890 (893) und unsere Vorauflage Rn. 327.

Gefahrenabwehr und der Störfallfolgenbegrenzung einschneidend. Man muß in der Tat konstatieren, daß bisher an die chemische Industrie trotz z.T. hohen Gefährdungspotentials keineswegs auch nur annähernd vergleichbar hohe Sicherheitsanforderungen gestellt wurden, wie sie etwa im Bereich der friedlichen Nutzung der Kernenergie in der Bundesrepublik Deutschland als selbstverständlich angesehen werden. Die technischen Risiken in der chemischen Industrie sind daher in bestimmten Bereichen beträchtlich hoch.

Man denke nur an einige spektakuläre Unfälle, z.B. an die Explosion von Dimetyläther im Werk *Ludwigshafen* der BASF im Juli 1948 mit einer Schadensfolge von 200 Todesopfern, ca. 3800 (z.T. schwer) Verletzten und ca. 50 Mio DM Sachschaden, ferner an die im Ausland aufgetretenen Unfälle in *Flixborough*/England 1974, *Seveso*/Italien 1976 und *Bhopal*/Indien 1984. Im letztgenannten, bislang schwersten Industrieunfall ist Methyl-Isocynamat, ein Grundstoff für die Produktion von Insektiziden, in einem Betrieb des US-Konzerns Union Carbide als Gas ausgetreten; es kam zu ca. 200 000 Verletzten und (bis 1992) über 4000 Todesopfern. **161**

b) Großfeuerungsanlagen-Verordnung

Die *Verordnung über Großfeuerungsanlagen* (13. BImSchV) vom 22.6.1983 (BGBl. I 719)[131] enthält ein Emissionsbegrenzungskonzept für Neuanlagen sowie ein Altanlagensanierungskonzept. Nach ihrem § 1 gilt die 13. BImSchV für die Errichtung, die Beschaffenheit und den Betrieb von Feuerungsanlagen mit einer Wärmeleistung ab 50 MW (bzw. bei gasförmigem Brennstoff ab 100 MW), also vor allem für Kraft- und Fernheizwerke sowie für Industriefeuerungen zur Prozeßdampf- und Stromerzeugung. **162**

aa) Für Neuanlagen dieser Art setzt die 13. BImSchV je nach dem verwendeten fossilen Brennstoff (fest, flüssig oder gasförmig) **Grenzwerte für bestimmte Emissionen** (Stäube, CO, NO_x, SO_2 und Halogenverbindungen) fest, z.B. für SO_2 gem. § 6 IV 400 mg/m^3 im Abgas von Kohle-KW. Die Emissionsgrenzwerte sind in Abhängigkeit von der Brennstoffart und der thermischen Leistung gestaffelt. Der Brennstoff bestimmt nämlich weitgehend die Feuerungsart und hat schon deswegen großen Einfluß auf die Abgaszusammensetzung. Die Grenzwerte sind ferner um so niedriger festgelegt, je größer die Feuerungswärmeleistung und damit die emittierten Massenströme (Frachten) sind. Bei Stickoxiden wurde der Grenzwert in § 5 I 1 auf 800 mg/m^3 festgelegt. Wegen der 1983 noch in der Entwicklung befindlichen NO_x-Emissionsminderungstechnologie wurde aber eine „Pflichtendynamisierung" vorgesehen (§ 5 I 2). Daher waren aufgrund der technischen Entwicklung (Rn. 6/21) entsprechend einem Beschluß der Umweltministerkonferenz bereits 1984 die Anlagen auf einen NO_x-Grenzwert von nur noch 400 mg/m^3 auszulegen; moderne Anlagen erreichen heute Werte von 50-70 mg/m^3. **163**

bb) Außerdem enthält die 13. BImSchV ein **Altanlagensanierungskonzept**[132], indem sie die Anforderungen und Übergangsfristen („Absterbeordnung") für die sanierungs- **164**

---

131 Dazu etwa *Donner*, NuR 1989, 72 ff.; *Kutscheidt*, NVwZ 1984, 409 ff.; *Peters*, NVwZ 1985, 723 ff.; *Roßnagel*, in: GK-BImSchG, § 7 Rn. 243 ff.; *Tegethoff*, et 1985, 173 ff. – Zum Vollzug: 5. Immissionsschutzbericht der BReg. v. 15.12.1992, BT-Drs. 12/4006, S. 4 ff.; *Feldhaus/Eisenbarth*, UPR 1988, 405 (406).
132 Das Konzept hat sich entgegen den skeptischen Erwartungen der Energiewirtschaft bewährt. Zum Altanlagenbegriff BVerwGE 69, 37 (40 f.).

6 *Öffentliches Immissionsschutzrecht*

bedürftigen Altanlagen regelt (§§ 17 ff., 36 der 13. BImSchV). Zahlreiche Großfeuerungsanlagen mit einer Feuerungswärmeleistung von insgesamt 192 000 MW (aus einem Altbestand von 235 000 MW) mußten nachgerüstet werden; davon waren über 100 Anlagen (139 000 MW) mit Stein- bzw. Braunkohle oder schwerem Heizöl befeuert. Rd. 80% dieser Gesamtwärmeleistung von 139 000 MW betreffen größere Anlagen mit einer Wärmeleistung von jeweils über 300 MW (z.B. Kraftwerke, Heizkraftwerke); für diese Anlagen lief am 30.6.1988 die Übergangsfrist von 5 Jahren ab, innerhalb derer die höchstzulässigen SO_2-Emissionskonzentrationen aus den Altanlagen grundsätzlich denen von Neuanlagen entsprechen mußten. Diese Frist wurde durch Einbau von 165 Rauchgasentschwefelungsanlagen (Rn. 6/21) genutzt. Ab 1.4.1993 mußten alle Altanlagen den für Neuanlagen geltenden Anforderungen entsprechen oder aber stillgelegt sein. Das für Umrüstungen zur Ermöglichung der Entschwefelung und Entstickung notwendige Investitionsvolumen, das aufgrund der 13. BImSchV ausgelöst wurde, belief sich allein für Energieversorgungsunternehmen auf rd. 21 Mrd DM, was zu Stromerzeugungsmehrkosten von durchschnittlich 2,5 Pf/kWh führte.

165 Das Altanlagensanierungskonzept der 13. BImSchV ist für kleinere Feuerungsanlagen (bestimmte chemische Fabriken, Raffinerien, Zementwerke usw.) durch das der **TA Luft 1986** (Rn. 6/68) ergänzt worden, und zwar für Anlagen mit einer Wärmeleistung bis 50 MW (bei Gasbetrieb bis 100 MW). Im Gegensatz zur 13. BImSchV bedürfen die Sanierungsanforderungen der TA Luft der Umsetzung durch nachträgliche Anordnungen. Danach waren rd. 30 000 Altanlagen zu überprüfen, hiervon offenbar rd. 50% sanierungsbedürftig (geschätzter Investitionsaufwand: rd. 15 Mrd DM).

166 Durch die Maßnahmen, die aufgrund der 13. BImSchV und der Novelle zur TA Luft von 1986 zu ergreifen waren oder noch zu ergreifen sind, sollen bis 1995 im Vergleich zu den für 1982 ermittelten Schadstoffemissionen (Rn. 6/8) der jährliche SO_2-Ausstoß von 2,9 auf ca. 1 Mio t, der NO_2-Ausstoß von 2,8 auf rd. 2 Mio t und der CO-Ausstoß von mehr als 7,4 auf 4,3 Mio t verringert werden. Die Anforderungen der 13. BImSchV gehen erheblich über das hinaus, was von der entsprechenden, nach über vierjährigen Verhandlungen 1988 beschlossenen EG-Richtlinie gefordert wird (ganz abgesehen von den in dieser Richtlinie für Großbritannien, Spanien und andere EG-Mitgliedstaaten vorgesehenen Ausnahmeregelungen).

167 cc) Die 13. BImSchV konkretisiert in abstrakt-genereller Weise (s. § 1 I 2) das Vorsorgegebot (Emissions-, nicht Immissionsbegrenzung); die in ihr festgelegten **Emissionsgrenzwerte** können jedoch u.E. im Einzelfall der individualschützenden Vorsorge zugeordnet werden und sind dann **nachbarschützend**.[133]

c) *Die Abfallverbrennungsanlagen-Verordnung*

168 Mit der aufgrund §§ 5 II, 7 I und 4 BImSchG erlassenen *Verordnung über Verbrennungsanlagen für Abfälle und ähnliche brennbare Stoffe* (Abfallverbrennungsanlagen-VO, 17. BImSchV) vom 23.11.1990 (BGBl. I 2545)[134], der zweiten anlagebezogenen

---

133 Wie hier *Roßnagel*, in: GK-BImSchG, § 5 Rn. 855; a.A. VG Schleswig, SchlHA 1985, 157 ff.
134 Hierzu *Führ*, NWVBl 1992, 121 ff.; *Roßnagel*, in: GK-BImSchG, § 7 Rn. 266 ff.; *Rupp*, in: *Kormann* (Hrsg.), Abfallrecht und Abfallwirtschaft, 1993, S. 91 (106 ff.); Amtl. Begründung BR-Drs. 303/90; 5. Immissionsschutzbericht der BReg., BT-Drs. 12/4006, S. 70 ff.

Sanierungsvorschrift nach der 13. BImschV, werden die emissionsbegrenzenden Anforderungen an Abfall- und Abfallmitverbrennungsanlagen (Rn. 10/268 ff.) gegenüber der TA Luft erheblich verschärft. Die 17. BImSchV wurde im Zusammenhang mit der 3. Novelle des BImSchG 1990 – durch die die rechtspolitisch stark umstrittene Möglichkeit geschaffen wurde, Abfälle auch in immissionsschutzrechtlich genehmigungspflichtigen Anlagen zu behandeln und insbesondere zu verbrennen (§ 4 I 2 AbfG = § 27 I 2 KrW-/AbfG, Rn. 10/246 f.) – entworfen und verabschiedet, und setzt auch die Anforderungen der EG-Richtlinien zu Müllverbrennungsanlagen (Rn. 6/41) in bundesdeutsches Recht um.

aa) Die 17. BImSchV ist anzuwenden auf nach § 4 BImSchG genehmigungsbedürftige Anlagen, in denen *feste oder flüssige Abfälle* (§ 1 I 1 Nr. 1) oder *ähnliche feste oder flüssige brennbare Stoffe*, die nicht in Nr. 1.2 des Anhangs zur 4. BImSchV aufgeführt sind (§ 1 I 1 Nr. 2), *verbrannt* werden, auch wenn dies nur einen Nebenzweck der Anlage darstellt. Die VO gilt auch für alle Anlagen, in denen diese Stoffe zum Einsatz kommen, also „mitverbrannt" werden, und zwar ab Inkrafttreten des § 27 I 2 KrW-/AbfG ohne Beschränkung (wie noch in § 4 I 2 AbfG enthalten) auf sog. Spalte 1-Anlagen (Rn. 6/121). Soweit allerdings der Anteil der Abfälle oder abfallähnlichen Stoffe an der jeweiligen Feuerungswärmeleistung unter 25% liegt, gelten lediglich die in § 5 festgesetzen Emissionsgrenzwerte sowie die dazugehörigen Messungs- und Überwachungsvorschriften der §§ 9-16. **169**

Ausgenommen wird die Verbrennung von Stoffen, die in dem abschließenden Katalog des § 1 III VO aufgeführt sind, wobei z.B. in flüssigen brennbaren Stoffen dann weniger als 10 mg/kg an polychlorierten aromatischen Kohlenwasserstoffen enthalten sein dürfen (bei einem Mindestheizwert von 30 MJ/kg, Nr. 4) oder wonach bei sonstigen flüssigen brennbaren Stoffen aufgrund ihrer Zusammensetzung keine anderen oder (wesentlich) höheren Emissionen als bei der Verbrennung von „Heizöl EL" auftreten dürfen (Nr. 5). **170**

bb) Neben **Emissionsgrenzwerten** für CO (§ 4 VI) enthält die 17. BImSchV in § 5 I solche für[135] **171**

– Gesamtstaub, Gesamtkohlenstoff (Organik), Chlorwasserstoff (anorganische Chlorverbindungen), Fluorwasserstoff (anorganische Fluorverbindungen), SO_2 und SO_3, NO und NO_2, und zwar als Tagesmittelwerte und Halbstundenmittelwerte;
– Schwermetalle sowie – krebserzeugende – Dioxine und Furane, jeweils bezogen auf den Mittelwert der Probenahmezeit, die das Vorsorgegebot konkretisieren, jedoch u.E. der **nachbarschützenden** Vorsorge zuzuordnen sind (Rn. 6/140).[136]

Nach Auffassung der Bundesregierung sollen die emissionsbegrenzenden Anforderungen den Stand der Technik (Rn. 6/113) konkretisieren, der allerdings inzwischen für einige Schadstoffe weiter fortgeschritten ist. So enthält etwa der Planfeststellungsbeschluß des Restmüll-Heizkraftwerks Esslingen v. 26.10.1994 u.a. Tagesmittelwerte von 25 mg/m³ für SO_2 (anstelle 50 mg/m³), 70 mg/m³ für NO_2 (anstelle 200 mg/m³) sowie Probenahmegrenzwerte für Schwer- **172**

---

135 Die Messungen sind nach den Vorschriften der §§ 9 ff. vorzunehmen, eine bundeseinheitliche Praxis soll durch Verwaltungsvorschriften sichergestellt werden, vgl. das Rdschr. des BMU v. 26.10.1992, GMBl. 1992, 1138.
136 Wie hier *Roßnagel*, in: GK-BImSchG, § 5 Rn. 855; a.A. VGH BW, NVwZ 1995, 292 (296) – vorbeugende Gefahrenabwehr nach § 5 I Nr. 1 BImSchG.

6 *Öffentliches Immissionsschutzrecht*

metalle, die zwischen 70 und 80% unter den in § 5 I Nr. 3 VO genannten Emissionsgrenzwerten liegen.

173 Die dynamischen Grundpflichten des § 5 BImSchG gelten – trotz des mißverständlichen Wortlauts des § 1 IV – weiterhin, weil § 20 VO eine Öffnungsklausel enthält, die es den Immissionsschutzbehörden ermöglicht, weitergehende Anforderungen zu treffen, die auch durch § 17 III BImSchG nicht eingeschränkt wird.[137]

174 cc) Weiterhin enthält die Abfallverbrennungsanlagen-VO emissionsbegrenzende Vorschriften über die Anlieferung und Lagerung der Stoffe (§ 3), die Betriebsweise der Feuerung (§ 4), die Abwärmenutzung (§ 8) und die Unterrichtung der Öffentlichkeit durch den Betreiber (§ 18). Für Altanlagen enthält § 17 eine Übergangsregelung bis 1.3.1994, Anlagen, die am 1.2.1990 die Vorgaben der Nr. 3 TA Luft erfüllten, müssen bis 1.12.1996 umgerüstet oder stillgelegt sein. Da für Mitverbrennungsanlagen in § 1 II nicht auf die Übergangsregelung des § 17 Bezug genommen wird, haben solche Anlagen, in denen schon vor dem 1.12.1990 Abfälle oder abfallähnliche Stoffe bis zu 25% mitverbrannt wurden, ab Inkrafttreten der 17. BImSchV deren Anforderungen zu genügen, und zwar bereits kraft der dynamischen Betreiberpflichten des § 5 I BImSchG.

V. Genehmigungsverfahren, Genehmigung und nachträgliche Verwaltungsakte

175 In § 10 BImSchG ist das Genehmigungsverfahren geregelt; es erfaßt nicht nur Erstgenehmigungen, sondern auch Änderungsgenehmigungen (§ 15 II BImSchG), Teilgenehmigungen (§ 8 BImSchG) und den Vorbescheid (§ 10 IX i.V.m. § 9 BImSchG). Zu unterscheiden sind folgende Gruppen von Genehmigungsverfahren für Anlagen mit jeweils unterschiedlichem Umweltgefährdungspotential:
- förmliches Verfahren mit und ohne UVP (dazu Rn. 6/176 ff.),
- vereinfachtes Genehmigungsverfahren (dazu Rn. 6/194 ff.).

1. Förmliches Genehmigungsverfahren

176 Das *förmliche Genehmigungsverfahren* ist – im Gegensatz zu dem sog. vereinfachten Verfahren (Rn. 6/194 ff.) – in § 10 BImSchG i.V.m. der 9. BImSchV (Grundsätze des Genehmigungsverfahrens) geregelt. Diese Regelung, die auch Vorbild für das atomrechtliche Genehmigungsverfahren war, entspricht in vielem dem Planfeststellungsverfahren (Rn. 2/39 ff.), unterscheidet sich von diesem aber insbesondere dadurch, daß eine private (und punktförmige) umweltrelevante Nutzung auf ihre Zulassung geprüft werden soll (Rn. 1/108). Das „normale" förmliche Genehmigungsverfahren ist für *alle in Spalte 1 des Anhangs zur 4. BImSchV aufgeführten Anlagen* erforderlich (§ 2 I Nr. 1 der 4. BImSchV).

---

[137] *Führ*, NWVBL 1992, 121 (125); *Landmann/Rohmer/Kutscheidt*, BImSchG, § 7 Rn. 35; *Roßnagel*, in: GK-BImSchG, § 7 Rn. 11.

Nach § 3 UVPG i.V.m. Nr. 1 der Anlage zu § 3 UVPG ist darüberhinaus eine UVP **177**
(Rn. 1/109 ff.) für die dort aufgeführten Anlagen, die einer Öffentlichkeitsbeteiligung
bedürfen (was nur Anlagen der Spalte 1 der 4. BImSchV betrifft), durchzuführen. Die
Anforderungen an das Genehmigungsverfahren für solche Anlagen werden in der
Neufassung der 9. BImSchV näher bestimmt (§ 10 X 2 BImSchG n.F.).[138]

a) Antragstellung

Noch vor Stellen des Genehmigungsantrags kann der Träger des Vorhabens, um das **178**
spätere Verfahren zu beschleunigen, die Genehmigungsbehörde von dem Vorhaben
unterrichten und sich von ihr im Hinblick auf die spätere Antragstellung *beraten* lassen
(§ 2 II der 9. BImSchV).

Der Umfang der Beratung wird durch das Gebot fairer Verfahrensführung[139] beschränkt. Un- **179**
zulässig wäre eine damit verbundene Verkürzung der Verfahrensrechte Drittbetroffener, so daß
insbesondere behördliche Zusicherungen (§ 38 VwVfG) oder Verträge über die Verfahrensgestaltung und die Genehmigung unzulässig und nichtig sind (§ 44 I bzw. § 59 II Nr. 1 VwVfG).
Soweit eine verbindliche Vorklärung bestimmter Fragen gewünscht wird, kann ein Vorbescheid
oder eine Teilgenehmigung beantragt werden.

Für UVP-pflichtige Vorhaben soll der Vorhabenträger nach § 2a der 9. BImSchV über den **180**
voraussichtlichen Untersuchungsrahmen unterrichtet werden, worauf der Vorhabenträger aber
verzichten kann.

Dem schriftlich zu stellenden **Antrag** (§ 10 I BImSchG, § 3 der 9. BImSchV) sind **181**
alle für die Prüfung der Genehmigungsvoraussetzungen erforderlichen Unterlagen
beizufügen (§§ 4-4e der 9. BImSchV). Bei Unvollständigkeit des Antrags hat die
Behörde den Antragsteller unverzüglich aufzufordern, die erforderlichen Ergänzungen
in angemessener Frist vorzulegen; verstreicht diese Frist erfolglos, soll der Antrag
abgelehnt werden (§ 20 II 2 der 9. BImSchV). Sobald die Antragsunterlagen vollständig sind, ist das Vorhaben von der Genehmigungsbehörde nach § 10 III 1 BImSchG
i.V.m. §§ 8, 9 der 9. BImSchV **öffentlich bekannt zu machen**.

b) Behördenbeteiligung und Sachverständigengutachten

Spätestens mit der öffentlichen Bekanntmachung des Vorhabens sind *alle Behörden*, **182**
deren Aufgabenbereich durch das Vorhaben berührt wird, zur Abgabe von Stellungnahmen binnen eines Monats aufzufordern (§ 10 V BImSchG, §§ 11, 11a der 9.
BImSchV). Wird die Frist nicht genutzt, so kann die Genehmigungsbehörde davon
ausgehen, daß auf eine Stellungnahme verzichtet wird; in diesem Fall ist der entschei-
dungserhebliche Sachverhalt von Amts wegen (§ 24 VwVfG) zu klären.

---

138 S. *Gallas*, UPR 1991, 214 ff.; *Vallendar*, UPR 1992, 212 ff.
139 BVerwGE 75, 214 (230 ff.).

6 Öffentliches Immissionsschutzrecht

183 Soweit weder die Genehmigungs- noch eine beteiligte Behörde die Anlage aufgrund der Antragsunterlagen aus eigener Fachkunde auf die Genehmigungsfähigkeit beurteilen kann, sind – auf Kosten des Antragstellers – *Sachverständigengutachten* einzuholen (§ 13 der 9. BImSchV). Im Regelfall muß ein solches Gutachten für die Sicherheitsanalyse nach der Störfall-VO erstellt werden.

184 Bei der Auswahl der Gutachter ist auf ausreichende Sachkunde und deren Unabhängigkeit zu achten, evtl. kann es daher (z.B. bei unterschiedlichen wissenschaftlichen Schulen) geboten sein, Parallelgutachten zu vergeben, um eine ausreichende und dem Gebot fairer Verfahrensführung entsprechende Sachverhaltsaufklärung zu erzielen.[139a]

c) Öffentlichkeitsbeteiligung

185 Die vollständigen Unterlagen sind nach der *öffentlichen Bekanntmachung* zu jedermanns Einsicht **auszulegen** (§ 10 III 2 HS 1 BImSchG, § 10 der 9. BImSchV), und zwar nicht mehr wie früher für zwei Monate, sondern nur noch für einen Monat. Für die Fristberechnung gilt § 31 LVwVfG i.V.m. §§ 137 ff. BGB.

186 Zugunsten solcher Dritter, die durch die Genehmigung in einer materiellrechtlich geschützten Rechtsposition (z.B. Eigentum) verletzt sein können, haben die Vorschriften über die Öffentlichkeitsbeteiligung *drittschützende* Funktion (Rn. 2/48).[140] Unterlagen, die Betriebs- und Geschäftsgeheimnisse (vgl. Rn. 1/173) enthalten, sind vom Antragsteller als solche zu kennzeichnen und getrennt vorzulegen. An ihrer Stelle ist eine Kurzbeschreibung der wesentlichen Merkmale der Anlage und ihres Betriebs sowie der voraussichtlichen Umweltauswirkungen vorzulegen und auszulegen (§ 10 II BImSchG). Auszulegen sind auch bereits vorhandene Stellungnahmen von Behörden und Sachverständigengutachten, die Tatsachen enthalten, die für die Nachbarschaft bedeutsam sind,[141] sowie – bei UVP-pflichtigen Vorhaben – die Umweltverträglichkeitsuntersuchung.

187 **Einwendungen** (Rn. 2/46) können binnen der bereits in der Bekanntmachung anzugebenden Einwendungsfrist, d.h. binnen zwei Wochen nach Ablauf der Auslegungsfrist bei der Auslegungsstelle und der Genehmigungsbehörde von **jedermann** erhoben werden (§ 10 III 2 HS 2, 10 IV Nr. 2 BImSchG, § 12 9. BImSchV), und zwar seit der Novelle 1993 nur noch schriftlich. Die Einwendungen sind dem Antragsteller bekanntzugeben.

188 Mit Ablauf der Einwendungsfrist werden alle nachfolgenden *Einwendungen ausgeschlossen* (präkludiert), die nicht auf besonderen privatrechtlichen Titeln (z.B. Vertrag,

---

139a An die Erforderlichkeit einer Parallelbegutachtung sind unter dem Gesichtspunkt der Verfahrensökonomie strenge Anforderungen zu stellen, vgl. *Roßnagel*, DVBl. 1995, 644 (645 f.).

140 Zur Grundrechtsrelevanz der Öffentlichkeitsbeteiligung i.S. eines *Grundrechtsschutzes durch Verfahren* vgl. den in seiner Bedeutung über das Atomrecht hinausreichenden Mülheim-Kärlich-Beschluß BVerfGE 53, 30 (62 ff.); ferner BVerwGE 85, 368 (374); *Held*, Der Grundrechtsbezug des Verwaltungsverfahrens, 1984.

141 VGH BW, VBlBW 1992, 428; s.a. BVerwGE 71, 150 (153); 75, 214 (224) zum Planfeststellungsverfahren; *Graffe*, Die Beteiligung des Bürgers an umweltschutzrechtlich relevanten Verfahren unter besonderer Berücksichtigung des VwVfG, 1980, S. 47.

Grunddienstbarkeit) beruhen (§ 10 III 4 BImSchG). Diese **Verwirkungspräklusion** hat nicht nur (wie z.B. bei § 73 IV u. VI 1 VwVfG) *formelle* Wirkung mit der Folge, daß die Einwendungen im Erörterungstermin (§ 14 I der 9. BImSchV) nicht erörtert zu werden brauchen, sondern nach h.L. auch *materielle* Wirkung (wie z.B. bei § 7 I 2 AtVV, § 17 IV FStrG n.F.) mit der Folge, daß ein später gegen die Genehmigung von Dritten eingelegter Widerspruch bzw. eine verwaltungsgerichtliche Klage nicht mehr auf Umstände gestützt werden kann, die bereits im Wege der Einwendungen hätten geltend gemacht werden können (Rn. 2/49).

Materielle Präklusionswirkung haben nach § 11 BImSchG im übrigen auch unanfechtbare Teilgenehmigungen (§ 8) und Vorbescheide (§ 9), und zwar für den gesamten Verfahrensfortgang (sog. Bestandskraft- oder *Bestandsschutzpräklusion*).[142] **189**

d) Erörterungstermin

Die rechtzeitig erhobenen und auch sonst zulässigen Einwendungen hat die Genehmigungsbehörde mit den Einwendern und dem Antragsteller in einem **Erörterungstermin** (s. auch Rn. 2/50 ff.) zu erörtern, soweit dies für die Prüfung der Genehmigungsvoraussetzungen von Bedeutung sein kann (§ 10 VI 1 BImSchG, § 14 der 9. BImSchV). Dabei erhalten die Einwender Gelegenheit, ihre Einwendungen zu erläutern (§ 14 I 2 der 9. BImSchV; vgl. zu den Einzelheiten §§ 14-19 der 9. BImSchV). Einwendungen, die auf besonderen privatrechtlichen Titeln beruhen, sind auf den Zivilrechtsweg zu verweisen (§ 10 IV 2 BImSchG, § 15 der 9. BImSchV). **190**

e) Umweltverträglichkeitsprüfung

Für Anlagen, die im Rahmen eines immissionsschutzrechtlichen Genehmigungs- oder Änderungsgenehmigungsverfahrens einer **Umweltverträglichkeitsprüfung** bedürfen, wurden keine zusätzlichen *materiellrechtlichen* Anforderungen an die Genehmigungsfähigkeit der Anlage in § 6 BImSchG geschaffen, was dem in der UVP-RL enthaltenen *Berücksichtigungsgebot* in bestimmten Fallkonstellationen nicht genügt (Rn. 1/120).[143] Da aber seit der Novelle von 1990 die Voraussetzungen der gebundenen Genehmigung nach § 5 I i.V.m. §§ 1, 3 II BImSchG derart verschärft wurden, daß ihre Erteilung bei zu erwartenden schädlichen Einwirkungen auf die Atmosphäre und/oder Boden oder Wasser nicht in Betracht kommt, werden wohl nur noch im Bereich der Wechselwirkungen zwischen Umweltmedien und der Verschiebung von Umweltproblemen aus einem Umweltmedium in ein anderes Umsetzungsdefizite bestehen. **191**

Die *verfahrensrechtlichen* Einzelheiten der UVP sind in Anlehnung an das UVPG (Rn. 1/111) in der 9. BImSchV geregelt (dort in den §§ 1a, 11a, 20 Ia, Ib u. III 2, 21 I Nr. 5, 21a I, 22 III, 23 II Nr. 5, 23a). *Prüfgegenstand* der UVP ist stets das *gesamte* **192**

---

142 Dazu *Jarass*, UPR 1983, 241 ff.
143 *Schink/Erbguth*, DVBl. 1991, 413 ff.; s.a. *Steinberg*, NVwZ 1995, 209 (215 ff.) u. § 323 II Nr. 1 UGB-E.

Vorhaben; soweit sich der Genehmigungsantrag lediglich auf einen Anlagenteil o.ä. bezieht, ist nach § 4 UVPG die Umweltverträglichkeitsprüfung auf die vorhabenbezogenen Auswirkungen zu erweitern.[144] Nach § 20 Ia der 9. BImSchV ist zur Vorbereitung der Genehmigungsentscheidung eine zusammenfassende Darstellung der Umweltauswirkungen zu erarbeiten und auf dieser Grundlage nach § 20 Ib eine Bewertung der Auswirkungen des Vorhabens vorzunehmen (Rn. 1/119). Hat bereits ein Raumordnungsverfahren stattgefunden, so ist im Genehmigungsverfahren nur noch eine sog. UVP 2. Stufe durchzuführen (Rn. 1/121).

f) Entscheidung und Zustellung

193 Die Genehmigungsbehörde hat spätestens sieben Monate (§ 10 VIa BImSchG) nachdem vollständige Antragsunterlagen (Rn. 6/181) vorliegen, ihre Entscheidung zu treffen. Diese ist schriftlich zu erlassen, schriftlich zu begründen und dem Antragsteller sowie in der Regel auch allen Einwendern *zuzustellen* (§ 10 VII BImSchG). Nach § 10 VIII BImSchG kann die Zustellung durch öffentliche Bekanntmachung des verfügenden – nicht des begründenden – Teils der Entscheidung (mit Hinweis auf die Auflagen) nebst Rechtsbehelfsbelehrung ersetzt werden. In diesem Fall ist eine Bescheidausfertigung 14 Tage ab öffentlicher Bekanntmachung auszulegen. Bei UVP-pflichtigen Anlagen ist die Entscheidung gem. § 21a der 9. BImSchV stets öffentlich bekanntzumachen.

2. Vereinfachtes Verfahren

194 Nach § 19 BImSchG i.V.m. der 4. BImSchV ist über die Erteilung der immissionsschutzrechtlichen Genehmigung in einem **vereinfachten Verfahren** zu entscheiden, sofern es sich um eine Anlage handelt, die in dem Anlagenkatalog der Spalte 2 des Anhangs zur 4. BImSchV aufgeführt ist. In der (nach § 4 I 3 BImSchG ergangenen) 4. BImSchV ist nämlich aufgrund des § 19 BImSchG in § 2 I 1 Nr. 1 vorgesehen, daß die Genehmigung von Anlagen bestimmter Art oder bestimmten Umfangs in einem vereinfachten Verfahren erteilt wird. Nach § 19 I BImSchG war und ist der Verordnunggeber zu einer solchen Regelung ermächtigt, sofern dies nach

– Art, Ausmaß und Dauer der von diesen Anlagen hervorgerufenen schädlichen Umwelteinwirkungen und
– etwaigen sonstigen Gefahren, erheblichen Nachteilen und erheblichen Belästigungen

vereinbar ist mit dem Schutz der Allgemeinheit und der Nachbarschaft. In dem vereinfachten Verfahren sind nach § 19 II BImSchG (vgl. auch § 24 der 9. BImSchV) *nicht anzuwenden* die Vorschriften über die

---

144 *Erbguth/Schink*, UVPG, § 12 Rn. 103 ff.; *Jarass*, BImSchG, § 10 Rn. 12; *ders.*, NuR 1991, 203.

- Öffentlichkeitsbeteiligung im Verfahren auf Erteilung einer Genehmigung oder eines Vorbescheids (Abs. 2-4, 6 u. 9 des § 10 BImSchG; Rn. 6/185),
- Ersatzzustellung durch öffentliche Bekanntmachung (§ 10 VIII BImSchG; Rn. 6/193),
- Präklusionswirkung bei Teilgenehmigung und Vorbescheid (§ 11 BImSchG; Rn. 6/208 f.)
- und privatrechtsgestaltende Wirkung der Genehmigung durch Ausschluß privatrechtlicher Abwehransprüche (§ 14 BImSchG; Rn. 6/202 f.).

Dies bedeutet insbesondere: Das Vorhaben wird im vereinfachten Verfahren nicht öffentlich bekanntgemacht; Antrag und Antragsunterlagen werden nicht ausgelegt; es entfallen die Präklusionsfrist für die Erhebung von Einwendungen sowie der Erörterungstermin. Außerdem sind nach § 24 der 9. BImSchV die Vorschriften, die die Durchführung einer UVP betreffen, nicht anzuwenden. Dagegen hat auch eine im vereinfachten Verfahren ergangene Genehmigung *Konzentrationswirkung* (§ 13 BImSchG), weswegen auch in diesem Genehmigungsverfahren die übrigen Fachbehörden zu hören sind, wobei das etwa gesetzlich vorgesehene Einvernehmen zu einer von der Konzentrationswirkung umfaßten Genehmigung (Rn. 6/200 f.) einzuholen ist. **195**

Die Genehmigungsbehörde *kann* auf Antrag des Vorhabenträgers zulassen, daß die Genehmigung einer dem vereinfachten Verfahren zugeordneten Anlage im Normalverfahren erfolgt (§ 19 III BImSchG); dann tritt die privatrechtsgestaltende Wirkung des § 14 BImSchG (Rn. 6/202) mit der Wirkung eines gesteigerten Bestandsschutzes ein. **196**

Durch die Novellierungen der Jahre 1991 und 1993 ist der Anhang zur 4. BImSchV grundlegend geändert worden, indem eine Vielzahl von Anlagen aus der Spalte 1 in die Spalte 2 versetzt und Anlagen der Spalte 2 aus dem immissionsschutzrechtlichen Genehmigungsverfahren entlassen wurden (bestehen bleibt allerdings die Baugenehmigungspflicht, in deren Rahmen auch die immissionsschutzrechtlichen Anforderungen nach §§ 22 ff. BImSchG geprüft werden, Rn. 6/237 ff.). Die für das vereinfachte Verfahren vorgesehenen Anlagen sind – abgesehen von Versuchsanlagen nach § 2 III 1 der 4. BImSchV – in Spalte 2 des Anhangs der 4. BImSchV abschließend aufgeführt (§ 2 I 1 Nr. 2 der 4. BImSchV). **197**

Beispiele (für Anlagen der 2. Spalte): freie Elektrospannwerke, Steinbrüche, Anlagen zur Herstellung von bis zu 1500 Bleiakkumulatoren (z.B. Autobatterien) pro Tag, Anlagen zum Rösten von Kaffee mit einer Leistung ab 250 kg/h, Schießstände für Handfeuerwaffen und Schießplätze (außer in geschlossenen Räumen), Schlachthöfe mit einem Durchsatz zwischen 8 und 40 t/Woche, Wertstoffsortieranlagen mit einer Leistung von mehr als 1 t/h, Kompostwerke mit einer Durchsatzleistung zwischen 0,75 t und 10 t/h (d.h. max. 87 600 t/a), mobile Bodenreinigungsanlagen.

Nach den Vorstellungen der „Schlichter-Kommission" (Rn. 6/47) sollte die 4. BImSchV nochmals überarbeitet und durch eine *Spalte 3* erweitert werden, deren Anlagen dann nach Durchführung eines „genehmigungsersetzenden Anzeigeverfahrens" (vgl. Rn. 1/105, 6/216, 8/75 ff., 9/67 ff.) erstellt werden dürften. Mit umweltorientiertem Gesetzesvollzug hat dies aber nur noch wenig gemein. – Wenigstens die Genehmigungsvoraussetzungen der §§ 5, 6 BImSchG sollen sich (vorläufig?) nicht ändern. Daneben wird – im Vorgriff auf die noch anstehende Praxisbewährung der EG-Umwelt-Audit-VO (Rn. 1/158 ff.) – die Einführung einer *Rahmengenehmigung* (als § 9a BImSchG) für Anlagen, die an einer Standortprüfung nach der Umwelt-Audit-VO teilnehmen werden, angeregt. In dieser würden lediglich das Anlagenkonzept und verschiedene materielle Schutzpflichten (zur Emissions- und Immissionsbegrenzung, Störfallmaßnahmen, Arbeitnehmerschutz und Abfallvermeidung) festgeschrieben sowie dem Betreiber **198**

6 Öffentliches Immissionsschutzrecht

auferlegt, die Detailplanung und Ausführung zu dokumentieren. Ob damit ein der bisherigen immissionsschutzrechtlichen Genehmigung vergleichbares Schutz- und Vorsorgeniveau erreicht werden kann, erscheint zumindest derzeit fraglich.

3. Immissionsschutzrechtliche Genehmigung

199 Die für die genehmigungsbedürftige Anlage erteilte, von der Person des Betreibers unabhängige *immissionsschutzrechtliche Genehmigung*, auf die – abweichend von der wasserrechtlichen Erlaubnis oder Bewilligung – bei Vorliegen der Genehmigungsvoraussetzungen (Rn. 6/146 ff.) nach h.L. ein *Anspruch* besteht, gestattet die Ausführung des genehmigten Vorhabens im Umfang der erteilten Teil- oder Vollgenehmigung. Der *Inhalt* des Genehmigungsbescheids ist in § 21 der 9. BImSchV geregelt.

a) Konzentrationswirkung (§ 13 BImSchG)

200 Die **Konzentrationswirkung** der Genehmigung (§ 13 BImSchG: „schließt ... ein") erstreckt sich zwar auf die meisten bundes- oder landesrechtlichen *anlagenbezogenen* Genehmigungen, bleibt aber hinter der Tragweite der Konzentrationswirkung i.S. des § 75 I 1 HS 2 VwVfG (Rn. 2/69 ff.) oder des § 22 GenTG (Rn. 8/86) zurück. Sie hat zunächst den Charakter einer „Entscheidungskonzentration"; ihr gehen eine Zuständigkeits- und Verfahrenskonzentration (Rn. 2/70) voraus. Es findet somit für den Konzentrationsbereich nur *ein* Genehmigungsverfahren vor *einer* Behörde statt, an dem allerdings andere Fachbehörden beteiligt sind, die nach Maßgabe der für sie einschlägigen fachgesetzlichen Normen jeweils ihre (verwaltungsinterne) Stellungnahme abgeben. An die Verweigerung des fachgesetzlich etwa vorgeschriebenen „Einvernehmens" anderer Behörden ist die zur Erteilung der immissionsschutzrechtlichen Genehmigung zuständige Behörde gebunden (vgl. z.B. § 36 I 2 HS 1 BauGB[145]).

201 *Gebündelt* ist die immissionsschutzrechtliche Genehmigung z.B. mit Baugenehmigungen (einschließlich baurechtlicher Ausnahmen und Befreiungen), gewerberechtlichen Erlaubnissen (§ 24 GewO), Erlaubnissen und Ausnahmen des Natur- und Denkmalschutzrechts, der Waldrodungsgenehmigung (§ 9 BWaldG), der luftverkehrsrechtlichen Genehmigung eines Schornsteins oder der Pipeline-Genehmigung nach § 19a WHG. Die Konzentrationswirkung hat nicht die Bedeutung einer „materiellen Konzentration" (Rn. 2/71). Somit ist die Immissionsschutzbehörde an alle zwingenden materiellrechtlichen Normen gebunden, die für die sonstigen, von der immissionsschutzrechtlichen Genehmigung umschlossenen behördlichen Entscheidungen maßgebend sind. Die immissionsschutzrechtliche Genehmigung muß versagt werden, wenn die materiellrechtlichen Voraussetzungen für die Erteilung einer von ihr umfaßten Genehmigung nicht vorliegen und auch nicht durch Nebenbestimmungen hergestellt

---

[145] *Bohl*, NVwZ 1994, 647 ff.; *Fluck*, NVwZ 1992, 114 (118 f.); *Uechtritz*, DVBl. 1991, 466 ff.; BVerwGE 84, 209 (214); BayVGH, NVwZ-RR 1991, 523; BayVBl. 1988, 206; a.A. BVerwG, NJW 1978, 64; Hess. VGH, NVwZ-RR 1990, 346.

werden können (§ 6 Nr. 2 BImSchG). *Nicht in die Konzentrationswirkung einbezogen sind* nach § 13 BImSchG *behördliche Zustimmungen* (also etwa das erwähnte bauplanungsrechtliche Einvernehmen der Gemeinde), die *Zulassung bergrechtlicher Betriebspläne, Entscheidungen aufgrund atomrechtlicher Vorschriften und wasserrechtliche Erlaubnisse und Bewilligungen nach §§ 7, 8 WHG* sowie *Planfeststellungen.* Letztere machen umgekehrt sonst erforderliche immissionsschutzrechtliche Genehmigungen entbehrlich (Rn. 2/70). Unberührt bleibt auch die Anzeige nach § 4 EnergG sowie die gentechnische Genehmigung nach § 22 GenTG (Rn. 8/86).

b) Privatrechtsgestaltende Wirkung (§ 14 BImSchG)

Die unanfechtbare Genehmigung hat nach Maßgabe des § 14 BImSchG durch Ausschluß privatrechtlicher Abwehransprüche **privatrechtsgestaltende Wirkung**. Auch bei erheblich benachteiligenden Immissionen kann ein Dritter vom Betreiber keine Einstellung des Betriebs verlangen, sondern nur Vorkehrungen zum Ausschluß der benachteiligenden, nicht schon ohnehin kraft Gesetzes (z.B. nach den §§ 906, 1004 BGB) zu duldenden Wirkungen, was eine erhebliche Investitionssicherheit für den Betreiber mit sich bringt.[146] § 14 BImSchG flankiert die Bestandskraftwirkung der immissionsschutzrechtlichen Genehmigung auf der privatrechtlichen Seite. Die Vorschrift rechtfertigt sich aus der aufwendigen Ausgestaltung des Genehmigungsverfahrens, in dem den Betroffenen Mitwirkungs- und Abwehrrechte eingeräumt sind. Folgerichtig erstreckt sich die privatrechtsgestaltende Wirkung des § 14 BImSchG nicht auf die im vereinfachten Verfahren erteilte Genehmigung (§ 19 II BImSchG, Rn. 6/194).

202

Sind Vorkehrungen nach dem Stand der Technik nicht durchführbar oder wirtschaftlich nicht vertretbar, bleibt nur der von § 14 S. 2 BImSchG eingeräumte Schadensersatzanspruch als Surrogat für die im Nachbarrechtsverhältnis ausgeschlossenen zivilrechtlichen Unterlassungsansprüche (deren Tatbestandsvoraussetzungen im einzelnen jedoch vorliegen müssen).[147] Schadensersatzansprüche nach § 823 BGB, die sich nicht auf eine Untersagung des Anlagenbetriebs richten[148], und quasi-negatorische Ansprüche auf Durchsetzung nicht beachteter Genehmigungsauflagen aufgrund nachbarschützender Vorschriften werden durch § 14 BImSchG allerdings nicht ausgeschlossen (str.).[149]

203

---

146 Dazu *Sach*, Genehmigung, S. 196 ff.; *Hagen*, NVwZ 1991, 817 ff.; *Peine*, NJW 1990, 2442 ff.; *Pietzcker*, JZ 1985, 209 (212 f.); BVerwGE 88, 210 (213). Die Präklusion verwaltungsrechtlicher Abwehransprüche nach § 10 III 3 BImSchG erstreckt sich nach h.M. *nicht* auf verbleibende zivilrechtliche Ansprüche: *Jarass*, BImSchG, § 10 Rn. 82 m.w.N.; *Peine*, NJW 1990, 2442 (2444); LG Aachen, NVwZ 1988, 188.
147 Vgl. OLG Hamm, NVwZ 1991, 506 ff.
148 Vgl. *Sach*, Genehmigung, S. 225 ff. m.w.N.
149 *Fritzsche*, NJW 1995, 1121 (1124).

c) Nebenbestimmungen (§ 12 BImSchG)

204 **Genehmigungsinhaltsbestimmungen** legen unmittelbar den Genehmigungsgegenstand (§ 21 I Nr. 3 der 9. BImSchV) fest. Genehmigung und Teilgenehmigung können aber nach Maßgabe des § 12 BImSchG auch mit **Nebenbestimmungen** versehen werden (dazu auch § 21 I Nr. 4 BImSchG). § 12 ist gegenüber § 36 (L)VwVfG speziell. Dies gilt nicht für einen *Vorbescheid*; dieser kann im übrigen gem. § 23 II Nr. 4 der 9. BImSchV unter bestimmten Voraussetzungen und Vorbehalten erteilt werden. Nebenbestimmungen sind insbesondere in Form von *Bedingungen* (i.S. des § 36 II Nr. 2 VwVfG) und *Auflagen*[150] (i.S. des § 36 II Nr. 4 VwVfG) möglich und auch geboten, soweit dies zur Sicherstellung der Genehmigungsvoraussetzungen (§ 6 BImSchG) erforderlich ist (§ 12 I). Eine *Befristung* (i.S. des § 36 II Nr. 1 VwVfG) ist – und das gilt entsprechend wohl auch für eine auflösende Bedingung – nach dem BImSchG bei Vollgenehmigungen nur auf Antrag (§ 12 II 1), bei Teilgenehmigungen auch von Amts wegen (§ 12 III) möglich. Vorbescheide verlieren gem. § 9 II bereits 2 Jahre nach Eintritt der Unanfechtbarkeit kraft Gesetzes ihre Wirksamkeit, soweit die Frist nicht auf Antrag um bis zu 4 Jahre verlängert wird. Schließlich ist in seltenen Fällen auch ein *Widerrufsvorbehalt* zulässig, nämlich bei Anlagen, die nur Erprobungszwecken dienen (§ 12 II 2), sowie wiederum bei Teilgenehmigungen (§ 12 III), immer mit der selbstverständlichen Einschränkung, daß solche Vorbehalte dem Zweck der Genehmigung nicht widersprechen dürfen.

d) Teilgenehmigung (§ 8 BImSchG)

205 Es ist nicht erforderlich, über den begründeten (Gesamt-)Genehmigungsantrag in einem Akt durch Erteilung einer Vollgenehmigung zu entscheiden. Möglich ist (auf zusätzlichen Antrag) die Erteilung einer **Teilgenehmigung** (§ 8 BImSchG, § 22 der 9. BImSchV). Dies ist ein für die Genehmigungspraxis wichtiges Institut des sog. gestuften Verfahrens, das z.B. auch im Atomrecht eine erhebliche Rolle spielt (Rn. 7/149 ff.). Tatsächlich soll und kann die Teilgenehmigung helfen, die Problematik abschnittsweise abzuarbeiten und „an der Front des technischen Fortschritts" zu bleiben. Anders als der Vorbescheid (Rn. 6/209) enthält die Teilgenehmigung bereits eine konkrete Erlaubnis (oder mehrere). Eine Teilgenehmigung kann nämlich nach § 8 BImSchG auf Antrag erteilt werden

- als *Errichtungsgenehmigung* für die Errichtung der Gesamtanlage bzw. für die Errichtung eines Teils einer Anlage oder
- als *Abschnittsgenehmigung* für die Errichtung und den Betrieb eines Teils einer Anlage.

206 Abweichend vom Atomrecht ist eine isolierte Teilbetriebsgenehmigung nicht vorgesehen. Von der Vollgenehmigung unterscheidet sich die Teilgenehmigung nur durch

---

150 Zur Frage „Genehmigungsinhalt oder Auflage" vgl. BVerwGE 69, 37 (39); *Fluck*, DVBl. 1992, 862 (863); *Kunert*, UPR 1991, 249 (251). Zum Genehmigungsinhalt (ggf. in Form einer modifizierenden Auflage) gehören insbes. Regelungen über die höchstzulässigen Emissionen einer Anlage.

die Beschränkung ihres Regelungs- und Wirkungsbereichs. Sie darf nur erteilt werden, wenn

(1) ein berechtigtes Interesse an ihrer Erteilung besteht, z.B. weil bei einer umfangreichen Anlage Planung und Ausbau sinnvollerweise in Abschnitten vorgenommen werden soll und durch die Aufspaltung in mehrere Verfahren weder eine sachgemäße Prüfung (durch zu viele Teilgenehmigungen) noch im Interesse der Nachbarn ein faires Verfahren behindert wird;
(2) die Genehmigungsvoraussetzungen für den beantragten Gegenstand der Teilgenehmigung vorliegen und
(3) eine *vorläufige Beurteilung* ergibt, daß der Errichtung und dem Betrieb der gesamten Anlage keine von vornherein unüberwindlichen Hindernisse im Hinblick auf die Genehmigungsvoraussetzungen entgegenstehen (sog. vorläufiges positives Gesamturteil).

Das **vorläufige positive Gesamturteil** ist ein (nicht „tenorierungsbedürftiger") feststellender **207** Teil der Teilgenehmigung. Dieses Gesamturteil hat als Vorgang der „Beurteilung" zunächst *verfahrensrechtlichen* Charakter. *Materiellrechtlich* ist das positive Ergebnis der Beurteilung Voraussetzung der Teilgenehmigung. Soweit sich das vorläufige Gesamturteil auf *nachbarschützende* Genehmigungsvoraussetzungen (z.B. § 5 I Nr. 1 BImSchG oder sonstige Normen des öffentlichen Rechts i.S.d. § 6 Nr. 2 BImSchG) bezieht, ist es selbst nachbarschützend, begründet aber insoweit auch eine Anfechtungslast Dritter (zur Vermeidung der Präklusion). Dies wurde durch die Rspr. des Bundesverwaltungsgerichts zur Teilgenehmigungsregelung im Atomrecht entwickelt (Rn. 7/149 ff.) und ist durch die Novelle 1993 in § 8 Nr. 3 BImSchG kodifiziert worden.

Die bestandskräftige Definitivregelung der Teilgenehmigung entfaltet (vorbehaltlich **208** § 12 II u. III BImSchG) im Verhältnis zwischen Genehmigungsbehörde, Antragsteller und Dritten volle **Bindungswirkung**. Bei der Entscheidung über die Folgegenehmigung ist die Genehmigungsbehörde prinzipiell auch an das *vorläufige positive Gesamturteil* gebunden, das in der zuvor erteilten Teilgenehmigung enthalten ist (allerdings nur, soweit eine Prüfung tatsächlich stattgefunden hat, was aus Tenor und Gründen der Teilgenehmigung zu ermitteln ist)[151]. Die Bindung entfällt aber, soweit sich dies aus der *Vorläufigkeit* des Gesamturteils ergibt. Dies ist der Fall, wenn eine Änderung der Sach- oder Rechtslage oder Einzelprüfungen im Rahmen späterer Teilgenehmigungen zu einer abweichenden Bewertung führen (§ 8 S. 2 BImSchG; Rn. 7/153 ff.). Baut eine Teilgenehmigung auf einer anderen (noch nicht bestandskräftigen) auf, so läßt deren Fortfall auch die Wirkungen der späteren Teilgenehmigung entfallen.[152]

e) Vorbescheid (§ 9 BImSchG)

Auf Antrag kann durch **Vorbescheid** (§ 9 BImSchG, § 23 der 9. BImSchV) über **209** einzelne Genehmigungsvoraussetzungen sowie über den Standort der geplanten An-

---

151 OVG Münster, NWVBl 1990, 92; ferner *Hofmann*, in: GK-BImSchG, § 8 Rn. 22 ff.; *Jarass*, UPR 1983, 241 (243); bedenklich insoweit BVerwGE 88, 286 (289 f.).
152 *Jarass*, BImSchG, § 8 Rn. 23 m.w.N.

6 Öffentliches Immissionsschutzrecht

lage entschieden werden, wenn die Möglichkeit ausreichender Beurteilung der Auswirkungen und ein berechtigtes Interesse an der Erteilung eines Vorbescheids bestehen (§ 9 I). Diese Regelung dient dem Dispositionsschutz (Vertrauens- und Investitionsschutz) des Antragstellers durch Vorwegnahme der Beantwortung von Vorfragen späterer Teilgenehmigungen bzw. der späteren Schlußgenehmigung. Sonderformen sind *Standortvorbescheid* und *Konzeptvorbescheid*, die in der Praxis – auch im Atomrecht (Rn. 7/164 ff.) – Bedeutung erlangt, dann aber doch keineswegs alle Erwartungen erfüllt haben. Hinsichtlich des auch hier erforderlichen vorläufigen Gesamturteils (nach den Maßstäben des § 6 BImSchG) und der Bindungswirkung kann auf Rn. 6/207 f. verwiesen werden. Der Vorbescheid wird gem. § 9 II nach Ablauf von 2 Jahren seit Eintritt seiner Unanfechtbarkeit mangels Beantragung der Genehmigung unwirksam; die Frist kann auf Antrag bis zu 4 Jahre verlängert werden.

f) Zulassung vorzeitigen Beginns (§ 15a BImSchG)

210 Die Genehmigungsbehörde kann nach § 15a I BImSchG unter den im Gesetz genannten Voraussetzungen zulassen, daß bereits vor Genehmigungserteilung mit der Errichtung der Anlage begonnen wird (dazu auch § 21a der 9. BImSchV).[153] Die Vorschrift weicht vor allem in zwei Punkten von den vergleichbaren § 9a WHG (s. Rn. 4/108) und § 33 KrW-/AbfG (s. Rn. 10/302) ab: sie ist auf Änderungsgenehmigungsverfahren beschränkt und auf Vorhaben, die zu einer Verbesserung des Umweltschutzes führen. Es können nur Maßnahmen gestattet werden, die nicht irreversibel sind und deren etwaige Rückgängigmachung den weiteren Entscheidungsprozeß nicht unangemessen belasten würde.[154] Nur ausnahmsweise ist in § 15a Ia BImSchG auch die vorläufige Inbetriebnahme zugelassen worden, wenn die Anlagenänderung durch das BImSchG oder eine auf sie gestützte VO zwingend geboten ist, was u.E. eine Verbesserung der Umweltsituation insgesamt voraussetzt. Die Zulassung kann jederzeit widerrufen werden; sie kann außerdem unter dem Vorbehalt von Auflagen erteilt oder mit Auflagen verbunden werden (§ 15a II).

g) Erlöschen der Genehmigung (§ 18 BImSchG)

211 Nach § 18 BImSchG *erlischt* die Genehmigung mit der Folge, daß die Errichtung bzw. der Betrieb der Anlage unzulässig wird, wenn die (verlängerungsfähige: § 18 III) *behördlich festgesetzte Frist* für den Beginn der Errichtung oder des Betriebs ungenutzt

---

153 Vgl. *Breier*, BB 1993, 155 ff.; *Scherer*, NVwZ 1993, 529 ff.; *Scheuing*, in: GK-BImSchG, § 15a Rn. 34 ff. Zur UVP und vorzeitigem Beginn s. *Peper/Schomerus*, UPR 1992, 9 ff. Die positive Prognose kann im förmlichen Verfahren erst nach Abschluß der Einwendungsfrist abgegeben werden, BVerwG, DVBl. 1991, 877 (879).
154 BVerwG, DVBl. 1991, 877 (879); BayVGH, BayVBl. 1990, 246; abw. *Jarass*, BImSchG, § 15a Rn. 9a: „großzügig handhaben". Die „Schlichter-Kommission" (Rn. 6/47) schlägt vor, für solche Verbesserungsvorhaben lediglich einen Anmeldungsvorbehalt (Rn. 1/105) einzuführen. S.a. Art. 2 des Gesetzentwurfs des BRats, BT-Drs. 13/1445 (Ausweitung auf Neugenehmigungen).

verstreicht (§ 18 I Nr. 1) oder der Betrieb während eines (gem. § 18 III ebenfalls verlängerungsfähigen) Zeitraums von *mehr als 3 Jahren* unterbleibt (§ 18 I Nr. 2).[155] Die Genehmigung erlischt ferner, und zwar mit der Folge, daß der Betrieb der Anlage zulässig bleibt, wenn das bisherige Genehmigungserfordernis für die Anlage entfällt (§ 18 II). Da § 18 BImSchG keine abschließende Regelung enthält, kann die Genehmigung auch aus anderen, nicht in § 18 genannten Gründen erlöschen, z.B. mit Ablauf einer Genehmigungsbefristung (Rn. 6/204) oder aufgrund Verzichts des Genehmigungsempfängers.[156]

4. Wesentliche Änderung (§ 15 BImSchG)

Die meisten immissionsschutzrechtlichen Genehmigungsverfahren betreffen nicht Neuanlagen, sondern Änderungen oder Erweiterungen im Bestand einer Anlage.[157] Die **wesentliche Änderung** einer genehmigungspflichtigen Anlage bedarf ihrerseits der (Zusatz-)Genehmigung (§ 15 I BImSchG), soweit diese Änderung die *Lage*, die *Beschaffenheit* oder den *Betrieb* der Anlage betrifft. Die Änderungsgenehmigung darf nur erteilt werden, wenn für die geplante Änderung die allgemeinen Genehmigungsvoraussetzungen (§§ 5, 6 BImSchG) vorliegen. *Wesentlich* ist eine Änderung (bereits) dann, wenn *möglicherweise* die Genehmigungsvoraussetzungen tangiert sind. Die (Änderungs-)Genehmigungspflicht hängt somit nicht davon ab, ob durch §§ 5, 6 BImSchG geschützte Belange tatsächlich berührt sind, sondern ausschließlich davon, ob eine – negative oder positive – Berührung dieser Belange in Betracht kommt.[158]

212

Gegenstand der Prüfung und der Änderungsgenehmigung bzw. der Nebenbestimmungen sind

213

– bei einer lediglich erweiternden, sog. „quantitativen Änderung" nur die Änderung selbst, weil nur sie allein die Schutzgüter der §§ 5, 6 BImSchG zusätzlich berührt, weil sie somit unter diesem Aspekt keine Auswirkungen auf den bereits bisher genehmigten Anlagenbestand hat, und
– bei einer auf den bereits genehmigten Bestand zurückwirkenden sog. „qualitativen Änderung" in der Reichweite dieser Änderung auch die von der jetzigen Gesamtanlage ausgehenden Einwirkungen.[159]

Soll die bisherige Anlage (§ 3 V BImSchG, § 1 II u. III der 4. BImSchV) durch eine gleichartige, u.U. räumlich anschließende, immissionsschutzrechtlich selbständige

214

---

155 Die 3-Jahres-Frist findet auch auf lediglich nach § 67 II BImSchG anzuzeigende (Alt-)Anlagen Anwendung, so zutr. VGH BW, NVwZ 1991, 393 (395); VG Koblenz, ZUR 1994, 255 f. m. zust. Anm. *Führ*; a.A. BayVGH, NVwZ-RR 1989, 625.
156 Vgl. BVerwGE 84, 209 (211).
157 Hierzu *Führ*, Sanierung von Industrieanlagen, 1989; ferner *Martens*, Die wesentliche Änderung im Sinne des § 15 BImSchG, 1993.
158 Grundlegend BVerwGE 69, 351 (358); BVerwG, DVBl. 1977, 770 m. Anm. *Schrödter*; s.a. BVerwG, NVwZ-RR 1992, 402 f.
159 BVerwG, DVBl. 1977, 770 f.; *Sellner*, Immissionsschutzrecht, Rn. 299 ff. m.w.N.; *Jarass*, BImSchG, § 15 Rn. 18. – Zur Reichweite des Nachbarschutzes s. BVerwGE 85, 368. – Vgl. auch Rn. 6/106 sowie Nr. 2.2.3.1 TA-Luft u. Nr. 2.22 TA Lärm.

6 Öffentliches Immissionsschutzrecht

„Anlage" erweitert werden (indem z.B. ein Zementwerk einen zusätzlichen Ofen erhalten soll), so ist dies kein Fall einer wesentlichen (quantitativen) Änderung (§ 15 BImSchG), sondern ein Fall der (zusätzlichen) Neugenehmigung (§ 4 BImSchG). Entsprechendes gilt für die ersetzende Neugenehmigung, d.h. für den Fall, daß eine genehmigungsrechtlich selbständige „Anlage" innerhalb eines Produktionsbetriebes durch eine andere ersetzt wird, wenn also z.B. der bisherige Ofen eines Zementwerkes gegen einen neuen Ofen größerer Leistung und Besatzdichte ausgetauscht werden soll.[160]

215 Durch die Novelle 1993 wurde bestimmt, daß die Behörde beim *Verfahren* von der Öffentlichkeitsbeteiligung absehen *soll*, wenn der Träger des Vorhabens dies beantragt *und* in den nach § 10 III 2 BImSchG auszulegenden Unterlagen (Rn. 6/185) keine Umstände darzulegen wären, die nachteilige Auswirkungen auf die Schutzgüter des § 1 BImSchG (Rn. 6/39) besorgen lassen. Diese Bestimmung ist in mehrfacher Hinsicht *einschränkend auszulegen*: Auch hier ist unerheblich, ob solche Auswirkungen tatsächlich auftreten, ausreichend ist die *Möglichkeit* der nachteiligen Auswirkungen auf eines der Schutzgüter. Zu berücksichtigen sind u.a. Störfallrisiken. Für *UVP-pflichtige Anlagen* ist § 8 II 3 der 9. BImSchV entsprechend anzuwenden, so daß eine Öffentlichkeitsbeteiligung erfolgen muß, wenn zusätzliche oder andere erhebliche Auswirkungen möglich sind. Zudem wurde als *Regelbeispiel* ausgeführt, daß negative Auswirkungen unberücksichtigt bleiben, wenn sie im Verhältnis zu den vergleichbaren Vorteilen der Anlage gering sind, was nicht nur einen identischen Betroffenenkreis, sondern auch eine Übereinstimmung hinsichtlich der Art der Auswirkungen voraussetzt.[161] Schließlich ist für die in Anhang I der Industrieanlagen-RL. 84/360/EWG (Rn. 6/41) aufgeführten Anlagen zu beachten, daß deren Art. 9 I auch bei wesentlichen Änderungen eine Öffentlichkeitsbeteiligung vorsieht, womit § 15 II 1 BImSchG in diesen Fällen *europarechtskonform* ausgelegt werden muß (Rn. 1/40).[162] Dennoch werden heute 9 von 10 immissionsschutzrechtlichen Genehmigungsverfahren ohne Öffentlichkeitsbeteiligung durchgeführt. –

216 Die „Schlichter-Kommission" (Rn. 6/47) hat vorgeschlagen, für Änderungen, die ausschließlich oder überwiegend umweltverbessernde Wirkung haben, wahlweise anstelle eines Änderungsgenehmigungsverfahrens ein „genehmigungsersetzendes Anzeigeverfahren" (vgl. z.B. §§ 8 II, 12 GenTG, vgl. Rn. 8/75 ff., 1/98, 1/105) vorzusehen und dies auch auf den Austausch neuer gegen alte Anlagen auf demselben Betriebsgelände zu erstrecken. Die Bestimmung umweltrechtlicher Anforderungen an die Neuerrichtung und die Anlagenänderung würde damit auf den Betreiber verlagert, Normabweichungen zulasten des Umweltschutzes müßten – vollzugsaufwendig und wenig effizient – durch Untersagungsverfügungen oder nachträgliche Auflagen unterbunden werden, wobei das Schadensersatzrisiko für die Behörde wesentlich höher wäre als bisher, da alles verboten ist, was nicht genehmigt wurde (BVerwGE 84, 220 [224]). Darüberhinaus sollen solche „verbessernden" Änderungs- oder Neugenehmigungen auch erteilt werden können, wenn die materiellen Anforderungen des § 5 BImSchG (Rn. 6/125 ff.) vorübergehend nicht erfüllt sind, was u.E. für drittschützende Normen nicht gelten kann.

---

160 Vgl. BVerwGE 50, 49 ff. – Tunnelofen.
161 *Führ*, Sanierung von Industrieanlagen, 1989, S. 229.
162 Vgl. *Jahns-Böhm*, Umweltschutz durch Europäisches Gemeinschaftsrecht am Beispiel der Luftreinhaltung, 1994, S. 104 f.

5. Nachträgliche Maßnahmen

a) Nachträgliche Anordnungen (§ 17 BImSchG)

Nachträgliche Anordnungen dienen der Durchsetzung allein immissionsschutzrechtlicher Pflichten. Sie können den Charakter „nachträglicher Nebenbestimmungen" (Rn. 6/204) oder „nachträglicher Genehmigungsinhaltsbestimmungen" haben. 217

aa) Eine *nachträgliche Anordnung* ist nach § 17 I BImSchG zur Sicherstellung der Erfüllung der immissionsschutzrechtlichen Grundpflichten (Rn. 6/124) 218

– zulässig (i.S. einer *Kann-Vorschrift*), wenn der Betreiber einer ihm nach dem BImSchG oder einer BImSchV obliegenden Pflicht nicht nachkommt (sog. *Vorsorgeanordnung*, § 17 I 1)[163], und
– geboten (i.S. einer *Soll-Vorschrift*), wenn nach Genehmigungserteilung festgestellt wird, daß der Schutz der Allgemeinheit oder der Nachbarschaft vor schädlichen Umwelteinwirkungen oder sonstigen Gefahren, erheblichen Nachteilen oder erheblichen Belästigungen nicht ausreicht (sog. *Schutzanordnung*, § 17 I 2); hier kann die zuständige Behörde im Rahmen ihres eingeschränkten Ermessens nur bei „atypischer Fallgestaltung" von einer nachträglichen Anordnung absehen.

Die durch nachträgliche Anordnung geltend zu machende Erfüllung einer Grundpflicht kann auch aufgrund neuer Anforderungen in Bezug auf die Anlage angezeigt sein, z.B. durch eine Veränderung der Immissionssituation im Einwirkungsbereich der Anlage (§ 5 I Nr. 1), durch die Fortentwicklung des Standes der Technik (§ 5 I Nr. 2) oder durch das Inkrafttreten einer Rechtsverordnung (§ 7). Immer muß aber der Grundsatz der Verhältnismäßigkeit beachtet werden (§ 17 II BImSchG). 219

Ein *Nachbar* kann aufgrund der Vorschrift des § 17 I 2 BImSchG von der Behörde bei der Entscheidung über Erlaß oder Ergänzung einer von ihm beantragten nachträglichen Schutzanordnung die fehlerfreie Ausübung des Ermessens verlangen.[164] 220

bb) § 17 IIIa BImSchG hält die zuständigen Behörden dazu an, unter den im Gesetz genannten (dem § 7 III BImSchG entsprechenden) Voraussetzungen eine *Kompensation im Emissionsbereich* zu ermöglichen.[165] Die neue Vorschrift verdrängt die in Nr. 4.2.10 TA Luft getroffene Regelung. 221

cc) § 17 IVa BImSchG beschränkt die Möglichkeit des Erlasses nachträglicher „Nachsorge"-Anordnungen zur Erfüllung der sich aus § 5 III BImSchG ergebenden Pflichten (Rn. 6/145) auf einen Zeitraum von 10 Jahren nach Stillegung der Anlage.[166] Adressat solcher Anordnungen kann nur der letzte Betreiber sein. Sollte der Betreiber nicht mehr existieren, so kann gegen den Grundeigentümer als solchen nur nach Bodenschutz-, Abfall-, Wasser- bzw. Polizeirecht vorgegangen werden (vgl. Rn. 5/90 ff.). 222

---

163 Vgl. z.B. VGH BW, NVwZ 1985, 433 – Dynamit Nobel; BVerwG, UPR 1995, 196 (es ist nicht unverhältnismäßig, eine nachträgliche Anordnung zur Einhaltung der Emissionswerte nach Nr. 4.2 der TA Luft zu verfügen).
164 *Jarass*, NJW 1983, 2844 (2845).
165 Vgl. *Goßler*, UPR 1990, 255 (256 f.); *Rehbinder*, in: Umweltrechtstage 1991, S. 129 ff.
166 Hierzu *Vallendar*, UPR 1991, 91 ff.

6 Öffentliches Immissionsschutzrecht

223 dd) Die unanfechtbar genehmigte Anlage genießt gem. § 17 BImSchG einen gewissen (durch die 2. Novellierung des BImSchG von 1985 eingeschränkten und durch die Grundpflichtenregelung des § 5 BImSchG relativierten) **Bestandsschutz** (s. Rn. 6/ 231 ff.). Auch bei Vorliegen der allgemeinen Voraussetzungen einer Vorsorge- oder Gefahrenanordnung nach § 17 I BImSchG ist eine nachträgliche Anordnung *unzulässig*, wenn

- die Anordnung unverhältnismäßig ist, insbesondere wegen Mißverhältnisses zwischen Aufwand und Anordnungsziel (§ 17 II)[167], oder
- das Anordnungsziel in Anforderungen bestünde, die strenger sind als die abschließend geregelten Anforderungen in einer zur Konkretisierung des § 5 I Nr. 2 BImSchG (Vorsorge) ergangenen RechtsVO (§ 17 III).

224 ee) Sind die allgemeinen Anordnungsvoraussetzungen gegeben und muß von einer nachträglichen Anordnung gleichwohl wegen Unverhältnismäßigkeit abgesehen werden, dann soll die zuständige Behörde die Genehmigung ganz oder teilweise *widerrufen* (§§ 17 II 2 HS 1, 21 I Nrn. 3-5 BImSchG). In diesem Fall ist aber wegen des fortwirkenden Bestandsschutzes wegen des erlittenen Vertrauensschadens zu *entschädigen* (§ 17 II 2 HS 2 i.V.m. § 21 IV BImSchG).

225 ff) Wenn der Vollzug der nachträglichen Anordnung eine wesentliche Änderung der Lage, der Beschaffenheit oder des Betriebs der Anlage bedingt, ohne daß diese Änderung in der Anordnung abschließend bestimmt wäre, bedarf es zusätzlich noch einer *Änderungsgenehmigung* (§§ 17 IV, 15 BImSchG).

226 gg) Die zur nachträglichen Anordnung ergangenen Regelungen der Absätze 1-4a des § 17 BImSchG gelten nach § 17 V BImSchG für sog. „Uraltanlagen" i.S. des § 67 BImSchG entsprechend.

b) Untersagung, Stillegung und Beseitigung (§ 20 BImSchG)

227 Eine erteilte immissionsschutzrechtliche Genehmigung ist grundsätzlich (abgesehen von vorläufigen polizeilichen Maßnahmen bei unmittelbar drohenden Gefahren) „polizeifest" (*Legalisierungswirkung der Genehmigung*; s. Rn. 5/141).[168]

228 aa) Der Betrieb der Anlage kann aber von der zuständigen Immissionsbehörde ganz oder teilweise bis zur Erfüllung der Pflicht **untersagt** werden, wenn der *Betreiber einer Pflicht nicht nachkommt*, die durch Auflage, vollziehbare nachträgliche Anordnung oder (gem. § 7 BImSchG ergangene) Rechtsverordnung begründet wurde und sich auf die Beschaffenheit oder den Betrieb der Anlage (§ 20 I) bezieht, sowie bei *Unzuverlässigkeit des Betreibers* oder des Betriebsleiters (§ 20 III). Der immissionsschutzrechtliche Bestandsschutz genehmigter Anlagen (Rn. 6/231 ff.) ist insoweit eingeschränkt.

---

167 Dazu ausführlich *Sach*, Genehmigung, S. 116 ff.; *Jarass*, NVwZ 1986, 607 (608). Umstr. ist, ob einer *Schutzanordnung* u.a. Fehleinschätzungen der Behörde oder eine Änderung des Umgebungscharakters entgegenstehen und ob bei einer *Vorsorgeanordnung* die Anlagenimmissionen mitzuberücksichtigen sind, was durch *Sach* a.a.O. mit überzeugenden Gründen verneint wird.
168 Vgl. BVerwGE 89, 357 (361); 88, 286 (293); 84, 220 (224); *Sach*, Genehmigung, S. 141 ff.

bb) Ferner *soll* die **Stillegung** oder die **Beseitigung** angeordnet werden, wenn und soweit eine genehmigungspflichtige Anlage *ungenehmigt* errichtet, betrieben oder wesentlich geändert wird (§ 20 II 1). Das BImSchG stellt insofern allein auf die formelle Illegalität ab. Bei „atypischer Fallgestaltung" hat die Behörde allerdings ein Entscheidungsermessen. Ein atypischer Fall liegt z.B. vor, wenn keine Zweifel bestehen, daß die Anlage genehmigungsfähig ist[169], nicht aber bei bloßer behördlicher bisheriger Duldung eines ungenehmigten Anlagenbetriebs.[170] Eine Beseitigungsanordnung *muß* ergehen, wenn dies zum Schutz der Allgemeinheit oder der Nachbarschaft erforderlich ist (§ 20 II 2 – mittelbar drittschützend).

229

c) *Widerruf der Genehmigung (§ 21 BImSchG)*

Rechtmäßig erteilte Genehmigungen, Teilgenehmigungen und Vorbescheide können nur bei Vorliegen gewisser, öffentliche Interessen betreffender Voraussetzungen (§ 21 I) vollständig oder teilweise ex nunc, also mit Wirkung für die Zukunft **widerrufen** werden.[171] Dies ist freilich für den nicht vorbehaltenen Widerruf nur innerhalb Jahresfrist seit Erlangung der behördlichen Kenntnis von den den Widerruf rechtfertigenden Tatsachen möglich (§ 21 II). Der Widerruf hat in einigen Fällen (z.B. Rn. 6/224) Entschädigungsfolgen (§ 21 IV), die im Zivilrechtsweg geltend zu machen sind (§ 21 VI). Die Einschränkungen der Widerruflichkeit gelten nicht, wenn die Genehmigung vor dem Widerruf noch nicht bestandskräftig geworden war, weil sie von einem Dritten angefochten worden ist und daraufhin dem Rechtsmittel abgeholfen wird (§ 21 VII). Diese Widerrufsregelung entspricht inhaltlich den §§ 49 I-III, V, 50 VwVfG. Für die **Rücknahme** *rechtswidrig* erteilter Genehmigungen gilt mangels einer Sonderregelung im BImSchG § 48 VwVfG.

230

6. Bestandsschutz

Die immissionsschutzrechtliche Genehmigung bewirkt, daß trotz der dynamisierten Grundpflichten des § 5 I BImSchG der Betrieb der Anlage aufgrund nachträglicher Änderungen der Sach- oder Rechtslage nicht rechtswidrig wird. Die Grundpflichten bewirken aber eine Einschränkung des Vertrauensschutzes des Betreibers und verlagern das Schadensrisiko auf ihn.

231

Begrifflich unterscheidet man bei genehmigten Anlagen ganz allgemein einen *„passiven"*, gegen spätere Rechtsänderungen wirksamen Schutz der Anlage und ihrer Nutzung im Umfang ihres genehmigten Bestands von einem *„aktiven"* (überwirkenden)

232

---

169 BVerwGE 84, 220 (233); BVerwG, B. v. 4.11.1992, 7 B 160.92, Buchholz 406.25 § 20 Nr. 3; VGH BW, VBlBW 1991, 375 f.; weitergehend OVG Berlin, NVwZ 1985, 756 (757), wonach ausreichend sein soll, wenn die Behörde den Betrieb weitgehend unter Kontrolle hat (Fall Sonnenschein).
170 S. aber BayVGH, DVBl. 1987, 1015 (zum AbfG). Zum Altanlagen-Privileg des § 67 II BImSchG vgl. BVerwG, DVBl. 1994, 340 f.; VGH BW, NVwZ-RR 1989, 124.
171 *Zitzelsberger*, GewArch 1990, 153 ff., 271 ff.; OVG Lüneburg, B. v. 7.3.1988, 7 B 25/87, BImSchG-Rspr. § 21 Nr. 8; OVG Münster, NVwZ 1988, 173 ff.

6 Öffentliches Immissionsschutzrecht

Bestandsschutz[172], wonach Anlagen- und Nutzungsänderungen u.U. trotz entgegenstehender Rechtslage zur Erhaltung der Funktion der Anlage zu genehmigen sind. Nicht die immissionsschutzrechtliche Genehmigung, sondern die auf ihrer Basis errichtete und betriebene Anlage ist Gegenstand des eigentumsrechtlichen Bestandsschutzes.

233 Der Betreiber einer gem. § 4 BImSchG genehmigten Anlage genießt allerdings immissionsschutzrechtlich gegenüber einer zulässigen nachträglichen Anordnung i.S. des § 17 BImSchG (Rn. 6/217), einer Betriebsuntersagungsverfügung i.S. des § 20 I BImSchG (Rn. 6/227) oder eines Genehmigungswiderrufs i.S. des § 21 BImSchG (Rn. 6/230) keinen *passiven* Bestandsschutz. Die Genehmigung schützt ihren Inhaber vor abweichenden Regelungen nur, soweit ihr Regelungsgehalt (der anhand des objektiven Willens der Genehmigungsbehörde zu ermitteln ist) reicht. Unvorhersehbare Folgen sind daher nicht ohne weiteres vom Regelungsgehalt der Genehmigung erfaßt.

234 Insbesondere trägt der Betreiber das Risiko, daß Investitionen durch nachträgliche Schutzanordnungen entwertet werden, weil sich Änderungen der Sachlage (z.B. unerwartete Gesundheitsschäden in der Nachbarschaft, heranrückende und nicht abgewehrte Wohnbebauung) in seiner Risikosphäre bewegen. Daneben ist über § 17 BImSchG eine Korrektur von erkennbaren Fehleinschätzungen der Behörde bei Erteilung der immissionsschutzrechtlichen Genehmigung möglich, desgleichen eine durch neue wissenschaftliche Erkenntnisse bedingte Veränderung der Sicherheitsphilosophie durchsetzbar: ausgeschlossen wird lediglich die Durchsetzung einer umweltpolitisch motivierten neuen Sicherheitsphilosophie.[173] Vorsorgeanordnungen sind vor dem Verhältnismäßigkeitsgrundsatz zu rechtfertigen, der sich an einem generalisierenden und objektivierten Maßstab zu orientieren hat. Je länger eine Anlage in Betrieb ist, desto geringer ist die Schutzwirkung der Genehmigung für den Betreiber als Folge der dynamisierten Grundpflichten. Den Betreiber trifft im Einzelfall auch die Beweislast für die Unverhältnismäßigkeit der Maßnahme.

235 Ein *aktiver* Bestandsschutz wird durch das BImSchG nicht gewährt, da jede wesentliche Änderung der Lage, Beschaffenheit oder des Betriebs der genehmigten Anlage nach § 15 BImSchG erneut genehmigungsbedürftig ist (Rn. 6/212).[174]

236 Neben diesem immissionsschutzrechtlichen Bestandsschutz gibt es bekanntlich noch den baurechtlichen (ebenfalls ursprünglich verfassungsrechtlich begründeten, inzwischen aber ausschließlich einfachgesetzlich vermittelten) Bestandsschutz sowie einen privatrechtlichen, durch § 14 BImSchG vermittelten Bestandsschutz (Rn. 6/202 f.).

---

172 Zum folgenden ausführlich *Sach*, Genehmigung als Schutzschild, 1994, S. 95 ff., 145 ff.; BVerwGE 65, 313 (317); BVerwG, NVwZ 1989, 257. Überzeugend zur Problematik des Bestandsschutzes im Baurecht *Wahl*, FS Redeker, 1993, S. 245 ff. u. BVerwGE 84, 322 (334). Zum sog. „überwirkenden Bestandsschutz" vgl. BVerwGE 49, 365 (369); 50, 49 (56); *Dolde*, NVwZ 1986, 873 ff.; *Feldhaus*, WiVerw. 1986, 67 ff.; *Rid/Hamann*, VBlBW 1988, 7 ff.; *Schenke*, NuR 1989, 8 ff.; *Schulze-Fielitz*, Die Verwaltung 1987, 307 ff.; *Sendler*, UPR 1990, 41 ff.; *Sundermann*, Der Bestandsschutz genehmigungsbedürftiger Anlagen im Immissionsschutzrecht, 1985.
173 *Sach*, Genehmigung. S. 119 ff. m.w.N.; i.E. auch *Koch*, in: *Koch/Lechelt* (Hrsg.), 20 Jahre BImSchG, 1994, S. 33 (43). S.a. Rn. 7/190 f.
174 *Sach*, Genehmigung, S. 145 ff. m.w.N.; i.E. auch BVerwGE 65, 313 (317); 84, 322 (334 [zu § 34 III Nr. 2 BauGB]); 88, 191 (203); a.A. *Dolde*, NVwZ 1986, 873 (883); *Schenke*, NuR 1989, 8 (17); *Sellner*, Immissionsschutzrecht, Rn. 206 ff.

VI. Nicht genehmigungsbedürftige Anlagen

1. Anwendungsbereich der §§ 22-25 BImSchG

Nicht genehmigungsbedürftige „Anlagen" i.S. der §§ 22-25 BImSchG sind Einrichtungen, Geräte und in bestimmter Weise genutzte Grundstücke, die dem BImSchG unterliegen (§ 2 I Nr. 1 i.V.m. § 3 V; Rn. 6/106 ff.), nicht aber der Genehmigungspflicht des § 4 BImSchG. Sie sind zwar von der Genehmigungspflicht (wegen ihres typischerweise geringeren Grades an Umweltgefährlichkeit) ausgenommen; ihre Betreiber haben aber gleichwohl zum Schutz der Umwelt bestimmte Grundpflichten zu erfüllen. Erfaßt sind alle Anlagen, die nicht in der Anlage zur 4. BImSchV aufgeführt sind und dennoch schädliche Umwelteinwirkungen hervorrufen können.

Beispiele:[175] Windkraftanlagen, Autowaschstraßen, Werkstätten, Tankstellen, chem. Reinigungsbetriebe, Schrottplätze, Bauhöfe, Baumaschinen, u.U. LKW auf Betriebsgrundstücken (§ 38 als lex specialis für Verkehrsimmissionen!), Kinderspielplätze, Sportplätze, Fußballstadien, kleinere und mittlere Heizungsanlagen, Bohrmaschinen, Gartengrillgeräte, Rasenmäher, Kirchenglocken (BVerwGE 68, 62), Feueralarmsirenen (BVerwGE 79, 254), Weinbergschußapparate, Tiefgaragen, aber auch chem. Abfallaufbereitungsanlagen mit bis zu 8760 t/a Durchsatz (Nr. 8.4 a Spalte 2 des Anhangs der 4. BImSchV) usw.

237

Die §§ 22-25 BImSchG

238

– werden *ergänzt* durch weitere immissionsschutzrechtlich relevante Normen, die sich ihrerseits ebenfalls auf bestimmte Anlagen beziehen, die nach dem BImSchG nicht genehmigungspflichtig sind (z.B. in Landesbauordnungen, Schutzverordnungen nach § 49 I BImSchG, Festsetzungen nach § 9 I Nrn. 23 u. 24 BauGB in Bebauungsplänen[176]), soweit keine speziellen oder abschließenden immissionsschutzrechtlichen Regelungen bestehen,
– sind nur noch *subsidiär* anzuwenden neben Vorschriften, die speziell für bestimmte Anlagen dem Schutz vor schädlichen Umwelteinwirkungen dienen (z.B. § 5 I Nr. 3 GastG), und
– werden ausnahmsweise *verdrängt* durch (seltene) abschließende Spezialregelungen (z.B. §§ 33a II Nr. 3, 33i II Nr. 3 GewO, § 4 I Nr. 3 GastG, s. aber Rn. 6/252).

Das Verhältnis der §§ 22-25 BImSchG zum *Landesrecht* ist leider nicht klar geregelt. So ist z.B. umstritten, ob sich § 22 II BImSchG, wonach weitergehende öffentlich-rechtliche (und damit auch landesrechtliche, z.B. polizeirechtliche) Vorschriften unberührt bleiben, nur auf nichtanlagenbezogene Vorschriften bezieht oder ob – entsprechend der Praxis der Länder –

239

---

175 S. ferner *Jarass*, BImSchG, § 22 Rn. 8 m.w.N. Zu Immissionen von elektromagnetischen Wellen (Funktürme, Bahnoberleitungen) s. *Gassner*, NVwZ 1993, 1045 ff.; *Blümel/Pfeil*, VerwArch 1994, 451 ff.; *Rebentisch*, DVBl. 1995, 495 ff.; BVerwG, ZUR 1995, 39 f.; OVG Lüneburg, NVwZ 1994, 390 f. m.w.N.; krit. Hess.VGH, ZUR 1995, 205 ff.; VG Gießen, ZUR 1994, 146 ff.
176 S. *Koch*, Immissionsschutz durch Baurecht, 1991, passim; BVerwG, DVBl. 1993, 1098 f.; NVwZ 1991, 881 ff.: Festsetzung von Emissonsgrenzwerten durch flächenbezogene Schalleistungspegel im Wege der Gliederung eines Baugebietes nach § 1 IV BauNVO; DVBl. 1989, 369 ff.: Verwendungsverbote u. -beschränkungen für luftverunreinigende Stoffe.

6 *Öffentliches Immissionsschutzrecht*

auch weitergehende anlagenbezogene landesrechtliche Regelungen zulässig sind.[177] Letzteres ist sicherlich außerhalb des Regelungsbereichs des § 22 I BImSchG, also hinsichtlich „sonstiger", nicht unter § 3 I und damit auch nicht unter § 22 I BImSchG fallender Gefahren, erheblicher Nachteile oder erheblicher Belästigungen möglich.

2. Grundpflichten des Betreibers

240   Nach dem **Grundpflichtenkatalog** des § 22 I 1 BImSchG sind die immissionsschutzrechtlich nicht genehmigungsbedürftigen Anlagen so zu errichten und zu betreiben, daß

- schädliche Umwelteinwirkungen (§ 3 I), die nach dem Stand der Technik (§ 3 VI) vermeidbar sind, verhindert werden (§ 22 I 1 *Nr. 1*; *Verhinderungsgebot*),
- schädliche Umwelteinwirkungen (§ 3 I), deren Vermeidung nach dem Stand der Technik (§ 3 VI) nicht in vollem Umfang möglich ist, auf das unvermeidbare Mindestmaß beschränkt werden[178] (§ 22 I 1 *Nr. 2*; *Minimierungsgebot*), und schließlich, daß
- die beim Betrieb der Anlagen entstehenden Abfälle ordnungsgemäß beseitigt werden können (§ 22 I 1 *Nr. 3*; *Abfallbeseitigungsgebot*).

241   Die Regelung des § 22 I BImSchG nimmt somit – wie z.B. auch § 41 I BImSchG, aber anders als § 5 BImSchG – in Kauf, daß u.U. noch immer schädliche Umwelteinwirkungen verbleiben. Dieses „immissionsschutzrechtliche Defizit" wird bei Überschreiten der Gefahrenschwelle durch § 25 II BImSchG gemildert. Auch wird im Gegensatz zu § 5 BImSchG von § 22 I BImSchG nicht zwischen Schutz- und Vorsorgeprinzip differenziert. Deswegen enthält die Vorschrift weder explizit noch (nach h.M.) implizit eine dem § 5 I Nr. 2 entsprechende Regelung.[179] Die Abgrenzung zwischen Nr. 1 und Nr. 2 des Satzes 1 bereitet schon deswegen Schwierigkeiten, weil schädliche Umwelteinwirkungen (§ 3 I) immissionsbezogen sind, während der Stand der Technik schon nach dem Wortlaut des § 3 VI an sich emissionsbezogen ist.[180] Daher geht es bei § 22 Nrn. 1 u. 2 nur darum, daß mit anlagenbezogenen Mitteln zwei auf die konkrete Immissionssituation bezogene Schutzziele erreicht werden, nämlich

---

177   OVG Koblenz, NVwZ 1989, 275 f.; OVG Münster, DVBl. 1979, 317 ff.; i.E. auch BVerwG, B. v. 7.8.1991, 7 B 48.91, Buchholz 406.25, § 22 Nr. 9; *Engler,* Der öffentlich-rechtliche Immissionsabwehranspruch, 1995, S. 79 ff.; *Landmann/Rohmer/Hansmann,* BImSchG, § 22 Rn. 31 f.; *Pestalozza,* WiVerw. 1984, 245 (256 ff.); *Pudenz,* NuR 1991, 363 ff.; a.A. BayVGH, GewArch 1986, 70 f.; *Henkel,* der Anlagenbegriff des BImSchG, 1989, S. 20 ff. Ein entsprechendes Problem ergibt sich bei der Auslegung des § 49 III BImSchG, der Rechtsgrundlage örtlicher Polizeiverordnungen sein kann.
178   Dies bedeutet: Beschränkung auf ein unter dem Gesichtspunkt des nachbarlichen Interessenausgleichs zumutbares Mindestmaß, BVerwGE 81, 197 (200).
179   Nach BayVGH, DÖV 1987, 498 erstreckt sich die Pflicht des Betreibers einer nicht genehmigungsbedürftigen Anlage (in casu: einer Großbäckerei) nach § 22 I 1 Nr.1 BImSchG nicht darauf, nach dem Stand der Technik Vorsorge gegen schädliche Umwelteinwirkungen zu treffen. So auch OVG Lüneburg, DVBl. 1994, 298; *Jarass,* BImSchG, § 22 Rn. 19; *Roßnagel,* in: GK-BImSchG, § 22 Rn. 132; a.A. *Hansmann,* NVwZ 1991, 829 (831 ff.); *Stich/Porger,* BImSchG, § 22 Rn. 6.
180   Vgl. z.B. *Sellner/Löwer,* WiVerw. 1980, 221 (233). Entgegen der zit. Autoren (aaO S. 241 ff.) sind aber die Vorschriften der Nrn. 1 u. 2 des § 22 BImSchG wohl nicht nur im Rahmen des § 25 II (Soll-Untersagung) drittschützend; vgl. unten Rn. 6/254.

einmal (wie bei § 5 I Nr.1) die Verhinderung vermeidbarer umweltschädlicher Einwirkungen (Nr. 1) und zum anderen (hinter § 5 I Nr. 1 zurückbleibend) die Minimierung unvermeidbarer umweltschädlicher Einwirkungen (Nr. 2). Demgegenüber kann aber durch Ausnutzung der Verordnungsermächtigung des § 23 BImSchG (Rn. 6/243) auch der Vorsorgegrundsatz umgesetzt werden. Zum 6.10.1996 wird eine Ermächtigung zum Erlaß von Rechtsverordnungen in Kraft treten, mit der Anlagen bestimmt werden können, die der Abfallvermeidungspflicht nach § 5 I Nr. 3 BImSchG n.F. (Rn. 6/141) unterliegen.

Bei nichtgewerblichen Anlagen sind aus Kompetenzgründen die Grundpflichten nur auf Luftverunreinigungen und Geräusche bezogen (§ 22 I 2 = § 22 I 3 BImSchG n.F.); § 22 I BImSchG normiert also einen Mindeststandard. Nach § 22 II BImSchG bleiben nämlich weitergehende – auch landesrechtliche – öffentlich-rechtliche Vorschriften unberührt (s. schon Rn. 6/51 ff.). Diese können z.B. *sonstige*, nicht zu den schädlichen Umwelteinwirkungen gehörende *Gefahren*, erhebliche Nachteile und Belästigungen betreffen, auf die sich § 22 BImSchG im Gegensatz zu § 5 I Nr. 1 BImSchG nicht bezieht. Ist eine emittierende Anlage nicht nach § 4 I BImSchG, sondern nur nach anderen (z.B. baurechtlichen) Vorschriften genehmigungsbedürftig, so sind die immissionsschutzrechtlichen Anforderungen der §§ 22 ff. BImSchG auch von den Behörden zu beachten, die für die Anlagengenehmigung jeweils zuständig sind.[181] Der *baurechtliche Bestandsschutz* steht einer Anordnung nach §§ 24, 25 II BImSchG grundsätzlich nicht entgegen.

242

3. Anforderungen an Errichtung, Beschaffenheit und Betrieb

Auf der Grundlage des § 23 BImSchG kann die Bundesregierung unter Anhörung der beteiligten Kreise (§ 51) durch RechtsVO mit Zustimmung des Bundesrates zur Konkretisierung der Betreiberpflichten aus § 22 zum Schutz der Allgemeinheit und der Nachbarschaft vor schädlichen Umwelteinwirkungen sowie zur *Vorsorge* gegen solche Umwelteinwirkungen bestimmte technische Anforderungen an nicht genehmigungsbedürftige Anlagen stellen, darüber hinaus Emissionsgrenzwerte festsetzen und schließlich den Betreibern die Pflicht zur Messung von Emissionen und Immissionen auferlegen. Auf dieser Grundlage sind z.B. folgende BImSchG-Durchführungsverordnungen erlassen worden:

243

– 1. BImSchV über Kleinfeuerungsanlagen i.d.F. der VO v. 15.7.1988 (BGBl. I 1059), zuletzt geändert durch VO v. 20.7.1994 (BGBl. I 1680);
– 2. BImSchV zur Emissionsbegrenzung von leichtflüchtigen Halogenkohlenwasserstoffen v. 10.12.1990 (BGBl. I 2694), geändert durch VO v. 5.6.1991 (BGBl. I 1218);
– 7. BImSchV zur Auswurfbegrenzung von Holzstaub v. 18.12.1975 (BGBl. I 3133);

---
181 Vgl. BVerwGE 74, 315 (322); BVerwG, DVBl. 1987, 903; NJW 1989, 1162; BayVGH, BayVBl. 1994, 721 f.; VGH BW, VBlBW 1994, 197 f.

6 Öffentliches Immissionsschutzrecht

- 8. BImSchV (Rasenmäherlärm-VO) i.d.F.d. Bek. v. 13.7.1992 (BGBl. I 1248), durch die eine EG-Richtlinie von 1985 umgesetzt wird, geändert durch Gesetz v. 27.4.1993 (BGBl. I 512);
- 18. BImSchV (Sportanlagenlärmschutz-VO) vom 18.7.1991 (BGBl. I 1588; ber. 1790);
- 20. BImSchV zur Begrenzung der Kohlenwasserstoffemission beim Umfüllen und Lagern von Ottokraftstoffen vom 7.10.1992 (BGBl. I 1727);
- 21. BImSchV zur Begrenzung der Kohlenwasserstoffemissionen bei der Betankung von Kraftfahrzeugen vom 7.10.1992 (BGBl. I 1730).

Zur Senkung der Emissionen organischer Dämpfe, die beim Umfüllen organischer Flüssigkeiten (z.B. Benzine, gewisser Halogenkohlenwasserstoffe) aus immissionsschutzrechtlich nicht genehmigungsbedürftigen kleineren Lagertanks in Tankfahrzeuge (oder umgekehrt) bzw. beim Betanken von Kraftfahrzeugen auftreten und dann z.B. zur Bildung schädlicher Photooxidantien beitragen, sind die 20. und 21. BImSchV erlassen worden. Schon beim Befüllen von Kfz mit Ottomotoren wurden auf dem Gebiet der BRD ohne die fünf neuen Bundesländer 1992 Emissionen von ca. 41 000 t verursacht, davon ca. 1900 t Benzol (krebserregend).

4. Insbesondere: die Sportanlagenlärmschutzverordnung (18. BImSchV)

244 In den letzten Jahren haben Beschwerden über die Lärmbelästigung durch Freizeitbetätigungen wie Fußball oder Tennis stark zugenommen. Sportfunktionäre mag es erstaunt haben, daß Gerichte auf Klagen belästigter Nachbarn die Möglichkeiten sportlicher Freizeitbeschäftigung in Einzelfällen rechtlichen Beschränkungen unterworfen haben[182]; jedoch unterliegt auch die mit der Freizeitbetätigung des Menschen verbundene Lärmentwicklung den Regeln des Nachbarschaftsrechts.

245 Im Gegensatz zu Verkehrslärm geht Sportlärm von einer immissionsschutzrechtlichen Anlage i.S.d. § 3 V Nr. 1 BImSchG aus.[183] Sport und Freizeitanlagen sind in der Regel immissionsschutzrechtlich nicht genehmigungsbedürftig (vgl. aber etwa Nrn. 10.17, 10.18 des Anh. zur 4. BImSchV); sie bedürfen jedoch zumeist einer Baugenehmigung, wobei neben der bauplanungsrechtlichen Zulässigkeit nach §§ 29 ff. BauGB insbesondere die Anforderungen nach § 22 BImSchG und damit auch der **Sportanlagenlärmschutzverordnung** (18. BImSchV) geprüft werden müssen.[184] Die Sportanlagenlärmschutzverordnung beruht auf § 23 I 1 Nr. 2 BImSchG;[185] sie normiert Immissionsrichtwerte für das Errichten und Betreiben einer Sportanlage und regelt das hierfür anwendbare Meßverfahren.

246 Die Sportanlagenlärmschutzverordnung gilt nach ihrem § 1 für die Errichtung, die Beschaffenheit und den Betrieb von Sportanlagen, soweit sie zum Zwecke der Sport-

---
182 BGH, NJW 1983, 751 (Frankfurter Tennisplatz-Urteil); BVerwGE 81, 197 (Sportplatz Tegelsbarg); 88, 143 (Spielplatz Dortmund-Sölde). Aus der Literatur: *Berkemann*, NVwZ 1992, 817 ff.; *Ketteler*, BauR 1992, 453 ff.; *Spindler/Spindler*, NVwZ 1993, 225 ff.; *P. Kirchhof* (Hrsg.), Sport und Umwelt, 1992. Auch zur Beurteilung des *Freizeitlärms* dienen die Richtlinien des LAI, NVwZ 1988, 135 ff., und die 18. BImSchV, dazu VGH BW, VBlBW 1994, 197 f.
183 Z.B. OVG Berlin, NVwZ-RR 1989, 15 f.; OVG Münster, NVwZ-RR 1988, 13.
184 Vgl. z.B. BVerwGE 74, 315 (322); OVG Münster, NVwZ 1993, 1116 f.
185 Krit. hierzu *Berkemann*, NVwZ 1992, 817 (826); *Schink*, DVBl. 1992, 515 (518).

Nicht genehmigungsbedürftige Anlagen 6/VI

ausübung betrieben werden und einer Genehmigung nach § 4 BImSchG nicht bedürfen. Es geht dabei um mannigfache, gesundheits- und sozialpolitisch förderungswürdige Arten der Ausübung des z.b als Vereins- oder Schulsport organisierten oder des nicht organisierten Breiten- und Leistungssports bei Training, Spiel und Wettkampf (z.B. Leichtathletik, Fuß-, Hand-, Volley- oder Basketball, Tennis usw.). In § 2 werden – vorbehaltlich schärferer Bestimmungen (§ 4) – *Immissionsrichtwerte* vorgegeben, die am Immissionsort durch die summierten Geräuschimmissionen *aller* Sportanlagen nicht überschritten werden dürfen (§ 2 I). Die Immissionsrichtwerte stellen nicht das Ergebnis antizipierten Sachverstandes dar, sondern vielmehr eine qualifizierte, aber politische Wertung im Rahmen des Gestaltungsspielraumes des Verordnunggebers.[186]

Die Immissionsrichtwerte, mit denen den besonderen Belangen des Sports im Rahmen des aus Umweltschutzgründen noch Vertretbaren Rechnung getragen werden soll, sind nach Gebietstypen, Tageszeiten und Wochentagen gestaffelt (§ 2 II). Dabei werden 8 Gebietstypen unterschieden, die den Unterscheidungen der Baugebietstypen der BauNVO 1990 entsprechen. Nach der BauNVO 1990 sind, im Gegensatz zu früher, Sportanlagen in allen Baugebieten entweder allgemein oder ausnahmsweise zulässig. 247

So gelten z.B. für *allgemeine Wohngebiete und Kleinsiedlungsgebiete* nach § 2 II der VO folgende Immissionsrichtwerte: 248

- *nachts* (22.00 bis 06.00 an Werktagen bzw. bis 07.00 an Sonn- und Feiertagen): 40 dB(A)
- *tags* (06.00 bis 22.00 an Werktagen bzw. 07.00 bis 22.00 an Sonn- u. Feiertagen),
  – außerhalb der Ruhezeiten: 55 dB(A)
  – innerhalb der Ruhezeiten (an Werktagen: 06.00-08.00 u. 20.00 bis 22.00, an Sonn- u. Feiertagen: 07.00-09.00, 13.00 bis 15.00 sowie 20.00 bis 22.00): 50 dB(A).

Die Werte für die an den Immissionsorten ermittelten Immissionen werden als (Außen-)Mittelungspegel für alle dem Sportbetrieb zuzurechnenden Geräusche (verursacht insbesondere von den Sporttreibenden, aber auch von Übungsleitern, von den Zuschauern, Lautsprecheranlagen usw.) angegeben. Sie werden nach einem im Anhang der VO beschriebenen Verfahren durch Messung oder Prognose ermittelt. Die so gebildeten Mittelungspegel erhalten im Wege der Beurteilung, d.h. bei der Bildung der maßgebenden „Beurteilungspegel" u.U. Zuschläge, z.B. für Ton- oder Impulshaltigkeit der Geräusche (Lautsprecheranlage in einem Fußballstadion; Schiedsrichterpfiffe, Tennisschlaggeräusch usw.). Diese Beurteilungspegel sind dann mit den maßgebenden Immissionsrichtwerten zu vergleichen. Wird ein Immissionsrichtwert überschritten, so müssen geeignete technische und/oder betriebliche oder organisatorische Maßnahmen getroffen werden, um die Einhaltung des Immissionsrichtwertes zu gewährleisten (§ 3). Die zuständige Behörde kann zur Gewährleistung der Erfüllung der den Betreiber der Sportanlagen treffenden Pflichten in der für die Anlage erforderlichen Zulassungsentscheidung (z.B. Baugenehmigung) Nebenbestimmungen festsetzen. Sie kann auch nachträglich unter relativ engen (den Ermessensrahmen des § 24 BImSchG einschränkenden) Voraussetzungen hinsichtlich der Betriebszeiten Maßnah- 249

---
186 Vgl. BVerwGE 77, 285 (290).

6 Öffentliches Immissionsschutzrecht

men anordnen, wobei der Schutz der Nachbarschaft und der Allgemeinheit sowie die Gewährleistung einer sinnvollen Sportausübung auf der Anlage gegeneinander abzuwägen sind (§ 5 II-VII).

250 Bei „seltenen Ereignissen" (die an maximal 18 Tagen/Jahr stattfinden – also z.B. abendliche Flutlichtspiele in einem Fußballstadion oder einzelne Großveranstaltungen) soll von Betriebszeitenregelungen abgesehen werden, wenn die Immissionsrichtwerte zwar um bis zu 10 dB(A) überschritten werden, der Mittelwert aber unter bestimmten Höchstwerten (70/65/55 dB[A]) liegt und die Lärmspitzen tags um nicht mehr als 20 dB(A) darüber liegen. Zwischen 20 und 22 Uhr sind somit Lärmspitzen von bis zu 85 dB(A) möglich. Auf die Eigenarten des Sportbetriebs wird in der VO auch insoweit Bedacht genommen, als z.B. kurzzeitige Überschreitungen der Immissionsrichtwerte durch Geräuschspitzen tags bis 30 dB(A) und nachts bis 20 dB(A) zulässig sind (§ 2 IV). Nicht unproblematisch erscheint dabei, wenn Geräuschspitzen nachts in einem allgemeinen Wohngebiet 60 dB(A) erreichen dürfen und damit deutlich über dem Lärmpegel liegen, der zum Aufwachen führen kann. Die Immissionsrichtwerte sind zwar einerseits absolute Zumutbarkeitsgrenzen, die nicht überschritten werden dürfen; in besonders gelagerten Einzelfällen – wie etwa bei impulshaltigen Geräuschen, die lauter als der nächtliche Aufweckwert sind – kann die *Zumutbarkeitsschwelle* des von der Nachbarschaft hinzunehmenden Lärmpegels aber auch niedriger liegen.[187]

251 Diese 18. BImSchV ermöglicht es, daß bestimmte, mit entsprechenden Geräuschen verbundene Sportarten auf einer Sportanlage nicht bereits um 19.00 Uhr untersagt werden müssen, was vor Erlaß dieser VO nach der Rspr. (z.B. bei Fußball) der Fall war (vgl. z.B. BVerwGE 81, 197).

5. Durchsetzung der Grundpflichten

a) Anordnungen im Einzelfall

252 Nach § 24 BImSchG können zur Durchführung des § 22 und einer Rechtsverordnung nach § 23 im Einzelfall Anordnungen ergehen, um die Erfüllung immissionsschutzrechtlicher Pflichten bei nichtgenehmigungspflichtigen Anlagen zu gewährleisten. Da § 22 BImSchG ein Angepaßtsein der Anlage an die Anforderungen auf Dauer gebietet, kann die Immissionsschutzbehörde aufgrund des § 24 BImSchG z.B. zum Schutz der Nachbarschaft vor erheblichen Belästigungen durch Luftverunreinigungen nachträglich die Erhöhung des Schornsteins eines bauaufsichtlich genehmigten Wohnhauses anordnen.[188] Die Anordnungsermächtigung des § 24 BImSchG *konkurriert* mit den den Immissionsschutz einbeziehenden Anordnungs- bzw. Auflagenermächtigungen in anderen Gesetzen (so z.B. § 5 GastG, LBO-Generalklauseln) und wird von diesen nicht verdrängt (str.).[189]

---

[187] Ähnlich OVG Münster, B.v. 19.11.1993, 11 A 773/90; a.A. BVerwG, UPR 1995, 108.
[188] Dazu BVerwG, NJW 1988, 2552 f.; VGH BW, VBlBW 1994, 238 (243). Der baurechtliche Bestandsschutz steht einer Anordnung nach § 24 BImSchG nicht entgegen, BVerwGE 91, 92 ff. (Tankstelle) m.w.N. – Nach Hess. VGH, UPR 1992, 454, muß der Rechtsnachfolger eines Betriebsinhabers die gegen diesen ergangenen immissionsschutzrechtlichen Anordnungen gegen sich gelten lassen; hierzu aber Rn. 5/183 ff.
[189] *Koch*, in: GK-BImSchG, § 22 Rn. 47 ff.; *Landmann/Rohmer/Hansmann*, BImSchG, § 24 Rn. 6 ff.; a.A. *Jarass*, BImSchG, § 24 Rn. 2; BayVGH, UPR 1995, 238 (239).

b) Untersagung

Der Anlagenbetrieb **kann** gem. § 25 I BImSchG ganz oder teilweise *untersagt werden*, wenn der Betreiber einer gem. § 24 S. 1 BImSchG ergangenen vollziehbaren Anordnung nicht nachkommt.

253

Nicht erst der Betrieb, sondern ggf. schon die Errichtung oder Inbetriebnahme der Anlage **soll** gem. der (drittschützenden) Vorschrift des § 25 II BImSchG ganz oder teilweise *untersagt werden*, wenn

– schädliche Umwelteinwirkungen das Leben oder die Gesundheit von Menschen oder bedeutende Sachwerte gefährden und
– die Allgemeinheit oder die Nachbarschaft nicht auf andere Weise ausreichend geschützt werden kann.

6. Rechtsschutzfragen

Die Betreiberpflichten nach § 22 I Nrn. 1 u. 2 BImSchG sind nach überwiegender Auffassung **drittschützend**.[190] Demzufolge können Nachbarn grundsätzlich verlangen, daß die zuständige Behörde Verstöße hiergegen durch eine Anordnung nach § 24 BImSchG unterbindet. Da der Erlaß einer solchen Anordnung Ermessensfrage ist, kann die Behörde den Antrag ermessensfehlerfrei ablehnen, wenn es z.B. dem Nachbarn zuzumuten ist, den Zivilrechtsweg zu beschreiten.[191] Anderes gilt, wenn die Tatbestandsvoraussetzungen des § 25 II BImSchG vorliegen. Die zuständige Behörde kann im Rahmen ihres durch § 25 II BImSchG eingeschränkten Ermessens nur von einer Untersagungsverfügung absehen, wenn der (atypische) Einzelfall Besonderheiten aufweist, die ein Abweichen vom Regelfall nahelegen. Der *baurechtliche Bestandsschutz* steht einer Anordnung nach §§ 24, 25 II BImSchG aber grundsätzlich nicht entgegen.[192] Soweit die Behörde einem entsprechenden Antrag des Nachbarn nicht nachkommt, muß er seinen Anspruch nach Durchführung des Widerspruchsverfahrens (§§ 68 ff. VwGO) mit einer *Verpflichtungsklage* geltend machen, die er mit einem Hilfsantrag auf ermessensfehlerfreie Bescheidung seines Antrags verbinden wird.

254

Unmittelbar gegen einen privaten Emittenten kann der Nachbar auch zivilrechtlich z.B. nach §§ 1004, 906 BGB eine Unterlassungsklage erheben, wenn es sich nicht um eine genehmigungsbedürftige Anlage handelt, für die § 14 BImSchG (Rn. 6/202 f.) privatrechtliche Abwehransprüche ausschließt, und soweit die Immissionen im „nachbarlichen Gemeinschaftsverhältnis" als „rücksichtslos" (d.h. baugebietsunverträglich) einzustufen sind.[193] Ein quasi-negatori-

---

190 S. *Jarass*, BImSchG, § 22 Rn. 40; *Koch*, in: GK-BImSchG, § 22 Rn. 193; OVG Hamburg, NVwZ 1990, 379; OVG Münster, NVwZ 1991, 900 f.
191 *Schulze-Fielitz*, Immissionsschutzrecht, Rn. 181; OVG Lüneburg, DVBl. 1976, 719 f. Nach der VwV-BImSchG BW v. 21.2.1995, GABl. 1995, 234 (253) soll z.B. nicht auf den Zivilrechtsweg verwiesen werden, wenn die Beschwerde berechtigt erscheint und darüberhinaus der Sachverhalt oder die Abhilfemaßnahmen schwer zu beurteilen sind oder sich ungleiche Partner gegenüberstehen.
192 BVerwGE 91, 92 (100), BVerwG, NVwZ 1989, 257; UPR 1988, 345; OVG Berlin, UPR 1993, 30 f.; OVG Lüneburg, NVwZ-RR 1994, 555; *Jarass*, BImSchG, § 24 Rn. 15; *Landmann/Rohmer/Hansmann*, BImSchG, § 24 Rn. 27. Zu einem Ausnahmefall s. VG Berlin, UPR 1983, 240.
193 BGH, NJW 1993, 1656 ff. unter Hinweis auf die vom BVerwG entwickelte Rspr. zum bauplanungsrechtl. Rücksichtnahmegebot.

scher Anspruch aus § 823 II BGB auf Unterlassung eines weiteren Gesetzesverstoßes und auf Beseitigung der Folgen dieses Verstoßes besteht nach Auffassung des BGH, wenn ein drittschützendes öffentlich-rechtliches Schutzgesetz verletzt ist. Schutznorm ist dabei nicht der Verwaltungsakt (z.B. die Lärmschutzauflage in der Baugenehmigung oder nach § 24 BImSchG), sondern die jeweils zugrundeliegende Rechtsnorm. Soweit der Verwaltungsakt aber in Bestandskraft erwachsen ist, bindet diese – anders als etwa im Amtshaftungsprozeß – auch die Zivilgerichte.[194] Indem damit der Nachbar die Möglichkeit hat, behördliche Immissionsschutzauflagen unmittelbar gegen den Anlagenbetreiber im Wege der Unterlassungsklage durchzusetzen, erfährt der zivilrechtliche Nachbarschutz eine deutliche Aufwertung.[195]

255 Die Eingriffsnormen der §§ 24, 25 II BImSchG greifen jedoch nicht gegen hoheitliche Immissionen.[196] Der Nachbar kann jedoch im Wege der *Leistungsklage* einen *öffentlich-rechtlichen Immissionsabwehranspruch* geltend machen, damit erhebliche und unzumutbare Beeinträchtigungen in Zukunft unterbleiben. Gegenüber bereits eingetretenen Schäden kann der *Folgenbeseitigungsanspruch* greifen. Die Rechtsgrundlage und die Abgrenzung dieser Ansprüche untereinander ist vom BVerwG offengelassen worden; nach zutr. Auffassung sind sie aus der Abwehrfunktion der Grundrechte (hier: Art. 2 II 1, 14 I GG) abzuleiten.[197] Der Maßstab für das dem Nachbarn gegenüber einzuhaltende Schutzniveau wird durch § 22 I Nrn. 1 u. 2 BImSchG einerseits und durch die bauplanungsrechtlich vorgefundene Situation andererseits näher bestimmt (vgl. Rn. 2/86 ff.), insbes. wenn normative Regelungen wie die Sportanlagenlärmschutz-VO (Rn. 6/248 ff.) oder die Verkehrslärmschutz-VO (Rn. 6/288) diese bewertend berücksichtigen.[198]

VII. Produktbezogener Immissionsschutz

256 Der Dritte Teil des BImSchG regelt – insbesondere durch die Bereitstellung von Verordnungsermächtigungen – den **produktbezogenen Immissionsschutz** (§§ 32-37 BImSchG), durch den auf der Stufe des Handels oder der Herstellung Anforderungen an die Beschaffenheit gestellt werden, um möglichst frühzeitig für einen ausreichenden Immissionsschutz zu sorgen. So kann beispielsweise die Beschaffenheit von Anlagen durch Rechts-VO geregelt (§ 32, s. hierzu die Rasenmäherlärm-VO) und ebenso das

---

194 BGHZ 103, 30 (34); BGH, NJW 1993, 1580 (1581).
195 BGH NJW 1993, 1580 ff.; zust. *Fritzsche*, NJW 1995, 1121 (1123 f.); *Schmidt*, JuS 1993, 773 ff.
196 BVerwGE 79, 254 (257); 94, 100; s.a. *Laubinger*, VerwArch 80 (1989), 261 (265).
197 Vgl. z.B. BVerwGE 79, 254 (257); 94, 100. Ausführlich *Engler,* Der öffentlich-rechtliche Immissionsabwehranspruch, 1995, S. 22 ff., 185 ff. m.w.N.; ferner *Laubinger*, VerwArch 80 (1989), 261 ff.; *Schoch*, VerwArch 79 (1988), 1 ff. Der Abwehranspruch kann sich nach Ansicht der Rspr. bei Untunlichkeit der geforderten Unterlassung (Unvereinbarkeit mit der öffentlichen Einrichtung, Unverhältnismäßigkeit des erforderlichen Aufwands usw.) in einen auf angemessenen Geldausgleich gerichteten Anspruch umwandeln (Rechtsanalogie zu § 74 II 3 VwVfG, § 41 BImSchG; s.a. § 906 II 2 BGB); vgl. BVerwGE 79, 254 (262); 81, 197 (200); 88, 143; BayVGH, NVwZ-RR 1992, 233 ff.; NJW 1990, 2485 f.; offengelassen in BVerwGE 94, 100 (114 ff.); a.A. *Engler*, ebda., S. 195 ff., 217 ff., die aber über den Gesichtspunkt der unzulässigen Rechtsausübung in best. Fällen zum Ausschluß des Anspruchs kommt.
198 Vgl. BVerwGE 81, 197 (200); 88, 210.

Inverkehrbringen und Einführen bestimmter Anlagen oder Anlagenteile von einer Bauartzulassung abhängig gemacht werden (§ 33 I Nrn. 2-4).

Durch die mit der Novelle 1993 eingeführte Vorschrift des § 33 I Nr. 1 BImSchG wird die **Bauartzulassung** als besondere Form der Eröffnungskontrolle eingesetzt. Die Bauartzulassung ist ein Verwaltungsakt, der es dem Antragsteller nach Maßgabe einer RechtsVO, die nach Anhörung der beteiligten Kreise (§ 51) ergehen kann, gestattet, bestimmte in § 3 V Nrn. 1 oder 2 bezeichnete Anlagen oder Anlagenteile nach einer Bauartprüfung allgemein bzw. unter bestimmten Auflagen für Errichtung und Betrieb in Verkehr zu bringen. Der Verwender darf eine solchermaßen zugelassene Anlage aber nur dann ohne gesonderte immissionsschutzrechtliche Genehmigung errichten und betreiben, wenn hiervon durch RechtsVO nach § 4 I 3 HS 2 BImSchG befreit wurde; aber auch dann bleiben andere Genehmigungserfordernisse (z.B. Baugenehmigung) unberührt. **257**

Des weiteren können durch RechtsVO die Beschaffenheit von Brenn-, Treib- und Schmierstoffen (§ 34; vgl. dazu 3. und 19. BImSchV) oder Anforderungen an die Beschaffenheit anderer Stoffe, wenn diese bei bestimmungsgemäßer Verwendung oder bei der Verbrennung schädliche Umwelteinwirkungen durch Luftverunreinigungen hervorrufen können (§ 35 I, III), festgelegt werden. **258**

VIII. Überwachung

1. Behördliche Überwachung, Überwachungsbefugnisse

a) Überwachungsauftrag

Nach § 52 I BImSchG haben die nach Landesrecht für zuständig erklärten Behörden die Durchführung des BImSchG und der auf dieses Gesetz gestützten Rechtsverordnungen, insbesondere also die Errichtung und den Betrieb der genehmigungsbedürftigen Anlagen zu überwachen. Diese Vorschrift des § 52 I BImSchG ist lediglich eine Aufgabennorm und begründet noch keine Befugnisse zu behördlichem Eingreifen.[199] **259**

In Baden-Württemberg haben die Staatlichen Gewerbeaufsichtsämter 1993 in einer Schwerpunktaktion insgesamt 513 Anlagen, denen in den Jahren 1990 und 1991 eine immissionsschutzrechtliche Genehmigung erteilt wurde, daraufhin überprüft, ob sie genehmigungskonform errichtet und betrieben wurden. Bei 26% der Anlagen wurden Abweichungen festgestellt.[200]

b) Überwachungsbefugnisse und Überwachungsvollzug

aa) § 52a BImSchG verpflichtet die Betreiber einer genehmigungsbedürftigen Anlage zur Mitteilung, welches *Mitglied der Geschäftsleitung* (Immissionsschutz ist „Chef- **260**

---
199 *Lechelt*, DVBl. 1993, 1048 ff.; *Pfaff*, UPR 1989, 416 ff.
200 Umweltministerium BW, Jahresbericht der Staatlichen Gewerbeaufsicht 1993, S. 31.

6 Öffentliches Immissionsschutzrecht

sache"!) für die Wahrnehmung der Pflichten nach dem BImSchG zuständig ist (Abs. 1) und welche organisatorischen Maßnahmen zur Sicherstellung der Einhaltung dieser Pflichten getroffen worden sind (Abs. 2); der Einsatz wirksamer Umwelttechnik allein reicht für die Erfüllung der Grundpflichten des § 5 BImSchG nicht aus.

261 bb) Die zuständigen Behörden können ihrer Überwachungsaufgabe nur dann nachkommen, wenn sie die Möglichkeit haben, die hierfür erforderlichen *Informationen* zu gewinnen, d.h. die entscheidungsrelevanten Tatsachen zu ermitteln. Diese Möglichkeit wird – neben anderen Vorschriften (z.B. §§ 26, 18 BImSchG, §§ 21 ff. der 13. BImSchV, §§ 9 ff. der 17. BImSchV) – durch die Absätze 2-6 des § 52 BImSchG rechtlich dadurch gesichert, daß der Gesetzgeber bestimmte Personen (insbes. Eigentümer und Betreiber von Anlagen) zur Duldung bestimmter Überwachungsmaßnahmen verpflichtet. Hieraus folgt die behördliche Befugnis, diese Überwachungsmaßnahmen, durch die u.U. in Rechte Dritter eingegriffen wird, vorzunehmen und die Vornahme ggf. durch den Erlaß und den Vollzug von (unselbständigen) Verfügungen durchzusetzen. Es geht insbesondere um die Befugnis, Grundstücke (u.U. auch Wohnräume) zu betreten, Auskünfte oder die Vorlage von Unterlagen zu verlangen, Proben zu entnehmen, Emissions- und Immissionsmessungen vorzunehmen usw.

262 cc) Der behördlichen Überwachung dienen auch *spezielle Informationspflichten* des Anlagenbetreibers, etwa zur

– Mitteilung etwaiger *Abweichungen vom Genehmigungsbescheid* nach Ablauf von 2 Jahren (§ 16 I BImSchG),
– *Anzeige der Absicht*, den *Betrieb* der genehmigungsbedürftigen Anlage *einzustellen* (§ 16 II BImSchG),
– Abgabe einer *Emissionserklärung* innerhalb einer von der zuständigen Behörde gesetzten Frist oder zu den in einer Rechts-VO festgesetzten Zeitpunkten (§ 27 BImSchG) usw.

Solche Mitteilungen bilden u.U. Anlaß und Grundlage von behördlichen Anordnungen gem. § 17 BImSchG (Rn. 6/217 ff.).

263 dd) Spezielle immissionsschutzrechtliche Überwachungsbefugnisse zur *Ermittlung von Emissionen und Immissionen* sind den zuständigen Behörden in den §§ 26-31 BImSchG (und dem zuständigen Bezirksschornsteinfegermeister in den §§ 14 u. 15 der 1. BImSchV) eingeräumt.

264 Insbesondere kann die zuständige Behörde die Vornahme von Messungen durch den Anlagenbetreiber anordnen, und zwar der *Messung von Immissionen* (im Einwirkungsbereich der Anlage) *und/oder Emissionen*

– bei genehmigungsbedürftigen oder nicht genehmigungsbedürftigen Anlagen, wenn konkrete Anhaltspunkte für die Verursachung schädlicher Umwelteinwirkungen vorliegen (§ 26 BImSchG),
– bei genehmigungsbedürftigen Anlagen nach Inbetriebnahme oder nach einer wesentlichen Änderung sowie nach Ablauf eines Zeitraums von (regelmäßig) jeweils 3 Jahren, all dies auch ohne den Verdacht auf die Verursachung schädlicher Umwelteinwirkungen (§ 28 BImSchG) sowie

– durch den Einsatz kontinuierlich aufzeichnender Meßgeräte, dies aber bei nicht genehmigungsbedürftigen Anlagen nur zur Prüfung auf die etwaige Verursachung schädlicher Umwelteinwirkungen (§ 29 BImSchG).

ee) Werden bei der Überwachung Pflichtverstöße festgestellt, so muß zur Durchsetzung der Pflichterfüllung insoweit, als vom Immissionsschutzrecht keine Ermächtigungen zum Erlaß hierauf gerichteter belastender Verwaltungsakte vorgesehen werden, auf die polizei- bzw. ordnungsrechtliche Generalklausel zurückgegriffen werden. 265

2. Eigenüberwachung

a) Immissionsschutzbeauftragter

Bei bestimmten genehmigungsbedürftigen Anlagen wird die staatliche Überwachung des Anlagenbetriebs durch eine in Gestalt des **Betriebsbeauftragten für Immissionsschutz** institutionalisierte betriebsinterne, fachkundige und eigenverantwortliche Überwachung ergänzt (§§ 53-58 BImSchG; 5. u. 6. BImSchV). Die Bestellung hat für die Anlagen zu erfolgen, die in einer gem. § 53 I 2 erlassenen Rechtsverordnung wegen der Umweltrelevanz der Emissionen oder der Erzeugnisse oder wegen der technischen Probleme der Emissionsbegrenzung (§ 53 I 1) angeführt sind. Die Bestellung hat aber auch dann zu erfolgen, wenn sie von der zuständigen Behörde im Einzelfall unter den Voraussetzungen des § 53 I 1 angeordnet wird (§ 53 II). Unter diesen Voraussetzungen kann die Bestellung eines Betriebsbeauftragten auch gegenüber dem Betreiber einer nichtgenehmigungsbedürftigen Anlage angeordnet werden. In der aufgrund des § 53 I 2 BImSchG ergangenen 5. BImSchV über Immissionsschutz- und Störfallbeauftragte v. 30.7.1993 (BGBl. I 1433) sind die Anlagen genannt, deren Betreiber Immissionsschutzbeauftragte zu bestellen haben.[201] Die Anforderungen an die Fachkunde und Zuverlässigkeit des Betriebsbeauftragten sind in der 6. BImSchV geregelt. Ein solcher Betriebsbeauftragter ist nicht ein verlängerter, öffentlich-rechtlich verantwortlicher Arm der Exekutive. Er ist lediglich privatrechtlich dem Betreiber gegenüber als dessen Mitarbeiter verantwortlich. Vom Betreiber wird er nach den in § 55 I u. II BImSchG normierten Vorgaben (durch Abschluß eines Arbeits- oder Dienstvertrags) bestellt. Nach dem BImSchG hat der *Immissionschutzbeauftragte* im wesentlichen *fünf Funktionen* im Vorsorgebereich wahrzunehmen, nämlich eine 266

(1) *Beratungsfunktion* gegenüber dem Betreiber und den Betriebsangehörigen hinsichtlich der immissionsschutzrechtlich bedeutsamen Angelegenheiten (§ 54 I 1),

(2) *Initiativfunktion* hinsichtlich der Entwicklung und Einführung umweltfreundlicher Verfahren und Erzeugnisse (§ 54 I 1 Nrn. 1 u. 2),

(3) *Kontrollfunktion* hinsichtlich der Einhaltung der immissionsschutzrechtlichen Pflichten (§ 54 I 1 Nr. 3),

---

201 Hierzu *Kotulla*, GewArch 1994, 177 ff.; *Sander*, WUR 1991, 31 ff.; *Steiner*, DVBl. 1987, 1133 ff. – Zur Frage, inwieweit die Vorschriften der 5. BImSchV im Hinblick auf Art. 80 I GG eine ausreichende Rechtsgrundlage in § 53 I 2 BImSchG haben s. *Brandt*, in: GK-BImSchG, § 53 Rn. 17 ff. m.w.N.

6 *Öffentliches Immissionsschutzrecht*

(4) *Aufklärungsfunktion* gegenüber den Betriebsangehörigen hinsichtlich der Verursachung und Verhinderung schädlicher Umwelteinwirkungen (§ 54 I 1 Nr. 4) und eine
(5) *Berichtsfunktion* gegenüber dem Betreiber in Gestalt eines jährlichen Berichts über die nach § 54 I 1 Nrn. 1-4 getroffenen und beabsichtigten Maßnahmen (§ 54 II).

267 Der *Betreiber* (Geschäftsleitung) hat dem Immissionschutzbeauftragten gegenüber *besondere Pflichten*, nämlich die Pflicht

– zur Unterstützung bei der Erfüllung seiner Aufgaben (§ 55 IV),
– zur Beteiligung vor Entscheidungen über die Einführung von umweltrelevanten Verfahren und Erzeugnissen sowie vor umweltrelevanten Investitionsentscheidungen (§ 56),
– zur unmittelbaren Anhörung der Vorschläge oder Bedenken des Immissionsschutzbeauftragten (§ 57) sowie
– zur Unterlassung von Benachteiligungen des Immissionschutzbeauftragten wegen Erfüllung der ihm übertragenen Aufgaben, wobei das Gesetz dem arbeitsrechtlich bestellten Immissionsschutzbeauftragten einen besonderen Kündigungsschutz einräumt (§ 58).

b) Störfallbeauftragter

268 Bei genehmigungsbedürftigen Anlagen mit besonderem Gefahrenpotential i.S. des § 58a I 1 BImSchG ist die vom Betreiber (durch Abschluß eines Arbeits- oder Dienstvertrags) vorzunehmende Bestellung mindestens eines fachkundigen **Störfallbeauftragten** vorgesehen (§§ 58a-58d BImSchG). Die Bestellung hat für Anlagen zu erfolgen, die wegen ihres besonderen Gefahrenpotentials i.S. des § 58a I 1 in einer gem. § 58a I 2 erlassenen Rechts-VO angeführt sind. Die Bestellung hat aber auch dann zu erfolgen, wenn sie von der zuständigen Behörde im Einzelfall unter den Voraussetzungen des § 58a I 1 angeordnet wird (§ 58a II). Die BReg. hat gem. § 58a I 2 BImSchG nach Anhörung der beteiligten Kreise (§ 51) mit Zustimmung des BRats durch die 5. BImSchV bestimmt, für welche Anlagen Störfallbeauftragte zu bestellen sind; in erster Linie sind dies die in Anlage I der Störfall-VO aufgeführten Anlagen. Der *Störfallbeauftragte* hat wiederum im wesentlichen *fünf Funktionen* wahrzunehmen, nämlich

(1) eine *Berichtsfunktion* gegenüber dem Betreiber hinsichtlich der Fragen der Anlagensicherheit (§ 58b I 1),
(2) eine *Initiativfunktion* hinsichtlich der Verbesserung der Anlagensicherheit (§ 58b I 2 Nr. 1),
(3) eine *Kontrollfunktion* hinsichtlich der Einhaltung der Pflichten zur Verhinderung von Störungen des bestimmungsgemäßen Betriebs (§ 58b I 2 Nr. 3),
(4) eine *Warnfunktion* hinsichtlich gefahrenverdächtiger Störungen des bestimmungsgemäßen Betriebs und hinsichtlich irgendwelcher Mängel beim vorbeugenden und abwehrenden Brandschutz, indem solche Störungen oder Mängel dem Betreiber unverzüglich mitzuteilen sind (§ 58b I 2 Nrn. 2 u. 4),
(5) eine *Berichts- und Dokumentationsfunktion* gegenüber dem Betreiber in Gestalt der Pflicht zur Erstattung eines jährlichen Berichts über die nach § 58b I 2 Nrn.

1-3 getroffenen und beabsichtigten Maßnahmen und der Pflicht, die von ihm bei Störfällen getroffenen Maßnahmen aufzuzeichnen (§ 58b II).

Gegenüber dem Störfallbeauftragten hat der *Betreiber* (Geschäftsleitung) nach §§ 58c I, 58d *besondere Pflichten*, die seinen Pflichten gegenüber den Immissionsschutzbeauftragten (Rn. 6/266) entsprechen. Außerdem hat der Betreiber vor bedeutsamen sicherheitsrelevanten Entscheidungen (Investitionen, Planung von Betriebsanlagen, Einführung von Arbeitsverfahren und Arbeitsstoffen) rechtzeitig eine Stellungnahme des Störfallbeauftragten einzuholen (§ 58c II). Im übrigen kann der Betreiber dem Störfallbeauftragten Entscheidungsbefugnisse bei der Begrenzung von Störfällen und bei der Beseitigung ihrer Folgen übertragen, wenn die Störfälle mit Gefahren für die Umwelt verbunden sind oder sein können (§ 58c III). **269**

c) Insbesondere: Sicherheitstechnische Überprüfung

Nach § 7 I Nr. 4 BImSchG kann durch RechtsVO der Bundesregierung allgemein – und nach § 29a BImSchG durch Verwaltungsakt der zuständigen Behörde im Einzelfall – angeordnet werden, daß der Betreiber einer genehmigungspflichtigen Anlage einen für diesen Zweck amtlich anerkannten Sachverständigen mit bestimmten sicherheitstechnischen Überprüfungen der Anlage beauftragt. Danach kann – auch schon für die Zeit vor Inbetriebnahme der Anlage oder für den Fall der Betriebseinstellung – eine Sonderprüfung vorgeschrieben werden; es kann sich aber auch um in regelmäßigen Zeitabständen zu wiederholende Prüfungen handeln. Die Prüfberichte sind der Behörde vom Betreiber vorzulegen, und zwar unverzüglich bei gegenwärtiger Gefahr, anderenfalls binnen eines Monats. **270**

Die Sachverständigen sollen – so wurde verschiedentlich angeregt – in geeigneten Überwachungsorganisationen, z.B. in privatrechtlich organisierten Technischen Überwachungsvereinen, nach Maßgabe des Landesrechts zusammengeschlossen werden. Vorbild für diese (umstrittenen) Bestrebungen ist die Regelung der §§ 24 I Nr. 4, 24c I u. IV GewO. **271**

IX. Verkehrsbezogener Immissionsschutz

Der **IV. Teil des BImSchG** regelt den *verkehrsbezogenen Immissionsschutz*, d.h. **Beschaffenheit und Betrieb von Fahrzeugen, Bau und Änderung von Straßen- und Schienenwegen** (§§ 38-43). In ihm wird zunächst mit § 38 I generell eine emissionsbegrenzende *Beschaffenheitsanforderung* an Kraftfahrzeuge (§ 1 II StVG) und ihre Anhänger, ferner an Schienen-, Luft- und Wasserfahrzeuge gestellt (vgl. auch § 3 V Nr.2); außerdem werden der BMV und der BMU durch §§ 38 II, 39 zum Erlaß einschlägiger RechtsVO (z.B. §§ 47, 47a, 47b StVZO) ermächtigt (vgl. auch § 6 I Nr. 3 lit. d StVG, § 32 I Nr. 15 LuftVG). Darüberhinaus können für den Fall austauscharmer Wetterlagen die Landesregierungen aufgrund § 40 I die Grundlagen für *Verkehrsbeschränkungen* – und durch § 49 II für die Beschränkung der Produktion und der Brennstoffverwendung – durch Erlaß einer *Smog-VO* schaffen (Rn. 6/273); **272**

6 *Öffentliches Immissionsschutzrecht*

weitere verkehrsbeschränkende Maßnahmen können bei entsprechenden Immissionsbelastungen gebietsweise aufgrund § 40 II und der hierauf beruhenden 23. BImSchV getroffen werden (Rn. 6/276). Weiterhin werden Anforderungen an die Herstellung von – nicht zu den Anlagen i.S. des BImSchG gehörenden (§ 3 V Nr. 3) – öffentlichen *Straßen- und Schienenwegen* gestellt (§ 41), und die Bundesregierung wird ermächtigt (§ 43), nach Anhörung der beteiligten Kreise (§ 51) durch RechtsVO mit Zustimmung des Bundesrats bestimmte Verkehrslärmgrenzwerte festzusetzen (Rn. 6/286), bestimmte technische Anforderungen an den Bau der Verkehrswege zu stellen und die Notwendigkeit von (passiven) Schallschutzmaßnahmen an baulichen Anlagen zu regeln. Bei Überschreitung der so festgesetzten Grenzwerte ist nach § 42 eine Entschädigung zur Finanzierung von (passiven) Schallschutzmaßnahmen vorgesehen (Rn. 6/301).[201a]

1. Verkehrsbeschränkungen

a) Austauscharme Wetterlagen (Smog-Verordnungen)

273 Nahezu alle Bundesländer haben inzwischen von der in § 40 I BImSchG enthaltenen Rechtsgrundlage Gebrauch gemacht, wonach Gebiete festgelegt werden können, in denen während austauscharmer Wetterlagen der Kfz-Verkehr beschränkt oder verboten werden *muß*, um weitere schädliche Umwelteinwirkungen durch Luftverunreinigungen zu vermeiden oder bestehende zu vermindern.[202] Die Verkehrsbeschränkungen sind dabei *zeitlich* und inhaltlich verhältnismäßig zu begrenzen. § 40 I 2 richtet einen Vollzugsauftrag an die Straßenverkehrsbehörden, die (durch Verkehrszeichen Nr. 270) den Verkehr in einem solchen Sperrgebiet zu verbieten haben, sobald eine *austauscharme Wetterlage* bekanntgegeben wurde.

Eine austauscharme Wetterlage ist gegeben, wenn ein nennenswerter Wind nicht vorhanden ist, weshalb der horizontale Luftaustausch behindert wird, und über der Bodenluftschicht liegende wärmere Luftschichten den vertikalen Luftmassenaustausch behindern (§ 2 I Muster-SmogVO). Nebelbildung oder fehlender Niederschlag ist nicht vorausgesetzt. Die Bekanntgabe der austauscharmen Wetterlage ist ein Verwaltungsakt in Form einer Allgemeinverfügung (str.). Sie erfolgt regelmäßig über Funk und Fernsehen. Ausnahmeregelungen können (z.B. für Katalysatorautos, Elektroautos, Öffentlichen Personennahverkehr, Krankenwagen usw.) generell oder im Einzelfall geboten sein (§ 8 Muster-SmogVO).

b) Gesundheitsgefährdende Luftschadstoff-Konzentrationen
 (§ 40 II BImSchG und die 23. BImSchV sowie §§ 40 a ff. BImSchG)

274 aa) Die 1990 eingeführte Vorschrift des § 40 II BImSchG dient der Reduzierung verkehrsbedingter gesundheitsgefährdender Luftverunreinigungen in kleinräumigen

---

201a Kritisch zum Regelungskonzept der §§ 38 ff. BImSchG *Jarass*, DVBl. 1995, 589 ff.
202 Die Smog-VO der Länder sind nach dem Vorbild eines von der Umweltministerkonferenz der Länder Ende 1987 verabschiedeten Musterentwurfs (abgedr. NVwZ 1988, 138) neu gefaßt worden (s. *Jarass*, BImSchG, § 40 Rn. 11 m.w.N.). S.a. BVerwG, NVwZ 1986, 918; OVG Münster, DVBl. 1990, 379 ff.;

Gebieten mit hohem Verkehrsaufkommen. Hiernach kann die Straßenverkehrsbehörde den Kfz-Verkehr auf bestimmten Straßen oder in bestimmten Gebieten unter Berücksichtigung der Verkehrsbedürfnisse und der städtebaulichen Belange nach Maßgabe der verkehrsrechtlichen Vorschriften beschränken oder verbieten, soweit die zuständige Immissionsschutzbehörde dies im Hinblick auf die örtlichen Verhältnisse für geboten hält, um schädliche Umwelteinwirkungen durch Luftverunreinigungen zu vermindern oder deren Entstehen zu vermeiden. Gleichzeitig wird die Bundesregierung ermächtigt, nach Anhörung der beteiligten Kreise (§ 51) durch Rechtsverordnung mit Zustimmung des Bundesrates die *Konzentrationswerte* (und das anzuwendende Meß- und Beurteilungsverfahren) festzulegen, bei deren Überschreiten solche verkehrsbeschränkenden Maßnahmen zu *prüfen* sind.

Maßnahmen nach § 40 II 1 BImSchG können als *Schutzanordnungen* auch ergehen, wenn keine RechtsVO erlassen ist, weil der Gesetzgeber mit der bloßen Verordnungs*ermächtigung* keine Rechtsanwendungs*sperre* erlassen hat.[203] § 40 II ermächtigt auch – trotz seines engen Wortlauts – zu flächenhaften Maßnahmen, wenn sie räumlich beschränkt bleiben (z.B. auf einen Ortsteil), wobei auch geringer belastete Straßen und Umlenkungseffekte einbezogen werden können, um den Gesetzeszweck zu sichern.[204] Bei der Entscheidung über verkehrsbeschränkende Maßnahmen hat die Straßenverkehrsbehörde im Rahmen der Ermessensausübung sowohl die Verbesserung der Lärm- und Abgassituation als auch Umlenkungseffekte (d.h. Mehrbelastungen durch räumliche Verkehrsverlagerungen) zu berücksichtigen.

275

bb) Im Jahre 1994 hat die Bundesregierung aufgrund § 40 II 2 die 23. BImSchV über die Festlegung von Konzentrationswerten erlassen, die allerdings trotz bereits erfolgter Zustimmung des Bundesrates noch nicht im BGBl. veröffentlicht wurde, weil erst noch Verwaltungsvorschriften zum Vollzug erarbeitet werden sollen. Maßnahmen zur Verminderung oder zur Vermeidung des Entstehens schädlicher Umwelteinwirkungen durch Luftverunreinigungen aufgrund von Verkehr sind zu prüfen, wenn folgende Konzentrationswerte überschritten werden:

276

- NO_2: 160 mg/m^3 als 98 Perzentil aller Halbstundenmittelwerte eines Jahres (d.h. 80% des Immissionswertes aus § 1 VI der 22. BImSchV),
- Ruß: 14 mg/m^3 als arithmetischer Jahresmittelwert ab 1.7.1995,
- Benzol: 15 (10) mg/m^3 als arithmetischer Jahresmittelwert ab 1.7.1995 (1.7.1998).

Die Konzentrationswerte für die (krebserzeugenden) Stoffe Ruß und Benzol liegen nach Auffassung des Verordnunggebers unterhalb der Gefahrenschwelle.[205] Da Maßnahmen zur Verminderung des Krebsrisikos zur individualschützenden Vorsorge

277

Ehlers, DVBl. 1987, 972 ff.; *Hansmann*, NVwZ 1987, 89 ff.; *Jarass*, NVwZ 1987, 95 ff.; *Kluth*, NVwZ 1987, 960 ff.; *Kloepfer*, Umweltrecht, 1989, S. 458 ff.

203 BayVGH, ZUR 1994, 133 (134); *Jarass*, BImSchG, § 40 Rn. 30; *Rehbinder*, ZUR 1994, 101 (103); *Schenke*, WiVerw 1993, 145 (151 ff.); *Schulze-Fielitz*, Die Verwaltung 1993, 515 (538 ff.), jeweils unter Hinweis auf BVerfGE 79, 174 (194); a.A. *Landmann/Rohmer/Hansmann*, BImSchG, § 40 Rn. 48; *Rebentisch*, NVwZ 1991, 310 (315).

204 *Koch*, ZUR 1995, 190; *Rehbinder*, ZUR 1994, 101 f.; *Schenke*, WiVerw 1993, 145 (159 ff.); enger *Rebentisch*, ebda. – *Jarass*, DVBl. 1995, 589 (591), befürwortet eine analoge Anwendung des § 41 BImSchG auch auf Luftschadstoffe; abl. *Schulze-Fielitz*, in: GK-BImSchG, § 41 Rn. 106.

205 BR-Drs. 531/93, S. 19 f.

6 Öffentliches Immissionsschutzrecht

(Rn. 6/140) zählen, haben die Prüfwerte für Ruß und Benzol u.E. drittschützenden Charakter (str.).[206]

278 Die in der 23. BImSchV festgesetzten Werte gehen auf Vorschläge des Länderausschusses Immissionsschutz (LAI)[207] zurück, die schon während des Verordnungsverfahrens mit beachtlichen Gründen als nicht vorsorgegerecht kritisiert wurden.[208] Sie wurden zudem in einer politischen Wertung weiter abgeschwächt.[209]

279 Selbst diese Konzentrationswerte werden an stark verkehrsbelasteten Punkten überschritten. In Baden-Württemberg wurden zwischen März 1994 und Februar 1995 durch das Land 58 und durch verschiedene Kommunen 98 Meßpunkte beprobt. An 11 Landesmeßstellen war dabei der Benzol-Prüfwert von 15 mg/m^3 überschritten. In Freiburg lagen z.B. die Mittelwerte bei 4, 7, 13 und 17 mg/m^3; in Mannheim waren an allen 8 Meßpunkten des Landes und der Stadt Überschreitungen der Benzol-Prüfwerte zu verzeichnen.

280 Die Entscheidung der Straßenverkehrsbehörde nach § 40 II 1 BImSchG ist eine Ermessensentscheidung, die angesichts der Vielfalt der zu berücksichtigenden Belange und der räumlichen Auswirkungen planerischen Charakter besitzt.[210] Insbesondere Gesichtspunkte des Schutzes und der Vorsorge vor schädlichen Umweltauswirkungen durch den Kfz-Verkehr sind hierbei mit den Verkehrsbedürfnissen und städtebaulichen Belangen abzuwägen. Nach Verhältnismäßigkeitsgesichtspunkten sind verkehrsplanende und -lenkende Maßnahmen vor Verkehrsbeschränkungen und -verboten zu ergreifen. In Betracht kommen auch Ausnahmeregelungen für Pkw mit Dreiwege-Katalysator und zugunsten des Öffentlichen Personennahverkehrs. Langfristig erscheinen jedoch Lenkungsabgaben (Rn. 1/155) und andere ökonomische Instrumente zur Reduzierung des Individualverkehrs eher geeignet, eine Verringerung der Immissionsbelastung herbeizuführen.

281 cc) In **Sommersmog**-Lagen (Rn. 6/15) bedarf es großräumiger, teilweise über ein Bundesland hinausgehender Maßnahmen zur Reduzierung der Ozonbelastung. Es erscheint fraglich, ob solche großflächigen Maßnahmen noch auf § 40 I BImSchG gestützt werden können, wie z.B. in Hessen (später auch in Bremen, Niedersachsen und Schleswig-Holstein) die VO zur Bekämpfung von Luftverunreinigungen durch Ozon vom 6.7.1993 (GVBl. S. 283). Vorausgesetzt wäre jedenfalls eine austauscharme Wetterlage, die nach herkömmlicher Auffassung, welche eine Inversionswetterlage voraussetzt (Rn. 6/273), nicht vorliegt.[211] Eine Anwendung des § 40 II BImSchG stößt – neben der Großflächigkeit – auf das Problem, daß wissenschaftlich derzeit noch nicht hinreichend sicher belegt werden kann, daß Verkehrsbeschränkungen einen

---

206 Ein betroffener Bewohner oder Arbeitnehmer in einem belasteten Gebiet hat einen Anspruch auf ermessensfehlerfreie Entscheidung der Straßenbehörde über verkehrsregelnde Maßnahmen. Die Beweislast obliegt im Falle eines non liquet, weil materiell-rechtlich ein Abwehranspruch des Bürgers geltend gemacht wird, der Behörde; vgl. *Berger*, ZUR 1994, 109 ff.; *Michler*, Rechtsprobleme des Verkehrsimmissionsschutzes, 1993, S. 226 ff.; *Schulze-Fielitz*, in: GK-BImSchG, § 40 Rn. 199.
207 *LAI* (Hrsg.), Krebsrisiko durch Luftverunreinigungen, 1992, S. 158: 2,5 mg/m^3 für Benzol.
208 SRU, Umweltgutachten 1994, S. 328 ff.; ferner *Kühling*, ZUR 1994, 112 ff., der vorrechnet, daß damit bei Überschreiten der Werte eine Krebssterblichkeit bezogen auf 100 000 Personen von 98 Menschen aufgrund Ruß und 14 Menschen aufgrund Benzol bei langfristiger Exposition mit den Konzentrationswerten hingenommen würde.
209 Nach *Rehbinder*, ZUR 1994, 101 (104), liegt das verbleibende Risiko noch im Rahmen des verfassungsrechtlich nach Art. 2 II GG Zulässigen.
210 Vgl. OVG Bremen, UPR 1990, 353 (354); *Schulze-Fielitz*, in: GK-BImSchG, § 40 Rn. 171.
211 A.A. *Repkewitz*, VerwArch 86 (1995), 88 ff.

spürbaren Rückgang der Ozonbildung nach sich ziehen und damit eine im Hinblick auf Art. 2 I, 12 I GG verhältnismäßige Maßnahme darstellen. Der vom 23.-26.6.1994 im Raum Heilbronn/Neckarsulm (BW) durchgeführte Großversuch[212] hat nach ersten Ergebnissen belegt, daß lokale Verkehrsbeschränkungen die Ozonbildung nicht spürbar beeinflussen. Fraglich ist im Hinblick auf § 40 II BImSchG ferner, ob die bewußte Nichtaufnahme verkehrsbedingter sekundärer Luftverunreinigungen wie Ozon in die 23. BImSchV eine Sperrwirkung für die unmittelbare Anwendung des § 40 II 1 entfaltet. U.E. ist dies zumindest für Schutzanordnungen nicht der Fall, weil ansonsten ein Wertungswiderspruch zu § 1a der 22. BImschV und der EG-Ozonrichtlinie 92/72/EWG aufträte.

Folgerichtig waren deshalb Initiativen ergriffen worden, § 40 BImSchG um eine Rechtsgrundlage zu erweitern, die sowohl Sommersmog-Lagen als auch Versuchsregelungen erfaßt. Der vom Bundeskabinett am 24.5.1995 beschlossene und über die Fraktionen eingebrachte Entwurf eines Gesetzes zur Änderung des BImSchG und des StVG (BT-Drs. 13/1524) enthielt für die neuen §§ 40a ff. BImSchG weitreichende Ausnahmeregelungen für Kfz, die die Euro-Normen einhalten, Urlauber und Berufspendler. Nach längeren Verhandlungen senkte die BReg. den Grenzwert für Fahrverbote von 270 µg/m^3 auf 240 µg/m^3. Verschiedene SPD-regierten Länder wichen von ihrer Zielvorstellung ab, nicht nur weniger Ausnahmeregelungen, sondern auch ein Tempolimit ab 180 µg/m^3 durchzusetzen. Der damit im Vermittlungsausschuß gefundene Kompromiß wurde am 30.6.1995 vom BTag verabschiedet und trat nach Zustimmung des Bundesrats am 14.7.1995 und Veröffentlichung im BGBl. I S. 930 am 26.7.1995 in Kraft. So begrüßenswert die bundeseinheitliche Regelung vom Ansatz her ist, so zweifelhaft bleibt ihre Funktionstauglichkeit aufgrund des relativ hoch angesetzten Grenzwertes für Fahrverbote, der immer noch zu weitreichenden Ausnahmeregelungen und des fehlenden Tempolimits für Kat-Fahrzeuge.

2. Lärmschutz

a) Rechtsgrundlagen

Öffentliche Verkehrswege (Straßen, Straßenbahnen, Eisenbahnen) sind keine Anlagen i.S. des BImSchG (§ 3 V Nr. 3). Maßgebend für die (in der Regel planfeststellungsbedürftige) Errichtung neuer Straßen oder für die (in der Regel ebenfalls planfeststellungsbedürftige) wesentliche Änderung alter Straßen sind daher nach dem BImSchG – abgesehen von den §§ 1-3 und von gewissen gemeinsamen Vorschriften des VI. Teils (z.B. § 50) – nur die §§ 41-43 BImSchG. Diese Vorschriften, die auch für Schienenwege gelten, haben somit den **Verkehrslärmschutz** als Teil des sog. **verkehrsbezogenen Immissionsschutzes** zum Regelungsgegenstand.[213] Danach gilt:

282

---

212 Hierzu und zu § 45 StVO *Schenke*, WiVerw 1993, 145 ff. – S. ferner *Kuttler/Zmarsly*, ZAU 1995, 153 ff.; SRU, ZAU 1995, 160 ff.
213 S. *Schulze-Fielitz*, in: *Koch/Lechelt* (Hrsg.), 20 Jahre BImSchG, S. 117 ff. Diese Vorschriften sind auf Fluglärm (Rn. 2/92 ff.) nicht anwendbar. – Krit. hierzu und zu der Beschränkung der §§ 41 ff. BImSchG auf den Aspekt des Lärmschutzes *Jarass*, DVBl. 1995, 589 (591). – Zu dem straßenverkehrsrechtlich gemäß § 45 I 2 Nr. 3 StVO gebotenen Lärmschutz mittels verkehrsregelnder Maßnahmen vgl. BVerwG, NVwZ 1983, 610; NJW 1987, 2655 (Anspruch auf fehlerfreien Ermessensgebrauch); *Schenke*, WiVerw 1993, 145 ff. – Zur Bekämpfung des Kfz-Lärms an der Quelle vgl. § 49 II u. III StVZO mit Anlagen.

6 Öffentliches Immissionsschutzrecht

283 Nach dem **Optimierungsgebot des § 50 BImSchG** sind u.a. Verkehrswege den Wohngebieten und sonstigen schutzbedürftigen Gebieten so zuzuordnen, daß schädliche Umwelteinwirkungen (Rn. 6/92) soweit wie möglich vermieden werden (schonende Trassierung). Ergibt eine Immissionsprognose, daß beim Neubau oder bei der wesentlichen Änderung (Ausbau) einer Straße dem Lärmschutz für diesen oder jenen Streckenbereich nicht ausreichend Rechnung getragen ist, so müssen nach der *drittschützenden* Vorschrift des **§ 41 I BImSchG** die zur Vermeidung schädlicher Umwelteinwirkungen (§ 3 I BImSchG) nach dem Stand der Technik möglichen Maßnahmen **aktiven Lärmschutzes** (z.B. durch Lärmschutzwälle, -wände und -zäune oder durch Tunnelung; Rn. 6/34) getroffen werden,[214] sofern die hierfür erforderlichen Aufwendungen nicht außer Verhältnis zu dem angestrebten Schutzzweck stehen (§ 41 II BImSchG)[215]; in diesem Fall besteht aber ein Anspruch jedes unzumutbar betroffenen Eigentümers eines bebauten Grundstücks auf eine **angemessene Entschädigung** zur Finanzierung von Maßnahmen **passiven Lärmschutzes** (Rn. 6/34) auf seinem Grundstück (§ 42). Die Zumutbarkeitsschwellen, d.h. die Grenzwerte, die zum Schutz der Nachbarschaft vor schädlichen Umwelteinwirkungen durch Verkehrslärmgeräusche nicht überschritten werden sollen, sind nach Anhörung der beteiligten Kreise (§ 51 BImSchG) von der Bundesregierung mit Zustimmung des Bundesrats durch die **Verkehrslärmschutzverordnung** (16. BImSchV) aufgrund § 43 I 1 Nr. 1 BImSchG festgesetzt worden.[216]

b) Verkehrslärmschutzverordnung (16. BImSchV)

284 Das Bundesverwaltungsgericht hatte in dem grundlegenden sog. B 27-Urteil vom 21.5.1976 (BVerwGE 51, 15) mangels normativer Grenzwertfestsetzungen durch Interpretation des § 17 IV FStrG a.F. für Wohngrundstücke eine „straßenplanungsrechtliche Lärmzumutbarkeitsschwelle" (Rn. 2/85) durch die richterrechtliche „Festsetzung" von Grenzwerten konkretisiert. Diese planungsrechtliche Zumutbarkeitsschwelle des § 17 IV FStrG a.F. – jetzt: § 74 II VwVfG (LVwVfG) – entspricht nach der Auffassung des Bundesverwaltungsgerichts der durch Interpretation der §§ 1, 3 I, 41 I BImSchG ermittelten „immissionsschutzrechtlichen Zumutbarkeitsschwelle" (Rn. 2/136).[217]

---

214 Die Formulierung des § 41 I BImSchG entspricht insoweit dem § 22 I Nr. 1 BImSchG. Für bestehende Straßen begründet § 41 I BImSchG keine Pflicht zu aktivem Lärmschutz.
215 Für den Lärmschutz an Straßen wurden 1990 rd. 390 Mio DM ausgegeben. Vgl. im übrigen zu den ökonomischen Folgekosten des Lärms *Willecke/Weinberger/Thomassen*, Die Kosten des Lärms in der BRD, 1991.
216 Zur Vorgeschichte vgl. unsere Vorauflage Rn. 402 ff.; *Berkemann*, in: *Koch* (Hrsg.), Schutz vor Lärm, 1990, S. 73 (79 ff.).
217 BVerwGE 71, 150 (161); BVerwG, DVBl. 1990, 421 (422). In BVerwGE 71, 150 (154 ff.) sind frühere Bedenken (BVerwGE 61, 295 [298 f.]) gegen die Anwendbarkeit des § 41 BImSchG vor Erlaß einer Rechts-VO i.S. des § 43 I Nr. 1 BImSchG zu Recht aufgegeben worden. Auch das BVerfG sieht in § 43 I für § 42 I BImSchG keine Rechtsanwendungssperre; s. BVerfGE 79, 174 = DVBl. 1989, 352 (354). – Nach BVerwG, UPR 1995, 265 (266), ist § 41 I BImSchG lex specialis zu § 74 II 2 VwVfG.

Auch in der Folgezeit ging das Bundesverwaltungsgericht bis zum Erlaß der 16. BImSchV **285**
weiterhin von den bereits in seinem B 27-Urteil entwickelten Orientierungsmaßstäben aus. Dort
hat es das Bundesverwaltungsgericht unter Berufung auf den Lärmwirkungsforscher *Klosterkötter* als „einleuchtend" bezeichnet, wenn bei Verkehrsgeräuschen mangels abweichender
ausdrücklicher normativer Regelung für (reine oder allgemeine) *Wohngebiete* als Außenmittelungspegel (Rn. 6/30) folgende (eben noch zumutbare) *Immissionsrichtwerte* für maßgebend
erachtet werden: nachts „etwa" 45 dB(A), tags „etwa" 55 dB(A), allerdings unter der Voraussetzung, daß *keine* tatsächliche oder plangegebene *Lärmvorbelastung* (Rn. 2/86) anzusetzen
ist. Welches Verfahren zur Ermittlung des Dauerschallpegels den angegebenen Immissionsrichtwerten zugrundeliegt, wurde vom Bundesverwaltungsgericht nicht oder jedenfalls nicht
ausdrücklich erwähnt, obwohl die in den verschiedenen Regelwerken vorgesehenen Verfahren
für die Ermittlung der von einem künftigen Straßenverkehr verursachten Immissionen zu
unterschiedlichen – bis zu ca. 5 dB(A) differierenden – Ergebnissen führen. Die im B 27-Urteil
gefundenen Maßstäbe und Werte konnten allerdings – dies wird zur Vermeidung von Mißverständnissen in einem diese Maßstäbe und Werte bestätigenden Grundsatzurteil des Bundesverwaltungsgerichts (B 31 – Umfahrung Meersburg) vom 22.5.1987 (E 77, 285) ausdrücklich
hervorgehoben – *kein Normersatz*, d.h. kein zureichender Ersatz für eine an sich notwendige
normative Regelung sein.[218]

Inzwischen ist die **Verkehrslärmschutzverordnung** als 16. BImSchV erlassen wor- **286**
den.[219] Bei ihr spielt die Klassifizierung der Straße keine Rolle. Im Vergleich zur
vorausgegangenen Rspr. des Bundesverwaltungsgerichts werden dessen Immissionsgrenzwerte für Verkehrslärm (bezogen auf Wohngebiete) scheinbar um 4 dB(A) erhöht.
In Wahrheit ist jedoch der Unterschied minimal, weil die vorgeschriebene Methode
zur Berechnung des Beurteilungspegels (Rn. 6/33) im Vergleich zu der früher praktizierten Methode zu solchen Beurteilungspegeln führt, die bis zu 4 dB(A) höher liegen.

Die neuen **Immissionsgrenzwerte** betragen nach § 2 I der VO **287**

- für Krankenhäuser, Schulen, Kurheime und Altenheime: 57 dB(A) tags und 47 dB(A) nachts,
- in reinen und allgemeinen Wohngebieten und Kleinsiedlungsgebieten: 59/49 dB(A),
- in Kern-, Dorf- und Mischgebieten: 64/54 dB(A) sowie
- in Gewerbegebieten: 69/59 dB(A).

Grenzwerte für die (nicht zureichend schutzwürdigen) Industriegebiete sind nicht **288**
vorgesehen. Für den Gebietscharakter sind die bauplanerischen Festsetzungen maßgebend (§ 2 II 1 der VO). Aufgrund dieser gesetzgeberischen Typisierung entfällt die
(schutzmindernde) Berücksichtigung der Lärmvorbelastung. Für „sonstige" Gebiete
und Anlagen (z.B. für faktische Baugebiete nach § 34 II BauGB, für typusmäßig in
der BauNVO nicht vorgesehene Gebiete und für Gebäude im Außenbereich) ergibt
sich der Vorsorgewert aus ihrer am Maßstab des § 2 I der VO zu beurteilenden
Schutzwürdigkeit (§ 2 II 2 der VO).[220]

---

218 Das ist verfassungsrechtlich nicht zu beanstanden: BVerfGE 79, 174. Das BVerwG, DVBl. 1990, 421, spricht von einer „richterlichen Notkompetenz".
219 S. hierzu *Alexander*, NVwZ 1991, 318 ff.; *Hendlmeier*, NuR 1992, 463 ff.; *Schulze-Fielitz*, UPR 1994, 1 ff. Gegen einen abschließenden Charakter der 16. BImSchV *Jarass*, DVBl. 1995, 589 (592).
220 Zur Schutzwürdigkeit sonstiger Gebiete vgl. BVerwG, UPR 1992, 271 f.

6 Öffentliches Immissionsschutzrecht

289 Die Immissionsgrenzwerte der 16. BImSchV gelten für den Bau und die wesentliche Änderung von Straßen und Schienenwegen. Eine *wesentliche Änderung* liegt gem. § 1 II der VO dann vor, wenn

– ein bestehender Verkehrsweg baulich um durchgehende Fahrstreifen oder Gleise erweitert wird (§ 1 II 1 Nr. 1),
– der Beurteilungspegel des von dem Verkehrsweg ausgehenden Lärms durch einen erheblichen (Abgrenzung zu „Bagatellfällen"!) baulichen Eingriff um mindestens 3 dB(A) oder auf mindestens 70/60 dB(A) erhöht wird (§ 1 II 1 Nr. 2),
– ein Beurteilungspegel von bereits mindestens 70/60 dB(A) durch einen erheblichen baulichen Eingriff erhöht wird, was aber nicht für Gewerbegebiete gilt (§ 1 II 2).

290 § 3 der VO enthält i.V.m. den Anlagen 1 u. 2 eine Regelung des *Verfahrens für die Berechnung des Beurteilungspegels* bei Straßen- und Schienenwegen. Für Schienenwege ist in Anlage 2 i.V.m. § 3 S. 2 der VO grundsätzlich ein Bonus in Höhe von 5 dB(A) vorgesehen.[221]

291 Der Mittelungspegel für den Straßenverkehr ergibt sich aus der Verkehrsprognose für den stündlichen Verkehr und dem darin enthaltenen Anteil des LkW-Verkehrs (nicht aber des Bus- oder Motorradverkehrs). Des weiteren werden zulässige Geschwindigkeit, Beschaffenheit der Straßenoberfläche, Steigungen der Straße, Kreuzungen, Entfernung von der Straße, topographische und meteorologische Besonderheiten durch Korrekturfaktoren berücksichtigt. Unbefriedigend ist, daß stets nur die Emissionen der neuen Straße für die Ermittlung der zulässigen Lärmbelastung berechnet werden. Dies kann bei nacheinander durchgeführten Planungsverfahren (z.B. Neubaustrecke der Bundesbahn, Autobahnausbau und neuer Autobahnzubringer) dazu führen, daß jedes Vorhaben für sich die Immissionsgrenzwerte einhält, in der Summe sich aber bei Durchführung *eines* Planfeststellungsverfahren eine deutliche Überschreitung ergäbe [(49 + 49 + 49 dB(A) = 53,8 dB(A)]. Hier ist im Einzelfall zu prüfen, ob nicht bei einer solchen Verfahrensgestaltung der Regelungsgedanke der 16. BImSchV umgangen wird und deshalb die Gesamtemissionen der Berechnung zugrunde gelegt werden müssen.

292 Eine Lärmsanierung bestehender Verkehrswege unabhängig von baulichen Eingriffen ist nicht Regelungsgegenstand des § 41 BImSchG und damit auch nicht der VO. Die 70/60 dB(A)-Werte wirken aber praktisch wie *Sanierungswerte* für eine *anläßlich* eines erheblichen baulichen Eingriffs vorzunehmende Verkehrslärmsanierung, wenn der Eingriff zu einer nur geringfügigen Pegelerhöhung führt.

c) Ministerielle Richtlinien und private Regelwerke

293 aa) Um eine gleichmäßige Verwaltungsübung zu gewährleisten, sind vom BMV *Richtlinien für Lärmschutz an Straßen*, Ausgabe 1990 (RLS-90; VkBl. 1990, 258) erlassen worden. In ihnen werden z.B. bestimmte Verfahren zur Berechnung der Mittelungspegel vorgeschrieben. Die einschlägigen Diagramme sind in die Anlage 1 zu § 3 der 16. BImSchV übernommen worden.

---

221 Zur Anwendbarkeit des Schienenbonus s. BVerwG, UPR 1994, 261.

Abweichend von der zit. Rechtsprechung des Bundesverwaltungsgerichts (BVerwGE 51, 15) **294**
sahen die weiteren *Richtlinien des BMV für den Verkehrslärmschutz an Bundesfernstraßen* vom
6.7.1983 (VkBl. 1983, 306) i.d.F. vom 15.1.1986 (VkBl. 1986, 101) höhere und generalisierende „Grenzwerte", d.h. Schwellenwerte vor. Die *Lärmvorsorgewerte* für *neue* Straßen bzw.
für wesentliche Änderungen alter Straßen entsprechen denen des Entwurfs des 1986 gescheiterten Verkehrslärmschutzgesetzes in seiner vom Bundestag angenommenen, von seinem Verkehrsausschuß empfohlenen Fassung. Sie sind durch die um 3 dB(A) niedrigeren Grenzwerte
der 16. BImSchV ersetzt worden. Außerdem werden aber in dieser Richtlinie für *bestehende*
Straßen – noch immer aktuelle – **Lärmsanierungswerte** vorgegeben, bei deren Erreichen oder
Überschreiten Schallschutzmaßnahmen in Betracht kommen sollen, und zwar seit 1986 ebenfalls in Übereinstimmung mit dem gescheiterten Verkehrslärmschutzgesetz. Sie betragen z.B.
bei Wohngebieten tags 70 dB(A) und nachts 60 dB(A), bei Kern-, Misch- und Dorfgebieten
72/62 dB(A) und bei Gewerbegebieten 75/65 dB(A).

Anforderungen für schalltechnische Untersuchungen bei Eisenbahnen und Straßen- **295**
bahnen sind in der *Schall 03, Richtlinie zur Berechnung der Schallimmissionen von
Schienenwegen* vom 19.3.1990 (Amtsblatt der DB Nr. 14 v. 14.4.1990) enthalten.

bb) Nach dem B 31-Grundsatzurteil des Bundesverwaltungsgerichts (E 77, 285) ist **296**
auch die dem Städteplaner mit Planungsrichtwerten Orientierungshilfen gebende **DIN-Norm 18005** (Schallschutz im Städtebau) vom 1.5.1987 für den Verkehrswegebau
nicht überzubewerten. Das gilt auch für sonstige DIN-Normen. Als Ersatz für gesetzliche Regelungen sind solche technischen Normen ungeeignet.

In seinem B 31-Urteil stellt das BVerwG fest: Die Normausschüsse des Deutschen Instituts für **297**
Normung sind so zusammengesetzt, daß ihnen der für ihre Aufgabe benötigte Sachverstand zu
Gebote steht. Daneben gehören ihnen aber auch Vertreter bestimmter Branchen und Unternehmen an, die deren Interessenstandpunkte einbringen. Die Ergebnisse ihrer Beratungen dürfen
deswegen im Streitfall nicht unkritisch als „geronnener Sachverstand" oder als reine Forschungsergebnisse verstanden werden. Zwar kann den Normsetzern der DIN-Vorschriften
einerseits Sachverstand und Verantwortungsbewußtsein gegenüber dem allgemeinen Wohl
nicht abgesprochen werden. Andererseits darf aber nicht verkannt werden, daß es sich dabei
zumindest auch um Vereinbarungen interessierter Kreise handelt, die eine bestimmte Einflußnahme auf das Marktgeschehen bezwecken. Den Anforderungen, die etwa an die Neutralität
und Unvoreingenommenheit gerichtlicher Sachverständiger zu stellen sind, genügen sie deswegen nicht.[222]

Für die rechtliche Bedeutung der **VDI-Richtlinie Nr. 2058** (Beurteilung von Arbeits- **298**
lärm), Bl. 1 vom Sept. 1985, gilt nach dem B 31-Urteil des Bundesverwaltungsgerichts
im wesentlichen dasselbe. Allerdings stimmen die „Immissionsrichtwerte" dieser
Richtlinie – wenn auch nicht die Meß- und Berechnungsverfahren – mit denen der TA
Lärm (Rn. 6/84 ff.) überein.

Passive Schallschutzmaßnahmen werden in der Praxis entsprechend den in der **DIN** **299**
4109 (Schallschutz im Hochbau) und der **VDI-Richtlinie Nr. 2719** (Schalldämmung
von Fenstern und deren Zusatzeinrichtungen) enthaltenen Anforderungen ausgeführt.

In der Bauleitplanung finden die DIN 18005, die DIN 4109 und die VDI-Richtlinie Nr. 2719 **300**
jedoch ein breites Anwendungsfeld. Während die Verkehrslärmschutzverordnung bei der Neu-

---

222 S. *Führ*, ZUR 1993, 99 ff.

6 Öffentliches Immissionsschutzrecht

planung von Straßen heranzuziehen ist, findet die DIN 18005 Anwendung bei der Beurteilung der vorhandenen Lärmsituation und der Abwägung, ob die sich nach der Neuplanung einstellende Lärmsituation gebietsverträglich ist. In den Bebauungsplan können die privaten Regelwerke z.B. über Festsetzungen nach § 9 Abs. 1 Nr. 24 BauGB Eingang finden.[223]

d) Entschädigung

301 Entschädigungsansprüche wegen der *Beeinträchtigung des Grundeigentums durch Verkehrslärm* können nach der immer noch nicht einheitlichen höchstrichterlichen Rechtsprechung verschiedene Rechtsgrundlagen haben. So kommen wegen durch Maßnahmen aktiven Lärmschutzes nicht hinreichend abschirmbaren Verkehrslärms für die Eigentümer gestörter Nachbargrundstücke folgende, unter Rn. 2/130 ff. näher dargestellte Ausgleichsansprüche in Betracht:

(1) bei Verkehrslärmimmissionen *auf oder oberhalb der sog. „enteignungsrechtlichen Zumutbarkeitsschwelle"* nach Auffassung des BGH ein Entschädigungsanspruch aus **enteignendem Eingriff**, der als *Aufopferungsanspruch im Zivilrechtsweg* geltend zu machen ist (§ 40 II 1 VwGO), sowie – konkurrierend – nach Ansicht des BVerwG ein *im Verwaltungsrechtsweg* zu verfolgender *Entschädigungsanspruch* aufgrund Gesetzes (§ 42 BImSchG, § 9 II FluglärmG, § 74 II 3 VwVfG), wobei es sich nach zutr. Ansicht des BVerwG um eine – zur Vermeidung eines Verstoßes gegen das Übermaßverbot erforderliche – ausgleichspflichtige Inhaltsbestimmung des Eigentums i.S. des Art. 14 I 2 GG handelt;

(2) bei erheblichen Verkehrslärmimmissionen *unterhalb* der „enteignungsrechtlichen Zumutbarkeitsschwelle", aber über der immissionsschutz- und *fachplanungsrechtlichen Zumutbarkeitsschwelle* ein **gesetzlicher Entschädigungsanspruch** (nach § 42 BImSchG, § 9 II FluglärmG bzw. § 74 II 3 VwVfG), der im *Verwaltungsrechtsweg* geltend zu machen ist, soweit nicht wegen des Streits über die Höhe der Entschädigung fachgesetzlich (z.B. §§ 19a, 17 FStrG i.V.m. § 74 II 3 VwVfG) der Zivilrechtsweg nach § 40 I 1 VwGO eröffnet ist.

X. Gebietsbezogener Immissionsschutz

302 Ausführlicher ist hier auf den **gebietsbezogenen Immissionsschutz** einzugehen (§§ 44-47a BImSchG, ergänzt durch die Vorschrift des § 49 für besonders schutzbedürftige Gebiete). Er ist den nach Landesrecht zuständigen Behörden anvertraut und betrifft die Bereitstellung planungsrechtlicher Instrumente in Gestalt von *umweltspezifischen und raumbezogenen Fachplänen* (Rn. 1/131, 6/306 ff., 6/309 ff.).

---

[223] Vgl. BVerwG, NVwZ 1991, 881 ff.; NJW 1989, 1291; *Dürr*, UPR 1992, 241 (244).

1. Untersuchungsgebiete

Diese Regelungen betreffen zunächst einmal die zur Planungsvorbereitung (durch Rechts-VO) vorzunehmende Festsetzung von **Untersuchungsgebieten**, d.h. Gebieten, die besonders problematische Luftverunreinigungen aufweisen oder aufweisen können (§ 44 II), sowie die nach Art eines *Immissionskatasters* fortlaufende Feststellung von Art und Umfang bestimmter, potentiell zu schädlichen Umwelteinwirkungen führenden Luftverunreinigungen in derartigen Gebieten (§ 44 I 1). Gleiches gilt für (nicht festgesetzte) Gebiete (sog. Problemgebiete), in denen eine Überschreitung gewisser Immissionswerte oder Immissionsleitwerte festgestellt wird oder zu erwarten ist (§ 44 I 2). Es handelt sich dabei um Werte, die in zur Durchführung des BImSchG ergangenen Rechts- oder allgemeinen Verwaltungsvorschriften zum Schutz vor Gesundheitsgefahren oder in bindenden Beschlüssen der EG festgelegt sind.

303

„Immissionsleitwerte" liegen unterhalb der Schwelle der die Grenzen zulässiger Belastungen konkretisierenden Immissionswerte. Solche Immissionsleitwerte sind bisher in bundes- oder landesrechtlichen Vorschriften noch nicht geregelt worden.

304

2. Emissionskataster

Weiterhin gehört zum gebietsbezogenen Immissionsschutz die zur Planungsvorbereitung notwendige Aufstellung von **Emissionskatastern**, die in sog. Untersuchungsgebieten die räumliche Verteilung der Emissionsquellen und ihren nach Art, Menge und zeitlicher Verteilung gekennzeichneten Ausstoß detailgenau ausweisen (§ 46).

305

3. Luftreinhaltepläne

Planungsrechtlich geht es beim gebietsbezogenen Emissionsschutz zunächst um ein Planungsinstrument für die Luftreinhaltung, nämlich um die Aufstellung von sog. **Luftreinhalteplänen**[224] in Gestalt von Sanierungs- oder Vorsorgeplänen, die notwendige Maßnahmen für (festgesetzte) Untersuchungsgebiete, für Teile dieser Gebiete oder für Problemgebiete auf der Grundlage der für sie in den Immissions- und Emissionskatastern ausgewiesenen Fakten und der mit ihrer Auswertung vorgenommenen Prognosen vorsehen. Werden festgelegte *Immissionswerte* überschritten, die in zur Durchführung des BImSchG ergangenen Rechts- oder allgemeinen Verwaltungsvorschriften zum Schutz vor Gesundheitsgefahren oder in bindenden Beschlüssen der EG festgelegt sind, so *muß* die zuständige Behörde einen *Sanierungsplan* aufstellen (§ 47 I 1). Treten – soweit Immissionswerte nicht festgelegt sind – sonstige schädliche Umwelteinwirkungen durch Luftverunreinigungen auf oder sind sie zu erwarten, so *soll*

306

---

224 *Erbguth*, BayVBl. 1993, 97 ff.; *Schulze-Fielitz*, UPR 1992, 41 ff.; *Trute*, NuR 1989, 370 ff; *ders.*, in: *Koch/Lechelt* (Hrsg.), 20 Jahre BImSchG, 1994, S. 155 (156 ff.). Zu den in der Bundesrepublik installierten Meßnetzen, zu den Luftreinhalteplänen und zu den Emissionskatastern vgl. SRU, Umweltgutachten 1987, Tz. 645 ff., 791 f.

6 *Öffentliches Immissionsschutzrecht*

ein *Sanierungsplan* aufgestellt werden (§ 47 I 2). Geht es lediglich um die Überschreitung von *Immissionsleitwerten*, so *kann* die zuständige Behörde einen *Vorsorgeplan* aufstellen (§ 47 I 3). Die Pläne können auf bestimmte Luftschadstoffe, auf Teile eines Untersuchungsgebiets oder auf bestimmte Arten von Emissionsquellen beschränkt werden (§ 47 I 4). Die Erfordernisse der Raumordnung und Landesplanung sind zu beachten (§ 47 I 5).

307 Der Luftreinhalteplan beruht auf Gesetz und ist in dieser Hinsicht als förmlicher Umweltschutzfachplan zu qualifizieren. Er ist für Verwaltungsträger, die planrelevante Maßnahmen zu treffen, anzuordnen oder zu gestatten haben (z.B. Genehmigungen nach §§ 4 ff. BImSchG), *innenverbindlich* (§ 47 III 1 BImSchG), wobei aber die nach außen wirkende Um- bzw. Durchsetzung durch behördliche Anordnungen oder sonstige Entscheidungen u.U. einer besonderen gesetzlichen Ermächtigung bedarf (z.B. §§ 17, 21, 24, 25 BImSchG). Soweit die Umsetzung im Wege einer raumbedeutsamen, dem Abwägungsgebot unterliegenden Planung erfolgt (z.B. in Gestalt eines Bauleitplans oder – str. – eines Planfeststellungsbeschlusses[225]), hat der Planungsträger den Luftreinhalteplan im Rahmen des planungsrechtlichen Abwägungsgebotes (Rn. 2/108 ff.) lediglich zu berücksichtigen (§ 47 III 2 BImSchG).

308 Nach § 47 II BImSchG enthält der Plan
- die *Zustandsbeschreibung* (Nrn. 1 u. 2), d.h. die Darstellung der Emissionen, Immissionen und ihrer Wirkungen auf die Schutzgüter des § 1 (Rn. 6/39),
- die *Ursachenanalyse* (Nr. 3), d.h. Feststellungen über die Ursachen der Luftverunreinigungen und ihrer Auswirkungen,
- die *Prognose* (Nr. 4), d.h. eine Abschätzung der zu erwartenden künftigen Veränderungen der Emissions- und Immissionsverhältnisse,
- die *Zielvorgaben* (Nr. 5), d.h. die Angabe der in § 47 I genannten Immissionswerte und Immissionsleitwerte sowie der vorgesehenen Nutzungen, und
- das *Handlungskonzept* (Nr. 6), d.h. die Ausweisung der Maßnahmen, die zur Verminderung der Luftverunreinigungen und zur Vorsorge vorgesehen sind.

4. Lärmminderungspläne

309 Schließlich ist (seit der 3. Novelle des Jahres 1990) im BImSchG auch noch eine gesetzliche Grundlage für ein neues Institut, nämlich für **Lärmminderungspläne**[226] enthalten.

310 Diese sind von den Gemeinden (sonst von nach Landesrecht zuständigen Behörden) nach vorausgehender Erfassung der Belastung durch die Geräuschquellen und Feststellung ihrer Umweltauswirkungen (§ 47a I) für Wohngebiete und andere schutzbedürftige Gebiete aufzustellen, wenn in diesen Gebieten schädliche Umwelteinwirkungen (§ 3 I) durch Geräusche auftreten oder zu erwarten sind und die Beseitigung oder

---

225 *Trute*, ebda. S. 166 f.; *Schulze-Fielitz*, UPR 1992, 41 (43); a.A. *Jarass*, BImSchG, § 47 Rn. 15; *Landmann/Rohmer/Hansmann*, BImSchG, § 47 Rn. 22.
226 *Dürr*, UPR 1992, 241 (247); *Schulze-Fielitz*, DVBl. 1992, 389 ff.; *ders.*, UPR 1992, 41 ff.; *Trute*, ebda., S. 172 ff. – S.a. *Losert/Mazur/Theine/Weisner*, Hdb. Lärmminderungspläne, 1994.

Verminderung dieser schädlichen Umwelteinwirkungen ein abgestimmtes Vorgehen gegen verschiedenartige Lärmquellen erfordert (§ 47a II 1). Wiederum sind die Erfordernisse der Raumordnung und Landesplanung zu beachten (§ 47a II 2). Die Lärmminderungspläne sollen bezüglich der Lärmbelastungen und der Lärmquellen eine *Zustandsbeschreibung* enthalten, ferner eine *Lärmprognose*, eine *Emittentenanalyse* und ein am Ziel einer Lärmminderung orientiertes *Handlungskonzept* (§ 47a III). Nach § 47a IV i.V.m. § 47 III BImSchG ist der Lärmminderungsplan ein verwaltungsintern bindender Umweltschutzfachplan (Rn. 1/131, 6/135). Konkrete einzelfallbezogene Maßnahmen sind nach Maßgabe der spezialgesetzlichen Ermächtigungen (u.a. § 176 BauGB, § 45 I, Ia StVO, §§ 17, 24 BImSchG) durch Drittbehörden (z.B. Bundesbahn, Straßenverkehrsbehörde, Immissionsschutzbehörde, Baurechtsbehörde) durchzusetzen oder von der Gemeinde selbst mit den Mitteln der Bauleitplanung vorzubereiten.

311 Die Lärmminderungspläne haben sich als Sanierungspläne zunächst nicht an den Vorsorgewerten der TA Lärm, DIN 18005 oder VDI 2058 zu orientieren, müssen aber den Sanierungsbedarf anhand des jeweiligen Baugebietstypes differenzieren. Der Länderausschuß für Immissionsschutz hat 1986 Sanierungsgrenzwerte vorgeschlagen, deren Angemessenheit – weil sehr hoch angesetzt – umstritten blieb; sie betragen z.B. für Straßenverkehr 70 dB(A) tags/60 dB(A) nachts, für Schienenverkehr 70 dB(A) tags/65 dB(A) nachts, für Industrie- und Gewerbelärm 65 dB(A) tags/50 dB(A) nachts.

Teil 7

Kernenergie- und Strahlenschutzrecht

I. Fakten und Probleme

1. Energiegewinnung durch Kernspaltung

a) Wirkungsweise und Reaktortypen

1 aa) Kernenergie kann sowohl durch Spaltung (Fission) als auch durch Verschmelzung (Fusion) von Atomkernen gewonnen werden. Sie ist – entsprechend der bekannten *Einstein*'schen Energie-Massenrelation[1] – der Massendifferenz zwischen den reagierenden und den aus der Reaktion hervorgehenden Kernen äquivalent. Die Kernenergieerzeugung durch *Kernspaltung* beruht auf der 1938 von *Hahn/Strassmann* entdeckten Kettenreaktion durch Spaltung der sehr schweren Kerne des Metalls Uran (Kernladungszahl 92) im Wege des Neutroneneinfangs. Natürliches Uran besteht zu 99,29% aus dem Uranisotop mit der Massenzahl 238 und zu 0,71% aus dem Uranisotop mit der Massenzahl 235, dem eigentlichen Spaltstoff. Die von dem radioaktiven Uran emittierten (schnellen) Neutronen treffen jedenfalls dann, wenn sie durch einen Moderator (z.B. Graphit, Wasser) abgebremst werden (langsame, sog. thermische Neutronen), so auf spaltbare andere Atomkerne von Uran 235, daß diese zertrümmert werden. Auf diese Weise entstehen als Kernbruchstücke (*Spaltprodukte*) neue, u.U. selbst wieder radioaktive Elemente, d.h. Isotope einer niedrigeren Ordnungszahl und eines niedrigeren Atomgewichts (z.B. Barium 140, Xenon 133, Jod 131, Krypton 85 u.a.m.). Zugleich werden bei jeder durch Kollision eines Neutrons mit einem spaltbaren Uranatomkern bewirkten Kernspaltung jeweils zwei bis drei Neutronen freigesetzt, die – abgebremst – ihrerseits unter Neutronenfreisetzung Atomspaltungen herbeiführen (Kettenreaktion). Bei dieser Reaktion sowie beim Zerfall der Spaltprodukte wird diejenige Energie frei, die den gegenseitigen elektrischen Abstoßungskräften der Kernbestandteile entspricht, und in Bewegungs- und damit in Wärmeenergie umgewandelt, die genutzt werden kann, z.B. zur Erzeugung von elektrischer Energie durch Antrieb einer mit einem Generator versehenen, mittels Wasserdampf betriebenen Turbine. Neben den Spaltprodukten entstehen beim Reaktorbetrieb noch sog. *Aktivierungsprodukte* sowie – im Wege des Einfangs schneller Neutronen durch Uran 238-Kerne – *Plutonium* und andere Transurane. Insbesondere werden verschiedene Plutoniumiso-

---

1 Danach ist die Energie äquivalent der mit dem Quadrat der Lichtgeschwindigkeit multiplizierten Masse ($E = m \times c^2$).

tope aufgebaut, die zum Teil ihrerseits als Kernbrennstoff (aber zum Teil auch als Bombenmaterial) geeignet sind.

bb) Beim Typus des *Leichtwasserreaktors* (LWR)[2] – also beim **Druckwasserreaktor** (DWR) oder **Siedewasserreaktor** (SWR) –, der sich in den USA und in Westeuropa im kommerziellen Bereich durchgesetzt hat, bedarf das natürliche Uran als Kernbrennstoff einer *Anreicherung* mit dem Uranisotop 235 in einem geeigneten Verfahren (z.B. auf der Grundlage einer Diffusion von gasförmigem Uranhexafluorid oder durch Zentrifugieren dieses Gases). Aus diesem „angereicherten Uran" werden dann die in *Brennelementen* vereinigten, mit Urandioxidtabletten gefüllten *Brennstäbe* hergestellt, die das nukleare Inventar des Reaktordruckbehälters bilden. Hierbei dient das Wasser zunächst als Moderator zum Abbremsen der schnellen Neutronen, eine Voraussetzung für das Entstehen und Ingangshalten einer Kettenreaktion. Weiterhin dient das Wasser als Kühlmittel, das die im Reaktordruckbehälter erzeugte Wärme an die Dampfturbine abführt. Dies geschieht entweder unmittelbar in einem *einzigen Kühlkreis* (SWR) oder aber mittelbar von dem den Reaktordruckbehälter einschließenden *Primärkreis* über einen Wärmeaustauscher (Dampferzeuger) auf einen Sekundärkreis, in dem sich die Dampfturbine befindet (DWR). Im DWR steht im Primärkreis das in der Spaltzone des Reaktors auf ca. 325° C erhitzte Wasser unter so hohem Druck (ca. 160 bar), daß das Wasser in diesem Primärkreislauf nicht sieden kann. Dieses u.U. kontaminierte Wasser des geschlossenen Primärkreislaufs gibt im störungsfreien Betrieb zwar seine Wärme, nicht aber die in ihm als Spalt- oder Aktivierungsprodukte enthaltenen Radionuklide über die Dampferzeuger an den Sekundärkreis ab.

Die Reaktorleistung wird über die *Steuerstäbe* geregelt, die – den Neutronenfluß hemmend oder schließlich unterbrechend – mehr oder weniger tief in den Reaktorkern eingetaucht werden können. Auch nach der Abschaltung des Reaktors dauert der radioaktive Zerfall von Spalt- und Aktivierungsprodukten zunächst fort. Die dabei frei werdende (Rest-)Wärme muß über Nachkühlsysteme abgeführt werden, um ein Schmelzen des Reaktorkerns zu vermeiden.

In der Bundesrepublik Deutschland befinden sich neben SWR vor allem DWR im kommerziellen Einsatz. Die heutige DWR-Generation des Systemherstellers Siemens AG, Unternehmensbereich Kraftwerk Union (KWU), ist seit einigen Jahren für eine elektrische Leistung von ca. 1300 MW brutto ausgelegt und als „Konvoi"-Anlage[3] standardisiert (Isar 2, Emsland, Neckarwestheim 2). Ein neuer DWR-Standardtyp wird unter Berücksichtigung der jüngsten sicherheitstechnischen Erkenntnisse entwickelt werden.[4]

cc) Daneben gibt es weitere Reaktortypen mit unterschiedlichen Spaltstoffen (z.B. Uran 233), Moderatoren (z.B. Graphit) und Kühlmitteln (z.B. Gas). Hiervon waren aber in der Bundesrepublik Deutschland nur zwei sog. „fortgeschrittene Reaktortypen" von Bedeutung und als

---

2 Vgl. zu den verschiedenen, im Text unter Rn. 7/2-6 erörterten Reaktortypen statt vieler *Michaelis*, Hdb. der Kernenergie, Bd. 1, 2. Aufl. 1982, S. 65 ff.; zur aktuellen Entwicklung *Newman/Brunzell/Ehlers*, atw 1994, 41 ff.; s.a. *Bürkle*, atw 1992, 404 ff.; *Rittig*, atw 1992, 352 ff.; *Mattern*, atw 1991, 384 ff.
3 Zu den Erfahrungen mit den Konvoi-KKW vgl. *Beuerle*, atw 1989, 435 ff.
4 Zu Entwicklungspotentialen und -problemen neuer Reaktorkonzepte *Gremm/Jacke*, atw 1992, 22 ff.

7 *Kernenergie- und Strahlenschutzrecht*

Demonstrationskraftwerke im Bau bzw. in Betrieb. Der sog. *Schnelle Brüter* (SNR), sollte zur Aufrechterhaltung der Kettenreaktion mit schnellen, d.h. energiereichen Neutronen arbeiten und großtechnisch geeignet sein, während der Energieerzeugung mehr Kernbrennstoff aus einem sog. Brutstoff herzustellen, als er selbst verbraucht.[5] Für das politisch besonders umstrittene Atomkraftwerk von *Kalkar*[6] sind seit 1972 17 Teilgenehmigungen ergangen. Bereits 1983 wurden die Anträge auf Erteilung der Teilgenehmigungen für die Einbringung der Brennelemente und die Aufnahme des Probelaufs gestellt. 1991 wurde entschieden, den SB in Kalkar nicht in Betrieb zu nehmen. Die bis dahin angelaufenen Kosten betragen über 7 Mrd DM. – Am 4.4.1994 wurde der Prototyp-Schnellbrutreaktor Monju (280 MWe) in Japan erstmals kritisch; er soll im Dezember 1995 ans Netz gehen.[7]

6 Der sog. *Hochtemperaturreaktor* (HTR)[8] verwendet als Spaltstoff z.B. *hochangereichertes Uran* und als Brutstoff z.B. Thorium. Moderator ist *Graphit*. Kühlmittel ist *Heliumgas*, das im Betrieb Temperaturen bis zu 1000° C erreichen kann. Bei diesem Reaktortyp in Gestalt des in der Bundesrepublik entwickelten sog. *Kugelhaufenreaktors* ist, so wird argumentiert, die inhärente Sicherheit besonders groß, weil bei einer unerwarteten Erhöhung der Betriebstemperatur die Kettenreaktion abbricht, so daß eine Kernschmelze ausgeschlossen ist. Hinzu kommt die gute Rückhaltung der radioaktiven Spaltprodukte durch die kugelförmigen Brennelemente. Außerdem ist die Verfügbarkeit höher als bei LWR (kontinuierlicher Brennelementwechsel), der Wirkungsgrad besser, der Anwendungsbereich breiter (auch Erzeugung von Prozeßwärme z.B. zur Kohlevergasung oder -verflüssigung) und die Wiederaufarbeitung der Brennelemente ist (wegen wirtschaftlicher Unvertretbarkeit) nicht vorgesehen. In der Bundesrepublik Deutschland wurden seit 1967 positive Erfahrungen mit dem Kugelhaufen-Forschungsreaktor in Jülich (15 MWe) gemacht. Außerdem wurde der *Thorium-HTR Hamm-Uentrop* als Prototyp (300 MWe) mit einem (unvorhergesehenen) Kostenaufwand von rd. 4 Mrd DM errichtet, sein Betrieb aber schon 1988 wieder beendet; 1990 wurde er stillgelegt.[9]

---

5 Als Kernbrennstoff wird z.B. das aus einer Wiederaufarbeitungsanlage anfallende Plutonium oder „hochangereichertes" Uran verwendet. Der (nicht spaltbare) Brutstoff Uran 238 wird unter Neutroneneinfang insbesondere in den Spaltstoff Plutonium 239 umgewandelt. Als Kühlmittel dient flüssiges, die Neutronen nicht moderierendes (also nicht abbremsendes) *Natrium*, das über 150° C heiß ist, sich in Luft von selbst entzündet und mit Wasser heftig reagiert. – Dazu *Heussener/Vossebrecker*, atw 1991, 464 ff.

6 Sicherheitsbedenken werden insbesondere wegen des beim SNR denkbaren sog. Bethe-Tait-Störfalls („Kernzerlegungsstörfall") erhoben; dieser Störfall wird von der den BMU beratenden Reaktor-Sicherheitskommission dem hinnehmbaren Restrisiko (Rn. 7/116, 131), nicht aber den in die Schadensvorsorge notwendig einzubeziehenden (Auslegungs-)Störfällen zugerechnet, vgl. atw 1988, 162.

7 atw 1994, 330; 1993, 810; für einen Vergleich Kalkar/Monju s. *Marth*, atw 1992, 18 ff.

8 Dazu z.B. *Baust*, et 1986, 218 ff.; *Ballensiefen*, atw 1988, 82 ff.; *Baust/Weisbrodt*, atw 1989, 440 ff.

9 Mit ihm sollten neuartige Kraftwerkskomponenten im großtechnischen Einsatz erprobt und Erfahrungen für Bau und Betrieb rein kommerzieller Anlagen gewonnen werden. Er lieferte seit der Erteilung der Genehmigung für den Leistungsversuchsbetrieb im Jahre 1985 Strom in das öffentliche Netz. Später kam es mehrfach zu ungeplanten Stillständen. Im Okt. 1988 wurde bei einer Revision entdeckt, daß 35 von ca. 2600 Befestigungselementen für die Wärmeisolierung in den Heißgaskanälen beschädigt waren. Da Reparaturmanipulatoren nicht vorhanden waren, entstanden hohe Stillstandskosten und damit zusätzliche finanzielle Schwierigkeiten. Die öffentliche Hand (Bund und Nordrhein-Westfalen) war nicht bereit, über die 1971 vertraglich übernommene Risikobeteiligung von 450 Mio DM hinauszugehen. Der HTR ist jetzt – mit einem Aufwand von rd. ½ Mrd DM – stillgelegt worden.

b) Brennstoffzyklus

Der Begriff „**Brennstoffzyklus**"[10] bzw. „**Brennstoffkreislauf**", der kein atomrechtlicher Gesetzesbegriff ist, bezeichnet die Verfahrensstufen der Brennstoffversorgung und -entsorgung von Kernreaktoren. Um einen wirklichen *Kreislauf* handelt es sich freilich selbst bei der Wiederaufarbeitung nicht. So erstreckt sich bei dem als Kernbrennstoff verwendeten Uran der Brennstoffzyklus von der Gewinnung und Aufbereitung dieses Metalls über die Urananreicherung, die Brennelementherstellung, den Einsatz der Brennelemente in Reaktoren, (ggf.) die Wiederaufarbeitung abgebrannter Brennelemente und die Wiederanreicherung des Urans für die Wiederverwendung in Brennelementen bis zur Behandlung und Endlagerung des radioaktiven Mülls. Dazwischen liegen jeweils Transportwege und Zwischenlagerungsphasen. Für relativ große Mengen hoch-, mittel- und schwachaktiver[11] Abfälle stehen die notwendigen Aufarbeitungs- bzw. Endlagerungsmöglichkeiten nicht zur Verfügung.   7

Der **Transport** der strahlenden Brennelemente erfolgt unter besonderen Sicherheitsvorkehrungen in einem Container namens Castor (*Cask for storage and transport for radioactiv material*), der je Stück 2 Mio. DM kostet. Ein Container enthält knapp 5 t Strahlenstoff und wiegt insgesamt 125 t. Eine Tonne Brennelemente enthält unmittelbar nach dem Entladen aus dem Reaktorkern mehr Radioaktivität, als 1986 von dem Unglücksreaktor in Tschernobyl freigesetzt wurde. Der Container muß erstens diese Strahlung nach außen abschirmen und zweitens verhindern, daß die strahlenden Spaltstoffe im Inneren eine ungewollte Kettenreaktion in Gang setzen. Der Transport aus dem badischen Philippsburg nach Gorleben im April 1995[12] hat mehrfach die Gerichte – mit sich widersprechenden Entscheidungen[13] – beschäftigt. – Die Castor-Transporte laufen sicher unter hohen Sicherheitsvorkehrungen. Freilich sind manche Risiken einfach nicht ausgeschlossen, manche auch nicht auszuschließen. So führt die Bahntransportstrecke über Brücken, die höher sind als die bisher getesteten Fallhöhen, bis zu denen der Behälter unbeschädigt bleibt. Darüber, ob diese und andere Risiken in Anbetracht noch vorhandener Lagerkapazitäten hinzunehmen sind, gehen die Meinungen auseinander.   8

2. Entsorgung

Radioaktive *Reststoffe* bedürfen der **Entsorgung**, d.h. der schadlosen Verwertung oder geordneten Beseitigung. Ein Teil des Brennstoffzyklus verläuft im Entsorgungsbereich.[14] Abgesehen von der Frage der Wünschbarkeit der zivilen Kernenergienutzung   9

---

10 Vgl. zu den Rechtstatsachen *Michaelis*, Hdb. der Kernenergie, Bd. 2, 2. Aufl. 1982, S. 557 ff.; *Luckow*, Nukleare Brennstoffkreisläufe im Spiegel des Atomrechts, 1988, S. 23 ff.
11 Schwach- und mittelaktiv ist ein radioaktiver Abfall nicht wegen geringer Radioaktivitätsmenge, sondern wegen der Verteilung der Radioaktivität auf eine relativ große Menge nicht radioaktiven Materials, so daß die Intensität der Strahlung aus der Volumeneinheit schwächer wird.
12 Sicherungskosten allein im Reg.-Bez. Lüneburg: 28 Mio DM, atw 1995, 348.
13 Nämlich – überraschend und sehr weit gehend – VG Lüneburg, Beschluß vom 21.11.1994, einerseits, OVG Lüneburg, Beschluß vom 23.1.1995, andererseits; nach der Beschwerdeentscheidung darf das Gericht nicht eine von ihm für besser gehaltene Regelung an die Stelle der behördlichen Regelung, hier: der PTB, setzen; atw 1995, 54 und 131.
14 Dazu SRU, Umweltgutachten 1987, BT-Drs. 11/1568, S. 521 ff.; Entsorgungsbericht der BReg. zur Entsorgung der KKW usw. vom 13.1.1988, BT-Drs. 11/1632, S. 1 ff. (Fortschreibung des Entsorgungsberichts 1983, BT-Drs. 10/327); *Offermann-Clas*, NVwZ 1989, 1112 ff.

7 Kernenergie- und Strahlenschutzrecht

überhaupt betrifft die wichtigste Entscheidung in der gegenwärtigen Atomrechtsdiskussion die Wahl zwischen Wiederaufarbeitung einerseits, direkter Endlagerung andererseits. Zunächst werden radioaktive Abfälle zwischengelagert, dann entweder wieder aufgearbeitet oder auch nicht, sodann konditioniert (also zu einem Abfallgebinde verarbeitet bzw. verpackt) und schließlich endgelagert.

10 In der Bundesrepublik fallen Jahr für Jahr erhebliche Mengen radioaktiver Abfälle an, und zwar insbesondere beim Betrieb der LWR, in der kerntechnischen Industrie (z.B. bei der Urananreicherung oder der Brennelementherstellung), bei der Forschung in Großforschungseinrichtungen oder bei der Radioisotopenanwendung in sonstigen Forschungseinrichtungen, Krankenhäusern usw. Soweit diese Abfälle hochaktiv sind (z.B. abgebrannte Brennelemente), entwickeln sie große Wärme; bei mittel- oder schwachaktiven Abfällen ist die Wärmeentwicklung vernachlässigbar (Rn. 7/24). Am 31.12.1991 umfaßte der Bestand an radioaktiven Reststoffen und Rohabfällen und Abklingabfällen 18 577 m^3.[15]

11 *Zwischenlager* gibt es in Gorleben und in Ahaus. Das einzige *Endlager* des Bundes für niedrig- bis mittelaktive Abfälle besteht derzeit in Morsleben.[16] Künftig ist für die Endlagerung der radioaktiven Abfälle mit vernachlässigbarer Wärmeentwicklung die Schachtanlage Konrad (Salzgitter) vorgesehen (Rn. 7/24), für die Endlagerung der konditionierten wärmeentwickelnden radioaktiven Abfälle (also grundsätzlich nach Wiederaufarbeitung) der Salzstock bei Gorleben ((Rn. 7/25). Das System der Erfassung, des Transports, der Bearbeitung und der Kontrolle aller radioaktiven Abfälle wurde nach den schlechten Erfahrungen, die man insbesondere mit der Transportfirma Transnuklear/Hanau gemacht hat, verbessert.

12 a) Bei der **Zwischenlagerung** radioaktiven Abfalls ist zu unterscheiden:

13 Die Zwischenlagerung *mittel- und schwachaktiven* radioaktiven Abfalls bereitet keine besonderen Schwierigkeiten. Sie wird in staatlichen, aber auch in industriellen Zwischenlagern vorgenommen (z.B. in den externen Faßlagern Gorleben und Mitterteich).

14 Bei der Zwischenlagerung wärmeentwickelnden, d.h. *hochradioaktiven* Abfalls geht es

- zunächst um eine *interne* Zwischenlagerung abgebrannter Brennelemente (Rn. 7/2, 8) im KKW (Kompaktlager)[17],
- dann um eine (derzeit in der Bundesrepublik nur in *Gorleben*[18] und in *Ahaus*[19] mit je 1500 t Kapazität mögliche) *externe* Zwischenlagerung konditionierter und un-

---

15 Einzelheiten bei *Hollmann/Brennecke*, atw 1993, 276 ff.; zum Bestand und zukünftigen Anfall diess., atw 1993, 832 ff.
16 Dazu BVerwGE 90, 255; *Kloepfer/Brandner*, ZUR 1993, 269 ff.
17 S. dazu z.B. VGH BW, VBlBW 1988, 186.
18 Vgl. auch BVerfGE 77, 381: Verwerfung der gegen die Baugenehmigungen u. deren sofortige Vollziehbarkeit gerichteten Verfassungsbeschwerde als unzulässig (keine Schutzpflicht des Gesetzgebers aus Art. 2 II 1 GG, die Zulassung bestimmter Anlagen ausdrücklich gesetzlich zu regeln). – Zum Stand der Arbeiten 1991 *Lempert*, atw 1991, 497 ff.
19 Vgl. dazu OVG Mstr. (10. Sen.), NVwZ 1985, 590 (Stillegung der Baustelle) einerseits, das Urt. des OVG Mstr. (21. Sen.), DVBl. 1988, 155, wonach die gegen die Baugenehmigung gerichtete Klage abgewiesen wurde, andererseits sowie das die Revision zurückweisende Urt. des BVerwG E 82, 61.

konditionierter Abfälle, und zwar bei Trockenlagerung in großen Hallen (Durchzug zu Kühlzwecken) und dort jeweils in besonderen Transportbehältern.

b) Die **Wiederaufarbeitung** abgebrannter Brennelemente hat das Ziel der Rückgewinnung von Brennstoff (insbesondere Uran 235 und Plutonium 239) und soll der atomaren „Entschärfung" des abzulagernden Atommülls durch Einschmelzen der radioaktiven Spaltprodukte in Glasblöcke dienen. Der rückgewonnene Kernbrennstoff wird wieder Brennelementfabriken zugeführt. Die im Wege der Wiederaufarbeitung vorgenommene Extraktion der als Kernbrennstoffe bzw. der zur Kernbrennstoffherstellung geeigneten Stoffe (Uran, Plutonium) soll nicht nur einen gewissen Teil des Gesamt-Kernbrennstoffbedarfs decken und die insoweit bestehende Importabhängigkeit mindern, sondern auch die Entsorgung des radioaktiven Abfalls erleichtern (vgl. aber Rn. 7/17 a.E.). **15**

In jedem Jahr fallen in Deutschland insgesamt rd. 500 t abgebrannter Brennelemente an, mit der in den kommenden Jahren angestrebten Erhöhung des mittleren Entladeabbrandes noch rd. 400 t. Seit Inbetriebnahme der deutschen Kernkraftwerke bis heute ergibt das insgesamt 4000 t abgebrannten Brennstoffs, bis zum Jahr 2005 etwa 10 500 t.[20] Seit 1971 fand die Wiederaufarbeitung lediglich eines kleinen Teils der nicht zwischengelagerten abgebrannten Brennelemente aus deutschen KKW als Pilotprojekt im *Kernforschungszentrum Karlsruhe* statt (theoretische Jahreskapazität rd. 35 t, inzwischen stillgelegt), im übrigen im Ausland, und zwar vornehmlich in *Frankreich* (*La Hague*), aber auch in *England* (*Sellafield*). – Auf Initiative der Deutschen Gesellschaft für die Wiederaufarbeitung von Kernbrennstoffen (DWK) war bei *Wackersdorf* Ende 1985 mit dem Bau einer – politisch sehr umstrittenen – großtechnischen Wiederaufarbeitungsanlage (WAA) mit einer geplanten Aufarbeitungskapazität von rd. 350 t/a begonnen worden.[21] Die Kosten wurden auf rd. 10 Mrd DM geschätzt. Rd. 2,5 Mrd DM waren bereits investiert (dazu rd. 300 Mio Baukosten), als die Bauarbeiten Ende Mai 1989 von der DWK im Hinblick auf ein europäisches Entsorgungskonzept eingestellt wurden. – Die Wiederaufarbeitung ausgedienter Brennelemente soll nämlich auf Betreiben der Kernenergiewirtschaft für alle Zukunft – betriebswirtschaftlich nicht unerheblich günstiger – auf der Grundlage neuer langfristiger Verträge mit der französischen COGEMA (*Compagnie Générale des Matières Nucléaires*) und der britischen BNFL (*British Nuclear Fuels Ltd*) vorgenommen werden, und zwar mit Billigung der Staatsregierungen. Dementsprechend werden die deutschen Brennelemente – LWR-UO$_2$ Brennstoff – weiterhin vor allem in La Hague, aber auch in Sellafield aufgearbeitet. Die hierbei anfallenden hochradioaktiven Abfälle kommen, in Glaskokillen eingeschmolzen, in die Bundesrepublik zurück. Für sie verbleibt es bei dem Konzept der – in naher Zukunft allerdings noch nicht möglichen – „nationalen" Endlagerung (Rn. 7/11). – Die bei der Wiederaufarbeitung anfallenden radioaktiven Abfälle (je Tonne abgebrannter Brennstoffe 0,13 m^3 hochradioaktives Glas, 0,7 m^3 zementierte Hülsen und Strukturteile und 7,5 m^3 sonstige Abfälle[22]) werden in den Wiederaufbereitungsanlagen konditioniert. Aufgrund privat- und völkerrechtlicher Verpflichtungen auf Regierungsebene sind sie nach Deutschland zurück- **16**

---

20 Nachweise bei *Warnecke*, et 1993, 86 (90).
21 Die 1. TEG wurde im Sept. 1985 erteilt. Für die von ihr umfaßten Bauwerke ergingen außerdem die später für sofort vollziehbar erklärten Baugenehmigungen; dazu BVerwGE 80, 21 (Aufhebung des Urt. des BayVGH, et 1987, 766); dazu der Nichtannahmebeschluß des BVerfG, UPR 1992, 148. Der Bebauungsplan für diese Aufarbeitungsanlage (WAA) wurde vom BayVGH (BayVBl. 1988, 332) wegen eines das nuklearspezifische Risiko betreffenden Abwägungsmangels für nichtig erklärt. Dazu zustimmend *J.H. Hofmann*, NVwZ 1989, 225 ff.; *Pfeifer*, DÖV 1989, 574 ff. m.w.Nachw.; krit. *Jäde*, BayVBl. 1988, 385 ff.
22 Dazu und zum folgenden *Warnecke*, et 1993, 86 (90 f.) mit Tab. 4.

zuführen. – Die Kapazität der WA-Anlagen der COGEMA in *La Hague* sollte seit 1992/93 auf insgesamt 1600 t/a erweitert sein. Ein Teil davon wird von ausländischen EVU finanziert. (Die COGEMA ist eine privatrechtliche Tochtergesellschaft des staatl. Commissariat à l'Energie Atomique = CEA.) Die WAA der Fa. BNFL in *Sellafield* wird bis gegen Ende des Jahrhunderts auf einen Durchsatz von 800 t/a ausgebaut. – 1993 gab es zur Entsorgung durch Wiederaufarbeitung für insgesamt 8546 t feste Verträge mit COGEMA und BNFL. Die im Zusammenhang mit der Aufgabe von Wackersdorf verhandelten Verträge reichen bis etwa zum Jahr 2005 und enthalten Optionen bis zum Jahr 2015. – Auf der Grundlage von Regierungs- und Industrieabkommen ist eine langfristige enge Zusammenarbeit zwischen einerseits der deutschen und andererseits sowohl der französischen als auch der englischen Energiewirtschaft im Rahmen eines übergreifenden *europäischen Konzepts der Kooperation bei der friedlichen Nutzung der Kernenergie* vorgesehen. – Energie- und umweltpolitisch zu bedenken ist dabei, ob wirklich die deutsche Energieversorgung völker- und vertragsrechtlich gegen die Abhängigkeit vom Preisdiktat eines ausländischen Entsorgungsmonopols hinreichend abgesichert ist und ob für die WAA im Ausland in etwa vergleichbar hohe Sicherheitsstandards gelten wie in der Bundesrepublik Deutschland.

17 Bei der Wiederaufarbeitung sind *Abfallvolumen* und *Radiotoxizität* in den ersten Jahrhunderten der Ablagerung größer als bei direkter Endlagerung. Gegen die Wiederaufarbeitung sprechen auch sicherheitstechnische und selbst wirtschaftliche Bedenken, etwa wenn sich der Uranweltmarktpreis auf dem derzeit niedrigen Niveau stabilisiert, vor allem aber der fehlende energiepolitische Konsens, ohne den die Kernenergienutzung sich schließlich als „Übergangstechnologie" erweisen könnte, die für Wiederaufarbeitung einen Bedarf gar nicht hat.

18 c) Durch die **Konditionierung** sollen die Abfallgebindevolumina verringert und die Abfallgebindeeigenschaften verbessert werden. Das Abfallgebinde besteht aus Abfallprodukt und Abfallbehälter. Zur Konditionierung werden – vor allem für große Durchsätze geeignete und für aufwendige Verfahrensschritte erforderliche – zentrale oder – aus Gründen besserer Auslastung vor allem zur Konditionierung von Kernkraftwerks-Betriebsabfällen im jeweiligen KKW eingesetzte – mobile Konditionierungseinrichtungen betrieben. Bei den zum Einsatz kommenden Verfahren ist zwischen verschiedenen Abfallarten (z.B.: fest oder flüssig) zu unterscheiden. Zur Anwendung kommen Verbrennung, Schmelzen, Kompaktieren und Zementieren fester anorganischer oder organischer Abfälle sowie Trocknung, Zementierung und Kunststoffeinbindung entsprechender flüssiger Abfälle. Die größte Bedeutung haben offenbar Verbrennung und Zementierung, jetzt aber auch Bituminierung. In den alten Bundesländern sind 1990 6070 m^3 konditionierte radioaktive Abfälle angefallen.

19 Seit Mai 1986 ist in Gorleben auch eine Pilotkonditionierungsanlage (PKA) für abgebrannte Brennelemente geplant[23] mit einem Durchsatz von 35 t/Jahr. Die Inbetriebnahme ist für 1996 vorgesehen.

20 d) Auch bei der – noch ungelösten – **Endlagerung** *radioaktiven Abfalls* ist zu unterscheiden:

21 Bei der Endlagerung *hochradioaktiven Abfalls* geht es vor allem um die ausgedienten Brennelemente aus den LWR. Die Endlagerung erfolgt entweder nach Wiederaufar-

---

23 Dazu BVerwG, DVBl. 1993, 1152.

beitung oder im Wege der „direkten" Endlagerung. Jedenfalls muß die Endlagerung in einer auf ihre Eignung für die Abschirmung und die Wärmeaufnahme überprüften und für geeignet befundenen Umgebung, etwa in Tonstein, in Granit oder in einem Salzstock vorgenommen werden. Sie muß nämlich für lange Zeit – die Halbwertszeit bspw. von Jod 129 beträgt 1 Mio Jahre!, von Plutonium 24 000 Jahre – einen sicheren Abschluß des radioaktiven Mülls von der Biosphäre gewährleisten. Da die geologischen Anforderungen an Endlager für radioaktive Abfälle nicht verallgemeinert werden können, müssen die Bedingungen jeweils standortspezifisch formuliert werden. Dazu finden aufwendige Untersuchungen statt.

Das derzeit einzige Endlager des Bundes für schwach aktive Abfälle ist das ehemalige *Salzbergwerk Morsleben*. Es wurde als Endlager für radioaktive Abfälle der ehemaligen DDR eingerichtet und steht jetzt als staatliches Endlager i.S.d. § 9a III AtomG mit einer Bestandsgarantie bis zum 30.6.2000 unter der Zuständigkeit des BfS (Rn. 7/212). Die Endlagerung radioaktiver Abfälle wurde zunächst ausgesetzt[24], durch das BVerwG aber am 25.6.1992 wieder zugelassen[25]. Das Endlager Morsleben kann Alpha-Strahler nur beschränkt, abgebrannte Brennelemente gar nicht aufnehmen. Es entlastet daher zwar bestehende Zwischenlager, ist aber für die Endablagerung von Abfällen aus der Wiederaufarbeitung und aus der Brennelementherstellung ohne Bedeutung. Nach Pressemeldungen von Juni 95 möchte das Land das Lager wegen unzureichender Sicherheitsbedingungen schließen. 22

Das Endlager für schwach aktive Abfälle in Frankreich in der Nähe der Wiederaufarbeitungsanlage La Hague ist nahezu gefüllt und steht vor der Schließung. Seit Januar 1992 ist das neue Endlager *Centre de l'Aube* bei Troyes mit einer Kapazität von 1 Mio. m^3 in Betrieb. 23

Für die Endlagerung *schwach-* und gewisser mittelaktiver Abfälle mit vernachlässigbarer Wärmeentwicklung (z.B. Filtermaterialien) ist die vom Bund als kapazitativ ausreichend und besonders geeignet beurteilte ehemalige *Eisenerzgrube Konrad (Salzgitter)* vorgesehen. Sie soll 550 000 bis 650 000 m^3 radioaktive Abfälle mit vernachlässigbarer Wärmeentwicklung als Endlager aufnehmen. Eine standortspezifische Sicherheitsanalyse hat die Eignung der Anlage nachgewiesen. Erst nach einer Entscheidung des BVerfG[26] kam das Land Niedersachsen einer bundesaufsichtlichen Weisung des BMU nach und leitete mit Auslegung der Planunterlagen die Öffentlichkeitsbeteiligung ein. Erst nach einer erneuten bundesaufsichtlichen Weisung begann der – in Deutschland bisher längste – Erörterungstermin. Vor 1997 ist mit der Inbetriebnahme des Endlagers Konrad offenbar nicht zu rechnen. 24

Das geplante Endlager im *Salzstock Gorleben* soll alle Arten von radioaktiven Abfällen, insbesondere wärmeentwickelnde Abfälle aufnehmen. Aufgrund einer übertägigen Standorterkundung (Rn. 7/212) wurde die Eignungshöffigkeit des Standortes festgestellt und die untertägige Erkundung des Salzstockes beschlossen. Wenn diese seine Eignung als Endlager für alle Arten radioaktiver Abfälle bestätigt, soll das geplante Endlager etwa 2008 seinen Betrieb aufnehmen können. 25

e) Ursprünglich hatte die Bundesregierung ein **Konzept** des sog. „integrierten Entsorgungszentrums" entwickelt, wonach die Wiederaufarbeitung und die Endlagerung abgebrannter Brennelemente an demselben Standort (Gorleben) erfolgen sollten. Nach der politischen Ablehnung dieses Konzepts durch die Landesregierung von Niedersachsen (Erklärung vom 16.5.1979) wurde mit Beschluß der Regierungschefs von Bund und Ländern vom 28.9.1979 26

---

24 Bezirksgericht Magdeburg vom 20.2.1991 (Eilverfahren) und vom 27.11.1991 (Hauptsacheverfahren), RdE (Recht der Elektrizitätswirtschaft) 1992, 115.
25 E 90, 255; s. hierzu auch *Kloepfer/Brandner*, ZUR 1993, 2694.
26 BVerfGE 84, 25.

die Standortidentität für Wiederaufarbeitung und Endlagerung aufgegeben. Auf dem neuen Konzept[27] beruhten die rechtlich nicht bindenden[28] „*Grundsätze zur Entsorgungsvorsorge für Kernkraftwerke*" (praktiziert seit 29.2.1980: Genehmigungen für KKW nur Zug um Zug gegen Nachweis von Entsorgungsmöglichkeiten für einen Betriebszeitraum von 6 Jahren). Am 6.6.1989 beschloß die BReg., daß eine vertraglich dauerhaft abgesicherte Wiederaufarbeitung in Staaten der EG als Teil des integrierten Entsorgungskonzepts und damit des Entsorgungsvorsorgenachweises anerkannt werden kann. – Zu den *Entsorgungstechniken* stellte die Bundesregierung schließlich am 23.1.1985 fest, die direkte Endlagerung abgebrannter Brennelemente aus Leichtwasserreaktoren habe keine entscheidenden Sicherheitsvorteile, es bestehe kein Anlaß, von dem im Atomgesetz festgelegten Entsorgungskonzept und vom Gebot der Reststoffverwertung und damit vom Grundsatz der Wiederaufarbeitung abgebrannter Brennelemente abzugehen, die zügige Verwirklichung einer deutschen Wiederaufarbeitungsanlage sei weiterhin geboten und die direkte Endlagerung komme zunächst nur für solche Brennelemente in Betracht, für die die Entwicklung einer eigenen Wiederaufarbeitungstechnik wirtschaftlich nicht vertretbar ist (also insbesondere für die abgebrannten Kugelbrennelemente des THTR-300; Rn. 7/6)[29]. Auch diese Erklärung ist inzwischen überholt: Ende 1992 überraschte ein Brief von Spitzenvertretern der Energiewirtschaft an den Bundeskanzler, der Vorschläge für ein geordnetes Auslaufen der heute genutzten Kernkraftwerke vorlegte („Einstieg in den Ausstieg").

27 Mit der Änderung des Atomgesetzes 1994[30] stehen Wiederaufarbeitung und direkte Endlagerung abgebrannter Brennelemente jetzt als gleichberechtigte Optionen nebeneinander. Nach Vorstellung mancher soll die Endlagerung radioaktiver Abfälle sogar privatisiert werden.[31]

28 Zu einem neuen einvernehmlichen Entsorgungskonzept soll ein schon 1989 eingesetzter Bund/Länder-Arbeitskreis auf Staatssekretärsebene unter Leitung des BMU führen. Er soll Vorschläge unterbreiten für eine Fortentwicklung des Entsorgungskonzepts unter Einschluß der neuen Länder. Unterschiedliche Auffassungen bestehen insbesondere zu den Themenkreisen Ausstieg aus der Kernenergie, Wiederaufarbeitung/direkte Endlagerung abgebrannter Brennelemente sowie Endlagerung radioaktiver Abfälle.[32] Der sog. **Energiekonsens** ist bislang nicht in Sicht.

3. Gegenwärtiger Stand der wirtschaftlichen Nutzung der Kernenergie

29 1972 wurde das erste rein kommerzielle und ohne staatliche Finanzhilfe erbaute KKW (Stade) in Betrieb genommen.[33] Ende 1992 waren in der Bundesrepublik Deutschland

---

27 Dazu *Michaelis*, wie Fn. 7, S. 651 ff.; s. auch den Entsorgungsbericht der BReg. vom 13.1.1988, BT-Drs. 11/1632 (= et 1988, 116).
28 Dazu *Lange*, Fehler, S. 20 ff.
29 Vgl. BMU, Umwelt 1985, Heft 2, S. 28.
30 Steinkohleverstromungsgesetz vom 19.7.1994, BGBl. I 1618; dagegen hat Niedersachsen Normenkontrollantrag gestellt, da der BRat am Gesetzgebungsverfahren nicht beteiligt wurde.
31 Zur Diskussion *Rengeling*, in: *Lukes* (Hrsg.) Reformüberlegungen zum Atomrecht, 1991, S. 215 ff.; dagegen die Kritik von *Lange*, in: 9. Deutsches Atomrechts-Symposium, S. 321 ff. – Für die weitere Zuständigkeit des Staates für Bau und Betrieb von Endlagern auch *Wagner*, et 1992, 474.
32 *Warnecke*, et 1993, 86 (89).
33 Bereits 1961 war das Versuchs-KKW Kahl in Betrieb gegangen.

20 Leistungsreaktoren (13 DWR, 7 SWR) in kommerziellem Betrieb. Hinzu kam der Forschungsreaktor KNK-2 in Karlsruhe. Für das erste deutsche kommerzielle KKW (Versuchs-AKW Kahl) wurde nach 26-jähriger Betriebsdauer am 19.5.1988 die Stillegung genehmigt.[34] Der SNR Kalkar (Rn. 7/5) wurde 1991 aufgegeben, der HTR Hamm-Uentrop (Rn. 7/6) 1990 stillgelegt. Für das 1972 in Betrieb genommene, nach der Feststellung von Rissen im Kernmantel schon im August 1994 abgeschaltete KKW Würgassen als – nach Hamm-Uentrop und Kalkar – letztem KKW im bevölkerungsreichsten Bundesland NW wird jetzt[35] die Stillegung erwogen, da der Aufwand von 300 bis 400 Mio DM für den Austausch des gesamten Kernmantels dem Betreiber zu teuer erscheint. In den neuen Bundesländern sind aufgrund von Übergangsbestimmungen noch eine Reihe zu DDR-Zeiten genehmigter, erneut auf ihre Sicherheit geprüfter KKW am Netz; außer Betrieb ist jetzt aber seit Juni bzw. Dezember 1990 Greifswald (Block 1-5); 1991 wurde entschieden, am KKW Stendal nicht weiterzubauen (Rn. 7/94).

Das KKW Obrigheim wurde am 25.5.1990 abgeschaltet, nachdem der VGH BW mit Entscheidung vom 23.5.1990[36] es als ungenehmigt ansah. Auf die Entscheidung des BVerwG vom 7.6.1991[37] ging der Atommeiler nach 450 Tagen wieder ans Netz. Der Ausfall kostete 380 Mio. DM. Am 27.10.1992 wurde die weiterhin umstrittene Dauerbetriebsgenehmigung erteilt, die am 13.4.1995 vom VGH BW aufgehoben wurde. Im Streit steht, ob die Genehmigung erteilt wurde, obwohl die Behörde einen Gefahrenverdacht gehabt habe und wichtige Sicherheitsfragen wie Schweißnähte, Notfallkühlung, Festigkeitsnachweise für den Reaktordruckbehälter und Erdbebensicherheit zum Zeitpunkt der Genehmigung offengeblieben seien. Ebenso ist umstritten, ob das KKW abweichend von der Genehmigung gebaut wurde.[38]

Einer Reihe funktionierender Anlagen stehen also auch einige Forschungs-, Betriebs- und Bauruinen gegenüber.

1988 stammten in der Bundesrepublik Deutschland 85,3% des Stroms aus KW der öffentlichen Versorgung, 13,3% aus Industrie-KW und 1,5% aus KW der DB. Die Kernenergie war an dieser *gesamten* Stromerzeugung mit 33,7% beteiligt.[39] Der Anteil der Kernenergie an der *öffentlichen* Versorgung, der 1978 erst 12,3% erreicht hatte, stellte sich 1994 in den alten Bundesländern auf 40%, insgesamt auf 34%[40], in Schweden auf 51,6, in Belgien auf 59,3, in Frankreich auf 72,7%, jeweils 1991. Mit diesem Kernenergieanteil liegt die Bundesrepublik im Bereich des Durchschnitts der die Kernenergie nutzenden EG-Länder, aber weit vor Japan mit 23,8% und den USA mit 21,7%; weltweit liegt der Kernenergieanteil an der Stromerzeugung bei 17%.[41] Nach-

---

34 Stillgelegt ist jetzt Block I des KKW Lingen, außer Betrieb sind seit Juni bzw. Dezember 1990 die KKW Rheinsberg und Greifswald (Block 1-5).
35 Stand April 1995.
36 NVwZ-RR 1990, 535 ff.
37 BVerwGE 88, 286.
38 atw 1995, 340.
39 atw 1990, 149.
40 *Grawe*, et 1995, 16.
41 Neueste Daten atw 1995, 186 ff. – Im Jahre 1988 waren weltweit in 26 Ländern 414 KKW (77% davon LWR) mit einer elektrischen Gesamtbruttoleistung von über 331 000 MW in Betrieb (atw 1989, 101; 1995, 186 ff., 193), Ende 1994 420 KKW und 76 KKW noch in Bau. Voraussagen bis 2010 gehen von einer nur noch geringfügigen Steigerung des Kernenergieanteils an der weltweiten Energieversorgung aus mit wesentlichen Steigerungen in Fernost und Osteuropa (*Warnecke*, et 1993, 86 [88]).

dem 1989 mit Neckarwestheim 2 das letzte noch in Bau befindliche KKW in Betrieb genommen worden ist und Ende 1992 insgesamt 20 Kernkraftwerke in Betrieb waren[42], dürfte die Nutzung der Kernenergie in der Bundesrepublik jedenfalls bis auf weiteres einen Höhepunkt erreicht haben.

32 Ein weiterer Zubau von KKW in diesem Jahrhundert ist schon wegen – nach Vorstellung der EVU bis 2005 – fehlenden Bedarfs, ganz abgesehen von den notwendigen Vorlaufzeiten, ausgeschlossen. Da die Betriebsdauer eines KKW auf rd. 30 bis max. 40 Jahre beschränkt ist, ist bei Fortdauer der Akzeptanzschwierigkeiten der auf Kernspaltung beruhenden Kernenergienutzung mit einem weiteren Rückgang des Atomstromanteils jedenfalls deutscher Herkunft zu rechnen und das Auslaufen dieser Art der Energieerzeugung abzusehen.

33 Bis zur Ölkrise 1973 bestand in der Fachwelt Einigkeit darüber, daß langfristig für etwa 5 Jahrzehnte mit einem jährlichen Strombedarfswachstum von 7%, also jedes Jahrzehnt mit einer Verdoppelung zu rechnen sei. Tatsächlich betrug die durchschnittliche *Zuwachsrate des (Brutto-)Stromverbrauchs* von 1970 bis 1980 lediglich 2,8%. Damit hat sich in dieser Zeit der Stromverbrauch nicht verdoppelt, sondern „nur" um die Hälfte erhöht.

34 So besteht derzeit eine *KW-Leistungsüberkapazität*. Dies ist weniger eine Folge vergangener Rezessionen als vielmehr eines gesteigerten Energiesparbewußtseins in Industrie, Gewerbe und Haushalten. Von seiten der Energiewirtschaft wird die Überkapazität damit verteidigt, daß veraltete, fossil befeuerte KW mittel- oder langfristig stillzulegen seien und eine nicht geringe Reservekapazität nicht nur für Stromverbrauchsspitzen, sondern auch für vorübergehend ausfallende KW vorzuhalten sei. Jüngst wird auch auf die Leistungsreserve verwiesen, die u.U. bei Abschaltung nicht hinreichend sicherer KKW-Blocks in der DDR benötigt wird.

4. Argumente für und gegen die Nutzung der Kernenergie

35 Ein Neben- und Miteinander von Kernenergie und anderen Primärenergieträgern (Kohle, Öl und Erdgas) gilt z.B. für die Energiewirtschaft und für einige politische Parteien als – zumindest bis auf weiteres – energie- und umweltpolitisch erwünscht.[43] Die **Akzeptanz** der Kernenergie ist allerdings seit Jahren deutlich vermindert.[44] Daran haben auch die Energiekonsensgespräche der letzten Jahre nichts geändert. Sie wird daher von vielen allenfalls noch als Übergangstechnologie angesehen. Nicht nur in der Bundesrepublik, sondern auch in anderen Ländern, bspw. den USA, stagniert die Kernenergieentwicklung. In Österreich ist die Nutzung von Kernenergie nach einer Volksabstimmung gesetzlich verboten. In Italien gilt ein Moratorium. In Schweden wurde schon vor Jahren der „Umstieg" (aus der Kernenergie) beschlossen und dann nur vorübergehend wieder neu diskutiert.[45] In Japan wird die Kernenergie wieder massiv ausgebaut; sogar ein Schneller Brüter (Rn. 7/5) wird in Betrieb genommen.

---

42 UBA, Daten zur Umwelt 1992/93, S. 618.
43 Zu den ökonomischen und ökologischen Folgen eines vorzeitigen Kernenergieverzichts aus der Sicht der Elektrizitätswirtschaft *Grawe*, et 1994, 16 ff.
44 Dazu *Renn*, et 1995, 14 ff.
45 *Fogelström*, atw 1991, 373 ff.

Im Mittelpunkt stehen die **Fragen**, 36
- ob Kernenergie wirtschaftlich notwendig ist oder ob wir auch ohne Kernenergie die Energieversorgung sicherstellen können,
- ob sich das Katastrophenpotential der Kernenergie so verringern läßt, daß es mit anderen, akzeptierten technischen Risiken in Einklang steht,
- ob wir für die Abfallbehandlung und Endlagerung eine befriedigende Lösung erzielen, die auch künftigen Generationen keine unzumutbaren Risiken aufbürdet, und
- ob durch den Einsatz der Kernenergie Energiesparen und Entwicklung und Einsatz regenerativer und dezentraler Techniken behindert werden.

a) **Für** die weitere friedliche Nutzung der Kernenergie werden vor allem folgende Argumente angeführt: 37

Die *hohe Zeitverfügbarkeit* (Stunden der Betriebsbereitschaft im Verhältnis zur Gesamtstundenzahl von 8760/a) und damit die *hohe Arbeitsausnutzung* (tatsächlich erzeugte Kilowattstundenzahl im Verhältnis zur theoretisch möglichen maximalen Stromerzeugung) der in der Bundesrepublik im Grundlastbereich eingesetzten KKW[46] erlaube, Strom deutlich *kostengünstiger* zu erzeugen als in konventionellen KW, obwohl die technisch-wirtschaftliche Nutzungsdauer der KKW auf ca. 30 bis max. 40 Jahre beschränkt ist. Offenbar ist Kernenergie aber nur dann kostengünstiger, wenn man die bereits irreversibel erfolgten Investitionen zugrundelegt, also nur während der Auslaufzeit bestehender Anlagen[47], und künftige Folgekosten, die ja auch noch gar nicht feststehen, unberücksichtigt läßt. 38

Öl als wertvoller, für die Petrochemie unentbehrlicher Rohstoff steht als natürliche Ressource nur noch in begrenzter Menge zur Verfügung. Ölsparend wirke sich zwar auch der noch entwicklungsfähige Einsatz regenerativer Energien aus.[48] Doch lasse sich mittels solcher alternativer, erneuerbarer Energien – thermische oder photovoltaische Nutzung der Sonnenenergie, Nutzung der Windenergie, der Wasserkraft oder der Erdwärme, Nutzung der Umgebungswärme durch Einsatz von Wärmepumpen, energetische Nutzung von Biomasse oder Müll – auch bei stärkerer Ausschöpfung des Energiesparpotentials letztlich kaum mehr als $1/10$ des Primärenergiebedarfs decken. 39

Schließlich werden sowohl der jedenfalls in der Bundesrepublik verwirklichte *hohe Sicherheitsstandard* als auch die *Umweltfreundlichkeit der KKW im Normalbetrieb* angeführt. Die für den Normalbetrieb in der Tat nicht zu bestreitende Umweltfreundlichkeit beruht darauf, daß keine nennenswerten Schadstoffemissionen auftreten und daß die Radionuklidableitungen vernachlässigbar klein sind, so daß in der Umgebung eines KKW die von den Emissionen radioaktiver Substanzen bewirkte zusätzliche Strahlenexposition der Menschen in der ungefährlichen Größenordnung von 1 mrem/a liegt (Rn. 7/225). 40

---

46 So hat z.B. der KKW-Block Biblis A von 1974-1988 als erste Anlage der Welt mehr als 100 Mrd kWh aus Kernenergie in elektrische Arbeit umgewandelt.
47 Zu den externen Kosten der Stromerzeugung s.a. *Friedrich*, atw 1995, 83 ff.; s.a. FAZ v. 5.7.1995, S. 12.
48 Zu den Potentialen und Kosten erneuerbarer Energien in Deutschland vgl. die Zusammenstellung von *Albrecht/Räde*, et 1995, 140 ff.

7 Kernenergie- und Strahlenschutzrecht

41 Demgegenüber werden z.B. von einem 2 × 650 MW Steinkohlen-KW auch bei Einhaltung der normativ festgesetzten Emissionsgrenzwerte jährlich ca. 2000 t Staub, 12 000 t SO_2 und 6000 t NOx emittiert.[49] Der Beitrag der fossil befeuerten KW zur Umweltbeeinträchtigung ist bedeutend. Das gilt nicht nur für die SO_2-Emmissionen (Stichwort: *Waldsterben*; Rn. 6/12), sondern auch für den derzeit mit akzeptablem Aufwand noch nicht zurückhaltbaren CO_2-Ausstoß. Er wird für die KW auf bundesweit 254 Mio t/a geschätzt. Die Verbrennung fossiler Energieträger (Kohle, Öl und Erdgas) trägt so zu dem höchst bedrohlichen *Treibhauseffekt* (Rn. 6/10) bei, der global außerordentlich nachteilige Klimaveränderungen bewirkt (Abschmelzen der Polkappen, Anstieg des Meeresspiegels, katastrophale Überschwemmungen). Die Notwendigkeit weiterer Kernenergienutzung aus Klimaschutzgründen ist zwischen Regierung und Opposition heftig umstritten.[50]

42 Das Atomgesetz hat u.a. den Zweck, Leben, Gesundheit und Sachgüter vor den Gefahren der Kernenergie zu schützen (§ 1 Nr. 2 AtG). Der Gesetzgeber und die Exekutive – und mit ihnen das Bundesverfassungsgericht sowie die Verwaltungsgerichte – gehen davon aus, daß ein zureichender Schutz grundsätzlich möglich ist, u.a. durch eine rigide Anwendung des § 7 II Nrn. 3 u. 5 AtG (dazu Rn. 7/122, 177 ff.).

43 b) Von Skeptikern wird demgegenüber **gegen** die weitere friedliche Nutzung der Kernenergie z.B. vorgebracht:

44 Zwar ist die Wahrscheinlichkeit eines nicht beherrschbaren Reaktorunfalls bei den heute in der Bundesrepublik Deutschland in Betrieb befindlichen, mehrfach nachgerüsteten KKW (insbesondere bei den Druckwasserreaktoren) infolge des hohen technischen Sicherheitsstandards außerordentlich klein. (Die Wahrschindlichkeit großer Unfälle in anderen großtechnischen Bereichen, z.B. in dem der Chemie, sind wohl nicht unerheblich größer.) Indes verbleibt ein sog. „*Restrisiko*" (Rn. 7/116, 131). Seine *Akzeptabilität* wird trotz der atomrechtlichen Haftungsgewährleistung nicht nur von Teilen der Gesellschaft, sondern mittlerweile auch von der Mehrheit der Bundesländer *verneint*, insbesondere wegen des wahrscheinlich katastrophalen Ausmaßes der Schadensfolgen eines Kernschmelzunfalls und wegen der spezifischen Entsorgungsrisiken. Zwar wurde ein sehr hoher Sicherheitsstandard erreicht, insbesondere durch strenge Regeln für Auslegung und Konstruktion der Anlagen, z.B. durch „fehlerverzeihende" redundante (mehrfache) und diversitäre (konstruktiv oder physikalisch verschiedenartige, voneinander unabhängige) Sicherheitssysteme, durch Dislozierung sensibler Komponenten, Qualitätssicherung bei Fertigung und Montage, hohen Automatisierungsgrad, zerstörungsfreie Wiederholungsprüfungen und durch den Einsatz möglichst qualifizierten Bedienungspersonals. Trotzdem: Vor allem der *TMI-2-Reaktorstörfall von Harrisburg/USA* (3/79)[51] und der *Reaktorunfall des RBMK-1000 von Tschernobyl/UdSSR* (4/86)[52] haben erwiesen, daß das Sicherheitsvertrauen enttäuscht

---

49 Vgl. *Grawe*, et 1987, 460 (462).
50 Vgl. *Michaelis*, et 1995, 45 ff. zur Bilanz der Arbeit der Enquête-Kommission „Schutz der Erdatmosphäre" und deren Bericht 1994, BT-Drs. 12/8600 vom 31.10.1994. – Bei einem globalen Ersatz der Kernenergie durch herkömmliche Brennstoffe soll sich der CO_2-Ausstoß um rd. 10% erhöhen.
51 Dazu z.B. die Berichte in atw 1979, 578 ff., 582 ff. u. 586 ff. (Kemeny-Kommission) sowie in atw 1980, 39 ff. (Bedeutung für deutsche KKW aus der Sicht der Energiewirtschaft), s.a. *Perrow*, Normale Katastrophen, 1988, S. 44 ff.
52 Vgl. z.B. *Hicken*, et 1986, 683 ff.; *Wendling*, et 1986, 733 ff.; *Kotthoff/Erven*, atw 1987, 32 ff.; *Loprieno*, EurUm 1987, 2 ff.; *Birkhofer*, et 1987, 317 ff. Zu den rechtlichen Folgemaßnahmen nach

werden kann. Im ersten Fall handelte es sich um einen Störfall in einem DWR, der zu einer Beinahe-Katastrophe geführt hat, im zweiten Fall lag ein echter Reaktorunfall vor („Super-GAU"), der über den größten anzunehmenden Auslegungsstörfall („GAU") hinausging (nukleare Leistungsexkursion mit Kernzerstörung, Freisetzung radioaktiven Inventars mit bedeutenden interkontinentalen Auswirkungen[53]). Der Unglücksreaktor von Tschernobyl macht immer wieder von sich reden, sei es durch die anhaltende Strahlenbelastung in der Umgebung, sei es durch Risse in der Betonhülle. Jetzt endlich soll er wenigstens bis zum Jahr 2000 stillgelegt werden.[54] Auch wenn sich beide primär durch menschliches Versagen verursachte Unfälle bei den deutschen Leichtwasserreaktoren der Bundesrepublik systembedingt nicht in gleicher Weise hätten ereignen können, bleibt zumindest – um es vorsichtig auszudrücken – ein deutliches Unbehagen.[55] Dies hat zu einer signifikanten Verminderung der gesellschaftlichen Akzeptanz der Kernenergietechnologie geführt.

Aufsehen hat auch ein *Störfall* erregt, der sich am *16./17.12.1987* im Block A des *KKW Biblis* (DWR) ereignet hat[56], in der Öffentlichkeit aber erst ein Jahr später bekannt geworden ist. Er ist durch das *technische Versagen eines Ventils* und eine sich anschließende *Kette menschlicher Fehlhandlungen* gekennzeichnet. Dabei hätte das den Reaktor vor Überhitzung schützende – obendrein kontaminierte – Kühlwasser in gefährlicher Menge verdampfen können. Dieser glücklicherweise ohne anlagenexterne Schadensfolgen gebliebene Störfall, der durch unverantwortliches Handeln von Mitgliedern des Betriebspersonals gekennzeichnet ist, hat zu erheblichen organisatorischen Konsequenzen und zu technischen Nachrüstungsmaßnahmen geführt.[57] **45**

Durch 1987 publik gewordene, mit Korruption verbundene Vorgänge im Bereich des Atommülltransports – über Jahre hinweg von der deutschen Transportfirma *Transnuklear/Hanau* praktizierte rechtswidrige Verschiebung falsch deklarierter radioaktiver Abfälle zwischen deut- **46**

Tschernobyl vgl. *Haedrich*, et 1988, 631 ff. S. im übrigen: *Stscherbak*, Protokolle einer Katastrophe, 1988; *Kröger/Chakraborty*, Tschernobyl und weltweite Konsequenzen, 1989.
53 In der Bundesrepublik wurde (durch Regenfälle) besonders Süddeutschland mit Radioaktivität (insbes. Jod 131 sowie Cäsium 134 u. 137) kontaminiert. Wegen der Halbwertzeiten (8 Tage bei Jod 131, 2 Jahre bei Cäsium 134 u. 30 Jahre bei Cäsium 137) bleibt im wesentlichen nur das Cäsium 137 noch für einige Zeit bedeutsam, wenn auch die Mengen (im Gegensatz zur biologischen Wirksamkeit der Radioaktivität) verschwindend gering sind. Über das gesamte Bundesgebiet wurden lediglich ca. 1 g Jod 131 u. einige 100 g Cäsium deponiert; vgl. *Sauer/Pries*, NJW 1988, 953 f. Ein kleiner Teil des im Boden befindlichen Cäsiums gelangt über den sog. Weide-Kuh-Milch-Pfad (Rn. 7/57) in die Milch. – Die Mittelwerte der radioaktiven Kontamination des Bodens und des Bewuchses wiesen nach Tschernobyl in den einzelnen deutschen Bundesländern eine erhebliche Streubreite auf, z.B. im Falle des Bewuchses bei Cäsium 137 am 1.6.1986 zwischen 247 Bq (Bremen) u. 5.218 Bq (Bayern); vgl. UBA (Hrsg.), Daten zur Umwelt 1988/89, S. 544 f. – Vgl. zu den Langzeitfolgen *Mück*, atw 1993, 138 ff.
54 FAZ vom 15.4.1995, S. 1.
55 Ein Beispiel aus einem anderen technischen Bereich, der ebenfalls gewiß nicht geringen Sicherheitsanforderungen unterliegt, mag für viele stehen: In den USA brach am 5.6.1976 im Staate Idaho der große Staudamm im Teton-Fluß, wobei von dem ca. 90 m hohen und fast 1 km langen Damm nahezu ein Drittel weggerissen wurde. Einige Zeit später erschien in der New York Times das Statement eines Commissioners des zuständigen Bureau of Reclamation: „Theoretically, what happened could not happen, but it did." Vgl. Science, Vol. 193, No. 4247 vom 2.7.1976, S. 30.
56 Vgl. die Berichte in atw, 1988, 1 ff.; 1989, 186 ff. u. 1989, 580 ff. sowie den Bericht des BMU vom 28.1.1989 gegenüber dem zust. BT-Ausschuß, BMU, Umwelt 1989, Heft 2, S. 85 ff. Vgl. auch HessVGH, NVwZ 1989, 1183 (1186 f.).
57 Weitere Beispiele bei *Hawkes*, Der Faktor Mensch im Gentechnikrecht, 1995, S. 50 ff.

7 *Kernenergie- und Strahlenschutzrecht*

schen Kernanlagen und dem belgischen Kernforschungszentrum Mol[58] – ist das Vertrauen der Öffentlichkeit in die vom Atomrecht geforderte Zuverlässigkeit von Personen, die in der Atomwirtschaft verantwortlich tätig sind, schwer erschüttert worden. In die Affäre war auch die Nuklearfirma Nukem/Hanau, die damalige Muttergesellschaft von Transnuklear, verwickelt; sie stellte damals noch Brennelemente für Forschungs- und Hochtemperaturreaktoren her und war an zahlreichen Nuklearunternehmen beteiligt.[59]

47   Obwohl die Sicherheitstechnik einen sehr hohen Stand erreicht hat, weil wir heute vorausschauend das Verhalten selbst hochkomplexer technischer Systeme analysieren können und wirksame Strategien zur *technischen* Störfallvermeidung bzw. Störfallbeherrschung entwickelt haben[60], bleibt immer noch das schwerwiegende Problem zureichender Absicherung gegen den **Risikofaktor Mensch** (Fehlleistungen bei der Auslegungsplanung einer kerntechnischen Anlage, bei der Herstellung, beim Betrieb und bei der Überwachung). Menschliches Versagen war nicht nur für den (Rn. 7/45) geschilderten, (nur) in den aktuellen Auswirkungen relativ leichten Biblis-Störfall entscheidend, sondern auch für die beiden schweren Unfälle in Harrisburg und Tschernobyl sowie für andere, mit Reaktorkernbeschädigungen verbundene Stör- bzw. Unfälle der Vergangenheit. Solche Unfälle, die in der Regel durch die Kombination von Auslegungsmängeln und menschlichen Fehlleistungen herbeigeführt wurden, haben sich z.B. auch bei einem kanadischen Forschungsreaktor 1952, bei einem englischen militärischen Reaktor 1957, bei einem schweizerischen Versuchs-KKW 1969 und bei einem US-amerikanischen militärischen Reaktor 1970 ereignet.[61] Im Falle des englischen Reaktors (Windscale I) wurde die erhebliche Tragweite des Unfalls der Öffentlichkeit anscheinend erst 30 Jahre später bekanntgegeben. Auch der erst 1988 offenbar gewordene, schon 1970 eingetretene Unfall bei dem genannten US-amerikanischen (derzeit wegen Sicherheitsmängeln nicht in Betrieb befindlichen) militärischen Reaktor der sog. Savannah River Plant/Süd-Carolina war vom US-Energieministerium geheim gehalten worden.

48   Neben dem geschilderten Stör- und Unfallrisiko, dem § 7 II Nr. 3 AtG begegnen will, besteht ein trotz § 7 II Nr. 5 AtG nicht kalkulierbares Risiko hinsichtlich *Sabotage* und *Terroranschlägen* („Eva" = Einwirkungen von außen).[62] Die Frage nach den

---

58 Vgl. etwa atw 1988, 173 ff., 175 ff. u. 178 ff.; Erklärung der BReg vom 13.1.1988, BMU, Umwelt 1988, Heft 2, S. 75.
59 Zu den rechtlichen Auswirkungen der Vorkommnisse in Hanau vgl. *Haedrich*, et 1988, 631 (634 ff.); s.a. *Brinkert*, atw 1992, 129 ff.
60 Dazu etwa *Smidt*, Reaktor-Sicherheitstechnik, 1979; *Birkhofer*, atw 1987, 474 ff. u. 1989, 430 ff. Vgl. im übrigen die von der Gesellschaft für Reaktorsicherheit herausgegebene, auf das KKW Biblis B als Referenzanlage bezogene *Deutsche Risikostudie Kernkraftwerke*. Ihre Phase A (dazu *Birkhofer*, atw 1986, 440 ff.) wurde 1979, ihre Phase B (dazu *Heuser*, et 1989, 738 ff.) 1989 abgeschlossen. Das Risiko eines Reaktorunfalls hat sich seit 1979 verringert, weil die Ergebnisse der Studie A, des Störfalls von Harrisburg (Rn. 7/44) und Zwischenergebnisse der Studie B zu sicherheitstechnischen Verbesserungen geführt haben. Bei einem DWR des Typs Biblis B ist nach der Studie B damit zu rechnen, daß es wegen anlageninterner Defekte in rd. 33 000 Betriebsjahren einmal zu Ereignisabläufen kommt, die sich durch die vorhandenen Sicherheitssysteme nicht mehr beherrschen lassen. Die Wahrscheinlichkeit für Ereignisabläufe, die zu einer Kernschmelze führen, ist um nochmals nahezu eine Zehnerpotenz geringer.
61 Vgl. *Wolters*, atw 1987, 285 ff.
62 Zur behördlich angeordneten Eigensicherung terroranschlag-gefährdeter KKW durch einen mit Handfeuerwaffen ausgestatteten Werkschutz vgl. BVerwG, JZ 1989, 895 m. krit. Anm. *Karpen*.

hiergegen notwendigen Schutzvorkehrungen ist, soweit es sich um geheim zu haltende Vorkehrungen handelt, nach h.L. nicht justitiabel.

Ebensowenig justitiabel ist die Befürchtung etwaiger *Kriegseinwirkungen*.[63] Schon bestimmte Einwirkungen konventioneller Waffen (größere Bomben oder Kurz- bzw. Mittelstreckenraketen mit konventionellem Sprengkopf) können z.B. dann, wenn sie die Kühlsysteme beschädigen, u.U. eine Kernschmelze bewirken. Ferner kann die Explosion von Nuklearsprengsätzen in großer Höhe einen „nuklearen elektromagnetischen Impuls" (NEMP) auslösen, der möglicherweise die etwa hiergegen nicht zureichend „gehärteten" elektronischen Sicherungssysteme aller im Einwirkungsbereich befindlichen KKW außer Funktion setzen würde; selbst eine Kernschmelze wäre dann nicht mehr auszuschließen. **49**

Hingewiesen wird schließlich auch auf die Möglichkeit, das Reaktorplutonium, das bei der Wiederaufarbeitung abgebrannter, nicht aus militärischen Reaktoren, sondern aus kommerziellen Leichtwasserreaktoren stammender Brennelemente anfällt, zur *Atombombenherstellung* zu verwenden.[64] **50**

Nicht nur die mit einem hohen Gefährdungspotential verbundene *Wiederaufarbeitung* von Brennelementen, sondern auch die *Endlagerung hochaktiven „Atommülls"* wird als problematisch angesehen. Sie ist nämlich mit einem Langzeitrisiko verbunden, weil die Halbwertzeit (Rn. 7/56) mancher radioaktiver Spaltprodukte sehr hoch ist, z.B. bei Restplutonium (Pu 239)[65] 24.360 Jahre. Dies erfordert für Jahrtausende einen absolut sicheren Abschluß der hochaktiven Abfälle von der Biosphäre (insbesondere Ausschluß einer Grundwasserverseuchung) und die gesicherte Weitergabe des einschlägigen technischen Wissens an nachfolgende Generationen. Verläßliche Vorhersagen, wie sich künftig geologische, erst recht gesellschaftliche Prozesse während der hier in Rede stehenden langen Zeiträume abspielen werden, sind wohl nicht möglich. **51**

Die *Wärmebelastung der Umwelt*, d.h. die Aufheizung der Flüsse bei „Durchlaufkühlung" und die von Kühltürmen ausgehenden Feuchtigkeitsemissionen bei „Rückkühlung", sind bei KKW größer als bei konventionellen KW gleicher elektrischer Leistung. Der Wirkungsgrad der KKW ist nämlich niedriger als der fossil beheizter KW; er beträgt nur – je nach Betriebsart – etwas über 30%, bei modernen Kohle-KW über 40%. Die thermische Leistung eines modernen Leichtwasserreaktors üblicher Leistungsgröße stellt sich auf ca. 3900 MW, die elektrische Leistung aber nur auf ca. 1300 MW, so daß ⅔ der Leistung als Abwärme der Umwelt zugeführt werden und diese **52**

---

63 VGH BW, DVBl. 1956, 544; *Sellner*, in: *Salzwedel* (Hrsg.), Grundzüge des Umweltrechts, 1982, S. 382; vgl. aber *Degenhart*, Kernenergierecht, 2. Aufl. 1982, S. 36 m. Fn. 166.
64 *Waffenfähig* ist jede Art von Plutonium. Bei „zivilem" Pu ist es nur viel schwieriger, die maximale Sprengwirkung zu erzielen, da die Isotopenzusammensetzung anders ist. Eine Bombe mit einer Sprengkraft von 1000 t TNT ist aber auch damit ohne weiteres herstellbar.
65 Von den 16 bekannten Isotopen des *Plutoniums* sind nur die mit ungerader Massenzahl (z.B. das für die technische Anwendung besonders wichtige Pu 239) spaltbar. Plutonium ist ein Schwermetall und als solches giftig. Die Risiken des Plutoniums liegen aber vor allem in seiner sog. Radiotoxizität. In der unmittelbaren Umgebung eines inkorporierten alphastrahlenden (Rn. 7/57) Pu-Teilchens werden nämlich die Körperzellen einer hohen lokalen Dosis mit meist kanzerogener Wirkung ausgesetzt.

7 *Kernenergie- und Strahlenschutzrecht*

belasten, und zwar das Medium Luft aufgrund des etwaigen Kühlturmbetriebs durch Dampfschwaden, das Medium Wasser durch das in einen Vorfluter wiedereingeleitete aufgeheizte Kühlwasser.

5. Ionisierende Strahlen

53   Das Atomrecht hat auch den Zweck, Leben, Gesundheit und Sachgüter vor der Wirkung ionisierender Strahlen[66] zu schützen (§ 1 Nr. 2 AtG). Dieser Schutz ist die Domäne des Strahlenschutzrechts (Rn. 7/213). Was aber sind und wie wirken ionisierende Strahlen?

a) Naturwissenschaftliche Grundlagen

54   Die **chemische Natur** eines Elements ist durch die Anzahl der positiv elektrisch geladenen Protonen im Atomkern (sogen. Ordnungszahl des Elements), die Zusammensetzung und damit die **Masse** des Atomkerns (sogen. Atomgewicht) ist durch seine Protonenzahl und die Zahl seiner mit den Protonen fast massegleichen, elektrisch neutralen Neutronen bestimmt. Diese Elementarteilchen werden durch die sog. „starke Kernkraft" zusammengehalten. U.a. dadurch wird der Energieinhalt des Atomkerns (des Nuklids) bestimmt. Nach außen erscheint das nicht ionisierte Atom wegen einer der Protonenzahl seines Kerns entsprechenden gleichen Zahl negativ elektrisch geladener (etwa 1800 mal leichterer) Elektronen der Atomhülle elektrisch neutral, d.h. ohne Ladung. Heute sind nahezu 300 stabile Nuklide und ca. 5 mal soviel instabile, d.h. radioaktive Nuklide (*Radionuklide*) bekannt; letztere haben aber an der gesamten Materie nur einen relativ geringen Anteil.

55   Die natürlichen und die künstlich als Spaltprodukte (Rn. 7/1) entstehenden Radionuklide unterliegen dem spontanen **radioaktiven Zerfall**, der von statistischen Gesetzen beherrscht wird und nicht beeinflußbar ist. Der radioaktive Zerfall erfolgt – unter Bildung von anderen Atomkernen (Isotopen anderer Ordnungszahl) – durch die Aussendung von Neutronen, Alphateilchen (= Heliumatomkernen), Betateilchen (Elektronen), aber auch von Photonen (Strahlenquanten) einer harten elektromagnetischen Röntgenstrahlung (Gamma-Strahlung). Die Strahlung ist ionisierend, d.h. sie kann elektrisch neutrale Atome in einen geladenen Zustand (Ionen) versetzen.

56   Die (physikalische) **Halbwertzeit**, d.h. die Zeitspanne, die bis zum Zerfall der Hälfte einer bestimmten Menge gleicher Nuklide vergeht, schwankt zwischen Minibruchteilen einer Sekunde und Milliarden von Jahren. So wurden z.B. beim Reaktorunfall in Tschernobyl vor allem Jod 131 mit einer Halbwertzeit von 8 Tagen und Cäsium 137 mit einer Halbwertzeit von 30 Jahren freigesetzt.[67] Im Strahlenschutzrecht werden

---

66 Dazu *Kaul*, Ionisierende Strahlung – Quellen der Exposition, Dosen, Risiken, rechtliche Regelungen des Schutzes, Schrift 7/87 des Bundesgesundheitsamts, 1988.
67 Vgl. Fn. 53.

Radionuklide mit einer Halbwertzeit von mehr als 100 Tagen als *langlebige*, die übrigen als *kurzlebige* Radionuklide bezeichnet. Häufig entstehen beim radioaktiven Zerfall eines Radionuklids neue Radionuklide, die ihrerseits zerfallen usw. So können längere Zerfallsketten in Gang gesetzt werden, bis schließlich stabile Nuklide gebildet worden sind.

Die ionisierenden Strahlen – aus ihnen besteht z.B. auch die kosmische Strahlung – haben, wenn sie auf Körpersubstanz treffen, bestimmte, meist schädliche Wirkungen (z.B. *kanzerogene* oder *mutagene* Effekte).

Die **Alpha-Strahlung**, die beim Zerfall mancher Radionuklide (z.B. Plutonium 239) ausgesendet wird, besteht aus Atomkernen des Edelgases Helium, die aus je zwei Protonen und zwei Neutronen gebildet sind. Da die Atomhüllenelektronen fehlen, handelt es sich bei diesen Teilchen um elektrisch doppelt positiv geladene Ionen. Diese Teilchen können nur oberflächlich in Gewebe oder anderes Material eintreten, so daß sie z.B. schon mit dünner Pappe abschirmbar sind. (Ähnliches gilt für die *Neutronenstrahlung*.)

Die **Beta-Strahlung** hingegen besteht aus emittierten, einfach negativ elektrisch geladenen, massearmen Elektronen (ausnahmsweise auch aus positiv geladenen sog. Positronen), die in Materie tiefer eindringen können; ihre Abschirmung kann aber z.B. noch durch eine dünne Metallfolie erfolgen. Beta-Strahler sind z.B. Cäsium 137 u. Jod 131; beide Nuklide sind außerdem Gamma-Strahler.

Die (äußerst kurzwellige elektromagnetische) **Gamma-Strahlung** kann besonders tief in Materie eindringen und läßt sich u.U. nur durch Schwerbeton- oder Bleiwände abschirmen.

Zu unterscheiden sind die *externe* und die *interne Einwirkung ionisierender Strahlen* auf den menschlichen Körper (*Strahlenexposition*). Diese Einwirkung kann nämlich einerseits von außen geschehen (z.B. aus einer von einem Reaktorunfall ausgelösten, vom Wind ausgebreiteten Radionuklidwolke), andererseits von innen. Werden etwa Radionuklide mit der Atemluft aufgenommen (Inhalation) oder werden sie mit der Nahrung über eine Nahrungskette vom Organismus inkorporiert (Ingestion; etwa das vor allem in die Schilddrüse gelangende Jod 131 über den sog. *Weide-Kuh-Milch-Pfad*) und dann u.U. in die Zellsubstanz eingebaut, so wird der Betroffene von innen bestrahlt. Manche Radionuklide verteilen sich nach der Inkorporation praktisch über den ganzen Organismus (z.B. Kalium 40). Aufgrund biologischer Gegebenheiten werden andere Radionuklide (u.U. nach Eingehen dieser oder jener chemischen Verbindung) mehr oder weniger selektiv von bestimmten Organen aufgenommen und dort angereichert. So sammeln sich z.B. die Strontiumisotope besonders in den Knochen, Jodisotope besonders in der Schilddrüse an. Die Zeitspanne, die vergeht, bis die Hälfte der vom Körper aufgenommenen Menge einer bestimmten Radionuklidart wieder ausgeschieden ist, wird die **biokinetische Halbwertzeit** genannt. Aus der physikalischen und der biokinetischen Halbwertzeit wird die für den Organismus relevante **effektive Halbwertzeit** gebildet.

Ionisierende Strahlen können auch bei geringen Dosiswerten im einen oder anderen Fall Organ- oder Blutkrebserkrankungen oder mutagene Wirkungen verursachen. Dabei gibt es möglicherweise keinen unteren Dosisschwellenwert; man geht daher beim Strahlenschutz von einer *linearen Dosis-Wirkungbeziehung* aus. Solche Gesundheitsschäden, für die es auch andere (z.B. chemische) Noxen gibt, unterliegen dem Gesetz der großen Zahl, weil es sich um zufallsabhängige – sog. stochastische – Schadenser-

7 Kernenergie- und Strahlenschutzrecht

eignisse handelt, die sich allenfalls statistisch, nicht aber im konkreten Fall als strahlenbedingt nachweisen lassen. Die Steigerung der Strahlendosis führt nämlich prinzipiell nicht zu einer Intensivierung des (Gesundheits-)Schadens, wohl aber zu einer Erhöhung der Wahrscheinlichkeit des Schadenseintritts.

b) Maßeinheiten und Grundbegriffe

59 Als Maß der **Strahlenaktivität** wird heute das **Becquerel** (Bq) verwendet. Es gibt die Zahl der Zerfalle pro Sekunde an (1 Bq = 1 Zerfall/s). Lange Zeit war stattdessen die weit größere Maßeinheit Curie (Ci) in Gebrauch (1 Ci = Zahl der Zerfallsakte/s in einem Gramm Radium ohne Folgeprodukte = 37 Milliarden Zerfalle/s).

60 Die **Energiedosis**, die anzeigt, wieviel Strahlungsenergie unabhängig von Strahlenart und absorbierendem Material von 1 kg Masse aufgenommen wird, drückt man seit einiger Zeit in der Maßeinheit *Gray* (Gy) aus. Früher war stattdessen die Maßeinheit *Rad* (rad = „radiation absorbed dose") üblich (1 Rad = 1 Joule/kg; 1 Gy = 100 Rad). Von **Dosisleistung** spricht man in bezug auf die pro Zeiteinheit aufgenommene Energiedosis (z.B. Gy/s oder Gy/h).

61 Dem Umstand, daß die biologische Wirksamkeit einer bestimmten Strahlenenergiedosis (d.h. die Zahl der Ionisierungen beim gradlinigen Durchqueren einer Zelle) je nach der Strahlenart unterschiedlich sein kann, wird durch eine Überführung der in Gray ausgedrückten Dosis in eine in der Maßeinheit *Sievert* (Sv) angegebenen **Äquivalentdosis** Rechnung getragen. Früher war die einschlägige Maßeinheit das Rem (rem = „radiation equivalent man"; 100 Rem = 1 Sv). Zu den Rem- bzw. Sievertwerten gelangt man durch Multiplikation des Rad- bzw. Graywertes mit einem je nach Strahlenart verschiedenen Multiplikator (dimensionsloser Bewertungs- oder Qualitätsfaktor). So haben z.B. die „locker" ionisierenden Beta- und Gammastrahlen den Multiplikator 1, die „dicht" ionisierenden Neutronen- und Alphastrahlen den Multiplikator 10 und 20. Hierdurch wird – sehr vereinfacht – das Ionisierungsausmaß zum Ausdruck gebracht. Ein einziges Alphateilchen bewirkt bis ca. 70 000 solcher Ionisierungen pro Zelle, ein Betateilchen demgegenüber nur ca 10 bis 100. Mit der Äquivalentdosis steht ein von der Strahlenart unabhängiges Maß für die Wirkung einer Strahlenexposition zur Verfügung. Die **Äquivalentdosisleistung** gibt die pro Zeiteinheit aufgenommene Äquivalentdosis wieder (z.B. Sv/s oder Sv/h).

62 Die bei externer Strahlenexposition von Weichteilgewebe aufgenommene Äquivalentdosis läßt sich messen. Die Messung kann an einem bestimmten Ort erfolgen (*Ortsdosis*) und an einer für die Strahlenexposition repräsentativen Stelle der Körperoberfläche einer exponierten Person (**Personendosis**). Demgegenüber ist die bei interner Strahlenexposition von bestimmten Organen oder vom ganzen Körper aufgenommene Äquivalentdosis nur berechenbar. Externe und interne Strahlenexposition zusammen führen für bestimmte Organe zur jeweiligen **Organdosis**.

63 Die einzelnen Organe sind in unterschiedlicher Weise strahlenempfindlich, also für Tumore und genetische Mutationen disponiert. Aus diesen Gründen ist es sinnvoll, das in Rem oder Sievert ausgedrückte Dosisäquivalent (= Äquivalentdosis) in der

Weise auf bestimmte einzelne Organe oder Gewebe zu beziehen, daß diesen ein die spezifische Empfindlichkeit wiedergebender sog. „Wichtungsfaktor" zugeordnet wird, z.B. (nach Tabelle X 2 der Anlage X zur StrlSchV) der Schilddrüse der Faktor 0,03 oder der Keimdrüse, die einem besonders hohen genetischen Risiko ausgesetzt ist, der Faktor 0,25. Man erhält dann als rechnerisches Ergebnis der unterschiedlichen Gewichtung einer Äquivalentdosis die sog. **effektive Äquivalentdosis**. Die Summe der auf die einzelnen Organe und Gewebe entfallenden effektiven Äquivalentdosen stellt ein repräsentatives Maß für das mit den verschiedenen Strahlenexpositionen verbundene (stochastische) Gesundheitsrisiko dar. Das neue Strahlenschutzrecht nennt eine sowohl differenzierende als auch integrierende Berücksichtigung der effektiven Äquivalentdosisbelastung der einzelnen Organe und Gewebe als **effektive Dosis**, unter der die Summe der nach ihrer Tabelle X 2 der Anlage X gewichteten mittleren Äquivalentdosen in den einzelnen, in Tabelle X 2 ihrer Anlage X abschließend aufgeführten Organen und Geweben verstanden wird (vgl. die Definition in Anl. I der StrlSchV).

II. Einführung in das Atomverwaltungs- und Strahlenschutzrecht

1. Systematische Stellung und Regelungsansatz

Das Atomrecht ist Teil des Rechts der technischen Sicherheit und ein spezielles Immissionsschutzgesetz. Es regelt nicht den medialen, sondern den kausalen Umweltschutz (Rn. 1/11). Dazu dienen neben einer Reihe staats- und verwaltungsrechtlicher, aber auch strafrechtlicher Bestimmungen auch eingehende zivilrechtliche Vorschriften des Haftungsrechts. 64

Es enthält zur Verwirklichung seines Schutzzwecks (insbes. § 1 Nr. 2 AtG) eine Reihe von Kontrollerlaubnissen und Aufsichtspflichten, die die zuständigen Behörden in die Lage setzen sollen, vor den Gefahren der Kernenergie und der schädlichen Wirkung ionisierender Strahlen zu schützen. 65

2. Historische Entwicklung

Nachdem die USA 1953 erklärt hatten, allen Nationen, die freiwillig auf eigene Atomwaffen verzichten, bei der friedlichen Nutzung der Kernenergie zu helfen („Atoms for Peace"), konnte sich die Bundesrepublik Deutschland nach der Wiedererlangung ihrer Souveränität ab 1955 der Förderung der Forschung und Entwicklung auf dem Gebiet der Kerntechnik zuwenden. Der damalige Stand von Wissenschaft und Technik wurde auf der 1. Genfer Atomkonferenz der Vereinten Nationen im August 1955 offenbar. Erst während der 3. Legislaturperiode gelang es, unter gleichzeitiger Änderung des Grundgesetzes (Einfügung der Art. 74 Nr. 11a und 87c; BGBl. 1959 I 813) das am 1.1.1960 in Kraft getretene **Gesetz über die friedliche Verwendung der Kernenergie und den Schutz gegen ihre Gefahren** (Atomgesetz – AtG) am 23.12.1959 zu erlassen (BGBl. I 814). 66

7 Kernenergie- und Strahlenschutzrecht

67 Bereits 1956 sind Kernforschungszentren gegründet worden. In deutsch-amerikanischer Firmenkooperation wurden in der Folgezeit Leichtwasserreaktoren (Rn. 7/2) zur Stromerzeugung entwickelt. Zunächst ging 1960/61 der Versuchsreaktor Kahl mit 15 MWe in Betrieb, dann Mitte der 60er Jahre die (noch staatlich subventionierten) Demonstrations-KW Gundremmingen, Lingen und Obrigheim sowie schließlich ab Anfang der 70er Jahre die ersten der folgenden rein kommerziellen Anlagen, und zwar zunächst die KKW Stade (Rn. 7/29) und Würgassen.[68]

68 Das Atomgesetz wurde mehrfach, im wesentlichen aber nur punktuell geändert. Hinzuweisen ist auf die 3. Novelle von 1975 insbesondere zur Anpassung der Haftung an das Pariser Atomhaftungs-Übereinkommen (Rn. 7/77), die 4. Novelle von 1976 mit der Entsorgungsregelung für radioaktive Reststoffe und Abfälle (§§ 9a ff.), die erneute Anpassung der Haftungsregelung an ein Änderungsprotokoll von 1982 zum Pariser Atomhaftungs-Übereinkommen im Jahr 1985 und die Änderung 1989 im Zusammenhang mit der Errichtung des Bundesamtes für Strahlenschutz (Rn. 1/89). Durch das sog. Artikelgesetz Kohle/Kernenergie vom 29.7.1994 (Art. 4: „Siebentes Gesetz zur Änderung des Atomgesetzes") schließlich wurde der *Umfang der Risikovorsorge* für zukünftige, neue KKW geändert und der *Vorrang der Wiederaufbereitung* aufgegeben. Der – weit umfassender angelegte – Entwurf des BMU für eine (hier zur Vermeidung von Verwechslungen sogen.) „große" **7. Novelle** wurde gar nicht in den Bundestag eingebracht.[69]

69 Sie sollte das AtG an andere Bereiche des technischen Sicherheitsrechts und des Umweltrechts anpassen, z.B. das Bundesimmissionsschutzgesetz. Schwerpunkte bilden
– der Wegfall des Förderzwecks in § 1 Nr. 1 AtG,
– die Präzisierung der Genehmigungsvoraussetzungen, insbesondere der erforderlichen Schadensvorsorge,
– der Wegfall des Versagungsermessens,
– der Wegfall der Entschädigungspflicht nach § 18 III AtG,
– die gesetzliche Verpflichtung zur periodischen Sicherheitsüberprüfung der Anlagen,
– die Privatisierung von Bau und Betrieb von Endlagern für radioaktive Abfälle[70] und
– die Festlegung einer Abbauverpflichtung.[71]

Ob dieses Gesetzgebungsvorhaben in der 13. Legislaturperiode weitergeführt wird, hängt vom Fortgang und weiteren Verlauf der Energiekonsensgespräche ab.

70 Eine 8. Novelle ist weitgehend vorbereitet. Sie dient der Umsetzung der UVP-Richtlinie 1988 (Rn. 1/109 ff.) und der Abfallverbringungsrichtlinie 92/3 EURATOM (Rn. 7/72) und betrifft Fragen der nuklearen Nachsorge und der Entsorgungsvorsorge.[72]

Das Kernenergie- und Strahlenschutzrecht ist Gegenstand des Fünften Kapitels des Professorenentwurfs zur Kodifikation des Besonderen Teils eines Umweltgesetzbuchs (UGB-BT).[73]

---

68 Vgl. zur Geschichte der Kernenergienutzung in der BRD *Beckurts*, atw 1985, 20 ff.; *Müller*, atw 1988, 585 ff.
69 Hierzu *Roser*, atw 1992, 498 f.; *Winter*, NVwZ 1992, 841; *Lange*, ZRP 1992, 306; s.a. *Jarass*, in: *Lukes* (Hrsg.), Reformüberlegungen zum AtomR 1991, S. 437 f.; krit. dazu *Steinberg* (Hrsg.), Symposium in Frankfurt/M., 1993.
70 Dagegen *Wagner*, DVBl. 1992, 1508 (1510).
71 Kritisch dazu und zu weiteren Änderungsvorschlägen *Wagner*, NVwZ 1993, 513 ff.
72 *Roser*, atw 1994, 382 und 856.

3. Gesetzgebungskompetenz und Rechtsquellen

a) Europarecht

Europarechtlich sind insbesondere zu nennen[74] 72
- der Vertrag zur Gründung der europäischen Atomgemeinschaft (EURATOM) vom 25.3.1957, in Kraft seit 1.1.1958 (BGBl. 1958 II 1 mit Änderungen); Durchführungsgesetz vom 27.7.1957 (BGBl. II 753, 1014, 1675, BGBl. 1958 II 1),
- die Euratom-Richtlinien des Rats zur Festlegung der Grundnormen für den Gesundheitsschutz der Bevölkerung und der Arbeitskräfte gegen die Gefahren ionisierender Strahlungen (Rn. 7/213 ff.),
- die Richtlinie 92/3 EURATOM des Rates vom 3.2.1992 zur Überwachung und Kontrolle der Verbringung radioaktiver Abfälle von einem Mitgliedstaat in einen anderen, in die Gemeinschaft und aus der Gemeinschaft (ABl. v. 12.2.1993, Nr. L 35/24) und
- die Verordnung (EURATOM) Nr. 1493/93 des Rates vom 8.6.1993 über die Verbringung radioaktiver Stoffe zwischen den Mitgliedstaaten (ABl. v. 19.6.1993, Nr. L 148/1).

b) Bundesrecht

Schon die Regelungsnumerierung der konkurrierenden Gesetzgebungskompetenz des Bundes (Art. 74 Nr. 11*a* GG, seit 1989) kennzeichnet das Atomrecht als ein „jüngeres" Rechtsgebiet. Danach erstreckt sich die konkurrierende Gesetzgebung des Bundes auf die Erzeugung und Nutzung der Kernenergie zu friedlichen Zwecken, die Errichtung und den Betrieb von Anlagen, die diesen Zwecken dienen, den Schutz gegen Gefahren, die bei Freiwerden von Kernenergie oder durch ionisierende Strahlen entstehen, und die Beseitigung radioaktiver Stoffe. 73

Mit dem **Atomgesetz** (Rn. 7/66) hat der Bund von seiner konkurrierenden Gesetzgebungszuständigkeit abschließend Gebrauch gemacht. Derzeit gilt das Atomgesetz i.d.F. vom 25.7.1985 (BGBl. I 1565), zuletzt geändert durch das Gesetz vom 19.7.1994 (BGBl. I 1618). Die 7. Novelle 1994 hob vor allem den Vorrang der Verwertung gegenüber der direkten Endlagerung auf.[75] 74

71 Aufgrund atomgesetzlicher Ermächtigungen sind einige *Rechtsverordnungen* ergangen: 75
- Verordnung über den Schutz vor Schäden durch ionisierende Strahlen (Strahlenschutzverordnung – StrlSchV) i.d.F. der Bekanntmachung vom 30.6.1989, BGBl. I 1321, ber. 1926, zuletzt geändert durch Gesetz vom 2.8.1994, BGBl. I 1963;
- Verordnung über die Deckungsvorsorge nach dem Atomgesetz (Atomrechtliche Deckungsvorsorge-Verordnung – AtDeckV) vom 25.1.1977, BGBl. I 220;

---
73 Dazu *Kloepfer*, DVBl. 1994, 310 (311 f.); *Papier*, in: *Jarass u.a.*, UGB-BT, 1994, S. 717 ff.
74 Dazu *Pernice*, EuZW 1993, 497 ff.; *Schroeder*, DVBl. 1995, 322 ff.
75 Begründung BT.-Drs. 12/6908 S. 17.

7 Kernenergie- und Strahlenschutzrecht

- Verordnung über das Verfahren bei der Genehmigung von Anlagen nach § 7 des Atomgesetzes (Atomrechtliche Verfahrensverordnung – AtVfV) i.d.F. der Bekanntmachung vom 3.2.1995, BGBl. I 180;
- Verordnung über den kerntechnischen Sicherheitsbeauftragten und über die Meldung von Störfällen und sonstigen Ereignissen (Atomrechtliche Sicherheitsbeauftragten- und Meldeverordnung – AtSMV) vom 14.10.1992, BGBl. I 1766;
- Verordnung zur Übertragung von Meß- und Auswerteaufgaben nach dem Strahlenschutzvorsorgegesetz vom 3.8.1989, BGBl. I 1582 und
- Zweite Verordnung zur Übertragung von Meß- und Auswerteaufgaben nach dem Strahlenschutzvorsorgegesetz vom 31.7.1991, BGBl. I 1768.

Eine Verordnung über die nukleare Sicherheit fehlt.[76]

c) Zwischenstaatliche Abkommen

76 Nicht erst seit Tschernobyl wächst die Erkenntnis, daß Atom- und Strahlenschutzrecht noch mehr als andere Bereiche des Umweltrechts ein *internationales* Problem ist und der *internationalen* Zusammenarbeit bedarf. Dem tragen die bestehenden Vereinbarungen bei weitem nicht ausreichend Rechnung.

77 Es gibt eine Reihe **internationaler Vereinbarungen** zur Kernenergie, darunter
- die Satzung der internationalen Atomenergie-Organisation (IAEO) vom 26.10.1956, in Kraft seit 1.10.1957 (BGBl. 1957 II 1357, zuletzt 1987, 43);
- den Vertrag über die Nichtverbreitung von Kernwaffen (Atomwaffensperrvertrag) vom 1.7.1968, für die Bundesrepublik Deutschland in Kraft seit 2.5.1975 (BGBl. II 552); Zustimmungsgesetz vom 4.6.1974 (BGBl. II 785); zuletzt in der Fassung von 1995;
- das Pariser (Atomhaftungs-)Übereinkommen vom 29.7.1960 über die Haftung gegenüber Dritten auf dem Gebiet der Kernenergie (i.d.F. des Zusatzprotokolls vom 28.1.1964 und des Protokolls vom 16.11.1982) i.d.F. der Bek. vom 15.7.1985 (BGBl. II 963)[77] – ohne die Sowjetunion;
- zwei IAEO-Konventionen vom 26.9.1986, nämlich das Übereinkommen über die frühzeitige Benachrichtigung bei nuklearen Unfällen sowie das Übereinkommen über Hilfeleistung bei nuklearen Unfällen oder radiologischen Notfällen; dazu das Ratifikationsgesetz vom 16.5.1989 (BGBl. II 434), sowie
- die Nukleare Sicherheitskonvention zur Festlegung völkerrechtlicher Sicherheitsstandards für zivile Kernreaktoren, die außer von Deutschland und Kanada auch schon von Rußland und der Ukraine, bis 20.9.1994 insgesamt von 38 Ländern gezeichnet war.[78]

---

76 Sämtliche zum Atom- u. Strahlenschutzrecht ergangenen Rechtsvorschriften sowie das umfangreiche untergesetzliche Regelwerk finden sich in dem vom BMU als Losebl.-Sammlung herausg. Handbuch Reaktorsicherheit und Strahlenschutz.
77 Das Pariser Übereinkommen ist grundsätzlich innerstaatlich anzuwenden (§ 25 I 2 AtG). Es wird durch das Brüsseler Zusatzübereinkommen vom 31.1.1963 mit Zusatzprotokoll vom 28.1.1964 u. Änderungsprotokoll vom 16.11.1982 ergänzt (vgl. BGBl. 1975 II 957 u. 1985 II 970).

Hinzuweisen ist schließlich auch auf andere Formen internationaler Zusammenarbeit, nämlich auf bestimmte Befugnisse von internationalen Organisationen, Empfehlungen oder selbst verbindliche Richtlinien und Entscheidungen zu erlassen, auf gemeinschaftliche Forschungsprojekte, die Empfehlungen der privaten internationalen Strahlenschutzkommission (ICRP; Rn. 7/213) und den Versuch der IAEO, eine weltweite „Nuclear Safety Convention" zur Vereinheitlichung der technischen Regeln und Richtlinien bei der Reaktorgenehmigung zu errichten.

4. Überblick über das Atom- und Strahlenschutzrecht

Das Atomverwaltungs- und Strahlenschutzrecht ist im wesentlichen im Atomgesetz sowie in den dazu ergangenen Verordnungen und schließlich im Strahlenschutzvorsorgegesetz geregelt.

Das **AtG** selbst enthält nach Zweck- und Begriffsbestimmungen **Überwachungsvorschriften** einschließlich einer Reihe von **Genehmigungserfordernissen**. Diese betreffen insbesondere die Genehmigung von Anlagen, aber auch den Umgang mit Kernbrennstoffen außerhalb von Anlagen sowie ihre Verwertung und Beseitigung. Dem folgen die atomgesetzlichen Ermächtigungsvorschriften (§§ 11-12a AtG) und die Bestimmungen zur Deckungsvorsorge (§§ 13-15 AtG), die gegenüber den Vorschriften des VwVfG speziellen Bestimmungen zu den Regelungsthemen Nebenbestimmung, Widerruf und Entschädigung (§§ 17, 18 AtG), die Regelung der staatlichen Aufsicht (§ 19 AtG) sowie die Haftungsbestimmungen (§§ 25-40), außerdem Bußgeld- und Schlußvorschriften.

Aufgrund des Atomgesetzes erging unter anderem die **Strahlenschutzverordnung**. Sie regelt den Strahlenschutz beim Umgang mit radioaktiven Stoffen und beim Betrieb mit Anlagen, Geräten und Vorrichtungen mit dem Ziel, für unzulässig erklärte Strahlenbelastungen von vornherein zu vermeiden. Sie enthält ergänzende Regelungen zu nach dem Atomgesetz genehmigungsbedürftigen Verrichtungen und Vorhaben, aber auch selbst neue Genehmigungstatbestände. Grundsätzlich befaßt sich somit das AtG mit den „Kernbrennstoffen", die StrlSchV mit den „sonstigen radioaktiven Stoffen" (einschließlich der in § 2 II StrlSchV angeführten kernbrennstoffhaltigen Abfälle). Einzelheiten zur Strahlenschutzverordnung werden dort im Zusammenhang besprochen (Rn. 7/213 ff.). Ob nicht Teile der StrlSchV, insbesondere die Grundsatzregelung des § 28 besser im AtG selbst geregelt wären, sei dahingestellt (dazu Rn. 7/93 mit Nachw.).

Dagegen hat das **StrVG** zum Ziel, bei gegebenen *radioaktiven Auswirkungen in der Fläche die Folgen für Menschen und Umwelt* nach dem Minimierungsgrundsatz *zu begrenzen* (Rn. 7/248 ff.).

---

78 Näheres BMU, Umwelt 1994, Heft 12, S. 469 ff.; s.a. *Roser*, atw 1995, 74.

7   *Kernenergie- und Strahlenschutzrecht*

5. Bedeutung das Atomrechts

82 Das Atomrecht hat seine früher herausragende Rolle im Bereich des Umweltrechts inzwischen sicher eingebüßt. Gesetzgeberisch ist erst einmal Ruhe eingekehrt, nachdem der Entwurf einer „großen" 7. Novelle – nicht zu verwechseln mit der dann tatsächlichen verabschiedeten 7. Novelle – in der vergangenen Legislaturperiode gescheitert ist. Der Verzicht auf hektische Nachbesserungsbemühungen, wie sie das Chemikalien- und das Gentechnikrecht kennzeichnen, tun sowohl der Dogmatik als auch der gesellschaftlichen Auseinandersetzung, die noch immer von der Suche nach einem Energiekonsens zur Atomfrage geprägt ist, gut. Wichtige neue Entscheidungen, wie sie früher im Atomverwaltungsrecht z.B. zu den Fragen des Drittschutzes, des Gefahrenbegriffs und des Vorsorgegedankens mit Wirkung für das ganze Umweltrecht ergingen, sind selten geworden. Seine einstige Vorreiterrolle als fortschrittliches Schutz- und Sicherheitsgesetz hat es durch die Fortentwicklung in anderen Bereichen eingebüßt. Der Schwerpunkt der dogmatischen Auseinandersetzung im Umweltrecht hat sich auf das Planfeststellungs-, insbesondere das Verkehrswegeplanungsrecht sowie auf das Abfallrecht verlagert. Im Vordergrund braucht jetzt nicht mehr die dringende Problemlösung, sondern könnte die systematische Durchdringung und innere Harmonisierung des Umweltrechts stehen. Gerade hier sind im Atomrecht als einem der Umweltrechte der ersten Stunde noch besonders große Lücken zu schließen. Dem unter anderem sollte die „große" 7. Novelle dienen. Das fortgeschrittene Gefahrenbewußtsein gerade im Chemikalien- und Gentechnikrecht hat das Atomverwaltungsrecht inzwischen auch seiner einzigartigen Stellung als Schicksalsfrage der Industriegesellschaft beraubt. Diese Stellung teilt das Atomrecht jetzt wohl mit einigen anderen, für das Überleben dieser Erde ebenso wichtigen Umweltrechtsregelungsbereichen.

83 Die wichtigsten Entscheidungen der letzten Jahre betrafen Bedeutung und Struktur der Bundesauftragsverwaltung (Rn. 7/244) und die Befugnisse der Aufsicht (Rn. 7/172 ff.). Hier wird auch in den nächsten Jahren der Schwerpunkt der Auseinandersetzung liegen, insbesondere bei den Fragen, wann die vorläufige Einstellung eines Betriebs erforderlich/rechtmäßig ist, wo die Grenzen liegen für behördliches Einschreiten und wie weit die Einschätzungsprärogative (Rn.7/146; 6/80 f.; 8/92) der Verwaltung reicht.

84 Weiterhin besteht gesetzgeberischer **Änderungsbedarf** hinsichtlich des Wegfalls der *Förderpflicht* (vgl. Rn. 8/50), der Dynamisierung der *Betreiberpflichten*, in Bezug auf die das BImSchG weit strenger ist (Rn. 6/217 ff.) und des Wegfalls der *Entschädigung* bei Widerruf.

III. Gesetzeszweck, Anwendungsbereich, Begriffe und Instrumente des Atomverwaltungsrechts

1. Zweck des Atomgesetzes

Die **Zweckbestimmung** in § 1 AtG ist zwar keine unmittelbar vollzugsfähige Norm, wohl aber eine verbindliche *Richtlinie für die Auslegung* und damit für die Anwendung und rechtsetzende Ausfüllung des Atomgesetzes. 85

Nach *Nr. 1* des § 1 AtG sind die Erforschung, Entwicklung und Nutzung der Kernenergie zu friedlichen Zwecken zu *fördern*. An dieser Förderpflicht sind *rechtspolitisch* Zweifel auch dann anzumelden, wenn man die „Ausstiegsprärogative" oder „-option" nicht verficht. Nach der „großen" 7. Novelle entfiel der Förderzweck. 86

Nach *Nr. 2* des § 1 AtG sind Leben, Gesundheit und Sachgüter vor den Gefahren der Kernenergie und der schädlichen Wirkung ionisierender Strahlen zu *schützen* und durch Kernenergie oder ionisierende Strahlen verursachte *Schäden auszugleichen*. 87

Dieser Schutzzweck der Nr. 2 des § 1 AtG, der den Bereich der Nuklearsicherheit („*Safety*") insbesondere im Sinne des § 7 II Nr. 3 und zum Teil auch des § 7 II Nr. 5 AtG betrifft, geht nach der Rechtsprechung dem Förderungszweck der Nr. 1 vor.[79] 88

Nr. 3 des § 1 AtG nennt den Schutz der inneren und äußeren Sicherheit der Bundesrepublik Deutschland im Sinne der öffentlichen Sicherheit und Ordnung („*Security*"); vgl. insbesondere § 7 II Nr. 5 AtG. 89

Nr. 4 des § 1 AtG hat die Gewährleistung der Erfüllung internationaler Verpflichtungen der Bundesrepublik Deutschland auf dem Gebiet der Kernenergie und des Strahlenschutzes zum Gegenstand (Rn. 7/77), betrifft also die Erfüllung solcher internationaler Verpflichtungen, die auf das (der nationalen Regelung entsprechende) Ziel gerichtet sind, den Aufbau und Ausbau der Nuklearindustrie zu fördern, den Schutz von Menschen und Sachgütern zu harmonisieren und den Mißbrauch von Kernenergie und die Weiterverbreitung von Atomwaffen zu verhindern. 90

2. Anwendungsbereich

Der Anwendungsbereich des Atomgesetzes ist gesetzlich nicht ausdrücklich bestimmt und entsprechend umstritten. Er ergibt sich damit aus den einzelnen darin enthaltenen Regelungen i.V.m. den vorangestellten Begriffsbestimmungen. Dagegen enthält die Strahlenschutzverordnung eine ins einzelne gehende Bestimmung ihres sachlichen Geltungsbereichs in ihrem § 1 (näher unten, Rn. 7/217). 91

Das Atomgesetz regelt wohl nicht den Schutz vor den inländischen Folgen eines ausländischen Reaktorunfalls (dazu: Strahlenschutzvorsorgegesetz), wohl aber die 92

---

[79] So schon BVerwG, DVBl. 1972, 678 (680) – KKW Würgassen; UPR 1989, 359; s. auch BVerfGE 53, 30 (58).

7 *Kernenergie- und Strahlenschutzrecht*

Beseitigung radioaktiver Altlasten und auch die Abwehr von Gefahren aufgrund krimineller Handlungen mit radioaktiven Stoffen (§ 19 III AtG) sowie (wie die StrSchV) aus natürlicher Radioaktivität.

93 Dem Anwendungsbereich gelten jetzt Reformüberlegungen in Richtung auf ein umfassendes Atom- und Strahlenschutzgesetz, das sowohl Vorschriften über den Umgang mit radioaktiven Stoffen und ionisierenden Strahlen als auch Regelungen der ursachenunabhängigen Strahlenschutzvorsorge enthalten soll.[80]

94 Auch im Gebiet der früheren DDR steht eine Reihe von Kernkraftwerken (Rn. 7/29). Aufgrund des Vertrags über die Wirtschafts- und Währungsunion vom 18.5.1990[81] setzte die frühere DDR schon vor Vollendung der Einheit das Atomgesetz in ihrem Gebiet in Kraft, und zwar durch das sog. Mantelgesetz vom 21.6.1990 und das Umweltrahmengesetz vom 29.6.1990.[82] Damit galten das Atomgesetz und seine Rechtsverordnungen ab 1.7.1990 auch als DDR-Recht, freilich mit der Maßgabe, daß nach altem DDR-Recht erteilte Genehmigungen mit unterschiedlichen Befristungen fortgalten. Die befristete Fortgeltung regelt jetzt § 57a AtG.

3. Begriffsbestimmungen

95 Das Atomgesetz enthält in seinem § 2 eine Reihe von *Begriffsbestimmungen*, unter anderem zu radioaktiven Stoffen (Abs. 1) und dem, was solche nicht sind (Abs. 2), etwas ungewöhnlich aber auch zum Pariser Abkommen (Abs. 4) und zum Brüsseler Zusatzübereinkommen (Abs. 5). Für eine Reihe weiterer Begriffsbestimmungen, nämlich für die Anwendung der Vorschriften über die Haftung und Deckung, verweist § 2 III auf die Begriffsbestimmungen in Anlage 1 des Gesetzes; dies betrifft die Begriffe nukleares Ereignis, Kernanlage, Inhaber einer Kernanlage, Kernmaterialien und Sonderziehungsrechte. Nicht bestimmt ist (bislang) der wichtige Anlagebegriff i.S.d. Genehmigungstatbestandes des § 7 AtG (näher u. Rn. 7/108 ff.). Für die Begriffsbestimmungen der StrlSchV ist wieder auf die dortigen Ausführungen zu verweisen (Rn. 7/219 ff.).

4. Instrumente

96 Als wichtigste *Instrumente* enthält das AtG eine Reihe von *Genehmigungstatbeständen* (dazu näher unten Rn. 7/97 ff.), darüber hinaus aber auch Bestimmungen über die Führung eines Strahlenschutzregisters und über die Vorsorge für die Erfüllung gesetzlicher Schadensersatzverpflichtungen (Deckungsvorsorge) durch eine Haftpflichtversicherung oder auf sonstige Weise. Schließlich unterliegen der Umgang und der Verkehr mit radioaktiven Stoffen, der Betrieb und der Besitz von Anlagen sowie eine Reihe verwandter Tatbestände der staatlichen Aufsicht. Hinzu kommt ein System lückenloser und andauernder *Überwachung* (§§ 17, 19 AtG).

---

80 Zur Verteilung der Regelungsmaterien im Atom- und Strahlenschutzrecht *Jarass* in: *Lukes* (Hrsg.), Reformüberlegungen zum Atomrecht, 1991, S. 437 (453); zu Reformüberlegungen hierzu auch *Pelzer*, ebda., S. 455 ff.
81 BGBl. II 537.
82 GBl. 1990 I 357, 649; zur Rechtslage der KKW in der ehemaligen DDR *Roßnagel*, LKV 1991, 90 ff.

IV. Genehmigungserfordernisse nach dem AtG im Überblick (§§ 3-10 AtG)

Um eine *möglichst lückenlose Überwachung und zureichende Sicherheit* in Bezug auf besondere spaltbare Stoffe[83], d.h. *Kernbrennstoffe*[84] (Legaldefinition: § 2 I Nr. 1 AtG) zu gewährleisten, sind Verrichtungen, die sich auf den Umgang mit Kernbrennstoffen beziehen (Ein- und Ausfuhr, Beförderung usw.), sowie Anlagen, in denen Kernbrennstoffe hergestellt, genutzt oder verarbeitet werden, nach dem *AtG* (§§ 3 ff.) *genehmigungspflichtig;* Ausnahmen sind in einer RechtsVO gem. § 10 AtG vorgesehen. 97

Soweit es sich nicht um Kernbrennstoffe, sondern um *„sonstige radioaktive Stoffe"* (Legaldefinition: § 2 I Nr. 2 AtG) handelt, sind die Vorschriften der §§ 3-27 *StrlSchV* einschlägig. Hinzu kommen jeweils Sondervorschriften für den Beförderungsvorgang. 98

Das Gesamtsystem der Genehmigungs- und Kontrollkompetenzen ist nicht gerade transparent (zur Behördenzuständigkeit Rn. 7/240).

Die atomrechtlichen Genehmigungen nach den §§ 3 ff. AtG können jeweils nur erteilt werden, wenn gewisse persönliche und sachliche **Voraussetzungen** erfüllt sind. Diese sind in den Genehmigungstatbeständen jeweils in ähnlicher Weise zu finden. Fast durchweg wird vorausgesetzt, daß 99

- keine Bedenken gegen die *Zuverlässigkeit* des Antragstellers bestehen,[85]
- der Antragsteller oder seine Beauftragten über die notwendige *Fachkunde* oder die sonst notwendigen Kenntnisse verfügen,[86]
- die nach dem Stand von Wissenschaft und Technik erforderliche *Schadensvorsorge* getroffen ist,[87]
- die erforderliche Vorsorge für die Erfüllung gesetzlicher Schadensersatzpflichten (*Deckungsvorsorge*) getroffen ist,[88]
- der erforderliche Schutz gegen *Störmaßnahmen* oder sonstige Einwirkungen Dritter gewährleistet ist,[89]
- überwiegende *öffentliche Interessen* der Erteilung der Genehmigung nicht entgegenstehen.[90]

1. Einfuhr und Ausfuhr von Kernbrennstoffen

§ 3 AtG normiert für die *Ein- und Ausfuhr von Kernbrennstoffen* ein „präventives" Verbot mit Erlaubnisvorbehalt (Anspruch auf Erteilung der Genehmigung bei Vorlie- 100

---

83 Nach Art. 36 des Euratom-Vertrags sind die besonderen spaltbaren Stoffe ipso iure Eigentum der Gemeinschaft.
84 Zum Kernbrennstoffbegriff BVerwG, DVBl. 1995, 245.
85 §§ 3 II Nr. 1, 3 III Nr. 1, 4 II Nr. 1, 6 II Nr. 1, 7 II Nr. 1, 9 II Nr. 1 AtG.
86 §§ 4 II Nr. 2, 6 II Nr. 1, 7 II Nrn. 1 u. 2, 9 II Nrn. 1 u. 2 AtG.
87 §§ 4 II Nr. 3, 6 II Nr. 2, 7 II Nr. 3, 9 II Nr. 3 AtG.
88 §§ 4 II Nr. 4, 6 II Nr. 3, 7 II Nr. 4, 9 II Nr. 4 AtG.
89 §§ 4 II Nr. 5, 6 II Nr. 4, 7 II Nr. 5, 9 II Nr. 5 AtG.
90 §§ 4 II Nr. 6, 6 II Nr. 5, 7 II Nr. 6, 9 II Nr. 6 AtG.

gen der gesetzlichen Voraussetzungen). Zuständig zur Genehmigungserteilung ist das Bundesausfuhramt, § 22 AtG.

2. Beförderung von Kernbrennstoffen

101 Auch für die *Beförderung von Kernbrennstoffen* bestimmen die §§ 4, 4b AtG ein präventives Verbot mit Erlaubnisvorbehalt. Genehmigungsbehörde ist das Bundesamt für Strahlenschutz (BfS; Rn. 7/241), § 23 I Nr. 3 AtG.

3. Verwahrung von Kernbrennstoffen

102 Kernbrennstoffe sind grundsätzlich *staatlich zu verwahren* (§ 5 I AtG), und zwar durch das BfS (§ 23 I Nr. 1 AtG). Wer Kernbrennstoffe außerhalb der staatlichen Verwahrung oder genehmigter Anlagen (§ 7 AtG) bzw. genehmigten Umgangs (§§ 4, 9 AtG) aufbewahrt, bedarf der Genehmigung (§ 6 AtG) durch das BfS (§ 23 I Nr. 4 AtG), sonst (wie in Hanau, Fall des § 7 AtG) durch die zuständige Landesbehörde. Unter die Aufbewahrungsgenehmigung des § 6 I AtG fällt auch die private Zwischenlagerung *bestrahlter* Kernbrennstoffe.[91] Auf die Erteilung der Genehmigung besteht ggf. ein Rechtsanspruch (§ 6 AtG).

So werden in dem sog. Plutoniumbunker in der Anlage der Fa. Alkem, jetzt Siemens-Brennelementewerk, in Hanau von dem für die staatliche Verwahrung zuständigen BfS 2,2 t Pu verwahrt, und zwar durch ein farbiges Band vom Siemens-Lager abgetrennt, technisch aber mit diesem eng verflochten und entsprechend von ihm abhängig. Die staatliche Verwahrung diente wohl vor allem dazu, Alkem/Siemens den Umgang mit mehr Pu zu gestatten als genehmigt. – Da mit einem kurzfristigen Inbetriebgehen der Plutoniumverarbeitungsanlage, in die schon 1,2 Mrd. DM investiert wurden, angesichts der ablehnenden Haltung der Landesregierung offenbar nicht zu rechnen ist, wurde dann eine Ersatznutzung in Form der Umarbeitung russischen Waffenplutoniums zu zivilen Brennelementen erwogen. – Inzwischen wurde die Plutoniumverarbeitung im Brennelementewerk aufgegeben.

4. Errichtung und Betrieb von Kernanlagen

103 Das Genehmigungserfordernis des § 7 AtG zur *Errichtung* und zum *Betrieb* von *Anlagen zur Erzeugung, Be- und Verarbeitung oder Spaltung von Kernbrennstoffen* oder zur *Aufbereitung von Kernbrennstoffen* ist die praktisch wichtigste Vorschrift des Atomgesetzes, die unten (Rn. 7/107 ff.) im einzelnen erörtert wird. Das Genehmi-

---

[91] OVG Münster, NVwZ-RR 1994, 143 ff.; s.a. OVG Mstr., DVBl. 1988, 155 – Zwischenlager Ahaus; nach dieser Entsch. bedarf ein Brennelement-Zwischenlager sowohl der Aufbewahrungsgenehmigung nach § 6 I AtG als auch der Baugenehmigung (vgl. schon OVG Lbg., DVBl. 1983, 184); diese Auffassung des OVG ist nach BVerwG, DVBl. 1989, 1055 mit Bundesrecht vereinbar. – Verfassungsrechtlich ist es unbedenklich, daß für private externe Zwischenlager der nuklearen Entsorgung keine spezielle atomrechtliche Genehmigung (nebst verfahrensrechtlich gewährleisteter Öffentlichkeitsbeteiligung) vorgesehen ist (BVerfG, NVwZ 1988, 427). – Für die Genehmigung der Zwischenlagerung schwach- u. mittel-radioaktiver Abfälle ist § 3 StrlSchV einschlägig.

gungsverfahren wird nach § 24 I AtG von den Ländern im Auftrag des Bundes durchgeführt[92], wobei nach § 24 II AtG die von den Ländern bestimmte oberste Landesbehörde zuständig ist.[93]

Bei der Entscheidung über die Erteilung einer atomrechtlichen Genehmigung nach § 7 AtG ist der Genehmigungsbehörde (Rn. 7/115 ff.) ein *Versagungsermessen* (Rn. 7/115 ff.) eingeräumt.[94] Dies bedeutet, daß auch bei Vorliegen der gesetzlichen Voraussetzungen noch kein Anspruch auf Erteilung der Genehmigung besteht, sofern nicht das Ermessen „auf Null" geschrumpft ist.

5. Bearbeitung, Verarbeitung und sonstige Verwendung von Kernbrennstoffen außerhalb genehmigungspflichtiger Anlagen

Wer Kernbrennstoffe *außerhalb* von gem. § 7 AtG genehmigungspflichtigen Anlagen *bearbeitet, verarbeitet oder sonst verwendet,* bedarf nach § 9 I 1 AtG der Genehmigung. Dies gilt nach § 9 I 2 AtG auch für den, der von dem in der Genehmigungsurkunde festgelegten Verfahren für die genannten Handlungen abweicht oder die in ihr bezeichnete Betriebsstätte oder deren Lage wesentlich verändert. Die Genehmigung darf nur unter den in § 9 II AtG genannten, dem § 7 II AtG entsprechenden Voraussetzungen erteilt werden. Auch hier besteht ein *Versagungsermessen* der Genehmigungsbehörde. **104**

6. Landesstellen für die Zwischenlagerung radioaktiver Abfälle

Schließlich bedürfen nach § 9c AtG der Genehmigung auch die Errichtung und der Betrieb (sowie die wesentliche Änderung) der in § 9a III AtG genannten *Landessammelstellen* für die Zwischenlagerung gewisser im Landesgebiet anfallender radioaktiver Abfälle. Gemeint sind die Abfälle, die nach § 82 StrlSchV zur Entsorgung an eine derartige Zwischenlagerungssammelstelle des Landes abzuliefern sind (§ 9a II, III 1 AtG). Nach § 9c i.V.m. § 9 AtG steht der Genehmigungsbehörde ein *Versagungsermessen* zu, nicht aber nach §§ 3 I, 6 I StrlSchV i.V.m. § 2 I Nr. 2 AtG („sonstige Stoffe"). Die Zuständigkeit bestimmt sich nach § 24 AtG. **105**

7. Endlagerung

Keiner Genehmigung, sondern einer *Planfeststellung* bedürfen die Anlagen des Bundes zur Sicherstellung und zur Endlagerung radioaktiver Abfälle und die wesentliche Änderung solcher Anlagen oder ihres Betriebs, § 9b I i.V.m. 9a III 1 AtG (dazu näher Rn. 7/211 ff.). **106**

---

[92] Vgl. Art. 85, 87c GG. Zu den dadurch aufgeworfenen Rechtsfragen vgl. Rn. 7/240.
[93] Für *Baden-Württemberg* s.u. Fn. 203.
[94] BVerfGE 49, 144 und h.L.; a.A. *Ronellenfitsch*, Das atomrechtliche Genehmigungsverfahren, 1983, S. 350 ff.

V. Insbesondere: Die Anlagengenehmigung nach § 7 AtG

1. Sachlicher Regelungsbereich

107 § 7 I AtG regelt die **Genehmigung** zur Errichtung, zum Betrieb, zur sonstigen Innehabung und zur wesentlichen Änderung der für die Kernenergie maßgeblichen Anlagen, d.h. der zur Erzeugung, Bearbeitung, Verarbeitung oder Spaltung von Kernbrennstoffen oder zur Aufarbeitung bestrahlter Kernbrennstoffe dienenden Anlagen. In erster Linie geht es um *ortsfeste* kerntechnische Anlagen, vor allem also um im kommerziellen Bereich eingesetzte Reaktoren, aber auch um Forschungs-, Uranerzaufbereitungs-, Isotopenanreicherungs- oder Wiederaufarbeitungsanlagen[95] und (seit der Novelle von 1975) auch um Brennelementfabriken. Die Regelung gilt aber nach ihrem Absatz 5 auch für *ortsveränderliche* Anlagen, also etwa für Schiffsreaktoren. Auch die *Stillegung* einer Anlage i.S. des § 7 I AtG bedarf nach § 7 III AtG – im Änderungsentwurf neu geregelt in § 7c – einer Genehmigung[96], ebenso der *sichere Einschluß* der endgültig stillgelegten Anlage oder der *Abbau* der Anlage oder von Anlagenteilen (Rn. 7/199). Jeweils ist für die genehmigungspflichtige Maßnahme, soweit die Genehmigung in einem Verfahren mit Öffentlichkeitsbeteiligung zu erteilen ist, eine **Umweltverträglichkeitsprüfung** durchzuführen (§ 1a I AtVfV). Im übrigen ist das Verfahren in der AtVfV geregelt.

108 Weder im Atomgesetz noch in der AtVfV ist der **Anlagebegriff** definiert. Er kann auch eine Gesamtanlage als Zusammenfassung mehrerer durch einen einheitlichen Zweck miteinander verbundener Einzel-, d.h. Teilanlagen umfassen.[97] Sein Inhalt bestimmt auch darüber, ob die gem. § 7 AtG erteilte atomrechtliche Genehmigung für einen Kernreaktor auch einen etwa vorgesehenen Kühlturm und seinen Betrieb umfaßt. Bejahendenfalls würde die atomrechtliche KKW-Genehmigung die immissionsschutzrechtliche Kühlturm-Genehmigung (§ 8 II 1 AtG) einschließen; die Erteilung der KKW-Genehmigung wäre materiellrechtlich nicht nur nach § 7 AtG, sondern auch nach den §§ 4 ff. BImSchG i.V.m. Nr. 1.7 des Anhangs zur 4. BImSchV (Kühltürme mit einem Kühlwasserdurchsatz von 10 000 m³/h oder mehr) zu beurteilen.

109 Nach dem engen, den exemplarisch angeführten Kühlturm nicht umfassenden sog. *nuklearspezifischen Anlagebegriff* gehören nur die Teile zu einer der Spaltung von Kernbrennstoffen dienenden Anlage, mit denen unmittelbar ein nukleares Risiko verbunden ist. Nach dem etwas weiteren, aber immer noch relativ engen und den Kühlturm ebenfalls ausschließenden sog. *sicherheitstechnischen Anlagebegriff*[98] gehören zur Anlage alle diejenigen Teile, aber auch nur diese, die dem Schutz vor nuklearen Gefahren dienen. Nach den Worten des BVerwG[99] darf nichts aus dem Genehmigungserfordernis für Errichtung und Betrieb der Anlage ausgeklammert bleiben, was nuklearspezifisches Gefährdungspotential in sich birgt, darüber hinaus auch nichts,

---
95 Zu den Rechtsfragen der Wiederaufarbeitung *Roßnagel* (Hrsg.), Rechtsprobleme der Wiederaufarbeitung, 1987.
96 Beispiel: BayVGH, NVwZ-RR 1995, 136 ff.
97 BVerwGE 80, 21 (WAA Wackersdorf). Dazu *J.-J. Rupp*, DVBl. 1989, 345 ff.
98 *Ronellenfitsch* (Fn. 94), S. 177 ff.
99 BVerwGE 80, 21 (26). Dazu *Beckmann/Kuhlmann*, NuR 1988, 369 (374 f.).

was zwar für sich selbst keine Strahlengefahren mit sich bringt, aber sicherheitstechnisch oder *sicherungs*technisch (Zaun zum Schutz vor Sabotage) notwendig ist, um die Kernanlage gefahrlos betreiben zu können. Demgegenüber wird auch ein *weiter Anlagebegriff* vertreten, der im Beispielsfall den Kühlturm mit einschließt, weil auch solche nicht nuklearspezifischen Gesamtanlagenteile, die (am vorgesehenen Standort) überhaupt erst den bestimmungs- und funktionsgerechten Betrieb der nuklearspezifischen Teile ermöglichen, mit diesen eine im Anlagebegriff des § 7 AtG zusammenzufassende funktionelle und technische Einheit bilden.[100]

Das Bundesverwaltungsgericht hat sich erstmals in seinem KKW Wyhl-Urteil (E 72, 300 [328 f.]) zu dem *sicherheitstechnischen Anlagebegriff* bekannt, nach dem bei einem KKW zur Anlage i.S. von § 7 I AtG neben dem Reaktor auch noch (aber auch nur) alle mit diesem in einem räumlichen und betrieblichen Zusammenhang stehenden Einrichtungen gehören, die im Sinne des Schutzzwecks des § 1 Nr. 2 AtG den gefahrlosen Betrieb des KKW überhaupt erst ermöglichen. Hierzu zählen alle diejenigen Vorrichtungen, welche erforderlich sind, um eine unzulässige radioaktive Strahlung – sei es beim bestimmungsgemäßen Betrieb, sei es beim Störfall – auszuschließen.[101] Im Sinne des § 7 I AtG gehört hiernach der Kühlturm nicht zum KW, wohl aber – und insoweit ist nach dem BVerwG die Gesamt-Kernanlage genehmigungsrechtlich nicht teilbar – z.B. die Außenzaunanlage oder das Brennelementeingangslager einer Wiederaufarbeitungsanlage.[102] Maßgebend für das Bundesverwaltungsgericht war vor allem die Erwägung, daß das Genehmigungserfordernis nach § 7 I AtG in erster Linie dem *nuklearspezifischen Gefahrenschutz* dient und daher der dem Atomgesetz zugrundeliegende Schutzzweck (§ 1 Nr. 2 AtG) den Anlagebegriff des § 7 I AtG entscheidend prägt. – Die Genehmigungspraxis folgt dem *weiten Anlagebegriff*.

110

Der Entwurf zur „großen" 7. Novelle (Stand 1994) enthielt jetzt auch eine Legaldefinition des Anlagebegriffs in § 7 I 2 und 3: Danach umfaßt der Anlagebegriff

111

- alle Anlageteile, die zur Erreichung der in § 1 bezeichneten Zwecke oder des jeweiligen in Satz 1 genannten Zwecks erforderlich sind (Nr. 1),
- Nebeneinrichtungen, die mit Anlageteilen nach Nr. 1 in einem räumlichen und betriebstechnischen Zusammenhang stehen und für die Erreichung der in § 1 bezeichneten Zwecke oder für die Entstehung oder die Vermeidung sonstiger schädlicher Umweltauswirkungen von Bedeutung sein können (Nr. 2),
- bauliche Anlagen, die zur Unterbringung der in Nr. 1 und 2 genannten Anlageteile und Nebeneinrichtungen bestimmt sind (Nr. 3).

Satz 3 bestimmt, was eine wesentliche und deshalb genehmigungspflichtige Betriebsänderung i.S.d. Satz 1 ist.[103] – Der Gesetzgeber orientiert sich damit am immissionsschutzrechtlichen – weiten – Anlagebegriff in § 1 II der 4. BImSchV.

---

100 So etwa VGH BW in seinem vom BVerwG (E 72, 300) lediglich im Ergebnis gebilligten Urt. vom 30.3.1982, NJW 1983, 63 = VBlBW 1982, 400 – KKW Wyhl.
101 Nach VGH BW, VBlBW 1988, 184, ist ein Anlagebegriff, der nur die *aktive* Sicherheit der die Kernspaltung gewährleistenden Anlagenteile, nicht aber auch die die Anlagensicherheit u.U. gefährdenden, zur aktiven Sicherheit an sich nichts beitragenden Teile in den Blick nimmt, vor dem Schutzgebot des § 1 Nr. 2 AtG zu eng (Hinweis auf die zu § 3 V BImSchG ergangene Entsch. BVerwGE 69, 351 [353]).
102 BVerwGE 80, 21 (26).
103 Entsprechend dem in BVerfGE 53, 30 (60 f.) – Mülheim-Kärlich – entwickelten Begriff der wesentlichen Veränderungen.

7 *Kernenergie- und Strahlenschutzrecht*

2. Genehmigungsvoraussetzungen und Versagungsermessen

112 Die Genehmigung darf nach § 7 II AtG *nur* erteilt werden, wenn die dort genannten subjektiven und objektiven Voraussetzungen erfüllt sind.

113 Gem. § 14 AtVfV erstreckt sich die Prüfung durch die Genehmigungsbehörde darüber hinaus auch auf die Beachtung der übrigen das Vorhaben betreffenden öffentlich-rechtlichen Vorschriften.[104]

114 In § 7 II AtG sind die folgenden subjektiven und objektiven *Genehmigungsvoraussetzungen* genannt:
- Es dürfen keine Zweifel an der Zuverlässigkeit des Antragstellers sowie an der Zuverlässigkeit und Fachkunde der verantwortlichen Personen bestehen (*Nr. 1*).
- Auch bei den sonst beim Betrieb der Anlage tätigen Personen müssen die für den sicheren Betrieb und für den Gefahrenschutz notwendigen Kenntnisse vorhanden sein (*Nr. 2*).
- Die nach dem Stand von Wissenschaft und Technik erforderliche Vorsorge gegen Schäden durch die Errichtung und den Betrieb der Anlage muß getroffen sein (*Nr. 3, ergänzt durch § 7 II a*; dazu Rn. 7/147).
- Die erforderliche Vorsorge für die Erfüllung gesetzlicher Schadensersatzverpflichtungen (§§ 25 ff. AtG) muß getroffen sein (*Nr. 4*; dazu § 13 V AtG nebst der AtDeckV).
- Der erforderliche Schutz gegen Störmaßnahmen oder sonstige Einwirkungen Dritter muß gewährleistet sein (*Nr. 5*).[105]
- Überwiegende öffentliche Interessen, insbesondere im Hinblick auf die Umweltauswirkungen, dürfen der Wahl des Standorts der Anlage nicht entgegenstehen (*Nr. 6*).[106]

Die Nrn. 3 und 5 sind *Drittschutz* vermittelnde Schutznormen, soweit es nicht um das Kollektivrisiko (Bevölkerungsrisiko), sondern um das *Individualrisiko* geht.[107] Freilich spricht viel für den Drittschutzcharakter auch der Nr. 1.[108]

115 Auch wenn die Genehmigungsvoraussetzungen erfüllt sind, ist der Genehmigungsbehörde ein **Versagungsermessen** eingeräumt, obwohl es sich bei der Vorschrift des § 7 AtG nicht um ein repressives, sondern um ein präventives Verbot mit Erlaubnisvorbehalt handelt[109] (Rn. 1/103). Grund ist, daß zwar das AtG nach § 1 Nr. 1 die friedliche Kernenergienutzung fördern will, bei seinem Erlaß aber die besonderen Gefahren der Kernenergienutzung noch nicht zureichend überschaubar waren.

116 Umstritten ist, wie weit die *ermessensfehlerfreien Versagungsmöglichkeiten* reichen.[110] Auch nach Wegfall des Förderungszwecks des § 1 Nr. 1 AtG wäre es wohl fehlerhaft,

---

104 Vgl. dazu Fn. 3/85.
105 Dazu BVerwGE 81, 185 m. krit. Anm. *Karpen*, JZ 1989, 898 ff.
106 Vgl. zur „Parallelgenehmigungsproblematik", die durch diese „Standortverträglichkeitsprüfung" auch noch nach der Neufassung des § 7 II Nr. 6 AtG aufgeworfen wird, BVerwG, DVBl. 1988, 489 f.
107 Zweifelnd insoweit z.B. *Bender*, NJW 1979, 1425 (1432 f.).
108 So auch BVerwG, NVwZ 1990, 858 ff. – Kernforschungszentrum Karlsruhe.
109 BVerfGE 49, 89.
110 Vgl. z.B. BVerwGE 70, 365 einerseits, *Winter*, Krit. Justiz 1986, 23 (29) andererseits.

wenn die Genehmigungsbehörde die Erteilung der beantragten Genehmigung aufgrund *allgemeiner Bedenken* gegen die friedliche Nutzung der Kernenergie ablehnen würde. Die notwendigen Erwägungen zur Anlagensicherheit sind ausschließlich bei der Anwendung der Vorschriften des § 7 II Nrn. 3 u. 5 AtG anzustellen[111], was sich auch nach Fortfall des Förderzwecks nicht ändern würde. – Rechtsfrage und nicht Ermessensfrage ist die Frage nach der erforderlichen Vorsorge; diese umfaßt den früher (vor Wyhl, BVerwGE 72, 300) unterschiedenen Bereich von Gefahr und Risiko, oberhalb der Schwelle des sog. Restrisikos (Rn. 7/128, 131) und unterhalb der Gefahrenschwelle.[112] Ob das Ermessen die Minimierung des „Restrisikos" umfaßt (z.B. Sicherung gegen Flugzeugabsturz, in den Störfall-Leitlinien 1983 nicht mitaufgenommen), ist str. – Die Energiebedarfsprüfung dürfte für die Ermessensentscheidung nicht relevant sein (str.). – Hingegen ist die – abweichend von § 5 I Nr. 3 BImSchG – nicht zu den Genehmigungsvoraussetzungen gehörende Entsorgungsvorsorgefrage[113] ein legitimer Ermessenstopos. Umstritten ist die Frage, ob durch Verträge über die Wiederaufarbeitung im Ausland der Nachweis der erforderlichen Entsorgungsvorsorge erbracht werden kann.[114]

Diesem Versagungsermessen gelten jetzt ebenfalls Reformbestrebungen, wonach es durch einen Rechtsanspruch auf Genehmigungserteilung bei Vorliegen der Genehmigungsvoraussetzungen ersetzt werden soll.[115] Nach der Aufnahme des Entsorgungsvorsorgenachweises als Genehmigungsvoraussetzung (§ 7 II Nr. 3a AtG-E) und der Präzisierung des Schadensvorsorgebegriffs in Abs. 3 soll ein praktischer Anwendungsfall für das Versagungsermessen nicht mehr ersichtlich sein. Der Entwurf zur „großen" 7. Novelle (Stand 1994) sieht dementsprechend die Ablösung des Versagungsermessens durch einen *Genehmigungsanspruch* („ist zu erteilen") vor, womit sowohl die innere Harmonisierung des Umweltrechts vorangetrieben (vgl. § 6 BImSchG) als auch der inzwischen gewachsenen Erfahrung mit atomrechtlichen Genehmigungen und dem Umgang mit der Atomenergie Rechnung getragen werden soll. Weitere Voraussetzungen einer Genehmigung sind die Gewährleistungen, daß die Pflichten aus § 9a (Verwertung radioaktiver Reststoffe und Beseitigung radioaktiver Abfälle) erfüllt werden (Nr. 3a), und daß sonstige öffentlich-rechtliche Vorschriften, insbesondere zum Schutz der Umwelt, der Errichtung und dem Betrieb der Anlage nicht entgegenstehen (Nr. 6); dabei handelt es sich aber bloß um Neuformulierungen.

3. Insbesondere: Schadensvorsorge im Sinne des § 7 II Nr. 3 AtG

Es gibt wohl keine Vorschrift des Atomgesetzes, die im Schrifttum und in der Rechtsprechung – mit z.T. erheblich differierenden Ergebnissen – ebenso intensiv wie § 7 II

---

111 Zustimmend *Sendler*, DÖV 1992, 181 (184).
112 Eingehend *Steinberg*, in: Schneider/Steinberg, Schadensvorsorge, S. 13 ff.; *Roller*, DVBl. 1993, 20 ff.; s.a. *Greipl*, DVBl. 1992, 598 ff.; *Breuer*, NVwZ 1990, 211 (212 ff.).
113 BVerwGE 91, 62 ff.
114 Dazu *Roßnagel/Gündling*, Die Wiederaufarbeitung im Ausland und das Deutsche Atomrecht, 1991. Zu den Rechtsproblemen der Wiederaufarbeitung in anderen EG-Mitgliedstaaten s.a. *Haedrich*, NVwZ 1993, 1036 ff.; *Rengeling*, DVBl. 1991, 914 ff.; *Roßnagel*, DVBl. 1991, 839 ff.
115 Dafür *Papier*, in: *Lukes* (Hrsg.), Reformüberlegungen zum Atomrecht, 1991, S. 111 (127 ff.); dagegen *Breuer*, Gutachten zum 59. DJT; s.a. Gesetzes-Begründung, S. 19.

Nr. 3 AtG Gegenstand hermeneutischer Bemühungen gewesen ist.[116] In Anbetracht der großen Bedeutung und der relativen Unbestimmtheit dieser Vorschrift, wonach die *nach dem Stand von Wissenschaft und Technik erforderliche Vorsorge gegen Schäden* durch die Errichtung und den Betrieb der Anlage getroffen sein muß, ist dies nicht verwunderlich. Die Regelung wird durch die StrlSchV, insbesondere durch deren Vorschriften über die Strahlenschutzgrundsätze (Rn. 7/220 ff.), die Strahlenbelastungsgrenzwerte bei bestimmungsgemäßem Betrieb (Rn. 7/224 ff.) und die Störfall-Planungsgrenzwerte (Rn. 7/234 ff.) ergänzt.

a) Gefahrenabwehr, Risikovorsorge

119 Nach der in den Bereich des technischen Sicherheitsrechts gehörenden Vorschrift des § 7 II Nr. 3 AtG darf die Genehmigung einer kerntechnischen Anlage nur erteilt werden, wenn die erforderliche **„Vorsorge gegen Schäden"** getroffen ist, die durch die Errichtung und den Betrieb dieser Anlage eintreten können (zu inhaltlichen Beschränkungen und nachträglichen Auflagen zur Erreichung des Schutzzwecks des § 1 Nr. 2 AtG s.u. Rn. 7/177 ff.).

120 Relativ unproblematisch ist der in § 7 II Nr. 3 AtG verwendete Begriff des *Schadens*. Es geht hierbei – entsprechend der Schutzzweckvorschrift des § 1 Nr. 2 AtG – um bestimmte immaterielle und materielle Schäden, nämlich um einen auf den Risiken der Kernenergie oder ionisierender Strahlen beruhenden Verlust des Lebens sowie um nicht ganz unerhebliche Beeinträchtigungen von Gesundheit und Sachgütern. Was aber besagt der in § 7 II Nr. 3 AtG verwendete Begriff der „Vorsorge" gegen derartige Schäden?

121 Das Tatbestandsmerkmal der **Schadensvorsorge** könnte entweder nur die „Gefahrenabwehr" im polizeirechtlichen Sinne oder aber auch zusätzlich noch die weiterreichende „Risikovorsorge" umfassen. Letzteres ist die (u.E. zutreffende) Auffassung des Bundesverwaltungsgerichts.

122 Das Bundesverfassungsgericht hat im Kalkar-Beschluß (E 49, 89/143), ohne näher zur Auslegung der einzelnen Begriffe Stellung zu nehmen, festgestellt, der Gesetzgeber habe in § 1 Nr. 2 und § 7 II Nr. 3 AtG den *„Grundsatz der bestmöglichen Gefahrenabwehr und Risikovorsorge"* niedergelegt.[117]

123 Unter einer **Gefahr** im engeren, sozus. polizeirechtlichen Sinne werden Ereignisse oder Zustände verstanden, aus denen mit einer abschätzbaren, nicht vernachlässigbaren Wahrscheinlichkeit (zu vermeidende) Schäden bzw. schädigende Ereignisse oder Zustände folgen. Dabei kann, um noch von „Gefahr" sprechen zu können, das erforderliche Maß der Wahrscheinlichkeit eines derartigen Kausalverlaufs desto geringer sein, je schwerer der drohende Schaden nach Art und Ausmaß ist. Dementsprechend gehören zur *„Gefahrenabwehr"* jene Maßnahmen, die geeignet und ausreichend sind, im Wege

---
116 Vgl. insbes. *Marburger*, Atomrechtliche Schadensvorsorge, 2. Aufl. 1985; s.a. die zahlr. Nachw. bei *Haedrich*, Erl. zu § 7 AtG; ferner *E. Rehbinder*, FS Sendler, 1991, S. 269 ff.
117 Ebenso BVerfGE 53, 30 (58 f.) – Mülheim-Kärlich.

einer repressiven Gefahrenabwehr einer gegenwärtigen Gefahr oder im Wege einer präventiven Gefahrenabwehr einer erst künftig drohenden Gefahr so zu begegnen, daß die „Gefahrenschwelle" nicht erreicht oder gar überschritten wird.

Allerdings ist der in § 1 Nr. 2 AtG verwendete Gefahrenbegriff inhaltlich umfassender als der polizeirechtliche Gefahrenbegriff und dürfte mit dem Begriff des Risikos übereinstimmen.[118] **124**

Der den relativ engen polizeirechtlichen Gefahrenbegriff überschreitende Begriff des technischen **Risikos** (s.a. Rn. 6/127) wird besonders im Bereich der Sicherheitstechnik verwendet. Dieser den sicherheitsrechtlichen Schutznormen sachlich zugrunde liegende, bisher noch kaum in die sicherheitsrechtliche Gesetzessprache eingegangene (jetzt aber § 40 I Nr. 1 ArzneimittelG; § 6 I GenTG, Rn. 8/46), der Versicherungswirtschaft entlehnte Begriff, der auf die Einzelperson (Individualrisiko) oder auf bestimmte Personengruppen (Kollektivrisiko) bezogen werden kann, umfaßt *zwei Komponenten,* nämlich **125**

– die *Eintrittshäufigkeit* eines möglicherweise schädigenden Ereignisses, d.h. die ermittelte oder jedenfalls in Betracht zu ziehenden „Eintrittswahrscheinlichkeit" eines konkreten Versagensereignisses bzw. eines bestimmten (anlageninternen) Störfallablaufs sowie
– das potentielle *Schadensausmaß*, d.h. den bei Eintritt des Schadensereignisses mit einer bestimmten Wahrscheinlichkeit zu erwartenden Schaden nach Art und Umfang (Höhe).

Beide Komponenten *zusammen* konstituieren (mathematisch: als Produkt) den Grad bzw. das *Gewicht des jeweiligen Risikos*. Ein konkretes technisches Schadensrisiko mit zwar sehr kleiner Eintrittswahrscheinlichkeit, aber mit sehr erheblichem potentiellen Schadensausmaß kann dasselbe Gewicht haben wie das Risiko eines anderen Schadensereignisses mit einer erheblich höheren Eintrittswahrscheinlichkeit, aber eben mit einem weit geringeren Ausmaß des drohenden Schadens. Auch hier muß daher die Wahrscheinlichkeit des Eintritts eines Schadensereignisses als Ergebnis einer zureichenden Schadensvorsorge desto geringer sein, je schwerwiegender die Schadensart und die Schadensfolgen, die auf dem Spiel stehen, sein können (sogen. „Je-desto"-Formel; BVerfGE 49, 89 [138]). **126**

Unter den Begriff des Risikos fallen somit **127**
– zum einen die Vorgänge und Zustände, die im polizeirechtlichen, aber auch im weiteren Sinne des § 1 Nr. 2 AtG unzweifelhaft eine echte „Gefahr" bilden („Risiken mit erkannter Gefahrenqualität")
– zum anderen aber auch die Vorgänge und Zustände, bei denen nicht bereits bekannte, sondern nach dem gegenwärtigen Erkenntnisstand lediglich „nicht ausschließbare" und daher theoretisch mögliche Kausalzusammenhänge zwischen einzelnen Risikofaktoren und möglichen Schäden in Rede stehen, so daß faktisch

---

118 *Bender* NJW 1979, 1425 ff.; anders *Breuer*, NJW 1990, 211 (213): „Möglichkeit eines ungewissen Schadenseintritts"; *Roßnagel*, GK-BImSchG, § 5 Rn. 165: „wertender naturwissenschaftlicher Begriff".

ein echtes Risiko zwar fehlen, aber eben auch bestehen kann („Risiken ohne oder mit bisher nicht erkannter Gefahrenqualität"[119]).

128 *Risikovorsorge i.e.S.* bezieht sich nur auf den ersten Risikobereich, *Risikovorsorge i.w.S.* bezieht sich auf beide Risikobereiche, nimmt aber ebenfalls die Sphäre des sog. Restrisikos (Rn. 7/133) aus; vgl. im übrigen zu den drei Risikobereichen „Gefahrenbereich", „Bereich der Risiken ohne oder mit (bisher) nicht erkannter Gefahrenqualität" und „Restrisikobereich" Rn. 7/175 ff.

b) Erforderliche Schadensvorsorge

129 aa) Es war und ist umstritten, ob unter **Schadensvorsorge** i.S.d. § 7 II 3 AtG lediglich, wie dies § 1 Nr. 2 AtG (Schutz vor „Gefahren der Kernenergie") nahelegen könnte, „Gefahrenabwehr" im engeren, polizeirechtlichen Sinn zu verstehen ist, oder ob es dabei auch noch um jene „Risikovorsorge" geht, die sich auf einen gefahrenunabhängigen Bedeutungsbereich des Begriffes „Risiko" bezieht. Dies mündet in die Frage, ob nach der Normstruktur des § 7 AtG sein Absatz 2 Nr. 3 auf eine gefahrenunabhängige „Risikovorsorge" abzielt oder ob eine derartige Risikovorsorge erst Gegenstand des von § 7 I AtG (bisher) eingeräumten behördlichen Versagungsermessens ist.

130 Diese Fragen sind für die Praxis durch das Wyhl-Urteil des Bundesverwaltungsgerichts (E 72, 300/315 ff.) der notwendigen Klärung erheblich näher gebracht worden. Danach ist die Vorschrift des § 7 II Nr. 3 AtG nicht anhand eines vorgeformten polizeirechtlichen Gefahrenbegriffs, sondern mit dem Blick auf den in § 1 Nr. 2 AtG genannten Schutzzweck des Gesetzes auszulegen. Schadensvorsorge i.S. der Norm des § 7 II Nr. 3 AtG bedeutet daher nicht, daß Schutzmaßnahmen erst dort zu beginnen brauchen, wo es gilt, eine Gefahr im polizeirechtlichen Sinne vorbeugend abzuwehren. Abweichend vom Polizeirecht müssen darüber hinaus bei der Anwendung dieser Norm solche *Schadensmöglichkeiten in Betracht gezogen werden, die sich nur deshalb nicht ausschließen lassen, weil nach dem derzeitigen Wissensstand bestimmte Ursachenzusammenhänge weder bejaht noch verneint werden können* und daher insoweit noch keine

---

119 Zu dieser Terminologie vgl. *Bender*, NJW 1979, 1425 ff. u. DÖV 1980, 633 ff.; *ders.*, in: *Hartwig* (Hrsg.), Große technische Gefahrenpotentiale (Risikoanalysen und Sicherheitsfragen), 1983, S. 217 ff. Die Schadensvorsorgediskussion leidet darunter, daß die Begriffe „Gefahr" und „Risiko" mit sehr unterschiedlichen Inhalten verwendet werden, ohne daß das jeweils Gemeinte immer klar genug zum Ausdruck käme. Aus der Rspr. des *BVerfG*: BVerfGE 49, 89 – KKW Kalkar; BVerfGE 53, 30 – KKW Mülheim-Kärlich. – Aus der Rspr. des *BVerwG*: BVerwG, DVBl. 1972, 678 – KKW Würgassen; BVerwGE 61, 256 – KKW Stade; BVerwGE 70, 365 – KKW Krümmel; BVerwGE 72, 300 – KKW Wyhl; BVerwGE 78, 177 – KKW Brokdorf; BVerwGE 80, 21 – WAA Wackersdorf; BVerwGE 80, 207 – KKW Mülheim-Kärlich. – Aus der neueren Lit.: *Reich*, Gefahr-Risiko-Restrisiko. Das Vorsorgeprinzip am Bsp. des Immissionsschutzrechts, 1989; *Scherzberg*, VerwArch 1993, 484 ff.; *Steinberg*, in: *Schneider/Steinberg*, Schadensvorsorge, S. 12 (19 ff. u.ö.); *Schneider*, in: *Schneider/Steinberg*, Schadensvorsorge, S. 117 (135 ff. u.ö.); *Breuer*, NVwZ 1990, 211 (213 ff.); *E. Rehbinder*, FS Sendler, S. 269 (272 ff.); *Kutscheidt*, FS Redeker, S. 439 (443 ff.); *Ladeur*, NVwZ 1992, 948 (949); *Roller*, Genehmigungsaufhebung, S. 52 ff., jeweils m.w.N. – s.a. *Roßnagel*, GK-BImSchG, § 5 Rn. 161 ff.

Gefahr, sondern nur ein „Gefahrenverdacht"[120] oder ein „*Besorgnispotential*" besteht. Schadensvorsorge bedeutet insbesondere auch, daß bei der Beurteilung von Schadenswahrscheinlichkeiten nicht allein auf das vorhandene ingenieurmäßige Erfahrungswissen zurückgegriffen werden darf. Schutzmaßnahmen sind auch anhand „bloß theoretischer" Überlegungen und Berechnungen in Betracht zu ziehen, um Risiken aufgrund noch bestehender Unsicherheiten oder Wissenslücken hinreichend zuverlässig auszuschließen.[121] Das gilt sowohl für den Kollektiv- als auch für den Individualschutz.

bb) Im Bereich der Technik kann es keine absolute Sicherheit geben. Es ist aber geboten, die nach dem Ergebnis einer (u.U. äußerst schwierigen) Risikoeinschätzung mit der Errichtung und dem Betrieb von technischen Systemen (hier also von kerntechnischen Anlagen) verbundenen Risiken zu vermeiden bzw. auf ein nach Art und Ausmaß allgemein noch hinnehmbares, also vernachlässigbar geringes Gewicht (*Restrisiko*) zu minimieren, sei es durch baulich-technische, sei es durch organisatorische Maßnahmen. **131**

Es ist dazu notwendig, alle bei einer konkreten Anlage in Betracht kommenden Risiken möglichst schon im Stadium der Planung zu *ermitteln*. Diese Risiken sind jeweils anhand eines bestimmten Akzeptabilitätsmaßstabes daraufhin zu *bewerten*, ob Gefahrenabwehr- oder Vorsorgemaßnahmen erforderlich sind. Wird dies bejaht, so sind in Betracht kommende geeignete und für zureichend erachtete Maßnahmen technischer oder organisatorischer Art zu erwägen und unter diesen die konkret vorzusehenden erforderlichen Maßnahmen *auszuwählen*. Solche Maßnahmen können, wenn der Schutzzweck des AtG dies notwendig macht, gem. § 17 I 3 AtG auch noch nachträglich angeordnet werden (Rn. 7/177 ff.). Im technischen Bereich sind solche Nachrüstungsauflagen u.U. sehr aufwendig, wobei Entschädigung nur nach Maßgabe des – nach dem Änderungsentwurf zu streichenden[122] – § 18 III AtG zu gewähren ist. **132**

Das bei Durchführung der für notwendig erachteten Vorsorgemaßnahmen schließlich noch verbleibende (unerkannte oder als äußerst geringfügig erkannte) Risiko, das sog. **Restrisiko** (bzw. der „Risikorest"), muß nach dem Akzeptanzmaßstab (hier besser: Akzeptabilitätsmaßstab) als hinnehmbar, d.h. als „vernachlässigbar gering" erscheinen. Der *Akzeptabilitätsmaßstab* (Rn. 7/138) ermöglicht somit die Beantwortung der Frage nach der **Erforderlichkeit** der Schadensvorsorge, d.h. der Frage: Wie sicher ist sicher genug? **133**

cc) Nach § 7 II Nr. 3 AtG richten sich Art und Ausmaß der erforderlichen Schadensvorsorge nach dem **Stand von Wissenschaft und Technik**.[123] Der *Stand der Wissen-* **134**

---
120 Zur Einordnung *Kloepfer/Kröger*, NuR 1990, 8 (12)
121 So im Fall des KKW Wyhl BVerwGE 72, 300 (315 f.) gegen das Berufungsurteil des VGH BW (VBlBW 1982, 400).
122 Da dies zugleich die Schwelle für nachträgliche Anforderungen der Schadensvorsorge erhöht, ist dies nicht unbedenklich. – Die Entschädigungspflicht bei nachträglichen Auflagen soll aber auch nach dem Professorenentwurf entfallen.
123 Der Begriff des *Standes von Wissenschaft und Technik* wird insbesondere im Atomgesetz verwandt; vgl. z.B. §§ 6 I Nr. 2, 7 II Nr.3, 9 II Nr. 3 AtG; aber auch §§ 6 II, 7 II, 13 I Nr. 4, 16 I Nr. 2 GenTG. Zum Rechtsbegriff „Stand von Wissenschaft und Technik" im Atom- u. Immissionsschutzrecht eingehend *Schachtschneider*, in: *Thieme* (Hrsg.), Umweltschutz im Recht, 1987, S. 81 ff. m. zahlr. Nachw.; s.a. *Breuer*, in: HdUR, Bd. II, 2. Aufl 1994, Art. „Stand der Technik", Sp. 1874 f.

schaft hat vor allem für die Erkenntnis der in Betracht kommenden, vorsorgebedürftigen Risiken und der ihnen eigenen Bedingungs- und Wirkungszusammenhänge Bedeutung, während sich der *Stand der Technik* vor allem auf die gegen solche Risiken möglichen Schadensvorsorgemaßnahmen bezieht, d.h. auf Maßnahmen, deren praktische Eignung zur Schadensvorsorge als hinreichend gesichert angesehen werden darf. Dabei kann der Stand der Technik dem Stand der Wissenschaft in gewisser Hinsicht vorauseilen. So hat z.B. die wissenschaftliche Unaufgeklärtheit der chemischen Katalyse die Technik von ihrer Anwendung nicht abgehalten. Technologisches „know-how" ist eben nicht zugleich auch theoretisches Wissen.

135 Mit der Anknüpfung des § 7 II Nr. 3 AtG an den jeweiligen (weitgehend durch technische Richtlinien und Regeln dokumentierten) Stand von Wissenschaft und Technik legt das Atomgesetz die Genehmigungsbehörde normativ auf den „Grundsatz der bestmöglichen Gefahrenabwehr und Risikovorsorge" fest. Dies bedeutet, wie das Bundesverfassungsgericht mehrfach betont hat[124], folgendes:

136 Indem § 7 II Nr. 3 AtG nicht auf die allgemein anerkannten Regeln der Technik, sondern schlechthin auf den **Stand der Technik** abstellt, wird die Exekutive zur Berücksichtigung des *jeweils erreichten* technischen Entwicklungsstandes verpflichtet.

137 Mit der Bezugnahme auch auf den **Stand der Wissenschaft** übt der Gesetzgeber einen noch stärkeren Zwang dahin aus, daß die rechtliche Regelung mit der wissenschaftlichen und technischen Entwicklung Schritt hält. Es muß diejenige Vorsorge gegen Schäden getroffen werden, die *nach den neuesten wissenschaftlichen Erkenntnissen* für erforderlich gehalten wird. Läßt sie sich technisch noch nicht verwirklichen, darf die Genehmigung nicht erteilt werden; die erforderliche Vorsorge wird mithin nicht durch das technisch gegenwärtig Machbare begrenzt.

138 Im Hinblick auf ein verbleibendes Restrisiko in Gestalt einer – verfassungsrechtlich formuliert – künftigen Grundrechtsgefährdung läßt das Gesetz nach Auffassung des Bundesverfassungsgerichts eine Genehmigung nur dann zu, wenn es nach dem Stand von Wissenschaft und Technik *„praktisch ausgeschlossen"* ist, daß Schadensereignisse eintreten. Ungewißheiten jenseits dieser **„Schwelle praktischer Vernunft"** (Akzeptabilitätsmaßstab) haben ihre Ursache in den Grenzen des menschlichen Erkenntnisvermögens; sie sind unentrinnbar und insofern als *sozialadäquate* Lasten von allen Bürgern zu tragen (BVerfGE 49, 89 [143]). Risikovorsorge in diesem Restrisikobereich ist *nicht mehr tatbestandliche Schadensvorsorge* i.S. des § 7 II Nr. 3 AtG, sondern *zulässige Restrisikominimierung nach pflichtgemäßem Ermessen.*

139 dd) Aus alledem folgt u.a., daß etwaigen Unsicherheiten bei der Risikoermittlung und Risikobewertung nach Maßgabe des sich daraus ergebenden Besorgnispotentials Rechnung zu tragen ist, und zwar durch hinreichend „konservative", d.h. auf der sicheren Seite liegende Annahmen. Dabei darf sich die Genehmigungsbehörde nicht auf eine „herrschende Meinung" verlassen, sondern muß alle vertretbaren wissenschaftlichen Erkenntnisse in Erwägung ziehen."[125]

---
124 BVerfGE 49, 89 (135 ff.) u. 53, 30 (58 f.).
125 BVerwGE 72, 300 (316).

§ 7 II Nr. 3 AtG impliziert somit hinsichtlich des störfallbezogenen Risikos das **Gebot** **140** **der Risikominimierung** („so gering wie möglich"). Die gebotenen Maßnahmen zur risikominimierenden Schadensvorsorge[126] stehen allerdings, soweit das für solche Maßnahmen in Betracht kommende Risiko auch ohne (zusätzliche) Schutzvorkehrungen hinreichend gering ist, unter dem *Vorbehalt der Verhältnismäßigkeit* zwischen Vorsorgeaufwand und Vorsorgenutzen.

Die Sicherheitstechnik kennt zahlreiche *verschiedenartige Sicherheitsprinzipien*, z.B. das Prinzip der räumlichen Trennung der durch Einwirkungen von außen verwundbaren Komponenten, das Prinzip der Automatisierung, das Prinzip der Redundanz, d.h. der Mehrfachsicherung gegen die Folgewirkungen eines Versagensereignisses, usw. Sie alle spielen in der kerntechnischen „Sicherheitsphilosophie", die nicht mehr ist als „ein mehr oder weniger logischer Verbund praktisch brauchbarer Grundannahmen"[127], eine wichtige Rolle. **141**

ee) Bei der Beantwortung der Frage, welche Anforderungen an eine zureichende Schadensvorsorge zu stellen sind[128], kommen als ingenieurwissenschaftliche Hilfen sog. *deterministische* und sog. *probabilistische* Methoden in Betracht, die je für sich oder kumulativ Anwendung finden. Beide Methoden beziehen sich auf eine unter Sicherheitsaspekten vorzunehmende Bewertung eines technischen Systems, d.h. auf eine Bewertung der Gesamtheit seiner dem Betrieb und der Sicherheit dienenden Funktionsbereiche. Gemeinsame Grundlage beider Methoden ist eine *Systemanalyse*. Mit ihr werden die technisch notwendigen Eigenschaften der Systemelemente und -komponenten (z.B. die notwendige Förderleistung einer Kühlpumpe) und die notwendigen inneren Kausalverknüpfungen (z.B. die erforderliche Energieversorgung für den Pumpenantrieb) ermittelt. **142**

Nach der „klassischen", in der Praxis der Genehmigungsbehörden vorherrschenden (risiko*qualifizierenden*) **deterministischen Methode** ist die Sicherheit der zu bewertenden technischen Systeme bzw. Systemteile unter folgender Voraussetzung gegeben: Es muß allen hypothetisch angenommenen Störfallabläufen, d.h. allen bei ingenieurmäßiger Betrachtung relevanten Ereignisketten und Versagenspostulaten bei der technischen Auslegung des Systems bzw. der Systemteile durch die Einhaltung solcher „Sicherheitsabstände" Rechnung getragen worden sein, die bei „konservativer" Betrachtungsweise als zureichend zu erachten sind. So ist z.B. die notwendige Festigkeit eines Bauteils auf die von ihm aufzunehmende Last bezogen. Hier kann der notwendige „Sicherheitsabstand" etwa dadurch hergestellt werden, daß die Festigkeit des Bauteils nennenswert höher bemessen wird als die zu erwartende Höchstlast. Bei einem derart ausgelegten und fehlerfrei gefertigten Bauteil kann dann das Versagen deterministisch am „Maßstab der praktischen Vernunft" ausgeschlossen werden. **143**

Nach der (risiko*quantifizierenden*) **probabilistischen Methode** (PSA)[129] werden die Ausfallraten aller technischen Elemente und Komponenten eines Systems, hier also einer kerntechni- **144**

---

126 Dazu z.B. *Ronellenfitsch* (Fn. 94), S. 222 ff. m. zahlr. Nachw.; *Marburger*, wie Fn. 116; *Rengeling*, DVBl. 1988, 257 ff. – Zur Vorsorge gegen übermäßige oder vermeidbare Strahlenbelastung vgl. im Text Rn. 7/220 ff.
127 *Roßnagel*, UPR 1993, 129, anschaulich zu Begriff und Funktion; s.a. *Haedrich*, Erl., § 17 AtG, Anm. IV d, bb.
128 Das BMU wird hierzu von der Reaktorsicherheitskommission beraten.
129 Vgl. *Rengeling*, Probabilistische Methoden bei der atomrechtlichen Schadensvorsorge, 1987; *Hauptmanns/Hertrich/Werner*, Technische Risiken, Ermittlung und Beurteilung, 1987; *Steinberg*, in: *Schneider/Steinberg*, Schadensvorsorge, S. 12 (40 ff.) m.w.N.; *Roßnagel*, UPR 1993, 129 (133);

schen Anlage, statistisch ermittelt bzw. (bei Fehlen entsprechender empirischer Daten) konservativ geschätzt. Die entsprechend der Funktionslogik des technischen Systems gedanklich vorgenommene Hintereinanderschaltung von Versagensereignissen mit jeweils quantifizierter Versagenshäufigkeit führt im Wege einer sog. *„Fehlerbaumanalyse"* zu verzweigten „Ereignisketten". Solche Ereignisketten münden mit einer bestimmten Gesamtwahrscheinlichkeit (Produkt der einzelnen Versagenswahrscheinlichkeiten) letztendlich in die Bewirkung des gerade zu vermeidenden Schadens. Diese Methode quantifiziert die Gesamtwahrscheinlichkeit des Eintritts eines bestimmten Stör- oder Unfalls (z.B. des Eintritts einer Reaktorkernschmelze mit Austritt von Teilen des nuklearen Inventars durch die obendrein wegen hohen Dampfdrucks versagende Sicherheitshülle des KKW). Sie sieht die notwendige Sicherheit als gegeben an, wenn das Produkt der einzelnen Versagenswahrscheinlichkeiten aller auf einer Ereigniskette befindlichen Elemente und Komponenten nach dem „Maßstab der praktischen Vernunft" genügend klein ist. Den normsetzenden und normanwendenden Staatsorganen kann diese Methode, die wohl zuerst bei der US-Raumfahrt, später auch umfassend in der „Deutschen Risikostudie Kernkraftwerke"[130] angewendet worden ist, wichtige Erkenntnis- und Entscheidungshilfen leisten. Dies zunächst deswegen, weil probabilistische Sicherheitsanalysen aussagekräftige Feststellungen zur Sicherheit einer bestimmten technischen Anlage oder einer bestimmten Technologie ermöglichen, indem sie die in Betracht kommenden technischen Risiken und deren Realisierungswahrscheinlichkeiten umfassend ermitteln. Probabilistische Sicherheitsanalysen sollen auch dazu dienen, einen Vergleich von Risiken alternativer Technologien zu ermöglichen und Schwachstellen eines Schadensvorsorgesystems oder eine in bezug auf einzelne Risiken etwa bestehende Unausgewogenheit eines sicherheitstechnischen Konzepts aufzudecken und Möglichkeiten zur Risikoverringerung aufzuspüren. Sie müssen allerdings – und darin liegt (neben den unvermeidbaren bloßen Schätzungen unbekannter Ausfallraten technischer Elemente) ihre Schwäche – solche Risikobeiträge weitgehend unberücksichtigt lassen, die unkalkulierbar und daher nicht quantifizierbar sind, weil sie von menschlichem Versagen des Betriebspersonals, von böswilligen Einwirkungen Dritter, von Kriegsereignissen u.ä. ausgehen. – Der Stand der Probabilistik wird freilich überschätzt: Ihr praktischer Einsatz beschränkt sich vor allem darauf, Schwachstellen der Deterministik aufzuspüren; sie dient aber auch dazu, bei Nichterfüllung deterministisch vorgegebener nachträglicher Auflagen das damit zu vermeidende Risiko in den Bereich des sog. Restrisikos ($< 10^{-6}$) zu rechnen. Gleichwohl kann die Praxis, mag es sich um Einzelgenehmigungen oder auch um die Aufstellung von Regelwerken, Kriterien oder Richtlinien handeln, auf eine kumulative Anwendung probabilistischer und deterministischer Methoden nicht verzichten.[131]

145 ff) Hinsichtlich der Frage, in welchem Ausmaß die *Verwaltungsgerichte* die von der Exekutive vorgenommene Risikoeinschätzung einer kerntechnischen Anlage überprüfen können (*„Kontrolldichte"*), hat das *BVerfG* schon in der Kalkar-Entscheidung (BVerfGE 49, 89 [119 f.]) festgestellt, § 7 II Nr. 3 AtG belasse der Exekutive bei der Risikobeurteilung einen „eigenen Beurteilungsbereich", um die laufende Anpassung an den jeweils neuesten Erkenntnisstand und damit eine bestmögliche Gefahrenabwehr und Risikovorsorge zu ermöglichen. Im Sasbach-Beschluß (BVerfGE 61, 82 [115]) heißt es, die Gerichte hätten solche Feststellungen und Bewertungen nur auf ihre

---

Balfanz, atw 1995, 102; aus Betreibersicht auch *Jaerschky/Ringeis*, atw 1990, 330 ff. – Zur rechtlichen Bedeutung s. BVerwG, DVBl. 1990, 58 – THTR. S.a. *Breuer*, Probabilistische Risikoanalysen im GenTR, NuR 1994, 157 ff.
130 Vgl. Fn. 60.
131 Instruktiv *Steinberg*, in: *Schneider/Steinberg*, Schadensvorsorge, S. 40 ff.

Rechtmäßigkeit hin zu überprüfen, nicht aber ihre eigenen Bewertungen an deren Stelle zu setzen.

Auch nach dem *BVerwG* trägt die *Verantwortung für die Risikoermittlung* und *-bewertung* nach der Normstruktur des § 7 II Nr. 3 AtG die Exekutive (*Einschätzungsprärogative, Beurteilungsspielraum*; s. auch Rn. 6/80). Es könne nicht Sache der nachträglichen verwaltungsgerichtlichen Kontrolle sein, die der Exekutive zugewiesene Wertung wissenschaftlicher Streitfragen einschließlich der daraus folgenden Risikoabschätzung durch eine eigene Bewertung zu ersetzen. Somit komme es nicht darauf an, welche Schadensvorsorge das Verwaltungsgericht nach Art und Ausmaß für erforderlich hält, sondern darauf, ob die Genehmigungsbehörde nach den Ergebnissen des von ihr durchgeführten Genehmigungsverfahrens die Überzeugung haben durfte, daß die vorgesehenen Schadensvorsorgemaßnahmen ausreichen.[132] Die Exekutive verfüge nicht nur gegenüber der Legislative, sondern auch im Verhältnis zu den Verwaltungsgerichten über rechtliche Handlungsformen, die sie für die Verwirklichung des Grundsatzes bestmöglicher Gefahrenabwehr und Risikovorsorge im Rahmen ihres Bewertungskonzepts sehr viel besser ausrüsten. Dies sei der eigentliche Grund für die relativ geringe Regelungsdichte, die § 7 II Nr. 3 AtG aufweist; er rechtfertige diese Regelung zugleich vor den Erfordernissen des grundrechtlichen Gesetzesvorbehalts.

146

gg) Die Genehmigungsvoraussetzungen für Errichtung und Betrieb eines neuen KKW wurden hinsichtlich der notwendigen *Risikovorsorge* (Nr. 3) bei *Stromgewinnungsanlagen* durch das sog. Artikelgesetz Kohle/Kernenergie vom 29.7.1994 (Rn. 7/68) ergänzt. Der neue § 7 II a AtG verlangt, daß aufgrund der Beschaffenheit und des Betriebs der Anlage auch außergewöhnliche Ereignisse weitere Maßnahmen außerhalb der Anlage nicht erforderlich machen würden. Die bei der Auslegung der Anlage zugrundezulegenden Ereignisse sind in entsprechenden Leitlinien (also in Ergänzung zu den Störfall-Leitlinien, Rn. 7/236) des zuständigen Ministeriums zu bestimmen.[133] Diese Neuregelung gilt nicht für bis zum 31.12.1993 genehmigte oder teilgenehmigte Anlagen und nicht einmal für wesentliche Veränderungen dieser Anlagen oder ihres Betriebs. Damit ist für künftig zur Zulassung anstehende Kernkraftwerke zur Elektrizitätserzeugung (sog. Leistungsreaktoren) ein zusätzliches Sicherheitsziel festgelegt. So muß zur Überzeugung der Genehmigungsbehörde feststehen, daß es nicht zu Strahlenfreisetzungen kommen kann, die einschneidende Maßnahmen wie etwa eine Evakuierung erforderlich machen.[134]

147

hh) § 7 II Nr. 3 der Entwurfsfassung (zur „großen" Novelle) stellt in Anlehnung an andere Bereiche des Umweltrechts klar, daß unter erforderlicher Schadensvorsorge Gefahrenabwehr einerseits und Vorsorge gegen Risiken andererseits zu verstehen sein soll, wobei die Vorsorge

148

---

132 BVerwGE 61, 82 (115); BVerwGE 72, 300 (314 ff.) – Wyhl; BVerwGE 78, 177 (180 f.) – Brokdorf; BVerwG, DVBl. 1990, 58. Ebenso für § 7 II Nr. 5 AtG BVerwGE 81, 185 ff.; auch hier verwendet das BVerwG den Terminus „Beurteilungsspielraum"; ebenso BVerwGE 72, 300 (315); aus neuerer Zeit vgl. BVerwG, DVBl. 1993, 1149 ff. mit Anm. *Winter*, ZUR 1994, 20 ff.; VGH Kassel, NVwZ 1989, 1183 ff.
133 Dagegen hat Niedersachsen Verfassungsbeschwerde erhoben, weil es sich inhaltlich um Vorschriften der Verwaltung handle und damit der BRat zustimmen müsse.
134 Begründung: BT-Drs. 12/6908 S. 16; krit. dazu *Sauer*, in: *Steinberg*, Reform, S. 45 ff.; s.a. *Rose*, atw 1995, 856.

7 Kernenergie- und Strahlenschutzrecht

unter dem Vorbehalt der Verhältnismäßigkeit steht. Zwecks Offenheit des Genehmigungsverfahrens für künftige technische Entwicklungen wird die Konkretisierung der erforderlichen Schadensvorsorge dem VO-Geber überlassen. § 7 III AtG-E bestimmt den Umfang des Drittschutzes. Darüberhinaus kann der VO-Geber weitergehende Klagemöglichkeiten eröffnen.

4. Teilgenehmigung und Vorbescheid

149 Die z.B. auch im Immissionsschutzrecht verankerten Rechtsinstitute der **Teilgenehmigung** (Rn. 6/205 ff.) und des **Vorbescheids** (Rn. 6/209) finden sich im Zusammenhang mit § 7 AtG auch im Atomrecht. Sie werfen auch hier besondere rechtsdogmatische Probleme auf.[135] Dabei ist nur der Vorbescheid (in § 7a) ausdrücklich vorgesehen, die Teilgenehmigung wird (in § 7b) vom Gesetz nur vorausgesetzt und hinsichtlich Einwendungen Dritter geregelt (vgl. aber § 18 AtVfV und § 8 BImSchG); das sollte sich mit § 7a der „großen" 7. Novelle (Stand 1994) ändern.

a) Teilgenehmigung

150 aa) Das Institut der **Teilgenehmigung** (§ 7b AtG, § 18 AtVfV) soll dazu dienen, die Gesamtgenehmigungsproblematik abschnittsweise abzuarbeiten, dadurch das Verfahren für die Beteiligten übersichtlicher zu gestalten und sich mit den Folgegenehmigungen möglichst immer an der Spitze des jeweiligen Standes von Wissenschaft und Technik zu bewegen. Gleichzeitig soll die Teilgenehmigung, insbesondere das darin enthaltene *vorläufige positive Gesamturteil* (dazu näher sogl.) den Antragsteller davor schützen, daß aufgrund späterer Versagung einer Folge-(Teil-)Genehmigung die bisherigen Investitionen hinfällig werden. Dazu können vor Erteilung der (Voll-)Genehmigung einer Kernanlage (jeweils auf Antrag) zahlreiche Teilerrichtungs- und mehrere Teilbetriebsgenehmigungen ergehen. In der Praxis hat allerdings die Vielzahl der Teilerrichtungsgenehmigungen nicht nur unter Rechtsschutzgesichtspunkten zu einigen Schwierigkeiten geführt.[136] Wie gut sich auch mit Teilgenehmigungen Jahre lang ein KKW betreiben läßt, versucht mit einigem Erfolg das Land BW in *Obrigheim* herauszufinden.

151 Das KKW Obrigheim produziert als eines der ältesten deutschen KKW seit 1968 Strom, und zwar bis 1992 im wesentlichen aufgrund einer Genehmigung für den – freilich zeitlich und gegenständlich nicht begrenzten – *Probe*betrieb und etlicher nachgereichter Teilgenehmigungen. Im Mai 1990 hatte der VGH BW befunden, eine ausreichende atomrechtliche Genehmigung liege gar nicht vor.[137] Die darauf im August 1992 erteilte abschließende Genehmigung wurde am 13.4.1995 vom VGH BW wieder aufgehoben, weil etwaige Risiken nicht abschließend ermittelt und bewertet worden seien und nicht ausreichend geprüft worden sei, ob die

---

135 Vgl. den Überblick bei *Kutscheidt*, FS Sendler, 1991, S. 303 ff.; s.a. *Wieland*, DVBl. 1991, 616 ff.
136 Vgl. zuletzt BVerwGE 92, 185 – Mülheim Kärlich II; dazu *Vogelsang/Zartmann*, NVwZ 1993, 855 ff.; s.a. *Wieland*, DVBl. 1991, 616 ff. m.w.N.; krit. zur Überbetonung der Investitionssicherheit *Roßnagel*, DÖV 1995, 624 (629).
137 Urt. vom 23.5.1990, VBlBW 1990, 415; dagegen BVerwGE 88, 286 ff.; zur Wiederaufnahme des Verfahrens Urt. vom 7.6.1994, VBlBW 1995, 10.

Anlage, insbesondere der Reaktordruckbehälter noch den gesetzlichen Anforderungen der Schadensvorsorge für den zukünftigen Betrieb gerecht werde.[138]

bb) Die Teilgenehmigung besteht aus einem **gestattenden** (und insoweit auch definitiv feststellenden) **Teil** und aus dem **vorläufigen positiven Gesamturteil**. 152

Sie darf *verfahrensrechtlich* nur ergehen, wenn im Umfang ihrer Gestattungswirkung *alle* sicherheitstechnisch relevanten Einzelheiten von der Genehmigungsbehörde geprüft worden sind[139] und wenn eine *vorläufige* Prüfung im Sinne des § 18 I AtVfV über das Vorliegen der Genehmigungsvoraussetzungen im Hinblick auf die Errichtung und den Betrieb der *gesamten* Anlage stattgefunden hat („*vorläufiges positives Gesamturteil*"). 153

Die Bindungswirkung *endgültiger* Entscheidungen in Teilgenehmigungen kann auch bei inzwischen veränderter Sachlage nur durch Widerruf beseitigt werden. Dagegen ist die Bindungswirkung des *vorläufigen positiven Gesamturteils* begrenzt. Das **vorläufige positive Gesamturteil** hat sozus. eine „Klammerfunktion" zu erfüllen. Es ist nämlich nicht nur Genehmigungsvoraussetzung, sondern es gehört, obwohl es nicht „tenoriert" wird, auch zu dem (über den gestattenden Teil einer Teilgenehmigung hinausweisenden) *feststellenden Teil* der Teilgenehmigung und damit zu dessen Regelungsgehalt, der aber insoweit hinter dem eines Vorbescheids (Rn. 6/164 ff.) zurückbleibt.[140] Es besagt, daß nach dem Ergebnis einer vorläufigen Prüfung die Genehmigungsvoraussetzungen im Hinblick auf die Errichtung und den Betrieb der gesamten Anlagen vorliegen werden (§ 18 I AtVfV) bzw. – anders ausgedrückt –, daß dem Vorhaben „keine von vornherein unüberwindlichen rechtlichen Hindernisse" entgegenstehen.[141] Das Gesamturteil ist „vorläufig", weil es nur auf vorläufigen, wenn auch hinreichend aussagekräftigen Angaben zu beruhen braucht; das bedeutet aber nicht eine geringere Prüfungs*intensität*, etwa im Sinne einer bloßen Evidenzkontrolle[142], sondern vielmehr eine Art Vollprüfung auf derzeitigem Stand.[143] Erst mit der letzten Teilgenehmigung erstarkt das zuvor jeweils „vorläufige" zum „abschließenden" positiven Gesamturteil. 154

Wenn beispielsweise für die vollständige Errichtung der Anlage lückenlose Teilgenehmigungen vorliegen, sind Fragen der Auslegung des Kernkraftwerks gegen Störfälle einschließlich der Folgen eines Flugzeugabsturzes nicht mehr Gegenstand des sich nur noch auf die Betriebsgenehmigung beziehenden Verfahrens.[144] 155

Die normative Bindungswirkung der Teilgenehmigung gilt hinsichtlich des vorläufigen positiven Gesamturteils nur eingeschränkt. Sie entfällt nämlich nicht erst bei späterer Änderung der Sach- oder Rechtslage, sondern schon dann, wenn an noch nicht geneh- 156

---

138 atw 1995, 340.
139 BVerwGE 80, 207 – Mülheim-Kärlich; BVerwG, DVBl. 1990, 58.
140 BVerwGE 72, 300 (306 ff.); s.a. BVerwG, UPR 1993, 302 f.
141 So schon BVerwG, DVBl. 1982, 960 – KKW Würgassen; s.a. VGH Kassel, UPR 1994, 79.
142 BVerwGE 72, 300 (308) unter Hinweis auf BVerwG, DVBl. 1982, 960.
143 Vgl. jetzt BVerwG, DVBl. 1994, 1252 (1254): VpG bezieht sich nicht auf den Errichtungsvorgang.
144 BVerwGE 88, 286 (290 f.); BVerwGE 92, 185; BVerwG, DVBl. 1993, 1151; siehe auch BVerwG, et 1992, 324 zu den Folgen der Aufhebung einer atomrechtlichen Teilgenehmigung für die Frage einer nachträglichen Genehmigungsfähigkeit der Anlage.

migte Anlagenteile aufgrund der späteren Detailprüfung neue Anforderungen gestellt werden müssen.[145] Dies ist u.U. von erheblicher wirtschaftlicher Bedeutung, wenn – zulässigerweise – aufgrund neuerer Erkenntnisse an noch nicht genehmigte Anlagenteile weitere als ursprünglich vorausgesehene und damit auch teurere Anforderungen gestellt werden.

157 Umgekehrt kommt aber auch schon einer Reihe vorläufiger positiver Gesamturteile Bindungswirkung zu, die sogar die durch Aufhebung der ersten Teilgenehmigung entstandene Lücke zu schließen in der Lage sein soll. Dies ist nicht unproblematisch, entzieht doch die Aufhebung der ersten Entscheidung den nachfolgenden Teilgenehmigungen, die über die Lücke hinweghelfen sollen, gerade die Grundlage. Schließlich soll die fehlende erste Teilgenehmigung auch noch nachträglich ersetzt werden können. Dieses Urteil KKW Mülheim-Kärlich II gibt Anlaß, über die Zweckmäßigkeit von Teilgenehmigungen im besonderen, gestufter Verfahren im allgemeinen neu nachzudenken.

158 cc) Soweit sich das vorläufige positive Gesamturteil auf gesetzliche Genehmigungsvoraussetzungen bezieht, die drittschützenden Charakter haben (insbesondere § 7 II Nr. 3 AtG), ist das vorläufige positive Gesamturteil selbst „*drittschützend*" (BVerwGE 72, 300 [310]). Umgekehrt sind Drittbetroffene ab Bestandskraft der Teilgenehmigung mit den Einwendungen ausgeschlossen (**Bestandskraftpräklusion**), die schon gegenüber der Teilgenehmigung vorgebracht wurden oder hätten vorgebracht werden können (§ 7b AtG). Die Bindungswirkung bestimmt die Präklusionswirkung.[146]

159 dd) § 7a der Entwurfsfassung regelt die Bindungswirkung der vorläufigen positiven Gesamtbeurteilung im Sinne eines Vorbehalts der Änderung der Sach- oder Rechtslage oder abweichender Beurteilung aufgrund Einzelprüfungen im Rahmen späterer Teilgenehmigungen (Abs. 2, S. 2).

160 ee) Im gestuften Verfahren folgt der Errichtungsgenehmigung in der Regel die *Betriebsgenehmigung*. Ihr Gegenstand ist ein Betriebsreglement, das die bestmögliche Risikovorsorge gewährleistet. Zu ihrer Erteilung muß die Behörde daher auch nachträglich auftauchenden Zweifeln nachgehen, ob die genehmigungskonform errichtete Anlage auch sicher betrieben werden kann oder ob in vorausgegangenen Genehmigungen enthaltene bindende Feststellungen über die anlagenimmanente Betriebssicherheit durch Erkenntnisfortschritte in Wissenschaft und Technik erschüttert sind. Zu einer erneuten Prüfung und Entscheidung der Eignung der Anlage für einen sicheren Betrieb geben aber nur Bedenken Anlaß, aufgrund derer der Erlaß nachträglicher Auflagen zur Errichtungsgenehmigung oder deren Rücknahme oder Widerruf in Betracht kommt (Rn. 7/177 ff.).[147] Eine den Betrieb der Atomanlage abschließend gestattende Genehmigung darf nur erteilt werden, wenn vorher alle wesentlichen Sicherheitsfragen geklärt sind.[148]

---

145 Hierzu und zum folgenden BVerwGE 92, 185 – Mülheim-Kärlich II; dazu *Vogelsang/Zartmann*, NVwZ 1993, 855 ff. m.w.N.
146 BVerwGE 92, 185 – Mülheim-Kärlich II; OVG Koblenz, NVwZ-RR 1994, 381 ff – Mülheim-Kärlich, 1.TG (neu).
147 BVerwGE 88, 286 (290 f.) – KKW Obrigheim.
148 BVerwG, DVBl. 1990, 1167 ff. – Kernforschungszentrum Karlsruhe.

Eine sog. *Probebetriebsgenehmigung* ist ebenfalls gesetzlich nicht vorgesehen und wirft Probleme auf. Eine atomrechtliche Genehmigung für den Probebetrieb einer Anlage unter Vollast soll aber nicht schon aus sich heraus ihre Wirksamkeit verlieren, wenn der Probebetrieb weder zeitlich begrenzt noch gegenständlich auf ein bestimmtes Erprobungsprogramm oder eine bestimmte Betriebsphase oder einen bestimmten Betriebszyklus beschränkt ist. Die Genehmigungen nach § 7 AtG unterschieden nicht nach dem Zweck der Anlage und ihres Betriebs. Diese seien vielmehr unerheblich unter Gesichtspunkten der nuklearspezifischen Gefahrenvorsorge (§ 7 II Nr. 3 AtG). Die Behörde müsse aber dann noch über die Beendigung des Probebetriebs entscheiden.[149]

161

ff) Eine *Nachtragsgenehmigung* bedeutet eine Ergänzung oder Änderung einer bestehenden Genehmigung. Für sie gelten keine Besonderheiten. Sie unterliegt allen Voraussetzungen einer Genehmigung.[150]

162

gg) Entsprechendes gilt für eine *Änderungsgenehmigung*. Auch eine solche kann nur im atomrechtlichen Genehmigungsverfahren ergehen. Als bloße Aufsichtsmaßnahme (§ 19 AtG) ist sie unzulässig.[151]

163

b) Vorbescheid

Der **Vorbescheid** (§ 7a AtG, § 19 AtVfV), der sich auf einzelne Fragen bezieht, von denen die Erteilung der Kernanlagengenehmigung abhängt, kann z.B. ein Standort- oder ein Konzeptvorbescheid sein. Er enthält lediglich eine rechtlich relevante Feststellung, beinhaltet somit keine Gestattung. Im Aussagebereich der von ihm (im „verfügenden" Teil) getroffenen Feststellung enthält der Vorbescheid eine „Definitivregelung". Sie bestimmt den Rahmen, innerhalb dessen sich später erteilte Teilgenehmigungen zu halten haben. Nach einer (um zwei Jahre verlängerungsfähigen) Frist von zwei Jahren seit Eintritt der Bestandskraft wird der Vorbescheid unwirksam (§ 7a I 2 AtG), sofern noch keine (Teil-)Genehmigung beantragt worden ist. Auch ein Vorbescheid darf nur ergehen, wenn hinsichtlich der gesamten Anlage ein vorläufiges positives Gesamturteil (Rn. 7/154) möglich ist; das hat allerdings für den Standort- und den Konzeptvorbescheid keine Bedeutung.

164

aa) Der *Standortvorbescheid* stellt für eine („konzeptkonkrete") Kernanlage die Eignung eines in Aussicht genommenen Standorts fest (z.B. in geologischer, hydrologischer, agrarmeteorologischer Hinsicht); vgl. dazu § 7 II Nr. 6 AtG (teilweise drittschützend; jedenfalls hinsichtlich Erdbebensicherheit). Das zugrundeliegende Anlagenkonzept kann dann nicht mehr aus standortspezifischen Gründen in Frage gestellt werden.[152]

165

---

149 BVerwGE 88, 286 (296 f., 301) – KKW Obrigheim.
150 BVerwGE 88, 286 (294 f.) – KKW Obrigheim.
151 BVerwGE 80, 207 (214) – KKW Mülheim-Kärlich.
152 BVerwGE 80, 207 (213) – KKW Mülheim-Kärlich; BVerwGE 72, 300 (304 f.) – KKW Wyhl; BVerwGE 70, 365 (372 f.) – KKW Krümmel.

166 bb) Der *Konzeptvorbescheid* stellt weder – wie das vorläufige positive Gesamturteil – eine bloße Entscheidungsprognose dar, noch ist er eine Zusicherung. Er regelt feststellend eine Einzelfrage i.S. des § 7a AtG in Gestalt einer definitiven Billigung des konkreten Anlagenkonzepts, d.h. der als konzeptrelevant angesehenen Anlagenteile und -systeme; damit steht er also – im Gegensatz zur vorläufigen positiven Gesamtbeurteilung – nicht unter dem Vorbehalt späterer Detailprüfung.[153] Allerdings gibt es nach dem BVerwG keinen allgemeingültigen, sozus. abstrakten oder auch nur standortunabhängigen objektiven Konzeptbegriff (auch nicht in dem eingeschränkten Sinne der abstrakten Definition eines sog. „sicherheitstechnischen Konzepts"). Vielmehr ist *Konzept*, was im Einzelfall vom Antragsteller zur behördlichen Billigung gestellt und von der Behörde zum Gegenstand einer abschließenden Vorbescheidsregelung gemacht worden ist.

5. Verfahren

167 Zuständig zur Erteilung der Genehmigung nach § 7 AtG sind die gem. § 24 II AtG durch die Landesregierungen bestimmten obersten Landesbehörden (Rn. 7/240). Formell eingeleitet wird das Verfahren durch die Einreichung des *Genehmigungsantrags* bei der Genehmigungsbehörde. Ihm sind die erforderlichen, in § 3 AtVfV angeführten Unterlagen beizufügen. Sie bilden die Grundlage für die *Behördenbeteiligung* und die *Öffentlichkeitsbeteiligung*. Im Verfahren sind nach § 7 IV 1 AtG alle Behörden des Bundes, der Länder, der Gemeinden und der sonstigen Gebietskörperschaften zu beteiligen, deren Zuständigkeitsbereich berührt wird. Bestehen zwischen der (Landes-) Genehmigungsbehörde und einer beteiligten Bundesbehörde Meinungsverschiedenheiten, so hat nach § 7 IV 2 AtG die Genehmigungsbehörde die Weisung des für die kerntechnische Sicherheit und den Strahlenschutz zuständigen Bundesministers einzuholen (zur ungefragten Weisung Rn. 7/44 ff.). Im übrigen wird das Verfahren gem. § 7 IV 3 AtG durch die AtVfV nach den Grundsätzen der §§ 8, 10 I-IV u. VI-VIII, 18 BImSchG geregelt (auch für die Teilgenehmigung und den Vorbescheid). Insoweit kann – unter Verzicht auf die Darstellung von Abweichungen – auf die Ausführungen oben Rn. 6/205 ff. Bezug genommen werden.[154] Vor Beginn des atomrechtlichen Verfahrens werden regelmäßig Raumordnungsverfahren und (bei Reaktoren) energiewirtschaftliche Anzeigeverfahren (nach dem EnergG) durchgeführt; hinzu kommt bei bestimmten Kernanlagen die *Umweltverträglichkeitsprüfung* nach Maßgabe des 1995 neu eingefügten § 1a I AtVfV, der aber auch noch für laufende Genehmigungsverfahren gilt.[155]

---

153 BVerwGE 70, 365 (372) – KKW Krümmel.
154 Prozeßrechtlich ist auf § 48 I VwGO hinzuweisen. Danach bezieht sich die erstinstanzliche Zuständigkeit der OVG zur Entscheidung über Streitigkeiten, die die Errichtung, den Betrieb, die sonstige Innehabung, die Veränderung u. die Stillegung von Anlagen i.S. von §§ 7a, 9a III AtG betreffen, auf *sämtliche* für das Vorhaben erforderlichen Genehmigungen u. Erlaubnisse.
155 Nach § 1a I AtVfV ist eine *Umweltverträglichkeitsprüfung* durchzuführen für die Errichtung und den Betrieb, die Stillegung, den sicheren Einschluß und den Abbau einer in § 7 I AtG genannten Anlage und den Abbau von Anlagenteilen sowie der wesentlichen Veränderung der Anlage und ihres Betriebes, die nach § 4 AtVfV bekanntzumachen sind.

6. Wirkungen der atomrechtlichen Genehmigung

Seltsamerweise hat – bis auf den in § 8 II AtG geregelten Fall – die atomrechtliche **168** Genehmigung i.S. des § 7 AtG abweichend von den Regelungen im BImSchG (Rn. 6/200 ff.) und im GenTG (Rn. 8/86) über die atomrechtliche Gestattungswirkung hinaus bundesrechtlich keine *Konzentrationswirkung*[156], wohl aber nach § 7 VI AtG i.V.m. § 14 BImSchG *privatrechtsgestaltende* Wirkung. Ein KKW bedarf daher über die atomrechtliche Genehmigung hinaus noch sonstiger behördlicher Gestattungen, z.B. baurechtlicher Genehmigungen.[157] Bauplanungsrechtlich sind Kernanlagen und atomare Entsorgungsanlagen nach § 35 I Nr. 6 BauGB privilegiert.

Der Entwurf zur „großen" 7. Novelle (Stand 1994) sieht in seinem neu gefaßten § 8 I vor, daß **169** andere öffentlich-rechtliche Vorschriften, nach denen Genehmigungen, Zulassungen, Verleihungen, Erlaubnisse und Bewilligungen erforderlich sind, auf Anlagen und Tätigkeiten, die nach dem AtG oder einer aufgrund des AtG erlassenen Rechtsverordnung genehmigungs- oder anzeigebedürftig sind, keine Anwendung finden, soweit es um die Erreichung des in § 1 Nr. 1 festgelegten Zweckes geht und im AtG bzw. in den aufgrund des AtG erlassenen Rechtsverordnungen nichts anderes bestimmt ist. Mit dieser Neufassung wird die bisher beschränkte Konzentrationswirkung über Genehmigungen nach § 4 BImSchG auf sämtliche anlagenbezogenen behördlichen Entscheidungen (mit Ausnahme der Energieaufsichtsbehörde) erstreckt. Dies dient der Verwaltungsvereinfachung, verhindert Kompetenzkonflikte und einander widersprechende Entscheidungen und bringt für Antragsteller und Betroffene mehr Klarheit.

7. Nebenbestimmungen

Gem. § 17 I AtG kann die Genehmigung inhaltlich *beschränkt* und mit *Auflagen* **170** verbunden werden, wobei zur Erreichung des Schutzzwecks des § 1 Nr. 2 AtG auch **nachträgliche Auflagen** (Rn. 7/177 ff.) zulässig sind.

8. Rechtsschutz

Dem Betreiber steht die Verpflichtungsklage auf Erteilung der beantragten Genehmi- **171** gung zu. Für Einzelheiten ist auf die vorstehenden Ausführungen zu verweisen (zum Versagungsermessen Rn. 7/155 ff.; 1/103; zur Kontrolldichte Rn. 7/146; 6/80 f.; 8/92). Umgekehrt können Betroffene Anfechtungsklage gegen die Genehmigung erheben, soweit sie in *drittschützenden* Rechten verletzt sein können. Drittschutz kommt § 7 II

---

156 Andererseits erstreckt sich nach § 14 AtVfV die Prüfung der Genehmigungsbehörde außer auf die Genehmigungsvoraussetzungen des § 7 II AtG auch auf die Beachtung der übrigen das Vorhaben betreffenden öffentlich-rechtlichen Vorschriften. Diese Regelung wirft insoweit, als weitere Genehmigungen neben der atomrechtlichen Genehmigung erforderlich sind, die bekannten Probleme der Konkurrenz sog. Parallelgenehmigungen auf (vgl. Fn. 6/120). Zu den möglichen Konsequenzen vgl. BVerwG, DVBl. 1988, 489: Festsetzung unterschiedlicher Grenzwerte der radioaktiven Kontamination für KKW-Abwasser(-einleitung) durch Atom- u. Wasserbehörde (ausnahmsweise Doppelzuständigkeit).

157 Landesrechtlich schließt eine Genehmigung nach § 7 AtG häufig die notwendige Baugenehmigung ein (vgl. z.B. § 50 III 1 BW LBO).

Nrn. 1, 3, 5 AtG zu. Dagegen vermitteln die atomrechtlichen Verfahrensvorschriften nach ständiger Rspr. Drittschutz nur im Hinblick auf die bestmögliche Verwirklichung einer materiellrechlichen Rechtsposition[158], d.h., wenn bei Berücksichtigung der Einwendungen des Klägers die *konkrete* Möglichkeit einer anderen Entscheidung in der Sache bestanden hätte.[159]

VI. Erhaltung des gebotenen Sicherheitsstandards

172 Nach Auffassung aller Beteiligter sind Nachrüstmaßnahmen an KKW, um erkannte Sicherheitsdefizite zu beseitigen, von Zeit zu Zeit erforderlich.[160] Der Streit über die Rechtmäßigkeit entsprechender Forderungen der Aufsichtsbehörden sollte mit den (rechts-)politischen Auseinandersetzungen über den Ausstieg aus der Kernenergie[161] nicht vermengt werden. *Sendlers* – wie immer griffig formuliertes – Wort vom „*ausstiegsorientierten Gesetzesvollzug*"[162] gerät leicht zum Kampfbegriff derer, die kostspielige Nachrüstungs-, sogar schlichte Ausbesserungsmaßnahmen hintertreiben wollen und dazu auf Bestandsschutz pochen, den Aufsichtsbehörden einen politisch motivierten Wechsel der Sicherheitsphilosophie vorwerfen oder das mit den angesonnenen Maßnahmen zu vermindernde Risiko in den Bereich des Restrisikos hineinrechnen.[163] Umgekehrt soll es politisch motivierten und rechtlich mehr oder minder verbrämten Ungehorsam gegen bindende Weisungen und selbst gegen das Gesetz geben. Was die Aufsichtsbehörden hier können oder müssen, ist nach Recht und Gesetz, nicht anhand einer Grundsatzentscheidung für oder gegen Kernenergie zu beurteilen. Darum wird es in den rechtlichen Auseinandersetzungen im Bereich des Atomrechts in den nächsten Jahren vor allem gehen.

173 Soweit ein nicht nur schrittweiser, sondern alsbaldiger **Ausstieg aus der Atomenergie** gefordert wird und keine weiteren Baugenehmigungen für bisher erst projektierte Kernkraftwerke erteilt werden, bereits im Bau befindliche KKW nicht mehr in Betrieb genommen und betriebene KKW ohne weitere Voraussetzungen stillgelegt werden sollen, sprengt dies unser Thema. Dagegen hat die Frage, wann bestandskräftige atomrechtliche Genehmigungen, die u.a. für KKW erteilt worden sind, insbesondere mit Rücksicht auf geltend gemachte nuklear-spezifische Sicherheitsdefizite aufgehoben, nachträgliche Auflagen verfügt und Betriebe aus Sicherheitsgründen zeitweise stillgelegt werden können oder müssen, mit der Ausstiegsfrage zunächst gar nichts zu tun. Vielmehr geht es dabei um schlichte, freilich ideologieanfällige Gesetzesanwendung. Selbstverständlich ist es in einem Rechsstaat nicht hinnehmbar, wenn Gesetze

---

158 BVerwG, NVwZ 1989, 1168 f. m.w.N.; VGH BW, NVwZ 1993, 196 ff.
159 BVerwG, NVwZ-RR 1994, 14 f.
160 Dazu aus der Sicht der Energiewirtschaft *Stäbler*, atw 1991, 378 ff.
161 Unter dieser Überschrift noch unsere 2. Aufl., Rn. 425 ff. – Eine *Kostenschätzung* für den Ausstieg unterbreiten *Fahl/Michaelis*, atw 1995, 103 ff.
162 *Sendler*, DÖV 1992, 181 ff.
163 Zur Sicherheitsphilosophie *Roßnagel* und *Haedrich* (Fn. 127).

zögernd, falsch oder gar nicht angewandt werden, ganz gleich, von welcher Seite und mit welcher Ideologie.[164]

Streit entsteht immer wieder um das Wiederanfahren zwecks Wartung oder Überprüfen vom Netz genommener KKW, bspw. Biblis B Anfang 1995.

In Betracht kommen nach geltendem Atomrecht – jeweils unter dem Aspekt eines etwaigen „Sicherheitsdefizits", also der etwaigen Nichtgewährleistung der nach den §§ 1 Nr. 2, 7 II Nr. 3 AtG gebotenen zureichenden Schadensvorsorge – die Verfügung nachträglicher Auflagen, notfalls eine zeitweilige Stillegung und als letzter Schritt eine Aufhebung erteilter atomrechtlicher Errichtungs- bzw. Betriebsgenehmigungen[165] entweder durch *Rücknahme* oder durch *Widerruf*. Es geht dabei um die fakultative Rücknahme einer *rechtswidrig* erteilten Genehmigung gem. § 17 II AtG und um den Widerruf einer *rechtmäßig* erteilten Genehmigung, und zwar um den fakultativen Widerruf gem. § 17 III Nr. 2 AtG oder um den obligatorischen Widerruf gem. § 17 V AtG. Die Frage der Aufhebbarkeit einer KKW-Betriebsgenehmigung durch Rücknahme oder Widerruf ist speziell und abschließend in § 17 AtG geregelt. In einigen dieser Fälle ist, wenn die Aufhebung bestandskräftig geworden ist, das betroffene Energieversorgungsunternehmen (EVU) zu entschädigen.

174

Soweit die Aufhebung wegen etwaiger nuklearspezifischer Sicherheitsdefizite erwogen wird, sind für die Rechtsanwendung die Bereiche der Schadensvorsorgepflicht und des sog. Restrisikos (Rn. 7/128, 133) zu unterscheiden: Was zum **Restrisikobereich** gehört und vom Einzelnen und der Allgemeinheit als sozialadäquat hinzunehmen ist, fällt unter das der Exekutive vom Gesetzgeber mit § 7 AtG (bislang) eingeräumte Versagungsermessen (Rn. 7/116), nicht aber unter die tatbestandlichen Voraussetzungen der Genehmigungserteilung, d.h. nicht unter die Anforderungen an die gem. § 7 II Nr. 3 AtG gebotene, nach dem jeweiligen Stand von Wissenschaft und Technik zu bemessende Schadensvorsorge. § 17 AtG setzt aber das Fehlen einer tatbestandlichen Genehmigungsvoraussetzung voraus und stellt daher für eine so motivierte Aufhebung einer KKW-Betriebsgenehmigung keine Ermächtigung dar.

175

Ebensowenig kann die Exekutive die Entscheidung über die Aufhebung einer KKW-Genehmigung auf § 17 AtG stützen, wenn sie beabsichtigt, das Restrisiko nicht nur zu minimieren, sondern durch „Ausstieg aus der Kernenergienutzung" für alle Zukunft gänzlich zu beseitigen.

176

1. Nachträgliche Anforderungen

Gem. § 17 I AtG können zur Erreichung des Schutzzwecks des § 1 Nr. 2 AtG auch **nachträgliche Auflagen** ergehen. Solche Auflage sind zum Teil förmlich Voraussetzung für einen Widerruf einer Genehmigung (vgl. § 17 III Nr. 3 AtG, Rn. 7/186 f.),

177

---

164 Zutreffend *Sendler*, DÖV 1992, 181 (186 ff.).
165 Zum folgenden auch *Bender*, DÖV 1988, 813 ff. m.w.N. Zuständig für die Aufhebung der nach § 7 AtG erteilten Genehmigungen sind nach § 24 II 1 AtG die Genehmigungsbehörden, d.h. die von den Landesregierungen bestimmten obersten Landesbehörden. Untersagungen gem. § 4 II 2 EnergG wegen eines etwaigen Sicherheitsdefizits kämen wegen der speziellen Regelungen des AtG nicht in Betracht; ebenso *Lange*, NJW 1986, 2459 (2461 f.).

7 Kernenergie- und Strahlenschutzrecht

jedenfalls gehen sie, wenn sie Abhilfe versprechen, einem Widerruf als milderes Mittel schon nach dem Verhältnismäßigkeitsgrundsatz vor.[166]

178 § 17 Ia des Änderungsentwurfs konkretisiert die Zulässigkeitsvoraussetzungen für *nachträgliche Auflagen* dahingehend, daß diese den Genehmigungsvoraussetzungen entsprechen.

179 Im Rahmen der **staatlichen Aufsicht** (Rn. 7/238) wacht die zuständige Behörde über die Einhaltung aller Sicherheitsbestimmungen (§ 19 AtG), darunter auch über die Einhaltung bzw. Erfüllung auch nachträglicher Auflagen (§ 19 III 1 AtG). Dazu dienen Auskunfts- und Duldungspflichten des Betreibers und der verantwortlichen Personen gegenüber den Aufsichtsbehörden, ihren Beauftragten und Sachverständigen entsprechend § 19 II AtG. § 19 III AtG sieht behördliche Anordnungen vor, wenn solche zur Beseitigung festgestellter oder zur Verhütung künftiger Verstöße gegen das Gesetz, gegen auf seiner Grundlage erlassene Rechtsverordnungen, gegen Genehmigungsbestimmungen oder nachträgliche Auflagen notwendig sind.

180 Die schon jetzt bei einigen Anlagen vorgenommene periodische Sicherheitsüberprüfung schreibt § 19a des Änderungsentwurfs in Abständen von 10 Jahren ausdrücklich vor. Dabei sollen sonst nicht erkannte Schwachstellen aufgedeckt und neue Betriebserfahrungen und technische Entwicklungen berücksichtigt werden.

2. Betriebseinstellung

181 Im Rahmen ihrer Aufsichtsbefugnisse (§ 19 AtG) kann die zuständige Behörde erforderlichenfalls den Umgang mit radioaktiven Stoffen, die Errichtung und den Betrieb von Anlagen der in §§ 7 und 11 I Nr. 2 AtG bezeichneten Art u.a.m. wenigstens **einstweilen einstellen**, auch wenn die erforderliche Genehmigung vorliegt, und **endgültig einstellen**, wenn eine erforderliche Genehmigung nicht erteilt oder rechtskräftig widerrufen ist, § 19 III Nr. 3 AtG. Die Bereitschaft hierzu wird durch drohende Amtshaftungsansprüche in beträchtlicher Höhe gebremst.[167]

Beispiel: Ein KKW, für das nachträgliche Auflagen nicht erfüllt werden, wird vorläufig stillgelegt, d.h. vom Netz genommen.

3. Fakultative Genehmigungsrücknahme

182 Nach § 17 II AtG *kann* u.a. eine KKW-Genehmigung **zurückgenommen** werden, wenn **eine ihrer Voraussetzungen** (also auch eine der Voraussetzungen nach § 7 II Nr. 3 AtG) bei ihrer Erteilung, d.h. **von Anfang an** nicht vorgelegen hat, wenn somit die Erteilung **rechtswidrig** war. Diese Fallgruppe ist wohl nicht von großer praktischer Bedeutung.

183 Dies ergibt sich freilich nicht schon daraus, daß fast alle KKW-Genehmigungen meist mehrinstanzliche verwaltungsgerichtliche Verfahren durchlaufen haben und zwischen Behörde und (stets beigeladenem) Betreiber die Rechtmäßigkeit rechtskräftig feststünde (§ 121 VwGO), weil jedenfalls viele Klagen nicht zureichend substantiiert sind und deshalb abgewiesen werden.

---

166 Dazu *Sellner*, FS Sendler, 1991, S. 339 ff.
167 Hierzu *Roßnagel*, ZUR 1994, 185 ff. mit Rspr.-nachw.

Nach dem Verhältnismäßigkeitsgrundsatz wäre aber die Rücknahme der KKW-Genehmigung wegen Ermessensüberschreitung fehlerhaft, wenn die etwa fehlende Voraussetzung zureichender Schadensvorsorge binnen angemessener Frist – durch *Nachgenehmigung* – geschaffen und in der Zwischenzeit (z.B. durch vorübergehende Stilllegung des KKW) ein Zustand ausreichender Sicherheit gewährleistet werden kann. **184**

Wenn freilich als Genehmigungsvoraussetzung die *abschließende* Prüfung aller sicherheitstechnisch erheblichen Fragen angesehen wird, ist kaum eine Genehmigung rechtmäßig. In der Praxis wird das meiste später in *baubegleitender Aufsicht* abgearbeitet.[168] **185**

4. Fakultativer Genehmigungswiderruf

Nach § 17 III Nr. 2 AtG *kann* eine rechtens erteilte KKW-Genehmigung **widerrufen** werden, wenn **eine ihrer Voraussetzungen** (also auch eine solche nach § 7 II Nr. 3 AtG) **später weggefallen** ist und *nicht in angemessener Zeit Abhilfe* geschaffen wird. (Zur Wiederherstellung des in der Genehmigung geforderten Sicherheitszustands ist der Genehmigungsempfänger ohnehin, also auch ohne Auflage verpflichtet.) Der Fall eines nachträglichen bzw. nachträglich erkannten Sicherheitsdefizits kann sich bei § 17 III Nr. 2 AtG auf eine spätere (etwa alterungsbedingte) *Änderung der Anlage* bzw. ihrer Komponenten, Elemente und Sicherheitssysteme, aber auch auf eine Änderung der (durch das KKW gefährdeten oder das KKW gefährdenden) *Anlagenumwelt* beziehen. **186**

Ein Anwendungsfall des § 17 III Nr. 2 AtG kann aber nach der *ratio* dieser Norm auch die bloße *Änderung des Erkenntnisstandes*, d.h. die Änderung des Standes von Wissenschaft und Technik sein. Eine Änderung des Erkenntnisstandes kann nämlich dazu führen, daß für eine seit Genehmigungserteilung gleich gebliebene Anlage erst nachträglich Risiken erkennbar geworden und erkannt worden sind, gegen die – trotz eines an sich objektiv bestehenden Vorsorgebedürfnisses – aufgrund des bisherigen Kenntnisdefizits keine Vorsorge getroffen worden ist. Es handelt sich also um neue, sicherheitsrelevante, d.h. erst nach Genehmigungserteilung gewonnene Erkenntnisse, die zu einer veränderten deterministischen oder probabilistischen Sicherheitsbeurteilung führen. **187**

Man denke an eine Falsifizierung der bisherigen, scheinbar verläßlichen Annahmen über die bruchmechanischen Eigenschaften einer bestimmten, in KKW-Komponenten verwendeten Metallegierung, über die statistische Versagenshäufigkeit bestimmter, im Reaktorschutzsystem verwendeter Relais usw. **188**

Derartige Änderungen des Erkenntnisstandes fallen wohl nicht unter § 17 II AtG (Rn. 7/182), sondern unter § 17 III Nr. 2 AtG, u.U. auch (bei erkannter „erheblicher Gefährdung") unter § 17 V AtG (Rn. 7/193 ff.). **189**

Wenn dagegen die Exekutive ohne Änderung der „äußeren Tatsachen" (der Anlage oder der Umwelt) und *ohne Änderung des Erkenntnisstandes* ein bisher von ihr nicht i.S. des § 7 II Nr. 3 (oder Nr.5) AtG für vorsorgebedürftig gehaltenes, also bisher als Restrisiko (Rn. 7/116) einge- **190**

---

168 Instruktiv *Lange*, Fehler, S. 9 f.

stuftes Risiko aufgrund einer Änderung ihres sicherheitspolitischen Bewertungskonzepts oder einer Änderung der in § 28 III 3 StrlSchV erwähnten Standards, nämlich der Sicherheitskriterien für Kernkraftwerke oder der Störfall-Leitlinien jetzt doch für vorsorgebedürftig hält, ist dies ein Spezialfall der *Änderung der sog. Sicherheitsphilosophie*.[169] Eine solche Änderung der Sicherheitsphilosophie (der „Atompolitik") kann durchaus zur Versagung einer neu beantragten Genehmigung führen. Bedeutet sie aber auch den Wegfall von Genehmigungsvoraussetzungen i.S. des § 17 III Nr. 2 AtG? Für die Bejahung dieser Frage spricht, daß der Exekutive bei der Risikoermittlung und -bewertung und insoweit auch bei der Bestimmung der nach Art und Ausmaß erforderlichen Schadensvorsorge jedenfalls dann, wenn es nicht um den „Gefahrenbereich" (Rn. 7/123), d.h. um echte Gefahrenlagen geht, eine *Einschätzungsprärogative* zusteht (Rn. 7/146). Aus dieser Sicht gehören bei einer am Wortsinn des § 17 III Nr. 2 AtG orientierten Interpretation die aus der jeweiligen Sicherheitsphilosophie der Exekutive abzuleitenden konkreten Sicherheitsanforderungen zu jenen tatbestandlichen Voraussetzungen der Genehmigungserteilung i.S. des § 7 II Nr. 3 AtG, die später wegfallen können, obwohl sich weder die Anlage noch ihre Umwelt geändert haben. Somit wäre § 17 III anwendbar.[170] *Andererseits* genießt der Betreiber Vertrauensschutz, wie er in einigen Vorschriften des Atomgesetzes (z.B. in §§ 7 VI, 17 I 4) auch sichtbaren Ausdruck gefunden hat, ohne daß dies mit dem Schutzzweck des Atomgesetzes (§ 1 Nr. 2) unvereinbar wäre (z.B. durch § 17 I 2 u. 3). Mit dem Vertrauensschutz wäre es u.E. schwer vereinbar, wenn in einer Errichtungs- bzw. Betriebsgenehmigung Vorsorge gegen ein bestimmtes Risiko deswegen nicht gefordert worden ist, weil dieses Risiko dem Restrisikobereich zugerechnet wurde, und später trotz insoweit unveränderten Stands von Wissenschaft und Technik eine lediglich andere behördliche Bewertung gleichgebliebener faktischer Gegebenheiten zu derart schwerwiegenden Rechtsfolgen führen dürfte, wie dies der Eintritt der Widerrufbarkeit der KKW-Genehmigung darstellt. Die Kernanlage ist nämlich mit sehr hohem Investitionsaufwand im Vertrauen darauf errichtet worden, daß die nach sorgfältiger Prüfung rechtmäßig erteilte, den Empfänger begünstigende Genehmigung *rebus sic stantibus* fortbesteht und daß – in Übereinstimmung mit rechtsstaatlichen Grundsätzen des allgemeinen Verwaltungsverfahrensrechts – ein Sinneswandel der Exekutive für sich allein nicht zum Genehmigungswiderruf führen kann.[171]

191 Keine Frage der Sicherheitsphilosophie ist es aber, wenn sich tatsächliche Erkenntnisse ändern. Dies gilt auch im Bereich des sog. Restrisikos. Hier kommt also ein Genehmigungswiderruf durchaus in Betracht. Einen *Bestandsschutz für das Sicherheitskonzept* gibt es nicht.[172]

Beispiel: Die Möglichkeit eines Flugzeugabsturzes auf ein KKW wurde als Restrisiko angesehen. Die dafür angenommene Wahrscheinlichkeit stellt sich nachträglich als weit höher heraus. Dagegen gibt es keinen Vertrauensschutz.

192 Schließlich gilt, daß eine Verminderung des „Restrisikos" durch nachträgliche Auflagen gefordert werden kann, wenn sie verhältnismäßig sind. Werden solche Auflagen nicht erfüllt, kann dies ebenfalls zum Widerruf führen, freilich nach § 17 III Nr. 3 AtG.

---

169 Zum Begriff *Roßnagel* und *Haedrich* (Fn. 127).
170 So etwa *Roßnagel*, JZ 1986, 716 (717 ff.); *Lange*, NJW 1986, 2459 (2463).
171 Zustimmend *Sendler*, DÖV 1992, 181 (184); eingehend *Sellner*, FS Sendler, 1991, S. 339 (344 ff.); s.a. *Ossenbühl*, Bestandsschutz, und dazu *Sendler*, DVBl. 1995, 634.
172 Vgl. zum Ganzen *Schneider*, in: *Schneider/Steinberg*, Schadensvorsorge, S. 117 (135 ff. u.ö.); *Steinberg*, in: *Schneider/Steinberg*, Schadensvorsorge, S. 12 (88 ff. u.ö.); eingehend auch *Roller*, Genehmigungsaufhebung, S. 82 ff. m.w.N.

5. Obligatorischer Genehmigungswiderruf

Nach § 17 V AtG *muß* eine atomrechtliche Genehmigung **widerrufen** werden, wenn dies wegen einer **erheblichen Gefährdung** der Beschäftigten, Dritter oder der Allgemeinheit erforderlich ist und nicht durch nachträgliche Auflagen in angemessener Zeit Abhilfe geschaffen werden kann. Die erhebliche Gefährdung kann bereits bei Erteilung der Betriebsgenehmigung bestanden haben, war dann aber, weil zunächst unerkennbar, verborgen; anderenfalls, nämlich bei anfänglicher Erkennbarkeit der Gefährdung, wäre auch § 17 II AtG erfüllt. Sie kann aber auch – und nur dieser Fall dürfte praktische Bedeutung gewinnen können – erst später eingetreten sein, und zwar

193

- entweder durch eine Änderung der Anlage bzw. ihrer Teile (z.B. durch Abnutzung, Korrosion, Neutronenversprödung) oder der Anlagenumwelt
- oder durch neue Erkenntnisse aufgrund einer Änderung des Standes von Wissenschaft und Technik ohne gleichzeitige Änderung der Anlage, ihrer Teile oder ihrer Umwelt.

In Fällen dieser Art wäre wohl von der Aufsichtsbehörde zunächst eine einstweilige Stillegung des KKW nach § 19 III 2 Nr. 1 AtG anzuordnen (mit der Möglichkeit des Sofortvollzugs nach § 80 II Nr. 4 VwGO), bis eine etwa mögliche und zureichende Nachrüstungsauflage erfüllt ist. Ist Abhilfe nicht möglich, bleibt nur der Widerruf.

194

Eine bloße *Änderung der Sicherheitsphilosophie* kann einen obligatorischen Widerruf i.S. des § 17 V AtG kaum je nach sich ziehen.[173]

195

6. Entschädigungspflicht

Bei der fakultativen Rücknahme oder dem fakultativen Widerruf einer KKW-Genehmigung (oben Rn. 7/182 ff. u. 7/186 ff.) ist nach § 18 I 1 AtG das betroffene EVU grundsätzlich **angemessen zu entschädigen**,[174] und zwar vom Land (§ 18 I 2 AtG), allerdings mit Innenbeteiligung des Bundes (§ 18 IV 1 AtG). Diese Entschädigung ist aber der Höhe nach durch den Zeitwert des KKW begrenzt (§ 18 I 4 AtG).[175]

196

Bei einem *obligatorischen Widerruf* i.S. des § 17 V AtG (Rn. 7/193 ff.) **entfällt** nach § 18 II Nr. 3 AtG **die Entschädigungspflicht**. Dies gilt aber nur, wenn die erhebliche Gefährdung *nachträglich* eingetreten und *in der genehmigten Anlage* begründet ist.[176]

197

---

173 So die h.L.; dazu *Haedrich*, Erl., § 17 AtG Rn. 14; *Roller*, Genehmigungsaufhebung, S. 87 ff., jeweils m.w.N. So auch BImSchG Rn. 6/234. – Zu den Voraussetzungen, unter denen Dritte den Widerruf nach § 17 V AtG verlangen können, BayVGH, NVwZ 1991, 903; zu den Wirkungen der Präklusion und der Berücksichtigungsfähigkeit präkludierter Einwendungen VGH BW, UPR 1991, 320 ff.
174 Auf die im Schrifttum umstrittene Frage, ob diese Entschädigung verfassungsrechtlich geboten ist, und zwar aufgrund des Art. 14 I 2 GG oder des Art. 14 III 1 GG, kommt es hier nicht an. Wegen der Höhe der Entschädigung steht nach § 18 I 5 AtG der Zivilrechtsweg offen. Die Höhe einer „angemessenen" Entschädigung bestimmt sich u.a. nach den in § 18 I 3 AtG angeführten Gesichtspunkten.
175 Eingehend *Roller*, Genehmigungsaufhebung, S. 245 ff., insbes. 269 ff.
176 Im Schrifttum wird nicht nur kontrovers diskutiert, wann eine Gefährdung „nachträglich" eingetreten ist, sondern auch, wann sie „in der genehmigten Anlage" begründet ist. Vgl. dazu die Nachw. der unterschiedlichen Meinungen bei *Haedrich*, Erl., § 18 AtG Rn. 16; *Roller*, Genehmigungsaufhebung, S. 251 ff.; *Schoch*, DVBl. 1990, 549 ff.

Entsprechend der hier zu § 17 III Nr. 2 AtG (Rn. 7/186) vertretenen Auffassung kann eine nachträglich eingetretene und in der genehmigten Anlage begründete erhebliche Gefährdung u.U. auch bei einer bloßen Änderung des Erkenntnisstandes bejaht werden. Dies wäre dann der Fall, wenn die Risikobewertung mit dem Ergebnis einer „erheblichen Gefährdung von Beschäftigten, Dritten oder der Allgemeinheit" überhaupt erst aufgrund einer nach Genehmigungserteilung eingetretenen Änderung des Standes von Wissenschaft und Technik veranlaßt und ermöglicht worden ist. Mit dieser Möglichkeit muß aber der Inhaber eines KKW in Anbetracht der Komplexität der (jedenfalls bei Erlaß des AtG noch relativ jungen) Kerntechnik rechnen.

VII. Beseitigung stillgelegter Anlagen

198 Die **Beseitigung** stillgelegter KKW bzw. kerntechnischer Anlagen ist ein bislang vernachlässigtes[177], gleichwohl zukunftsträchtiges Thema, ganz unabhängig von einem etwaigen Ausstieg aus der Kernkraftnutzung. Die KKW Hamm-Uentrop, Kalkar, Niederaichbach, Kahl, Greifswald, Rheinsberg, das Forschungszentrum Karlsruhe und die Brennelementefabriken Nukem und Hobeg (Rn. 7/29 f.) sind nur die ersten Namen auf der Stillegungsliste. All diese Anlagen sind außer Betrieb, zum Teil sind sie schon demontiert, zum Teil stehen sie zum Rückbau an. Mit dem KKW Niederaichbach wurde weltweit erstmals der nukleare Abbau eines Leistungsreaktors beendet; Hobeg soll noch 1995 aus dem Atomgesetz entlassen werden.[178]

199 Wird eine Anlage i.S. des § 7 I AtG stillgelegt, bedarf dies nach § 7 III AtG – im Änderungsentwurf neu geregelt in § 7c – einer Genehmigung, ebenso der *sichere Einschluß* der endgültig stillgelegten Anlage oder der *Abbau* der Anlage oder von Anlagenteilen (Rn. 7/107). Jeweils ist für die genehmigungspflichtige Maßnahme, soweit die Genehmigung in einem Verfahren mit Öffentlichkeitsbeteiligung zu erteilen ist, eine **Umweltverträglichkeitsprüfung** durchzuführen (§ 1a I AtVfV). Im übrigen ist das Verfahren in der AtVfV geregelt.

200 Nach dem derzeitigen entsorgungstechnischen Konzept ist nach Betriebseinstellung und Entfernung der spaltbaren und bereits bestrahlten Kernbrennstoffe zunächst der sichere Einschluß aller aktivierten und kontaminierten Anlagenteile notwendig. Dieser Einschluß muß so lange dauern, bis (nach Jahren) die Radioaktivität auf ein solches Maß abgeklungen ist, daß die restliche Anlage gefahrlos (von innen nach außen) entsorgt werden kann.

---

177 S. aber *Rebentisch*, DVBl. 1992, 1255 ff.
178 Zu den Rechtsfragen der Stillegung und Beseitigung nuklearer Anlagen vgl. den Tagungsbericht *Junker*, DVBl. 1992, 1224; sowie eingehend *ders.*, die Stillegungs-, Einschluß- und Abbaugenehmigung für Kernkraftwerke nach § 7 III des AtG, 1990. – Zum Stand von Stillegung, Rückbau und Finanzierung der kerntechnischen Altanlagen im Geschäftsbereich des BMU *Komorowski/Meuresch*, atw 1995, 231 ff.; zum Stillegungsprogramm in Großbritannien *Junker*, atw 1995, 236 ff.; in Frankreich *Dubourg*, atw 1995, 239 ff.; speziell zu Niederaichbach *Schwald/Obst/Orwantschke/Valencia*, atw 1995, 242 ff.; zu Greifswald *Sterner/Leushacke/Rittscher*, atw 1995, 247 ff. – derzeit größtes Abbauprojekt der Welt, FAZ v. 31.7.1995, S. 13.

VIII. Entsorgung

Eine der Grundfragen der friedlichen Nutzung der Kernenergie ist die Möglichkeit der **Entsorgung**. Hierfür kommen *Wiederaufarbeitung* und *direkte Endlagerung* in Betracht. Hier fanden und finden auch die wichtigsten Änderungen des Atomgesetzes seit seinem Erlaß statt.

201

1. Entsorgungspflicht und -konzept

Wer Kernanlagen betreibt oder sonst mit radioaktiven Stoffen (§ 2 I AtG) umgeht (z.B. in der Nuklearmedizin), ist zur ordnungsgemäßen Entsorgung der radioaktiven Reststoffe (z.B. abgebrannter Brennelemente) oder der infolge Aktivierung oder Kontamination radioaktiv gewordenen und (z.B. nach Stillegung eines KKW) ausgebauten Anlagenteile verpflichtet (§ 9a I AtG). Das gleiche gilt für den, der sonst radioaktive Abfälle besitzt (§ 9a II AtG). Die **Entsorgungspflicht** des „Verursachers" bedeutet

202

– die *Pflicht zur schadlosen (Wieder-)Verwertung* (§ 9a I AtG) z.B. durch Rückführung der Stoffe, die in den radioaktiven Reststoffen enthalten und noch verwertbar sind, in den Wirtschaftskreislauf (vor allem durch Wiederaufarbeitung, aber auch durch Dekontaminierung von Metallschrott u.ä.), **oder**
– die *geordnete Beseitigung* (direkte Endlagerung).

Der früher bestehende *Vorrang der Wiederaufarbeitung* wurde mit der 7. Novelle 1994 *aufgegeben* (zu den Hintergründen s.o. Rn. 7/17, 21, 26, 28).

203

Der im Atomrecht gebräuchliche Entsorgungsbegriff umfaßt, anders als im Abfallrecht (Rn. 10/122), nicht das Einsammeln und Befördern radioaktiver Abfälle.

204

Der Nachweis der gesicherten Entsorgung ist bisher nicht förmlich Genehmigungsvoraussetzung nach § 7 AtG, wohl aber – nach ständiger Verwaltungspraxis (s.o. Rn. 7/26) – Ermessensgrund für die Versagung der Genehmigung. Nach den Vorschlägen zur „großen" 7. Novelle sollte der Entsorgungsnachweis Genehmigungsvoraussetzung werden und an die Stelle des Versagungsermessens ein Genehmigungsanspruch treten.[179]

205

Neben der rechtlichen Entsorgungspflicht besteht aber auch ein *faktischer Entsorgungszwang*, da bei einem Leichtwasserreaktor heutiger Normalgröße (1300 MWe) neben den schwach- und mittelaktiven Abfällen jährlich über 50 t abgebrannter Brennelemente anfallen. Derzeit bestehen allerdings auf verschiedenen Entsorgungsstufen Engpässe, und zwar nicht nur für die Zwischen- und Endlagerung radioaktiver Abfälle, sondern auch schon für ihre zur Lagerung erforderliche „Konditionierung".

206

---

179 Zur Frage, ob § 7 AtG bei der bestehenden Entsorgungssituation (noch) verfassungsgemäß ist, vgl. *Winter*, ZUR 1994, 20 (25).

7 *Kernenergie- und Strahlenschutzrecht*

2. Träger und Einrichtungen der Entsorgung

207 Staat, also Bund und Länder, und Kernenergienutzer haben sich – bisher – in die **Verantwortung für die Entsorgung** (Rn. 7/9 ff.) zu teilen.

208 Nach § 9a III 1 AtG haben die *Länder* Landessammelstellen für die *Zwischenlagerung* von in ihrem Gebiet anfallenden (in § 82 StrlSchV aufgeführten) radioaktiven Abfällen einzurichten (Rn. 7/105), während der *Bund* die *Anlagen zur Sicherstellung und Endlagerung* anderer (bei Verrichtungen gem. §§ 5, 6, 7 und 9 AtG entstandener, in § 81 StrlSchV genannter) radioaktiver Abfälle zu schaffen hat (§ 9a III AtG). Die Landessammelstellen führen ihrerseits gem. § 82 III StrlSchV die bei ihnen zwischengelagerten Abfälle grundsätzlich an eine Anlage des Bundes ab. Bund und Länder können sich zur Erfüllung ihrer Pflichten *Dritter* bedienen (§ 9a III 2 AtG). Unter „Sicherstellung" i.S. des § 9a III 1 AtG ist die Übernahme von (in der Regel konditionierten) radioaktiven Abfällen in das Eigentum des Bundes zu verstehen, und zwar prinzipiell zu dem Zweck, sie der Endlagerung (Rn. 7/21) zuzuführen. Bis zur Inbetriebnahme der Anlagen des Bundes gilt § 86 StrlSchV.

209 Die *Sicherstellung und Endlagerung radioaktiver Abfälle* ist eine auf Kosten der Verursacher zu erfüllende – bislang – staatliche Aufgabe.[180] Der Gesetzgeber hat die Verantwortung für die Erfüllung dieser Aufgabe dem BfS (Rn. 7/241) übertragen (§ 23 I Nr. 1 AtG). Errichtung und Betrieb dieser Anlagen des Bundes zur Sicherstellung und Endlagerung radioaktiver Abfälle stehen daher in der Trägerschaft des BfS (§ 23 I Nr. 2 AtG). Für Endlager des Bundes wird als „*Dritter*" i.S. des § 9a III 2 AtG die von drei bundeseigenen Unternehmen (u.a. der DWK) 1979 gegründete „Deutsche Gesellschaft zum Bau und Betrieb von Endlagern für Abfallstoffe mbH" (DBE) tätig.[182]

210 Dabei soll künftig die Endlagerung auch in *privater Hand* betrieben werden können. Dies entspricht einerseits dem Verursacherprinzip, stößt andererseits aber bei einer Aufgabe, die viele Generationen über andauert, auch an Grenzen dieses Prinzips.[183]

3. Planfeststellungsverfahren

211 Die Errichtung und der Betrieb von Anlagen des Bundes zur Sicherstellung und zur Endlagerung radioaktiver Abfälle sowie die wesentliche Änderung solcher Anlagen

---

180 Sogar eine *Handlungspflicht* des Staates bejaht *Wagner*, DVBl. 1991, 24 (30). – Zur Doppelrolle des Bundes als Betreiber und Aufsichtsbehörde vgl. *Rengeling*, Rechtsfragen zu Bundesendlagern für radioaktive Abfälle, 1990.
181 Dazu *Näser/Oberpottkamp*, DVBl. 1995, 136 (138 ff.); s.a. *Steinberg*, Fachplanung, § 1 Rn. 69 ff.
182 Zum Stand der Arbeiten zur direkten Endlagerung s. *Closs*, et 1993, 328.
183 Zur Diskussion *Rengeling*, in: *Lukes* (Hrsg.) Reformüberlegungen zum Atomrecht, 1991, S. 215 ff.; dagegen die Kritik von *Lange*, in: 9. Deutsches Atomrechts-Symposium, S. 321 ff. – Für die Privatisierung *Rengeling* und *Papier*, ebda., *dagegen Kutscheidt* und *Lange*, ebda. und *Wagner*, et 1992, 474.

oder ihres Betriebs bedürfen der **Planfeststellung**, § 9b I i.V.m. § 9a III 1 AtG (2/18). Im Sinne der Harmonisierung des Umwelt- und des gesamten Verwaltungsrechts tritt diese an die Stelle der sonst im Atomrecht vorgesehenen atomrechtlichen Genehmigung.[184] Abweichungen von den §§ 72 bis 78 VwVfG regelt § 9b V AtG. Im Rahmen des Planfeststellungsverfahrens ist eine Umweltverträglichkeitsprüfung durchzuführen, § 9b II AtG. Hinsichtlich der Genehmigungsvoraussetzungen verweist § 9b IV 1 AtG dann doch wieder auf die Genehmigungsvoraussetzungen in § 7 II Nrn. 1, 2, 3 und 5 AtG und ergänzt diese um zwingende Versagungsgründe in § 9b IV 2 Nrn. 1 und 2 AtG (Wohl der Allgemeinheit, Umweltverträglichkeit).

Keiner atomrechtlichen Planfeststellung bedurfte es nach dem BVerwG[185] für die untertägige Erkundung eines Standorts (hier: Salzstock Gorleben, Rn. 7/25) auf seine Eignung für die Sicherstellung und Endlagerung radioaktiver Abfälle, da es sich dabei noch nicht um den Beginn der Errichtung einer entsprechenden Anlage handle. – Keiner Planfeststellung bedurfte es auch für das Endlager Morsleben (Rn. 7/22), da hier die nach ehemaligen DDR-Recht erteilte und nach dem Einigungsrecht fortgeltende atomrechtliche Genehmigung kraft Gesetzes auf das BfS übergegangen ist.[186]   **212**

IX. Strahlenschutzverordnung

Viele wesentliche materiell atomrechtliche Bestimmungen enthält nicht das AtG, sondern die Strahlenschutzverordnung.[187] Unter **Strahlenschutz** im engeren Sinne versteht man alle Vorrichtungen und Maßnahmen zum Schutz von Menschen, Sachen und Umwelt gegen Schädigung durch **ionisierende Strahlen** (Rn. 7/54) aller Art. Das Recht des Strahlenschutzes ist mit dem Fortschreiten der wissenschaftlichen Erkenntnis einem ständigen Wandel unterworfen. Es wird in regelmäßigen Abständen insbesondere den Empfehlungen der (1928 gegründeten) Internationalen Strahlenschutzkommission (ICRP), einer privaten internationalen Organisation, angepaßt. Die letzten Grundsatzempfehlungen stammen aus dem Jahre 1991.[188] Zwei Themenschwerpunkte sind die Empfehlungen zur Optimierung des Strahlenschutzes und zu den Individualgrenzwerten. Die ICRP-Empfehlungen bilden die Grundlage für die derzeit in Überarbeitung befindlichen EU-Grundsatznormen zum Strahlenschutz.   **213**

Auf den §§ 10-12, 54 AtG beruht die Strahlenschutzverordnung (StrlSchV), durch deren Änderung vom 18.5.1989 (BGBl. I 943, ber. 1926) das Strahlenschutzrecht an neuere wissenschaftliche Erkenntnisse und an die *EG-Richtlinien über die Grundnormen für den Strahlenschutz* vom 15.7.1980 und 3.9.1984 sowie eine weitere Richtlinie   **214**

---

184 Das Planfeststellungs- anstelle des Genehmigungsverfahrens wurde auch eingeführt „wegen der potentiellen langfristigen räumlichen Auswirkungen", *Haegele*, Erl. § 9b Rn. 1; s.a. amtliche Begründung, BT-Drs. 7/4794, S. 9.
185 E 85, 54; zur vorangegangenen Kontroverse *Steinberg*, Nachbarrecht, 1. Aufl. 1988, S. 286 ff. m.w.N.
186 BVerwGE 90, 255.; *Kloepfer/Brandner*, ZUR 1993, 269 ff.
187 Zur Kritik s. schon o. Rn. 7/80, 93 m.w.N.
188 ICRP Publication 60, 1990, Annals of the ICRP 2 (1-3), 1991; zur Neubeurteilung der Strahlenrisiken aus der Sicht der ICRP *Spiess*, atw 1992, 74 ff.; zu den biologischen Grundlagen des Strahlenschutzes *Weibezahn*, atw 1992, 78 ff.

vom 3.9.1984 angepaßt wurde, wobei aber strengere Grenzwerte des deutschen Rechts grundsätzlich beibehalten wurden. Die neue *Strahlenschutzverordnung* i.d.F. der Bek. vom 30.6.1989 (BGBl. I 1321, ber. 1926)[189] enthält darüber hinaus zahlreiche sonstige Änderungen, z.B. die Einführung des Konzepts der effektiven Dosis (Rn. 7/63), die Festlegung eines auf das Berufsleben bezogenen Dosisgrenzwerts von 400 mSv (§ 49 I 3), Neugestaltung der Abfallablieferungsvorschriften (vgl. §§ 81-86) nebst einer Verbesserung der Aufsicht beim Transport radioaktiver Stoffe u.a.m. Mit einer weiteren Anpassung an die Fortschreibung der EU-Grundsatznormen ist zu rechnen.

215 Die **Strahlenschutzverordnung** bestimmt in ihrem *I. Teil* mit den einleitenden Vorschriften den sachlichen Geltungsbereich und enthält i.V.m. ihrer Anlage I Begriffsbestimmungen. Im *II. Teil* folgen Überwachungsvorschriften, und zwar im wesentlichen Genehmigungstatbestände für den Umgang, die Beförderung, die Ein- und Ausfuhr von radioaktiven Stoffen i.S. des § 2 I Nr. 2 AtG. Der *III. Teil* umfaßt die besonders wichtigen Schutzvorschriften, der *IV. Teil* die neu gestalteten Vorschriften über die Ablieferung radioaktiver Abfälle, während es sich beim *V. und VI. Teil* nur noch um Bußgeld-, Übergangs- und Schlußvorschriften handelt. Soweit es um Verrichtungen und Vorhaben im Zusammenhang mit „Kernbrennstoffen" i.S. des § 2 I Nr. 1 AtG geht, sind prinzipiell die §§ 3 ff. AtG einschlägig (vgl. Rn. 7/100 ff.). Die StrlSchV enthält ergänzende Regelungen zu diesen nach dem AtG genehmigungsbedürftigen Verrichtungen und Vorhaben. Darüber hinaus normiert die StrlSchV im Zusammenhang mit Verrichtungen und Vorhaben, die sich auf „sonstige radioaktive Stoffe" i.S. des § 2 I Nr. 2 AtG beziehen, aufgrund atomgesetzlicher Ermächtigungen neue Genehmigungstatbestände. Grundsätzlich befaßt sich somit das AtG mit den „Kernbrennstoffen", die StrlSchV mit den „sonstigen radioaktiven Stoffen" (einschließlich der in § 2 II StrlSchV angeführten kernbrennstoffhaltigen Abfälle).

216 Der Strahlenschutz soll drei Zielgruppen zugute kommen, nämlich *strahlenexponierten Patienten*, ferner *beruflich Strahlenexponierten* und schließlich der *allgemeinen Bevölkerung*. Im folgenden wird lediglich auf gewisse Grundsatzregelungen aus dem *III. Teil* der Strahlenschutzverordnung näher eingegangen, nämlich auf das Strahlenschutzkonzept, das sich einerseits auf kerntechnische Anlagen als potentielle Strahlenquellen und andererseits auf den Schutz der allgemeinen Bevölkerung vor dieser potentiellen Umweltradioaktivität bezieht.

1. Geltungsbereich

217 Die Strahlenschutzverordnung gilt nach ihrem § 1 II z.B. nicht für die Errichtung und den Betrieb von Röntgeneinrichtungen (dazu die Röntgen-VO v. 8.1.1987, BGBl. I 114), wohl aber nach ihrem § 1 I für
  – den Umgang (Gewinnung, Lagerung, Verarbeitung usw.) mit „radioaktiven Stoffen" (§ 2 I Nr. 2 AtG), den Verkehr mit solchen Stoffen (Erwerb und Abgabe), ferner für deren Beförderung, Einfuhr und Ausfuhr sowie für das Aufsuchen, Gewinnen und Aufbereiten radioaktiver Bodenschätze (*Nr. 1*),

---

189 Dazu *Czajka*, NVwZ 1989, 1125 ff.

- die in den §§ 5-7, 9 AtG genannten genehmigungspflichtigen Aktivitäten im Zusammenhang mit „Kernbrennstoffen" (§ 2 I Nr. 1 AtG) und Kernanlagen bzw. Anlageteilen i.S. des § 7 AtG (*Nr. 2*) und
- die Errichtung und den Betrieb von Anlagen zur Erzeugung ionisierender Strahlen (§ 11 I Nr. 2 AtG) und von Störstrahlern i.S. der Röntgen-VO mit einer bestimmten Mindestenergie der Teilchen oder Photonen (*Nr. 3*).

Räumlich schließt § 89a StrlSchV die Anwendung der Strahlenschutzverordnung für die Aufsuchung, Gewinnung und die Aufbereitung radioaktiver Bodenschätze für die neuen Bundesländer aus. Dort gilt altes DDR-Recht als Bundesrecht fort.[190] **218**

2. Vorsorge gegen schädliche oder möglicherweise schädliche Strahlenbelastung

Die §§ 28-80 StrlSchV enthalten im wesentlichen die materiellen Strahlenschutzvorschriften; sie gelten in der Regel sowohl für Kernbrennstoffe als auch für sonstige radioaktive Stoffe. Im folgenden werden – unter dem Aspekt der vorbeugenden Abwehr der Gefahren ionisierender Strahlen sowie der Strahlenrisikovorsorge – nur Grundsatzbestimmungen der StrlSchV, die sich auf genehmigungspflichtige Kernanlagen i.S. des § 7 AtG (dazu Rn. 7/107 ff.) und in diesem Zusammenhang auf den Schutz der Bevölkerung und der Umwelt beziehen, knapp erörtert. Hinsichtlich der radiologischen Grundlagen wird auf die Darstellung oben unter Rn. 7/54 ff. verwiesen. **219**

a) Strahlenschutzgrundsätze

aa) Wer eine kerntechnische Anlage i.S. des § 7 AtG betreibt (oder sonst eine Aktivität i.S. des § 1 StrlSchV ausübt), ist nach den *Strahlenschutzgrundsätzen des § 28 I StrlSchV* verpflichtet, **220**
- jede unnötige Strahlenexposition oder jede unnötige Kontamination (d.h. durch radioaktive Stoffe verursachte Verunreinigung) von Personen, Sachgütern oder der Umwelt zu vermeiden (*Nr. 1*); sog. **Strahlenvermeidungsgebot**,
- jede Strahlenexposition oder Kontamination von Personen, Sachgütern oder der Umwelt unter Beachtung des Standes von Wissenschaft und Technik und unter Berücksichtigung aller Umstände des Einzelfalles auch unterhalb der in der StrlSchV festgesetzten Grenzwerte so gering wie möglich zu halten (*Nr. 2*); sog. **Strahlenminimierungsgebot**.[191]

---

190 Verordnung zur Gewährleistung von Atomsicherheit und Strahlenschutz (VOAS) vom 11.10.1984 und die Anordnung zur Gewährleistung des Strahlenschutzes bei Halden und industriellen Absetzanlagen und bei der Verwendung darin abgelagerter Materialien vom 17.11.1980, GBl. I 347, freilich beschränkt auf „bergbauliche und andere Tätigkeiten, soweit dabei radioaktive Stoffe, insbesondere Radon-Folgeprodukte, anwesend sind".

191 „As-low-as-possible-principle" (alap-Prinzip) im Gegensatz zum international anerkannten und auch den EURATOM-Grundnormen zugrundeliegenden „as-low-as-reasonably-achievable-principle (alara-Prinzip); zu den Unterschieden *Mertin/Holl/Jung/Beutele/Bergemann/Kapteinat*, atw 1995, 31 ff.

7 Kernenergie- und Strahlenschutzrecht

221 Das *Strahlenvermeidungsgebot* gilt ohne jede Einschränkung. Das (auch für Radioaktivitätsableitungen in § 46 I Nr. 2 StrlSchV positivierte) *Strahlenminimierungsgebot*, das als solches nicht drittschützend ist,[192] wird innerhalb der Ziel-Mittel-Relation durch den Verhältnismäßigkeitsgrundsatz relativiert. Das bedeutet, daß ein Genehmigungsinhaber erhebliche Investitionskosten, die zu einer nur unerheblichen Minderung der Strahlenbelastung führen würden, nicht auf sich zu nehmen braucht.

222 bb) Innerbetrieblich hat der vom Strahlenschutzverantwortlichen (in der Regel also vom Inhaber der atom- oder strahlenschutzrechtlichen Genehmigung) bestellte *Strahlenschutzbeauftragte* für die Einhaltung der Strahlenschutzgrundsätze und sonstiger Schutzbestimmungen der StrlSchV zu sorgen (vgl. dazu Näheres in §§ 29 ff. StrlSchV).

223 cc) Gem. § 28 II StrlSchV bleiben bei der Ermittlung der Körperdosen (Rn. 7/62) die *natürliche Strahlenexposition*, d.h. die Exposition aufgrund natürlicher Strahlenquellen (terrestrische oder kosmische Strahlung) und die medizinische Strahlenexposition (z.B. durch Röntgenstrahlen) sowie andere, außerhalb des beruflichen Tätigkeitsbereichs liegende Strahlenexpositionen unberücksichtigt. Die durch die kosmische und die terrestrische Strahlung verursachte effektive Dosis beträgt im Mittel etwa 0,35 mSv/a bzw. 0,42 mSv/a. Hinzu kommt die interne Strahlenexposition durch Inhalation von Radon und seinen Folgeprodukten und Ingestion natürlich radioaktiver Stoffe mit 1,35 bzw. 0,25 mSv/a. Dies ergibt eine mittlere natürliche Strahlenexposition der Bevölkerung in Deutschland im Jahr 1991 von 2,4 mSv/a mit einer Schwankungsbreite zwischen 1 und 10 mSv.[193] Der Anteil der Kernanlagen liegt noch unter 1 mrem.

b) Strahlenbelastungsgrenzwerte bei bestimmungsgemäßem Betrieb

224 aa) Für den **Normalbetrieb**, d.h. für den bestimmungsgemäßen Betrieb (und für die entsprechende Auslegung) der kerntechnischen Anlagen (insbesondere der KKW) sieht § 45 I StrlSchV auch für nicht zu den sog. Strahlenschutzbereichen der Kernanlage (§§ 57 ff. StrlSchV) gehörende Bereiche bestimmte **Dosisgrenzwerte** vor. Das sind in bezug auf die Strahlenbelastung des Menschen, die durch die Ableitung radioaktiver Stoffe in Luft und Wasser verursacht wird, nach ihrer Wirkung bemessene *Immissionsgrenzwerte*. Für sie gilt das sog. „*30-Millirem-Konzept*" (30 Millirem = 0,3 Millisievert).

225 Die technische *Auslegung* und der *Betrieb* einer Kernanlage sind so zu *planen*, daß sich die Strahlenexposition des Menschen, die durch Ableitung von radioaktiven Stoffen über die Luft (Luftbelastungspfad, insbesondere über den Abluftkamin) oder das Wasser (Wasserbelastungspfad, insbesondere über das in einen Vorfluter eingeleitete Abwasser) bedingt ist, in den vorgeschriebenen Grenzen hält. Es ist Vorsorge dahin zu treffen, daß die Strahlenexposition

- *so gering wie möglich* gehalten wird (§ 28 I Nr. 2 StrlSchV; **Strahlenminimierungsgebot**; Rn. 7/220) und
- für eine am ungünstigsten Punkt verweilende Referenzperson (unter Berücksichtigung der Standortvorbelastung durch sonstige Strahlenexpositionen, der relevan-

---

[192] BVerwGE 61, 256 (267) – KKW Stade.
[193] UBA, Daten zur Umwelt 1992/93, S. 615 ff.

ten Belastungspfade und der in Anlage XI zu § 45 II StrlSchV postulierten wesentlichen Annahmen über Lebensgewohnheiten usw.) über den Luft- und den Wasserbelastungspfad für den *ganzen Körper* eine effektive Dosis (Rn. 7/63) von 0,3 mSv/a = 30 mrem/a nicht überschreitet, und daß die Teilkörperdosis für bestimmte Organe und Gewebe (insbesondere Keimdrüsen) *jeweils nicht mehr als 0,3 mSv/a = 30 mrem/a*, für die meisten anderen Organe und Gewebe (z.B. für die Schilddrüse) *jeweils höchstens 0,9 mSv/a* = 90 mrem/a und für die Haut sowie die Knochenoberfläche *max. 1,8 mSv/a* = 180 mrem/a beträgt (sogen. **30-Millirem-Konzept** des § 45 I StrlSchV).

Das *Strahlenminimierungsgebot* des § 28 I Nr. 2 StrlSchV hängt mit der hypothetischen Annahme einer linearen Dosis-Wirkung-Beziehung zusammen. Das in § 45 I StrlSchV für den ganzen Körper vorgesehene *30-Millirem-Konzept* bei der Festlegung des Grenzwertes für die effektive Dosis (Rn. 7/63), d.h. für die Summe der (nach Anlage X Tabelle X 2 gewichteten) mittleren Äquivalentdosen in den einzelnen (in Anlage X Tabelle X 2 abschließend aufgeführten) Organen und Geweben, hält sich innerhalb der Streubreite der natürlichen Strahlenexposition (Rn. 7/223). Es hat daher den Charakter eines sehr konservativen Vorsorgewerts, der deutlich niedriger liegt als es die auf Risikoabschätzungen beruhende entsprechende EURATOM-Grundnorm vorschreibt.[194] Strahlenbelastungen unterhalb der Dosisgrenzwerte des § 45 I StrlSchV werden als „zumutbares Restrisiko" (Rn. 7/116) gewertet.

226

Werden die nach § 45 I StrlSchV höchstzulässigen Dosen (Dosisgrenzwerte) nicht überschritten, so ist damit die für den Schutz des einzelnen gem. § 7 II Nr. 3 AtG erforderliche Vorsorge gegen Schäden beim Betrieb einer Kernanlage (Rn. 7/95 ff.) sichergestellt. *Hierauf* – nicht aber auf die Einhaltung des Strahlenminimierungsgebots des § 28 I Nr. 2 StrlSchV – haben *Drittbetroffene* einen *Rechtsanspruch*.[195]

227

Die angeführten Dosisgrenzwerte der **Immissionsgrenzwertregelung** des § 45 StrlSchV sind **Standortgrenzwerte**, in die auch Ableitungen anderer kerntechnischer Anlagen oder sonstiger Verwendungen radioaktiver Stoffe eingehen (vgl. aber Rn. 7/223), so daß prinzipiell *alle* am Standort auftretenden Immissionen zusammengenommen den normativ vorgegebenen Dosisgrenzwert nicht überschreiten dürfen. Das Gebot der Minimierung der Strahlenexposition greift daher bereits weit vor der Grenze ein, ab der Vorsorge gegen gesundheitliche Risiken geboten ist, und beschränkt sich nicht auf die Anlage, deren Betrieb zur Genehmigung steht. So sind Ableitungen radioaktiver Stoffe aus dem Normalbetrieb anderer Anlagen mitzurechnen, nicht aber Belastungen aufgrund von Stör- und Unfällen.[196]

228

bb) Diese organspezifische Immissionsgrenzwertregelung des § 45 StrlSchV wird durch die auf bestimmte Radionuklide oder Nuklidgemische bezogene, also nuklid-

229

---

194 Die EURATOM-Grundnormen beruhen ihrerseits auf den Empfehlungen der Internationalen Kommission für Strahlenschutz (ICRP). Die Angleichung der StrlSchV an die Neufassungen der Grundnormen der EG 1980 u. 1984 (Richtlinien des Rats der EG) ist mit der Novelle von 1989 erfolgt. Die ICRP hat aber inzwischen neu gewichtet; ihre Empfehlungen sind jetzt viel strenger als z.T. die StrSchV.
195 BVerwGE 61, 256 (263 ff.) – KKW Stade; 72, 300 (319) – KKW Wyhl.
196 BVerwG, DVBl. 1992, 883.

spezifische **Emissionsgrenzwertregelung** des § 46 StrlSchV ergänzt. Nach Abs. 1 ist eine unkontrollierte Radionuklidableitung zu vermeiden, die Ableitung zu minimieren, zu überwachen und der zuständigen Behörde spezifiziert nach Art und Aktivität mindestens jährlich anzuzeigen. Nach Abs. 2 hat die Genehmigungsbehörde die Aktivitätsabgaben über die Luft oder das Wasser so festzulegen (in Ci/a bzw. Bq/a), daß die Immissionsgrenzwerte des § 45 StrlSchV eingehalten werden. Für den Fall, daß keine behördliche Festlegung erfolgt, sieht die Vorschrift des § 46 StrlSchV für die Aktivitätsabgaben, soweit von ihnen die Bevölkerung außerhalb der Kontrollbereiche (§ 58 StrlSchV) und betrieblichen Überwachungsbereiche (§ 60 StrlSchV) betroffen ist, nach den Absätzen 2 und 3 i.V.m. den Tabellen der Anlage IV selbst bestimmte Emissionsgrenzwerte vor.[197]

230   cc) Die Überwachung der Einhaltung der Dosisgrenzwerte des § 45 StrlSchV ist praktisch nicht möglich. Diese Werte müssen daher *berechnet* werden, und zwar auf der Basis der in Anlage XI zu § 45 II StrlSchV postulierten Grundannahmen. Die Prognose erfolgt anhand der gem. § 45 II 2 StrlSchV von der BReg. zu erlassenden allgemeinen Verwaltungsvorschriften.

231   Bisher wurde die noch vom BMI als *Verwaltungsrichtlinie* erlassene „Allgemeine Berechnungsgrundlage für Strahlenexposition bei radioaktiven Ableitungen mit der Abluft oder in Oberflächengewässer" vom 15.8.1979 (GMBl. 371) angewandt. Auch sie sollte gewährleisten, daß bei den vom Antragsteller für das KKW vorgesehenen und beantragten Aktivitätsabgabewerten für emittierte Radionuklide die *Einhaltung der Dosisgrenzwerte* geprüft werden kann, und zwar nach Maßgabe des § 45 S. 1 StrlSchV a.F. auf der Basis hinreichend „konservativer", d.h. auf der sicheren Seite liegender Rechenmodelle und Datenansätze. Damit sollte sichergestellt werden, daß es beim späteren Betrieb der Anlage zu keiner – mit Maßnahmen der Umgebungsüberwachung ohnehin in aller Regel nicht nachzuweisenden – Überschreitung dieser Grenzwerte gegenüber einem einzelnen kommt.

232   Nach dem KKW-Wyhl-Urteil des Bundesverwaltungsgerichts (E 72, 300 [320 f.]) war diese Richtlinie, die im Zeitpunkt des Erlasses der angefochtenen Teilerrichtungsgenehmigung noch gar nicht vorlag, nicht als „antizipiertes Sachverständigengutachten" zu qualifizieren; sie hat vielmehr – so die problematische Kennzeichnung durch das Bundesverwaltungsgericht – *„normkonkretisierende Funktion"* (im Gegensatz zu lediglich „norminterpretierenden Verwaltungsvorschriften") und ist daher innerhalb der von der Norm gesetzten Grenzen für die Verwaltungsgerichte verbindlich (Rn. 6/79 ff.). Dies, obwohl weder aus einer formellen Gesetzesnorm noch aus der Norm des § 45 S. 2 StrlSchV a.F., die noch nicht auf eine Verwaltungsvorschrift, sondern auf eine Rechtsverordnung verwies, eine „Konkretisierungsermächtigung" ersichtlich war[198] (vgl. demgegenüber § 45 II 2 u. 3 StrlSchV n.F.), ganz abgesehen von der fehlenden Transparenz des bei der Erarbeitung der Richtlinien durchgeführten Verfahrens.

---

197 Tatsächlich liegen die Jahresaktivitätsabgaben über das Abwasser und die Abluft der deutschen Leichtwasser-KKW niedriger; vgl. UBA, Daten zur Umwelt 1992/93, S. 618 ff.
198 Das BVerwG sagt nichts dazu, wie die Abgrenzung zwischen normkonkretisierenden und lediglich norminterpretierenden Verwaltungsvorschriften vorzunehmen ist bzw. welche Legitimationsanforderungen an die Normenkonkretisierung durch die Exekutive zu stellen sind. Dazu *Wahl*, NVwZ 1991, 409 ff.; *Wolf*, DÖV 1992, 849 ff.; s.a. *Stern*, Staatsrecht III/1, 1988, S. 1484 ff. Überwiegend erfuhr jedoch das Wyhl-Urteil auch in dieser Hinsicht Zustimmung (vgl. die von *Hill*, NVwZ 1989, 402 Fn. 16 zit. Autoren).

dd) Wer eine gem. § 7 AtG erteilte Betriebsgenehmigung für ein KKW wegen der mit dem Normalbetrieb dieser Anlage verbundenen radioaktiven Emissionen anficht, muß dartun, daß *ihm gegenüber* die Vorschriften des § 45 StrlSchV, die die Dosisgrenzwerte festlegen, verletzt sein können; anderenfalls ist seine Klage unzulässig. § 45 StrlSchV schützt Drittbetroffene nur vor einer die festgelegten (Vorsorge-)Dosisgrenzwerte überschreitenden Strahlenexposition. Demgemäß muß sich im Klagefall aus dem Vortrag des Klägers ergeben, daß eine Verletzung *seiner* so geschützten Rechtsgüter durch eine Überschreitung der Dosisgrenzwerte an einem für ihn bedeutsamen Standort möglich ist.[199]

233

c) Störfall-Planungsgrenzwerte

Für die Bevölkerung ist die höchstzulässige Strahlenbelastung nicht nur im Hinblick auf den Normalbetrieb einer kerntechnischen Anlage, sondern auch im Hinblick auf einen etwaigen **Störfall** von Bedeutung. Unter einem „Störfall" – der Begriff wird terminologisch im Strahlenschutzrecht vom „Unfall" (Rn. 7/237, s. aber auch 6/157 ff.) unterschieden – ist hierbei ein störender Ereignisablauf zu verstehen, der zwar bei der Auslegung des Kernkraftwerks berücksichtigt worden ist, der aber im Eintrittsfall aus sicherheitstechnischen Gründen zur Abschaltung des Reaktors führt. Dabei gilt für die **Planung** von Schutzvorrichtungen gegen Störfälle in oder an einem (kommerziellen) Kernkraftwerk folgendes:

234

Nach § 28 III StrlSchV darf beim „Auslegungsstörfall", d.h. beim (gerade) noch beherrschbaren ungünstigsten Störfall (dem früher sog. größten anzunehmenden Unfall = „GAU") in der Umgebung des KKW die Strahlenenergiedosis für den ganzen Körper und für gewisse Körperteile einen jeweils in der StrlSchV (in Anlage X Tabelle X 1) festgesetzten Höchstwert (Immissionsgrenzwert) nicht überschreiten.[200] Diese Dosisgrenzwerte entsprechen den Grenzwerten, die für beruflich strahlenexponierte Personen zugelassen sind. So beträgt z.B. pro Störfall der maximale Störfallplanungswert 50 mSv = 5 rem für die Summe der (nach Anlage X Tabelle X 2 gewichteten) mittleren Äquivalentdosen in den einzelnen Organen und Geweben, 300 mSv = 30 rem für die Schilddrüsendosis usw. Indessen gilt auch hier der Grundsatz: so gering wie möglich. Maßgebend für die ausreichende Vorsorge ist wiederum der Stand von Wissenschaft und Technik (Rn. 7/134 ff.).

235

Die Genehmigungsbehörde kann für ein KKW die erforderliche Vorsorge gegen Störfälle als getroffen ansehen, wenn der Antragsteller der Planung der anlagentechnischen Schutzmaßnahmen diejenigen Störfälle zugrunde gelegt hat, die nach den vom Länderausschuß für Atomenergie verabschiedeten sog. **Sicherheitskriterien für Kernkraftwerke** und nach den vom zuständigen Bundesminister (nach Anhörung der beteiligten Kreise) erlassenen **Störfall-Leitlinien**[201] die Auslegung der KKW bestimmen (§ 28 III 3 StrlSchV).

236

---

199 BVerwGE 61, 256 (268) – KKW Stade.
200 Zur Auslegung des § 28 III StrlSchV vgl. BVerwGE 72, 300 (322 f.) – KKW Wyhl.
201 Dazu BVerwGE 72, 300 (322 f.). – Zum abweichenden Störfallbegriff im Immissionsschutzrecht vgl. Rn. 6/157 ff.

7   *Kernenergie- und Strahlenschutzrecht*

237 KKW sind nur gegen sog. „*Störfälle*" i.S. der Anlage I der StrlSchV, nicht gegen sog. „*Unfälle*" i.S. der Anlage I der StrlSchV ausgelegt. „Reaktorunfälle", u.U. also atomare Katastrophen (Super-Gau; s. Rn. 7/44), werden für extrem unwahrscheinlich gehalten und sind daher – unbeschadet der etwaigen Möglichkeit anlageninterner Notfallschutzmaßnahmen und anlagenexterner Katastrophenschutzmaßnahmen – im technischen Sicherheitskonzept eines KKW nicht berücksichtigt. Deswegen gibt es hier keinen vorbeugenden Auslegungsschutz gegen eine ggf. grenzwertüberschreitende Strahlenexposition oder gegen eine grenzwertüberschreitende Inkorporation von Radionukliden. Für „Unfälle" kann daher die StrlSchV auch keine Planungs-Dosisgrenzwerte vorsehen.

X. Behördenzuständigkeit, Überwachung und Haftung

1. Überwachung

a) Behördliche Überwachung

238 Die Überwachung der Durchführung des AtG sowie der aufgrund des AtG erlassenen Rechtsverordnungen und der darauf beruhenden behördlichen Anordnungen und Verfügungen obliegt den zuständigen Landesbehörden, §§ 19 I, 24 I 1 AtG i.V.m. § 139b GewO (zu Einzelheiten der staatlichen Aufsicht oben Rn. 7/177 ff.).

b) Innerbetriebliche Überwachung

239 Durch die 1992 aufgrund § 12 I 1 Nrn. 1, 7, 13 und § 54 I 1 und II 1 AtG verordnete atomrechtliche Sicherheitsbeauftragten- und MeldeV wurde ein **kerntechnischer Sicherheitsbeauftragter** eingeführt. Er hat in Anlagen nach § 7 I AtG Auswertungs-, Mitwirkungs- und Mitteilungspflichten zwecks Vermeidung, Abhilfe und Verbesserung hinsichtlich der sicherheitstechnischen Ausstattung der Anlage, § 4 AtSMV. Außerdem hat der Inhaber einer Anlagengenehmigung nach § 7 I oder III 1 AtG *Meldepflichten* hinsichtlich Unfällen, Störfällen und anderer für die kerntechnische Sicherheit bedeutsamer Ereignisse, § 6 AtSMV (vgl. 6/266 f.; 10/342 ff.; 4/201 ff.).

2. Behördenzuständigkeit und Bundesaufsicht

a) Behördenzuständigkeit

240 Das Genehmigungsverfahren wird nach § 24 I AtG von den **Ländern** im **Auftrag des Bundes** durchgeführt[202], wobei nach § 24 II AtG die von den Ländern bestimmte oberste Landesbehörde zuständig ist.[203]

Dem 1989 als selbständige Bundesoberbehörde geschaffenen[204] **Bundesamt für** 241
Strahlenschutz (BfS) mit Sitz in Salzgitter[205] sind u.a. die Errichtung und der Betrieb
von Endlagern des Bundes für radioaktive Abfälle (§ 23 I Nr. 2 AtG), die Genehmigung des Transports und der Lagerung von Kernbrennstoffen (§ 23 I Nrn. 3 u. 4 AtG),
die Überwachung der Umwelt-Radioaktivität mit Hilfe eines aufgrund des Unfalls von
Tschernobyl (Rn. 7/44) aufgebauten integrierten Meß- und Informationssystems (§ 11
VI StrVG) und die Einrichtung und Führung eines zentralen Dosis-Registers über die
Strahlenexposition beruflich strahlenexponierter Personen (§§ 12c, 23 I Nr. 6 AtG)
übertragen.

Zu verweisen ist ferner auf das Gesetz über die Errichtung eines *Bundesausfuhramtes* 242
vom 28.2.1992[206], vgl. § 22 I 1, III, § 46 III AtG.

Soweit der BMU auf dem Gebiet des Strahlenschutzes normsetzend tätig wird, wird 243
er von der Strahlenschutzkommission (SSK)[207] beraten. Ebenfalls beratende Funktion
haben die Reaktorsicherheitskommission und der Kerntechnische Ausschuß.[208]

b) Weisungen des Bundes

Als ergiebige Streitquelle hat sich in den letzten Jahren die **bundesaufsichtsrechtliche** 244
Weisungsbefugnis aufgrund der im geltenden Recht vorgesehenen Auftragsverwaltung erwiesen. Nach dem zerbrochenen Konsens über die Zukunft der Kernenergie in
Deutschland gingen die Standpunkte zwischen dem Bund und einzelnen Ländern
immer weiter auseinander mit der Folge, daß diese sich weigerten, von ihnen für
rechtswidrig gehaltene Weisungen des Bundes auszuführen. Die Verfahren betrafen
den Schnellen Brüter in Kalkar und das Endlager Konrad.[209] Danach steht dem Land
unentziehbar die sog. **Wahrnehmungskompetenz** zu, also Handeln und Verantwortlichkeit nach außen, während der Bund die sog. **Sachkompetenz** für die **Sachbeurteilung** und **Sachentscheidung** besitzt. Diese kann er jederzeit an sich ziehen. Die
Länder müssen daher Weisungen des Bundes auch dann befolgen, wenn sie diese
inhaltlich für rechtswidrig halten.[210]

---

202 Vgl. Art. 85, 87c GG. Zu den dadurch aufgeworfenen Rechtsfragen vgl. z.B. *Steinberg*, AöR 110 (1985), 419 ff.; *Winter*, DVBl. 1985, 993 ff.; *Lerche*, BayVBl. 1987, 321 ff.; *Wagner*, DVBl. 1987, 917 ff.
203 Das ist z.B. in *Baden-Württemberg* der Minister für Wirtschaft, Mittelstand und Technologie im Einvernehmen mit dem Minister für Umwelt und dem Innenminister; vgl. AtGZuVO vom 25.4.1983, GBl. 186 sowie GBl. 1984, 390. u. StrlSchZuV i.d.F. der Änd.-VO vom 19.2.1988 (GBl. 95).
204 Gesetz über die Errichtung eines Bundesamtes für Strahlenschutz vom 9.10.1989, BGBl. I 1830.
205 S. Gesetz vom 9.10.1989, BGBl. I 1830.
206 BGBl. I 376.
207 Neufassung der Satzung BAnz. vom 21.2.1990, 891/2.
208 Zur Verwertbarkeit ihrer technischen Regelwerke BVerwG, DVBl. 1993, 1149 ff.
209 BVerfGE 81, 310; 84, 25.
210 Näher *Steinberg*, Bundesaufsicht, Länderhoheit und Atomgesetz, 1990; *Lange,* Das Weisungsrecht des Bundes in der atomrechtlichen Auftragsverwaltung, 1990; s.a. *Ossenbühl*, in: *Lukes* (Hrsg.) Reformüberlegungen zum Atomrecht, 1991, S. 27 ff.

245 Durch die Einführung einer Konzentrationswirkung soll eine bundesaufsichtsrechtliche Weisungsbefugnis auch für nicht in Auftragsverwaltung durch die Länder zu erledigende Materien erreicht werden. – Auch der Professorenentwurf sieht die Möglichkeit vor, den bundeseigenen Vollzug zu erweitern.

246 Der Vollzug des Atomrechts geschieht durch die Länder im Wege der **Bundesauftragsverwaltung** (Art. 87c GG, § 24 I 1 AtG). Damit erstreckt sich die Bundesaufsicht gem. Art. 85 V 1 GG auch auf Gesetzmäßigkeit und Zweckmäßigkeit der Ausführung. Die i.S. des § 24 III 1 AtG zuständige oberste Landesbehörde untersteht den Weisungen der zuständigen obersten Bundesbehörde (Art. 85 III GG). Soweit es sich bei der Aufhebung von KKW-Genehmigungen um *Ermessensverwaltung* handelt, d.h. um die Fälle der fakultativen Rücknahme oder des fakultativen Widerrufs, kann somit die zuständige oberste Bundesbehörde (BMU) nach ihrem eigenen Bewertungskonzept und ihrer eigenen Sicherheitsphilosophie[211] die Rücknahme oder den Widerruf der erteilten KKW-Genehmigung untersagen bzw. die „Aufhebung einer Aufhebung" anordnen, wenn nicht die *Aufhebung der KKW-Genehmigung von Rechts wegen geboten* ist bzw. war, insbesondere kein Fall eines obligatorischen Widerrufs gem. § 17 V AtG vorliegt. Eine gleichwohl ergangene gegenteilige Weisung wäre vom Land anzufechten.[212] Über den Umfang des Weisungsrechts des Bundes gegenüber Ländern nach Art. 85 III GG im Rahmen der Bundesauftragsverwaltung entscheidet das Bundesverfassungsgericht.[213] Weigert sich das Land, der von der zuständigen obersten Bundesbehörde erteilten Weisung nachzukommen, so kann der Bund gegen die Versäumung der in Art. 85 III 3 GG geregelten Vollziehungssicherstellungspflicht mit *Bundeszwang* (Art. 37 GG) vorgehen oder ihre Erfüllung beim Bundesverfassungsgericht geltend machen.

3. Haftung

247 Umfangreiche Haftungsvorschriften (§§ 25 ff AtG) regeln die haftungsrechtlichen Folgen eines Schadens, der auf einem von einer Kernanlage ausgehenden nuklearen Ereignis beruht oder bei der Beförderung von Kernmaterialien entsteht u.a.m. Sie dienen gleichzeitig der Umsetzung des Pariser Übereinkommens (§ 2 IV AtG).

XI. Strahlenschutzvorsorgegesetz

248 Das am 19.12.1986 verabschiedete *Strahlenschutzvorsorgegesetz* (BGBl. I 2610)[214] soll verhindern, daß sich das nach dem Reaktorunfall in Tschernobyl/UdSSR vom 26.4.1986 im Zusammenhang mit der radioaktiven Kontamination von Böden und

---

211 Zum Begriff *Roßnagel* und *Haedrich* (Fn. 127).
212 Diese Fragen sind umstritten; vgl. *Pauly*, DÖV 1989, 884 ff. m.w.N.
213 BVerfGE 84, 25 – Schacht Konrad.
214 Zuletzt geändert durch Ges. vom 9.10.1989, BGBl. I 1830. Zum StrVG *Rengeling*, DVBl. 1987, 204 ff.; *Vogl*, et 1987, 435 ff.; *Czajka*, NVwZ 1987, 556 ff.

Gewässern, Pflanzen und Tieren (d.h. auch Futter- und Lebensmitteln) eingetretene „Durcheinander" behördlicher Verbote und Empfehlungen wiederholt. Das StrVG hat zum Ziel, bei gegebenen *radioaktiven Auswirkungen in der Fläche die Folgen für Menschen und Umwelt* nach dem Minimierungsgrundsatz *zu begrenzen*. Dazu wird der BMU nach § 6 I StrVG ermächtigt, durch Rechtsverordnung Dosiswerte und Kontaminationswerte sowie die ihnen zugrundezulegenden Berechnungsverfahren und Annahmen festzulegen. Das Gesetz bedarf auch sonst noch der Ergänzung durch die in ihm vorgesehenen Rechtsverordnungen.

1. Gesetzeszweck

Zweck des Gesetzes (§ 1 StrVG) ist die Überwachung der Radioaktivität der Umwelt und die Minimierung der Strahlenexposition der Menschen im Fall von Ereignissen mit nicht unerheblichen radiologischen Auswirkungen. Zur Verwirklichung dieses Zwecks wirken Bund und Länder zusammen. **249**

2. Aufgaben des Bundes

Nach § 2 I StrVG gehören zu den Aufgaben des Bundes insbesondere **250**

– die großräumige Ermittlung der Radioaktivität in Luft und Niederschlägen, in Bundeswasserstraßen und in Nord- und Ostsee,
– die (bundeseinheitliche) Entwicklung und Festlegung von Probenahme-, Analyse-, Meß- und Berechnungsverfahren, die Durchführung von Vergleichsmessungen und Vergleichsanalysen,
– die (zentrale) Zusammenfassung der vom Bund ermittelten und ihm übermittelten Daten in einem Informationssystem (§ 4)[215], ihre Aufbereitung und Dokumentation,
– die (einheitliche) Bewertung dieser Daten sowie
– die Information der Länder über die Daten und ihre Bewertung.

Diese Aufgaben werden von verschiedenen, in §§ 5, 11 StrVG angeführten Bundesbehörden (vom zuständigen Bundesminister, von bestimmten Bundesämtern und Bundesanstalten) wahrgenommen. **251**

Im übrigen kann der Bund zur Erreichung des Gesetzeszwecks Maßnahmen nach den §§ 6 ff. StrVG treffen, z.B. **252**

– Bestimmung von Dosiswerten und Kontaminationswerten durch Rechtsverordnung (§ 6),[216]
– Verbote und Beschränkungen bei Lebensmitteln, Futtermitteln, Arzneimitteln und sonstigen Stoffen durch Rechtsverordnung zur Einhaltung der gem. § 6 festgesetzten Dosis- bzw. Kontaminationswerte (§ 7),

---

215 Der Aufbau des (ca. 200 Kontrollstellen umfassenden) Meß- und Informationssystems ist inzwischen abgeschlossen.
216 Dazu jetzt „Richtlinie zur Überwachung der Radioaktivität in der Umwelt nach dem Strahlenschutzvorsorgegesetz, Teil I: Meßprogramm für den Normalbetrieb", vom 16.9.1994, GMBl. 929 ff.

7 *Kernenergie- und Strahlenschutzrecht*

- Empfehlungen an die Bevölkerung hinsichtlich bestimmter Verhaltensweisen (§ 9).[217]

3. Aufgaben der Länder

253 Im Rahmen der Überwachung der Umweltradioaktivität ermitteln die Länder gem. § 3 I StrVG *im Auftrag des Bundes* (§ 10 I 1 StrVG) die Radioaktivität insbesondere
- in Lebensmitteln, Tabakerzeugnissen, Bedarfsgegenständen und Arzneimitteln sowie in deren Ausgangsstoffen,
- in Futtermitteln,
- im Trinkwasser, Grundwasser und in oberirdischen Gewässern (außer Bundeswasserstraßen),
- in Abwässern, im Klärschlamm, in Reststoffen und Abfällen,
- im Boden und in Pflanzen,
- in Düngemitteln.

254 Die hierbei gewonnenen Daten haben die Länder gem. § 3 II StrVG dem Bund zu übermitteln. Unberührt hiervon bleibt die Befugnis der Länder, in Eigenverwaltung weitergehende Ermittlungen der Radioaktivität vorzunehmen (§§ 2 II, 10 I 2 StrVG). Im übrigen können auch die zuständigen Landesbehörden Empfehlungen an die Bevölkerung richten, aber eben nur insoweit, als es sich um Ereignisse im Gebiet eines Landes mit ausschließlich örtlichen Auswirkungen handelt (§ 9 II StrVG).

---

217 Gegen die durch § 9 StrVG begründete Verwaltungszuständigkeit des BMU werden verfassungsrechtliche Bedenken geltend gemacht (angeblich gebotener Umkehrschluß aus Art. 87 III 1 GG).

Teil 8

Gentechnikrecht

I. Fakten und Probleme

Gegenstand der *Gentechnik* ist der gezielte Umbau oder die gezielte Veränderung der genetischen Information einer Zelle oder eines Organismus durch chemische oder physikalische Behandlung, vor allem durch Übertragung und Einbau von fremdem Genmaterial oder auch von künstlich hergestellten Genen.[1] So kann die Struktur alles Lebenden von Mikroorganismen über Pflanzen und Tiere bis hin zum Menschen verändert und neu gestaltet werden. – Statt von *Gentechnik* spricht man auch (gleichbedeutend) von *Gentechnologie, Genmanipulation* oder *genetischer Manipulation* (englisch: *genetic engineering*). 1

Das Recht der Gentechnik ist ein vergleichsweise junges Gebiet. Es hat sich aber inzwischen als allgemein anerkannter Teil des Umweltrechts etabliert.[2] Produkte der Gentechnik sind heute in jedermanns Reichweite, auch wenn die Produktvielfalt hier noch einiges geringer ist als bei den Chemikalien (Rn. 9/2). 2

1. Naturwissenschaftlich-technische Grundlagen

Es ist zu unterscheiden zwischen **gen-** und **reproduktionstechnologischen Methoden**. **Gentechnologie** i.e.S. meint das Isolieren, Zerlegen, gezielt neu Kombinieren und identisch Vervielfachen von genetischem Material. Diese Techniken haben ihren Ursprung in den siebziger Jahren. Das veränderte Material kann mit Hilfe verschiedener Techniken in Bakterien, eukaryontische Zellen, d.h. solche mit Zellkern, *in vitro* oder ganze Organismen eingeschleust und in deren Erbinformation eingebaut werden. 3

Die *Reproduktionstechnologie* umfaßt seit längerem bekannte zellbiologische Techniken zur Beeinflussung der Entwicklung von Eizellen und Embryonen. So ist es zum Beispiel möglich, aus einer befruchteten Amphibieneizelle Spermakern und Eikern zu 4

---

1 Vgl. zur Einführung in die Gentechnik Bericht der Enquête-Kommission „Chancen und Risiken der Gentechnologie", BT-Drs. 10/6775, S. 5 ff. m.w.N. S. 39; *Friedrichsen*, Gentechnologie, 1988, S. 13 ff; *Gassen/Martin/Bertram*, Gentechnik, 2. Aufl. 1987; *Gassen/Martin/Sachse*, Der Stoff, aus dem die Gene sind, 1988; *Ritzert*, Gene, Zellen, Moleküle, 1987.
2 Vgl. (schon 1989) *Kloepfer*, Umweltrecht, S. 802; dies bezeugt auch das Sechste Trierer Kolloquium zum Umwelt- und Technikrecht am 26.-28.9.1990 zu „Gentechnikrecht und Umwelt"; dazu der Tagungsband *Breuer/Klöpfer/Marburger/Schröder* (Hrsg.), UTR Band 14, Gentechnikrecht und Umwelt, 1991.

8 *Gentechnikrecht*

entfernen und in die Eizelle einen fremden Zellkern, etwa einen amphibischen Körperzellkern, einzuschleusen, der dann die Entwicklung des Eis steuern wird. Indem man diesen Vorgang mit identischen Zellkernen wiederholt, lassen sich genetisch identische Individuen schaffen (Klonierung von Lebewesen). Bestandteil nicht der Gen-, sondern der Befruchtungstechnologie ist auch die unter anderem in der Humanmedizin angewandte in-vitro-Fertilisation, bei der Eizellen im Reagenzglas befruchtet und zur weiteren Entwicklung in den Mutterleib zurückverpflanzt werden.

5   Das chemische Substrat der Erbinformation von Lebewesen ist die **Desoxyribonukleinsäure** (DNS, englisch: DNA), deren Struktur erst in den 50er Jahren erforscht worden ist. Sie hat die Form einer fadenförmigen, spiralig gedrehten Strickleiter (Doppelhelix). Die Holme bestehen aus Zuckermolekülen (Ribosen) und Phosphatgruppen, die Sprossen aus jeweils zu einem Paar miteinander verbundenen Basen, und zwar entweder Cytosin und Guanin oder Adenin und Thymin. Daraus ergeben sich die Kombinationsmöglichkeiten CG, GC, AT und TA. Allein von der Aufeinanderfolge der Millionen von Basenpaaren, die ein einziges DNS-Molekül enthält, hängen die Erbeigenschaften einer Zelle ab.

6   Ein **Gen** ist ein DNS-Abschnitt, der eine **Erbeigenschaft** bestimmt. Beim Menschen wird die Zahl der Gene auf 50 000 bis 100 000 geschätzt, von denen bislang mehr als 1000 bekannt sind. Das Genom ist die gesamte Erbinformation einer Zelle. Grundsätzlich enthält jede Zelle eines Organismus dieselbe Erbinformation. Die DNS ist zusammen mit Proteinen im Zellkern zu den – in der Zellbiologie schon länger bekannten – Chromosomen aufgeknäult. Bei der Genexpression wird der einem Gen entsprechende DNS-Abschnitt in ein – chemisch eng verwandtes – Ribonukleinsäuremolekül (RNS, englisch: RNA) abgeschrieben. Die RNS wandert vom Kern in das Zellplasma und steuert dort den Aufbau der Eiweißstoffe (daher: Boten-RNS, englisch Messenger-RNA, mRNA).

7   Bei der gentechnischen Neukombination von DNS im Reagenzglas wird ein zuvor isolierter DNS-Abschnitt von sog. Restriktionsenzymen an bestimmten Stellen aufgetrennt und ein zuvor ebenfalls isoliertes und „zurechtgeschnittenes" fremdes DNS-Molekül von weiteren Enzymen, den Ligasen, an der Schnittstelle eingefügt. Das neugewonnene Molekül kann dann mit Hilfe von Plasmiden – kleinen, ringförmigen DNS-Molekülen aus Bakterien – in Bakterien eingeschleust, dort identisch vervielfacht und zur Weiterverwendung wieder isoliert werden (Klonierung von DNS). Als Bakterium wird hierbei meist Escherichia coli (E. coli) verwendet, das „Arbeitspferd" der Gentechniker.

8   Auf die beschriebene Art können große Mengen gewünschter DNS hergestellt werden. Aber nicht nur die DNS, sondern auch das Protein, für dessen Herstellung der DNS-Abschnitt die notwendige Information enthält (codiert), läßt sich so in großem Maßstab herstellen und dadurch überhaupt erst oder jedenfalls besser untersuchen. Die rekombinierte DNS kann mit chemisch-physikalischen oder biologischen Methoden (durch sog. Vektoren, z.B. Viren) in einen genetisch zu verändernden Wirt, also in Bakterien, eukaryontische Zellkulturen, pflanzliche oder tierische Organismen eingeschleust und in deren Erbinformation eingebaut werden (Transformation). Der transformierte Wirt kann zur Weiterverwendung vermehrt und ggf. freigesetzt werden.

2. Wissenschaftliche und kommerzielle Bedeutung

Die **wissenschaftliche** Bedeutung gentechnischer Methoden besteht zunächst darin, definierte Segmente von DNS in großen Mengen und in höchster Reinheit zu erzeugen. So läßt sich die Struktur des genetischen Materials überhaupt erst oder besser untersuchen. Durch die im Vergleich zu den herkömmlichen Methoden der klassischen Genetik gezielteren gentechnischen Manipulationsmöglichkeiten läßt sich auch die Funktion von Genen weit effektiver erforschen.

Medizinische Bedeutung kann die Gentechnik neben der Erforschung von pathologischen genetischen Veränderungen haben, indem durch den Einsatz klonierter DNS die Produktion seltener Eiweiße möglich wird, z.B. von Peptidhormonen wie *Insulin*. Mit dem entsprechenden Verfahren wird seit 1980 auch *Interferon* hergestellt. Ebenso lassen sich Antigene von Viren produzieren, die eine Immunisierung von Menschen mit abgetöteten, aber vollständigen Viren überflüssig machen. *Pharmazeutische Forschung und Industrie* arbeiten an der Synthese von Antibiotika, Vitaminen und seltenen pharmakologisch wichtigen Substanzen aus Pflanzen, die ihre Isolation aus den natürlichen Quellen überflüssig machen würde.[3] Die Gentechnik trägt so dazu bei, bekannte Methoden zu effektivieren, eine billigere Produktion zu ermöglichen und bisher nicht in ausreichenden Mengen herstellbare Stoffe zu erzeugen.

Beispiele: Insulin wird bisher vor allem billiger. Einen medizinischen Fortschritt bedeutet seine gentechnische Produktion für die (wenigen) Patienten, die das handelsübliche Insulin aus Schlachttieren nicht vertragen konnten. – *Interferon* ist ein Eiweißkörper, der mit ihm in Berührung kommenden Körperzellen die Eigenschaft gibt, eindringenden Viren die Vermehrung in der Zelle zu verwehren. Es wird daher zur Bekämpfung von Viruserkrankungen eingesetzt. – Ein menschliches Wachstumshormon wird zur Behandlung des Zwergwuchses bei Kindern angewandt. – Ein monoklonaler Antikörper wird zur Unterdrückung der *Immunabwehr* eingesetzt. – Ein *Hepatitis-B-Impfstoff* und offenbar auch schon ein (wirksamerer) Impfstoff gegen *Malaria* stehen bereits zur Verfügung; eine (biologische) Abwehr gegen die sie übertragenden Moskitos wird entwickelt. – Hoffnungen bestehen auch, gentechnische Möglichkeiten der Behandlung und Heilung von *Krebs* und *Aids* zu finden. Auch hier sind entsprechende Versuche längst im Gang.

Ferner geht es um die Anwendung der Erkenntnisse der **Humangenetik** z.B. in neuen Verfahren der Genomanalyse und der Gentherapie. So könnte die Gentechnik zur – freilich problematischen – Analyse genetischer Eigenschaften – etwa Krankheitsanfälligkeit von Versicherungsnehmern, besondere Empfindlichkeit für bestimmte Stoffe bei Arbeitnehmern – und zur „Reparatur" „defekter" Gene eingesetzt werden, also zur Behandlung der beim Menschen bekannten etwa 2000 genetisch bedingten Krankheiten. Menschenversuche wurden sowohl in den USA als auch in der Bundesrepublik Deutschland schon vorgenommen. Im Bereich der Humangenetik sind aber die Hoffnungen – oder Befürchtungen – bisher immer noch weit größer als die konkreten Möglichkeiten.

Am weitesten fortgeschritten ist die kommerzielle Anwendung der Gentechnik außer im pharmazeutischen Bereich wohl in den Bereichen *Ernährung und Landwirt-*

---
3 Vgl. *Friedrichsen*, Gentechnologie, S. 22 ff.

8 *Gentechnikrecht*

schaft[4], nämlich in der Pflanzen- sowie Tierzucht und im Pflanzenschutz. Zum Beispiel können Nahrungspflanzen besser an ungünstige Standorte (Salz, Trockenheit usw.) angepaßt und gegen Krankheitserreger, „Schädlings"-Befall und „Unkraut"-Vernichtungsmittel geschützt werden. Damit lassen sich die landwirtschaftliche Produktion weiter rationalisieren und die landwirtschaftlichen Erträge steigern. Ob diese Entwicklung wünschenswert ist, ist höchst umstritten.[5] Auch die Begeisterung der Verbraucher für gentechnisch „verbesserte" Lebensmittel, etwa die Tomate „Flavr-Savr", hält sich offenbar noch in Grenzen – jedenfalls, solange die Produkte erstens teurer und zweitens entsprechend gekennzeichnet sind.[6] Ähnlich ambivalent ist die Anwendung der Gentechnik in der Nutztierzucht, wo Tiere mit bestimmten Eigenschaften schnell und gezielt gezüchtet und gegen verschiedene schädliche Einwirkungen geschützt werden sollen.[7] Obwohl in Australien 1994 17 000 Schafe einer 70 000-köpfigen Herde an Fluoressigsäure, einem natürlichen Bestandteil bestimmter Pflanzen, verendet sind, erlaubte das zuständige Gentechnikkommitee nicht den Einsatz einer gentechnischen Manipulation, die vor diesem Gift schützt, um nicht die Gefahr einer Übertragung auf Kaninchen und wilde Ziegen zuzulassen.[8]

13 Ein *weiteres Anwendungsfeld* der Gentechnologie ist die Herstellung von Mikroorganismen, die Öl und andere Abfallstoffe abbauen, Minerale reinigen, Metall konzentrieren oder Biomasse konvertieren sollen.[9] Genbanken – also die Sammlung klonierter DNS-Fragmente aus dem Genom eines Organismus – sollen der Verarmung der genetischen Vielfalt der Nutzpflanzenarten entgegenwirken. Der Verlust von Arten – aufgrund der Verdrängung wirtschaftlich weniger interessanter Arten durch natürlich oder gentechnisch durchsetzungsstärkere – ist damit freilich nicht auszugleichen. Der Marktwert der gentechnologisch hergestellten Produkte wurde für 1985 weltweit auf DM 4 Mrd bis DM 5 Mrd US Dollar und für das Jahr 2000 auf rd. DM 150 Mrd US Dollar jährlich geschätzt.[10] Neueste Prognosen sind freilich wieder bescheidener. – In den ersten 2½ Jahren GenTG in Deutschland sollen rund 850 Anträge eingegangen sein.[11]

---

4 Vgl. *Friedrichsen*, Gentechnologie, S. 34 ff.
5 Vgl. am Beispiel der Diskussion zum Anbau von Kulturpflanzen mit gentechnisch erzeugter Herbizidresistenz die Studie des Wissenschaftszentrums Berlin *van den Daele*, Technikfolgenabschätzung als politisches Experiment, 1994.
6 Warum der Anwender bzw. Kunde nicht wenigstens durch entsprechende Kennzeichnung in die Lage gesetzt werden soll, bei seiner Kaufentscheidung die gentechnische Herkunft zu berücksichtigen, vermögen wir nicht einzusehen, anders aber offenbar die Pläne des deutschen Kommissars bei der Kommission der EG.
7 Vgl. *Friedrichsen*, Gentechnologie, S. 48 ff.
8 New Scientist, 1995, Nr. 1963, S. 5.
9 Vgl. dazu *Nicklisch*, BB 1989, 1205; s.a. Programm der Bundesregierung „Angewandte Biologie und Biotechnologie", BT-Drs. 10/3724, S. 8 ff.; *Nicklisch*, Rechtsfragen der Anwendung der Gentechnologie unter besonderer Berücksichtigung des Privatrechts, in: *Lukes/Scholz* (Hrsg.), Rechtsfragen der Gentechnologie, 1986, S. 113, 115 ff.
10 So *Lukes*, DVBl. 1990, 273 m.w.N. in Fn. 11.
11 Gesetzesbegründung, BT-Drs. 12/5145, S. 10.

3. Risiken und Sicherheitsfragen

Die vielschichtigen **ethischen Fragen** der Anwendung der Gentechnik, insbesondere im Bereich der Humanmedizin, können hier nicht ausgeführt werden. Die Fragwürdigkeit des Nutzens mancher durch die Gentechnik in Gang gesetzter oder jedenfalls effektivierter Entwicklungen wurde bereits angesprochen. **Sicherheits**bedenken gelten den möglichen *unbeabsichtigten* Nebenfolgen gentechnischer Experimente und von Freisetzungen genetisch manipulierter Organismen.[12]

So können bereits existierende Krankheitserreger umgewandelt und ungefährliche Bakterien in Krankheitserreger verändert werden. Auch die Vernetzung von genetischen Informationen aus Bakterien, Pflanzen und Tieren ist nicht unbedenklich. Immerhin sind während der Evolution zwischen Bakterien, Pflanzen und Tieren natürliche Barrieren entstanden, die allerdings auch in der Natur nicht völlig dicht sind (horizontaler Gentransfer). Aufgrund gentechnischer Manipulationen können neue Arten mit Selektionsvorteilen entstehen, deren Freisetzung zu gravierenden Veränderungen des Ökosystems führen kann. Beispielsweise könnten gentechnisch herbeigeführte Herbizidresistenzen auf andere Pflanzen überspringen.[13]

Unsere Kenntnisse von der Evolution komplizierter Organsysteme und der Wirkungsweise biochemischer Regulationsmechanismen sind heute und wohl noch lange so unzureichend, daß wir uns bei gentechnischen Manipulationen allzu leicht wie der sprichwörtliche Elefant im Porzellanladen bewegen. Die Anwendung der Gentechnik läßt sich also schon heute nicht mehr verharmlosend als „Fortsetzung der Züchtung mit anderen Mitteln" beschreiben. Zu vielfältig sind jedenfalls die Möglichkeiten eines qualitativen und eines quantitativen Sprungs.

Insbesondere besteht bei *Freisetzungen* ein Risiko darin, daß die Freisetzung lebensfähiger genetisch veränderter Organismen **irreversibel** ist.[14] Hinzu kommt, daß ein gentechnisch veränderter Organismus zum „Selbstläufer" werden kann, indem er sich vermehrt. Die Gefahrdiskussion darf sich daher nicht auf die Gefahr von Unfällen während des genetischen Experiments beschränken, sondern sie muß vielmehr die Gefahren für das ökologische Gleichgewicht aufgrund sowohl gewollter als auch ungewollter Freisetzung eines genetisch veränderten Organismus ins Auge fassen. Genau diese Abschätzung ist oftmals aber nur schwer, wenn überhaupt möglich.

Den heute als „Vektoren" benutzten Phagen (Viren, die Bakterien befallen), werden zwar bereits hohe „Sicherheitsreserven" eingebaut, indem sie allein nicht infektiös sind und verschiedene Defekte haben. Dennoch ist die Möglichkeit nicht auszuschließen, daß ein „Passagier" auch ungewollt weitergegeben wird. Auch die Verwendung

---

12 Vgl. umfassend *Kolleck/Tappeser/Altner* (Hrsg.), Die ungeklärten Gefahrenpotentiale der Gentechnologie, 1986; *Winnacker*, Am Faden des Lebens, 1993; s.a. die Nachweise bei *Kloepfer*, UPR 1989, 281 (282), Fn. 13; *Landmann/Rohmer/Wahl*, Umweltrecht, Bd. 2, Vorb. vor § 1 GenTG, Rn. 7 ff.
13 Beispiele bestehender Flora- oder Fauna-Verfälschung sind der Milzbrand auf Gwinard Island/Schottland 1940/41, die Kaninchen in Australien, der Riesenbärklau in Streuwiesen, Japanischer Knöterich an Flußufern und die „Killer"-Bienenfreisetzung in Sao Paulo 1956 mit Wanderungen bis in die USA. – Vgl. zum Problem des horizontalen Gentransfers Enquête-Kommission, BT-Drs. 10/6775, S. 224.
14 Vgl. hierzu und zum folgenden *Nicklisch*, BB 1989, 1 (2) m.w.N.

abgeschwächter Formen beim Einsatz von Viren schließt die Schaffung von Krankheitserregern, sogar kanzerogener Viren, nicht aus.

19 Der für Experimente besonders häufig benutzte Organismus der *Escherichia coli* (eines Bakteriums, das ursprünglich nur den Verdauungstrakt warmblütiger Säugetiere, unter anderem des Menschen, bewohnte) findet sich heute auch in wechselwarmen Tieren, in vielen Gewässern und auch an Land. Hinsichtlich der Vermehrung und Verbreitung von *E. coli* gibt es noch viel Unsicherheit. Es hat sich gezeigt, daß auch Hochsicherheitsbedingungen den Kontakt des Laborpersonals mit den benutzten Organismen nicht ausschließen. Obwohl die Transformation von Bakterien wie *E. coli* sehr spezielle und in der Natur unwahrscheinliche Bedingungen erfordert, besteht jedenfalls die Möglichkeit, daß genetische Informationen auch an Wildtyp-Organismen, also an natürlich vorkommende Formen (im Gegensatz zu z.B. durch lange Zucht im Labor an andere Umweltbedingungen angepaßten oder mutierten Mikroorganismen) weitergegeben werden.[15] Das Überleben genetisch veränderter Organismen wird dadurch weniger unwahrscheinlich.

20 Trotz aller Vorsichtsmaßnahmen ist das Auftreten eines unerwünschten Organismus in einer Laborkultur nie völlig auszuschließen. Wenn aber ein anderer als der geplante Organismus geklont wird, ist ein Teil der Sicherheitsüberlegungen gegenstandslos.

21 Die Verwendung „unreinen" Startmaterials bei „Schrotschußexperimenten" kann dazu führen, daß gefährliche Gene und evtl. Viren mitgeklont werden. Entsprechende Experimente sind offenbar vom wissenschaftlichen Standpunkt aus sehr interessant. Andererseits kann es gerade dadurch entstehen, daß ein bestimmter Krankheitserreger ein menschliches Gen erwirbt, das ihm die Anheftung an bestimmte Zelltypen oder gezielte Eingriffe in wichtige menschliche Stoffwechselvorgänge ermöglicht. Auf einen solchen zufälligen Erwerb eines menschlichen Gens – freilich auf natürlichem Weg – soll z.B. die Gefährlichkeit des Erregers von Diphtherie zurückzuführen sein. Die Gefährlichkeit der Klonierung menschlicher Gene unter diesem Gesichtspunkt liegt auf der Hand.

22 Schließlich gilt wohl auch heute noch, daß die Erforschung neuer Handlungsmöglichkeiten mehr finanzielle Mittel freisetzt und auch mehr wissenschaftlichen Ruhm einbringt als die Erforschung von Sicherheitsrisiken.

23 Vielen gelten nicht die ungewollten Folgen der Gentechnik, also Unfallfolgen als das eigentliche Problem, sondern vielmehr die gewollten Folgen: Die „Züchtung mit anderen Mitteln" erzeugt Tiere und Pflanzen, die es so sonst nicht gäbe. Sie verdrängen damit sonst sich natürlich entwickelnde Arten in ihrer Vielfalt und greifen in ohne Gentechnik jedenfalls andere Bestände und Abläufe ein. Ein Verlust an „Natürlichkeit" und an „natürlicher Vielfalt" ist die (mit-)gewollte (Neben-)Folge.

Nur am Rande kann hier auch hingewiesen werden auf die mögliche militärische Anwendung der Gentechnik. Zwar ist die Produktion biologischer Waffen, nicht aber auch die Forschung auf diesem Gebiet zur Vorbeugung und zum Selbstschutz verboten.

---

15 Vgl. zum Problem Bericht der Enquête-Kommission, BT-Drs. 10/6775, S. 224, S. 220.

II. Einführung in das Gentechnikrecht

1. Systematische Stellung und Regelungsansatz

Anders als z.B. beim Immissionsschutz- und Wasserrecht ist die Einbeziehung des Gentechnikrechts in das Umweltrecht noch nicht selbstverständlich. Gentechnik hat ganz verschiedene und auf ganz verschiedene Weise auf den Menschen bezogene Einsatzbereiche und schafft entsprechend verschiedene Gefahrenlagen. Die mit der unmittelbaren Anwendung der Gentechnik in der *Humanmedizin* (gentechnische Behandlung menschlicher Gene, Rn. 8/10 f.) verbundenen Probleme bleiben hier aber ausgeklammert (s. aber Rn. 8/54). 24

Das **Umwelt-Gentechnikrecht,** die sog. *grüne Gentechnik,* beschränkt sich auf den Teil der Gentechnik, der sich mit der Anwendung gentechnischer Verfahren an nichtmenschlichen Organismen und deren Auswirkungen auf die Umwelt befaßt.[16] Daß auch diese Techniken offensichtlich ebenfalls Auswirkungen auf den Menschen haben können, ist keine Besonderheit des Umwelt-Gentechnikrechts, sondern praktisch schon aus allen anderen Bereichen des Umweltrechts vertraut. 25

Systematisch ist das Umwelt-Gentechnikrecht ein Teil des **Gefahrstoffrechts im weiteren Sinne** (Rn. 9/16) wie auch des **Gefahrstoffrechts im engeren Sinne** (Rn. 9/18). Auch das Gentechnikrecht ist durch seinen *stoffspezifischen Gehalt* gekennzeichnet, nämlich durch die Ausrichtung seines Regelungszwecks auf die Gefahren, die von gentechnisch behandelten Genen oder Organismen auf die Umwelt ausgehen können (s.o. Rn. 8/15 ff.). 26

Dennoch knüpft sowohl das europäische als auch das deutsche Gentechnikrecht – bislang – nicht an die konkrete Gefährlichkeit gentechnisch veränderter Organismen (GVO) an, sondern an die Unsicherheit bzw. Gefährlichkeit der Gentechnik insgesamt. Grundlage sind die Annahme eines Basisrisikos[17] entsprechender Arbeiten, wonach es ein spezifisch gentechnisches Risiko gibt, das aus der gentechnischen Arbeitsweise als solcher folgt, und der *Vorsorgegedanke* (Rn. 1/69). Die zunehmenden Erfahrungen mit gentechnischen Arbeiten führen auch zu einer differenzierteren Einschätzung ihres Gefährdungspotentials: Sicher ist eine Vielzahl gentechnischer Arbeiten risikoarm im Vergleich mit dem, was die chemische Industrie ohne bürokratischen Aufwand täglich veranstaltet. Solange aber breite Einigkeit über die Harmlosigkeit jedenfalls bestimmter gentechnischer Arbeiten nicht besteht – und dies ist bei einer so grundlegend neuen Verfahrensweise und dem Fehlen langfristiger Erfahrungen natürlich –, ist die gesetzgeberische Vorsicht kaum zu tadeln. Folge dieses Ansatzes ist erstens, daß die Gentechnik einem eigenen Rechtsregime unterworfen wird, statt sie anderen, bereits bestehenden gefahrstoffrechtlichen Regelungen zu unterstellen, und zweitens, daß jegliche gentechnische Arbeiten einem administrativen Kontrollsystem (nicht notwendig einer präventiven Eröffnungskontrolle, s. Rn. 8/75) unterliegen. 27

---

[16] Ausdruck und Erklärung bei *Kloepfer*, Umweltrecht, S. 805.
[17] *Landmann/Rohmer/Wahl,* Umweltrecht, Vorb. vor § 1 GenTG, Rn. 17 ff.

8 *Gentechnikrecht*

28 Der sog. horizontale, prozeßbezogene Ansatz (Erfassung *jeglicher* gentechnischer Arbeiten) im Gegensatz zum sog. vertikalen oder produktbezogenen Ansatz (Beschränkung auf gefährliche gentechnisch veränderte Organismen), also *process* statt *product approach*, ist bis auf weiteres die europarechtliche Vorgabe (Rn. 8/38), die das deutsche Recht umzusetzen hat.[18]

29 Die Intensität der Kontrolle knüpft freilich an das jeweils zu bewertende Risikopotential der betroffenen Organismen an und führt zur Einordnung in die vier verschiedenen *Sicherheitsstufen* des § 7 I GenTG (Rn. 8/61).

2. Historische Entwicklung

30 Auf mögliche Gefahren der Gentechnik wurde seit 1974 von namhaften Wissenschaftlern öffentlich hingewiesen. In der Folge wurden – zunächst in den USA – beim NIH (National Institute of Health) in Washington **Richtlinien** entwickelt, die den Umgang mit neukombinierter DNS regeln. Nach dem Vorbild dieser Richtlinien entstanden entsprechende Regelungen auch in anderen Ländern. Die von der OECD entwickelten Sicherheitskriterien wurden von verschiedenen einzelnen Ländern und von der EG übernommen. Auf der entsprechenden Richtlinie der EG (dazu sogleich) basiert auch das deutsche Gentechnikgesetz.

31 Eine ausführlichere Regelung des Umgangs mit der Gentechnik enthielten schon die *„Richtlinien zum Schutz vor Gefahren durch in vitro neukombinierte Nucleinsäuren"* des Bundesministeriums für Forschung und Technologie in ihrer 1. Fassung vom 15.2.1978. Diese Richtlinien waren aber eine bloße *Verwaltungsvorschrift*, galten also nur verwaltungsintern, banden allerdings über Förderungsbestimmungen auch unmittelbar oder mittelbar vom Bund geförderte Forschungs- und Entwicklungsarbeiten. Seither wurden auch *Referentenentwürfe* für ein Gentechnologiegesetz entwickelt.[19]

32 Seit 1987 gibt es eine Regelung über das „bei der Bio- und Gentechnik anfallende gefährliche biologische Material", nämlich in § 15 I Nr. 1 *GefstoffV* (Rn. 8/41). Eine weitere Gentechnikrecht-Normierung fand sich auch schon in Nr. 4.11 des Anhangs der *4. BImSchV* (Rn. 4/56), wonach gentechnologische Anlagen – außer reinen Forschungsanlagen – genehmigungsbedürftige Anlagen i.S.d. § 4 BImSchG waren. Auch in der *Abwasserherkunftsverordnung* gab es eine einschlägige Bestimmung: „Herstellung und Verwendung von Mikroorganismen und Viren mit in-vitro neukombinierter Nucleinsäure" (§ 1 Nr. 10 h, jetzt geändert in: „... Viren und andere biotechnische Verfahren").

33 Im Auftrag der Bundesregierung erarbeitete die *Enquête-Kommission* „Chancen und Risiken der Gentechnologie" ab etwa Mitte 1984 die Grundlagen für eine umfassende gesetzliche Regelung.[20]

---

18 Zu diesen Ansätzen *Wahl/Melchinger*, JZ 1994, 973 (974 ff.) m.w.N.
19 Der erste Referentenentwurf ist abgedruckt bei *Lukes/Scholz* (Fn. 9), Anhang II, S. 150 ff.
20 Die Enquête-Kommission wurde am 29.6.1984 von der Bundesregierung eingesetzt; *Enquête-Kommission*, „Chancen und Risiken der Gentechnologie", BT-Drs. 10/6775, Abschlußbericht; s. dazu *Benda*, NJW 1985, 1730 ff.; *Deutsch*, Zur Arbeit der Enquête-Kommission „Chancen und Risiken der Gentechnologie", in: *Lukes/Scholz* (Fn. 9), S. 76 ff.

Der weithin – und u.E. zu Recht – kritisierte[21] Beschluß des VGH Kassel[22], nach dem   34
gentechnische Anlagen nur aufgrund eines die Nutzung der Gentechnik ausdrücklich
zulassenden Gesetzes errichtet und betrieben werden durften und das BImSchG und
andere Fachgesetze dafür nicht ausreichten, markierte dann den Schlußpunkt unter die
„vorgesetzliche" Entwicklung der Gentechnik der Bundesrepublik Deutschland.

Das von der Öffentlichkeit letztlich nur wenig beachtete, politisch aber doch sehr   35
umstrittene[23] **Gentechnikgesetz**[24] trat schließlich am 1.7.1990 in Kraft (BGBl. I
1080 ff.).

Nach vielfältiger Kritik von Gegnern und Befürwortern der Gentechnik, insbesondere   36
aber unter dem Schlagwort der *„Standortgefährdung"*[25], wurde das GenTG schließlich
1993 *novelliert.*[26] Die staatliche Kontrolle wurde gelockert, Fristen wurden verkürzt
und Verfahren vereinfacht. Schwerpunkte der Novellierung waren die Straffung des
Verfahrens, unter anderem durch die geringere Beteiligung der Zentralen Kommission
für die Biologische Sicherheit (ZKBS) und die Neugestaltung der Vorschriften zum
Anhörungsverfahren, aber auch die Anpassung an die System- und Freisetzungsricht-
linien der Europäischen Union (8/38).

So wurden die Errichtung und der Betrieb gentechnischer Anlagen zur Durchführung gentech-   37
nischer Arbeiten der Sicherheitsstufe 1, bei denen definitionsgemäß „nach dem Stand der
Wissenschaft nicht von einem Risiko für die menschliche Gesundheit und die Umwelt auszugehen ist" (§ 7 I 1 Nr. 1 GenTG), auch insoweit von der Genehmigungspflicht ausgenommen,
als sie gewerblichen Zwecken dienen; Anlagen und Arbeiten der Sicherheitsstufe 1 unterliegen
nunmehr insgesamt nur noch einer *Anmeldepflicht* (§ 8 II GenTG). Ähnliches gilt, wenn eine
bereits angemeldete oder genehmigte gentechnische Arbeit der Sicherheitsstufe 2 zu Forschungszwecken in einer anderen genehmigten gentechnischen Anlage desselben Betreibers,
in der entsprechende gentechnische Arbeiten durchgeführt werden, ausgeführt werden sollen:
Anzeige genügt (§ 9 III GenTG); andererseits wurde die allgemeine gesetzliche Sorgfaltspflicht
dynamisiert, vgl. § 6 I 1 GenTG.

---

21 *Sendler*, NVwZ 1990, 231 ff.; *Rose*, DVBl. 1990, 279 ff.; *Gersdorff*, DÖV 1990, 514 ff.; *Breuer* (Fn. 2), S. 47 f. m.w.N.
22 B. vom 6.11.1989, DVBl. 1990, 63 ff. = NJW 1990, 336 ff.; Vorinstanz VG Frankfurt, B. vom 3.2.1989, NVwZ 1989, 1097; zur weiteren Entwicklung des Falles VG Frankfurt, ZUR 1993, 79 ff. mit Anm. *Führ.*
23 Vgl. zum Entwurf *Lukes*, DVBl. 1990, 273 ff. m.w.N; unter den zahlreichen kritischen Stellungnahmen vgl. *Riedel/Führ/Tappeser*, KJ 1989, 349 ff.
24 Gesetzentwurf der Bundesregierung, BT-Drs. 11/5622 vom 9.11.1989.
25 Zur Diskussion *Graf Vitzthum/Geddert-Steinacher*, Standortgefährdung. Zur Gentechnik-Regelung in Deutschland, 1994, S. 937 f. m.w.N.
26 Änderungsgesetz vom 16.12.1993, BGBl. I, 2051; dazu *Wahl/Melchinger*, JZ 1994, 973 ff.; *Simon/Weyer*, NJW 1994, 765 ff.; krit. zum Novellierungsbedarf *Drescher*, ZUR 1994, 289 (292 f.), zum Inhalt S. 294 ff. – Vgl. zum Ergebnis der Anhörung der Bundestagsausschüsse für Forschung, Technologie und Technikfolgenabschätzung sowie für Gesundheit im Februar 1992 BT-Drs. 12/3658; vgl. ferner die Begründung des Gesetzentwurfs BT-Drs. 12/5145 sowie die Stellungnahme des Bundesrates, BT-Drs. 12/5614, Anlage 2.

3. Gesetzgebungskompetenz und Rechtsquellen

a) Europarecht

38 Wie schon im Chemikalienrecht ist auch im Bereich des Gentechnikrechts auf die *Vorreiter-Rolle* der EG für die nationalen Rechtsordnungen hinzuweisen[27]: Eine arbeitsschutzrechtliche Richtlinie „über den Schutz der Arbeitnehmer gegen Gefährdung durch biologische Arbeitsstoffe bei der Arbeit" wurde von der Kommission nur als Entwurf vorgelegt, vom Rat aber nicht beschlossen. Die Richtlinie „über die Verwendung von gentechnisch veränderten Mikroorganismen in abgeschlossenen Systemen" (**Systemrichtlinie** vom 23.4.1990, 90/219/EWG, ABl. Nr. L 117/1 vom 8.5.1990) – aufgrund Art. 130s EGV – statuiert bereits eine Pflicht zur Anmeldung gentechnischer Arbeiten. Ihr folgte die Richtlinie „über die absichtliche Freisetzung genetisch veränderter Organismen in die Umwelt" (**Freisetzungsrichtlinie**)[28] – aufgrund Art. 100a EGV. Hinzuweisen ist schließlich auch auf das europäische Pflanzenschutzrecht und die Richtlinie des Rates über das Inverkehrbringen von Pflanzenschutzmitteln 91/414/EWG vom 15.7.1991.[29] Eine Richtlinie über die – umstrittene – Patentierung von Genen ist bislang noch nicht zustandegekommen.

b) Bundesrecht

39 Die **Gesetzgebungskompetenz** des Bundes zum Erlaß des Gentechnikgesetzes ergibt sich aus einer „Gesamtschau verschiedener Kompetenznormen des GG", insbesondere aus Art. 74 Nr. 1, 11, 12, 13, 19, 20, 24 und Art. 75 Nr. 3 GG.[30] Da die Regelungen des GenTG als erschöpfend anzusehen sind, sind abweichende und ergänzende Regelungen durch die Länder ausgeschlossen.

40 Die erste bundesgesetzliche Regelung überhaupt erfolgte durch das **Gesetz zur Regelung von Fragen der Gentechnik** (Gentechnikgesetz – GenTG) vom 20.6.1990 (BGBl. I 1080), geändert und neu bekannt gemacht durch Gesetz vom 16.12.1993 (BGBl. I 2066) und vom 24.6.1994 (BGBl. I 1416). Wie das ChemG (Rn. 9/33) überläßt auch dieses Gesetz viele Regelungen, die es erst anwendbar machen, auf seiner Grundlage zu erlassenden Rechtsverordnungen. Sein § 30 enthält dazu eine Reihe von Ermächtigungen.

41 Die wichtigsten bisher ergangenen **Verordnungen** sind die
 – Verordnung über die Sicherheitsstufen und Sicherheitsmaßnahmen bei gentechnischen Arbeiten in gentechnischen Anlagen (*Gentechnik-Sicherheitsverordnung – GenTSV*) vom 24.10.1990 (BGBl. I 2340), i.d.F. vom 14.3.1995 (BGBl. I 297),

---

27 Hierzu und zum folgenden *Jarass*, in: *Breuer/Kloepfer/Marburger/Schröder* (Hrsg.), Gentechnikrecht und Umwelt, UTR Bd. 14, 1991, S. 91 ff. = NuR 1991, 49 ff.
28 Vom 23.4.1990, 90/220/EWG, Amtsblatt Nr. L 117/15 vom 8.5.1990, in der Fassung der Richtlinie 94/15 EG der Kommission vom 15.4.1994 zur ersten Anpassung der Freisetzungsrichtlinie an den technischen Fortschritt.
29 ABl. Nr. L 230/1, ber. ABl. vom 25.6.1992, Nr. L 170/40.
30 Dazu *Hirsch/Schmidt-Didczuhn*, Gentechnikgesetz, Ktr., 1991, Einleitung, Rn. 10 m.w.N.

- Verordnung über Antrags- und Anmeldeunterlagen und über Genehmigungs- und Anmeldeverfahren nach dem Gentechnikgesetz (*Gentechnik-Verfahrensverordnung* – GenTVfV) vom 24.10.1990 (BGBl. I 2378),
- Verordnung über Anhörungsverfahren nach dem Gentechnikgesetz (*Gentechnik-Anhörungsverordnung* – GenTAnhV) vom 24.10.1990 (BGBl. I 2375),
- Verordnung über Aufzeichnungen bei gentechnischen Arbeiten zu Forschungszwecken oder zu gewerblichen Zwecken (*Gentechnik-Aufzeichnungsverordnung* – GenTAufzV) vom 24.10.1990 (BGBl. I 2338)[31],
- Verordnung über die zentrale Kommission für die biologische Sicherheit (*ZKBS-Verordnung* – ZKBSV) vom 30.10.1990 (BGBl. I 2418), zuletzt geändert durch G. v. 24.6.1994 (BGBl. I 1416) und
- Verordnung über die Beteiligung des Rates, der Kommission und der Behörden der Mitgliedstaaten der Europäischen Union und der Vertragsstaaten des Abkommens über den Europäischen Wirtschaftsraum im Verfahren zur Genehmigung von Freisetzungen und Inverkehrbringen sowie im Verfahren bei nachträglichen Maßnahmen nach dem Gentechnikgesetz (*Gentechnik-Beteiligungsverordnung* – GenTBetV) vom 17.5.1995 (BGBl. I 734).

4. Überblick über das Gentechnikrecht

Das Gentechnikgesetz enthält vor allem eine Reihe von Handlungs- und Verhaltenspflichten mit gentechnischen Arbeiten befaßter Menschen sowie Genehmigungs- und Anmeldepflichten. **42**

Gegenstand des Gesetzes sind sowohl gentechnische Arbeiten in geschlossenen gentechnischen Anlagen (§§ 7 ff.) als auch die Freisetzung und das Inverkehrbringen gentechnisch veränderter Organismen (GVO) in jeder Form (§§ 14 ff.). Diese Unterscheidung entspricht auch den europarechtlichen Vorgaben in der *Systemrichtlinie* einerseits, der *Freisetzungsrichtlinie* andererseits. Nur sehr eingeschränkt umfaßt dagegen das Gentechnikgesetz die Anwendung der Gentechnik im Bereich der Humanmedizin (Rn. 8/10). Als *geschützte Rechtsgüter* nennt das Gesetz Leben und Gesundheit von Menschen, Tiere, Pflanzen und die sonstige Umwelt sowie Sachgüter. Als *Maßnahmen* enthält das Gentechnikgesetz die Verpflichtung des Betreibers gentechnischer Anlagen zu eigenverantwortlicher Gefahrenabwehr und Risikovorsorge und staatliche Kontrollmaßnahmen vor der Inbetriebnahme gentechnischer Anlagen und vor der Aufnahme gentechnischer Arbeiten sowie eine nachgehende Überwachung. Die Freisetzung von gentechnisch veränderten Organismen und ihr Inverkehrbringen muß vorher *genehmigt* sein. Daneben sollen *Verbote und Beschränkungen* besonderen arbeits- und giftrechtlichen Bedenken Rechnung tragen. Schließlich sieht das GenTG *Haftungsregelungen* und Vorschriften über eine obligatorische Deckungsvorsorge und generalpräventive Straf- und Bußgeldvorschriften vor. **43**

---

31 Dazu *Fluck*, DÖV 1991, 129 ff.

8 *Gentechnikrecht*

44 Hinsichtlich Arbeiten im geschlossenen System („in gentechnischen Anlagen") übernimmt das Gesetz die Konzeption der *Richtlinien* (Rn. 8/38) mit einem *abgestuften System von Sicherheitsmaßnahmen* (Rn. 8/61 ff.).

5. Bedeutung des Gentechnikgesetzes

45 Die möglichen weitreichenden Gefahren aufgrund gentechnischer Arbeiten machten eine umfassende *gesetzliche Regelung* längst überfällig. Spätestens der Beschluß des VGH Kassel[32] markierte aber auch für Forschung und Industrie einen Endpunkt der vor- oder außergesetzlichen Entwicklung und machte die rasche Verabschiedung rechtlicher Grundlagen für weitere Arbeiten in diesem Bereich jedenfalls im Geltungsbereich des Gentechnikgesetzes zur Überlebens- oder jedenfalls zur Auswanderungsfrage auf diesem Gebiet. Die Notwendigkeit eines Gentechnikgesetzes ergab sich also nicht nur aus den grundrechtlichen *Schutzpflichten* des Staats und aus der *Wesentlichkeitstheorie*, sondern auch aus der notwendigen Planungssicherheit der betroffenen Forschungseinrichtungen und Unternehmen.[33] Diesen Gesichtspunkten ist durch das GenTG jedenfalls Rechnung getragen – wenn nicht zu aller Zufriedenheit, muß das bei den beidseits hohen Erwartungen nicht verwundern.

46 Für eine abschließende Bewertung der Novellierung ist es sicher noch zu früh. Manche Neuerung ist wenigstens ambivalent, so, wenn mit der Anlagengenehmigung für bestimmte Arbeiten auch die Konzentrationswirkung, aber auch, wenn bei nicht hinreichend klarer Bestimmung der Voraussetzungen („Vergleichbarkeit" einer Arbeit) die Beteiligung der ZKBS enfällt. Die Gelegenheit zur Verbesserung des Gesetzes wurde vielfach nicht genutzt, insbesondere zur gewiß beschleunigend wirkenden Klarstellung wichtiger Begriffe, z.B. des Anlagen-, des Gefahren- und des – außer in § 40 I Nr. 1 ArzneimittelG – erstmals im Umwelt- und Technikgesetz ausdrücklich eingeführten[34] Risikobegriffs.[35]

47 Die **Kritik** am geltenden Gentechnikrecht, an Einzelheiten wie an seinem Regelungsansatz, ist auch nach der Novelle 93 nicht verstummt.[36] Sie zielte wohl oft auf das Gesetz, meinte aber seinen Vollzug.[37] Auch ist dem GenTG und seinen Anwendern zugute zu halten, daß mit der neuen Materie erst einmal Erfahrungen gesammelt werden mußten. Schließlich waren bei der Novelle auch die EG-rechtlichen Vorgaben (Rn. 8/38) weiterhin zu beachten. Damit aber schied ein Systemwandel aus.

---

32 Fn. 22.
33 Dazu *Lerche*, Verfassungsrechtliche Aspekte der Gentechnologie, in: *Lukes/Scholz* (Fn. 9), S. 88 ff.
34 Vgl. *Scherzberg*, VerwArch. 84 (1993), 484 (498).
35 Zur probabilistischen Risikoanalyse im GenTRecht *Breuer*, NuR 1994, 157 ff.; zur Abgrenzung Gefahr/Risiko s.a. *E. Rehbinder*, Das Vorsorgeprinzip im internationalen Vergleich, 1991.
36 *Wahl/Melchinger*, JZ 1994, 973 ff. m.w.N.; nach diesen Autoren ist die Novellierung aber insgesamt ausgewogen und bedeutet eine sinnvolle partielle Deregulierung ohne Abstriche am materiellen Schutzniveau.
37 So auch *Graf Vitzthum/Geddert-Steinacher*, Standortgefährdung, 1992, S. 150.

Vor einem noch weitergehenden Rückzug von Gesetzgeber und Verwaltung ist zu **48** warnen.[38] Wer unter Berufung auf Standortgefährdung und Verfahrensbeschleunigung den – hier: industrie- und forschungspolitischen – „Befreiungsschlag" fordert, tut weder der Gentechnik noch dem Umwelt- und Technikrecht insgesamt ein gutes Werk.[39] Was weiterhin gefordert ist, ist ein Abbau der noch vielfältigen Rechtsunsicherheit, begriffliche Klärung möglichst durch den Gesetz- und den Verordnungsgeber sowie eine möglichst weitgehende Ankoppelung des Gentechnikrechts an sonst bestehendes Umwelt- und Technikrecht.

III. Gesetzeszweck, Anwendungsbereich, Begriffe und Instrumente

1. Zweck des Gentechnikgesetzes

Das Gentechnikgesetz enthält – wie inzwischen alle modernen Umweltgesetze – in **49** seinem § 1 eine auslegungs- und ermessensleitende Bestimmung seines **Zwecks**, nämlich

– Leben und Gesundheit von Menschen, Tiere, Pflanzen sowie die sonstige Umwelt in ihrem Wirkungsgefüge und Sachgüter vor möglichen Gefahren gentechnischer Verfahren und Produkte zu schützen und dem Entstehen solcher Gefahren vorzubeugen (Nr. 1) und
– den rechtlichen Rahmen für die Erforschung, Entwicklung, Nutzung und Förderung der wissenschaftlichen, technischen und wirtschaftlichen Möglichkeiten der Gentechnik zu schaffen (Nr. 2).

Mit § 1 Nr. 2 GenTG ist nach einer verbreiteten Auffassung die Förderung wenigstens **50** mittelbar zum Gesetzeszweck erklärt, weil es sonst der Aufnahme von „Förderung" in den Katalog nicht bedurft hätte (zum Förderungszweck im Atomrecht, § 1 Nr. 1 AtomG, vgl. Rn. 7/86). Die Schaffung eines rechtlichen Rahmens für die Förderung einer Technik könne nur als Anerkennung ihrer Förderungswürdigkeit verstanden werden. Richtigerweise wird man hierin aber keinen *Förderungsauftrag*, sondern nur eine *Förderungsermächtigung* an die Verwaltung zu sehen haben. Jedenfalls ergibt sich schon aus Art. 1 und 6 der Systemrichtlinie (Rn. 8/38), daß dem Schutzzweck (§ 1 Nr. 1 GenTG) Vorrang vor dem Förderungszweck (§ 1 Nr. 2 GenTG) zukommt.[40] Die „*wirtschaftlichen* Möglichkeiten" kamen erst durch die Novelle 1993 in das Gesetz; die Änderung ist wohl eher politischer als rechtlicher Natur.

---

38 Nach *Wahl/Melchinger*, JZ 1994, 973.
39 Zutreffend zur Gegenkritik auch *Wahl/Melchinger*, JZ 1994, 973 (979) m.w.N. – Zur Standort- und Beschleunigungsdiskussion allgemein Rn. 1/19 m.w.N.
40 So zutr. *Führ*, DVBl. 1991, 559 (563).

2. Anwendungsbereich

51 Mit dem GenTG hat der Gesetzgeber ein *kombiniertes Anlagen- und Tätigkeitskonzept* verwirklicht. So soll grundsätzlich lückenlos jeglicher Umgang mit GVO erfaßt werden.

Der **Anwendungsbereich** des GenTG umfaßt nach § 2 I
- gentechnische Anlagen,
- gentechnische Arbeiten,
- die Freisetzungen von gentechnisch veränderten Organismen und
- das Inverkehrbringen von Produkten, die gentechnisch veränderte Organismen enthalten oder aus solchen bestehen.

52 Hinsichtlich des Inverkehrbringens ist besonders auf die *Konkurrenzklausel* in § 2 Nr. 4 Hs. 2 zu verweisen, wonach gesetzliche Vorschriften, die besondere Voraussetzungen für das Inverkehrbringen bestimmter Produkte aufstellen, Vorrang vor dem GenTG erhalten; Vorrang hat demnach das Pflanzenschutzgesetz, zweifelhaft ist dies für das Arzneimittelgesetz, und abzulehnen ist es für das Lebensmittel- und Bedarfsgegenständegesetz, das Tierseuchengesetz, das Futtermittelgesetz und das Saatgutverkehrsgesetz.[41]

53 Der (Forschungs-)Versand unterfällt aufgrund der Neudefinition des Begriffs des Inverkehrbringens (§ 3 Nr. 8 GenTG, Rn. 8/52) jetzt nicht mehr dem GenTG.

54 Hinsichtlich der Anwendung von gentechnisch veränderten Organismen am Menschen stellt § 2 II GenTG jetzt klar, daß das GenTG dafür nicht gilt.[42]

Dies betrifft beispielsweise die Bereiche der Prävention (z.B. Biovaccine), der Diagnostik (z.B. Marker-Experimente) und der Therapie (z.B. somatische Gentherapie). Diese Ausgrenzung gilt aber nicht auch für die *in-vitro*-Teilschritte der genannten Verfahren, die der Anwendung am Menschen vorausgehen oder folgen können.[43] Wenn also im Labor gentechnische Arbeiten durchgeführt werden, die der Vorbereitung einer *somatischen Gentherapie* am Menschen dienen, unterfallen diese unabhängig von ihrer Ausrichtung dem GenTG. Anderes gilt für die Anwendung der dabei etwa gewonnenen GVO am Menschen, die das GenTG nicht erfaßt, also auch keiner Genehmigungspflicht unterwirft.

55 Abweichend von der EG-Systemrichtlinie begnügte sich der Gesetzgeber für die außerbetriebliche *Beförderung* mit der bloßen Verordnungsermächtigung des § 30 II Nr. 13 GenTG, weil er über die umfangreichen Gefahrgutvorschriften (Rn. 9/22) hinaus kein Regelungsbedürfnis sah (vgl. a. Rn. 9/49)[44]. Kritisiert wurde, daß der außerbetriebliche Transport von GVO aus dem Anwendungsbereich des Gesetzes ausgeklammert bleibt. Dies widerspricht wohl auch der EG-System-Richtlinie (Rn. 8/38). Das Problem des außerbetrieblichen Transports von GVO ist damit auch nach der Novelle nicht befriedigend gelöst.

---

41 *Hirsch/Schmidt-Didczuhn*, GenTG, § 2 Rn. 11 ff. m.w.N.; s.a. *Ott*, NuR 1992, 459 ff.
42 Dazu *Simon/Weyer*, NJW 1994, 759 (765).
43 Gesetzesbegründung, BT Drs. 12/5145, S. 11.
44 Krit. dazu *Breuer* (Fn. 2), S. 37 (55 f.).

3. Begriffsbestimmungen

Die wesentlichen **Begriffsbestimmungen** des Gentechnikrechts – und damit auch die inhaltliche Bestimmung seines *Anwendungsbereichs* – enthält § 3. Danach ist 56

- „*Organismus*" jede biologische Einheit, die fähig ist, sich zu vermehren oder genetisches Material zu übertragen (Nr. 1), sind
- „*gentechnische Arbeiten*" die Erzeugung gentechnisch veränderter Organismen und die Verwendung, Vermehrung, Lagerung, Zerstörung oder Entsorgung sowie der innerbetriebliche Transport gentechnisch veränderter Organismen, soweit noch keine Genehmigung für die Freisetzung oder das Inverkehrbringen zum Zweck des späteren Ausbringens in die Umwelt erteilt wurde (Nr. 2), ist
- „*gentechnisch veränderter Organismus*" ein Organismus, dessen genetisches Material in einer Weise verändert worden ist, wie sie unter natürlichen Bedingungen durch Kreuzen oder natürliche Rekombination nicht vorkommt. Solche Veränderungen sind insbesondere DNS-Rekombinationstechniken, bei denen Vektorsysteme eingesetzt werden, Verfahren, bei denen in einen Organismus direkt Erbgut eingeführt wird, welches außerhalb des Organismus zubereitet wurde, Zellfusionen oder Hybridisierungsverfahren, bei denen lebende Zellen mit einer neuen Kombination von genetischem Material anhand von Methoden gebildet werden, die unter natürlichen Bedingungen nicht auftreten; ausdrücklich nicht als solche Verfahren gelten verschiedene gentechnische Arbeiten, es sei denn, es werden gentechnisch veränderte Organismen als Spender oder Empfänger verwendet (Nr. 3);
- eine „*gentechnische Anlage*" eine Einrichtung, in der gentechnische Arbeiten i.S.d. Nr. 2 im geschlossenen System durchgeführt werden und für die physikalische Schranken und ggf. weitere Schranken verwendet werden, um den Kontakt der verwendeten Organismen mit Menschen und der Umwelt zu begrenzen (Nr. 4);
- eine „*gentechnische Arbeit zu Forschungszwecken*" eine Arbeit für Lehr-, Forschungs- oder Entwicklungszwecke oder eine Arbeit für nicht industrielle bzw. nicht kommerzielle Zwecke in kleinem Maßstab (Nr. 5); auch nach der Novelle 93 bleibt das Auslegungsproblem, ob sich die Einschränkung „in kleinem Maßstab" auf den ganzen Satz oder nur auf den letzten Satzteil bezieht, ob also Arbeiten in kleinem Maßstab nur für sog. nicht industrielle bzw. nicht kommerzielle Zwecke gilt oder allgemein die Forschung bestimmt;[45]
- eine „*gentechnische Arbeit zu gewerblichen Zwecken*" jede andere Arbeit als die zuvor beschriebene (Nr. 6);
- eine „*Freisetzung*" das gezielte Ausbringen von gentechnisch veränderten Organismen in die Umwelt, soweit noch keine Genehmigung für das Inverkehrbringen zum Zweck des späteren Ausbringens in die Umwelt erteilt wurde (Nr. 7);

---

[45] Nach überwiegender Auffassung soll die Forschung insgesamt privilegiert werden und das Merkmal „kleiner Maßstab" nur für die zweite Alternative gelten; vgl. die Nachweise bei *Wahl/Melchinger*, JZ 1994, 973 (982) in Fn. 82. Diese Auslegung ist aber wohl nicht EG-Richtlinien-konform; ebda. m.w.N. in Fn. 83. Nach der – gebotenen – EG-Richtlinien-konformen Auslegung (Rn. 1/40) muß sich auch die Forschung an den dort beschriebenen „kleinen Maßstab" halten, „z.B. 10 l Kulturvolumen"; dazu auch die Auffassung des Länderausschusses Gentechnik, *Knoche*, DVBl. 1993, 879 (880); s.a. *Heublein*, NuR 1993, 12 ff.

8   Gentechnikrecht

– *„Inverkehrbringen"* die Abgabe von Produkten, die gentechnisch veränderte Organismen enthalten oder aus solchen bestehen, an Dritte und das Verbringen in den Geltungsbereich des Gesetzes, soweit die Produkte nicht zu gentechnischen Arbeiten in gentechnischen Anlagen bestimmt oder Gegenstand einer genehmigten Freisetzung sind. Ausnahmen gelten für Transitverkehr und das Verbringen zur klinischen Prüfung (Nr. 8). *Inverkehrbringen* ist also die Abgabe im freien Warenverkehr an einen unbestimmten Personenkreis.

Durch die Neuregelung in Nr. 8 ist der internationale und der nationale Austausch gentechnisch veränderter Organismen klarer geregelt, insbesondere fallen jetzt nicht mehr unter den Begriff des Inverkehrbringens der nationale und internationale Austausch gentechnisch veränderter Organismen zum Zweck der Forschung (Forschungsversand), der Austausch innerhalb eines Konzerns zur Weiterverarbeitung oder Produktion, die Abgabe nach patentrechtlichen Vorschriften an Dritte, die Abgabe zum Zweck der unmittelbaren genehmigten Freisetzung und die Abgabe von Arzneimitteln im Rahmen der klinischen Prüfung.[46] Anders als bisher können daher jetzt auch die inländische Abgabe und der Import gentechnisch veränderter Organismen zur Durchführung gentechnischer Arbeiten zu *gewerblichen* Zwecken genehmigungsfrei sein. Damit wird auch der nationale und der internationale Austausch von GVO zwischen Forschungseinrichtungen erleichtert.

– sind *Sicherheitsstufen* Gruppen gentechnischer Arbeiten nach ihrem Gefährdungspotential (Nr. 12).

Desweiteren definiert sind *Betreiber* (Nr. 9), *Projektleiter* (Nr. 10), *Beauftragte für die biologische Sicherheit* (Nr. 11), *Laborsicherheits- oder Produktions-* und *biologische Sicherheitsmaßnahmen* (Nrn. 13 und 14) sowie *Vektor* (Nr. 15).

57   Gerade der *Anlagenbegriff* ist – wie früher bspw. im Atomrecht auch (Rn. 7/108 ff.) – problematisch[47] und entsprechend Gegenstand von Auslegungsbemühungen geworden. Vom Kühlschrank bis zur gesamten Betriebsstätte reicht das mögliche Spektrum. Auswirkungen hat der Streit nicht zuletzt auf den Umfang der Konzentrationswirkung, die der Anlagengenehmigung zukommt.

4. Instrumente

58   § 6 GenTG bestimmt zunächst **Grundpflichten** mit dynamischem Inhalt (s.a. Rn. 6/125) entsprechend dem Entwicklungs- und Erkenntnisstand, und zwar im einzelnen

– für jeden, der *Umgang* mit gentechnisch veränderten Organismen hat, die Pflicht zur vorherigen und umfassenden *Risikobewertung*,
– für den *Betreiber* einer gentechnischen *Anlage* die Pflicht, die nach dem Stand von Wissenschaft und Technik notwendigen *Vorkehrungen* zu treffen,
– die Pflicht des *Betreibers* einer gentechnischen Anlage zur *Aufzeichnung* über die Durchführung gentechnischer Arbeiten sowie

---

[46] Gesetzesbegründung, BT-Drs. 12/5145, S. 12; dazu *Knoche,* BayVBl. 1994, 673 (674).
[47] Zum Anlagenbegriff *Fluck*, UPR 1993, 81 ff.; *Turck*, NVwZ 1992, 650 ff.; *Drescher*, ZUR 1994, 289 (294 f.); *Krekeler*, DVBl. 1995, 765 ff., jeweils m.w.N.

– die Pflicht desjenigen, der *gentechnische Arbeiten oder Freisetzungen durchführt*, Projektleiter und Beauftragte oder Ausschüsse für die *biologische Sicherheit* zu bestellen (§ 6 IV GenTG).

Weiter sieht das GenTG ein **System gestufter Präventivkontrollen** vor. **59**

Für Einzelheiten ist zu unterscheiden zwischen *gentechnischen Arbeiten in gentechnischen Anlagen* einerseits (Rn. 8/60 ff.), der *Freisetzung und dem Inverkehrbringen* gentechnisch veränderter Organismen bzw. von Produkten, die solche enthalten oder aus solchen bestehen, andererseits (Rn. 8/94 ff.).

IV. Arbeiten in Anlagen

Gentechnische Arbeiten in gentechnischen Anlagen unterliegen grundsätzlich einer **60** *präventiven Eröffnungskontrolle* (Rn. 1/100 ff.): *Errichtung* und *Betrieb* einer gentechnischen Anlage bedürfen grundsätzlich einer **Anlagengenehmigung**, § 8 I 2 GenTG (Ausnahme: gentechnische Anlagen zu Forschungszwecken der Sicherheitsstufe 1, Rn. 8/56). Entsprechendes gilt für wesentliche Änderungen von Lage, Beschaffenheit oder Betrieb. Ebenso bedarf die *Durchführung gentechnischer Arbeiten* einer sog. *Anlagengenehmigung* (Ausnahmen: bestimmte Fälle bloßer Anmelde- bzw. Aufzeichnungspflicht). Die Genehmigung von gentechnischen Arbeiten in geschlossenen Systemen weist deutliche Parallelen zu den Anlagengenehmigungen des Atom- und Immissionsschutzrechts auf.[48]

1. Sicherheitsstufen und Sicherheitsmaßnahmen

Grundlegend ist zwischen verschiedenen **Sicherheitsstufen** (S) und Sicherheitsmaß- **61** nahmen zu unterscheiden (§ 7 I GenTG), nämlich der
– *Sicherheitsstufe 1* (S 1) für gentechnische Arbeiten, bei denen nach dem Stand der Wissenschaft *nicht* von einem Risiko für die menschliche Gesundheit und die Umwelt auszugehen ist, der
– *Sicherheitsstufe 2* (S 2), bei der von einem *geringen* Risiko, der
– *Sicherheitsstufe 3* (S 3), bei der von einem *mäßigen* Risiko, und der
– Sicherheitsstufe 4 (S 4), bei der von einem *hohen* Risiko oder *dem begründeten Verdacht* eines solchen Risikos für die menschliche Gesundheit oder die Umwelt auszugehen ist.

Zwischen Juli 1990 und September 1993 wurden nach dem Gentechnikgesetz 691 gentechnische Anlagen von den zuständigen Landesbehörden genehmigt. Davon waren 107 von privater Seite eingereicht, 584 von öffentlicher Seite, z.B. dem Deutschen Krebsforschungszentrum, der Max-Planck-Gesellschaft usw. 610 Anträge wurden S 1 zugeordnet (davon 5, die gewerblichen Zwecken dienten), 69 Anträge S 2 (drei teils S 2, teils S 1) und sieben Anträge S 3. Für zwei fehlte die Rückmeldung. Kein Antrag wurde für S 4 gestellt. Anlagengenehmigungen zu

---

48 So zu Recht *Breuer*, NuR 1994, 157 (167).

8 Gentechnikrecht

gewerblichen Zwecken erfolgten nur in S 1. Gleichzeitig wurden vom Bundesgesundheitsamt fünf Freisetzungen genehmigt, ein sechster Antrag zurückgezogen, ein Genehmigungsverfahren war noch nicht abgeschlossen.[49]

62 Vollzugsfähig wird diese Einteilung erst durch den Erlaß der Verordnung über die Sicherheitsstufen und Sicherheitsmaßnahmen bei gentechnischen Arbeiten in gentechnischen Anlagen (*Gentechnik-Sicherheitsverordnung – GenTSV*)[50] aufgrund § 7 I 2 GenTG.

Diese Verordnung ist die wichtigste der fünf Begleitverordnungen zum Gentechnikgesetz. Sie enthält Bestimmungen darüber, ob und welche Sicherheitsrisiken bei der Herstellung und beim Umgang mit gentechnisch veränderten Organismen entstehen, wie solche Risiken zu bewerten sind und wie ihrer Verwirklichung vorgebeugt werden kann. Die wichtigsten Regelungen enthält der zweite Abschnitt zur Einstufung technischer Arbeiten in die genannten vier Sicherheitsstufen im Einzelfall. Der dritte Abschnitt bestimmt die Zuordnung von Sicherheitsmaßnahmen zu den zuvor ermittelten Sicherheitsstufen. Durch diese je nach Sicherheitsstufe unterschiedlich strengen Anforderungen soll ein gefahrloses gentechnisches Arbeiten gewährleistet werden. Schließlich enthält die Verordnung in insgesamt sechs Anhängen die Risikogruppen der Spender- und Empfängerorganismen, biologische Sicherheitsmaßnahmen, Sicherheitsmaßnahmen für Labor- und Produktionsbereich, Sicherheitsmaßnahmen für Gewächshäuser, Sicherheitsmaßnahmen für Tierhaltungsräume sowie Regelungen über Vorsorgeuntersuchungen und die Beteiligung der Beschäftigten. – Leider enthält die GenTSV nicht auch standartisierte Sicherheitsvorkehrungen bei der Freisetzung gentechnisch veränderter Organismen – und auch die Novelle nicht die dafür notwendige Ergänzung der Ermächtigungsgrundlage § 30 GenTG.

2. Genehmigungs- und Anmeldeverfahren

63 Genehmigungs- und Anmeldeverfahren sind im Gentechnikgesetz eingehend geregelt (§ 11 bzw. § 12 GenTG). Darüber hinaus ermächtigt § 30 II Nr. 15 GenTG die Bundesregierung, nach Anhörung der ZKBS durch Rechtsverordnung mit Zustimmung des Bundesrates Inhalt und Form der Antrags- und Anmeldeunterlagen, insbesondere die Bewertungskriterien, sowie Einzelheiten des Genehmigungs- und des Anmeldeverfahrens zu regeln. Davon hat die Bundesregierung in der Verordnung über Antrags- und Anmeldeunterlagen und über Genehmigungs- und Anmeldeverfahren nach dem Gentechnikgesetz (*Gentechnik-Verfahrensverordnung – GenTVfV*) vom 24.10.1990 Gebrauch gemacht.

64 Die Verordnung bestimmt Einzelheiten, aus denen der Betreiber eines gentechnischen Vorhabens Klarheit über die Anforderungen gewinnt, denen sein Vorhaben genügen muß. Sie erleichtert die fachliche und rechtliche Prüfung des Vorhabens und ermöglicht eine bundeseinheitliche Durchführung des Gentechnikgesetzes.

---

49 Zitiert nach *Simon/Weyer*, NJW 1994, 759 (760).
50 i.d.F. vom 14.3.1995 (BGBl. I 297); zu Kritik und Verteidigung der GenTSV *Breuer* (Fn. 2), S. 61 f. m.w.N.

Ergänzend sind die Verwaltungsverfahrensgesetze des Bundes und der Länder anzuwenden. Genehmigungs- und Anmeldeverfahren sind keine förmlichen Verfahren i.S.d. §§ 63 ff. VwVfG. Die Durchführung des Verfahrens obliegt der Genehmigungsbehörde, die sich nach Landesrecht bestimmt, § 31 GenTG.

a) Genehmigungsverfahren

Das **Genehmigungsverfahren** gilt sowohl für *Anlagengenehmigungen* in Form von Erst-, Teil- und Änderungsgenehmigungen nach § 8 I 2 (ggf. i.V.m. § 9 II oder § 10 III) und § 8 III, IV als auch für *Tätigkeitsgenehmigungen* nach § 10 II.

Das Genehmigungsverfahren beginnt mit dem *schriftlichen Antrag* des Betreibers, § 11 I GenTG, § 3 GenTVfV. Der notwendige Inhalt der beizufügenden Unterlagen ergibt sich aus § 11 II i.V.m. § 4 GenTVfV. Die vorgelegten *Unterlagen* müssen umfassend und nachprüfbar alle Umstände enthalten, die nach § 13 I bzw. II GenTG Voraussetzung für die Erteilung der Genehmigung im Einzelfall einschließlich der Entscheidung über die nach § 22 GenTG eingeschlossenen behördlichen Entscheidungen sind. Insbesondere muß also erkennbar sein, daß die zentralen Genehmigungsvoraussetzungen nach § 13 I Nr. 4 GenTG vorliegen, daß also für die vom Betreiber angenommene Sicherheitsstufe die nach dem Stand von Wissenschaft und Technik notwendigen Vorkehrungen getroffen und deshalb schädliche Auswirkungen auf die in § 1 Nr. 1 GenTG genannten Rechtsgüter nicht zu erwarten sind. Die vorzulegenden Angaben, Beschreibungen, Erklärungen, Bewertungen und Nachweise müssen insgesamt ergeben, daß das Vorhaben die im Gesetz und in den Verordnungen geregelten Anforderungen an die Risikobewertung, die Sicherheitseinstufung, die Sicherheitsmaßnahmen und an die Sachkunde des Projektleiters und des Beauftragten für die biologische Sicherheit erfüllt, § 4 I 2 GenTVfV.

Insbesondere sind nach § 11 II 2 GenTG anzugeben bzw. vorzulegen:
– Lage der Anlage und Name und Anschrift des Betreibers (Nr. 1),
– Name des Projektleiters und des Beauftragten für die biologische Sicherheit und Nachweis der erforderlichen Sachkunde (Nrn. 2 und 3),
– Beschreibung der bestehenden oder der geplanten gentechnischen Anlage und ihres Betriebs, insbesondere der für die Sicherheit bedeutsamen Einrichtungen (Nr. 4),
– Risikobewertung nach § 6 I und eine Beschreibung der vorgesehenen gentechnischen Arbeiten, aus der sich die Eigenschaften der verwendeten Spender- und Empfängerorganismen, der Vektoren und des gentechnisch veränderten Organismus im Hinblick auf die erforderliche Sicherheitsstufe sowie ihre möglichen sicherheitsrelevanten Auswirkungen auf die in § 1 Nr. 1 bezeichneten Rechtsgüter und die vorgesehenen Vorkehrungen ergeben (Nr. 5),
– Beschreibung der verfügbaren Techniken zur Erfassung, Identifizierung und Überwachung des gentechnisch veränderten Organismus (Nr. 6) und
– im Bereich gentechnischer Arbeiten zu gewerblichen Zwecken zusätzlich Angaben über Zahl und Ausbildung des Personals, Angaben über Reststoffverwertung, Notfallpläne und Angaben über Unfallverhütungsmaßnahmen (Nr. 7).

Von der Vollständigkeit der vorgelegten Unterlagen hängt entscheidend ab, wie lange das Genehmigungsverfahren dann dauert (vgl. § 11 VI 4 GenTG).

8 *Gentechnikrecht*

69 Besonders geregelt sind die Anforderungen an die Antragsunterlagen für die Erteilung der *Genehmigung weiterer gentechnischer Arbeiten* in § 11 IV i.V.m. § 4 I Nr. 5, II Nr. 4 i.V.m. Anlage 1 Teil IV GenTVfV. Das Gesetz beschränkt sich auf eine Beschreibung der vorgesehenen gentechnischen Arbeiten, Angaben zum Ausgangsbescheid und auf die Mitteilung sicherheitsrelevanter Änderungen diesem gegenüber (§ 11 IV 2 GenTG). Dort wird allerdings nicht unterschieden zwischen einer Genehmigung von Anlagen für die Arbeiten S2, 3 oder 4 einerseits und *weiteren* gentechnischen Arbeiten dieser Sicherheitsstufen andererseits.[51]

70 Damit das Genehmigungsverfahren zügig durchgeführt werden kann und der Beginn des Laufs der Genehmigungsfrist eindeutig feststeht, ist der Eingang des Antrags und der beigefügten Unterlagen von der Behörde dem Antragsteller unverzüglich schriftlich zu bestätigen, § 11 V 1 GenTG. Sodann sind Antrag und Unterlagen auf Vollständigkeit zu prüfen, erforderlichenfalls Ergänzungen nachzufordern, § 11 V 1 2. HS und 2 GenTG (vgl. Rn. 9/79).

71 Anschließend ist über einen Genehmigungsantrag innerhalb jetzt verkürzter *Fristen* schriftlich zu entscheiden, nämlich grundsätzlich innerhalb von drei Monaten (§ 11 VI 1 GenTG). Bei Anträgen über die Genehmigung einer gentechnischen Anlage für bestimmte gentechnische Arbeiten der Sicherheitsstufe 2 zu Forschungszwecken muß die Entscheidung unverzüglich, spätestens nach einem Monat erfolgen, § 11 VI 2 GenTG.

72 Vor der Entscheidung über eine Genehmigung ist grundsätzlich eine **Stellungnahme der ZKBS** zur *sicherheitstechnischen Einstufung* der vorgesehenen gentechnischen Arbeiten und zu den erforderlichen sicherheitstechnischen Maßnahmen einzuholen und bei der Entscheidung zu berücksichtigen, § 11 VIII 1 und 2 GenTG. Abweichungen von den Stellungnahmen der ZKBS sind zu begründen, § 11 VIII 3 GenTG.

73 Auch hinsichtlich des Beteiligungsverfahrens gelten jetzt Verfahrenserleichterungen, die der Beschleunigung dienen: Bei allen gentechnischen Vorhaben der (untersten) Sicherheitsstufe 1 entfällt die obligatorische Einholung der ZKBS-Stellungnahme (§ 12 VII 2 und IX 2 GenTG). Die zuständigen Behörden können diese Verfahren jetzt selbständig bearbeiten. Da ca. 80% aller gentechnischen Arbeiten der Sicherheitsstufe 1 zuzurechnen sind, wird der Verzicht auf die Einschaltung der – bislang auch entsprechend überlasteten – ZKBS die Verfahren nicht unerheblich beschleunigen. Bei gentechnischen Vorhaben der (nächsthöheren) Sicherheitsstufe 2 entfällt die Einholung einer Stellungnahme der ZKBS, wenn eine vergleichbare gentechnische Arbeit von der ZKBS bereits sicherheitseingestuft wurde (§ 11 VI 2 und VII 2, § 12 VIII 4 GenTG). Damit die zuständigen Behörden diese Vergleichbarkeit auch erkennen, veröffentlicht die ZKBS allgemeine Stellungnahmen zu häufig durchgeführten gentechnischen Arbeiten mit den jeweils zugrundeliegenden Kriterien der Vergleichbarkeit im Bundesgesundheitsblatt (§§ 11 VI a, 12 VIII 3 GenTG).

---

51 Kritisch und für eine einschränkende, nämlich gesetzeskonforme Auslegung der GenTVfV insoweit *Hirsch/Schmidt-Didczuhn*, GenTG, § 11 Rn. 32.

Rechtspolitisch ist zu erwägen, ob nicht zumindest die Anlagengenehmigungen für gewerbliche Vorhaben in das Immissionsschutzrecht zurückgeführt werden sollten, wo ein formell und materiell ausgereiftes Zulassungs- und Kontrollinstrumentarium zur Verfügung steht. Stattdessen wird die Zersplitterung des Umweltrechts – trotz Beteuerung gegenteiliger Bemühungen – weiter vorangetrieben. Für die übrigen, insesondere also wohl Forschungsarbeiten, genügte eine Tätigkeitsgenehmigung. 74

b) Anmeldeverfahren

Mit dem **Anmeldeverfahren** werden bestimmte gentechnische Vorhaben einem *vereinfachten Verfahren* unterworfen, weil sie ein geringeres Gefährdungspotential aufweisen oder bereits ein anlagenbezogenes Genehmigungsverfahren durchlaufen haben (Rn. 8/66 ff.). Indem angemeldete Vorhaben erst nach Ablauf einer bestimmten Frist (§ 8 II, § 9 I, § 10 I GenTG) begonnen werden dürfen, kann die Behörde prüfen, ob die gesetzlichen Vorschriften eingehalten sind. Ein anmeldepflichtiges Vorhaben steht also nicht unter dem präventiven Verbot mit Erlaubnisvorbehalt. Nach Ablauf der Wartefrist kann der Antragsteller sein Vorhaben beginnen. Dabei gelten der Ablauf der Frist als Zustimmung und damit auch die Vorschriften des Gesetzes über die Genehmigung (vgl. zu Nebenbestimmungen § 19 GenTG, einstweiliger Einstellung, Rücknahme und Widerruf § 20 GenTG und Erlöschen § 27 GenTG). Die fingierte Zustimmung hat aber keine Konzentrationswirkung. Das Anmeldeverfahren entspricht der Systemrichtlinie (vgl. Art. 11 IV alt 1, 5 a im Gegensatz zu Art. 11 IV alt 2, 5 b). 75

Für die der Anmeldung beizufügenden Unterlagen gelten die gleichen Vorschriften wie für die Genehmigung, § 12 I, II i.V.m. § 11 II Nr. 1-5 i.V.m. § 3 S. 2 GenTVfV, damit die Behörde aufgrund der Unterlagen beurteilen kann, ob das Vorhaben den Voraussetzungen nach § 13 I GenTG genügt. 76

Für die Anmeldung weiterer gentechnischer Arbeiten nach §§ 9 I und 10 I enthält das GenTG eine eigenständige Regelung, obwohl auch hier eine Verweisung genügt hätte. Auch hier muß die Behörde die Unterlagen prüfen und ggf. weitere Unterlagen unverzüglich nachfordern, § 12 IV GenTG. 77

Wie das Genehmigungsverfahren wurde auch das Anmeldeverfahren durch die Novelle 1993 gestrafft. Einerseits muß der Antragsteller die Wartefrist von drei (§ 12 VII 3) bzw. zwei (§ 12 VIII 1) Monaten einhalten, bevor er beginnen kann; der Ablauf der Frist gilt als Zustimmung, § 12 VII 3, VIII und IX GenTG. Andererseits muß die Behörde jetzt über die Anmeldung unverzüglich, spätestens nach Ablauf einer Frist von einem Monat entscheiden, § 12 VII 1 GenTG.[52] Etwa erforderliche weitere behördliche Entscheidungen sind ebenfalls innerhalb der dreimonatigen Anmeldefrist durch die zuständige Behörde zu treffen (§ 12 VII 4 GenTG), damit der Beschleunigungseffekt im Anmeldeverfahren nicht an den außergentechnikrechtlichen Genehmigungen scheitert. Neben diesem *zeitlichen* besteht auch ein *sachlicher Entscheidungs-* 78

---

52 Zu den Änderungen vgl. *Simon/Weyer*, NJW 1994, 761 (761 f.), *Knoche*, BayVBl. 1994, 673 (675); zu den Folgen rechtswidrigen Zögerns *ders.*, DVBl. 1992, 1082 ff.

8 *Gentechnikrecht*

verbund: Auch bei bloßer Anmeldepflicht entfallen sonst etwa erforderliche andere behördliche Eröffnungskontrollen jedenfalls insoweit, als es sich um den Schutz vor den spezifischen Gefahren der Gentechnik handelt, § 22 II GenTG (Rn. 8/86).

c) Anhörungsverfahren

79   Für bestimmte gentechnische Vorhaben (Arbeiten der Sicherheitsstufen 2, 3 oder 4 zu *gewerblichen* Zwecken) bestimmt (der durch die Novelle neu gefaßte) § 18 GenTG die Durchführung eines **Anhörungsverfahrens** vor der Entscheidung über Errichtung oder Betrieb. Einzelheiten regelt die Verordnung über Anhörungsverfahren nach dem Gentechnikgesetz (*Gentechnik-Anhörungsverordnung* – GenTAnhV, Rn. 8/41).

80   Gegenstand dieser Verordnung ist die Regelung der *Öffentlichkeitsbeteiligung* im Rahmen der Genehmigung von gentechnischen Anlagen, aber auch der Genehmigung der Freisetzung von gentechnisch veränderten Organismen in die Umwelt (Rn. 8/94 ff.). Durch die Öffentlichkeitsbeteiligung sollen die Interessen der Allgemeinheit und die Belange der Nachbarschaft berücksichtigt werden. Die Verordnung enthält Vorschriften über die öffentliche Bekanntmachung und die Auslegung von Antrag und Unterlagen sowie über den Erörterungstermin und den Ablauf des Erörterungstermins.

81   Das Anhörungsverfahren muß den Anforderungen des § 10 III bis VIII BImSchG (s. Rn. 6/185 ff.) entsprechen. Das Anhörungsverfahren läßt sich daher wieder in die Abschnitte Bekanntmachung des Vorhabens, Auslegung des Antrags und der -unterlagen, Erhebung von Einwendungen mit der Folge der Präklusion bei Fristversäumnis[53] und Erörterungstermin teilen.

82   Auch hier führte die Novelle 1993 zu einer Straffung und trug damit den Kritikern des Verfahrens Rechnung: Das öffentliche Anhörungsverfahren ist für die Genehmigung gentechnischer Anlagen zu gewerblichen Zwecken der Sicherheitsstufe 1 ganz und der Sicherheitsstufe 2 grundsätzlich entfallen, ausgenommen sind die (seltenen) Vorhaben, bei denen nach den Vorschriften des BImSchG ein Anhörungsverfahren erforderlich ist, § 18 I 1 und 2 GenTG. Darüber hinaus entfällt das Anhörungsverfahren jetzt auch bei der Genehmigung der wesentlichen Änderung (§ 8 IV GenTG) einer gewerblichen gentechnischen Anlage, „wenn nicht zu besorgen ist, daß durch die Änderung zusätzliche oder andere Gefahren für die in § 1 Nr. 1 bezeichneten Rechtsgüter zu erwarten sind" (§ 18 I 3 GenTG).[54]

---

53 Siehe dazu die inhaltsgleichen Regelungen des Atomrechts, des Bundeswasserstraßenrechts und des Bundesimmissionsschutzrechts. Insoweit bestehen auch keine verfassungsrechtlichen Bedenken, vgl. zu § 5 I 2 GenTAnhV VG Berlin, NVwZ-RR 1994, 150 (151); *Hirsch/Schmidt/Didczuhn*, § 18 Rn. 58; allgemein BVerfGE 61, 82 (109 ff.), BVerwGE 60, 297 (305 f.); 66, 99 ff.
54 Zu den Auslegungsfragen *Knoche*, BayVBl. 1994, 673 (676).

3. Anlage- und Arbeitsgenehmigung

Das GenTG unterscheidet zwei Arten von Genehmigung, nämlich die **Anlagengenehmigung** (§ 8 I 2 GenTG) und die **Arbeitsgenehmigung** (§ 10 II GenTG). Dabei umfaßt die Anlagengenehmigung bestimmte Arbeiten mit (§ 8 I 3 GenTG). Wie die Anlagengenehmigung nach § 4 BImSchG auch ist die Anlagengenehmigung nach § 8 GenTG an eine *bestimmte Anlage* gebunden. Darüber hinaus aber ist sie wie im Atomrecht (§ 7 II Nr. 1 AtG, Rn. 7/114) auch *personenbezogen* ausgestaltet (vgl. § 13 I 1 GenTG: Zuverlässigkeit als Genehmigungsvoraussetzung).

83

Die Genehmigung zur Errichtung und zum Betrieb *ist* zu erteilen, wenn die Voraussetzungen des § 13 I GenTG vorliegen. Dazu gehören – neben subjektiven Anforderungen an die Personen des Betreibers, des Projektleiters und anderer Verantwortungsträger, einschlägigen Vorgaben des internationalen Rechts und anderen als gentechnikrechtlichen Voraussetzungen des nationalen öffentlichen Rechts (§ 13 I Nrn. 1, 2, 5 und 6 GenTG) – zwei spezifisch anlagen- und arbeitsbezogene Genehmigungsvoraussetzungen:

84

Im einzelnen bestimmt § 13 GenTG als **Genehmigungsvoraussetzungen**, daß

85

– keine Tatsachen vorliegen, aus denen sich Bedenken gegen die *Zuverlässigkeit* des Betreibers und der für die Errichtung sowie für die Leitung und die Beaufsichtigung des Betriebs der Anlage verantwortlichen Personen ergeben,
– gewährleistet ist, daß der Projektleiter sowie der oder die Beauftragten für die biologische Sicherheit die für ihre Aufgaben erforderliche *Sachkunde* besitzen und die ihnen obliegenden Verpflichtungen ständig erfüllen können,
– sichergestellt ist, daß vom Antragsteller bestimmte Pflichten im Zusammenhang mit der vorhergehenden umfassenden Bewertung und der Gefahrenvorsorge nach dem Stand von Wissenschaft und Technik (§ 6 I und II; vgl. Rn. 6/119, 7/134 ff.) sowie weitere sich aus den dazugehörigen Verordnungen ergebenden Pflichten für die Durchführung der vorgesehenen gentechnischen Arbeiten erfüllt werden[55],
– gewährleistet ist, daß für die erforderliche Sicherheitsstufe die nach dem Stand der Wissenschaft und Technik *notwendigen Vorkehrungen* getroffen sind und deshalb schädliche Einwirkungen auf die Schutzgüter des GenTG (§ 1 Nr. 1 GenTG) nicht zu erwarten sind;

Die notwendigen Vorkehrungen dienen Gefahrenabwehr und Risikovorsorge und umfassen Maßnahmen, die ausgerichtet am Maßstab der praktischen Vernunft (Rn. 7/138) im Hinblick auf die Gefahren und Risiken adäquat sind. Schädliche Einwirkungen sind gentechnikspezifische schädigende Ereignisse. Dazu sind besonders die Vorschriften der GenTSV zu beachten.

– durch die Genehmigung nicht gegen bestimmte internationale Übereinkommen verstoßen wird und
– andere öffentlich-rechtliche Vorschriften der Errichtung und dem Betrieb der gentechnischen Anlage nicht entgegenstehen.

---

55 *Hawkes,* Der Faktor Mensch im Gentechnikrecht, 1995, S. 27 ff.

8 Gentechnikrecht

So sind z.B. hinsichtlich des Standortes die Vorschriften des BauGB und der BauNVO zu beachten, hinsichtlich der Arbeitnehmer die allgemeinen Arbeitsschutzvorschriften, ähnlich § 6 Nr. 2 BImSchG (Rn. 6/151).

86 Die Anlagengenehmigung hat *Konzentrationswirkung*, schließt also etwa erforderliche andere die gentechnische Anlage betreffende behördliche Entscheidungen ein, außer auf Grund atomrechtlicher Vorschriften (§ 22 GenTG). Die Konzentrationswirkung geht damit weiter als nach § 13 I BImSchG (Rn. 6/200 f.). Auch hier nicht eingeschlossen ist freilich das etwa erforderliche gemeindliche Einvernehmen nach § 36 I 2 BauGB.

87 Wie im Immissionsschutz- (Rn. 6/205 ff.) und im Atomrecht (Rn. 7/149 ff.) ist auch hier die Möglichkeit einer *Teilgenehmigung* („für die Errichtung und den Betrieb eines Teils einer gentechnischen Anlage") vorgesehen (§ 8 III i.V.m. § 13 II GenTG).

88 Die Anforderungen an die Zulässigkeit „**weiterer gentechnischer Arbeiten**", also solcher Arbeiten, die nicht von der Anlagengenehmigung oder der Erstanmeldung gedeckt sind, sind kompliziert. Solche Arbeiten bedürfen
- zu *Forschungszwecken* auf Sicherheitsstufe 2 grundsätzlich einer Anmeldung (§ 9 I 1) bzw. auf einer höheren Sicherheitsstufe einer neuen Anlagengenehmigung (§ 9 II),
- zu *gewerblichen* Zwecken auf der Sicherheitsstufe 1 einer Anmeldung (§ 10 I), auf den Sicherheitsstufen 2, 3 oder 4 einer gesonderten (Arbeits-)Genehmigung und auf einer höheren als der zuvor zugelassenen Sicherheitsstufe einer neuen Anlagengenehmigung, § 10 III GenTG.[56] Keiner Anmeldung bedürfen seit der Novelle 1993 weitere gentechnische Arbeiten, die „auf Veranlassung der zuständigen Behörden zur Untersuchung einer Probe im Rahmen der Überwachung" durchgeführt werden (§ 9 I 2 Nr. 2 GenTG), was Arbeiten sowohl in behördeneigenen Labors als auch – auf behördliche Veranlassung – in externen Labors umfaßt.

4. Anmeldung

89 Der bloßen **Anmeldepflicht** unterliegen weitere gentechnische Arbeiten der Sicherheitsstufen 2, 3 und 4 zu Forschungszwecken sowie die Übertragung solcher Arbeiten der Sicherheitsstufe 2 in einen anderen Betrieb mit entsprechenden Genehmigungs- und Sicherheitsvoraussetzungen (§ 9 III GenTG), aber auch weitere gentechnische Arbeiten der Sicherheitsstufe 1 zu gewerblichen Zwecken (§ 10 I GenTG). Ganz aus der Anmeldung herausgenommen wurden durch die Novelle 1993 weitere gentechnische Arbeiten der Sicherheitsstufe 1 zu Forschungszwecken.

90 Mit Zustimmung der zuständigen Behörde können die gentechnischen Arbeiten auch schon vor Ablauf der Frist begonnen werden, § 12 VIII 2 GenTG. Eine Konzentrationswirkung entfaltet die Zustimmung aber nicht. Ebenso wie eine ausdrücklich erklärte Zustimmung kann auch die fingierte Zustimmung von Dritten mit Widerspruch

---

56 Zur Kritik *Fluck*, BB 1990, 1716 (1719 ff.); s.a. *Fritsch/Haverkamp,* DB 1990, Beilage 31, S. 9 f., 11; s.a. *Breuer* (Fn. 2), S. 63 ff.

und Anfechtungsklage angefochten werden, die Untersagung nach § 12 XI 1 GenTG vom Betreiber mit Widerspruch und Anfechtungsklage; die aufschiebende Wirkung seines Rechtsbehelfs gestattet ihm aber nicht, mit seinem Vorhaben zu beginnen.[57]

5. Überwachung

Auch wenn die Genehmigung erteilt ist, endet die **Überwachung** nicht: Nach § 6 III GenTG hat der Betreiber gentechnischer Anlagen über die Durchführung gentechnischer Arbeiten *Aufzeichnungen* zu führen und der zuständigen Behörde auf ihr Ersuchen vorzulegen. Einzelheiten über Form und Inhalt der Aufzeichnungen und die Aufbewahrungs- und Vorlagepflichten regelt die GenTAufzV vom 24.10.1990 (aufgrund der Verordnungsermächtigung in § 6 III 2 GenTG). 91

6. Rechtsschutz

Der Antragsteller kann seinen **Anspruch auf Genehmigung** seiner Anlage oder Arbeiten ggf. gerichtlich im Wege der Verpflichtungsklage durchsetzen. Die Behörde hat kein Versagungs*ermessen*. Die Verantwortung für die Risikoermittlung und -bewertung trägt aber die Exekutive. Sie muß dabei die Wissenschaft zu Rate ziehen. Damit ist eine *Einschätzungsprärogative* der Exekutive und eine entsprechende Zurückhaltung der verwaltungsgerichtlichen Kontrolle begründet (Rn. 6/80 f., 7/190).[58] Ein Widerspruchverfahren (§§ 68 ff. VwGO) vor Erhebung der verwaltungsgerichtlichen Klage entfällt, wenn ein Anhörungsverfahren nach § 18 GenTG durchgeführt wurde, § 11 IX, § 16 VII GenTG. Dem Anhörungsverfahren kommt Präklusionswirkung zu, § 5 I 2 GenTAnhV.[59] 92

Eindeutige Regelungen zum **Dritt- bzw. Nachbarschutz** enthält das GenTG nicht. Anders als in § 5 I Nr. 1 BImSchG sind die Belange der Nachbarschaft in § 13 I Nr. 3 und 4 GenTG nicht ausdrücklich erwähnt. Andererseits spricht der allgemeine Schutzzweck des § 1 Nr. 1 GenTG für einen drittschützenden Charakter jedenfalls des § 13 I Nr. 4 GenTG.[60] Welche Normen des GenTG im einzelnen drittschützend sind, ist durch Auslegung unter besonderer Berücksichtigung ihres Regelungszwecks und des systematischen Zusammenhangs zu ermitteln. Nicht drittschützend sind daher wohl die Vorschriften über die Risikobewertung (§ 6 I), die Aufzeichnungspflicht (§ 6 III) oder über Anzeigepflichten (§ 21 GenTG). Drittschützend sind jedenfalls die in der 93

---

57 Dazu ist eine einstweilige Anordnung nach § 123 VwGO erforderlich (praktisch aber kaum durchsetzbar); vgl. *Hirsch/Schmidt-Didczuhn,* GenTG, § 13 Rn. 27; a.A.*Brocks/Polmann/Senft,* Das neue Gentechnikgesetz 1991, II. 6.3.3.
58 OVG Hbg., ZUR 1995, 93 f. m.w.N.; OVG Berlin, ZUR 1994, 206 (208), allerdings mit unzutr. Ableitung aus dem Verfahrensrecht; Vorinstanz: VG Berlin, NVwZ-RR 1994, 150 (152); dazu *Breuer* (Fn. 2), S. 67 m.w.N.; *Hirsch/Schmidt-Didczuhn,* GenTG, § 13 Rn. 94 ff. m.w.N.
59 Dazu VG Berlin, NVwZ-RR 1994, 150 (151) m.w.N.
60 So zutreffend *Breuer* (Fn. 2), S. 68 unter Verweis auf die parallele Gesetzesfassung zur atomrechtlichen Anlagengenehmigung (§ 7 II Nr. 3 AtomG); s.a. *Hirsch/Schmidt-Didczuhn,* GenTG, § 13 Rn. 66 ff.

GenTSV (§§ 8 ff.) dem Betreiber auferlegten Labor- und Produktionssicherheitsmaßnahmen, die Beschäftigte oder Dritte vor Gefahren oder Risiken der betreffenden gentechnischen Arbeit schützen sollen, z.B. die Pflicht, daß ein Labor für Arbeiten in S 3 von seiner Umgebung abgeschirmt sein muß, keine zu öffnenden Fenster haben darf und eine Schleuse aufweisen muß (Anhang III A III, Nr. 1, 2, 3 zur GenTSV). Drittschützend sind wohl auch die Vorschriften über Zuverlässigkeit und Sachkunde von Betreiber, Projektleiter und Beauftragtem für die biologische Sicherheit.[61] Fraglich ist, ob die Grundpflichten des Betreibers nach § 6 II (Gefahrenabwehr und Risikovorsorge) drittschützend sind. In Anlehnung an das Immissionsschutzrecht (§ 5 I Nr. 1 BImSchG einerseits, Nr. 2 andererseits) wird man der *Gefahrenabwehrpflicht* und der *individualschützenden Risikovorsorge* Drittschutz zusprechen[62], der *allgemeinen Risikovorsorge* indessen Drittschutz absprechen müssen.[63]

V. Freisetzung und Inverkehrbringen

1. Genehmigungserfordernis

94 Nach § 14 I 1 Nr. 1 GenTG bedarf einer Genehmigung des Robert-Koch-Institutes, wer *gentechnisch veränderte Organismen freisetzt*. Die Freisetzung ist legal definiert (§ 3 Nr. 7 GenTG, Rn. 8/56).

Beispiel: Durch die Rechtsprechung bekannt gewordene Freisetzungsfälle sind die Zuckerrüben in Oberviehhausen bei Deggendorf in Bayern.[64] Die Zuckerrüben waren aufgrund gentechnischer Eingriffe resistent gegen das Rizomania-Virus. In dem Freilandexperiment sollten das Virus-Resistenzverhalten dieser Zuckerrüben sowie sonstige agronomisch relevante Eigenschaften unter Befallsbedingungen beurteilt werden. – Weltweit wurden bis Mai 1993 bereits 846 Freisetzungen registriert[65].

95 Ebenso bedarf einer Genehmigung des Robert-Koch-Institutes, wer *Produkte in den Verkehr bringt*, die gentechnisch veränderte Organismen enthalten oder aus solchen bestehen, § 14 I Nr. 2 GenTG. Entsprechendes gilt für denjenigen, der solche Produkte zu einem anderen Zweck als der bisherigen bestimmungsgemäßen Verwendung in den Verkehr bringt (§ 14 I Nr. 3 GenTG). Insoweit besteht Anpassungsbedarf an die inzwischen auch novellierte EG-Freisetzungsrichtlinie, die mit dieser Gesetzesfassung wohl nur unzureichend umgesetzt wurde.

---

61 So wohl BVerwG, DVBl. 1990, 1167 zu § 7 II Nr. 1 und 2 AtG, im Ergebnis aber offengelassen, s.a. Rn. 7/114 zum AtomR.
62 OVG Hbg., ZUR 1995, 93 f.; *Hirsch/Schmidt-Didczuhn*, GenTG, § 13 Rn. 76; *Jarass* BImSchG, § 5 Rn. 99; *Kutscheidt*, FS Redecker, S. 439 (453); *E. Rehbinder*, FS Sendler, S. 269 (282); VG Neustadt, NVwZ 1992, 1008 (1011) mit Anm. *Ladeur*, NVwZ 1992, 948 ff.; VG Gießen, NVwZ-RR 1993, 534 ff.
63 Vgl. BVerwGE 65, 220. – S.a. Rn. 7/114 zu § 7 II Nr. 3 AtG.
64 VG Berlin, NVwZ-RR 1994, 150 ff.; OVG Berlin, ZUR 1994, 206 ff.
65 FAZ vom 5.5.1993, S. 2.

2. Verfahren

Hinsichtlich des auch hier grundsätzlich vorgesehenen **Anhörungsverfahrens** (§ 18 II 1 GenTG) gilt das oben zur Anlagengenehmigung Ausgeführte entsprechend (Rn. 8/79 ff.). Nach der Novelle bleibt es bei der Anhörung, es entfällt aber der Erörterungstermin (§ 18 III 3 GenTG).

96

Die Freisetzungsrichtlinie sieht ein **gemeinschaftsweites Beteiligungsverfahren** vor, in dem die Mitgliedsstaaten zu in anderen Mitgliedsstaaten gestellten Freisetzungsgenehmigungsanträgen Stellung nehmen können, Art. 9, Art. 6 II FreisRl. Diese Richtlinienbestimmung wurde jetzt aufgrund der Ermächtigung nach § 16 VI GenTG mit Erlaß der GenTBetV vom 17.5.1995 (Rn. 8/41) in das deutsche Recht umgesetzt.

97

Nach der Freisetzungsrichtlinie gilt die Genehmigung für das Inverkehrbringen eines Produkts in allen EG-Mitgliedsstaaten (Art. 13 V FreisRl). Dementsprechend bedarf ein Produkt für den Vertrieb in der Bundesrepublik Deutschland keiner weiteren Genehmigung, wenn es in einem anderen EG-Mitgliedsstaat nach verfahrens- und materiell-rechtlich der Freisetzungsrichtlinie entsprechenden und damit dem Gentechnikgesetz gleichwertigen Vorschriften genehmigt ist, § 14 V GenTG. Als Ausgleich sieht die Freisetzungsrichtlinie ein besonderes Beteiligungsverfahren vor, hier mit (administrativer) Letztentscheidungsbefugnis der EG-Kommission. Wenn sich die Mitgliedsstaaten über die Erteilung einer Genehmigung nicht einigen können, entscheidet die Kommission, Art. 12, 13 FreisRl.

3. Genehmigungsvoraussetzungen

Nach § 16 I GenTG ist die Genehmigung für eine *Freisetzung* zu erteilen, wenn die subjektiven Anforderungen in Bezug auf die Zuverlässigkeit und die Sachkunde (§ 16 I Nr. 1 i.V.m. § 13 I Nrn. 1 u. 2 GenTG) erfüllt sind sowie die sachbezogene Gewährleistung besteht, daß alle nach dem Stand von Wissenschaft und Technik erforderlichen Sicherheitsvorkehrungen getroffen werden (§ 16 I Nr. 2 GenTG). Die Freisetzungsvoraussetzungen entsprechen insoweit den Anlagenvoraussetzungen (Rn. 8/85). Die weitere Genehmigungsvoraussetzung des § 16 I Nr. 3 GenTG, daß nach dem Stand der Wissenschaft *im Verhältnis zum Zweck der Freisetzung* unvertretbare schädliche Einwirkungen auf die Schutzgüter des GenTG (§ 1 Nr. 1 GenTG) nicht zu erwarten sind[66], wurde heftig kritisiert.[67] Sie wurde auch von der EG-Kommission gerügt. Schädliche Wirkungen sind wieder gentechnikspezifische Wirkungen, hier beispielsweise die Bildung toxischer Stoffwechselprodukte, pathogene Wirkungen für andere als den Zielorganismus, Veränderungen von Energie- und Stoffließgleichgewichten, die Verdrängung anderer Arten, die Übertragung von gentechnisch vermittelten Eigenschaften auf andere Arten oder vergleichbar schwerwiegende Eingriffe in die evolu-

98

---

66 Zur probabilistischen Risikoanalyse bei der Freisetzung gentechnisch veränderter Organismen *Breuer*, NuR 1994, 157 (168 f.); s.a. *Ladeur*, NuR 1992, 254 (259 f.).
67 Dazu *Breuer* (Fn. 2), S. 72 ff. m.w.N.; *Lukes*, DVBl. 1990, 277 ff.; *Jarass*, NuR 1991, 49 (54) und in: *Breuer* (Fn. 2), S. 91 (107 f.). Zur Gegenkritik *Hirsch/Schmidt-Didczuhn*, GenTG, § 16 Rn. 17 ff.; *Hawkes* (Fn. 55), S. 110 ff.

8 Gentechnikrecht

tionär eingespielte Interaktion der Gene.[68] Nach der amtlichen Begründung[69] ist eine Gesamtabwägung der zu erwartenden Wirkungen vorzunehmen unter Berücksichtigung der beabsichtigten oder in Kauf genommenen möglichen schädlichen Auswirkungen und des Nutzens des Vorhabens. Nicht möglich sei es, den Ausschluß jeglicher schädlicher Wirkungen zu verlangen. Sonst könnten z.B. keine Produkte zur Schädlingsbekämpfung freigesetzt oder in Verkehr gebracht werden. Damit soll auch nicht das vorgegebene Schutzniveau relativiert werden. So bleibt es bei der strikten Abwehr und Vorsorge gegen schädliche Einwirkungen der genannten Art. Die Vorschrift soll daher nur einen Ausgleich der Zielkonflikte ermöglichen, die sich aus dem weiten Kreis der nach § 1 Nr. 1 GenTG zu schützenden Rechtsgüter ergibt.[70] Zumindest ihrem Wortlaut nach läßt die Bestimmung aber eine weitgehende Relativierung des Rechtsgüterschutzes zu und steht damit auch im Widerspruch zu dem strikten Schutzanspruch der Freisetzungsrichtlinie (Art. 4 I). Dem ist zwar durch die vorstehend dargelegte Auslegung Rechnung zu tragen. Damit bleibt aber die Frage, ob sich der strikte Schutzanspruch der Freisetzungsrichtlinie so genau und eindeutig im Gentechnikgesetz wiederfindet, wie es nach der jüngsten Rechtsprechung des EuGH notwendig ist, um dem Erfordernis der Rechtssicherheit in vollem Umfang zu genügen und seine Umsetzung in der behördlichen Genehmigungspraxis sicherzustellen (Rn. 1/40).

Abhilfe hat die Novelle 1993 nicht gebracht. So bleibt hier also wohl weiter genug Streitstoff – und ein weiteres Beispiel für die Notwendigkeit, europarechtliche Vorgaben bei der Auslegung deutschen Rechts mit heranzuziehen.

99 Nach § 16 II GenTG ist die Genehmigung für ein *Inverkehrbringen* zu erteilen, wenn nach dem Stand der Wissenschaft *im Verhältnis zum Zweck des Inverkehrbringens* unvertretbare schädliche Einwirkungen auf die Schutzgüter des GenTG (§ 1 Nr. 1 GenTG) nicht zu erwarten sind (entspricht § 16 I Nr. 3 GenTG).

100 Auf die Genehmigung für die *Freisetzung* wie für das *Inverkehrbringen* besteht bei Vorliegen der gesetzlichen Voraussetzungen ein **Rechtsanspruch**.

VI. Überwachung, Haftung, Behördenzuständigkeit und ZKBS

1. Überwachung

a) Überwachung durch die Behörden

101 Der Überwachung dienen **Auskunfts- und Duldungspflichten** des Betreibers und der verantwortlichen Personen entsprechend § 25 II und III GenTG. § 26 GenTG sieht behördliche Anordnungen vor, wenn solche zur Beseitigung festgestellter oder zur

---

68 *Hirsch/Schmidt-Didczuhn,* GenTG, § 16 Rn. 15.
69 BT-Drs. XI/5622 vom 9.11.1989, S. 29.
70 S. zur Zweck-Risiko-Relation als Genehmigungsvoraussetzung auch § 25 II Nr. 5 AMG und § 15 I Nr. 3 BPflSchG und dazu BVerwG, NVwZ 1990, 565 ff.

Verhütung künftiger Verstöße gegen das Gesetz oder gegen auf seiner Grundlage erlassene Rechtsverordnungen notwendig sind. Dazu gehört auch die **Untersagung** des Betriebs einer gentechnischen Anlage, gentechnischer Arbeiten, einer Freisetzung oder eines Inverkehrbringens, § 26 I 2 GenTG. § 28 GenTG bestimmt eine **Unterrichtungspflicht** gegenüber dem Robert-Koch-Institut hinsichtlich sicherheitsrelevanter Vorkommnisse, über Zuwiderhandlungen und den Verdacht auf solche sowie im Vollzug des Gesetzes getroffene Entscheidungen.

b) Innerbetriebliche Überwachung

Der *innerbetrieblichen* Überwachung dient die Pflicht, bei der Durchführung gentechnischer Arbeiten und bei Freisetzungen einen Projektleiter und *Beauftragte oder Ausschüsse für die biologische Sicherheit* zu bestellen, § 6 IV GenTG. Der Projektleiter (§ 3 Nr. 10 GenTG) führt die Planung, Leitung oder Beaufsichtigung der gentechnischen Arbeiten oder der Freisetzung durch. Er ist dabei für die Einhaltung der maßgeblichen Vorschriften, insbesondere die Beachtung der Sicherheitsmaßnahmen verantwortlich. Dem Beauftragten für die biologische Sicherheit (§ 3 Nr. 11 GenTG) obliegt die Überwachung der Erfüllung der Aufgaben des Projektleiters und die Beratung des Betreibers in Sicherheitsfragen. Einzelheiten hinsichtlich der erforderlichen Sachkunde und der jeweiligen Aufgaben regeln §§ 14-19 GenTSV (aber nur für Arbeiten in gentechnischen Anlagen, § 1 GenTSV).

102

2. Behördenzuständigkeit

Die **Überwachung** der Durchführung des GenTG sowie der aufgrund des GenTG erlassenen Rechtsverordnungen und der darauf beruhenden behördlichen Anordnungen und Verfügungen obliegt den zuständigen Landesbehörden, § 25 I GenTG.

103

Die **Zuständigkeit** für die Genehmigung der Freisetzung gentechnisch veränderter Organismen und des Inverkehrbringens entsprechender Produkte obliegt dem Robert-Koch-Institut (und damit dem Bund), § 14 I GenTG, das ggf. im Einvernehmen mit der Biologischen Bundesanstalt für Land- und Forstwirtschaft und dem Umweltbundesamt und anderen entscheidet, § 16 IV GenTG.

In Baden-Württemberg wurde die Zuständigkeit für Genehmigungen und Anmeldungen von gentechnischen Anlagen und Arbeiten für alle Regierungsbezirke auf das RP Tübingen konzentriert (GenTZuVO vom 2.7.1990, GBl. 1990, 211 f.); in Rheinland-Pfalz auf das Landesamt für Umweltschutz und Gewerbeaufsicht in Mainz.

3. Zentrale Kommission für die Biologische Sicherheit (ZKBS)

Die zuständigen Behörden werden unterstützt durch die **Zentrale Kommission für die Biologische Sicherheit** (*ZKBS*). Diese wird entsprechend §§ 4 und 5 GenTG beim Robert-Koch-Institut als Sachverständigenkommission eingerichtet. Sie hat sicher-

104

heitsrelevante Fragen nach den Vorschriften des GenTG zu prüfen und zu bewerten, dazu Empfehlungen abzugeben und Bundesregierung und Länder in sicherheitsrelevanten Fragen der Gentechnik zu beraten. Sie muß jährlich der Öffentlichkeit über ihre Arbeit berichten. Die Zusammensetzung der ZKBS regelt § 4 I GenTG. § 4 IV GenTG ermächtigt wieder zum Erlaß einer Verordnung, die das Nähere über die Berufung und das Verfahren der Kommission usw. regelt. Dieser ZKBS kommt für die Konkretisierung und den Vollzug des Gentechnikgesetzes eine Schlüsselrolle zu. Trotz ihrer nur beratenden Rolle hat sie einen erheblichen Einfluß auf die behördlichen Einzelfallentscheidungen.

105 *Kritisiert* wird hinsichtlich der ZKBS die Dominanz der Anwenderinteressen, aber auch das Anhörungsmonopol beim Erlaß von Rechtsverordnungen, weil anders als z.B. nach § 51 BImSchG, § 16 AbfG und § 17 VII ChemG eine zusätzliche Anhörung der „beteiligten Kreise" nicht stattfindet.[71] Hervorzuheben ist immerhin, daß das Gesetz neue Wege geht, wenn es der Kritik an der fehlenden Legitimation außerstaatlicher Expertengremien wenigstens insoweit Rechnung trägt, als es Einrichtung und Aufgaben der ZKBS rechtssatzmäßig regelt.

106 Einer zeitweilig wohl zu beobachtenden Bremswirkung der Kommission trug die Novelle 1993 dadurch Rechnung, daß sie die Kommission von Routinearbeiten entlastet und ihre Einschaltung auf wichtige Fälle beschränkt, freilich ohne die dazu nötige klare Abgrenzung.

4. Haftung

107 § 32 GenTG führt eine verschuldensunabhängige **Gefährdungshaftung** ein, und zwar ohne Haftungsausschluß auch für Fälle höherer Gewalt. Zugunsten cincs Gcschädigtcn tritt eine Beweiserleichterung ein (§ 34 GenTG), und bei begründetem Verdacht besteht auch ein Auskunftsanspruch gegenüber Betreiber und Behörden (§ 35 GenTG). Ökologische Schäden sind besonders geregelt, § 32 VII GenTG. Der Haftungshöchstbetrag beträgt (derzeit) DM 160 Mio, § 33 S. 1 GenTG. Durch eine – noch ausstehende – Rechtsverordnung ist vorzusehen, daß eine hinreichende Deckungsvorsorge erbracht wird, § 36 GenTG.

---

71 *Drescher*, ZUR 1994, 289 (298) m.w.N.

Teil 9

Chemikalienrecht

I. Fakten und Probleme

Der alltägliche Umgang mit zahllosen Produkten der chemischen Industrie ist uns in einem Ausmaß vertraut, daß wir uns der Künstlichkeit dieser Stoffe, ihrer möglichen schädlichen Nebenwirkungen und ihres weiteren Schicksals oft gar nicht mehr bewußt sind. Die Entwicklung und Vermarktung immer neuer Chemikalien oder aus ihnen gebildeter Stoffzusammensetzungen („Chemisierung" vieler Lebensbereiche) bringt auch weiterhin immer neue Risiken mit sich. Mindestens so vielfältig wie die segensreichen Wirkungen solcher Produkte (z.B. künstliche Düngemittel, Pflanzenschutzmittel, Lösemittel) dürften auch ihre schädlichen **Nebenwirkungen** sein, die rechtzeitig zu erkennen, zu vermeiden bzw. zu bekämpfen eine besonders wichtige Aufgabe der Träger von Forschung und Entwicklung, der Produzenten, des Staates und nicht zuletzt der Verbraucher ist. Insbesondere müssen durch *vorbeugende Gefahrenkontrolle* Schäden an der menschlichen Gesundheit und an der Umwelt, die alle zu erheblichen Sozialkosten und Schlimmerem führen können, möglichst vermieden werden.

1

Für den Bereich der EG wird die Zahl der auf dem Markt befindlichen – in über einer Million Zubereitungen enthaltenen – chemischen Stoffe auf über 100 000 geschätzt. Im Jahr 1993 wurden alleine in Deutschland 131 neue Stoffe angemeldet.[1] Die Wirkungen dieser Stoffe, insbesondere ihre negativen ökologischen Auswirkungen (sogen. Ökotoxizität) sowie ihre langfristigen (chronischen) Schadwirkungen auf die menschliche Gesundheit sind noch immer weitgehend unerforscht.

2

Schon bei bestimmungsgemäßem Gebrauch, erst recht aber bei bestimmungswidriger Verwendung oder gar bei ungewolltem (z.B. störfallbedingtem) Austrag von chemischen Stoffen oder „Zubereitungen" können erhebliche Gefahren für Mensch und Umwelt ausgelöst werden. Die unzähligen Möglichkeiten, neue chemische Verbindungen herzustellen, und das Auftreten erst spät erkennbarer Langzeitwirkungen machen es nach dem Stand von Wissenschaft und Technik oft schwer, zuweilen unmöglich, noch vor dem (u.U. massenhaften) Verbreiten neuer Stoffe deren Gefährdungspotential einigermaßen zuverlässig abzuschätzen. So hat es Jahrzehnte gedauert, bis die – nachgewiesene oder aufgrund starker Indizien zu vermutende – kanzerogene oder

3

---

1 Umwelt (BMU) 1994, 116; ebda. zu weiteren Zahlen und zur Entwicklung.

9 *Recht der gefährlichen Stoffe – Chemikalienrecht*

toxische Wirkung mancher häufig verwendeter Stoffe wie z.B. Asbest, Formaldehyd und PCB erkannt und zum Anlaß gefahrstoffrechtlicher Regelungen genommen wurde.

4 **Asbest** ist zwar ein „Stoff" i.S. des ChemG, aber keine Chemikalie, sondern ein natürlich vorkommendes, zur Bildung von (krebserzeugendem) Feinstaub neigendes, feuer- und säurefestes faserartiges Silikatmineral, das im wesentlichen aus Serpentin $<Mg_3[Si_2O_5](OH)_4>$ besteht, mit äußerst vielfältigen Verwendungsmöglichkeiten. Es wurde in großem Umfang zur Herstellung von (im Hoch- und Tiefbau eingesetztem) Asbestzement[2] und (im Fahrzeugbau) von Kupplungs- und Bremsbelägen verwendet. Heute hat es durch geeignete Ersatzstoffe weitgehend an Bedeutung verloren. Noch immer aber ist eine Vielzahl von Gebäuden durch asbesthaltige Baumaterialien verseucht, kann nicht mehr genutzt und muß abgebrochen werden.[3] Das wohl prominenteste Beispiel ist der Palast der Republik in Berlin. – **Formaldehyd** (HCHO) ist ein bei vielen chemischen Prozessen verwendeter ätzender, gasförmiger Stoff. Er ist Ausgangsstoff für die Kunststoffproduktion und dient in wässeriger Lösung zur Desinfektion und Konservierung. Zahlreiche Produkte (z.B. Spanplatten) emittieren aufgrund der bei ihrer Herstellung verwendeten Lacke, Leime, Beschichtungen usw. Formaldehyd.[4] – **Polychlorierte Biphenyle** (PCB) sind chlorierte Kohlenwasserstoffe von chronischer Toxizität, die vor allem wegen ihrer Unbrennbarkeit, Reaktionsträgheit und Zähflüssigkeit als Kühl-, Flammschutz- und Imprägniermittel, Hydraulikflüssigkeit, Kondensatoren- und Transformatorenöl, Weichmacher für Kunststoffe und anderes vielfältige Verwendung fanden, die aber wegen ihrer chemisch außerordentlich hohen Stabilität ein ökologisches Langzeitrisiko darstellen.[5] PCB, die seit 1930 im technischen Maßstab produziert werden und inzwischen ubiquitär verbreitet sind, werden in der Bundesrepublik seit 1983 nicht mehr hergestellt.[6] Dagegen erhöhte der französische Hersteller Rhône-Poulenc die Produktion noch 1990 von 8000 auf 30 000 Jahrestonnen.[7] –

5 Es verwundert daher nicht, daß es schon zu bedeutenden „Chemieschäden" gekommen ist (z.B. durch DDT). Allerdings wird unsere Umwelt in einem globalen und erschreckenden Ausmaß weniger von giftigen oder hochgiftigen Substanzen – oder von Radioaktivität, Verirrungen der Gentechnologie usw. – bedroht als von an sich harmlos erscheinenden Stoffen wie Kohlendioxid (Treibhauseffekt) oder Fluorchlorkohlenwasserstoffen (Ozonloch).

6 Das über lange Zeit wegen seiner insektiziden Wirksamkeit in großen Mengen weltweit zur Schädlingsbekämpfung angewandte **DDT**, das an Tieren und Pflanzen (gewollte) Fortpflanzungsstörungen verursacht, gelangte – über die Nahrungskette – auch in den menschlichen

---

2 Die Eternit AG und die übrigen, im Wirtschaftsverband der Faserzementindustrie vereinigten Hersteller von Asbestzementprodukten schlossen 1982 ein Branchenabkommen mit der BReg. Danach sollte der Asbestanteil in Hochbauprodukten stufenweise gesenkt werden und bis spätestens Ende 1990 ganz entfallen. Im Tiefbau wurde 1993 die Umstellung beendet. S.a. *Forschner u.a.*, Asbest, UBA-Berichte 5/91.
3 Zu Rechtsproblemen der Asbestsanierung vgl. VGH BW, UPR 1992, 32 f.; OVG Bremen, UPR 1992, 450 f.; OVG Hamburg, InfUR 1992, 38 ff.
4 Zur zivilrechtlichen Gewährleistung bei Formaldehydausdünstungen eines Fertighauses s. OLG Nürnberg, NJW-RR 1993, 1300.
5 Dazu *Heintz/Reinhardt*, Chemie und Umwelt, 2. Aufl. 1991, S. 303 ff; zu den Problemen der PCB-Sanierung an öffentlichen Gebäuden *Bartels*, BWGZ 1995, 140 f.
6 *Heintz/Reinhardt,* ebda. S. 302; die früher verstreuten Verbotsverordnungen sind jetzt zusammengefaßt in der ChemVerbotsV vom 14.10.1993, BGBl. I 1720 (Rn. 9/111 f.), siehe dort Anhang 1 zu § 1 Abschnitt 13.
7 *Winter*, DVBl. 1994, 913 (915) mit Fn. 16.

Fakten und Probleme **9/I**

Körper, wo es sich aufgrund seiner hohen chemischen Stabilität (Persistenz) u.a. im Fettgewebe oder in der Muttermilch bei einer unübersehbaren Zahl von Menschen ansammelte. DDT ist aber ein Nervengift mit (allerdings geringer) chronischer Toxizität. Im ökologischen Bereich waren die negativen Auswirkungen (z.B. auf bestimmte Vogelarten) z.T. drastisch.[8] Ein umfassendes gesetzliches Verbot in der Bundesrepublik Deutschland (DDT-Gesetz vom 7.8.1972, BGBl. I 1385; zuletzt geändert durch Ges. v. 15.9.1986, BGBl. I 1505, abgelöst durch eine Verordnungsregelung entsprechend der inzwischen für Stoffverbote entwickelten Systematik) – mit einem Herstellungs- und Ausfuhrverbot seit 1977 – und die weltweite Ächtung von DDT waren die (radikale) Konsequenz aus den gewonnenen Erkenntnissen. Diese Verbote haben andererseits aber auch dazu beigetragen, daß – in den letzten Jahren wieder drastisch zunehmend – allein in Indien mehr als 1 Mio Menschen an der durch Stechmücken übertragenen Malaria starben oder daß der verheerenden Heuschreckenplage in Nordafrika nicht wirksam genug begegnet werden kann – typische Beispiele für die Ambivalenz derartiger Verbote.

Die (ungiftigen und unbrennbaren) **Fluorchlorkohlenwasserstoffe** (FCKW) werden insbesondere als Treibgas in Spraydosen, aber auch als Zellgas bei der Kunststoffverschäumung, als Kältemittel in Kühlaggregaten und als Reinigungsmittel bei der technischen Reinigung noch immer in großen Mengen eingesetzt. In der Bundesrepublik Deutschland fielen 1988 u.a. mindestens rd. 40 000 t/a des Typs R 11 (CCl_3F) u. R 12 (CCl_2F_2) an, davon rd. 50% in Spraydosen, ferner mindestens 40 000 t/a des Typs R 113 ($C_2Cl_3F_3$). Diese *chemisch sehr stabilen vollhalogenierten FCKW* gelangen nach und nach (u.U. erst nach Jahrzehnten) unzersetzt durch die Troposphäre in die Stratosphäre, wo sie weitere Jahrzehnte verweilen und unter bestimmten Temperatur- und wohl auch Strahlungsbedingungen in einer komplizierten Reaktionskette die für den Schutz des Menschen vor der harten Ultraviolett-Strahlung lebenswichtige *Ozonschicht* (am dichtesten in 25 km Höhe) abbauen.[9] Der **Abbau der Ozonschicht** und die Zunahme der ultravioletten Strahlung führen auf der Erde zu einer Zunahme der Hautkrebsfälle, zu Augenkrankheiten und Immunschwäche und zur Schädigung von Pflanzen und Tieren. Außerdem tragen die FCKW über den „**Treibhauseffekt**" (Rn. 6/10 f.) zu Klimaveränderungen bei. Das Ausmaß der Schädigung wird eingehend erforscht. In früheren, dann als zu günstig erkannten Einschätzungen ging man bei gleichbleibenden Schadstoffemissionen von einer Gesamtozonabnahme von 3-5% bis zum Jahr 2025 aus und damit von einem Anwachsen der Hautkrebsfälle um ca. 14%. Inzwischen soll der Ozonabbau in mittleren Breiten der Nordhalbkugel in den Winter- und Frühjahrsmonaten 6%, in den Sommermonaten 3% in 10 Jahren betragen.

7

Erst seit 1985 wird auch die wohl seit Ende der 70er Jahre in Gang befindliche Abnahme der Ozonkonzentration über der Antarktis gegen Ende der Winterperiode (September/Oktober) um mehr als 50% festgestellt. Dieses sog. **Ozonloch** wird von Jahr zu Jahr größer und berührt bisher die Länder Australien, Neuseeland und weite Teile von Chile. Entsprechendes gilt – wenn auch noch in geringerem Ausmaß – jetzt auch für die Arktis.[10]

8

FCKW sind daneben auch zentrale Problemstoffe bei Altlasten.

9

Eine verantwortungsbewußte Vorsorgepolitik erfordert, daß Produktion und Vertrieb dieser FCKW möglichst bald weltweit eingestellt werden. Voll geeignete Ersatzstoffe sind allerdings schwer zu finden. In den USA ist, nachdem die erste Warnung von seiten der Wissenschaft

10

---

8 Dazu z.B. *Strubelt,* Gifte in unserer Umwelt, 1988, S. 160 ff.
9 Dazu *Bunge,* in: HdUR, Bd. II, Art. „Ozonschicht", Sp. 1589 ff. Ozon (O_3) wirkt somit in der Stratosphäre lebensnützlich, in der Troposphäre aber lebensschädlich (Rn. 6/14 ff.).
10 Vgl. zum ganzen Deutscher Bundestag (Hrsg.), Enquête-Kommission, Zwischenbericht, S. 102 ff.; 2. Bericht der Bundesregierung, BT-Drs. 12/3846, S. 31 ff.; Endbericht, BT-Drs. 12/8600; *Bunge* (Fn. 9); aus naturwissenschaftlicher Sicht *Heintz/Reinhardt* (Fn. 5), S. 36 ff., 43 ff., 80 ff.

9 *Recht der gefährlichen Stoffe – Chemikalienrecht*

bereits 1974 erfolgt war, die Anwendung von FCKW in Aerosolprodukten schon 1978 verboten worden. In der Bundesrepublik kam es nach einer ersten, wenig wirksamen freiwilligen Vereinbarung (1976) im Sinne des Kooperationsprinzips (Rn. 1/78)[11] zu einer weiteren *Absprache* zwischen dem Bundesumweltminister und der Industriegemeinschaft Aerosole (erst) im Aug. 1987. Danach sollten in der Bundesrepublik Deutschland nach 1990 Spraydosen (bis auf einen kleinen, insbesondere aus medizinischen Gründen noch nicht verzichtbaren Rest) nicht mehr mit FCKW, sondern mit anderen Treibmitteln versehen werden. Dieser per Saldo doch nur bescheidene Fortschritt setzte der Verwendung von FCKW in anderen Bereichen und auch dem Import von Spraydosen mit FCKW-Treibgas keine Grenzen. Tatsächlich hatte sich jedenfalls der FCKW-Export aus der Bundesrepublik auch nach 1987 wieder erhöht.

11 International ist der – langsame – Fortschritt durch das *Wiener Übereinkommen zum Schutz der Ozonschicht*[12] (unterzeichnet am 22.3.1985), durch das auch von der EG unterzeichnete und genehmigte *Montrealer Protokoll*[13] (unterzeichnet am 16.9.1987), die *Londoner Beschlüsse* vom 29.6.1990 und die *Kopenhagener Beschlüsse* vom 25.11.1992 gekennzeichnet. Diese begrenzen Herstellung und Verbrauch an FCKW von 1994 an auf 25% der Mengen von 1986 und untersagen sie von 1996 an ganz; sie enthalten für Halone ab 1994 ein vollständiges Produktions- und Verbrauchsverbot.[14]

12 Die Umsetzung in Europarecht erfolgte im Wege einer auf Art. 130s EGV gestützten EG-Verordnung (FCKW-VO), die inzwischen mehrfach novelliert wurde.[15] Zuletzt wurde der Zeitpunkt für das gänzliche Verbot der Produktion, Einfuhr und Verwendung von FCKW, Halonen und Tetrachlorkohlenstoff auf Ende 1994 und für 1,1,1-Trichlorethan auf Ende 1995 festgelegt.

13 Das deutsche Recht enthält weitgehende Beschränkungen und Verbote in der FCKW-Halon-Verbots-Verordnung vom 6.5.1991[16], wonach die Verwendung von vollhalogenierten FCKW, von Halonen, Tetrachlorkohlenstoffen und 1,1,1-Trichlorethan bis 1995 je nach Stoff und Verwendungsart im Grundsatz ganz einzustellen ist.

14 Chemikalien können somit für den Menschen und die Umwelt zu ernsten Gefahren führen, denen vorbeugend bzw. vorsorgend zu begegnen ist. Sie tragen allerdings umgekehrt auch dazu bei, daß der Lebensstandard erhalten und verbessert werden kann und daß in vielen Bereichen ein wirksamer Gesundheits-, Ernährungs- und Umweltschutz überhaupt erst möglich wird. Schließlich ist auch auf die große volkswirtschaftliche Bedeutung der – exportorientierten – chemischen Industrie hinzuweisen (Jahresumsatz 1993: 2 Mrd., Zahl der Beschäftigten 1993 ca. 600 000[17]). Mit ihr nimmt die Bundesrepublik Deutschland hinter den USA, der UdSSR und Japan die 4. Stelle in

---

11 Vgl. zu weiteren Beispielen UBA (Hrsg.), Chemikaliengesetz, S. 11 f. sowie *Kloepfer*, Chemikaliengesetz, S. 16 m.w.N. Auch auf EG-Ebene haben sich die europäischen Hersteller von FCKW-Treibgasen für Spraydosen mit der EG-Kommission Anfang 1989 darauf geeinigt, die Verwendung der FCKW als Treibgase bis 1990 „freiwillig" um 90% zu vermindern.
12 Zustimmungsgesetz vom 26.9.1988 (BGBl. II 901); für die Bundesrepublik in Kraft seit 29.12.1988 (BGBl. 1989 II 160).
13 Für die Bundesrepublik am 1.1.1989 in Kraft getreten (BGBl. 1989 II 622); Zustimmungsgesetz vom 9.11.1988 (BGBl. II 1014). Dazu *Gündling*, EurUm 1988, 38 f.; *Buxton*, EurUm 1988, 44 ff.
14 Zum ganzen *Bunge*, in: HdUR, Band II, Art. „Ozonschicht", Sp. 1589.
15 VO (EWG) Nr. 3322/88 des Rates vom 14.10.1988, ABl. Nr. L 297/1 (FCKW-VO), Verordnung vom 4.3.1991, ABl. Nr. L 594/91, sowie Verordnung vom 30.12.1992, ABl. Nr. L 3952/92.
16 BGBl. I 1090, geändert durch Ges. vom 24.6.1994, BGBl. I 1416. – Zu verweisen ist auch auf die Verordnung zur Immissionsbegrenzung von leichtflüchtigen Halogenkohlenwasserstoffen, 2. BImSchV vom 10.12.1990, BGBl. I, 2694, geändert durch VO vom 5.6.1991, BGBl. I 1218.
17 Statistisches Jahrbuch 1994, S. 219.

der nach dem Gesamtumsatz an Chemikalien gestaffelten Rangfolge ein. So muß auch die Erhaltung der mehr als eine halbe Million (besonders zukunftssicheren) Arbeitsplätze in den Chemieunternehmen im Auge behalten werden. Die Erfüllung der gesetzlich zur Gefahrstoffkontrolle auferlegten Pflichten kann nämlich für die Unternehmen sehr kosten- und zeitaufwendig sein. Daher müssen vom Gesetzgeber im Interesse der internationalen Wettbewerbsfähigkeit der deutschen chemischen Industrie deren Kostenbelastung und Innovationsfähigkeit mitbedacht werden. Die – vom Hersteller oder Importeur zu tragenden – Gesamtprüfkosten für *eine* Stoffanmeldung mit Grundprüfung und Zusatzprüfung 1. Stufe (näher unten Rn. 9/87) werden von der BReg. auf 0,9 bis 1,2 Mio DM geschätzt, die chemikalienrechtlich induzierten Prüfaufwendungen für neue Stoffe auf *insgesamt* DM 25 Mio im Jahr.[18]

Abweichend von verschiedenen anderen Umweltgesetzen können die positiven Auswirkungen des Chemikaliengesetzes nicht oder kaum gemessen und quantifiziert werden. Sinn und Notwendigkeit *vorbeugender Gefahrstoffkontrolle* liegen gleichwohl auf der Hand. 15

II. Einführung in das Chemikalienrecht

1. Systematische Stellung

Unter **Gefahrstoffrecht im weiteren Sinn** versteht man die Gesamtheit der Regelungen, die dem Schutz von Mensch und Umwelt vor gefährlichen Stoffen dienen.[19] 16

Die von diesen Stoffen ausgehenden Gefahren werden häufig schon durch primär *medienbezogene Umweltgesetze* (bzw. durch die auf ihnen gründenden Rechtsverordnungen) erfaßt. Auf der Grundlage des BImSchG kann z.B. die Emission gewisser Gefahrstoffe in das Medium Luft und damit auch der Eintrag solcher Stoffe über den Luftweg in Gewässer und Boden reglementiert werden. Das WHG und die ergänzenden Landeswassergesetze ermöglichen es, Emissionen von Gefahrstoffen in das Medium Wasser zu begrenzen. Die Entsorgung von Abfällen, die umweltgefährliche Chemikalien enthalten, richtet sich nach den für gefährliche Sonderabfälle geltenden Vorschriften des KrW-/AbfG. Zum Gefahrstoffrecht im weiteren Sinn lassen sich selbst Atomrecht und Gentechnikrecht zuordnen. Freilich wird der Begriff des Gefahrstoffrechts in diesem weiten Verständnis konturenlos und damit wenig brauchbar. 17

Das **Gefahrstoffrecht im engeren Sinn** ist durch seinen *stoffspezifischen Gehalt*, nämlich seine Ausrichtung vor allem auf die (insbesondere präventive) Kontrolle der Gefahrstoffe, daneben auch auf Beschaffenheitsanforderungen gekennzeichnet. Seine 18

---
18 Gesetzesbegründung der BReg., BT-Drs. 12/7136, S. 3; s.a. *Theuer*, NVwZ 1995, 127 (132 Fn. 59): die Prüfkosten alleine für die Grundstufe nach § 7 sollen – nach der zweiten Novelle – DM 230 000,– bis DM 470 000,– betragen; die erforderlichen Prüfungen für Mengen ab 100 kg/a nehmen danach 6-9 Monate in Anspruch, ebda. S. 129.
19 Zur Zersplitterung des Gefahrstoffrechts und zu verschiedenen Ordnungsversuchen in der Literatur vgl. *Uppenbrink*, WiVerw. 1985, 131 (131 f.); s. auch *Kloepfer*, in: HdUR, Bd. I, Art. „Gefahrstoffrecht", Sp. 814 ff.

9 *Recht der gefährlichen Stoffe – Chemikalienrecht*

Normen wollen die Gesundheit oder die Umwelt schlechthin durch generell stoffbezogene, also nicht durch speziell medienbezogene Regelungen schützen.

19 Zum Gefahrstoffrecht im engeren Sinne gehört zunächst einmal das **Chemikaliengesetz** mit den bisher aufgrund seiner (zahlreichen) Ermächtigungen ergangenen untergesetzlichen Rechtsvorschriften, insbesondere der Gefahrstoff- (Rn. 9/34, 111 f.) und der Chemikalienverbotsverordnung (Rn. 9/34, 113 ff.).

20 Trotz seines weit gefaßten Titels normiert das Chemikaliengesetz das Gefahrstoffrecht aber nur unvollständig. Sein Anwendungsbereich wird durch spezielle gefahrstoffregelnde Gesetze nicht unerheblich eingeengt (Rn. 9/47 ff.). Das Gefahrstoffrecht im engeren Sinne umfaßt auch andere Gesetze mit stoffspezifischen Regelungen zum Schutz der Gesundheit oder der Umwelt[20], beispielsweise das Pflanzenschutzgesetz, das (auch zum speziellen Gewässerschutzrecht gehörende) Wasch- und Reinigungsmittelgesetz, das Düngemittelgesetz, das Futtermittelgesetz, das Sprengstoffgesetz, das Arzneimittelgesetz, das (auch zum speziellen Immissionsschutzrecht gehörende) Benzinbleigesetz, ferner einzelne Normen in sonstigen Gesetzen, z.B. die – zum Schutz vor schädlichen Umwelteinwirkungen erlassenen – Verordnungsermächtigungen der §§ 34, 35 BImSchG über Herstellung, Einführung und sonstiges Inverkehrbringen von Brennstoffen und Treibstoffen, sowie bestimmte Verordnungsermächtigungen des KrW-/AbfG (Rn. 10/161, 208, 312).

21 Besonders hinzuweisen ist in diesem Zusammenhang schließlich auch auf nationale und internationale Regelungen bezüglich des **Transports gefährlicher Güter**. Sie reichen vom Einpacken/Befüllen ggf. über transportbedingtes Zwischenlagern bis zum Auspacken/Entleeren, enthalten entsprechend den einzelnen Gefahrgutklassen 1-9 mit Unterklassen bestimmte Verpackungsvorschriften, Kennzeichnungspflichten und Verantwortungsbestimmungen.

22 Aufgrund des Gesetzes über die Beförderung gefährlicher Güter vom 6.8.1975 (BGBl. I 2121), zuletzt geändert durch Ges. vom 6.6.1994 (BGBl. I 1416), sind insbesondere folgende einschlägige Verordnungen ergangen: Verordnung über die innerstaatliche und grenzüberschreitende Beförderung gefährlicher Güter auf Straßen (Gefahrgutverordnung Straße – GGVS); Verordnung über die innerstaatliche und grenzüberschreitende Beförderung gefährlicher Güter mit Eisenbahnen (Gefahrgutverordnung Eisenbahn – GGVE); Verordnung über die Beförderung gefährlicher Güter mit Seeschiffen (GefahrgutV-See); Gefahrgutverordnung Binnenschiffahrt (GGVBinSch). Für die Beförderung gefährlicher Güter in Luftfahrzeugen gilt § 27 IV LuftVG i.V.m. §§ 76 ff. LuftVZO.

23 Die Sicherheitsstandards, die durch die angeführten, den Transport gefährlicher Güter regelnden Verordnungen verwirklicht werden sollen, sind nach immer neuen Erfahrungen teils nicht streng genug, teils werden sie nicht genügend überwacht.

---

20 Dazu *Hoppe/Beckmann,* Umweltrecht, S. 465 ff. m.w.N.

2. Historische Entwicklung

Nach dem Vorbild entsprechender Regelungen in den USA, in Japan und in Ländern der EG wurde das Chemikaliengesetz als fach- und medienübergreifendes Gefahrstoffgesetz (erst) 1980 verabschiedet. Auf einen 1975 erfolgten Vorstoß Frankreichs hin, das seinerseits bald danach ein Chemikaliengesetz verabschiedete[21], arbeitete man in Rat und Kommission der Europäischen Gemeinschaften an der Einführung einer Chemikalien-Präventiv-Kontrolle. Im folgenden beeinflußten sich wechselseitig einerseits die Vorarbeiten zur 6. Änderung der Richtlinie des Rates 67/548 EWG vom 27.6.1967 zur Angleichung der Rechts- und Verwaltungsvorschriften für die Einstufung, Verpackung und Kennzeichnung gefährlicher Stoffe und andererseits die Vorarbeiten für ein deutsches Chemikaliengesetz. Diese Vorarbeiten auf EG- und innerstaatlicher Ebene mündeten schließlich in die am 18.9.1979 verabschiedete Richtlinie des Rates zur 6. Änderung der Richtlinie 67/548 EWG[22] und in die Verabschiedung des deutschen *Chemikaliengesetzes* vom 16.9.1980.[23]

24

Das Chemikaliengesetz verwirklichte in der Bundesrepublik Deutschland erstmals in stoffbezogener Betrachtungsweise eine dem *Vorsorgeprinzip* (Rn. 1/69) verpflichtete und das *Verursacherprinzip* (Rn. 1/73) verwirklichende Kontrollmöglichkeit für Chemikalien. Sie umfaßt gewisse – aufgrund der „Verlustliste" des § 2 ChemG (Rn. 1131 ff.) bei weitem nicht alle – seit dem 18.9.1981 neu auf den Markt gebrachte Chemikalien. Entsprechendes gilt unter bestimmten Voraussetzungen auch für sog. Altstoffe. Das fach- und medienübergreifende Gesetz, das dem allgemeinen Gesundheitsschutz, dem Arbeitsschutz und dem Umweltschutz gleichermaßen dient, kann damit sicherlich als ein Markstein in der bisherigen Gesetzgebungsgeschichte des Umweltrechts bezeichnet werden. Mit dem Inkrafttreten dieses Gesetzes ging, wie erwartet, die Zahl der neu in Verkehr gebrachten chemischen Stoffe erheblich zurück, u.a. deswegen, weil die bei ihrer Anmeldung geforderten Prüfungen und Informationen kostspielig und zeitraubend sind (Rn. 9/14). Immerhin stieg in der Bundesrepublik die Zahl der Anmeldungen neuer Stoffe von 4 im Jahre 1983 über 19 im Jahre 1986, 41 im Jahre 1987 auf 61 im Jahre 1988 und auf 112, 81 und 107 in den Jahren 1990 bis 1992[24] (Rn. 9/66).

25

Das ChemG wurde erstmals 1990 novelliert und dabei grundlegend verbessert.

26

Die Änderungen beinhalteten insbesondere die
– ausdrückliche Verankerung des Vorsorgeprinzips in § 1 bei gleichzeitiger entsprechender Absenkung der Eingriffsschwelle für Verbote und Beschränkungen in § 17,
– Schaffung der gesetzlichen Voraussetzungen, um das Altstoffproblem auch rechtlich lösen zu können,
– Verbesserung der Normen zu den Kennzeichnungs- (§§ 13, 14) und Mitteilungspflichten (§ 16),
– Senkung der Eingriffsschwellen für Verbote und Beschränkungen (§§ 17, 23),

---
21 Loi sur le contrôle des produits chimiques, Nr. 77-771 vom 12.7.1977.
22 ABl. Nr. L 259/10.
23 Vgl. zum ganzen ausführlich *Kloepfer*, Chemikaliengesetz, S. 17 ff. m.w.N.
24 Gesetzesbegründung der BReg, BT-Drs. 12/7136, S. 21.

9 *Recht der gefährlichen Stoffe – Chemikalienrecht*

– Einfügung von Regelungen über den OECD-Grundsatz der sog. Guten Laborpraxis,
– Einführung neuer Regelungen zur Vermeidung von Tierversuchen.

27 Die Gesetzessystematik wurde zwar beibehalten, das Gesetz aber (u.a. durch seine Gliederung in 8 Abschnitte) übersichtlicher präsentiert. Im übrigen blieb kaum ein Paragraph des bisherigen ChemG ohne Änderung oder Ergänzung. Zahlreiche Vorschriften wurden ganz neu gefaßt, neue Vorschriften eingefügt.

28 Eine weitere Novelle erfolgte 1994 zur Anpassung an neueres EG-Recht (Rn. 9/30), an das Abkommen über den Europäischen Wirtschaftsraum und an das ILO-Übereinkommen Nr. 170. Konzeptionelle Änderungen fanden damit nicht statt. Die wichtigsten Änderungen betrafen die Vorschriften über die Anmeldung neuer Stoffe, vor allem das Anmeldeverfahren und den Umfang der bei der Anmeldung vozulegenden Unterlagen. Eine wirkliche Neuordnung im Sinne der von der Opposition geforderten „ökonomisch und ökologisch notwendigen Stoffwirtschaft" (Rn. 9/44) ist damit nicht erfolgt.

3. Gesetzgebungskompetenz und Rechtsquellen

a) Europarecht

29 Hinsichtlich der – auf Europarechtsebene besonders problematischen – Rechtsetzungskompetenz wird auf die allgemeinen Erläuterungen hierzu in der Einführung verwiesen (Rn. 1/51). Rechtsgrundlagen sind vor allem die Art. 100a und 130s EGV. Wichtige europarechtliche Schranken für die nationale Stoffpolitik ergeben sich aus Art. 30 EGV.

30 Auf EG-Ebene findet sich eine bedeutende Anzahl von **Richtlinien des Rats der EG** über chemische Stoffe und Zubereitungen (z.B. über Anforderungen an Einstufung, Verpackung und Kennzeichnung; Verwendung; Beschränkung des Inverkehrbringens bestimmter Stoffe wie z.B. PCB, PCT, VC; Verhütung und Verringerung der Umweltverschmutzung durch Asbest; vorbeugende Überwachung u.a.m.).[25] Eine Reihe neuerer Richtlinien des Rats[26] wurde mit den Novellen 1990 und 1994 zum ChemG in deutsches Recht umgesetzt. Es handelt sich um die

– Richtlinie 88/379 vom 7.6.1988 zur Angleichung der Rechts- und Verwaltungsvorschriften der Mitgliedstaaten für die Einstufung, Verpackung und Kennzeichnung gefährlicher Zubereitungen („Zubereitungsrichtlinie"; ABl. Nr. L 187/14), die vor allem hinsichtlich der Kennzeichnungspflicht einigen Novellierungsbedarf im deutschen Chemikaliengesetz erzeugte, die
– Richtlinien 87/18 vom 18.12.1986 (1. GLP-Richtlinie; ABl. Nr. L 15/29) und 88/320 vom 7.6.1988 (2. GLP-Richtlinie; ABl. Nr. L 145/35), beide zur „Guten Laborpraxis" (GLP), die im Rahmen behördlicher Beurteilung der Gefährlichkeit

---

25 S. die Nachw. bei *Ress,* in: HdUR, Bd. I, Art. „Europäische Gemeinschaft", Sp. 548 (624 ff.) u. *Kloepfer,* Umweltrecht, 1989, S. 746 m. Fn. 36
26 S.a. die Richtlinien 93/21 vom 27.4.1993, ABl. Nr. L 110/20; 93/67 vom 20.7.1993, ABl. Nr. L 227/9, und 93/90 vom 29.10.1993.

von Chemikalien die Qualität vorgelegter Prüfergebnisse sicherstellen wollen, und die
- Richtlinie 92/32 vom 30.4.1992 zur 7. Änderung der Richtlinie 67/548 zur Angleichung der Rechts- und Verwaltungsvorschriften für die Einstufung, Verpackung und Kennzeichnung gefährlicher Stoffe (ABl. Nr. L 154/1), mit der das Recht der Anmeldung neuer Stoffe grundlegend überarbeitet, insbesondere die Anmeldepflicht erheblich erweitert und das Prüfprogramm des Anmeldeverfahrens vor allem im Bereich der Ökotoxikologie überarbeitet und ergänzt worden ist.

Ebenso wurden mit den Novellen 1990 und 1994 ergänzende Vollzugsvorschriften für EG-Verordnungen des Rats (Rn. 1/40) geschaffen, nämlich für die **31**

- Verordnung 3322/88 vom 14.10.1988 über bestimmte Fluorchlorkohlenwasserstoffe und Halone, die zu einem Abbau der Ozonschicht führen, („FCKW-VO"; ABl. Nr. L 297/1)[27],
- Verordnung 1734/88 vom 16.6.1988 betr. die Ausfuhr bestimmter gefährlicher Chemikalien aus der Gemeinschaft bzw. deren Einfuhr in die Gemeinschaft („Im-/Export-VO"; ABl. Nr. L 155/2),
- Verordnung 428/89 vom 20.2.1989 betreffend die Ausfuhr bestimmter chemischer Erzeugnisse (ABl. Nr. L 50/1),
- Verordnung 2455/92 vom 23.7.1992 betreffend die Ausfuhr und Einfuhr bestimmter gefährlicher Chemikalien[28] (ABl. Nr. L 251/13, geändert: ABl. vom 12.1.1994, Nr. L 8/1 (41/94) sowie die
- Verordnung 793/93 vom 23.3.1993 zur Bewertung und Kontrolle der Umweltrisiken chemischer Altstoffe (ABl. Nr. L 84/1, berichtigt ABl. vom 3.9.1993, Nr. L 224/34), die praktisch ganz besonders wichtig ist.

Das EG-Recht hat gerade im Bereich des deutschen Chemikalienrechts durchschlagende Bedeutung erlangt, wie die beiden – fast ganz EG-induzierten – Novellen des ChemG eindrucksvoll belegen. Die damit erreichte Harmonisierung fördert die Standortbedingungen der in Deutschland arbeitenden Betriebe. Für die Innovationsfähigkeit und damit die künftigen Wettbewerbsbedingungen sind nämlich neue Produkte besonders wichtig. Werden hier Kosten einseitig nur der deutschen Industrie auferlegt, nämlich aufgrund gegenüber nicht harmonisiertem EG-Recht schärferen deutschen Rechts, wird dies zur Abwanderung deutscher Betriebe führen. U.a. diesen Bedenken hat die 7. Änderungsrichtlinie insbesondere durch die Absenkung der Eingangsmengenschwelle des Anmeldeverfahrens auf 10 kg Rechnung getragen (jetzt: 10 kg, früher: 1 t). **32**

b) Bundesrecht

Das **Gesetz zum Schutz vor gefährlichen Stoffen** (Chemikaliengesetz – ChemG) vom 16.9.1980 (BGBl. I 1718), in der Fassung der Bekanntmachung vom 25.7.1994 **33**

---

27 Vgl. Fn. 9.
28 Quecksilberoxid, Quecksilberchlorid, andere organische Quecksilberverbindungen, DDT, polychlorierte Biphenyle (PCB) und andere mehr.

9 *Recht der gefährlichen Stoffe – Chemikalienrecht*

(BGBl. I 1703), geändert durch G. v. 2.8.1994 (BGBl. I 1993), beruht auf der konkurrierenden Gesetzgebungszuständigkeit des Bundes für das Recht der Wirtschaft (Art. 74 Nr. 11 GG), für den Arbeitsschutz (Art. 74 Nr. 12 GG), für den Verkehr mit Giften (Art. 74 Nr. 19) und für das Strafrecht (Art. 74 Nr. 1 GG). Die Gesetzgebungskompetenz der Länder wurde durch den Erlaß des Chemikaliengesetzes erheblich eingeschränkt (Art 72 GG).[29] Allerdings unterliegt der Erlaß der meisten der auf dem Chemikaliengesetz beruhenden Verordnungen dem Erfordernis der Zustimmung des Bundesrats.

Auch dieses Gesetz ist wie viele andere Umweltgesetze auf eine Konkretisierung durch Rechtsverordnungen angelegt. Nur wenige Gesetzesbestimmungen sind aus sich heraus vollziehbar („Vollzugslastigkeit" des ChemG). Es enthält daher zahlreiche Ermächtigungen zum Erlaß von Rechtsverordnungen durch die Exekutive. Nicht selten ist dabei dem Gesetz nur die Zielvorstellung zu entnehmen, die der Exekutive als Regelungsprogramm (Art. 80 I 2 GG) vorgegeben ist. Das führt dann leicht dazu, daß unter dem Einfluß interessierter Kreise auf Verordnungsebene verwässert wird, was auf Gesetzesebene bestenfalls angelegt ist.

34 Die wichtigsten der bisher ergangenen *Verordnungen* sind die

- Verordnung zum Schutz vor gefährlichen Stoffen (**Gefahrstoffverordnung** – GefStoffV) vom 26.10.1993 (BGBl. I 1782, ber. 2049)[30],
- Verordnung über Verbote und Beschränkungen des Inverkehrbringens gefährlicher Stoffe, Zubereitungen und Erzeugnisse nach dem Chemikaliengesetz (**Chemikalien-Verbotsverordnung** – ChemVerbotsV) vom 14.10.1993, BGBl. I 1720, geändert durch G. v. 25.7.1994 (BGBl. I 1689),
- Verordnung über Prüfnachweise und sonstige Anmelde- und Mitteilungsunterlagen nach dem Chemikaliengesetz (Prüfnachweisverordnung – ChemPrüfV) vom 1.8.1994 (BGBl. I 1877),
- Verordnung über die Mitteilungspflichten nach § 16e des Chemikaliengesetzes zur Vorbeugung und Information bei Vergiftungen (Giftinformationsverordnung – ChemGiftInfoV) vom 17.7.1990 (BGBl. I 1424), zuletzt geändert durch G. v. 24.6.1994 (BGBl. I 1416),
- Verordnung zur Durchsetzung der Verordnung (EWG) Nr. 594/91 über Stoffe, die zu einem Abbau der Ozonschicht führen (ChemOHKW-BußgeldV) vom 18.7.1991 (BGBl. I 1587),
- Verordnung zum Verbot von bestimmten die Ozonschicht abbauenden Halogenkohlenwasserstoffen (FCKW-Halon-Verbots-Verordnung) vom 6.5.1991 (BGBl. I 1090), geändert durch G. v. 24.6.1994 (BGBl. I 1416),
- Verordnung über Übergangsmaßnahmen für die chemikalienrechtliche Anmeldung von Stoffen in dem in Art. 3 des Einigungsvertrags genannten Gebiet (Chemikalien-Übergangsverordnung) vom 18.2.1992 (BGBl. I 288), sowie die
- Verordnung zur Bezeichnung der nach dem Chemikaliengesetz mit Geldbuße bewehrten Tatbestände in EWG-Verordnungen über Stoffe und Zubereitungen

---

29 Kritisch hierzu *Kloepfer,* Chemikaliengesetz, S. 38.
30 Dazu *Au,* ZUR 1994, 237 ff.

(Chemikalien-Bußgeldverordnung – ChemBußgeldV) vom 30.3.1994 (BGBl. I 718).

4. Überblick über das Chemikaliengesetz

Zur Verwirklichung des allgemeinen Ziels eines *präventiven Schutzes von Mensch und Umwelt vor den Wirkungen gefährlicher Stoffe und Zubereitungen* enthält das Chemikaliengesetz verschiedene Regelungen zum allgemeinen Schutz vor gefährlichen Stoffen, aber auch zum besonderen Gift- und Arbeitsschutz. Dabei hat der Gesetzgeber – anders als im Arzneimittelrecht – auch für neue Stoffe und Zubereitungen **kein Zulassungsverfahren**, sondern nur ein **Anmelde- und Prüfverfahren** vorgesehen. Insbesondere hat er bei seinem Inkrafttreten in irgendeinem Mitgliedstaat der Europäischen Gemeinschaften bereits in Verkehr gebrachte Stoffe („Altstoffe") grundsätzlich ausgeklammert und sich zur Schonung der Innovationsfähigkeit der chemischen Industrie und zur Vermeidung übermäßiger Verwaltungskosten mit der Einführung einer grundsätzlich nur neue Stoffe betreffenden Anmelde-, Prüfnachweis- und Mitteilungspflicht begnügt. Damit bekennt sich das ChemG – im Gegensatz zu einem „Produktionsverbot mit Erlaubnisvorbehalt" – zum „*Grundsatz der Produktionsfreiheit mit staatlichem Eingriffsvorbehalt*".[31]   35

Die Grundregelung für den allgemeinen Schutz vor gefährlichen Stoffen und Zubereitungen betrifft das **Anmelde- und Prüfverfahren für neue Stoffe**. Danach ist es die Pflicht des Herstellers oder Einführers, alle neuen Stoffe entsprechend einem einheitlichen Prüfprogramm auf ihre Gesundheits- und Umweltverträglichkeit zu überprüfen bzw. überprüfen zu lassen und rechtzeitig vor ihrem Inverkehrbringen oder vor ihrer Einfuhr bei der zuständigen Behörde mit Prüfungsunterlagen anzumelden (§§ 4-12, 16-16e). Die zuständigen Behörden können dann auf der Grundlage einer Beurteilung (Bewertung) der ihnen mit der Anmeldung übermittelten Informationen (insbesondere der Prüfungsergebnisse) darüber entscheiden, ob und ggf. welche Eingriffsmaßnahmen (z.B. Nachforderung zusätzlicher Prüfnachweise, Produktions- oder Vertriebsauflagen usw.) geboten sind. Mit der Größe der in Verkehr gebrachten Menge der neuen Stoffe steigen Zeit und Aufwand für die Prüfungen.   36

Neben dieses Anmelde- und Prüfverfahren tritt die **Einstufung** eines Stoffes oder einer Zubereitung, d.h. die Zuordnung zu einem Gefährlichkeitsmerkmal, und zwar entweder durch den Verordnunggeber („Legaleinstufung") oder (hilfsweise) durch den Hersteller oder Einführer selbst („Eigeneinstufung"), ferner die Pflicht, als gefährlich eingestufte Stoffe oder Zubereitungen nach den hierzu ergangenen Vorschriften zum Schutz von Mensch und Umwelt so zu **verpacken** und für den Verbraucher zu **kennzeichnen** (§§ 13-15a), daß Gefahren für Gesundheit und Umwelt bei richtiger Verwendung vermieden werden.   37

In Übereinstimmung mit dem Verhältnismäßigkeitsgrundsatz wird der Kreis der den Hersteller oder Einführer treffenden Pflichten mit der Menge und/oder Gefährlichkeit   38

---
31 *Radek/Friedel*, Das neue Chemikaliengesetz, 1981, S. 16.

9 *Recht der gefährlichen Stoffe – Chemikalienrecht*

eines Stoffes erweitert. Diese „Pflichteneskalation" erstreckt sich von der ursprünglichen Pflicht zur Anmeldung (nebst Vornahme der Grundprüfung) über u.U. hinzukommende besondere Prüfungspflichten, Einstufungs-, Kennzeichnungs- und Verpakkungspflichten bis hin zu besonderen, durch hoheitliche Beschränkungen oder Verbote (§ 17) begründeten Pflichten.

39 Schließlich kennt das ChemG auch die bereits erwähnten, auf Dauer angelegten **Verbote und Beschränkungen**, allerdings vor allem in Gestalt von Verordnungsermächtigungen (insbesondere §§ 17, 18 ChemG, z.T. auch § 19 ChemG). Unmittelbar aufgrund des ChemG können im Einzelfall Verbote nach § 11 II (als Druckmittel der Anmeldestelle zur Befolgung einer Nachweispflicht) und nach § 23 II (befristetes Verbot in bezug auf einen gefährlichen Stoff, eine gefährliche Zubereitung oder ein Erzeugnis, das derartige Stoffe oder Zubereitungen enthält) ergehen.

40 Mit dem skizzierten Regelungssystem hat der Gesetzgeber ein Vorsorgeinstrument geschaffen, dem eine Ergänzungsfunktion gegenüber den bestehenden, zum Gefahrstoffrecht i.w.S. (Rn. 9/16 f.) gehörenden stoffbezogenen Regelungen in medienspezifischen Gesetzen (z.B. WGH, BImSchG) zukommt.[32]

5. Mängel und Bedeutung des Chemikaliengesetzes

41 Das ChemG 1980 ist wegen seiner unübersehbaren **Mängel** auf vielfältige politische und wissenschaftliche Kritik gestoßen.[33] Das galt nicht so sehr für die Regelungsinhalte, deren sich die Novelle 1990 vor allem annahm, als vielmehr für die Gesetzestechnik, die es dem Rechtsanwender außerordentlich erschwert, den jeweiligen Regelungsgehalt zu erfassen. Das Gesetz war extrem unübersichtlich und kaum noch verständlich. Es enthielt terminologische Unstimmigkeiten und systematische Schwächen. Und es verlagerte viele maßgebliche (stoffbezogene) Regelungen in später zu erlassende Rechtsverordnungen. Insgesamt war das Gesetz, wie dies wohlwollend festgestellt worden ist, ein „Gesetz von Spezialisten für Spezialisten".[34]

42 Hier hat die Novelle 1990 unübersehbare Verbesserungen gebracht, u.a. durch eine neue Gliederung, durch Zwischenüberschriften und weniger Verweisungen. Die Novelle 1994 brachte formal kaum Neues (Rn. 9/28). Die erheblichen gesetzestechnischen Verbesserungen, die das Chemikaliengesetz seit seinem Erlaß 1980 erfahren hat, machten auch die Straffung seiner Darstellung hier gegenüber der Erst- und auch der Zweitauflage möglich.

43 Die klassisch ordnungsrechtliche zweiseitige Instumentierung des Chemikalienrechts (Rn. 9/59) bedarf der Ergänzung sowohl durch *prozedurale* Elemente[35] als auch durch *proaktive* Instrumente.[36]

---

32 Dies wird z.B. vom VG Gelsenkirchen, UPR 1988, 237, bei der Erörterung des Verhältnisses des ChemG zum Wasserrecht verkannt; dazu *E. Rehbinder*, UPR 1988, 201 ff.
33 Zusammenfassend *E. Rehbinder*, in: Jarass u.a., UGB-BT, S. 875 (879 ff.).
34 *Kloepfer,* Chemikaliengesetz, S. 37.
35 Eingehend *Viebrock,* Öffentlichkeit im Verfahren der Chemikalienkontrolle am Beispiel PCP, 1995.

Die rechtspolitische Diskussion kreist um die *„Schlüsselstellung im Umweltrecht"*, die 44
dem Chemikalienrecht aufgrund seiner möglichen **Steuerfunktion für Stoffströme** –
neben dem Kreislaufwirtschafts- und Abfallrecht[37] – nach Meinung vieler zukommen
sollte.[38] Dazu wäre die Beschränkung auf gefährliche Stoffe aufzugeben und im Sinne
einer ganzheitlichen Betrachtung eine umfassende Stoffwirtschaft („Stoffstrom-Management") – nach dem Beispiel des KrW-/AbfG (Rn. 10/66) anzustreben.[39] Die
Regelungen wären in einem *integrierten Stoffrecht* zusammenzufassen.[40] Der Professorenentwurf zum UBG-BT hält sich hier sehr zurück; § 442 II UGB-BT erfaßt nur
gefährliche Stoffe, Zubereitungen und Produkte (Rn. 1/15).

III. Gesetzeszweck, Anwendungsbereich, Begriffe und Instrumente

1. Gesetzeszweck

Nach seiner Novellierung beschränkt sich § 1 ChemG jetzt auf die Angabe des Geset- 45
zeszwecks, nämlich

- den Menschen und die Umwelt vor schädlichen Einwirkungen gefährlicher Stoffe und Zubereitungen zu schützen,
- insbesondere sie erkennbar zu machen, sie abzuwenden und ihrem Entstehen vorzubeugen.

Damit ist das *Vorsorgeprinzip* (Rn. 1/69) aber auch ausdrücklich in die Schutzzielbe- 46
stimmung aufgenommen. Dies ist für die Auslegung der Eingriffs- und Verordnungsermächtigungen des Gesetzes von Bedeutung. Die Eingriffsschwelle für Verbote und
Beschränkungen wird damit gesenkt, vgl. §§ 11 und 17 ChemG (Rn. 9/94, 108).

2. Anwendungsbereich

Der **Anwendungsbereich** des ChemG wird in seinem § 2 nur negativ bestimmt und 47
durch eine „Verlustliste" stark verkürzt, indem zahlreiche Stoffe, für die spezialgesetzliche Regelungen bestehen, vom Anwendungsbereich des Chemikaliengesetzes jedenfalls teilweise ausgenommen werden. Es handelt sich dabei um solche stoffbezogenen

---

36 Dazu der Bericht „Die Industriegesellschaft gestalten" der Enquête-Kommission „Schutz des Menschen und der Umwelt – Bewertungskriterien und Perspektiven für umweltverträgliche Stoffkreisläufe in der Industriegesellschaft", BT-Drs. 12/8260.
37 Zur Verbindung Chemikalien-/Kreislaufwirtschaftsrecht SRU, Sondergutachten „Abfallwirtschaft", BT-Drs. 11/8493, Tz. 180.
38 Vgl. SRU, Umweltgutachten 1994, Tz. 570 ff.; ebenso Entschließungsantrag der SPD-Fraktion zum ChemG, BT-Drucks. 12/7447; s.a. die Diskussion *Schwanhold/Grießhammer/Held*, ZAU 1993, 297 ff.
39 Dazu *Kunig*, Jahrbuch des Umwelt- und Technikrechts 1994, S. 277 ff.; s.a. *E. Rehbinder*, in: Stoff-Enquête (Fn. 36), S. 305. – Weitgehend *Gebers/Führ/Wollny*, Ökologische Stoffwirtschaft, 1993, S. 22, 26 u.ö.
40 Enquête-Kommission (Fn. 36), S. 29 ff., 305.

9 *Recht der gefährlichen Stoffe – Chemikalienrecht*

Regelungen, die nach Auffassung des Gesetzgebers einen zumindest gleichwertigen, wenn auch nicht gleichartigen Schutz von Mensch und Umwelt vor gefährlichen Stoffen verwirklichen.

48 So gelten nach § 2 I Nrn. 1-5 ChemG die wichtigsten Vorschriften des ChemG (nämlich die §§ 4-16a sowie § 16b I 1 Nrn. 2, 16e, 17 I Nr. 2 a und b und 23 II) *nicht für*

– *Tabakerzeugnisse und kosmetische Mittel* im Sinne des Lebensmittel- und Bedarfsgegenständegesetzes (Nr. 1),
– *Arzneimittel*, die einem Zulassungs- oder Registrierungsverfahren nach dem Arzneimittelgesetz oder nach dem Tierseuchengesetz unterliegen, sowie sonstige Arzneimittel, soweit sie nach § 21 II des Arzneimittelgesetzes einer Zulassung nicht bedürfen oder in einer zur Abgabe an den Verbraucher bestimmten Verpackung abgegeben werden (Nr. 2),
– *Medizinprodukte* i.S.d. § 3 Nr. 1, 2, 6, 7 und 8 Medizinproduktgesetzes (Nr. 2a),
– *Abfälle* zur Beseitigung i.S.d. § 3 I 2 Hs. 2 KrW-/AbfG (Nr. 3),
– *radioaktive Abfälle* im Sinne des Atomgesetzes (Nr. 4),
– *Abwasser* im Sinne des Abwasserabgabengesetzes, soweit es in Gewässer oder Abwasseranlagen eingeleitet wird (Nr. 5).

49 Noch mehr Vorschriften (nämlich die §§ 4-17 I Nr. 2a und b und 23 II ChemG) gelten nicht für Lebensmittel im Sinne des Lebensmittel- und Bedarfsgegenständegesetzes; so wurde die Rückstands-Höchstmengenverordnung vom 1.9.1994 (BGBl. I 2299) über die für Verbraucher wichtigen Grenzen für „Gifte auf Lebensmitteln" u.a. auf lebensmittelrechtlicher, nicht auf chemikalienrechtlicher Grundlage erlassen. Ausgenommen sind auch Futtermittel und Zusatzstoffe im Sinne des Futtermittelgesetzes (§ 2 II ChemG). Hiervon enthält § 2 II 2 ChcmG wiederum Rückausnahmen, z.B. hinsichtlich der Einstufungs-, Verpackungs- und Kennzeichnungs- sowie bestimmter Mitteilungspflichten, beispielsweise für Futtermittel. Weiter gibt es Ausnahmen für die Grundstoffe von zulassungs- oder registrierungspflichtigen Arzneimitteln nach dem Arzneimittelgesetz oder nach dem Tierseuchengesetz und soweit die Stoffe und Zubereitungen einem Zulassungsverfahren nach dem Pflanzenschutzgesetz unterliegen (§ 2 III ChemG). Auch gelten die meisten Vorschriften des ChemG nicht für die Beförderung gefährlicher Güter im Eisenbahn-, Straßen-, Binnenschiffs-, See- und Luftverkehr, es sei denn, es handelt sich um innerbetriebliche Beförderung (§ 2 V ChemG).

50 Da die Einschränkungen des Anwendungsbereichs für verschiedene Stoffe, Zubereitungen und Erzeugnisse an unterschiedliche Kriterien anknüpfen, um einerseits schon bestehenden gesetzlichen Bestimmungen, andererseits unterschiedlich großem Schutzbedarf Rechnung zu tragen, ist auch die Gesamtregelung der Verluste mit ihren Ausnahmen und Rückausnahmen nicht gerade transparent. Dies gilt auch noch nach der Novelle, selbst wenn diese die Verlustliste übersichtlicher gefaßt und inhaltlich verkürzt hat.

51 Ergänzend anwendbar ist das Chemikaliengesetz jedenfalls grundsätzlich neben dem Benzinbleigesetz, dem Bundesimmissionsschutzgesetz, dem Düngemittelgesetz und dem Wasch- und Reinigungsmittelgesetz, denen es einerseits mit einzelnen Normen als späteres Gesetz vorgeht, von denen es aber andererseits mit einzelnen Normen insoweit verdrängt wird, als die genannten Gesetze speziellere Regelungen enthalten.[41]

---

[41] *E. Rehbinder/Kayser/Klein*, Chemikaliengesetz, § 2 Rn. 16 ff., jeweils m.w.N.

3. Begriffsbestimmungen

Für den Anwendungsbereich des Chemikaliengesetzes enthält sein § 3 ChemG eine Reihe wesentlicher **Begriffsbestimmungen**. Der Katalog wurde 1990 und 1994 noch erheblich erweitert.

52

- „**Stoffe**" sind chemische Elemente oder (hergestellte oder natürlich vorkommende) chemische Verbindungen einschließlich – etwa herstellungsbedingter – Verunreinigungen und – z.B. für die Vermarktung erforderlicher – Hilfsstoffe, mit Ausnahme von bestimmten Lösungsmitteln (Nr. 1). Mit dem Stoffbegriff der Chemie ist der chemikalienrechtliche Stoffbegriff nicht identisch. Der Begriff des Stoffes ist sozus. der Grundbegriff des ChemG, da sich die meisten Regelungen des Gesetzes ausschließlich auf Stoffe als solche oder auf Stoffe in Zubereitungen beziehen.
- „**Zubereitungen**" sind Gemenge, Gemische oder Lösungen von zwei oder mehreren Stoffen (Nr. 4). Eine chemische Verbindung verschiedener Stoffe ist selbst ein Stoff und keine Zubereitung; diese umfaßt nur *mechanisch-physikalische Stoffverbindungen.*
- „**Alte Stoffe**" sind – im Gegensatz zu „*Neuen Stoffen*" i.S.d. Nr. 3 – solche, die im Altstoffverzeichnis der EG – EINECS[42] – in seiner jeweiligen Fassung bezeichnet sind (Nr. 2).

   Das europäische Altstoffinventar umfaßt über 100 000 Stoffe. Die Risiken auch dieser Altstoffe mußten für die in größeren Mengen im Verkehr befindlichen gefahrenverdächtigen Stoffe systematisch erfaßt und bewertet werden, was wegen der beschränkten Überprüfungskapazität eine umfassende europäische Kooperation und gleichwohl eine Reihe von Jahren erforderte. Aufgrund der neuen Altstoffbestimmung konnte die bisher geltende Chemikalien-Altstoffverordnung außer Kraft treten.

- „**Erzeugnisse**" sind Stoffe oder Zubereitungen, die bei der Herstellung eine spezifische Gestalt, Oberfläche oder Form erhalten haben, die deren Funktion mehr bestimmen als ihre chemische Zusammensetzung als solche oder in zusammengefügter Form (Nr. 5).

   An der Geeignetheit dieser Begriffsbestimmung kann man weiterhin zweifeln. Kein Erzeugnis in diesem Sinne liegt vor, wenn die physikalische Form nur dazu dient, den Stoff oder die Zubereitung für das In-Verkehr-bringen in eine dafür geeignete Form zu bringen wie z.B. bei Kunststoffgranulat und Lötdraht. Dagegen ist ein Erzeugnis nicht nur ein Autoreifen aus einem bestimmten Stoff, sondern auch das damit bestückte Auto.

- Unter „**Einstufung**" versteht das Gesetz die Zuordnung zu einem Gefährlichkeitsmerkmal entsprechend § 3a (Nr. 6).
- „**Hersteller**" sind neben natürlichen oder juristischen Personen wie bisher jetzt auch nicht rechtsfähige Personenvereinigungen, die einen Stoff, eine Zubereitung oder ein Erzeugnis herstellen oder gewinnen (Nr. 7).

   Das Gesetz umfaßt daher OHG, KG und eine Gesellschaft bürgerlichen Rechts. Bei arbeitsteiliger Herstellung ist wohl jede damit befaßte Person oder Personenvereinigung Hersteller i.S.d. Nr. 7.

---

42 *European Inventory of Existing Commercial Chemical Substances,* ABl. vom 15.6.1990, Nr. C 146 A.

9 *Recht der gefährlichen Stoffe – Chemikalienrecht*

53 Weiter sind in § 3 ChemG die Begriffe *Einführer, Inverkehrbringen*[43]*, Polymer, Verwenden, wissenschaftliche Forschung und Entwicklung* und *verfahrensorientierte Forschung und Entwicklung* bestimmt.

Die beiden letzten Begriffsbestimmungen sind neu und entstammen der 7. Änderungsrichtlinie (Rn. 9/30). Sie sind wichtig für die Privilegierung durch Ausnahme von der Anmeldepflicht nach § 5 I ChemG und die Mitteilungspflicht nach § 16a IV ChemG.

54 „**Gefährliche Stoffe und gefährliche Zubereitungen**" haben jetzt in einem eigenen § 3a I ihre Begriffsbestimmung gefunden, nämlich als Stoffe oder Zubereitungen, die

- explosionsgefährlich (Nr. 1, z.B. Ammoniumdichromat, Dibenzoylperoxid),
- brandfördernd (Nr. 2, z.B. Natriumchlorat, Salpetersäure),
- hochentzündlich (Nr. 3, z.B. Acetylen, Butan, Ether),
- leichtentzündlich (Nr. 4, z.B. Toluol),
- entzündlich (Nr. 5, z.B. Styrol),
- sehr giftig (Nr. 6, z.B. Phosgen, Blausäure),
- giftig (Nr. 7, z.B. Phenol, Methanol),
- gesundheitsschädlich (Nr. 8), neu anstelle des verharmlosenden „mindergiftig",
- ätzend (Nr. 9, z.B. Natronlauge, Salzsäure),
- reizend (Nr. 10, z.B. Natronlauge, Salzsäure),
- sensibilisierend (Nr. 11),
- krebserzeugend (Nr. 12, z.B. Benzol, Asbestfeinstaub),
- fortpflanzungsgefährdend (Nr. 13), neu anstelle von „fruchtschädigend",
- erbgutverändernd (Nr. 14) oder
- umweltgefährlich (Nr. 15, z.B. Pentachlorphenol[44]) sind,

wobei gefährliche Eigenschaften ionisierender Strahlen ausgenommen sind.

55 Als „*umweltgefährlich*" bestimmt sind in § 3a II ChemG Stoffe oder Zubereitungen, die selbst oder deren Umwandlungsprodukte geeignet sind, die Beschaffenheit des Naturhaushalts, von Wasser, Boden und Luft, Klima, Tieren, Pflanzen oder Mikroorganismen derart zu verändern, daß dadurch sofort oder später Gefahren für die Umwelt herbeigeführt werden können. Neben den in § 3a Abs. 1 Nr. 1 bis 14 ChemG angeführten Einzelmerkmalen bildet § 3a I Nr. 15 i.V.m. Abs. 2 einen Auffangtatbestand.

56 Die nähere Bestimmung der genannten Gefährlichkeitsmerkmale gefährlicher Stoffe und Zubereitungen ist in § 4 GefStoffV (Rn. 9/111 f.) vom 26.10.1993 (BGBl. I 1782), zuletzt geändert durch VO vom 19.9.1994 (BGBl. I 2557) enthalten. Nach § 4 I Nr. 6 GefStoffV sind z.B. Stoffe und Zubereitungen „sehr giftig" i.S. des § 3a Abs. 1 Nr. 6 des Gesetzes, wenn sie in sehr geringer Menge beim Einatmen, beim Verschlucken oder bei Aufnahme über die Haut zum Tode führen oder akute oder chronische Gesundheitsschäden bewirken können.

57 Dort findet sich auch eine Reihe weiterer Begriffsbestimmungen in § 3, beispielsweise zu den Begriffen Umgang, Lagern, Arbeitgeber, MAK, BAT und TRK, zur Auslöseschwelle und zum Stand der Technik im Sinne der Verordnung.

---

43 Vgl. hierzu *Knebel*, in: HdUR, Bd. I, Art. „Inverkehrbringen", Sp. 1156 ff.
44 Vgl. die Entscheidung der Kommission vom 14.9.1994, ABl. vom 9.12.1994, Nr. L 316/43.

Einige vom ChemG verwendete, mehr oder weniger unbestimmte Rechtsbegriffe werden dagegen auch weiterhin im Gesetz nicht definiert, so z.B. der Begriff Gesundheit, ferner die Begriffe Stand der wissenschaftlichen Erkenntnis oder gesicherte wissenschaftliche Erkenntnis[45] u.a.m. Auch werden verschiedene Gefahrbegriffe nebeneinander verwendet – z.B. „Gefahr", „erhebliche Gefahr", „erhebliche Gefahr für Leben und Gesundheit", „besondere Gefahr", „Gefahr im Verzug" – ohne daß eindeutige Abgrenzungen ersichtlich wären.[46] Die beiden Novellen 1990 und 1994 haben allerdings erhebliche Fortschritte gebracht.

4. Instrumente

Das Chemikaliengesetz sieht, wie schon hervorgehoben wurde, kein Zulassungsverfahren für Chemikalien vor. Es begnügt sich stattdessen damit, dem Hersteller und Einführer gewisse Pflichten aufzuerlegen, und zwar entweder unmittelbar kraft Gesetzes oder kraft einer (aufgrund des Gesetzes zu erlassenden) Rechtsverordnung. Hierbei geht es zunächst um die nur neue Stoffe betreffenden *Anmelde- und Prüfnachweispflichten* (§§ 4-10 ChemG), dann aber auch um die jetzt systematisch gestrafften und wesentlich erweiterten, bestimmte neue wie alte Stoffe betreffenden *Mitteilungspflichten* (§§ 16-16e). Darüber hinaus gibt es *Einstufungs-, Verpackungs- und Kennzeichnungspflichten* (§§ 13-15e), *Unterlassungspflichten* aufgrund von Verboten und Beschränkungen (§ 17), *Bestimmungen über die Gute Laborpraxis (GLP)* (§§ 19a-19d), *überwachungsdienliche Pflichten* (§§ 20, 21) sowie *giftrechtliche* (§ 18) und *arbeitsschutzrechtliche* (§ 19) *Regelungen* zum Schutz vor gefährlichen Stoffen. Hinzu kommen *Bußgeld- und Strafbestimmungen* (§§ 26, 27) sowie schließlich *Normen zur Begründung administrativer Befugnisse,* die zur Durchführung all dieser Regelungen erforderlich sind.

Beispiel: **Pentachlorphenol (PCP)** ist ein in der EG schon seit langem produzierter pilztötender Wirkstoff. Er dient u.a. zur Herstellung von Lederkonservierungs- sowie Holzschutzmitteln. Für die letzteren besteht vor allem in manchen Entwicklungsländern ein guter Markt. Zahlreiche Bewohner von Wohnräumen, in denen mit derartigen Holzschutzmitteln behandeltes Holz eingebaut ist, klagten und klagen über vielfältige subjektive Beschwerden. Eine beim Bundesgesundheitsamt gebildete Kommission „Holzschutzmittel (PCP)-Wohnraum" kam 1983 zu dem Ergebnis, gesundheitsschädliche Wirkungen durch Holzschutzmittel seien bisher zwar nicht bewiesen, aber eben auch nicht auszuschließen.[47] Im übrigen ist mit der Produktion von PCP typischerweise die Bildung äußerst umweltschädlicher Verunreinigungen verbunden wie z.B. chlorierter Dibenzo-p-dioxine und chlorierter Dibenzofurane.

---

45 Vgl. hierzu *Marburger,* Untersuchung des Begriffs „gesicherte wissenschaftliche Erkenntnis" nach dem Chemikaliengesetz und Abgrenzung zu dem Begriff „Stand der Technik" und ähnlichen Begriffen, in: Gesellschaft für Rechtspolitik (Hrsg.), Chemikalienrecht, 1986, S. 327 ff., bes. S. 369 ff.
46 „Tendenz terminologischer Disharmonie", *Kloepfer,* Chemikaliengesetz, S. 30.
47 Vgl. auch *Strubelt,* Gifte in unserer Umwelt, 1988, S. 163 ff. – Die Kausalität für Gesundheitsschäden durch PCP ist im sog. Holzschutzmittelprozeß (LG Frankfurt/Main, ZUR 1994, 33) zugrundegelegt worden, vgl. *Schulz,* ZUR 1994, 26 (29). – Zum Anspruch eines Beamten auf Schutz vor PCP-Gefahren am Arbeitsplatz s. VG Oldenburg, NVwZ 1993, 913. – Eine umfangreiche „Fallstudie PCP" findet sich bei: *Viebrock,* Öffentlichkeit im Verfahren der Chemikalienkontrolle am Beispiel „PCP", 1995, S. 71 ff.

9 Recht der gefährlichen Stoffe – Chemikalienrecht

61 Das schwer abbaubare PCP ist nach – inzwischen gesicherter – wissenschaftlicher Erkenntnis als giftig i.S. des § 3a I Nr. 7 ChemG und wegen seiner ökotoxischen Wirkung auch als umweltschädlich i.S. des § 3a I Nr. 16, II ChemG und damit als „gefährlich" i.S. des § 14 I Nr. 1 ChemG einzustufen. Daher traf Hersteller und Einführer die Pflicht, PCP (bzw. seine Verbindungen und Zubereitungen) gem. § 13 I 1 ChemG sicher zu verpacken und durch entsprechende Kennzeichnung auf die Gefährlichkeit hinzuweisen. Aber konnte das genügen?

62 Da PCP als solches und als Bestandteil von Zubereitungen (z.B. von Holzschutzmitteln) ein „Altstoff" ist (Rn. 9/52), unterliegt es nicht der Anmelde- und Prüfungspflicht für neue Stoffe (Rn. 9/67, 74, 83). Es hätte aber zur Vorbereitung einer Entschließung darüber, ob und ggf. welche Maßnahmen zu treffen sind, nach § 4 VI ChemG eine Rechtsverordnung erlassen werden können. Mit ihr hätten inländische Hersteller und Einführer verpflichtet werden können, bei der Anmeldestelle (Rn. 9/128) den Stoff anzumelden und die Anmeldung mit dem Nachweis der Prüfung des Stoffes auf den Grad seiner Gefährlichkeit zu verbinden. Auf diese Weise hätte sich der Staat die mit einer etwa noch notwendigen (eigenen) Prüfung verbundenen erheblichen Kosten ersparen können. Schließlich konnte man aber auch aufgrund der etwa bereits anderweitig gewonnenen wissenschaftlichen Erkenntnisse zu dem Ergebnis gelangen, daß das schärfste Mittel, nämlich ein Dauerverbot der Herstellung, des Inverkehrbringens und der Verwendung von PCP und PCP-haltigen Zubereitungen notwendig ist. Ein solches durch Rechtsverordnung auszusprechendes Verbot ermöglicht § 17 I 1 Nr. 1 ChemG, wenn dies aus Gründen vorbeugenden Gesundheitsschutzes oder vorsorgenden Umweltschutzes erforderlich ist, weil den Gefahren durch Einstufung, Verpackung und Kennzeichnung nicht hinreichend begegnet werden kann (Rn. 9/99 ff.). Zu dieser Überzeugung ist die Bundesregierung gelangt. Sie hat daher am 20.5.1987 gem. § 17 I ChemG eine derartige (der Zustimmung des Bundesrates bedürftige) Rechtsverordnung beschlossen. Diese scheiterte am Widerstand der EG-Kommission, weil ein einseitiges nationales PCP-Verbot als Handelshemmnis beurteilt wurde und eine einschlägige EG-Richtlinie (noch) ausstand.[48] Darauf hat sich die BReg. trotz Androhung eines EGV-Verletzungverfahrens durch die EG-Kommission zu einem deutschen Alleingang entschlossen und am 17.12.1989 die Verbotsverordnung erlassen (BGBl. I 2235). Diese deutsche Verbotsregelung wurde zwar von der Kommission der EG bestätigt[49], diese Entscheidung aber wiederum vom EuGH – wegen Verletzung der Begründungspflicht nach Art. 190 EGV – für nichtig erklärt.[50] Inzwischen ist die Verbotsregelung mit einer neuen umfangreichen Begründung erneut von der EG-Kommission bestätigt worden.[51] Sie ist jetzt in die ChemVerbotsV (Rn. 9/34, 113 ff.) aufgenommen.

63 Besonders kritische Stoffe wie Cadmium oder Stoffe der Chlorchemie in Konsumprodukten (Chlororganica) sollten mit ordnungsrechtlichen Instrumenten beschränkt werden, z.B. PVC als Verpackungsmaterial und Cadmium i.V.m. PVC. PVC in Siedlungsmüll und in gemischten Kunststoffabfällen bereitet erhebliche Schwierigkeiten, diese

---

48 Vor ihrer Inkraftsetzung mußte die PCP-VO der Kommission der EG notifiziert werden. Erst nach dem Abschluß der Notifizierung konnte die Zustimmung des Bundesrates erbeten werden. In der EG stieß jedenfalls ein EG-weites Totalverbot von PCP auf Widerstand, vgl. Fn. 9/7; dementsprechend ist der Erlaß einer EG-Richtlinie gem. Art. 100a I EGV beabsichtigt, wonach PCP lediglich Verwendungsbeschränkungen unterliegen soll. Die Bundesrepublik kann PCP dann nur unter den Voraussetzungen des Art. 100a IV EGV (Rn. 1/51) total verbieten.
49 Entscheidung vom 2.12.1992, ABl. Nr. C 334, S. 8.
50 Urt. vom 17.5.1994, Rs. C-41/93 (Frankreich/Kommission), NJW 1994, 3341 mit Anm. *Reich*, NJW 1994, 3334 ff.; *Hayder*, EuZW 1994, 407 ff.; s.a. *Schmidt*, JZ 1995, 545 (546 f.).
51 Entscheidung vom 14.9.1994 (94/783/EG), ABl. vom 9.12.1994, Nr. L 316/43. – Zur zukünftigen PCP-Politik der Kommission s. ABl. vom 12.11.1994, Nr. C 315/4.

Abfälle zu Produkten mit gesicherten Qualitätsstandards zu verarbeiten. Nach § 17 ChemG sind auch abfallwirtschaftliche Zielsetzungen einzubeziehen.

IV. Anmeldung, Prüfung und Bewertung von Stoffen

Kernstück des Gesetzes sind die Regelungen der **Anmelde- und Prüfungs- bzw. Prüfnachweispflichten** der Hersteller oder Importeure von neuen Stoffen (§§ 4-12 ChemG). Sie sollen den zuständigen Behörden die rechtzeitige Beurteilung („Bewertung" i.S. des § 12 II ChemG) erlauben, ob ein Stoff schädliche Einwirkungen auf den Menschen oder die Umwelt hat, um ggf. entsprechende Schutzmaßnahmen ergreifen zu können. Zu dem Kreis dieser Pflichten treten die besonderen, gegenüber der Anmeldestelle (Rn. 9/128) bestehenden *Mitteilungspflichten* des Anmeldeverpflichteten (§ 16 ChemG); diese beziehen sich aber nur auf eine *nach* der Anmeldung eintretende Veränderung anmeldepflichtiger Tatsachen (Änderungsmitteilungen) oder auf gewisse nicht (oder nicht mehr) anmeldepflichtige Stoffe.[52] Zutreffend wird daher das ChemG auch als „stoffbezogenes Informationsgewinnungsgesetz"[53] bezeichnet. **64**

1. Anmeldepflicht und Ausnahmen

Nur noch **neue Stoffe** i.S. des § 3 Nr. 3 ChemG unterliegen der **Anmelde- und Prüfungspflicht.** **65**

Bis Ende 1987 wurden rd. 90 Anmeldungen i.S. des § 4 ChemG und rd. 500 Mitteilungen i.S. des § 16 ChemG vorgenommen; in den ersten Jahren nach Inkrafttreten des ChemG (1.1.1982) waren die entsprechenden Zahlen noch niedrig (Rn. 9/25).[54] Der Grund hierfür ist wohl nicht nur in Anpassungsschwierigkeiten, sondern auch darin zu sehen, daß von Unternehmen bereits entwickelte Stoffe noch vor dem Stichtag des 18.9.1981 (Rn. 9/24) durch (z.T. fiktives) Inverkehrbringen zu Altstoffen gemacht wurden. **66**

a) Grundsatz: Anmeldepflicht für neue Stoffe (§ 4 ChemG)

aa) In sachlicher Hinsicht ist nach § 4 I u. II ChemG der *neue Stoff* entweder *als solcher* oder *als Bestandteil einer Zubereitung* (§ 3 Nr. 4 ChemG) **anmeldepflichtig.** Dies gilt aber nicht für einen neuen Stoff als Bestandteil eines solchen Erzeugnisses, das Ergebnis der weiteren Be- oder Verarbeitung eines anmeldepflichtigen Stoffes oder einer einen derartigen Stoff enthaltenden Zubereitung ist. **67**

Beispiel: Ein Unternehmen der chemischen Industrie hat einen neuen Kunststoff mit besonderen mechanischen Eigenschaften entwickelt. Dieser Kunststoff soll in Granulatform hergestellt und **68**

---

52 Vgl. *E. Rehbinder*, UPR 1988, 201 ff.
53 BVerwG, NVwZ 1992, 983 (984).
54 Genaue Zahlen zur Entwicklung der Anmeldezahlen von 1990-1993: Umweltbericht 1994 der BReg., BR-Drs. 849/94, S. 92; s.a. Fn. 1.

vertrieben werden. Er wird in hocherhitztem Zustand flüssig und kann dann in Formen gegossen werden. Mit einem Unternehmen, das Ersatzteile für Flugzeuge herstellt und das hierzu künftig auch den neuen Kunststoff verwenden will, ist bereits ein Liefervertrag abgeschlossen. Der Anmeldepflicht unterliegt hier nur der Kunststoff als solcher, nicht aber die Reihe der aus ihm durch Verarbeitung hergestellten Folgeprodukte.

69 bb) In persönlicher Hinsicht ist anmeldepflichtig
- der *Hersteller* (§ 3 Nr. 7 ChemG), der i.S. des § 3 Nr. 9 ChemG den Stoff in einem Mitgliedstaat der EG oder des EWR-Abkommens in Verkehr bringt, sofern er den Stoff nicht bereits in einem solchen Mitgliedstaat angemeldet hat (§ 4 I ChemG),
- der *Einführer* (§ 3 Nr. 8 ChemG), wenn er einen Stoff erstmalig aus einem Staat einführt, der nicht Mitgliedstaat der EG oder EWR-Vertragsstaat ist (§ 4 II 1 ChemG), es sei denn, der Einführer ist in dem Mitglieds- oder Vertragsstaat auch niedergelassen (S. 2), sowie
- ein Unternehmen, das zwar nicht nach Deutschland einführt, wohl aber aus einem Mitglieds- oder Vertragsstaat in einen anderen, außer im Transitverkehr, § 4 IV ChemG.

70 cc) Die Anmeldepflicht des Herstellers oder Einführers besteht nur bei einem *gewerbsmäßigen* oder im Rahmen sonstiger wirtschaftlicher Unternehmungen erfolgenden, also nicht bei privatem oder unentgeltlichem Handeln (§ 4 I 1 u. II 1 ChemG). Sie besteht ferner nur dann, wenn der Stoff nicht bereits in einem anderen EG-Mitgliedsstaat von demselben Hersteller hergestellt bzw. von demselben Einführer eingeführt und dort in einem gleichwertigen Verfahren angemeldet worden ist (§ 4 I 2 bzw. II 2 ChemG). Die Anmeldung in einem Mitgliedsstaat hat somit transnationale Wirkung.[55]

71 Wer als Privater oder als juristische Person in keinem EG-Mitglieds- oder EWR-Vertragsstaat niedergelassen ist, darf einen Stoff als solchen (oder als Bestandteil einer Zubereitung) gewerbsmäßig (oder sonst im Rahmen wirtschaftlicher Unternehmungen) nicht in die Bundesrepublik Deutschland einführen (§ 4 III ChemG).

b) Ausnahmen von der Anmeldepflicht für neue Stoffe

72 In § 5 ChemG werden verschiedene Stoffe von der Anmeldepflicht ausgenommen, und zwar aus ganz unterschiedlichen Gründen. Es geht dabei um ein **Kleinbestandteils- und Kleinmengenprivileg** (§ 5 I 1 Nrn. 1 u. 4 ChemG) sowie ein **Forschungs- und Entwicklungsprivileg** (§ 5 I 1 Nrn. 2 u. 3), das seit 1994 von einem auf zwei Jahre verlängert werden kann (§ 5 III Nr. 2) und von besonders großer praktischer Bedeutung ist.[56] Indessen bestehen in vielen Fällen *Mitteilungspflichten* nach § 16a ChemG.

---

55 *Theuer*, NVwZ 1995, 127 (128); *Schmidt-Aßmann*, DVBl. 1993, 935.
56 Krit. zu Voraussetzungen und Zeitbeschränkung *Theuer*, NVwZ 1995, 127 (131 f.).

c) Gegenausnahmen

Allerdings gibt es von diesen Ausnahmen wiederum (Ermächtigungen für behördlich anzuordnende) Gegen-, d.h. Rückausnahmen (§ 11 I Nrn. 1 u. 2 ChemG), dann nämlich, wenn Anhaltspunkte dafür vorliegen, daß der Stoff gefährlich und das Verlangen weiterer Prüfnachweise verhältnismäßig ist. **73**

2. Anmeldung, Prüfnachweise, Bewertung

a) Anmeldung

Der notwendige **Inhalt der Anmeldung** (d.h. der Angaben bzw. der mit diesen vorzulegenden Unterlagen) ergibt sich aus §§ 6, 7, 7a ChemG i.V.m. der aufgrund des § 20 VI ChemG erlassenen Verordnung vom 1.8.1994 (BGBl. I 1877) über Prüfnachweise und sonstige Anmelde- und Mitteilungsunterlagen nach dem Chemikaliengesetz (Prüfnachweisverordnung – ChemPrüfV). **74**

Diese Prüfnachweisverordnung regelt (in ihren §§ 3 ff.) z.B. näher **75**

– Inhalt und Form der Anmeldeunterlagen (zu § 6 I-II ChemG),
– Art und Umfang der mit der Anmeldung vorzulegenden Prüfnachweise für die Grundprüfung (zu § 7 ChemG) sowie
– Art und Umfang der Angaben und Prüfnachweise bei der eingeschränkten Anwendung (zu § 7a ChemG),
– Art und Umfang der etwa geforderten zusätzlichen Prüfnachweise für die Zusatzprüfung 1. bzw. 2. Stufe (zu §§ 9 bzw. 9a ChemG).

Danach müssen Angaben, Nachweise oder Hinweise u.a. vorgelegt werden zu **76**

– den *Identitätsmerkmalen des Stoffes*, wie z.B. die Bezeichnung nach dem System der internationalen Union für reine und angewandte Chemie, Summenformel und Strukturformel, Reinheit, Art und Prozentanteil der Hilfsstoffe und der Hauptverunreinigungen, Spektraldaten usw.,
– Nachweis- und Bestimmungsmethoden,
– Verwendung, Herstellung, Exposition und Verbleib,
– bekannten Analysemethoden zur Exposition des Menschen und zum Verbleib in der Umwelt,
– *möglichen schädlichen Wirkungen für Mensch und Umwelt* bei den vorhersehbaren Verwendungen,
– *Jahresmengen*, beginnend mit den ersten 12 Monaten nach erstmaligem Import oder Inverkehrbringen, sowie prozentuale Verteilung der Mengen auf Verwendungsarten und -bereiche,
– der *geordneten Entsorgung*, der möglichen *Wiederverwendung* und der *Neutralisierung*,
– der vorgesehenen Einstufung und Kennzeichnung,
– dem Standort des Herstellungsbetriebs,
– Sofortmaßnahmen bei Unfällen.

77 Wenn der Anmelder über weitere Erkenntnisse über die Wirkungen des Stoffes auf Mensch oder Umwelt verfügt, hat er eine Zusammenfassung der entsprechenden Unterlagen und auf Anforderung unverzüglich die vollständigen Unterlagen vorzulegen, § 6 I a ChemG (seit 1994).

78 Für gefährliche Stoffe hat der Anmelder zusätzlich jetzt nur noch das vorgesehene Sicherheitsdatenblatt vorzulegen (§ 6 II ChemG i.V.m. § 3 Nr. 12 ChemPrüfV), nachdem eine Reihe weitergehender Angabepflichten, z.B. in bezug auf Empfehlungen hinsichtlich zweckmäßiger Vorsichts- und Soforthilfemaßnahmen, der vorgesehenen Einstufung und der Verpackung und Kennzeichnung, durch die Novelle generalisiert, also auf nicht gefährliche Stoffe ausgedehnt wurde.

79 In § 8 ChemG ist das Verfahren nach Eingang der Anmeldung näher geregelt, und zwar in Anlehnung an entsprechende Bestimmungen des GenTG (§ 12; Rn. 8/70 f.) – ein Beispiel für die (freilich langsam) fortschreitende innere Harmonisierung des Umweltrechts. So hat die Behörde innerhalb 60 bzw. 30 Tagen einen Bescheid darüber zu erlassen, ob sie die Anmeldung als ordnungsgemäß anerkennt[57] (Abs. 1), nötigenfalls Berichtigungen oder Ergänzungen entsprechend § 20 II ChemG nachzufordern (Abs. 2). Die Anmeldeunterlagen und Prüfnachweise müssen eine ausreichende Beurteilung zulassen, § 20 I ChemG. Notfalls ergeht gem. § 20 II ChemG durch die Anmeldestelle (Rn. 9/128) eine kraft Gesetzes sofort vollziehbare Informationsnachforderung innerhalb einer 60- bzw. 30-Tage-Frist, und zwar jetzt über Prüfnachweise hinaus auch für sonstige zur Beurteilung erforderliche Unterlagen und ergänzende Auskünfte. Der angemeldete Stoff darf dann wiederum erst nach Ablauf der entsprechenden Frist nach dem Eingang der nachgeforderten Information (Berichtigung oder Ergänzung) in Verkehr gebracht werden, § 8 III ChemG. Dabei darf freilich der für die Vornahme der entsprechenden Ergänzungen zu veranschlagende Zeitraum nicht vernachlässigt werden.

80 Während des *Anmeldeverfahrens* kann die Anmeldestelle vorsorglich bestimmte beschränkende oder verbietende Maßnahmen durch **Verwaltungsakt** treffen, um zu vermeiden, daß ein Stoff, der noch nicht ordnungsgemäß angemeldet bzw. hinreichend geprüft ist, vorzeitig in den Verkehr gelangt (vgl. etwa § 11 III ChemG).

81 Die sog. **Zweitanmelderproblematik** (bisher: § 7 III ChemG a.F.) ist unter besonderer Berücksichtigung des Tierschutzes neu geregelt, und zwar jetzt sowohl für das Anmelde- wie auch für das Mitteilungsverfahren in § 20a ChemG. Sinn ist, daß nicht gleiche Tierversuche von verschiedenen Anmelde- oder Mitteilungspflichtigen, also doppelt durchgeführt zu werden brauchen. Dazu kann die Anmeldestelle zulassen, daß der Anmelde- oder Mitteilungspflichtige auf einen Prüfnachweis eines Dritten (Voranmelders) mit dessen schriftlicher Zustimmung Bezug nimmt, wenn ihr der Prüfnachweis vorliegt, § 20a I ChemG. Damit der Pflichtige vom Vorliegen entsprechender Versuchsergebnisse überhaupt Kenntnis erlangen kann, wurde 1994 eine *Voranfragepflicht* zu der Erforderlichkeit entsprechender Tierversuche eingeführt, § 20a II 1

---

[57] Mit nur feststellender Wirkung; anders bei der eingeschränkten Anmeldung nach § 8 III 3 ChemG: feststellende und rechtsgestaltende Wirkung, *Theuer*, NVwZ 1995, 127 (129).

ChemG, aus Wettbewerbsgründen mit der Möglichkeit, daß der Voranmelder während eines Jahres anonym bleibt, § 20a II 4 ChemG. Auch *ohne die Zustimmung* des Dritten können jetzt unnötige Tierversuche unterbleiben; der Vorlage von Prüfnachweisen, die Tierversuche voraussetzen, bedarf es nämlich nicht mehr, wenn die Anmeldestelle schon ausreichende Erkenntnisse hat.[58] Eine Mitteilungspflicht gegenüber dem Dritten, sein (zeitlich begrenztes) Widerspruchsrecht sowie sein Vergütungsanspruch in Höhe von 50% der vom Anmelder ersparten Aufwendungen (§ 20a Abs. 2-4 ChemG) sollen seine Wettbewerbsvorteile sichern. Auch bei gleichzeitiger Anmeldung können jetzt durch besondere Regelung der sog. Doppelanmelderproblematik in § 20 V ChemG doppelte Tierversuche ausgeschlossen werden.[59]

1994 neu eingeführt wurde § 10 ChemG mit einer Reihe von Einzelregelungen zum Problem der **Einführeranmeldungen**. Dabei geht es um Anmeldungen von Stoffen aus Staaten außerhalb der EG. Für die Mengenbestimmung bei Einführeranmeldungen kommt es nicht auf die vom einzelnen Anmelder selbst in den Verkehr gebrachten Mengen an, sondern auf die Gesamtmenge, in der der gleiche Stoff desselben Herstellers in die EG eingeführt wird, was Mißbrauchsmöglichkeiten vermindert. Gleichzeitig kann jetzt der Hersteller des Stoffes durch einen Alleinvertreter innerhalb der EG den Stoff selbst anmelden, was die einzelnen Einführer von ihren Vorlagepflichten entbindet. Damit werden aufwendige Parallelanmeldungen vermieden. **82**

b) Prüfnachweise

aa) Ferner sind vom Anmeldepflichtigen mit der Anmeldung **Prüfnachweise** vorzulegen (§ 6 I Nr. 11, § 7 ChemG). Die Stoffprüfungen sollen sicherstellen, daß der Staat hinsichtlich der gesundheitlichen und umweltrelevanten Auswirkungen von Chemikalien (§ 20 I ChemG: „schädliche Einwirkungen auf den Menschen oder die Umwelt") diejenigen Kenntnisse erhält, die für die Bewertung und die etwaige Einleitung regulativer Maßnahmen (insbes. nach §§ 13, 17 ff. ChemG) erforderlich sind. Dazu sieht das ChemG ein nach Prüfthematik und Prüfintensität differenziertes *Stufenprüfungssystem* vor, nämlich die sog. Grundprüfung nach § 7 und die intensivierten bzw. erweiterten Untersuchungen der Zusatzprüfung 1. bzw. 2. Stufe nach §§ 9 und 9a ChemG. Damit wird zugleich dem erheblichen *Prüfaufwand* Rechnung getragen (Rn. 9/14). **83**

Die Prüfnachweise der (seit 1994 erweiterten) *Grundprüfung* (§ 7 ChemG) müssen nach näherer Bestimmung des § 4 ChemPrüfV Aufschluß geben über **84**
– die physikalischen, chemischen und physikalisch-chemischen Eigenschaften,
– die akute Toxizität,
– Anhaltspunkte für eine krebserzeugende oder erbgutverändernde Eigenschaft,
– Anhaltspunkte für fortpflanzungsgefährdende Eigenschaften,
– reizende und ätzende Eigenschaften,

---
58 Die Regelung ist § 13 Pflanzenschutzgesetz vom 15.9.1986 nachgebildet, wo sie sich bewährt hat.
59 Entsprechend § 14 II Pflanzenschutzgesetz.

9 *Recht der gefährlichen Stoffe – Chemikalienrecht*

- sensibilisierende (d.h. Überempfindlichkeitsreaktionen auslösende) Eigenschaften,
- subakute Toxizität (28-Tage-Test),
- abiotische und leichte biologische Abbaubarkeit,
- Toxizität gegenüber Wasserorganismen nach kurzzeitiger Einwirkung,
- Hemmung des Algenwachstums,
- Bakterieninhibition und
- Adsorption und Desorption.

85 Bei Unterschreiten bestimmter Mengen jährlich vom Anmeldepflichtigen in der EG in Verkehr gebrachter Stoffe (100 kg bzw. 1 t), also in dem Bereich, in dem bisher eine Anmeldung noch gar nicht erforderlich war (§ 5 I Nr. 4 ChemG), findet eine eingeschränkte Anmeldung statt, bei der nur bestimmte der vorstehend aufgeführten Angaben gemacht werden müssen, § 7a ChemG. Einzelheiten bestimmt Abs. 2 i.V.m. der ChemPrüfV. Bei Erreichen der jeweiligen Mengenschwellen sind dann die Anmeldedatensätze entsprechend aufzufüllen, §§ 7a I 3 und 4 ChemG.

86 1990 waren die Mitteilungspflichten nach § 16a ChemG wesentlich ausgedehnt worden. Die betroffenen Stoffe unterlagen damit verschiedener Behandlung innerhalb der EG. Seit 1994 gilt jetzt eine EG-weite und damit einheitliche Anmeldepflicht. Zum Ausgleich wurde – wiederum entsprechend der Richtlinie – die Eingeschränkte Anmeldung nach § 7a ChemG eingeführt. Damit gehen jetzt Teile der Mitteilungspflichten nach § 16a ChemG a.F. in dem EG-weit harmonisierten und gleichzeitig gestuften Anmeldeverfahren auf.

87 bb) Über die Grundprüfung hinaus kann die Anmeldestelle (Rn. 9/128) von dem Anmeldepflichtigen hinsichtlich der in den Mitglieds- bzw. Vertragsstaaten in Verkehr gebrachten Stoffe **zusätzliche**, innerhalb einer von ihr bestimmten Frist vorzulegende **Prüfnachweise** verlangen.

Dies gilt

- auf einer **ersten**, durch das Erreichen *bestimmter* Einfuhr- bzw. Erzeugungs-*Mengenschwellen* der anmeldepflichtigen Stoffe gekennzeichneten **Stufe** (Zusatzprüfung 1. Stufe, § 9 I ChemG) über

- physikalische, chemische und pysikalisch-chemische Eigenschaften,*
- subchronische und chronische Toxizität (Nr. 2),*
- fortpflanzungsgefährdende, krebserzeugende und erbgutverändernde Eigenschaften,
- toxikokinetische Grundeigenschaften,
- die potentielle biologische Abbaubarkeit,*
- Adsorption und Desorption,*
- Bioakkumulation,
- Toxizität gegenüber Wasserorganismen nach langfristiger Einwirkung,
- Toxizität gegenüber Bodenorganismen und Pflanzen,

   * soweit sich die Erforderlichkeit aus den Prüfergebnissen der Grundprüfung, bei Nr. 2 auch aus sonstigen Erkenntnissen ergibt –,

- sowie auf einer **zweiten**, nach Erreichen (10 mal) *höherer Mengenschwellen* der anmeldepflichtigen Stoffe gekennzeichneten **Stufe** (Zusatzprüfung 2. Stufe, § 9a ChemG) über

- toxikokinetische einschließlich biotransformatorischer Eigenschaften,
- chronische Toxizität,
- krebserzeugende Eigenschaften,
- verhaltensstörende Eigenschaften,

- fortpflanzungsgefährdende Eigenschaften,
- peri- und postnatale Wirkungen,
- Organ- und Systemtoxizität,
- Mobilität, insbesondere Adsorption und Desorption,
- abiotische und biologische Abbaubarkeit,
- Bioakkumulation,
- Toxizität gegenüber Fischen, Vögeln und anderen Organismen (Nrn. 11 bis 13) und
- weitere Eigenschaften, die allein oder im Zusammenwirken mit anderen Eigenschaften des Stoffes umweltgefährlich sind.

Die Zusatzprüfung 1. Stufe kann auch schon vor Erreichen der genannten Mengenschwellen gefordert werden, wenn zumindest geringere Mengenschwellen überschritten und weitere Nachweise – unter Berücksichtigung des Schutzzwecks des Gesetzes – erforderlich sind.[60] **88**

Nach Angaben der Anmeldestelle stehen 395 Erstanmeldungen in Deutschland (übrige EG: 657) nur 20 (17) Stoffe gegenüber, die eine Zusatzprüfung der ersten und nur 4 (0) Stoffe, die eine Zusatzprüfung der zweiten Stufe durchlaufen haben.[61] **89**

Besondere Bestimmungen gelten für die Einführeranmeldung, nämlich hinsichtlich der Ermittlung der maßgeblichen Gesamtmenge in der EG, § 10 I ChemG. Einzelheiten des Inhalts der Prüfnachweise bestimmt die Prüfnachweisverordnung, beispielsweise § 4 zu § 7 ChemG, § 5 zu § 7a ChemG und § 6 zu Polymeren, § 7 zu § 9 und § 8 zu § 9a ChemG (s.o. Rn. 9/74 ff.). **90**

So muß beispielsweise der Nachweis über die Prüfung auf Anhaltspunkte für erbgutverändernde und krebserzeugende Eigenschaften durch einen bakteriellen Test zur Ermittlung der Auslösung von Genmutationen sowie durch einen nichtbakteriellen Test, in der Regel als *in vitro-Test* zur Ermittlung von Chromosomenaberrationen (Mikrokernen) geführt werden oder der Nachweis über die Prüfung auf subakute Toxizität grundsätzlich an einer Nagetierart über eine Dauer von mindestens 28 Tagen, wobei sich der Verabreichungsweg nach dem wahrscheinlichsten Expositionspfad beim Menschen, der akuten Toxizität und der Art des Stoffes bestimmt; fehlen Kontraindikationen, ist der orale Verabreichungsweg zu wählen, § 4 Nr. 3 und 7 ChemPrüfV. **91**

Die aufgrund der zit. Bestimmungen vom Hersteller (bzw. vom Importeur) einzuholenden Informationen und vor allen Dingen die danach – bei geeigneter personeller, apparativer und sonstiger Ausstattung vom Prüfpflichtigen selbst, im übrigen aber in seinem Auftrag und auf seine Kosten in einem geeigneten Labor (Rn. 9/95) vorzunehmenden Prüfungen sind häufig nicht nur sehr *kosten-*, sondern auch sehr *zeitaufwendig* (Rn. 9/14). Nicht selten ist eine Reihe von Tests in Gestalt von Tierversuchen durchzuführen, die sich u.U. über Wochen oder gar Monate erstrecken. Hierzu werden ohnehin nur Spezialinstitute in der Lage sein, deren begrenzte Kapazität den alsbaldigen Beginn der Testserien unmittelbar nach Auftragserteilung oft nicht zuläßt. **92**

Die **moderne Analytik**, die sich mit der Bestimmung von Einzelstoffen und Stoffgemischen befaßt, verfügt über sehr verfeinerte Meßverfahren (quantitative Analytik). Sie mißt heute nicht mehr nur im Bereich von *ppm* (1 Teil auf 1 Million Teile) oder *ppb* (1 Teil auf eine Milliarde Teile), sondern im Bereich von *ppt* (1 Teil auf 1 Billion Teile) oder gar im Bereich von *ppq* (1 Teil auf 1 Billiarde Teile). Einer Messung im *ppt*-Bereich entspricht die Identifizierung eines Roggenkorns in 100 000 t Weizen; eine Messung im *ppq*-Bereich identifiziert noch Schadstoffe **93**

---

60 Vgl. – noch zu § 11 I Nr. 2 ChemG 1980 – BVerwG, NVwZ 1992, 984 ff.
61 Umwelt (BMU) 1994, 116.

9 *Recht der gefährlichen Stoffe – Chemikalienrecht*

in der Konzentration eines Zuckerwürfels im Starnberger See mit seinen 2700 Mrd l Wasser. Die Entwicklung derart effizienter Meßmethoden (etwa in Richtung der sog. Sekundär-Ionen-Massenspektrometrie, Elektronen-, ja sogar Protonensonden, Laserspektroskopie usw.) ist längst nicht abgeschlossen. Erfaßt werden sollen durch so verfeinerte Messungen weniger (akute) Kurzzeitwirkungen, als vielmehr (chronische) Langzeitschäden (etwa bei krebserzeugenden, fruchtschädigenden oder erbgutverändernden Stoffen). Dem Fortschritt auf seiten der Analysen- und Meßtechnik hinkt der Fortschritt der Toxikologie hinterher. Das Wissen um Kombinationswirkungen (Synergismus), Hemmungswirkungen (Antagonismus), das Langzeitverhalten schadstoffbelasteter Systeme (Boden, Grundwasser) und ähnliche Zusammenhänge wird oft erst durch epidemiologische Untersuchungen bereits eingetretener Schäden im nachhinein erweitert.

94 Auch für von der Anmeldepflicht befreite Stoffe können unter bestimmten Voraussetzungen Prüfnachweise sowohl der Grundstufe als auch der Zusatzstufen verlangt werden (§ 11 II Ziff. 1 ChemG). Entsprechendes gilt für Stoffe auch schon vor Überschreiten der eigentlich vorgesehenen Mengenschwelle (§ 11 I Ziff. 2 ChemG). Voraussetzung ist, daß Anhaltspunkte, insbesondere ein nach dem Stand der wissenschaftlichen Erkenntnisse begründeter Verdacht dafür vorliegen, daß der Stoff gefährlich ist, und die Maßnahme zu dem in § 1 genannten Zweck erforderlich ist. Diese Herabsetzung der Eingriffsschwelle seit der Novelle 1990 dient dem Vorsorgeprinzip (Rn. 1/69; 9/46).[62]

95 cc) Mit einem in der Novellierung 1990 in das ChemG eingefügten Abschnitt über die „**Gute Laborpraxis**" (GLP; 6. Abschnitt, §§ 19a ff. ChemG) wurden die europarechtlichen GLP-Richtlinien (Rn. 9/30) in deutsches Recht überführt. Diese Richtlinien und ihre Umsetzung haben den Zweck, bei allen behördlichen Verfahren, bei denen es auf die Beurteilung der Gefährlichkeit von Chemikalien ankommt, die Qualität vorgelegter Prüfergebnisse sicherzustellen und einen hohen Verläßlichkeitsgrad der Laborprüfergebnisse zu gewährleisten. Das ChemG hat jetzt die Grundsätze der „Guten Laborpraxis" in seinem Anhang 1 normiert, der sich mit den Einzelheiten des organisatorischen Ablaufs und den Bedingungen, unter denen Laborprüfungen geplant, durchgeführt und überwacht werden, sowie mit der Aufzeichnung und Berichterstattung der Prüfung befaßt. Stoffprüfungen sind nach diesen Grundsätzen durchzuführen, § 19a I ChemG. Ein entsprechender Nachweis ist vorzulegen. Zur Vereinfachung wird eine GLP-Bescheinigung eingeführt, § 19b i.V.m. Anhang 2, womit die zuständige Behörde demjenigen, der entsprechende Prüfungen durchführt, auf Antrag eine Bescheinigung über die Einhaltung der GLP erteilt, wenn seine Prüfeinrichtung und die von ihm durchgeführten Prüfungen den Grundsätzen der GLP nach Anhang 1 entsprechen. Über die Anwendung der Grundsätze der GLP ist von der Bundesregierung jährlich der Kommission der EG Bericht zu erstatten, § 19c I 1 ChemG. Die Abgabe unwahrer GLP-Erklärungen und das Erschleichen der GLP-Bescheinigung sind strafbar, § 27a ChemG. Bis Mitte 1993 haben 135 deutsche Prüfeinrichtungen eine GLP-Bescheinigung erhalten.[63]

---

62 Zu den „tatsächlichen Anhaltspunkten", also zur alten Fassung vgl. BVerwG NVwZ 1992, 985 ff.; zum neuen Maßstab *Winter*, DVBl. 1994, 913 (917 f.).
63 Gesetzesbegründung der BReg., BT-Drs. 12/7136, S. 25.

c) Behördliche Bewertung

Anmeldungen und Mitteilungen sind kein Selbstzweck, sondern sollen – als notwendige Vorstufe eines etwaigen behördlichen Eingreifens – die zuständigen Behörden über alle sicherheits- oder schutzrelevanten Tatbestände und Verdachtsgründe unterrichten. Hinsichtlich der vorzunehmenden „**Bewertung**" heißt es in § 12 II ChemG, ihre *Durchführung* werde durch die Bundesregierung bestimmt[64] und bei der *Bewertung* seien die gemeinschaftsrechtlichen Grundregeln zu Inhalt und Methode der Bewertung einzuhalten. Dazu hat die Kommission die Richtlinie 93/67 vom 20.7.1993[65] erlassen, die in ihrer jeweils neuesten Fassung gilt. **96**

Die Bewertungsstellen (Ziff. 1.2 ChemVwV – Bewertung), also die Bundesanstalt für Arbeitsschutz als Anmeldestelle (§ 12 I ChemG), das Bundesinstitut für gesundheitlichen Verbraucherschutz und Veterinärmedizin[66] und das Umweltbundesamt haben, sobald die mit der Anmeldung vorzulegenden, von der Anmeldestelle zu überprüfenden Unterlagen vollständig und fehlerfrei sind, vor allem die (abstrakte) Gefährlichkeit des angemeldeten Stoffes zu beurteilen, d.h. eine Bewertung der Eigenschaften des angemeldeten Stoffes anhand der Anmeldeunterlagen und Prüfnachweise vorzunehmen. Eine „Gegenprüfungsbefugnis" ist der Anmeldestelle oder den Bewertungsbehörden durch das ChemG aber nicht eingeräumt. Die Bewertungsstellen (unter Einschluß der Bundesanstalt für Arbeitsschutz als Anmeldestelle) haben die vorzulegenden Unterlagen auf Plausibilität und Validität zu prüfen (Ziff. 2.1 ChemVwV – Bewertung). Sie werden dabei von der biologischen Bundesanstalt für Land- und Forstwirtschaft und von der Bundesanstalt für Materialforschung und -prüfung unterstützt. Soweit sachlich erforderlich haben sie andere Einrichtungen des Bundes und der Länder und sonstige öffentlich-rechtliche oder privatrechtliche Einrichtungen oder sachverständige Personen zu beteiligen (Ziff. 2.2 ChemVwV – Bewertung). Sodann haben die Bewertungsstellen die erforderlichen Schutzmaßnahmen zu veranlassen, die nach dem Chemikaliengesetz getroffen werden können (Ziff. 4 ff. ChemVwV-Bewertung). **97**

Von der Bewertung hängt die Einstufung, Verpackung und Kennzeichnung ab, aber auch das Verlangen der Anmeldestelle (Rn. 9/128) nach zusätzlichen Prüfnachweisen (§§ 9 II, 11 I, II ChemG) u.a.m. Ihre Bedeutung für den Betroffenen liegt damit auf der Hand. Die bisherige Bestimmung der Bewertungsmaßstäbe durch bloße Verwaltungsvorschrift war rechtsstaatlich sicher zweifelhaft.[67] **98**

---

64 Allgemeine Verwaltungsvorschrift der BReg. zur Durchführung der Bewertung nach § 12 Abs. 2 des Chemikaliengesetzes (ChemVwV – Bewertung) vom 24.6.1992 (GMBl. 438).
65 ABl. Nr. L 227/9; dazu *Winter*, DVBl. 1994, 913 (916).
66 Als Nachfolgestelle des Bundesgesundheitsamts, BGBl. 1994, I 1422.
67 Kritisch schon *Kloepfer*, ChemG, S. 91 f. und – auch nach der zweiten Novelle – *Theuer*, NVwZ 1995, 127 (130). – Instruktiv zu den Maßstäben *Winter*, DVBl. 1994, 913 (915).

V. Besondere Pflichten

1. Einstufung, Verpackung und Kennzeichnung gefährlicher Stoffe und Zubereitungen

99 Die ordnungsgemäße Erfüllung besonderer Pflichten hinsichtlich gefährlicher Chemikalien soll nach Möglichkeit verhindern, daß diese wegen unzureichender Verpackung Gefahren für Leben, Gesundheit und die Umwelt verursachen. Desweiteren soll sie gewährleisten, daß durch die Kennzeichnung die Abnehmer, Verwender oder sonst mit dem gefährlichen Stoff in Berührung kommenden Personen über derartige Gefahren und über die Notwendigkeit eines sorgfältigen, gefahrvermeidenden Umgangs mit dem Stoff zureichend aufgeklärt werden.

100 Dazu begründen – neben den Anmelde- und Prüfnachweispflichten für gefährliche *Stoffe* und *Zubereitungen* bestehende – besondere Gebote *im* Chemikaliengesetz sowie *aufgrund* dieses Gesetzes Pflichten zur **Einstufung, Verpackung und Kennzeichnung** (§§ 13-15 ChemG) – sowie (seit 1994) ein Werbeverbot (§ 15a ChemG). Hier schrieb die EG-Zubereitungsrichtlinie vom 7.6.1988[68] eine weitreichende Fortentwicklung des Chemikalienrechts vor.[69]

101 Die **Einstufung** (§ 3 Nr. 6 ChemG), d.h. die Zuordnung eines Stoffes oder einer Zubereitung zu einem besonderen Gefährlichkeitsmerkmal i.S. des § 3 Nr. 6 ChemG, erfolgt in erster Linie durch *Normativeinstufung* durch die Gefahrstoffverordnung (Rn. 9/56) nach § 14 I ChemG.[70] Durch die Novelle des ChemG 1990 wurden entsprechend den europarechtlichen Vorgaben die VO-Ermächtigungen zum Erlaß von Einstufungs-, Verpackungs- und Kennzeichnungsvorschriften zusammengefaßt und erweitert (z.B. auf Erzeugnisse, durch die gefährliche Stoffe oder Zubereitungen freigesetzt werden können, oder auf die Pflicht oder die Befugnis zur sog. „Negativkennzeichnung", z.B. „FCKW-frei"). Die bisherige Verengung des Kreises der Pflichtigen auf gewerbsmäßig oder im Rahmen wirtschaftlicher Unternehmungen handelnde Personen ist entfallen. Die Ermächtigungen sind umgesetzt durch die Gefahrstoffverordnung von 1993. Einzelheiten zur Einstufung bestimmen dort die §§ 4 (Gefährlichkeitsmerkmale), 4a (Einstufung von Stoffen) und 4b (Einstufung von Zubereitungen). Die bisherige Gefährlichkeitsmerkmale-Verordnung wurde daher aufgehoben.

102 Wenn nach dem Ergebnis einer Prüfung gem. §§ 7, 9 ChemG oder nach gesicherter wissenschaftlicher Erkenntnis die Gefährlichkeit eines Stoffes bereits feststeht und eine Normativeinstufung noch fehlt, erfolgt die Einstufung als *Selbsteinstufung* durch den als Hersteller oder Einführer Pflichtigen selbst (§ 13 I 2 Nr. 2 ChemG). Für Zubereitungen gilt im wesentlichen Entsprechendes, § 13 II ChemG.

103 Auch die Einstufung änderte sich mit der 4. Novelle der GefStoffV. So muß jetzt jede Zubereitung eingestuft werden, die einen Stoff mit mindestens einem Gefährlichkeitsmerkmal enthält. Damit sollen weit mehr als 50% aller Zubereitungen neu eingestuft werden.[71]

---

68 In der Fassung vom 29.4.1993, ABl. Nr. L 104/46 (93/18/EWG).
69 Dazu *Au,* ZUR 1994, 237 ff.
70 Zu Bewertungsergebnissen s. Umweltbericht 1994, BR-Drs. 849/94, S. 93.
71 *Au,* ZUR 1994, 237 (239) m.w.N.

Bei als gefährlich eingestuften Stoffen richten sich die Art der nunmehr vorgeschriebenen (sicheren) **Verpackung** und der Inhalt ihrer notwendigen (hinreichend informativen) Kennzeichnung[72] nach §§ 5 ff. GefStoffV. In dieser Rechtsverordnung können nach § 14 II ChemG Ausnahmen vorgesehen werden, was (mit § 11 GefStoffV) auch geschehen ist. Die Verpackungs- und Kennzeichnungspflicht trifft nicht nur den Hersteller oder Einführer, sondern auch den (gefährliche Stoffe umpackenden oder umfüllenden) Vertreiber und auch den Zwischenhändler, Abfüller usw. (§ 15 ChemG). **104**

Beispielsweise müssen als Kennzeichnung gefährlicher Stoffe angegeben werden die chemische Bezeichnung des Stoffes, die Gefahrensymbole und die dazugehörigen Gefahrenbezeichnungen, die Hinweise auf besondere Gefahren, die Sicherheitsratschläge, Name, Anschrift und Telefonnummer des Herstellers, des Einführers oder des Vertriebsunternehmers, die dem Stoff zugeordnete EWG-Nummer (EINECS- oder ELINCS-Nummer) und anderes mehr, § 6 I GefStoffV. Entsprechendes gilt für gefährliche Zubereitungen, § 7 GefStoffV. **105**

Im Anhang I der GefStoffV sind nicht nur die zu verwendenden Gefahrensymbole und Gefahrenbezeichnungen enthalten, sondern auch die Abkürzungen für die Hinweise auf die besonderen Gefahren (sogen. R-Sätze, z.B. R 10: Entzündlich, R 23: Giftig beim Einatmen, R 45: Kann Krebs erzeugen u.a.m.) und die Sicherheitsratschläge (sogen. S-Sätze, z.B. S 1: Unter Verschluß aufbewahren, S 15: Vor Hitze schützen, S 37: Geeignete Schutzhandschuhe tragen u.a.m.). **106**

2. Mitteilungspflichten

Mit den beiden Novellen 1990 und 1994 wurden die bisher in § 16 ChemG normierten **Mitteilungspflichten** erweitert und zahlreiche neue Mitteilungspflichten eingeführt. Nach § 16 ChemG hat bei angemeldeten Stoffen der Anmeldepflichtige der Änderungen gewisser bewertungserheblicher Daten, die bei der Anmeldung anzugeben waren, insbesondere aber neue Erkenntnisse über die Wirkungen des Stoffes auf Mensch oder Umwelt unverzüglich schriftlich mitzuteilen (sogen. *Änderungsmitteilungen*). Aus § 16a ChemG ergeben sich Mitteilungspflichten für die nach § 5 I Nrn. 3 ChemG (Rn. 9/72) von der Anmeldung ausgenommenen neuen Stoffe. Neue Mitteilungspflichten beziehen sich auf Stoffe, die nur außerhalb der EG oder der anderen Vertragsstaaten des Abkommens über den Europäischen Wirtschaftsraum (zur Einbeziehung der EFTA-Staaten) in Verkehr gebracht werden (sogen. Exportstoffe), und auf Stoffe, die zwar nicht in den Verkehr gelangen, wohl aber (wie z.B. im Betrieb anfallende Reststoffe) gelagert, transportiert oder weiterverarbeitet werden, so daß sie ebenfalls ein Gefährdungspotential bergen können, § 16b ChemG. Auch wurden Mitteilungspflichten über die Zusammensetzung von besonders gefährlichen (weil z.B. giftigen, ätzenden oder krebserzeugenden) Zubereitungen mit Empfehlungen über Vorsichtsmaßnahmen beim Verwenden und Sofortmaßnahmen bei Unfällen eingeführt (§ 16e ChemG). **107**

Aufgrund der neuen EG-Altstoffverordnung vom 23.3.1993 wurde die Verordnungsermächtigung des § 16c ChemG gestrichen; stattdessen bestimmt jetzt § 16c ChemG

---

[72] Vgl. hierzu *Brohm*, in: HdUR, Bd. I, Art. „Kennzeichnungspflicht", Sp. 1241 ff. – Die Einführung zusätzlicher Kennzeichnungspflichten für Chemikalien ist beabsichtigt; sie sollen es den Verbrauchern ermöglichen, sich umweltfreundlicher zu verhalten.

die Verpflichtung desjenigen, der Grunddatensätze über alte Stoffe an die EG-Kommission zu liefern hat, die Anmeldestelle und die für ihn zuständige Landesbehörde hiervon unter Zusendung einer Liste der betreffenden Stoffe zu unterrichten. Damit sollen die deutschen Behörden die ihnen gegenüber der EG-Kommission obliegende Verpflichtung zur Überwachung und Durchsetzung der Einhaltung der Vorschriften der EG-Altstoffverordnung in Deutschland wirksam wahrnehmen können. Dagegen bleibt die Verordnungsermächtigung nach § 16c II ChemG zur Erhebung von Grunddaten über den Stoff, indem gezielte Stoffprüfungen zur Ermittlung gefährlicher Eigenschaften verlangt werden können. Diese Verordnungsermächtigung knüpft nicht an das Bestehen eines konkreten Gefahrenverdachts gegen die erfaßten Stoffe an, sondern läßt den Zweck der Gefahrermittlung ausreichen (§ 16c II Nr. 2 ChemG). Schließlich kann die Bundesregierung für bestimmte gefährliche Zubereitungen Rezepturmeldepflichten (§ 16d ChemG) begründen.

VI. Verbote und Beschränkungen sowie gift- und arbeitsschutzrechtliche Regelungen

1. Ermächtigungen zu Verboten und Beschränkungen

108 Die Bundesregierung wird durch § 17 I ChemG zu weitreichenden Vorschriften ermächtigt, soweit diese zum Schutz des Menschen oder der Umwelt vor schädlichen Einwirkungen gefährlicher Stoffe, aber auch schon zur Vorsorge (erweiterter Gesetzeszweck, § 1 ChemG) erforderlich sind. Sie kann danach nach Anhörung der beteiligten Kreise durch Rechtsverordnung mit Zustimmung des Bundesrats für neue und alte Stoffe unter differenzierten Voraussetzungen Herstellungs-, Verkehrs- und Verwendungsverbote bzw. -beschränkungen sowie Herstellungsverfahrens- oder Verwendungsverfahrensverbote bzw. -beschränkungen bestimmen, persönliche Anforderungen regeln, Anzeige- und Erlaubnisvorbehalte einführen und Aufbewahrungsanforderungen sowie Abgabebeschränkungen vorsehen (§ 17 I 1 Nrn. 1-3 ChemG).[73] Mit der Novelle 1990 wurde die Eingriffsschwelle für Verbote und Beschränkungen deutlich gesenkt, und zwar insbesondere durch ausdrückliche *Erstreckung des § 17 ChemG auf den Vorsorgebereich* mittels Verknüpfung mit dem neugefaßten § 1 ChemG (Rn. 9/26, 40, 46) bei gleichzeitiger Ausweitung des sachlichen Anwendungsbereichs der Vorschrift.

109 Bei „Gefahr im Verzuge" kann die Bundesregierung in den Fällen des § 17 I Nrn. 1 u. 3 ChemG Rechtsverordnungen auf die Dauer von 12 Monaten auch ohne Anhörung der beteiligten Kreise und ohne Zustimmung des Bundesrats erlassen (§ 17 VI ChemG).

---

73 Zu den Eingriffsmöglichkeiten nach § 17 ChemG vgl. allgemein *Breuer,* Eingriffsmöglichkeiten nach dem Chemikaliengesetz, in: Gesellschaft für Rechtspolitik (Hrsg.), Chemikalienrecht, 1986, S. 158 ff., bes. S. 253 ff.

Verbote und Beschränkungen und gift- und arbeitsschutzrechtliche Regelungen **9**/VI

Insbesondere kann die Bundesregierung auf der Grundlage der zentralen Ermächtigungsnorm des § 17 I ChemG mit Zustimmung des Bundesrats **110**

- vorschreiben, daß bestimmte gefährliche Stoffe, Zubereitungen oder Erzeugnisse nicht, nur in bestimmter Beschaffenheit oder nur für bestimmte Zwecke hergestellt, in den Verkehr gebracht oder verwendet werden dürfen, nur auf bestimmte Art und Weise verwendet werden dürfen oder nur unter bestimmten Voraussetzungen oder nur an bestimmte Personen abgegeben werden dürfen,
- vorschreiben, daß derjenige, der bestimmte gefährliche Stoffe, Zubereitungen oder Erzeugnisse herstellt, in den Verkehr bringt (z.B. von einem Lager aus) oder verwendet (z.B. zur Herstellung eines Fertigerzeugnisses), dies anzuzeigen hat, dazu einer Erlaubnis bedarf, bestimmten Anforderungen an seine Zuverlässigkeit und Gesundheit genügen muß oder seine Sachkunde in einem näher festzulegenden Verfahren nachzuweisen hat,
- Herstellungs- und Verwendungsverfahren, bei denen bestimmte gefährliche Stoffe anfallen, verbieten (§ 17 I Nr. 3 ChemG).

a) Gefahrstoffverordnung

Von herausragender Bedeutung ist die wiederholt genannte **Gefahrstoffverordnung.** **111**
Sie setzt eine Reihe gesetzlicher Ermächtigungen des ChemG in vollziehbares Recht um, nämlich § 14 I (Rn. 9/104), § 17 I (Rn. 9/110), § 19 (Rn. 9/120) und § 25, und löst das Giftrecht der Länder ab. Mit ihren Regelungen zur ordnungsgemäßen Verpackung, Einstufung und Kennzeichnung gefährlicher Stoffe und Zubereitungen und zum Umgang mit Gefahrstoffen (einschließlich ihrer Aufbewahrung, Lagerung und Vernichtung) in allen beruflichen Bereichen dient sie dem Gesundheitsschutz am Arbeitsplatz, dem Verbraucherschutz und dem Schutz der Umwelt.[74]

Mit ihrer 4. Novelle vom 26.10.1993 wurde sie grundlegend überarbeitet.[75] Die Novelle setzte **112**
nicht weniger als 18 EG-Richtlinien in deutsches Recht um und auch das Übereinkommen Nr. 162 der ILO zu Asbest. Sämtliche Verbote und Beschränkungen des Inverkehrbringens von gefährlichen Stoffen, Zubereitungen und Erzeugnissen wurden jetzt aus der Gefahrstoffverordnung ausgegliedert und finden sich jetzt in der *Chemikalienverbotsverordnung* (Rn. 9/113 ff.). Umgekehrt wurden alle Herstellungs- und Verwendungsverbote nach § 17 ChemG in die GefStoffVO aufgenommen.[76] Die wichtigsten Änderungen betreffen die Einführung des Vorsorgeprinzips in § 1 der GefStoffVO, der jetzt im Wortlaut dem (neu gefaßten) § 1 ChemG entspricht. Auch nach der 4. Novelle zur GefStoffV sind schon wieder zwei Änderungsverordnungen ergangen, betreffend die Verwendung von Cadmium und die Substitutionspflichten nach §§ 16 II und 36 II GefStoffV.

---

74 Hinzuweisen ist in diesem Zusammenhang auch auf die zu beachtenden, allgemein anerkannten sicherheitstechnischen, arbeitsmedizinischen und hygienischen Regeln; hierzu werden vom Ausschuß für Gefahrstoffe sog. „Technische Regeln für Gefahrstoffe" (TRGS) aufgestellt, nach Bedarf fortgeschrieben und von BMA und BMU bekannt gegeben.
75 Dazu *Au*, ZUR 1994, 237 ff.
76 Kritisch zu einer Ausweitung von Einzelverordnungen *Au*, ZUR 1994, 237 (238).

9 *Recht der gefährlichen Stoffe – Chemikalienrecht*

b) Chemikalien-Verbotsverordnung

113 Aufgrund der Ermächtigung des § 17 I ChemG ist auch die **Chemikalien-Verbotsverordnung** vom 14.10.1993 ergangen.

114 Da vor der Novelle das Gebrauchmachen von der Ermächtigung den Nachweis der Stoffgefährlichkeit bzw. der Anhaltspunkte für eine solche Gefährlichkeit voraussetzte, waren einem *vorsorgenden* Gesundheits-, Arbeits- und Umweltschutz auf dieser Grundlage verhältnismäßig enge Grenzen gesetzt. Die Bundesregierung hat sich daher in der Vergangenheit darum bemüht, durch Vereinbarungen mit der Industrie einen vorbeugenden Verbraucherschutz sicherzustellen. Das gilt z.B. für den Ersatz von Asbest durch geeignete Austauschstoffe[77], für die Verminderung der Lösemittel in Lacken und Anstreichstoffen, für den Ersatz von Cadmium in Kunststoff-Folien und für die unter Rn. 9/10 erwähnte FCKW-Vereinbarung. Mit der Novelle und mit dem Erlaß der ChemVerbotsV sind die meisten Absprachen überholt.

115 Die Chemikalien-Verbotsverordnung enthält für bestimmte Stoffe und Zubereitungen sowie Stoffe, Zubereitungen und Erzeugnisse, die diese freisetzen können oder enthalten, ein mit gewissen Einschränkungen und Ausnahmen versehenes Verbot des Inverkehrbringens, § 1 I ChemVerbotsV. Die Stoffe und Zubereitungen sind in Spalte 1 des dazugehörigen Anhangs, die Einschränkungen vom Verbot in Spalte 2, die Ausnahmen in Spalte 3 aufgeführt. Spalte 1 enthält in verschiedenen Abschnitten z.B. Asbest, Formaldehyd, Dioxine und Furane, Benzol, Quecksilber- und Arsenverbindungen, polychlorierte Bi- und Terphenyle, Venylchlorid, Pentachlorphenol und andere mehr. Abschnitt 2, Asbest, enthält beispielsweise 6 CAS-Nummern, nämlich für Akdinolith, Amosid, Anthophyllite und andere mehr.[78] Hier sind die betroffenen Stoffe bzw. Zubereitungen mit Kennummer aufgeführt. Spalte 2 bestimmt nun die diese Stoffe oder Zubereitungen betreffenden Verbote. So dürfen die genannten Stoffe nach Spalte 1 mit Faserstruktur, Zubereitungen, die diese Stoffe mit einem Massengehalt von insgesamt mehr als 0,1% enthalten, und Erzeugnisse, die Stoffe nach Spalte 1 oder die genannten Zubereitungen enthalten, nicht in den Verkehr gebracht werden. Spalte 3 enthält demgegenüber die Ausnahmen. So gilt das Verbot nach Spalte 2 beispielsweise nicht für bestimmte Ersatzteile zum Zweck der Instandhaltung, soweit andere geeignete asbestfreie Ersatzteile nicht auf dem Markt angeboten werden, und für natürlich vorkommende mineralische Rohstoffe mit freien Asbestfasern mit einem Massengehalt von nicht mehr als 0,1%. Bestimmte Ausnahmen sind zeitlich befristet (bis zum 20.4.1994 für Stoffe, Zubereitungen und Erzeugnisse, die vor dem 20.10.1993 hergestellt worden sind), und natürlich gibt es auch wieder Rückausnahmen (Spielzeug, Raucherartikel …).

116 Die §§ 2-5 ChemVerbotsV mit ihren Vorschriften über die Abgabe bestimmter gefährlicher Substanzen entsprechen dem klassischen Giftrecht.

c) Einzelfall-Anordnungen

117 Neben den Eingriffsmöglichkeiten während des Anmeldeverfahrens nach § 11 III ChemG (Rn. 9/80) kann nach § 23 I ChemG auch die *zuständige Landesbehörde* zur Beseitigung oder zur Verhinderung von Verstößen gegen die chemikalienrechtlichen

---

77 Vgl. Fn. 2.
78 Zu den einzelnen Stoffen aus naturwissenschaftlicher und ökologischer Sicht anschaulich *Heintz/Reinhardt*, Chemie und Umwelt, 3. Aufl. 1994.

Verbote und Beschränkungen und gift- und arbeitsschutzrechtliche Regelungen 9/VI

Vorschriften (unselbständige) Einzelfall-Anordnungen treffen. Sie kann weiter in bezug auf gefährliche Stoffe, Zubereitungen oder Erzeugnisse zum Zweck der vorbeugenden Gefahrenabwehr nach Maßgabe des § 23 II ChemG durch (selbständige) Verwaltungsakte (Allgemeinverfügungen) für die Dauer von 3 Monaten Verbote oder Beschränkungen anordnen. Die Novelle 1990 brachte eine Ergänzung der Eingriffsbefugnisse der Landesbehörden nach § 23 II um die Befugnis, das Herstellen, Inverkehrbringen oder Verwenden von bestimmten Voraussetzungen abhängig zu machen.

Wie gesagt wurde mit der Novelle 1990 die Eingriffsschwelle für Verbote und Beschränkungen deutlich gesenkt, und zwar über das schon Angeführte hinaus durch die **118**
- Bereinigung der sachlichen Beschränkungen des Anwendungsbereichs der §§ 17 und 23 in § 2,
- Erweiterung des Verdachtsbegriffs in den bisherigen §§ 11 I, 17 I 3 und 23 II in der Weise, daß bereits „Anhaltspunkte, insbesondere ein nach dem Stand der wissenschaftlichen Erkenntnisse begründeter Verdacht" für die Gefährlichkeit des Stoffes, der Zubereitung oder des Erzeugnisses ausreichen und
- Ermächtigung zu Verboten und Beschränkungen unter Berücksichtigung der Entwicklung von weniger gefährlichen Substituten gefährlicher Stoffe, Zubereitungen oder Erzeugnisse.

2. Giftige Tiere und Pflanzen

Ferner wird die Bundesregierung durch § 18 I ChemG ermächtigt, durch *Rechtsverordnung* mit Zustimmung des Bundesrats **119**
- die Einfuhr und Haltung bestimmter *giftiger Tierarten* zu verbieten oder an bestimmte Bedingungen zu knüpfen (Nr. 1) sowie
- zu bestimmen, daß bestimmte *giftige Pflanzenarten* auf bestimmten Flächen nicht angepflanzt oder schriftlich nur unter Hinweis auf ihre Giftigkeit angeboten werden dürfen (Nr. 2).

§ 18 II ChemG dehnt die Ermächtigung des § 18 I auf tote Exemplare giftiger Tierarten, Teile von diesen, giftige Samen usw. aus.

3. Arbeitsschutz

Schließlich kann die Bundesregierung zur Gewährleistung des notwendigen **Arbeitsschutzes** vor Gefahrstoffen aufgrund des § 19 ChemG durch *Rechtsverordnung* mit Zustimmung des Bundesrats bestimmte Maßnahmen vorschreiben, soweit dies zum Schutz von Leben oder Gesundheit des Menschen einschließlich des Schutzes der Arbeitskraft und der menschengerechten Gestaltung der Arbeit erforderlich ist. Das gilt sowohl für die Herstellung oder Verwendung von Gefahrstoffen als auch für Tätigkeiten in deren Gefahrenbereich. Die Verordnungsermächtigung greift nicht, soweit entsprechende Vorschriften nach dem Atomgesetz, Bundesimmissionsschutzgesetz, Pflanzenschutzgesetz oder Sprengstoffgesetz bestehen, § 19 I 2 ChemG. Gefahrstoffe im Sinne des § 19 sind nach dessen Abs. 2 gefährliche Stoffe und Zubereitungen nach § 3a ChemG und Stoffe, die sonstige chronisch schädigende Eigenschaf- **120**

9 Recht der gefährlichen Stoffe – Chemikalienrecht

ten besitzen, explosionsfähige Stoffe, Zubereitungen und Erzeugnisse sowie Stoffe, Zubereitungen und Erzeugnisse, aus denen bei der Herstellung oder Verwendung Gefahrstoffe der vorbezeichneten Art entstehen oder freigesetzt werden können, und schließlich solche, die erfahrungsgemäß Krankheitserreger übertragen können.

121   So kann/können durch Rechtsverordnung bestimmt werden (§ 19 III ChemG)
– die Pflicht, zu ermitteln, ob mit einem Gefahrstoff umgegangen wird (Nr. 1),
– die Pflicht, zu prüfen, ob geeignete Ersatzstoffe zur Verfügung stehen, ggf. diese zu verwenden (Nr. 2),
– die Pflicht, dem Arbeitgeber auf Verlangen die gefährlichen Inhaltsstoffe der Gefahrstoffe sowie die gültigen Grenzwerte, hilfsweise Empfehlungen für einzuhaltende Stoffkonzentrationen und die von den Gefahrstoffen ausgehenden Gefahren oder die zu ergreifenden Maßnahmen mitzuteilen (Nr. 2 a),
– Beschaffenheit, Einrichtung und Betrieb der Arbeitsstätte einschließlich der technischen Anlagen, der technischen Arbeitsmittel und der Arbeitsverfahren (Nr. 3),
– die Regelung des Betriebs, insbesondere im Hinblick auf den Schutz der Beschäftigten vor Gefahrstoffen beim innerbetrieblichen Umgang damit und anderes mehr (Nr. 4),
– Begrenzung der Dauer der Beschäftigung unter der Einwirkung der gefährlichen Stoffe oder Zubereitungen (Nr. 4 b),
– die einschlägige Unterweisung der Beschäftigten (Nr. 5),
– Vorkehrungen zur Verhinderung von Betriebsstörungen und zur Begrenzung ihrer Auswirkungen für die Beschäftigten und Maßnahmen zur Organisation der Ersten Hilfe (Nr.6),
– die gesundheitliche Überwachung der Beschäftigten (Nr. 12) sowie
– die Prüfung der Betriebsanlagen und Arbeitsverfahren, in denen bestimmte Gefahrstoffe hergestellt oder verwendet werden, durch einen Sachkundigen oder einen Sachverständigen (Nr. 15).

122   § 19 ChemG wurde durch die Novelle 1990 weiterentwickelt, und zwar durch Verstärkung der Aspekte des allgemeinen, nicht ausschließlich auf die Arbeitnehmer, sondern auf alle Beschäftigten bezogenen Gesundheitsschutzes und durch die Erweiterung des Ermächtigungsrahmens um einige Detailpunkte aufgrund von Erfahrungen, die seit dem Erlaß der Gefahrstoffverordnung gesammelt wurden. Er wurde 1994 an das ILO-Übereinkommen Nr. 170 angepaßt.

123   Die *GefStoffV* (Rn. 9/111 f.) hat einen erheblichen Teil der Ermächtigungen des § 19 ChemG in vollziehbares Recht umgesetzt. Ergänzt werden die Arbeitsschutzregelungen der GefStoffV durch Mitwirkungsrechte des Betriebsrats nach BetrVerfG.

124   Nicht zuletzt die erheblich gestiegene Zahl von Erkrankungen im Friseurhandwerk zeigt die Notwendigkeit entsprechender Regelungen gerade für Feuchtarbeitsplätze: Beispielsweise beim Haarewaschen quellen die Hautschichten auf und erleichtern den Angriff von Friseurchemikalien wie z.B. Färbemitteln. Deshalb sind gerade hier technische Regeln aufzustellen. – Noch schwerwiegender sollen Lösemittelvergiftungen, die sich Lackierer bei der Arbeit zuziehen können, zu einer organischen Erkrankung des Gehirns und verminderter Schuldzurechnungsfähigkeit führen können.[79]

---

79 S.a. zum Arbeitsschutz für eine werdende Mutter, die als Kassiererin einer Tankstelle arbeitet, aufgrund GefStoffV und MuSchG OVG Berlin, NVwZ 1993, 198.

Dem Arbeitsschutz dient auch eine Reihe von *Dokumentationspflichten* des Arbeitgebers. Seit 1993 sind alle Gefahrstoffe, mit denen Arbeitnehmer umgehen, in ein *Gefahrstoffkataster* aufzunehmen, § 16 III a GefStoffV. In Verbindung mit der Pflicht des Arbeitgebers, Stoffe, Zubereitungen oder Erzeugnisse mit einem geringeren gesundheitlichen Risiko als Ersatzstoffe zu verwenden bzw. durch Änderung des Herstellungs- oder Verwendungsverfahrens auf die Verwendung von Gefahrstoffen zu verzichten oder ihr Auftreten am Arbeitsplatz zu verhindern oder zu verringern, wenn ihm dies zumutbar ist (§ 16 II GefStoffV), ergibt sich so die Möglichkeit, daß die Überwachungsbehörde auch wirklich für die konsequente Ausschöpfung des Substitutionspotentials eines Unternehmens sorgt.

125

VII. Überwachung und Behördenzuständigkeit

1. Überwachung

Zur **Überwachung** der Durchführung des Chemikaliengesetzes kann die zuständige Behörde (Rn. 9/130) nach § 21 III, IV und VI ChemG insbesondere

126

- Auskünfte verlangen,
- durch beauftragte Personen Grundstücke, Geschäftsräume und Betriebsräume (bei besonderer Dringlichkeit auch Wohnräume) betreten und besichtigen, Proben fordern und entnehmen und in die geschäftlichen Unterlagen des Auskunftspflichtigen Einsicht nehmen,
- die Vorlage der Unterlagen über Anmeldung und Mitteilung verlangen,
- Arbeitseinrichtungen und Arbeitsschutzmittel prüfen,
- Arbeitsverfahren untersuchen und insbesondere das Vorhandensein und die Konzentration gefährlicher Stoffe und Zubereitungen feststellen und messen.

Die Überwachungsbefugnisse der Länder erstrecken sich jetzt ausdrücklich auch auf die Durchführung einschlägiger EG-Verordnungen, § 21 II 1 ChemG. Das hat z.B. für die FCKW-VO[80] Bedeutung.

127

2. Behördenzuständigkeit

Als **Anmeldestelle** ist jetzt unmittelbar aufgrund Gesetzes (§ 12 I ChemG) die Bundesanstalt für Arbeitsschutz in Dortmund bestimmt. Neben den ihr sonst nach dem ChemG zukommenden Aufgaben und Befugnissen – z.B. Bestätigung der Anmeldung (§ 8 I), Anforderung von Anmeldungsberichtigungen oder -ergänzungen (§ 8 II), von zusätzlichen Prüfnachweisen für Stufe 1 oder 2 (§§ 9 u. 9a) oder von außerordentlichen Prüfnachweisen (§ 11 I ChemG), Untersagung des Inverkehrbringens in bestimmten Fällen (§ 11 III ChemG) – hat die Anmeldestelle die in § 22 I ChemG normierten

128

---

80 VO (EWG) Nr. 3322/88 des Rates vom 14.10.1988, ABl. vom 31.10.1988, Nr. L 297/1 (FCKW-VO).

9 *Recht der gefährlichen Stoffe – Chemikalienrecht*

Mitteilungs- d.h. Informationspflichten insbesondere im Verhältnis zu Landesbehörden, zur EG-Kommission und zu Anmeldestellen anderer EG-Staaten zu erfüllen.[81] Die Anmeldestelle untersteht als solche der Fachaufsicht des BMU, § 12 I ChemG.

129 Für die im ChemG nicht näher geregelte behördliche *Bewertung* (Rn. 9/96 ff.) der Eigenschaften des angemeldeten Stoffes hat die Bundesregierung gem. § 12 II ChemG durch Verwaltungsvorschrift, nämlich in Ziff. 1.2 ChemVwV – Bewertung, als Bewertungsstellen nicht etwa die Anmeldestelle, sondern die Bundesanstalt für Arbeitsschutz, das Bundesinstitut für gesundheitlichen Verbraucherschutz und Veterinärmedizin[82] sowie das Umweltbundesamt (beide in Berlin) bestimmt; an der Bewertung werden nach Bedarf die Biologische Bundesanstalt für Land- und Forstwirtschaft und die Bundesanstalt für Materialprüfung (beide ebenfalls in Berlin) beteiligt. Weitere Einzelheiten der Zuständigkeiten von Anmeldestelle und Bewertungsstellen und weiteren Behörden regelt die ChemVwV – Bewertung.

130 Die Pflicht zur *Überwachung* des Vollzugs der chemikalienrechtlichen Vorschriften obliegt nach § 21 I ChemG grundsätzlich den zuständigen Landesbehörden[83], in der Regel Gewerbeaufsichtsämtern. Ihnen stehen hierzu nach § 21 III, IV und VI ChemG die notwendigen Befugnisse zu.

131 Der beim Bundesministerium für Arbeit und Sozialordnung gebildete und durch die 4. Novelle der GefStoffV noch einmal aufgewertete *Ausschuß für Gefahrstoffe* soll Regeln und Erkenntnisse über den Umfang mit Gefahrstoffen ermitteln, Möglichkeiten der Erfüllung der Vorschriften der GefStoffV erkunden und dem jeweiligen Stand von Wissenschaft, Technik und Medizin entsprechende Vorschriften vorschlagen (§ 52 II 1 GefStoffV).

---

81 Von besonderer Bedeutung ist dabei der in § 22 III ChemG enthaltene „Negativkatalog" von Angaben, die kraft Gesetzes *kein* Betriebs- oder Geschäftsgeheimnis (vgl. Rn. 1/173) darstellen. § 22 III ChemG ist eine zulässige Inhaltsbestimmung des Eigentums i.S.d. Art. 14 I GG, vgl. *Breuer,* NVwZ 1986, 171 (173); *Rehbinder/Kayser/Klein,* ChemG, § 12 Rn. 77.
82 Fn. 66.
83 Vgl. z.B. für Baden-Württemberg: ChemGZuVO vom 22.2.1988, GBl. 95.

Teil 10

Kreislaufwirtschafts- und Abfallrecht[1]

I. Fakten und Probleme

1. Herkunft und Menge des Abfalls

Die Abfallentsorgung in der Bundesrepublik Deutschland befindet sich in einer **Krise**: Es fehlt an zureichenden Entsorgungskapazitäten. Noch immer fällt viel vermeidbarer, also zu viel Abfall an. Für die Entsorgungskosten wurde eine Verdoppelung in den nächsten zehn Jahren vorausgesagt. Gleichzeitig fehlt aber auch ein Abfallkonsens, wie die oft erbitterten Auseinandersetzungen sowohl um Entsorgungskonzepte als auch um Standorte zeigen. Die Flucht in den Müllexport ist kein gangbarer Ausweg. Leider werden Abfälle bisher noch nicht im erreichbaren Umfang stofflich verwertet. Zum größten Teil werden sie in anderer Weise entsorgt (deponiert, verbrannt, „verklappt" usw.), was Aufwendungen i.H. von jährlich über 10 Mrd DM bedingt. Offenbar müssen diese letztlich von den Abfallproduzenten zu tragenden Aufwendungen weiterhin empfindlich steigen, ehe wirksame Abfallvermeidungs- bzw. Abfallverwertungsstrategien entwickelt werden. Das Ziel einer erheblichen Abfallmengenminderung liegt noch immer in der Ferne.   1

In der Bundesrepublik Deutschland fielen im Jahre 1990 an[2]   2
– 26,6 Mio t *Hausmüll* (davon 6,0 im Gebiet der ehemaligen DDR). Nicht darin enthalten sind Abfälle, die als Wertstoffe vom Abfallerzeuger getrennt gesammelt und zur Verwertung abgegeben sowie solche, die vom Erzeuger direkt zu Entsorgungseinrichtungen gebracht werden. Trotz gestiegenen Konsums blieb die Abfallmenge zwischen 1980 und 1990 im früheren Bundesgebiet auf etwa gleichem Stand. Dasselbe gilt für das Pro-Kopf-Aufkommen von 323 kg (neue Länder nach der Wende: 376 kg).
– 262 Mio t *Abfall- und Reststoffmengen des Produzierenden Gewerbes und der Krankenhäuser*, wovon 64 Mio t zum Recycling an weiterverarbeitende Betriebe oder den Altstoffhandel abgegeben wurden, so daß 198 Mio t als Abfall zu entsorgen waren. Allein 140 Mio t, also mehr als die Hälfte des Abfall- und

---

[1] Anders als noch in der Vorauflage wird die *Altlastenproblematik* in dem jetzt neu eingefügten Teil Bodenschutzrecht (oben Teil 5) behandelt. – Auch wenn Teile des KrW-/AbfG bei Erscheinen der 3. Aufl. *noch nicht in Kraft* sind, wird hier durchgängig von dem neuen Gesetz ausgegangen.
[2] Hierzu und zum folgenden UBA (Hrsg.), Daten zur Umwelt 1992/93, S. 535 ff; s.a. Stat. Jb. 1994 für die Bundesrepublik Deutschland, S. 732 ff.

Reststoffaufkommens aus Industrie und Gewerbe entfiel auf die Abfallgruppe Bauschutt, Straßenaufbruch und Bodenaushub. In den Abfällen und Reststoffen aus der Produktion mit einem Anteil von 41% sind ca. 16 Mio t besonders überwachungsbedürftiger Abfälle enthalten. An Industrie- und Gewerbemüll entfallen damit ca. 9 t/a auf jeden Erwerbstätigen.

3   Auch stammen z.B. nach wie vor rd. 50% des Hausmüllvolumens aus *Verpackungsmaterial*.[3] Aufgrund der Verpackungsverordnung vom 12.6.1991 (Rn. 10/180 ff.) gibt es jetzt ins einzelne gehende Zahlen zum Verbrauch an Verpackungen.

Danach wurden 1991 bundesweit

15,35 Mio t	Verpackungsmaterialien verbraucht, wovon nur
2,38 Mio t	auf Mehrwegsysteme entfallen und – (geschätzt) –
ca. 5 Mio t	stofflich verwertet werden, also noch
ca. 8 Mio t	Verpackungsabfälle entsorgt werden müssen. Von den Verpackungsmaterialien entfallen
8,42 Mio t	auf Verkaufsverpackungen,
4,22 Mio t	auf Transportverpackungen und
0,06 Mio t	auf Umverpackungen. Den höchsten Anteil haben mit
5,21 Mio t	Papier, Pappe und Karton, mit
4,64 Mio t	Glas, mit
2,25 Mio t	Holz und Kork und mit
1,61 Mio t	Kunststoff.

Der Mehrweganteil am Getränkeverbrauch lag in den alten Bundesländern bei 75%, in den neuen bei nur 57%.[4]

4   1994 soll sich der Gesamtverbrauch an Verpackungsmaterialien auf knapp 7 Mio. t verringert haben. Die DSD sammelte 4,7 Mio. t Verpackungsabfall ein, und zwar (in Mio t)

2,5	Glas,
1,2	Papier/Pappe,
0,5	Kunststoffe,
0,4	Weißblech,
0,09	Getränkekartons und
0,04	Aluminium,

wobei die Zuwächse (außer bei Glas und Papier) zwischen 37 und 117% beeindruckend sind.[5]

5   Unter den zu entsorgenden Abfällen befanden sich vor 1990 rd. 5 Mio t/a gefährliche **Sonderabfälle**, und zwar nach § 11 III AbfG nachweispflichtige „gefährliche" Sonderabfälle i.S. des § 2 II AbfG (insbes. schwefelhaltige Abfälle, Lackschlämme, halogenierte und nichthalogenierte Lösemittel, Ölemulsionen, Galvanikabfälle u.ä.) sowie solche Sonderabfälle, die von den zuständigen Behörden gem. § 11 II AbfG nachweispflichtig gemacht worden sind. Mit Inkrafttreten der neuen Abfall- und Reststoffüberwachungs-Verordnung i.V.m. der Abfall- und Reststoffbestimmungs-Verordnung im Jahr 1990 wurde die Zahl der bundeseinheitlich zu erfassenden besonders überwachungsbedürftigen Abfälle *wesentlich erweitert* (von ca. 80 auf 320), womit jetzt in

---
3 Zu der daraus entstehenden Belastung SRU, Sondergutachten Abfallwirtschaft, 1990, Tz. 838 ff.
4 UBA (Fn. 2), S. 545.
5 Badische Zeitung, 10.5.1995, S. 9.

den alten Ländern 12,2 und in Deutschland insgesamt 16 Mio t anfielen.[6] Die meisten dieser Sonderabfälle wurden bisher im In- oder Ausland deponiert oder auf hoher See verklappt; der Rest wurde in Müllverbrennungsanlagen (MVA) verbrannt oder in anderer Weise beseitigt.

Den Anlagen der **öffentlichen Abfallentsorgung** (Deponien, Verbrennungs-, Kompostierungsanlagen usw.) wurden 1987 rd. 100 Mio t Abfälle und 1990 rd. 105 Mio t im früheren Bundesgebiet und 145 Mio t Abfälle insgesamt angeliefert, und zwar mit folgenden Anteilen (ca.-Angaben in Mio. t): 6

153,2	Hausmüll, hausmüllähnlicher Gewerbemüll, Sperrmüll, Straßenkehricht u. Marktabfälle
2,0	gesondert angelieferte kompostierbare organische Abfälle
31,9	Bauschutt ohne schädliche Verunreinigungen, Baustellenabfälle und Straßenaufbruch
38,0	Bodenaushub ohne schädliche Verunreinigungen
2,9	Schlämme aus kommunalen Kläranlagen und Kanalisation
2,7	Fäkalien und -schlamm aus Sickergruben und Hauskläranlagen
0,4	Schlämme aus Abwasserreinigung in Industrie und Gewerbe
4,6	Asche, Schlacke u. Stäube aus Müllverbrennungsanlagen.

Hinzu kamen (in Stück) 1990 (alte Länder 1984):

– Altreifen 430 189 (368 600)
– Autowracks 9097 (1600).

Außerhalb der öffentlichen Abfallentsorgung wird die Entsorgung (vor allem der Industrieabfälle) z.T. von entsorgungspflichtigen Abfallerzeugern selbst (*Eigenentsorgung*) oder aber im Auftrag von Entsorgungspflichtigen von privaten Entsorgungsunternehmen (*Fremdentsorgung*) vorgenommen (Rn. 10/236). Es gibt in der Bundesrepublik zahlreiche private Entsorgungsunternehmen, die nicht nur Hausmüll und hausmüllähnlichen Gewerbemüll befördern und u.U. sortieren, sondern vor allem auch Sondermüll sammeln, zwischenlagern, vorbehandeln und zu geeigneten Abfallbeseitigungsanlagen nachfolgender Stufen im In- oder Ausland verbringen – oder auch nicht. Einige Unternehmen betreiben aufgrund übertragener Entsorgungspflicht auf eigene Rechnung solche Entsorgungsanlagen nachfolgender Stufen (Müllverbrennnungsanlagen, Deponien). 7

Die auch dem Umweltschutz dienende Abfallentsorgung ist *ihrerseits mit Umweltbelastungen* verbunden. Dies gilt schon für den Normalbetrieb. Erst recht gilt dies, wenn sich z.B. bei der Beförderung von gefährlichen Sonderabfällen Transportunfälle mit schwerwiegenden Folgen für Boden und Grundwasser ereignen; Deponien undicht werden und zu Grundwasserkontaminationen führen; Müllverbrennungsanlagen durch übermäßige Schadstoffemissionen Luft und Gewässer verunreinigen usw. Daher stößt selbst die unverzichtbare Neuerrichtung von Abfallbeseitigungsanlagen in der Bevölkerung der Standortumgebung häufig auf erheblichen, zuweilen erbitterten Widerstand. 8

---

6 UBA (Fn. 2), S. 540.

10 *Kreislaufwirtschafts- und Abfallrecht*

2. Vermeidung und Verwertung des Abfalls

9 Umweltschonender als jede Art der Abfallentsorgung ist natürlich die **Abfallvermeidung**. Ihr gebührt daher Priorität (Rn. 10/137 ff.). Bisher waren die Anstrengungen aber weit mehr auf eine Erhöhung des technischen Standards der Abfallbeseitigung als auf eine effektivere Abfallvermeidung gerichtet. Für die Abfallentsorgung (ebenso für die Abwasserbehandlung und die Abluftreinigung) stehen inzwischen technisch weitgehend ausgereifte Methoden zur Verfügung. Dieser *a posteriori* einsetzende Umweltschutz bedarf dringend der Ergänzung, besser: des Ersatzes durch *a priori* wirkende Vermeidungsstrategien. Da solche Vermeidungsstrategien (Änderung der Einsatzstoffe oder der Verfahren) jeweils mehr oder weniger speziellen Charakter haben, kann es sich oft nur um individuelle Problemlösungen handeln.

Beispiel: Kfz sollten nur in Spritzkabinen mit Abluftreinigung unter gleichzeitiger Rückgewinnung der in der Abluft enthaltenen Reststoffe lackiert werden. Die so ausgefilterten Lösemittel und Lackreste werden dann vollständig wiederverwertet. Darüber hinaus werden diese umweltgefährlichen Stoffe nicht mehr als Emissionen oder als Abfall an die Umwelt abgegeben.

10 Wo Abfall nicht vermieden bzw. vermindert werden kann, soll er möglichst (wieder) *verwertet* werden (Rn. 10/144 ff.). Dabei ist zwischen stofflicher und thermischer Verwertung zu unterscheiden. Die **stoffliche Verwertung** von Abfällen erfolgt entweder dadurch, daß diese unmittelbar – u.U. nach vorheriger Sortierung, aber sonst ohne Aufarbeitung – in den Produktionskreislauf zurückgegeben werden (Recycling z.B. von Papier/Pappe, Glas, Metallen, Kunststoffen u.ä.), oder mittelbar dadurch, daß sie nach vorheriger Aufarbeitung (Behandlung) oder Umwandlung zu neuen Produkten (z.B. Kompostierung organischer Fraktionen, Herstellung von Brennstoffen aus Abfällen u.ä.) wieder in den Wirtschafts*kreislauf* rückgeführt werden. Bei der **thermischen Verwertung** werden durch Abfallverbrennung bzw. -pyrolyse elektrische Energie, Heizwärme, Prozeßdampf oder Gas gewonnen. Die Verwertung kann innerhalb oder außerhalb des Betriebs des Abfallerzeugers erfolgen.

11 In der Regel ist Voraussetzung für eine wirtschaftliche Abfallverwertung eine systematische *Materialsortierung*. Diese kann in Sortieranlagen, sollte aber durch geeignete Wertstofferfassungssysteme möglichst schon als Vorsortierung beim Abfallproduzenten erfolgen. Bei Hausmüll kann dies z.B. im Rahmen eines vom kommunalen Abfallentsorger organisierten „Holsystems" durch Aufstellen von Mülltonnen verschiedener Zweckbestimmung für jeden Haushalt geschehen, etwa (wie heute meistens) einer für Glas, Kunststoffe und Altpapier bestimmten „grünen Tonne" oder (seltener) einer für kompostierfähige organische Abfälle bestimmten „Biotonne". Die Sortierung kann bei Hausmüll auch im Rahmen eines vom Abfallentsorger eingeführten „Bringsystems" erfolgen, etwa durch Aufstellen eigener Container für die Sammlung von Glas oder Papier. Das *„Recycling"* wirkt sich dann umwelt- und ressourcenschonend aus, wenn und soweit die bei der Herstellung der wiederverwerteten Ausgangsprodukte (z.B. Glas-, Papier-, Weißblech- oder Aluminiumerzeugnisse) auftretenden Emissionen von Schadstoffen nicht erneut auftreten und Rohstoffe und Energie eingespart werden können.

12 Immerhin wurden 1990 in Deutschland rd. 5 Mio t an verwertbaren und schadstoffhaltigen Abfällen im Rahmen der öffentlichen Abfallentsorgung **getrennt eingesammelt,** und zwar (in Mio t) Altpapier 1,5, Altglas 1,2, Altmetalle 0,2, Kunststoffe 0,04, kompostierbare organische Abfälle 1,3 und Altstoffgemische 0,4, von denen auch der weit überwiegende Teil weiterverarbeitet und (außer bei Kunststoffen) kaum 10% an Abfallentsorgungsanlagen weitergegeben wurde. Den größten Anteil unter den getrennt eingesammelten *schadstoffhaltigen* Abfällen hat mit 0,065 Mio t das Altöl, gefolgt von sonstigen schadstoffhaltigen Abfällen wie Leuchtstoffröhren, Altfarben und -lacken, Auto- und Kleinbatterien u.a.m. Von diesen schadstoffhaltigen Abfällen kamen nur 42% zur Weiterverarbeitung (insbes. Altöl), die Hälfte in Abfallentsorgungsanlagen. Schließlich wurden 1,3 Mio Kühlgeräte eingesammelt und zu 94% zur Weiterverarbeitung abgegeben.[7]

Von 1970 bis 1980 stieg in der Bundesrepublik Deutschland die Zahl der für Getränke verwendeten Einwegglasflaschen von rd. 1,7 Mrd Stck. auf über das Doppelte.[8] Im Jahre 1984 wurden immerhin noch ca. 2 Mio t Glas und ca. 4,5 Mio t Papier auf Deponien abgelagert. Allerdings wurden auch ca. 70 000 t Altglas, 1,1 Mio t Altpapier und ca. 150 000-170 000 t Weißblechschrott verwertet.[9] 1988 wurden bereits rd. 36% des Gesamtverbrauchs an NE-Metallen (insbes. Aluminium, Kupfer, Blei) aus Alt- und Abfallmaterial gewonnen. Schon 1987 ist das gesamte, zur stofflichen Verwertung bereitgestellte Altglas (rd. 1,25 Mio t) der Glasproduktion zugeführt worden; sein Anteil an der Gesamtproduktion erreichte fast 40% (bei Altpapier rd. 43%, bei Metallschrott rd. 34%). 1989 sind 1,56 Mio t Altglas mittels rd. 70 000, vorwiegend von privaten Entsorgungsunternehmen installierten Containern zurückgewonnen worden; damit hat die Recyclingquote bei Altglas 53,5% erreicht. – Zuweilen bestehen allerdings erhebliche Absatzschwierigkeiten für „Wertabfall". Das galt z.B. 1986/87 für Altpapier, da die Papierfabriken bei der – der Menge nach erheblichen Schwankungen unterliegenden – Papierproduktion nach dem derzeitigen Stand der Technik weniger als 50% Altpapier einsetzen können. Solche Schwierigkeiten bilden zwar keine technische, wohl aber eine wirtschaftliche Grenze der Abfallverwertung. **13**

Die – lange heftig umstritten – **Verpackungsverordnung** vom 12.6.1991 (Rn. 10/180 ff.) regelt die Rücknahme-, (stoffliche) Verwertungs- und Pfanderhebungspflicht für Transport-, Verkaufs- und Umverpackungen und ist Grundlage für das sog. **Duale System**.[10] Dieses bezeichnet die Einführung des Nebeneinanders *zweier* rechtlich getrennter Erfassungssysteme. Das neue, zweite System ist unabhängig von der öffentlichen Abfallentsorgung organisiert. Neben die „normale" Mülltonne (und ggf. die Biotonne für organische Abfälle) tritt zusätzlich eine „Verpackungstonne" unter Regie der privaten Wirtschaft. Hersteller und Vertreiber unterliegen dann mit ihren Verpackungen nicht mehr ihrer Rücknahmepflicht nach § 6 I VerpackV, wenn sie sich nach § 6 III VerpackV an diesem Verpackungsabfall-Erfassungssystem beteiligen. Der „**Grüne Punkt**" verweist auf die Beteiligung des Herstellers am Dualen System und darauf, daß für die betroffene Verpackung ein Kostenbeitrag entrichtet wurde (Rn. 10/186). **14**

Nach anfänglichen Schwierigkeiten hat die *Duale System Deutschland Gesellschaft für Abfallvermeidung und Sekundärrohstoffgewinnung mbH* ihre finanzielle Situation stabilisiert. Sie erfaßt jetzt auch einen erheblichen Teil des Verpackungsabfalls und **15**

---

7 UBA (Fn. 2), S. 536 f.
8 Vgl. hierzu UBA (Hrsg.), Daten zur Umwelt 1988/89, S. 438.
9 BT-Drs. 10/2885, S. 10 f.
10 Dazu die Nachweise bei *Beckmann*, DVBl. 1995, 313 (314, Fn. 18); zur ökonomischen Wirkung *Spies*, ZAU 1994, 309 ff.

10 Kreislaufwirtschafts- und Abfallrecht

führt ihn einer Verwertung zu, und zwar (1994) von den besonders umstrittenen Kunststoffverpackungen ca. 450 000 t, von denen aber 200 000 t in EU-Länder mit Genehmigung der dortigen Regierungen, zum Teil aber auch nach Bulgarien und vor allem China exportiert wurden. Immerhin sollten bis Mitte 1995 auch bestimmte effektive stoffliche Verwertungsquoten erreicht sein, z.B. 72% bei Glas, Weißblech und Aluminium und 64% bei Papier, Kunststoff- und Verbundverpackungen. Insgesamt wurden 1994 4,7 Mio t Müll mit dem Grünen Punkt aussortiert, was einer Erfassungsquote von 67,7% entspricht. Selbst wenn sich aber der Auslandsexport mit weiterer Schaffung von Verwertungs-, d.h. im wesentlichen Verbrennungskapazitäten in der Bundesrepublik verringern wird und die Erfassungsquoten weiter steigen: Die Müll*vermeidung* kommt dabei zu kurz.

16 Abgesehen von der zu kurz kommenden Vermeidung ist die VerpackV auch daran zu messen, *was* mit den eingesammelten Stoffen wird und zu *welchem Preis*. Wenn nämlich die eingesammelten Stoffe zu nichts Besserem verwendet werden als zur Herstellung von Parkbänken und Zaunpfählen (*Down-Cycling*), ist nicht viel gewonnen. Erst recht gilt dies, wenn eine bislang noch nicht erstellte *Energiebilanz* dafür auch noch hohe für diese Verwertung benötigte Energiemengen ausweist. Die Fragen stellen sich um so dringender, als die Verwertungskapazität für Plastikmüll von derzeit ca. 130 000 Jahrestonnen bis zum Jahr 1998 auf 750 000 t/a ausgeweitet werden soll. Ist die Kapazität aber erst einmal geschaffen, wird die Abfallwirtschaft darauf dringen, sie auch auszuschöpfen. Damit wiederum sinkt der politische Druck zur Vermeidung.

17 Die Möglichkeiten zur Vermeidung und Verwertung sind – technisch, wirtschaftlich und rechtlich – noch längst nicht ausgeschöpft, was um so schwerer wiegt, als für die Abfallbeseitigung erhebliche Engpässe bestehen (Entsorgungsnotstand!). Offenbar sind heute die Probleme vernünftig nur noch durch **Lenkung der Stoffströme** in den Griff zu bekommen, sei es durch *dirigistische* Maßnahmen, sei es durch entsprechende Vorgaben für *marktwirtschaftliche* Selbstregelungen.

3. Arten der Abfallbehandlung und -beseitigung

18 Abfälle, die nicht verwertet werden (können), werden einer Abfallbeseitigungsanlage zur Behandlung oder Ablagerung zugeführt. Von den in Anlagen der *öffentlichen* Abfallbeseitigung entsorgten Abfällen entfielen 1990 (in Mio t; Angaben in Klammern: Alte Länder 1987)[11] auf

– 2874 (3118)   Deponien (davon 2699 für Bauschutt u. Erdaushub)   130 (77,4),
– 47 (47)   Müllverbrennungsanlagen   8,8 (7,5),
– 218 (60)   Kompostierungsanlagen   1,5 (0,66),
– 90 (31)   andere (z.B. Sortier- oder Bauschuttaufbereitungs- und
chemische oder physikalische Behandlungs-) Anlagen   3,9 (0,5).

Hinzu kamen 172 (157) Umladestationen und Sammelstellen.

---

11 Statistisches Jahrbuch (Fn. 2), S. 736.

Neben der – in der Regel vorzugswürdigen – Abfallverwertung bestehen mehrere 19
Möglichkeiten der Abfallbeseitigung. Von bisher erheblicher Bedeutung, nach den
Vorgaben der *Technischen Anleitung Siedlungsabfall* (TASi, Rn. 10/74) jetzt aber nur
noch ein Auslaufmodell ist die Ablagerung auf Deponien, möglichst getrennt nach
Abfallarten, etwa in solche für Erdaushub- und Bauschutt, Haus- und Gewerbemüll
und Sonderabfall. Das Problem ist, daß entsprechend dem Vorsorgeprinzip die zu
deponierenden Abfälle inert sein müssen, das heißt biologisch und chemisch inaktiv,
und ihre Schadstoffe durch natürliche Prozesse nicht mobilisierbar. Diese Forderung
kann nach Auffassung vieler nur die *thermische Restmüllbehandlung*, also die Verbrennung, Verschwelung oder Vergasung von Haus- und Gewerbemüll, insbesondere
von Sonderabfällen erfüllen.

a) Sortierung

Sortieranlagen sind Abfallentsorgungsanlagen, in denen insbesondere Wertstoffe aus 20
Hausmüll und hausmüllähnlichem Gewerbemüll durch **Sortieren** (Magnetscheidung,
Absiebung usw.) für den Wirtschaftskreislauf zurückgewonnen werden (Materialrecycling). Das Sortieren von Abfällen wird – vor jeder Art von Abfallbehandlung – immer
wichtiger.

b) Kompostierung

Die **Kompostierung** ist ein Verwertungsverfahren für biologisch abbaubare organi- 21
sche Müllbestandteile. Aufgrund eines geänderten Umweltbewußtseins gewinnt sie
jetzt wieder zunehmend an Bedeutung. Sie setzt voraus, daß die organischen Müllbestandteile (etwa Küchenabfälle, Laub oder Klärschlamm), die einem Verrottungsprozeß ausgesetzt werden, sauber aussortiert werden, und zwar nach Möglichkeit bereits
beim Abfallerzeuger. Nur wenn der Kompost keine Schadstoffe (insbesondere Schwermetalle) enthält, kann er zur Bodenverbesserung eingesetzt werden.

In der Bundesrepublik Deutschland wird der in kommunalen Kläranlagen anfallende 22
Klärschlamm entweder nach Trocknung abgelagert, in MVA verbrannt oder in Faultürmen kompostiert. Das Aufbringen des Kompostes oder des Klärschlamms auf land-
bzw. forstwirtschaftlich oder gärtnerisch genutztem Boden kommt wegen der Schadstoffhaltigkeit immer seltener in Betracht.

Das allgemein gestiegene Umweltbewußtsein weiter Bevölkerungskreise führte aber 23
sowohl zu einer Erhöhung des Reinheitsgrades des Bioabfalls als auch zur Zunahme
des Erfassungs- und Erschöpfungsgrades. Zu der 1993 in Deutschland bestehenden
Anlagenkapazität von 807 000 t/a (81 Anlagen) kommen 1,6 Mio t/a durch derzeit im
Bau- (19 Anlagen) bzw. in einem Genehmigungsverfahren (76 Anlagen) befindliche
Anlagen.[12]

---

12 UBA (Fn. 2), S. 557 ff. – In den Zahlen nicht berücksichtigt sind die Anlagen mit einem Jahresdurchsatz
von weniger als 1000 t, Versuchsanlagen und Grünabfallkompostierungsanlagen.

10 Kreislaufwirtschafts- und Abfallrecht

24 Die Kompostierung von Hausmüll stößt auf das Problem, daß sich allein durch die Anreicherung von im Kompost befindlichen Schadstoffen beim üblichen Ausbringzyklus schon in 160 Jahren z.B. hinsichtlich Blei eine Schadstoffanreicherung bildet, mit der die Grenzwerte für eine Sanierungspflicht überschritten werden. Bei flächendeckender Anwendung entstünde damit aus dem ganzen Bundesgebiet eine einzige Altlast. Erschwerend kommt hinzu, daß bei dieser Entsorgungsart nicht einmal Problemschwerpunkte gebildet werden können. Vorteile gegenüber der thermischen Behandlung liegen aber im deutlich geringeren Anfall an gefährlichen Rückständen, Luftschadstoffen und Kosten.

c) Biologisch-mechanische Behandlung

25 Dieses sog. **kalte Vorbehandlungsverfahren** wird vielfach als Alternative zur thermischen Behandlung angesehen. Freilich kann damit der nach der TA Siedlungsabfall (Rn. 10/74) für den *Glühverlust* festgelegte Wert nicht erreicht werden. Dieses Verfahren hat gegenüber der Ablagerung von unbehandelten Abfällen den Vorteil, daß die Ablagerungsdichte erhöht wird, was Deponievolumen spart und das Setzungsverhalten verbessert, und daß die Sickerwasserbelastung und die anfallende Deponiegasmenge verringert werden. Kritisch wird eingewandt, daß dieses Verfahren für bestimmte Abfallarten wie Kunststoffe ungeeignet ist und die behandelten Abfälle noch so viel Restorganik enthalten, daß es zu langfristigen Reaktionen im Deponiekörper kommen kann.

26 Eine Pilotanlage befindet sich mit Unterstützung des BMFT in Heilbronn in Planung und in Schwäbisch-Hall in Betrieb. In Freiburg wurde im Frühjahr 1995 die Planung – erst – im Planfeststellungsverfahren unterbrochen. Langfristige großtechnische Erfahrungen stehen noch aus.

27 Nach Inkrafttreten der TA Siedlungsabfall (Rn. 10/74) besteht auch nur noch die Möglichkeit, im Rahmen der *Ausnahmeregelungen* nach Nr. 2.4 im konkret zu begründenden Einzelfall Ausnahmen hinsichtlich des von BMAs nicht erreichbaren Glühverlustes zuzulassen.[13]

d) Thermische Behandlung

28 Hinsichtlich der thermischen Behandlung sind drei Arten zu unterscheiden: **Verbrennung** ist die Oxidation organischer Substanzen bei mindestens 1000° C durch Luftsauerstoff zu CO_2 und Wasser. **Pyrolyse** ist die Trocknung und thermische Zersetzung organischer Substanz bei Temperaturen unter 500° C unter Ausschluß von Luftsauerstoff; dabei entstehen Pyrolysegas und Pyrolysekoks. **Vergasung** ist die Umsetzung organischer Substanz bspw. mit Sauerstoff bei höchstens 2000° C zu gasförmigen Brennstoffen (Synthesegas). Diese Verfahren laufen entweder in einer Anlagenkomponente nacheinander oder aber in verschiedenen Anlagenkomponenten ab.[14]

---

13 Dazu *Müllmann/Lohmann*, UPR 1995, 168 (170 f.).
14 Eine vergleichende Darstellung findet sich bei *Tauber*, et 1995, 378 ff.

Für eine große Zahl von festen, pastösen oder flüssigen Abfällen ist eine *thermische* **29**
Behandlung derzeit die einzige ernsthaft in Betracht kommende Entsorgungsmöglichkeit. Dabei werden nur brennbare Anteile des Abfallgemischs „verbrannt"; im übrigen dient die hohe Temperatur zur Aufspaltung chemischer Verbindungen. Der populäre Ausdruck „Müllverbrennung" ist daher ungenau. In vielem ähneln moderne MVA komplexen Produktionsstätten der chemischen Großindustrie.

Ziel der thermischen Müllbehandlung ist es, eine *erhebliche Reduzierung des Müll-* **30**
volumens und des Müllgewichts (ca. 90%) und damit eine *Minderung des Deponiebedarfs* zu erreichen. Gleichzeitig soll die thermische Müllbehandlung organische Schadstoffe zerstören und anorganische Schadstoffe in Filtern konzentrieren, die dann als Sonderabfall in Untertagedeponien abgelagert werden können. Weiter können über 90% der anfallenden Reststoffe (allenfalls mit darin enthaltenen Schadstoffen) verwertet werden, bspw. als Schlacke im Straßenbau, als Gips beim Bau und als Salzsäure in der Industrie. Schließlich steht freiwerdende *Wärmeenergie* zur Verstromung, Fernheizung usw. zur Verfügung.

Große und geeignete Flächen für Deponien sind – insbesondere in Ballungs- und Verdichtungs- **31**
räumen – kaum noch auszumachen. Schon deswegen, aber auch wegen des eher kontrollierbaren Emissionsverhaltens wird angestrebt, die Abfallbeseitigung mehr und mehr im Wege der thermischen Behandlung vorzunehmen, und zwar nach Möglichkeit in energieerzeugenden, d.h. abfallverwertenden Anlagen, seien dies Müllheizwerke (insbesondere zur Fernwärmeversorgung), Müllkraftwerke (mit Stromproduktion) oder Müllheizkraftwerke (mit gekoppelter Strom- und Wärmeproduktion).[15] Abgesehen davon eignen sich manche Abfälle nicht für die Deponierung, etwa leicht wasserlösliche Abfallstoffe (jedenfalls nicht für Übertagedeponien) oder organische Abfälle (z.B. PCB; Rn. 9/4). Andere, in besonderer Weise verbrennungstaugliche Abfallstoffe sollten schon wegen ihrer Menge thermisch behandelt werden.

So wären z.B. wegen ihres hohen Energiegehalts zur Verbrennung in MVA zahlreiche *Kunst-* **32**
stoffe (etwa Polyethylen, Polysyrol, Polyamid, Polyvinylchlorid) geeignet; dadurch kann die sonst u.U. zuzusetzende Menge an Brennstoff (Öl, Erdgas) verringert werden. *PVC* eignet sich wegen seiner Beständigkeit nicht zur Deponie, wohl aber zur Verbrennung insofern, als es trotz höheren Heizwerts als Holz oder Papier weniger CO_2 freisetzt. Allerdings wird bei der Verbrennung von PVC (wie übrigens auch bei der thermischen Behandlung von chlorierten Kohlenwasserstoffen) regelmäßig Chlor freigesetzt, so daß sich HCl (das Gas der Salzsäure) bildet. Daher kommt es zur Bildung von krebserzeugenden *Dioxinen*. Inzwischen soll das anfallende HCl mittels Natronlauge in Kochsalz und Wasser umgewandelt werden können (erstmals praktiziert im Müllheizwerk Iserlohn). Insgesamt ist aber der energetischen Verwertung von Kunststoffabfällen eine stoffliche Verwertung der „recycelbaren" Kunststoffabfälle zur Erzeugung neuer Produkte vorzuziehen; sie wirkt nämlich doppelt ressourcenschonend, weil Kunststoffe mit erheblichem Energieaufwand aus Erdöl hergestellt werden. Nach einem noch immer in der Erprobung befindlichen Verfahren kann aus Kunststoffen durch Pyrolyse (Rn. 10/41) Öl gewonnen werden.

Nach Meinung vieler Abfallexperten ist nach dem gegenwärtigen Stand der Technik **33**
nur die Verbrennung, jedenfalls die thermische Behandlung wirklich zu verantworten. In der Bundesrepublik wird vor allem zur Entsorgung von Sonderabfällen mindestens

---

15 Müllkraftwerke (nicht aber Müllheizwerke) unterliegen nicht nur den abfallrechtlichen, sondern auch den energiewirtschaftsrechtlichen Bestimmungen.

10 *Kreislaufwirtschafts- und Abfallrecht*

noch einmal die gleiche Kapazität gebraucht wie bereits vorhanden, um den Entsorgungsanforderungen der TA Abfall (Rn. 10/73) entsprechen zu können. Einige Anlagen sind bereits im Bau, andere in der Planung. Allerdings erreichen die Kosten für eine Anlage zur thermischen Entsorgung von ca. 120 000 t/a Sonderabfällen (MVA einschließlich Rauchgasreinigungs- und Abwasserverdampfungsanlagen und Nebenanlagen) eine Größenordnung von einigen 100 Mio DM. Die Ablehnung eines Standorts durch die benachbarte Bevölkerung wird in der Regel allenfalls durch die gegen einen KKW-Standort übertroffen.

aa) Verbrennung

34 Bei der **Müllverbrennung** laufen die vorbeschriebenen Vorgänge der *Verbrennung*, *Pyrolyse* und *Vergasung* in einem Feuerraum ab. Für die Müllverbrennung stehen verschiedene Technologien zur Verfügung, bei Hausmüll z.B. die neuere „*Walzenrosttechnologie*", bei Sondermüll vor allem die wegen ihres großen Anwendungsbereichs („Allesfresser") am häufigsten eingesetzte „*Drehrohrtechnologie*", aber z.B. auch noch die für Klärschlamm, pastöse Abfälle oder kontaminierte Böden geeignete Technologie der „*Wirbelschichtfeuerung*" usw.

35 Im Jahre 1992 gab es in der Bundesrepublik Deutschland 49 Anlagen zur Verbrennung von Siedlungsabfällen für 9,41 t/a und 29 größere Sonderabfall- und Rückstandsverbrennungsanlagen für 1 Mio t/a.[16]

Es werden aber – auch bei fortgeschrittener Müllvermeidung – noch manche weitere Abfallbehandlungsanlagen benötigt. Die Errichtung solcher MVA mit Nebenanlagen und ihre – zur Reduzierung der Schadstoffemissionen notwendige, aber noch keineswegs in allen Fällen vorgenommene – Ausstattung mit Staubfiltern und Rauchgasreinigungseinrichtungen sind sehr teuer. Die Verbrennung von 1 kg Abfall erzeugt ca. 10 m^3 reinigungsbedürftiges Abgas (Rauchgas). Heute ist aber der Stand der Luftreinhaltetechnik bei modernen MVA mindestens ebenso hoch einzuschätzen wie bei konventionellen Kraftwerken. Für Neuanlagen gelten die Emissionswerte der TA Luft (Rn. 6/68 ff.) bzw. der 17. BImSchV (Rn. 6/168 ff.); die in der 17. BImSchV vorgesehene Überleitungsfrist für Altanlagen endet 1996.

36 Allerdings haben die Altanlagen, soweit sie noch nicht saniert worden sind, oft noch den Charakter von „Giftschleudern". Man hat eben erst allmählich erkannt, daß auch bei MVA ein bedeutender technischer Aufwand für die Vorsorge gegen erhebliche **Umweltbelastungen** erforderlich ist. Bei diesen Belastungen geht es (von den Transportverkehrs- oder Müllumschlagsemissionen und von ähnlichen sog. „diffusen Emissionen" abgesehen) um

– *Emissionen* aufgrund der (schwankenden) Schadstoffgehalte des Rohgases (je nach Einsatzstoffen und Verbrennungsverfahren z.B. Schwefeldioxid, Stickoxide, Kohlenmonoxid, Salzsäure, Fluorwasserstoffe, Stäube und damit Schwermetalle, organische Stoffe, u.U. auch in der Anlage erst gebildete Dioxine und Furane), so daß eine Abgasreinigung im Trocken- bzw. Sprühabsorptionsverfahren oder im Wege

---
16 UBA (Fn. 2), S. 568.

der wohl wirksameren sog. Naßwäsche, möglichst mit nachfolgender Abgasentstickung erforderlich ist,
- Anfall großer, mit Salzen und Schwermetallen belasteter und daher nach Möglichlichkeit einzudampfender *Abwassermengen* aus der etwaigen Naßwäsche des Abgases und dem Schlackebad sowie
- Anfall von z.T. hochtoxischen, entsorgungs- und damit oft auch konditionierungsbedürftigen *Reststoffen* (z.B. Filterstäuben, Schlämmen, Reaktionsprodukten als Eindampfungsrückständen bei einer Abgasreinigung unter Abwasservermeidung).

An Stäuben aus den Elektro- oder Gewebefiltern und Reaktionssalzen aus der Abwasserverdampfung können je nach der Rohgasbeladung und dem angewendeten Reinigungsverfahren Gewichtsmengen bis zu 2/10 der verbrannten Abfälle verbleiben. Sie müssen in geeigneter Weise als Sonderabfälle deponiert werden. Im Jahre 1985 waren erst rd. 1/4 der MVA mit Filtern und Rauchgasreinigungsanlagen ausgestattet; trotzdem fielen bereits 50 000 t/a Filterstäube an.
– Weniger belastend sind dagegen solche Stäube, die nicht Filterstäube sind, sowie die Flugasche und die einen wesentlichen Bestandteil der MV-Rohasche bildende sog. „Schlacke". Diese Restprodukte machen ca. 1/10 bis 3/10 des Gewichts der verbrannten Abfälle aus. Die Schlacke wird z.B. bei der Anlage von Wegen auf Deponien verwendet oder aber abgelagert.
– 1990 fielen in der Bundesrepublik insgesamt bereits 4,6 Mio t Asche, Schlacke u. Stäube aus Müllverbrennungsanlagen an.[17]

37

Bei hoher Temperatur der Verbrennungsabgase (bis zu 1200° C in sog. Nachbrennkammern) können halogenierte aromatische Kohlenwasserstoffe, ferner Dioxine (z.B. das Seveso-Dioxin) und Furane sowie andere schädliche organische Verbindungen im allgemeinen hinreichend schnell zersetzt werden. Problematisch ist die Dioxinbildung in der Abkühlphase. Es gibt auch Dioxinreduktionsverfahren (z.B. mittels Aktivkoksfilter). Tatsächlich können sich bei den herkömmlichen Verbrennungstechniken noch Dioxine und Furane in den Filterstäuben befinden. Inzwischen wird aber ihre Zersetzung in ungiftige Bestandteile unter Verwendung geeigneter Katalysatoren (verschiedene Metallionen) durch eine unter Sauerstoffmangelbedingungen (Luftabschluß) erfolgende Wiedererwärmung der Stäube während der Dauer von ca. 1 h auf eine Temperatur im Bereich von 350-400° C erprobt. Dabei ist eine Nachbehandlung der Filterstäube erforderlich.[18]

38

Es gibt **Müllverbrennungsanlagen für brennbaren Hausmüll** (einschl. Sperrmüll und brennbarem hausmüllähnlichem Gewerbemüll) mit einer oder mehreren Verbrennungseinheiten und einem Durchsatz von insgesamt ca. 100 000-500 000 t/a. Diese Anlagen gehören zur öffentlichen Abfallentsorgung. Ferner gibt es **Müllverbrennungsanlagen für brennbaren Sondermüll**, d.h. für brennbare feste oder flüssige (insbesondere gefährliche) Industrieabfälle mit einem Durchsatz von zwischen ca. 30 000-120 000 t/a; diese im Hochtemperaturbereich betriebenen Anlagen gehören nur z.T. zum Bereich der öffentlichen bzw. öffentlich zugänglichen Abfallentsorgung, im übrigen zur industriellen Eigenentsorgung bzw. zur privaten Abfallentsorgung „durch Dritte".

39

Große kommunale MVA für *Haus- und Gewerbemüll* befinden sich z.B. in Hamburg, Bremen, Frankfurt und Stuttgart. Die (sanierungsbedürftige) MVA Stuttgart empfing 1990 täglich 1000-1300 t Abfall und verarbeitete über 90% des Stuttgarter Haus- und Gewerbemülls; sie deckte

40

---
17 Zu neuen Möglichkeiten der Verwertung von Filterstäuben aus MVA *Boccaccini/Köpf/Ondracek*, ZAU 1994, 357 ff.
18 Vgl. etwa *Horch*, et 1990, 298 (299 f.); s. jetzt die 17. BImSchV (Rn. 6/168 ff.).

10 *Kreislaufwirtschafts- und Abfallrecht*

damit zugleich 15% des städtischen Fernwärmebedarfs. Sicherlich reicht die gegenwärtige Zahl leistungsfähiger MVA für Haus- und Gewerbemüll noch längst nicht aus. – Öffentlich zugängliche Anlagen für die *Sondermüllverbrennung* gibt es (1992) erst in Bayern (3), Hessen (1), Nordrhein-Westfalen (1), Hamburg (1) und Brandenburg (1).[19] So steht z.B. die MVA der hessischen Industriemüll-GmbH in Biebesheim/Hessen zur Verfügung. Zu den bisher zwei Verbrennungsöfen (Drehrohröfen mit einem Durchsatz von je 50 000 t/a) soll ein weiterer (für 30 000 t/a) hinzukommen. Außerdem gibt es öffentlich zugängliche Sondermüllverbrennungsanlagen in Ebenhausen, Hamburg, Herten, Schöneiche, Schwabach und Schweinfurt. – Daneben gibt es eine noch größere Anzahl privater Anlagen der Industrie.

bb) Pyrolyse (Schwel-Brenn-Verfahren)

41 Im **Schwel-Brenn-Verfahren** findet auf einer ersten Stufe eine *Pyrolyse*, auf einer zweiten Stufe eine *Verbrennung* statt. Dabei werden hierfür geeignete Abfälle (vor allem Hausmüll, Altreifen, Kunststoffe) durch Pyrolyse (Rn. 10/28) nach Zerkleinerung (< 200 mm) unter Luftabschluß bei ca. 450° C „verschwelt" oder „entgast". Dabei entstehen Pyrolysegas und feste Bestandteile. Letztere werden in Pyrolysekoks und Inertstoffe (Steine, Glas, Fe- und NE-Metalle) getrennt. Der Pyrolysekoks wird aufgemahlen und zusammen mit dem Pyrolysegas bei 1400° C verbrannt. Dabei werden die festen Verbrennungsrückstände einschließlich Filterstäuben eingeschmolzen und als Granulat abgezogen. Die nachgeschaltete Rauchgasreinigung arbeitet wie die bei der Rostfeuerung mit entsprechenden Reststoffen (Rn. 10/36 f.).[20]

Die Pyrolyse gilt als umweltfreundlich, weil wenig in die Luft emittiert wird. Allerdings müssen relativ große Anteile an Verbrennungsrückständen – wie auch bei einer MVA – als Sondermüll entsorgt werden.

Technisch eingesetzt wird die Pyrolyse bspw. im **Schwel-Brenn-Verfahren** von Siemens; eine Anlage befindet sich bei Ulm-Wiblingen. Die erste Verschwelungs-Anlage im Entsorgungsmaßstab (mit 35 000 t/a) steht in Burgau bei Günzburg.

cc) Vergasung (Thermoselect, Konversion)

42 Zur Vergasung stehen insbesondere das **Thermoselect**- und das **Konversionsverfahren** kurz vor ihrer großtechnischen Realisierbarkeit und werden wohl auch bald in Großanlagen eingesetzt werden. Kennzeichnend ist, daß mehrere Verbrennungsprozesse hintereinander geschaltet werden, wobei im weiteren Verlauf Gas und Feststoffe getrennt weiterverarbeitet werden. Der Vorteil besteht in der besseren Beeinflußbarkeit der jeweiligen Vorgänge und damit in der Entstehung deponiefreundlicherer Reste, auch aufgrund des Einsatzes höherer Temperaturen.

43 Bei dem Verfahren des Schweizer Unternehmens *Thermoselect* handelt es sich um ein aus mehreren Verfahrensschritten und Behandlungsarten zusammengesetztes Verfahren. Dabei wird gemischter Haus- und Gewerbemüll hochverdichtet (auf ein Zehntel seines Volumens) und dann bei etwa 600° C zu einem Kohle-Mineral-Metall-Gemisch umgewandelt. Der verschwelte Müll wird in einem Hochtemperaturreaktor mit reinem Sauerstoff behandelt. Mineralien und Metalle werden dann abgeschieden und können wiederverwertet oder jedenfalls problemlos

---

19 UBA (Fn. 2), S. 570.
20 Dazu Siemens, Die Schwel-Brenn-Anlage, Prospekt 1993.

abgelagert werden. Das übrigbleibende Synthesegas durchläuft mehrere Reinigungsstufen und kann schließlich zur Energieerzeugung verwendet werden.[21]

Zunächst werden Erfahrungen mit Betriebssicherheit und Langzeitverhalten von eingesetzten Werkstoffen in Komponenten der Anlage in der gleichnamigen Pilotanlage im italienischen Fondotoce/Verbania gesammelt. Am 13.12.1994 entschied sich der Stadtrat von Karlsruhe für Thermoselect; die Anlage soll damit als erste in BW 1999 stehen und ein Drittel weniger kosten als bisher die Müllverbrennung.[22]

Beim *Konversionsverfahren* werden die Abfälle zunächst zerkleinert (< 50 mm) und nötigenfalls getrocknet. Dann findet wie beim Schwel-Brenn-Verfahren eine Pyrolyse statt. Die Metalle werden separiert, Pyrolysekoks und inerte Reststoffe werden fein aufgemahlen und zusammen mit dem Pyrolysegas unter Zugabe von Sauerstoff bei maximal 2000° C und einem Systemdruck von höchstens 35 bar vergast. Die Vergasungsrückstände werden dabei aufgeschmolzen und als Granulat abgezogen. Das Synthesegas wird gekühlt und gereinigt und steht dann zur Energiegewinnung in Gasturbinen zur Verfügung. Der bei der Reinigung entstehende Schwefel kann aufbereitet und verwertet werden.[23] **44**

Den Vergasungsverfahren gemeinsam sind offenbar eine im Vergleich zum Konversionsverfahren geringere Energieausbeute und nachteilige Schadstofffrachten im Abwasser. Allen Kombinationsverfahren gemeinsam ist der noch ausstehende Nachweis der Bewährung im großtechnischen Dauerbetrieb.[24] Dies wird sich aber wohl bald ändern. **45**

e) Deponie

aa) Haus- und Gewerbemülldeponien

Die Zeiten der ungeordneten Müllkippen („vergraben und vergessen") sind vorbei. Heute geht es bei der *Deponie von Abfällen* um eine geordnete Abfallablagerung auf Sicherheitsdeponien, was aber zumindest auf lange Sicht immer noch zu nicht unerheblichen Umweltbelastungen führen kann. Die Ablagerung von Abfällen ist aber bislang die – zunächst – kostengünstigste Art der Abfallentsorgung. **46**

Die Menge der in den alten Ländern auf Hausmülldeponien abgelagerten Abfälle blieb 1980 bis 1990 verhältnismäßig gleich und verringerte sich in den letzten Jahren sogar etwas. Dagegen erhöhte sich der Anteil der auf Bodenaushub- und Bauschuttdeponien abgelagerten Abfälle deutlich. Der Anteil der Hausmülldeponien lag 1990 in den alten Ländern nur bei etwa 10%. In den neuen Ländern ist der Mengenanteil der Deponien mangels Verbrennung viel höher. Bei Bodenaushub und Bauschutt, der 1990 eine geringe Rolle spielte, ist mit erheblichen Steigerungen zu rechnen.[25] **47**

Deponien für Hausmüll (Siedlungsabfall) und hausmüllähnlichen Gewerbemüll stehen heute meist in der Trägerschaft von Kreisen bzw. kreisfreien Städten oder – zunehmend – Zweckverbänden. Es fehlt allerdings an Kapazitäten und geeigneten, jedenfalls an von der umliegenden Bevölkerung akzeptierten Standorten. **48**

---

21 Dazu *Schweitzer* (Hrsg.), Thermoselect-Verfahren zur Ent- und Vergasung von Abfällen, 1994.
22 Badische Zeitung, 14.12.1994, S. 7.
23 Dazu *Carl/Fritz*, Noell-Konversionsverfahren zur Verwertung und Entsorgung von Abfällen, 1994.
24 Daher kritisch zu den Kombinationsverfahren *Tauber*, et 1995, 378 (380 ff.) m.w.N.
25 UBA (Fn. 2), S. 560.

10 *Kreislaufwirtschafts- und Abfallrecht*

49 Die Entwicklung geht dahin, die Ablagerung von Hausmüll und hausmüllähnlichem Gewerbemüll – nach vorheriger Aussonderung des „Wertabfalls" – auf möglichst wenige Zentraldeponien mit einem Einzugsbereich von jeweils 100 000 -150 000 Einwohnern zu konzentrieren. Diese Zentraldeponien können dann nach besonders hohen Sicherheits- und Umweltstandards ausgelegt werden. Aufgrund der TA Siedlungsabfall (Rn. 10/74) haben die Hausmülldeponien nur noch den Rang einer Übergangslösung.

50 Die Anzahl der Hausmülldeponien hat sich in den Alten Ländern von 1975 bis 1993 von 4.415 auf 263 verringert. Von den 10 000 Müllabladeplätzen in den Neuen Ländern vor der Vereinigung wurden 1993 noch 283 als Hausmülldeponien weiterbetrieben.[26] Schon in den Alten Ländern, erst recht in den Neuen Ländern besteht ein spürbarer Mangel an leistungsfähigen Hausmülldeponien. Die Kapazität vorhandener Deponien ist nicht selten (nahezu oder vollständig) erschöpft. Häufig bleibt dann nur der Weg über die Umverteilung im Land oder als letzter Ausweg der Export. Erst in jüngster Zeit entsteht wieder eine Atempause, da sich die Müllmengen endlich nicht mehr mit den bisher vorausgesagten Geschwindigkeiten steigern.

51 Der Ablagerung sollte grundsätzlich nicht nur eine *Abfallsortierung* vorgeschaltet werden, um Wertstoffe dem Recycling zuführen zu können, sondern auch eine *Abfallbehandlung*, die soweit wie möglich Volumen und Menge der abzulagernden Abfälle vermindert, die organischen Verbindungen zerstört und die verbleibenden Rückstände in verwertbare Bestandteile überführt. In der Regel kommen dafür nur thermische Verfahren (Abfallverbrennung) in Betracht (TA Siedlungsabfall; Rn. 10/74) bzw. „kalte Vorbehandlungsverfahren", also mechanisch-biologische Verfahren (s.o. Rn. 10/25). Um bei oberirdischen Deponien dem Eintrag von Schadstoffen in den Untergrund wirksam vorzubeugen, sind Abfälle durch vorherige biologische, thermische oder sonstige physikalisch/chemische Behandlung umzuwandeln, von Schadstoffen zu entfrachten bzw. zu mineralisieren und zu stabilisieren (sogen. „stoffliche Barriere"). Außerdem bedarf es einer geeigneten Deponieabdichtung („geologische Barriere").

52 Zur Steigerung der Wirtschaftlichkeit wird auch angestrebt, jedenfalls bei Hausmülldeponien das *Deponiegas* (bestehend aus ca. 55% Methan, ca. 40% Kohlendioxid, ca. 5% Stickstoff und anderen, z.T. toxischen Bestandteilen), das durch Zersetzung der organischen Müllbestandteile unter Luftabschluß entsteht, künftig stärker als bisher zur Energieerzeugung zu nutzen[27], und zwar entweder durch Verheizung (hoher Wirkungsgrad, aber auch hoher Investitionsaufwand, z.B. durch Heiz-KW und längere Rohrleitungen) oder Verstromung (geringerer Wirkungsgrad, aber auch kleinerer Investitionsaufwand, z.B. durch Gasmotoren in Block[heiz]-KW).

53 Deponien erzeugen (durch die Anfahrt) Verkehrs- und (durch den Einbau) Maschinenlärm, aber auch Geruchsbelästigungen[28] für umliegende Orte, und sie verbrauchen Landschaft. Neben diesen und weiteren **Umweltbelastungen** steht aber das Problem des Sickerwassers im Vordergrund. Rd. 10% der Deponien haben gar keine Basisabdichtung, die meisten haben wenigstens eine mineralische Abdichtung, und nur neue Deponien bzw. Deponieerweiterungen besitzen eine Kombinationsabdichtung (mit zusätzlichen Kunststoffbahnen). Ohne Basisabdichtung kann Sickerwasser nicht auf-

---

26 UBA (Fn. 2), S. 561.
27 Hausmüll mit durchschnittlich 200 kg organisch gebundenem Kohlenstoff je t ergibt bei einer Deponie von 200 Mio m^3 rd. 1000 m^3 Gas je Stunde mit einem Heizwert von 500 l Heizöläquivalent.
28 Dazu die Muster-Verwaltungsvorschrift für Geruchsimmissionen, Rn. 6/1.

gefangen werden und gelangt mit entsprechenden Schadstoffbelastungen in das Grundwasser. Solange keine Oberflächenabdichtung besteht, durchläuft Niederschlagswasser immer neu den Deponiekörper und wäscht ihn so in das Grundwasser aus. In den Neuen Ländern hatten selbst sog. „geordnete Deponien" keine Basisabdichtung.[29] Oberflächenabdichtungen können erst aufgebracht werden, wenn nicht weiter verfüllt wird. Sanierungen sind teuer.

Deponien – und das gilt schon für Hausmülldeponien – sind „Bauwerke für die Ewigkeit": Archäologen suchen mit Hilfe von Luftbildaufnahmen nach früheren Abfallablagerungsstätten und finden damit Siedlungen, die schon vor Jahrtausenden verlassen wurden. Dabei ist unschwer vorstellbar, um wieviel harmloser damalige Deponien waren. **54**

Die auch noch nach dem Entwurf eines neuen Abfallentsorgungsplans des Landes Hessen als Hausmülldeponie vorgesehen, paläontologisch hochinteressante Grube *Messel* verdient es, als besonderes, flächenhaftes Naturdenkmal trotz der aufgrund eines Planfeststellungsbeschlusses vom 30.12.1981 bereits getätigten Investitionen (rd. 60 Mio DM) und trotz des Müllnotstands „gerettet" zu werden. Anderenfalls würden die Ablagerungen eines Urwaldsees mit 50 Mio Jahre alten, im mitteleozänen Ölschiefer eingelagerten Resten der damaligen Tier- und Pflanzenwelt und damit ein für Europa einmaliges Abbild einer Urlandschaft der Forschung weitgehend entzogen werden. Der Planfeststellungsbeschluß wurde schon vom Hess. VGH mit Urteil vom 23.11.1988 aufgehoben.[30] Im Febr. 1990 beschloß die Hess. LReg. die Erhaltung der Grube Messel, und das Vorhaben wurde endgültig aufgegeben.[31]

bb) Sondermülldeponien

Für feste Sonderabfälle, die stofflich und thermisch nicht verwertbar sind oder thermisch mit vertretbarem Aufwand nicht in einen inerten Zustand gebracht werden können, kommt nur das geordnete Deponieren in Frage. Öffentlich zugängliche **Sondermülldeponien** – 1992 (1987) waren es insgesamt 14 (24) – stehen oft in der Trägerschaft eines Landes oder einer GmbH mit Beteiligung der öffentlichen Hand. Sie sind für die Aufnahme ablagerungsfähigen festen Mülls bestimmt, der – aufgrund seiner speziellen Eigenschaften – besonders hohe Anforderungen an eine sichere und umweltgerechte Ablagerung stellt. Dazu gehören insbesondere eine (in der Regel zweilagige) Sohlabdichtung, eine Seitenabdichtung, die Erfassung und Behandlung des Sickerwassers sowie die Gewährleistung der Langzeitüberprüfung der Umgebung (einschließlich des Grundwassers). Einzelheiten regelt die TA Abfall (Rn. 10/73). In der Bundesrepublik werden weitere Sondermülldeponien benötigt, aber auch Vorbehandlungsanlagen zur chemisch-physikalischen Behandlung des Sondermülls (z.B. Neutralisation, Oxidation oder Reduktion, Verfestigung usw.), um ihn für die Deponierung (oder die Verbrennung) geeignet zu machen (zu „konditionieren"). Eine Sondermülldeponie kann über Tage oder unter Tage angelegt werden. **55**

---

29 UBA (Fn. 2), S. 562.
30 HessVGH, DVBl. 1989, 527.
31 BVerwG, UPR 1992, 154 (nur Kostenentscheidung).

56 Die **Ablagerung über Tage** setzt – das gilt auch für Hausmülldeponien – einen speziell geeigneten, nämlich aufgrund hinreichend mächtiger Tonschichten o.ä. wasserundurchlässigen, nach heutigem Stand der Technik („Multibarrierenkonzept") noch zusätzlich durch Kunststoffbahnen abzudichtenden Untergrund voraus. Abgesehen vom geeigneten Untergrund müssen noch sonstige Standortkriterien erfüllt sein (z.B. Anbindung an das Straßen- und Eisenbahnnetz, hinreichender Abstand zu Wohngebieten usw.). Auch im günstigsten Fall wirft aber eine Über-Tage-Deponie, wenn bzw. solange die Sonderabfälle nicht zureichend konditionierbar bzw. konditioniert sind, noch immer Probleme auf, insbesondere in Bezug auf gasförmige Emissionen und auf die Behandlung des über ein Drainagesystem abgeleiteten Sickerwassers, das kontrolliert entwässerbar sein muß. Trotz aller aufwendigen Sicherungsvorkehrungen kann bisher noch nicht garantiert werden, daß Sondermülldeponien auf Dauer sicher bleiben. Wir erzeugen daher die Altlasten von morgen, und zwar in voller Kenntnis dieses Tatbestandes.

57 *Beispiel:* In *Billigheim* bei Mosbach/Baden-Württemberg befindet sich eine Sonderabfalldeponie der Gesellschaft zur Beseitigung von Sonderabfällen Baden-Württemberg mbH. Gesellschafter sind: das Land mit 80% Anteil am Stammkapital von 3 Mio DM, ferner der Landkreistag Baden-Württemberg mit 5%, 9 Stadtkreise mit zusammen 5%, die Industrie- und Handelskammer Mittlerer Neckar als Treuhänder für die Industrie- und Handelskammern des Landes mit 5% und der Landesverband der Baden-Württembergischen Industrie e.V. mit 5%. Die Deponie ist für das Einzugsgebiet Baden-Württemberg mit Planfeststellungsbeschluß des Regierungspräsidiums Karlsruhe vom 1.8.1975 (nebst 11 Nachtragsbescheiden) genehmigt worden. Nachdem die vorhandenen Kapazitäten erschöpft waren, wurde der (inzwischen fertiggestellte) Ausbau für weitere 700 000 m^3 aufgrund eines Planfeststellungsänderungs- und -ergänzungsbeschlusses vom 16.12.1987 vorgenommen. Bei einem erwarteten Abfallaufkommen von 65 000-100 000 t/a und einer Verdichtung von 1,5 t/m^3 reicht dies für weitere 8-12 Betriebsjahre. Entsprechend dringend sucht die Regierung nach Standorten für die Verbrennung, so in Böblingen und zeitweise in Kehl.

58 *Andere Beispiele* sind die Problemdeponie Gerolsheim/Rheinland-Pfalz und die Deponien Gallenbach und Raindorf/Bayern, Röthehof/Brandenburg, Schönberg/Mecklenburg-Vorpommern, Hoheneggelsen/Niedersachsen, Grevenbräuch-Neuenhausen und drei weitere in Nordrhein-Westfalen, Rondeshagen/Schleswig-Holstein und Rehestädt und Aga/Thüringen.

59 Die **Ablagerung unter Tage** ist für die Aufnahme unbrennbarer, leicht wasserlöslicher Schadstoffe oder sonst besonders problematischen Sondermülls (insbes. toxischer, langlebiger und bioakkumulativer organischer Stoffe, z.B. organischer Halogen- oder Phosphorverbindungen) geeignet. Sie ist sehr sicher, aber auch sehr aufwendig. Geeignete Standorte stehen bei weitem nicht in ausreichender Zahl zur Verfügung.

60 *Beispiele:* Untertagedeponie *Herfa-Neurode*/Hessen in der Trägerschaft der Kali und Salz AG mit einer Jahreskapazität von max. 120 000 t bei Zweischichtbetrieb. Diese schon seit 1972 betriebene Deponie war lange Zeit die einzige Untertagedeponie in der Bundesrepublik. Sie steht zwar grundsätzlich allen Bundesländern und sogar dem Ausland für die Ablagerung insbesondere hochtoxischer Abfälle offen[32]; ihre Jahreskapazität, die bis 1992 auf 240 000 t

---

32 Zu den verfassungs- und kartellrechtlichen Fragen bei Bestehen eines Entsorgungsmonopols hinsichtlich hochtoxischer Stoffe vgl. *Wilmowsky*, UPR 1987, 172 ff.

ausgebaut worden sein soll, reicht allerdings für die gesamte Bundesrepublik bei weitem nicht aus. In Baden-Württemberg nehmen Stollen des Salzbergwerks von *Heilbronn* insbesondere Rückstände aus der Abgasreinigung von Müllverbrennungsanlagen auf (Rn. 10/36 f.).

f) Abfallbeseitigung auf hoher See

Schließlich wurden nicht unerhebliche Sondermüllmengen auf **hoher See** „entsorgt", sei es durch Verbrennung (z.B. hochchlorierter Kohlenwasserstoffe), sei es durch unmittelbares Einbringen von Abfällen ins Meer („Verklappen", d.h. Versenken). Die Abfallverbrennung auf hoher See ist 1994 endlich ausgelaufen.   61

Besonders die Nordsee, ein flaches, durchschnittlich nur ca. 70 m tiefes regionales Schelfmeer, ist bereits sehr stark belastet. Sie wird für die Fischerei, Muschelzucht und Rohstoffgewinnung (insbes. Öl und Erdgas) intensiv genutzt und muß den dichtesten, Öl- und Hausmüllabfälle produzierenden Schiffsverkehr der Welt ertragen. Darüber hinaus wird sie zwischen England und Norwegen als „größter Mülleimer Europas" mißbraucht, und zwar aufgrund eines bedeutenden Eintrags von Schad- und Nährstoffen über die Flüsse (vor allem Rhein und Elbe), durch einen ebenfalls nicht unerheblichen Schadstoffeintrag über die Luft (Schwermetalle) sowie durch das Verklappen von Abfällen (z.B. von Klärschlamm, schwermetallhaltigem Bauschutt usw.) oder durch das auf Spezialschiffen vorgenommene Verbrennen von Abfällen (z.B. von polychlorierten Biphenylen, bei dem Dioxine entstehen können).[33] Das alles hat in bestimmten Seegebieten und in Küstenrandzonen zu erheblichen ökologischen Schäden, nämlich zu schädlichem Algenwachstum und zu unmittelbar oder mittelbar negativen Auswirkungen auf Plankton (Schweborganismen des Freiwasserbereichs), Benthos (Organismen des Bodenbereichs), Fische, Seevögel und Robben geführt.[34] Auf der Grundlage internationaler Vereinbarungen wird dem jetzt allmählich wirksamer entgegengetreten (Rn. 4/68).[35]   62

Aus Produktionen in der Bundesrepublik Deutschland wurden bis Ende 1989 größere Mengen (1988 noch nahezu 1 Mio t) sog. *Dünnsäure* (verdünnte Schwefelsäure mit Metallsalzanteilen) in der Nordsee „verklappt". Insbesondere entsteht diese Säure als Abfallprodukt – neben Grünsalz (Eisensulfat) – beim Aufschluß der Erze zur Herstellung von *Titandioxid*, einem weißen, ungiftigen Farbpigment mit vielfältigen Verwendungsmöglichkeiten. Das Grünsalz darf bereits seit 1984 nicht mehr verklappt werden; es wird seither anderweitig verwertet (z.B. zur Abwasserreinigung). Auch die Dünnsäure wird in Zukunft wiederverwertet werden, und zwar nach Aufkonzentrierung in besonderen Rückgewinnungsanlagen. Bis Ende 1989 war daher in der Bundesrepublik das Verklappen der Dünnsäure entsprechend einer längst vor Erlaß der EG-rechtlichen Regelung (3. Titanoxid-Richtlinie) zwischen dem Bund und den Herstellern von Titandioxid getroffenen Vereinbarung einzustellen. Vor der Wiederverwertung rangiert aber die Vermeidung der Entstehung von Dünnsäure. Dies ist bei dem sog. Chloridverfahren möglich. Dabei wird statt Schwefelsäure zur Aufschließung hierfür geeigneter Erze (Erze mit hohem Titangehalt) Chlor eingesetzt, das im Kreislauf zurückgewonnen und dann erneut zum Erzaufschluß verwendet wird. Da solche Erze in der Natur nur selten vorkommen, hat allerdings die   63

---

33 UBA (Hrsg.), Daten zur Umwelt 1988/89, S. 377 ff. Im Jahre 1988 wurden von deutscher Seite auf Hoher See noch 49 000 t chlorkohlenstoffhaltiger Sonderabfälle verbrannt.
34 Dazu z.B. UBA (Fn. 33), S. 130 f. und 377 ff.
35 Zur Problematik des Meeresumweltschutzes vgl. *Hohmann*, NuR 1990, 49 ff. – Die Umweltminister der Ostseeanrainerstaaten haben im Rahmen der sog. *Helsinki-Kommission* im Febr. 1988 eine Deklaration verabschiedet, nach der bis 1995 die Gesamtmenge der eingeleiteten Schadstoffe in der Größenordnung von 50% reduziert werden sollte.

10 *Kreislaufwirtschafts- und Abfallrecht*

Wiederverwertung von Dünnsäure größere praktische Bedeutung. Dies alles ist ein Beispiel für das Kooperationsprinzip (Rn. 1/78 ff.) sowie für die Umsetzung der Grundsätze, daß die Abfallverwertung Vorrang vor der Abfallbeseitigung haben soll und daß die Abfallvermeidung noch vor der Abfallverwertung rangiert (Rn. 10/137 ff.).

g) „Mülltourismus"

64   Mangels zureichender Abfallentsorgungsmöglichkeiten im Inland, aber auch aus Kostengründen[36] wurden aus der Bundesrepublik Jahre lang erhebliche Müllmengen *ins Ausland verfrachtet*.[37] Noch 1989 entfiel davon weit über die Hälfte auf die DDR (noch 0,9 Mio t/a ohne Westberlin). Aus Westberlin gelangte Hausmüll z.B. nach *Schöneiche* bei Potsdam, aus der übrigen Bundesrepublik Sondermüll vor allem nach *Schönberg* auf die „größte Müllkippe Europas" ca. 6 km vor den Toren Lübecks. Beliebt war auch der Müllexport nach Frankreich, aber auch in weitere europäische Länder (z.B. nach Belgien und in die Niederlande, kleinere Mengen auch nach Großbritannien und in die Schweiz). Selbst in außereuropäische (vor allem afrikanische) Länder wurde Sondermüll transportiert, insbesondere über Belgien (rd. 1,5 Mio t/a).[38] Der Export von Sonderabfällen und sonstigen Abfällen (Klärschlamm usw. ohne Siedlungsabfälle) in die Nachbarländer Belgien, Frankreich und Niederlande nahm von 1988 bis 1992 noch um 44% zu. Die Siedlungsabfälle gingen (insbesondere aus Bayern und Baden-Württemberg) fast ausschließlich nach Frankreich, von 1988 bis 1992 aber verringert von 874 000 auf 294 000 t, von 1991 bis 1992 um 45%.[39] – Für diesen Müllexport gibt es nunmehr strenge, bremsend wirkende Vorschriften (Rn. 10/350 ff.).

II. Einführung in das Kreislaufwirtschafts- und Abfallrecht

1. Systematische Stellung

65   Das Abfallrecht dient wie auch das Immissions-, Atom-, Gentechnik- und Chemikalienrecht dem kausalen Umweltschutz (Rn. 1/11). Es besteht aus staats- und verwaltungsrechtlichen, aber auch strafrechtlichen Bestimmungen.

2. Historische Entwicklung

66   Das Recht der Abfallbeseitigung/-entsorgung wurde gesetzgeberisch lange Zeit vernachlässigt. Zunächst war Abfallbeseitigungsrecht nur Müllabfuhrrecht und lediglich

---

36   Für eine Tonne Sondermüll kostet die ordnungsgemäße Ablagerung bis zu DM 400,–, die ordnungsgemäße Verbrennung u.U. mehrere tausend DM.
37   Die Kontrolle der grenzüberschreitenden Verbringung gefährlicher Abfälle ist Gegenstand der Baseler Konvention vom 22.3.1989; Rn. 10/76, 338 f.
38   Zu Recht krit. *Stede*, UPR 1991, 422 ff.
39   UBA (Fn. 2), S. 555 f.

Regelungsgegenstand kommunaler Satzungen. Die wirklichen Probleme beginnen aber erst nach dem Einsammeln und Abtransport des Mülls. Daher ergingen Ende der 60-er Jahre die ersten Landesgesetze, die auch auf eine geordnete Abfallablagerung abzielten. 1968 wurde durch Bundesgesetz die Altölentsorgung geregelt (Altölgesetz vom 23.12.1968). Erst 1972 wurde eine umfassende (konkurrierende) Gesetzgebungskompetenz des Bundes (Art. 74 Nr. 24 GG) geschaffen. Auf dieser Grundlage wurde das *Abfallbeseitigungsgesetz* (AbfG) vom 7.6.1972 erlassen und zunächst aufgrund jeweils vertiefter Erkenntnisse über die Umweltgefährlichkeit bestimmter Abfälle 1976, 1982 und 1985 novelliert. Das *Abfallgesetz* (AbfG) von 1986 war praktisch eine 4. Novelle zum alten Abfallbeseitigungsgesetz.[40] Es enthielt freilich – z.T. in Umsetzung EG-rechtlicher Vorgaben – eine Reihe nicht unwesentlicher Ergänzungen und Verbesserungen, u.a. die Einführung *abfallwirtschaftlicher Ansätze*, die allerdings rechtspolitisch hinter dem Wünschbaren noch immer zurückblieben, und wurde programmatisch von „Gesetz über die Beseitigung von Abfällen" in „Gesetz über die Vermeidung und Entsorgung von Abfällen" umbenannt. Mit einer 5. Novelle wurde nun das **Kreislaufwirtschafts- und Abfallgesetz** (KrW-/AbfG)[41] eingeführt. Auch hier ist der Name Programm und die Erfüllung des Wünschbaren noch weit. Das Gesetz soll vor allem Unsicherheiten über den Abfallbegriff verringern und die Verantwortung der Produzenten und Konsumenten steigern.[42] Die Wirtschaft soll *vom Abfall her denken*.[43] Entsprechend dem Verursacherprinzip wird die Verantwortung für ge- oder verbrauchte Produkte auf die Produktion und die Produzenten zurückverlagert. Das KrW-/AbfG stieß in seinen anfänglichen Entwürfen, aber auch noch in der jetzt verabschiedeten entschärften Fassung auf den massiven Widerstand der Industrie, die Wettbewerbsnachteile und eine staatliche Bevormundung befürchtet.[44]

3. Gesetzgebungskompetenz und Rechtsquellen

a) Europarecht

Auf EG-Ebene finden sich mehrere wichtige **Richtlinien** des Rats der EG, insbesondere die Richtlinien

- 75/442/EWG vom 15.7.1975 über Abfälle (Rahmenrichtlinie) und 91/156/EWG vom 18.3.1991[45] zu ihrer Änderung,

67

---

40 Vgl. dazu *Backes*, DVBl. 1987, 333 ff.; *Eckert*, NVwZ 1985, 388 ff.; *Kreft*, UPR 1985, 16; *Kutscheidt*, NVwZ 1986, 622 ff.; *Sander*, DVBl. 1985, 780 ff.; die Gesetzesmaterialien sind von *Henselder*, Gesetz über die Vermeidung und Entsorgung von Abfällen (AbfG), 1986, übersichtlich zusammengestellt.
41 Kreislaufwirtschafts- und Abfallgesetz vom 27.9.1994, BGBl. I 2705; dazu BR-Drs. 245/93, BT-Drs. 12/5672. – Dazu *Bartlsperger*, VerwArch 86 (1995), 32 ff.; *Kersting*, DVBl. 1994, 273 ff.; *Kniep*, GewArch 1995, 19 ff; *Petersen/Rid*, NJW 1995, 7 ff; *Tettinger*, DVBl. 1995, 213 ff.; *Versteyl/Wendenburg*, NVwZ 1994, 833 ff.; *Weidemann*, NVwZ 1995, 631 ff.
42 Zur Zielsetzung des Gesetzes vgl. BT-Drs. 12/5672, S. 1.
43 BT-Drs. 12/5672, S. 2 und 35.
44 Vgl. bspw. die Kritik von *Dittmann* (BDI), ZAU 1992, 447 ff.
45 ABl. Nr. L 78/32; s.a. den Entwurf einer Deponierichtlinie, ABl. 1994, Nr. C 212/33 f. und dazu *Wägenbaur*, EuZW 1994, 418 ff., und Sonderabfallverbrennungsrichtlinie, ABl. 1994, Nr. C 190/5 ff.

10 *Kreislaufwirtschafts- und Abfallrecht*

- 91/689 EWG vom 12.12.1991 über gefährliche Abfälle[46] und 94/31/EG vom 27.6.1994[47] zu ihrer Änderung,
- 89/369/EWG vom 8.6.1989 über die Verhütung der Luftverunreinigung durch neue Verbrennungsanlagen für Siedlungsmüll[48] und
- 89/429/EWG vom 21.6.1989 über die Verringerung der Luftverunreinigung durch bestehende Verbrennungsanlagen für Siedlungsmüll[49],

ferner spezielle Richtlinien über die Verwendung von Klärschlamm, die Beseitigung von Altöl, von PCB oder von Abfällen aus der Titanoxidproduktion, u.a.m.[50] Eine Reihe der genannten Richtlinien ist in der Ausgestaltung des Zulassungsrechts für Abfallentsorgungsanlagen erst noch umzusetzen.[51]

68 Daneben ist auf die neue Abfallverbringungs-**Verordnung** des Rats 259/93 EWG vom 1.2.1993[52] zur Überwachung und Kontrolle der Verbringung von Abfällen in der, in die und aus der Europäischen Gemeinschaft (Rn. 10/354 ff.) hinzuweisen, mit der erstmals im Abfallbereich eine Verordnung, also keiner Umsetzung bedürftiges, in den Mitgliedsstaaten unmittelbar geltendes Recht (Art. 189 II EGV) ergangen und die am 6.5.1994 in Kraft getreten ist.

b) Bundesrecht

69 Seine konkurrierende **Gesetzgebungskompetenz** (Art. 74 Nr. 24 GG a.F.: Abfallbeseitigung und Luftreinhaltung) hat der Bund erstmals mit dem Erlaß des Abfallbeseitigungsgesetzes 1972, dann des Abfallgesetzes 1986[53], jetzt des KrW-/AbfG genutzt. Dieses ist ferner auf Art. 74 Nr. 11 (Recht der Wirtschaft) und Art. 75 Nr. 4 GG (Bodenverteilung, Raumordnung und Wasserhaushalt) gestützt. Die Länder haben daher auf dem Gebiet der Abfallbeseitigung/-entsorgung ein Normsetzungsrecht nur insoweit, als der Bund mit dem KrW-/AbfG von seinem Gesetzgebungsrecht noch keinen Gebrauch gemacht hat, seine Regelungen also noch Lücken aufweisen (Art. 72 II GG). Im KrW-/AbfG sind die Länder zur Ausfüllung bestimmter Lücken verpflichtet worden (z.B. durch §§ 19 V, 20 III, 29 VIII KrW-/AbfG). Zur Ausführung des AbfG bzw. des KrW-/AbfG haben die Länder entsprechende Ausführungs-, meist Landesabfall(beseitigungs)gesetze erlassen.[54]

---

46 ABl. Nr. L 377/20.
47 ABl. Nr. L 168/28. – Davor RL 78/319/EWG vom 20.3.1978 über giftige und gefährliche Abfälle.
48 ABl. Nr. L 163/32.
49 ABl. Nr. L 203/50.
50 Vgl. zur Bedeutung der Richtlinien für die nationale Abfallwirtschaft *Pernice*, NVwZ 1990, 414 ff.; *Salzwedel*, NVwZ 1989, 820 f.
51 Eingehend zu den europarechtlichen Vorgaben *Rengeling/Gellermann*, DVBl. 1995, 389 ff., bes. 394 ff.
52 ABl. Nr. L 30/1. Die Verordnung ersetzt die Richtlinie 84/631/EWG; dazu *Winter*, UPR 1994, 161 ff.; kritisch *Dieckmann*, ZUR 1993, 109 ff. – Die Verordnung ist wiederum auf Art. 130s statt auf Art. 100a EGV gestützt; dazu EuGH vom 28.6.1994, DVBl. 1994, 997 ff. und Rn. 1/51 f.; s.a. *Schmidt*, JZ 1995, 545 (545 f.).
53 Zum Begriff der „Abfallbeseitigung" i.S. des Art. 74 Nr. 24 GG gehört wohl nicht die „Abfallvermeidung" i.S. des AbfG 1986; insoweit ist Kompetenzgrundlage Art. 74 Nr. 11 GG. Dazu *Bothe*, NVwZ 1987, 938 ff.; vgl. aber *Salzwedel*, NVwZ 1989, 820 (823).
54 Zur Tragweite der im AbfG eingeräumten landesrechtlichen Regelungskompetenzen s. *Bothe* (Fn. 53), S. 946 f.

Wichtigste **Rechtsquelle** auf der Ebene des Bundesrechts war zunächst das *Gesetz* **70**
über die Vermeidung und Entsorgung von Abfällen (Abfallgesetz – AbfG) vom
27.8.1986 (BGBl. I 1410, ber. 1501) und ist jetzt das

- *Gesetz zur Förderung der Kreislaufwirtschaft und Sicherung der umweltverträglichen Beseitigung von Abfällen* (Kreislaufwirtschafts- und Abfallgesetz – KrW-/AbfG) vom 27.9.1994 (BGBl. I 2705). Weiter ist zu nennen das
- Gesetz über die Überwachung und Kontrolle der grenzüberschreitenden Verbringung von Abfällen (Abfallverbringungsgesetz – AbfVerbrG) vom 30.9.1994 (BGBl. I 2771).

Daneben gibt es eine Reihe von *Bundes-Rechtsverordnungen*, die z.T. schon aufgrund **71**
des AbfG 1972 erlassen worden sind, z.T., gestützt auf das KrW-/AbfG, erst noch
erlassen werden müssen, insbesondere die

- Verordnung zur Bestimmung von Abfällen nach § 2 II AbfG (AbfBestV) vom 3.4.1990 (BGBl. I 614), geändert durch G. v. 27.12.1993 (BGBl. I 2378), mit Anlage (in der aufgeführt sind: Abfallarten, Eigenschaften, Abfallschlüsselnummern und Herkunft);
- Verordnung zur Bestimmung von Reststoffen nach § 2 III AbfG (RestBestV) vom 3.4.1990 (BGBl. I 631, ber. 862), geändert durch G. v. 27.12.1993 (BGBl. I 2378); sie soll primär verhindern, daß unter dem Deckmantel wirtschaftlicher Verwertung Entsorgungsbestimmungen umgangen werden (z.B. durch Export brennbarer, als „Ersatzbrennstoffe" deklarierter Sonderabfälle);
- Verordnung über Betriebsbeauftragte für Abfall (AbfBetrbV) vom 26.10.1977 (BGBl. I 1913) – zu §§ 11a-11f AbfG;
- Klärschlamm-Verordnung (AbfKlärV) vom 15.4.1992 (BGBl. I 912) – zu § 15 AbfG; sie regelt insbesondere, unter welchen Voraussetzungen der in Kläranlagen anfallende, zwar nährstoffreiche, aber nicht selten schwermetall-, ja sogar dioxinhaltige *Klärschlamm* auf landwirtschaftlich bzw. gärtnerisch genutzte Flächen aufgebracht werden darf.[55]

  Das Aufbringen von Klärschlamm auf Gemüse- und Obstanbauflächen ist generell verboten. Im Hinblick auf andere landwirtschaftlich oder gärtnerisch genutzte Böden sind Bodenbelastungsgrenzwerte für 7 Schwermetalle (Blei, Cadmium, Chrom usw.) sowie für den Fall der Nichteinhaltung bestimmter Klärschlamm-Konzentrationsgrenzwerte, die für diese 7 Schwermetalle vorgesehen sind, eine Genehmigungspflicht bestimmt. 1991 fielen in Deutschland 3 Mio. t Klärschlamm an, von denen 1,6 Mio t auf Deponien abgelagert, 0,2 Mio t verbrannt und 0,8 Mio für landwirtschaftliche Verwertung und Rekultivierung eingesetzt wurden.[56] Die Gemeinden haben schon heute große Absatzschwierigkeiten. Ein Teil des Klärschlamms wird künftig nach Trocknung als Granulat wiederverwendet werden. Auf jeden Fall sollte die Düngung mit Klärschlamm (vor allem die Düngung von Weiden) noch weiter beschränkt werden. Abgesehen von der Gefährdung der Weidetiere können nämlich über den Weide-Kuh-Milch-Pfad hochtoxische Verbindungen (auch Dioxine) akkumuliert werden und z.B. in die Muttermilch gelangen;

---

55 Dazu in europäischer und deutscher Sicht *Offermann-Clas*, DVBl. 1988, 328 ff.
56 Stat. Jb. 1994 (Fn. 2), S. 738.

10 *Kreislaufwirtschafts- und Abfallrecht*

- Verordnung über das Einsammeln und Befördern sowie über die Überwachung von Abfällen und Reststoffen (AbfRestÜberwV) vom 3.4.1990 (BGBl. I 648); sie soll das Überwachungssystem effektiver machen und macht die Erteilung einer Entsorgungsgenehmigung vom Nachweis des Fehlens einer Verwertungsmöglichkeit abhängig;
- Altölverordnung (AltölV) vom 27.10.1987 (BGBl. I 2335);
- Verordnung über die grenzüberschreitende Verbringung von Abfällen (Abfallverbringungs-Verordnung – AbfVerbrV) vom 18.11.1988 (BGBl. I 2126) – zur Genehmigung grenzüberschreitenden Verkehrs nach §§ 13, 13c AbfG (Rn. 10/330). – §§ 1-16 und 18-20 wurden aber aufgehoben; ein neuer § 17 S. 2 wurde eingefügt jeweils durch Art. 4 des Ausführungsgesetzes zum Baseler Übereinkommen vom 30.9.1994 (BGBl. I 2771).
- Verordnung über die Vermeidung von Verpackungsabfällen (Verpackungsverordnung – VerpackV) vom 12.6.1991 (BGBl. I 1234, geändert durch VO vom 26.10.1993, BGBl. I 1782 (Rn. 10/182);
- Verordnung über die Entsorgung gebrauchter halogenierter Lösemittel (HKWAbfV) vom 23.10.1989 (BGBl. I 1918; Rn. 10/172 f.);
- Verordnung über die Rücknahme und Pfanderhebung von Getränkeverpackungen aus Kunststoffen vom 28.12.1988 (BGBl. I 2455; Rn. 10/180 f.).

Weitere Bundes-Rechtsverordnungen (vor allem aufgrund der §§ 7 und 12 KrW-/AbfG) sind zu erwarten.

72 Nach §§ 4 V, 16 AbfG ergingen allgemeine Verwaltungsvorschriften der BReg., insbesondere zwei *Technische Anleitungen für die Abfallentsorgung* (Rn. 6/78 ff.). Sie sollen nicht nur Errichtung und Betrieb von Abfallentsorgungsanlagen regeln, sondern übergreifend die gesamte Entsorgung nach dem Stand der Technik. Insbesondere geht es um Anforderungen an die Zuordnung von Abfallarten zu bestimmten Entsorgungswegen, an die Steuerung und Überwachung der Abfallströme sowie an die Überwachung und betriebliche Organisation der Abfallentsorgungsanlagen. Im einzelnen werden die dem *Stand der Technik* (Rn. 6/113 ff.) entsprechenden Verfahren der Sammlung, der (thermischen, physikalischen, chemischen und/oder biologischen) Behandlung und Schadstoffentfrachtung, der Lagerung und der (ober- und unterirdischen) Ablagerung (einschließlich Abdichtung usw.) festgelegt, um eine umweltverträgliche Abfallentsorgung zu gewährleisten. So gibt es die

- Erste Allgemeine Abfallverwaltungsvorschrift über Anforderungen zum *Schutz des Grundwassers* bei der Lagerung und Ablagerung von Abfällen vom 31.1.1990 (GMBl. 74, geändert am 17.12.1990, GMBl. 886), die
- Zweite Allgemeine Verwaltungsvorschrift zum Abfallgesetz (**TA Abfall**) vom 12.3.1991 (GMBl. 139, ber. S. 469) und die
- Dritte Allgemeine Verwaltungsvorschrift zum Abfallgesetz (**TA Siedlungsabfall**) vom 14.5.1993 (BAnz. Nr. 99 a).

73 Die „*TA Abfall*" befaßt sich mit der Behandlung von Sonderabfällen i.S. des § 2 II AbfG, in Teil I mit der Lagerung, der chemisch-physikalischen und der biologischen Behandlung und Verbrennung von Sonderabfällen, in Teil II mit den Anforderungen an die oberirdische und untertägige Ablagerung von Sonderabfällen.

Am 1.6.1993 ist die neue *Technische Anleitung (TA) Siedlungsabfall („TASi")*[57] in Kraft getreten, freilich mit großzügigen Übergangsfristen von 12 bzw. (für Bodenaushub) 8 Jahren. Darin wird der Müllverbrennung in Großverbrennungsanlagen der Vorrang vor der Deponie eingeräumt. Auf Müllplätzen dürfen künftig nur noch erdähnliche Stoffe gelagert werden, um neue Deponiealtlasten sowie Gefahren durch Deponiegase und -sickerwässer auszuschließen. Nach der TA Siedlungsabfall gibt es nur noch zwei Regeldeponien, nämlich *Mineralstoffdeponien* (Deponieklasse I) als Nachfolgedeponie für die bisherige Bauschuttdeponie und *Reststoffdeponien* (Deponieklasse II) anstelle der bisherigen Hausmülldeponien. Für beide Deponietypen gilt das bisher schon für Sonderabfalldeponien geltende *Multibarrierenkonzept* (neben Anforderungen an die abzulagernden Abfälle geologische Barriere[58], Basisabdichtung, bestimmte Einbautechnik und Oberflächenabdichtung).

74

c) Landesrecht

Auf der Ebene des Landesrechts sind *Landesabfallgesetze* ergangen.[59]

75

So wurde z.B. in *Baden-Württemberg* schon vor dem AbfG 1972 ein LAbfG am 21.12.1971 (GBl. 1972, 1) erlassen. Es wurde abgelöst durch das LAbfG vom 18.11.1975 (GBl. 757) und dieses durch das LAbfG vom 8.1.1990 (GBl. 1).

Diese Gesetze mußten dem neuen AbfG des Bundes von 1986 und müssen jetzt dem KrW-/AbfG angepaßt werden.

d) Zwischenstaatliche Abkommen

Besonders hinzuweisen ist auf das **Baseler Übereinkommen** vom 22.3.1989 über die Kontrolle der grenzüberschreitenden Verbringung gefährlicher Abfälle und ihrer Entsorgung (dazu im einzelnen Rn. 10/350 ff.)[60], das mit dem Gesetz über die Überwachung und Kontrolle der grenzüberschreitenden Verbringung von Abfällen (Abfallverbringungsgesetz – AbfVerbrG) vom 30.9.1994 (BGBl. I 2771) umgesetzt wurde.

76

4. Überblick über das Kreislaufwirtschafts- und Abfallgesetz

Das KrW-/AbfG tritt erst zwei Jahre nach seiner Verkündung, also am *7.10.1996* in Kraft, Art. 13 des Gesetzes zur Vermeidung, Verwertung und Beseitigung von Abfällen (GVVB-Abf) vom 27.9.1994 (BGBl. I, 2705). Nur die Vorschriften, die zum Erlaß von Rechtsverordnungen ermächtigen, sind bereits am 7.10.1994 in Kraft getreten. Schließlich bleiben die §§ 5a und 5b AbfG 1986 (Altöl) bestehen, bis sie durch Rechtsverordnungen nach den §§ 27 und 24 KrW-/AbfG abgelöst worden sind.

77

---

57 Krit. dazu *Dierkes*, NVwZ 1993, 951 ff.
58 Zu den geologischen Anforderungen der TASi *Gaßner/Schmidt*, NVwZ 1994, 975 ff.
59 Die landesrechtlichen Regelungen sind bei *Hösel/von Lersner*, Abfallbeseitigung, Bd. 2 abgedr.
60 BGBl. II 2703. Dazu Ausführungsgesetz vom 30.9.1994, BGBl. I 2771.

10 *Kreislaufwirtschafts- und Abfallrecht*

78 Das KrW-/AbfG regelt mehr oder weniger eingehend die Abfallvermeidung und die Abfallentsorgung, beinhaltet aber für viele umsetzungswichtige Einzelheiten gerade keine genauen Vorgaben, sondern nur *Verordnungsermächtigungen*, von deren Gehalt die Zielerreichung dann wieder entscheidend abhängt.

79 Im einzelnen enthält das KrW-/AbfG, das jetzt auch äußerlich anderen modernen Umweltgesetzen angepaßt wurde, nach allgemeinen Vorschriften (§§ 1-3 KrW-/AbfG) die Grundsätze und Pflichten der Erzeuger und Besitzer von Abfällen sowie der Entsorgungsträger (§§ 4-21 KrW-/AbfG), neuartige Bestimmungen über die Produktverantwortung (§§ 22-26 KrW-/AbfG), Regelungen der Planungsverantwortung, die neben Regelungen der Abfallwirtschaftsplanung vor allem das wichtige Anlagenzulassungsrecht enthalten (§§ 27-29 bzw. 30-36 KrW-/AbfG), eine die Produktverantwortung ergänzende Bestimmung zur Absatzförderungspflicht der öffentlichen Hand (§ 37), Informationspflichten (§§ 38 f. KrW-/AbfG), Überwachungsvorschriften von der allgemeinen behördlichen Überwachung über besonders überwachungsbedürftige Abfälle bis hin zu Transport- und Vermittlungsgenehmigungen u.a.m. (§§ 40-52 KrW-/AbfG), schließlich Organisationsvorgaben für Unternehmen einschließlich der Ausgestaltung der Aufgaben des Betriebsbeauftragten für Abfall (§§ 53-55 KrW-/AbfG) und noch die üblichen Schlußbestimmungen (§§ 56-64 KrW-/AbfG).

80 Das Gesetz ist übersichtlicher geworden. Es enthält jeweils für die Ordnung der Kreislaufwirtschaft und die Ordnung der Abfallbeseitigung Grundsätze, Grundpflichten und Verordnungsermächtigungen. Besonders hinzuweisen ist auf die Ausgestaltung der Produktverantwortung, die bestehende Ansätze des AbfG ausbaut.

81 An die Stelle der bisher nur durch Rechtsverordnung aufgrund von § 14 AbfG geregelten Rücknahme-, Pfand- und Kennzeichnungspflichten des bisherigen Abfallrechts tritt jetzt mit den Regelungen des 3. Teils, §§ 22-26 KrW-/AbfG, eine umfassende *Produktverantwortung* des Herstellers. Die entsprechenden Pflichten werden damit in das Abfallgesetz selbst integriert (§ 22 KrW-/AbfG), auch wenn Einzelheiten ihrer Ausgestaltung wieder Rechtsverordnungen (aufgrund §§ 23 f. KrW-/AbfG) überlassen bleiben.

82 Das KrW-/AbfG regelt nicht im einzelnen die Abfallbeseitigung als technischen Vorgang (z.B. hinsichtlich der an sie nach dem Stand der Technik zu stellenden Anforderungen). Hierzu enthält es nur *Grundsätze* in § 10, *Grundpflichten* in § 11 und eine Verordnungs-Ermächtigung in § 12 KrW-/AbfG sowie den Anlagenzwang in § 27 KrW-/AbfG.

5. Bedeutung des Kreislaufwirtschafts- und Abfallgesetzes

83 Ein Manko des AbfG 1986 bestand darin, zu wenig zur *Vermeidung* beigetragen zu haben. Dies war unter anderem angelegt in seinem § 1a, der nur ein Ziel vorgab, aber keine Pflichten enthielt, in seiner Adressierung nur an die entsorgungspflichtigen Gebietskörperschaften sowie in seinem *zu engen Abfallbegriff*. Für ein effizientes Abfallwirtschaftsrecht ist es aber wesentlich, Stoffströme insgesamt zu erfassen.

84 Mit dem *erweiterten Abfallbegriff* werden die Vermeidung und Verwertung von Reststoffen („Abfälle zur Verwertung") in das Abfallrecht (KrW-/AbfG) einbezogen und

damit der Anwendungsbereich des Gesetzes entscheidend erweitert; aufgrund der Neufassung des Abfallbegriffs sollen sich die ihm unterfallenden Stoffmengen in etwa verdoppeln. Das Schließen dieser Lücken des alten AbfG war jedenfalls vordergründig das wichtigste Anliegen an den Gesetzgeber.

Ebenso verdient Hervorhebung, daß das KrW-/AbfG jetzt weitere Anstrengungen zur Umsetzung des *Verursacherprinzips* (Rn. 1/73) macht: Das bisherige AbfG richtete sich (mit Ausnahme von § 14 zur Rücknahme- und Verwertungspflicht für Produkte) mit seinen Vorschriften über die Verwertung und sonstige Entsorgung im wesentlichen an die öffentlich-rechtlichen Entsorgungsträger. Demgegenüber werden jetzt die Erzeuger und Besitzer von Abfällen selbst zur Vermeidung, Verwertung und Beseitigung verpflichtet. Indem sie die Kosten dieser Maßnahmen tragen müssen, sehen sie sich auch eher veranlaßt, bei der Herstellung und dem Verbrauch von Gütern auf die Vermeidung und Verwertung von Abfällen zu achten. **85**

Umgekehrt wird dafür Abfallerzeugern und -besitzern jetzt auch die Möglichkeit eingeräumt, ihre Entsorgungspflichten selbst wahrzunehmen und dabei Dritte, Verbände oder Einrichtungen der Wirtschaft einzuschalten. Die bisher im wesentlichen *öffentliche* Abfallentsorgung tritt jetzt gegenüber den Verursacherpflichten zurück. Nur die Entsorgung der Haushaltsabfälle bleibt wie bisher Aufgabe der zuständigen Gebietskörperschaften. **86**

Weiter werden die Anforderungen an eine hochwertige und schadlose Verwertung von Abfällen näher bestimmt, um auch insoweit den bisher oft unbefriedigenden Erfahrungen mit der Erfüllung entsprechender Pflichten Rechnung zu tragen. **87**

Schließlich wird eine Reihe neuer Instrumente wie Abfallwirtschaftskonzepte und Abfallbilanzen für große Abfallerzeuger, Abfallberatungspflichten der Entsorgungsträger und Pflichten der öffentlichen Hand zur besonderen Berücksichtigung abfallarmer Produkte die Möglichkeiten der Vermeidung und Verwertung stärken. **88**

All diese Ansätze verdienen Unterstützung. Die Schreckgespenste einer abfallrechtlich eingeführten *Zwangswirtschaft* mit staatlicher Bedarfsprüfung und einer durchgehenden Gängelung der Wirtschaft, wie sie den Gesetzgebungsprozeß begleitet haben, sind überzeichnet. Andererseits ist bedauerlich, daß die Anregungen – auch des SRU[61], mehr *marktwirtschaftliche* Lösungen der Probleme der Abfallwirtschaft zu versuchen, weitgehend unberücksichtigt blieben. Damit sind gleichzeitig wichtige Schritte unternommen und ebenso wichtige Möglichkeiten verschenkt. Zur „systematischen Entwicklung einer umweltverträglichen Abfallwirtschaft als Bestandteil einer ökologischen Stoffwirtschaft"[62] ist offenbar noch ein weiter Weg. **89**

Bei einer *marktwirtschaftlichen Lösung* des Abfallproblems entscheidet der Wirtschaftsprozeß, wieviel Abfälle insgesamt anfallen, welche Anzahl davon wiederverwertet, verbrannt und abgelagert wird, und zwar anhand von Umweltschutzkriterien für Verwertungsverfahren und für Verfahren der Verbrennung und Ablagerung als Vorgabe für den Wirtschaftsprozeß seitens **90**

---

61 SRU, Stellungnahme zum Entwurf des Rückstands- und Abfallwirtschaftsgesetzes (RAWG; Stand April 1993), S. 1 ff. (als Anhang A enthalten in: SRU, Umweltgutachten 1994, S. 321 ff.).
62 So die Forderung des SRU, Sondergutachten Abfallwirtschaft, 1990, Tz. 23 ff.

10 *Kreislaufwirtschafts- und Abfallrecht*

der öffentlichen Hand. Bei einem solchen Modell steuern die Preise in Abhängigkeit von den gesetzlichen Vorgaben die Wahl der abfallwirtschaftlich besten Option.

91 Noch immer fehlen auch *ökonomische Anreize* in der kommunalen Entsorgungspraxis, um verhaltenslenkende Effekte auszulösen. Leider enthält auch das Kreislaufgesetz keine zwingenden Vorgaben hinsichtlich der Entsorgungsgebühren der öffentlichen Hand und der Entsorgungsentgelte privater Entsorger. Dabei wären solche bundesrechtlichen Vorgaben hinsichtlich der Ausgestaltung der Entsorgungsgebühren verfassungsgemäß, und zwar sowohl hinsichtlich der kommunalen Selbstverwaltungsgarantie als auch gebührenrechtlicher Grundsätze, aufkommensneutral anzuwenden und ohne wesentlichen Verwaltungsmehraufwand umsetzbar. Daß viele Kommunen von sich aus entsprechende Wege beschreiten, unterstreicht nur die Sinnhaftigkeit vorstehender Forderung. Nicht ausgeschlossen sind nämlich weiterhin kommunale Aktivitäten zur Eingrenzung des Plastikmülls, z.B. durch Einführung einer kommunalen Abgabe auf Wegwerf-Geschirr.[63] Dagegen sind verbindliche Vermeidungsgebote ausschließlich durch Rechtsverordnung der Bundesregierung vorgesehen (Rn. 10/169 ff.).[64]

92 Die Bewährung des KrW-/AbfG steht noch aus. Schon jetzt läßt sich aber sagen, daß mit den Neubestimmungen des Abfallbegriffs in Anlehnung an die EG-rechtlichen Vorgaben ein wichtiger Schritt zur europaweiten Harmonisierung und Effektivierung des Umweltrechts geleistet wurde. Insgesamt bedeutet das neue KrW-/AbfG einen großen Schritt nach vorn, der freilich durch unzureichende Konkretisierung in den kommenden Rechtsverordnungen großenteils wieder zurückgenommen werden kann.

III. Gesetzeszweck, Anwendungsbereich, Begriffe und Instrumente

1. Zweck des Gesetzes

93 Wie schon andere moderne Umweltgesetze vor ihm (Rn. 6/39 f.; 8/49 ff.; 9/45 f.) enthält jetzt auch das Kreislaufgesetz in seinem § 1 eine auslegungsunterstützende und ermessensleitende Bestimmung seines **Zwecks**, nämlich *„zur Schonung der natürlichen Ressourcen die Kreislaufwirtschaft zu fördern und die umweltverträgliche Beseitigung von Abfällen zu fördern."*

2. Geltungsbereich

a) Anwendbarkeit des KrW-/AbfG

94 aa) Das KrW-/AbfG gilt für die **Vermeidung, Verwertung** und die **Beseitigung** von **Abfällen**, § 2 I Nrn. 1-3. Alle vier Begriffe, denen ja für die Anwendung des Gesetzes

---

63 BVerwG, DVBl. 1995, 58 ff.; abl. *Gern*, NVwZ 1995, 771 f.
64 *Tettinger*, DVBl. 1995, 213 (214) m.w.N.

entscheidende Bedeutung zukommt, werden im folgenden (§§ 3 f. KrW-/AbfG) gesetzlich bestimmt. Diesen Begriffsbestimmungen, insbesondere dem Abfallbegriff kommt damit entscheidende Bedeutung für den Anwendungsbereich des Gesetzes zu (näher dazu unten Rn. 10/104 ff.). Indem jetzt die Ausklammerung sog. „*Wirtschaftsgüter*" aus dem Anwendungsbereich des Abfallgesetzes entfällt, wird der sachliche Geltungsbereich gegenüber dem Abfallgesetz von 1986 erheblich erweitert.

Die in § 1 III Nrn. 6 u. 7 AbfG 1986 genannten, durch Sammlung einer Verwertung zugeführten Stoffe, werden jetzt anders als früher, wo sie Wirtschaftsgut geblieben sind, vom KrW-/AbfG erfaßt. **95**

Mit der Ausdehnung des Abfallbegriffs wurde auch die Ausdehnung des Geltungsbereichs des Abfallgesetzes auf *Nichtabfallstoffe* hinfällig, wie sie das AbfG 1986 für nicht zugelassene Kfz auf Straßen, Altöle und Dungstoffe noch vorsah. **96**

Sogar ausdrücklich einbezogen und Gegenstand besonderer Regelungen ist jetzt der Bereich der *landwirtschaftlichen Düngung*. Dafür können aufgrund § 8 I KrW-/AbfG durch Verordnung Anforderungen festgelegt werden, die insbesondere einer Überdüngung zum Zweck der Beseitigung der bei der Viehhaltung anfallenden Stoffe entgegenwirken sollen. Für Wirtschaftsdünger greift diese Ermächtigung ein, wenn das Maß der guten fachlichen Praxis i.S.d. § 1a Düngemittelgesetz überschritten wird (II 2). Bleibt der Bund untätig, können die Länder selbst handeln, § 8 III KrW-/AbfG. **97**

bb) Von besonderer Bedeutung für die betriebliche Praxis ist die **Abgrenzung zu immissionsschutzrechtlichen Anforderungen** durch § 9 KrW-/AbfG über die Pflichten der Anlagenbetreiber.[64a] Danach beschränkt sich das KrW-/AbfG auf stoffbezogene Anforderungen an die Art und Weise der *Verwertung und Beseitigung* von Abfällen bzw. verweist für entsprechende Anforderungen an die *anlageninterne Verwertung* auf eine Verordnung nach §§ 6 I und 7 KrW-/AbfG. Anlagenbezogene Anforderungen richten sich nach Immissionsschutzrecht. Anders als nach früherem Immissionsschutzrecht werden vom KrW-/AbfG jetzt aber auch Stoffe im *Produktionsprozeß* erfaßt. Immissionsschutzrechtlich galt nämlich die Verwendung im Produktionsprozeß als Vermeidung (Rn. 6/141), abfallrechtlich dagegen als Verwertung. Die entsprechenden Stoffe unterliegen damit wenigstens abfallrechtlichen Regelungen (Rn. 10/142). **98**

Beispiel: Wenn also gefährliche Reststoffe noch im Rahmen des Produktionsvorgangs bei der Herstellung als Baumaterial bestimmter Ziegel verwendet werden, unterliegen sie den abfallrechtlichen Vorschriften, insbesondere bestimmten Anforderungen an die Verwertung und der entsprechenden Überwachung.

Zum Zweck einer *weitergehenden Harmonisierung* des materiellen Abfallrechts hätte sich angeboten, im Zuge der Neuregelung des Abfallrechts auch andernorts, insbesondere im BImSchG weitere Anpassungen vorzunehmen, vor allem durch die ausdrückliche Verankerung der *Pflichtenhierarchie* (Rn. 10/137 ff.) auch im BImSchG. Auch sollten im BImSchG die Anforderungen an die Vermeidung von Rückständen in der Anlage festgelegt werden, und zwar unter Verweisung auf die auf der Grundlage des KrW-/AbfG ergangenen Rechtsverordnungen. **99**

Insgesamt sollten alle mengen- und stoffbezogenen Vorgaben für Abfälle – unabhängig von ihrem Entstehungsort – im KrW-/AbfG festgelegt werden und umgekehrt alle anlagenbezogenen Aspekte, also Maßnahmen zur Vermeidung des Anfalls von Abfäl- **100**

64a Zum Nebeneinander von Abfall- und Immissionsschutzrecht *Rebentisch*, NVwZ 1995, 639 ff.

10 Kreislaufwirtschafts- und Abfallrecht

len in der Anlage selbst sowie die Umsetzung stoffbezogener Anforderungen in der Anlage dem Immissionsschutzrecht überlassen bleiben, da die Immissionsschutzbehörden die besseren Zugriffs- und Kontrollmöglichkeiten für entsprechende Anlagen haben.

b) Ausnahmen von der Geltung des KrW-/AbfG

101 Ausgenommen vom Anwendungsbereich des KrW-/AbfG sind nach § 2 II solche Abfälle, deren Beseitigung Gegenstand *spezialgesetzlicher Regelungen* ist. Das gilt für
- Stoffe, die nach dem Tierkörperbeseitigungsgesetz, dem Fleischhygiene- und dem Geflügelfleischhygienegesetz, dem Lebensmittel- und Bedarfsgegenständegesetz, dem Milch- und Margarinegesetz, dem Tierseuchengesetz, dem Pflanzenschutzgesetz und nach den aufgrund dieser Gesetze ergangenen Rechtsverordnungen zu beseitigen sind (*Nr. 1*),
- Kernbrennstoffe und sonstige radioaktive Stoffe i.S.d. AtG (*Nr. 2*),
- Stoffe, deren Beseitigung in einer aufgrund des Strahlenschutzvorsorgegesetzes erlassenen Rechtsverordnung geregelt ist (Nr. 3),
- bestimmte Abfälle aus Bergbaubetrieben (*Nr. 4*),
- nicht in Behälter gefaßte gasförmige Stoffe (*Nr. 5*),
- Stoffe, sobald diese in Gewässer oder Abwasseranlagen eingeleitet oder eingebracht werden (*Nr. 6*);

  Für flüssige Abfallstoffe, die nach den wasserrechtlichen Vorschriften (z.B. nach § 6 WHG) nicht in Gewässer oder Abwasserentsorgungsanlagen eingeleitet oder eingebracht werden dürfen, gilt Abfallrecht. Sobald Stoffe – ob zu Recht oder zu Unrecht – in Gewässer oder Abwasseranlagen eingeleitet oder eingebracht werden, gilt nach § 2 II Nr. 6 KrW-/AbfG immer Wasserrecht.[65]
- Kampfmittel (*Nr. 7*).

102 In den Nrn. 1 bis 3 des § 2 II KrW-/AbfG sind die verdrängenden Spezialgesetze genannt. Im übrigen sind einschlägig für Nr. 4 das BBergG, für Nr. 5 das BImSchG und die landesrechtlichen Immissionsschutzregelungen, für Nr. 6 das WHG und die LWG, für Nr. 7 landesrechtliche Vorschriften.

3. Begriffsbestimmungen

103 Gesetzlich bestimmt sind die Begriffe *Abfall, Abfallerzeuger, Abfallbesitzer, Abfallentsorgung* und *besonders überwachungsbedürftige Abfälle*, § 3 I, V, VI, VII und VIII KrW-/AbfG.

a) Abfallbegriff

104 Der **Abfallbegriff**, insbesondere die Abgrenzung zwischen Abfall und Wirtschaftsgut, das dem Begriff nach im AbfG 1986 gar nicht vorkam, war seit 1986 Gegenstand einer

---

65 Vgl. *Breuer*, Wasserrecht, Rn. 113, 286 ff.

Vielzahl von Auslegungsbemühungen und Entscheidungen. Ihm gilt auch die Abfallrichtlinie 91/156/EWG vom 18.3.1991[66], der das Gesetz anzupassen war. Dementsprechend lehnt sich der neue Abfallbegriff des KrW-/AbfG an die EG-Richtlinie[67] an, die er praktisch wörtlich übernimmt. Mit seinem neuen Abfallbegriff trägt der Gesetzgeber zugleich der Rechtsprechung des BVerwG[68] Rechnung, das den Abfallbegriff ständig weiter auszudehnen versuchte, um das Entstehen abfallrechtlich letztlich unerwünschter „Deponien" unter der Deklaration der Wertstoffablagerung bzw. Zwischenlagerung zu verhindern.

Das **Abfallgesetz 1986** kannte einen *subjektiven* und einen *objektiven Abfallbegriff* (§ 1 I 1 AbfG).[69] Beide Begriffe konnten sich überschneiden. Probleme entstanden meist, wo sie auseinanderfielen. Hinzu kam eine mit § 1 I 2 AbfG 1986 eingeführte neue Abfallart, die als „Wertabfall" bezeichnet wurde (*modifizierter Abfallbegriff*). Unter seiner Geltung sind offenbar große Mengen Abfalls schlicht dadurch „verschwunden", daß ihnen bestimmte Stoffe, z.B. Metallsplitter, zugegeben und sie danach als Wertstoff deklariert wurden. Sie unterlagen damit nicht mehr dem Abfallrechtsregime und so auch nicht mehr der entsprechenden Überwachung und Entsorgungspflicht. Wenn sog. Wertstoffe sich z.B. in Baustoffen wiederfinden, entstehen aber neue Gefahren, die bisher rechtlich kaum greifbar waren. Dies konnte nicht länger hingenommen werden.

105

Auch bewegliche Sachen, die vom Besitzer den entsorgungspflichtigen Körperschaften oder von diesen beauftragten Dritten im Rahmen der Systeme für eine getrennte Erfassung verwertbarer Stoffe zum Zwecke der Wiederverwertung überlassen werden (Glas, Altpapier, Metallteile, Kunststoffe usw.), waren nach altem Recht keine Abfälle im subjektiven Sinn, häufig auch keine Abfälle im objektiven Sinn. Der Besitzer will sich nämlich dieser *Wertstoffe* meist nicht „als Abfall" entledigen; sie sind auch als solche häufig nicht umweltgefährdend. Trotzdem wurden diese Wirtschaftsgüter vom Gesetz (§ 1 I 2 AbfG) – eben auch für den Fall der späteren Verwertung – so lange als Abfälle i.S. des AbfG qualifiziert, bis sie oder die aus ihnen gewonnenen Stoffe oder erzeugte Energie dem Wirtschaftskreislauf (wieder) zugeführt werden (sogen. „*Wertabfall*"). Auf diesen Wertabfall (bzw. auf die im Abfall enthaltenen Wertstoffe) waren daher die Vorschriften des AbfG anwendbar (z.B. §§ 2, 3 II 4 AbfG). Überließ der Besitzer solche verwertbaren Stoffe aber nicht der *öffentlichen* Abfallentsorgung, sondern –

---

66 ABl. Nr. L 78/32; dazu *Seibert*, DVBl 1994, 229 (230 ff.).
67 Zum Abfallbegriff des EG-Rechts s. *Dieckmann*, NuR 1992, 407 ff.; *Fluck*, DVBl. 1993, 590 (591 ff.); *Konzak*, NuR 1995, 130 ff.
68 BVerwGE 92, 353; 92, 359; dazu krit. Fluck, UPR 1993, 426 ff.; *Versteyl*, NVwZ 1993, 961 ff.; *Weidemann*, DVBl. 1994,1014 ff.; – vgl. dagegen BVerwG, NVwZ 1994, 897 f. – S.a. *Seibert*, DVBl. 1994, 229 (233 f.); *Bickel*, NuR 1992, 361 f.; *Eckert*, NVwZ 1995, 749 (750 ff.).
69 Die Funktion des subjektiven Abfallbegriffs war insbesondere darin zu sehen, dem Entsorgungspflichtigen die Möglichkeit zu nehmen, dem Besitzer entgegenzuhalten, die Sache sei noch brauchbar und könne daher nicht entgegengenommen werden. – Der subjektive Abfallbegriff bedurfte der Ergänzung durch einen Begriff des Abfalls im objektiven Sinn, um umweltschädliche Stoffe auch dann der Entsorgung zuführen zu können, wenn die Voraussetzungen des subjektiven Abfallbegriffs nicht vorlagen. Nach dem *objektiven Abfallbegriff* i.S. des § 1 I 1 AbfG kam es daher für die Abfalleigenschaft nicht auf den Willen des Besitzers, sondern darauf an, ob nach den konkreten Umständen die geordnete Entsorgung der beweglichen Sache nach normativen Kriterien objektiv geboten ist, ob sie nämlich zur Wahrung des *Wohls der Allgemeinheit*, insbesondere des Schutzes der Umwelt erforderlich ist („Zwangsabfall"); vgl. hierzu auch BVerwG, DVBl. 1984, 225 (226); BVerwG, UPR 1989, 33. Das war vor allem bei einer Gefährdung der vom Gesetzgeber in § 2 I 2 AbfG besonders hervorgehobenen Schutzgüter der Fall, also etwa aus hygienischen, aber auch aus ästhetischen Gründen. Krit. zum Abfallbegriff des AbfG *Franßen*, FS Redeker, 1993, S. 457 (461 ff.).

10 *Kreislaufwirtschafts- und Abfallrecht*

etwa im Rahmen von (Altpapier-, Metallschrott-) Sammlungen – Dritten, blieben sie Wirtschaftsgut, unterfielen also nicht dem Abfallrechtsregime.[70]

106 In jedem Fall können nur *bewegliche* Sachen Abfall sein, also Sachen i.S. des § 90 BGB, die nicht Grundstücke oder Grundstücksbestandteile (§ 94 BGB) sind.

aa) Subjektiver Abfallbegriff: Eingeschränktes Bestimmungsrecht des Besitzers

107 Nach § 3 I KrW-/AbfG sind **Abfälle** im Sinne dieses Gesetzes alle beweglichen Sachen, die unter die in Anhang I des Gesetzes aufgeführten Gruppen fallen und deren sich ihr Besitzer entledigt, entledigen will oder entledigen muß. Abfälle *zur Verwertung* sind danach Abfälle, die verwertet werden; Abfälle die nicht verwertet werden, sind Abfälle *zur Beseitigung*.[71]

108 Wenn es in § 3 I 2 HS 1 KrW-/AbfG heißt, Abfälle zur Verwertung sind Abfälle, die verwertet werden, klingt dies zwar auf den ersten Blick erheiternd, begründet aber die Beweislast des Besitzers, daß eine Verwertung tatsächlich stattfindet.

109 Damit entsteht jetzt neu die Kategorie des *Abfalls zur Verwertung*. Sie soll die vorstehend (Rn. 10/105) beschriebenen Lücken füllen. Allein daraus soll nach Schätzungen eine dreifach höhere Abfallmenge resultieren, was eine um so bessere Überwachung und Entsorgungsordnung gewährleisten sollte.

110 Wer sich nun von Anhang I eine Eingrenzung erhofft, wird enttäuscht:

Anhang I enthält eine Reihe von Abfallgruppen Q 1 bis Q 16, z.B. so genau beschriebene Gruppen wie Q 9: Rückstände von Verfahren zur Bekämpfung der Verunreinigung (z.B. Gaswaschschlamm, Luftfilterrückstand, verbrauchte Filter usw.) oder Q 10: Bei maschineller oder spanender Formengebung anfallende Rückstände (z.B. Dreh- und Fräsespäne usw.), aber auch Beschreibungen wie Q 1: Nachstehend nicht näher beschriebene Produktions- oder Verbrauchsrückstände, und schließlich einen Auffangtatbestand Q 16: Stoffe oder Produkte aller Art, die nicht einer der oben erwähnten Gruppen angehören.

111 Dieser aus dem EG-Recht übernommene Katalog ist zu einer Konkretisierung oder Objektivierung des Abfallbegriffs ungeeignet.[72] Auch das inzwischen von der Kommission erarbeitete Verzeichnis der unter die Abfallgruppen des Anhangs I fallenden Abfälle[73] hilft nicht weiter, denn es hat nur eine deklaratorische bzw. illustrative Funktion.[74]

112 Entscheidend für den Abfallbegriff ist daher die *Konkretisierung* der *Entledigungstatbestände*. Dazu bestimmt § 3 II KrW-/AbfG, eine **Entledigung** i.S.d. Abs. 1 liege vor, wenn der Besitzer beweglicher Sachen einer Verwertung i.S.d. Anhangs II B oder einer Beseitigung i.S.d. Anhangs II A zuführt oder die tatsächliche Sachherrschaft über sie

---

70 Zu weiteren Fragen des alten AbfG vgl. BayObLG, NVwZ-RR 1993, 240 f.; BayVGH, NVwZ-RR 1993, 464 f.; VGH BW, NVwZ-RR 1995, 75 f.
71 Zum schließlich aufgegebenen Begriff der Rückstände krit. *Kersting*, DVBl. 1994, 273 (276).
72 Ebenso *Petersen/Rid*, NJW 1995, 7 (8) m.w.N. in Fn. 12.
73 Entscheidung der Kommission vom 20.12.1993 über ein Abfallverzeichnis gem. Art. 1 lit. a der Richtlinie 75/442/EWG des Rates über Abfälle (94/3/EG), ABl. vom 7.1.1994, Nr. L 5/15.
74 *Fluck*, DVBl. 1993, 590 (591); ebenso *Petersen/Rid*, NJW 1995, 7 (9) m.N. auch der abweichenden Auffassungen; eingehend *Fluck*, DVBl. 1995, 537 ff.

unter Wegfall jeder weiteren Zweckbestimmung aufgibt. Auch diese Anhänge sind aus der EG-Rahmenrichtlinie übernommen. § 3 II KrW-/AbfG knüpft damit die Entledigung an das konkrete Verhalten des Besitzers an.

„Entledigen" heißt, daß der Gewahrsam an der beweglichen Sache zum *alleinigen* Zweck ihrer Beseitigung aufgegeben wird. Zivilrechtlich ist dies eine Dereliktion i.S. des § 958 BGB. Nimmt ein Dritter diese Sache in Besitz, so verliert sie ohne weiteres ihre Abfalleigenschaft, soweit sie nicht den objektiven Abfallbegriff (Rn. 10/118) erfüllt. **113**

Andererseits begnügt sich das KrW-/AbfG nicht mit dem *Bestimmungsrecht* des Besitzers, sondern *fingiert* in § 3 III 1 zwei Fallgruppen von Entledigungswillen. So ist der *Entledigungswille* bei solchen beweglichen Sachen *anzunehmen*, die bei der Herstellung, Bearbeitung und anderen Nutzungen anfallen, ohne daß der Zweck der jeweiligen Handlung hierauf gerichtet ist (Nr. 1). Damit fallen im Produktions- und Verarbeitungsprozeß nicht zielgerichtet entstehende verwertbare „Reststoffe" erstmals unter den Abfallbegriff und das entsprechende Pflichtenregime. Zum zweiten ist der Entledigungswille anzunehmen, wenn die ursprüngliche Zweckbestimmung entfällt oder aufgegeben wird, ohne daß ein neuer Verwendungszweck unmittelbar an deren Stelle tritt (Nr. 2). Damit wären alle nicht mehr verwendbaren Produkte erfaßt, die bisher als vermeintlich verwertbare „Wirtschaftsgüter" dem Zugriff des Abfallrechts entzogen waren. **114**

Auch die Beurteilung der *Zweckbestimmung* ist jetzt *objektiviert*, indem zwar die Auffassung des Erzeugers oder Besitzers zugrundezulegen, gleichzeitig aber die *Verkehrsanschauung* zu berücksichtigen ist, § 3 III 2 KrW-/AbfG. **115**

Damit bleibt es weiterhin beim *subjektiven Abfallbegriff*, auch wenn noch in der Gesetzesbegründung zu früheren Gesetzentwürfen anderes stand. Dieser hat nun aber eine andere Anknüpfung, insbesondere entfällt das Etikett des Wirtschaftsgutes. Entscheidend ist jetzt nicht mehr, ob der Besitzer eine bewegliche Sache aufgeben will, sondern ob ihr *Verwendungszweck entfallen* ist, also nicht mehr, ob der Besitzer eine Verwertungs- oder Beseitigungsabsicht hat, sondern ob die Sache *nach der Verkehrsanschauung* zweckgerichtet produziert bzw. verwendet wird, also die Abgrenzung zwischen Produkt und Abfall.[75] **116**

Beispiele: Abfall ist ein für die Sperrmüllabfuhr bereitgestelltes altes Möbelstück. – Erdboden kann erst nach dem Aushub bewegliche Sache und damit u.U. Abfall werden. Umfaßt der Aushub sehr große Mengen oder ist er in relevanter Weise schadstoffhaltig, so ist er schon im objektiven Sinne Abfall. Im übrigen ist Erdaushub z.B. dann nach dem subjektiven Abfallbegriff als Abfall zu qualifizieren, wenn der Besitzer einem Grubeninhaber für die Abnahme ein Entgelt zahlt (Entledigungsabsicht)[76], nicht hingegen, wenn der Besitzer ihn als Material zur Auffüllung seines Grundstücks verwenden will, weil hier ein neuer Verwendungszweck unmittelbar an den vorherigen anschließt.[77] Wer leere Flaschen in einen Altglascontainer wirft, entledigt sich ihrer; nach dem neuen Abfallbegriff entsteht damit Abfall; hier wird der Unterschied zur alten Rechtslage deutlich, nach der sich der Besitzer der Sache nicht „als Abfall" entledigt hat, wenn **117**

---

75 *Petersen/Rid*, NJW 1995, 7 (9).
76 HessVGH, ZfW 1974, 362.
77 Zur alten Rechtslage ebso. OLG Zweibrücken, NVwZ 1983, 180.

10 *Kreislaufwirtschafts- und Abfallrecht*

er das Recycling wollte[78]; die Flaschen waren dann aber „Wertabfall". – Ging die Flasche nicht in einen öffentlich aufgestellten Container, sondern in eine private Sammlung, wurde sie gar nicht Abfall, ist es aber jetzt nach neuem Recht.

bb) Objektiver Abfallbegriff: „Zwangsabfall"

118 Schließlich wurde der *objektive Abfallbegriff* in Anlehnung an die Rechtsprechung des BVerwG[79] konkretisiert. Nach § 3 IV KrW-/AbfG **muß** sich der Besitzer beweglicher Sachen entledigen, wenn diese entsprechend ihrer ursprünglichen Zweckbestimmung nicht mehr verwendet werden, aufgrund ihres konkreten Zustandes aber geeignet sind, gegenwärtig oder künftig das Wohl der Allgemeinheit, insbesondere die Umwelt zu gefährden, und wenn deren Gefährdungspotential nur durch eine ordnungsgemäße und schadlose Verwertung oder gemeinwohlverträgliche Beseitigung nach den Vorschriften dieses Gesetzes und der aufgrund dieses Gesetzes erlassenen Rechtsverordnungen ausgeschlossen werden kann.[80] Das abstrakte[81] Tatbestandsmerkmal der Gefährdung wird durch die Anknüpfung an das jeweilige Gefährdungspotential wieder eingegrenzt. Es muß also die umweltverträgliche Verwertung und Beseitigung erforderlich sein.

119 *Beispiele:* Abfall im objektiven Sinn ist der vom Hochwasser am Flußufer angeschwemmte Unrat.[82] – Aushub ist „Zwangsabfall", wenn er Schadstoffe enthält oder wenn es sich um eine sehr große Menge handelt.[83] – „Zwangsabfall" ist auch durch einen Tankunfall verseuchtes Erdreich nach der Ausbaggerung. – Bauruinen verwandeln sich erst bei Abriß in Bauschutt und damit in der Regel in Abfall.[84] Altreifen, die in einer zu Brandgefahren führenden Weise gelagert sind, verlieren auch dann nicht ihre Abfalleigenschaft im objektiven Sinn, wenn sie zwecks wirtschaftlicher Weiterverwendung ins Ausland veräußert sind.[85] – Gefährliche oder auch nur lästige, nicht mehr zur Verwertung geeignete Stoffe (Abfälle jetzt auch i.S.d. § 5 I Nr. 3 BImSchG n.F.) erfüllen den objektiven Abfallbegriff.

b) Erzeuger

120 Zu **Erzeugern** von Abfällen bestimmt § 3 V KrW-/AbfG jede natürliche oder juristische Person, durch deren Tätigkeit Abfälle angefallen sind, und jede Person, die

---

78 OVG Mstr., NVwZ 1983, 561; nach verbreiteter Auffassung setzte der Entledigungswille bei der Abfallbereitstellung zusätzlich zum Besitzaufgabewillen den Willen voraus, die Sache „als Abfall" entsorgen zu lassen; s. *Kloepfer*, Umweltrecht, 1989, S. 685 m. Nachw.; s. aber einschränkend das Pyrolyseurteil des BGH, DVBl. 1991, 876, sowie BVerwGE 92, 353 ff.; 92, 359 ff.; hier griff aber u.U. der Wertabfallbegriff.
79 BVerwGE 92, 353 ff.; 92, 359 ff.
80 Zum objektiven Abfallbegriff auch *Fluck*, UPR 1993, 426 ff.
81 Wie hier *Petersen/Rid*, NJW 1995, 7 (9); a.A. („konkret gefährliche Stoffe") *Versteyl/Wendenburg*, NVwZ 1994, 833 (836).
82 OVG Mstr., Urt. vom 14.1.1985 – 29 A 3034/83, zit. nach *Hösel/von Lersner*, Abfallbeseitigung, Bd. 1, AbfG, § 1 Rn. 12. Dasselbe gilt für die Zeit vor Inkrafttreten des Tierkörperbeseitigungsgesetzes vom 2.9.1975 (BGBl. I 2313, 2610) für angeschwemmte Fischkadaver; s. BVerwG, DÖV 1984, 635.
83 Für Mutterboden gilt das spezielle Wiederverwertungsgebot des § 202 BauGB. – Bauschutt, der wieder einplaniert und abgedeckt worden ist, hat seine Abfalleigenschaft verloren; vgl. OVG Koblenz, NVwZ 1985, 436.
84 OVG Koblenz, DÖV 1984, 897.
85 BVerwGE 92, 359 ff.; s.a. 92, 353.

Vorbehandlungen, Mischungen oder sonstige Behandlungen vorgenommen hat, die eine Veränderung der Natur oder der Zusammensetzung dieser Abfälle bewirken.

c) Besitzer

Nach § 3 VI KrW-/AbfG ist Besitzer von Abfällen i.S.d. Gesetzes jede natürliche oder juristische Person, die die tatsächliche Sachherrschaft über Abfälle hat.[86] **121**

d) Entsorgung

Die **Abfallentsorgung** umfaßt nach § 3 VII KrW-/AbfG sowohl die (stoffliche oder thermische) **Abfallverwertung** (Rn. 10/144 ff.) als auch die **Abfallbeseitigung** (Rn. 10/148 ff.). Allerdings umfaßt die Abfallentsorgung – sei es als Abfallverwertung, sei es als Abfallbeseitigung – auch die folgenden *Vorbereitungs- bzw. Begleithandlungen* (4 Phasen), nämlich das **122**

— *Einsammeln* von i.S. des § 13 I KrW-/AbfG „überlassungspflichtigen" Abfällen, also etwa das Abholen bereitgestellter oder das Auflesen (in Wald und Flur) verstreuter Abfälle, auch das Beseitigen wilder Müllkippen, nicht aber das Handeln des Abfallbesitzers, das i.S. des § 13 I AbfG auf das Vorbereiten des Einsammelns, d.h. darauf gerichtet ist, die Abfälle dem Beseitigungspflichtigen zu überlassen,[87]
— *Befördern*, d.h. die dem Einsammeln folgenden, dem Transport dienenden Vorgänge der Übernahme, der Ortsveränderung und der Ablieferung des Abfalls (also z.B. nicht das Verbringen von Sperrmüll durch den Besitzer an die vorgeschriebene Sammelstelle),
— *Lagern*, d.h. das vorübergehende Ablegen[88] (Zwischenlagern) des angefallenen Abfalls vor Beginn des eigentlichen Verwertungsprozesses oder vor der endgültigen Beseitigung des Abfalls oder seiner Behandlungsrückstände (in Form des Ablagerns), also nicht das dem Einsammeln vorausgehende Bereitstellen von Abfällen durch den Abfallbesitzer zum Zwecke des Einsammelns, und
— *Behandeln*, d.h. eine im Zusammenhang mit der Entsorgung vorgenommene qualitative oder quantitative Veränderung des Abfalls, z.B. durch Verbrennen oder Verschwelen (Rn. 10/28 ff.), Zerkleinern, Entwässern, Pressen usw., worin u.U. (z.B. bei rückstandsfreier Verbrennung) bereits seine abschließende Verwertung oder Beseitigung liegen kann.

Am Ende eines Abfallentsorgungsprozesses, der auf Abfallbeseitigung gerichtet ist, steht das *Ablagern* von (unbehandelten oder vorbehandelten) Abfällen bzw. von (eben- **123**

---

86 Zu dem vom AbfG geforderten Mindestmaß an Sachherrschaft vgl. BVerwGE 67, 8 (12). Vgl. im übrigen zum öffentlich-rechtlichen Besitzbegriff des Abfallrechts BVerwG, DVBl. 1989, 522 u. Fn. 10/128.
87 Zum Einsammeln gehört auch das Aufstellen von Altglas- und Altpapiercontainern, VG Köln, NVwZ 1993, 401; noch zur alten Rechtslage BVerwGE 67, 8.
88 Es gibt auch ein „*Lagern* durch pflichtwidriges Unterlassen", z.B. dann, wenn ein Grundstückseigentümer entgegen seiner Verpflichtung aus § 11 I KrW-/AbfG wild auf sein Grundstück abgekippten, von ihm wahrgenommenen Müll einfach liegen läßt.

falls dem Abfallbegriff unterfallenden) Behandlungsrückständen (z.B. Reaktionssalzen oder Filterstäuben, die bei der „Behandlung" verbrennbarer Abfälle in einer Müllverbrennungsanlage angefallen sind). Bei dem gesetzlich nicht definierten „Ablagern"[89] geht es um das endgültige Niederlegen und Liegenlassen von zur Verwertung nicht in Betracht kommenden Abfällen und Behandlungsrückständen mit dem Ziel, sich ihrer dauerhaft zu entledigen (Endlagerung). Dies ist der letzte Akt jeder Abfallbeseitigung, man könnte sagen die „Endentsorgung". Eine Sonderform des „Ablagerns" war das „Verklappen" (Rn. 10/61).

e) Besonders überwachungsbedürftige Abfälle

124 **Besonders überwachungsbedürftige Abfälle** sind nach § 3 VIII KrW-/AbfG diejenigen, die durch eine Rechtsverordnung nach § 41 I oder § 41 III Nr. 1 KrW-/AbfG dazu bestimmt worden sind. Das Gesetz folgt insoweit dem Enumerationsprinzip. „Einfach" **überwachungsbedürftig** sind nach § 3 VIII 2 KrW-/AbfG alle übrigen Abfälle, wenn sie beseitigt werden sollen, sowie diejenigen verwertbaren Abfälle, die durch eine Rechtsverordnung nach § 41 III Nr. 2 KrW-/AbfG dazu bestimmt sind.

125 Damit entsteht ein *abgestuftes Überwachungssystem* entsprechend dem Gefahrenpotential des jeweiligen Abfalls.

126 „Besonders überwachungsbedürftig" kann ein Abfall aufgrund zweier verschiedener Verordnungen werden, nämlich als b.ü. Abfall zur *Beseitigung* oder als b.ü. Abfall zur *Verwertung*: In eine Rechtsverordnung nach § 41 I 1 KrW-/AbfG als „besonders überwachungsbedürftig" aufzunehmen sind Abfälle zur **Beseitigung**, die

– aus gewerblichen oder sonstigen wirtschaftlichen Unternehmen oder öffentlichen Einrichtungen kommen und
– die nach Art, Beschaffenheit oder Menge in besonderem Maß gesundheits-, luft- oder wassergefährdend, explosibel oder brennbar sind oder Erreger übertragbarer Krankheiten enthalten oder hervorbringen können.

127 In eine Rechtsverordnung nach § 41 III Nr. 1 KrW-/AbfG als „besonders überwachungsbedürftig" aufzunehmen sind Abfälle zur **Verwertung** , wenn sie

– dieselben Stoffmerkmale wie in § 41 I 1 KrW-/AbfG aufweisen und
– für deren Verwertung sowie Überwachung wegen der genannten Gefährlichkeitsmerkmale besondere Anforderungen zu stellen sind.

128 Der einfachen Überwachung unterliegen alle übrigen Abfälle zur Beseitigung sowie die durch Rechtsverordnung nach § 41 III Nr. 2 KrW-/AbfG dazu bestimmten Abfälle zur Verwertung. Die besondere Überwachung bezieht sich vor allem auf Nachweispflichten (s.a. Rn. 10/308).

---

89 S.a. schon *Rebinder*, DVBl. 1989, 496 (498 f.). Nach der Rspr. ist auch das bloße Liegenlassen von Abfällen dann eine *Ablagerung*, wenn dadurch gegen eine solche Rechtspflicht zum Tätigwerden verstoßen wird, die nicht nur auf dem schlichten Abfallbesitz beruht: BayVGH, BayVBl. 1981, 597; OVG Koblenz, NVwZ 1989, 985; s.a. BGHSt 37, 333 ff.; s.a. BayObLG, NVwZ 1993, 406 ff. zum Zurücklassen von Abfall in Plastiksäcken.

4. Instrumente

Zur Erreichung des Gesetzeszwecks sieht das KrW-/AbfG sowohl für die Kreislaufwirtschaft im allgemeinen als auch für die Abfallbeseitigung im besonderen jeweils *Grundsätze* und *Grundpflichten* vor (§§ 4 und 5 bzw. 10 und 11), die bei der Auslegung anderer Bestimmungen zu beachten sind oder aber unmittelbar drittgerichtete Pflichten enthalten. Es bestimmt ferner den *Anlagenzwang* für jede Art von Abfallbeseitigung sowie eine Reihe gestufter Überwachungspflichten entsprechend dem jeweiligen Gefährdungspotential des Abfalls. Hinzu kommt eine Reihe „weicher" Instrumente wie *Abfallwirtschaftskonzepte* und *Abfallbilanzen* (§§ 19 und 20 KrW-/AbfG). Schließlich sieht das KrW-/AbfG auch eine *Planungsverantwortung* der öffentlichen Hand vor, nämlich für die Abfallwirtschaftsplanung nach überörtlichen Gesichtspunkten. Zur Sicherstellung der Erfüllung der genannten Pflichten gibt es eine Reihe fakultativer und obligatorischer *Nachweisverfahren* über die Beseitigung oder Verwertung von Abfällen. Insgesamt nimmt das KrW-/AbfG jeden in die Pflicht, der mit Abfall in Berührung kommt, sei es als Erzeuger, als Verbraucher oder als Gebietskörperschaft.

129

IV. Ordnung der Kreislaufwirtschaft

Das KrW-/AbfG zielt auf eine „ganzheitliche" Lösung des Abfallproblems und dazu auf die Förderung einer **umweltverträglichen Kreislaufwirtschaft**, die vorrangig dadurch gekennzeichnet ist, daß sie Abfälle möglichst vermeidet. Dies soll über eine Produktgestaltung erfolgen, die abfallarm herstellt oder wenigstens die mehrfache Verwendung von Reststoffen fördert (**Abfallvermeidung**).

130

Der Abfallvermeidung dient aber nicht nur ein entsprechender Produktionsprozeß. Mindestens ebenso wichtig ist die – gesetzlich nicht geregelte – Frage, was überhaupt hergestellt wird. Braucht ein Erzeugnis nicht hergestellt zu werden, weil sein Vorgänger die doppelte Lebensdauer erreicht, fallen in diesem vermiedenen Herstellungsvorgang auch keine Abfälle an.

131

Das KrW-/AbfG setzt vor allem auf verordnete Rücknahmepflichten, um durch die Übertragung des „Entsorgungsdrucks" auf Hersteller und Betreiber rasche und durchschlagende Innovationen und Problemlösungen zu erreichen.[90] Dadurch sollen sich unmittelbare Eingriffe in Produktionsprozeß und Produktgestaltung möglichst erübrigen, die mit dem Risiko der Fehlsteuerung belastet und wegen des womöglich weitreichenden Eingriffs in die Hersteller- und Verbraucherfreiheit auch verfassungsrechtlich nicht unproblematisch sind.

132

Dem **Verursacherprinzip** (Rn. 1/73) entspricht aber nicht nur die Rücknahmepflicht, sondern auch die Inpflichtnahme der Erzeuger oder Besitzer von Abfällen vorrangig vor der öffentlichen Hand. Die Verantwortung für Planungen im Rahmen der Kreislaufwirtschaft soll bei der Wirtschaft selbst verbleiben, die Verantwortung für die Planung der Abfallwirtschaft im Sinne eines vorsorgenden Umweltschutzes obliegt den Ländern (**Subsidiarität der öffentlichen Abfallentsorgung**).

133

---

90 Näher *Birn*, NVwZ 1992, 419 (422 f.).

Dementsprechend stehen die **Grundpflichten für Erzeuger und Besitzer von Abfällen** im Mittelpunkt der Ordnung der Kreislaufwirtschaft.

1. Grundsätze und Grundpflichten

134 Das KrW-/AbfG normiert zunächst *Grundsätze* der Kreislaufwirtschaft in § 4 KrW-/AbfG. Darauf bauen die *Grundpflichten* der Erzeuger und Besitzer von Abfällen in § 5 KrW-/AbfG auf. Konkretisiert werden diese Grundpflichten durch *Rechtsverordnungen* entsprechend § 7 KrW-/AbfG. Dieselbe Systematik findet sich in der Regelung der Abfallbeseitigung (§§ 10, 11 und 12 KrW-/AbfG) wieder.

135 So sieht § 4 KrW-/AbfG vor, daß Abfälle
- in erster Linie zu vermeiden sind, und zwar insbesondere durch die Verminderung ihrer Menge und Schädlichkeit (Nr. 1) und
- in zweiter Linie stofflich zu verwerten oder zur Gewinnung von Energie zu nutzen sind (Nr. 2).

136 Diese Grundsätze werden zu – drittgerichteten – Grundpflichten in § 5 KrW-/AbfG. Diese Pflichten sind unmittelbar zu befolgen. So wird aus dem Grundsatz, daß Abfälle in erster Linie zu vermeiden, in zweiter Linie zu verwerten sind (§ 4 I KrW-/AbfG), die Grundpflicht des Erzeugers oder Besitzers von Abfällen, des Anlagenbetreibers u.s.w., Abfälle nach Maßgabe weiterer Vorschriften zu vermeiden, sonst zu verwerten, aber auch noch zu weiterem Tun und Unterlassen.

2. Pflichtenhierarchie: Vermeidung, Verwertung und Beseitigung

137 Nach § 4 I KrW-/AbfG sind Abfälle in erster Linie zu vermeiden, in zweiter Linie stofflich oder energetisch zu verwerten. Nach § 5 II 2 KrW-/AbfG hat die Verwertung von Abfällen Vorrang vor ihrer Beseitigung. Nach § 10 I KrW-/AbfG sind Abfälle, die nicht verwertet werden, dauerhaft von der Kreislaufwirtschaft auszuschließen und zur Wahrung des Wohls der Allgemeinheit zu beseitigen. *Abfallvermeidung* hat danach Vorrang vor der *Abfallverwertung* und diese Vorrang vor der *Abfallbeseitigung*. Diese Rangfolge entspringt schon dem Vorsorgeprinzip (Rn. 1/69), ist jetzt aber auch gesetzlich geregelt.

138 Unter **Abfallvermeidung** – dieser Begriff umschließt auch die „Abfallverminderung" – versteht man Maßnahmen, die dazu führen, daß bei Produktion oder Konsum keine oder weniger Abfälle entstehen. Unter **Abfallverwertung** ist die stoffliche und energetische, in der Regel thermische Verwertung von Abfällen zu verstehen.[91]

139 Der Vorrang der Vermeidung gilt **nicht absolut**; diese muß im Einzelfall technisch möglich und wirtschaftlich vertretbar sein und darf im Ergebnis auch nicht zu einer

---

91 Zur Abgrenzung zwischen Verwertungs- und Beseitigungsvorgängen im Abfall- und Reststoffrecht BVerwG, NuR 1994, 440 ff.

höheren Umweltbelastung insgesamt führen. Unter solchen Voraussetzungen ist der Vorrang der Vermeidung vor der Verwertung schon umweltpolitisch geboten. Er ist aber auch EG-rechtlich (Art. 3 der EG-Abfallrichtlinie 75/442/EWG i.d.F. der Änderungsrichtlinien 91/156/EWG vom 18.3.1991 und 91/692/EWG vom 23.12.1991) vorgegeben[92], auch wenn nach einer Entscheidung des EuGH vom 23.2.1994[93] Art. 4 der Abfallrichtlinie nur programmatischen Charakter hat und danach die Vermeidung nur zu fördern, nicht aber vorgeschrieben sei. Leider ist der Vorrang der Vermeidung nur als Grundsatz im Gesetz aufgenommen; schon für die Umsetzung als Grundpflicht aber wird über § 9 KrW-/AbfG auf das BImSchG bzw. auf noch zu erlassende Verordnungen verwiesen, § 5 I KrW-/AbfG. Im BImSchG aber fehlen Instrumente, die seine Umsetzung in den betrieblichen Alltag auch gewährleisten (Rn. 10/98 f.). Dazu müssen erst noch Verordnungen ergehen. Entsprechendes gilt für die stoffliche Verwertung. Ob der Verordnunggeber – in den Bereichen von KrW-/AbfG und BImSchG – auch wirklich den Vorrang der Vermeidung und den Vorrang der – zunächst stofflichen, dann energetischen – Verwertung vor der Abfallentsorgung umsetzt, bleibt abzuwarten. Alleine die ebenfalls vorgesehenen „weichen" Instrumente Abfallwirtschaftskonzepte und Abfallbilanzen (§§ 19 f. KrW-/AbfG) reichen sicher nicht aus, die bei Produzenten und Verbrauchern erforderlichen Verhaltensänderungen anzuregen und durchzusetzen. Entsprechend der Empfehlung des SRU[94] sollten daher „Regeln guter industrieller Praxis" der Reststoffvermeidung (vgl. zu den Grundsätze der guten Laborpraxis des ChemG Rn. 9/95) entwickelt werden in Zusammenarbeit zwischen Wirtschaft und Verwaltung.

3. Abfallvermeidung

aa) Der Abfallvermeidung gebührt gesetzlich der Vorrang. Während das KrW-/AbfG aber in §§ 5 und 6 im einzelnen die Anforderungen an die ordnungsgemäße und schadlose Verwertung von Abfällen regelt, hält es sich für die Ausgestaltung der Vermeidung zurück. Die Verortung des Vermeidungsgebots im KrW-/AbfG bedeutet daher systematisch zwar einen Fortschritt; was sie aber inhaltlich bringt, bleibt abzuwarten.

Denn § 4 II KrW-/AbfG benennt als Maßnahmen zur Vermeidung von Abfällen zwar

- die anlageninterne Kreislaufführung von Stoffen,
- die abfallarme Produktgestaltung sowie
- ein auf den Erwerb abfall- und schadstoffarmer Produkte gerichtetes Konsumverhalten.

Bei der Umsetzung dieser Grundsätze in Grundpflichten verweist § 5 I KrW-/AbfG aber nur weiter, nämlich auf die immissionsschutzrechtliche Vermeidungspflicht (§ 9 KrW-/AbfG) sowie die in den §§ 22 ff. KrW-/AbfG geregelte Produktverantwortung.

---

92 SRU (Fn. 61), S. 5, noch zum – danach erheblich überarbeiteten – Entwurf vom 26.10.1992.
93 EuGRZ 1994, 110 ff.
94 SRU (Fn. 61), S. 6.

10 *Kreislaufwirtschafts- und Abfallrecht*

Im Ergebnis bedeutet die Vermeidungspflicht die Schaffung abfallarmer Produktionsverfahren und die Entwicklung abfallarmer Produkte.

142 bb) Im Rahmen des § 5 I Nr. 3 BImSchG (Rn. 6/141) wurde die anlageninterne Verwertung als Vermeidung angesehen.[95] Anders bestimmt jetzt § 9 KrW-/AbfG, daß eine anlageninterne Verwertung eine Verwertungs- und keine Vermeidungsmaßnahme ist. Folge dieser Auslegungskunst im Immissionsschutzrecht war, daß die anlageninterne Verwertung, da Vermeidung, nicht „ordnungsgemäß und schadlos" zu sein brauchte. Dies widerstrebt aber jedenfalls den Grundsätzen der Kreislaufwirtschaft und dem dahinterstehenden ökonomischen und umweltpolitischen Modell, wonach die Kreislaufwirtschaft auf eine Steuerung der Stoffströme abzielt, um bereits im Produktionsprozeß und bei der Produktgestaltung die Möglichkeiten zur Vermeidung und Verwertung von Abfällen zu nutzen.[96] Die sich aus Sinn und Zweck des KrW-/AbfG ergebenden, durch Art. 4 der EG-Abfallrahmenrichtlinie (75/442/EWG vom 15.7.1975 in der Fassung der Richtlinie 91/156/EWG vom 18.3.1991[97]) verbindlich vorgegebene Zielsetzung erfordert die Inpflichtnahme auch des Immissionsschutzrechts in diesem Sinn. Die nach § 9 KrW-/AbfG in § 5 I Nr. 3 BImSchG zu integrierenden stoffbezogenen Anforderungen an die Art und Weise der Verwertung und Beseitigung von Abfällen, die sich aus dem KrW-/AbfG ergeben, sind daher jetzt im Vorordnungsweg entsprechend durchzusetzen.[98]

143 cc) Weitere Einzelheiten der Vermeidung ergeben sich im Zusammenhang mit der unten zu behandelnden Ausgestaltung der **Produktverantwortung.**

4. Stoffliche und energetische Verwertung

144 Gehaltvoller stellt sich – wie schon 1986 – die Neuregelung für die *Abfallverwertung* dar, d.h. für die stoffliche oder thermische Verwertung des Abfalls (bspw. Glas, Altpapier, Kunststoffe u.ä.).

a) Unterscheidung stofflich/energetisch

145 Zu den Grundsätzen und zu den Grundpflichten gehört die ordnungsgemäße und schadlose Verwertung von Abfällen. Insoweit unterscheidet das KrW-/AbfG schon in § 4 zwischen *stofflicher* (Abs. 3) und *energetischer Verwertung* (Abs. 4). Danach beinhaltet die **stoffliche Verwertung** die Substitution von Rohstoffen durch das Gewinnen von Stoffen aus Abfällen, sog. sekundären Rohstoffen, oder die Nutzung der

---

[95] Vgl. LAI, NVwZ 1989, 130 (131); *Hansmann*, NVwZ 1990, 409 (411); *Jarass*, BImSchG, 3. Aufl. 1993, § 5 Rn. 64.
[96] Begründung des Regierungsentwurfs, BT-Drs. 12/5672, S. 2 f., 31 f., sowie SRU, Sondergutachten Abfallwirtschaft, 1990, Tz. 83, 22; s.a. Enquête-Kommission „Schutz des Menschen und der Umwelt – Bewertungskriterien und Perspektiven für umweltverträgliche Stoffkreisläufe in der Industriegesellschaft" (Zwischenbericht), BT-Drs. 11/5812, S. 27 ff.
[97] ABl. Nr. L 78/32.
[98] Eingehend dazu *Petersen/Rid*, NJW 1995, 7 (12).

stofflichen Eigenschaften der Abfälle für den ursprünglichen Zweck oder für andere Zwecke mit Ausnahme der unmittelbaren Energierückgewinnung. Um Mißbrauch zu vermeiden, stellt das Gesetz klar, daß eine stoffliche Verwertung nur dann vorliegt, wenn nach einer wirtschaftlichen Betrachtungsweise unter Berücksichtigung der im einzelnen Abfall bestehenden Verunreinigungen der Hauptzweck der Maßnahme in der Nutzung des Abfalls und nicht in der Beseitigung des Schadstoffpotentials liegt (Abs. 3 S. 2). Dagegen beinhaltet die **energetische Verwertung** den Einsatz von Abfällen als Ersatzbrennstoff, wobei die Regeln über die energetische Verwertung auf die thermische Behandlung von Abfällen zur Beseitigung nicht anzuwenden sind. Auch hier ist für die Abgrenzung auf den Hauptzweck der Maßnahme abzustellen, nämlich dahingehend, ob im Einzelfall der Hauptzweck auf die Verwertung oder die Behandlung gerichtet ist (Abs. 4 S. 2).

Beispiel: Wird etwa Öl aus Abfällen gewonnen, kann dieses für die Kunststofferzeugung, aber auch für die Energiegewinnung eingesetzt werden. Trotz dieser beiden Einsatzmöglichkeiten liegt eine stoffliche Verwertung aber solange vor, wie das Öl nicht der unmittelbaren Energierückgewinnung, also der Verbrennung dient; dies nämlich ist ein Fall der energetischen Verwertung i.S.d. § 4 IV KrW-/AbfG. **146**

Als stoffliche Verwertungsart wird damit sowohl die *werkstoffliche* wie auch die *rohstoffliche* Verwertung anerkannt. **147**

b) Abgrenzung zur Beseitigung

Wenn jede Art von Verbrennung als energetische Verwertung angesehen wird, läuft der Vorrang der Verwertung vor der Beseitigung für diejenigen Stoffe leer, die auf verschiedene Art verbrannt werden können. Eine unter Umständen aufwendige, ökologisch aber sinnvollere Verbrennung ist rechtlich gegenüber der schlichten Verbrennung zur Beseitigung nur dann durchzusetzen, wenn dem Gesetz insoweit klare Unterscheidungsmerkmale zu entnehmen sind. Dem dienen die Abgrenzungen in § 5 III 2 und IV 2 KrW-/AbfG, wobei die Hauptprobleme bei der energetischen Verwertung liegen. Dabei wird der Energiegehalt (Heizwert) von Abfällen zur entscheidenden Größe. **148**

Die Zuordnung der thermischen Verfahren nicht ausschließlich zur Behandlung, sondern auch zur Verwertung (vgl. die Begriffsbestimmung in § 3 V Nrn. 2 u. 3 KrW-/AbfG: stofflich und energetisch) ist aber nur dann gerechtfertigt, wenn die zu verbrennenden Abfälle weitgehend sortenrein vorliegen und einen definierten Heizwert haben, der den Einsatz einer optimierten Verbrennungsführung gestattet. Dies ist auszuschließen für gemischte Haushaltsabfälle mit einer großen Zahl von Stoffen mit ganz verschiedenen Heizwerten, da diese sich nur mit einem sehr geringen Wirkungsgrad energetisch nutzen lassen. **149**

c) Verhältnis stofflich/energetisch

Hinsichtlich des Verhältnisses zwischen stofflicher und energetischer Verwertung geht das KrW-/AbfG davon aus, daß die stoffliche Verwertung ökologisch nicht stets die **150**

10 Kreislaufwirtschafts- und Abfallrecht

bessere Alternative ist. Ein grundsätzlicher Vorrang der stofflichen Verwertung ist ökologisch nicht begründbar.[99] Nach § 6 I 2 KrW-/AbfG hat daher die *umweltverträglichere Verwertungsart* den Vorrang. Zur Vermeidung langwieriger Auseinandersetzungen entscheidet darüber aber nicht im Einzelfall die Behörde, sondern nach § 6 I 4 KrW-/AbfG durch Rechtsverordnung die BReg.

151 So ist in der Rechtsverordnung der Vorrang einer Verwertungsart für eine bestimmte Abfallart jeweils im Einzelfall zu bestimmen, z.B. für Glas, Altpapier, Kunststoffe usw. Dazu ist für jeden Stoff eine Ökobilanz aufzustellen, die technische, ökonomische und ökologische Aspekte zu berücksichtigen hat. Der Sinn der Verwertung läßt sich nämlich nur durch Aufstellung einer Ökobilanz feststellen, an der es bislang aber fehlt. Das KrW-/AbfG gibt dazu in § 5 V – nicht abschließend – Umweltverträglichkeitskriterien vor, die der Verordnunggeber zu berücksichtigen hat, nämlich Immissionsbelastungen, Ressourcenschonung, Energiebilanz und Schadstofftransfer.

152 Soweit ein Vorrang durch Verordnung nicht festgelegt ist, bestimmt § 6 I KrW-/AbfG Mindestvoraussetzungen, unter denen nur eine energetische Verwertung zulässig ist, nämlich wenn der Heizwert der Abfälle mindestens 11 000 kJ/kg beträgt, der Feuerungswirkungsgrad der Anlage mindestens 75% beträgt, die entstehende Wärme selbst oder durch Dritte genutzt wird und die im Rahmen der Verwertung anfallenden weiteren Abfälle (z.B. Schlacke, Filterstäube) möglichst ohne weitere Behandlung abgelagert werden können.

d) Anforderungen an die Verwertung

153 Nach § 5 III KrW-/AbfG muß die Verwertung von Abfällen „ordnungsgemäß und schadlos erfolgen". *Ordnungsgemäß* bedeutet, daß die Verwertung „im Einklang mit den Vorschriften dieses Gesetzes und anderen öffentlich-rechtlichen Vorschriften" stehen muß. Zu denken ist insbesondere an das BImSchG, nämlich die Betreiberpflichten nach §§ 5 I Nrn. 1 und 2 BImSchG zu Schutz und Vorsorge schädlichen Umwelteinwirkungen gegenüber (Rn. 6/127 ff.) sowie den wasserrechtlichen *Besorgnisgrundsatz* nach §§ 26 II, 34 II WHG (Rn. 4/146). Die Verwertung ist *schadlos*, wenn nach der Beschaffenheit der Abfälle, dem Ausmaß der Verunreinigungen und der Art der Verwertung Beeinträchtigungen des Wohls der Allgemeinheit nicht zu erwarten sind, insbes. keine Schadstoffanreicherung im Wertstoffkreislauf erfolgt. Damit wird ein abfallrechtlicher Maßstab festgelegt, der sich auf die Verwertungsart wie auf das Verwertungsprodukt bezieht. Das Wohl der Allgemeinheit ist beeinträchtigt, wenn die Verwertung an den Maßstäben des § 10 IV KrW-/AbfG gemessen nicht gemeinwohlverträglich erscheint. Das Merkmal der Schadlosigkeit soll insbesondere verhindern, daß über die gewonnenen sekundären Rohstoffe oder Produkte Schadstoffe in den Wirtschaftskreislauf gelangen und bei ihrer Verwendung oder ihrer späteren Verwertung oder Beseitigung als Abfall zu Umweltbeeinträchtigungen führen.[100] Mit diesen Anforderungen geht das KrW-/AbfG über die bestehenden Produktsicherheitsvorschriften, die – wie etwa im ChemG – am Gebrauchsrisiko ansetzen, hinaus.

---

99 SRU, Jahresgutachten, 1994, Tz. 506.
100 Siehe dazu *Petersen/Rid*, NJW 1995, 7 (11) und SRU, Sondergutachten Abfallwirtschaft, Tz. 55.

Unter Berücksichtigung der Art und Beschaffenheit des Abfalls ist eine „entsprechende **154** hochwertige Verwertung" anzustreben, § 5 II 3 KrW-/AbfG.

e) Grenzen der Verwertungspflicht

Der Vorrang der Verwertung von Abfällen entfällt, wenn ihre Beseitigung umweltver- **155** träglicher ist, § 5 V KrW-/AbfG, wobei das Gesetz selbst einige hierfür maßgebliche Kriterien aufstellt, § 5 V 2 Nrn. 1-4.

Weitere Grenzen ergeben sich aus der technischen Möglichkeit und aus der wirtschaft- **156** lichen Zumutbarkeit, die sich danach bestimmt, ob für einen gewonnenen Stoff oder gewonnene Energie ein Markt vorhanden ist oder geschaffen werden kann, § 5 IV 1. Die technische Machbarkeit wird nicht dadurch ausgeschlossen, daß eine Vorbehandlung erforderlich ist, § 5 IV 2. Die wirtschaftliche Zumutbarkeit schließlich ist erst dann ausgeschlossen, wenn die mit der Verwertung verbundenen Kosten außer Verhältnis zu den Kosten stehen, die für eine Abfallbeseitigung zu tragen wären, § 5 IV 3. Die technische Machbarkeit entspricht der Einhaltung des Standes der Technik (Rn. 6/113; 7/134) wie nach §§ 3 VI BImSchG und 12 III KrW-/AbfG. Für die technische Machbarkeit ist eine konkret-individuelle Prüfung vorzunehmen, so wie es für die wirtschaftliche Zumutbarkeit auf die individuelle wirtschaftliche Leistungsfähigkeit des Verwertungspflichtigen ankommt.[101]

5. Produktverantwortung

a) Grundpflicht und Ausgestaltung

Produktverantwortung bedeutet die Verantwortung dessen, der Erzeugnisse ent- **157** wickelt, herstellt, be- und verarbeitet oder vertreibt, diese möglichst so zu gestalten, daß bei *Herstellung* und *Gebrauch* das Entstehen von Abfällen vermindert wird und die umweltverträgliche Verwertung und Beseitigung der nach dem Gebrauch entstandenen Abfälle sichergestellt ist, § 22 I KrW-/AbfG. Die Produktverantwortung entspricht dem *Verursacherprinzip* (Rn. 1/73) und setzt zutreffend an der Wurzel der Abfallentstehung an. Die Schwierigkeit liegt in der Ausgestaltung, ist dabei doch den verfassungsrechtlich gesicherten Freiheitsgewährleistungen der Erzeuger und Verbraucher einerseits, abfallwirtschaftlichen Zielsetzungen andererseits Rechnung zu tragen. Mit dem KrW-/AbfG wird jetzt die Produktverantwortung auch systematisch zutreffend in das abfallrechtliche Regelungssystem eingebunden. So normiert das Gesetz eine Grundpflicht, die dann durch Rechtsverordnung ausgestaltet wird.

Auf die Produktverantwortung zielten auch schon § 3 II 1 und § 1a AbfG 1986, die sich erstmals **158** im deutschen Abfallrecht an die eigentlichen Verursacher des Abfallaufkommens richteten. Die Bestimmungen waren aber systematisch nicht integriert. So hielt das AbfG 1986 nur eine

---

101 Zu den Maßstäben *Kunig/Schwermer/Versteyl*, AbfG, § 3 Rn. 35. – Zum ganzen *Fluck*, NuR 1995, 233 ff.

10 *Kreislaufwirtschafts- und Abfallrecht*

Verweisung auf Rechtsverordnungen bereit, die nach § 14 I Nrn. 2 u. 3 u. II 3 Nrn. 2-4 AbfG erlassen werden konnten, sowie eine in § 1a II AbfG in Bezug genommene Normierung des Grundsatzes der Abfallverwertung im Zusammenhang mit der Regelung der Verpflichtung zur – die Abfallverwertung umfassenden – Abfallentsorgung (§ 3 II 3, 4 u. IV 2 AbfG).

159 Was Produktverantwortung **bedeutet**, ergibt sich aus einer Reihe von Regelbeispielen (§ 22 II KrW-/AbfG), wonach sie insbesondere umfaßt

- die Entwicklung, Herstellung und das Inverkehrbringen von Erzeugnissen, die mehrfach verwendbar, technisch langlebig und nach Gebrauch zur ordnungsgemäßen und schadlosen Verwertung und umweltverträglichen Beseitigung geeignet sind (Nr. 1),
- den vorrangigen Einsatz von verwertbaren Abfällen oder sekundären Rohstoffen bei der Herstellung von Erzeugnissen (Nr. 2),
- die Kennzeichnung von schadstoffhaltigen Erzeugnissen, um die umweltverträgliche Verwertung oder Beseitigung der nach Gebrauch verbleibenden Abfälle sicherzustellen (Nr. 3),
- den Hinweis auf Rückgabe-, Wiederverwendungs- und Verwertungsmöglichkeiten oder -pflichten und Pfandregelungen durch Kennzeichnung der Erzeugnisse (Nr. 4) und
- die Rücknahme der Erzeugnisse und der nach Gebrauch der Erzeugnisse verbleibenden Abfälle sowie deren nachfolgende Verwertung oder Beseitigung (Nr. 5).

160 Die Aufzählung ist („insbesondere") nicht abschließend. Sie wird näher ausgestaltet durch eine aufgrund § 23 KrW-/AbfG durch die BReg. nach Anhörung der beteiligten Kreise mit Zustimmung des BRats zu erlassende *Rechtsverordnung*. Damit können Verbote, Beschränkungen, Kennzeichnungs- und Rücknahmepflichten festgelegt werden.

161 Die Regelungsweise mit Einführung einer unmittelbar wirksamen gesetzlichen Grundpflicht einerseits, ihrer Ausgestaltung durch Rechtsverordnung andererseits bildet den Kompromiß im Streit zwischen BReg. und BRat über Zulässigkeit und Praktikabilität der Ausgestaltung der Produktverantwortung als unmittelbare Rechtspflicht.[102] Weiter als die Verordnungsermächtigung wird wohl auch die Grundpflicht nicht reichen; jedenfalls ist sie ohne Umsetzung im Verordnungsweg rechtlich kaum erzwingbar. Die gesetzliche Grundpflicht soll aber Erlaß und Verschärfung der konkretisierenden Rechtsverordnung erleichtern.[103]

162 Das Gesetz selbst bestimmt aber auch schon Grenzen der Produktverantwortung: So seien die Verhältnismäßigkeit der Anforderungen entsprechend § 5 IV KrW-/AbfG (Zumutbarkeitsgrenze für die Verwertungspflicht), die sich aus anderen Rechtsvorschriften ergebenden Regelungen zur Produktverantwortung (z.B. Sicherheitsbestimmungen) und zum Schutz der Umwelt sowie die Festlegungen des Gemeinschaftsrechts über den freien Warenverkehr „zu berücksichtigen".

---

102 BT-Drs. 12/5672, S. 85 ff. und 114 ff.; s.a. *Versteyl/Wendenburg*, NVwZ 1994, 833 (839).
103 So *Petersen/Rid*, NJW 1995, 7 (10) m.w.N.

b) Verbote, Beschränkungen und Kennzeichnungen

Die Verordnungsermächtigungen des § 23 KrW-/AbfG zur Bestimmung von Verboten, Beschränkungen und Kennzeichnungen und des § 24 KrW-/AbfG zu Rücknahme- und Rückgabepflichten (Rn. 10/177 ff.) treten an die Stelle des § 14 AbfG 1986. **163**

§ 14 AbfG 1986 galt als wichtigster Bestandteil der 4. Novelle und diente zum einen dazu, allein durch die Androhung von Rechtsverordnungen eine freiwillige Befolgung der entsprechenden Ziele durch die Betroffenen bzw. „freiwillige" Vereinbarungen und Zusagen i.S.d. Kooperationsprinzips zu erreichen, zum anderen als Grundlage entsprechender Verordnungen. **164**

Hinsichtlich der *Abfallvermeidung* (Rn. 10/140 ff.) enthielt das AbfG 1986 keine allgemeine Grundsatz- und Ziel-, schon gar nicht eine zwingende Vorrangbestimmung, noch nicht einmal eine allgemeine Verpflichtungsnorm im Sinne eines generalklauselartigen Gebots der Abfallvermeidung. Stattdessen fand sich in § 1a I AbfG lediglich eine Verweisung auf – nach § 14 I Nrn. 3 u. 4 u. II 3 Nrn. 2-5 im Bedarfsfall zu erlassende – Rechtsverordnungen (Rn. 10/168), nach deren „Maßgabe" Abfälle zu vermeiden waren. Für industrielle Anlagen, die einer immissionsschutzrechtlichen Genehmigung bedürfen, war freilich schon bisher das wichtige Reststoffvermeidungsgebot des § 5 I Nr. 3 BImSchG (Rn. 6/141) bestimmend; es blieb vom AbfG unberührt (§ 1a I 2 AbfG). Ferner bestand schon damals nach § 17 I ChemG die Möglichkeit, ggf. weiterreichende Herstellungsverbote zu erlassen (Rn. 9/113 ff.). **165**

Die polemisch „dirigistisch" genannten Steuerungsinstrumente der Verordnungsermächtigungen des § 14 AbfG, die tatsächlich im Fall ihres Einsatzes u.U. auch zu unerwünschten, z.B. zu wirtschaftlich diskriminierenden Wirkungen führen können, sind u.a. zur Eindämmung der Flut der Einwegbehältnisse geschaffen worden (insbesondere der Getränkeverpackungen). Sie sollten für den Bereich der Abfallmengenreduzierung bereits durch die bloße *Möglichkeit* ihres gem. § 14 II 1 AbfG in Aussicht gestellten Einsatzes Wirkungen entfalten. Wird regierungsamtlich der Erlaß einer Verordnung für den Fall verweigerten „Wohlverhaltens" bestimmter Wirtschaftskreise angekündigt, so kann dies die Bereitschaft der potentiell Betroffenen erzeugen, zur Vermeidung einer „negativen Publizität" die Vorabfüllung der unwillkommenen förmlichen Verordnungsgebote zuzusagen. Solche „normvermeidenden" Zusagen oder Vereinbarungen entsprechen dem Kooperationsprinzip (Rn. 1/78). **166**

Beispiel: Vereinbarung zwischen dem BMU und einer großen Einzelhandelskette über eine Einschränkung des Sortiments an Kunststoffeinwegflaschen, durch die die Hausmülldeponien überlastet werden. **167**

§ 14 AbfG 1986 diente also – i.S. einer *neuen Produktverantwortung* – der umweltfreundlichen Entsorgung der Abfälle, ihrer Vermeidung bzw. Verminderung und mittelbar auch ihrer Verwertung. Da das Abfallvermeidungsgebot (Rn. 10/83, 158) mit seinen persuasiven Instrumenten ausreichende Wirkung nicht hatte, „freiwillige" Vereinbarungen und Zusagen entsprechend dem Kooperationsprinzip (Rn. 1/78) also nicht im erforderlichen Umfang zustandegekamen, machte der Verordnunggeber schließlich von seinen Ermächtigungen in § 14 AbfG[104] Gebrauch und erließ die sog. „Altöl-Verordnung", gestützt u.a. auf Abs. 1, ferner die sog. „PET-VO", gestützt auf Abs. 2, die sog. „Lösemittel-VO" (Rn. 10/172), gestützt auf Abs. 1, vor allem aber die **VerpackungsVO.** **168**

Mit den in den Ermächtigungen des § 14 AbfG zum Erlaß von Schadstoff- und Mengenbegrenzungsregelungen vorgesehenen Instrumenten (Kennzeichnungspflicht, Rücknahmepflicht, Zwangspfand) war freilich (trotz § 14 II 3 Nr. 5 AbfG) einem Hauptproblem der Abfallentsorgung nur schwer oder gar nicht beizukommen, nämlich dem Problem, wie bereits die *Erzeugung* **169**

---

104 Dazu *Klages*, NVwZ 1988, 482 ff.

10 *Kreislaufwirtschafts- und Abfallrecht*

der kaum noch zu bewältigenden Mengen besonders überwachungsbedürftiger Abfälle reduziert werden kann (z.B. produktionsverfahrenstechnisch oder im Wege der Substitution von Schadstoffen durch verfahrens- und produktgeeignete umweltfreundliche Stoffe). Hier halfen als rechtsstaatliche *ultima ratio* nur noch Herstellungs- oder Vermarktungsverbote auf der Grundlage anderer Ermächtigungen, etwa der des § 17 ChemG (Rn. 9/108 ff.).

170 Nunmehr kann nach § 23 KrW-/AbfG die BReg. nach Anhörung der beteiligten Kreise durch Rechtsverordnung mit Zustimmung des BRats bestimmen, daß

- bestimmte Erzeugnisse, insbesondere Verpackungen und Behältnisse nur in bestimmter Beschaffenheit oder für bestimmte Verwendungen, bei denen eine ordnungsgemäße Verwertung oder Beseitigung der anfallenden Abfälle gewährleistet ist, in Verkehr gebracht werden dürfen (Nr. 1),
- bestimmte Erzeugnisse überhaupt nicht in Verkehr gebracht werden dürfen, wenn bei ihrer Entsorgung die Freisetzung schädlicher Stoffe nicht oder nur mit unverhältnismäßig hohem Aufwand verhindert werden könnte oder die umweltverträgliche Entsorgung nicht auf andere Weise sichergestellt werden kann (Nr. 2),
- bestimmte Erzeugnisse nur in bestimmter, die Abfallentsorgung spürbar entlastender Weise, insbes. in einer die mehrfache Verwendung oder die Verwertung erleichternden Form in Verkehr gebracht werden dürfen (Nr. 3),
- bestimmte Erzeugnisse in bestimmter Weise zu kennzeichnen sind, um insbesondere die Erfüllung der Grundpflichten nach § 5 nach Rücknahme zu sichern (Kennzeichnungspflicht, Nr. 4),
- bestimmte Erzeugnisse wegen des Schadstoffgehalts der nach bestimmungsgemäßem Gebrauch in der Regel verbleibenden Abfälle nur mit einer Kennzeichnung in den Verkehr gebracht werden dürfen, die insbesondere auf die Notwendigkeit einer Rückgabe an Hersteller, Betreiber oder bestimmte Dritte hinweist, mit der die erforderliche besondere Verwertung oder Beseitigung sichergestellt wird (Nr. 5),
- bestimmte Erzeugnisse, für die eine Rücknahme- oder Rückgabepflicht nach § 24 verordnet wurde, an der Stelle der Abgabe oder des Inverkehrbringens auf die Rückgabemöglichkeit hinzuweisen ist oder die Erzeugnisse entsprechend zu kennzeichnen sind (Nr. 6),
- bestimmte Erzeugnisse, für die die Erhebung eines Pfandes nach § 24 verordnet wurde, entsprechend zu kennzeichnen sind, ggf. mit Angabe der Höhe des Pfandes (Nr. 7).

171 Nach den vorangegangenen Erfahrungen wird sich der Verordnunggeber jetzt freilich mit dem bloßen Vorzeigen der „Folterinstrumente" wohl nicht mehr begnügen, sondern sie auch anwenden. Mit weiteren Verordnungen ist daher zu rechnen (Rn. 10/191).

172 Noch auf § 14 I Nrn. 1-3 AbfG beruht die sog. **Lösemittel-Verordnung** (Rn. 10/71), die von der BReg. nach Anhörung der beteiligten Kreise mit Zustimmung des BRat erlassen wurde.

173 In der Bundesrepublik wurden jährlich rd. 200 000 t leichtflüchtige halogenierte Lösemittel eingesetzt, davon (1987) 61,3% von der metallverarbeitenden Industrie, 24,6% von der chemischen Industrie und 14,1% von den Betrieben der chemischen Reinigung. Die CKW-haltigen Abfälle sind seit den 70-er Jahren zu einem erheblichen Teil auf hoher See verbrannt worden, was ja jetzt verboten ist. Ihre Entsorgung wirft erhebliche Probleme auf. Die Sanierung CKW-haltiger Altlasten ist aufwendig und teuer.

174 Nach ihrem § 1 gilt die Lösemittel-Verordnung für solche Lösemittel, die einen Gehalt von über 5% Halogenkohlenwasserstoffe aufweisen und die
- nach Gebrauch als Reststoff verwertet oder als Abfall entsorgt werden müssen und
- in Anlagen eingesetzt werden, in denen entweder nur die Oberflächen von Materialien (insbesondere Metallen, Kunststoffen, Glas usw.) oder aber Materialien insgesamt (insbes. Textilien) gereinigt, entfettet oder in ähnlicher Weise behandelt werden, in denen ferner aus organischen Substanzen Öle, Fette usw. extrahiert oder in denen schließlich Stoffe, Zubereitungen und Erzeugnisse mit Hilfe der Lösemittel gewonnen werden (z.B. Klebstoffe).

175 Sie normiert für den Anlagenbetreiber ein Gebot *getrennter Haltung* von Lösemitteln unterschiedlicher chemischer Zusammensetzung und ein *Vermischungsverbot* (§ 2), darüber hinaus eine Verpflichtung des Vertreibers von Lösemitteln zu ihrer *Rücknahme* nach Gebrauch (§ 3), eine ihm gegenüber bestehende Pflicht des Betreibers zur formularmäßigen Erklärung über den Verwendungszweck des zurückgegebenen gebrauchten Lösemittels (§ 4) sowie schließlich eine Pflicht zur Kennzeichnung der Gebinde, mit denen Lösemittel in Verkehr gebracht werden (§ 5). Alle diese Pflichten sind, wie üblich, bußgeldbewehrt.

176 Damit besteht jetzt die Möglichkeit der Wiederaufarbeitung der Rückstände derartiger chlorierter Lösemittel, weil diese seit dem Inkrafttreten der Lösemittel-Verordnung unvermischt sind und getrennt erfaßt werden und die Destillationsbranche zur Wiederaufarbeitung technisch und kapazitativ in der Lage ist. Schließlich befindet sich jetzt auch der Umstellungsprozeß auf andere, besser umweltverträgliche Produkte in vollem Gange.[105]

c) Rücknahme- und Rückgabepflichten

177 Die weitere Verordnungsermächtigung des § 24 I KrW-/AbfG zu den **Rücknahme- und Rückgabepflichten** – ebenfalls an Stelle des § 14 AbfG 1986 – erlaubt der BReg.,
- die Eröffnung einer Rückgabemöglichkeit zur Voraussetzung für den Verkauf zu machen (Nr. 1),
- Rücknahme- und Pfandsysteme vorzuschreiben (Nr. 2 und 3) und
- Nachweispflichten einzuführen über Art, Menge, Verwertung und Beseitigung der zurückgenommenen Abfälle (Nr. 4).

Sie kann nach Abs. 2 weiter bestimmen
- die Kostentragung für die Rücknahme, Verwertung und Beseitigung der zurückzunehmenden Erzeugnisse (Nr. 1),
- Rückgabepflichten des Besitzers an den Hersteller oder Vertreiber (Nr. 2),
- Einzelheiten der Überlassung einschließlich Bringpflichten (Nr. 3),
- eine Mitwirkung der öffentlich-rechtlichen Entsorgungsträger sowie der entsorgungspflichtigen Verbände und Selbstverwaltungskörperschaften der Wirtschaft (i.S.d. §§ 15, 17 und 18 KrW-/AbfG; Nr. 4).

178 Schon unter dem AbfG 1986 ergingen die PET-Verordnung und die Verpackungs-Verordnung (Rn. 10/182 ff.), jeweils auf der Grundlage des § 14 II AbfG. Da die PET-

---

105 Vgl. UBA (Fn. 2), S. 56.

10 *Kreislaufwirtschafts- und Abfallrecht*

Verordnung inhaltlich in der umfassenderen Verpackungs-Verordnung aufgeht, wurde sie mit deren endgültigem Inkrafttreten am 1.1.1993 außer Kraft gesetzt, §§ 13, 14 VerpackV. Die fortgeltende VerpackV kann auf der Grundlage des weiter gehenden[106] § 24 I KrW-/AbfG (Rn. 10/189) geändert und nötigenfalls verschärft werden.

aa) PET-Verordnung

179 Bei den Einweg-Plastikflaschen aus PET, PE, PVC, PS oder aus Gemischen dieser Stoffe sind Branchenabsprachen nicht gelungen bzw. haben nicht zum gewünschten Ziel geführt. Daher beschloß die BReg. nach Anhörung der beteiligten Kreise mit Zustimmung des BRat schon 1988 den Erlaß einer auf § 14 II 3 Nrn. 2 u. 3 AbfG gestützten *Verordnung über die Rücknahme und Pfanderhebung von Getränkeverpackungen aus Kunststoffen* mit einem Füllvolumen von 0,2 bis 3 l (mit Ausnahme von Behältnissen mit Milch, Spirituosen, Sekt i.w.S.; Rn. 10/71).[107]

180 Die Entsorgung von Kunststoffeinwegflaschen oder Kunststoffverpackungsmaterial wie überhaupt die Entsorgung von **Kunststoffabfällen** ist problematisch. Eine stoffliche Verwertung der sog. „Thermoplaste" durch Bildung der gleichen Naturkunststoffmasse im Wege des Umschmelzens setzt eine sortenreine Sortierung und Reinigung der Kunststoffabfälle voraus, was bei den Hunderten von Kunststoffsorten im Hausmüll nicht möglich ist. Selbst bei Beschränkung auf einzelne Kunststoffarten (z.B. PVC) stößt der Aufbau eines Rücknahmesystems beim Einzelhandel auf Widerstand. Für die thermische und stoffliche Verwertung von Kunststoffgemischen sind zahlreiche Verfahren in der Erprobung. Das Schwergewicht liegt nach wie vor bei der hinsichtlich mancher Kunststoffarten problematischen Verbrennung (Rn. 10/34 ff.), vor allem aber bei der raumbeanspruchenden Lagerung auf Deponien (Rn. 10/47 ff.).

181 Die sog. *PET-Verordnung* richtete sich vor allem gegen Kunststoff-Einwegverpackungen der Erfrischungsgetränkeindustrie. Europarechtlich ist die in derartigen Pfandregelungen enthaltene Handelsbeschränkung für ausländische Getränkehersteller wegen des Umweltschutzerfordernisses nach der Entscheidung des EuGH vom 20.9.1988 (Rs. 302/86)[108] grundsätzlich als zulässig zu beurteilen. Eine andere Frage ist es, ob dies auch für das zwischen BMU und EG-Kommission umstrittene Rücknahmesystem gilt. – Die PET-Verordnung ist jetzt in der VerpackV aufgegangen (Rn. 10/178).

bb) Verpackungs-Verordnung

182 Die Belastung der Abfallentsorgung durch Verpackungsabfälle liegt auf der Hand (Rn. 10/3 f.) und konnte auch unter Berücksichtigung der wirtschaftlichen Bedeutung der Verpackungsindustrie (500 000 Beschäftigte, Jahresumsatz 1991 40 Mrd DM[109]) nicht länger hingenommen werden. Die **Verordnung über die Vermeidung von Verpackungsabfällen** vom 12.6.1991[110] (Rn. 10/71) enthält Rücknahme- und Rück-

---

106 Näher zu den Grenzen und Problemen der neuen Ermächtigung *Beckmann,* DVBl. 1995, 313 ff.
107 VO vom 28.12.1988, BGBl. I 2455; dazu *Versteyl,* NVwZ 1989, 126 ff. Als Antwort auf die mit der VO eingeführte Rücknahmepflicht für leere Einweg-Plastikflaschen wurden von der Getränkewirtschaft Mehrweg-Plastikflaschen entwickelt.
108 NJW 1989, 3084 = EuGHE 1988, 4607.
109 *Versteyl,* in: HdUR, Bd. II, 2. Aufl 1994, Art. „Verpackungsverordnung", Sp. 2650.
110 Dazu *Elsner/Rummler,* NVwZ 1992, 243 ff.; dagegen *Fluck,* DB 1992, 193 ff., und *Flanderka,* NVwZ 1992, 648 ff.; krit. zu ihrer Bestimmtheit *Wolff,* NVwZ 1992, 246 ff.; s.a. *Versteyl,* NVwZ 1991, 848 ff.; im Sinne einer Bestandsaufnahme *Schenkel/Trienekens/Wupperman/Friege,* ZAU 1993, 441 ff.

gabe- bzw. Überlassungspflichten. Sie war Grundlage der Einführung des Duale System Deutschland GmbH (Rn. 10/14 ff.).[111]

Die VerpackV zielt auf möglichst umweltverträgliche und möglichst wenige Verpackungsabfälle (§ 1: abfallwirtschaftliche Ziele). Sie gilt für verschiedene, in § 3 umfangreich beschriebene Verpackungsarten wie Transport-, Verkaufs-, Um-, Getränke- und Mehrwegverpackungen.[112] Sie wendet sich an Hersteller, Vertreiber und Versandhandel, § 2 VerpackV, denen sie Rücknahme- und Verwertungspflichten auferlegt, §§ 4 ff. VerpackV. Dagegen enthält die VerpackV keine Verpflichtungen für den Endverbraucher, wobei Endverbraucher nach § 3 V VerpackV nicht nur private Haushalte, sondern auch gewerbliche oder öffentliche Unternehmen oder Einrichtungen sind, wenn die angelieferten Waren nicht unverarbeitet weiterveräußert werden. **183**

Für alle Transport-, Verkaufs- und Umverpackungen besteht die Pflicht zur Rücknahme und zur erneuten Verwendung bzw. stofflichen Verwertung außerhalb der öffentlichen Abfallentsorgung. Dazu waren die allseits bekannten Sammelgefäße zur – getrennten – Rückgabe vom Käufer nicht (mehr) gewünschter Verpackungen aufzustellen; Sonderregelungen gelten für den Versandhandel (§ 6 I VerpackV) und für „Tante-Emma-Läden" (§ 6 I 3 VerpackV). **184**

Sonderregelungen gelten schließlich für Getränkeverpackungen, §§ 7-10 VerpackV (s.a. Rn. 10/190). Dazu ist eine Pfanderhebungspflicht vorgesehen. **185**

Ergänzend sieht die VerpackV die Einführung des Dualen Systems vor (Rn. 10/14) vor. Nach § 6 III VerpackV unterliegen Hersteller und Betreiber mit ihren Verpackungen nicht mehr ihrer Rücknahmepflicht nach § 6 I VerpackV, wenn sie sich an diesem Verpackungsabfall-Erfassungssystem beteiligen. **186**

Zur Erfüllung ihrer Rücknahme- und Verwertungspflichten können sich Hersteller und Betreiber auch Dritter bedienen, § 11 VerpackV. **187**

Die VerpackV ist auf vielfältige Kritik gestoßen, und zwar sowohl von Seiten der Betroffenen Industrie und Handel als auch von Seiten der Umweltverbände. Kritisch ist jedenfalls zu fragen, ob die Verordnung nicht nur eine Verlagerung der Abfallströme, „mehr Freude beim Wegwerfen" und damit im Ergebnis eben doch keine Einsparung bringt.[113] **188**

Während sich aber die VerpackV unmittelbar nur an Hersteller und Vertreiber, Industrie und Handel wandte, im übrigen aber auf die freiwillige Mitwirkung der Bürger angewiesen war (vgl. § 1 III Nr. 7 AbfG), geht die neue VO-Ermächtigung des KrW-/AbfG jetzt weiter. **189**

cc) Getränke-Mehrweg-Verordnung

Inzwischen liegt der Entwurf einer Getränke-Mehrweg-Verordnung vor, die am 1.1.1997 § 9 II und III VerpackV durch eine ausführliche Regelung ersetzen soll. Der **190**

---

111 Einzelheiten bei *Rummler/Schutt*, Verpackungsverordnung, 1991, S. 11 ff.; krit. *Weidemann*, NVwZ 1995, 631 (636 f.).
112 Hinweise zur Abgrenzung in BMU, Umwelt 1991, Heft 10, S. 461: Das Ministerium kommentiert seine eigene Verordnung! – Zur Abgrenzung s.a. *Versteyl* (Fn. 109), Sp. 2652 ff.; ausf. *Hösel/von Lersner*, Abfallbeseitigung, Bd.1 Kz. 1242, Rn. 9 ff.
113 Vgl. dazu das Streitgespräch in: InfUR 1992, 4 ff.

Entwurf enthält Kennzeichnungspflichten für Mehrweg- und Einweggetränkeverpackungen, die Verpflichtung zur Vereinheitlichung von Getränkemehrwegverpackungen und ein Verbot der Verwendung von schwermetallhaltigen Druckfarben oder Additiven zur Herstellung von Verpackungen.

dd) Weitere Verordnungen

191 Nach den grundsätzlich positiven Erfahrungen (s. aber auch Rn. 10/189) mit der Verpackungs-Verordnung[114] liegen inzwischen weitere Entwürfe für Verordnungen auch *für andere Produktbereiche* vor, z.B. *Altautos (AltautoV*[115]*), Elektronikschrott, Altpapier und Batterien (BatterieV)*. Da es sich bei der Einführung von Rücknahmepflichten um „genuin politische Entscheidungen" handelt, schlägt der SRU u.E. zutreffend vor, Art und Ausmaß solcher Pflichten möglichst genau gesetzlich zu bestimmen.[116]

ee) Zielfestlegungen

192 Weiterhin kann die BReg. für die *freiwillige Rücknahme* von Abfällen Zielfestlegungen treffen, die innerhalb einer angemessenen Frist zu erreichen sind (§ 25 I 1 KrW-/AbfG). Die Festlegung ist im Bundesanzeiger zu veröffentlichen. Die Regelung entspricht § 14 II AbfG 1986. Es handelt sich hierbei um einen auf normvermeidende Kooperation gerichteten Regierungsappell in Gestalt der förmlichen Bekanntgabe bestimmter umweltpolitischer Programmpunkte. Diese „*formalisierte Drohgebärde*"[117] soll den Erlaß oder die Verschärfung ebenfalls möglicher Rechtsverordnungen erübrigen. Zur Kontrolle der Zielerreichung müssen die Hersteller oder Vertreiber, die entsprechende Abfälle zurücknehmen, dies der zuständigen Behörde anzeigen. Diese wiederum soll bestimmte Befreiungen erteilen, wenn dies den Zielen der Kreislaufwirtschaft dient, § 25 II KrW-/AbfG.

d) Ausblick

193 Der besonders sensible Bereich der **Produktinnovation** wird leicht zum Schauplatz ideologischer Auseinandersetzungen. Zweifellos schadet eine Überregulierung der Wettbewerbsfähigkeit der Wirtschaft. Andererseits kann es der Allgemeinheit nicht gleichgültig sein, ob Produkte entwickelt werden, die eine lange Lebensdauer aufweisen, verwertungs-, wartungs- und reparaturfreundlich konstruiert sind und die umweltverträglich entsorgt werden können oder eben nicht. Dann liegt es auch nahe, die Entwicklung solcher Produkte zu unterstützen. Die auf entsprechende Forderungen des SRU zurückgehende, noch in der Fassung des Gesetzentwurfs vom 4.9.1992

---

114 Lobend SRU, Sondergutachten Abfallwirtschaft, 1990, Tz. 164; krit. *Jekewitz*, DÖV 1990, 51 ff.; s.a. *Fluck*, DB 1993, 211 ff.
115 Dazu die Mitteilung NVwZ 1992, 966 f.
116 SRU, Umweltgutachten 1994, Tz. 520.
117 *Jekewitz*, DÖV 1990, 51 (57); der Autor stellt ausführlich die Entstehungsgeschichte des § 14 AbfG dar.

enthaltene Vorschrift (§ 14 I 3 KrW-/AbfG-E) hieß: „Betreiber i.S.d. § 6 II haben zusätzliche Ausführungen zur ordnungsgemäßen und schadlosen Verwertbarkeit oder umweltverträglichen Entsorgbarkeit ihrer Erzeugnisse nach Wegfall der Nutzung zu machen." Sie wurde auf Betreiben betroffener Kreise wieder gestrichen. Dieses „Signal in die falsche Richtung"[118] wird vom SRU zu Recht kritisiert.

Als weitere Instrumente, Produktverantwortung auch wirklich einzufordern, schlägt der SRU[119] vor: **194**

– die Förderung umweltverträglicher Produktinnovation durch organisatorische und instrumentelle Regelungen innerhalb der Unternehmen, ähnlich dem Modell nach § 52a BImSchG,
– die Entwicklung von Prioritätenlisten von Stoffen, deren Vermeidung zwar nicht rechtlich zwingend vorgeschrieben, jedoch ausdrücklich empfohlen wird, und
– die Erstellung von Produktlinienanalysen; der Kreis der hierzu Verpflichteten, Umfang und Tiefe der Analyse sowie die Kriterien zu deren Bewertung müßten in einer Rechtsverordnung verankert werden.

Es fehlt also nicht an Vorschlägen, mehr für die Umwelt zu tun.[120]

6. Absatzförderung

Erstmals im Abfallrecht wird jetzt durch § 37 KrW-/AbfG auch die öffentliche Hand besonders in die Pflicht genommen. So müssen die Behörden des Bundes und die der Aufsicht des Bundes unterstehenden juristischen Personen des öffentlichen Rechts, Sondervermögen und sonstigen Stellen durch ihr **Verhalten** zur Erfüllung des Gesetzeszwecks (§ 1 KrW-/AbfG) beitragen. Sie müssen bei der Gestaltung von Arbeitsabläufen, bei der Beschaffung oder Verwendung von Material und Gebrauchsgütern, bei Bauvorhaben und sonstigen Aufträgen prüfen, ob und in welchem Umfang Erzeugnisse eingesetzt werden können, die sich durch Langlebigkeit, Reparaturfreundlichkeit und Wiederverwendbarkeit oder Verwertbarkeit auszeichnen, im Vergleich zu anderen Erzeugnissen zu weniger oder schadstoffärmeren Abfällen führen oder aus Abfällen zur Verwertung hergestellt worden sind (§ 37 I KrW-/AbfG). Im Rahmen ihrer Möglichkeiten müssen sie ferner darauf einwirken, daß die Gesellschaften des privaten Rechts, an denen sie Beteiligungen haben, diese Verpflichtungen ebenfalls beachten (§ 37 II KrW-/AbfG). Diese Inpflichtnahme der öffentlichen Hand entspricht der Produktverantwortung (§§ 22 ff. KrW-/AbfG) und soll diese unterstützen. **195**

---

118 SRU (Fn. 61), S. 8.
119 SRU (Fn. 61), S. 9.
120 Weiterführend *Kunig*, Jahrbuch des Umwelt- und Technikrechts 1994, S. 277 ff.; s.a. *E. Rehbinder*, in: Bericht „Die Industriegesellschaft gestalten" der Enquête-Kommission „Schutz des Menschen und der Umwelt – Bewertungskriterien und Perspektiven für umweltverträgliche Stoffkreisläufe in der Industriegesellschaft", BT-Drs. 12/8260 (Stoff-Enquête), S. 305; *Gebers/Führ/Wollny*, Ökologische Stoffwirtschaft, 1993, S. 22, 26 u.ö.

7. Informationspflichten

196 Schließlich dient die Abfallberatungspflicht der Entsorgungsträger (§ 38 KrW-/AbfG) über die Möglichkeiten der Vermeidung, Verwertung und Beseitigung dazu, die Ziele des Kreislaufwirtschaftsgesetzes zu erreichen, ebenso wie die Unterrichtungspflicht der Länder gegenüber der Öffentlichkeit (§ 39 KrW-/AbfG), und zwar durch eine zusammenfassende Darstellung und Bewertung der Abfallwirtschaftspläne, einen Vergleich zum vorangehenden sowie eine Vorausschau für den folgenden Unterrichtungszeitraum. Damit sollen Entwicklungen rechtzeitig erkennbar und entsprechende Steuerungen möglich werden.

V. Ordnung der Abfallbeseitigung

1. Grundsätze, Grundpflichten und Anforderungen zur Beseitigung

a) Grundsätze

197 aa) Auch bei der Ordnung der Abfallbeseitigung folgt das KrW-/AbfG der Einteilung in *Grundsätze*, *Grundpflichten* und durch *Rechtsverordnung* bestimmte Anforderungen. Die **Grundsätze** des § 10 bestimmen, **was, wo und wie** beseitigt werden muß. So sind nach § 10 I KrW-/AbfG Abfälle, die nicht verwertet werden, dauerhaft von der Kreislaufwirtschaft auszuschließen und zur Wahrung des *Wohls der Allgemeinheit* zu beseitigen. Nach § 10 III KrW-/AbfG sind Abfälle im **Inland** zu beseitigen. Und nach § 10 IV KrW-/AbfG sind die Abfälle so zu beseitigen, daß das **Wohl der Allgemeinheit nicht beeinträchtigt** wird, die zu beachtenden Schutzgüter sind beispielhaft aufgeführt

198 Als *Grundsatznorm* steuert § 10 IV KrW-/AbfG die Auslegung der Vorschriften des KrW-/AbfG, und zwar vor allem dort, wo diese Vorschriften ihrerseits auf das Wohl der Allgemeinheit Bezug nehmen. Gleichzeitig bestimmt er die Planung der Abfallentsorgung, die durch die Abfallwirtschaftspläne der Länder (§ 29 KrW-/AbfG; Rn. 10/252 ff.) erfolgt. Diese Pläne werden im Wege der Zulassung von ortsfesten Abfallentsorgungsanlagen nach Maßgabe einer Planfeststellung oder Plangenehmigung (§ 31 KrW-/AbfG) umgesetzt. § 10 KrW-/AbfG hat als Grundsatzbestimmung insoweit den Charakter einer Leitlinie für die Ausübung des Planungsermessens.

199 bb) Der vom KrW-/AbfG verwendete Begriff des *Wohls der Allgemeinheit* ist ein nicht auf abfallrechtliche Belange beschränkter unbestimmter, bei der Rechtsanwendung zu konkretisierender, voller gerichtlicher Kontrolle unterliegender Gesetzesbegriff;[121] er wird durch die beispielhafte Aufzählung der insbesondere zu beachtenden Schutzgüter in § 10 IV KrW-/AbfG näher bestimmt. Bei der Konkretisierung kommt der gem.

---

121 So u.E. zu Recht *Kunig/Schwermer/Versteyl*, AbfG, § 2 Rn. 16 m.w.N., zur gleichlautenden Vorgängervorschrift des § 2 AbfG; ebenso *Hoppe/Beckmann*, Umweltrecht, S. 477.

Ordnung der Abfallbeseitigung **10**/V

§ 4 V AbfG (§ 12 KrW-/AbfG) von der BReg. erlassenen TA Abfall/TA Siedlungsabfall (Rn. 10/73, 74) besondere Bedeutung zu.

Daraus ergeben sich für die Abfallbeseitigung folgende **Gebote**: **200**

– keine Beeinträchtigung der *Gesundheit der Menschen* (Nr. 1),
– keine Gefährdung von *Tieren und Pflanzen* (Nr. 2),
– keine schädliche Beeinflussung von *Gewässer und Boden* (Nr. 3),
– keine Herbeiführung schädlicher Umwelteinwirkungen durch *Luftverunreinigungen oder Lärm* (Nr. 4),
– Wahrung der Belange der *Raumordnung und der Landesplanung*, des *Naturschutzes* und der *Landschaftspflege* sowie des *Städtebaus* (Nr. 5) und
– keine Gefährdung oder Störung der *öffentlichen Sicherheit und Ordnung* (Nr. 6).

Gestrichen wurden aus der alten Grundsatznorm des § 2 I AbfG das Wohlbefinden der Menschen (Nr. 1), aber auch die Beschränkung auf Nutztiere, Vögel, Wild und Fische (Nr. 2) und auf Nutzpflanzen (Nr. 3). Der Rest sind redaktionelle Änderungen. **201**

Im Vergleich zu § 10 IV Nr. 3 KrW-/AbfG sind die korrespondierenden Verbotsnormen des *Bundeswasserrechts*, nämlich die §§ 26 II, 34 II WHG, *strenger* und sollen nach einer umstrittenen Auffassung hinter der insoweit *speziellen* abfallrechtlichen Regelung des § 10 IV Nr. 3 KrW-/AbfG zurücktreten. Vgl. hierzu den Wortlaut des § 26 II WHG („Verunreinigung" des Wassers statt „schädliche Beeinflussung") und des § 34 II WHG („schädliche Verunreinigung" des Grundwassers, aber auch „sonstige nachteilige Veränderung" statt „schädliche Beeinflussung").[122] **202**

Hinsichtlich der *Schädlichkeit von Umwelteinwirkungen* gilt die Legaldefinition des § 3 I BImSchG (Rn. 6/92). Danach sind z.B. Vorkehrungen zu treffen gegen Freiwerden von Staub bei der Sammlung des Hausmülls, gegen Lärm bei der Entladung von Müllfahrzeugen, gegen schädliche Immissionen, die durch Abfallbeseitigungsanlagen verursacht werden (vgl. dazu auch § 32 I KrW-/AbfG), also etwa Gerüche aus Kompostierungsanlagen, Rauch aus brennenden Deponien, Lärm aus Müllzerkleinerungsanlagen usw. Solche Einwirkungen sind hier aber nur nach Maßgabe dessen untersagt, was das Wohl der Allgemeinheit (insbes. der Nachbarschutz nach §§ 22, 24 BImSchG) erfordert. Soweit Abfallbeseitigungsanlagen – wie MVA – unter § 4 BImSchG i.V.m. der 4. BImSchV fallen, unterliegen sie (ggf. zusätzlich) den (z.T. schärferen) Vorschriften des BImSchG. **203**

Zum *Naturschutz* ist insbesondere auf die Eingriffsregelungen des § 8 BNatSchG i.V.m. den einschlägigen landesrechtlichen Normen (Rn. 3/112 ff.) zu verweisen. Was die Belange des *Städtebaus* angeht, so entfällt zwar nach § 38 BauGB bei der Genehmigung oder Planfeststellung von Abfallbeseitigungsanlagen die Bindung an die bauplanungsrechtlichen Zulässigkeitsvorschriften der §§ 29 ff. BauGB.[123] Indessen gilt das Gebot des § 10 IV Nr. 5 KrW-/AbfG, wonach die Belange des Städtebaus geschützt sind, zwar nicht absolut, wohl aber nach Maßgabe dessen, was das Wohl der Allgemeinheit erfordert. Bei der Planfeststellung einer Abfallentsorgungsanlage sind daher ggf. zur Interessenabwägung die Belange des Städtebaus in das „Abwägungsmaterial" (Rn. 2/110) einzustellen und angemessen abzuwägen. **204**

---

122 Vgl. dazu Rn. 4/150 mit Fn. 4/79 m.w.N. zum Wasserrecht; s.a. *Kunig/Schwermer/Versteyl*, AbfG, § 2 Rn. 32.
123 BVerwGE 70, 242 (243 f.); 90, 96 (100); zuletzt BVerwG, UPR 1995, 192 (195); dazu *Engel*, UPR 1993, 209 ff.; *Erbguth*, NVwZ 1989, 608; *Paetow*, UPR 1990, 321 ff.

10 *Kreislaufwirtschafts- und Abfallrecht*

205 Eine Gefährdung oder Störung i.S.d. Nr. 6 könnte z.B. eintreten, wenn auf Deponien explosible Stoffe gelagert oder wenn Möwen oder Krähen durch Deponien angelockt werden und dann das Saatgut auf angrenzenden Feldern fressen.

206 cc) Zur Eindämmung des in seiner Fragwürdigkeit längst erkannten „Mülltourismus" (Rn. 10/64 ff.) gilt nach § 10 III KrW-/AbfG der – bisher massiv durchbrochene, europarechtlich jetzt aber geklärte[124] – Grundsatz, daß im Inland anfallende Abfälle eben auch **im Inland zu entsorgen** sind, soweit sich nicht aus der Abfallverbringungsverordnung der EG[125] oder aus dem Ausführungsgesetz vom 30.9.1994[126] zum Baseler Übereinkommen vom 22.3.1989 über die Kontrolle der grenzüberschreitenden Verbringung gefährlicher Abfälle und ihrer Entsorgung[127] anderes ergibt (näher zum ganzen unten Rn. 10/364 f.).

b) Grundpflichten

207 Die Grundpflicht des § 11 KrW-/AbfG beschränkt sich darauf, Erzeuger und Besitzer von Abfällen, die nicht verwertet werden, auf die **gemeinwohlverträgliche** Abfallbeseitigung nach § 10 KrW-/AbfG zu verpflichten, aus den Grundsätzen also Rechtspflichten zu machen. Diese Pflicht besteht natürlich nur, soweit auch eine Abfallbeseitigungspflicht besteht, wozu § 11 I KrW-/AbfG auf die §§ 13-18 verweist, die die Zuständigkeit für die einzelnen Pflichten bestimmen. Außerdem enthält § 11 II KrW-/AbfG noch die wichtige Grundpflicht der **Abfalltrennung**.

c) Anforderungen

208 Schließlich enthält § 12 KrW-/AbfG – wie bei der Ordnung der Kreislaufwirtschaft § 7 – eine Ermächtigung zur Ordnung der Abfallbeseitigung. Danach kann die BReg. nach Anhörung der beteiligten Kreise durch Rechtsverordnung mit Zustimmung des BRates entsprechend dem **Stand der Technik** Anforderungen an die Beseitigung von Abfällen nach Herkunftsbereich, Anfallstelle sowie nach Art, Menge und Beschaffenheit festlegen, insbesondere

– Anforderungen an die Getrennthaltung und die Behandlung von Abfällen (Nr. 1),
– Anforderungen an das Bereitstellen, Überlassen, das Einsammeln, die Beförderung, die Lagerung und die Ablagerung von Abfällen (Nr. 2) und
– Verfahren zur Überprüfung der Anforderungen entsprechend § 7 III, also hinsichtlich Anforderungen an Proben und Analysen (Nr. 3).

---

124 EuGH, NVwZ 1992, 871 (Wallonien).
125 Nr. 259/93 des Rates vom 1.2.1993 zur Überwachung und Kontrolle der Verbringung von Abfällen in der, in die und aus der Europäischen Gemeinschaft, ABl. Nr. L 30/1; zu den bisherigen Erfahrungen mit der Abfallverbringungsverordnung instruktiv *Klett/Kaminiski/Konzak*, WuV 1995, 40 ff.
126 BGBl. I 2771.
127 Fn. 60.

Ferner soll die BReg. allgemeine Verwaltungsvorschriften über Anforderungen an die 209
umweltverträgliche Beseitigung von Abfällen nach dem Stand der Technik erlassen,
§ 12 II 1 KrW-/AbfG. Dies ist die Grundlage für künftige technische Anleitungen wie
jetzt schon der TA Abfall und der TA Siedlungsabfall (Rn. 10/73 f.).

2. Aufgabenverteilung zwischen privaten und öffentlichen Entsorgungsträgern

a) Grundsatz: Entsorgungspflicht nach dem Verursacherprinzip

aa) Nach dem **Verursacherprinzip** (Rn. 1/73) sollte derjenige entsorgungspflichtig 210
sein, durch den und bei dem die Abfälle anfallen. Dem entspricht jetzt – unter Bruch
mit den bisherigen Regelungen – jedenfalls im Grundsatz auch die *neue Aufgabenverteilung*.

Die Abfallbeseitigung, die in unserer Industriegesellschaft sowohl aus Gründen der Gefahren- 211
abwehr als auch aus Vorsorgegründen eine immer größere Bedeutung gewonnen hat, war in
erster Linie eine *öffentliche*, dem Bereich des *Umweltschutzes* und der Daseinsvorsorge zuzurechnende Aufgabe der schlichthoheitlichen Verwaltung. Mit der Zuweisung dieser Aufgabe
an kommunale Körperschaften war aus Gründen einer geordneten Abfallentsorgung und zur
Gewährleistung der Wirtschaftlichkeit der öffentlichen Abfallentsorgung ein prinzipielles
„Selbstentsorgungsverbot" verbunden.

Das AbfG 1986 regelte daher die Entsorgungspflicht mit dem Ziel einer ökonomisch und 212
ökologisch sinnvollen Abfallwirtschaft im Sinne einer Pflicht zur (*öffentlichen*) *Abfallentsorgung* durch Körperschaften des öffentlichen Rechts. § 3 I AbfG bestimmt für den Abfallbesitzer
grundsätzlich, daß dieser die in seinem Besitz befindlichen Abfälle *nur* über die Dienste der
öffentlichen Abfallentsorgung beseitigen lassen kann. Der Abfallbesitzer[128] hatte somit den
Abfall dem Entsorgungspflichtigen oder dem von diesem gem. § 3 II 2 AbfG eingeschalteten
Dritten zu *überlassen*[129], d.h. in geeigneter (im AbfG nicht geregelter) Weise zum Einsammeln
zur Verfügung zu stellen.

Jetzt werden die Erzeuger und Besitzer von Abfällen **selbst** zur Vermeidung, Verwer- 213
tung und Beseitigung (§ 11 I KrW-/AbfG) **verpflichtet**, müssen die dafür anfallenden
Kosten tragen und sollen dadurch dazu veranlaßt werden, von der Herstellung bis zum
Verbrauch der Güter auf ihre Vermeidung und Verwertung zu achten. An diesem
Grundsatz ändert sich nichts dadurch, daß die Beseitigungsverpflichteten sich zur
Erfüllung ihrer Pflichten Dritter (§ 16 KrW-/AbfG), Verbände (§ 17 KrW-/AbfG) oder
Einrichtungen der Selbstverwaltungskörperschaften der Wirtschaft (§ 18 KrW-/AbfG)
bedienen können. Nur insoweit, als die Erzeuger und Besitzer ihre Pflichten danach
nicht erfüllen können, müssen sie die Abfälle den öffentlich-rechtlichen Entsorgungs-

---

128 Der *öffentlich-rechtliche Besitzbegriff* des Abfallrechts ist nach der Rspr. weiter als der des bürgerlichen Rechts. Insbes. bedarf es keines Besitzbegründungswillens. Ein „Mindestmaß" an Sachherrschaft an dem Grundstück und an den Abfällen, die sich auf dem Grundstück befinden, ist ausreichend, aber auch erforderlich. Der Tatbestand des Abfallbesitzes (z.B. an „wilden", aufgedrängten Müllablagerungen) entfällt daher, wenn der Grundeigentümer sein Grundstück aufgrund normativer Betretungsrechte (z.B. § 14 BWaldG) dem Zutritt Dritter nicht entziehen darf. Vgl. dazu BVerwGE 67, 8; BVerwG, NJW 1984, 817; BVerwG, DVBl. 1989, 522.
129 Dazu *Eckert*, NVwZ 1987, 951 (956 f.); BVerwGE 67, 8 (10 f.); BVerwG, NJW 1989, 1295.

trägern überlassen (§ 13 KrW-/AbfG). Nur dann sind diese verpflichtet, die Abfälle zu verwerten oder zu beseitigen (§ 15 KrW-/AbfG).

214 Soweit die Pflichtigen zur *Erfüllung* Dritte, Verbände oder Selbstverwaltungskörperschaften der Wirtschaft einschalten, bleiben sie selbst für die Erfüllung ihrer Pflichten verantwortlich (§ 16 I 2 KrW-/AbfG).

215 bb) Daneben gibt es die Möglichkeit, daß die Erzeuger oder Besitzer von Abfällen insbes. aus gewerblichen oder sonstigen wirtschaftlichen Unternehmen nicht nur die *Erfüllung,* sondern die *Pflichten selbst* ganz oder teilweise auf die Verbände nach § 17 KrW-/AbfG oder Einrichtungen der Selbstverwaltungskörperschaften der Wirtschaft nach § 18 KrW-/AbfG übertragen.[130] Diese wiederum können die übernommenen Pflichten an Dritte i.S.d. § 16 KrW-/AbfG weitergeben.

216 Damit soll gewährleistet sein, daß einerseits den Verursachern ein möglichst weitgehender Gestaltungsspielraum für die Erfüllung ihrer Pflichten bleibt, andererseits aber auch die Erfüllung möglichst im Verantwortungsbereich der Verursacher bzw. verursachernaher Einrichtungen erfolgt.

217 cc) Zum Ausgleich dafür, daß private Entsorgungsträger Entsorgungsaufgaben übernehmen können, trifft das Gesetz Vorkehrungen, um eine ordnungsgemäße Aufgabenerfüllung sicherzustellen. So dürfen Dritte und die Institutionen i.S.d. §§ 17 u. 18 KrW-/AbfG nur beauftragt werden, wenn sie über die **erforderliche Zuverlässigkeit** verfügen, §§ 16 I 3, 17 I 2 und 18 I 2 KrW-/AbfG.

218 Soweit nicht nur die Erfüllung der Pflicht, sondern die Pflicht selbst übergeht, bedarf dies nicht nur der ausdrücklichen Übertragung durch die zuständige Behörde, sondern auch der **Zustimmung der öffentlich-rechtlichen Entsorgungsträger**, § 16 II 1 u. 2 KrW-/AbfG. Die Übertragung *kann* nach § 16 II (Ermessensnorm) nur erfolgen, wenn

- der Dritte sach- und fachkundig und zuverlässig ist (Nr. 1),
- die Erfüllung der übertragenen Pflichten sichergestellt ist (Nr. 2) und
- keine überwiegenden öffentlichen Interessen entgegenstehen (Nr. 3).

219 Damit die Behörde das Vorliegen dieser Voraussetzungen überprüfen kann, hat der Dritte nach § 16 III KrW-/AbfG ein *Abfallwirtschaftskonzept* vorzulegen mit

- Angaben über Art, Menge und Verbleib der zu verwertenden oder zu beseitigenden Abfälle (Nr. 1),
- einer Darstellung der getroffenen und geplanten Maßnahmen zur Verwertung oder zur Beseitigung der Abfälle (Nr. 2),
- einer Darlegung der vorgesehenen Entsorgungswege für die nächsten fünf Jahre einschließlich Standort- und Anlagenplanung (Nr. 3) sowie
- ggf. besondere Angaben bei einer Beseitigung im Ausland (Nr. 4).

220 Die Abfallwirtschaftskonzepte sind fortzuschreiben, nach Pflichtenübertragung ist eine Abfallbilanz vorzulegen (Sätze 4 u. 5). Dieses Abfallwirtschaftskonzept i.S.d. § 16 III

---

[130] Vgl. zu entsprechenden Forderungen schon *Winkelmann*, UPR 1991, 169 (174 f.).

KrW-/AbfG entspricht weitgehend dem i.S.d. § 19 KrW-/AbfG, auf dessen Abs. 3 § 16 KrW-/AbfG auch verweist.

Dieses Gesamtinstrumentarium von *Zulässigkeitsvoraussetzungen, Zustimmungsvor-* **221**
behalten und *Kontrollmechanismen* soll einer gemeinwohlschädlichen Abfallbeseitigung vorbeugen.

Aufgrund des *Zustimmungsvorbehalts* nach §§ 16 II 2 KrW-/AbfG, 17 III und 18 II **222**
2 i.V.m. 17 III 1 KrW-/AbfG liegt es an den Ländern und den nach Landesrecht zuständigen juristischen Personen, i.d.R. sind dies die Gebietskörperschaften, in welchem Umfang die Verwirklichung des Verursacherprinzips und die Privatisierung der Abfallbeseitigung tatsächlich stattfindet.[131] Wovon die öffentlich-rechtlichen Entsorgungsträger ihre Zustimmung abhängig machen können, bestimmt das Gesetz nicht. Der Maßstab ist daher aus dem KrW-/AbfG im übrigen zu gewinnen, insbes. aus der Grundsatzbestimmung des § 10 IV KrW-/AbfG. Damit ergibt sich kein anderer Beurteilungsmaßstab als schon nach § 16 II 1 KrW-/AbfG, insbes. seiner Nr. 3 („keine überwiegenden öffentlichen Interessen entgegenstehen"). Von entscheidender Bedeutung in der Praxis wird sicher sein, inwieweit ein öffentlich-rechtlicher Entsorgungsträger einem beseitigungswilligen Dritten (Entsprechendes gilt für Verband oder Selbstverwaltungskörperschaft) entgegenhalten kann, bei Übernahme der entsprechenden Aufgaben durch den Dritten werde die Abfallbeseitigung durch den öffentlich-rechtlichen Entsorgungsträger – insbes. wirtschaftlich – gefährdet. Dieses Szenario erscheint im Zeichen des Entsorgungsnotstandes zunächst nicht wahrscheinlich. Andererseits ist durchaus vorstellbar, daß eine teuer geplante Abfallbeseitigungsanlage von ihrem Träger nur dann wirtschaftlich zu betreiben ist, wenn auch entsprechende Müllmengen, unter Umständen sogar bestimmte Müllarten anfallen, deren Nachschub sich der entsprechende Entsorgungsträger auf diese Art sichern kann.

dd) Umgekehrt kann natürlich auch der Fall eintreten, daß Erzeuger und Besitzer zur **223**
umweltverträglichen Abfallbeseitigung selbst oder entsprechend §§ 16-18 KrW-/AbfG gar *nicht in der Lage* sind. In diesem Fall sind sie von der Pflicht zur Beseitigung nach § 11 I KrW-/AbfG befreit und stattdessen nach § 13 I KrW-/AbfG verpflichtet, diese den öffentlich-rechtlichen Entsorgungsträgern zu überlassen. Dies ist insbesondere der Fall, wenn besonders gefährliche oder sonst besonders zu entsorgende Abfälle anfallen, für die nur die öffentliche Hand entsprechende Behandlungsanlagen oder Deponien vorhält.

ee) Schließlich sieht das Gesetz auch vor, daß die öffentliche Hand ihrerseits auf **224**
bestimmte Abfälle zugreifen kann, nämlich in § 13 IV KrW-/AbfG, wonach die Länder zur Gewährleistung der Entsorgungssicherheit Andienungs- und Überlassungspflichten für *besonders überwachungsbedürftige Abfälle* bestimmen können.[132]

ff) Keine Frage der Überlassungspflicht ist der Problemkreis des „wilden Mülls". Es **225**
geht dabei um die Frage, ob die nach Landesrecht zuständigen Behörden nach polizei-

---
131 Der Zustimmungsvorbehalt kam erst im Vermittlungsverfahren auf ausdrücklichen Wunsch der Länder in das Gesetz, *Petersen/Rid,* NJW 1995, 7 (13); *Versteyl/Wendenburg,* NVwZ 1994, 833 (839).
132 Dazu *Versteyl/Wendenburg,* NVwZ 1994, 833 (839).

und ordnungsrechtlichen Vorschriften gegen Abfallsünder vorgehen können. Kreislaufgesetz und Landesabfallgesetze enthalten insoweit keine Eingriffsnorm. Polizeirechtliche Verfügungen sind aber zulässig, soweit dem Handlungs- oder Zustandsstörer nichts aufgegeben wird, was unter eine der Entsorgungstatbestände des KrW-/AbfG fällt, und die Anordnung nur darauf abzielt, daß der Besitzer der ihn treffenden Überlassungspflicht genügen kann.[133]

b) Ausnahme: öffentliche Trägerschaft

226 Entsprechend dem oben Ausgeführten besteht die öffentlich-rechtliche **Entsorgungspflicht** nur noch **subsidiär**. Sie beschränkt sich zunächst auf die den öffentlich-rechtlichen Entsorgungsträgern in ihrem Gebiet angefallenen und überlassenen Abfälle aus **privaten Haushaltungen**. Die öffentlich-rechtlichen Entsorgungsträger sind aber auch hinsichtlich der *Abfälle zur Beseitigung* aus *anderen Herkunftsbereichen* verpflichtet, wenn ihnen diese angetragen werden. Bei Abfällen aus privaten Haushaltungen besteht auch keine Ausnahme. Sonst aber sind die öffentlich-rechtlichen Entsorgungsträger von ihrer Entsorgungspflicht befreit, soweit Dritten oder privaten Entsorgungsträgern Pflichten zur Entsorgung nach den §§ 16, 17 oder 18 KrW-/AbfG übertragen worden sind, § 15 II KrW-/AbfG. Diese Übertragungen sind also – mit Wirkung für die öffentlich-rechtlichen Entsorgungsträger – für die Zeit ihrer Geltung abschließend.

227 Schließlich können die öffentlich-rechtlichen Entsorgungsträger selbst mit Zustimmung der zuständigen Behörde Abfälle von der Entsorgung ausschließen, soweit diese einer Rücknahmepflicht (aufgrund einer nach § 24 KrW-/AbfG erlassenen Rechtsverordnung) unterliegen und entsprechende Rücknahmeeinrichtungen tatsächlich zur Verfügung stehen, § 15 III 1 KrW-/AbfG. Dasselbe gilt, wenn die Abfälle nach Art, Menge oder Beschaffenheit nicht mit den in Haushaltungen anfallenden Abfällen beseitigt werden können oder die umweltverträgliche Beseitigung durch andere Entsorgungsträger oder Dritte gewährleistet ist, § 15 III 2 KrW-/AbfG.[134]

228 *Beispiele:* Ausgeschlosssen werden können somit Pfandflaschen (Rücknahmepflicht), Bauschutt in großen Mengen (Mengenproblem), bestimmte industrielle Abfälle (Beschaffenheitsproblem). – Beispiel einer (kommunalen) Abfallwirtschaftssatzung: Ausgeschlossen sind Stoffe, die Gefahren oder erhebliche Belastungen für das Betriebspersonal hervorrufen können, die Gefahren für die Entsorgungsanlagen oder ihre Umgebung hervorrufen oder schädlich auf sie einwirken können, Tierkörper und ähnliches, auch wenn sie nicht vom Tierkörperbeseitigungsgesetz erfaßt werden, aber auch Stoffe, die wegen ihrer Größe oder ihres Gewichts nicht auf die vorhandenen Fahrzeuge verladen werden können, sperrige Stoffe, die sich nicht in den zugelassenen Abfallbehältern unterbringen lassen und die üblicherweise nicht in Haushaltungen

---

133 BVerwG, DVBl. 1989, 522 ff.; s.a. BayVGH, BayVBl. 1994, 23 und 24 zur Haftung eines Abfallhändlers, eines Abfallbeförderers und eines Kiesgrubenpächters; VGH BW, UPR 1993, 114 zu einer abfall- und wasserrechtlichen Beseitigungsanordnung; OVG Koblenz, DVBl. 1993, 1156 zum Verhältnis Abfallbehörde/Baubehörde.
134 Vgl. – noch zu § 3 III AbfG – *Winkelmann*, UPR 1991, 169 (170 ff.).

anfallen, insbesondere Altreifen und Abfälle aus Gebäuderenovierungen und Haushaltsauflösungen, sowie Bauschutt und Erdaushub.

Die öffentlich-rechtlichen Entsorgungsträger unterliegen den gleichen *Verwertungs- und Beseitigungspflichten* wie die ursprünglich verpflichteten Erzeuger und Besitzer, nämlich nach §§ 4-7 KrW-/AbfG hinsichtlich der Verwertung und §§ 10-12 hinsichtlich der Beseitigung, § 15 I 1 KrW-/AbfG. Dabei müssen sie selbst solche Abfälle verwerten, bei denen der andienende Abfallerzeuger oder -besitzer nach § 5 IV von der Verwertungspflicht befreit war, wenn bei ihnen selbst diese Gründe nicht vorliegen. **229**

Beispiel: In einem Betrieb fallen bei der Produktion Stoffe an, die zwar verwertet werden können, dabei aber einen hohen Aufwand verursachen. Ist dieser Aufwand dem Betrieb unzumutbar, entfällt der Vorrang der Verwertung entsprechend § 5 IV 1 u. 3 KrW-/AbfG. Der Abfall ist dann zu beseitigen. Ist der Abfallerzeuger – oder ein von ihm einzuschaltender Dritter i.S.d. §§ 16-18 KrW-/AbfG – auch dazu nicht in der Lage, besteht die Andienungspflicht nach § 13 I 2 KrW-/AbfG. Jetzt ist der öffentlich-rechtliche Entsorgungsträger verantwortlich, und zwar wie ausgeführt zunächst für die Verwertung, notfalls für die Beseitigung. **230**

Soweit danach die Abfallbeseitigung einem öffentlich-rechtlichen Entsorgungsträger obliegt, ist sie Pflicht der nach Landesrecht zuständigen *Körperschaften des öffentlichen Rechts* (§ 13 I 1 KrW-/AbfG). Diese haben als Träger der *öffentlichen Abfallentsorgung* die Abfälle entweder *selbst* zu beseitigen, oder sie können dies (oder einzelne der dazu erforderlichen Tätigkeiten) wie die privaten Entsorgungsverpflichteten auch *durch Dritte* (§ 16 I 1 KrW-/AbfG) vornehmen lassen. **231**

Landesrechtlich obliegt die Abfallentsorgungspflicht in der Regel den *Kreisen* oder *kreisfreien Städten* (z.B. § 1 HAbfG, § 1 NdsAGAbfG, § 5 I LAbfG NW, s. aber auch § 5 II: Einsammeln und Befördern durch die kreisangehörigen Gemeinden). Auch in *Baden-Württemberg* sind die Stadt- und Landkreise zuständig (§ 6 I LAbfG BW). Allgemein ist die Entsorgungspflicht nunmehr Selbstverwaltungs-Pflichtaufgabe der Kreise und nicht mehr wie früher Aufgabe der Gemeinden.[135] Auf Antrag der Gemeinden können ihnen aber nach dem Landesrecht die Landkreise z.B. das Einsammeln und Befördern von in ihrem Gebiet anfallenden Abfällen durch öffentlich-rechtliche Vereinbarung in eigene Zuständigkeit übertragen (Delegation) oder zur verwaltungsmäßigen und technischen Erledigung zuweisen (Mandat). Im ersten Fall sind die Gemeinden im Umfang der Übertragung selbst entsorgungspflichtig. **232**

Die entsorgungspflichtigen Körperschaften können sich nach § 16 I 1 KrW-/AbfG zur Erfüllung ihrer Pflicht „*Dritter*" (Erfüllungsgehilfen) bedienen, sei es privater Unternehmen (z.B. eines Müllabfuhrunternehmens), sei es staatlicher oder kommunaler Behörden (z.B. eines Forstamts zum Einsammeln wild abgelagerten Mülls). Diese Gehilfen übernehmen nicht die Entsorgungspflicht, sondern nur ihre Erfüllung. In dieser *Fremdentsorgung* liegt also keine zuständigkeitsverlagernde Delegation, sondern ein zuständigkeitswahrendes „Mandat". Die Rechtsnatur dieses Vertrags ist zweifelhaft; für die öffentlich-rechtliche Ausgestaltung spricht der Umfang der von dem Partner der Verwaltung zu übernehmenden öffentlich-rechtlichen Pflichten. **233**

---

135 Dadurch wird die gemeindliche Selbstverwaltungsgarantie i.S. des Art. 28 II 1 GG nicht verletzt: BVerfGE 79, 127 (Rastede); BVerwGE 67, 321 (Rastede); dazu *Frers*, DVBl. 1989, 449 ff.; *Schoch*, VerwArch. Bd. 81 (1990), 18 ff. m.w.N. der Lit. u. Rspr.

10 *Kreislaufwirtschafts- und Abfallrecht*

c) Überlassungspflicht

234 aa) Damit die von den öffentlich-rechtlichen Entsorgungsträgern zu entsorgenden Abfälle auch tatsächlich zu diesen gelangen, bestimmt § 13 KrW-/AbfG **Überlassungspflichten**. Der Sache nach stellt die Überlassungspflicht einen bundesrechtlichen *Benutzungszwang* zulasten des Abfallbesitzers dar. Ihm entspricht ein öffentlich-rechtlicher *Entsorgungsanspruch* des Abfallbesitzers gegen die zuständige öffentlich-rechtliche Körperschaft.[136] Die Art und Weise der Überlassung wird durch Satzung des kommunalen Entsorgungsträgers normiert[137]; in der gleichen Form werden im Rahmen der Kommunalabgabengesetze von den kommunalen Entsorgungsträgern die Abfallentsorgungsgebühren[138] geregelt.

235 Schon das Bereitstellen, aber auch das Überlassen und natürlich das Einsammeln, die Beförderung, die Behandlung, die Lagerung und die Ablagerung von Abfällen gehören alle zur Abfallbeseitigung, § 10 II 1 KrW-/AbfG (Rn. 10/122).

236 bb) Soweit Abfälle von der zuständigen Behörde oder dem zuständigen öffentlich-rechtlichen Entsorgungsträger *von der öffentlichen Abfallentsorgung ausgeschlossen* worden sind (Rn. 10/227 f.), weil dafür Rücknahmepflichten bestehen und entsprechende Einrichtungen zur Verfügung stehen (§ 15 III 1 KrW-/AbfG) oder weil sie nach ihrer Art (z.B. bestimmte industrielle Abfälle) oder nach ihrer Menge (z.B. Bauschutt) nicht mit den in Haushaltungen anfallenden Abfällen entsorgt werden können (§ 15 III 2 KrW-/AbfG)[139], verliert der Abfallerzeuger oder -besitzer seinen Entsorgungsanspruch; er wird oder bleibt entsprechend dem Verursacherprinzip selbst entsorgungspflichtig. Andererseits dürfen Abfälle nur in dafür zugelassenen Anlagen entsorgt werden (§ 27 I 1 KrW-/AbfG). Der Abfallbesitzer kann sich nun entweder selbst um die Zulassung einer eigenen Abfallentsorgungsanlage nach § 31 KrW-/AbfG bemühen (*Eigenentsorgung*) oder aber die Abfälle einem anderen Inhaber einer solchen Anlage überlassen (*Fremdentsorgung* (Rn. 10/7). Der selbst zur Entsorgung verpflichtete Abfallbesitzer kann sich nämlich zur Erfüllung seiner Entsorgungspflicht für alle oder einzelne Entsorgungsphasen – Bereitstellen, Überlassen, Einsammeln, Befördern, Behandeln, Lagern, Ablagern (Rn. 10/122) – (privater) *Dritter* bedienen. Werden, was möglich ist, bestimmte Abfälle nicht von der gesamten öffentlichen Entsorgung, sondern z.B. nur vom Einsammeln und/oder Befördern ausgeschlossen (etwa Erdaus-

---

136 Ein individuelles Benutzungsverbot ist aber schon mangels Rechtsgrundlage rechtswidrig, VGH BW, NVwZ-RR 1994, 317 ff.
137 OVG Mstr., DÖV 1988, 307 (grüne Mülltonne).
138 Insoweit wirkt bei dieser Gebühr (Rn. 1/145 f.) noch das Verursacherprinzip als Kostenzurechnungsprinzip (Rn. 1/74). Vgl. zur Bemessung der kommunalen Müllgebühren VGH BW, ESVGH 41, 63 ff. zum Personen- und Gefäßmaßstab; s.a. VGH BW, ESVGH 39, 20 ff. zum Gefäß- oder Behältermaßstab bei Gewerbemüllgebühr; s.a. OVG Schleswig, NuR 1992, 443 ff.; in der Regel gilt für Hausmüll der Personen- oder Gefäßmaßstab. – Zur Entwicklung siehe schon oben Rn. 10/1. – Nach Möglichkeit sind die Kosten der Abfallbeseitigung entsprechend dem dafür anfallenden Aufwand gestaffelt. – *Beispiele*: Deponie unbelasteten Erdaushubs: DM 15,00/t, belasteten Erdaushubs auf Hausmülldeponien DM 100,00/t, auf Sondermülldeponien DM 2000,00/t.
139 Dazu z.B. BVerwG, UPR 1990, 63; VGH BW, NVwZ 1989, 174; OVG Koblenz, NVwZ 1989, 180. § 3 II AbfG ermächtigt die entsorgungspflichtigen Körperschaften nicht dazu, Abfälle lediglich aus „vermeidungspädagogischen" Gründen von der Entsorgung auszuschließen.

hub bei großer Menge, heiße Asche), so trifft den Abfallbesitzer zwar keine umfassende Eigenentsorgungspflicht, wohl aber eine Einsammlungs- und Anlieferungspflicht.

Beispiel: Das Einsammeln und Befördern von Bauschutt kann von der Entsorgungspflicht der öffentlichen Körperschaft im Hinblick auf die anfallende Menge auch durch Satzungsregelung ausgeschlossen werden.[140]

3. Benutzungspflicht (Anlagenzwang)

Abfälle dürfen nach § 27 I 1 KrW-/AbfG (§ 4 I AbfG) – grundsätzlich, Ausnahme: Abs. 2 und 3 – nur in den dafür **zugelassenen Anlagen** oder **Einrichtungen** (Abfallentsorgungsanlagen) behandelt, gelagert oder abgelagert werden (sogen. **Anlagenzwang**). Die Zulassung ist allerdings in § 27 I 1 KrW-/AbfG – wie schon in den §§ 7 ff. AbfG – nur für *ortsfeste* Abfallentsorgungsanlagen geregelt. Für *mobile* Abfallentsorgungsanlagen (Rn. 5/34) fehlt trotz vorhandenen Regelungsbedarfs noch immer eine spezielle Regelung.[141] Auch wurde der Anlagenzwang schon mehrfach aufgeweicht (näher u. Rn. 10/246 ff.).

a) Begriff der Abfallbeseitigungsanlage

aa) *Abfallbeseitigungsanlagen* sind nach der Bestimmung des § 27 I 1 KrW-/AbfG (§ 4 I 1 AbfG) Anlagen oder Einrichtungen, in denen Abfälle (mit dem Ziel der Beseitigung)

– „*behandelt*" werden, also eine qualitative oder quantitative Veränderung durch Verbrennen, Verschwelen, Zerkleinern, Entwässern, Pressen usw. erfahren,
– „*gelagert*" werden, d.h. bis zur endgültigen Beseitigung in Form des Ablagerns oder Behandelns vorübergehend abgelegt werden,
– „*abgelagert*" werden, d.h. auf Dauer auf oder unter dem Erdboden abgelegt werden.

Nach § 5 I AbfG fanden die Vorschriften des AbfG über *Abfallentsorgungsanlagen* (also insbesondere die Vorschriften über die Zulassung) auch auf *Anlagen* Anwendung, die der *Lagerung oder Behandlung*[142] *von Autowracks* dienen, und zwar ohne Rücksicht darauf, ob diese im konkreten Fall als Abfall i.S. des § 1 I AbfG zu beurteilen sind oder nicht. Die Vorschrift erübrigt sich jetzt, da Autowracks jetzt von vornherein dem Abfallbegriff unterfallen.

Die auch für zahlreiche andere Vorschriften des KrW-/AbfG wichtige Begriffsbestimmung des § 27 I KrW-/AbfG (§ 4 I 1 AbfG) ist, auf den Begriff der Abfallbeseitigung i.S. des § 10 II KrW-/AbfG (§ 1 II AbfG; Rn. 10/148 ff.) bezogen, wobei die Merkmale „Bereitstellen", „Überlassen", „Einsammeln" und „Befördern" nicht in die Definition der Abfallbeseitigungsanlage eingegangen sind. Die Auslegung und Anwen-

---
140 BVerwG, NVwZ 1990, 467 ff. zu § 3 III AbfG.
141 Vgl. zu den Rechtsfragen der Genehmigung mobiler Bodenreinigungsanlagen *Beckmann*, NVwZ 1993, 305 ff., und (zur seither geänderten Rechtslage) *Reidt*, NVwZ 1993, 861 f.
142 Zum Begriff vgl. BayObLG, NVwZ 1984, 133.

10 *Kreislaufwirtschafts- und Abfallrecht*

dung der Legaldefinition ist unproblematisch, wenn es sich um regelrechte Abfalldeponien, um Müllverbrennungs- oder Müllverschwelungsanlagen, um Kompostierungsanlagen u.ä. handelt. Es bleiben aber Unklarheiten. Die Rechtsprechung folgt einer weiten Auslegung.[143] Maßgebend ist die Zweckbestimmung; besondere bauliche oder technische Vorkehrungen sind nicht erforderlich.

242 *Beispiele: Grundstücke* oder *Grundstücksteile* sind Abfallbeseitigungsanlagen und damit genehmigungs- (§ 31 I KrW-/AbfG) oder planfeststellungsbedürftig (§ 31 II KrW-/AbfG), wenn der Nutzungsberechtigte die Grundfläche zur Behandlung, Lagerung oder Ablagerung von Abfällen bestimmt hat und dementsprechend mit einer gewissen Intensität nutzt.[144] – *Müllumschlagstationen* oder *Umladestationen* sind jedenfalls dann Abfallbeseitigungsanlagen, wenn sie auch noch Bunker zur Zwischenlagerung der Abfälle oder Vorrichtungen zu deren Vorbehandlung (etwa zu ihrer Verdichtung) enthalten.[145] Wann aber erfüllt das beim „Umschlagen" u.U. notwendige (oft nur kurzzeitige) Ablegen von Abfällen den bereits der Abfallbeseitigung zugehörigen Vorgang des „Lagerns" i.S. der §§ 1 II, 4 I AbfG? Diese Frage kann nicht begriffsjuristisch, sie muß vielmehr in erster Linie anhand des Kriteriums der Umweltrelevanz beantwortet werden. – Bei *Zwischenlagern* für in der industriellen Fertigung angefallene Stoffe auf dem Betriebsgelände ist entscheidend, ob die Stoffe den Abfallbegriff des § 3 I KrW-/AbfG (§ 1 I AbfG) erfüllen (Rn. 10/104 ff.).[146]

243 bb) Abfälle dürfen nur in solchen Abfallbeseitigungsanlagen beseitigt werden, die für diese – nach Art und Menge bestimmten – Abfälle *zugelassen* sind (§ 27 I 1 KrW-/AbfG/§ 4 I AbfG). In der Zulassung sind Abfallart und -menge im Wege von Nebenbestimmungen festgelegt (§§ 32 IV, 35 KrW-/AbfG / § 8 I, 9 S.1 AbfG bzw. § 31 I KrW-/AbfG i.V.m. §§ 4, 12 BImSchG).

244 Zugelassen sind zunächst diejenigen ortsfesten Abfallbeseitigungsanlagen, deren Errichtung und Betrieb durch die zuständige Behörde abfallrechtlich *planfestgestellt* (Rn. 10/274 ff.; § 31 II KrW-/AbfG / § 7 II AbfG) oder *genehmigt* worden ist (Rn. 10/268 ff.; § 31 III KrW-/AbfG/§ 7 III AbfG). Inzwischen ist für die jedenfalls künftig wichtigsten Anlagen die immissionsschutzrechtliche Genehmigung an die Stelle der abfallrechtlichen Planfeststellung getreten (Rn. 3/120, 151). Selbstverständlich genügt auch eine immissionsschutzrechtlich, nämlich etwa aufgrund § 31 I KrW-/AbfG i.V.m. § 4 BImSchG zugelassene Abfallverbrennungsanlage dem Anlagenzwang. Darüber hinaus sind schließlich aus Gründen des *Bestandsschutzes*[147] bestimmte *Altanlagen* auch ohne Planfeststellung oder Plangenehmigung zugelassen, § 35 KrW-/AbfG (§ 9 AbfG).[148]

---

143 Eingehend zum Begriff der Abfallbeseitigungsanlage bei Grundstücken ohne spezielle Vorrichtungen (aber Widmung, gewisse Dauer, Betrieb) BayVGH, DÖV 1986, 206.
144 BayVGH (Fn. 143).
145 Vgl. *Koch*, BauR 1985, 647 ff.; *Sander*, BauR 1986, 15 ff., jeweils m.w.N.
146 Vgl. *Hösel/von Lersner*, Abfallbeseitigung, Bd.1, § 4 Rn.7.
147 BVerwG, DVBl. 1983, 350.
148 OVG Lbg., DÖV 1986, 385. – Zur Reichweite des Bestandsschutzes VGH BW, ZfW 1985, 172, und *Oebbecke*, UPR 1995, 161 ff.

b) Grundregel: Anlagenzwang

Um eine ökologisch und ökonomisch sinnvolle Steuerung der Abfallbeseitigung zu **245** gewährleisten, dürfen Abfälle grundsätzlich *nur* in den dafür zugelassenen Abfallbeseitigungsanlagen behandelt, gelagert und abgelagert werden, § 27 I 1 KrW-/AbfG (§ 4 I 1 AbfG).

c) Ausnahmen vom Anlagenzwang

aa) Durch Art. 2 des 3. Ges. zur Änd. des BImSchG[149] ist zur Milderung des „Entsor- **246** gungsnotstands" § 4 I AbfG durch einen nicht unproblematischen, den Anlagenzwang auflockernden Satz 2 ergänzt worden, dem § 27 I 2 KrW-/AbfG entspricht. Danach ist die Behandlung von Abfällen zur Beseitigung – also z.B. auch die Verbrennung von gefährlichen Sonderabfällen (Rn. 3/194) – auch in Anlagen zulässig, die überwiegend nicht der Abfallentsorgung dienen (und die auch nicht als solche i.S. des § 7 AbfG zugelassen sind).[150] Die Anforderungen an die Müllverbrennung in solchen Anlagen bestimmt die 17. BImSchV (Rn. 3/168 ff.).

Inzwischen ist sogar die Voraussetzung gefallen, daß es sich um eine genehmigungs- **247** bedürftige Anlage i.S. des § 4 BImSchG handelt, die nicht im vereinfachten Verfahren (Rn. 6/194 ff.) zu genehmigen war (z.B. ein Ölheizkraftwerk mit einer Feuerungswärmeleistung von über 50 MW, eine Zementfabrik usw.). Nur für solche Anlagen war im Hinblick auf ihren (zusätzlichen) Abfallentsorgungszweck wenigstens eine UVP durchzuführen (Nr. 27 der Anlage zu § 3 UVPG).[151]

Schließlich ist jetzt die Lagerung und Behandlung von Abfällen zur Beseitigung sogar **248** in Anlagen zulässig, wenn diese als unbedeutende Anlagen nach dem BImSchG keiner Genehmigung bedürfen und weder in einer Rechtsverordnung nach § 12 I KrW-/AbfG oder § 23 BImSchG oder in allgemeinen Verwaltungsvorschriften nach § 12 I KrW-/AbfG oder nach § 23 BImSchG oder in allgemeinen Verwaltungsvorschriften nach § 12 II KrW-/AbfG anderes bestimmt ist, § 27 I 3 KrW-/AbfG.

bb) Im übrigen gilt: Nur wenn das Wohl der Allgemeinheit nicht beeinträchtigt wird, **249** kann die zuständige Behörde *im Einzelfall* durch widerruflichen Verwaltungsakt ausnahmsweise zulassen, daß *Abfall in anderer Weise*, also etwa in einer nicht zugelassenen Abfallbeseitigungsanlage, *entsorgt* wird, § 27 II KrW-/AbfG (§ 4 II AbfG). Es handelt sich somit bei dieser Vorschrift um ein repressives Verbot mit Befreiungsvorbehalt (Rn. 1/102). Sie bedeutet hingegen keine weitere Form der Zulassung einer ortsfesten Abfallentsorgungsanlage.[152]

---

149 BGBl. I 870 ff.; dazu die Anpassung des UVPG BGBl. I 205 ff.
150 Dazu *Böhm*, DVBl. 1991, 242 ff.
151 S.a. 17. BImSchV (Rn. 3/168 ff.).
152 BVerwG, DVBl. 1991, 399 f. zu § 4 II AbfG.

10 *Kreislaufwirtschafts- und Abfallrecht*

250 *Beispiele:* Verfüllung von alten Steinbrüchen oder Kiesgruben mit nicht kontaminiertem Bodenaushub und Abraum, u.U. auch mit Bauschutt[153]; Versprühen von Gülle zum Zweck ihrer Beseitigung (Rn. 10/97).

251 cc) Schließlich können die Landesregierungen *allgemein* durch Rechtsverordnung die Entsorgung bestimmter Abfälle oder bestimmter Mengen dieser Abfälle *außerhalb von Beseitigungsanlagen* zulassen, wenn hierfür ein Bedürfnis besteht und keine Beeinträchtigung des Wohls der Allgemeinheit zu besorgen ist, § 27 III 1 KrW-/AbfG (§ 4 IV AbfG). Das ist vor allem für Komposthaufen mit Verordnungen über die Beseitigung pflanzlicher Abfälle außerhalb von Abfallbeseitigungsanlagen geschehen.

4. Abfallwirtschaftsplanung, § 29 KrW-/AbfG

252 Eine geordnete Abfallentsorgung kann nicht mehr allein von den Gebietskörperschaften im Rahmen ihres beschränkten Gebiets gewährleistet werden. Sie bedarf der überörtlichen (Fach-)Planung. Dementsprechend bestimmt § 29 KrW-/AbfG (§ 6 AbfG) eine gegenüber dem Bund bestehende Pflicht der Länder,[154] in jeweils ihrem Gebiet **Abfallwirtschaftspläne** nach *überörtlichen* Gesichtspunkten zu erarbeiten und zu erlassen.

a) Ziele und Inhalt der Abfallwirtschaftspläne

253 In den Abfallwirtschaftsplänen haben die Länder zur überregionalen Ordnung der Kreislaufwirtschaft *Ziele der Abfallvermeidung und -verwertung* sowie die zur Sicherung der Inlandsbeseitigung erforderlichen *Abfallbeseitigungsanlagen* darzustellen und zugelassene Abfallbeseitigungsanlagen sowie geeignete Flächen für Abfallbeseitigungsanlagen zur Endablagerung von Abfällen und für sonstige Abfallbeseitigungsanlagen auszuweisen; die Pläne können ferner vorgesehene Entsorgungsträger und Abfallbeseitigungsanlagen bestimmen, § 29 I KrW-/AbfG. Dazu sind die Art der Anlagen, ihr Einzugsgebiet, Besonderheiten für die Ein- und Ausfuhr von Abfällen u.ä.m. festzulegen.[155]

254 Diese vorbereitenden Fachpläne, deren Inhalt in § 29 KrW-/AbfG nicht abschließend geregelt ist, werden nach sehr unterschiedlichen, gem. § 29 VIII KrW-/AbfG dem Landesrecht vorbehaltenen Regelungen aufgestellt. Sie sollen nach § 29 VI KrW-/AbfG unter den Bundesländern abgestimmt werden. Mit diesen Plänen werden für ihren Geltungsbereich die zu einer geordneten Abfallbeseitigung notwendigen Maßnahmen unter Beachtung der Ziele und Erfordernisse der Raumordnung und Landesplanung koordiniert, § 29 V KrW-/AbfG.

---

153 Vgl. OVG Lbg., DÖV 1986, 386; HessVGH, NVwZ 1986, 662; vgl. auch *Sieder/Zeitler/Dahme*, WHG, § 3 Rn. 24; BayVGH, NuR 1987, 133.
154 BVerwG, DÖV 1983, 599.
155 Zu den Abfallentsorgungsplänen ausführlich *Jung*, Die Planung in der Abfallwirtschaft, 1988, S. 142 ff.; s. auch *Weidemann*, NVwZ 1988, 977 ff.

Die damit verfolgten abfallwirtschaftlichen **Ziele** bestehen in der *Auswahl geeignet erscheinender Standorte* für (Sonder-)Mülldeponien und sonstige (Sonder-)Abfallbeseitigungsanlagen (zumeist [Sonder-]Müllverbrennungsanlagen); das gehört zum Mindestinhalt dieser Pläne. Darüber hinaus sollen sie z.B. *Einzugsbereiche* für zentrale Entsorgungseinrichtungen festlegen, günstige *Mülltransportwege* gewährleisten usw. Jeweils sind die besonders überwachungsbedürftigen Abfälle i.S. des § 41 I KrW-/AbfG (§ 2 II AbfG) besonders zu berücksichtigen. Die Eignung eines genau festgelegten Standorts ist aber nicht allein nach großräumigen Gesichtspunkten (z.B. Einzugsbereich, Verkehrslage) zu beurteilen, sondern auch danach, ob die in § 10 IV KrW-/AbfG genannten Grundsätze (Gesundheit der Menschen usw.) voraussichtlich gerade an dem ausgewählten Standort gewahrt und die Pflichten nach § 11 KrW-/AbfG erfüllt werden können. 255

Wie jede Planung unterliegt auch die gestaltende Abfallwirtschaftsplanung bestimmten *rechtlichen Bindungen*, insbesondere den Anforderungen des rechtsstaatlichen **Abwägungsgebots** (Rn. 1/130, 2/97 ff.). Dazu gehört auch die angemessene Berücksichtigung der vom *Selbstverwaltungsrecht* geschützten Interessen der – bei der Aufstellung anzuhörenden[156] – Standortgemeinden.[157] 256

b) Verbindlichkeit der Abfallwirtschaftspläne

Nach § 29 IV KrW-/AbfG (§ 6 I 6 AbfG) können Planfestlegungen für die Beseitigungspflichtigen **für verbindlich erklärt** werden.[158] Streitig ist, ob die Anwendbarkeit dieser bundesrechtlichen Ermächtigung der Ausfüllung durch Landesrecht (z.B. bezüglich der Form der Verbindlicherklärung) bedarf.[159] Jedenfalls ist eine spezielle landesgesetzliche Ermächtigung für eine in § 29 IV KrW-/AbfG nicht vorgesehene, *jedermann gegenüber wirksame Verbindlicherklärung* notwendig. 257

Dann aber sollten Abfallwirtschaftspläne, soweit sie bereits konkrete Standorte festlegen, auch der UVP unterworfen werden.[160] 258

c) Bedeutung der Abfallwirtschaftspläne

Die Pläne wirken sich aufgrund einer etwaigen speziellen Verbindlichkeitserklärung (§ 29 IV KrW-/AbfG), aufgrund landesrechtlich geregelter Veränderungssperren (z.B. gem. § 11 III 2 AbfG BW) oder über § 9 IV ROG und § 1 IV BauGB aufgrund ihrer etwaigen landesrechtlichen Integration in die Landesplanung unmittelbar flächensichernd aus. 259

---

156 Dazu *Zimmerling*, NVwZ 1992, 122 ff.
157 OVG Lbg., DVBl. 1987, 1021 ff.; VerfGH NW, DVBl. 1992, 710 ff.
158 Soweit die LAbfG ausdrückliche Regelungen zur Verbindlicherklärung enthalten, erfolgt diese Erklärung durch Gesetz (so in Hamburg) oder durch RechtsVO (so z.B. in Baden-Württemberg). S.a. BVerwGE 81, 139 ff; *Weidemann*, NVwZ 1988, 977 (980).
159 Verneinend BayVGH, UPR 1986, 430; a.A. *Weidemann*, NVwZ 1988, 977 ff.
160 So zutreffend *Steinberg*, Fachplanung, S. 407 m.w.N.; ebenso die Forderung des SRU (Fn. 61), S. 15.

10 *Kreislaufwirtschafts- und Abfallrecht*

260 Abfallwirtschaftspläne haben hinsichtlich abfallrechtlicher *Einzelentscheidungen* insbesondere Bedeutung
– für die Zulassung von Abfallbeseitigungsanlagen gem. § 31 I und II KrW-/AbfG bei gem. § 29 IV KrW-/AbfG für verbindlich erklärten Plänen,
– für die Erteilung der Transportgenehmigung i.S. des § 49 KrW-/AbfG (Rn. 10/330) an einen Entsorgungspflichtigen (Rn. 10/210 ff.) bzw. an einen von ihm beauftragten Dritten, wenn im Plan verbindlich die Benutzung einer bestimmten Entsorgungsanlage vorgeschrieben ist (§ 49 II 2 KrW-/AbfG: „Wohl der Allgemeinheit").

261 Das AbfG bedient sich somit des Modells eines „mehrstufigen Planungsverfahrens mit abschichtender Problemlösung"[161] bzw. eines zweistufigen Planungskonzeptes.[162] Auf der ersten Stufe geben die Abfallwirtschaftspläne den Rahmen vor, der auf der zweiten Stufe durch die Planfeststellung oder die Genehmigung ausgefüllt wird. Dadurch, daß die vorgeschaltete, für verbindlich erklärte (Grob-)Planung einen für die nachfolgende Planungsstufe (Planfeststellung, Plangenehmigung) bindenden Rahmen vorgibt, werden bestimmte, von der Planung insgesamt aufgeworfene Fragen bereits auf dieser ersten Stufe behandelt und gelöst, insbesondere das Überprüfen und Verwerfen der planerischen Alternativen zu dem schließlich gewählten Konzept. Leider ist die Abfallwirtschaftsplanung noch keineswegs in allen Ländern zu einem (ohnehin immer nur einstweiligen) Abschluß gelangt.

262 *Beispiel:* In *Baden-Württemberg* liegt bisher außer dem alten, nicht für verbindlich erklärten Teilplan Hausmüll vom 12.6.1979 (GABl. 888) nur der aus drei Teilplänen bestehende Entwurf eines Abfallwirtschaftsplans 1987 vor. Im neuen Teilplan „*Hausmüll*" (LT-Drs. 9/4394) sind die Errichtung und der Betrieb von mehreren neuen Deponien, thermischen Müllbehandlungsanlagen bzw. Müllheizkraftwerken (darunter für den Fall erfolgreicher Erprobung auch Müllverschwelungsanlagen), Sortieranlagen für Wertstoffe, Umschlagstationen u.ä.m. vorgesehen. Mit dem Teilplan „*Sonderabfälle*" (LT-Drs. 9/4387) wird angestrebt, daß neben der vorhandenen Sonderabfalldeponie (Billigheim, Rn. 10/57) und den bestehenden privaten Sonderabfallsammelstellen und -vorbehandlungsanlagen weitere Deponien, darüberhinaus eine Sonderabfallverbrennungsanlage (nebst Sonderabfallzwischenlager) u.ä.m. errichtet und betrieben werden. Tatsächlich werden aber zwei Sonderabfallverbrennungsanlagen benötigt, da im Land inzwischen – ohne Einbeziehung der bei der Altlastensanierung anfallenden Entsorgungsmengen – jährlich rd. 400 000 t (davon rd. 60% verbrennbare) Sonderabfälle in fester, pastöser und flüssiger Form anfallen, die noch 1989 zum allergrößten Teil exportiert wurden, und zwar einmal in andere Bundesländer, überwiegend aber nach Frankreich und in die DDR. Schließlich gibt es noch den Entwurf eines Teilplans „*Krankenhausabfälle*" (LT-Drs. 9/4388), der die Errichtung verschiedener neuer thermischer Sonderabfallbehandlungsanlagen vorsieht. Neue Entwürfe sind längst fällig und werden vorbereitet.

d) Exkurs: Standortsuche

263 Insbesondere für Abfalldeponien (und allgemein für alle planfeststellungspflichtigen Anlagen, Rn. 2/11 ff.), aber auch für thermische Behandlungsanlagen muß vor Ab-

---
161 BVerwGE 81, 128 (135), unter Hinweis auf BVerwGE 75, 214 (236); s. ferner *Wahl*, DÖV 1975, 373 (375).
162 *Bender/Pfaff*, DVBl. 1992, 181 ff.; *Steinberg*, Fachplanung, S. 404.

schluß des Zulassungsverfahrens ein **Standortsuchverfahren**[163] durchgeführt sein, das dazu dient, den günstigsten Standort im Einzugsbereich der Deponie/Anlage (bzw. die günstigste Trasse der Verkehrsanlage) zu bestimmen.

Idealtypisch ist die Standortsuche zu einem möglichst frühen Zeitpunkt vorzunehmen, wenn noch keine politische Verfestigung unterschiedlicher Standpunkte eingetreten ist, also noch vor Einleitung des Planfeststellungs- bzw. Genehmigungsverfahrens, sogar noch vor Abschluß des Raumordnungsverfahrens bzw. Ausweisung des Standorts in einem verbindlichen Abfallwirtschaftsplan (Rn. 10/257). 264

Zunächst wird im Rahmen eines „scoping-Verfahrens" (Rn. 1/114) eine *Suchmatrix* erstellt, nach der das gesamte Entsorgungsgebiet untersucht wird. Entsprechend den rechtlichen Vorgaben an die Planung (Rn. 2/97 ff.) werden dabei neben Ausschlußkriterien („keine Deponie im Wasserschutzgebiet"; für sog. Planungsleitsätze Rn. 2/106 f.) auch Optimierungs- und sonstige zulässige Abwägungskriterien (Rücksicht auf Naturschutz, Trennungsgebot zum Abstand von Wohnbebauung) erarbeitet, die eine weitere Eingrenzung ermöglichen. Private Belange sind nach zutr. Rspr. des BVerwG[164] erst nach öffentlichen Belangen zu prüfen, da erst dann entschieden ist, welche individuellen Betroffenheiten durch eine unter öffentlichen Gesichtspunkten verträgliche Planungsvariante ausgelöst werden. 265

Für verbleibende Flächen wird meistens ein Raumordnungsverfahren (Rn. 1/132) eingeleitet, das den „raumordnerisch günstigsten Standort" herausfinden soll, für den dann das Planfeststellungsverfahren vorbereitet wird, bzw. es erfolgt die Aufnahme in den Abfallwirtschaftsplan. 266

e) Rechtsschutz

Von der Form der Verbindlicherklärung hängt der Rechtsschutz gegen Abfallwirtschaftspläne ab. Soweit die Verbindlicherklärung durch Rechtsverordnung erfolgt[165], wird auch der Abfallentsorgungsplan in den Willen des Verordnunggebers aufgenommen, und seine Festlegungen erhalten die Rechtsqualität einer Rechtsverordnung.[166] In Hamburg erfolgt die Verbindlicherklärung durch förmliches Gesetz (§ 3 II HambAbfG). Keine Regelungen getroffen haben Bayern, Berlin und Schleswig-Holstein.[167] Gegen Abfallwirtschaftspläne in Form der Rechtsverordnung ist grundsätzlich die Möglichkeit der Normenkontrollklage nach § 47 VwGO gegeben.[168] Insbesondere 267

---

163 *Beckmann*, DVBl. 1994, 236 ff.; *Bender/Pfaff*, DVBl. 1992, 181 ff.; *Hoppe*, DVBl. 1994, 255; *Schink*, DVBl. 1994, 245 ff.; *Schlarmann*, DVBl. 1992, 871 ff.; *Steinberg*, Fachplanung, § 4 Rn. 101 ff.; unter besonderer Berücksichtigung der Suchstrategien und ihrer rechtlichen Bewertung *Erbguth*, NuR 1992, 262 ff.
164 BVerwG, NVwZ 1993, 572 (574).
165 So im alten Bundesgebiet in Baden-Württemberg, Bremen, Hessen, Niedersachsen, Rheinland-Pfalz, Saarland und Schleswig-Holstein.
166 BVerwGE 81, 128 (131).
167 Vgl. dazu *Kunig/Schwermer/Versteyl*, 2. Aufl., § 6 Rn. 44.
168 Instruktiv zu den Besonderheiten eines Abfallentsorgungsplans und zu den Voraussetzungen eines Normenkontrollantrags nach § 47 VwGO BVerwG, DVBl. 1991, 399; NVwZ 1989, 458; s.a.

10 *Kreislaufwirtschafts- und Abfallrecht*

können auch Gemeinden in ihrer Planungshoheit betroffen sein, z.B. weil eigene Planungen der Gemeinde durch die Abfallwirtschaftsplanung vereitelt werden. Darüber hinaus antragsbefugt sind die Entsorgungspflichtigen, denen ja vorgeschrieben wird, sich bestimmter Anlagen zu bedienen, nicht aber der Betreiber einer Anlage, dessen wirtschaftliche Interessen durch die Festlegung eines weiteren Standorts betroffen sind.[169] Daneben kommt eine Inzidentkontrolle in Betracht.

VI. Zulassung und Stillegung von Abfallbeseitigungsanlagen

1. Immissionsschutzrechtliche Genehmigung: § 31 I KrW-/AbfG und BImSchG

268 Mit der Neufassung des § 7 I AbfG, jetzt § 31 I KrW-/AbfG, durch das Investitionserleichterungs- und Wohnbaulandgesetz vom 22.4.1993[170] trat an die Stelle des bisher für die Errichtung und den Betrieb ortsfester Entsorgungsanlagen vorgeschriebenen *Planfeststellungsverfahrens* ein **Genehmigungsverfahren nach den Vorschriften des BImSchG** (Rn. 3/120, 151), soweit es sich um Anlagen zur Lagerung oder Behandlung von Abfällen zur Beseitigung handelt.[171] Eine Zulassung dieser Anlagen nach dem Abfallgesetz entfällt.[172]

269 Nach der Anlage zur 4. BImSchV sind z.B. immissionsschutzrechtlich genehmigungsbedürftige Anlagen im Sinne des § 4 I BImSchG

– *Müllverbrennungsanlagen* mit einer Verbrennungsleistung ab 750 kg/h (Nr. 8.1),
– *Pyrolyseanlagen* (Nr. 8.2),
– Anlagen zur Aufbereitung fester Abfälle, bspw. Sortieranlagen, mit einer Leistung ab 1 t/h (Nr. 8.4) und
– Kompostierungsanlagen mit einer Durchsatzleistung ab 0,75 t/h (Nr. 8.5),

dies aber in der Regel nur dann, wenn diese Anlagen länger als zwölf Monate ortsfest betrieben werden (§ 1 I 1 der 4. BImSchV). Andernfalls, also bei geringerer Leistung oder kürzerer Betriebsdauer fallen die entsprechenden, dem Abfallrecht nicht mehr unterliegenden Anlagen jetzt ganz aus der behördlichen Kontrollerlaubnis und Überwachung. Hier besteht Anpassungsbedarf.[173]

BVerwGE 81, 128 ff. und E 81, 139 ff. mit Anm. *Weidemann*, NVwZ 1989, 1033 ff.; ferner *Steinberg*, Fachplanung, S. 408 ff. m.w.N.

169 *Steinberg*, Fachplanung, S. 410 m.w.N.; s.a. BVerwGE 81, 139 (145 f.).
170 Vom 22.4.1993, BGBl. I 466. – Dazu die Begründung des Regierungsentwurfs BT-Drs.12/4047 vom 29.12.1992.
171 Zur immissionsschutzrechtlichen Zulassung von Abfallbeseitigungsanlagen OVG Koblenz, DVBl. 1995, 251 ff. mit Anm. *Weidemann*; *Haller*, NVwZ 1994, 1066 ff.; *Kracht*, UPR 1993, 369 ff. Krit. zum ganzen *Kutscheidt*, NVwZ 1994, 209 ff.; s.a. *Kracht*, UPR 1993, 369 ff.; *Müllmann*, DVBl. 1993, 637 ff.
172 Zur Übergangsvorschrift des Art. 7 Investitionserleichterungs- und Wohnbaulandgesetz BVerwG, DVBl. 1995, 238 ff.
173 Zum Entwurf der Neufassung der Nr. 8 des Anhangs der 4. BImSchV et 1995, 322 f.

Die entsprechenden Anlagengenehmigungen sind daher jetzt nach Immissionsschutzrecht (Rn. 3/120, 151) zu behandeln. Nur für die Errichtung von Deponien bleibt es bei dem abfallrechtlichen Planfeststellungsverfahren.[174]

Nach Erlaß der TASi (Rn. 10/74) gehört die Zukunft der Abfallentsorgung wohl thermischen Behandlungsanlagen. Gerade diese werden aber durch die beschriebene Neufassung aus dem Abfallrecht entlassen. Begründet wird dies damit, daß Behandlungsanlagen und Zwischenlager hinsichtlich der technischen Anforderungen an Bau und Betrieb mit sonstigen Industrieanlagen vergleichbar seien und deshalb ebenso dem BImSchG unterworfen sein sollten. Die abfallwirtschaftlich notwendige überörtliche Koordinierung solle durch die Abfallwirtschaftsplanung, die sich auch auf diese Anlagen erstreckt, erfolgen. Freilich unterlagen aber die genannten Anlagen schon bisher materiellem Immissionsschutzrecht, das im Planfeststellungsverfahren mit zu prüfen war. Die Änderung des § 7 AbfG mit dem Investitionserleichterungs- und Wohnbaulandgesetz zielt aber auf materielle und formelle Erleichterungen bei Bau und Änderung entsprechender Anlagen.

270

Sie bestehen darin, daß

271

– statt (abfallrechtlichem) *Planungsrecht* jetzt (polizeirechtliches; Rn. 6/36) *Gefahrenabwehrrecht* zur Anwendung kommt,
– entgegen dem Verweis in § 7 I 2 auf § 6 AbfG eine Bindung an Vorgaben von Abfallwirtschaftsplänen in der Praxis meist gar nicht besteht (Rn. 10/257),
– im Verein mit § 38 Satz 1 BauGB n.F. jetzt eine Abwägung gar nicht oder kaum mehr stattfindet,
– anstelle einer Planungsentscheidung jetzt eine gebundene Entscheidung ergeht[175],
– anerkannte Umweltverbände (Rn. 3/236 ff.) nicht mehr beteiligt werden,

und bei kleineren Anlagen nach Spalte 2 der Anlage zur 4. BImSchV (Rn. 6/194)

– die Einwendungsmöglichkeiten Betroffener (Nachbarn, bspw. Anwohner, aber auch Betriebe und Gemeinden) erheblich eingeschränkt sind und
– die Öffentlichkeitsbeteiligung eingeschränkt ist (Rn. 6/195).

Ob dieser Rechtsformenwechsel wie angestrebt zu einer Beschleunigung entsprechender Zulassungsverfahren und/oder wie zu befürchten zu einer Verminderung des Umweltschutzes führt, bleibt abzuwarten.[176]

Von größter Bedeutung ist, ob auch jetzt noch – sei es im UVP-Verfahren[177], sei es im Genehmigungsverfahren – nach **Standortalternativen**[178] (Rn. 10/263 ff.) oder sonst

272

---

174 Zur Neuregelung der Zulassung von ortsfesten Abfallentsorgungsanlagen *Lett/Gerhold,* NuR 1993, 421 ff.; *Schink,* DÖV 1993, 725 ff.; *Gaßner/Schmidt,* NVwZ 1993, 946 ff.; *Kracht,* UPR 1993, 369 ff.; *Kutscheidt,* NVwZ 1994, 209 ff. – *Burgi,* JZ 1994, 654 ff. (seinen Ansatz zur Unterscheidung von PFV zu BImSchG-Verf. halten wir jedenfalls *nicht* für zutreffend, dazu Fn. 1/153).
175 Zum bei der Planfeststellung fehlenden Rechtsanspruch auf Zulassung, BVerwG, UPR 1995, 192 ff. und sogl. Rn. 10/277.
176 Zur Diskussion *Hösel/von Lersner,* AbfG, § 7 Rn. 2 lit. e; krit. SRU, Umweltgutachten 1994, Tz. 508.
177 *Kretz,* UPR 1992, 129 (132 f.); *Jaeger/Kames,* ZfW 1992, 269 ff.
178 S. zur Standortalternativenprüfung im immissionsschutzrechtlichen Zulassungsverfahren und zum Kernproblem des § 38 BauGB *Beckmann,* DVBl. 1994, 237 (240); *Engel,* UPR 1993, 209 ff.; *Weidemann,* DVBl. 1994, 263 ff. – Zur Standortalternativenprüfung im Raumordnungsverfahren

10   Kreislaufwirtschafts- und Abfallrecht

nach Alternativen mit geringerer Umweltbelastung gesucht wird. Eine Beschränkung der Alternativenprüfung ist mit dem Rechtsformenwechsel vom abfallrechtlichen Planfeststellungsverfahren in das immissionsschutzrechtliche Genehmigungsverfahren jedenfalls verbunden. Damit geht eine Beschränkung der Rechtsschutzmöglichkeiten Betroffener gegen die Standortentscheidung einher. Nach § 6 BImSchG besteht ein Genehmigungsanspruch; eine fehlende Alternativenprüfung ist kein zwingender Versagungsgrund. Nur soweit ein Vorhaben UVP-pflichtig (Rn. 6/176 ff.) ist, müssen die vom Vorhabenträger untersuchten Alternativen „berücksichtigt" werden; die Tiefe der Standortsuche ist also in erster Linie vom Willen des Vorhabenträgers und ggf. der Genehmigungsbehörde abhängig.

273   Nach unserer Auffassung ermöglicht allerdings § 6 Nr. 2 BImSchG i.V.m. § 10 IV Nr. 5 KrW-/AbfG der Genehmigungsbehörde eine „nachvollziehende" Abwägung der Standortfrage im Rahmen des Tatbestandsmerkmals „Belange der Raumordnung und der Landesplanung sowie des Städtebaus" (Rn. 10/200), die von der betroffenen Gemeinde, nicht aber von sonst einem Nachbarn auch gerichtlich überprüft werden kann (Rn. 6/154).

2. Planfeststellung, § 31 II KrW-/AbfG

274   Die Errichtung und der Betrieb sowie die wesentliche Änderung einer **Deponie**[179] (Rn. 10/46 ff.) oder ihres Betriebs bedürfen im Regelfall der *Planfeststellung*, § 31 II KrW-/AbfG.[180]

a) Planfeststellungsverfahren

275   Das *Planfeststellungsverfahren* ist in § 34 I 1 KrW-/AbfG durch Verweis auf die §§ 72-78 LVwVfG geregelt (dazu Rn. 2/39). Weitere Einzelheiten des Planfeststellungsverfahrens, insbesondere Art und Umfang der Antragsunterlagen können durch Rechtsverordnung der BReg. mit Zustimmung des BRats bestimmt werden, § 34 I 2 KrW-/AbfG. Damit kann das Verfahren der 9. BImSchV (Genehmigungsverfahrensverordnung; Rn. 6/176) angeglichen werden. Bei der Planfeststellung – nicht aber bei der Plangenehmigung i.S. des § 31 III KrW-/AbfG (§ 7 III AbfG) – ist ein förmliches UVP-Verfahren (Rn. 1/121 ff.) durchzuführen, § 31 II 2 KrW-/AbfG (§ 7 II 2 AbfG).[181]

Hoppe/Appold/Haneklaus, DVBl. 1992, 1203 ff. – Zur Standortalternativenfrage allg. vgl. die Nachw. in Fn. 189.
179   Der Anlagebegriff des AbfG ist nach BVerwGE 66, 301 außerordentlich weit, da es nicht auf das Vorhandensein baulicher Anlagen, technischer Geräte oder sonstiger Einrichtungen ankommen soll; es genügt, daß ein Grundstück oder Grundstücksteil zur Lagerung oder Behandlung von Abfällen benutzt und durch diese Nutzung geprägt wird. Entsprechendes gilt dann auch für den Begriff der Deponie. Darunter fällt dann auch eine Bauschuttdeponie (OVG Lbg., DÖV 1986, 386); s.a. Fn. 143.
180   Vgl. hierzu im einzelnen *Beckmann u.a.*, DVBl. 1988, 1002 ff.
181   Für Abfallentsorgungsanlagen zur Verbrennung, zur chemischen Behandlung oder zur Endlagerung von giftigem und gefährlichem Abfall war nach Art. 4 I i.V.m. Anhang I Nr. 9 der UVP-Richtlinie der EG eine UVP vorzusehen. Vgl. auch Rn.1/109 ff.

Dem Zulassungsverfahren unterliegen nicht die sog. *Altanlagen*, d.h. die Anlagen, die bei Inkrafttreten des AbfG (11.6.1972, im Betrittsgebiet: 1.7.1990) bereits betrieben wurden oder mit deren Errichtung in diesem Zeitpunkt begonnen worden war (§§ 35 KrW-/AbfG/9 AbfG; Rn. 10/244).

b) Versagung des Planfeststellungsbeschlusses

Der Planfeststellungsbeschluß **darf nur erteilt werden**[182] (§§ 32 I KrW-/AbfG/8 III AbfG), wenn **276**

– sichergestellt ist, daß das *Wohl der Allgemeinheit* nicht beeinträchtigt wird, insbesondere Gefahren für die in § 10 IV KrW-/AbfG genannten Schutzgüter nicht hervorgerufen werden können[183] und Vorsorge gegen die Beeinträchtigung der Schutzgüter, insbes. durch bauliche, betriebliche oder organisatorische Maßnahmen entsprechend dem Stand der Technik getroffen wird (Nr. 1; Rn. 2/181, 183),
– keine Tatsachen vorliegen, aus denen sich *Bedenken gegen die Zuverlässigkeit der verantwortlichen Personen* ergeben (Nr. 2),
– keine *nachteiligen Wirkungen auf das Recht eines anderen* zu erwarten sind[184] (Nr. 3; drittschützend!) und
– die für *verbindlich* erklärten *Feststellungen eines Abfallwirtschaftsplanes* (§ 29 IV KrW-/AbfG, Rn. 10/257) dem Vorhaben nicht entgegenstehen (Nr. 4).[185]

Auch wenn keiner der Versagungsgründe des § 32 I KrW-/AbfG (§ 8 III AbfG) vorliegt, besteht *kein Rechtsanspruch* auf Planfeststellung oder Erteilung der entsprechenden Genehmigung.[186] **277**

Die §§ 29 ff. BauGB sind gem. § 38 BauGB nicht anzuwenden. Die Zulassung einer Deponie setzt daher keine Zustimmung der Standortgemeinde voraus. Jedoch ist dieser mit Rücksicht auf die verfassungsrechtliche *Selbstverwaltungsgarantie* ein Recht auf Verfahrensbeteiligung zuzubilligen.[187] **278**

---

182 Zur umstrittenen Frage, ob die Einleitung eines förmlichen Verfahrens der Ablehnung des Planfeststellungsbeschlusses vorausgehen muß, vgl. OVG Koblenz, NuR 1991, 189.
183 Dazu sind die wesentlichen Fragen des Gewässer- und Bodenschutzes abschließend zu klären, so BVerwG, DÖV 1992, 749; dies ergibt sich schon aus der UVP-Pflicht, s. BayVGH, DVBl. 1994, 1198 ff. und Fn. 2/120.
184 Zum hierzu notwendigen Wahrscheinlichkeitsurteil BVerwG, NVwZ 1984, 374. S. zur Drittschutzwirkung des § 8 III 2 Nr. 3 i.V.m. § 8 IV 2 AbfG auch BVerwG, DÖV 1980, 833 u. BVerwG, UPR 1988, 147. Die Vorschrift des § 8 III 2 Nr. 3 AbfG betrifft nicht den Fall der unmittelbaren Inanspruchnahme von Grundstücken für das Vorhaben, BVerwG, NJW 1980, 953.
185 Ist der Anlagenstandort in einem für verbindlich erklärten Abfallentsorgungsplan ausgewiesen, so kann die Planfeststellung gleichwohl wegen fehlender Standorteignung versagt werden, BVerwG, NVwZ 1989, 458; OVG Bremen, NuR 1988, 251. Ein subjektiv-öffentliches Recht wird durch § 8 III 1 AbfG ohnehin nur insoweit begründet, als der Antragsteller einen Anspruch auf fehlerfreie Ausübung des Planungsermessens besitzt, BVerwG, UPR 1995, 192. Auch ein nicht für verbindlich erklärter Abfallentsorgungsplan ist im Rahmen der planerischen Abwägung zu berücksichtigen; ebenso *Steinberg*, Fachplanung, S. 405 m.w.N. Vgl. im übrigen *Beckmann u.a.*, DVBl. 1988, 1002 (1004 ff.) m.w.N.
186 BVerwG, UPR 1995, 192 ff.; *Hösel/von Lersner*, § 8 Rn. 19.
187 Insoweit kann nichts anderes gelten als bei der Entsorgungsplanung; *Paetow*, UPR 1990, 321 ff.; *Engel*, UPR 1993, 209 ff.

10 Kreislaufwirtschafts- und Abfallrecht

279 Der Erteilung einer Planfeststellung stehen die in Abs. 1 Nr. 3 genannten nachteiligen Wirkungen auf das Recht eines anderen nicht entgegen, wenn sie durch Auflagen oder Bedingungen verhütet oder ausgeglichen werden können oder der Betroffene ihnen nicht widerspricht, § 32 II 1 KrW-/AbfG. In § 34 I 1 KrW-/AbfG i.V.m. § 74 II 2 LVwVfG ist ausdrücklich die Pflicht normiert, dem Vorhabenträger zum erforderlichen Schutz von Rechten anderer im Planfeststellungsbeschluß **Schutzauflagen** aufzugeben; sind sie untunlich oder unmöglich und widerspricht der Betroffene, so ist die Planfeststellung zu versagen, es sei denn, das Vorhaben dient dem *Wohl der Allgemeinheit* (Rn. 2/106 ff.). Dann ist aber der Betroffene für den dadurch eintretenden Vermögensnachteil zu *entschädigen* (§§ 32 II 3 KrW-/AbfG/8 IV 2 AbfG). Im Gesetz bleibt offen, ob es sich dabei um eine „Enteignungs"- bzw. „Aufopferungsentschädigung" oder um eine Billigkeitsentschädigung handelt.[188]

c) Materiellrechtliche Schranken des Planungsermessens

280 Auch hier wird, wie bei jeder Fachplanung, der Spielraum des Planungsermessens durch die materiellrechtlichen Schranken des *Planrechtfertigungserfordernisses*, der Beachtung zwingender *Planungsleitsätze* und der Befolgung des *Abwägungsgebots* begrenzt (Näheres Rn. 2/97 ff.). Als besonders problematisch haben sich in der Vergangenheit Fragen der **Standortsuche** (Rn. 10/263) gerade für so ungeliebte Vorhaben wie Abfallbeseitigungs- und -behandlungsanlagen erwiesen.[189]

d) Nebenbestimmungen, nachträgliche Anforderungen und Sicherheitsleistung

281 aa) Der Planfeststellungsbeschluß kann zur Wahrung des Gemeinwohls **von Anfang an** *unter Bedingungen* erteilt und *mit Auflagen* (aber nicht mit einem Widerrufsvorbehalt) verbunden sowie *befristet* werden, § 32 IV KrW-/AbfG (§ 8 I 1 u. 2 AbfG). Aufgrund dieser Ermächtigung kann z.B. bestimmt werden, welche Abfälle (Art und Menge) unter welchen Voraussetzungen (z.B. Genehmigungserteilung in bestimmten Fällen) in der Anlage behandelt werden dürfen, welche Vorkehrungen zum Schutz der Allgemeinheit und der Nachbarschaft vorzusehen sind usw. Auf diese Weise kann eine Anlage u.U. überhaupt erst zulassungsfähig gemacht werden.[190]

282 Soweit eine abschließende Entscheidung (z.B. über notwendige Schutzauflagen) noch nicht ergehen kann, ist sie im Planfeststellungsbeschluß vorzubehalten (§ 75 III LVwVfG).

---

188 Zur Rechtswegfrage s. Rn. 2/130 ff. und BGH, NJW 1995, 964 gegen BVerwGE 94, 1.
189 Zur Standortsuche für Abfalldeponien *Bender/Pfaff*, DVBl. 1992, 181 ff.; *Beckmann*, DVBl. 1994, 237 ff.; *Hoppe/Beckmann*, DÖV 1990, 769 ff.; *Hoppe*, DVBl. 1994, 255; *Kretz*, UPR 1992, 129 ff. bes. (134 f.); *Schink*, DVBl. 1994, 245 ff.; unter besonderer Berücksichtigung der Suchstrategien und ihrer rechtlichen Bewertung *Erbguth*, NuR 1992, 262 ff. – s.a. BVerwG, NuR 1992, 377. – Zum (verneinten) Rechsschutz (schon) gegen die Standortsuche OVG Schleswig, NVwZ 1995, 918 f. – Zum gemeindlichen Rechtsschutz gegen eine Standortauswahl vgl. noch BVerwGE 90, 96.
190 Zur Abgrenzung von Nebenbestimmungen zur Bestimmung des Inhalts der Anlagenzulassung BVerwG, DÖV 1992, 749 (750).

bb) Insbesondere zur Anpassung an veränderte Umstände können auch **nachträglich** 283
in den Planfeststellungsbeschluß *Auflagen* (Anordnungen) über Anforderungen an die
Deponie oder ihren Betrieb aufgenommen oder vorhandene Auflagen geändert oder
ergänzt werden, wenn dies – wie sinngemäß hinzuzufügen ist – zur Wahrung des
Allgemeinwohls oder zum Schutz der Nachbarschaft[191] erforderlich ist (§§ 32 IV 2
KrW-/AbfG/8 I 3 AbfG) und soweit dies dem Grundsatz der Verhältnismäßigkeit
entspricht. Für Altanlagen, die schon vor dem Inkrafttreten des AbfG betrieben wurden,
enthält § 35 KrW-/AbfG (§ 9 AbfG) die Ermächtigung zum Erlaß nachträglicher
Anordnungen.

cc) Für die Rekultivierungs- und Sanierungskosten, die nach Stillegung der Anlage 284
entstehen (Rn. 10/305), kann *Sicherheitsleistung* verlangt werden, § 32 III KrW-
/AbfG (§ 8 II AbfG).

e) Planänderung und Vorhabenkumulierung

aa) Planänderungen, die *nach Abschluß des Offenlegungsverfahrens*, aber *vor Erlaß* 285
des Planfeststellungsbeschlusses vorgenommen werden, sind (nur) unter den Voraussetzungen des § 73 VIII LVwVfG erneut Gegenstand einer Drittbeteiligung. Die
Möglichkeit der eingeschränkten Drittbeteiligung i.S. des § 73 VIII 1 LVwVfG kommt
nach § 9 UVPG nicht mehr in Betracht.[192]

Änderungen des *bereits festgestellten Planes*, die vor Fertigstellung des Vorhabens 286
erfolgen sollen, bedürfen nach § 76 I LVwVfG eines neuen Planfeststellungsverfahrens. Davon kann aber bei Planänderungen von unwesentlicher Bedeutung abgesehen
werden, wenn die Belange anderer nicht berührt werden oder wenn alle Betroffenen
der Änderung zugestimmt haben (§ 76 II LVwVfG).

bb) Treffen *mehrere planfeststellungsbedürftige selbständige Vorhaben*, von denen 287
eines eine Deponie ist, dergestalt zusammen, daß nur eine *einheitliche* Entscheidung
möglich ist, so findet nur *ein* Planfeststellungsverfahren statt; dieses richtet sich nach
den Vorschriften des Gesetzes, das für das Vorhaben „mit dem größeren Kreis der
berührten öffentlich-rechtlichen Beziehungen" gilt (§ 78 LVwVfG; Rn. 2/72).

f) Rechtsschutz Dritter

Für den **Rechtsschutz Dritter** kann grundsätzlich auf die einschlägigen allgemeinen 288
Ausführungen zur Planfeststellung in Teil 2 (Rn. 2/48, 120) verwiesen werden. Insbesondere gilt:

aa) *Rechtsschutz* gegen die Standortentscheidung können betroffene Bürger und Ge- 289
meinden nach st. Rspr. grundsätzlich – anders beim Vorliegen eines verbindlichen

---
191 Dazu z.B. *Bartels*, Abfallrecht, 1987, S. 16.
192 Dazu *Kuschnerus*, DVBl. 1990, 235 ff.

10 *Kreislaufwirtschafts- und Abfallrecht*

Abfallwirtschaftsplans (Rn. 10/257 f.) – nur durch Anfechtung des Planfeststellungsbeschlusses erhalten. Hierbei können sie sich ggf. auf eine Verletzung des Abwägungsgebotes unter dem Aspekt einer (unzureichenden) Alternativenprüfung berufen. Das Gebot gerechter Abwägung ist u.a. dann verletzt, wenn in die Abwägung an Belangen nicht eingestellt wurde, was „nach Lage der Dinge" in sie eingestellt werden mußte. Nach dem im B 31-Ost-Beschluß herausgearbeiteten „Trichtermodell" (Rn. 2/115) können in einem solchermaßen gestuften Verfahren schrittweise Varianten aus der weiteren Untersuchung ausgeschlossen werden, die sich als wenig realistisch erweisen.[193] Ein Abwägungsfehler liegt aber z.B. vor, wenn bereits in einer sehr frühen Stufe, in der ansonsten nur zwingende Versagungsgründe Ausschlußkriterien bilden, ein einzig politisch motivierter Ausschlußgrund (z.B. „keine Deponie in einer Weinbaufläche") gebildet wird und dies zu einer Verfälschung des Standortsuchergebnisses führt.

290 bb) Muß ein Grundstück zur Realisierung der planfestgestellten Deponie notfalls förmlich in Anspruch genommen werden, so ist landesrechtlich nach Maßgabe des Planfeststellungsbeschlusses eine *Enteignung* möglich.[194]

291 cc) *Schutz- oder Entschädigungsansprüche* richten sich nach § 32 II 1 KrW-/AbfG (§ 8 III 2 Nr. 3 AbfG) i.V.m. § 74 II 2 LVwVfG sowie nach § 32 II 2 KrW-/AbfG (§ 8 IV 2 AbfG; vgl. im übrigen Rn. 2/80). Entschädigungsansprüche aufgrund förmlicher Inanspruchnahme von Grundstücken (Enteignung) zur Herstellung einer Deponie werden durch die Landesenteignungsgesetze geregelt.

292 dd) Hinsichtlich des *Rechtsschutzes der Gemeinden* ist auf die drittschützende Norm des § 32 I Nr. 3 KrW-/AbfG (§ 8 III 2 Nr. 3 AbfG) sowie auf die entsprechenden allgemeinen Ausführungen zur Planfeststellung (Rn. 2/143) zu verweisen.[195]

293 ee) Zur *verwaltungsgerichtlichen Zuständigkeit* bestimmt § 48 I 1 Nr. 5 VwGO: Das Oberverwaltungsgericht (Verwaltungsgerichtshof) entscheidet im ersten Rechtszug über sämtliche Streitigkeiten, die die Errichtung[196] und den Betrieb von ortsfesten Anlagen betreffen, sofern in ihnen ganz oder teilweise besonders überwachungsbedürftige (gefährliche Sonder-)Abfälle i.S. von § 41 I KrW-/AbfG (§ 2 II AbfG) abgelagert werden. (Der zweite Fall – zur Verbrennung oder thermischen Zersetzung von Abfällen mit einer Durchsatzleistung von mehr als 100 000 t/a – unterliegt ja jetzt dem BImSchG.)

---

193 BVerwG, NVwZ 1993, 572 ff.
194 Zu den in diesem Zusammenhang auftretenden Rechtsschutzfragen vgl. Rn. 7/75 ff., 123 ff.
195 Zum Rechtsschutz der Gemeinden gegen mittelbare Beeinträchtigung ihres Eigentums speziell bei der abfallrechtlichen Planfeststellung: BVerwGE 90, 96 ff.; BVerwG, NVwZ 1989, 484 ff.; DVBl. 1995, 238 ff.; s.a. VGH BW, DVBl. 1993, 168.
196 Nicht aber eine bloß „wesentliche Änderung"; so jedenfalls VGH BW, NVwZ 1986, 665.

3. Plangenehmigung

a) Zulässigkeit einer Plangenehmigung

Statt eines Planfeststellungsverfahrens kann die zuständige Behörde nach § 31 III KrW-/AbfG (§ 7 III 1 AbfG) auf Antrag oder von Amts wegen auch ein **Genehmigungsverfahren** (ohne UVP) durchführen, wenn **294**

– die Einrichtung und der Betrieb einer (nur) unbedeutenden Deponie (*Nr. 1*) oder
– die (wenn auch) wesentliche Änderung einer bestehenden Deponie oder ihres Betriebs, aber ohne erhebliche nachteilige Auswirkungen beantragt wird (*Nr. 2*) oder
– die Errichtung und der auf max. zwei Jahre befristete Betrieb einer Anlage zur Entwicklung und Erprobung neuer Abfallbehandlungs- und Abfallverwertungsverfahren beantragt wird (*Nr. 3*).

Der Antragsteller hat *keinen Anspruch* auf Durchführung des Genehmigungsverfahrens anstelle eines Planfeststellungsverfahrens. **295**

Nach § 31 II 2 KrW-/AbfG kommt eine Plangenehmigung anstelle einer Planfeststellung nicht in Betracht für die Errichtung und den Betrieb von Anlagen zur Ablagerung von besonders überwachungsbedürftigen Abfällen i.S.d. § 41 I KrW-/AbfG, wenn hiervon erhebliche Auswirkungen auf die Umwelt ausgehen können.[197] Hier ist vielmehr ein Planfeststellungsverfahren (mit UVP) durchzuführen. Auch Versuchsanlagen sind dann auf 1 Jahr beschränkt. **296**

Als *unbedeutende Anlagen* i.S. des § 7 III 1 Nr. 1 AbfG galten nach § 7 III 3 AbfG Sortieranlagen für Hausmüll u.ä. sowie Kompostierungsanlagen mit einer Durchsatzleistung bis zu 0,75 t/h. Im übrigen sagte das AbfG und sagt das KrW-/AbfG nichts darüber, wann eine Anlage/Deponie unbedeutend ist. Es wird auf das Ausmaß sowohl der Lagermenge als auch der möglichen Beeinträchtigung der Umwelt und der Rechte Dritter ankommen.[198] **297**

Die Behörde *soll* sogar eine Plangenehmigung durchführen, wenn die Änderung keine erheblichen nachteiligen Auswirkungen auf eines in § 2 I 2 UVPG genannten Schutzgüter hat und den Zweck verfolgt, eine wesentliche Verbesserung für diese Schutzgüter herbeizuführen, § 31 III 3 KrW-/AbfG. **298**

b) Plangenehmigungsverfahren

Für das auf Erteilung der Genehmigung gerichtete Verfahren gelten die Verwaltungsverfahrensgesetze der Länder, soweit nicht die Landesabfallgesetze besondere Vorschriften vorsehen. **299**

---

197 Vgl. auch Fn. 181.
198 Vgl. VGH BW, DVBl. 1993, 163.

10 *Kreislaufwirtschafts- und Abfallrecht*

c) Voraussetzungen einer Plangenehmigung

300 Die Plangenehmigung darf nach § 32 I KrW-/AbfG (§ 8 III AbfG) nur unter den Voraussetzungen erteilt werden, unter denen *auch die Planfeststellung* erfolgen kann (Rn. 10/276 ff.). Die §§ 29 ff. BauGB sind gem. § 38 BauGB auch hier nicht anzuwenden. Da der Plangenehmigung als solcher *keine Konzentrationswirkung* zukommt (Rn. 2/27), sind auch die etwa sonst erforderlichen behördlichen Gestattungen (z.B. nach Wasser- oder Baurecht) einzuholen, über die nach § 12 IV LAbfG BW auch die zuständige Abfallrechtsbehörde entscheidet.

d) Nebenbestimmungen, nachträgliche Anforderungen und Sicherheitsleistung

301 Auch für den Erlaß von Nebenbestimmungen und die Anordnung einer Sicherheitsleistung (§§ 32 III und IV KrW-/AbfG/8 I u. II AbfG) kann auf die vorstehenden Ausführungen zur Planfeststellung verwiesen werden (Rn. 10/281 ff.).

4. Zulassung vorzeitigen Beginns, Veränderungssperre

a) Zulassung vorzeitigen Beginns

302 Noch bevor das Planfeststellungs- oder Plangenehmigungsverfahren beendet ist, kann die zuständige Behörde unter Vorbehalt des Widerrufs durch einen u.U. mit Nebenbestimmungen (§ 36 LVwVfG) versehenen begünstigenden Verwaltungsakt den **vorzeitigen Beginn** *der Ausführung des Vorhabens zulassen,* § 33 KrW-/AbfG (§ 7 a I AbfG), wenn

– mit einer positiven Entscheidung im Verfahren zu rechnen ist (Nr. 1),
– am vorzeitigen Beginn ein öffentliches Interesse besteht (Nr. 2) und
– der Träger des Vorhabens sich verpflichtet, ggf. alle Schäden zu ersetzen und – falls das Vorhaben nicht planfestgestellt oder genehmigt wird – den früheren Zustand wiederherzustellen (Nr. 3); hierfür kann eine Sicherheit verlangt werden, § 33 II KrW-/AbfG (§ 7a II AbfG).

303 Diese Regelung entspricht im wesentlichen § 31 IIa i.V.m. § 9a WHG (Rn. 4/107) und § 15a BImSchG (Rn. 6/210). Sie hat in der Praxis vor allem für ohne große Schwierigkeiten reversible Maßnahmen (z.B. Grundstückserschließung, Ausheben einer Baugrube) erhebliche Bedeutung.[199] Umstritten ist, ob Gegenstand einer solchen „vorläufigen Zulassung" auch der *Probebetrieb* einer Anlage sein kann.[200]

---

199 Dazu – als *Genehmigungsvoraussetzung* – BVerwG, DVBl. 1991, 877 ff.
200 Die Vorschrift des § 7a AbfG bezieht sich nur auf Maßnahmen, die sich wieder rückgängig machen lassen und bei denen das Risiko der Rückabwicklung den weiteren Entscheidungsprozeß nicht unangemessen belastet, BVerwG, DVBl. 1991, 877 ff. – s.a. *Schröder/Steinmetz-Maatz*, DVBl. 1992, 23 ff. (MVA Augsburg). – Zum AtomR Rn. 7/151, 161.

b) Veränderungssperre

Landesrechtlich sind für die Grundstücke, die von einer im Planfeststellungsverfahren befindlichen künftigen Deponie betroffen werden, kraft Gesetzes ab einem bestimmten Zeitpunkt wirksam werdende *Veränderungssperren* vorgesehen, z.B. nach § 11 LAbfG BW, Art. 7 BayAbfG, § 9 HessAbfG usw.

304

5. Stillegung von Deponien

a) Anzeigepflicht

Bei ortsfesten Deponien oder bei Anlagen, in denen besonders überwachungsbedürftige Abfälle i.S. des § 41 I KrW-/AbfG (§ 2 II AbfG) anfallen, hat der Inhaber die **beabsichtigte Stillegung** der Anlage der zuständigen Behörde unverzüglich anzuzeigen, 36 I 1 und III KrW-/AbfG (§ 10 I, III AbfG); s. zur behördlichen Überwachung stillgelegter Anlagen Rn. 10/318. Es besteht kein Genehmigungserfordernis.

305

b) Rekultivierungs- und Schutzanordnungen

Die zuständige Behörde *soll* **Rekultivierungs-** und sonstige Anordnungen treffen, die erforderlich sind, *Beeinträchtigungen des Wohls der Allgemeinheit zu verhüten,* § 36 II KrW-/AbfG (§ 10 II AbfG). Insoweit dürfte es sich entgegen dem Wortlaut um eine Muß-Vorschrift handeln. Für die Rekultivierung gilt anderes nur, wenn das Gelände einer anderweitigen Nutzung zugeführt werden soll.

306

§ 36 II KrW-/AbfG (§ 10 II AbfG) ist auf *vor* dem Inkrafttreten des AbfG 1972 (11.6.1972) errichtete und betriebene, erst später (ganz oder teilweise) untersagte Altanlagen nicht anwendbar. Auf allgemeines Polizei- oder Ordnungsrecht, das auf sanierungsbedürftige „Altanlagen" bzw. „Uraltanlagen" Anwendung findet (Rn. 5/109 ff.), kann eine Rekultivierungsanordnung ohnehin nicht gestützt werden. Auch für Altanlagen, die bereits vor Inkrafttreten des AbfG 1972 stillgelegt worden sind, gilt § 36 II KrW-/AbfG (§ 10 AbfG) nicht (Rn. 5/95 ff.). Das Landesrecht kann aber anderes bestimmen.

307

VII. Überwachung

1. Überblick über die Überwachungsbestimmungen

Die Vermeidung (mit Einschränkungen), die Verwertung und die Beseitigung von Abfällen unterliegen der Überwachung durch die zuständige Behörde, § 40 I 1 KrW-/AbfG. Daneben gelten für bestimmte „**Problemabfälle**" besondere Überwachungsvorschriften. Um mit möglichst geringem Verwaltungsaufwand verschiedenen Arten

308

10 Kreislaufwirtschafts- und Abfallrecht

von Abfällen die ihnen jeweils zukommende Überwachung zuteil werden zu lassen, sieht das Gesetz ein *Stufensystem* vor. Genau an diese verschieden große *Überwachungsbedürftigkeit* knüpft auch die neue *Begrifflichkeit* des KrW-/AbfG an. So gibt es

- **nicht überwachungsbedürftige,**
- **überwachungsbedürftige und**
- **besonders überwachungsbedürftige Abfälle.**

309 Ungeachtet dieser Kategorien soll aber auch per Einzelanordnung auf einzelne Sachverhalte flexibel reagiert werden können.

310 Den überwachungsbedürftigen Abfällen entsprechen die bisher meist sog. *Sonderabfälle*.[201] Diese wurden in *gefährliche Sonderabfälle* (= Sonderabfälle i.e.S.) und *Sonderabfälle* (= Sonderabfälle i.w.S.) unterschieden. „Sonderabfälle" waren alle in § 3 III AbfG, „*gefährliche Sonderabfälle*" nur die in § 2 II AbfG genannten Abfälle. Für diese Abfallarten waren keine besonderen Gesetzesbegriffe vorgesehen. Jedenfalls war – bezogen auf ihre Eigenschaften – der Kreis der „Sonderabfälle" i.S. des § 3 III AbfG weiter als der der „*gefährlichen Sonderabfälle*" i.S. des § 2 II AbfG. Erstere wurden auch als „ausgeschlossene Abfälle", letztere als „besonders überwachungsbedürftige Abfälle" bezeichnet. Die letzte Benennung hat sich jetzt auch im KrW-/AbfG durchgesetzt.

311 Der Gesetzesaufbau zu den Überwachungsbestimmungen unterscheidet zwischen *Beseitigung* und *Verwertung* von Abfällen und sieht jeweils vor

- ein *fakultatives* Nachweisverfahren,
- ein *obligatorisches* Nachweisverfahren und schließlich
- *Ausnahmen* vom obligatorischen Nachweisverfahren,

nämlich in den §§ 42-44 für die *Beseitigung* und den §§ 45-47 für die *Verwertung*. Das *obligatorische* Nachweisverfahren gilt jeweils den *besonders* überwachungsbedürftigen Abfällen.

312 Diesen 2 × 3 Bestimmungen folgen eine gemeinsame Verordnungsermächtigung in § 48 KrW-/AbfG sowie Vorschriften über Transport, Vermittlungsgeschäfte, Entsorgungsfachbetriebe und Entsorgergemeinschaften.

2. Einteilung in bestimmte Abfallarten

313 *Besonders* überwachungsbedürftig sind

- alle Abfälle, die durch eine Rechtsverordnung ausdrücklich dazu bestimmt wurden, § 3 VIII 1 i.V.m. § 41 I und III Nr. 1 KrW-/AbfG.

314 („*Einfach*") Überwachungsbedürftig sind

- alle *übrigen* Abfälle zur *Beseitigung*, die also *nicht durch eine Rechtsverordnung* zu besonders überwachungsbedürftigen Abfällen erklärt wurden und die nicht weitergehenden Anforderungen unterliegen, §§ 3 VIII 2, 41 II KrW-/AbfG, und

---

[201] Zur bisherigen Terminologie vgl. *Kunig/Schwermer/Versteyl*, AbfG, 2. Aufl. 1992, § 3 Rn 40.

– alle *übrigen* Abfälle zur *Verwertung*, wenn eine *Rechtsverordnung* dies ausdrücklich bestimmt, § 3 VIII 2 i.V.m. § 41 III Nr. 2 KrW-/AbfG.

Nur *allgemein* überwachungsbedürftig sind also 315
– Abfälle zur *Verwertung*, die nicht durch eine *Rechtsverordnung* zu überwachungsbedürftigen (§ 41 I) oder besonders überwachungsbedürftigen (§ 41 III) Abfällen erklärt wurden; sie unterliegen damit nur der allgem. Überwachung (§ 40 KrW-/AbfG).

Während § 3 III AbfG sich für die „Sonderabfälle" auf besondere Umstände bei der einzelnen beseitigungspflichtigen Körperschaft bezog, waren „gefährliche Sonderabfälle" i.S. des § 2 II AbfG als solche unabhängig von solchen Umständen des Einzelfalls. Jetzt hängt zunächst alles von den jeweiligen Rechtsverordnungen ab sowie von der Unterscheidung zwischen Beseitigung und Verwertung. Danach erfolgt die Einteilung in die genannten drei Gruppen. Daneben sind für den Einzelfall besondere Anordnungen vorgesehen. 316

3. Anforderungen an die Überwachung

Die zuständigen Behörden haben nach § 40 KrW-/AbfG (§ 11 AbfG) i.V.m. den einschlägigen landesrechtlichen Vorschriften den Auftrag, die Abfallentsorgung zu überwachen und gegen Mißstände einzuschreiten. 317

a) Allgemeine Überwachung

Der allgemeinen Überwachung unterliegen die Vermeidung nach Maßgabe der Rechtsverordnungen nach §§ 23 f. KrW-/AbfG sowie die Verwertung und Beseitigung von Abfällen. Die allgemeine Überwachung kann auch auf stillgelegte Abfallbeseitigungsanlagen erstreckt werden und auf Grundstücke, auf denen vor Inkrafttreten des Abfallgesetzes Abfälle zur Beseitigung angefallen sind, gelagert oder abgelagert worden sind, wenn dies zur Wahrung des Wohls der Allgemeinheit erforderlich ist, § 40 I 2 KrW-/AbfG. 318

aa) In *gegenständlicher Hinsicht* unterliegen der behördlichen Überwachung 319
– die Abfälle und ihre Entsorgung,
– die rechtens oder rechtswidrig errichteten Abfallbeseitigungsanlagen, nach Ermessen der zuständigen Behörde auch die stillgelegten Anlagen (ohne daß sich freilich aus dieser Regelung Eingriffsbefugnisse zur Sanierung von „Altlasten" – Rn. 5/91 ff. – ergäben) und
– nach Landesrecht auch die Errichtung und wesentliche Änderung von Abfallbeseitigungsanlagen nach Maßgabe der Planfeststellung oder der Plangenehmigung.

bb) In *persönlicher Hinsicht* werden nach § 40 II 1 KrW-/AbfG für die allgemeine Überwachung in die Pflicht genommen 320
– Erzeuger und Besitzer von Abfällen (Nr. 1),
– Entsorgungspflichtige (Nr. 2),

10 *Kreislaufwirtschafts- und Abfallrecht*

– Betreiber von Verwertungs- und Abfallbeseitigungsanlagen, auch nach ihrer Stilllegung (Nr. 3),
– ebenso ihre früheren Betreiber (Nr. 4),
– Betreiber von Abwasseranlagen, in denen Abfälle mitverwertet und mitbeseitigt werden (Nr. 5) und
– Betreiber entsprechender BImSchG-Anlagen.

321 cc) Die behördliche *Überwachung erstreckt sich darauf*, daß
– die abfallrechtlichen Vorschriften,
– die sonstigen öffentlich-rechtlichen Vorschriften sowie
– die behördlich auferlegten Verpflichtungen

eingehalten werden.

322 dd) Die Erfüllung der Überwachungsaufgabe setzt voraus, daß die zuständigen Behörden die hierzu notwendigen *Informationen* gewinnen können. Sie sind daher *befugt, sich über den Anfall und über alle Phasen der Entsorgung der Abfälle die erforderlichen Kenntnisse zu verschaffen*. Dies geschieht z.B. durch Einholung von mündlichen oder schriftlichen Auskünften, Ortsbegehungen, Messungen usw. Hierzu normiert das AbfG Auskunfts-, Duldungs-, Mitwirkungs- und Nachweispflichten. So haben die vorgenannten Pflichtigen nach § 40 II 2 KrW-/AbfG

– Auskünfte über Betrieb, Anlagen, Einrichtungen und sonstige der Überwachung unterliegende Gegenstände zu erteilen (Verweigerungsrecht: § 40 IV KrW-/AbfG),
– das Betreten der Grundstücke, Geschäfts- und Betriebsräume zu gestatten[202],
– die Einsicht in Unterlagen und die Vorlage von technischen Ermittlungen und Prüfungen zu gestatten,
– zur Verhütung dringender Gefahren für die öffentliche Sicherheit oder Ordnung auch das Betreten von Wohnungen zu gestatten,
– die zur Überwachung erforderlichen Arbeitskräfte, Werkzeuge und Unterlagen zu stellen und
– nach behördlicher Anordnung Zustand und Betrieb der Abfallbeseitigungsanlage auf eigene Kosten prüfen zu lassen.

323 Die Anlagenbetreiber müssen ferner die Anlage zugänglich machen und die zur Überwachung erforderlichen Arbeitskräfte, Werkzeuge und Unterlagen zur Verfügung stellen und auf Anordnung Zustand und Betrieb ihrer Anlagen auf eigene Kosten prüfen lassen (Abs. 3). Für besondere Fälle wird darüber hinaus das Grundrecht auf Unverletzlichkeit der Wohnung eingeschränkt (Satz 3 und 4). Diese Bestimmungen entsprechen den im Recht der technischen Sicherheit üblichen Anlagenüberwachungsvorschriften.

---

202 Zum Betretungsrecht BVerwG, NVwZ-RR 1994, 251; zuvor Bay VGH, NVwZ-RR 1994, 251 f.; s.a. OVG Koblenz, NVwZ-RR 1994, 570 f. und VGH BW, DVBl. 1993, 373; dazu *Kunig*, NuR 1992, 280 ff.; *Lübbe-Wolff*, DVBl. 1993, 762 ff.

b) „Einfach" überwachungsbedürftige Abfälle

Die hier sog. **einfach überwachungsbedürftigen Abfälle** (Rn. 10/314), also nicht ausgenommene Abfälle zur Beseitigung und besonders bestimmte Abfälle zur Verwertung, unterliegen über die allgemeine Überwachung (§ 40 KrW-/AbfG) hinaus in § 42 bzw. § 45 KrW-/AbfG näher bestimmten Anforderungen. Diese sehen ein *fakultatives* Nachweisverfahren vor, das dadurch gekennzeichnet ist, daß die zuständige Behörde anordnen *kann*, nicht *muß*, daß bestimmte Nachweise geführt werden. Diese bestehen darin, daß der Besitzer von Abfällen über Art, Menge und Beseitigung Nachweise und ein Nachweisbuch führt, Belege einbehält und aufbewahrt und die Nachweisbücher und Belege der zuständigen Behörde zur Prüfung vorlegt, §§ 42 bzw. 45 I KrW-/AbfG. Vor der Beseitigung kann eine Erklärung des Besitzers, eine Annahmeerklärung des Beseitigers und eine Bestätigung durch die zuständige Behörde verlangt werden, nach Durchführung der Beseitigung ein Nachweisverbleib (§ 42 II 1 Nrn. 1 und 2 KrW-/AbfG), wobei Einzelheiten im pflichtgemäßen Ermessen der zuständigen Behörde stehen (Satz 2). Bei der Verwertung soll sich das Nachweisverlangen auf die Anzeige von Art und Menge der angefallenen Abfälle und die beabsichtigte Verwertung, den Nachweis der durchgeführten Verwertung oder den Nachweis des Verbleibs der Abfälle beschränken, § 45 II 2 Nrn. 1-3 KrW-/AbfG, und nur erfolgen, wenn das Wohl der Allgemeinheit dies erfordert (Satz 1).

324

Zur Erleichterung der *behördlichen Überwachung* war über die Sonderabfälle i.S. des § 3 III AbfG gem. § 14 II AbfG nach Maßgabe der AbfNachwV von dem Abfallbesitzer ein *Nachweisbuch* zu führen und den Behörden mit Belegen vorzulegen, dies alles aber nur *auf Verlangen der zuständigen Behörde*.

325

c) Besonders überwachungsbedürftige Abfälle

Von den einfach überwachungsbedürftigen Abfällen i.S.d. § 3 VIII 2 KrW-/AbfG (Sonderabfällen i.S. des § 3 III AbfG) sind die **besonders überwachungsbedürftigen Abfälle** i.S.d. § 3 VIII 1 i.V.m. § 41 I („zur Beseitigung") und III Nr. 1 („zur Verwertung") KrW-/AbfG (*gefährliche Sonderabfälle* i.S. des § 2 II AbfG) zu unterscheiden (Rn. 10/313). An den Umgang mit ihnen werden nach Maßgabe verschiedener Bestimmungen des KrW-/AbfG zusätzliche normative Anforderungen gestellt.

326

aa) Es geht bei den *besonders überwachungsbedürftigen Abfällen* (gefährlichen Sonderabfällen) zum ersten um Abfälle zur *Beseitigung* aus gewerblichen oder sonstigen wirtschaftlichen Unternehmen oder öffentlichen Einrichtungen, die nach Art, Beschaffenheit oder Menge in besonderem Maße gesundheits-, luft- oder wassergefährdend, explosibel oder brennbar sind oder Erreger übertragbarer Krankheiten enthalten oder hervorbringen können. Diese Abfälle sind somit in § 41 I 1 KrW-/AbfG (§ 2 II 1 AbfG) – kumulativ – einerseits durch ihre *Herkunft* aus für sie typischen Erzeugungsbereichen, andererseits durch bestimmte (*Stoff-*)*Eigenschaften* gekennzeichnet. Sie werden aber nach § 41 I 2 KrW-/AbfG (§ 2 II 2 AbfG) aus Gründen der Rechtssicherheit enumerativ von der BReg. bestimmt, und zwar nach Anhörung der beteiligten Kreise durch Rechtsverordnung mit Zustimmung des BRats. Aufgrund dieser Ermächtigung

327

10 *Kreislaufwirtschafts- und Abfallrecht*

schon im AbfG 1986 ist die *Verordnung zur Bestimmung von Abfällen nach § 2 Abs. 2 des Abfallbeseitigungsgesetzes* (AbfBestV) vom 3.4.1990 (BGBl. I 614) ergangen. Sie führt zahlreiche Arten von Sonderabfällen auf, die explosibel, entzündlich, brandfördernd, giftig, ätzend usw. sind.

328 Diese Verordnung bestimmte, daß Abfall dann unter § 2 II AbfG fällt, wenn er zu einer der in der Verordnungs-Anlage in Spalte 2 genannten *Abfallarten* gehört sowie dem in Spalte 3 angegebenen *Herkunftsbereich* (z.B. Härtesalzherstellung, Härtung) entstammt. Außerdem ist für jede *Abfallart* in Spalte 1 eine fünfstellige *Schlüsselnummer* angegeben.

329 *Beispiele:* Gerbereischlamm aus Gerbereien (Schl.-Nr. 14402), Asbeststaub aus der Asbestgewinnung (Schl.-Nr. 31437), Arsenkalk aus der NE-Metallerzeugung (Schl.-Nr. 51513), Schlämme aus der Mineralraffination (Schl.-Nr. 54803), Farbmittel aus der industriellen Herstellung von Farb- und Anstrichmitteln (Schl.-Nr. 55507), schwermetallhaltige Katalysatoren aus der Chemischen Industrie oder der Mineralölverarbeitung (Schl.-Nr. 59507).

330 *Besonders überwachungsbedürftige Abfälle* sind zum zweiten aber auch solche zur *Verwertung* aufgrund einer Rechtsverordnung nach § 41 III Nr. 1 KrW-/AbfG. Die Voraussetzungen für ihre Aufnahme in eine solche Verordnung sind hinsichtlich ihrer *Stoffmerkmale* gleich (nämlich durch Verweis auf Abs. 1). Dagegen bestehen hier keine Voraussetzungen hinsichtlich ihrer *Herkunft*.

331 Neben dieser *Normativeinstufung* aufgrund Rechtsverordnung anhand gesetzlich bestimmter Voraussetzungen gibt es aber auch noch eine *Behördeneinstufung* im Einzelfall. Sie braucht nur mit den in den Abs. 1 bis 3 genannten Belangen vereinbar zu sein, § 41 IV KrW-/AbfG. Damit entsteht also eine dritte Gruppe *besonders überwachungsbedürftiger Abfälle kraft Behördeneinstufung*, ebenso eine Gruppe „einfach" überwachungsbedürftiger Abfälle kraft Behördeneinstufung. Umgekehrt können Abfälle auch durch die Behörde „herabgestuft" werden, also von besonders in „einfach" überwachungsbedürftig und von „einfach" in nur allgemein überwachungsbedürftig.

332 Die Einteilung in (Gefährlichkeits-)Gruppen und das damit notwendig verbundene Nebeneinander verschiedener Gruppen ist sachgerecht und sowohl aus dem früheren Abfallrecht als auch sonst aus dem Recht der technischen Sicherheit vertraut (vgl. im Chemikalien- und im Gentechnikrecht Rn. 9/83; 8/61). Die Möglichkeit abweichender Einteilung im Einzelfall ist aus Gründen der Verhältnismäßigkeit geboten und trotz des damit verbundenen Verlusts an Transparenz hinzunehmen. Ob zwei Verordnungen nebeneinander bestehen müssen mit systematisch verschiedenen Voraussetzungen, mag man bezweifeln. Hinzukommen weitere Verordnungen mit Ausnahmen von den an die Einstufung anknüpfenden Anforderungen, vgl. §§ 43 I 1 i.V.m. 42 I und II KrW-/AbfG. Die Regelungsweise in §§ 41 ff. KrW-/AbfG ist damit nicht sehr übersichtlich.

333 bb) Die *zusätzlichen normativen Anforderungen*, die an diese gefährlichen Sonderabfälle gestellt werden, bestehen zunächst im Zusammenhang damit, daß sie behördlich möglichst **lückenlos überwacht** werden. Zu diesem Zweck haben nach § 43 I KrW-/AbfG Betreiber einer Anlage, in der besonders überwachungsbedürftige Abfälle anfallen, die Einsammler und die Beförderer solcher Abfälle, die Betreiber von Abfallbeseitigungsanlagen sowie die Betreiber einer Abwasseranlage oder einer Anlage i.S.d. BImSchG, in der besonders überwachungsbedürftige Abfälle mitbeseitigt werden, bestimmte *Nachweise* zu führen. Ausgenommen sind *Kleinmengen*, § 43 I 1 i.V.m. § 48 Nr. 5 KrW-/AbfG. Die Verpflichteten müssen über Art, Menge und Besei-

tigung ein Nachweisbuch führen, Belege einbehalten, aufbewahren und der zuständigen Behörde zur Prüfung vorlegen, § 43 I i.V.m. § 42 I u. II KrW-/AbfG. Außerdem muß sich jeder der genannten Nachweispflichtigen als solcher bei der zuständigen Behörde melden, § 43 II KrW-/AbfG. Auch hier sind natürlich wieder widerrufliche *Ausnahmen* vorgesehen, § 43 III KrW-/AbfG. Zu diesen Einzelfallausnahmen kommen allgemeine Ausnahmen, wenn Erzeuger oder Besitzer Abfälle in eigenen, in einem engen räumlichen und betrieblichen Zusammenhang stehenden Anlagen beseitigen; dann werden nach § 44 I 1 die Nachweise durch Abfallwirtschaftskonzepte und Abfallbilanzen ersetzt (für weitere Ausnahmen und Rückausnahmen siehe dort). Damit wird das die die Unternehmen oft erheblich belastende, aus dem EG-Recht stammende, stoff-, nicht anlagenbezogene Nachweis- und Begleitscheinverfahren gelockert.

Diese für besonders überwachungsbedürftige Abfälle (gefährliche Sonderabfälle) von ihrer Erzeugung über ihre Beförderung bis zur Verbrennung bzw. Ablagerung zu führenden Nachweise (in Nachweisbüchern und Begleitscheinen) ermöglichen es der Überwachungsbehörde, das Schicksal einer zu einer bestimmten Abfallart gehörenden konkreten Abfallmenge „von der Wiege bis zur Bahre" zu verfolgen (sogen. *cradle-to-grave-Prinzip*). 334

Die **Stillegung** von Anlagen, in denen besonders überwachungsbedürftige Abfälle *anfallen*, ist der zuständigen Behörde genauso anzuzeigen, wie dies sonst für die Stillegung von Deponien gilt, § 36 III KrW-/AbfG (§ 10 III AbfG). Sofern in einer Anlage regelmäßig besonders überwachungsbedürftige Abfälle anfallen und unter bestimmten weiteren Voraussetzungen besteht die Pflicht zur Bestellung eines *Betriebsbeauftragten*, § 54 I KrW-/AbfG (Rn. 10/366 ff.). 335

Weiter besteht für besonders überwachungsbedürftige Abfälle nach § 13 III 2 KrW-/AbfG *keine Ausnahme von der* **Überlassungspflicht** nach Nrn. 2 u. 3 der Bestimmung, also zum Zweck einer gemeinnützigen oder gewerblichen Sammlung. Schließlich können die Länder zur Sicherung der umweltverträglichen Beseitigung für besonders überwachungsbedürftige Abfälle *Andienungs- und Überlassungspflichten* bestimmen, § 13 IV 1 KrW-/AbfG, und sie können zur Sicherstellung der umweltverträglichen Abfall*entsorgung* Andienungs- und Überlassungspflichten für besonders überwachungsbedürftige Abfälle zur *Verwertung* bestimmen, wenn eine ordnungsgemäße Verwertung sonst nicht gewährleistet ist. Diese Abfälle werden wieder durch Rechtsverordnung der BReg. mit Zustimmung des BRates bestimmt (Satz 3). Bis zum Inkrafttreten des Gesetzes gelten bestehende Andienungspflichten der Länder weiter. Die Andienungs- und Überlassungspflicht gilt nicht für Dritte oder private Entsorgungsträger, denen Pflichten zur Entsorgung nach §§ 16-18 KrW-/AbfG übertragen worden sind (Satz 4). 336

Auch nach § 4 III AbfG durften gefährliche Sonderabfälle zum Einsammeln oder Befördern ausschließlich den hierzu nach § 12 AbfG befugten Abfallbeförderern überlassen werden. Die Überlassung besonders überwachungsbedürftiger Abfälle an den befugten Transporteur war nur zulässig, wenn eine Bescheinigung des Betreibers einer Abfallbeseitigungsanlage vorlag, aus der dessen Bereitschaft zur Annahme derartiger Abfälle hervorging. (Dies galt auch dann, wenn der Abfallbesitzer den Abfall selbst beförderte und dem Betreiber einer Abfallbeseitigungsanlage zum Entsorgen überläßt.) 337

10 Kreislaufwirtschafts- und Abfallrecht

338 Erfüllten Stoffe, die in einer aufgrund des § 2 II AbfG ergangenen Verordnung aufgeführt sind, den Abfallbegriff nicht, weil sie *als Reststoffe verwertet* werden sollten und daher Wirtschaftsgüter waren, so konnte nach § 2 III AbfG unter bestimmten Voraussetzungen für diese „gefährlichen Reststoffe" die entsprechende Anwendung von Vorschriften des AbfG zur Überwachung, Genehmigungs- und Kennzeichnungspflicht durch Rechtsverordnung der BReg. angeordnet werden. Dies ist mit Erlaß der für die überwachungspflichtigen Reststoffe geltenden RestBestV geschehen (s. auch die AbfRestÜberwV). Mit Änderung des Abfallbegriffs wurde das gegenstandslos.

339 cc) Die Bestimmungen über die Nachweisverfahren über die *Verwertung* von Abfällen unterscheiden sich nicht erheblich von denen über die *Beseitigung*. Zunächst finden deshalb auch die Bestimmungen des § 42 für das Nachweisverfahren Anwendung, § 45 I KrW-/AbfG. Den Besonderheiten der Verwertung trägt § 45 II KrW-/AbfG Rechnung. Auch für das *obligatorische* Nachweisverfahren über die Verwertung von besonders überwachungsbedürftigen Abfällen (§ 46 KrW-/AbfG) bestehen keine Besonderheiten. Entsprechendes gilt auch für die Ausnahmen vom obligatorischen Nachweisverfahren, § 47 KrW-/AbfG.

4. Einsammeln und Befördern von Abfällen, Vermittlungsgeschäfte und grenzüberschreitender Verkehr

a) Transportgenehmigung

340 Das gewerbsmäßige **Einsammeln** und **Befördern** von Abfällen zur *Beseitigung* (Rn. 10/107 ff.), also auch, wenn es im Rahmen wirtschaftlicher Unternehmen (z.B. als Werkverkehr) erfolgt, bedarf grundsätzlich der *abfallrechtlichen Genehmigung*, § 49 I 1 KrW-/AbfG (§ 12 AbfG). Dies gilt nach § 49 I 2 KrW-/AbfG nicht,

- soweit diese Tätigkeiten von den Entsorgungsträgern i.S.d. §§ 15, 17 und 18 oder den durch sie beauftragten Dritten ausgeübt werden (Nr. 1; § 3 II AbfG; vgl. aber § 4 III AbfG),
- für die Einsammlung oder Beförderung von Erdaushub, Straßenaufbruch oder Bauschutt, soweit diese nicht durch Schadstoffe verunreinigt sind (Nr. 2) und
- für die Einsammlung oder Beförderung geringfügiger Abfallmengen im Rahmen wirtschaftlicher Unternehmen nach behördlicher Freistellung (Nr. 3).

341 Angesichts der Ausnahmeregelung des § 49 I 2 KrW-/AbfG hat die Genehmigungsbedürftigkeit des Abfalltransports vor allem für die besonders überwachungsbedürftigen Abfälle Bedeutung.

342 Ebenfalls keiner Transportgenehmigung bedarf ein Entsorgungsfachbetrieb i.S.d. § 52 I, wenn er die beabsichtigte Aufnahme der Tätigkeit mit entsprechenden Nachweisen der Behörde anzeigt, § 51 I KrW-/AbfG.

343 Zu §§ 12 III, 2 III AbfG 1986 ist die AbfRestÜberwV vom 3.4.1990 (BGBl. I 648) ergangen. Sie regelt die Antragsunterlagen, die Form der Genehmigung, die Gebühren für das Einsammeln und Befördern von Abfällen, den Nachweis über die Zulässigkeit der vorgesehenen Entsorgung, die Nachweisführung über entsorgte Abfälle sowie die Nachweispflichten bei Reststoffen i.S. des § 2 III AbfG.

Schutzzweck des § 49 KrW-/AbfG ist die Gewährleistung eines ordnungsgemäßen 344
Laufs der Abfälle von ihrer Einsammlung bis zu ihrer Beseitigung in einer zugelassenen Entsorgungsanlage (sog. *cradle-to-grave-Prinzip*; Rn. 10/334).[203] Auf die Erteilung der Genehmigung, einer vor allem an persönliche Eigenschaften anknüpfenden bestimmten Art von „Personalkonzession"[204], besteht ein *Rechtsanspruch* (§ 49 II 1 KrW-/AbfG/§ 12 I 3 AbfG), wenn

– keine Tatsachen gegen die Zuverlässigkeit des Antragstellers oder der für die Leitung oder Beaufsichtigung des Betriebes verantwortlichen Personen sprechen[205] und
– der Einsammler, Beförderer und die von ihnen beauftragten Dritten die notwendige Sach- und Fachkunde besitzen.

Antragsunterlagen sowie Form und Inhalt der Transportgenehmigung und andere bürokratische 345
Einzelheiten, aber auch die Anforderungen an die Fach- und Sachkunde bestimmt eine Rechtsverordnung aufgrund § 49 III KrW-/AbfG.

Weiter bedarf einer Transportgenehmigung, wer *besonders überwachungsbedürftige* 346
Abfälle zur Verwertung einsammelt oder befördert, wenn dies eine Verordnung vorschreibt, § 50 II Nr. 1 KrW-/AbfG, ebenso, wer bestimmte einfach oder besonders überwachungsbedürftige Abfälle, an deren schadlose Verwertung nach §§ 4-7 besondere Anforderungen zu stellen sind, in den Verkehr bringt oder verwertet, § 50 II Nr. 2 KrW-/AbfG; ebenso kann vorgeschrieben werden, daß er seine Zuverlässigkeit oder Sachkunde in einem näher festzulegenden Verfahren nachweist (vgl. zu § 17 I Nr. 2 ChemG, dem die Vorschrift nachgebildet ist, oben Rn. 9/110).

Daneben haben entsorgungspflichtige Erzeuger gefährlicher Abfälle aufgrund der *allgemeinen* 347
Verkehrssicherungspflicht Sorge dafür zu tragen, daß sich die mit der Beseitigung dieser Abfälle verbundenen Umweltgefahren nicht zum Schaden anderer auswirken können. Die zum Transport herangezogenen (selbständigen) Dritten sind daher von den Abfallerzeugern sorgfältig auszuwählen und im Rahmen des Zumutbaren zu überwachen. Andernfalls müssen sie für die von diesen Dritten angerichteten Schäden einstehen.[206]

Meist ist für den Transport der besonders überwachungsbedürftigen Abfälle auch noch das 348
Gesetz über die Beförderung gefährlicher Güter vom 6.8.1975 (BGBl. I 2121) nebst den hierzu ergangenen Verordnungen (Rn. 9/22) einschlägig. Diese Vorschriften bleiben von den Bestimmungen über die abfallrechtliche Einsammlungs- und Beförderungsgenehmigung unberührt, § 49 V KrW-/AbfG (§ 12 IV AbfG).

b) Vermittlungsgeschäfte

Neu eingeführt wurde durch § 50 KrW-/AbfG die Pflicht, nur mit entsprechender 349
Genehmigung für Dritte die Verbringung von Abfällen gewerbsmäßig zu **vermitteln**.

---
203 *Hösel/von Lersner*, AbfG, § 12 Rn. 4; *Kloepfer*, Umweltrecht, 1989, S. 82.
204 HessVGH, UPR 1986, 439 ff.
205 VGH BW, NVwZ 1985, 438 f.
206 BGH, NJW 1976, 46 (Ölabfälle).

10 Kreislaufwirtschafts- und Abfallrecht

Sie setzt die Zuverlässigkeit des Antragstellers sowie der verantwortlichen Personen voraus.

c) Grenzüberschreitender Verkehr

350 Im Geltungsbereich des AbfG anfallende Abfälle sind grundsätzlich auch *im Inland zu entsorgen*, § 10 III 1 KrW-/AbfG (§ 2 I 1 AbfG), soweit sich nicht aus der Abfallverbringungsverordnung der EG (Rn. 10/68) oder aus dem Ausführungsgesetz vom 30.9.1994[207] zum Baseler Übereinkommen vom 22.3.1989 über die Kontrolle der grenzüberschreitenden Verbringung gefährlicher Abfälle und ihrer Entsorgung anderes ergibt (Rn. 10/70, 362 f.).

351 aa) Dieses abfallrechtliche **Prinzip der Inlandsentsorgung** (auch: Beseitigungsautarkie) entspricht scheinbar dem entsorgungspolitischen Grundsatz, daß Abfälle möglichst am oder nahe beim Entstehungsort zu entsorgen sind (vgl. auch Art. 5 der EG-Abfallrahmenrichtlinie[208]: „Prinzip der Nähe"). Weiter wird auch das Verursacherprinzip für die Inlandsentsorgung angeführt. Dieses hat freilich u.E. mit der Frage gar nichts zu tun, denn den (meisten) Abfall erzeugt ja nicht ein Staat, sondern ein privater Produzent, Konsument usw. Aber auch die Ortsnähe ist wenigstens zweischneidig: Sie spricht beispielsweise nicht dafür, in Kehl anfallenden Sondermüll in Böblingen statt in Strasbourg zu entsorgen. Erst recht problematisch ist und von den entsprechenden Wirtschaftskreisen abgelehnt wird das Prinzip der **Inlandsverwertung**.[209]

352 *Beispiel:* Ein Betrieb baut eine moderne Anlage zur Wiedergewinnung von Edelmetallen, insbesondere von Platin. Für einen wirtschaftlichen Betrieb ist diese hochspezialisierte Anlage auf eine Abfallmenge ausgelegt, die im Inland gar nicht anfällt. Die Ökobilanz bei Verwertung von Abfällen auch aus dem Ausland ist möglicherweise trotz Umweltbelastung durch Transportwege besser als bei Entsorgung in dezentralen inländischen Anlagen.

353 Es widerspricht nicht nur den Zielen eines Europäischen Wirtschaftsraumes, sondern auch ökologischen Zielvorstellungen, wenn Wiederaufarbeitungsanlagen, die mit großem Aufwand und hohen Umweltstandards in einem europäischen Land gebaut werden, aus dem Nachbarland keine Abfälle zur Verwertung sollen annehmen dürfen. Andererseits wurde die „Verbringung zur Verwertung" wohl allzu oft mißbraucht, um billig zu beseitigen. Entscheidend ist daher, ob bei einer Beseitigung oder Verwertung im Ausland dieselben Umweltstandards eingehalten werden, wie sie im Inland gelten, und ob nicht die Ökobilanz durch die Verbringung deutlich verschlechtert wird. Schließlich spricht viel für ein allgemeines Verbot von Müllexporten von Industriestaaten in Dritte-Welt-Staaten.

354 Die bisher erforderliche Genehmigung durfte – aufgrund der mit den SEVESO-Giftfässern („Mülltourismus", Rn. 10/64) gemachten schlechten Erfahrungen – seit der 3. Novelle zum AbfG im Jahr 1985 nur unter strengen Voraussetzungen und nur mit Zustimmung der zuständigen Behörden des Auslands erteilt werden (§ 13 AbfG).[210] Die Verbringung von besonders

---

207 BGBl. I 2771.
208 Vgl. in und bei Fn. 97.
209 Krit. auch *Wilmowsky*, NVwZ 1991, 1 ff.
210 Dazu *Versteyl*, NVwZ 1987, 296 ff. noch zur bisherigen Rechtslage, aber auch *Scholl*, ZAU 1994, 84 ff.

überwachungsbedürftigen Abfällen (gefährlichen Sonderabfällen) und sonstigen Abfällen in den, aus dem oder durch den Geltungsbereich des AbfG war in der auf §§ 13 V, 13c I AbfG gestützten *Abfallverbringungs-Verordnung* geregelt.[211] Mit ihr wurde zugleich die in § 13c I Nrn. 1 u. 3 AbfG angeführte EG-Richtlinie des Rats über die Überwachung und Kontrolle der grenzüberschreitenden Verbringung gefährlicher Abfälle (84/631/EWG i.d.F. der Richtlinie 86/279/EWG) in deutsches Recht umgesetzt. Die Verordnung, die zwischen den verschiedenen Abfallarten differenzierte, ging entsprechend der EG-Richtlinie davon aus, daß bei Aus- und Durchfuhren von gefährlichen Abfällen grundsätzlich die zuständigen Behörden des Empfängerlandes die Verantwortung zu tragen haben. Die zuständigen deutschen Behörden hatten daher nur zu prüfen, ob eine ordnungsgemäße Beförderung gewährleistet ist, ob einschlägige internationale Abkommen eingehalten sind und ob bei einer Entsorgung in Grenznähe Umweltgefährdungen im Geltungsbereich des AbfG zu befürchten sind. Die nicht in der EG-Richtlinie geregelten Bereiche der Beförderung sowie die Vereinbarkeit mit Abfallbeseitigungsplänen und internationalen Abkommen waren Prüfungsgegenstand einer Genehmigungserteilung nach § 13 AbfG. Abweichend von § 13 AbfG lag dem EG-Abfallrecht das „Prinzip der offenen Grenzen" zugrunde. Einschränkungen hat dieser Grundsatz freilich schon durch die Rechtsprechung des EuGH in seinem Wallonien-Urteil erfahren.[212]

bb) Darauf ist auch die erste als Verordnung unmittelbar geltende EG-Vorschrift im Abfallgesetz ergangen, nämlich die **Abfallverbringungs-Verordnung** vom 1.2.1993 (Rn.10/68) zum grenzüberschreitenden Verkehr. Damit stehen den Mitgliedstaaten nun weitreichende, auch allgemeine **Einwände** gegen die Verbringung von Abfällen innerhalb der Gemeinschaft zu. Dies gilt für die *Beseitigung* von Abfällen, nur begrenzt auch für die *Verwertung*[213]. **355**

Die Verordnung bestimmt in einem Titel I *Geltungsbereich* und *Begriffe*, einem Titel II die Verbringung von Abfällen *zwischen Mitgliedsstaaten*, einem Titel IV die Ausfuhr von Abfällen in *Nichtmitgliedsstaaten* und trifft in einem Titel VII gemeinsame Bestimmungen. Vorgesehen ist ein *Notifizierungsverfahren*, das die notifizierende Person i.S.d. Art. 2g EG-AbfVerbrV einleitet. Für die Verbringung von zur *Beseitigung* bestimmten Abfällen gelten andere Anforderungen als für die Verbringung von Abfällen zur *Verwertung*. Abschnitt A des Titels II („Beseitigungsabfälle") enthält weiterreichende *Einwendungsbefugnisse* für die Behörden des Ein-, Aus- oder Durchfuhrstaates als Abschnitt B („Verwertungsabfälle"). Dabei geschieht die *Unterscheidung* zwischen Beseitigung und Verwertung durch die Bezugnahme des Art. 2 EG-AbfVerbrV auf die Begriffsbestimmungen der Abfallrahmenrichtlinie (Rn. 10/67). Demgegenüber ist die Auslegung anhand der damit nicht deckungsgleichen Unterscheidungen des KrW-/AbfG, das ja auch erst am 7.10.1996 in Kraft tritt, wie sie von deutschen Behörden offenbar praktiziert wird, wohl unzutreffend. **356**

Beispiel: Zum Tragen kommt dies beispielsweise bei einem thermischen Verfahren, wo die Unterscheidung zwischen Beseitigung und Verwertung anhand des Hauptzwecks der Maßnahme vorgenommen werden soll, eine Unterscheidung, die sich im EG-Recht nicht ausdrücklich findet und wohl nur schwer durch Auslegung gewonnen werden kann. **357**

---

211 Dazu *Eckert,* NVwZ 1989, 125 f.
212 Urteil von 9.7.1992, Rs. C-2/90 (Kommission/Belgien), DVBl. 1995, 232 ff.; s.a. Urteil vom 10.5.1995, RS. C-422/92 (Kommission/Dt.), ZUR 1995, 211 (214 ff.).
213 Hierzu und zum folgenden insbes. *Klett/Kaminiski/Konzak*, WuV 1995, 40 (46 ff.); *Hoppe/Beckmann,* DVBl. 1995, 817 ff.; ferner *Dieckmann,* ZUR 1993, 109 ff. m.w.N.

358 Streitig ist weiter, ob die Behörden am Versandort ein eigenes Prüfungsrecht darüber haben, ob die – genehmigten – Anlagen im Empfängerstaat ihnen ausreichend erscheinen. Nach Art. 4 III und Art. 7 IV EG-AbfVerbrV können Einwände gegen die Verbringung erhoben werden. Aufgrund der Notifizierung erfolgt entweder die *Genehmigung* (Art. 5 I EG-AbfVerbrV) oder die *stillschweigende* (Art. 8 I EG-AbfVerbrV) oder die *schriftliche Zustimmung* (Art. 7 VI und 10 EG-AbfVerbrV). Über die Genehmigung muß nach Art. 4 IIa EG-AbfVerbrV innerhalb einer Frist von 30 Tagen nach Absendung der Empfangsbestätigung entschieden werden. Die Genehmigung darf nicht erteilt werden, wenn von einer dafür zuständigen Behörde zuvor Einwände erhoben wurden (Art. 4 IIa 2. Unterabs. EG-AbfVerbrV).

359 Bei Abfällen zur *Verwertung* bedarf es zur Durchführung des Transports keiner ausdrücklichen Genehmigung. Hier darf die Verbringung *nach Ablauf* einer 30-tägigen Frist erfolgen, wenn keine Einwände erhoben wurden. Anderes gilt wieder für die als gefährlich eingestuften Abfälle des Anhangs 4 der Verordnung sowie für noch keinem der Anhänge II-IV der Verordnung zugeordnete Abfälle (vgl. Art. 10 EG-AbfVerbrV). Hier ist wieder die schriftliche Zustimmung der betroffenen zuständigen Behörden vor dem Beginn der Verbringung erforderlich.

360 Für die Ausfuhr von Abfällen in Nichtmitgliedsstaaten gelten die vorstehend dargelegten Bestimmungen nur eingeschränkt (vgl. Art. 1 IIIa EG-AbfVerbrV).[214]

361 Die als ungefährlich eingestuften Abfälle zur Verwertung der „Grünen Liste", z.B. Schrott, Papier, sortierte Kunststoffe und Glas, dürfen innerhalb der OECD-Staaten wie Produkte frei gehandelt werden. Exporte in Nicht-OECD-Staaten sind frei, wenn diese Staaten sie ausdrücklich wünschen. Die potentiell gefährlichen Abfälle zur Verwertung der „Gelben Liste", z.B. Shredderabfälle, Metallschlacken, Klärschlamm, und der „Roten Liste", z.B. Asbest, Dioxin und PCB-haltige Abfälle, dürfen nur noch nach Durchführung eines förmlichen Verfahrens und Zustimmung des Empfängerstaates exportiert werden.

362 cc) Weitere Einschränkungen ergeben sich jetzt aus dem **Ausführungsgesetz** (AbfVerbrG) vom 30.9.1994[215] zum Baseler Übereinkommen[216], das sowohl das Baseler Übereinkommen innerstaatlich umsetzt als auch einzelstaatliche Rechtsvorschriften zur Ergänzung der EG-AbfVerbrV schafft. Inbesondere enthält das AbfVerbrG ergänzende Regelungen zu Wiedereinfuhrpflichten, Sicherheitsleistungen, Behördenzuständigkeiten und die Einrichtung einer zentralen Anlaufstelle sowie einen Straftatbestand für illegale grenzüberschreitende Abfallverbringungen. Auch hier stellen sich wieder Auslegungsfragen hinsichtlich des mit dem europarechtlichen Abfallbegriffs[217] wohl doch nicht ganz übereinstimmenden deutschen Abfallbegriffs.[218] Für das Verfahren gilt ähnliches wie vorstehend beschrieben.

363 Bemerkenswert ist § 8 AbfVerbrG zur Einrichtung eines „**Solidarfonds Abfallrückführung**" als rechtsfähige Anstalt des öffentlichen Rechts. Eine notifizierungsbedürftige Verbringung von

---

214 Ebda. S. 55.
215 BGBl. I 2771.
216 Fn. 60.
217 Dazu EuGH NVwZ 1991, 660 und 661; s.a. *Dieckmann*, NuR 1992, 407 ff.; *Seibert*, DVBl. 1994, 229 ff.; *Konzak*, NuR 1995, 130 ff.
218 Dazu *Klett/Kaminski/Konzak*, WuV 1995, 20 (59 ff.) m.w.N.

Abfällen darf nämlich nur dann erfolgen, wenn die notifizierende Person neben der Sicherheitsleistung gem. Art. 27 EG-AbfVerbrV sich auch an dem Solidarfonds gem. § 8 I 6 AbfVerbrG beteiligt hat, § 7 I AbfVerbrG. Der Solidarfonds soll die Rückführung illegal exportierter Abfälle finanziell sicherstellen, und zwar in Höhe von 75 Mio. DM für jeweils drei Jahre. Dagegen wird zutreffend eingewandt, daß so die legalen Abfallexporteure die Finanzierung der kriminellen Abfallexporte übernehmen sollen.[219]

Das Einbringen und Einleiten von Stoffen in *Küstengewässer* (Rn. 4/80) und deren Reinhaltung sind Regelungsgegenstand des Wasserrechts (vgl. unter wasserrechtlichen Aspekten §§ 3 IVa, 32a, 32b WHG). **364**

5. Mitteilungspflichten und innerbetriebliche Überwachung und Planung

a) Mitteilungspflichten

§ 53 KrW-/AbfG bestimmt Mitteilungspflichten zur **Betriebsorganisation**, damit die Behörde weiß, an wen sie sich jeweils zu halten hat. Dazu ist mitzuteilen, wer die Pflichten des Betreibers einer genehmigungsbedürftigen Anlage i.S.d. § 4 BImSchG oder des Besitzers i.S.d. § 26 KrW-/AbfG wahrnimmt, § 53 I 1 KrW-/AbfG. Die in diesem Sinne verantwortlichen Personen haben anzuzeigen, auf welche Weise sichergestellt ist, daß die der Vermeidung, Verwertung und umweltverträglichen Beseitigung von Abfällen dienenden Vorschriften und Anordnungen beim Betrieb beachtet werden, § 53 II KrW-/AbfG. **365**

b) Betriebsbeauftragter

Der **innerbetrieblichen Überwachung** dient insbesondere die Bestellung eines Betriebsbeauftragten für Abfall.[220] Betreiber von genehmigungsbedürftigen Anlagen i.S.d. § 4 BImSchG, von Anlagen, in denen regelmäßig besonders überwachungsbedürftige Abfälle anfallen, von ortsfesten Sortier-, Verwertungs- oder Abfallbeseitigungsanlagen sowie Besitzer i.S.d. § 26 KrW-/AbfG müssen einen oder mehrere Betriebsbeauftragte für Abfälle bestellen. Solcher Abfallbeauftragter bedarf es aber nur, wenn dies im Hinblick auf die Art oder die Größe der Anlagen „wegen der in den Anlagen anfallenden, verwerteten oder beseitigten Abfälle, technischen Problemen der Vermeidung, Verwertung oder Beseitigung oder Eignung der Produkte oder Erzeugnisse bei oder nach bestimmungsgemäßer Verwendung Probleme hinsichtlich der ordnungsgemäßen oder schadlosen Verwertung oder umweltverträglichen Beseitigung hervorzurufen, erforderlich ist", § 54 I 1 2. HS KrW-/AbfG. Bei der Klarheit dieser Bestimmung tut der Gesetzgeber gut daran, in Satz 2 die Benennung der pflichtigen Betriebe einer Rechtsverordnung des BMU zu überlassen, die nach Anhörung der **366**

---
219 So *Klett/Kaminski/Konzak,* WuV 1995, 20 (62) unter Hinweis auf BVerfG, Beschluß vom 11.10.1994, 2 BvR 633/86; dazu auch *Kügel,* NVwZ 1994, 535 ff.
220 Zum Betriebsbeauftragten nach dem KrW-/AbfG *Kotulla,* DÖV 1995, 452 ff.; s.a. *Kloepfer/Rehbinder/Schmidt-Aßmann/Kunig,* UGB-AT, 1990, S. 377 ff.

10 *Kreislaufwirtschafts- und Abfallrecht*

beteiligten Kreise mit Zustimmung des BRats ergeht. Ob aber die Ermächtigungsgrundlage hinreichend bestimmt ist, wird man bezweifeln dürfen (vgl. dagegen § 21a I WHG, wonach solche Gewässerbenutzer Betriebsbeauftragte für Gewässerschutz zu bestellen haben, die an einem Tag mehr als 750 m^3 Abwasser einleiten dürfen; aber auch § 53 I 1 BImSchG: „wegen der ... Immissionen, der technischen Probleme der Immissionsbegrenzung ...").

367 Wer der Rechtsverordnung entkommen ist, kann immer noch durch die Behörde in Einzelfällen nach § 54 II KrW-/AbfG anhand der eben genannten Kriterien verpflichtet werden.

368 Gibt es schon einen Immissionsschutzbeauftragten (§ 53 BImSchG; Rn. 6/266 f.) oder einen Gewässerschutzbeauftragten (§ 21a WHG; Rn. 4/201 ff.), so können diese auch die Aufgaben und Pflichten eines Abfallbeauftragten nach diesem Gesetz wahrnehmen, § 54 III KrW-/AbfG.

369 Der Abfallbeauftragte hat den Betreiber und die Betriebsangehörigen in Angelegenheiten zu beraten, die für die Kreislaufwirtschaft und die Abfallbeseitigung bedeutsam sein können, § 55 I 1 KrW-/AbfG. Dazu ist er berechtigt und verpflichtet,
 – den Weg der Abfälle lückenlos zu überwachen (Nr. 1),
 – die Einhaltung der einschlägigen Bestimmungen und Verfügungen zu überwachen (Nr. 2),
 – die Betriebsangehörigen über mögliche Abfallgefahren aufzuklären sowie über Verhinderungsmaßnahmen (Nr. 3) und schließlich
 – auf eine ständige Verbesserung in abfallwirtschaftlicher Hinsicht hinzuwirken und dabei mitzuwirken (Nrn. 4 u. 5).

370 Ferner ist dem Betreiber jährlich ein Bericht über die getroffenen und beabsichtigten Maßnahmen zu erstatten, zu denen er berechtigt und verpflichtet ist, § 55 II KrW-/AbfG.

c) Abfallwirtschaftskonzept

371 Bei Überschreiten gewisser Mengenschwellen müssen Abfallerzeuger als *internes Planungsinstrument* **Abfallwirtschaftskonzepte** über die Vermeidung, Verwertung und Beseitigung der anfallenden Abfälle erstellen.

372 Dies gilt bei einem Anfall von
 – mehr als 2000 kg/a besonders überwachungsbedürftiger Abfälle oder
 – mehr als 2000 t/a überwachungsbedürftiger Abfälle je Abfallschlüssel.

Das Abfallwirtschaftskonzept muß enthalten (§ 19 II KrW-/AbfG)
 – Angaben über Art, Menge und Verbleib der besonders überwachungsbedürftigen Abfälle, der überwachungsbedürftigen Abfälle zur Verwertung sowie der Abfälle zur Beseitigung (Nr. 1),
 – Darstellung der getroffenen und geplanten Maßnahmen zur Vermeidung, zur Verwertung und zur Beseitigung von Abfällen (Nr. 2),

– Begründung der Notwendigkeit der Abfallbeseitigung, insbes. Angaben zur mangelnden Verwertbarkeit aus den in § 5 IV genannten Gründen (Nr. 3),
– Darlegung der vorgesehenen Entsorgungswege für die nächsten fünf Jahre, ggf. Angaben zur notwendigen Standort- und Anlagenplanung mit Zeitplan (Nr. 4) und
– gesonderte Darstellung des Verbleibs der besonders überwachungsbedürftigen Abfälle bei Verwertung oder Beseitigung im Ausland (Nr. 5).

Das Abfallwirtschaftskonzept ist bis zum 31.12.1999 für die nächsten fünf Jahre zu erstellen und alle fünf Jahre fortzuschreiben, § 19 III KrW-/AbfG. 373

Einzelheiten bestimmt wieder eine Rechtsverordnung, § 19 IV KrW-/AbfG. 374

d) Abfallbilanz

Dieselben Verpflichteten wie nach § 19 müssen jährlich ab 1.4.1998 jeweils für das vorhergehende Jahr eine **Bilanz** über Art, Menge und Verbleib der verwerteten und beseitigten besonders überwachungsbedürftigen und überwachungsbedürftigen Abfälle erstellen und diese Abfallbilanz auf Verlangen der zuständigen Behörde vorlegen, § 20 I KrW-/AbfG. Einzelheiten regeln die Länder, § 20 III 2 KrW-/AbfG. 375

VIII. Sonderbestimmungen für Altöle (§§ 5a u. 5b AbfG)

Die Sonderbestimmungen des Abfallgesetzes 1986 für **Altöle** (§§ 5a u. 5b) bleiben in Kraft, bis sie durch entsprechende Rechtsverordnungen nach den §§ 7 und 24 KrW-/AbfG abgelöst worden sind, § 64 KrW-/AbfG. 376

In der Bundesrepublik fallen jährlich etwa 500 000 t Altöle (Rn. 10/12) an. Die früher bestehenden Sonderbestimmungen für Altöle in dem durch § 30 AbfG 1986 aufgehobenen Altölgesetz wurden zum Teil in das AbfG integriert, so daß das AbfG auf Altöle anzuwenden war[221], und zwar *auch dann, wenn die Altöle keine Abfälle i.S. des § 1 I AbfG* wären (§ 5a I 1 AbfG). Jetzt werden die Altölbestimmungen wieder aus dem Gesetz herausgenommen und in einer Verordnung – nach den §§ 7 und 24 KrW-/AbfG – geregelt, § 64 KrW-/AbfG. 377

Dem *Altölgesetz* lag folgendes System der Altölverwertung und -beseitigung zugrunde: Abholen und Sammeln des in Mengen über 200 l angefallenen, nicht mehr als 12,5% Fremdstoffanteile enthaltenden Altöls in sog. Pflichtgebieten; Aufbereitung des noch aufbereitungsfähigen Altöls und ordnungsgemäße Verbrennung des zu beseitigenden Altöls; Finanzierung der Zuschüsse zum Ausgleich der ungedeckten Kosten umweltfreundlicher Beseitigung durch eine auf das Produkt (praktisch als Zuschlag zur Mineralölsteuer) erhobene Ausgleichsabgabe. 378

Dieses alte System, das nicht zureichend in der Lage war, eine das PCB-Problem meisternde Altölentsorgung zu gewährleisten, ist durch ein neues (wirtschaftsrechtliches) System ersetzt worden: Wegfall der Abholpflicht, dafür *Rücknahmepflicht für Altöle* durch den Vertreiber, der 379

---
221 Dazu *Kreft*, UPR 1986, 402 ff.; *Versteyl/Koehn*, Recht und Praxis der Altölentsorgung, 1987.

10 *Kreislaufwirtschafts- und Abfallrecht*

entsprechende Mengen von Frischölen an den Letztverbraucher abgegeben hat; *Nutzung der entgegengenommenen verwertbaren Altöle* durch Veräußerung auf dem freien Markt (zur Wiederaufarbeitung oder zur Energieerzeugung); *ordnungsgemäße sonstige Entsorgung der nicht mehr verwertbaren Altöle* in geeigneten Verbrennungsanlagen.[222] Die damit bezweckte Annäherung an marktwirtschaftliche Grundsätze ist inzwischen eingetreten. Die Entsorgung ist aber bisher offenbar noch nicht billiger, wegen Vollzugsmängeln auch noch nicht einmal umweltfreundlicher geworden.[223]

1. Verwertung

380 Altöle können, soweit dies nach dem Ergebnis der Analysen ihrer konkreten Beschaffenheit bedenkenfrei möglich ist, in **geeigneten Verwertungsanlagen aufgearbeitet** werden. Andernfalls reicht es vielleicht noch zu einer **thermischen Verwertung**.[224] Soweit auch diese nicht möglich ist, müssen sie in hierfür geeigneten Entsorgungsanlagen (Ölverbrennungsanlagen) **beseitigt** werden.

381 Welche Altöle einer Aufarbeitung unterzogen werden können, welcher Art und wie hoch also der Fremdstoffanteil sein darf, um noch eine Wiederverwertung zu ermöglichen, war von der BReg. mit Zustimmung des BRats durch Rechtsverordnung festzulegen (§ 5a II 2 Nr. 1 AbfG). Diese – insbes. auf §§ 5a II, 5b S. 4, 14 I AbfG u. §§ 7 I, 23 I, 34 I BImSchG gestützte – **Altölverordnung** vom 27.10.1987 (BGBl. I 2335) soll sicherstellen, daß einer Aufarbeitung (Zweitraffinade) nur dafür taugliche Altöle unterzogen werden und nicht etwa solche, die bereits durch umweltschädliche Stoffe stark kontaminiert und daher getrennt zu erfassen und zu entsorgen sind.

382 Seitdem man erkannt hatte, daß sich im Altöl polychlorierte Biphenyle (PCB) und sonstige chlorhaltige chemische Verbindungen befinden, kam die *Aufarbeitung* zu wieder gebrauchsfähigem Heiz- oder Motorenöl *kaum noch in Betracht*. Inzwischen ist aber der PCB-Gehalt in den gesammelten Altölen der sog. Kategorie 1 (nur sie gelangen zur Wiederaufarbeitung) erheblich gesunken. Daher ist der Anteil an wiederaufgearbeiteten Ölen für den Motoren-, Getriebe-, Hydraulik- und Turbinenölbereich seit 1988 wieder im Steigen begriffen.

383 Soweit Altöle der Verwertung in *immissionsschutzrechtlich genehmigten Anlagen* i.S. des § 4 BImSchG, z.B. einer Anlage zur Destillation, Raffination oder sonstigen Weiterverarbeitung[225] zugeführt werden, fanden nach § 5a II 1 AbfG nur bestimmte Vorschriften des Abfallgesetzes Anwendung. Es sind dies die Vorschriften über Anzeigepflichten und Überwachung (§ 11), über den Betriebsbeauftragten für Abfall (§§ 11a-11f) und über die abfallrechtliche Einsammlungs- und Beförderungsgenehmigung (§ 12) sowie die gesetzlichen Ermächtigungen (§ 14 I) zum Erlaß von Rechtsverordnungen über die Kennzeichnungspflicht, die Pflicht zur getrennten Entsorgung usw. Mit dieser Einschränkung des Anwendungsbereichs des AbfG sollte u.a. ein

---

222 Dazu *Thieme*, in: *Thieme* (Hrsg.), Umweltschutz und Wirtschaftsrecht (Das Beispiel der Altölentsorgung), 1988, S. 67 ff.
223 *Versteyl*, NJW 1989, 1142 ff.
224 Zur Altölverwertung BVerwG, WuV 1995, 67 ff.
225 Vgl. Nr. 4.4 des Anhangs zur 4. BImSchV.

Anreiz für die Nutzung vorhandener oder den Bau neuer Altölverwertungsanlagen und die Entwicklung neuer Verwertungsverfahren geschaffen werden.

2. Rücknahme- und Informationspflicht

Unmittelbar im AbfG 1986 selbst geregelt war die Pflicht des Vertreibers, nach dem **384** Vertrieb von Verbrennungsmotoren- und Getriebeöl an Endverbraucher das gebrauchte Öl *kostenlos zurückzunehmen*, sowie seine Pflicht, hierauf in geeigneter Weise *hinzuweisen* (§ 5b S. 1 AbfG). Diese Vorschrift richtet sich vor allem an Großmärkte und SB-Läden, die Selbstwechsleröl verkaufen. Einzelheiten der Hinweis-, Nachweis- und Annahmepflicht können von der BReg. durch Rechtsverordnung geregelt werden (§ 5b S. 4 i.V.m. § 14 I Nrn. 1, 2 u. 3 AbfG).

IX. Behördenzuständigkeit

1. Überwachung

Zur Behördenzuständigkeit bestimmt § 63 KrW-/AbfG, daß die Landesregierungen **385** oder die von ihnen bestimmten Stellen die für die Ausführung dieses Gesetzes zuständigen Behörden bestimmen, soweit die Regelung nicht durch Landesgesetz erfolgt.

In *Nordrhein-Westfalen* ist, soweit nichts anderes bestimmt ist, der Regierungspräsident als **386** obere Abfallwirtschaftsbehörde sachlich zuständig (§ 38 I 1 i.V.m. § 34 AbfG NW).

In *Baden-Württemberg* sind für den Vollzug des Abfallrechts als „Abfallrechtsbehörden" die **387** unteren Verwaltungsbehörden, die Regierungspräsidien und das Umweltministerium zuständig (§ 28 AbfG BW). Soweit nichts anderes bestimmt ist, ist die untere Abfallrechtsbehörde (Landratsamt, Stadtkreis) zuständig.

2. Planfeststellung und Genehmigung

Für die *Behördenzuständigkeit zur Zulassung von Abfallbeseitigungsanlagen* ist zwischen abfallrechtlicher Eröffnungskontrolle (Planfeststellung oder Genehmigung, § 31 II bzw. III KrW-/AbfG) und immissionsschutzrechtlicher Genehmigung (§ 31 I i.V.m. § 4 BImSchG) zu unterscheiden: Anhörungs- und Planfeststellungsbehörde sind fast in allen Ländern in einer Behörde vereinigt. Dagegen ist die Zuständigkeit nach § 7 I und III KrW-/AbfG gesondert geregelt.[226] **388**

Beispiel: In *Baden-Württemberg* ist für die Planfeststellung das Regierungspräsidium zuständig, für Anlagen unter Bergaufsicht das Landesbergamt, § 28 IV Nr. 1 u. 6 LAbfG BW. Genehmigungsbehörde nach § 31 I und III KrW-/AbfG sind Landratsamt oder Stadtverwaltung der kreisfreien Stadt bzw. das Landesbergamt im Einvernehmen mit Landratsamt oder Stadtverwaltung bei Anlagen unter Tage, sonst umgekehrt, § 28 IV und VI LAbfG BW. **389**

---

226 Krit. dazu VGH BW, DVBl. 1992, 732.

Schrifttum

Bei den folgenden Schrifttumsangaben handelt es sich nur um eine Auswahl unter neueren Veröffentlichungen, die zur weiteren praktischen Arbeit und zur Vertiefung besonders geeignet sind. Werken, auf die häufiger Bezug genommen wird, ist eine Kurzbezeichnung beigefügt. Querschnittswerke, die zu mehreren oder allen der folgenden Teile Ausführungen enthalten, sind nur unter Teil 1 aufgeführt. Zeitschriftenaufsätze werden lediglich im Text zitiert.

Teil 1: Allgemeines Umweltrecht

1. Umweltrechtliche Gesamtdarstellungen

Arndt, in: *Steiner* (Hrsg.), Besonderes Verwaltungsrecht, 5. Aufl. 1995, S. 849 ff.
Breuer, Umweltrecht, in: *Schmidt-Aßmann* (Hrsg.), Besonderes Verwaltungsrecht, 10. Aufl. 1995, S. 433 ff.
Erbguth, Rechtssystematische Grundfragen des Umweltrechts, 1987 (zit. Grundfragen).
Himmelmann/Pohl/Tünnesen-Harmes, Handbuch des Umweltrechts, Loseblattsammlung.
Hoppe/Beckmann, Umweltrecht, 1989.
Jarass/Kloepfer/Kunig/Papier/Peine/Rehbinder/Salzwedel/Schmidt-Aßmann, Umweltgesetzbuch – Besonderer Teil –, 1994 (zit. *Bearbeiter*, in: *Jarass u.a.*, UGB-BT).
Ketteler/Kippels, Umweltrecht, 1988.
Kimminich/von Lersner/Storm, Handwörterbuch des Umweltrechts (HdUR), 2 Bände, Bd. I (A-M), Bd. II (N-Z), 2. Aufl. 1994 (zit. *Bearbeiter*, in: HdUR Bd. I/II).
Kloepfer, Umweltrecht, 1989.
Kloepfer, Umweltrecht, in: *Achterberg/Püttner* (Hrsg.), Besonderes Verwaltungsrecht, Band II, 1992, S. 587 ff.
Kloepfer/Rehbinder/Schmidt-Aßmann/Kunig, Umweltgesetzbuch – Allgemeiner Teil –, 1990 (zit. UGB-AT).
Peters/Schlabach/Schenk, Umweltverwaltungsrecht, 1990.
Prümm, Umweltschutzrecht, 1989.
Salzwedel (Hrsg.), Grundzüge des Umweltrechts, 1982.
Schmidt/Müller, Einführung in das Umweltrecht, 4. Aufl. 1995.

2. Umwelteuroparecht

Engel, Akteneinsicht und Recht auf Information über umweltbezogene Daten. Die Informationsrichtlinie der EG im Vergleich zur bundesdeutschen Rechtslage, 1993 (zit. Akteneinsicht)

Erichsen/Scherzberg, Zur Umsetzung der Richtlinie des Rates über den freien Zugang zu Informationen über die Umwelt, 1992 (zit. Zugang zu Informationen).
Fluck/Theuer, Umweltinformationsrecht. UIG, Kommentar, Loseblattsammlung (zit. UIG).
Jarass, Grundfragen der innerstaatlichen Bedeutung des EG-Rechts, 1994.
Jarass/Naumann, Umweltschutz und Europäische Gemeinschaften, 1992.
Kahl, Umweltprinzip und Gemeinschaftsrecht, 1993.
Lenz (Hrsg.), EG-Handbuch – Recht im Binnenmarkt, 1991.
Pieper, in: *Bleckmann*, Europarecht, 5. Aufl. 1990, S. 758 ff.
Rengeling (Hrsg.), Europäisches Umweltrecht und europäische Umweltpolitik, 1988.
Röger, Umweltinformationsgesetz, Kommentar, 1995 (zit. UIG).
Schwarze, Europäisches Verwaltungsrecht, 2 Bde., 1988.

3. Umweltverträglichkeitsprüfung

Coenen/Jörissen, Umweltverträglichkeitsprüfung in der Europäischen Gemeinschaft. Derzeitiger Stand der Umsetzung der EG-Richtlinie in zehn Staaten der EG, 1989.
Cupei, Umweltverträglichkeitsprüfung, 1986.
Erbguth/Schink, Kommentar zum UVPG, 1992.
Laudel, Die Umweltverträglichkeitsprüfung in parallelen Zulassungsverfahren, 1995.
Mezger, UVP in den USA, 1989.
Peters, Die UVP-Richtlinie der EG und ihre Umsetzung in das deutsche Recht, 1994.
Schoeneberg, Umweltverträglichkeitsprüfung, 1993 (zit. UVP).
Schneider, Nachvollziehende Amtsermittlung bei der Umweltverträglichkeitsprüfung, 1990.
Weber, Die Umweltverträglichkeitsrichtlinie im deutschen Recht, 1989 (zit. Umweltverträglichkeitsrichtlinie).

4. Umweltabgaben

Böhm, Die Wirksamkeit von Umweltlenkungsabgaben, 1990.
Cansier, Umweltökonomie, 1993.
Hansmeyer/Schneider, Umweltpolitik. Ihre Fortentwicklung unter marktsteuernden Aspekten, 1990.
Köck, Die Sonderabgabe als Instrument des Umweltschutzes, 1991.
Meßerschmidt, Umweltabgaben als Rechtsproblem, 1986.
Lübbe-Wolff (Hrsg.), Umweltschutz durch kommunales Satzungsrecht, 1993.
Maier-Rigaud, Umweltpolitik mit Mengen und Märkten. Lizenzen als konstituierendes Element einer ökologischen Marktwirtschaft, 1994.
Mackscheidt/Ewringmann/Gawel (Hrsg.), Umweltpolitik durch hoheitliche Zwangsabgaben?, Karl-Heinrich Hansmeyer zur Vollendung seines 65. Lebensjahres, 1994.
Murswiek, Die Entlastung der Städte vom Individualverkehr durch Abgaben und andere Geldleistungen, Band 1: Die Innenstadtzufahrtsabgabe, 1993 (zit. Innenstadtzufahrtsabgabe).
Nagel, Umweltgerechte Gestaltung des deutschen Steuersystems, 1993.
Wegehenkel (Hrsg.), Marktwirtschaft und Umwelt, 1981.
Wicke, Umweltökonomie, 4. Aufl. 1993.
Wilhelm, Ökosteuern, 1990.
Wilms, Die Entlastung der Städte vom Individualverkehr durch Abgaben und andere Geldleistungen, Band 2: Die Pendler- und Großveranstaltungsabgabe, 1993.

Schrifttum

5. Jüngere Monographien und Sammelbände

Beckmann, Verwaltungsgerichtlicher Rechtsschutz im raumbedeutsamen Umweltrecht, 1987 (zit. Rechtsschutz).
Blümel/Pitschas (Hrsg.), Reform des Verwaltungsverfahrensrechts, 1994.
Bönker, Umweltstandards in Verwaltungsvorschriften, 1992.
Hermes, Das Grundrecht auf Schutz von Leben und Gesundheit, 1987.
Hoffmann-Riem/Schmidt-Aßmann/Schuppert (Hrsg.), Reform des Allgemeinen Verwaltungsrechts, 1993.
Kloepfer, Zur Geschichte des deutschen Umweltrechts, 1994.
Kloepfer/Meßerschmidt, Innere Harmonisierung des Umweltrechts, 1986.
Lübbe-Wolff (Hrsg.), Umweltschutz durch kommunales Satzungsrecht, 1993.
Meinberg/Möhrenschlager/Link (Hrsg.), Umweltstrafrecht, 1989.
Murswiek, Die staatliche Verantwortung für die Risiken der Technik, 1985.
Philipp, Staatliche Verbraucherinformation im Umwelt- und Gesundheitsrecht, 1989.
Ress (Hrsg.), Grenzüberschreitende Verfahrensbeteiligung im Umweltrecht der Mitgliedstaaten der EG, 1985.
Strübel, Internationale Umweltpolitik, 1992.
Wahl, Staatsaufgabe Prävention und Vorsorge, 1995.
Winter (Hrsg.), Öffentlichkeit von Umweltinformationen. Europäische und nordamerikanische Rechte und Erfahrungen, 1990.

Teil 2: Planfeststellungsrecht

1. Allgemeine Darstellungen

Dreier, Die normative Steuerung der planerischen Abwägung, 1995 (zit. Abwägung).
Dürr, in: *Kodal/Krämer* (Hrsg.), Straßenrecht, 5. Aufl. 1995, S. 943 ff. (zit. Planfeststellung).
Hoppe/Schlarmann, Rechtsschutz bei der Planung von Straßen und anderen Verkehrsanlagen, 2. Aufl. 1982 (zit. Rechtsschutz).
Ibler, Die Schranken planerischer Gestaltungsfreiheit im Planfeststellungsrecht, 1988.
Kormann (Hrsg.), Aktuelle Fragen der Planfeststellung, 1994.
Kügel, Der Planfeststellungsbeschluß und seine Anfechtbarkeit, 1985 (zit. Planfeststellungsbeschluß).
Kühling, Fachplanungsrecht, 1988.
Salis, Gestufte Verwaltungsverfahren im Umweltrecht, 1991.
Steinberg, Fachplanung, 2. Aufl. 1993.

2. Kommentare

Knack (Hrsg.), Verwaltungsverfahrensgesetz, 4. Aufl. 1994.
Kopp, Verwaltungsverfahrensgesetz, 5. Aufl. 1991.
Meyer/Borgs, Verwaltungsverfahrensgesetz, 2. Aufl. 1982.
Obermayer, Verwaltungsverfahrensgesetz, 2. Aufl. 1990.
Stelkens/Bonk/Sachs, Verwaltungsverfahrensgesetz, 4. Aufl. 1993.
Ule/Laubinger, Verwaltungsverfahrensrecht, 3. Aufl. 1986.

Teil 3: Naturschutzrecht

1. Allgemeine Darstellungen

Benz/Berkemann, Natur- und Umweltschutzrecht, 1989.
de Witt, Landschaftsschutz, in: *Hoppenberg* (Hrsg.), Handbuch des öffentlichen Baurechts, Stand 1994, Teil E (zit. Landschaftsschutz).
Gassner, Das Recht der Landschaft, 1995.
Schmidt-Räntsch, Leitfaden zum Artenschutzrecht, 1990.

2. Kommentare

Bernatzky/Böhm/Meßerschmidt, Bundesnaturschutzgesetz, Kommentar, Loseblatt.
Kolodziejcok/Recken, Naturschutz, Landschaftspflege und einschlägige Vorschriften des Jagd- und Forstrechts, Kommentar, Loseblatt.
Künkele/Heiderich/Rohlf, Naturschutz- und Landschaftspflegerecht für Baden-Württemberg, Kommentar, Loseblatt.
Louis, Bundesnaturschutzgesetz, Kommentar der unmittelbar geltenden Vorschriften, 1994.
Schink, Naturschutz- und Landschaftspflegerecht Nordrhein-Westfalen, 1989.

3. Landschaftsplanung

Baumeister, Die Integration der örtlichen Landschaftsplanung in die Bauleitplanung, 1992.
Hahn, Das Recht der Landschaftsplanung, 1991.
Kiemstedt, Effektivierung der Landschaftsplanung, 1990.
Mitschang, Die Belange von Natur und Landschaft in der kommunalen Bauleitplanung, 1993.
Schütze, Aufgabe und rechtliche Stellung der Landschaftsplanung im räumlichen Planungssystem, 1994.

4. Naturschutzrechtliche Eingriffsregelung

Böhme/Preiser-Holl (Hrsg.), Die naturschutzrechtliche Eingriffsregelung, difu-Materialien 3/1993.
Kuchler, Naturschutzrechtliche Eingriffsregelung und Bauplanungsrecht, 1989.#
Ramsauer (Hrsg.), Die naturschutzrechtliche Eingriffsregelung, 1995.

5. Verbandsbeteiligung

Bizer/Ormond/Riedel, Die Verbandsklage im Naturschutzrecht, 1990.
Waskow, Die Mitwirkung von Naturschutzverbänden im Verwaltungsverfahren, 1990.
Winkelmann, Untersuchungen zur Verbandsklage im internationalen Vergleich, UBA-Forschungsbericht 1990.

Schrifttum

Teil 4: Öffentliches Gewässerschutzrecht

1. Allgemeine Darstellungen

Breuer, Öffentliches und privates Wasserrecht, 2. Aufl. 1987 (zit. Wasserrecht).
Krieger, Normkonkretisierung im Recht der wassergefährdenden Stoffe, 1992.
Linden, Gewässerschutz und landwirtschaftliche Bodennutzung, 1993.
Lübbe-Wolff, Grundwasserbelastung durch CKW. Rechtsfragen der Ermittlung und Sanierung, 1991.
Müllmann, Die Plangenehmigung im Wasserrecht, 1994.
Nisipeanu, Abwasserrecht, 1991.
Salzwedel, Wasserrecht, in: *ders.* (Hrsg.), Grundzüge des Umweltrechts, 1982, S. 569 ff.
Sautter, Einführung in das Abwasser- und Abwasserabgabenrecht, 1991.
Völsch, Entschädigungs- und Ausgleichsregelungen in den Wassergesetzen, 1993.
Volkens, Vorsorge im Wasserrecht, 1993.

2. Kommentare

Berendes, Das Abwasserabgabengesetz, 3. Aufl. 1995.
Bulling/Finkenbeiner/Eckardt/Kibele, Wassergesetz für Baden-Württemberg, Kommentar, Loseblattsammlung.
Gieseke/Wiedemann/Czychowski, Wasserhaushaltsgesetz, 6. Aufl. 1992.
Sieder/Zeitler/Dahme, Wasserhaushaltsgesetz, Kommentar, Loseblattsammlung.

Teil 5: Bodenschutz- einschließlich Altlastenrecht

1. Allgemeine Darstellungen zum Bodenschutz

Ministerium für Umwelt, Raumordnung und Landwirtschaft NW (Hrsg.), Bodenschutz, Grundfragen des Bodenschutzrechts, 1992.
Bückmann/Dreißigacker/Elevelt/Gerner/Lee/Mackensen/Maier, Bodenschutz in der europäischen Union, hrsg. von der interdisziplinären Forschungsarbeitsgemeinschaft für Gesellschaft, Umwelt und Siedlung (FAGUS), 1994.
Hahn, Bodenschutz. Erforderlichkeit, Möglichkeit und Grenzen rechtsnormativer Regelungen zur Bodensanierung, 1993.
Heiermann, Der Schutz des Bodens vor Schadstoffeintrag, 1992.
Kauch, Bodenschutz aus bundesrechtlicher Sicht, 1993.
Schlabach, Das neue Bodenschutzgesetz von Baden-Württemberg, 1992.

2. Kommentare und Handbücher zum Bodenschutz

Baiker, Abfallwirtschafts- und Bodenschutzrecht im Freistaat Sachsen; Textausgabe mit Erläuterungen, 1994.
Spilok, BodSchG BW, Kommentar, 1992.

3. Allgemeine Darstellungen zum Altlastenrecht

Barkowski/Günther/Hinz/Röchert, Altlasten, 1987.
Baumann, Der Störer im Umweltbereich, dargestellt am Beispiel der Altlasten, 1991.
Brandner, Gefahrenerkennbarkeit und polizeirechtliche Verantwortlichkeit, 1990.
Brandt/Dieckmann/Wagner, Altlasten und Abfallproduzentenhaftung, 1988.
Breuer/Kloepfer/Marburger/Schröder (Hrsg.), Altlasten und Umweltrecht, UTR Bd. 1, 1985.
Bückmann, Bodenschutzrecht. Rechtliche und verwaltungsmäßige Grundlagen des Bodenschutzes unter besonderer Berücksichtigung der Altlastensanierung, 1992.
Fritsch, Altlasten – Sanierungsverfahren, 2. Aufl. 1992.
Giesberts, Die gerechte Lastenverteilung unter mehreren Störern, 1990.
Götz, Allgemeines Polizei- und Ordnungsrecht, 10. Aufl. 1991.
Griesbeck, Die materielle Polizeipflicht des Zustandsstörers und die Kostentragungspflicht nach unmittelbarer Ausführung und Ersatzvornahme – dargestellt am Beispiel der Altlasten-Problematik, 1991.
Henkel, Altlasten – ein kommunales Problem. Analysen und Handlungsempfehlungen, 1991.
Henkel, Altlasten als Rechtsproblem, Deutsches Institut für Urbanistik, Arbeitsblätter Umweltrecht, 1987, 16 ff.
Hermanns/Walcha (Hrsg.), Ökologische Altlasten in der kommunalen Praxis, 1994.
Ipsen/Tettinger, Altlasten und kommunale Bauleitplanung, 1988.
Knopp, Altlastenrecht in der Praxis. Unter Berücksichtigung des Rechts der neuen Bundesländer, 1992.
Koch, Bodensanierung nach dem Verursacherprinzip, 1985.
Kränz, Zustandsverantwortlichkeit im Reich der Gefahrenabwehr, 1990.
Lisken/Denninger (Hrsg.), Handbuch des Polizeirechts, 1992.
Papier, Altlasten und polizeiliche Störerhaftung, 1985.
Papier, Rechtliche Probleme der Boden- und Grundwassersanierung. Rechtsgutachten, 1992.
Roesler, Die Legalisierungswirkung gewerbe- und immissionsschutzrechtlicher Genehmigungen vor dem Hintergrund der Altlastenproblematik, 1993.
Schenke, Polizei- und Ordnungsrecht, in: *Steiner* (Hrsg.), Besonderes Verwaltungsrecht, 5. Aufl. 1995.
Schimmelpfeng (Hrsg.), Altlasten, Deponietechnik, Kompostierung, praktizierter Umweltschutz als Vorsorge und Nachsorge, 1993.
Schrader, Altlastensanierung nach dem Verursacherprinzip, 1989.
Schultheiss/Groos, Altlasten. Eine Einführung für Naturwissenschaftler, Ingenieure und Planer, 1993.
Sepp, Rechtsfragen der Altlasten in den neuen Bundesländern, 1992.
SRU, Sondergutachten Altlasten II, 1995; BT.-Drs. 13/380.
Versteyl, Abfall und Altlasten, 1992.
Würtenberger, in: *Achterberg/Püttner* (Hrsg.), Besonderes Verwaltungsrecht, Teil 2, 1992.
Würtenberger/Heckmann/Riggert, Polizeirecht in Baden-Württemberg, 2. Aufl. 1994.
Ziehm, Die Störerverantwortlichkeit für Boden- und Wasserverunreinigungen, 1989.

4. Kommentare und Handbücher zum Altlastenrecht

Barkowski, Altlasten. Handbuch zur Ermittlung und Abwehr von Gefahren durch kontaminierte Standorte, 1993.
Brandt, Altlastenrecht, 1993.

Schrifttum

Franzius/Stegmann/Wolf/Brandt, Handbuch der Altlastensanierung, Loseblatt (zit. *Bearbeiter*, in: *Franzius/Stegmann/Wolf/Brandt*).
Hösel/von Lersner, Abfallbeseitigung, Kommentar, Loseblatt.
Kunig/Schwermer/Versteyl, Abfallgesetz, Kommentar, 2. Aufl. 1992 (zit. AbfG).

Teil 6: Immissionsschutzrecht

1. Allgemeine Darstellungen

Engler, Der öffentlich-rechtliche Immissionsabwehranspruch, 1995 (zit. Immissionsabwehranspruch).
Jahns-Böhm, Umweltschutz durch europäisches Gemeinschaftsrecht am Beispiel der Luftreinhaltung, 1994.
Jarass, Umweltverträglichkeitsprüfung bei Industrieanlagen, 1987.
Kraft, Immissionsschutz durch Bauleitplanung, 1988.
Koch (Hrsg.), Schutz vor Lärm, 1990.
Koch/Lechelt (Hrsg.), Zwanzig Jahre Bundes-Immissionsschutzgesetz, 1994.
König, Drittschutz. Der Rechtsschutz Drittbetroffener gegen Bau- und Anlagengenehmigungen im öffentlichen Baurecht, Immissionsschutzrecht und Atomrecht, 1993.
Lämmle, Konkurrenz paralleler Genehmigungen, 1991.
Martens, Die wesentliche Änderung im Sinne des § 15 BImSchG, 1993.
Murswiek, Die staatliche Verantwortung für die Risiken der Technik – Verfassungsrechtliche Grundlagen und immissionsschutzrechtliche Ausformung, 1985 (zit. Risiken der Technik).
Petersen, Schutz und Vorsorge: Strukturen der Risikoerkenntnis, Risikozurechnung und Risikosteuerung der Grundpflichten im Bundes-Immissionsschutzgesetz, 1993 (zit. Schutz und Vorsorge).
Reich, Gefahr – Risiko – Restrisiko: das Vorsorgeprinzip am Beispiel des Immissionsschutzes, 1989.
Sach, Genehmigung als Schutzschild? Die Rechtsstellung des Inhabers einer immissionsschutzrechtlichen Genehmigung, 1993 (zit. Genehmigung).
Schulze-Fielitz, Recht des Immissionsschutzes, in: *Schmidt* (Hrsg.), Öffentliches Wirtschaftsrecht, Band II, Teilband 1, 1995, § 3 (zit. Immissionsschutz).
Sellner, Immissionsschutzrecht und Industrieanlagen, 2. Aufl. 1988 (zit. Immissionsschutzrecht).
Trute, Vorsorgestrukturen und Luftreinhalteplanung im Bundesimmissionsschutzgesetz, 1989 (zit. Vorsorgestrukturen).
Weidemann, Immissionsschutzrechtliche Abfallentsorgungsanlagen, 1994.

2. Kommentare

Engelhardt, Bundes-Immissionsschutzgesetz, 3. Aufl. 1993.
Feldhaus, Kommentar zum BImSchG, Loseblattsammlung.
Jarass, Bundes-Immissionsschutzgesetz, Kommentar, 3. Aufl. 1995.
Koch/Scheuing (Hrsg.), Gemeinschaftskommentar zum Bundes-Immissionsschutzgesetz, Loseblattsammlung (zit. *Bearbeiter*, in: GK-BImSchG)

Landmann/Rohmer (Hrsg.), Umweltrecht, Kommentar, Loseblattsammlung, Band I zum BImSchG (zit. *Landmann/Rohmer/Bearbeiter*, BImSchG).
Ule/Laubinger, Kommentar zum BImSchG, Loseblattsammlung.

Teil 7: Atom- und Strahlenschutzrecht

1. Allgemeine Darstellungen

Bischof/Pelzer, Das Strahlenschutzrecht in den Mitgliedsstaaten der Europäischen Gemeinschaften, Bd. II, Bundesrepublik Deutschland, 1983.
Blümel/Wagner (Hrsg.), Technische und rechtliche Fragen der Stillegung und Beseitigung nuklearer Anlagen in der Bundesrepublik Deutschland, Fachtagung am 7./8.5.1992 in Karlsruhe, 1993.
Breuer, Die Planfeststellung für Anlagen zur Endlagerung radioaktiver Abfälle, 1984.
Büdenbender/Mutschler, Bindungs- und Präklusionswirkung von Teilentscheidungen nach BImSchG und AtG, 1979.
Hartung, Die Atomaufsicht, 1992.
Hofmann, Rechtsfragen der atomaren Entsorgung, 1981.
Klante, Erste Teilerrichtungsgenehmigung und Vorbescheid im Atomrecht, 1984.
König, Drittschutz. Der Rechtsschutz Drittbetroffener gegen Bau- und Anlagengenehmigungen im öffentlichen Baurecht, Immissionsschutzrecht und Atomrecht, 1993.
Kramer/Zerlett, Bd. 1, StrahlenschutzV, 3. Aufl. 1990; Bd. 2, RöntgenV, 3. Aufl 1991; Bd. 3, StrahlenschutzregisterV, 1991.
Lange, Fehler und Fehlerfolgen im atomrechtlichen Genehmigungsverfahren; eine Untersuchung des Verfahrens betreffend die 5. Teilgenehmigung für den Betriebsteil MOX-Verarbeitung des Siemens-Brennelementwerkes in Hanau, 1994 (zit. Fehler).
Lange, Das Weisungsrecht des Bundes in der atomrechtlichen Auftragsverwaltung, 1990.
Lohse, Der Rechtsbegriff „Stand der Wissenschaft" aus erkenntnistheoretischer Sicht am Beispiel der Gefahrenabwehr im Immissionsschutz- und Atomrecht, 1994.
Luckow, Nukleare Brennstoffkreisläufe im Spiegel des Atomrechts, 1988.
Lukes (Hrsg.), Reformüberlegungen zum Atomrecht, 1991.
Lukes/Birkhofer (Hrsg.), Neuntes Deutsches Atomrechts-Symposium: 24.-26. Juni 1991 in München, 1991.
Marburger, Atomrechtliche Schadensvorsorge – Möglichkeiten und Grenzen einer normativen Konkretisierung, 2. Aufl. 1985.
Ossenbühl, Bestandsschutz und Nachrüstung von Kernkraftwerken, 1994 (zit. Bestandsschutz).
Rabben, Rechtsprobleme der atomaren Entsorgung, 1988.
Rengeling, Planfeststellung für die Endlagerung radioaktiver Abfälle, 1984.
Rengeling, Probabilistische Methoden bei der atomrechtlichen Schadensvorsorge, 1986.
Richter, Nachrüstung von Kernkraftwerken, 1985.
Roller, Genehmigungsaufhebung und Entschädigung im Atomrecht: Einfachgesetzliche Voraussetzungen und verfassungsrechtlicher Ausgleichsanspruch, 1994 (zit. Genehmigungsaufhebung).
Ronellenfitsch, Das atomrechtliche Genehmigungsverfahren, 1983 (zit. Genehmigungsverfahren).
Roßnagel (Hrsg.), Recht und Technik im Spannungsfeld der Kernenergiekontroverse, 1984.
Roßnagel (Hrsg.), Rechtsprobleme der Wiederaufarbeitung, 1987.

Schrifttum

Scheuing, Grenzüberschreitende atomare Wiederaufarbeitung im Lichte des europäischen Gemeinschaftsrechts, 1991.
Schneider/Steinberg, Schadensvorsorge im Atomrecht zwischen Genehmigung, Bestandsschutz und staatlicher Aufsicht, 1991 (zit. Schadensvorsorge).
Siegmann, Änderungsgenehmigungen im Atom- und Strahlenschutzrecht, 1993.
Steinberg (Hrsg.), Reform des Atomrechts; Fachtagung, 6./7.5.1993 in Frankfurt/M., 1994 (zit. Reform).
Thiel, Rechtsfragen der atomaren Entsorgung, 1987.
Zimmermann, Strahlenschutz, 3. Aufl. 1993.

2. Kommentare und Handbücher

Baez, Atomrecht; allgemeines Atomrecht, Strahlenschutz und Reaktorsicherheit, Kommentar, Loseblatt.
Bischof, Strahlenschutzvorsorgegesetz, Kommentar, 1989.
Fischerhof, Deutsches Atomgesetz und Strahlenschutzrecht, Bd. I, 2. Aufl. 1978; Bd. II, 1966.
Haedrich, Erläuterungen zum Atomgesetz, in: Das Deutsche Bundesrecht, III E 50 (zit. Erl.).
Hinrichs, Strahlenschutzrecht, Loseblatt.
Kramer/Zerlett, Strahlenschutzverordnung, Strahlenschutzvorsorgegesetz, 3. Aufl. 1990.
Roewer, Strahlenschutzvorsorgegesetz, 1988.
Witt, Strahlenschutzverordnung, 4. Aufl. 1981.

Teil 8: Gentechnik

1. Allgemeine Darstellungen

Breuer/Kloepfer/Marburger/Schröder (Hrsg.), Gentechnikrecht und Umwelt, UTR Bd. 14, 1991.
Brocks/Pohlmann/Senft, Das neue Gentechnikgesetz, 1991.
Enquête-Kommission „Chancen und Risiken der Gentechnologie", Bericht, BT-Drs. 10/6775.
Gerlach, Das Genehmigungsverfahren zum Gentechnikgesetz, 1993.
Hawkes, Der Faktor Mensch im Gentechnikrecht, 1995.
Kolleck/Tappeser/Altner (Hrsg.), Die ungeklärten Gefahrenpotentiale der Gentechnologie, 1986
Kratz, F., Parlamentsvorbehalt im Gentechnikrecht. Eine verfassungsrechtliche Untersuchung zum Regelungsumfang des Gentechnikgesetzes, 1994.
Kratz, S., Die Zweckambivalenz des Gentechnikgesetzes: der Schutz- und Förderzweck, 1993.
Krekeler, Die Genehmigung gentechnischer Anlagen und Arbeiten nach dem GenTG unter Berücksichtigung europarechtlicher Vorgaben, 1994.
Lukes/Scholz (Hrsg.), Rechtsfragen der Gentechnologie, 1986.
Pohlmann, Neuere Entwicklungen im Gentechnikrecht, 1990.
van den Daele, Technikfolgenabschätzung als politisches Experiment, 1994.
Vitzthum/Geddert-Steinacher, Standortgefährdung. Zur Gentechnik-Regelung in Deutschland, 1994.
Vitzthum/Geddert-Steinacher, Der Zweck im Gentechnikrecht. Zur Schutz- und Förderfunktion von Umwelt- und Technikgesetzen, 1990.
Winter, Grundprobleme des Gentechnikrechts, 1993.

2. Kommentare und Handbücher

Eberbach/Lange, GenTG, Kommentar, Loseblatt.
Hirsch/Schmidt-Didczuhn, GenTG, Kommentar, 1991.
Landmann/Rohmer (Hrsg.), Umweltrecht, Kommentar, Loseblattsammlung, Band II (zit. *Landmann/Rohmer/Bearbeiter,* BImSchG).
Nöthlichs, Gentechnikgesetz, Loseblatt.

Teil 9: Chemikalienrecht

1. Allgemeine Darstellungen

BMU (Hrsg.), 10 Jahre Chemikaliengesetz : Bilanz und Perspektiven 1992.
Enquête-Kommission „Schutz des Menschen und der Umwelt – Bewertungskriterien und Perspektiven für umweltverträgliche Stoffkreisläufe in der Indstriegesellschaft", BT-Drs. 12/8260.
Gebers/Führ/Wollny, Ökologische Stoffwirtschaft, 1993.
Gesellschaft für Rechtspolitik (Hrsg.), Chemikalienrecht, 1986.
Gierke, Das Chemikaliengesetz und seine Rechtsverordnungen – Alte Stoffe, 1993.
Gesellschaft für Rechtspolitik (Hrsg.), Chemikalienrecht, 1986.
Heintz/Reinhardt, Chemie und Umwelt, 3. Aufl. 1993.
Kloepfer, Chemikaliengesetz, 1982.
Kloepfer/Bosselmann, Zentralbegriffe des Umweltchemikalienrechts, 1985.
Kloepfer/Knebel, Umweltchemikalienrecht, 1981.
Radek/Friedel, Das neue Chemikaliengesetz, 1981.
Storm, Das Gesetz zum Schutz vor gefährlichen Stoffen (ChemG), hrsg. vom UBA, 3. Aufl. 1984.
Strubelt, Gifte in unserer Umwelt, 1988.
Umweltbundesamt (Hrsg.), Chemikaliengesetz, 1984.
Viebrock, Öffentlichkeit im Verfahren der Chemikalienkontrolle am Beispiel PCP, 1995.

2. Kommentare und Handbücher

Kippels/Töpner (Hrsg.), Das Chemikaliengesetz und seine Rechtsverordnungen, Kommentar, Loseblatt, 8 Bde.
Nöthlichs, Gefahrstoffe. Kommentar zu ChemG und GefahrstoffV, Loseblatt.
Rehbinder/Kayser/Klein, Chemikaliengesetz, 1985.
Schiwy, Chemikaliengesetz, Kommentar, Loseblatt.
Uppenbrink/Broecker/Schottelius/Schmidt-Bleek, Chemikaliengesetz, Kommentar, Loseblatt.

Schrifttum

Teil 10: Kreislaufwirtschafts- und Abfallrecht

1. Allgemeine Darstellungen

Dieckmann, Das Abfallrecht der Europäischen Gemeinschaft, Systematische Darstellung der gemeinschaftsrechtlichen Vorgaben für die nationale Rechtsetzung und Rechtspraxis, 1994.

Donner/Mayerholt, Die Entwicklung des Abfallrechts von der Beseitigung zur Kreislaufwirtschaft, Entwicklungen und Probleme der Abfallwirtschaft vor dem Hintergrund des geplanten Gesetzes zur Vermeidung von Rückständen, Verwertung von Sekundärrohstoffen und Entsorgung von Abfällen, 1994.

Kloepfer, Umweltrecht, 1989, S. 674 ff.

Rabanus, Der bundesrechtliche Abfallbegriff. Zu den Aussagen insbesondere im Abfallgesetz und im Bundes-Immissionsschutzgesetz, 1993.

Rengeling (Hrsg.), Kreislaufwirtschafts- und Abfallrecht: neue Entwicklungen in der Bundesrepublik Deutschland und in der Europäischen Gemeinschaft. Zweite Osnabrücker Gespräche zum Deutschen und Europäischen Umweltrecht, Referate und Diskussionsberichte, 1994.

Schimmelpfeng (Hrsg.), Altlasten, Deponietechnik, Kompostierung: praktizierter Umweltschutz als Vorsorge und Nachsorge, 1993.

2. Kommentare und Handbücher

Bergs/Dreyer/Neuenhahn/Radde, TA Siedlungsabfall, 1993.

Birn/Jung, Abfallbeseitigungsrecht für die betriebliche Praxis, Kommentar, Loseblatt, 4 Bde.

Hoschützky/Kreft, Recht der Abfallwirtschaft, Kommentar, Loseblatt, 2 Bde. (zit. *Hoschützky/Kreft*)

Hösel/Kumpf, Technische Vorschriften für die Abfallbeseitigung, Loseblatt-Samml.

Hösel/von Lersner, Recht der Abfallbeseitigung des Bundes und der Länder, Kommentar, Loseblatt, 2 Bde. (zit. Abfallbeseitigung).

von Köller/Klett/Konzak, EG-Abfallverbringungsverordnung, 1994.

Kunig/Schwermer/Versteyl, Abfallgesetz, Kommentar, 2. Aufl. 1992.

Landesanstalt für Umweltschutz Baden-Württemberg (Hrsg.), Handbuch Abfall, Boden, Abfall, Altlasten, o.J.

Rummler/Schutt, Verpackungsverordnung, Kommentar. 1991.

Strecker/Berndt, Verpackungsverordnung, Kommentar, 1992.

Versteyl/Koehn, Recht und Praxis der Altölentsorgung, 1987.

Stichwortverzeichnis

Die Zahlen verweisen auf die Randnummern des Textes in dem jeweils vorweg angegebenen Teil des Buches, bei vorangestelltem „Fn." auf die entsprechenden Fußnoten, fettgedruckte Zahlen auf die Hauptfundstellen. Die Zahlen vor dem Schrägstrich verweisen auf die Kapitel:

1: Allgemeines Umweltrecht,
2: Planfeststellungsrecht,
3: Naturschutzrecht,
4: Öffentliches Gewässerschutzrecht,
5: Bodenschutz- einschließlich Altlastenrecht,
6: Immissionsschutzrecht,
7: Atom- und Strahlenschutzrecht,
8: Gentechnik,
9: Chemikalienrecht,
10: Kreislaufwirtschafts- und Abfallrecht.

Abbau von KKW 7/107, **198 ff.**
Abfall
– ausgeschlossener 10/310
– besonders überwachungsbedürftiger **10/124 ff.**, 224, 310, 313, **326 ff.**
– im Chemikalienrecht 9/48
– industrieller 10/228
– radioaktiver 7/10 f., 16
– schlicht überwachungsbedürftiger 10/314, **324**
– zur Beseitigung 10/107
– zur Verwertung 10/107 ff.
Abfallarten 10/313 ff.
Abfallbegriff 10/83 f., **104 ff.**
– modifizierter 10/105
– objektiver 10/105, **118 ff.**
– subjektiver 10/105, **107 ff.**
Abfallbehandlung 10/51
Abfallberatungspflicht 10/196
Abfallbeseitigung, allgemeinwohlverträgliche 10/207
Abfallbeseitigungsanlage, Begriff 10/239 ff.
Abfallbeseitigungsgesetz (1972) 10/66
Abfallbestimmungs-VO 10/71
Abfallbilanz 10/375

Abfallentsorgung
– öffentliche 10/231
– private 10/13 ff., 39 f., **210 ff.**
Abfallentsorgung als Pflichtaufgabe 10/232
Abfallentsorgungsanlage, mobile 10/238
Abfallgesetz (1986) 10/66, 105
Abfallgesetz 2/19
Abfallkonsens 10/1
Abfallkrise 10/1
Abfallmengen **10/2 ff.**, 109
Abfallsortierung 10/51
Abfallverbrennungsanlagen-VO (17. BImSchVO) 6/48, 168 ff.
Abfallverbringungs-VO 10/68, 71, 354 ff.
Abfallverbringungsgesetz 10/70, 76, 362
Abfallverbringungsrichtlinie 7/70
Abfallvermeidung 10/9, 130 f., **137 f., 140 ff.**
Abfallvermeidungspflicht 6/141 ff.
Abfallverwertung 10/3, **9 ff.**, 43, 62, **84 ff.**, 95, 98, **107 ff.**, 112 ff., 122, 135 ff., **144 ff.**, 159, 170, 183 f., 193, 213, 229 f., 324, 330, 346, 353, 380 ff., 537 ff.
Abfallvolumen, radioakives 7/17
Abfallwirtschaftskonzept 10/219 f., **371 ff.**
Abfallwirtschaftsplan 1/131; 10/196, 198, **252 ff.**, 266, 271, 276

643

Stichwortverzeichnis

Abfallwirtschaftsplanung 10/252 ff.
Abfallwirtschaftssatzung 10/228
Abgaben 1/133, **145 ff.**
Ablagern von Stoffen 4/146 ff., 164; 10/123
Absatzförderung 10/195
Abwägung
- Ausfall 2/113
- Defizit 2/113
- Disproportionalität 2/113
- Fehlerlehre 2/113 ff.
- Gebot 2/97, **108 ff.**; 3/73 f., 128 ff., 150, 156; 10/256, 280, 289
- im Abfallrecht 10/271
- Kriterien 10/265
- Material 2/110 ff.
- nachvollziehende 3/168 ff.; 4/172 ff.; 10/273

Abwärmenutzung 6/144
Abwasserabgabe 1/146; **4/202 ff.**
Abwasserabgabengesetz 4/61
Abwasserbehandlungsanlage 4/132
Abwasserbeseitigung 4/14 ff., 120 ff.
Abwasserbeseitigungsplan 1/131; 4/75, 132
Abwassereinleitung 4/120 ff.
Abwasserherkunfts-VO 8/41
Afrika 10/64
Ahaus 7/11, 14; Fn. 91
Aktenöffentlichkeit, beschränkte 1/166
Akzeptabilitätsmaßstab 7/138
Akzeptanzmaßstab 7/133, 138
Algenpest 3/23
Alkem 7/102
Allgemein anerkannte Regeln der Technik 4/128
Allgemeines Eisenbahngesetz 2/12
Alpha-Strahlung 7/57
Altanlagen, echte 5/92
Altauto-VO (Entwurf) 10/191
Alternativenprüfung 1/115; 2/115 f.; 10/272, 289
Altglas 10/13
Altglascontainer 10/117
Altlasten 4/197, **5/19 ff.**, 90 ff.
- Begriff 5/86 f.
- Fond 5/214
- Sanierungsgesellschaft 5/215
- unechte 5/100
- von morgen 10/56
Altöl 10/67, **376 ff.**
Altöl-VO 10/71

Altpapier 10/13, 191
Altreifen 10/119
Altstoff 9/31, 35
Ammonium 4/25
Amtsermittlung 1/116; 5/120 f.
Amtshaftung
- bei Altlasten 5/Fn. 133
- im Atomrecht 7/181
Analysetechnik 5/21; 9/93
Änderung einer Anlage 6/212 ff.; 7/107, 163, 186; 8/60, 66, 82; 10/274, 294, 298, 319
- Genehmigung 8/60, 83
Änderungsmitteilung 9/107
Andienungspflicht 10/224
Anerkannte Regeln der Technik 6/117 f.
Anhörungsverfahren **8/79 ff.**, 96
Anlage 6/104, **106 ff.**, 121 f., 214; 7/95, **108 ff.**; 8/56 f.
- unbedeutende 10/297
Anlagenzwang 10/129, **238 ff., 245 ff.**
Anleitungen, technische s. TA ...
Anmeldepflicht 8/89 f.; 9/65 ff.
Anmeldestelle 9/97, **128**
Anmeldeverfahren **8/75 ff.**
Anmeldungsvorbehalt 1/105; 6/198, 216; 8/75 ff.; 9/67 ff.
Anordnung, nachträgliche 4/113; 6/217 ff.; 7/132, **177 ff.**
Anordnungen 1/124 f.
Ansatz, horizontaler 8/28
Anscheinsgefahr 5/119
Anspruch
- auf Genehmigung s. Genehmigungsanspruch
Antizipiertes Sachverständigengutachten 1/63, 6/79; 7/232
Anzeigepflicht 1/104
Aquifer 4/150
Äquivalentdosis 7/61, 63
Arbeiten
- gentechnische 8/56
- weitere gentechnische 8/88
Arbeitsgenehmigung 8/83
Arbeitsschutz 9/111, 114 f., **120 ff.**
Archäologie 10/54
Arten der Abfallbehandlung 10/18 ff.
Artenschutz 3/33, **191 ff.**
- Begriffsbestimmungen 3/198 ff.
- besondere Schutzbestimmungen 3/204 ff.
- Ziele 3/191 ff.

Artenschutzverordnung 3/47, 201, 203, 207 ff., 214 ff.
Artensterben 3/28 ff., 191
Asbest 9/4, 115; 10/361
Atlpapier-VO (Entwurf) 10/191
Atombombe 7/50, 90
Atomgesetz 2/18; 7/66, 74, 79 85 ff.
Atomkern 7/54
Atomrechtliche Verfahrens-VO 7/75
Aufgabenverteilung im Abfallrecht 10/210 ff.
Aufhebbarkeit 7/174
Auflage, nachträgliche 4/104,113 f.; 5/93 ff.; 6/217 ff., 233 ff.; 7/132, 170, 174, **177 ff.**, 283; 10/279, 283
Aufopferungsgrundsatz 2/133
Aufsicht 7/83, **172 ff.**, 179
– baubegleitende 7/185
Auftragsverwaltung 7/103
Aufzeichnungspflicht 8/58
Ausfuhr
– im Artenschutzrecht 3/216
– von Abfällen 10/350 ff.
Ausgleichsgebot s. naturschutzrechtliche Eingriffsregelung
Auskofferung 5/32
Auskunftsanspruch 1/169 ff.; 8/107
Auskunftspflicht 7/179; 8/101; 10/322
Auslegungsstörfall 7/235, Fn. 6
Ausschluß von der Abfallentsorgung 10/227, 236
Ausschlußkriterien 10/265, 289
Ausschuß für Gefahrstoffe 9/131
Außenbereich 3/119
Ausstieg 7/27 f.,172 f., 176
Ausstiegsprärogative 7/86
austauscharme Wetterlage 6/273
Auswahlermessen 5/196 ff.

B 27-Urteil 6/284 f.
B 31-Ost-Beschluß 2/117; 10/289
Bachgewässer-Richtlinie 4/55
Barriere
– geologische 10/51
– stoffliche 10/51
Baseler Übereinkommen 10/71, 76, 362
Basisabdichtung 10/51 f., 55
Batterie-VO (Entwurf) 10/191
Baugesetzbuch 3/48
Bauleitplanung 3/46, 108 ff., **150 ff.**, 189; 6/99, 154, 300

Baumschutzsatzung 3/175
Bauruine 10/119
Bauschutt 10/228, 237, 250
Beauftragter für die biologische Sicherheit 8/102
Becquerel 7/59
Beförderung
– gefährlicher Stoffe **10/340,** 348
– radioaktiver Stoffe 7/217
– von Abfall 10/122
– von Kernbrennstoffen 7/101
Beginn, vorzeitiger 10/302
Behandeln von Abfall 10/122
Behandlung
– biologisch/mechanische 10/25
– thermische **10/28 ff.**, 270
Behördenbeteiligung 2/42 f.; 3/224, 227; 6/182; 7/167
Behördeneinstufung 10/331
Behördenzuständigkeit 3/222 ff.; 7/240 ff.; 8/103; 9/128 ff.; **10/385 ff.**
Beiträge 1/153
Belästigungen 6/97
Belgien 10/64
Benutzungspflicht 10/238 ff.
Benutzungszwang 10/234
Benzinbleigesetz 6/48
Benzol 6/9, 276
Beobachtung von Altlasten 5/93
Beratungspflicht
– des Beauftragten für die biologische Sicherheit 8/102
– des Entsorgungsträgers 10/88, 196
Berner Konvention 3/57
Beschaffenheitsproblem 10/228
Beschleunigungsdiskussion **1/19**; 2/9, 28 ff., 33 ff.; 6/47, 154, 198, 215 f.
Beschränkung nach
– Chemikaliengesetz 9/108 ff.
– Kreislaufwirtschaftsrecht 10/163 ff.
Beseitigung stillgelegter Anlagen **7/**107, **198 ff.**
Beseitigung von Abfall 6/141, 240; 10/148
Besitzbegriff des Abfallrechts 10/Fn. 128
Besorgnisgrundsatz im Wasserrecht **4/146**, 162, 166, 168
Besorgnispotential 1/137; 7/130
Bestandsschutz 5/94, 104; 6/38, 125, **231 ff.**; 7/172, 191; 10/244
Bestandsschutzprinzip 1/72, 3/112 ff., 4/146

645

Stichwortverzeichnis

Bestmögliche Gefahrenabwehr und Risikovorsorge 7/122, 135
Beta-Strahlung 7/57
Beteiligungserzwingungsklage 3/249
Beteiligungsverfahren 8/73, 97
Betreiberpflicht 7/84
Betreten von Grundstücken 10/322
Betriebs- und Geschäftsgeheimnis **1/173**; 6/186
Betriebsbeauftragter 4/199 ff.; 6/266 f.; 10/339; 10/71, **366 ff.**
Betriebseinstellung 7/181
Betriebsorganisation 10/365
Betriebsuntersagung 5/94
Beurteilungsfläche 6/72
Beurteilungsgebiet 6/73
Beurteilungspegel (Lärm) 6/33, 290
Beurteilungsspielraum 6/80; 7/145 f.
Bevölkerungsrisiko 7/114
Bewertung
– behördliche 9/96 ff.
– eines Eingriffs in Natur und Landschaft 3/161 ff.
– von Altlasten 5/112 f.
– von Bodenwerten 5/30
Bewertungsstelle 9/97, **129**
Bewilligung, wasserrechtliche 4/92 ff., 153 ff.
Bewirtschaftungsermessen der Wasserbehörde 4/73 ff.
Bewirtschaftungsgebot für Gewässernutzungen 4/70 ff.
Bhopal 6/161
Biblis 7/45, 47, 173; Fn. 46, 60
Billigheim 10/57
Bindungsformen von Bodenbestandteilen 5/13
Biologisch-mechanische Abfallbes. 10/51
Biologischer Sauerstoffbedarf 4/18, 21
Biosphärenreservat 3/27, 176
Biotonne 10/11
Biotop 3/3, 167
– Kartierung 3/36, 167
– Schutz 3/34, 165 f., **184 ff.**, 196
– Verbund (-vernetzung) 3/35, 45
Biozönose 3/3
BMU 1/88
BNFL 7/16
Böblingen 10/57
Boden 3/2; 5/1 ff.
Bodenanalyse 5/119

Bodenbeeinträchtigung 5/7 ff.
Bodenbelastungsgebiet 5/74
Bodenfunktionen **5/2 ff.**, 63
Bodeninformationssystem 5/18
Bodenkarte 5/18
Bodenschutzmaßnahme 5/82 ff.
Bodenversiegelung 3/9, 17 ff.
Bonner Konvention 3/56
Brennelemente 7/2, 6, 15 f., 206
– abgebrannte 7/202
– Fabrik 7/15, 107
– Herstellung 7/7, 10
Brennstoffzyklus 7/7
Brutstoff 7/5
Brutvogelarten, gefährdete 3/29
BSB s. Biologischer Sauerstoffbedarf
Bundes-Immissionsschutzgesetz 6/54 ff.
Bundesamt für Naturschutz, 1/91
Bundesamt für Strahlenschutz (BfS) 1/89; 7/22, 101 f., 209, 212, **241**
Bundesartenschutz-VO 3/47
Bundesaufsicht 7/246
Bundesauftragsverwaltung 1/85 f.; 7/83, **244,** 246
Bundesausfuhramt 7/242
Bundesberggesetz 2/24
Bundesbodenschutzgesetz (Entwurf) 5/40, 48 ff., 105
Bundesfernstraßengesetz 2/11
Bundesimmissionsschutzgesetz 5/108; 6/46
Bundesjagdgesetz 3/48
Bundesnaturschutzgesetz 3/40, 42 ff., 60 ff.
Bundesumweltmin. 1/88
Bundeswaldgesetz 3/48
Bundeswasserstraßengesetz 2/15
Bundeszwang 7/246

Cadmium 9/63
Cäsium 7/56
Castor 7/8
Centre de l'Aube 7/23
Chemieschaden 9/5
Chemikalien-Verbotsverordnung 9/34, **113 ff.**
Chemikaliengesetz 9/19, 26, 33, 35 ff., 45 ff.
Chemischer Sauerstoffbedarf 4/18, 22
Chlor, Chloride 4/26
Chlorchemie 9/63
Chlorkohlenwasserstoff (CKW) 4/28

CITES s. Washingtoner Artenschutzübereinkommen
CKW s. Chlorkohlenwasserstoff
CO_2-Abgabe 1/147; 6/22
CO_2-Ausstoß 6/10 ff.; 7/41, Fn. 50
COGEMA 7/16
Cradle-to-grave-Prinzip 10/334, 344
CSB s. Chemischer Sauerstoffbedarf
Curie 7/59

Daseinsvorsorge 10/211
Dauerschallpegel 6/30, 86
DDR 5/9, 17, 110; 7/22, 29, 94, 212; 10/2, 64, 262
DDR-Naturschutzgesetz 3/40
DDT 9/6
Deckungsvorsorge 7/96, 99, 114; 8/107
Delegation 10/232 f.
Deponie 10/18, **46 ff.**, 74
Deponieabdichtung 10/51, 53, 55
Deponiegas 5/38; 10/52
Deponieklasse 10/74
Dereliktion 5/169
Desoxyribonucleinsäure 8/5, 8
Deutsche Risikostudie Kernkraftwerke 7/144; Fn. 60
Dezibel 6/26 ff.
Dieselruß 6/9, 276
DIN-Normen 1/64; 6/296, 300
Dioxin 6/6, 9; 10/32, 38, 62, 71, 361
Dokumentationspflicht 9/125
Dosis, effektive 7/63, 214
Dosisgrenzwert 7/214, 224, 230, 248
Dosisleistung 7/60
Down-Cycling 10/16
Drehrohrtechnologie 10/34
Dreißig-Millirem-Konzept 7/224 ff.
Dritte-Welt-Staaten 10/353
Drittschutz
– im Abfallrecht 10/276, 288, 292
– im Atomrecht 7/114, 148, 158, 171, 221, 227, 233
– im Gentechnikrecht 8/92 f.
– im Immissionsschutzrecht 6/105, 130, 140, 220, 254 ff., 283
– im Planfeststellungsrecht 2/120 ff.
– des Vorsorgegebots im Immissionsschutzrecht 6/77, **140**, 158, 167, 171, 277
– im Wasserrecht 4/108 ff., 140
Druckwasserreaktor 7/2, 4, 29
Duales System 10/4, **14 f.**, 182

Duldung 1/106
Duldungspflicht 7/179; 8/101; 10/322
Düngung 5/10; 10/71, 97
Dünnsäure 10/63
Durchführungsverordnung zum BImSchG 6/48, 243
Dynamische Verweisung 1/59; 4/126

EG-Recht 1/15, **1/37 ff.**
– hohes Schutzniveau 1/46, 48
– freier Zugang zu Informationen 1/167 f.
– Rechtsgrundlagen des Umweltrechts 1/45 ff.
EG-Richtlinie s. Richtlinie der EG
EG-VO s. Verordnung der EG
Eigeneinstufung 9/37
Eigenentsorgung 10/7, 236
Ein- und Ausfuhr
– geschützter Tiere und Pflanzen 3/53 ff., 215
– von Kernbrennstoffen 7/100
– von Chemikalien 9/31, 36, 87, 119
Einführeranmeldung 9/82, 90
Eingriff in Natur und Landschaft s. naturschutzrechtliche Eingriffsregelung
Eingriffsschwelle 9/46, 94
Einkapseln 5/33
Einsammeln von Abfall 10/122, **340**
Einschätzungsprärogative 6/80 f.; 7/83, **145 f.**; 8/92, **145 f.**, 190
Einstieg in den Ausstieg 7/26
Einstufung 9/37, 52, **101 ff.**
Eintrittshäufigkeit 7/125
Einwegbehälter 10/166
Einwendungsbefugnis 2/46 ff.; 6/187; 10/271
Einzelrechtsnachfolge 5/184
Elektronikschrott 10/191
Emission 6/63, 134
Emissionserklärung 6/262
Emissionsgrenzwerte 6/69, 75 ff., 135, 163, 171 f.; 7/229
Emissionskataster 6/305
End-of-the-pipe-treatment 6/18
Endlager 7/9, 11, 20 ff., 27 f., 51, 74, 106, 202 f., 206, **208 ff.**
Energiebedarf 7/116
Energiedosis 7/60
Energiekonsens 7/28, 32, 35, 69, 62
Energiesparen 7/34, 36
Energiewirtschaftsgesetz 2/22

Stichwortverzeichnis

England (Sellafield) 7/16
Enteignung 2/75 ff.; 3/158; 10/290
Entledigung 10/112 ff.
Entschädigung 2/96, **130 ff.**, 3/181; 4/177 f.; 6/301; 7/84, 132, 174, **196 ff.**; 10/279, 291
– Inhalt und Umfang des Anspruchs 2/141 f.
– Rechtsweg 2/135, 138
Entscheidungsverbund 8/78
Entsorgung
– Anspruch 10/234
– Begriff 7/122, 204
– Bericht 7/Fn. 27
– Konzept 7/26, 28; 10/1
– Notstand 10/1, 17
– Pflicht 10/210 ff., 226
– Praxis, kommunale 10/91
– Risiken 7/44
– von radioaktivem Abfall 7/9, 15, **201 ff.**, 207 ff.
– von Abfall 10/122 f.
– Vorsorge 7/70, 116
– Vorsorgenachweis 7/26
Erdaushub 10/117, 119
Erdwärme 7/39
Erfüllungsgehilfe 10/233
Erheblichkeitsschwelle 2/85 ff., 136 ff.; **6/98**, 301
Erholung 3/30 ff.; 5/16, 63 f.
Erkenntnisfortschritt 5/21, 132 f., 142; 6/77, 79 ff., 83; 7/127, 134, 137 ff., 145, 156, 160, 187 ff., 213 f.; 8/58; 9/77, 94, 102, 107; 10/66
Erkundung, historische 5/26
Erkundungsphase 5/23
Erlaubnis, wasserrechtliche 4/115 ff., 153 ff.
Eröffnungskontrolle **1/ 99 ff.**; 4/85 ff., 143, 153 ff.; 8/60; 10/388
Erörterungstermin **2/50 ff.**; 6/190
Erschütterungen 6/89
Erstattungsanspruch gegen Mitstörer 5/122
Escherichia coli 8/19
EURATOM 7/72
Eutrophierung 4/31 ff.
Eva 7/48, 99, 114, 144

Fachkunde 7/99; 10/344 f.
Fachplanung 1/129; 2/1, 4; 3/100
FCKW s. Fluorchlorkohlenwasserstoff

FCKW-Halon-Verbots-VO 9/34
Fehlerbaumanalyse 7/144
Feldberg 3/Fn. 14
Feuchtarbeitsplatz 9/124
Feueralarmsirene 6/108, 255
Finanzierungsfunktion 1/155
Finanzierungsmethode 5/208 ff.
Flächenverbrauch 5/45
Fließgewässer 4/2
Flora-Fauna-Habitat-Richtlinie 3/41
Fluglärm 2/92 ff.; 6/31
Fluglärmgesetz 6/48
Flugzeugabsturz 7/116, 155, 191
Fluorchlorkohlenwasserstoff (FCKW) **6/5, 7;** 9/7 ff.
Fluorchlorkohlenwasserstoff-VO 9/31
Flurbereinigungsgesetz 2/23
Folgenbeseitigungsanspruch 6/255
Fondslösung 5/210, 214; 10/363
Förderpflicht 7/84, 86
Förderzweck 7/86, 116; 8/50
Formaldehyd 9/5
Forschungsprivileg 9/72
Forschungszweck 8/56
Forstwirtschaft 3/89
Frankreich (La Hague) 7/16, 23, 31; 9/24; 10/64, 262
Freisetzung 8/17, 56, **94 ff.**
Freisetzungsrichtlinie 8/38, 43, 97 f.
Freistellungsklausel 5/110, 218
Fremdentsorgung 10/7, 236
Friseurhandwerk 9/124
Funktionsprüfung 5/24
Fußballstadion 6/249

Gamma-Strahlung 7/55, 57
GAU 7/44, 235
Gebühr 1/152
Gefahr, Gefahrenabwehr 1/9, 67 ff.; 3/234; 5/111, 119; 6/39, 133, 240 ff.; 7/119 ff., 123 f., 219; 8/93
Gefahrbegriff 6/94; 9/58
Gefährdungsabschätzung 5/13
Gefährdungshaftung 1/1408/107
Gefahrenmöglichkeit 5/119 f.
Gefahrenquelle 5/180
Gefahrenschwelle 5/71, 112; 7/116, 123
Gefahrenverdacht 5/119; 6/127; 7/130
Gefahrenvorsorge 8/85
Gefahrerforschungseingriff 5/119 ff.
Gefahrerkundungsmaßnahme 5/123

Gefährlichkeitsmerkmal 9/56
Gefahrstoff 8/16, 18, 26
Gefahrstoff-VO 8/31 f.; 9/34, **111 f.**
Gefahrstoffkataster 9/125
Gefahrstoffrecht 8/26, 9/16 ff.
Gelbe Liste 10/361
Gemeinde
- Planungshoheit 2/144; 6/154, 200; 10/256, 278
- Rechtsschutz 2/143 ff.; 6/154; 10/267
Gemeinlastprinzip 1/76; 5/209
Gen 8/6
Genbank 8/13
Genehmigung, wasserrechtliche 4/141 f.
Genehmigungsanspruch 6/149; 7/117, 205; 8/92, 100; 10/272
Generalklausel
- polizeirechtliche 5/109 ff.
- wasserrechtliche 4/197
Gentechnik, grüne 8/25
Gentechnik-Anhörungs-VO 8/41, **79 ff.**
Gentechnik-Aufzeichnungs-VO 8/41
Gentechnik-Beteiligungs-VO 8/41
Gentechnik-Sicherheits-VO 8/41, **62**, 85
Gentechnik-Verfahrens-VO 8/41, **63 f.**
Gentechnikgesetz 8/35, 40 ff., 49 ff.
Gentechnologie 8/3
Gentransfer, horizontaler 8/15
Geräusche s. Lärm
Gerolsheim 10/58
Gerüche 3/3
Gesamtplanung 1/129; 2/1; 3/101
Gesamtrechtsnachfolge 5/184
Gesamtschuldnerausgleich 5/200 ff.
Gesetz über die Beförderung gefährlicher Güter 9/22
Gesetz zur Vereinfachung des Planungsverfahren für Fernmeldeleitungen 2/21
Gesetzgebungskompetenz 3/43; 4/58; 5/48; 6/45; 7/73; 8/39; 9/33; 10/69
- der EU 1/38 ff.
Gesundheitsschutz 9/111, 114 f.
Getränkemehrweg-VO (Entwurf) 10/190
Getränkeverpackung 10/166, 179 ff.
Gewässer s.a. Wasser ...
- Ausbau 4/160, 186 ff.
- Eigentum 4/78, 83 f.
- oberirdische 4/79 ff.
- Reinhaltung oberirdischer Gewässer 4/143 ff.
- Unterhaltung 4/160, 183 ff.

Gewässerbenutzungen 4/72, 86 ff., 154
- Allgemeinwohl, Wohl der Allgemeinheit 4/95, 119
- Benutzungsbedingungen, -auflagen 4/102 f.
- Versagungsgründe 4/95
Gewässerbewirtschaftungsplan 1/131; **4/143**
Gewässerfunktionen 4/2 ff.
Gewässerschutz-Richtlinie 4/55
Gewässerverunreinigung 4/4, **30 ff.**
Gewerbemüll 10/2
Giftinformations-VO 9/34
Giftrecht 9/111
Glühverlust 10/25, 27
Gorleben 7/8, 11, 13 f., 19, **25 f.**, 212
Gray 7/60 f.
Greifswald 7/29, 198; Fn. 34
Großfeuerungsanlagen-VO (13. BImSch-VO) 6/48, 162 ff.
- Altanlagensanierung 6/164
- Drittschutz 6/167
- Grenzwerte 6/163
Grundgesetz 1/54 ff.
Grundpflicht 6/124 ff., 240 ff.; 8/58; 10/134 ff., 207
Grundprüfung 9/14, 38, 75, **83 f.**
Grundstück als Abfallbeseitigungsanlage 10/242
Grundwasser 4/2, 149 ff.
- Absenkung 4/6
- Benutzungen 4/157 ff.
- Eröffnungskontrollen für Benutzungen 4/153 ff.
- Reinhaltung 4/161 ff.
Grundwasserschutzrichtlinie 4/55
Grüne Tonne 10/11
Grüner Punkt 10/14
Grünordnungsplan 3/111, 157 s. a. Landschaftsplanung
Gruppenlastprinzip 5/210 f.
Gülle 10/250
Gute Laborpraxis (GLP) 9/30, **95**

Halbwertzeit 7/21, 51, **56 f.**
Hamm-Uentrop 7/6, 29, 198
Handlungsstörer 5/137 ff.
Harmonisierung des Umweltrechts 1/20
Harrisburg 7/44, 47
Haus- und Gewerbemülldeponie 10/46 ff.
Haushaltung, private 10/226

649

Stichwortverzeichnis

Hausmüll 10/2
Helsinki-Konvention zum Schutz der Ostsee 4/68
Herbizid 8/15
Herfa-Neurode 10/60
Herstellungsverbot 9/6, 62, **108**, 112
Hessische Richtlinien zur Bemessung der Ausgleichsabgabe 3/163 f.
Hexachlorbenzol 4/29
Hintergrundwerte 5/15, **113 f.**
Hobeg 7/29 f., 198
Hochtemperaturreaktor (HTR) 7/6, 29
Hohe See 10/61 ff.
Hollandliste 5/30
Humangenetik 8/11
Humanmedizin 8/24, 43, 54

ICRP 7/78, 213
Im-/Export-VO 9/31
Immission 6/64
Immissionsgrenzwert 6/70 ff., 84 ff., 246 ff., 287; 7/224
Immissionskataster 6/303
Immissionsschutz
– Landesrecht 6/51
– im Straßenverkehr 6/272 ff.
– nicht genehmigungsbedürftige Anlagen 6/237 ff.
– – Anordnungen 6/252 f.
– – Rechtsschutz 6/254
– Verwaltungsvorschriften 6/48
Immissionsschutzrechtliche Genehmigung
– Abfallentsorgungsanlagen 6/154, 168 ff.
– Erlöschen 6/211
– Genehmigungspflicht 6/120 ff.
– Voraussetzungen 6/155 ff.
Immissionsschutzrechtlicher Abwehranspruch 6/255
In-site-treatment 5/35
In-vitro-Fertilisation 8/4
Indirekte Verhaltenssteuerung 1/133 ff.
Indirekteinleiter 4/130
Individualrisiko 6/140; 7/114, 125
Individualschutz 7/130
Industrie, chemische
– Arbeitsplätze 9/14
– Risiken 9/1 ff.
– Schadensfälle 9/5
Industriemüll 10/2
Industriestandort Deutschland s. Beschleunigungsdiskussion

Information über den Zustand der Umwelt 1/7, **163 ff.**
Informationspflicht 10/196
Informationssystem 5/73
– für Boden 5/18
– zum Stahlenschutz 7/241, 250
– zur Altlastenerkundung 5/26
Inlandsentsorgung 10/206, 350 ff.
Inlandsverwertung 10/351
Innovationsfähigkeit 9/14, 35; 10/132, 193 f.
Insulin 8/10
Interessentenbeteiligung 2/47
Interferon 8/10
Internationale Atomenergie-Organisation 7/78
Investitionserleichterungs- und Wohnbaulandgesetz 2/9
IPC-Richtlinie 6/44
Italien 7/35

Japan 7/31, 35; 9/14, 24
Je-desto-Formel 6/94; 7/126
Jedermannbeteiligung 2/47; 6/187
Jod 7/21, 56 f.

Kahl 7/29, 67, 198
Kalkar 7/5, 29, 198
Kaltes Vorbehandlungsverfahren 10/25
kanzerogen s. krebserzeugend
Katastrophe, atomare (Super-Gau) 7/237
Katalysator 6/17, 273, 281
Kehl 10/57
Kennzeichnung 9/104 ff.; **10/163 ff.**
Kernanlage 7/95
Kernbrennstoff 7/5
Kernenergie 7/1, 31
Kernenergieanteil 7/31, Fn. 41
Kernenergienutzung 7/35
Kernforschungszentrum Karlsruhe 7/16
Kernfusion 7/1
Kernschmelze 7/3, 6, 44, 49, 144
Kernspaltung 7/1
Kerntechnischer Ausschuß 7/243
Kettenreaktion 7/1 f., 5 f.
Kirchenglocken 6/108, 255
Klärschlamm 5/10; 10/22, 71
Klärschlamm-VO 10/71
Kleinfeuerungsanlagen-VO 6/243
Kleinkläranlage 4/157
Kleinmengenprivileg 9/72

Stichwortverzeichnis

Kloke-Liste 5/30
Klonierung 8/4, 7
Kohle/Kernenergiegesetz 7/68 f., 74, 82, 147, Fn. 30
Kohlenwasserstoffe
– Fluorchlorkohlenwasserstoff s. dort
– halogenierte Kohlenwasserstoffe 9/7, 12
Kollektivrisiko 7/114, 125
Kollektivschutz 7/130
Kompaktlager 7/14
Kompostierung 10/18, 21 ff., 268
Konditionierung 7/9, **18 f.**, 206; 10/55
Konrad 7/11, **24**
Konsens, energiepolitischer 7/17
Kontaminationswert 7/248
Kontrolldichte 7/145 ff.
Kontrollerlaubnis s. präventives Verbot mit Erlaubnisvorbehalt
Konvention von Rio de Janeiro 3/59
Konversionsverfahren 10/42, 44
Konzentrationswirkung 2/69 ff.; 5/56; 6/195, 200 f.; 7/168; 8/86; 10/300
Konzeptvorbescheid 7/166
Kooperationsprinzip 1/66, **78 ff.;** 9/9; 10/63, 164, 166
Kopenhagener Beschlüsse 9/11
Körperdosen 7/223
Kosten
– der Abfallbeseitigung 10/1
– der Altlastensanierung 5/22
– der Kernenergie 7/38
– der Stromerzeugung 7/Fn. 47
– thermischer Abfallanlagen 10/33
– von Untersuchungen 9/14, 92
Krankenhausabfall 10/262
krebserzeugende Stoffe/Wirkung 6/77; 7/57f., 63
Kreislaufwirtschaft 10/130 ff.
Kreislaufwirtschafts- und Abfallgesetz 2/19; 5/91 ff.; 10/66, 70, 77 ff., 93 ff., 197 ff.
Kriegseinwirkung 7/49
Kugelbrennelemente 7/26
Kugelhaufenreaktor 7/6
Kühlmittel 7/2, 5
Kunststoffabfall 10/180

La Hague 7/23
Lagern von Abfall/Stoffen 4/146 ff., 164; 10/122, 242
Landesabfallgesetz 10/75
Landesbodenschutzgesetz 5/51 ff., 57, 70, 107
Landesimmissionsschutzgesetz 6/51
Landeskulturgesetz (DDR) 3/40
Landesnaturschutzgesetz 3/50
Landeswassergesetz 4/64
Landschaft 3/7
Landschaftspflege s. Naturschutz
Landschaftspflegerischer Begleitplan 2/40; 3/136
Landschaftsplan 3/108 ff., 157
Landschaftsplanung **3/98 ff.**
Landschaftsprogramm 3/106
Landschaftsrahmenplan 3/107
Landschaftsschutzgebiet 3/25, 174
Landverbrauch 5/7 ff. s.a. Bodenversiegelung
Landwirtschaft
– Privilegierungsklausel 3/79 ff., 90 ff., 120 f.
– – u. Reformbedarf 3/85 ff.
– Umweltbelastung 3/84; 4/30 ff.; **5/17;** 8/12; 10/97
Langzeitkontrolle 5/24, 29
Langzeitrisiko 7/51
Langzeitwirkung 9/3
Lärm **6/23 ff.**; 6/82 ff.
Lärmbelästigung 6/25
Lärmminderungsplan 1/131; 6/35, **309 ff.**
Lärmsanierung 6/292, 294
Lärmschutz 2/87, 92 ff.; 6/34 f.
– aktiver 2/87, 6/34, 283
– Lärmschutzbereich 2/93
– passiver 6/34, 283
Lärmvorbelastung 2/86 ff.; 6/102
Lastengerechtigkeit 5/196
Lebensdauer 10/193, 195
Legaleinstufung 9/37
Legalisierungswirkung 5/141; 6/227
Leichtwasserreaktor (LWR) 7/2, 10, 21, 44, 67, 426 ff.; Fn. 41
Lenkungsabgabenmodell 1/136
Lenkungsfunktion 1/155
Lösemittel 10/173 ff.
Lösemittel-VO 10/71, **172 ff.**
Lösemittelvergiftung 9/124
Luft 3/2; 6/3 ff.
Luftreinhalteplan 1/131; **6/306 ff.**
Luftverkehrsgesetz 2/13
Luftverunreinigung 6/3 ff., 65 ff., 100

Stichwortverzeichnis

Maastricht 1/38
Mandat 10/232 f.
Marktwirtschaft 1/133 ff.; 10/89 f.
- ökologische 1/134
Maßstab der praktischen Vernunft 7/144; 8/85
Materialsortierung 10/11
Mehrheit von Störern 5/196 ff.
Mengenproblem bei Abfällen 10/228
Mengenschwelle 9/32, 85, 87 f., 94; 10/371
Messel 10/58
Meßtechnik 9/93
Methoden
- deterministische 6/132; 7/142
- probabilistische 6/132; 7/142
Mineralstoffdeponie 10/74
Minimierungsgrundsatz 7/248
Mitteilungspflicht **9/107**; 10/365
Mittelungspegel bei Lärm 6/30, 249, 291
Mittelwertbildung 6/101
Mitterteich 7/13
Mitwirkungslast 1/116
Moderator **7/1 f.**, 5 f.
Monju 7/5
Monodeponie 10/55
Montreal-Abkommen 9/11
Morsleben 7/11, **22,** 212
Mülheim-Kärlich II 7/157
Müll, wilder 10/225
- Export 10/1, 64, **305 ff.**
- (Heiz)kraftwerk 10/31
Mülltourismus 10/64, 206, 354
Müllumladestation 10/242
Müllverbrennung 6/154, 168 ff.; 10/18, **28 ff.,** 268
Müllverschwelung 10/19, **41,** 241
Multibarrierenkonzept 10/56, 74
Mutterschutz 9/Fn. 79

Nachbarliches Gemeinschaftsverhältnis 6/254
Nachbarschaft 6/103, 220, s.a. Drittschutz
Nachrüstmaßnahme 7/172
Nachschieben von Gründen 2/116
Nachsorge 6/145, 222; 10/284, **305 ff.**
Nachteil 6/96
Nachtragsgenehmigung 7/162
Nachweispflicht 9/39, 59, 64, 100; 10/322

Nachweisverfahren
- fakultatives 10/311
- obligatorisches 10/311
Naßauskiesung 4/155, 160, 193
Nationalpark 3/22 ff., 171
Natur 3/1 ff.
Naturdenkmal 3/174
Naturgüter 3/6
Naturhaushalt 3/5
Naturpark 3/26 f., 173
Naturschutz 3/12 ff.
- im Abfallrecht 10/204
Naturschutzgebiet 3/21, 170
naturschutzrechtliche Eingriffsregelung 3/20, **112 ff.**
- Ausgleichsgebot, Ausgleichsmaßnahmen 3/126 f., 150, 155 f.
- Ausgleichsabgabe 1/146; 3/133, **142**
- Bewertungsverfahren 3/161 ff.
- Eingriff in Natur und Landschaft 1/115 ff.
- Ersatzmaßnahmen 3/132, 141, 155 f.
- Huckepackverfahren 3/123
- Innenbereichsprivileg 3/119, 153
- Länderregelungen 3/137 ff.
- Landwirtschaftprivileg 1/120 f.
- Negativ- und Positivkataloge 3/118
- Vermeidungsgebot 3/125, 154
- Zuständigkeit 3/223 ff.
Nebenbestimmung 2/80ff.; 4/101 ff., 156; 5/93 ff.; 6/204; 7/170; 10/281 ff.
Neutronenstrahlung 7/57
Nicht genehmigungsbedürftige Anlagen nach BImSchG 6/237 ff.
Niederaichbach 7/198
Niederlande 10/64
Nitrat 4/24, 31, 36 ff.
Nordsee 4/68; 10/62
Normalbetrieb eines KKW 7/224, 228, 233 f.
Normativeinstufung 9/102; 10/330 f.
Normenkontrollklage gegen Abfallwirtschaftsplan 10/267
Nukem 7/46, 198
Nutzungsbeschränkung 5/74

Obrigheim 7/30, 67, 150 f., 161
Off-site-treatment 5/32
Öffentlich-rechtlicher Vertrag s. Vertrag
Öffentlichkeitsbeteiligung 1/117; 2/45 f.; 5/206; 6/185 ff., 194, 215; 7/167; 8/80; 10/271

Ökobilanz 10/151
Ökosystem 1/5; **3/3 ff.**; 6/40
Ökozentrischer Ansatz 1/10
On-site-treatment 5/34
Opferposition 5/151 f., 158
Optimierungsgebot 2/117; 3/124 f., 156; 6/283
Optimierungskriterium 10/265
Organdosis 7/62
Organismus, gentechnisch veränderter 8/56
Österreich 7/35
Ozon 6/14 ff., 281; 9/7 f., 11, 31, 34

Patentierung von Genen 8/38
PCB 10/67, 361
Pentachlorphenol (PCP) 9/60, 115
Personenbeförderungsgesetz 2/14
Personendosis 7/62
Pestizid 5/117
PET, s. Polyethylen...
Pfanderhebung 10/179 ff., 185
Pfandflasche 10/228
Pflanzenart, giftige 9/119
Pflanzenschutzgesetz 3/48
Pflanzenschutzmittel 4/45 ff.
Pflichteneskalation 9/38, s.a. Stufenprüfungssystem
Pflichtenhierarchie 10/99, **137 ff.**
Pflichtwidrigkeitstheorie 5/140, 142
Philippsburg 7/8
Phosphat 4/23, 31 ff.
Planänderung 10/285 f.
Planfeststellung 1/107 ff., 129; **2/1 ff.**; 4/106, 189 ff.; 7/108, 211 ff.; **10/274 ff.**, 388
– abschnittsweise 2/66
– Bundesrecht 2/11 ff.
– durch förmliches Gesetz 2/33 ff.
– gemeinnützige 2/101
– Landesrecht 2/26
– privatnützige 2/101; 4/192 f.
Planfeststellungsbeschluß 2/58 ff., **63 ff.**
– Ausschlußwirkung 2/74
– Enteignungsvorwirkung 2/75 ff., 123
– Gestaltungswirkung 2/73
– Gestattungswirkung 2/68
– Konzentrationswirkung 2/69 ff.
– Rechtsschutz Dritter 1/120 ff.
– Rechtsschutz von Gemeinden 2/143 ff.
– Rechtswirkungen 2/67 ff.
– Schutzauflagen 2/80 ff., 127 f.

Planfeststellungsverfahren **2/39 ff.**; 3/241, 249 ff.; 4/106, 194 ff.; **7/211 f.;** 10/275
Plangenehmigung **2/27 ff.**; 3/242, 251; 4/189; **10/294 ff.**
Planrechtfertigung **2/100 ff.**; 3/154; 10/280
Planung
– Alternativen 2/115
– vorbereitende 2/98 f.
Planungsentscheidung 10/271
Planungsermessen 1/108; 2/2, 97, **108 ff.;** 10/198
Planungshoheit der Gemeinde 2/144; 6/154; 10/267
Planungsleitsatz **2/106 f.**; 3/124 ff., 156; 10/265, 280
Planungsvereinfachungsgesetz 2/9, 28 ff., 61, 118 f., 147 f.
Planungsverfahren, mehrstufiges 10/261
Plutonium **7/1**, 15, 21, 51, 57, 102; Fn. 5
Polyethylenterephthalat-VO (PET) 10/179 ff.
Popularbeteiligung 2/47; 6/187
Präklusion 2/49; 6/188, 194; 7/158; 8/81
präventives Verbot mit Erlaubnisvorbehalt 1/100; 3/180; 6/38, 120
Präventivkontrolle 8/59 s.a. Kontrollerlaubnis
Prinzip der begrenzten Ermächtigung 1/39
Prioritätenliste 5/29
Privatisierung 7/27
Privatrechtsgestaltende Wirkung 2/74, 6/202 f.; 7/168
Privileg 9/72
Proaktive Instrumente 9/43
Probebetrieb 7/151, 161; 10/303
Probebohrung 5/27, 119
process/product approach 8/28
Produktbezogener Immissionsschutz 6/256 ff.
Produktinnovation 10/193
Produktverantwortung 10/143, **157 ff.**, 194 f.
Professorenentwurf s.Umweltgesetzbuch
Prozedurale Elemente 9/43
Prüfaufwand 9/14, 83
Prüfkosten s. Kosten
Prüfnachweis **9/83 ff.**
Prüfungsnachweis-VO 9/34, 75
Prüfwert 5/14 f., **114 f.**
Pyrolyse 10/28, 34, **41**; 10/268

Stichwortverzeichnis

R-Sätze 9/106
Rad 7/60 f.
Radiotoxizität 7/17
Rahmen-Abwasser-VwV 4/129
Rahmenrichtlinie 10/67
Ramsar Konvention 3/58
Rasenmäherlärm-VO
Rat von Sachverständigen für Umweltfragen 1/93
Rauchgasreinigung 6/19 ff.
Raumordnungsverfahren 1/132; 7/167; 10/266
REA-Gips 6/21, 141
Reaktorkern 7/3
Reaktorsicherheitskommission (RSK) 7/243
Reaktortyp 7/5
Reaktorunfall 7/44
Rechtsanspruch auf Planfeststellung 10/277
Rechtsmißbrauch 5/190
Rechtsnachfolge 5/183 ff.
Rechtsschutz s. Drittschutz
Rechtsweg
– für Entschädigungsansprüche 2/135, 138
– für Gesamtschuldnerausgleich 5/205
Recycling 10/11, 51
Redundanz 7/141
Referenzwert 5/14
Rekultivierung 5/95 ff., 111, 136; 10/306
Rem 7/61
Reparaturfreundlichkeit 10/193, 195
repressives Verbot mit Befreiungsvorbehalt 1/101; 3/139, 144, 180; 4/71
Ressourcennutzungsgebühr 1/152
Restmüllbehandlung, thermische 10/19
Restrisiko 7/44, 116, 128, 131, 133, 138, 144, 175, 190 f.
Reststoff 10/114
– radioaktiver 7/9, 10, 202
Reststoffbestimmungs-VO 10/71
Reststoffdeponie 10/74
Richtlinie über den freien Zugang zu Informationen über die Umwelt 1/107 ff.
Richtlinie zur Behandlung kommunaler Abwässer 4/55
Richtlinie der EG 1/15, 40; 3/41; 4/55; 5/47; 6/41; 7/72; 8/38; 9/29 ff.; 10/67; s.a. EG-Recht
Rio-Konferenz s. UN-Umweltkonferenz
Risiken
– der Atomwirtschaft 7/44 ff.
– der Chemischen Industrie 8/1 ff.
– der Gentechnik 8/14 ff.
Risiko 6/131; **7/125 ff.**, 127, 129; 8/46; 8/61
– Abschätzung 7/146
– Begriff 8/46
– Bewertung 8/58
– Einschätzung 7/131
– Ermittlung 7/132
– Minimierung 7/140
Risikofaktor Mensch 7/47
Risikovorsorge 6/127, 135, 137, 7/119 ff., 134 ff., 147, 219; 8/83, 98
– individualschützende 6/140; 8/93
Robbensterben 3/23
Rote Liste 3/28 f.; 10/361
Rückgabepflicht **10/177 ff.**, 182
Rückgriffsanspruch 5/202
Rücknahme 7/174, 182 ff.
– fakultative 7/196
– freiwillige 10/192
Rücknahmepflicht 10/132, **177 ff.**, 182, 227 f.
Rücksichtnahmeschutzgesetz 3/40
Rückwirkungsverbot 5/91, 108

S-Sätze 9/106
Sachkompetenz 7/ 244
Sachkunde 8/85, 98
Sachverständigengutachten 6/183
– antizipiertes 7/232
salvatorische Entschädigungsklausel 3/183; 4/178
Sandoz-Unfall 4/47 ff.
Sanierung, hydraulische 5/36
Sanierungsgenehmigung 5/130
Sanierungskonzept 5/31, **129**
Sanierungsplanung 5/23, **125 f.**
Sanierungsverfügung **5/127 ff.**
Sanierungswerte 5/14
Sasbach-Entscheidung 6/81
Satzungsregelung 10/237
Saurer Regen 4/40; 5/10; 6/12
Schacht Konrad, s. Konrad
Schaden im AtomR 7/120
Schadensausmaß 7/125
Schadensvorsorge s.a. Risikovorsorge 7/99, 114, **118 ff.**, **129 ff.**, 147, 174 f.
Schädlichkeit von Umwelteinwirkungen 10/203
Schalldruck 6/26 ff.

Schallpegel 6/26 ff.
Schienenverkehr 6/31, 290
Schlichter-Kommission 6/47, 198, 216
Schlüsselnummer 10/328
Schneller Brüter 7/5, 35
Schönberg 10/58, 64
Schöneiche 10/64
Schrotschußexperiment 8/21
Schutzauflage 2/81 ff., 127 ff.; 4/108 ff.; 6/220, 234, 254 f.; 10/279, 281 ff., 288; s.a. Auflage, nachträgliche
Schutzgebietsausweisung 1/129; 2/1; 3/15, 19 ff., **168 ff.**; **4/172 ff.**
– einstweilige Sicherstellung 3/177
– Beschränkung der Eigentümerbefugnisse 3/183; 4/177
– Ermessen 3/168; 4/173
– Rechtspflicht 3/179
Schutzpflicht 6/127 ff.; 8/45
Schutzzweck 7/87 ff., 110, s.a. Gesetzeszweck
Schwangere 6/99
Schweden 7/35
Schwel-Brenn-Verfahren 10/41
Schwelle praktischer Vernunft 7/138
Schwermetall 4/27, 42 ff.; 5/11 f.; 6/6; 10/21, 36, 62, 71
Scoping-Verfahren 1/114; 10/265
Selbsteinstufung 9/102
Selbstentsorgungsverbot 10/211
Selbstverwaltung s. Gemeinde, Planungshoheit
SEVESO 10/354
Sicherheit
– Defizit 7/172, 174 f.
– Prinzipien 7/141
– Überprüfung 7/180
Sicherheitsbeurteilung
– deterministische 7/187
– probabilistische 7/187
Sicherheitsdatenblatt 9/78
Sicherheitskonzept 7/237
Sicherheitskriterien für Kernkraftwerke 7/236
Sicherheitsleistung 10/284
Sicherheitsphilosophie 6/234; 7/141, 190 f., 195
Sicherheitsstufe 8/56, 61
Sicherstellung 7/208
Sickerwasser 10/25, 53, 55
– Behandlung 5/37, 93

Siebte (große) Novelle 7/82, 111, 117, 148, 169
Siebzehnte Bundesimmissionsschutz-VO 10/246
Siedewasserreaktor (SWR) 7/2, 4, 29
Sievert 7/61
Smog 6/273 f., 281 f.
Smog-VO 6/273
Solidarfonds Abfallrückführung 10/363
Sommersmog 6/281 f.
Sonderabfall 10/5, 310
– gefährlicher 10/310
Sonderabgabe 1/154 f.; 3/142; 5/212
Sondermülldeponie **10/55 ff.**
Sondermüllverbrennung 10/40
Sonnenenergie 7/39
Sortierung 10/20
Spaltprodukt **7/1**, 55
Spaltstoff **7/1**, 5, 6
Sperrmüllabfuhr 10/117
Sportanlage 6/244 ff.
Sportanlagenschutz-VO 6/48, 244
Sportlärm 6/244 ff.
Staatsziel 1/56
Stade 7/29, 67
Stand der Technik 4/126; 6/113 ff., 241; 6/108; 7/134, 136; 10/208 f.
Stand der Wissenschaft 7/134, 137
Stand von Wissenschaft und Technik 6/119; 7/114, 118, **134 ff.,** 150, 187, 235; 8/58, 85
Standort 8/85
Standort Deutschland 8/36, 48; 9/32
Standortentscheidung 10/272, 289
Standortgrenzwert 7/228
Standortsuche 7/114; 10/1, 255, **263 ff.**, 272, 280, 289
– Umweltverträglichkeitsprüfung 10/258, 271
Standortvorbescheid 7/165
Staub 6/6
Steinkohlen-KW 7/41
Steinkohleverstromungsgesetz s. Kohle/Kernenergiegesetz
Stendal 7/29
Steuerfunktion 9/44
Steuern 1/150, s.a. Abgaben
Steuerstab 7/3
Stichtagsregelung 5/218
Stillegung 6/229; 7/107, 174, 194, **198 ff.; 10/268 ff.**, 305

Stichwortverzeichnis

Stoff, radioaktiver 7/95
Stoffrecht, integriertes 9/44
Stoffstrom-Management 9/44
Stoffströme 10/17
Stoffwirtschaft 9/28, 44
Störer 5/111
Störfall 6/157; 7/228, **234 ff.**; 9/3
Störfall-Leitlinien 7/236
Störfall-Planungsgrenzwert 7/118, **234 ff.**
Störfall-VO 6/157 ff.
Störfallbeauftragter
– im Immissionsschutz 6/268
Störfallverordnung 6/157 ff.
– Drittschutz 6/158
Störmaßnahmen 7/99
Strahlen, ionisierende 7/53 f., 57, 213
– Maßeinheiten
– Wirkungsweise
Strahlenaktivität 7/59
Strahlenbelastungsgrenzwert 7/118, **224 ff.**
Strahlenexposition 7/40, 57, 225
– natürliche 7/223
Strahlenminimierungsgebot 7/220 f., 225 f.
Strahlenschutz 7/53, 213
Strahlenschutz-VO 7/75, 80, 118, **213 ff.**
– Grundsatz 7/118, **220 f.**
– Konzept 7/219
Strahlenschutzbeauftragter 7/222
Strahlenschutzkommission 7/243
Strahlenschutzregister 7/96
Strahlenschutzvorsorgegesetz **7/**81, **248 ff.**
Strahlenvermeidungsgebot 7/220 f.
Straßenfläche 3/18
Straßenverkehr
– Lärm 6/30 ff., 284 ff.
– Luftverunreinigungen 6/9, 273 ff.
– verkehrsbeschränkende Maßnahmen 6/273 ff.
Strippen 5/34
Stufenprüfungssystem 9/83, **87**
Subsidiarität der öffentlichen Abfallentsorgung 10/133, 226
Substitutionspotential 9/125
Subvention 1/133
Suchmatrix 10/265
Super-GAU 7/44, 237
Sustainable Development 1/2; 6/18
Systemanalyse 7/142
Systemrichtlinie 8/38, 43, 50

TA Abfall 5/30; 10/33, 55, **72 f.,** 199, 209
TA Altlasten 5/30
TA Lärm 6/84 ff.
TA Luft 6/68 ff.
TA Siedlungsabfall 10/25, 27, 49, 51, **72, 74,** 199, 209, 270
Tante-Emma-Laden 10/184
Teilgenehmigung **7/149; 6/205 ff.**; 8/87
Teilhabebewilligung 1/103
Telegrafenwegegesetz 2/20
Thermoplaste 10/180
Thermoselectverfahren 10/42 f.
THTR-300 7/6, 26
Tierart, giftige 9/119
Tierschutz 9/81
Tierschutzgesetz 3/48
Todesstreifen 3/19
Toxikologie 9/93
Trägerschaft, öffentliche 7/27; 10/226 ff.
Transnuklear 7/11, 46
Transport
– gefährlicher Güter 9/21 f.
– radioaktiver Abfälle 7/46, 72
– radioaktiver Stoffe 7/214
– von Brennelementen 7/8
– von GVO 8/55
Transportgenehmigung 10/260, 340 ff.
Transportweg 7/7
Treibgas 9/7
Treibhauseffekt 6/10 f.; 7/41, 9/7
Trichtermodell 10/289
Trinkwasser 4/10 ff.
Trinkwasser-Richtlinie 4/55
Trinkwasseraufbereitung 4/13
Trittsteinbiotop 3/35
Tschernobyl **7/44**, 47, 56, 248

Überdüngung 4/31 ff.
Übergangsfrist 10/74
Überlassungspflicht 10/224, **234 ff.,** 336
Übertragung der Beseitigungspflicht 10/215 ff.
Überwachung 6/259 ff.; 7/96, 238; 8/91, 101; 9/126 f., 130**;** 10/71, 124 ff., 308 ff.
– innerbetriebliche 7/239; 8/102; 10/366
UdSSR 9/14
Umlegungsverfahren 3/158
Umwelt-Audit s. Umweltbetriebsprüfung
Umweltbetriebsprüfung 1/158 ff.
Umweltbundesamt 1/90

Umwelteinwirkungen, schädliche 6/92 f., 127; 9/20; 10/153
Umwelterklärung 1/160
Umweltgesetzbuch 1/18; 3/45
Umweltgesetzgebung, symbolische 5/60
Umwelthaftung 1/139 ff.
Umweltinformationsgesetz **1/169 ff.**
Umweltmanagement s. Umweltbetriebsprüfung
Umweltmedien 3/2
Umweltplanung **1/129 ff.**; 3/168; 4/173
Umweltpolitik 1/5
Umweltrahmengesetz (DDR) 4/63; 6/49
Umweltrecht
– Europarecht 1/37 ff.
– formelles 1/24
– materielles 1/23
– öffentliches 1/26
– privates 1/25
– Strafrecht 1/27
– Verfassungsrecht 1/54 ff., 84 ff.
– Völkerrecht 1/28 ff.
– Vollzug, Verwaltung 1/84 ff.
Umweltschutz
– anthropozentrischer Ansatz 1/10
– Begriff 1/5
– Funktion 1/1
– Instrumente 1/98 ff.
– Querschnittsrecht 1/13 ff.
– Staatszweck 1/1
– Ziele 1/4
Umweltschutz, kausaler 7/64; 10/65
Umweltschutzinvestition 1/138
Umweltstandards 1/59 ff.; 6/78
Umweltverbände 3/38, **229 ff.**; 10/271
Umweltverträglichkeit von KKW 7/209
Umweltverträglichkeitsprüfung **1/109 ff.**; 4/139, 189; 5/47, 56; 6/153, 191 f.; 7/107, 167, 199, 211
– Berücksichtigung des Ergebnisses 1/120
– Bewertung 1/119
– Öffentlichkeitsbeteiligung 1/117
– scoping-Verfahren 1/114
– UVP-Umsetzungsgesetz 1/111 ff.
– zusammenfassende Darstellung 1/118
UN-Umweltkonferenz 1/36; 3/59, 166
Unfall 6/157 ff.; 7/234, 237;
Unmittelbare Wirkung von EG-Recht 1/41
Unmittelbarkeitstheorie 5/139 f.
Unterrichtungspflicht 8/101
Untersagung des Betriebs 6/228

Untersuchungsgebiet 6/303
Untersuchungsmaßnahme **5/119**
Untertagedeponie 10/59 f.
Uraltlast 5/92, 109
Uran 7/1, 5 ff., 15, Fn. 5
– Anreicherung 7/7, 10
USA 7/31, 35, 66; 8/30; 9/14, 24
UVP s. Umweltverträglichkeitsprüfung
UWG 1/173

VDI-Richtlinien 1/64; 6/298 f.
Vektor 8/18
Veränderungssperre 10/304
Verbandsbeteiligung 3/230 ff.
– Anerkennungsverfahren 3/236 ff.
– Mitwirkungsrechte 3/248 ff.
– Rechtsschutz 3/249 ff.
Verbandsklage 3/254 ff.
Verbandsmitwirkung s. Verbandsbeteiligung
Verbot
– nach Abfallrecht 10/163 ff.
– nach Chemikaliengesetz 9/108 ff.
Verbraucherschutz 9/111, 114 f.
Verbrennung 10/28, 34 ff.
Verdachtsbegriff 9/118
Verfahren
– biologisch/mechanisches 10/51
– mikrobiologisches 5/34
– thermisches 5/34
Verfahrensbeschleunigung 8/48 s.a. Beschleunigungsdiskussion
Vergasung 10/28, 34, **42 ff.**
Verhaltensgebot 1/123
Verhaltensstörer **5/137 ff.**
Verhältnismäßigkeit 7/140, 177, 221
Verkehr, grenzüberschreitender 10/350 ff.
Verkehrsanschauung 10/115 f.
Verkehrslärmschutz-VO 2/86, 6/48, **283 ff.**
Verkehrssicherungspflicht 10/347
Verkehrswegeplanung s. Planungsvereinfachungsgesetz
Verkehrswegeplanungsbeschleunigungsgesetz 2/9
Verkehrslärmschutz-VO 2/86
Verklappen 10/61
Verlustliste 9/47
Vermeidung von Abfällen 6/141; 10/83
Vermittlungsgeschäft 10/349
Verordnung der EG 1/40; 7/72; 9/31

Stichwortverzeichnis

Verordnung über den Betriebsbeauftragten für Abfall 10/71
Verordnung über die Entsorgung gebrauchter halogenierter Lösungsmittel 10/71
Verordnung über die Rücknahme und Pfanderhebung von Getränkeverpackungen aus Kunststoff 10/71, 179 ff.
Verordnung zur Bestimmung von Abfällen 10/71, 327
Verordnung zur Bestimmung von Reststoffen 10/71
Verpackung **9/104**
Verpackungs-VO 10/3, 14, 16, 71, 168, **180 ff.**
Verpackungsabfall 10/3
Versagungsermessen 1/101 ff.; 7/103 ff., **115 ff.**, 129, 138, 175, 205 s.a. Genehmigungsanspruch
Versandhandel 10/184
Verschlechterungsverbot 1/72; 3/113, 156
Versiegelung 5/7 ff., 78
Versuchsanlage 10/296
Vertrag über die Europäische Union 1/45 ff.
Vertrag, öffentlich-rechtlicher 1/126 ff.; 5/131
Vertrauensschutz 7/190
Verursacherprinzip 1/66, 69, 5/137 ff.; 7/210; 9/25; 10/66, 85, 133, 157, 210, 236
– kollektives 1/77, 154, 5/210
Verwahrung von Kernbrennstoffen 7/102
Verwaltungsakt, dinglicher 5/188
Verwaltungsvorschriften 1/59; 4/129; 6/79 ff.
Verwertung
– energetische 10/144 ff.
– stoffliche 10/10, **144 ff.**
– thermische 10/10
Verwertung von Abfällen 6/141
Verwertungspflicht 10/229 f.
Vierte BImSchV 8/32
Vogelschutz-Richtlinie 3/41
Vollzugsdefizit 1/97; 3/221 ff., 258
Vorbescheid 6/209; 7/149, 164 ff.
Vorgehen, stufenweises 5/29
Vorhaben, mehrere 10/287
Vorläufiges positives Gesamturteil 6/206 f.; **7/149 ff.**, 164
Vorrang
– der Abfallvermeidung 10/63
– der Abfallverwertung 10/63
– der Verwertung 7/74
Vorrangfläche 3/36
Vorreiter-Rolle der EG 8/38
Vorsorge 1/9, 12, 66, **69 ff.**; 3/234; 4/73, 144 ff.; 6/39, **134 ff.**, 149, 243, s.a. Risikovorsorge
Vorsorgegedanke 5/78; 8/27
Vorsorgeprinzip 9/46, 94; 10/137
vorzeitiger Beginn 4/196, 6/210, 10/275

Wackersdorf 7/16
Waffen, biologische 8/23
Wahrnehmungskompetenz 7/244
Waldsterben 4/40; 6/12 f.
Wallonien-Urteil 10/354
Walzenrosttechnologie 10/34
Wärmeenergie 10/30
Wärmeentwicklung 7/10
Wasch- und Reinigungsmittelgesetz 4/62
Washingtoner Artenschutzübereinkommen 3/53 ff., 206 ff.
Wasser 3/2; 4/2 ff.
– Bewirtschaftungsgebot 4/70 ff.
– Eigentum 4/78
– gefährliche Stoffe 4/126
– Sorgfaltsgebot 4/77
wassergefährdende Stoffe 4/165 ff.
Wasserhaushaltsgesetz 2/16; 4/58 ff., 69; 5/104
Wasserkraft 7/39
Wasserpfennig 1/146; **4/180**; 5/214
Wasserrecht 4/1 ff.
– Drittschutz 4/108 ff., 140
– Landesrecht 4/64 ff.
– öffentliches 4/52
– privates 4/51
Wasserschutzgebiet 4/37, **172 ff.**
Wasserversorgung 4/6 ff.
Wattenmeer 3/23
Wegwerf-Geschirr 10/91
Weide-Kuh-Milch-Pfad 7/57; 10/71
Weisung 7/172, **244**
Wertstoff 10/105
Wertzuwachsausgleich 5/102
Wesentliche Änderung 6/212; 7/105 f., 111, 147, **162 f.**
Widerruf 6/230; 7/174, 177
– fakultativer 7/186 ff., 196
– obligatorischer 7/193, 197
Wiederanfahren 7/173

Wiederanreicherung 7/7
Wiederaufarbeitung 7/6 f., 9, 11, 15 ff., 17, 21, 26 ff., 28, 51, 201, 203
Wiederaufarbeitungsanlage 7/16, 107; Fn. 5
Wiederverwertung 7/202
Windenergie 7/39
Wintersmog 6/273 f.
Wirbelschichtfeuerung 1/19; 10/34
Wirkung, privatrechtsgestaltende 2/74; 7/168
Wirkungsgrad (KKW) 7/6, 52
Wirtschaftsgut 10/94, 114
Wohl der Allgemeinheit 4/149; **10/199 ff.**, 260, 276
Würgassen 7/29, 67

Zerfall, radioaktiver 7/3, 55 f.
Zertifikatsmodell 1/136
Zielfestlegung 10/192
ZKBS 8/72 f., **104 ff.**

ZKBS-VO 8/41
Zubereitungsrichtlinie 9/30
Zulässigkeit, verwaltungsgerichtliche 10/293
Zulassung von Abfallbeseitigungsanlagen 10/260, **268 ff.**
Zumutbarkeitsschwelle
– enteignungsrechtliche **2/133 ff.**, 138
– immissionsschutzrechtliche 2/ 85, 94, **136 ff.**; 6/250, 284
Zustandsstörer **5/144 ff.**
Zustimmungsvorbehalt 10/218, 222
Zuverlässigkeit 7/99, 114; 8/83, 98; 10/217, 276, 344 f.
Zwangsabfall 10/118 ff.
Zweckbestimmung der Abfallbeseitigungsanlage 10/241
Zweitanmelder 9/81
Zwischenlager 7/11
– für Abfall 10/242
Zwischenlagerung 7/7, 12 f., 206, 208

C. F. Müller Großes Lehrbuch

**Achterberg/Püttner –
Besonderes Verwaltungsrecht**
Herausgegeben von Prof. Dr. Norbert
Achterberg † und Prof. Dr. Günter Püttner.
**Band I: Wirtschafts-, Bau-, Kultus-,
Dienstrecht**
1990. XXVIII, 1039 Seiten. DM/sFr 288,–
öS 2.247,–. ISBN 3-8114-3089-0
**Band II: Kommunal-, Haushalts-, Abgaben-,
Ordnungs-, Sozialrecht**
1992. XXVII, 1030 Seiten. DM/sFr 288,–
öS 2.247,–. ISBN 3-8114-0291-9

**Baur/Stürner –
Zwangsvollstreckungs-, Konkurs- und
Vergleichsrecht**
Band I: Einzelvollstreckungsrecht. Ein Lehrbuch. Von Prof. Dr. Dr. h.c. Fritz Baur† und
Prof. Dr. Rolf Stürner. 12., völlig neubearbeitete
Auflage. 1995. In Vorbereitung.
ISBN 3-8114-3790-9
Band II: Insolvenzrecht. Ein Lehrbuch. Von
Prof. Dr. Dr. h.c. Fritz Baur† und Prof. Dr.
Rolf Stürner. 12., völlig neubearbeitete und
erweiterte Auflage. 1990. XLV, 541 Seiten.
DM/sFr 148,– öS 1.155,–. ISBN 3-8114-5489-7

**Benda/Klein – Lehrbuch des
Verfassungsprozeßrechts**
Von Prof. Dr. Ernst Benda und Prof. Dr. Eckart
Klein. 1991. XXIX, 553 Seiten.
DM/sFr 158,– öS 1.233,–. ISBN 3-8114-7091-4

**Bülow –
Recht der Kreditsicherheiten**
Sachen und Rechte, Personen. Ein Lehrbuch.
Von Prof. Dr. Dr. h.c. Peter Bülow. 3., neubearbeitete Auflage. 1993. XXXII, 389 Seiten.
DM/sFr 148,– öS 1.155,–. ISBN 3-8114-5492-7

Esser/Schmidt – Schuldrecht
Band I: Allgemeiner Teil
Ein Lehrbuch. Begründet von Prof. Dr. Dr. h.c.
Josef Esser. Fortgeführt von Prof. Dr. Eike
Schmidt.
**Teilband 1: Entstehung, Inhalt und Beendigung
von Schuldverhältnissen**
8., völlig neubearbeitete Auflage. 1995.
XI, 355 Seiten. DM 88,– öS 643,– sFr 84,–.
ISBN 3-8114-4295-3

**Teilband 2: Durchführungshindernisse und
Vertragshaftung, Schadensausgleich und
Mehrseitigkeit beim Schuldverhältnis.**
7., völlig neubearbeitete Auflage 1993.
XI, 352 Seiten. DM/sFr 78,– öS 609,–.
ISBN 3-8114-4693-2

Esser/Weyers – Schuldrecht
Band II: Besonderer Teil
Ein Lehrbuch. Begründet von Prof. Dr. Dr. h.c.
Josef Esser. Fortgeführt von Prof. Dr. Hans-Leo
Weyers. 7., völlig neubearbeitete Auflage. 1991.
XXX, 707 Seiten. DM/sFr 148,– öS 1.155,–.
ISBN 3-8114-6090-0

**Großfeld –
Internationales und Europäisches
Unternehmensrecht**
Das Organisationsrecht transnationaler Unternehmen. Von Prof. Dr. Bernhard Großfeld.
2., neubearbeitete und erweiterte Auflage. 1995.
XXXI, 347 Seiten. DM 168,– öS 1.227,–
sFr 151,–. ISBN 3-8114-4395-X

Großfeld – Bilanzrecht
Jahresabschluß, Konzernabschluß, Weltabschluß. Ein Lehrbuch. Von Prof. Dr.
Bernhard Großfeld. 2., völlig neubearbeitete
Auflage. 1990. XXXV, 340 Seiten. DM/sFr 98,–
öS 765,–. ISBN 3-8114-0790-2

**Hattenhauer –
Europäische Rechtsgeschichte**
Von Prof. Dr. Hans Hattenhauer. 1994.
2., verbesserte Auflage. X, 825 S. DM/sFr 164,–
öS 1.280,–. ISBN 3-8114-3894-8

Kaiser/Kerner/Schöch – Strafvollzug
Ein Lehrbuch. Von Prof. Dr. Günther Kaiser,
Prof. Dr. Hans-Jürgen Kerner und Prof. Dr.
Heinz Schöch. 4., völlig neubearbeitete Auflage.
1992. XVI, 662 Seiten. DM/sFr 248,– öS 1.935,–.
ISBN 3-8114-7991-1

Kübler – Gesellschaftsrecht
Die privatrechtlichen Ordnungsstrukturen und
Regelungsprobleme von Verbänden und
Unternehmen. Ein Lehrbuch. Von Prof. Dr.
Friedrich Kübler. 4., neubearbeitete und erweiterte Auflage. 1994. XXVI, 469 Seiten.
DM/sFr 148,– öS 1155,–. ISBN 3-8114-1394-5

C. F. Müller Heidelberg

Im Weiher 10 · 69121 Heidelberg · Fax 06221 / 489 476